Baedeker; K

Mittelitalien und Rom

Handbuch für Reisende

Baedeker; Karl

Mittelitalien und Rom

Handbuch für Reisende

Inktank publishing, 2018

www.inktank-publishing.com

ISBN/EAN: 9783747772454

MITTELITALIEN

UND

ROM

HANDBUCH FÜR REISENDE

VON

KARL BÆDEKER

Mit 19 Karten, 55 Plänen, Grundrissen und Ansichten, sowie einer Wappentafel der Päpste von 1417 an

VIERZEHNTE AUFLAGE

LEIPZIG
VERLAG VON KARL BÆDEKER
1908

Das vorliegende Reisehandbuch*), das zuerst im J. 1866 erschien, ist in seinen verschiedenen Auflagen der Entwickelung Roms vom Ende der päpstlichen Zeit bis zur Gegenwart gefolgt. In immer neuer Bearbeitung hat es nicht nur die äußeren Veränderungen, sondern auch die Ergebnisse der wissenschaftlichen Forschung verzeichnet. Schon an den ersten Auflagen waren hervorragende Gelehrte beteiligt. Seit länger als einem Jahrzehnt haben die auf die antike Topographie bezüglichen Abschnitte Prof. Dr. *Chr. Hülsen* (S. 161) zum Verfasser. Die Angaben über die antiken Bildwerke werden von Dr. *W. Amelung* durchgesehen. Ebenso werden die Angaben über die neuere Kunst unter Mitwirkung von Fachgelehrten nachgeprüft.

Die Karten und Pläne sind wie für jede Auflage sorgfältig revidiert worden; sie gelten als nach Norden orientiert, wenn nicht, wie z. B. beim Plan des Forum Romanum, ein Nordpfeil eine andere Richtung angibt. Neu hinzugekommen sind die Kärtchen und Pläne von Elba, Umgebung von Siena, Montepulciano, San Gimignano und Urbino; gänzlich erneuert wurde die Übersichtskarte der Umgebung von Rom, sowie die Pläne von Faenza, Forli, Orvieto, Ostia und Volterra. Die Dreiteilung des großen Plans von Rom und seine Vereinigung mit dem Übersichtsplan, dem Plan der inneren Stadt, dem Straßenbahnplan, dem Droschkentarif und dem Straßenverzeichnis zu einem vom Käufer herauszunehmenden Heft hat sich seit Jahren bewährt.

Die praktischen Angaben beruhen hauptsächlich auf den Beobachtungen und Erkundigungen des Herausgebers und seiner Mitarbeiter. Daneben erfreut er sich, namentlich auf dem Gebiet der Gasthofsbeurteilung, seit Jahren einer höchst dankenswerten freiwilligen Mitarbeit wohlwollender Leser, die ihm über Reiseerfahrungen berichten und ihre Hotelrechnungen begutachtet einsenden. Soweit dies Material ein Urteil zuläßt, sind die Gasthöfe ersten Ranges und die besseren Häuser zweiten Ranges durch ein Sternchen (*) ausgezeichnet oder sonst mit kurzen Worten empfohlen; wo es an einer derartigen Grundlage fehlt, enthält sich der Herausgeber des Urteils. Mehr als ein Durchschnittsurteil kann überhaupt nicht geboten werden. Die Masse der Gasthäuser ist dafür zu groß, Besitz und Führung wechseln, gelegentliche Erhöhungen der Preise kommen überall vor. Auch sind die Anforderungen der Gäste verschieden und nicht selten von Zufälligkeiten abhängig.

Den Gastwirten gegenüber betont der Herausgeber seine Unab-

*) Der Band ist in vier selbständig gehefteten Abteilungen gebunden (Seite I-LXXX, Seite 1-138, Seite 139-406, Seite 407-502), die sich ohne zu zerfallen herauslösen lassen, wenn man das bei scharfem Aufbrechen des Buches zwischen den betr. Seiten sichtbar werdende Gazerückenband durchschneidet.

hängigkeit von jeder andern Rücksicht, als dem Wohle des reisenden Publikums. Er betrachtet die Nennung eines Gasthofes in seinen Büchern in gewissem Sinne an sich schon als ein Zeichen des Vertrauens. Versehen oder Irrtümer wird er baldmöglichst beseitigen, weitere Zumutungen aber kaum anders als durch völlige Weglassung der Adresse beantworten können. Seine Empfehlungen sind bekanntlich auf keine Weise zu erkaufen, *auch nicht unter der Form von Inseraten*, deren Aufnahme, im Gegensatz zum Brauche aller anderen Reisebücher, grundsätzlich ausgeschlossen ist. Inseratenjäger, die sich einer Beziehung zum „Baedeker" rühmen, sind als Schwindler anzusehen. Die beste Abwehr jeden Mißbrauchs des Baedekerschen Namens ist eine Anzeige bei der Polizei.

Buchstäbliche Genauigkeit ist in keinem Reisehandbuch erreichbar. Jede Berichtigung von veralteten oder irrtümlichen Angaben ist daher willkommen. Für ihre sichere Verwertung in der nächsten Auflage bieten einseitig beschriebene Briefbogen den Vorteil, daß sie mit andern Mitteilungen über denselben Gegenstand in Originalausschnitten zusammengestellt werden können, während sonst zur Vergleichung Abschriften nötig werden, wobei Fehler nicht immer zu vermeiden sind.

Abkürzungen.

Alb. = Albergo (Gasthof).
H., Hot. = Hotel.
Whs. = Wirtshaus.
Z. = Zimmer (mit einem Bett), einschließlich Licht (L.) und Bedienung (B.).
F. = erstes Frühstück.
G. = Gabelfrühstück.
M. = Mittagessen (d. h. die Hauptmahlzeit), ohne Wein, wenn nicht durch m. W. das Gegenteil hervorgehoben ist.
Omn. = Omnibus.
P. = Pension einschl. des Zimmers, wenn nicht o. Z. ausdrücklich bemerkt ist.
Rest., Restaur. = Restaurant.
Trkg. = Trinkgeld.
n., N. = nördlich, Norden.
ö., O. = östlich, Osten.
s., S. = südlich, Süden.
w., W. = westlich, Westen.
r., R. = rechts.
l., L. = links.
St. = Stunde.
m, km = Meter, Kilometer.
cm = Zentimeter.
qkm = Quadratkilometer.
ha = Hektar.
kg = Kilogramm.
Min. = Minute.
So., Mo., Di., Mi., Do., Fr., Sa. = Sonntag, Montag, Dienstag, Mittwoch, Donnerstag, Freitag, Samstag (Sonnabend).
fr. = Frank (ital. lira).
c. = centesimi (centimes).
Capp. = cappella, Kapelle.
h., H. = heilig, Heilige.
S. = San, Santa (vor Vokalen Sant', vor s mit nachfolgendem Konsonanten Santo, z. B. Santo Stefano); SS. = Santi, Santissimo.
u. a. = unter anderem, und andere.
z. T. = zum Teil.

Besonders Beachtenswertes ist durch Stern (*) hervorgehoben.

Die hinter Orts- oder Bergnamen eingeklammerten Zahlen — z. B. Aventin (46m) — bezeichnen die *Höhenlage* über dem Meer.

Die Kilometerangaben im Verfolg einer Route geben die *Entfernung* des Ortes vom Ausgangspunkt der Route an.

Abkürzungen italienischer Vornamen s. S. 486.

INHALTSVERZEICHNIS.

Karten.

Pläne, Grundrisse und Ansichten.

Rom.

EINLEITUNG.

☞ Genaue Beachtung der hier gegebenen Ratschläge wird dem Reisenden manchen Verdruß, Zeit- und Geldverlust ersparen.

I. Reisekosten. Geld. Sprache. Paß und Zoll.

Der tägliche Bedarf des an Komfort gewöhnten Reisenden wird, von den Kosten der Bahnfahrten abgesehen, mit 20-25 fr. (16-20 ℳ), bei längerem Aufenthalt an demselben Ort mit 15-20 fr. (12-16 ℳ) zu veranschlagen sein. Landeskundige reisen namentlich in Gesellschaft zu zweien oder dreien bedeutend billiger. In Begleitung von Damen zahlt man durchgängig mehr.

Italien rechnet nach dem französischen Münzfuß (vergl. die Tabelle vor dem Titelblatt). Es gibt Kupferstücke zu 1, 2, 5 und 10 c., Nickelstücke zu 20 und 25 c., Silberstücke zu 1, 2 und 5 fr. und Goldstücke zu 10, 20 und 100 fr. Gold ist wenig im Umlauf. Als Ersatz dient Papiergeld, dessen Wert jetzt infolge der günstigen Finanzlage des Landes dem Golde gleichsteht: die *Biglietti di Stato* zu 5, 10 und 25 fr., sämtliche Noten der *Banca d'Italia*, sowie die mit einem roten Stempel (Profilkopf der Italia) verschiedenen Noten des *Banco di Napoli* und *Banco di Sicilia.* Alle andern Noten sind ungültig.

Außer dem Golde der sog. lateinischen Münzkonvention (Italien, Frankreich, Belgien, Schweiz und Griechenland) werden auch die Goldmünzen von Österreich-Ungarn (4 und 8 Guldenstücke), Rußland, Rumänien, Serbien und Mónaco in Zahlung genommen. Vollwertig sind alle silbernen 5 Franken-Stücke (scudi) der lateinischen Münzkonvention, sowie der ehemaligen italienischen Kleinstaaten mit Ausnahme des Kirchenstaats und des Herzogtums Lucca. Von sonstigem Silbergeld sind *ausschließlich* zugelassen: italienische Münzen von 1863 an, französische seit 1864, belgische und schweizerische seit 1866, griechische seit 1867 und die der Republik San Marino von 1898 an. Von Nickel und Kupfer haben nur die Landesmünzen, sowie die Münzen von San Marino (seit 1864) gesetzlichen Kurs. Außer Kurs befindliche und stark abgewetzte Münzen, sowie falsches Geld, werden in Wirtshäusern und Kaufläden, ja sogar an Eisenbahnschaltern mit Vorliebe den Fremden zugeschoben.

Als Reisegeld wechsle man schon in der Heimat etwas italienisches Papier- und Silbergeld ein; den Rest nehme man in 100 Mark-Scheinen der deutschen Reichsbank mit, die man in Rom, Florenz oder einer andern großen Stadt beim Bankier oder Wechsler zum Tageskurs (1907 etwa 123 fr. für 100 *M*) in italienisches Geld umsetzt. Die Mitnahme deutschen Goldes ist unvorteilhaft. Bei längerem Aufenthalt sind *Kreditbriefe* auf ein Bankhaus angenehm. Größere Summen führe man in einer wohlverwahrten inneren Geldtasche bei sich. Das Portemonnaie enthalte nur den Tagesbedarf. Kupfer und Nickel (vgl. S. XXII) trage man lose in der Tasche.

Sprache*). In großen Städten findet man überall Gasthöfe, in denen deutsch gesprochen wird, in Rom insbesondere zahlreiche Häuser mit deutschen oder schweizerischen Wirten und Kellnern.

*) Über die Aussprache sei bemerkt, daß *c* vor *e* und *i* wie tsch, *g* vor *e* und *i* wie dsch ausgesprochen wird. Vor den übrigen Vokalen werden *c* und *g* wie das deutsche k und g ausgesprochen. *Ch* und *gh* kommen nur vor *e* und *i* vor, ch lautet wie k, gh wie g im Deutschen, *sc* vor *e* und *i* wie sch. *gn* und *gl* zwischen Vokalen wie nj und lj. Also z. B. *Civitavecchia* „tschivitawékkia“, *Poggio* „pódscho“. *Cecina* „tschétschina“, *Giorgio* „dschórdscho“, *Corsignano* „korsinjáno“, *scirocco* „schirokko“. *H* ist stumm, also *ho* (ich habe) heißt *ò*; *r* ist Zungenlaut (leicht schnarrend auszusprechen, nicht, wie es im Deutschen meist geschieht, mit dem Gaumen). Im übrigen wird das Italienische dem Deutschen (und nicht etwa dem Französischen) ähnlich ausgesprochen, also z. B. *e* wie e (nie stumm), *u* wie u, *qu* wie *kw*.

Die Grundzahlen von 1-20 heißen *uno (un, una), due, tre, quattro, cinque, sei, sette, otto, nove, dieci, úndici, dódici, trédici, quattórdici, quíndici, sédici, diciassétte, diciótto, dicianóve, venti*; die Zehner von 30-100: *trenta, quaranta, cinquanta, sessanta, settanta, ottanta, novanta, cento*; tausend = *mille*.

Auch in manchen römischen Geschäftshäusern kommt man mit Deutsch aus. Immerhin ist man in den Restaurants und Cafés meist noch auf Italienisch oder Französisch, in kleineren, vom Fremdenverkehr wenig berührten Orten, ganz auf Italienisch angewiesen. Nicht unwesentlich ist ferner, daß schon eine geringe Kenntnis der italienischen Schriftsprache die Kosten der Reise vermindert. — Wer länger in Rom bleibt, unterlasse nicht, etwas Sprachunterricht zu nehmen. Die Adressen guter Lehrer erfährt man in den deutschen Buchhandlungen.

Ein Paß ist nur für die Entnahme von Geldanweisungen und Einschreibsendungen am Postschalter (S. xxiv), sowie im Verkehr mit den italienischen Behörden und mit Konsulaten erforderlich, aber stets angenehm.

Die Zollabfertigung, welcher auch das Handgepäck unterliegt, richtet sich vorzugsweise auf Tabak und Zigarren (S. xix), von denen nur 8 Stück zollfrei sind (1 kg kostet 26 fr. Zoll), sowie auf Spielkarten und Zündhölzer; Waffen werden mit Beschlag belegt (vgl. S. xxiii). Zollquittungen hebe man auf (vgl. S. xix, Zigarren!). Vorausgesandtes Gepäck, das als Frachtgut oft ganz unberechenbare Zeit unterwegs bleibt, wird trotz gegenteiliger Versicherungen vielfach sofort an der Grenze geöffnet und untersucht. Vgl. auch S. xiii.

Fast alle größeren Städte erheben eine Steuer auf Lebensmittel *(Dazio Consumo)*. Die Versicherung, daß man nichts Steuerpflichtiges bei sich habe, genügt in der Regel.

II. Zeit und Reiseplan.

Für eine kürzere Reise durch Mittelitalien sind die Herbst- und Frühlingsmonate, von Ende September bis Mitte November und von Ende März bis Ende Mai am meisten zu empfehlen (vgl. S. xxv). Inwieweit der Hochsommer als passende Reisezeit zu bezeichnen ist, hängt von der Konstitution des Reisenden ab. Zwar ist die Natur Italiens so schön wie je und die langen Tage begünstigen die Zwecke des Reisens, allein die anhaltend hohe Temperatur lähmt gar leicht die Spannkraft des Geistes wie des Körpers. Als Winteraufenthalt kommt allein *Rom* in Betracht, das mit seiner Fülle von Kunstschätzen und Altertümern stets Gelegenheit zur Verwertung der Regentage gibt. Von den übrigen in vorliegendem Bande beschriebenen Städten sind *Siena* und *Perugia* am interessantesten; beide eignen sich ihrer hohen Lage wegen auch als Sommeraufenthalt. An *Orvieto* und *Assisi* sollte kein Reisender vorüberfahren. Am Wege liegen ferner *Arezzo*, *Cortona*, *Spoleto*, *Terni* mit seinen Wasserfällen, sowie *Chiusi* und *Corneto*, mit ihren etruskischen Altertümern, *Volterra*, *S. Gimignano*, *Montepulciano*, *Viterbo*, *Gubbio*. Über die Städte der adriatischen Küste vgl. S. 112 ff.

III. Eisenbahnen.*)

Für Besucher Mittelitaliens kommen in der Hauptsache nur die Staatsbahnen (*Ferrovie dello Stato*), die ehem. *Rete Mediterranea* und *Rete Adriatica* in Betracht. Zugverspätungen bilden fast die Regel. Man unterscheidet außer den internationalen Luxuszügen: *treni direttissimi*, sog. Blitzzüge (1. und 2. Klasse, ebenfalls z. T. mit Schlaf- und Speisewagen): *diretti*, Schnellzüge z. T. mit 3. Klasse); *accelerati*, beschleunigte Personenzüge, *treni omnibus*, Personenzüge, und *misti*, Güterzüge mit Personenbeförderung (letztere drei mit 1.-3. Klasse). Die 3. Klasse wird ausschließlich von den unteren Volksschichten, die 2. Klasse mehr vom Mittelstande benutzt. Die 1. Klasse übertrifft in der Ausstattung kaum unsre 2. Klasse. Die Coupés für Nichtraucher sind mit *è vietato di fumare*, die für Raucher mit *pei fumatori* bezeichnet. Die üble Angewohnheit vieler Italiener, fortwährend auszuspucken (*sputare*) bemüht man sich durch Anschläge in den Coupés zu bekämpfen. Man sucht sich seinen Platz selbst (*è preso questo posto?* ist dieser Platz besetzt?) — *Fermata* heißt Aufenthalt (*quanti minuti di fermata*, wieviel Aufenthalt), *si cambia treno* Wagenwechsel, *essere in coincidenza* Anschluß haben, *dove parte il treno per Roma*, wo geht der Zug nach Rom ab (*quale rotaia*, welches Geleise); der Bahnhofsvorstand heißt *capostazione*, der Schaffner *conduttore*.

Die Fahrkarte löst man in größeren Orten am besten in der Stadtagentur (*agenzia di città*). Am Bahnhof soll der Verkauf der Fahrkarten, ohne die man die Wartesäle nicht betreten darf, 40, auf kleineren Stationen 20 Min. vor Abgang des Zuges beginnen. *Fare il biglietto* heißt „das Billett lösen“. Den Fahrpreis (nebst 5 c. Stempelgebühr) halte man möglichst abgezählt bereit; andernfalls sehe man dem herausgebenden Beamten auf die Finger, um „Irrtümern“ vorzubeugen (vgl. auch S. x), nachträgliche Beschwerden bleiben erfolglos. Der Ausgang des Bahnsteigs, wo die Fahrkarte abgegeben wird, heißt *uscita*. — Bei Fahrten unter 150km ist keine Unterbrechung gestattet (vgl. unten).

Bei Fahrten über 150km wird der Preis nach einem stufenweise ermäßigten Tarif (*tariffa differenziale-A*) berechnet; es empfiehlt sich daher, das Billett immer für eine möglichst lange Strecke zu lösen. Die Gültigkeitsdauer dieser Fahrscheine, die mit wenigen Ausnahmen nur für die jedesmal kürzeste Verbindungsstrecke ausgegeben werden, beträgt ausschließlich des Lösungstags einen Tag für je 100km. Fahrtunterbrechung ist ohne jede Förmlichkeit bis 300km einmal, bis 600km zweimal, bis 900km dreimal, bis 1000km viermal, über 1000km fünfmal gestattet (z. B. Chiasso-Rom über Mailand-Parma-Pisa, 687km, 7 Tage gültig mit drei Unterbrechungen, 2. Kl. 39 fr. 50 statt früher 61 fr. 40). Auch das Gepäck wird bei Fahrten über 150km nach einem Vorzugstarif befördert.

*) Das beste Kursbuch ist das an allen italienischen Bahnhöfen und bei den Zeitungsverkäufern erhältliche *Orario Ufficiale*, das monatlich bei *Fratelli Pozzo* in Turin erscheint (Preis 1 fr.; kleinere Ausgaben zu 80, 50 und 20 c.).

Rückfahrkarten *(biglietti di andata-ritorno)* sind an Wochentagen bis zu 100km nur einen, bis 200km zwei, bis 300km drei, darüber hinaus vier Tage gültig. Samstags und an Tagen vor staatlichen Festen (s. S. xx) ist die Gültigkeitsdauer mindestens dreitägig, Sonn- und Festtags mindestens zweitägig. Fahrtunterbrechung ist nicht zulässig.

Von Rundreiseheften kommen zwei Sorten in Betracht:

1. zusammenstellbare Fahrscheinhefte, in Italien *Biglietti combinabili internazionali* genannt, mit Scheinen für italienische und nichtitalienische Strecken. Die Gebrauchsweise ist wie bei uns; die Strecken sind im Deutschen Reichskursbuch aufgezählt.

Diese Hefte sind für jeden, der sein Billett schon in der Heimat nimmt, am bequemsten. Sie müssen 600km umfassen und haben bis 2000km 45, bis 3000km 60, darüber hinaus 90 Tage Gültigkeit. Fahrtunterbrechung ist auf vorgedruckten Stationen ohne jede Förmlichkeit gestattet, auf allen andern zu bescheinigen (vidimare). — In Deutschland werden diese Rundreisehefte an den üblichen Stellen, in Italien ausschließlich bei *Thos. Cook & Son*, Rom, Piazza Termini, und *Gondrand*, Mailand, Galleria Vittorio Emanuele zusammengestellt; die Hauptstationen übernehmen nur die Vermittlung.

2. *Biglietti a itinerario combinabile*, mit nur italienischen Strecken, die das S. xii gen. Orario Ufficiale aufführt.

Für einige bevorzugte Rundreisen sind diese Hefte fertig vorrätig (biglietti combinati). Sonst werden sie an italienischen Hauptstationen bezw. Stadtagenturen binnen 6 Amtsstunden oder durch Vermittlung der übrigen Stationen zusammengestellt; Ausfertigungsgebühr 1 fr. Sie müssen 400km umfassen; die Gültigkeitsdauer ist bei 400-800km 15 Tage, bis 2000km 30; bis 3000km 45, darüber hinaus 60 Tage; sie kann vor Ablauf gegen Zuzahlung von 1% des Gesamtpreises für jeden Tag bis zur doppelten Zeit (mindestens um 10 Tage) verlängert *(prorogare)* werden. — Die Hefte müssen ebenfalls die Namensunterschrift tragen. Fahrtunterbrechung ist auf Anfangs- und Endstation jedes Abschnittes ohne Förmlichkeit, ferner auf jeweils drei Zwischenstationen gegen Bescheinigung vor Antritt der Fahrt dorthin gestattet.

Nach Art der schweizerischen Generalabonnements gibt es Biglietti di abbonamento speciali (für ½, 1, 12 Monate und je einen größeren Distrikt). Sie setzen andauernde Benutzung voraus und kommen für Touristen wenig in Betracht. Näheres auf den Bestellscheinen und im IV. Teil des S. xii gen. Kursbuchs.

Bei der Aufgabe des Gepäcks braucht man die Fahrkarte nicht vorzuzeigen; man kann seine Sachen daher beliebig weit vorausenden. Freigepäck wird nicht gewährt; 100kg kosten $4_{,64}$ c. für den Kilometer. Beschädigte Koffer läßt man plombieren *(piombare;* 5 c. das Stück). Wertsachen behalte man in persönlichem Verwahr; auch der beste Koffer sichert nicht gegen gelegentliche Beraubung. An kleinen Stationen nehme man seinen Koffer am Gepäckwagen persönlich in Empfang. — Das Gepäck aufgeben heißt *spedire* oder *far registrare il bagaglio*, der Gepäckschein *lo scontrino*. Der Gepäckträger *(facchino)*, der die Sachen von und zu den Droschken, Omnibus usw. schafft, hat nach den nicht einheitlichen Bahnhofstarifen 5-20 c. für das Stück zu beanspruchen, in *Rom* auf der

Hauptstation Termini) 25 c. für jedes aufgegebene Gepäckstück, 15 c. für Handgepäck; man gibt meist eine Kleinigkeit mehr. Bei kurzem Aufenthalt legt man Handgepäck im Gepäckraum ab *(dare in deposito, depositare:* Stück und Tag 5 c., mindestens aber 10 c.).

IV. Bemerkungen für Automobil- und Radfahrer.

Für zeitweilig in Italien eingeführte Automobile ist auf dem italienischen Grenzzollamt eine Abgabe zu entrichten: 200 fr. für bis 500 kg schwere Wagen, 400 fr. bis 1000 kg, 600 fr. über 1000 kg. Man erhält dann einen auf 6 Monate lautenden Schein, dessen Gültigkeit bis zu einem Jahre verlängert werden kann. Der Betrag wird beim Verlassen des Landes an allen Zollämtern zurückerstattet, wobei es fast nie ohne Schwierigkeiten abgeht. Mitglieder des unten gen. Touring Club Italiano und der mit ihm in Verbindung stehenden Vereine können das Geld vorher in Mailand einzahlen oder durch einen in Italien wohnenden Bürgen garantieren lassen; sie erhalten dann einen Schein (trittico), der sie der Zahlung an der Grenze enthebt. Der Erlaubnisschein für den Wagen und der Befähigungsnachweis des Führers müssen innerhalb 5 Tagen auf einer Präfektur eingetragen werden.

Radfahrer, die nicht einem der großen Verbände angehören, haben auf dem italienischen Grenzzollamt 42 fr. 60 c. Zoll zu hinterlegen; die Rückzahlung beim Verlassen des Landes macht auch hier meist Schwierigkeiten. Über zollfreie Einführung der Fahrräder vergleiche man das Handbuch des deutschen Radfahrerbundes. Auf den Eisenbahnen werden Fahrräder wie Passagiergut (S. XIII) behandelt; Gepäcktaschen sind, um Diebstahl vorzubeugen, nie an dem Rade zu belassen.

Der über 86000 Mitglieder zählende *Touring Club Italiano* (Hauptsitz in Mailand, Via Monte Napoleone 14; Eintritt 2, Jahresbeitrag 6 fr.) bietet seinen Mitgliedern in Gasthöfen, durch Auskünfte, bei Reparaturen, Beschaffung von Benzin usw. besondere Vorteile. Die Mitgliedskarte gilt auch als Ausweis bei der Post. Sehr zu empfehlen ist seine im Erscheinen begriffene Karte von Italien (1:250000); von seinen Handbüchern sei *L. V. Bertarelli's* Guida-Itinerario delle Strade di grande Comunicazione dell' Italia (3 Hefte, Mailand 1901), mit vielen Profilen und kleinen Stadtplänen, genannt.

Die Straßen Mittelitaliens sind im allgemeinen gut, bei Trockenheit freilich oft staubig, nach Regen schmutzig; am wenigsten angenehm sind die Wege in der römischen Campagna.

Radfahrern ist zwischen Florenz und Rom folgende Straße am meisten zu empfehlen. Erster Tag: 17km Pontassieve (98m) — 41km Figline Valdarno (130m) — 54km Montevarchi (144m) — 86km *Arezzo* (256m); — zweiter Tag: 18km Castiglione Fiorentino (277m) — 30km Camuscia (270m; Cortona) — 38km Terontola (320m), am Trasimener See — 50km Passignano (264m, steinige Strecke) — 60km Magione (300m) —

80km *Perugia* (450m); — dritter Tag: 17km Bastia (201m) — 20km S. Maria degli Angeli (218m; Assisi) — 31km Spello (220m) — 35km *Foligno* (234m); — vierter Tag: 27km Spoleto (345m) — 37km Passo della Somma (680m; 3-4km steil bergan und bergab); — fünfter Tag: 54km *Terni* (135m; Abstecher nach den Wasserfällen, hin und zurück 12-15 km); — sechster Tag: 14km Narni (220m) — 47km Civita Castellana (145m) — 100km *Rom* (18m).

V. Gasthöfe. Pensionen. Privatwohnungen.

Gasthöfe. In Rom, Siena, Perugia und einigen andern der besuchteren Orte findet man gute Gasthöfe ersten Ranges; die Besitzer einer Anzahl der besten Häuser in Rom sind Schweizer und Deutsche. Zimmerpreis je nach der Lage 3-10 fr. und mehr, wobei Licht und Bedienung (mit Ausnahme des Portiers und vielfach auch des „Facchino", der das Gepäck aufs Zimmer und hinunter besorgt) fast immer einbezogen sind. Hotelomnibus 1-2 fr. die Person. Das Gabelfrühstück um die Mittagszeit *(colazione, déjeuner)* pflegt 3-5 fr., die Hauptmahlzeit *(pranzo, dîner)*, die gegen Abend fällt, 5-7 fr. zu kosten, ohne den meist schweren und recht teuern Wein (S. XVIII). Falls man sich der Hauptmahlzeit entzieht, wird häufig der Zimmerpreis erhöht, einzelne Häuser haben neuerdings Speisezwang für sämtliche Mahlzeiten eingeführt; man vereinbare diesen Punkt im voraus. Abgesehen von einigen großen Häusern gibt es für längeren Aufenthalt überall Pensionspreise. Während der Hauptreisezeit sind die ersten Gasthöfe in Rom häufig dermaßen besetzt, daß auch vorherige Anmeldung die Unterkunft nicht immer sichert. Über manche sonst durchaus empfehlenswerte Häuser sind dem Herausgeber in dieser Beziehung Klagen zugegangen. Jedenfalls verlange man mittels Antwortkarte eine bestimmte Auskunft und die Zusicherung, daß bei Überfüllung anderweitig für angemessene Unterkunft gesorgt werden würde. Die Benutzung einer Droschke statt des Hotelomnibus bietet den Vorteil, daß man nicht mit jedem Zimmer vorlieb nehmen muß, sondern weiter fahren kann (doch nicht ohne sofortige Vereinbarung mit dem Kutscher wegen des Fahrpreises!).

Die Gasthöfe zweiten Ranges, gewöhnlich *Albergo*, in kleineren Städten auch *Locanda* genannt, sind auf italienische Art eingerichtet, meist mit reinlichen, eisernen Betten versehen, im übrigen aber weniger sauber und behaglich, dafür auch weit billiger (Zimmer 1-5, Omnibus $^1/_2$-1 fr.). Ein Vorzug dieser Häuser ist es, daß man nach Belieben in dem mit dem Hotel verbundenen Restaurant (S. XVII) oder auswärts speisen kann. Wer gegen die Landessitte das erste Frühstück hier, statt im Café (S. XVIII) einnimmt, zahlt dafür $1^1/_4$-$1^1/_2$ fr. Mit Damen steige man nur dann in einem solchen Hause ab, wenn man bereits im Lande heimisch ist. Den Zimmerpreis, einschl. Bedienung und Licht *(compreso servizio e candéla)* reisbare man, ohne Scheu vor Akkordieren, sogleich bei der Ankunft. Ähnliche Preise haben die *Hotels garnis*.

Streichhölzer findet man selten in den Zimmern, man versorge sich daher auf der Straße bei einem Händler mit Wachszündlichtern (*cerini*, die Schachtel 5 und 10 c.).

Geld und Wertsachen führe man entweder stets bei sich (vgl. S. xiii) oder übergebe sie dem Wirt gegen Empfangsschein.

Die im Buche genannten **Pensionen** sind durchweg empfohlen. Sie werden in der Regel von Damen geführt. So lange Platz vorhanden, nehmen sie auch Durchreisende für wenige Tage auf. Lästig ist der meist geforderte Einschluß des Gabelfrühstücks in den Pensionspreis, wodurch gerade um Mittag kostbare Stunden verloren gehen. Nach dem Preise der Beleuchtung und Heizung erkundige man sich im voraus.

Größere **Privatwohnungen** nehme man nur unter Beistand eines Landeskundigen (etwa des Bankiers); einen schriftlichen Kontrakt (stempelpflichtig) ohne solche Hilfe zu unterschreiben, kann zu Widerwärtigkeiten führen. Über den Mietpreis ist zu handeln. Eine Anzahlung ist vielfach üblich; man achte aber darauf, daß zuvor alles in Ordnung gebracht sei, da der Wirt nach der Zahlung fast nie seine Versprechungen erfüllt. Für einzelne Reisende genügt es, über Bedienung, Bettwäsche, Stiefelputzen und (für den Winter) Teppiche, Ofen und Raum für das Heizungsmaterial mündlich genaue Festsetzungen zu treffen. Vgl. auch S. xxvi.

Die Begriffe von Reinlichkeit sind in Italien zwar weiter als im Norden der Alpen, doch wird der Fremde in Mittelitalien auch in den Gasthöfen zweiten Ranges, von dem häufig nicht einwandfreien Zustand des Klosetts abgesehen, die wesentlichen Anforderungen erfüllt finden. Von Ungeziefer werden namentlich im Frühling die Flöhe (*pulci*) lästig; Wanzen (*cimici*) sind selten. Man sehe vor allem auf eiserne Bettstellen und bestreue Bett, Strümpfe und Beinkleider mit Insektenpulver (*polvere insetticida* oder *contro gli insetti*). In Malariagegenden (Maremmen, römische Campagna, Gebiet der pontinischen Sümpfe, Fano) sehe man von Juni bis Oktober vom Übernachten ganz ab oder suche durch kleine Dosen von Chinin (0,3-0,5 gr) der Ansteckung vorzubeugen. Vgl. S. xxvi.

Im Sommer und Herbst sind die Mücken (*zanzare*) nachts eine höchst unangenehme Plage. Besonders zahlreich treten sie in der Nachbarschaft von Baumpflanzungen, Kanälen und Teichen auf. Überall sei die erste Regel, während der Dämmerung und bei Licht die Fenster zu schließen. Guten Schutz bieten Musselinvorhänge (*zanzarieri*) um die Betten; die in den Apotheken käuflichen Räucherkerzen (*fidibus contro le zanzare, zampironi*, venezianisch *chiodi*) aus Insektenpulver werden wegen des unangenehmen Geruches nicht jedermann zusagen. Gegen die vom Stich erzeugte Geschwulst wird Bengué-Balsam am meisten empfohlen (Vorsicht in der Nähe der Augen).

Die italienischen Ausdrücke für die **Leibwäsche** (*la biancheria*) sind folgende: *camicia (di tela, di cotone, di lana)*, Hemd (leinen, baumwollen, wollen); *camicia da uomo*, Herrenhemd; *camicia da notte*, Nachthemd; *collo, colletto*, Kragen; *polsino*, Manschette; *bottoni*, Knöpfe; *mutande*, Unterhosen; *flanella* oder *giubba di flanella, maglia*, wollenes Unterjäckchen; *copribusto*, Untertaille; *sottana*, Unterrock; *accappatoio*, Bade- oder Frisiermantel; *calza*, Strumpf; *calzetta*, Socke; *fazzoletto*, Taschentuch. In die Wäsche geben heißt *dare a bucato* (*di bucato* frisch gewaschen); der Waschzettel *nota*; die Wäscherin *lavandaia* oder allgemeiner *stiratrice* (Büglerin).

VI. Speisehäuser. Cafés. Bier. Wein. Zigarren.

Speisehäuser *(ristoranti, trattorie).* Die Speisehäuser ersten Ranges haben in Rom den üblichen internationalen Charakter und, wie bei uns, sehr hohe Preise. — Die Speisehäuser italienischer Art sind besonders zwischen 11 und 2 Uhr mittags zum Gabelfrühstück *(colazione)* und zwischen 6 und $8^1/_2$ Uhr abends zur Hauptmahlzeit *(pranzo)* besucht. Dann werden sie bald geschlossen. Wer hier nach der Karte *(alla carta)* ißt und sich an die landesüblichen Speisen, namentlich an die fertigen Gerichte *(piatti del giorno)* hält, wird seine Mahlzeiten, einschl. des Weins, in der Regel mit 2-3 fr. bestreiten; Mahlzeiten zu festem Preise (*a prezzo fisso;* $2^1/_2$-5 fr., meist ohne Wein) sind weniger üblich. Will man zahlen, so verlangt man *„il conto"*; weitere Angebote wehrt man mit *„basta"* ab. Die Rechnung prüfe man genau. Dem Kellner *(cameriere)* gibt ein Einzelner 15-25 c. Trinkgeld (vgl. aber S. XXIII).

Hier ein Verzeichnis der üblichsten Gerichte:

Antipasti, principii Appetit reizende Vorspeisen, wie Sardellen, Sardinen, Oliven, Radieschen.
Minestra oder *zuppa* Suppe (*minestra asciutta* Nudeln, Reis u. dgl. als feste Speise; *minestra in brodo* oder *consumè* Suppe in deutschem Sinne).
Zuppa alla santè Suppe mit grünem Gemüse und Brot.
Minestra di riso con piselli Reissuppe mit Erbsen, *con verdura* mit Grünzeug.
Risotto (alla milanese) fetter Reisbrei.
Pasta al sugo e al burro Nudeln mit Sauce und Butter, *ai pomi d'oro* mit Tomaten.
Carne lessa oder *bollita* gekochtes Fleisch; *in úmido, alla genovese* in Sauce zubereitet, gedämpft.
Ben cotto durchgebraten, weichgekocht.
Al sangue, all' inglese wenig gebraten, „englisch".
Ai ferri auf dem Roste gebraten.
Fritto gebacken.
Fritto misto Leber, Hirn, Artischocken u. dgl. in der Pfanne gebacken.
Arrosto Braten.
Manzo gekochtes Rindfleisch.
Filetto al burro Beefsteak (die *bistecca ai ferri* meist recht mäßig).
Maiale Schweinefleisch (wird nur im Winter gegessen).
Agnello Lamm.
Capretto junge Ziege.
Montone Hammel.
Arrosto di vitello Kalbsbraten.
Testa, fégato di vitello Kalbskopf, Kalbsleber.
Braciόla di vitello Kalbskotelett.
Costoletta alla milanese Wiener Schnitzel.
Scaloppe Schnitzel.
Anitra Ente.
Pollo Huhn.
Pollo d'India oder *tacchino* oder *gallinaccio* Truthahn.
Ostriche Austern (nur im Winter gut).
Pesce Fisch.
Sógliа Seezunge.
Aragosta Languste (Hummer).
Frutta di mare Muscheln u. dgl.
Presciutto Schinken.
Salàme Wurst (mit Knoblauch, *àglio*).
Salato misto kalter Aufschnitt.
Uova Eier, *à la coque* gekocht (*ben cotte* weich-, *dure* hartgekocht), *al piatto, al tegame* Spiegeleier.
Crocchette Klößchen aus Reis oder Kartoffeln.
Polpettine Fleischklößchen.
Gnocchi Knödel.
Stufatino oder *cibréo* Ragout (oft mäßig).
Contorno oder *guarnizione* Beilage, Gemüse (wird gar nicht oder billig berechnet).
Patàte Kartoffeln.

[illegible]

Insalata Salat.

Carciofi Artischocken.

Asparagi Spargeln, meist grün (*di campagna*; die weißen *di* [illegible]).

Spinaci Spinat (mäßig).

Piselli Erbsen.

Lenticchie Linsen.

Broccoli, cavoli fiori Blumenkohl.

Gobbi, cardi Artischockenstengel.

Zucchini kleine Kürbisse.

Fave dicke Bohnen.

Fagioli weiße Bohnen.

Fagiolini, cornetti grüne Bohnen.

Funghi Schwämme.

Sale Salz.

Pepe Pfeffer.

Mostarda francese süßer Senf.
    inglese, sénapa scharfer Senf.

Frutta, giardinetto di frutta Obst;
    frutta secche Rosinen, Mandeln, Nüsse u. dgl.

Fragole Erdbeeren.

Pera Birne.

Mela Apfel.

Persiche, pesche Pfirsiche.

Uve Trauben.

Fichi Feigen.

Noci Nüsse.

Limone Zitrone.

Arancio Apfelsine.

Finocchio Fenchelwurzel.

Dolce Mehlspeise (beliebt die *zuppa inglese*).

Frittata Omelett.

Crostata Obstkuchen.

Pane francese Hefenbrot (das italienische ist fast hefenlos).

Burro Butter.

Formaggio (auch *cacio*) Käse; beliebt *Gorgonzola verde* oder *bianco* und *stracchino*.

Der Tischwein (*vino da pasto: nero, rosso* roter, *bianco* weißer, *secco, asciutto* herber, *dolce, pastoso* süßer, *vino del paese* Landwein) wird meist in offenen Flaschen aufgetragen (vgl. S. xv), die feineren Weine wie bei uns in verkorkten Flaschen mit Etikette.

Die **Cafés** weisen in den Abendstunden, in denen im Winter der Tabaksrauch leicht lästig wird, den stärksten Besuch auf. Der Kaffee wird ohne Milch getrunken: *caffè* oder *caffè nero* (die Tasse 15-25 c.). Nur morgens gibt es Kaffee mit Milch: *caffè latte* (große Tasse 25-50 c., kleine Tasse, *cappuccino*, billiger); *mischio* ist halb Kaffee, halb Schokolade (20-30 c.); Schokolade (*cioccolata*) kostet 30-50 c.: ein Brötchen (*pane*) 5 c.: Backwerk (*paste*) 5-15 c.: Brot mit Butter (*pane e burro*) 20 c. — Groß ist die Auswahl an Eis (*gelato*). Die Portion kostet 30-50, in den feinsten Häusern bis 90 c.: doch kann man sich mit einer halben (*mezza*) begnügen. Daneben gibt es *sorbetto*, Eiswasser, *spremuto*, Limonade mit Fruchtsaft, und *granita*, eine Art Halbgefrorenes (*limonata* von Zitronen; *aranciata* von Apfelsinen, *di caffè* von Kaffee). Beliebt ist auch *gassosa*, Limonade gazeuse. — Dem Kellner 5-10 c. Trinkgeld.

In den größeren Städten gibt es neben den Cafés **Bierhäuser** (*birrerie*), mit Münchner Bier (*birra di Mónaco*), Pilsener, Liesinger oder Grazer Bier. Das kleine Glas (*piccola tazza*) kostet 30-40, das große Glas, meist 1/2 Liter (*tazza grande*), 50-60 c.; dunkles Bier heißt *birra scura*, helles *b. chiara*. — Die meisten Bierhäuser führen, namentlich zum Gabelfrühstück, auch eine ordentliche Küche.

Weinkneipen (*osterie*) sind in Rom, von einzelnen feineren „Toskanischen Weinstuben“, die zugleich eine gute Küche führen, abgesehen, Sitz ursprünglichen Volkslebens. Die Weinpreise sind häufig außen angeschlagen: 4, 5, 6, 8, d. h. 1/2 Liter kostet 4, 5, 6,

8 Soldi (20, 25, 30, 40 c.). Sein Essen, außer etwa Brot und Käse, bringt man sich vom Fleischwarenhändler *(pizzicarólo, pizzicágnolo)* mit. Der Ruf der Osterien wechselt beständig: man wende sich dahin, wo man die meisten Besucher sieht.

In Toskana sind die besten Sorten (nur rote Weine): *Chianti* (besonders *Broglio*), *Rúfina* (besonders *Pomino*), *Nipozzano*, *Altomena* und *Carmignano*; *Aleático* ist süß. Hieran reihen sich die weiter südlich wachsenden Weißweine von *Orvieto* und *Montepulciano*. — In den Weinstuben wird der gewöhnliche Wein in schilfumflochtenen Flaschen von c. $2^1/_2$ Liter Inhalt *(un fiasco)* aufgetragen und man bezahlt das getrunkene Quantum. Es gibt aber auch kleinere Flaschen: *mezzo fiasco* ($^1/_2$), *quarto fiasco* ($^1/_4$), *fiaschetto*, *ottavino* ($^1/_8$), die man ganz nimmt.

In Rom erhält man neben den toskanischen vor allem die Weine der Umgegend *(vini dei Castelli romani)*, von denen die von *Frascati*, *Marino* und *Genzano* sich einer besonderen Beliebtheit erfreuen. Bessere Sorten werden wie bei uns in verkorkten Flaschen mit Etikette aufgetragen. Der Tischwein *(vino da pasto)* kommt in offenen Flaschen zum Ausschank, *un mezzo litro* ($^1/_2$ Liter), *un quarto* ($^1/_4$ Liter), *un bicchiere* ($^1/_5$ Liter).

Zigarren *(sigari)* sind in Italien Regie. Die Italiener bevorzugen schwere Sorten, wie *Toscani*, *Napoletani*, *Cavour* (lang zu 10, kurz zu $7^1/_2$ c.) und *Virginia* (lang, mit Stroh; man bricht beim Anstecken unten ein Stück, ungefähr 2-3 cm, ab oder läßt es verkohlen; $7^1/_2$, 12 und 15 c.). Etwas leichter (gut nur in den größeren Läden) sind *Branca* (5 c.), *Sella* (7 c.), *Grimaldi* (10 c.), *Medianitos* und *Minghetti* (15 c.), *Trabucos* (20 c.), *Londres* (25 c.), *Regalia Londres* (30 c.). Außerdem gibt es (namentlich im „Spaccio Normale", S. 148) auch importierte *Manila-* (20-30 c.) und *Havannazigarren* (40 c.-1 fr. 20), meist recht gut, aber schwer, sowie ausländische *Zigaretten (sigarette)*. Regiezigaretten gibt es von 1 c. das Stück an (beliebt die *Macedonia* zu 3 c.); zu empfehlen auch die *Spagnolette Avana* (5 c.), kleine Zigarren in Zigarettenformat. Wer Zigarren von Hause mitbringt, bewahre die Zollquittung, da die städtischen Beamten (S. XI) danach zu fragen befugt sind. — In jedem Zigarrenladen brennt ein Licht, an dem man auch ohne zu kaufen anzünden kann.

VII. Kirchen. Museen. Theater. Kaufläden.

Kirchen sind meist bis 11 oder 12 Uhr mittags, gewöhnlich auch 4-7 Uhr abends geöffnet, die bedeutendsten den ganzen Tag (vgl. S. 164); kleine Kirchen werden z. T. schon früh um 8 oder 9 Uhr geschlossen. Man kann mit der gehörigen Bescheidenheit selbst während des Gottesdienstes die Kunstwerke betrachten, natürlich mit Ausnahme des Altars, wo gerade zelebriert wird. Jede Störung der Andacht ist zu vermeiden. In der letzten Woche vor Ostern sind fast alle Altarbilder verhüllt. Bei vielen bedeutenden Kunstwerken ist dies das ganze Jahr der Fall: der Küster *(sagrestano)* entfernt den Vorhang gegen ein kleines Trinkgeld (S. XXIII).

b*

Öffentliche **Museen** sind in der Regel von 9 oder 10 bis 3 oder 4 Uhr zugänglich, an Wochentagen gegen Eintrittsgeld, Sonn- und Festtags frei. Für Rom (vgl. S. 162/163) gelten folgende Bestimmungen:

Ganz geschlossen sind die *päpstlichen Sammlungen* Sonntags, an kirchlichen Festtagen, in der Karwoche vom Gründonnerstag an, am 9. August (Krönungstag des Papstes) und am letzten Donnerstag im Oktober:

Die *staatlichen Sammlungen* und *Ausgrabungsstätten* am 1. Jan., 6. Jan. (Epiphanias), 8. Jan. (Geburtstag der Königin), am letzten Karnevalssonntag, Gründonnerstag (giovedì santo), Ostersonntag (Pasqua), Christi Himmelfahrt (Ascensione), am 1. So. im Juni (Verfassungsfest, festa dello Statuto), Fronleichnam (Corpus Domini), 29. Juni (St. Peter und Paul), 14. Juli (Geburtstag Garibaldis), 29. Juli (Jahrestag der Ermordung König Humberts I.), 15. Aug. (Mariä Himmelfahrt, Assunzione), 8. Sept. (Mariä Geburt, Natività di Maria Vergine), 20. Sept. (Jahrestag des Einzugs des italienischen Heeres durch die Porta Pia, S. 180), 1. Nov. (Allerheiligen), 11. Nov. (Geburtstag des Königs), 20. Nov. (Geburtstag der Königin-Mutter), 8. Dez. (Mariä Empfängnis, Concezione), 25. Dez. (Natale); dazu kommen die Sonntage während der Wahlen.

Die *städtischen Sammlungen* bleiben an den staatlich anerkannten Feiertagen bis 1 Uhr offen; geschlossen sind sie am 1. Jan., Ostersonntag, am Verfassungsfest (s. oben), 20. Sept. (s. oben), 1. Nov. und 25. Dezember. Die *päpstlichen Sammlungen* sind Sonntags, an Kirchenfesten, in der Karwoche vom Gründonnerstag an, am 9. Aug. und am letzten Do. im Okt. geschlossen; die *Privatsammlungen* bis auf die beiden zuletzt genannten Tage ebenso. — In kleineren Städten kommen zu den oben gen. staatlichen Feiertagen oft noch Karneval, Palmsonntag, Pfingsten und der Festtag des Ortsheiligen.

Wer in den öffentlichen Museen oder Privatsammlungen Roms eingehende Studien machen, zeichnen oder kopieren will, bedarf eines besonderen Permesso. Für die *päpstlichen Museen* erteilt diese Erlaubnis, um die man am besten durch die Gesandtschaft einkommt, Msgr. Gaetano Bisleti, Maggiordomo des Papstes, in dessen Segretaria man den Permesso (je einen besonderen für die Museen des Vatikan und Lateran, die vatikanische Bildergalerie und die Loggien Raffaels) abholt. Für die *Privatgalerien* wendet man sich an den Besitzer (auch in französischer Sprache) und hat dabei genau anzugeben, welches Bild man zu kopieren usw. wünscht, auch Größe und Art der Kopie. Im übrigen unterrichte man sich zuvor beim Kustoden. Nachstehend ein Formular für das Schreiben an den Msgr. Maggiordomo:

Eccellenza Revma,

Il sottoscritto che si trattiene a Roma con lo scopo di proseguire in questa capitale i suoi studi artistici (storici, usw.), *si prende la libertà di rivolgersi a Vrã Eccellenza Revma pregandola, perchè voglia accordargli il grazioso permesso di far degli studi* (dei disegni, delle notizie usw.) *nel Museo* (nella Galleria) *Vaticano.*

Sperando di essere favorito da Vrã Eccellenza Revma e pregandola di gradire anticipatamente i suoi più sinceri ringraziamenti, ha l'onore di protestarsi col più profondo rispetto

di Vrã Eccellenza Revm̃a

Roma il . . . . *Umm̃o Obbm̃o Servitore*

A Sua Eccellenza Revm̃a N. N.

Msgr. Gaetano Bisleti

Maggiordomo di Sua Santità.

Richtet sich das Gesuch an einen Principe oder Marchese, so hat man in der Anrede das *Revm̃a* wegzulassen.

Für alle *staatlichen Sammlungen, Ausgrabungsstätten* usw. erhalten Kunsthistoriker und Archäologen auf Grund einer wissenschaftlichen Publikation, Künstler und Historiker auf Grund eines von einem italienischen Konsul beglaubigten Akademie- oder Universitätszeugnisses eine Freikarte *(permesso di entrata gratuita)*. Das Gesuch ist auf Stempelpapier (carta bollata, 1 fr. 20 c.) nebst dem Ausweis und einer unaufgezogenen Photographie in Visitformat beim Unterrichtsministerium (S. 237) einzureichen. Für eine einzelne Stadt wendet man sich an eine Museumsdirektion (Stempelpapier 60 c.). Eines Erlaubnisscheins bedarf auch, wer auf dem Forum, Palatin usw. zeichnen, vermessen oder mit einem Stativapparat photographieren will; ein Handapparat ist gestattet.

Über das rücksichtslose Gebaren der Fremdenführer (S. XXIII), die in den Sammlungen unbeteiligten Reisenden durch überlautes Sprechen den Kunstgenuß beeinträchtigen, wird geklagt. Auch dem Reisepublikum sei in dieser Beziehung einige Zurückhaltung anempfohlen.

Den italienischen **Theatern** ist die Einrichtung ständiger Bühnen fremd. In den größten Theatern, deren Spielzeit *(stagione)* oft nur vom St. Stefanstage (26. Dez.) bis zum Schlusse des Karnevals währt, wird das Opernpersonal von einem Unternehmer jedes Jahr neu zusammengestellt; auf die Oper folgt manchmal ein großes Ausstattungsballett. Die Schauspielertruppen werden ebenfalls durch einen Unternehmer zusammengebracht, reisen aber von Ort zu Ort. Die Vorstellungen dauern von 8, $8^1/_2$ oder 9 Uhr bis nach Mitternacht. Die Italiener sind eifrige Theaterfreunde; an den Darstellern wird viel leidenschaftlicher Kritik geübt wie bei uns. Die sehr langen Zwischenakte (15-20 Min.) werden durch Zeitungslesen oder Besuche in den Logen ausgefüllt.

Außer der Eintrittskarte *(biglietto d'ingresso)*, die für das Stehparterre *(platéa)* ohne weiteres berechtigt, löst man, in den größeren Städten gewöhnlich im Vorverkauf, für die Sitzplätze noch ein zweites Billett. Mit Damen oder in größerer Gesellschaft nimmt man am besten eine Loge (*palco di primo, secondo, terzo ordine*, Parkett-, I. Rang-, II. Rang-Loge), wo meist Gesellschaftstoilette üblich ist. Von den übrigen Plätzen, die einzeln abgegeben werden, kommen namentlich *poltrone* (Orchestersitze und erstes Parkett), sowie *posti distinti* oder *sedie* (zweites Parkett) in Betracht. Einzelne große Theater haben auch gute Plätze im vorletzten Rang (*anfiteatro* oder *prima galleria*).

Nur in wenigen vornehmen Theatern gibt es eine Garderobe. Herren nehmen gewöhnlich erst bei Beginn des Spiels den Hut ab.

Die besseren **Kaufläden** haben jetzt vielfach feste Preise. Doch wird bei größeren Einkäufen oft ein Rabatt von 5-10% gewährt; wer zu handeln („contrattare") versteht, wird auch wohl einen niedrigeren Gesamtpreis vereinbaren können. Erscheint der Preis zu hoch, so verlasse man ruhig den Laden, ohne zu kaufen.

Viele Gebrauchsgegenstände sind etwas teurer als in Deutschland, Schuhwerk, Handschuhe und Seidenwaren dagegen erheblich billiger. In vielen Läden Roms wird deutsch gesprochen. Vor Einkäufen in Begleitung von Fremdenführern (S. XXIII) oder durch Vermittlung von Hotelbediensteten ist durchaus abzuraten; wer dagegen Gelegenheit hat, in Gesellschaft italienischer Bekannten einzukaufen, ist im Vorteil. — Mit gefälschten Altertümern wird ein schwunghafter Handel getrieben. Man kaufe alte Kunstgegenstände nie ohne schriftliche Garantie für die Echtheit und hüte sich besonders bei kleineren Händlern vor „glücklichen Funden". Für hervorragende Kunstwerke besteht ein Ausfuhrverbot (vgl. S. 152).

Bei Einkäufen für die Heimat ist die größte Vorsicht geboten. Man zahle weder beim Kauf den vollen Betrag, noch gestatte man die Nachnahme des Restes auf die Sendung, damit man sich bei der Ankunft überzeugen kann, daß man den gewählten Gegenstand auch wirklich bekommen hat. Läßt sich der Verkäufer auf genaue schriftliche Vereinbarung über die Art der Verpackung und Versendung, sowie über die Entschädigung für zerbrochen ankommende Gegenstände nicht ein, so sehe man von dem Kaufe grundsätzlich ab. Die Beförderung größerer Gegenstände nach der Heimat übergibt man am besten einem Spediteur.

VIII. Verkehr mit dem Volke. Trinkgelder. Fremdenführer. Öffentliche Sicherheit. Bettelei.

Verkehr mit dem Volke. Wer einigermaßen der Sprache mächtig ist und sich in seinem Auftreten den Landessitten anzupassen weiß, wird gegen Übervorteilung meist geschützt sein, sofern er in Gasthöfen und Kaufläden, sowie mit Kutschern, Gondolieren und Führern die Preise vorher ausmacht. Mit ruhigem, sichern Auftreten, ohne Schroffheit, kommt man überall am weitesten, durch einen harmlosen Scherz oder durch wohlwollende Kritik von Land und Leuten gewinnt man sich rasch alle Herzen. Der Italiener ist Fremden gegenüber, insbesondere auch gegen Damen, durchweg von großer Zuvorkommenheit.

Trinkgelder *(mancia, buona mano, da bere, sigaro)* werden in Italien durchweg niedriger bemessen als bei uns. Auf Straßenbahnen gibt man sie nicht. Kutscher, Gepäckträger usw. erwarten zu dem Tarifpreis oder dem bedungenen Lohn stets eine Zugabe, etwa 10-15 c., bei längerer Inanspruchnahme entsprechend mehr. Im übrigen enthält der Text unseres Buches die nötigen Andeutungen. Bescheidene Reisende geben weniger; wer anspruchsvoll auftritt, erregt größere Hoffnungen. Jedenfalls versehe man sich vor jedem Ausgang reichlich mit Kupfer- und Nickelmünze (S. x). Bei der Einhändigung verfehle man nicht, das Trinkgeld vom Lohne zu trennen.

In Gasthöfen und Speisehäusern veranschlage man das Trinkgeld mit etwa 5-10% der Rechnung. In den staatlichen und städtischen

Sammlungen, in denen Eintrittsgelder erhoben werden, sehe man von Trinkgeldern an die Aufseher *(custodi)* grundsätzlich ab. In Privatsammlungen geben 1-2 Pers. $^{1}/_{2}$-1 fr., 3-4 Pers. 1-$1^{1}/_{2}$ fr.; bei häufiger Wiederkehr genügt weniger. Für Türöffnen in Häusern, Kirchen 10-20 c., für Begleitung und andere Dienstleistung, z. B. Aufziehen des Vorhangs vor verdeckten Altarbildern, Lichtanzünden an schlecht beleuchteten Orten, nach Verhältnis und Aufenthalt mehr ($^{1}/_{4}$-1 fr.). Unerwünschte Dienste vermeide man zu belohnen und gebe kein Trinkgeld wo es nicht erwartet wird.

In Rom gibt es geprüfte **Fremdenführer** (*Guide patentate;* 15 fr. für den Tag), die mit einem Patent der italienischen archäologischen Kommission versehen sind. Sie sind in den Gasthöfen zu erfragen. Es gibt einige Deutsche darunter. Man lasse sich das Patent zeigen. Die meisten Reisenden werden ihre Dienste entbehrlich finden. In andern Städten erhalten sie 6-10 fr. für den Tag. Einkäufe mache man nicht in ihrer Begleitung, da sie in der Regel vom Verkäufer eine Provision beziehen, die der Käufer zu zahlen hat.

Für die **öffentliche Sicherheit** sorgen in den Städten Schutzleute *(guardie,* Sing. *la guardia)*, auf dem Lande die S. 159/160 erwähnten *Carabinieri*. Daß man in Großstädten, wie Rom, nachts einsame Stadtviertel meidet, versteht sich von selbst. Bei Ausflügen in die römische Campagna richte man sich so ein, daß man spätestens kurz nach Sonnenuntergang zurück ist. Damen ohne Begleitung sollten, was gerade in Rom merkwürdig oft versehen wird, Ausflüge in einsame Gegenden überhaupt unterlassen. Übrigens sind Raubanfälle kaum häufiger als ähnliche Verbrechen im Umkreis unserer großen Städte und Fremdenorte. Immerhin mag, wenn man außergewöhnliche Wanderungen beabsichtigt, eine Erkundigung beim Gastwirt oder bei Mitreisenden ganz zweckmäßig sein. — Vor Taschendieben ist zu warnen. Uhren- und Brieftaschendiebstähle sind besonders auf den römischen Straßenbahnen sehr häufig. Man sei besonders beim Ein- und Aussteigen vorsichtig und vermeide es auch, Anhängetäschchen, goldene Ketten, Schmuck u. dgl. offen zu tragen. — Die Führung von Waffen ohne Erlaubnisschein (c. 20 fr.) wird mit Gefängnis bestraft. Durchaus verboten sind alle heimlichen Waffen (armi insidiose), zu denen sogar Messer gerechnet werden, deren Klinge länger als handbreit und festzustellen ist.

Die **Bettelei** *(accattonaggio)* wird seit alters her als Erwerbsquelle angesehen. Die meisten Bettler finden sich an den Kirchentüren. Am besten gibt man gar nichts und weist Zudringliche mit einer kurzen verneinenden Handbewegung oder einem „niente" ab. Will man aber etwas geben, so ist jedenfalls die kleinste Münze die beste; auch beschränke man sich durchaus auf gebrechliche Leute. Ganz verwerflich sind Geldgeschenke an Kinder.

IX. Post. Telegraph.

Die **Post** ist in größeren Städten von 8 Uhr morgens bis 8, 8½, 9, 9½ Uhr abends geöffnet, auch Sonn- und Festtags; an kleineren Orten pflegt mittags eine mehrstündige Pause zu sein. Briefe läßt man sich besser an sein Hotel usw. adressieren, als postlagernd (ital. *ferma in posta*) schicken. Adresse in lateinischer Schrift möglichst kurz, ohne Titel, mit Unterstreichung des Zunamens (*cognome*). Am Postschalter zeige man seine Visitenkarte vor, um längere Auseinandersetzungen zu vermeiden. Der Italiener setzt den Vornamen (*nome*) nach; daher rühren oft Mißverständnisse. Freimarken (*francobolli*) erhält man, außer an der Post selbst, in allen Zigarrenläden. Der Briefkasten heißt *buca* oder *cassetta* (*per le lettere* für Briefe, *per le stampe* für Drucksachen).

Brief: je 15 Gramm in der Stadt 5 c., im übrigen Italien 15 c., nach dem Ausland (*per l'estero*) innerhalb des Weltpostvereins 20 gr. 25 c., weitere 20 gr. je 15 c.; das Strafporto (*soprattassa*) für ungenügende Frankierung beträgt das Doppelte des Fehlenden. — Postkarte (*cartolina postale*) in der Stadt 5, für In- und Ausland 10 c., mit bezahlter Antwort (*con risposta pagata*) im Inland 15, nach dem Ausland 20 c. Schriftliche Mitteilungen sind auch bei Ansichtskarten nur auf einer Seite zulässig; mit der Aufschrift „Stampe" und außer der Adresse höchstens 5 Worten werden Postkarten als Drucksache befördert. — Kartenbrief (*biglietto postale*) in der Stadt 5 c., im Inland 15 c., nach dem Ausland 25 c. — Geschäftspapiere (*carte manoscritte*) im Inland bis 50 gr. 20 c., bis 500 gr. 40 c. usw., nach dem Ausland bis 250 gr. 25 c., je 50 gr. mehr 5 c. — Drucksachen (*stampe*) im Inland je 50 gr. 2 c., nach dem Ausland 5 c. — Einschreibgebühr (*raccomandazione*; Aufschrift „*raccomandata*" oder „*R*") für Stadtbriefe und für Drucksachen 10 c., sonst 25 c. — Postanweisungen (*vaglia postali*) werden zwischen Deutschland und Italien bis zu 1000 fr. befördert; Porto 20 Pf. für je 40 ℳ. Auch telegraphische Anweisungen sind zulässig. In Italien selbst beträgt der Tarif bis zu 10 fr. 10 c., bis 25 fr. 20 c., für 50 fr. 40 c. usw. Die Ausgabe von Geld- und Einschreibsendungen erfolgt am Postschalter nur gegen Vorweisung des Passes, der Mitgliedkarte des Touring Club Italiano (S. xiv) oder eines sog. *libretto di ricognizione*, welches man auf Antrag von der „Direzione Uffici di prima Classe" erhält, andernfalls muß sich der Empfänger durch einen an der Post bekannten Zeugen ausweisen. Weniger Umstände macht es, wenn man das Geld an seinen Wirt adressieren läßt, mit dem man aber vorher Rücksprache nehme.

Postpakete sind bis zum Gewicht von 5 kg und bis 60cm Länge und Breite zulässig. Sie müssen gut verpackt und versiegelt sein und dürfen keine Briefe enthalten. Das Porto innerhalb Italiens beträgt 1 fr. (bis 3 kg nur 60 c.), nach Deutschland 1 fr. 75 c. (aus Deutschland 1 ℳ 40 Pf.), Zolldeklarationen (3) in italienischer oder französischer Sprache. — Zollfreie Kleinigkeiten (Blumen u. dgl.) verschickt man als Muster ohne Wert (*campioni*; Höchstgewicht 350 gr.; man kann sie einschreiben lassen): je 50 gr. 2 c., ins Ausland bis 100 gr. 10 c., je 50 gr. mehr 5 c.

Telegramme (man lasse sich eine Empfangsbescheinigung, ricevuta, geben: 5 c.). Ins Ausland: Grundtaxe 1 fr., dazu für jedes Wort nach Deutschland 14 c., Schweiz und Österreich-Ungarn 6-14 c., Frankreich 14 c., Belgien 19 c., Dänemark und Holland 23 c., England und Schweden 26 c., Norwegen 34 c., Rußland (europäisches) 42 c. — In Italien: 15 Worte 1 fr., als Eiltelegramm (*telegramma urgente*) 3 fr., jedes Wort mehr 5, bezw. 15 c.

X. Das Klima Roms. Gesundheitspflege.

Rom liegt unter 41°53'54'' nördl. Breite und 12°28'50'' östl. Länge von Greenwich, die ebenen Teile in 12-15, die Hügel in 40-60m Seehöhe inmitten der Campagna, in gleicher Entfernung (etwa 22km) vom Apennin und dem Meere. Dem Meere ist die Milde des römischen Winters zu danken und im Sommer eine täglich wiederkehrende frische Brise. Anderseits prägt sich der kontinentale Charakter des Klimas in der starken Abkühlung aus, die an klaren Tagen nach Sonnenuntergang eintritt und verhältnismäßig niedrige Nachttemperaturen im Gefolge hat. Zu den Eigentümlichkeiten des römischen Klimas gehört auch der häufige Wechsel der Luftströmungen. Namentlich lösen sich die *Tramontana*, worunter man außer dem eigentlichen Nordwind auch den Nordost (Greco) zu verstehen pflegt, und der Südostwind *Scirocco*, unter welchem Namen man fälschlich auch Südost, Süd und Südwest zusammenfaßt, häufig ab. Im Winterhalbjahr ist die Tramontana der vorherrschende Wind; sie nimmt von Ende Oktober bis Dezember an Häufigkeit zu, behält auch im Januar und Februar noch die Herrschaft und wird dann allmählich seltener. Dieser kühle, oft wirklich kalte, trockene, von heiterem Himmel begleitete Wind, wird bei mäßiger Stärke selbst von Kranken gut vertragen; tritt er aber heftig auf, so reizt er die Schleimhäute. Sein Gegner, der Scirocco, macht sich besonders im Oktober und dann wieder im März und April bemerkbar; er wirkt reizmildernd auf Katarrhe, stört aber leicht den Appetit und erschlafft die Nerventätigkeit.

Das Fremdenleben beginnt in Rom im *Oktober*, wenn die ersten Herbstregen gefallen sind und die Natur zu einem zweiten Frühling erwacht ist; die mittlere Wärme dieses Monats beläuft sich auf 17° C., die Zahl der Regentage auf 10. Auch der *November* (Wärme-Mittel 12° C., 11-12 Regentage) ist oft noch recht angenehm. Im *Dezember* dagegen wechseln im Kampfe zwischen Nord- und Südwinden heftige Regengüsse mit stärkerer Kälte ab (W.-M. $8_{,6}$° C., 10-11 Regentage). *Januar* (W.-M. $7_{,6}$° C., $10_{,2}$ Regentage) und *Februar* (W.-M. $8_{,3}$° C., 8-9 Regentage) sind die kältesten, oft aber recht heitere Monate. Meistens sinkt die Temperatur einige Male auf 2-4°C. unter Null, ausnahmsweise wohl auf 6° unter Null; doch kommen auch Winter vor, in denen der Gefrierpunkt nicht überschritten wird. Schnee fällt nur selten und bleibt höchstens 1-2 Tage liegen. Wer um diese Zeit etwa von der Riviera, wo die mittlere Temperatur im Januar und Februar 9 bezw. 11° C. beträgt, nach Rom kommt, muß mit entsprechend wärmerer Kleidung versehen sein. Der *März* (W.-M. $10_{,3}$° C., 10 Regentage) ist, wie überall im Süden, der windreichste Monat; einzelne Kälterückfälle kommen noch vor, aber es gibt doch schon angenehm warme Tage. Der *April*, der mit einem Wärmemittel von 14° C. etwa dem mitteldeutschen Mai entspricht, und die erste Hälfte *Mai* mit einem Wärmemittel von über 16° C. sind die für den Reisenden geeignetste Jahreszeit. Wer ein paar warme Tage nicht scheut, wird auch die zweite Hälfte Mai und selbst den Anfang Juni noch gern in Rom verbringen. Im Laufe des *Juni* (W.-M. 22° C.) aber nimmt die Sommerwärme schnell zu und dauert dann in der Regel den ganzen *Juli* (24,6° C.) und *August* (24,1° C.) und noch einen Teil des *September* (20,7° C.) an. Wenn die Hitze auch an sich wegen der Trockenheit der Luft leichter zu ertragen ist als im Norden, so wirkt sie durch ihre lange Dauer doch nachteilig auf die Gesundheit des Nordländers ein. Dazu kommt die Malariagefahr.

Die in Italien vorkommende *Malaria* wird durch eine langbeinige Mückenart (das Weibchen von *Anopheles claviger*) übertragen, die jedoch erst bei steigender Wärme, gegen Ende Juni, zu stechen anfängt. In den Straßen und Häusern der Städte kommt sie nicht vor, man hat hier also auch in Rom nichts von der Krankheit zu befürchten. Nicht frei von Ansteckungsgefahr sind dagegen die schwach bebauten äußeren Stadtteile, in denen es noch Wein- und Gemüsegärten gibt, im S. etwa vom Palatin und Aventin an, sowie die vorstädtischen Gebiete außerhalb der Porta del Popolo, der Porta S. Paolo und der Porta Portuense und im NW. jenseit des Vatikans. Schwerer tritt die Krankheit erst weiter außerhalb der Tore, in den ausgedehnten Wiesengründen der Campagna auf. Hier gibt es noch alljährlich eine Fieberepidemie, die im Juli beginnt, im August ihren Höhepunkt erreicht und erst in den Herbstmonaten erlischt. Da der Anopheles vorzugsweise um Sonnenuntergang schwärmt, ist besonders diese Tageszeit gefährlich, und es ist deshalb bei Campagnaausflügen in der Fieberzeit, selbst noch im Oktober und November geboten, *vor* Sonnenuntergang in die Stadt zurückzukehren (vgl. S. XVI).

In hygienischer Hinsicht macht sich ein Fortschritt bemerkbar. Die Gesamtsterblichkeit, die für das Jahrzehnt 1882-91 noch 25‰ betrug, wird für 1904 auf nur 19,6‰ angegeben. Sehr wohlschmeckend und rein ist bekanntlich das römische Trinkwasser, und nur sein starker Kalkgehalt verbietet den zu reichlichen Genuß; das Wasser der Trevi ist in dieser Beziehung das zuträglichste.

Die für den Ausländer geeigneten Gasthäuser und Pensionen liegen in den besten Stadtteilen. Hier ist stets auch eine große Zahl Privatwohnungen mit dem erforderlichen Komfort zu finden. Südzimmer sind für den Schwächlichen unumgänglich notwendig, selbst für den Gesunden nahezu Bedürfnis. *Dove non ci entra il sole, ci entra il medico* sagt ein römisches Sprichwort. Der größeren Trockenheit wegen ist den oberen Stockwerken der Häuser der Vorzug zu geben. Man achte auf gute Fußbodenteppiche und auf Heizbarkeit der Räume. Öfen sind am besten; doch erfüllen auch die üblichen Kamine größtenteils ihren Zweck; die bei den Einheimischen beliebten Kohlenbecken sind natürlich zu verwerfen.

In der Kleidung trage man dem Witterungswechsel Rechnung. Besondere Berücksichtigung verdient die plötzliche Abkühlung nach Sonnenuntergang. Empfehlenswert ist es, dem Landesbrauche entsprechend zu jeder Jahreszeit wollene oder halbwollene Stoffe auf bloßer Haut zu tragen. Im Winter sind warme Winterkleider nicht überflüssig. Um die Mittagszeit pflegt es im Innern der Gebäude kälter zu sein als draußen. Im Gegensatz zur nordischen Gewohnheit wird man daher den Überzieher im Freien häufig ablegen und ihn beim Eintritt ins Haus anlegen. Zu empfehlen ist diese Vorsichtsmaßregel besonders beim Besuche der Museen, Kirchen usw. Am besten macht man den Hinweg zu diesen Sehenswürdigkeiten im Wagen, den Rückweg aber zu Fuß, um nach dem Aufenthalt in den kühlen Räumen wieder warm zu werden. — Zu Promenaden sind die Anlagen des Monte Pincio am meisten zu empfehlen; der Aufenthalt in dem zum Teil ziemlich feuchten Parke der Villa Borghese erfordert besonders gegen Abend Vorsicht. Man hüte sich vor Spazierfahrten im offenen Wagen nach Sonnenuntergang, vor spätabendlichem Sitzen an feuchten Plätzen (Kolosseum!), vor jeder längeren Rast auf dem natürlichen Boden, wozu man sich an schönen Frühlings- und Herbsttagen manchmal eingeladen fühlt. Alle solche Unvorsichtigkeiten können Erkältungsfieber zur Folge haben. In der wärmeren Jahreszeit setze man sich der Sonne nicht zu sehr aus. Nach einem römischen Sprichwort gehen nur Hunde und Fremde (Inglesi) in der Sonne, die Christen aber im Schatten. Wer gegen das blendende Licht empfindlich ist, mag außer dem Sonnenschirm eine Schutzbrille mit rauchgrauen Gläsern tragen. In der Mittagsstunde ist Ruhe durchaus anzuraten, ein kurzer Schlaf wohltuend.

Für schwächliche und erholungsbedürftige Personen, besonders für solche, die im Norden an Katarrhen der Luftwege leiden, ist ein Winteraufenthalt in Rom oft von günstigem Erfolge; es ist staubfreier als die Riviera, windstiller als die sizilischen Stationen, freilich auch erheblich kühler.

ZUR GESCHICHTE DER STADT ROM.

„Wenn man so eine Existenz ansieht, die zweitausend Jahre und darüber alt ist, durch den Wechsel der Zeiten so mannigfaltig und vom Grund aus verändert, und doch noch derselbe Boden, derselbe Berg, ja oft dieselbe Säule und Mauer, und im Volke noch die Spuren des alten Charakters, so wird man ein Mitgenosse der großen Ratschlüsse des Schicksals, und so wird es dem Betrachter von Anfang schwer zu entwickeln, wie Rom auf Rom folgt, und nicht allein das neue auf das alte, sondern die verschiedenen Epochen des alten und neuen selbst aufeinander.“ (Goethe 7. Nov. 1786.) Immerhin wird der Besucher einer Stadt, welche fast so lange, wie es eine Geschichte von Europa gibt, den Mittelpunkt der abendländischen Zivilisation gebildet, welche auf den Trümmern des Weltreichs eine neue geistliche Weltherrschaft zu gründen vermocht hat und gegenwärtig als Hauptstadt eines modernen Nationalstaates im Beginn einer dritten Phase der Entwickelung steht, unwillkürlich auf die historische Betrachtung hingedrängt. Auf Schritt und Tritt werden die Gedanken von dem Genuß des Augenblicks auf die Vergangenheit hin abgelenkt; auch die leichtesten Naturen vermögen sich diesem Einfluß nicht zu entziehen. Die folgende Skizze hat wie dies ganze Buch nur den Zweck, den Fremden zu orientieren, seinem eigenen Studium die Wege zu weisen; sie beschränkt sich darauf, die allgemeinen Tatsachen in großen Zügen darzustellen.

In dem Dunkel, das die ältere Geschichte Italiens bedeckt, entzieht sich auch die Entstehung Roms jeder näheren Kunde. Die Tradition hat erst in verhältnismäßig später Zeit die Legende von Romulus und Remus ausgebildet und das Gründungsjahr auf 754 vor Chr. festgesetzt. In Wirklichkeit war Rom eine viel ältere Stadt. Hierauf führen nicht bloß alte Sagen, sondern auch die Funde. Als den Kern der ganzen Stadt, an den sich im Laufe der Jahrhunderte neue Stadtteile anschlossen, sahen die Alten den *Palatin* an. Auf ihm soll Romulus seine Stadt gegründet haben, die *Roma quadrata*, deren Umfang Tacitus Ann. 12, 24 angibt. Die Ausgrabungen haben Teile der Mauer und Nekropole dieser ältesten Niederlassung ans Licht gebracht (S. 297, 284). Zu der romulischen Stadt auf dem Palatin trat eine zweite, von Sabinern bewohnte auf dem *Quirinal:* beide wurden bald zu einem einzigen Gemeinwesen verbunden. Während jede ihre eigentümlichen Tempel und Heiligtümer behielt, bildete das in der Mitte gelegene *Forum*, von der Burg und dem Tempel des Jupiter auf dem *Kapitol* überragt, den gemeinsamen Sammelpunkt des Staates. Und diese Bedeutung haben

Forum und Kapitol bis zum Ausgang des Altertums bewahrt. Sein rasches Wachstum verdankte Rom vor allem seiner Lage, welche, die zentralste der Halbinsel, sich ebenso sehr für den Handel eignete wie für den Mittelpunkt eines ausgedehnten Reiches. Die Vorteile derselben sind von den Alten selber klar erkannt worden; so führt Livius 5, 54 sie einzeln auf: „flumen opportunum, quo ex mediterraneis locis fruges devehantur, quo maritimi commeatus accipiantur, mare vicinum ad commoditates nec expositum nimia propinquitate ad pericula classium externarum, regionum Italiae medium, ad incrementum urbis natum unice locum.“ Der Tiber war für Seeschiffe bis Rom hinauf schiffbar; anderseits besaßen die Nebenflüsse, wie Anio, Nera, Chiana, Topino, eine hinreichende Wasserfülle, um Flußschiffe zu tragen und den Verkehr nach den inneren Landschaften Mittelitaliens zu vermitteln. Die Ausrodung der Wälder hat dies Verhältnis allmählich ganz umgewandelt, gegenwärtig ist nur noch der untere Lauf des Tiber von Orte abwärts schiffbar.

Während die Anfänge der Weltstadt den Namen des Romulus tragen, knüpft sich die Erweiterung derselben an denjenigen des Königs Servius Tullius. Um die Doppelstadt auf dem Palatin und Quirinal hatten sich ausgedehnte Vorstädte auf dem *Esquilin* und *Caelius*, sowie in den Niederungen zwischen den Hügeln angeschlossen. Denn teils lockte die gewerb- und handelsreiche Stadt viele Fremde zu dauernder Niederlassung; teils wurden Einwohner besiegter latinischer Ortschaften mit Gewalt nach Rom verpflanzt. Aus diesen verschiedenartigen Teilen ward in der letzten Periode der römischen Könige eine Einheit geschaffen, welche durch die *servianische Mauer* bezeichnet wird. Diese bestand aus einem die ganze Stadt umfassenden Mauerring und mehreren Sonderbefestigungen innerhalb desselben, namentlich auf dem Kapitol. Die Ringmauer lief vom Nordabhang des Kapitols über das spätere Trajansforum, umschloß den Quirinal bis zu den späteren Gärten des Sallust (S. 177 unten), wo sie nach SO. umbog. Hier, wo die Stadtgrenze nicht durch steile Hügelabhänge gebildet wird, trat ein c. 30m breiter Graben und ein c. 25m breiter Wall von c. 1300m Länge an ihre Stelle (Reste s. S. 181); an der Ostgrenze des Esquilin begann die Mauer wieder, lief am Südabhang des Caelius hin, umschloß die beiden Höhen des Aventin und endete am Tiber (unterhalb S. Sabina, S. 308). Während so für den Schutz der Stadt nach außen gesorgt wurde, waren die Könige nicht minder bestrebt, das Innere mit Bauten zu schmücken. Hierher gehörten der *Tempel des Juppiter Capitolinus* (S. 255) und der *Zirkus* zwischen Palatin und Aventin (S. 303), sowie die zur Entwässerung des Forums angelegte *Cloaca maxima*, deren mächtiges Gefüge wir noch jetzt bewundern (S. 305), und der *Carcer Mamertinus* (S. 292). Diese kräftige und glanzvolle Entwickelung der Stadt unter den Königen des Tarquinischen Geschlechts im VI. Jahrhundert vor Chr. nahm ein Ende mit der Vertreibung des letzten Konigs Tarquinius Superbus 509.

In dem ersten Jahrhundert der Republik richteten sich alle Anstrengungen darauf, den überkommenen Besitzstand zu erhalten, und auch dies gelang nur mit Mühe: es war eine harte und bittere Schule, die das Volk im Genuß seiner jungen Freiheit durchzukosten hatte. Erst mit dem Verfall der etruskischen Macht bekam Rom Luft. Nach langen Kämpfen wurde die mächtige Nebenbuhlerin *Veji* erobert und zerstört (396), womit die römische Herrschaft über Südetrurien bis zum ciminischen Wald begründet war. Bald darauf 390 ward Rom selbst bis auf das Kapitol von den *Galliern* eingenommen und gänzlich zerstört. Während dieser Unglücksfall nur eine vorübergehende Erschütterung der römischen Macht zur Folge hatte, ward er dagegen für das Äußere der Stadt bestimmend. Der Neubau ward mit größter Eile betrieben, die Straßen wurden eng und krumm, die Häuser dürftig und unansehnlich: bis auf Augustus war Rom nichts weniger als eine schöne Stadt. Doch konnte die immer weiter ausgreifende römische Macht auf die Stadt nicht ohne Einfluß bleiben. Während der Kämpfe um den Besitz Italiens erhielt Rom durch *Appius Claudius* im Jahre 312 die erste Wasserleitung und die erste Landstraße (*Aqua* und *Via Appia*, S. 420); 272 kam eine zweite Leitung hinzu (*Anio vetus*). Bis zum Hannibalischen Kriege hatte Rom die Mauer des Servius Tullius nicht überschritten; aber als mit der Demütigung Karthagos die Weltherrschaft entschieden war, folgte eine rasche Erweiterung der Stadt. Die Mauer ward aller Orten zerstört und überbaut, so daß es zur Zeit des Augustus schwer hielt, ihren Lauf im einzelnen zu ermitteln. Nachdem die griechisch-asiatischen Kriege zu Anfang des II. Jahrhunderts vor Chr. die Römer mit der Zivilisation des Ostens in Berührung gebracht hatten, begann man die Stadt ihrer weltgebietenden Stellung gemäß von Grund aus umzuformen. Die bisher ungepflasterten Straßen erhielten sämtlich jenes massive Lavapflaster, das wir noch heute an den antiken Landstraßen, z. B. der Via Appia, bewundern. Die adligen Geschlechter setzten ihren höchsten Ehrgeiz darin, ihren Namen durch großartige öffentliche Bauten zu verewigen. Bereits im J. 184 errichtete *M. Porcius Cato* die erste Gerichtshalle am Forum (*Basilica Porcia*), und andere folgten. Die Häuserspekulation ward in großem Maßstab betrieben, und ihr verdankte z. B. der Triumvir Crassus seinen Reichtum: denn die Mieten waren sehr hoch, die Häuser selbst leicht und hoch aus Fachwerk gebaut. Im Gegensatz zu den dürftigen Mietkasernen (*insulae*) wurden die Paläste der Vornehmen (*domus*) glänzend ausgestattet und dabei ein ganz erstaunlicher Luxus entfaltet; so kaufte z. B. der Tribun Clodius, der bekannte Gegner Cicero's, sein Haus um 14800600 Sesterzen (ungefähr 3 Mill. Mark). Als Material wurden für Privatbauten an der Sonne getrocknete

Ziegel *(lateres)* verwendet, für Monumentalbauten Tuff und Peperin aus der nächsten Umgebung. Unter den in verhältnismäßig geringer Zahl erhaltenen Bauten der republikanischen Zeit sind besonders zu nennen das *Tabularium* aus dem J. 78 (S. 271), der ionische *Tempel* am Ponte Emilio (S. 307), dann einige Grabmonumente, wie dasjenige der *Scipionen* (S. 315), das des *Bibulus* (S. 220) und das der *Caecilia Metella* (S. 422).

Die Umwandlung der Freistaats in eine Militärmonarchie hatte mit Notwendigkeit eine neue Bauperiode zur Folge. Usurpatoren pflegen baulustig zu sein, um mit neuen Schöpfungen die alten Gebäude mit ihren Erinnerungen zu verdunkeln. *Caesar* hatte in diesem Sinne schon die weitgehendsten Entwürfe vorbereitet; ihre Ausführung fiel seinem glücklicheren Neffen zu. Die Überreste der Bauten des Augustus nehmen unter den Ruinen Roms an Zahl und Bedeutung weitaus die erste Stelle ein: im *Marsfeld*, welches durch ihn in den Bebauungskreis hineingezogen wurde, das ältere *Pantheon* (vgl. S. 234), die *Thermen des Agrippa* (S. 235), das *Theater des Marcellus* (S. 253), der *Portikus der Octavia* (S. 252), das *Mausoleum* (S. 215) und die *Ara Pacis* (S. 188), ferner die *Basilica Julia* (S. 275), die *Domus Augustiana* auf dem Palatin (S. 300) und das *Forum des Augustus* mit dem *Marstempel* (S. 294). Im ganzen wurden von Augustus 82 Tempel neu hergestellt („templorum omnium conditorem ac restitutorem" nennt ihn Livius). Er durfte sich rühmen, Rom aus einer Ziegelstadt in eine marmorne umgewandelt zu haben; denn in der Tat fällt in seine Zeit ein außerordentlicher Aufschwung in der Verwendung soliden Materials, namentlich jener festen Backsteine, deren vorzügliche Herstellung wir an den römischen Bauten bis ins IV. Jahrhundert bewundern, und des schönen Travertinsteins aus der Nähe von Tivoli, während die Wände mit Marmor von Carrara, von den griechischen Inseln (Paros), aus Numidien (jetzt „giallo antico" genannt), aus Lakonien („rosso antico"), aus Euböa („cipollino") verkleidet wurden. Auch die Verwaltung und Polizei der Stadt wurde von Augustus neu geordnet. Er führte eine Einteilung in 14 Quartiere (*regiones*, S. XXXIII) durch, die annähernd dem jetzigen Umfang der Stadt entsprechen. Ein Corps von Wächtern *(vigiles)* diente als Löschmannschaft und sorgte für die nächtliche Sicherheit. Die Zeitgenossen sind von dem Glanz, den die Stadt unter Augustus erreichte, begeistert und ebenso von seinen weisen Einrichtungen, die für die Folgezeit maßgebend blieben. Auch in öffentlichen Bauten haben die nachfolgenden Kaiser ihn zum Muster genommen und einer den andern zu überbieten gesucht. Die ausschweifendste Phantasie entwickelte in dieser Beziehung Nero (54-68). Die Feuersbrunst, die im J. 64, wie es scheint auf sein Anstiften, den größten Teil Roms in Asche legte, gewährte ihm Gelegenheit, die ganze Stadt regelmäßig und im modernsten Geschmacke wieder herzustellen. Für sich selbst erbaute er das *goldene Haus*, einen

Palast mit Gärten, Seen und Anlagen aller Art, der sich über ein unverhältnismäßiges Areal vom Palatin über das Tal des Kolosseum bis weit auf den Esquilin erstreckte (S. 287). Ein wohlverdientes Schicksal traf dieses und andere Werke, daß sie nämlich von den Nachfolgern zerstört wurden, und nur unbedeutende Mauerreste tragen in Rom den Namen des Nero.

Die flavische Dynastie, welche auf die Julier folgte, hat sich dagegen durch eine Anzahl der großartigsten Werke verewigt, die, wenn auch in Trümmern, bis auf unsere Tage gekommen sind, vor allem das *Kolosseum* (S. 287), das von je als Symbol der Macht und Größe Roms gegolten hat, und den nach Zerstörung Jerusalems errichteten *Triumphbogen* (S. 286). Einen neuen Aufschwung gewann die Baukunst unter Trajan; ja jetzt gelangte die Kunst recht eigentlich zu der Höhe, deren sie in Rom überhaupt fähig war. Das *Trajansforum* (S. 295) mit der Säule und die Reliefs, die man später am Konstantinsbogen verwandte, legen hierfür beredtes Zeugnis ab. Unter dem nächsten Kaiser Hadrian erstand noch der herrliche Kuppelbau des *Pantheon* (S. 231); doch will man an andern seiner Schöpfungen, wie am *Tempel der Venus und Roma* (S. 286), an seinem *Mausoleum* (S. 339), bereits Spuren des Verfalls bemerken. Der Höhepunkt ist bereits überschritten. Fortan geht es auf den verschiedensten Gebieten des Lebens langsam bergab.

Dies gilt zunächst von der Zeit der Antonine. Sie haben sich ausgezeichnet durch Regententugenden aller Art, und ihre friedliche Regierung hat vielfach als die Zeit gegolten, in der das Menschengeschlecht des größten Glückes genoß, ja eine sinnige Sage knüpft noch jetzt an das Reiterbild des guten *Marc Aurel* (S. 258), wenn die nur in Spuren erhaltene Vergoldung dasselbe wieder ganz überziehen werde, die Hoffnung auf die Rückkehr der guten alten Zeit. Aber es war doch nur die Windstille vor dem Sturm. Mit der großen Pest unter dem letzteren Kaiser beginnt die Reihe der furchtbaren Schläge, welche die alte Welt verödeten. Ein ganzes Jahrhundert wechselten Thronkriege und Einfälle der Barbaren, Hungersnot und Pestilenz in unablässiger Folge. Zwar wurde Rom von alledem weniger betroffen als die Provinzen; doch läßt sich auch hier annehmen, daß die Bevölkerung, die zu Anfang des II. Jahrhunderts etwa 1 Million betrug, unter *Diokletian* bereits auf die Hälfte herabgesunken war. An den Bauwerken erkennt man ein immer weiteres Sinken des Geschmacks; doch sind sie in ziemlicher Zahl und Umfang erhalten, weil eben das Bauen ein wichtiges Moment in der Politik der Kaiser darstellte. Hierher gehören die *Säule des Marc Aurel* (S. 217), der *Triumphbogen des Septimius Severus* (S. 278), die prachtvollen *Thermen des Caracalla* (S. 313) und die ausgedehnten *Diokletiansthermen* (S. 181).

Nach dem Hannibalischen Kriege hatte man die Mauer verfallen lassen, und Rom war nahezu ein halbes Jahrtausend eine offene Stadt geblieben. Allein unter Kaiser Aurelian (im J. 270) war die Gefahr so drohend geworden, daß die Hauptstadt gegen Einfälle der Barbaren von neuem durch eine Mauer geschützt werden mußte. Es ist im wesentlichen dieselbe, welche heute noch steht. Die letzten bedeutenden Ruinen des Altertums tragen den Namen Konstantins des Großen: *Basilika* (S. 285), *Thermen* (S. 192, 230), *Triumphbogen* (S. 291). Doch sind die beiden ersteren nicht von ihm, sondern von seinem Gegner Maxentius begonnen. Konstantin war Rom und seinen alten Traditionen nicht günstig, die Verlegung der Residenz nach Byzanz (im J. 330) bezeichnet einen entscheidenden Wendepunkt in der Geschichte der Stadt nicht minder wie des ganzen Reichs. Rom blieb zwar groß durch seine Vergangenheit und seine Monumente, hatte aber im übrigen nicht viel mehr als die Bedeutung einer Provinzialstadt. Neues ward nicht mehr geschaffen und an dem Alten begann die Zeit ihr langsames Zerstörungswerk.

Rom zerfiel nach der augusteischen Einteilung in 14 Regionen, deren Namen mit den wichtigsten erhaltenen Ruinen wir kurz angeben: I. *Porta Capena*, Via Appia in der Stadt (S. 312); II. *Caelemontium*, Caelius (S. 316); III. *Isis et Serapis*, Kolosseum (S. 287), Trajansthermen (S. 292); IV. *Templum Pacis*, Venus und Roma (S. 286), Konstantinsbasilika (S. 285), Faustinatempel (S. 284); V. *Esquiliae*, Tempel der Minerva Medica (S. 201); VI. *Alta Semita*, Konstantins- (S. 192) u. Diokletiansthermen (S. 181); VII. *Via Lata*, das Gebiet zwischen Corso, Quirinal und Pincio (vergl. S. 215); VIII. *Forum Romanum*, das republikanische Forum nebst den Kaiserfora (S. 292) und das Kapitol (S. 255); IX. *Circus Flaminius*, Theater des Marcellus (S. 253) und Pompejus (S. 248), Portikus der Octavia (S. 252), Pantheon (S. 234), Säule des Marc Aurel (S. 217), Tempel des Neptun (S. 218); X. *Palatium*, Palatin (S. 297); XI. *Circus Maximus*, Tempel am Forum Boarium (S. 304); XII. *Piscina Publica*, Caracallathermen (S. 313); XIII. *Aventinus*, Cestiuspyramide (S. 311); XIV. *Transtiberim*, Trastevere mit dem Borgo. — 19 Leitungen versorgten die Stadt mit Wasser; davon sind gegenwärtig nur vier in Tätigkeit und doch kann sich kaum eine moderne Stadt an Reichtum des Wassers mit Rom messen. Die beiden Tiberufer waren durch 8 Brücken verbunden. Die Zahl der Straßen betrug 423, Paläste 1790, Wohnungen 46602. An öffentlichen Gebäuden werden u. a. erwähnt 11 Thermenanlagen, 856 Badestuben, 1352 Brunnen an den Straßen, 36 Triumphbogen, 10 Basiliken usw. Erwägt man die Größe und Pracht, die aus diesen Zahlen spricht, so erklärt nur der Gedanke an die mehr als tausendjährige Zerstörung, daß sich verhältnismäßig so wenig von den Denkmälern erhalten hat.

Die ältesten Grabstätten der Christen, die *Katakomben*, veranschaulichen uns, wie bereits im ersten Jahrhundert eine Gemeinde sich bildete, von der gesamten Zeitströmung getragen heranwuchs und allen Verfolgungen zum Trotz sich behauptete. Zu Anfang des J. 313 erließ Konstantin von Mailand aus sein berühmtes Edikt, welches die christliche Religion allen übrigen völlig gleich stellte. Es war damit der entscheidende Schritt zum Bunde der Staatsgewalt mit der Kirche getan: 325 ward das erste ökumenische Konzil zu Nicaea abgehalten, der Kaiser selbst ließ sich auf dem Sterbebette im J. 337 taufen. Die Tradition führt die älteste kirchliche Einteilung Roms in sieben Diakonien auf *St. Clemens*, den vierten Bischof, zurück: in *S. Pudenziana* (S. 195), der Wohnung des Senators Pudens, soll Petrus das erste Bethaus eingerichtet haben. *Calixtus I.* (218-222) wird die Gründung von *S. Maria in Trastevere* (S. 400) zugeschrieben, seinem Nachfolger *Urbanus* diejenige von *S. Cecilia* (S. 402). In den Anfang des vierten Jahrhunderts werden *S. Alessio* und *S. Prisca*, auf dem Aventin (S. 309, 312), gesetzt. Allein eine sichere geschichtliche Kunde fehlt und dies gilt auch von den Bauten Konstantins. Die Tradition führt auf ihn die Gründung folgender Basiliken zurück: *Lateran*, *S. Peter*, *S. Paolo fuori*, *S. Croce in Gerusalemme*, *S. Agnese fuori*, *S. Lorenzo fuori*, *SS. Pietro e Marcellino* bei Torre Pignattara (S. 417), vielleicht mit Ausnahme der ersten („omnium urbis et orbis ecclesiarum mater et caput") sämtlich mit Unrecht. Beachtung verdient, daß die ältesten und Hauptkirchen sich größtenteils vor den Toren oder wenigstens in unmittelbarer Nähe der Mauern befanden. Denn die mächtige Tradition, zu deren Anwalt die römische Aristokratie sich aufwarf, setzte dem neuen Glauben den hartnäckigsten Widerstand entgegen und die Stadt behielt noch lange ihren heidnischen Charakter. Der Staat brach den Widerstand: 382 ward der Altar der Viktoria aus dem Sitzungssaale des Senats entfernt, 408 durch ein Gesetz des Honorius die alte Religion ihres gesamten Besitztums und damit ihrer materiellen Grundlagen beraubt. Es beginnt die Zerstörung der alten Tempel oder ihre Umwandlung für die Zwecke des christlichen Kultus. Die Zahl der Kirchen mehrte sich rasch. Rom erhielt 28 Pfarrkirchen *(tituli)* außer den vielen Kapellen. Darüber stehen fünf Patriarchalkirchen, deren Priester der Papst selber war und zu deren Gemeinde die Gesamtheit der Gläubigen zählte: *S. Giovanni in Laterano*, *S. Pietro*, *S. Paolo*, *S. Lorenzo* und die von Liberius erbaute *S. Maria Maggiore*. Neben diesen fünf genossen noch besondere Verehrung *S. Croce in Gerusalemme* und *S. Sebastiano*, über den Katakomben der Via Appia. Dies sind „die sieben Kirchen Roms", welche von den Pilgern des ganzen Abendlandes besucht wurden. Die Vermehrung der Klöster ging mit der zunehmenden Armut Hand in Hand.

Die Verödung der römischen Campagna machte im IV. Jahrhundert rasche Fortschritte. In einer amtlichen Angabe des J. 395 werden etwa 24 deutsche Quadratmeilen Ackerlandes als versumpft und verlassen bezeichnet; die Malaria dehnt ihre Herrschaft von den Küsten einwärts über das Binnenland aus. Die Stürme der Völkerwanderung vergrößerten das Elend. So grundfalsch es auch ist, Vandalen und Goten für die Zerstörung der alten Monumente verantwortlich zu machen, um deren Erhaltung sich vielmehr *Theoderich der Große* nach Kräften bemühte, so hat doch Rom als Schauplatz ihrer Kämpfe und Plünderungen furchtbar gelitten. Es ward 410 von Alarich, 455 von den Vandalen geplündert. Die erste Belagerung erlebte es 537 durch die Goten unter *Vitiges*. Sie verheerten die Campagna und schnitten sämtliche Aquädukte ab. Aber *Belisars* Geschick und die Festigkeit der Mauern, zumal der Engelsburg, vereitelten alle Stürme. Im März 538 mußten sie abziehen, nachdem sie die Stadt länger als ein Jahr umschlossen gehalten hatten. Am 17. Dezember 546 zog der Gotenkönig *Totila* in Rom ein; es wird berichtet, daß nicht mehr als 500 Menschen in der verödeten Stadt seinen Einzug abwarteten. Belisar stellte die zum Teil niedergerissenen Mauern her und bestand 547 eine zweite Belagerung; 549 ist Rom wieder in den Händen des Totila, 552 wird es durch Narses mit Sturm genommen und von neuem mit dem byzantinischen Reiche vereinigt. Krieg und Pest, Jammer und Elend hatten die Stadt in einen Zustand versetzt, wie er sich nur einmal noch, während der Abwesenheit des päpstlichen Hofes zu Avignon, wiederholt hat. Eine gründliche Besserung war nicht möglich; die byzantinischen Kaiser hatten kein Herz für Rom, und in den Langobarden erstanden ihrer Herrschaft neue Feinde und Bedränger. *Constans II.* kam 663 nach Rom — 306 Jahre waren verflossen, seitdem ein Kaiser von Byzanz dasselbe betreten — und benutzte seine Anwesenheit, den letzten Rest von Bronze, der die alten Monumente schmückte, fortzunehmen. Die Langobarden lagerten 755 unter ihrem Herzog *Aistulf* zwei Monate vor Rom und vernichteten die bescheidenen Versuche, welche in ruhigeren Zeiten gemacht waren, die Öde der Campagna neu zu beleben. Ein Klagelied aus dieser Zeit hebt an:

Nobilibus quondam fueras constructa patronis,
subdita nunc servis, heu, male Roma ruis;
deseruere tui tanto te tempore reges,
cessit et ad Graecos nomen honosque tuus.

und schließt mit den Worten:

nam nisi te Petri meritum Paulique foveret,
tempore iam longo Roma misella fores.

Es war in der Tat die Tradition von den großen Kämpfen und Siegen des Christentums, welche, unauslöschlich an dieser Stadt haftend, den völligen Untergang fern hielt. Mit der Wandelung des antiken Roms in das christliche vollzieht sich auch langsam die Ausbildung des P a p s t t u m s als der höchsten das Abendland beherrschenden geistlichen Gewalt. *Leo der Große* (440-461) und *Gregor der Große* (590-604) können als Hauptträger dieses Gedankens gelten. Unablässig wird an seiner Verwirklichung gearbeitet, und aller Armut und allem Elend zum Trotz wachsen immer neue Kirchen und Klöster aus dem trümmerreichen Boden; auf ihre Ausschmückung konzentriert sich der letzte Funke künstlerischen Geistes, der noch matt glimmt. Unabhängigkeit von Byzanz, Unterordnung der abendländischen Kirche unter den römischen

c*

stuhl, Bekehrung der heidnischen Deutschen sind die Ziele, denen man nachstrebt, deren Erreichung zugleich weitere Schritte nach sich zieht. Der Langobardenkönig *Liutprand* schenkte 727 das von ihm eroberte Sutri (S. 109) an den Papst die erste Schenkung einer Stadt an die Kirche und legte damit den Grund zur Entstehung des Kirchenstaats. Vom Papste gerufen, erschien der Frankenkönig *Pippin* 755 in Italien und machte der byzantinischen Obergewalt faktisch ein Ende. Ob er sein Versprechen, Ravenna, den Exarchat mit den übrigen Städten dem heiligen Petrus zu schenken, tatsächlich erfüllte, ist freilich nicht gewiß; jedenfalls entstand in dieser Zeit die weltliche Macht der Päpste und ihre Herrschaft über Rom. *Leo III.* krönte am Weihnachtsfest des Jahres 800 *Karl den Großen* zum Kaiser, und damit beginnt das heilige römische Reich deutscher Nation, für Rom dagegen die Zeit des Mittelalters.

Als Symbol desselben können die zahlreichen vielstöckigen Glockentürme aus rotem Backstein gelten, die der Baukunst des Altertums so völlig fremdartig sich über Rom erheben. Ihr Stil ist in der Karolingerzeit ausgebildet, wenn auch die meisten der jetzt vorhandenen erst im XII. und XIII. Jahrhundert errichtet sind. In noch größerer Zahl entstanden die Festungstürme, von denen aber nur vereinzelte Beispiele, wie die sog. *Torre di Nerone* (S. 192), sich bis auf die Gegenwart erhalten haben. Der Wald von Türmen, welcher über den Trümmern der Welthauptstadt emporragte, bezeichnet zugleich den Charakter der ganzen Epoche. Neben den großen universalen Mächten, welche Kaisertum und Papsttum darstellen, endlose Spaltung und Sonderung und zugleich unablässige Fehde zwischen Adel, Volk, Kirche und Fürstentum. Die großen Denkmäler des Altertums waren nunmehr der Zerstörung rettungslos verfallen. Gregorovius (s. S. LXXIX: III, 565) schildert dieselbe also: „Schon Karl der Große hatte Säulen und Skulpturen aus Rom nach Aachen geführt, und die Päpste, welche die größesten Denkmäler Roms zuerst als Eigentum des Staats betrachteten, hatten bald weder Sinn noch Zeit oder Macht, sich um ihr Dasein zu bemühen. Die Plünderung Roms wurde den Römern freigegeben: die Priester schleppten Säulen und Marmor fort und fort in ihre Kirchen, die Adeligen, selbst die Äbte führten Türme auf antiken Prachtmonumenten auf, die Bürger richteten in Türmen und Zirkus ihre Arbeitsbuden, Schmieden, Hanfstrickereien und Spinnereien ein. Wenn der Tiberfischer an den Brücken, oder der Fleischer am Theater des Marcellus, oder der Bäcker seine Ware feilbot, lag sie auf den feinsten Marmorplatten, die einst vielleicht den Herren der Welt, dem Caesar, Marc Anton, Augustus und so vielen Senatoren in Theater oder Zirkus zum Sitz gedient hatten. Die schönen Sarkophage von Helden standen nun als Wasserzuber, Waschkufen, Schweinetröge umher, wie noch am heutigen Tag, der Tisch des

Schneiders oder Schusters mochte nicht minder der Cippus eines erlauchten Römers oder eine Platte von Alabaster sein, auf der einst die edeln Matronen Roms ihren Toilettenschmuck ausgebreitet hatten. Seit Jahrhunderten war Rom einer großen Kalkgrube gleich, in die man den köstlichsten Marmor hineinwarf, daraus Mörtel zu brennen. Seit Jahrhunderten also plünderten und zerstörten die Römer das alte Rom, zerlegten, zerbrachen, verbrannten, verwandelten es, und wurden niemals mit ihm fertig."

Leo IV. (847-855) umzog die Leostadt mit einer Mauer und vollführte andere nützliche Bauten; doch zerstörten die Plünderungen der Sarazenen jede weitere Entwickelung. Als diese endlich durch *Johann X.* (914-928) gebändigt waren, dauerten die Belagerungen und Eroberungen der Stadt durch deutsche Heere in den Kämpfen um die Kaiserkrone fort, bis die Fehden städtischer Parteien die ganze Stadt in kleine befestigte Quartiere und burgähnliche Häuser verwandelten, zu deren Herstellung alte und junge Gebäude Bausteine und Mörtel liefern mußten. Gelang es für den Augenblick Ruhe zu stiften, so war neue Zerstörung die Folge, wie z. B. um die Mitte des XIII. Jahrhunderts der Senator *Brancaleone* an 140 Burgen des kriegerischen Adels brach.

Die immer steigende Verwirrung der städtischen und nationalen Verhältnisse nötigte *Clemens V.* (1305-16) im Jahre 1309 Avignon zum Sitz der Päpste zu machen, wo sie bis 1377 blieben, während in Rom Guelfen oder Gibellinen, Neapolitaner oder Deutsche, Orsini oder Colonna herrschten, eine kurze Zeit sogar *Cola di Rienzo* (1347) die antike Republik herstellte. Armut und Entvölkerung stiegen auf das Äußerste, die Einwohnerzahl betrug damals kaum noch 20000.

Mit der Rückkehr *Gregors XI.* (1370-78) im Jahre 1377 beginnt eine bessere Zeit. Das neue Leben der Stadt entwickelte sich nach Beendigung der Kirchenspaltung (1378-1417) immer reicher, getragen durch die ungeheuern in Rom zusammenströmenden Reichtümer und das ganz Italien verjüngende neue wissenschaftliche und Kunstleben, vielfach gefördert durch das persönliche Eingreifen solcher Männer wie *Nikolaus V.* (1447-55), *Julius II.* (1503-13), *Leo X.* (1513-22). Selbst von der furchtbaren Plünderung (Sacco di Roma) der Soldatenhorten des kaiserlichen Feldherrn Karl von Bourbon (1527) erholte sich die Stadt; allmählich stieg die Bevölkerung wieder, erhoben sich die zahlreichen Paläste der Nepoten und Günstlinge, restaurierten Päpste und Kardinäle die alten Kirchen oder begannen wetteifernd eine große Anzahl von Neubauten. *Sixtus V.* (1585-90) ist derjenige Papst, welcher im wesentlichen dem heutigen Rom die bestimmende Gestalt verliehen hat. Vgl. S. LXXV.

1798 war Rom für kurze Zeit Republik, 1809-14 mit Frankreich vereinigt. Auch die Bewegungen von 1848 ließen hier 1849 für kurze Zeit eine Republik entstehen, bis die Franzosen den 12. April 1850 *Pius IX.* nach Rom zurückführten. ~~Seitdem lag eine Besatzung von 15 000 Mann Franzosen hier~~, die nach der Konvention vom 15. Sept. 1864 im Dezember 1866 zurückgezogen wurde, nach dem Einfall Garibaldi's 1867 aber in den Kirchenstaat zurückkehrte und bis zum deutsch-französischen Kriege 1870 dort verblieb. Am 20. Sept. rückten die italienischen Truppen nach einem fünfstündigen Bombardement in die Stadt ein, die seitdem Hauptstadt des geeinten Landes geworden ist. Die Zahl der Einwohner betrug damals etwas über 215 000. Am 9. Januar 1878 starb König Victor Emanuel II. Ihm folgten sein Sohn Humbert I. (geb. 1844, ermordet 29. Juli 1900) und sein Enkel Viktor Emanuel III. (geb. 11. Nov. 1869).

Verzeichnis der römischen Kaiser und Päpste.

v. Chr.	Röm. Kaiser	Päpste*
44	Julius Caesar ermordet.	
28 n. Chr.	Caesar Octavianus Augustus.	
14	Tiberius.	
37	Caligula.	
41	Claudius.	
54	Nero.	
67		Petrus hingerichtet. Linus 67-79.
68	Galba.	
69	Otho. Vitellius.	
69	Vespasianus.	
79	Titus.	
81	Domitianus.	Clemens I. 91-100.
96	Nerva.	
98	Trajanus.	
100		Evaristus.
109		Alexander I.
117	Hadrianus.	
119		Sixtus I.
128		Telesphorus.
138	Antoninus Pius.	
139		Hyginus.
142		Pius I.
157		Anicetus.
161	Marcus Aurelius.	
168		Soter.
177		Eleutherus.

n. Chr.	Röm. Kaiser	Päpste
180	Commodus.	
190		Victor I. 190-202.
193	Pertinax. Didius Julianus.	
193	Septimius Severus.	
202		Zephyrinus 202-218.
212	Caracalla (Geta †212).	
217	Macrinus.	
218	Elagabalus.	Calixtus I. 218-222.
222	Alexander Severus.	
223		Urbanus I. 223-230.
230		Pontianus 230-235.
235	Maximinus.	Anteros 235-236.
236		Fabianus 236-250.
238	Gordianus I. u. II. Pupienus u. Balbinus.	
238	Gordian. III.	
244	Philippus Arabs.	
249	Decius.	
251	Gallus u. Volusianus.	Cornelius 251-253.
253		Lucius I. 253-254.
	Aemilianus. Valerianus.	Stephanus I. 254-257.
257		Sixtus II. 257-258.

*) Die Zeitangaben für die Päpste bis Konstantin beruhen auf un-

n. Chr.	Röm. Kaiser	Päpste
260	Gallienus.	Dionysius 259-268.
268	Claudius II.	Felix I. 269-274.
270	Aurelianus.	
275	Tacitus.	Eutychianus.
276	Florianus. Probus.	
282	Carus.	
283	Carinus u. Numerianus	Cajus.
284	Diocletianus	
296		Marcellinus *)
305	Constantius Chlorus, Maximianus Galerius.	
306	Constantinus Magnus (Alleinherrscher 324-337).	
307	Maxentius. Severus. Licinius. Maximinus II.	
308		Marcellus.
309		Eusebius.
311		Melchiades.
314		Sylvester I.
336		Marcus.
337	Konstantin II. Constantius II. Constans.	Julius I.
352		Liberius -366.
360	Julianus.	
363	Jovianus.	
364	Valentinianus I. u. Valens } Teil. d. Reichs	
366		Damasus I.
367	Gratianus.	
375	Valentinianus II.	
379	Theodosius I (Alleinherrscher 392).	
383	Arcadius.	
384		Siricius.

n. Chr.	Röm. Kaiser	Päpste
395	Honorius **)	
399		Anastasius I.
401		Innocentius I.
417		Zosimus.
418		Bonifatius I.
422		Cölestinus I.
425	Valentinianus III.	
432		Sixtus III.
440		Leo I. d. Große.
455	Petronius Maximus.	
455-75	Avitus. — Majorianus. — Severus. — Anthemius. — Olybrius.— Glycerius. — Julius Nepos.	Hilarius 461-468. Simplicius 468-483.
475	Romulus Augustulus.	
476	Untergang d. weström. Reiches.	
483		Felix III.
492		Gelasius I.
496		Anastasius II.
498		Symmachus.
514		Hormisdas.
523		Johann I.
526		Felix IV.
530		Bonifatius II. ***)
532		Johann II.
535		S. Agapetus I.
536		S. Silverius.
537		Vigilius.
556		Pelagius I.
561		Johann III.
575		Benedikt I.
578		Pelagius II.
590		S. Gregor I. d. Gr.
604		Sabinianus.
607		Bonifatius III.
608		S. Bonifatius IV.
615		Deusdedit.
619		Bonifatius V.
625-38		Honorius I.
640		Severinus.
		Johann IV.

*) -304. Dann vier Jahre Sedisvakanz während der diokletian. Verfolgung.

**) Von 395 ab, dem Todesjahr des Theodosius, war die Teilung des Reiches dauernd; in obigem Register sind nur die weströmischen Kaiser berücksichtigt.

***) Bis auf Bonifatius II. sind alle vorhergehenden Päpste kanonisiert.

n.Chr.	Röm. Kaiser	Päpste
642		Theodorus I.
649		S. Martin I.
654		S. Eugen I.
657		S. Vitalianus.
672		Adeodatus.
676		Donus I.
678		S. Agatho.
682-83		S. Leo II.
684		S. Benedikt II.
685		Johann V.
686		Conon.
687		S. Sergius I.
701		Johann VI.
705		Johann VII.
708		Sisinnius.
		Konstantin I.
715		S. Gregor II.
731		S. Gregor III.
741		S. Zacharias.
752		Stephan II.
		Stephan III.
757		S. Paul I.
767		Konstantin II.
768		Philipp.
		Stephan IV.
772		Hadrian I.
795		S. Leo III.
	Röm. Kaiser deutscher Nation:	
800	Karl d. Gr.	
814	Ludwig der Fromme.	
816		Stephan V.
817		S. Paschalis I.
824		Eugen II.
827		Valentinus.
		Gregor IV.
843	Lothar.	
844		Sergius II.
847		S. Leo IV.
855	Ludwig II.	Benedikt III.
858		S. Nikolaus I.
867		Hadrian II.
872		Johann VIII.
875	Karl der Kahle.	
881	Karl der Dicke.	
883		Marinus I.
884		Hadrian III.
885		Stephan VI.
887	Arnulf.	
891		Formosus.
896		Bonifatius VI.
		Stephan VII.
897		Romanus.
		Theodorus II.
898		Johann IX.

n.Chr.	Röm. Kaiser	Päpste
900	Ludwig das Kind.	Benedikt IV.
903		Leo V.
904		Sergius III.
911	Konrad I.	Anastasius III.
913		Lando.
914		Johann X.
919	Heinrich I.	
928		Leo VI.
929		Stephan VIII.
931		Johann XI.
936	Otto I.	Leo VII.
939		Stephan IX.
942		Marinus II.
946		Agapetus II.
955		Johann XII.
963		Leo VIII.
964		Benedikt V.
965		Johann XIII.
973	Otto II.	Benedikt VI.
974		Benedikt VII.
		Bonifatius VII.
983	Otto III.	Johann XIV.
985		Johann XV.
996-99		Gregor V.
997		Johann XVI., Gegenpapst.
999		Sylvester II.
1002	Heinrich II.	
1003		Johann XVII.
		Johann XVIII.
1009		Sergius IV.
1012		Benedikt VIII.
1024	Konrad II.	Johann XIX.
1033		Benedikt IX.
1039	Heinrich III.	
1045		Gregor VI.
1046		Clemens II.
1048		Damasus II.
1049		S. Leo IX.
1055		Victor II.
1056	Heinrich IV.	
1057		Stephan X.
1058		Benedikt X
1059		Nikolaus II.
1061		Alexander II.
1073-85		Gregor VII. (Hildebrand)
1086		Viktor III.
1088		Urban II.
1099		Paschalis II.
1106	Heinrich V.	
1118		Gelasius II.
1119		Calixtus II.
1124		Honorius II.
1125	Lothar von Sachsen.	
1130		Innocenz II.

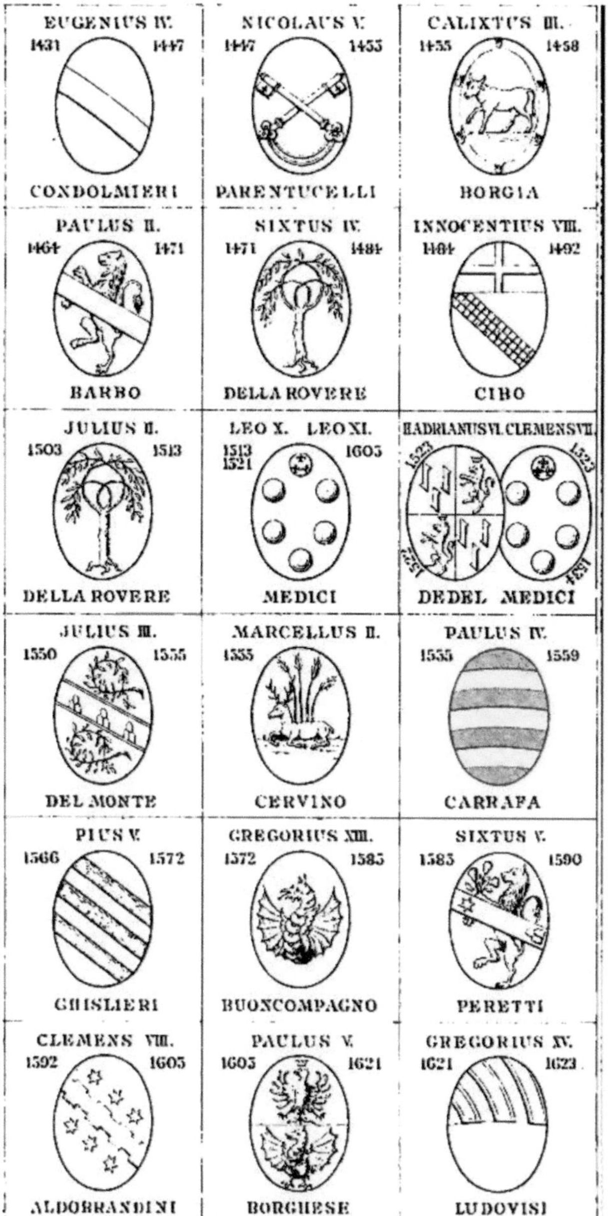

Geograph. Anst. von Wagner & Debes, Leipzig

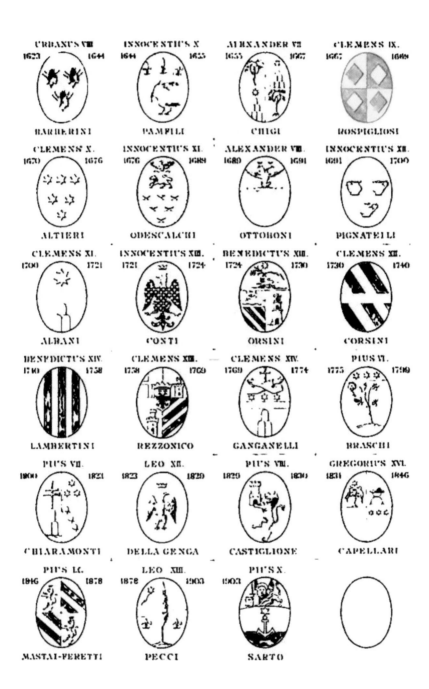

URBANUS VIII
1623 1644

BARBERINI

INNOCENTIUS X
1644 1655

PAMFILI

ALEXANDER VII
1655 1667

CHIGI

CLEMENS IX.
1667 1669

ROSPIGLIOSI

CLEMENS X.
1670 1676
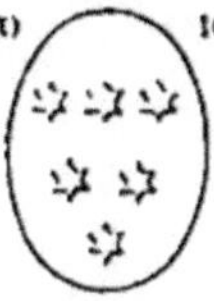
ALTIERI

INNOCENTIUS XI.
1676 1689

ODESCALCHI

ALEXANDER VIII.
1689 1691

OTTOBONI

INNOCENTIUS XII.
1691 1700

PIGNATELLI

CLEMENS XI.
1700 1721

ALBANI

INNOCENTIUS XIII.
1721 1724

CONTI

BENEDICTUS XIII.
1724 1730

ORSINI

CLEMENS XII.
1730 1740

CORSINI

BENEDICTUS XIV.
1740 1758

LAMBERTINI

CLEMENS XIII.
1758 1769

REZZONICO

CLEMENS XIV.
1769 1774

GANGANELLI

PIUS VI.
1775 1799
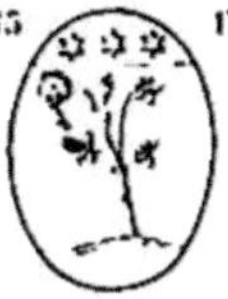
BRASCHI

PIUS VII.
1800 1823

CHIARAMONTI

LEO XII.
1823 1829

DELLA GENGA

PIUS VIII.
1829 1830

CASTIGLIONE

GREGORIUS XVI.
1831 1846

CAPELLARI

PIUS IX.
1846 1878

MASTAI-FERETTI

LEO XIII.
1878 1903
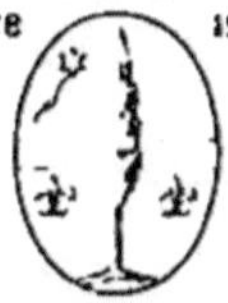
PECCI

PIUS X.
1903

SARTO

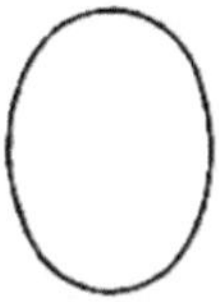

n. Chr.	Röm. Kaiser	Päpste
1138	Konrad III. v. Hohenst.	
1143		Cölestin II.
1144		Lucius II.
1145		Eugen III.
1152	Friedrich I. Barbarossa.	
1153		Anastasius IV.
1154		Hadrian IV.
1159		Alexander III.
1181		Lucius III.
1185		Urban III.
1187		Gregor VIII.
		Clemens III.
1190	Heinrich VI.	
1191		Cölestin III.
1198	Philipp von Schwaben u. Otto IV.	Innocenz III.
1212	Friedrich II.	
1216		Honorius III.
1227		Gregor IX.
1241		Cölestin IV.
1243		Innocenz IV.
1250	Konrad IV.	
1254	Interregnum	Alexander IV.
1261-64		Urban IV.
1265-68		Clemens IV.
1271		Gregor X.
1273	Rudolf von Habsburg.	
1276		Innocenz V.
		Hadrian V.
		Johann XX. oder XXI.
1277-80		Nikolaus III.
1281		Martin IV.
1285-87		Honorius IV.
1288-92		Nikolaus IV.
1292	Adolf von Nassau.	
1294-1303		S. Cölestin V.
		Bonifatius VIII.
1298	Albrecht I.	
1303/4		Benedikt XI.
1305-14		Clemens V.
1308	Heinrich VII v. Luxemb.	
1314	Ludwig der Bayer (und Friedrich v. Österr.).	
1316		Johann XXII.
1334		Benedikt XII.
1342		Clemens VI.
1346	Karl IV. von Luxemburg.	
1352		Innocenz VI

n. Chr.	Röm. Kaiser	Päpste
1362		Urban V.
1370		Gregor XI.
1378	Wenzel.	Urban VI.
1389		Bonifatius IX.
1400	Ruprecht von d. Pfalz.	
1404		Innocenz VII.
1406		Gregor XII.
1409		Alexander V.
1410	Sigismund.	Johann XXIII.
1417		Martin V.
1431		Eugen IV.
1438	Albrecht II.	
1440	Friedrich III	
1447		Nikolaus V.
1455		Calixtus III.
1458		Pius II. (Aeneas Sylvius Piccolomini a. Pienza).
1464		Paul II. (Pietro Barbo aus Venedig).
1471		Sixtus IV. (Francesco della Rovere).
1484		Innocenz VIII. (Giov. Batt. Cibo aus Genua).
1492		Alexander VI. (Roder. Borgia).
1493	Maximil. I.	
1503		Pius III. (Francesco Piccolomini aus Siena).
		Julius II. (Giuliano della Rovere aus Albissola).
1513		Leo X. (Giovanni Medici).
1519	Karl V.	
1522		Hadrian VI. (Dedel aus Utrecht).
1523		Clemens VII. (Giulio Medici).
1534		Paul III. (Alessandro Farnese).
1550		Julius III. (Giovanni Maria del Monte).
1555		Marcellus II. (Marcello Cervino aus Siena).
		Paul IV. (Gian Pietro Caraffa aus Neapel).
1556	Ferdinand I.	
1559		Pius IV. (Giov. Angelo Medici aus Mailand).

n. Chr.	Röm. Kaiser	Päpste
1564	Maximilian II.	
1566		S. Pius V. (Mich. Ghislieri aus Piemont).
1572		Gregor XIII. (Ugo Buoncompagni aus Bologna).
1576	Rudolf II.	
1585		Sixtus V. (Felice Peretti aus der Mark).
1590		Urban VII. (Giambattista Castagna a. Rom).
1590		Gregor XIV. (Nic. Sfondrati aus Mailand).
1591		Innocenz IX. (Giannantonio Facchinetti aus Bologna).
1592		Clemens VIII. (Ippolito Aldobrandini aus Florenz).
1605		Leo XI. (Alessandro Medici).
		Paul V. (Camillo Borghese).
1612	Matthias.	
1619	Ferdinand II	
1621		Gregor XV. (Alessandro Ludovisi).
1623		Urban VIII. (Maffeo Barberini).
1637	Ferdin. III.	
1644		Innocenz X. (Giambattista Pamfili).
1655		Alexander VII. (Fabio Chigi aus Siena).
1658	Leopold I.	
1667		Clemens IX. (Giul. Rospigliosi).
1670		Clemens X. (Emilio Altieri).
1676		Innocenz XI. (Benedetto Odescalchi).
1689		Alexander VIII. (Pietro Ottoboni).
1691		Innocenz XII. (Ant. Pignatelli).
1700		Clemens XI. (Giov. Franc. Albani).
1705	Joseph I.	
1711	Karl VI.	
1721		Innocenz XIII. (Mich. Ang. de Conti).
1724		Benedikt XIII. (Vinc. Maria Orsini).
1730		Clemens XII. (Lorenzo Corsini).
1740		Benedikt XIV. (Prosp. Lambertini).
1742	Karl VII.	
1745	Franz I.	
1758		Clemens XIII. (Carlo Rezzonico aus Venedig).
1765	Joseph II.	
1769		Clemens XIV. (Giov. Ant. Ganganelli aus Rimini).
1775		Pius VI. (Giov. Angelo Braschi).
1790	Leopold II.	
1792	Franz II.	
1800		Pius VII. (Gregorio Barnaba Chiaramonti aus Cesena).
1823		Leo XII. (Annib. della Genga aus Spoleto).
1829		Pius VIII. (Franc. Sav. Castiglioni aus Cingoli).
1831		Gregor XVI. (Mauro Capellari a. Belluno).
1846		Pius IX. (Giovanni Maria Mastai-Feretti aus Senigallia).
1878		Leo XIII. (Gioacchino Pecci aus Carpineto, † 20. Juli 1903).
1903		Pius X. (Giuseppe Sarto aus Riese, geb. 2. Juni 1835, Papst 4. Aug. 1903).

ZUR GESCHICHTE DER ANTIKEN KUNST

von

Reinhard Kekule v. Stradonitz.

„Wie die See die Ströme, nimmt Roms Geschichte die aller anderen Völker auf, welche früher in der Welt um das Mittelmeer genannt worden waren."

Niebuhr.

Der Reisende, welcher sich nicht damit begnügen will, die römischen Museen in dumpfem Staunen zu durchirren, mag den schönen Ausspruch Niebuhr's im Sinne halten, welchen wir diesen Blättern, die es erleichtern sollen, das Gesehene in den historischen Rahmen einzuordnen und dadurch gerechter zu würdigen, vorangestellt haben.

Diese Aufgabe ist nicht so leicht, als es scheinen kann; sie ist, so sonderbar es klingen mag, bei dem heutigen Stand unserer kunstgeschichtlichen Kenntnisse viel schwerer als früher. Schon äußerlich drängt sich jedem, der mit eigenen Augen zu sehen gewöhnt ist oder in Rom sehen lernt, eine Beobachtung auf, welche nur allzu oft den Genuß empfindlich stört. Die meisten Statuen in den römischen Museen, oft gerade solche, die sich seit Jahrhunderten des höchsten Ruhmes erfreuen, sind in rücksichtsloser Weise mit ätzenden Säuren gewaschen, abgeschabt, überarbeitet, geglättet, poliert und willkürlich, oft genug sinnlos, ergänzt worden. Man hat sie dadurch gewissermaßen salonfähig, zur Dekoration von Villen und Palästen geeigneter zu machen gemeint. Diese Unsitte, die ehemals überall herrschend war, ist in Rom, von wo sie ausging, am längsten festgehalten worden und sogar jetzt noch vielfach in Geltung. Sie hat alle antiken Skulpturen, die ihr zum Opfer fielen, der ursprünglichen Frische und des ursprünglichen Reizes entkleidet und den künstlerischen Wert empfindlich — und für alle Zukunft unwiederbringlich — herabgesetzt. Aber auch abgesehen von diesem äußerlichen Zustand der Mißhandlung, welche die älteren Fundstücke, sobald sie überhaupt Beachtung fanden, ausnahmlos erlitten haben, ist Rom mit seiner Welt von Statuen im Vatikan, im Kapitol, in den anderen Museen für uns etwas anderes geworden, als es für Winckelmann und seine nächsten Nachfolger, für Goethe und Herder war. Für sie war es der unerschöpfliche Born, aus dem sie, in immer neuer Bewunderung, alle ihre Vorstellungen von griechischer Kunst schöpften. Seitdem sind uns andere und reinere Quellen erschlossen worden. Goethe hat den Umschwung in unseren Vorstellungen, welchen das genauere Bekanntwerden der Parthenonskulpturen hervorbrachte, selbst noch lebhaft empfunden. Das XIX. Jahrhundert hat dem Boden Griechenlands und Kleinasiens einen solchen Reichtum griechischer Kunstwerke aller Epochen entsteigen sehen, daß uns das Material, über welches Winckelmann verfügte, fast ärmlich und vor allem nicht mehr echt und zuverlässig genug erscheint, um darauf allein eine Kunstgeschichte aufzubauen. Schon Winckelmanns Freund Raphael Mengs hat bemerkt, daß die berühmten Meisterwerke der römischen Museen vielfach nur Kopien älterer griechischer Werke seien. Auch wo sie nicht Kopien sind, sind sie nicht mit dem Boden Roms in dem Sinne verwachsen, wie beispielsweise die Fresken Fiesole's in den Klosterzellen von S. Marco und die Fresken Andrea's del Sarto in der Kirche SS. Annunziata der Stadt Florenz angehören, oder die Fresken Raffaels in den vatikanischen Loggien und Stanzen und in der Farnesina, die des Michelangelo in der sixtinischen Kapelle in ihrer Entstehung selbst ein Eigentum Roms und der Stelle sind, an der sie sich befinden, für die sie erdacht, an der sie in langer und treuer Arbeit von dem erfindenden Künstler selbst oder seinen Schülern ausgeführt wurden. Gerade diejenigen Antiken, welche zu Bewunderung und dem edlen Genuß des sich versenkenden Beschauens am lebhaftesten auffordern, vor deren glänzender und nachhaltiger Wirkung die ganze Masse des übrigen zurücktritt, stehen und standen vor alters in Rom, wie Originalgemälde italienischer Meister oder Kopien derselben in den Galerien zu London, Paris, Petersburg und Dresden stehen. Rom hat auf die schönste Blüte der antiken Kunst so wenig Einfluß geübt, als London auf die italienische Renaissance, auf Giotto und Masaccio, auf Raffael und Michelangelo.

Den großen Gesamtcharakter der Epochen, in denen die Geschichte der griechischen Kunst wuchs, blühte und sich auslebte, wird man sich heutzutage, besser und leichter als in Rom, in Griechenland, in London und in Berlin klar machen. Als zusammenhängendes Gesamtbild stellt sich nur eine Epoche dar — die griechische Kunst, wie sie in den Dienst Roms getreten und römisch geworden ist. Aber wer in Rom überhaupt der Antike nachgeht, wird wenigstens im Beginne seiner Studien vor allem nach dem eigentlich Griechischen fragen, wie dies Winckelmann, Herder und Goethe taten. Und wenn Gesamtbilder der großen griechischen Epochen fehlen — die römischen Museen umschließen genug Werke, die auch heute noch als Wunder der Kunst in unvergänglicher Herrlichkeit strahlen. Die Forschung über einzelne Kunstwerke und Künstler fand und findet in Rom unerschöpflich reichen Stoff. Dem Boden Roms verdanken wir ganze Reihen von Statuen, ohne die unsere Vorstellungen von griechischer Kunst überaus lückenhaft wären; glänzende Namen großer griechischer Bildhauer würden für uns unverständlich, leer und tot sein ohne die Vermittlung der weltbeherrschenden Stadt, welche alle Elemente der antiken Kultur in sich gesammelt und vereinigt hat.

Außerhalb all und jeder Einwirkung der griechischen Kultur und Kunst kann Rom niemals, auch in seinen Anfängen nicht, gestanden haben. Aber es hat diesen Einfluß zunächst nur wenig und nur mittelbar empfunden. Die römischen Schriftsteller selbst behaupten, daß in den ersten Jahrhunderten Roms alle künstlerischen Unternehmungen ausschließlich von *Etruskern* oder nach etruskischem Vorbild besorgt worden seien. Vereinzelt waren griechische Künstler tätig, wurden griechische Kunstwerke bekannt. Aber der erste große Import griechischer Kunstsachen erfolgte erst nach der Eroberung von Syrakus im Jahre 212 vor Chr. Damals sind, wie Plutarch erzählt, den Römern zuerst die Augen für die Schönheit der griechischen Kunst aufgegangen. Von da an brachte jeder neue Sieg der Legionen auf griechischem Gebiet neue Kunstbeute nach Rom. Capua und Tarent, Makedonien und Eretria, Asien, Korinth und Athen mußten von ihren Schätzen spenden. Bei des Paullus Aemilius Triumph über Makedonien im J. 167 vor Chr. fuhren zweihundertsiebzig Wagen voll Statuen und Bildern durch die Straßen Roms — die Frucht der Plünderung von siebzig Städten. Die Kunstwerke, die zuerst nur als Zeugnisse der Siege mitgeschleppt worden waren, wurden immer mehr um ihrer selbst willen geschätzt. Mit List und Gewalt, durch Tausch und Kauf suchten sich alle, die auf literarische Bildung Anspruch machten, auch Kunstwerke zum Schmuck der Paläste, Bibliotheken und Villen zu verschaffen. Kunstkennerschaft und Enthusiasmus, Prunksucht und Mode vereinigten sich, anerkannte Werke berühmter Meister in derselben Weise auf unerschwingliche Preise in die Höhe zu treiben, wie dies heutzutage geschieht. Auch in der Kaiserzeit blieb Griechenland die Kunstkammer Roms. Wir wissen, daß durch Augustus vielerlei nach Rom kam, mehr durch Caligula, am meisten durch Nero. So sind in Rom griechische Kunstwerke aller Epochen und aller Schulen, Meisterwerke und Mittelgut, Originale von der Hand großer Künstler und handwerksmäßige Kopien zusammengeströmt. Im Anfang übernahm der Zufall die Wahl oder vielmehr das Zusammenraffen. Wenn etwas bevorzugt wurde, so war es das Glänzende, Kostbare, Auffällige. Nach und nach bildete sich Kennerschaft und kluge Schätzung aus; aber das Unscheinbare und Altertümliche wird man selten beachtet haben, wenn sich nicht der Reiz einer historischen Nachricht oder Anekdote damit verknüpfte. Um so eifriger wünschte man zu besitzen, was auch andere hatten, wenn nicht im Original, doch wenigstens in Kopien, am liebsten in gleicher Größe. Wir haben noch heute Dutzende von Kopien von besonders beliebten Statuen. Sehr häufig wurden die kostbaren Bronzefiguren in dem billigeren Marmor nachgebildet. Alle diese Kopien sind natürlich von ungleichem Werte, oft schlecht genug.

Wie viel Schicksale hatte die **griechische Kunst** durchlebt, ehe sie den Römern wirklich bekannt und vertraut wurde!

Schon zur Zeit der Tyrannen, wie des *Polykrates* in Samos, des *Pisistratos* und seiner Söhne in Athen, war die Kunsttätigkeit der

Griechen überaus reich und blühend. Einen ersten gewaltigen Aufschwung nahm die archaische Kunst gerade zur Zeit der Perserkriege; die kriegerischen Anstrengungen und Taten haben ihn nicht gelähmt, sondern vielmehr neu belebt. Durch erhaltene Werke sind uns besonders gut bekannt die Leistungen der *äginetischen* und die derjenigen Bildhauer, welche in *Olympia* bei der äußeren Ausschmückung des Zeustempels beschäftigt waren. Es fehlt in Rom nicht an Originalwerken und Kopien aus diesen frühen Zeiten. Aber man muß sie unter der Masse, in der alle späteren Epochen weit überwiegen, besonders aufsuchen. Das berühmteste Beispiel ist die schöne Bronzefigur des *Dornausziehers* (S. 266). Sie deckt sich freilich nicht mit dem sogenannten „Ideal" der griechischen Kunst, wie man es sich früher dachte und auch heute noch mitunter denkt. Aber wer sich Zeit zur Betrachtung nimmt, muß sich angezogen und angesprochen fühlen. So ganz und gar geht der gesunde schlanke Knabe auf in der Aufmerksamkeit, die der Moment von ihm fordert; er bewegt sich so einfach und natürlich; die meisterhafte Naturwahrheit des Körpers ist so auffällig, alle Formen so rein und schlicht, das Gesicht in seiner altertümlichen Verschlossenheit so anmutig; in dem ganzen Motiv und in seiner Durchführung lebt ein so echt künstlerischer, unbekümmerter und frischer Sinn, daß man im Bewundern kein Ende findet. In der Tat haben große Künstler aller Zeiten den Reiz dieses Dornausziehers besonders lebhaft empfunden. Aus dem Altertum, wie aus den Zeiten der Renaissance sind Umbildungen erhalten. Brunellesco hat nicht verschmäht, das Motiv in seinem Relief mit der Darstellung des Isaakopfers, im Bargello zu Florenz, zu benutzen. Es ist bisher noch nicht gelungen, den Dornauszieher, der mit den Skulpturen des Zeustempels in Olympia unverkennbar verwandt ist, einem bestimmten Künstler oder auch nur einer bestimmten Schule mit Sicherheit zuzuschreiben. Vermutungsweise hat man ihn mit dem Bildhauer **Pythagoras** in Verbindung gebracht, der in der ersten Hälfte des v. Jahrh. vor Chr. besonders im griechischen Westen tätig war.

Einen Abschluß der altertümlichen Kunstfertigkeit bildet, wie es scheint, der Athener **Phidias**, der hauptsächlich durch seine Götterkolosse aus Goldelfenbein, den *Zeus* in Olympia, die *Athena* im Parthenon zu Athen, berühmt war. Die Bahn zur Freiheit aus den überkommenen Schranken hat **Myron** eröffnet, einer der größten Künstler, die je gelebt haben. Von seinen vielen Werken wird am häufigsten erwähnt das Erzbild einer *Kuh*, deren naturgetreue Lebendigkeit die antiken Literaten in immer neuen Wendungen preisen, ohne uns zu sagen, wie sie denn eigentlich ausgesehen hat. Mehr wissen wir von seinem *Diskobolen*, der im Augenblicke des Abwurfs zusammengekrümmt dargestellt war, „wie ein Pfeil, der von der Sehne abgeschnellt wird" (s. S. 375), und von seiner Gruppe des *Marsyas* und der *Athena*. Die entstellenden Flöten, welche Athena weggeworfen, hat Marsyas ergriffen und tanzt vergnüglich blasend herum; voll Staunen und Schrecken taumelt er zurück, als die Göttin, plötzlich erscheinend, ihm die Flöten aus der Hand schlägt (S. 330). Auch manche ruhig stehende Figuren lassen sich etwa der Stufe der myronischen Kunst zuteilen, z. B. das Urbild des *Dionysos* aus Tivoli, im Thermenmuseum (S. 184). Von Reliefs, welche dieser den Parthenonskulpturen unmittelbar vorausgehenden, zum Teil auch ihnen gleichzeitigen Kunst angehören, ist besonders das in der Villa Albani in antiker Kopie befindliche schöne *Orpheusrelief* (S. 413) zu nennen; dann das prachtvolle große attische *Reiterkampfrelief* (S. 413) ebenda, das den Parthenonmetopen sehr ähnlich ist, aber sie an Vortrefflichkeit der Arbeit noch überragt.

Die Stufe, die wir myronisch nennen dürfen, mit der darauf folgenden Kunst eng verknüpft, zeigen uns die *Amazonenstatuen*, die in den römischen Museen in vielen zum Teil recht schlechten Wiederholungen vorhanden sind. Der früheste Typus ist der einer Amazone, welche verwundet sich aus dem Kampfe schleicht, indem sie sich mit der rechten Hand auf ihren Speer stützt und mühselig vorwärts geht (S. 261). Diesem Typus folgt der, welcher die Amazone ermattet und besiegt, in Schrittstellung, aber ruhig stehend, den rechten Arm auf den Kopf aufgelegt zeigt (S. 385). Diese Amazone ist eine Erfindung des **Polyklet**, der die ältere attische Amazone schon vor Augen hatte; dagegen ist der Typus der sogenannten Mattei'schen Amazone (S. 379), deren Haltung noch immer nicht einleuchtend gedeutet ist, wieder eine Umbildung der polykletischen Statue. Polyklet scheint bei den Römern besonders beliebt gewesen zu sein. Er war das berühmte Schulhaupt der argivischen Erzbildner in der zweiten Hälfte des v. Jahrhunderts, auch als Lehrer hochgeschätzt, wie er denn bestimmte, durch Lehre überlieferbare Regeln über Stellung und Proportionen selbst befolgte und seinen Schülern vorschrieb. Geradezu als Musterfigur galt sein *Doryphoros*, der den Beinamen „Kanon" hatte (S. 385). Wie ein Gegenstück dazu sah der *Diadumenos* aus, ein Jüngling, der sich eine Binde um den Kopf legt (S. 382). Der Doryphoros steht in Schrittstellung, den linken Fuß zurückgesetzt, den Kopf, wie aufmerkend, etwas zur Seite gewandt, den rechten Arm gesenkt; mit der linken Hand hält er den über die Schulter gelegten Speer. Der Diadumenos zeigt die Füße in der gleichen Stellung; auch bei ihm ist der Kopf zur Seite gewendet, aber lebhafter bewegt und gesenkt; die beiden Arme sind mehr gehoben, die Unterarme nach dem Kopfe zu zurückgeführt, um welchen sich der Jüngling eben die Binde bindet. Die Proportionen der beiden Statuen sind ebenmäßig und schön, aber weniger schlank, als es das spätere Altertum gewöhnt war, und man begreift, daß sie diesem ein wenig schwer vorkamen. Ebensowenig kann man darüber schwanken, was die damaligen Kunstschriftsteller mit der besonderen Art des Standes meinten, welchen Polyklet erfunden haben sollte, und mit der gewissen Einförmigkeit, unter welcher seine Statuen gelitten hätten. Es ist eben jene Schrittstellung, welche bei dem Doryphoros, bei dem Diadumenos und auch bei der Amazone wiederkehrt, die wesentlich auf dieser Fußstellung beruhende, wohlüberdachte Weise, den Körper mäßig bewegt in eine in sich harmonisch geschlossene Haltung zu rücken, welche die kraftvolle Schönheit des Baues, die normalen Verhältnisse des Ganzen und der einzelnen Teile, die genau abgewogene ruhige Symmetrie aufwies und zugleich die feinste und gleichmäßig vollendete Durchführung aller Teile gestattete. Freilich machen uns diese Statuen den Eindruck einer kräftigen, fast etwas derben Schönheit, so daß wir jenen, von dem Standpunkte eines andern Zeitgeschmacks ausgegebenen leichten Tadel besser verstehen, als das Lob der feinsten Vollendung und anmutiger Schönheit. Aber gerade bei solchen Werken ist die gewollte Wirkung bedingt durch die letzte Vollendung, die Polyklet selbst, nach einem ihm zugeschriebenen Ausspruch zu schließen, für das eigentliche Geheimnis der Kunst erklärt hat, und leider kennen wir bisher kein Originalwerk des Polyklet oder eine so vortreffliche Kopie eines solchen, daß wir uns von dieser Vollendung der Durchführung eine wirkliche Vorstellung machen könnten.

Im IV. Jahrhundert vor Chr. sind die glänzendsten Künstlernamen *Skopas* und *Praxiteles*, dann gegen den Ausgang des Jahrhunderts *Lysippos* aus Sikyon.

Skopas war einer der Bildhauer, die um die Mitte des Jahrhunderts am *Mausoleum* in Halikarnaß tätig waren, dessen Skulpturreste (in London) unsere Vorstellungen von der Kunst jener Epoche in ähnlicher Weise beherrschen, wie es für die perikleische Zeit die Parthenonskulpturen, für noch ältere Zeit die Skulpturen von Olympia und Ägina tun. Einzelskulpturen haben sich bisher noch nicht viele mit Sicherheit auf Skopas zurückführen lassen. In Rom ist das wichtigste der Art der dem vatikanischen Meleager (S. 382) ähnliche aber so unglaublich viel schönere, Geist und Leben sprühende *Kopf* in der Villa Medici, der einer antiken nicht zugehörigen Statue aufgesetzt worden ist (S. 173).

Derselben Epoche gehört, wie die Vergleichung mit den Mausoleumskulpturen erweist, die schöne Gruppe des sogenannten *Pasquino* an, welche in Rom in verschiedenen freilich nur fragmentarischen Repliken vorhanden ist. Das jammervoll zerstörte Bruchstück bei Palazzo Braschi (S. 245) hat Bernini für die beste Antike erklärt, die er kenne. Leichter ist die Betrachtung der Reste dieser Gruppe im Vatikan (S. 380).

Milde Schönheit und Anmut war als Göttergeschenk dem Künstlergeschlechte des Praxiteles zu eigen. In der Zeit, als Athen, der Kämpfe mit den hellenischen Stammesgenossen müde, nach Frieden seufzte, hat **Kephisodot d. Ä.**, der dieser Familie angehörte, die Friedensgöttin mit dem kindlichen Gotte des Reichtums auf dem Arme *(Eirene und Plutos)* geschaffen, wie wir sie im Abbild in der Münchner Glyptothek sehen. Der nächsten Generation gehört **Praxiteles** selbst an; vor allem seine *Aphrodite* in Knidos (s. S. 375), sein *Eros* in Thespiä, sein *Satyr* (s. S. 261) waren die Bewunderung und die Freude des Altertums. Jetzt, nachdem die Ausgrabungen in Olympia uns den *Hermes* des Praxiteles wiedergeschenkt haben, können wir dieses Entzücken des Altertums begreifen und teilen. Aber freilich dieses einzige sicher bezeugte Originalwerk des großen Künstlers hat uns auch gelehrt, wie wenig Verlaß auf die landläufigen Kopien seiner Werke ist, wie sie sich in allen Museen so reichlich und oft so wenig anziehend finden. Vermutlich ist es gerade darum noch nicht gelungen, das viele in seinem Ursprung Praxitelische, das in unserem Antikenvorrat vorhanden sein muß, überall zu erkennen. Auch die Söhne des Praxiteles, *Kephisodot* und *Timarchos*, waren ausgezeichnete Bildhauer.

Noch zugleich mit Skopas war **Leochares** tätig, dessen großer Wurf die Gruppe des *Ganymed* war, den der Adler des Zeus, gen Himmel schwebend, entführt (s. S. 376), und in die gleiche Epoche gehört auch die berühmteste aller Statuen in Rom — der *Apoll vom Belvedere* (S. 381). Freilich hat man ihn lange in eine spätere Zeit rücken wollen. Man wollte uns zwingen, den schönen Liebling Winckelmanns mit der Aegis in der Linken als schreienden Schlachtengott zu denken, das Original, das er wiedergibt, als eine Erzstatue, welche aus Anlaß des im Jahr 278 vor Chr. abgeschlagenen gallischen Ansturms gegen Delphi erfunden sei. Die Grundlagen dieser Vermutung haben sich als haltlos erwiesen. Vielmehr erhob der Gott, der wie leicht schwebend dahin wandelt, drohend den Bogen. Was uns in seiner leuchtenden Erscheinung stört, kommt meist auf Rechnung des modernen Ergänzers, welcher die linke Hand zu weit nach außen gedreht, die rechte Hand zu stark erhoben hat; anderes hat der die Statue ausführende antike Künstler selbst verschuldet, indem er an Stelle eines kraftvollen Pathos, das sein Vorbild beherrschte, eine zierlichere Formgebung setzte. Aber der mit dem belvederischen Apoll übereinstimmende *Steinhäuser'sche Kopf* in Basel, der leider durch die mißlungene Restauration in der Wirkung verdorben ist, verrät unverkennbar die Epoche des Skopas. Wem der belvederische Apoll also nicht genügt, der möge sich das Urbild nach Maßgabe der Mausoleumskulpturen zurecht denken. Aber vor allem freue man sich am vorhandenen. Niemand braucht sich zu schämen, wenn er von der Statue so wie sie ist einen großen und erhebenden Eindruck davon trägt —, wie ihn Goethe so stark empfunden hat.

Alexander der Große wollte, wie erzählt wird, statuarisch nur von **Lysippos**, aus Sikyon im Peloponnes, porträtiert sein.

Lysipp kann uns als Symbol des Umschwungs der Anschauungen gelten, der sich in dieser Zeit vollendet hat. In der prachtvollen Marmorkopie seines *Apoxyomenos* (S. 385), der im Original eine Bronzefigur war, tritt uns äußerlich und innerlich das Bild einer neuen Zeit entgegen. Ein auffällig hoch und schlank gewachsener Jüngling, mit kleinem Kopf auf hohem Hals, steht vor uns, breit und frei bewegt, in weitem Stand der Füße, wie er dem gewählten Gesamtmotiv angemessen und natürlich ist. Die Wirkung beruht auf der Wahrheit und Schönheit der Jünglingsgestalt an und für sich und auf dem Reiz der lebendigsten Bewegung in der scheinbaren Ruhe. Man glaubt die linke Hand sich bewegen, den Jüngling sich in den Hüften leicht hin und her wiegen, den ganzen Körper in gelindem Muskelspiel erregt zu sehen. Bei dem Kopf ist das Haupthaar von selbständiger eigenartiger Schönheit, so wohl man auch die Form des Schädels verfolgen kann. Die Stirne tritt bedeutsam hervor, überaus lebensvoll in ihrer reichen und deutlichen Gliederung. Der Fortschritt, den diese Figur in der Kunstgeschichte bedeutet, kann man sich durch die Vergleichung mit einer der polykletischen Gestalten in demselben Saale des vatikanischen Museums leicht klar machen. Die Proportionen sind schlanker geworden, alle Formen reicher, mannigfaltiger, individueller — zugleich natürlicher und edler. Die Zahl der Werke des Lysipp, der wie Myron ein großer Tierbildner war und im Gegensatze zu Praxiteles sehr viele Porträts ausführte, wird auf 1500 angegeben. Es waren große Gruppen und Einzelstatuen, Götter-, Heroen- und Menschenbilder, Viergespanne, Jagden, Löwen, Hunde, kurz Gegenstände aller Art, auch kühne Personifikationen, wie der *Kairos*, das Bild der vorübereilenden Gelegenheit.

Nicht nur die Mitlebenden, auch die nächsten Geschlechter waren der Ansicht, daß durch Lysipp und seinen Zeitgenossen, den Maler **Apelles**, der höchste überhaupt mögliche Grad von Naturwahrheit, das äußerste Maß jedes Könnens erreicht sei. Weit mehr als Praxiteles hat die Lysippische Kunstweise auch die Künstler des folgenden Jahrhunderts beherrscht. Die prachtvollen *Kolosse auf Monte Cavallo* (S. 192) sind vielleicht am meisten geeignet eine Vorstellung von der Art zu geben, wie Lysipp und seine Nachfolger ihre zahlreichen Kolossalfiguren gebildet haben. Zu Lysipps Schülern gehörten seine eigenen Söhne *Laippos, Boedas* und *Euthykrates*, der unter diesen am meisten geschätzt war.

Mit den Zügen Alexanders, mit der Erschließung des Orients und seiner Schätze, mit der Gründung großer Monarchien, neuer glanzvoller, weitausgedehnter reicher Städte, mit der fortschreitenden Erkenntnis der Natur und der davon abhängigen Änderung der religiösen Vorstellungen, ergaben sich für die Bau- und Bildkunst neue Aufgaben, neue materielle und geistige Bedingungen. Die griechische Kunst wetteifert von nun an mit der Pracht und Kolossalität des Orients. Sie verherrlicht die Taten und Siege der Könige, sie ist erfinderisch in immer neuem bequemen Luxus und Glanz der Städte, Paläste und Wohnungen; aber sie hat sich weit entfernt von der einfachen Größe des Perikleischen Zeitalters, in welchem sie, in altväterischer Frömmigkeit, nur den heimischen Göttern und dadurch dem heimischen Gemeinwesen zu dienen beflissen war. Die alten Stätten der Kunsttätigkeit in Hellas selbst treten zurück vor den neuen Welt- und Handelsstädten, *Alexandria* in Ägypten, *Antiochia* am Orontes in Syrien, *Pergamon, Rhodos.* — Der griechischen Kunst in Ägypten gehört, freilich in späterer Zeit, die schöne Darstellung des gelagerten *Flußgottes Nil* (S. 385) an, den sechzehn anmutige Kinder umspielen, zur Andeutung der sechzehn Ellen, welche der Fluß, dem Ägypten seine Fruchtbarkeit verdankt, jährlich ansteigt, und aus dem hellenisierten Ägypten sind natürlich die Typen der *Isis* (S. 383) und des *Harpokrates* (S. 261) nach Rom gekommen. — Die Stadt Antiochia hat **Eutychides**, ein Schüler des Lysipp, in einer anmutigen Gruppe dargestellt (S. 376). Die *Tyche der Stadt* sitzt, den Kopf mit einer Mauerkrone geschmückt, in der rechten Hand Ähren haltend, auf einem Fels. Zu ihren Füßen erhebt sich, als Knabe dargestellt, der Flußgott Orontes (der eine Strecke unter der Erde fließt) aus dem Boden. — Die pergamenischen Bildhauer feierten durch ihre Werke besonders die Siege ihrer Könige gegen die Kelten. Die Statue des *sterbenden Galliers* (des sog. sterbenden Fechters) im kapitolinischen Museum (S. 260) und die *Galliergruppe* im Thermenmuseum (S. 188) lehren, in welchem Sinne und mit welcher Meisterschaft sie diese Aufgabe lösten. Die fremden Krieger in ihrer unhellenischen Körperbildung, Tracht und Sitte waren dem griechischen Künstler eine höchst merkwürdige Erscheinung, die er historisch treu wiedergab. In ihrer wilden, ritterlichen Tapferkeit, in der Unbeugsamkeit, die den Tod der Schmach vorzieht, erschienen sie ihm bewundernswürdig. Indem er in gerechtem Sinne das Edle, Tapfere und Schöne im Charakter der besiegten Feinde zum Ausdruck brachte, mußten die Taten des eigenen Fürsten und Heeres um so größer und herrlicher erscheinen. Auf der Akropolis in Athen sah man noch im IV. Jahrhundert nach Chr. ein figurenreiches Weihgeschenk des Königs Attalos. Den Inhalt bildeten die Kämpfe der Götter gegen die Giganten, der Athener gegen die Amazonen, der Athener gegen die Perser, des Attalos selbst gegen die Kelten. Von diesen Gruppen ist es geglückt, eine Reihe von Figuren in den Sammlungen zu Venedig, Rom und Neapel wiederzufinden. — Die größte uns erhaltene Leistung der pergamenischen Kunst ist der unter Attalos I. Nachfolger, Eumenes II. (197-159 vor Chr.), ausgeführte große *Gigantenfries,* dessen gewaltige Reste sich im Pergamon-Museum zu Berlin befinden. Bekanntlich stand Rom in besonders nahen Beziehungen zu Pergamon und Rhodos, die einzelnen der hellenischen Bildung gewogenen Römer am meisten zu **Rhodos**, wo auch die bildende Kunst bewußt gepflegt, geschickt und schwunghaft geübt wurde. Der 31m hohe Erzkoloß des rhodischen Hauptgottes *Helios*, den ein Schüler des Lysipp, der Rhodier **Chares** aus Lindos, um 285 vor Chr. errichtet hatte, galt als Weltwunder.

In Rhodos befand sich, ehe Asinius Pollio sie nach Rom brachte, auch die große Marmorgruppe des sog. *Farnesischen Stiers* von der Hand des **Apollonios** und des **Tauriskos** aus Tralles' ein Werk, bei dem die Kühnheit des architektonisch-plastischen Aufbaues auffällig und eindringlich wirkt (jetzt in Neapel). In manchen Dingen, auch in der Mannigfaltigkeit und in dem Reichtum des Nebenwerks, ist die Gruppe dem pergamenischen Gigantenfries verwandt. Vermutlich um dieselbe Zeit ist die berühmte Gruppe des *Laokoon* und seiner Söhne (S. 380) aus Rhodos nach Rom gebracht worden, ein Werk des **Agesandros** und seiner Söhne **Athenodoros** und **Polydoros**. Früher fand lebhafter Streit darüber statt, ob diese Künstler in der Zeit nicht lange nach Alexander dem Großen — wie Winckelmann wollte — oder erst in der Zeit des Kaisers Titus gelebt hätten, wie Lessing glaubte. Die letztere Ansicht ist nach den neuen Funden auf Rhodos wohl ganz abgetan. Ein dritter Zeitansatz, der, daß die Laokoongruppe etwa um 100 vor Chr. oder kurz vorher entstanden sei, wird schwerlich mehr lange auf Widerspruch stoßen. Es sind Inschriften mit den Namen der Laokoonkünstler erhalten, welche nach den Buchstabenformen etwa in diese Zeit fallen. Die Gruppe ist keineswegs eine recht eigentlich plastisch empfundene Komposition, sondern vielmehr eine reliefmäßig gezeichnete, wie sie erst in dieser Epoche aufgekommen sind. Endlich ist die Verwandtschaft des Laokoon mit dem großen Pergamener Gigantenfries unleugbar. Man hat daraus, freilich nicht ohne Widerspruch, die Folgerung gezogen, daß der Laokoon erst nach dem Pergamener Fries entstanden sei.

Die lebenden griechischen Künstler, mit denen die Römer zuerst in häufigere nähere Beziehung traten, waren eben die dieser Epoche. Die gebildeten und reichen Römer kauften nicht nur ältere Kunstwerke, sondern bestellten auch neue bei den damals tätigen Künstlern, und zwar oft wirkliche oder angebliche Originalschöpfungen, sehr gewöhnlich aber auch Kopien und Nach- und Umbildungen älterer berühmter Werke. Gerade in den letzten Zeiten der Republik und im Anfang der Kaiserzeit scheint besonders viel und gut kopiert worden zu sein. In Rom selbst müssen damals blühende Werkstätten vorhanden gewesen sein, die hauptsächlich Kopien und Nachbildungen jeder Art und Größe lieferten.

Berühmte Künstler, die offenbar in Rom tätig waren, sind **Pasiteles** aus Unteritalien, ein Zeitgenosse des Pompeius, und **Arkesilaos**. Von Pasiteles selbst ist kein inschriftlich bezeugtes Werk erhalten. Von seinem Schüler **Stephanos** rührt die Statue eines *Jünglings* in der Villa Albani (S. 413) her, die ein altgriechisches Vorbild genau wiedergibt oder mindestens einem solchen überaus nahe steht. Des Pasiteles Enkelschüler **Menelaos** hat die Gruppe des Orestes und der Elektra im Thermenmuseum (S. 189) gearbeitet.

In der augusteischen Zeit hat man mit Bewußtsein und Absicht nicht nur die schriftstellerische und dichterische Tätigkeit, sondern auch Kunst und Kunsthandwerk gepflegt und beiden durch Anlehnung an gute alte Muster aufzuhelfen versucht. Ein Kunstzweig, der den **Römern** nach ihrer ganzen Art und ihren Lebensformen von alters her besonders am Herzen liegen mußte, war das *Porträt*. Schon die ersten Lehrmeister der Römer, die *Etrusker*, haben uns eine große Zahl merkwürdiger, niemals großartig aufgefaßter, aber oft sehr individuell empfundener plastischer Bildnisse hinterlassen. Unter den bemalten Wachsbildnissen, den berühmten *imagines* der Vorfahren, welche in besonderen Schränken als Kostbarkeiten gehütet und bei der Bestattung in feierlichem Zuge den Toten vorangetragen wurden, waren gewiß vielfach Meisterwerke der Naturwahrheit und Bildnistreue. Die griechischen Künstler, oder die nicht von Geburt, aber durch Lehre und Ziele griechisch gewordenen Künstler in Rom haben in der Porträtkunst Vorzügliches geleistet. Wie ein Symbol der augusteischen Bestrebungen steht die schöne *Augustusstatue* aus Prima Porta (S. 384) uns vor Augen; der Kaiser in ruhiger, selbstbewußter, aber jede äußere Rücksicht beachtender Haltung, in redender Gebärde, aber mit dem ernsten klugen Gesicht, das jeden innersten Gedanken und jede Empfindung zu verschließen gelernt hat. Die äußere Erscheinung ist halb griechisch, halb römisch; auf dem Panzer sind in griechischer Formensprache die unter Götterschutz erzwungenen Triumphe über Parther, Keltiberer und Gallier in aktenmäßig klarer Genauigkeit aufgezeichnet. Eben aus diesen Darstellungen läßt sich die Entstehungszeit um das Jahr 13 vor Chr. mit Sicherheit erschließen. Sehr interessant ist es, andere Porträts des Augustus mit dieser Statue zu vergleichen und sich die Prinzen und Prinzessinnen des julischen Geschlechtes zusammenzusuchen. Unter den Frauen weit mehr als unter den Männern fallen Köpfe auf, denen man unter den jetzt lebenden stolzen Gestalten Roms und im römischen Gebirge schon begegnet zu sein meint. Berühmt ist auch die bronzene *Reiterstatue des Kaisers Marc Aurel* auf dem Kapitol (S. 258), und die Porträts bleiben gut in Zeiten, in denen die übrige Bildkunst so sehr dem Verfall geweiht scheint, daß ein so feiner Kenner wie Jacob Burckhardt auf eine allgemeine Depravation des Menschengeschlechtes zu schließen geneigt war. Ganz meisterhaft ist das mehrfach vorkommende Bildnis des *Caracalla* (S. 379), das der ausführende Künstler geist- und lebensprühend, im persönlichsten Charakter in mitleidsloser, fast feindseliger scharfer Beobachtung erfaßt zu haben scheint und schließlich ist doch die Leistungsfähigkeit in den Porträts eine der wichtigsten Normen für das künstlerische Können überhaupt.

Neben den Porträts sind besonders anziehend die bildlichen Darstellungen des eigentlich römischen Lebens, vor allem der römischen *Kriegstaten;* am schönsten die am *Titusbogen* (S. 286) und die ausführlichen, im großen und kleinen unfehlbaren Schilderungen der *Trajanssäule* (S. 296), in denen die ganze Tüchtigkeit und Tapferkeit des römischen Heeres, alle seine Märsche, Arbeiten, Schlachten, Verhandlungen und Erfolge ihre Verherrlichung gefunden haben. Wie viel anziehender sind diese Szenen als die künstliche, innerlich unwahre Treibhausblüte der dann folgenden *Hadrianischen Kunst*, in der eklektisch alles Alte und Neue zugleich nachgeahmt und anspruchsvoll gestaltet wurde. Wie viel anziehender ist das Bildnis des soldatischen *Trajan* als das des künstlerisch dilettierenden eitlen *Hadrian* oder als das seines schönen Lieblings *Antinous*, in dem schwerer und trüber Ernst mit einer glatten und leeren Eleganz gemischt erscheint.

Dem ausgehenden Römertum gehören endlich die *Sarkophagreliefs* an, welchen man in den Museen, in den Villen, in den Höfen der Paläste auf Schritt und Tritt begegnet. Der einzige uns aus der altrömischen Zeit erhaltene Sarkophag ist der des L. Cornelius Scipio Barbatus im Vatikan (S. 382). Er ist nach Art eines Altars geformt und verziert; ein noch erhaltener Altar in Pompeji zeigt auffällige Ähnlichkeit. Daß auf solche Grabmäler architektonische Formen und Zieraten von Altären und Tempeln her übertragen werden, ist in der religiösen Vorstellung des Altertums begründet. Die Sarkophage, welche innerhalb der eigentlichen griechischen Welt gefunden wurden, pflegen den Charakter des Monumentalen durch deutliche architektonische Gliederung und Ornamentik festzuhalten. Mit dieser und den etruskischen Totenkisten sind die spezifisch römischen Sarkophage verwandt; aber sie zeigen eine eigene und selbständige Entwickelung. In Form und Ausschmückung mannigfach variiert, trägt die größte Zahl Reliefdarstellungen, die sich wie ein Bandstreif um Vorder- und Nebenseiten legen. Bei besonders reichen Beispielen ist auch die Rückseite mit Relief versehen. Man ist natürlich geneigt, in solchen Verzierungen der Särge eine nahe Beziehung zu dem Zwecke, dem sie dienen, zu suchen. Aber nicht selten scheint auch der Wunsch und die Gewohnheit, figürlichen Schmuck anzubringen, das ursprünglich gewiß vorhandene Bedürfnis einer sinnvollen Beziehung überwuchert und verdrängt zu haben. Wenn wir Eroten auf Nachen nach dem Leuchtturm rudern, wenn wir sie im Zirkus um die Meta fahren sehen, liegt der Gedanke an das Ziel des Lebens nicht fern; wenn sie die Symbole der Jahreszeiten tragen, mag man des aller Kreatur gemeinsamen Erblühens und Welkens gedenken. Wie Hylas von den Nymphen, Ganymed vom Adler geraubt wird, so wird der Verstorbene dem irdischen Leben beneidet. Niobe mag an den Schmerz der Überbliebenen, Hippolytos an die Tugenden des dem Leben Entrissenen erinnern, die schlafenden Eroten, der von den Göttern begünstigte Schlaf der von Dionysos gefundenen Ariadne, des von Selene besuchten Endymion an die mildeste Auffassung des Todes als Schlaf. Aber Darstellungen aus dem bacchischen Kreis sind schwerlich überall als Andeutungen eines seligen Lebens verstanden worden; bei den Nereidendarstellungen, bei den Medea-Reliefs und vielen anderen ergeben sich solche Beziehungen weniger ungesucht, und selten ist überhaupt eine ganz bestimmte nur persönliche Beziehung, die über die allgemeinere Vorstellung von Leben und Tod hinausginge. Auch waren solche Sarkophage gewiß in der Regel auf Vorrat gearbeitet. Auf eine merkwürdige Weise ist die persönliche Beziehung mitunter dadurch in die Reliefdarstellung hineingebracht, daß man den mythischen Helden die Porträtzüge der Verstorbenen verliehen hat. So kommt es z. B. vor, daß Admet und Alkestis, Hippolytos und, was uns auffälliger ist, auch Phädra Porträtzüge tragen. Die Reliefs sind oft in einer ganzen Reihe verschiedener Exemplare fast identisch, mit kleinen Modifikationen, mit Zusätzen und Auslassungen einzelner Gruppen und Figuren wiederholt, offenbar nach gemeinsamem Muster, aber mit einer mehr oder minder großen künstlerischen Selbständigkeit oder auch Aufmerksamkeit. In dieser Gemeinsamkeit lassen sich feste Formen und Überlieferungen erkennen, die in manchen Mitteln des Ausdrucks, in manchen Motiven die Erbschaft der besten griechischen Kunst verraten. Und doch sind diese Sarkophage, auch für römische Werke, keineswegs frühe. Bei der Beurteilung der Arbeit darf man freilich nicht vergessen, daß sie nicht für das volle Tageslicht berechnet waren, sondern für das halbe Licht der Grabkammern, in denen z. B. die Nebenseiten der Sarkophage oft nur durch Streiflicht sichtbar werden konnten. Deshalb sind diese Reliefs ohne viel Feinheit der Ausführung für das gesicherte deutliche Hervortreten der Hauptformen gearbeitet; und es ist dies mit einem sehr anerkennenswerten Geschick geschehen. Aber wenn uns die Vortrefflichkeit der Komposition und die Tüchtigkeit der Arbeit mitunter über die Zeit der Entstehung täuschen könnten, es steht doch fest, daß diese Art von Denkmälern erst mit der in den Zeiten des Kaisertums erneuten Sitte des Begrabens in Aufnahme kam: die Masse der römischen Sarkophage gehört dem II. und III. Jahrhundert nach Chr. und noch späteren Zeiten an. Die *altchristlichen Sarkophage* reihen sich den heidnischen ohne Unterbrechung an. Es ist ein eigenes Zusammentreffen, daß diese unscheinbaren Denkmäler auch später noch für die Kunst der Renaissance von einer gewissen Bedeutung waren. Bekanntlich hat Niccolò

Pisano den römischen Sarkophagen des Campo Santo in Pisa fruchtbare Anregungen für seine Kunst entnommen; auch Peruzzi und Raffael haben nicht verschmäht, nach römischen Sarkophagen zu zeichnen.

Raffael war nicht blind für die großen Unterschiede im Werte der künstlerischen Ausführung, wie ihn die Skulpturen in Rom aufweisen, und er suchte die Erklärung dafür im historischen Verlauf. Die römischen Bauten aber schienen ihm gleich vortrefflich, aus welcher Zeit sie auch stammen mochten. In der Tat hat die römische *Architektur* in jeder Erscheinungsform alle Künstler und Techniker stets in Erstaunen und Bewunderung versetzt. So gewaltig sind die Maße, so zielbewußt und einfach die Grundpläne und Konstruktionen, so großartig die Mittel, die sie jedesmal mit klarer Sicherheit zur Verwendung bringt, so überaus reich die Formen und die Dekoration, über die sie verfügt!

Wie in der Plastik, so fand in der Architektur die römisch gewordene Kunst ihre nächsten Vorbilder in den hellenistischen Reichen und Städten. Vermutlich halten wir vieles nur deshalb für recht eigentlich römisch, weil uns die hellenistischen Vorbilder fehlen. Gewiß, wer den dorischen, ionischen, korinthischen Baustil aus den reinen Mustern Athens kennt und die Anwendung dieser Stilarten in Rom vergleicht, wird mit einem gewissen Mißbehagen Abweichungen bemerken, die sich aus der Verschiedenheit des Kultus und der Gesamtanlage (mit mächtigem sichtbaren Unterbau und Treppe vor der Front) nicht erklären lassen. Die feinen Formen der griechischen Blütezeit sind teils vereinfacht und dadurch eines Stückes des künstlerischen Lebens entkleidet, handwerksmäßiger geworden, teils überladen und untereinander gemischt. Auch in den schönsten und bewundernswürdigsten römischen Bauten ist geflissentlicher Reichtum und Effekt an die Stelle der in allem Einzelnen und dem Ganzen vollendeten und lebendigen Harmonie getreten, die wir an einem Bau, wie es der Parthenon ist, empfinden. Aber der Weg zu den kleinasiatischen Bauten des IV. Jahrhunderts vor Chr. und zu den hellenistischen Bauten ist oft bestimmt zu verfolgen, wenn auch dabei die römischen Vereinfachungen und Verallgemeinerungen fühlbar bleiben.

Der *dorische* und *ionische* Stil wurde bei den Römern verhältnismäßig selten angewendet, es treten dann meist Halbsäulen an

liebtesten war die prächtige *korinthische Ordnung;* man glaubte sie noch reicher und schöner auszubilden, indem man auf das korinthische Kapitäl mit seinen den Kern verhüllenden aufgerichteten Akanthusblättern Schneckenvoluten, Eier- und Perlstab des ionischen Kapitäls oben aufsetzte (das sog. Kompositkapitäl). Das Gebälk des dorischen und ionischen Stils ist leicht daran zu kennen, daß nach dorischer Ordnung der auf den Säulen aufruhende Hauptbalken (Architrav) ungegliedert bleibt, der auf dem Hauptbalken liegende Fries die in bestimmten kurzen Zwischenräumen regelmäßig wiederkehrenden Dreischlitze (Triglyphen) zeigt; der ionische Architrav ist in horizontaler Richtung dreifach gegliedert, der Fries ohne Triglyphen. Für das dorische Gesims (zwischen Fries und Dach) sind die sog. Tropfenfelder und Dielenköpfe, für das ionische ist der sog. Zahnschnitt charakteristisch. Die korinthische Weise schließt sich im Gebälk der ionischen an; das Gesims ist öfter und reicher gegliedert, an Stelle des Zahnschnitts treten Kragsteine; das Ganze ist wie übersponnen mit Akanthusblättern und anderen Ornamentformen. Auch Gebälk und Gesims suchten die Römer noch reicher auszubilden und auch hier haben sie den ionischen Zahnschnitt mit den korinthischen Kragsteinen kombiniert.

Das genauere und wirklich fruchtbare Eingehen in die Eigenart und die Unterschiede der römischen Architektur erfordert weit mehr Zeit und mühevolles Studium, als die meisten Reisenden aufwenden können. Sie werden sich mit wenigen großen Eindrücken begnügen. Der schönste antike Bau Roms, und zugleich der am besten erhaltene ist das *Pantheon* (S. 234). Von Agrippa in der Zeit des Augustus begründet, hat es seine maßgebende Gestalt erst unter Hadrian erhalten. Trotz aller späteren, antiken wie modernen Mißhandlungen ist der von voll einstrahlendem Oberlicht erfüllte, riesige Rundbau noch immer von überwältigender, unverwüstlicher Wirkung — einer plötzlichen Offenbarung gleich, die mehr lehrt als langes Studium.

Nicht nur bei der Betrachtung der Architektur, auch bei der Betrachtung der Bildhauerwerke wird man wohl tun, sich vor allem der Wirkung des Größten und Besten nachhaltig hinzugeben und sich nicht in möglichst ausführlicher Einzelbetrachtung alles vorhandenen nutzlos zu verlieren. Diese Höhepunkte der Kunst dem Leser näher zu bringen, ist die Absicht dieser Blätter. Sie wollen nicht sein Urteil gefangen nehmen, sondern, indem sie seinem Interesse zu Hilfe kommen, ihn zur Selbständigkeit anregen und dadurch die Freude an dem, was er sieht, erleichtern und stärken. Denn die Schöpfungen großer Künstler verdienen es nicht, daß man sie durch unverstanden nachgesprochenes Lob beleidigt, und die volle Freude, die aus ihrer Betrachtung fließt, wird nur dem zu teil, der lernt, sie mit eigenen Augen, mit eigenem Urteil und eigner Empfindung anzuschauen.

ROMISCHE KUNST SEIT DEM MITTELALTER

von

Anton Springer.

Als Weltstadt steht Rom im Mittelpunkte des antiken Kunstverkehrs. Es empfangt als schuldigen Tribut die Kunstschätze, welche namentlich der schönheiterfüllte Geist Griechenlands im Laufe der Jahrhunderte geschaffen hatte. Zur Herrschaft gelangt, beschäftigt Rom die meisten Künstler, es verbraucht die meisten Kunstwerke, es gibt schließlich den Ton in der Mode und im Geschmacke an und bestimmt das Schicksal der Kunst. Auch in den Jahrhunderten des Mittelalters führt Rom den stolzen Namen: *caput mundi.* Zunächst aber erhebt es seine Ansprüche auf Weltherrschaft auf einem anderen Gebiete als jenem der Kunst und läßt die letztere, nachdem die antiken Überlieferungen sich allmählich ausgelebt haben, unbeachtet. Aus sich selbst heraus, aus lokalen Wurzeln hat Rom so wenig in neuer wie in alter Zeit eine selbstandige Kunst entwickelt. Es bleibt sein Schicksal, die in einem anderen Boden gepflanzten Früchte zu genießen, mit dem Unterschiede, daß in der Antike Rom doch eigentlich nur den äußeren glänzenden Schauplatz der Kunsttätigkeit abgibt, in der neueren Zeit dagegen die künstlerische Phantasie von Rom angehaucht werden, im Wiederscheine des altrömischen Glanzes sich spiegeln muß, um zur völligen Reife zu gelangen. Es vergeht aber ein Jahrtausend, ehe Rom wieder im Vordergrunde des künstlerischen Betriebes steht. Die mittlere Zeit zwischen dem Sturze des alten Roms und dem zu neuem Leben wieder erweckten Rom, das die größten Künstler der Renaissance in sich vereinigt und zu ihren herrlichsten Werken begeistert, entzieht sich den nächsten Blicken. Ja selbst das sechzehnte Jahrhundert, einen so gewaltigen Kunstreichtum in Rom es auch offenbart, gibt der modernen Weltstadt nicht das eigentümliche Gepräge, die „Signatur", sondern das baulustige siebzehnte Jahrhundert, das gleichsam eine äußere Hülle um Rom zog, auf welche zuerst das Auge trifft, und die man erst durchbrechen muß, um zur Kenntnis des älteren Roms zu gelangen.

Die lange Unterbrechung eines großen Kunstbetriebes erklärt es, daß die Geschichte der römischen Kunst nicht gleichbedeutend ist mit der Geschichte der italienischen Kunst. Mehrere Jahrhunderte hindurch bilden die toskanischen Städte den wichtigsten Schauplatz des nationalen Kunstlebens. Aber ebenso wie die höchste Blüte der italienischen Kunst, das Zeitalter Raffaels und Michelangelo's, in Rom sich entfaltet, so sind auch die ersten und wichtigsten Wurzeln der christlichen Kunst dem römischen Boden entsprossen. Für das Studium der **altchristlichen Kunst** bietet Rom die reichsten Anregungen.

Im IV. Jahrhundert verwandelt sich die innen schon längst brüchige heidnische Welt auch äußerlich in die christliche; eine neue Kunstperiode beginnt. Irrig denkt man aber dabei an einen gewaltsamen Abbruch der antik-römischen Kunst, an eine plötzliche, unvorbereitete Erfindung eines neuen Kunststils. Auge und Hand sind gewohnheitsträger als das Gemüt. Neue Anschauungen, veränderte Ansichten vom Wesen Gottes und der Bestimmung der Menschen erhielten Geltung, für den künstlerischen Ausdruck der Gedanken behielt man aber notgedrungen die alten Formen. Dazu kam noch, daß sich die heidnischen politischen Mächte dem Christentume keineswegs ununterbrochen feindselig zeigten (die ärgste Verfolgungsperiode fällt erst in das dritte Jahrhundert), der neuen Lehre Muße gegönnt wurde, sich auszubreiten und zu vertiefen, inmitten der heidnischen Gesellschaft sich zu organisieren. Die Folge war, daß namentlich in der Kunstanschauung kein schroffer Kontrast herrschte, in formeller Beziehung die altchristliche Kunst die Aufgaben der Antike fortsetzte. Den besten Beweis dafür liefern die Malereien der römischen Katakomben (S. 427). Diese, gleichsam einen unterirdischen Gürtel um die Stadt spannend, sind keineswegs schon ursprünglich die geheime, ängstlich verborgen gehaltene Zufluchtsstätte der ersten Christen gewesen, sondern bildeten ihre gesetzlich anerkannte, offen zugängliche Begräbnisstätte (z. B. die *Katakomben der Domitilla*) und wurden erst bei den periodisch wiederkehrenden Verfolgungen des III. Jahrhunderts in ein absichtliches Dunkel gehüllt. Inmitten römisch-heidnischer Sitte aufgewachsen, fand das christliche Geschlecht keine Veranlassung, an den künstlerischen Grundsätzen des Altertums zu rütteln. Es behielt bei der Ausschmückung der Katakomben die überlieferten Dekorationsmotive bei, in der Zeichnung, in der Wahl der Farben, in der Gruppierung der einzelnen Gestalten und der Auffassung bewahrte es treu die herkömmlichen Regeln. Die Darstellung Christi als guter Hirt, die Verwendung des Orpheus als Sinnbild Christi, die echt antike Scheu vor der Passionsgeschichte können als Beweis dafür gelten. Je älter die Katakombenmalereien sind, desto mehr nähern sie sich den antiken Formen. Auch die Sarkophagskulpturen des IV. und V. Jahrhunderts weichen nur im Inhalte, nicht in Technik und Formengebung von dem Typus ab, welchen die römisch-heidnischen Grabreliefs an sich tragen. Die erste Hälfte des Jahrtausends geht vorüber, ehe sich in der Malerei und in der (übrigens vernachlässigten) Plastik ein neuer künstlerischer Stil regt. Die Architektur hat sich in der Zwischenzeit den Bedürfnissen des christlichen Gottesdienstes entsprechend ausgebildet und im Anschluß an die neue Bauweise gewinnt auch die Malerei einen anderen Charakter.

Unter dem Namen **Basilikenbau** begreift man die altchristliche bis in das x. Jahrhundert reichende Architektur. Der Name ist ererbt, jünger und durchaus unbegründet die Meinung, als ob sich eine andere als die Namensgleichheit zwischen den altchristlichen Basiliken und den römischen, forensischen, bestände. Die letztern, auf dem Forum der meisten Städte des Römerreiches nachgewiesen, zu Gerichtssitzungen und zur Vermittlung des Verkehrs dienend, haben mit der alten christlichen Kirche weder was den Ursprung, noch was die Form anbelangt, Wesentliches gemein. Es wurden nicht die forensischen Basiliken für den christlichen Gottesdienst hergerichtet, noch bei dem Baue christlicher Kirchen die alte römische Basilika als ausschließliches Vorbild benutzt. Den Beweis für die erstere Behauptung liefert die Tatsache, daß noch am Ende des iv. Jahrhunderts die forensischen Basiliken in ihrer ursprünglichen Bestimmung aufrecht standen, einzelne von ihnen restauriert wurden. Den Beleg für die andere Ansicht gibt die unbefangene Betrachtung der Teile der christlichen Basiliken. Sie decken sich nicht mit den Teilen der altrömischen und zeigen dadurch einen anderen Ursprung. Auch der antike Tempel bot nicht das Muster für den Kirchenbau. Die christliche Basilika ging vielmehr aus dem römischen Privathause hervor, wo die ersten Versammlungen der Gemeinden stattfanden, und dessen Bestandteile, nur vergrößert, auch bei neuen kirchlichen Anlagen wiederholt wurden. Das verhaltnismäßig treueste Bild der baulichen Beschaffenheit und inneren Einrichtung einer altchristlichen Basilika liefern die Kirchen *S. Clemente* und *S. Maria in Cosmedin* in Rom. Ein kleiner von Säulen getragener Portikus bildet den Eingang zum Vorhof (*atrium*), den allseitig ein Säulenumgang begrenzt und in der Mitte ein Brunnen (*cantharus*) schmückt; der östliche Säulengang führt in das Innere der Kirche, welche gewöhnlich dreischiffig angelegt war, zwischen den niederen Seitenschiffen und dem höheren Mittelschiff zwei Säulenreihen zeigte und mit einem Halbrunde (*apsis*) schloß. Vor der Apsis zog sich zuweilen noch ein quergelegter Raum (das Quer- oder Kreuzschiff) hin, der Altar stand frei, von einem Saulenbau überdeckt, in der Apsis; vor ihm, durch Schranken oder Cancellen abgegrenzt, war der Chor der Priesterschaft und die beiden Kanzeln (*Ambonen*), für die Ablesung der Evangelien und Episteln errichtet. Im Gegensatze zu den antiken Tempeln offenbart sich bei den altchristlichen Basiliken die äußere Architektur vernachlässigt, der Hauptnachdruck wird auf das Innere gelegt. Auch hier aber wird namentlich in den spätern Jahrhunderten des vorigen Jahrtausends der eigentliche architektonische Schmuck in bequemer Weise durch Plünderung älterer Monumente beschafft, Säulen werden in römischen Gebäuden abgebrochen und in die christlichen Kirchen versetzt, mit geringer Rücksicht auf die Gleichartigkeit des Stils und die Identität des Materials. So zeigen die Kirchen *S. Maria in Trastevere* und *S. Lorenzo fuori le mura* Säulen von verschiedener Arbeit und verschiedenem Material. Andere Beispiele von Säulenverschleppungen bieten die Kirchen *S. Sabina, S. Maria Maggiore* usw. Das Beste für das schmucke Aussehen der Kirchen leisteten die metallenen Geräte: Kreuze, Kronleuchter, und die Teppiche, mit welchen päpstliche Pietät sie beschenkte; die bedeutendste Dekoration lieferten die Mosaikgemälde, die namentlich den Hintergrund der Apsis und den Bogen, welcher das Halbrund von dem Schiffe trennt *(Triumphbogen)*, bedeckten. Die Mosaikgemälde, wenigstens was das Material anbelangt, von gediegen monumentaler Art, brachten auch einen neuen malerischen Stil zur Geltung; in ihnen wird zuerst die antike Tradition verlassen und jene herbe, streng und ernst wirkende Auffassung allmählich heimisch, welche irrtümlicherweise als byzantinischer Stil bezeichnet wird. Man faßt ihn richtiger auf, wenn man ihn als die Umwandlung des symbolischen in den historischen schildert. Jetzt erst durchdringt der christliche Ideenkreis vollständig die Empfindung der Gemeinde,. tritt der leidende Christus in den Vordergrund. Die ältesten Mosaiken — aus Glasstiften zusammengesetzt — sind wohl in der Kirche *S. Pudenziana* vorhanden, sie stammen, wie jene in *S. Costanza* und im Baptisterium von Neapel, aus dem iv. Jahrhundert, während jene in *S. Maria Maggiore* und *S. Sabina* dem v. Jahrhundert angehören. Als die schönsten Mosaiken werden jene in *SS. Cosma e Damiano* auf dem Forum (526-530) angesehen.

Die Anfänge der christlichen Kunst liegen in Rom; für die weitere Entwickelung derselben treten aber andere italienische Landschaften in den Vordergrund. Zwar währt die Bautätigkeit bis in das ix. Jahrhundert, und auch um die innere Ausschmückung der Kirchen machen sich die Päpste des vii. und viii. Jahrhunderts, insbesondere Leo III., verdient. Aber weder in der Architektur noch in der Mosaikmalerei offenbart sich ein frisches Element, es deutet nichts einen Fortschritt und eine stetige Entwickelung an. Der Versuch in *S. Prassede* (ix. Jahrh.), den Säulen als Stützen der Mauern im Mittelschiff Pfeiler beizugesellen und von diesen Querbogen zu schlagen, bleibt ohne Folgen; vollends von den Mosaiken *(S. Prassede, SS. Nereo ed Achilleo, S. Marco)* kann man sagen, daß sie denselben Stil wie die Werke des v. und vi. Jahrhunderts, nur in verdorbenen und verfallenden Formen zeigen. Diese Armut und Öde wird durch die schweren Zeiten erklärt, welche auf Rom seit dem ix. Jahrhundert lasteten und in dem Guiscardischen Brand (1084), der den ganzen südlichen Stadtteil vom Forum bis zum Lateran und dem Abhang des Esquilin verwüstete, den Höhepunkt erreichten. Feste Türme und Burgen zur Abwehr der feindlicher Angriffe, die in der in Fraktionen geteilten Stadt unaufhörlich stattfanden, beschäftigten noch am meisten die Bauleute. Brancaleone schleifte 1257 an hundertvierzig Türme, deren Mehrzahl auf antiken Monumenten errichtet war. Von der Roheit der frühmittelalterlichen Architektur Roms legte die sogenannte *Casa di Rienzi* oder *di Pilato* das auffälligste Zeugnis ab. Angeblich von einem Nikolaus, Sohn des Crescens, im x. Jahrhundert erbaut (vielleicht erst im xi. oder xii.; vgl. S. 308) verdankt es seinen Hauptschmuck willkürlich zusammengerafften und wild durcheinandergeworfenen antiken Marmorfragmenten.

Erst seit dem xii. Jahrhundert begannen für die römische Kunst hellere Tage. Der „magister Romanus“ wurde für Künstler ein Ehrentitel, den sie mit Stolz ihrem Familiennamen zufügten. Eine Spezialität des Kunsthandwerkes bildete sich in Rom aus, welche wenn auch nicht an die antike Tradition, so doch an antikes Material anknüpfte, sich über den früher üblichen Raubbau erhob und es versuchte, aus dem vorhandenen Stoff neue Kunstformen zu schaffen. An ersterem fehlte es nicht. Zahllos noch waren die Marmorfragmente aus antiker Zeit in Rom vorhanden. Man zerschnitt und zersägte dieselben in Platten und Plättchen, stellte die letzteren zu Mustern zusammen, hob ihren Glanz durch farbige Glaspasten und Goldplättchen, und erhielt so Dekorationsmotive von reicher farbiger Wirkung. Solche Steinmosaiken schmücken den Fußboden der Kirchen, die Flächen der Altäre, der Bischofsstühle, der Kanzeln (Ambonen), Thürpfosten, beleben Grabmonumente, sie füllen die Windungen der zierlich gedrehten Säulen, welche die Osterkerzen tragen oder auch das Gebälk der Kreuzgänge in den Klosterhöfen stützen. Es scheint, daß diese Art von Arbeiten zünftig betrieben wurde, die Fertigkeit sich in einzelnen Familien von Geschlecht zu Geschlecht vererbte. Nach den Namen von zwei Mitgliedern einer solchen Familie bezeichnet man diese Marmorwerke mit dem Namen Cosmatenarbeit. Sie sind in Rom sehr häufig. Unter den musivischen Fußböden ragen jene in *S. Maria Maggiore*, *S. Maria in Trastevere* und *S. Lorenzo fuori le mura* (xii. Jahrhundert) besonders hervor. *S. Clemente* und *S. Giorgio in Velabro* besitzen Altartabernakel im Kosmatenstile, *S. Lorenzo* die schönsten Ambonen. Von den Klosterhöfen (*S. Sabina*, *Lateran*) zeigt jener in *S. Paolo fuori* (xiii. Jahrh.) die reichste Arbeit. Auch außerhalb Roms trifft man Cosmatenarbeiten nicht selten an. Ob die römischen Werke mit den süditalischen Mustern gleicher Gattung zusammenhängen, ist ungewiß. In der Technik zeigen sich einzelne Verschiedenheiten, die süditalischen Mosaizisten machen von den Glaspasten reicheren Gebrauch. Doch widerstrebt es, die Identität der Muster z. B. in der Cappella Palatina in Palermo und in S. Lorenzo auf den bloßen Zufall zu schreiben.

Neben diese dekorative Mosaik tritt seit dem xii. Jahrhundert auch die Mosaikmalerei der Apsiden und Triumphbogen in den Vordergrund. Die Anklänge an die Antike, welche die altchristlichen Mosaiken auszeichnen, sind natürlich verwischt, die Zeichnung hat den festen Halt, den sichern typischen Charakter verloren, dafür in der Farbe und dem reichen Ornament ein heiteres Wesen angenommen. Als Proben können die Musivbilder an der Front der Kirche *S. Maria in Trastevere,* in der Apsis von *S. Clemente* (XII. Jahrh.), jene in der Altartribuna des *Laterans* (XIII. Jahrh.) und endlich die in der Apsis von *S. Maria Maggiore,* von *Jacobus Torriti* 1295 gearbeitet, dienen. — Auch die Wandmalerei kam wieder in Übung, wie die seit 1858 aufgedeckten Gemälde in der Unterkirche von *S. Clemente* (der eigentlichen Basilika, welche erst durch einen Neubau 1108 in die Erde hinabgedrückt wurde) beweisen. Und wenn der Kirchenbau sich auch wesentlich auf die Restauration alter Werke oder die Wiederholung alter Bautypen beschränkt, so weisen doch die zahlreichen Glockentürme (der schönste bei *S. Maria in Cosmedin*) auf einen lebendigen Bausinn hin. Leicht und luftig angelegt, in zahlreichen Stockwerken emporsteigend, durch offene Säulenstellungen belebt, sind sie sprechende Wahrzeichen des römischen Mittelalters geworden.

Freilich mit dem Aufschwung der toskanischen Kunst läßt sich das römische Kunstleben, besonders des XIV. Jahrhunderts, nicht vergleichen. Während dort die Kommunen alle Volkskräfte anregen und der künstlerischen Phantasie einen reichen Boden gewähren, verzehrt sich Rom in den Kämpfen der Geschlechter und den Streitigkeiten der Päpste. Durch erborgte Künstler wird geschaffen, wozu das gewöhnliche Maß der Kunstfertigkeit nicht ausreicht. Dominikaner verpflanzen den gotischen Stil nach Rom — **Fra Ristoro** und **Fra Sisto** sind höchst wahrscheinlich die Erbauer der Kirche *S. Maria sopra Minerva* — und der Hauptmeister der Florentiner Schule **Giotto** wird unter Bonifatius VIII. nach Rom gerufen, um für seinen Gönner, Kardinal Gaetano Stefaneschi, in der Vorhalle der Peterskirche ein Mosaik anzufertigen, die *Navicella,* und ein teilweise noch (Sakristei von St. Peter) erhaltenes *Ziborium* zu malen, sowie vielleicht im Auftrage des Papstes in der Kirche des Laterans die Verkündigung des Jubeljahres 1300 darzustellen. Ein römischer Zeitgenosse Giotto's war **Pietro Cavallini.** Wertvolle Fresken von ihm enthält das unzugängliche Nonnenkloster bei *S. Cecilia* (S. 402).

Erst mit der Rückkehr der Päpste aus dem Exil von Avignon, mit der Italianisierung des Papsttums, das in der Reihe der italienischen Fürsten die mächtigste Stellung einnehmen will, mit dem freilich kurz währenden Siege des Humanismus an der päpstlichen Kurie beginnt für die römische Kunst die Zeit der steigenden Blüte. An der Begründung der **Renaissance** nimmt zwar Rom keinen unmittelbaren Anteil. Das bleibt der unsterbliche Ruhm von Florenz. Aber wir dürfen nicht vergessen, wie sehr der Anblick der gewaltigen Ruinenstätte in Rom auf die empfänglichen Gemüter der ersten Humanisten wirkte, die Ruhmessehnsucht weckte, den Kultus der Antike hob, auch nicht vergessen, daß das Studium der altrömischen Kunst Brunelleschi und Donatello mit den Formen vertraut machte, in welche sie ihre künstlerischen Gedanken kleideten und so der Kunst neue Bahnen öffneten.

Mit Nikolaus V. 1447-55, dem Humanisten auf dem päpstlichen Throne, der den Medici nacheifert, für Bücher und Bauten schwärmt, tritt Rom wieder in den Vordergrund der Kunstgeschichte. Eine Erneuerung des vatikanischen Viertels, der Aufbau einer prunkvollen Residenz ist sein Ziel; selbst an der ehrwürdigen Peterskirche rüttelt er und denkt an ihren Neubau. Das hervorragendste Werk dieser Zeit, der *Palazzo Venezia*, von Pietro Barbo, dem nachmaligen Papst Paul II. (1464-71), 1455 gegründet, hält teilweise noch an den mittelalterlichen Formen fest. Mit welchen Plänen mag sich wohl Leon Battista Alberti getragen haben, der in dieser Zeit in Rom weilte und hier 1472 starb. Urkundlich bestätigt ist, daß *Bernardo (di Matteo) Rossellino* aus Florenz den wichtigsten Anteil an den großartigen Bauunternehmungen des Papstes hatte, und auch die Malerei in allen ihren Zweigen (*Gentile da Fabriano* war am meisten geschätzt) reiche Pflege fand.

Die Kunstpflege gehörte von nun an zu den Obliegenheiten des Papstes, denen er sich nicht entziehen konnte, ohne sein persönliches Ansehen, ja selbst die Macht seines Amtes zu schädigen. Nicht gleich fanden sich aber die rechten Kräfte, um die Absichten der baulustigen und glanzliebenden Kirchenfürsten zu verkörpern. Die Architekten, welche unter dem Pontifikate Sixtus' IV. (1471-84) die reichste Tätigkeit entfalteten, waren *Amadeo* oder *Meo del Caprina* aus Settignano, der sich seit 1462 in Rom aufhielt, bis nach 1489 in den Diensten der Päpste verblieb und 1501 in Florenz starb; ferner *Giacomo da Pietrasanta* († vor 1495), der Erbauer von *S. Agostino*, und *Giovanni de' Dolci* († vor 1486). Des letzteren Werk ist die päpstliche Hauskapelle im Vatikan, die nach dem Papste getaufte *Sixtinische Kapelle*; doch verkündigt nicht die Architektur, die schon äußerlich anzeigt, daß das Heiligtum auch als Festung dienen mußte, sondern der malerische Schmuck an den Wänden und der Decke ihren Ruhm.

Schon lockte die Fülle der Beschäftigung und der Gunst, welche die Künstler bei den kirchlichen Würdenträgern fanden, toskanische und umbrische Maler zahlreich nach Rom. Wir begegnen den namhaften Florentiner Meistern Sandro Botticelli, Filippino Lippi, Domenico Ghirlandaio, Cosimo Rosselli, aus dem Kreise der umbrischen Maler dem Vorgänger Michelangelo's, dem kühnen Luca Signorelli (S. 53), sodann Perugino (S. 64) und Pinturicchio (S. 65) in römischen Kirchen und im vatikanischen

Palast in reicher Tätigkeit. Selbst der Versuch wird gemacht, eine eigene römische Akademie oder Lukasgilde zu stiften. Unter ihren Mitgliedern befand sich auch **Melozzo da Forlì** (1438-94; S. 114), von dessen Hand die vatikanische Galerie eine (auf Leinwand übertragene) Freske: die Stiftung der vatikanischen Bibliothek, besitzt. Den Mittelpunkt der künstlerischen Tätigkeit unter Sixtus IV. bildet die Anfertigung der *Wandgemälde in der Sixtinischen Kapelle.* Nach mittelalterlicher Anschauung wurden hier die Taten Moses' jenen Christi gegenübergestellt, an der linken Wand das Leben Moses' von Pinturicchio, Botticelli, Rosselli, Piero di Cosimo, Signorelli, Bartolomeo della Gatta, an der rechten Wand Ereignisse aus dem Leben Christi von Botticelli, Ghirlandaio, Rosselli und Perugino dargestellt. Kunstfreunden, welche auf der Reise nach Rom in Florenz sich nicht aufhalten konnten, kann das Studium dieser Wandgemälde nicht dringend genug empfohlen werden. Sie lernen hier die Erzählungskunst der Florentiner in anschaulicher Weise kennen, ihre Porträtmalerei bewundern und werden mit dem Boden vertraut, auf welchem sich die späteren Helden der italienischen Kunst bewegten.

Auch toskanische Bildhauer wandern häufig nach Rom und werden sowohl bei dem Erzgusse wie bei Marmorarbeiten fleißig verwandt. Der erstere erscheint hier wenig entwickelt. Die große *Bronzetür von St. Peter*, welche *Antonio Filarete* goß, erregt durch die zahlreichen mythologischen Bilder unser Interesse, in künstlerischer Beziehung hält sie den Vergleich mit Ghiberti's Türen auch nicht entfernt aus. Desto reicher ist die Marmorskulptur vertreten. Der Gräberluxus, der im xv. Jahrhundert aufkommt und mit der Ruhmessehnsucht der Renaissance im Zusammenhange steht, gab den Bildhauern unerschöpflichen Anlaß, ihre Kunst, besonders auch in dekorativer Beziehung, zu zeigen. Es gibt kaum eine ältere Kirche, die nicht mehrere Grabmonumente aus dem Ende des xv. Jahrhunderts in sich schlösse. Die größte Summe bewahrt die Kirche *S. Maria del Popolo.* Die Form der Grabmäler ist fast immer dieselbe. Ein Unterbau, mit Fruchtschnüren, Genien dekoriert, stützt den Sarkophag, auf welchem die Statue des Verstorbenen ruht. Den Hintergrund bildet eine Nische, oder eine in Felder geteilte Wand, welche oben im Halbkreis mit dem Medaillonbild der Madonna abschließt. Die Geschicke der Grabskulptur in Rom wurden durch die Florentiner *(Mino da Fiesole)* und die Lombarden *(Andrea Bregno)* bestimmt. Mit beiden zusammen arbeitete *Giovanni Dalmata.* Unter Sixtus IV. erreichte sie ihren Höhepunkt.

Einer besonders reichen Gunst erfreute sich seit Martin V. die Teppichwirkerei und die Goldschmiedekunst. Alle Päpste des xv. Jahrhunderts haben die Kleinkunst gefördert, am nachhaltigsten vielleicht Paul II., der auch als Kunstsammler eine hervorragende Rolle spielt und zahlreiche Werke der Antike vor dem Untergang gerettet hat.

Wer Rom in den ersten Jahren des XVI. Jahrhunderts betrat, stieß bereits auf eine reiche Kunstpflege, fand Künstler jeder Art, Architekten, wie Bildhauer und Maler, mit stattlichen Aufgaben betraut. Noch überragt aber Rom nicht die andern kunstreichen Hauptstädte Italiens, noch hat die Kunst hier keine Richtung eingeschlagen, welche sofort empfinden läßt, daß nur römische Luft sie beleben, nur der Geist, der im Vatikan waltete, sie erregen konnte.

Diese Wendung brachte erst das **Pontifikat Julius' II.** (1503-1513), unter welchem das goldene Zeitalter der römischen Kunst beginnt. Ihm gebührt der Ruhm, die drei Männer, die dem ganzen XVI. Jahrhundert *(Cinquecento)* den Weg vorzeichneten, und welche die neuere Kunst auf ihren höchsten Gipfel emporhoben, *Bramante, Michelangelo, Raffael*, an Rom gekettet zu haben. Sein Nachfolger im Amt, Leo X. (1513-1522), aus dem Hause der Medici, verdankt es nur dieser Abstammung, daß sein Name glänzender in der Erinnerung der Nachwelt lebt und seine Gestalt mit dem Bilde der mächtigsten Kunstblüte neuerer Zeiten am innigsten verwebt ist. Leo X. erbte, was Julius II. erworben hatte, und selbst dieses Erbe verstand er nicht immer richtig zu verwenden.

Niemals hätte Leo sich mit einer so stolzen Natur, wie sie Michelangelo besaß, verständigt, schwerlich auch den gewaltigen Plänen **Bramante's** volle Teilnahme abgewonnen. Das großartigste Werk des letzteren, die *Peterskirche*, lernen wir freilich in seiner ganzen Schönheit nur in den Entwürfen, welche die florentinische Sammlung von Handzeichnungen bewahrt, kennen. Denn an dem ausgeführten Werke haben so viele Hände gearbeitet, daß wenig davon auf Bramante's Plan fällt, von dem Wenigen aber das Beste: der wunderbare Eindruck, den die Raumverhältnisse des Kuppelbaues gewähren. Darauf hatte es Bramante angelegt: über einem griechischen Kreuze mit abgerundeten Querarmen sollte sich die krönende Riesenkuppel erheben: also einen Zentralbau galt es, ebenso mächtig wie rein in seinen Verhältnissen. Auf die Verkörperung dieser Bauidee, der einzigen, welche die vergangenen großen Bauperioden nicht erschöpft haben, harren wir noch bis zu dieser Stunde. Sonst ist Rom an Werken Bramante's, dessen Leben und Entwickelung ganz im Dunkeln liegt (von 1444 bis 1514 soll sich das erstere erstrecken), nicht arm. Die Rundkapelle im Klosterhof von *S. Pietro in Montorio*, der Klosterhof bei *S. Maria della Pace* und die Bogenhallen im ersten Hofe *(Cortile di S. Damaso)* des Vatikan gelten als seine Schöpfungen. Über die *Cancelleria* und den *Palazzo Giraud* vgl. S. 245 und 342.

Wir staunen über den Reichtum der Werke, welchen das Cinquecento wirkliches Leben verlieh, und preisen ihre Herrlichkeit; wie viel größer wäre aber der Reichtum und wie viel wunderbarer ihre Herrlichkeit, wenn alle diese Werke so zur Ausführung gekommen wären, wie sie die schöpferischen Künstler erdacht hatten.

Neben Bramante verleiht **Michelangelo Buonarroti** (1475-1564) der römischen Kunst des XVI. Jahrhunderts das kräftigste Gepräge. Bereits in seiner Jugend hatte Michelangelo sich in Rom aufgehalten (1496-99), hierher gelockt teils durch die friedlichen Zustände im Vergleich mit dem vom Parteikampf zerrissenen Florenz, teils durch den guten Ruf, welchen sein schlummernder *Amor* hier gefunden hatte, der für ein antikes Werk gehalten und von dem Besitzer, Kardinal Riario, als solches hoch geschätzt wurde. Es kam heraus, daß der damals zwanzigjährige Michelangelo der Schöpfer des Amor war. Durfte er nicht hoffen, in Rom reiche Beschäftigung und Ruhm zu finden? Aus dieser ersten römischen Periode stammen die *Pietà* in der Peterskirche, von einem französischen Kardinal bestellt, und der jetzt in Florenz bewahrte *Bacchus*, welchen nebst einem zweiten *Cupido* der kunstsinnige Kaufherr Jacopo Galli erwarb. Im Jahre 1501 kehrte Michelangelo nach Florenz zurück, wo er den riesigen *David* meißelte und für den Ratssaal im Palazzo Vecchio den berühmten, leider verlorenen Schlachtkarton (Überfall der badenden Florentiner durch das Heer der Pisaner) entwarf. Kaum hatte aber Julius II. den päpstlichen Thron bestiegen, so rief er (Frühling 1505) Michelangelo nach Rom zurück und übertrug ihm das eigene Denkmal, das in riesigen, bisher unerhörten Dimensionen in der Peterskirche aufgestellt werden sollte. Michelangelo schritt rüstig an das Werk. Kaum aber hatte er die ersten Vorarbeiten begonnen, in Carrara die Marmorblöcke bestellt, die Werkstätte in Rom eingerichtet, so änderte der Papst seine Pläne. Der Neubau der Peterskirche nahm das ausschließliche Interesse Julius' II. in Anspruch. Diesem Projekt mußte das Grabdenkmal weichen. Gleichsam zum Ersatz bot ihm der Papst an, die Decke der Sixtinischen Kapelle zu malen. Michelangelo, empört, verließ plötzlich Rom (April 1506) und suchte in Florenz sich eine neue Wirksamkeit zu gründen. Nur mühsam gelang es, den erzürnten Papst zu besänftigen. Michelangelo wurde von dem in Bologna weilenden Julius zu Gnaden aufgenommen und zunächst beauftragt, eine Bronzestatue des Papstes zu gießen. Nachdem dieselbe vollendet war (Anfang 1508), kehrte Michelangelo wieder nach Rom zurück, doch nicht um das Juliusdenkmal fortzusetzen, sondern um, wie es nun einmal der Papst bestimmt hatte, die Malereien in der *Sixtinischen Kapelle* zu beginnen. Vier Jahre brachte er damit zu. Endlich, als die Fresken aufgedeckt waren (Herbst 1512), hoffte er zu seiner ursprünglichen Aufgabe zurückkehren zu können. Diese Hoffnung war um so begründeter, als nach dem Tode des Papstes dessen Erben einen neuen Kontrakt mit Michelangelo aufgestrt hatten 1513, laut welchem das Denkmal noch großartiger als nach dem ersten Entwurfe ausgeführt werden sollte. Aber Michelangelo hatte ohne den neuen Papst Leo X. gerechnet, dem wenig an der Verherrlichung seines Vorgängers lag, welcher vielmehr die Kunst Michelangelo's im Dienste des mediceischen Ruhmes ausbeuten wollte. Michelangelo, in den Steinbrüchen von Carrara beschäftigt, wurde abermals von dem Werke abberufen. Er sollte die *Fassade von S. Lorenzo*, der Pfarrkirche der Medici in Florenz, errichten und mit zahlreichen Statuen und Reliefs schmücken. Auch dieses Unternehmen rückte nicht über die ersten Anfänge und Vorarbeiten hinaus. Ein anderes Projekt tauchte auf. Seit dem Jahre 1519 dachten der Papst und der Kardinal Giulio de' Medici (nachmals Papst Clemens VII.) an den Bau einer Grabkapelle, in welcher die vornehmsten Glieder der mediceischen Familie, der alte Cosimo, Lorenzo Magnifico und die beiden jüngst verstorbenen Giuliano, Herzog von Nemours, und Lorenzo, Herzog von Urbino, beigesetzt werden sollten. Jahre vergingen, ehe die Pläne endgiltig festgesetzt wurden, und wieder viele Jahre, ehe das (in seinem Umfang wesentlich verkürzte) Werk vollendet wurde. Die politischen Wirren, die Belagerung von Florenz hemmten den Fortgang der Arbeit. Das furchtbare Schicksal, welches Florenz durch die Schuld der Medici ereilte, verbitterte dem patriotisch gesinnten Michelangelo die Freude an dem Mediceerdenkmal. Er machte es notdürftig fertig, überließ anderen die Sorge der Aufstellung und kehrte 1534 nach Rom zurück, um fortan hier zu leben und zu wirken. Das Juliusdenkmal blieb auch jetzt seitwärts liegen. Das *jüngste Gericht* an der Altarwand der Sixtinischen Kapelle nahm die nächsten Jahre ausschließlich in Anspruch. Im Jahre 1534 wurde es begonnen, am Weihnachtstage 1541 der staunenden Welt enthüllt. Die beiden in noch späterer Zeit (bis 1550) von Michelangelo geschaffenen Fresken in der *Cappella Paolina* in Vatikan, die Bekehrung Pauli und die Kreuzigung Petri verraten Spuren der sinkenden Kraft nicht des Geistes, wohl aber des Auges. Wie wenig seine künstlerische Natur an Kühnheit und Frische eingebüßt hatte, beweist am besten die Tätigkeit am Bau der *Peterskirche*. Im Herbst 1546, also siebzigjährig, übernahm Michelangelo als oberster Architekt die Leitung des Werkes, schuf das Modell zur Kuppel und behielt bis zu seinem Tode die Aufsicht über den Bau bei. Mag auch in seinen letzten Lebensjahren die zunehmende Einsamkeit seine Stimmung vielfach verdüstert, Mißtrauen, Empfindlichkeit geweckt haben, eine merkliche Schwächung seines künstlerischen Vermögens ist nicht wahrnehmbar, wie er denn auch bis zu seinen letzten Jahren die höchste Verehrung der Künstlerkreise genoß.

Rom ist der wichtigste Schauplatz der architektonischen Tätigkeit Michelangelo's. Außer der Peterskuppel führt die Regelung des *Kapitolsplatzes*, der Einbau der Kirche *S. Maria degli*

Angeli in die Diokletianischen Thermen, der Ausbau des *Palazzo Farnese* von ihm her. — Minder reich erscheint Rom an plastischen Monumenten von Michelangelo's Hand. Die *Pietà* ist das formenreinste, am meisten menschlich empfundene Werk des Meisters. Die nackte *Christusstatue* in S. Maria sopra Minerva imponiert durch die edle Männlichkeit der Haltung und des Ausdrucks, mag sie auch anfangs durch die Abweichung von der Tradition befremdend wirken. Dagegen ist das *Juliusdenkmal*, die „Tragödie seines Lebens“, wie es Michelangelo nannte, nur in einem dürftigen Auszuge schließlich ausgeführt worden. Ursprünglich war es als ein Freibau gedacht, in zwei Stockwerken entworfen worden. Dem Unterbau sollten Statuen und Gruppen der durch den Tod des Papstes gefesselten Künste und der von Julius II. unterworfenen Provinzen (Victorien) vortreten; auf dem Oberbau allegorische Figuren (Moses, Paulus u. a.) sich erheben; das Ganze mit der Statue des Papstes gekrönt werden. Dreißig Jahre nach dem Beginn, im Jahre 1545, wurde es in der verkümmerten Gestalt in der Kirche S. Pietro in Vincoli aufgestellt, in welcher wir es gegenwärtig erblicken. Die gewaltige Figur des *Moses*, ursprünglich mehreren anderen Statuen koordiniert, bildet jetzt den Mittelpunkt des Denkmals und seinen größten Schmuck.

Auf Rom eingeschränkt bleibt Michelangelo's Tätigkeit als Freskenmaler. Widerwillig legte er den Meißel aus der Hand und fügte sich dem Befehle des gewaltigen Julius II., die Decke der *Sixtinischen Kapelle* mit Gemälden zu schmücken. Und doch sind gerade diese *Deckenbilder* die größte Leistung des Künstlers, eine freiere Schöpfung als die meisten seiner Skulpturen, bei welchen die plastische Form nicht ausreicht, seine Gedankenfülle in sich aufzunehmen, und ein gewisser gewaltsamer Zug bemerkbar ist. Michelangelo's Deckenbilder stehen in engem Anschlusse an die Wandgemälde, welche Florentiner und Umbrer in den achtziger Jahren des fünfzehnten Jahrhunderts geschaffen hatten (S. LXV). Diese stellten den Erretter des Judenvolkes aus Ägypten dem Erlöser der Menschheit gegenüber. Wie die Erlösung in die Welt kam und verbreitet wurde, ist das Thema, welches Michelangelo durchführt. In dem einen Mittelbilde schildert er die Erschaffung der Welt, die Geschichte Adams und Noah's. So kam die Sünde in die Welt, mit ihr aber auch die Verheißung der Erlösung. Von der Ahnung derselben erglüht erscheinen die gewaltigen Gestalten der Propheten und Sibyllen. Auf die Erlösung beziehen sich auch die Zwickelbilder, Rettungen der Juden darstellend (die eherne Schlange, David und Goliath, Hamans Bestrafung und Judith): nach der mittelalterlichen Auffassung zugleich Sinnbilder der Erlösung. Folgerichtig würden dann auch die Gruppen in den Lünetten, welche das Harren, die schmerzliche Spannung, die Versunkenheit in Trauer ausdrücken, einen historischen Kern und einen Doppelbezug auf die besonderen Schicksale der Juden und auf das Leben Christi enthalten (Vorfahren Christi und die Juden in der babylonischen Gefangenschaft). Das ist aber das Großartige des Werkes, daß diese historische Beschränktheit überall aufgehoben und zu rein menschlichen Taten und künstlerischen Gedanken verklärt wird. Michelangelo schuf sich mit der Farbe ein selbständiges architektonisches Gerüst, stufte die Figuren und Bilder von den bloß dekorativen Trägern bis zu den inhaltreichen Bildern der Mitte ab, und gliederte die Komposition des Ganzen so reich und so organisch, wie es noch nie einem Künstler gelungen ist. Der Betrachter brachte sich um einen großen Genuß, wenn er nur auf die Mittelbilder seine Aufmerksamkeit beschränkte. Die monochromen Gestalten und dekorativen Figuren atmen teilweise die größte Schönheit. Die Bedeutung des *jüngsten Gerichts* an der Altarwand würde rascher erfaßt, wenn die Erhaltung des Werkes besser wäre. Auf die kühne Freiheit, mit welcher alle erdenklichen Bewegungen und Gruppierungen wiedergegeben sind, muß man das Hauptaugenmerk richten.

Zu Bramante und Michelangelo gesellt sich **Raffaello Santi** (1483-1520). Die jugendliche Entwickelung des Meisters vollzieht sich in Perugia und Florenz. Aus beiden Perioden bewahrt Rom wichtige Dokumente. Die *Krönung Mariä* in der vatikanischen Galerie zeigt ihn noch in dem umbrischen Stil befangen, die *Grablegung Christi* in der Borghese-Galerie zieht die Resultate seiner florentinischen Studien. (Aus der späteren Periode sind zu nennen: die sog. *Fornarina* in der Barberini-Galerie, *Navagero und Beazzano* im Palazzo Doria, die *Madonna di Foligno* und die *Transfiguration*, Raffaels letztes Werk, beide in der vatikanischen Galerie.) Die meisten Staffeleibilder Raffaels müssen außerhalb Roms aufgesucht werden.

Für die ungleich wichtigere Seite Raffaels, die Freskenmalerei, bot ihm Rom seit 1508 den einzigen Schauplatz. Die *Wandgemälde in den päpstlichen Prunkgemächern des vatikanischen Palastes* müssen in erster Reihe genannt werden. Um sie zu verstehen, darf man auf der einen Seite nicht vergessen, daß die Freskenmalerei den dekorativen Charakter nie vollständig aufgibt, und muß auf der andern Seite die eigentümliche Stellung des Papsttums im Anfange des XVI. Jahrhunderts im Auge behalten. Im vatikanischen Palast waltete derselbe höfische Ton, die gleiche Lebenslust und Genußfreude wie an den Sitzen der anderen jungen italienischen Dynastien, nationale Anschauungen fanden auch dort eine freundliche Aufnahme, und namentlich erschienen humanistische Bestrebungen der Würde der römischen Kurie nicht widersprechend. Alle diese Eigenschaften spiegeln sich in Raffaels Fresken mehr oder weniger deutlich ab; der höfische Ton wird zu wiederholten Malen angeschlagen, selbst das feine Kompliment für den Besteller im Bilde nicht verschmäht, das Zeremonienbild nicht ausgeschlossen; es fehlt ebenso wenig an politischen Anspielungen wie an persönlichen Beziehungen, die Verherrlichung humanistischer Ideen findet eine reiche Stätte. Erinnern wir uns schließlich, daß Raffael stets auch auf die Raumverhältnisse Rücksicht nehmen, den Bilderschmuck auf Wände und Decken verteilen mußte, so haben wir die Schranken des Künstlers, die ihn vielfach beengten und zum Ausweichen zwangen, kennen gelernt. Seltsam genug werden diese Schranken auch gegenwärtig noch als eine kühne, freie Tat des Künstlers gepriesen.

Man bewundert die theologische Gelehrsamkeit und das philosophische Wissen, die sich in der *Disputa* und *Schule von Athen* aussprechen, man staunt über den Scharfsinn, der ihn das Entlegenste, wie *Heliodors Verjagung aus dem Tempel* und die Vertreibung der Franzosen aus Italien, verknüpfen, in allen Stanzen verschlungene Reihen tiefer Gedanken entfalten ließ. Bewunderungswürdig bleibt Raffael aber vorzugsweise doch nur wegen der Weisheit, mit welcher er das künstlerisch Darstellbare auch aus dem fremdartigen Vorstellungskreise herausfand, wegen der Energie, mit welcher er das Recht der Phantasie wahrte, wegen seines Schönheitssinnes, durch welchen er auch die sprödesten Stoffe malerisch fruchtbar machte. Am auffälligsten ist dies in dem Bilde, welches den *Brand der leonischen Stadt*, des sog. *Borgo*, zum Gegenstand hat, oder richtiger, wenigstens nach der Absicht des Bestellers, die Löschung des Brandes durch den vom Papste gespendeten Segen darstellt. Kein Beschauer merkt das Kunstwidrige des Vorwurfes, der ein Wunder sinnlich dargestellt fordert. Raffael verlegt die Handlung in die heroische Zeit, malt ein Bild voll der prächtigsten Leiber und lebendigsten Gruppen, die jeden spätern Künstler zur Nachahmung reizten, schildert die Verwirrung, die Anstalten zur Rettung und Flucht, von den entsprechenden Affekten begleitet. Das Gemälde enthält vielleicht nicht das, was der Besteller wollte, verwandelt sich aber dafür in eine von der Phantasie inspirierte, vom reichsten Formensinn eingegebene Schöpfung. Ähnlich ging Raffael bei den berühmten Fresken der zweiten Stanze, der *Disputa* und der *Schule von Athen* zu Werke. War ihm auch nicht geradezu aufgetragen worden, ein Kapitel der Dogmengeschichte — die Entwickelung der Lehre von der Transsubstantiation — zu illustrieren oder einen Abriß der Geschichte der alten Philosophie in Farbe zu liefern, so konnte ihn doch die Aufgabe, nur eine Reihe berühmter historischer Gestalten, die als Kirchenlehrer oder als Weltweise in der Erinnerung der Menschheit lebten, zu zeichnen, nicht sonderlich locken. Indem Raffael zwischen die historischen Repräsentanten ideale Typen schob, in der Disputa die versammelte Gemeinde der Gläubigen eine Vision erfahren ließ, wo notwendig sich jedes Einzelnen eine erregte Stimmung bemächtigte; indem er in der Schule von Athen die Seligkeit der Erkenntnis, das Glück, höheren Wissensgraden entgegengeführt zu werden, vorzugsweise betont, unbekümmert darum, ob seine Darstellung mit dem Diogenes von Laërte oder Sidonius Apollinaris wörtlich übereinstimmt, hat er ebenfalls das Recht der schöpferischen Künstlerphantasie glänzend gewahrt.

Es bedarf nach diesen Andeutungen kaum noch eines weiteren Winkes, wie sich der unbefangene Beschauer den raffaelischen Werken gegenüber verhalten solle. Wenn er auf den Gegenstand der Darstellung allein achtet, stets nur die Frage auf der Lippe hat, wen wohl diese oder jene Gestalt vorstellen mag, wenn er nach Namen forscht und sich verpflichtet fühlt, den reichen Vorstellungskreis des Künstlers, der aus entlegenen Gebieten der Gelehrsamkeit die einzelnen Figuren zusammenschleppt und es auch an gelehrten Beziehungen nicht fehlen läßt, zu bewundern, so verliert er die Fähigkeit, den besonderen Kunstgehalt der raffaelischen Werke zu prüfen. Sie unterscheiden sich dann für ihn nicht wesentlich von den großen symbolischen Bildern des Mittelalters, ja er wird sogar verleitet werden, den letztern, z. B. den Wandgemälden in der Cappella degli Spagnuoli (S. M. Novella zu Florenz) den Vorzug einzuräumen. Diese umfassen unstreitig weitere Vorstellungskreise, wagen sich mit größerer Kühnheit an die Verkörperung des Unsinnlichen und dürfen sich rühmen, das didaktische Element im ausgedehntesten Maße in ihren Bildern gepflegt zu haben. — Stets bleibt es ungewiß, in welchem Grade die raffaelische Wissenschaft nur auf den Mitteilungen mitlebender Gelehrten — man nennt Castiglione, Bembo, Ariosto u. a. — beruhte, ob er nicht von diesen gänzlich abhängig war: dann würde auch ihnen das Verdienst des Gedankenreichtums gebühren. Aber auch in dem andern Falle, daß Raffael unabhängig alle gelehrten Vorstellungen, die sich angeblich in seinen Stanzenbildern offenbaren, gefunden hätte, wäre die Künstlernatur Raffaels uns nicht näher gerückt: an der geschilderten Tatigkeit besaß nicht seine Phantasie, sondern nur sein Verstand Anteil. Man wird Raffaels Bilder nicht allein besser genießen, sondern auch über sein Wesen und seine Bedeutung vollkommeneren Aufschluß empfangen, wenn man die Aufmerksamkeit vorzugsweise darauf wendet, zu prüfen, wie der Maler den an sich toten Gedankenstoff in seiner Phantasie lebendig gestaltete, wie er die einzelnen Figuren psychologisch scharf ausprägte, so daß die Träger historischer Namen gleichzeitig auch als allgemeine menschliche Charaktere dem Beschauer entgegentreten, wie er in den Gruppen Bewegung und Ruhe fein abwog, nicht nur auf den schönen Linienfluß Bedacht nahm, sondern auch die tieferen geistigen Gegensätze, die er zu schildern hatte, harmonisch löste. Man glaube ja nicht, man werde, wenn man sich auf diesen Standpunkt stellt, mit der Betrachtung und mit dem Interesse bald an das Ende kommen. Zahlreiche Fragen drängen sich dem Kunstfreunde auf. Welche Motive leiteten Raffael bei der ganz verschiedenen Farbengebung in der Disputa und Schule von Athen? in wie weit wirkt in dem letztern Bilde der architektonische Hintergrund zu dem Gesamteindrucke? aus welchen Gründen wurde hier die Herrschaft des Porträtmäßigen eingeschränkt, da und dort (Jurisprudenz) ausgedehnt? welche Gründe veranlaßten die mannigfachen Veränderungen in der Komposition, die wir an den zahlreichen Skizzen genau verfolgen können usw. Leider beeinträchtigt der Zustand der Stanzenbilder den ungetrübten Genuß, ähnlich wie wir auch in den *Loggien* nur mühsam die alte Herrlichkeit dieser einzigen Dekorationsmalerei ahnen, und in den arg mißhandelten Teppichen nur schwer den Höhepunkt der Raffaelschen Kunst erkennen.

Über die Einzelheiten der Komposition der *Teppichbilder* geben freilich nur die im South Kensington Museum bewahrten Kartons Auskunft; die Sockelbilder und Randornamente, die sich wenigstens teilweise an den Originalteppichen erhalten haben, tragen aber wesentlich dazu bei, den festlichen Eindruck der ursprünglich für die Sixtinische Kapelle bestimmten Schmuckbilder zu versinnlichen. Die Teppiche hatten die Bestimmung, die unteren Wände der Sixtinischen Kapelle zu schmücken, und schlossen sich demgemäß an den Inhalt der übrigen Bilder an. Nachdem diese die Geschichte der Erlösung erzählt, schildern die Teppiche das Verbleiben der göttlichen Kraft und Gnade bei der Kirche.

Scheinbar in einem unvereinbaren Gegensatze zu den vatikanischen Werken Raffaels stehen seine Fresken in der heitern *Farnesina.* Dort religiöse Innigkeit, Aufschwung zum Erhabenen, Vertiefung in ernste Gedanken; hier die Kunst dem fröhlichen Lebensspiele gewidmet, aus jeder Gestalt Wonne und harmlose Seligkeit strahlend. Man wird aber schwerlich viele Mühe aufwenden müssen, um auch in den Farnesina-Fresken das echte Eigentum Raffaels zu erkennen. Raffaels Quelle für den Mythus von *Amor und Psyche* war die bekannte, im XVI. Jahrhundert ebenso eifrig wie im römischen Altertume gelesene Schrift des Apulejus. Einer reizenderen Illustration kann sich kein Autor alter und neuer Zeiten rühmen, keiner ist aber auch gleichzeitig von dem nachdichtenden Künstler so frei behandelt worden, wie hier Apulejus. Unter Raffaels Händen gewinnt der Mythus eine neue Gestalt. Wohl bewußt, daß es sich um die Ausschmückung eines Festsaales handle, hat Raffael sorgfältig alles vermieden, was den festlichen Eindruck stören könnte. Psyche's Leiden treten in den Hintergrund, nur ihr Triumph beschäftigt den Maler. Die beengenden räumlichen Schranken, welche der Festsaal aufweist, gestalten sich für den Künstler zu Reizmitteln seines Formensinnes. Er verkörpert den Mythus in abgekürzter Weise, deutet viele Szenen nur flüchtig an, überspringt aber doch kein wesentliches Moment, weiß dadurch das Geschichtliche in das Dekorative ungezwungen hinüberzuleiten. Die

Harmonie in Gedanken und Formen, das edle Maß, welches sich nur innerhalb der Grenzen des Lauteren bewegt, die Fähigkeit, sich in den Gegenstand zu vertiefen und nur diesen, frei von aller subjektiven Willkür, wiederzugeben, diese echt raffaelischen Eigenschaften offenbaren die Farnesina-Fresken eben so deutlich wie die vatikanischen Wandgemälde. Daß die Deckenbilder im Hauptsaale in der Ausführung weit gegen die sog. *Galatea* im Nebengemache zurückstehen, wird dem Beschauer das eigene Auge sagen. Das eine wie das andere Werk gehören aber jedenfalls zu denjenigen, deren Betrachtung den höchsten Genuß verschafft, welche wieder zu sehen man nicht aufhören kann zu wünschen und zu hoffen.

Zu beklagen ist die Unzugänglichkeit der oberen Räume in der Farnesina, in welchen Bazzi gen. il Sodoma (c. 1477-1549; S. 21) die Hochzeit Alexanders mit Roxane malte. In ihm fand Raffael für die Verkörperung des sinnlich Schönen und Anmutigen einen würdigen Nebenbuhler.

Ein Konkurrenzbild anderer Art, wenn diese Bezeichnung geduldet wird, tritt uns in *Raffaels Sibyllen* in S. Maria della Pace (1514) entgegen. Hier trat er in den Kreis der Gestalten Michelangelo's; er ließ sich aber keineswegs durch die bedeutende Nähe des gewaltigen Mannes aus seiner Unbefangenheit reißen und zu einer Nachahmung eines fremden Stiles verleiten. Treu seiner Natur bleibt er in den Grenzen des Anmutigen und verbindet mit dem Zuge des begeisterten Ahnens und Sehens eine schöne Heiterkeit.

Um diese drei Helden der Kunst, um Bramante, Raffael und Michelangelo, gruppiert sich ein reicher Kreis von Schülern und Anhängern. Die Schüler Raffaels leisteten freilich ihr Bestes, so lange der Meister lebte und sie unter seiner Anleitung arbeiteten. An den Bildern des Konstantinsaales haben **Giulio Romano** (1492-1546) und **Franc. Penni** (1488-1528) großen Anteil; ihnen und **Perin del Vaga** (1499-1547), **Raffaello dal Colle** u. a. wurde die Ausführung der Loggienbilder überlassen; zur dekorativen Ausschmückung der Loggien und der Farnesina nahm der Meister die Dienste des **Giovanni da Udine** (1487-1564) in Anspruch. In der Villa Madama zeigt Giulio Romano noch am meisten, wie viel er bei Raffael gelernt hat, weniger in seinen Madonnen (Gall. Colonna und Borghese).

Eine größere Unabhängigkeit bewahrte sich die Schar der Architekten, die zu Bramante's Zeit lebten: **Baldassare Peruzzi** (1481-1537), der Erbauer der Farnesina und des Palazzo Massimi, **Raffael** selbst und **Giulio Romano** (Villa Madama), der jüngere **Antonio da Sangallo**, von welchem der Palazzo Farnese und ein neuer Plan für die Peterskirche herrührt, und endlich **Michelangelo**, dessen Einfluß jenen Bramante's allmählich überwiegt und die römische Architektur in neue Bahnen zwingt. Wie ihm in der Plastik die gewöhnlichen Formen nicht genügen und daher erst einer gewissen gewaltsamen Renkung und Umänderung bedürfen, so drückt er auch seinen Bauten den Stempel des Wuchtig-Großen auf, kümmert sich wenig um die Ausbildung der Einzelglieder, sieht stets nur das Ganze vor seinen Augen und opfert der großen Wirkung das organische Verhältnis der einzelnen Bauteile.

So lange er lebte, der „göttliche" Michelangelo, fiel der Widerschein seines Ruhmes auch auf Rom und glaubte niemand an den Verfall der Kunst. In Wahrheit war er aber bald nach Raffaels Tode eingetreten. Die Eroberung und Plünderung Roms 1527, die Restauration des Katholizismus, der sich vom Humanismus abwendete und eine korrektere Form annahm, die Kirchlichkeit der Kunst stärker betonte, bilden scharfe Einschnitte in die römische Kunstgeschichte. Die Eroberung Roms vertrieb zahlreiche Künstler und brach in die Tradition eine Lücke. Als sich die Stadt wieder erholte und die Kunstpflege wieder Sitte wurde, herrschte ein neuer Geist, der sich alle Künste untertan machte.

Unter dem Pontifikat Sixtus' V. (Felice Peretti, 1585-1590) erscheint Rom äußerlich wieder im Besitz seiner alten Größe. Diesem Papste verdankt die ewige Stadt, die sich „gleichsam verdoppelt", ihre gegenwärtige Physiognomie. Die *Acqua Felice*, die *Via Sistina*, der *Lateransplatz*, der *Obelisk* auf dem Petersplatze, die Restauration der *Trajans-* und *Marc Aurel-Säule* sind sein Werk. **Domenico Fontana**, aus Tessin, übernahm vorzugsweise die Ausführung des päpstlichen Willens. Doch ist die Ausartung der Renaissance, die wir mit dem Namen **Barockstil** bezeichnen, wesentlich von **Vignola** (1507-1573) und dem Neffen Fontana's **Carlo Maderna** (1556-1629) ausgegangen. Der erstere hat durch den Bau der Jesuitenkirche in Rom (*il Gesù*, 1568) den Typus geschaffen, der im ganzen folgenden Jahrhundert, namentlich in den zahllosen Jesuitenkirchen, vorherrschte. Maderna mit **Borromini** und **Carlo Fontana** führten sodann den Reigen der Künstler an, welche die Architektur um ihre ruhige Natur gebracht und in eine turbulente Bewegung versetzt haben. Vor- und zurückspringende Glieder, gleichsam von inneren Gewalten geweckt und zerrissen, Kurven, wo man gerade Linien erwartet, Säulen auf Säulen gestülpt, dabei eine unleugbare Keckheit in der Disposition der Teile, malerische Effekte, im Innern eine oft blendende Dekoration, die nicht Farben, nicht kostbares Material spart, Sinn für das Großräumige und Pomphafte sind die hervorragendsten Eigenschaften des Barockstils, dem man in Rom fast bei jedem Schritte begegnet, dem nicht allein eine lange Reihe von Kirchen (*S. Andrea della Valle, S. Ignazio, S. Carlo alle Quattro Fontane* usw.), sondern auch zahlreiche Paläste (*Barberini*) ihren Ursprung verdanken. Schwerlich wird aber der Beschauer länger bei diesen Werken verweilen, als genügt, um sich einen allgemeinen Eindruck zu verschaffen.

Eine zähere Lebenskraft wohnt der Malerei inne. Nach einer

überaus kläglichen Zwischenperiode, in welcher Michelangelo's Größe jedes Talent berückt und zu hohler Nachahmung verlockt, weil ein glatter oberflächlicher Schönheitssinn es möglich macht, ohne Anstrengung Flächen auch mit Figuren zu füllen, die nichts sagen und nichts bedeuten, aber auf das Auge angenehm wirken, nach der Herrschaft der *Manieristen* (*Cavaliere d'Arpino*, *Zuccaro*), feiert am Schlusse des XVI. Jahrhunderts die Malerei eine kurze Nachblüte. Rom wird der Schauplatz des Wettkampfes, den die verschiedenen Künstlerparteien untereinander ausfechten. Unter den Pontifikaten Sixtus' V. bis Clemens' VIII. waren *Circignani*, gen. *Pomarancio*, und dessen Schüler *Roncalli* die Modekünstler gewesen. Doch erst seit Paul V. (1605-21), aus dem Hause *Borghese*, den päpstlichen Thron bestieg, wurden die künstlerischen Interessen wieder in weiten Kreisen lebendig. — Es war dieselbe Zeit, die auch *Rubens* in Rom zubrachte, er verbindet sich jedoch mit keiner Partei, sondern weiß von jeder zu lernen.

In den römischen Volkskreisen feiert **Caravaggio** (1569-1609), das Haupt der *Naturalisten*, große Triumphe. Man wirft ihm vor, daß er schlecht zeichne, größere Gruppen gar nicht komponieren könne. Er packt aber durch die frappante Wahrheit der Schilderung, durch die leidenschaftliche Haltung, die alle seine Figuren zur Schau tragen und die so sehr der verwilderten Stimmung der Zeit entspricht, und durch die energische Kraft seiner Farbe. — Die entgegengesetzte Richtung schlagen die sog. *Eklektiker* ein. Zu Bologna, wo eine geregelte Kunsterziehung eingerichtet war, ausgebildet, mit der Weise Correggio's und der Venezianer vertraut, voll Achtung für ältere Traditionen, auf gründliches Studium der Zeichnung und der Komposition bedacht, in der Freskenmalerei zu Hause, so treten **Annibale Caracci**, **Domenichino**, **Guido Reni**, **Guercino** in Rom auf. Ihnen gehört die Gunst des Hofes und der Vornehmen. Sie verdrängen die Naturalisten, nachdem sie sich angeeignet, was von der Weise der letzteren brauchbar war. Rein sachlich ist der Kampf keineswegs, persönliche Interessen schieben sich dazwischen, und auch untereinander halten die Caraccisten selten Frieden. Ihre Leistungen sind unleugbar zum Teil der vortrefflichsten Art. Die Fresken *der Caracci* im Palazzo Farnese, die Aurora *Guido Reni's* im Casino Rospigliosi, die Fresken *Domenichino's* in S. Luigi dei Francesi, S. Andrea della Valle, in Grotta Ferrata bei Rom sind nicht allein technische Meisterwerke, sondern auch voll Lebenskraft und malerischer Schönheit. Ihre Staffeleibilder sind in den römischen Galerien häufig anzutreffen und erfreuen sich gewöhnlich des größten Beifalls der Beschauer (die *Kommunion des h. Hieronymus*, von *Domenichino*, in der vatikanischen Galerie; ebendort der *h. Romuald*, von *Sacchi*; die zahlreichen von Guido Reni inspirierten *Madonnen Sassoferrato's* u. a. wären hier zu nennen).

Am Ende der römischen Kunst steht im XVII. Jahrhundert der Neapolitaner **Lorenzo Bernini** (1598-1680). Man wird mit ihm in Rom gar bald vertraut. Zahlreiche *Fontänen*, die *Kolonnaden* auf dem Petersplatze, das *Tabernakel in St. Peter*, die *Scala Regia* im Vatikan, die *Gruppen auf der Engelsbrücke*, die *Daphne* in Villa Borghese, die *h. Theresa* in S. Maria della Vittoria usw. bringen seinen Namen unaufhörlich in Erinnerung. Zu warnen, daß man sich seiner häufig in Effekthascherei ausartenden malerischen Richtung zu sehr gefangen gebe, ist wohl nicht nötig, eher muß gegenüber der Geringschätzung, mit welcher oft über Bernini's Werke abgeurteilt wird, daran erinnert werden, daß dieselben trotz mancher Übertreibungen eine nicht geringe künstlerische und historische Bedeutung besitzen, daß sie fast ein Jahrhundert lang als das Brillanteste, was die Kunst leisten kann, bewundert wurden und nicht in Italien allein Nachahmer fanden.

In den folgenden Zeiten hat Rom keine selbständige Kunstweise mehr großgezogen. Aber seine Vergangenheit hat auf die Künstler aller Nationen eine dauernde Anziehungskraft geübt, so daß sie in Rom die wahre Hochschule erblickten, die kein rechter Künstler entbehren könne, und sie hier wenigstens in ihrer Jugend gern ihre Werkstätte aufschlugen. Seine befruchtende Kraft bewies Rom am Ende des XVIII. und am Anfange des XIX. Jahrhunderts. Hier schrieb *Winckelmann* seine Geschichte der alten Kunst und legte den Grund zu besserer Kunstanschauung. Unter seinem Einfluß erwachte hier aufs neue der Kultus der Antike, eine wesentliche Stütze des Idealismus in unsern vorzugsweise praktischen Interessen zugewendeten Zeiten. Ohne die Anregungen, die er in Rom empfing, hätte *Jacques Louis David* niemals die klassische Richtung eingeschlagen, die er dann durch die revolutionäre Strömung begünstigt in Paris fast ausschließlich zur Geltung brachte. In Rom fand *Asmus Carstens*, der Vater des klassischen Stiles in der modernen deutschen Kunst, seine Heimat. Hier allein können wir den „Griechen des neunzehnten Jahrhunderts", können wir *Thorwaldsen* uns wirksam denken. In den Zeiten der höchsten nationalen Not und der Verkümmerung heimischer Kunst fanden die deutschen Kunstjünger in Rom ein Asyl und stifteten hier eine Gemeinde, deren Werke begeisterten Beifall fanden und in der Heimat Anregung zu neuem Schaffen gaben. Zu den älteren Malern, in denen noch die Tradition Carstens' nachlebte, wie *Jos. Ant. Koch*, gesellten sich *Friedr. Overbeck, Phil. Veit* und andere, die sog. „Nazarener", deren früheste Tätigkeit aber keineswegs von einseitigen Tendenzen zeugt, sondern eine wahrhafte Jugendfrische und unbefangene Naivität offenbart. *Peter Cornelius*, der 1811 in diesen Kreis trat, nahm die Freskomalerei wieder auf und wurde so der Begründer des monumentalen Stils in der neueren deutschen Malerei.

Unter der Einwirkung der neuen Richtungen, welche zuerst die Malerei, dann die Skulptur und die Architektur in Frankreich, Belgien und Deutschland einschlug, hat die tiefere Einwirkung Roms auf die europäische Kunst seit der Mitte des XIX. Jahrhunderts langsam aufgehört, wenn auch noch immer zahlreiche ausländische Künstler wenigstens zeitweilig gern hier ihren Aufenthalt nehmen. Einen Ersatz dafür erhofft man von dem Aufschwung der nationalen Kunst. Einstweilen ist Rom aber noch entfernt von der führenden Stellung; die jährlichen Ausstellungen in Florenz und Venedig sind von größerer Bedeutung. Doch bietet die Hauptstadt Italiens jetzt in der Galleria d'Arte moderna der italienischen Kunst eine dauernde Heimstätte

Literaturverzeichnis.

Aus der überreichen Literatur heben wir nur eine Anzahl Hauptwerke hervor. Das Verständnis von Land und Leuten erschließen: *Victor Hehn*, Italien, Ansichten und Streiflichter (9. Aufl., Berlin 1905; 7½ ℳ); *P. D. Fischer*, Italien und die Italiener (2. Aufl., Berlin 1901; 7 ℳ); *A. Sacerdote*, Land und Leute in Italien (Langenscheidts Sachwörterbücher, Berlin 1906; 3 ℳ). — Von geographischen Werken erwähnen wir: *Th. Fischer*, Das Halbinselland Italien, in Kirchhoff's „Unser Wissen von der Erde" (Prag 1893), erweiterte Neubearbeitung „La Penisola Italiana" (Turin 1902; 14½ fr.); *W. Deecke*, Italien (Berlin 1899; 14 ℳ); die antike Geographie behandelt *Nissen's* Italische Landeskunde (3 Bände, Berlin 1883-1902; 23 ℳ).

Zu Kunststudien sei vor allem *Jacob Burckhardt's* Cicerone (9. Aufl., Leipzig 1904; 16½ ℳ) als unentbehrliches Hilfsmittel empfohlen. Wir nennen ferner *Jacob Burckhardt*, Geschichte der Renaissance in Italien (4. Aufl., Stuttgart 1904; 12 ℳ); Die Kultur der Renaissance in Italien (9. Aufl., Leipzig 1904; 10½ ℳ); *H. Wölfflin*, Die klassische Kunst (3. Aufl., München 1904; 9 ℳ); *C. Gurlitt*, Geschichte des Barockstiles (1. Band, Stuttgart 1897).

Einige der hervorragendsten Künstlerbiographien sind: *Ant. Springer*, Raffael und Michelangelo (3. Aufl., Leipzig 1895; 18 ℳ); *C. Justi*, Michelangelo. Beiträge zur Erklärung der Werke und des Menschen (Leipzig 1900; 12 ℳ); *Herman Grimm*, Das Leben Michelangelos (11. Aufl., Berlin 1904; 12 ℳ). — Reiches Anschauungsmaterial bietet die von Corrado Ricci herausgegebene Sammlung „Italia Artistica, Monografie Illustrate" (Bergamo seit 1902, der Band 3½-4 fr.), von der für Mittelitalien folgende Nummern in Betracht kommen: 5. La Repubblica di San Marino, 6. Urbino, 7. La Campagna Romana, 9. Siena, 11. San Gimignano e Certaldo, 13. Gubbio, 15. Perugia, 18. Volterra, 21. L'Aniene, 31. Montepulciano, Chiusi e la Val di Chiana Senese.

Vollendete Landschafts- und Geschichtsbilder entwirft *F. Gregorovius* in seinen „Wanderjahren in Italien" (Leipzig 1857-77, neuste Aufl. 1890-97; 5 Bände à $6^1/_2$ ℳ). Von neueren Schilderungen aus dem heutigen Italien seien genannt: *F. Noack's* Italienisches Skizzenbuch (2 Bände, Stuttgart 1900; 8 ℳ); *Al. von Gleichen-Rußwurm*, Ave Italia! (Berlin 1906; 4 ℳ).

ROM.

Die Literatur über Topographie des antiken Roms ist überaus umfangreich. Aus älterer Zeit ist von deutschen Werken noch zu nennen die unter Niebuhr's Auspizien von *Platner*, *Bunsen*, *Gerhard* und *Urlichs* bearbeitete Beschreibung Roms (6 Bände, Stuttgart 1830-42). Den gegenwärtigen Stand der Forschung geben: *H. Jordan* und *Chr. Hülsen*, Topographie der Stadt Rom im Altertum, 4 Bände (Berlin 1871-1907; 36 ℳ); *O. Richter*, Topographie der Stadt Rom (2. Aufl., München 1901; 15 ℳ); *H. Kiepert und Chr. Hülsen*, Formae Urbis Romae, vergleichende Pläne des neuen und antiken Roms (Berlin 1896; 12 ℳ).

Von geschichtlichen und kulturgeschichtlichen Werken sind an erster Stelle zu nennen: *Th. Mommsen*, Römische Geschichte (9. Aufl., Band 1-3 und 5, Berlin 1903-1904; 32 ℳ); *L. Friedländer*, Darstellungen aus der Sittengeschichte Roms in der Zeit von August bis zum Ausgang der Antonine (7. Aufl., 2 Bände, Leipzig 1901; 20 ℳ); *F. Gregorovius*, Geschichte der Stadt Rom im Mittelalter (V.-XVI. Jahrh.; 8 Bände, 5. Aufl., Stuttgart 1903 ff.; 84 ℳ); *Leopold v. Ranke*, Die römischen Päpste in den letzten vier Jahrhunderten (10. Aufl., 3 Bände, Leipzig 1900; 18 ℳ); *H. Grisar, S. J.*, Geschichte Roms und der Päpste im Mittelalter (1. Band, Freiburg 1901; 27 ℳ); *Ludw. Pastor*, Geschichte der Päpste seit dem Ausgang des Mittelalters (4 Bände, Freiburg 1901-1906; 41 ℳ); *C. Justi*, Winckelmann und seine Zeitgenossen (2. Aufl., Leipzig 1898; 3 Bände à 12 ℳ); *H. Vogel*, Aus Goethes römischen Tagen (Leipzig 1905; 8 ℳ); *F. Noack*, Deutsches Leben in Rom 1700-1900 (Stuttgart 1907; 6 ℳ).

Die antiken Kunstdenkmäler schildert *E. Petersen:* Vom alten Rom (berühmte Kunststätten, 3. Aufl., Leipzig 1904; 3 ℳ). — Zu eingehenderem Studium der Antiken ist unentbehrlich: *W. Helbig*, Führer durch die öffentlichen Sammlungen klassischer Altertümer in Rom (2 Bände, 2. Aufl., Leipzig 1899; 15 ℳ).

Die Kunstdenkmäler aus der Zeit Nikolaus V. bis Julius II. (1447-1513) schildert *E. Steinmann:* Rom in der Renaissance (berühmte Kunststätten, 2. Aufl., Leipzig 1902; 4 ℳ). — Eine Anleitung zum Kunstgenuß gibt der illustrierte „Moderne Cicerone: Rom" (3 Bände, Stuttgart 1903-1906; 12 ℳ) von *H. Holtzinger* und *W. Amelung* (antike Kunst), *O. Harnack* (neuere Kunst seit Beginn der Renaissance) und *Th. von Scheffer* (Umgebung Roms).

Werke über die Campagna s. S. 409, die Katakomben S. 429.

Erklärung einiger besonderen Ausdrücke.

Africano, ein mehrfarbiger dunkler Marmor von der Insel Chios.
Ambo, Lettner, s. S. LX.
Apsis oder *Tribuna*, halbkreisförmige oder vieleckige überwölbte Chornische, vgl. Basilika.
archaisch, altertümlich, in bezug auf die antike Kunst etwa so viel wie: aus der Zeit vor Phidias.
archaisierend, *archaistisch*, altertümelnd, der gesucht altertümliche Stil der späteren Zeit, z. B. des Pasiteles (S. LII).
Attika, Halbgeschoß mit Pilastergliederung.
Badia oder *Abbadia*, Abtei.
Baptisterium, Taufkapelle, meist von runder oder achteckiger Grundform.
Basilika, Langhausbau mit hohem Mittel- und niedrigeren Seitenschiffen, und einer Nische am Ende des Mittelschiffs. Vgl. auch S. LX.
Breccienmarmor oder *Broccatello*, Marmorkonglomerat.
Campanile, der gewöhnlich freistehende Glockenturm der italienischen Kirchen.
Cancellen, die Chorschranken der altchristlichen Basiliken (S. LX).
Cinquecento, das XVI. Jahrhundert.
Cipollin, weißer, grüngeaderter Marmor von Euböa.
Cippus, viereckiger Grenzstein, uneigentlich auch ein Grabaltar, der oft zur Aufnahme der Asche hohl ist.
Collegio, Konvikt, Erziehungsanstalt.
Cosmatenschmuck, der Mosaikschmuck aus Marmorstücken, farbigen Glaspasten und Goldplättchen an Säulen, Chorschranken, Altären römischer Kirchen (S. LXII).
Diptychon, eine zum Zusammenklappen eingerichtete Doppeltafel aus Holz, Elfenbein, Metall u. a.
Giallo antico, gelber (rotgeaderter) numidischer Marmor.
Konfession, ein unterirdischer Raum unter dem Hochaltar, mit dem Grabe des Kirchenheiligen, der Ursprung der Krypten.
Lapislazuli, Lasurstein, Ultramarin.
Loggia, Säulen- oder Pfeilerhalle, Altan (S. 258).
Madonna, im Buche stets Maria mit dem Christkinde.
Municipio, Stadtgemeinde, Stadtverwaltung, oft kurzweg für Stadthaus gebraucht.
Nero antico, schwarzer lakonischer Marmor.
Niello, mit schwarzem Metallkitt gefüllte Silbergravierung (auch Abdrücke von solchen Platten).
Opus Alexandrinum, Steinmosaik (Fußboden), XII. und XIII. Jahrh.
— *reticulatum* (Netzwerk), antikes Mauerwerk mit diagonal laufenden Fugen.
Palazzo comunale oder *pubblico*, Stadthaus.
Pavonazzetto, gelber mit blauen Adern durchsetzter Marmor.
Peperin, vulkanischer Tuff aus der Gegend von Albano und Marino (nach den pfefferkornähnlichen schwarzen Bruchstückchen, die er enthält).
Porta Santa, ein Breccienmarmor, der die Farben fuchsrot und weiß, schwarz, blau u. violett vereinigt (an der P. S. verwendet, S. 347).
Predella, das schmale Querbild unter einem größeren Altarbild, Sockelgemälde, Altarstaffel.
Putte (ital. *putto*), Kinderfigur.
Quattrocento, das XV. Jahrhundert.
Rosso antico, braunroter griechischer Marmor.
Rustika, Quaderbau mit großen, nur an den Kanten bearbeiteten Werkstücken.
Travertin, Kalkstein aus der Nähe von Tivoli bei Rom.
Triklinium, das Speiselager der Alten, meist für drei Personen eingerichtet.
Triumphbogen in den Kirchen der hohe Bogen, mit welchem sich die Chornische gegen das Querschiff oder Mittelschiff öffnet (S. LXI).
Villa, ein Landsitz mit Garten und Park; das zugehörige Haus, die „Villa" im deutschen Sinne, heißt *Casino*.
Zentralbau, Gebäude, dessen Grundplan sich mit einer Kreislinie umschreiben läßt.
Ziborium, ein baldachinartiger Überbau über dem Altartisch.

I. DAS SÜDLICHE TOSKANA. UMBRIEN. DIE MARKEN.

Das Land zwischen dem Tyrrhenischen Meere und dem Tiber ist ein Hügelland von wesentlich anderem Bau als der Apennin. Dieser ist ein Faltengebirge mit regelmäßigen langgestreckten Ketten und dazwischen liegenden Längstälern, jenes ein Bruchland mit zahlreichen einzelnen Berggruppen und Hügeln, die einst, wie der vorliegende toskanische Archipel, eine Inselgruppe bildeten, bis eine letzte Faltung des Apennins das ganze Gebiet trocken legte. Ihr Einfluß prägt sich in der nördlichen Hälfte durch die von NW. nach SO. laufenden Täler (Chiana, Elsa, Era), in der südlichen durch die mächtigen Vulkane aus, die vom Monte Amiata an als ein zusammenhängender, durch große Seen charakterisierter Zug erscheinen und jenseit des Tiber im Albanergebirge ihre Fortsetzung finden. Sie beherrschen das gesamte Gebiet w. vom unteren Tiber. — Das *südliche Toskana* ist eine wechselvolle Landschaft mit einzelnen mineralreichen Kalkklotzen, Eruptivkuppen mitten in zerfallenden, durch sanfte Gehänge ausgezeichneten Mergeln und Tonen. Im allgemeinen ist das Land sehr fruchtbar, stellenweise allerdings kahl durch gipshaltigen Boden (Volterra). Die isolierten Kalkschollen (Montagnola Senese) tragen schönen Buchenwald. Sonst sind Getreide, Wein, Öl und am Meere Heu die Hauptprodukte. Das „grüne" *Umbrien* zeichnet sich durch die allerdings selten zu eigentlichen Forsten zusammengeschlossenen Bäume aus. — Das Apenningebiet, die *Marken* (S. 112), ist selbstverständlich rauher. Charakteristisch sind die meist tief eingenagten Quertäler und die breiteren schottererfüllten und fruchtbaren Längstäler, die früher vielfach Seen oder Sümpfe waren. An der Ostseite zieht sich ein sehr ergiebiges Hügelland hin, das von Ancona an direkt das Adriatische Meer berührt und von zahlreichen kleinen Flüssen durchquert wird. Die Hauptwasserader der Westseite ist der Tiber, der im Bologneser Apennin entspringt (s. S. 58) und in mehreren durch kurze Quertäler verbundenen Längstälern nach Süden abfließt. Er nimmt einerseits die Apenninenflüsse, anderseits die aus dem Mergel- und Tuffgebiete seiner rechten Seite kommenden Bäche auf. Sein Bett ist daher stark verschottert und sein Wasser trübe; bei Hochwasser werden gewaltige Schlammassen in die See geworfen. Wo seine Nebenbäche in weichem Gestein laufen, haben sich scharf eingerissene Rinnen gebildet mit bastionsartigen dreieckigen Landzungen an der Vereinigungsstelle zweier Täler (Südetrurien).

1. Von Pisa nach Rom,
durch die Maremmen.

333km Eisenbahn. Schnellzug (in $6^1/_2$-$7^1/_2$ St.) sowie Personenzug (in 10 St.) für 36 fr. 65, 25 fr. 10, 16 fr. 45 c. Luxuszug (Paris-Rom-Expreß) Dez. bis Mai Di. Fr. So. in 6 St. 40 Min., nur erster Klasse mit 14 fr. 95 c. Zuschlag. Außerdem führt der Tagesschnellzug einen Speisewagen (F. $1^1/_2$, G. $3^1/_2$, M. $4^1/_2$ fr. ohne W.), mehrere Nachtzüge führen Schlafwagen (11 fr. Zuschlag). — Die Maremmenbahn entspricht der antiken *Via Aurelia;* sie hält sich bis Cecina landeinwärts und läuft von dort nahe der Küste, mit schönen Blicken nach rechts auf das Meer mit seinen Vorgebirgen und Inseln. Im Sommer stehen viele Orte unter der Herrschaft der Malaria (vgl. S. xxvi).

Pisa s. *Baedeker's Oberitalien.* — 15km *Colle Salvetti.* — 21km *Fauglia.*

11km ö. (Omnibus in 2 St. für 1 fr.; Einsp. 4-6 fr.) liegt das Bad *Casciana* (111m; Gasth.: Alb. delle Terme, P. 8-9 fr.; Stella, Giappone, P. 6-7 fr., u. a.), mit eisenhaltigen Schwefelquellen (36°) und 1177 Einwohnern. Omnibus von Pontedera (16km), an der Bahn Florenz-Pisa, zweimal tägl. in 2 St. für 1 fr.; von Livorno im Sommer Mi. Sa. in $3^1/_2$-4 St.

27km *Orciano;* 35km *Santa Luce.* — 38km *Rosignano;* der Ort r. auf der Höhe (147m). 9km östl. vom Bahnhof (Omn. 2mal tägl. in $1^3/_4$ St.) liegt *Castellina Marittima* (375m; Whs. bei Carlo Conti), am *Monte Vitalba* (674m), mit Alabasterbrüchen (s. S. 10). — 45km *Vada*. Zweigbahn nach Livorno im Bau. Die Hauptlinie überschreitet den Fluß *Cécina*, im Altertum *Caecina*.

51km **Cécina** (einf. Café im Bahnhof; Alb. Universo), moderner Ort mit 5120 Einwohnern. Zweigbahn nach *Volterra*, s. S. 9.

57km *Bibbona-Casale*. Die Bahn nähert sich der Küste. R. wird Populonia (s. unten) auf einem Vorgebirge sichtbar; dahinter die Felseninsel Elba (S. 14).

68km *Castagneto;* der Ort (194m) 8km entfernt l. auf der Höhe. — 76km *S. Vincenzo*. — 86km *Campiglia Marittima* (Alb. della Stazione, Z. $1^1/_2$ fr., zugleich Bahnrestaur.); die Stadt, mit 5259 Einw. und einer Schloßruine, liegt 7km n.ö. auf der Höhe (276m).

Von Campiglia nach Piombino, 14km, Eisenbahn in 32-46 Min. für 1 fr. 65, 1 fr. 15, 75 c. — 5km *Poggio*, 6km östl. von Populonia (s. unten). — 13km *Portovecchio*, mit Schmelzhütten für das Eisen von Elba. — 14km **Piombino** (*Alb. Italia e Api*, Z. von 1 fr. 20 an), Stadt von 5979 Einw., ursprünglich zu Pisa gehörig, 1399-1603 Fürstensitz der Appiani, dann von den Spaniern besetzt, zuletzt Eigentum der Boncompagni-Ludovisi, denen Napoleon es 1805 zugunsten seines Schwagers, des Korsen Felix Bacciocchi, entriß, seit 1815 toskanisch, liegt am Südende einer waldigen ehem. Insel, die durch die Schuttmassen des Cornia-Flusses landfest wurde. Beim Hafen Aussicht auf das Meer mit dem nahen Elba (S. 14), davor die Klippen Cerboli und Palmaiola, auf Giglio und die Küste, in der Ferne Korsika. — Dampfboot nach Elba, s. S. 13.

Ein Vormittag genügt zu dem Ausflug nach Populonia, c. 3 St. von Piombino, am N.-Ende der Halbinsel, sowohl auf dem Fahrweg, wie (mit Führer) auf einem Fußweg über den *Monte Massoncello* (286m) durch Wälder mit Korkeichen zu erreichen. **Populonia**, hoch und steil gelegen, mit seinem mittelalterlichen Schloß weithin sichtbar, ist die altetruskische Hafenstadt *Pupluna;* sie litt durch eine Belagerung Sulla's im J. 82 vor Chr., war schon zu Strabo's Zeit verödet und ist jetzt ein kümmerliches Dorf. Im Altertum waren hier die Schmelzöfen für das Eisen von Elba und die in der Gegend gewonnenen Zinn- und Kupfererze, die die Grundlage der etruskischen Bronzekunst bildeten. Die alten Stadtmauern ($2^1/_2$km Umfang) lassen sich noch ganz verfolgen und sind auf der Seeseite besonders gut erhalten; gewaltige Blöcke, die sich dem polygonalen Stil nähern. Der Blick auf Land und Meer ist weit und schön. Einige Gewölbe, fälschlich einem Amphitheater zugeschrieben, und ein Wasserreservoir stammen aus römischer Zeit.

Die Gegend fängt an, den Maremmencharakter zu tragen, eine Welt für sich, voll Wald und Sumpf, im Sommer von Malaria heimgesucht. In etruskischer Zeit standen hier bedeutende Städte, wie Populonia (s. oben), Vetulonia (S. 4), Rusellae (S. 4), Cosa (S. 5). Der Verfall des italienischen Ackerbaus und die Umwandlung der Bauernhufen in Weideland ließ den Küstenstrich veröden, der außerdem durch Flußschlamm und Meeressand versumpfte. Erst im XIX. Jahrh. wurden große Strecken wieder trockengelegt.

103km **Follonica** (*Alb. Fortuna*), am Meer, mit Schmelzhütten für das Eisen von Elba (S. 14). Schöner Blick r. auf das Vorgebirge von Piombino, Elba, l. auf das Vorgebirge von Castiglione mit Leuchtturm und die kleine wunderlich geformte Insel *Troiaccia*.

Zweigbahn in 1 St. 20 Min. über (8km) *Cura Nuova*, (15km) *Valpiana* und (22km) *Schiantapetto* nach (25km) **Massa Marittima** (400m; *Hotel Stella d'Italia* bei Comparini, Corso Vittorio Emanuele, Z. 1½ fr., ganz gut), [illegible] Hauptort der Maremme, mit 9219 Einwohnern. Der *Dom S. Cerbone*, aus dem XIII. Jahrh., enthält einen Taufbrunnen von Giroldo da Lugano (1267) und einen Reliquienschrein von Gregorio da Siena (1324), in der *Sala comunale* ein fünfteiliges Altarbild von Ambrogio Lorenzetti (c. 1330). In der Umgebung große Bergwerke (Kupferkies und silberhaltiger Bleiglanz) mit vielen deutschen Beamten.

Die Bahn entfernt sich wieder vom Meer, um das *Vorgebirge von Castiglione* zu umgehen.

118km *Gavorrano*; der Ort (273m), mit 1673 Einw., r. auf der Höhe. Bei (126km) *Giuncarico* erblickt man r. ebenfalls auf der Höhe *Vetulonia* (345m), wie das Dorf *Colonna* seit 1887 amtlich wieder genannt wird und wo bedeutende etruskische Gräberfunde gemacht worden sind. Von Vetulonia, dem altetruskischen *Vetluna*, entnahmen die Römer die Insignien ihrer Magistrate: die Liktorenbündel, den curulischen Sessel, die Purpurtoga und die Erztrompete.

Weiter erscheint in der Ferne, an der Mündung der *Bruna*, der kleine befestigte Hafen *Castiglione della Pescaia*: Holz und Holzkohlen bilden den Hauptexport.

133km *Montepescali*; der Ort (222m) l. malerisch auf der Höhe gelegen. Hier mündet die unten gen. Verbindungsbahn nach Siena.

145km **Grosseto** (12m; *Bahnrest.*, gut; Gasth.: *Stella d'Italia*, mit guter Trattoria; *Giappone*, beim Eingang der Stadt, ordentlich), 1km vom Bahnhof, Hauptort der Maremmen, mit 5856 Einwohnern. Der *Dom* wurde 1294 unter Sieneser Einfluß begonnen, 1855 restauriert. Im *Municipio* eine Sammlung etruskischer Aschenurnen, ein Saal mit Vasen und Bronzen aus den Gräbern von Vetulonia (s. oben), Sarkophage und andere Altertümer (Eintr. frei). Eisenbahn nach *Asciano* (Siena) s. S. 43/42.

Um Grosseto und westl. nach Castiglione della Pescaia (s. oben) zu erstreckt sich ein ausgedehntes Wiesenland, an der Stelle eines ehemals fieberschwangeren, jetzt trocken gelegten Sumpfes, der aus dem *Lacus Prelius* des Altertums entstanden war.

6km nordöstl. von Grosseto (Fahrstraße) sind die Schwefelquellen *Bagni Rosellani*. Von hier mit Führer in ½ St. nach den Ruinen von **Rusellae**, einer der zwölf Hauptstädte des etruskischen Bundes. Sie ist seit der Mitte des XII. Jahrhunderts verlassen. Die Mauern (3km Umfang), teils aus horizontalen Schichten, teils aus polygonalen Blöcken (von 2-2½m Höhe und 2-4m Länge) bestehend, sind zum großen Teil zugänglich.

Bald jenseit Grosseto überschreitet die Bahn den *Ombrone*, den alten *Umbro*. — 153km *Alberese*. Dann östl. der bewaldeten *Monti dell' Uccellina* (415m) entlang; im S. wird der imposante Monte Argentario sichtbar.

169km *Talamone*. Der kleine Ort liegt 3km westl. auf der Spitze des Vorgebirges, an einer durch die Insel Giglio und den Monte Argentario geschützten Reede (Dampfschiff nach Elba s. S. 13). Das antike *Telamon*, wo 225 vor Chr. die Römer landeten und über die Gallier siegten, lag $1^1/_2$km südl. des Bahnhofs an der Mündung des kleinen Flusses *Osa* auf einem Hügel (Torre di Talamonaccio, 105m).

Die Bahn überschreitet die Osa, dann die bedeutendere *Albegna* (im Altertum *Albinia*), an deren Mündung man Salzwerke bemerkt. — 176km *Albegna*.

Eine Fahrstraße (Post einmal tägl. bis Manciano in $5^1/_2$, bis Pitigliano in 9 St. für 4, bezw. 5 fr.) führt von Albegna n.ö. über (13km) *Marsiliana* (120m), (32km) *Manciano* (443m; Whs. bei Michele Vecchiarelli, sehr einfach), in prächtiger Lage, und (54km) *Pitigliano* (313m; vgl. unten) nach (60km) *Sovana*, dem alten *Suana*. Von Manciano führt eine Fahrstraße n. über *Montemerano* nach (13km) *Saturnia* (295m), einem befestigten Dorf auf schroffer Höhe, das Stelle und Namen seit der Etruskerzeit bewahrt hat, aus der noch Mauerreste und Gräber erhalten sind.

183km **Orbetello** (*Bahnrest.*). Der Ort (Omn. 1 fr.; *Alb. Nazionale*, Corso Principe Amedeo, Z. 1-2 fr., ganz ordentlich; *Alb. Rosa*), eine Wasserfestung mit 4188 Einw., liegt 3km w. auf der Spitze einer Landzunge, unweit vom Fuße des einsam aus dem Meer aufsteigenden Monte Argentario (s. unten), welcher mit dem Festlande nur durch zwei schmale Nehrungen (Tomboli) verbunden ist. In der Mitte der von letzteren eingeschlossenen, nur bis $1^1/_2$m tiefen, aber fischreichen Salzwasserlagune liegt das Städtchen, dessen hohes Alter, obwohl man seinen antiken Namen nicht kennt, die polygonen Mauern nach der Seeseite hin beweisen.

Der zweigipfelige **Monte Argentario**, eine isolierte Scholle des toskanischen Mittelgebirges, war ursprünglich eine Insel. Eine Fahrstraße führt von Orbetello auf einem Damm über die Lagune, dann nördl. nach *Porto S. Stefano* (Alb. La Pace, Z. 1 fr.; Post von Orbetello 3mal tägl. in 2 St. für 1 fr. 20; Dampfboot nach Elba s. S. 13), südl. nach *Port'Ercole*, dem alten *Portus Herculis*. Höchst lohnend ist die Besteigung des südl. Hauptgipfels (*Telegrafo*, 635m), mit einem trigonometrischen Signal: von Orbetello mit Führer (4-5 fr.) in 3-4 St.; die Aussicht ist unbeschränkt über die Küsten von Toskana und das römische Hügelland, n.ö. bis zum Monte Amiata (S. 43), w. über das Meer mit den Inseln des toskanischen Archipels bis nach Sardinien. 3km nördl. auf halber Höhe ein Passionistenkloster (260m). Wem es an Zeit für den Hauptkamm fehlt, mag sich mit der ersten kleinern Höhe, $^3/_4$ St. von Orbetello, die einen schönen Blick auf die Küste gewährt, begnügen.

Von Orbetello interessanter Ausflug nach den $1^1/_2$ St. s.ö. gelegenen Ruinen des alten **Cosa** (114m), jetzt *Ansedonia* genannt (Wagen für Hin- und Rückfahrt, nebst 5stündigem Aufenthalt, wurde mit 8 fr. bezahlt). Cosa war eine altetruskische Stadt, die schon im v. Jahrh. n. Chr. verödete. Die polygonen Mauern (1500m Umfang) mit Türmen sind trefflich erhalten. Schöne Aussicht.

Von Orbetello Automobilverbindung über Pitigliano (s. oben) nach *Orvieto* s. S. 98.

Weiter erreicht die Bahn das Gebiet des ehem. Kirchenstaates und führt durch die römische Maremma. — 195km *Capalbio;* der Ort 5km nördl. — 202km *Chiarone*. Dann über die *Fiora*, die alte *Arminia*. — 217km *Montalto di Castro* (einf. Whs. bei Irene Ramadori).

Von Montalto etwa 12km flußaufwärts führt der antike *Ponte dell'Abbadia* über die Fiora; etwa $1^1/_2$km südl. von ihm, am r. Ufer, ist die Stelle des alten **Vulci** oder *Volci*, wo seit 1828 Tausende von griechischen [illegible] Vasen ausgegraben worden sind. Die etruskische Zwölfstadt [illegible] Umfang auf 8km bestimmt wurde, ist bis auf die Gräber verschwunden. [illegible] Toscanella (S. 108) liegt etwa 25km östl. von hier.

Hinter Montalto wird die Gegend hügeliger. Die Bahn überschreitet die Küstenflüsse *Arrone* (S. 9) und *Marta* (S. 104).

242km *Corneto.* Die Stadt liegt l. 3km entfernt (Wagenplatz 1 fr.) auf einer Kalktafel über der Marta.

Corneto 159m; *Alb. & Rist. Tarquinia*, Via dell' Indipendenza, 18 Z. von 1½ fr. an, gelobt) ist eine turmreiche, altertümliche Stadt von 5273 Einwohnern, im frühen Mittelalter unweit des von den Sarazenen zerstörten *Tarquinii* (S. 7) gegründet und daher jetzt amtlich *Corneto Tarquinia* genannt. Das alte Tarquinii war eine der zwölf etruskischen Hauptstädte und besonders wichtig für die Entwicklung der etruskischen Religionslehre. Es nahm an den Kriegen des Bundes gegen Rom teil, mußte aber nach den Samniterkriegen eine römische Kolonie aufnehmen, die bis in die Kaiserzeit blühte. Seine 1823 entdeckte Nekropolis bietet das Hauptinteresse für den Besucher.

In der Hauptstraße gleich beim Tor der gotische *Palazzo Vitelleschi*, 1439 von Kardinal Vitelleschi vergrößert und jüngst wiederhergestellt, der ältere Teil mit reichen gotischen Fenstern, der jüngere mit zweigeschossigem Säulenhof und Loggia am Obergeschoß; in der Kapelle Freskenreste. Der Kustode dient als Führer zu den Gräbern (s. S. 7). — Auf dem nördl. Ausläufer des die Stadt tragenden Plateaus das großartige *Kastell* der Gräfin Mathilde, in welchem die Kirche *S. Maria in Castello* Beachtung verdient, begonnen 1121, mit Fassade von 1200, neuerdings restauriert, im Innern ein Tabernakel von 1166 und eine Kanzel von 1209 (Schlüssel im Museum, s. unten).

In der *Kathedrale* Freskenreste von Ant. da Viterbo, einem Schüler des Pinturicchio (1509). — Die kleineren romanischen Kirchen, *S. Anastasia, S. Salvatore, S. Martino, S. Pancrazio,* sind teilweise modernisiert. Neben letzterer liegt der alte *Palazzo municipale*, mit acht Türmen, von denen drei erhalten sind. Auf der Höhe der Stadt liegt die stattliche, gotisch ausgebaute Kirche *S. Francesco.*

Das **Museo comunale* (tägl. zugänglich, Eintritt 1 fr.) enthält im untern Stockwerk eine Anzahl Sarkophage, u. a. den sog. „Sarcofago del Magnate", polychrom, mit Deckelfiguren und bunten Reliefs (Amazonenkämpfe); im obern Stockwerk kleinere Altertümer, Vasen, Goldsachen, Waffen, ein antikes falsches Gebiß (im 3. Zimmer), eine prachtvolle rotfigurige Schale mit den Künstlernamen Oltos und Euxitheos, die Ankunft des Dionysos im Olymp darstellend (die Göttertypen zeigen den Charakter der Kunst vor Phidias). In den letzten Zimmern die Ausbeute der 1881-97 in dem ältesten Teile der Nekropole unternommenen Grabungen: die ohne

Drehscheibe hergestellten keramischen Produkte von ganz barbarischem Charakter, darunter vier Aschengefäße in Form von Hütten, welche das damalige italische Wohnhaus vergegenwärtigen; kuppelförmige, von Stäben gekrönte Helme (diese offenbar importiert), ein Typus, der wie es scheint den Apices (Priestermützen) der römischen Priester als Vorbild gedient hat; karthagische Skarabäen und Idole aus Smalt.

Im *Pal. Bruschi-Falgari* eine Sammlung etruskischer Altertümer; auch im *Giardino Bruschi* vor der Stadt einige etruskische und römische Altertümer. — Überall Aussicht auf das Meer, den Monte Argentario (S. 5) und die Inseln, sowie auf die öde Umgegend.

Das alte **Tarquinii**, das von einem 8km langen Mauerring umschlossen war, lag auf dem steinigen Hügel n.ö. *(Turchina)*, durch eine Schlucht von dem Gräberhügel *Monterozzi* getrennt. Seine letzten Reste wurden 1307 von den Cornetanern zerstört. Außer einigen Mauern und Unterbauten ist nichts mehr vorhanden.

Die **Nekropolis* dehnt sich nach verschiedenen Richtungen aus. Führer s. S. 6, nicht über 5 fr.; die Entfernungen betragen $^1/_2$-3km, Eilige nehmen einen Wagen: Einsp. 4 und 6, Zweisp. 7 und 10 fr. Die Grabhügel sind sämtlich zerstört; erhalten sind nur die in den leicht zu bearbeitenden Fels gehauenen Grabkammern. Sie sind großenteils schon im Altertum ihres Goldschmuckes, in unserer Zeit auch ihres übrigen beweglichen Inhalts, namentlich der Vasen beraubt worden, geben aber in ihrer Anlage und ihrem vortrefflich erhaltenen malerischen Schmuck von der Kultur, Religion und Kunst der Etrusker einen guten Begriff. Die Ausmalung ist namentlich den südetrurischen Städten eigen und deutet auf eine besonders enge Beziehung zur griechischen Kunst hin.

Am sehenswertesten sind folgende Gräber (insbesondere Nr. 7, 11, 14, 19):

Nr. 4. *Grotta della Caccia del Cignale* (Eberjagd) oder *Grotta Querciola.* Die Malereien, im Museo Gregoriano (S. 389) kopiert, sind sehr verblaßt; sie stellen ein Gelage mit Tanz und Musik dar, weiter eine Eberjagd. — Gegenüber

Nr. 7. *Grotta del Convito funebre* oder *del Triclinio*, ebenfalls ein Gelage. Die vorzügliche Zeichnung bekundet den Einfluß der vorgeschritten archaischen griechischen Kunst. Die Männer sind hier wie auch sonst dunkelrot, die Frauen weißlich (nur durch Umrisse auf der Grundfläche) wiedergegeben.

Nr. 10. *Grotta del Morto;* Klage um einen Toten und Tanzszenen.

Nr. 11. *Grotta del Tifone*, sehr groß, in der Mitte von einem Pfeiler gestützt, an welchem Typhonen (geflügelte Todesgenien, die in Schlangen endigen). An den Sarkophagen neben etruskischen auch lateinische Inschriften: ein Beweis, daß dies Grab einer späten Epoche angehört. R. an der Wand Abführung der Seelen durch Genien, darunter Charon mit dem Hammer.

Nr. 12. *Grotta degli Scudi* oder *delle Quattro Stanze*, mit Bankettszenen.

Nr. 13. *Grotta del Cardinale*, das größte Grab Tarquinii's, durch vier Pfeiler gestützt. Die Farben sind fast ganz verblichen.

Nr. 14. *Grotta dell' Orco* oder *del Polifemo*, im vorderen Raum Darstellung eines Banketts; im hinteren die Unterwelt mit Pluto, Proserpina, Geryoneus, Tiresias, Agamemnon, Memnon, Theseus; in einer Nische:

[illegible] Polyphem blendend. Die Malereien zeigen durchaus griechischen Einfluß.

Nr. 14. *Grotta dei Vasi dipinti* und Nr. 16. *Grotta del Vecchio*, mit [illegible] Tänzen, beide spätestens aus der ersten Hälfte des v. Jahrh. v. Chr.

Nr. 18. *Grotta delle Iscrizioni*, nach den zahlreichen etruskischen [illegible] benannt, mit Wettkämpfen.

Nr. 19. *Grotta del Barone*, nach dem hannöverschen Gesandten v. Kest[illegible] benannt, enthält Kampfspiele, Reiter usw., zum Teil in alter[illegible] Stil, die Farben gut erhalten.

Nr. 20. *Grotta delle Bighe*, 1827 von Baron Stackelberg aufgedeckt; K[illegible] der Malereien (Leichenspiele und Tänze) sind im Vatikan. In der Nähe Nr. 21. *Grotta del Mare*, klein, mit Seepferden.

Nr. 23. *Grotta degli Auguri* mit Leichenspielen (ein Verurteilter, dessen Haupt verhüllt ist, kämpft mit einem großen Hunde, der von einem Maskierten gegen ihn gehetzt wird), aus der gleichen Zeit wie Nr. 15 und 16.

Toscanella (S. 108) liegt 27km n.ö. von Corneto: Mo. Mi. Fr. Post in [illegible] St. für 2. Wagen 10 fr.

Die **Eisenbahn** führt am Fuß des Hügels von Corneto hin, das lange sichtbar bleibt. Weiter sieht man r. den unbedeutenden *Porto Clementino*, im Sommer der Malaria wegen ganz verlassen, vielleicht das antike *Graviscae*, die Hafenstadt von Tarquinii. Landeinwärts begrenzen die Berge von Tolfa (s. unten) den Horizont. Die Bahn überschreitet den *Mignone*, den alten *Minio*.

252km **Civitavecchia.** — *Bahnrestaur.*, ganz gut. GASTH.: Alb. Termale Traiano, Viale Garibaldi, am Meer, mit 120 Zimmern und Thermalbädern, Z. von 2½, P. von 5 fr. an, gelobt; Alb. Italia, ebenda.

Dampfschiff nach *Elba* s. S. 13, nach *Golfo Aranci* auf Sardinien einmal tägl., s. *Bædeker's Unteritalien*. Der Bahnhof liegt etwa 10 Min. s.ö. vom Hafen.

Civitavecchia, die Hafenstadt von Rom, mit 11 941 Einw. und Seebädern, ist das alte *Centumcellae*, dessen Hafen von Trajan angelegt wurde. Im Jahre 828 wurde es von den Sarazenen zerstört, doch kehrten die Einwohner 854 in die *„alte Stadt"* zurück. Die Befestigungen wurden im XVI. und XVII. Jahrh. angelegt und im XIX. Jahrh. von den Franzosen hergestellt, die die Stadt 1849-70 besetzt hielten. Der Hafen wurde neuerdings vergrößert; auf dem Außenmolo ein Leuchtturm.

Eine gute Straße (Post 2mal tägl. in 3½, zurück in 2½ St. für 2 fr.) führt von Civitavecchia n.ö., an (5km) Ruinen alter Bäder *(Aquae Tauri)* vorbei, über (11km) *Allumiere* nach (17km) *Tolfa* (555m; Alb. Funari), dem Hauptort des *Tolfagebirges* (613m), eines großen erloschenen Kraters, der noch Gase aushaucht, die im Boden Schwefelkrusten und Alaunerde erzeugen. Der bergmännische Betrieb ist stark zurückgegangen, der Besuch aber auch landschaftlich interessant.

Weiter durch öde Gegend, parallel mit der alten *Via Aurelia* in der Nähe der Seeküste bis Palo. An klaren Tagen sind in der Ferne das Albaner- und Volskergebirge, noch weiter der Monte Circeo (S. 480) sichtbar (bis vor Rom rechts, dann links sitzen).

Die Bahn führt unweit des *Kap Linaro* vorbei, wo die *Torre Chiaruccia*, jetzt Signalstation, die Stelle des antiken *Castrum*

Novum bezeichnet. — 262km *S. Marinella*, mit einer Burg der Odescalchi (1561-80) auf der Stelle des antiken *Punicum*. — 271km *S. Severa*, ein malerisches Ritterschloß, jetzt im Besitz des S. 342 gen. Ospedale di S. Spirito, auf der Stelle von *Pyrgi*, dem Hafen von Caere (S. 465). Bedeutende Reste der antiken Polygonalmauern sind noch vorhanden; der im Altertum berühmte Tempel der Eileithyia wurde 384 vor Chr. von Dionysius I. von Syrakus zerstört.

275km *Furbara*. Die einzelnen Wachttürme am Strande wurden im XVI. Jahrh. zum Schutz gegen türkische Seeräuber errichtet.

285km **Palo**, mit Schloß der Odescalchi, das alte *Alsium* (S. 465), wo Pompejus und Antoninus Pius Landhäuser besaßen. Zweigbahn nach dem vom Fürsten Odescalchi gegründeten Seebad *Ladispoli* (Alb. Diana Mare, 16 Z., P. 5-7 fr.), mit gutem Strand (im Sommer So. u. Do. von Rom Extrazüge). — 292km *Palidóro*.

Die Bahn wendet sich r. den Gehölzen von (299km) *Maccarese* zu, dem alten *Fregenae*, am *Arrone* (S. 110), dem alten *Aro*. Dann an dem ehem. *Stagno di Maccarese* entlang, der jetzt in nutzbares Land verwandelt wird (*Bonífica di Maccarese*, vgl. S. 470). Das Gebiet, in dem noch etwa 1000 Büffel leben, gehört dem Fürsten Giuseppe Rospigliosi in Rom.

311km *Ponte Galéra*. Zweigbahn nach *Fiumicino* s. S. 467.

Vor (318km) *Magliana* (S. 466) wird r. der Tiber sichtbar, in dessen Nähe die Bahn weiter hinläuft: vgl. die Karte S. 408/409. — Der Blick auf die weite Campagna wird freier: r. im Hintergrund das Albanergebirge; l. davon das Sabinergebirge; vorn S. Paolo fuori le Mura.

324km *Roma S. Paolo* (vor Porta Portese), durch eine Nebenlinie mit dem Bahnhof Trastevere verbunden (vgl. S. 141). — Die Hauptbahn überschreitet den Tiber und umzieht die südöstl. Mauern Roms. L. der Monte Testaccio, die Cestiuspyramide, der Aventin, der Lateran mit der statuenreichen Fassade und bei der Einfahrt l. der sog. Tempel der Minerva Medica. — 329km *Roma Tuscolana*. — 333km *Rom*, s. S. 141.

2. Von Pisa nach Volterra.

Eisenbahn über Cecina nach Stat. Volterra, 81km, in 2½-3 St., Preise bis Cecina im Schnellzug (der aber keinen direkten Anschluß hat) 6 fr. 55, 4 fr. 60 c., Personenzug 5 fr. 95, 4 fr. 15, 2 fr. 70 c.; von Cecina nach Stat. Volterra 3 fr. 50, 2 fr. 45, 1 fr. 60 c. Von der Station zur Stadt Volterra, 11km, Diligenza in 1½ St. für 1½ fr.; Einsp. 4, Zweisp. 6 fr. — Man kann sein Gepäck am Bahnhof in Cecina deponieren.

Auch von *Pontedéra*, an der Bahn von Florenz nach Pisa (*s. Bædeker's Oberitalien*), kann man Volterra zu Wagen erreichen, 5-6 St. im Tal der Era aufwärts (dreimal wöchentl. Privatpost für 3 fr.).

Pisa s. *Bædeker's Oberitalien*; bis *Cecina* s. S. 3. Die Zweigbahn führt am r. Ufer der *Cecina* aufwärts in einer durch

Mineralreichtum (Kupfererze, Alabaster, Serpentin) ausgezeichneten Gegend. — 9km *Riparbella*; der Ort 4km nördlich. — 17km *Casino di Terra*, 23km *Ponte Ginori*.

40m Stat. *Volterra*, am Fuß des hohen Berges, welchen die Stadt krönt. In der Nähe große Steinsalzwerke *(Saline)*, welche ganz Toskana versorgen; das Salz ist linsenförmig jungtertiären Mergeln eingeschaltet, wie bei Wieliczka in Galizien.

Geologen ist folgender Ausflug zu empfehlen (Post und Wagen am Bahnhof, bis Larderello Einsp. 10, Zweisp. 18 fr. hin u. zurück): über *Pomarance* (367m; Post in 2 St. für $1\frac{1}{2}$ fr.; Alb. Burraia), freundliches Städtchen mit großem Schloß des Grafen von Larderel, in 3 St. nach *Larderello* am *Monte Cerboli*, dem Mittelpunkt der Borsäurewerke der Familie Larderel. Die vulkanischen Gasquellen (Soffioni) geben in Wasserbecken (Lagoni), die man abdampft, ihren Gehalt an Borsäure (Acido borico) ab. Das Produkt geht ausschließlich nach England und findet hauptsächlich bei der Töpferei und zu Glasurzwecken Verwendung. Man kann den Ausflug südl. über *Bagno al Morbo* (mit schon den Römern bekannten Heilquellen *Aquae Volaterranae*), *Castelnuovo di Val di Cecina* (567m; Post von Pomarance in $2\frac{1}{2}$ St. für $1\frac{1}{2}$ fr.), *Sasso* und *Monterotondo* in 3 weiteren Stunden nach Massa Marittima (S. 4) fortsetzen. Namentlich bei Sasso und Monterotondo ist die Gegend in Dampfwolken gehüllt, der Erdboden heiß und mit Sublimaten von Schwefel, Eisenvitriol u. dgl. bedeckt. In der Nähe von Monterotondo der heiße *Lago zolforeo*, dessen Wasser ein französischer Unternehmer abdampft.

Die Landstraße vom Bahnhof zur Stadt Volterra (11km; Dilig. und Wagen s. S. 9) steigt fortwährend. Die Gegend hat durch die unfruchtbaren Tone mit ihren zahlreichen Regenrinnen einen eigentümlich öden Charakter.

Volterra. Bahnhof s. oben. — Gasth.: Alb. Nazionale (Pl. a: C 4), Piazza dei Ponti 1, Z. $1\frac{1}{2}$-2 fr., ganz gut; La Stella, mit Aussicht, Z. 1 fr. — *Caffè Bardola*, Piazza Maggiore. — Post und Telegraph, im Pal. Pretorio (Pl. C 3).

Die berühmte *Alabasterindustrie* von Volterra beschäftigt etwa ein Drittel der Bewohner. Der gewöhnliche Alabaster wird in der Nähe gefunden, der feinere stammt aus den Gruben von Castellina Marittima (S. 3). Der Besuch der Werkstätten ist interessant (die Preise niedriger als in Florenz).

Volterra (514m), Bischofssitz mit 5522 Einw., ist eine der ältesten etruskischen Städte und bietet mancherlei Interessantes, sowie schöne Fernsichten bis zu den Höhen bei Pisa, den Apenninen und dem Meer mit den Inseln Gorgona, Elba, Capraia, Korsika.

Volterra, das etruskische *Velathri*, das römische *Volaterrae*, gehörte zu den zwölf alten Bundesstädten Etruriens, und war so fest, daß es in den Bürgerkriegen eine zweijährige Belagerung durch Sullas Truppen aushielt. Später war es römisches Municipium und verfiel dann allmählich, bis zur gänzlichen Zerstörung im x. Jahrhundert. Es ward unter den Ottonen neu aufgebaut, hat aber nicht mehr den dritten Teil des alten Umfangs. Im Mittelalter war es Freistaat, und dieser Epoche gehören die besten Bauten an, bis es 1361 in die Gewalt von Florenz kam. Ein letzter Widerstand gegen den Willen der Florentiner endigte mit der Einnahme und Plünderung der Stadt im J. 1472. Sie ist Geburtsort des Satirikers Persius (34-62 nach Chr.) und des Malers Daniele da Volterra (S. 11).

Unter den Altertümern sind besonders merkwürdig die uralten *Stadtmauern, etwa 9km im Umfang, fast dreimal so groß, wie

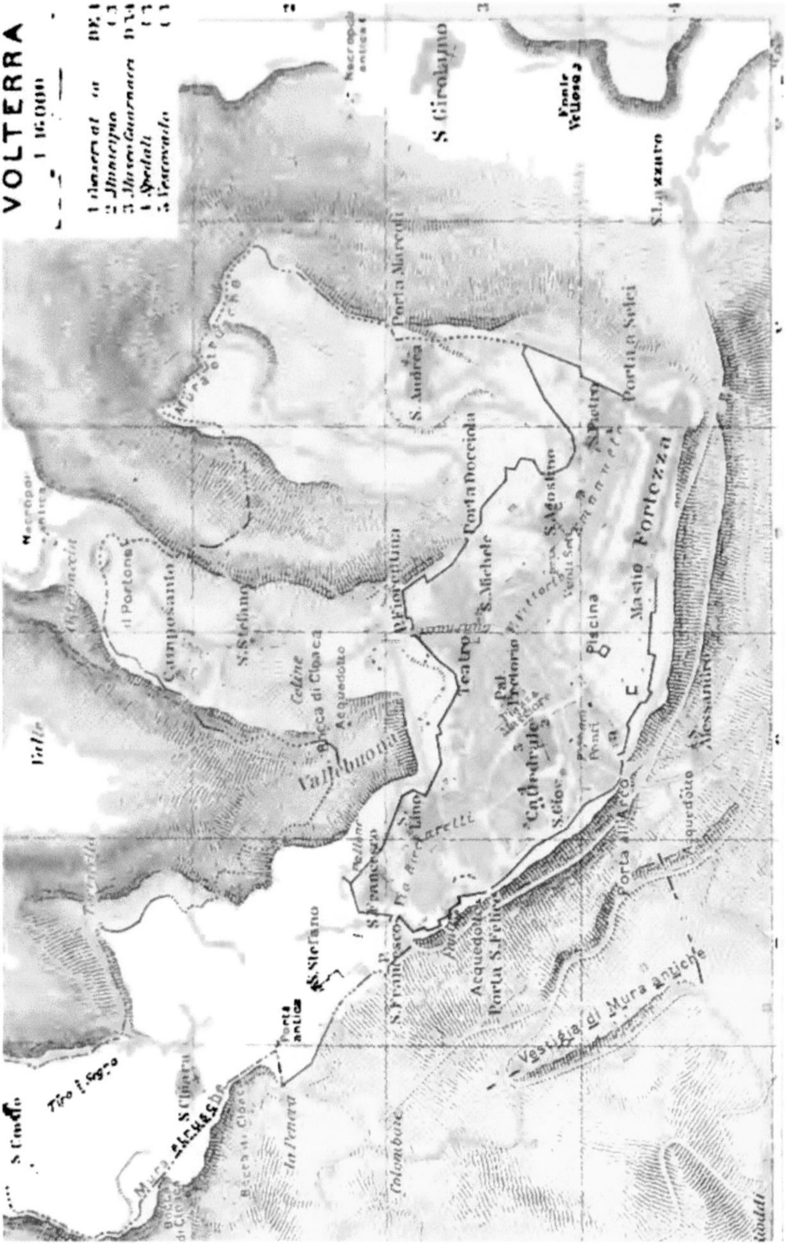
VOLTERRA
S. Girolamo
Porta Marcoli
Porta a Selci
S. Andrea
S. Pietro
Fortezza
Mastio
Porta Docciola
S. Agostino
S. Michele
Porta Fiorentina
Camposanto
S. Stefano
Teatro
Piscina
Cattedrale
Vallebuona
Acquedotto
S. Giov.
Porta all'Arco
Porta S. Felice
S. Francesco
S. Stefano
Porta antica
Vestigia di Mura antiche
Tiro a Segno
S. Chiara

die von Fiesole und Cortona. Am besten erhalten, 12m hoch, 4m dick, aus rechtwinkligen gelben Sandsteinblöcken (Panchina) bestehend, sieht man sie bei S. Chiara (Pl. A 1, 2) und n. vor Porta Fiorentina (Pl. C D 1). Von den alten Toren steht noch die **Porta all' Arco* (Pl. C 4), ein 6m hoher Rundbogen, mit drei unkenntlichen Köpfen aus Peperin. Vor Porta Fiorentina ist ein anderes altes, aber sehr verändertes Tor, *il Portone* (Pl. D 1). Vor demselben Tor unterhalb des Friedhofs die alte *Gräberstadt* (Necropoli antica, Pl. D 1), auf halber Höhe des Berges, an dem Orte, der jetzt *Marmini* heißt; die Gräber sind alle wieder zugedeckt.

An der Piazza Maggiore liegt der Palazzo dei Priori, jetzt *Municipio* (Pl. 2: C 3), ein stattlicher 1208-57 errichteter Bau mit mittelalterlichen Wappenschildern an der Fassade.

Der zweite Stock enthält seit 1905 eine kleine Gemäldesammlung (Galleria); Eintrittskarten (1 fr.) in der Stadtkanzlei (Segreteria). Hervorzuheben: *Taddeo di Bartolo*, Altarwerk (1411); *Priamo di Piero*, Madonna mit sechs Engeln; *Benvenuto di Giovanni*, Anbetung der Hirten (1470); *Luca Signorelli*, Madonna mit sechs Heiligen und zwei Engeln (1491; sehr beschädigt), Verkündigung (1491; stark übermalt); *Dom. Ghirlandaio*, Christus in der Glorie mit den H. Benedikt, Romuald, Actinea und Gracciniana; *Rosso Fiorentino*, Kreuzabnahme (1521).

Nebenan r. der Eingang zur Kathedrale (Pl. C 3), 1120 von Papst Calixtus II. geweiht, angeblich durch *Niccolò Pisano* 1254 erweitert.

Im Innern: r. und l. neben dem Eingang Reliefs aus dem Leben der H. Regulus und Octavianus (xiv. Jahrh.), an der Kanzel Skulpturen aus dem Anfang des xiii. Jahrhunderts. Am Hochaltar zwei leuchterhaltende Engel von *Mino da Fiesole*. Sarkophag des h. Octavianus von *Raffaele Cioli* (1522). Die reiche Decke ist von *Franc. Capriani* (1570) entworfen. — Im südl. Querschiff eine Kreuzabnahme, Gruppe in Holzfiguren aus dem xiii. Jahrhundert. — In der Sakristei einige Reliquiare aus dem xv. und xvi. Jahrhundert.

Gegenüber die Taufkirche *S. Giovanni* (Pl. C 3), ein achteckiger Zentralbau von 1283. Der schöne Bogen des Hochaltars ist von Balsinelli da Settignano (xvi. Jahrh.), der alte achteckige Taufstein von Andrea Sansovino (1502) und das Ziborium von Mino da Fiesole (1471).

Die Kirche *S. Lino* (Pl. C 3), 1480 von dem gelehrten Raff. Maffei gegründet, enthält dessen Grab mit liegender Statue, von Silvio Cosini aus Fiesole (1522).

In Via Ricciarelli Nr. 14 (Pl. B C 3) das Haus, wo 1509 *Daniele da Volterra*, Michelangelo's berühmter Schüler, geboren wurde († 1566 zu Rom). Das Haus gehört noch der Familie Ricciarelli, welche von ihm einen Elias und eine Maria mit dem Kinde und der h. Martina sowie eine Verlobung der h. Katharina von Sodoma besitzt.

In *S. Francesco* (Pl. B 2) r. die gotische Cappella della S. Croce von 1315, mit Fresken aus dem Leben Christi und der Legende des h. Kreuzes von dem Florentiner Cenni di Francesco (1410).

Das Hauptinteresse von Volterra nimmt das *Museo Guarnacci (Pl. A D 3, 4), im *Palazzo Tagassi*, in Anspruch, eine reiche Sammlung etruskischer Altertümer aus Stadt und Umgebung. Direktor Dr. Leo Solaini. Eintritt tägl. 9-3, 4 oder 5 Uhr 1 fr., So. erhält man 9-1 Uhr im Uffizio di Polizia municipale, im Municipio (S. 11), gratis eine zu halbstündigem Besuch berechtigende Karte.

Das 1731 eröffnete Museum wurde seit 1761 durch die Sammlungen des Prälaten *Mario Guarnacci* wesentlich bereichert. Sieben Räume des unteren und gleichviele des oberen Stockwerks enthalten die Grabnrnen (ca. 600). Diese etwa 1 m langen Aschenkisten gehören der spätesten etruskischen Kunst an, etwa dem III. oder II. Jahrh. vor Chr. Einige wenige sind aus Terrakotta und Sandstein, die meisten aus Alabaster (s. S. 100) gefertigt. Auf dem Deckel in merkwürdiger Verkürzung die Figur des Toten, die Seiten mit meist ungeschickten und handwerksmäßigen Reliefs geschmückt; an einigen noch Spuren von Bemalung und Vergoldung. Die Darstellungen sind teils dem etruskischen Leben, teils der griechischen Mythologie entnommen. Unter den ersteren namentlich Abschiedszenen; der Tote wird als Reiter dargestellt, von einem Boten geführt, der in einem langen Sack Lebensmittel für den Weg trägt, oder von Charon mit dem Hammer begleitet. Häufig sind ferner Totenopfer, Leichenzüge, aber auch Gelage, Wettkämpfe, Pferderennen u. a. Aus der griechischen Mythologie z. B. Odysseus mit den Sirenen, mit Circe, die Entführung der Helena, Tod der Klytämnestra, Orestes und die Furien, Tod des Capaneus vor Theben (das dargestellte Tor gleicht der S. 11 gen. Porta all' Arco), Polynices und Eteocles, Oedipus mit der Sphinx, Oedipus seinen Vater erschlagend. In den Stoffen wie in der Behandlung offenbart sich eine eigentümliche Mischung von Üppigkeit und düsterem Sinn, wie sie vielfach in der späteren Entwicklung der etruskischen Kunst hervortritt. Fünf fernere Räume enthalten Marmorskulpturen (archaisches Tuffrelief eines Kriegers), Vasen meist späteren Stils, Münzen, Bronzen, Geräte, Goldsachen und schöne Glasgefäße.

Im dritten Stockwerk das Archiv und die Bibliothek, mit 20000 Bänden, einer Siegel- und Münzsammlung. Im Treppenhaus mittelalterliche Skulpturen, vornehmlich Relieffriese aus S. Giusto (s. unten).

Die Zitadelle (*Fortezza*; Pl. D 4), jetzt Zuchthaus und nur mit Erlaubnis des Unterpräfekten zu sehen, hat zwei Teile: die *Rocca antica*, angeblich 1343 durch Walter von Brienne, Herzog von Athen, auf den alten Stadtmauern, und die *Rocca nuova*, von den Florentinern nach der Einnahme von Volterra (S. 10) errichtet. Zugleich bauten die letzteren den Turm *(il Mástio)*, der als Gefängnis für Staatsverbrecher diente. — Unweit w. die *Piscina* (Pl. C 4; unzugänglich), ein antiker Wasserbehälter, dessen Wölbung auf sechs Pfeilern ruht.

Vor Porta S. Francesco die Ruinen der romanischen Kirche *S. Stefano* (Pl. B 2); in deren Nähe auf einem kleinen Platze, der früher *Prato Marzio* hieß, ein Brunnen und die Porträtstatue eines Römers. — Weiter hinaus zwischen den Kirchen *S. Giusto* (Pl. A 1; XVIII. Jahrh.) und *La Badia* (1030; zerstört) ist eine durch Auswaschung und Abbrüche entstandene, sich fortwährend erweiternde tiefe Schlucht, *Le Balze*, welche die im XI. Jahrh. gegründete Kamaldulenserabtei *S. Salvatore* mit dem Untergang bedroht. Zwei ältere Kirchen S. Giusto wurden schon 1140 und im XVII. Jahrh. verschlungen.

Etwa 1 km n.ö. vor Porta a Selci (Pl. E 4) das Kloster **S. Girólamo** (Pl. F 3); in den Kapellen der Vorhalle Tonaltäre aus der Werkstatt der *Robbia*: h. Franziskus mit den H. Klara und Ludwig und das Weltgericht

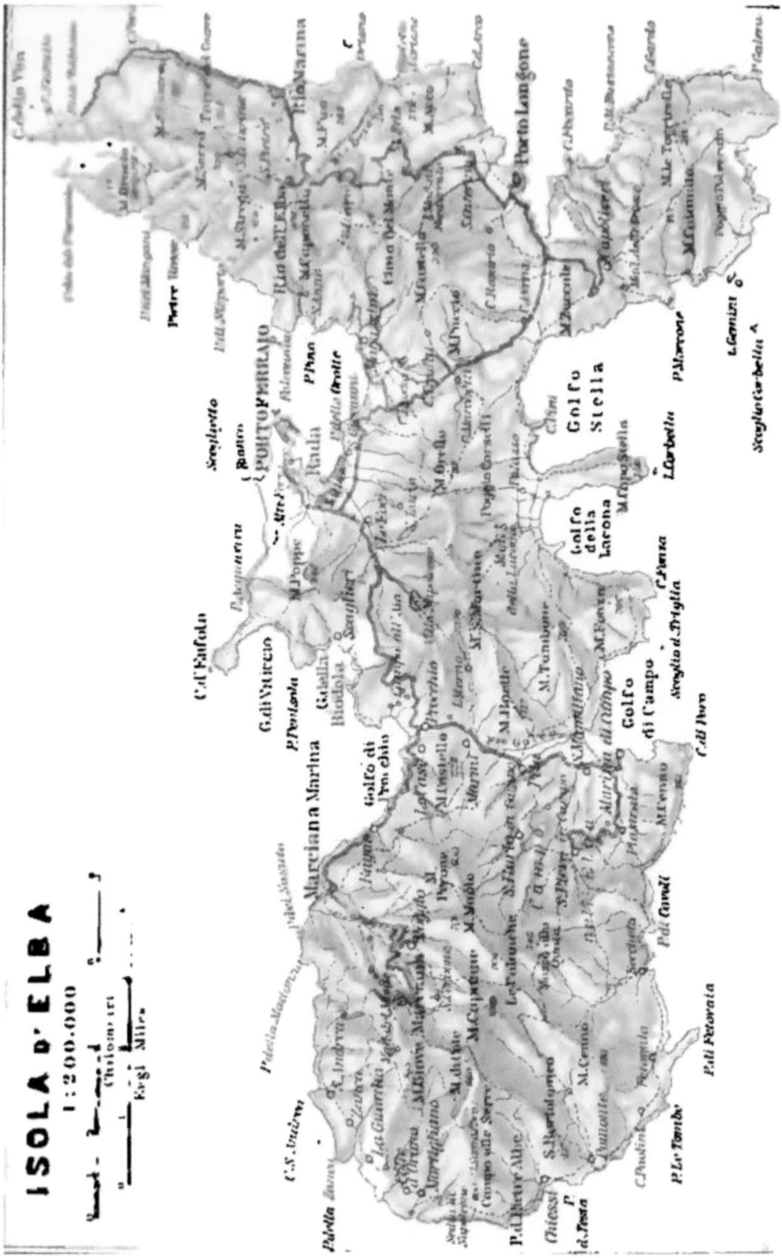
ISOLA D'ELBA
1:200.000
Chilometri
Miglia
PORTOFERRAJO
Porto Longone
Rio Marina
Marciana Marina
Golfo di Procchio
Golfo Stella
Golfo della Lacona
Golfo di Campo
M. Capanne

(1501); in der Kirche eine Verkündigung von *Benvenuto di Giovanni* (1466). — Weiterhin die *Villa Inghirami* und eine *etruskische Grabkammer*, in welcher noch die Urnen stehen (Schlüssel im Pal. Inghirami in der Stadt; der Gärtner leuchtet, 50 c.).

Ein anziehender Ausflug ist der nach den Kupfergruben *(Miniere di Rame)* von *Caporciano*, w. von *Montecatini di Val di Cecina*, etwa 16km w. von Volterra (Post in 2 St. für $1^1/_2$ fr., zurück in $1^1/_2$ St. für 1 fr.; Einsp. 6, Zweisp. 10 fr.). Die Fahrstraße führt über die Höhe von *La Bacchettona* nach *Montecatini* (Alb. Pace), auf der Spitze des Trachytberges *Selagite;* von dem viereckigen Turm der alten Burg weite schöne Aussicht. Die Minen sind seit dem XV. Jahrh. in Betrieb und gaben bis in die neuere Zeit gute Ausbeute. Jetziger Besitzer ist Graf Buturlin. Das Mineral findet sich in Nestern, zwischen Serpentin, hier Gabbro verde genannt, und dem zersetzten rot gewordenen Trachyt (Gabbro rosso). Aus Gabbro rosso besteht eine Anzahl von Gipfeln, wie *Monte dell' Abete, Poggio Croce, Monte Massi*, die zur Tertiärzeit den sie umgebenden Sand- und Kalkstein durchbrachen. Die Aussicht vom *Monte Massi* (619m) oder vom *Poggio Croce* (592m; $^1/_2$ St. von Montecatini) reicht n. von den Höhen bei Massa und Carrara bis s. zum Monte Amiata mit dem Meere und den Inseln Elba, Capraia und Korsika.

Von Volterra nach Colle di Val d'Elsa, 25km, Landstraße (s. Pl. F 4): Post einmal tägl. in $3^1/_2$ St. für 3 fr.; Einsp. 8, Zweisp. 14 fr. Hügelige Gegend. Links Aussicht auf S. Gimignano (S. 17), wohin nach 12km ein Fahrweg (noch 18km) l. abgeht, mit prächtigen Fernblicken. Nach 14km bleibt r. oben die Turmruine von *Montemiccioli*, nach 16km zweigt l. ein Weg über *Ranza* und *S. Donato* nach S. Gimignano ab, den Fußgänger vorziehen werden; r. sieht man Pomarance (S. 10). *Colle di Val d'Elsa* s. S. 16.

3. Elba und die Toskanischen Inseln.

Der Besuch von Elba ist für den Naturfreund höchst lohnend. Dampfer der „Navigazione Generale Italiana" fahren 2mal täglich zwischen Piombino (S. 3; Ein- oder Ausschiffen 50 c.) und Portoferraio auf Elba in $1^1/_2$ St., So. früh auf der Rückfahrt Rio Marina und Porto Longone anlaufend; drei Monate gültige Rückfahrkarte Piombino-Portoferraio I. Kl. 5 fr. 20, II. Kl. 3 fr. 50 c. — Von Livorno (Ein- oder Ausschiffen $^1/_2$-$1^1/_2$ fr.) macht Di. früh ein Dampfer derselben Gesellschaft die Rundfahrt über *Gorgona, Capraia, Marciana* nach *Portoferraio* (I. Kl. 16 fr. 05, II. Kl. 10 fr. 70 c.; der Dampfer legt am Molo an), Mi. früh nach *Piombino* (s. oben), *Rio Marina, Porto Longone, Marina di Campo* auf Elba, *Pianosa, Talamone, Porto S. Stefano* (S. 5), um Do. nachts nach *Civitavecchia* (S. 8) weiterzufahren; Rückfahrt von Civitavecchia Do. mittags, von Porto S. Stefano Fr. nachts, von Portoferraio Sa. früh. Ein anderer Dampfer fährt Fr. früh dieselbe Strecke nur bis Pianosa und übernachtet in Porto Longone; Rückfahrt von Pianosa Sa., von Portoferraio Mo. früh.

Kaum 6km w. von Livorno liegt *Meloria*, eine Klippe, bei der die Pisaner 1284 eine Seeschlacht gegen die Genueser verloren, die auf immer ihre Obmacht vernichtete. Weiter westlich, 34km von Livorno, die unfruchtbare Fischerinsel *Gorgona* (255m). Von dort nach Elba hin, 78km (65 in der Luftlinie) von Livorno, *Capraia* (447m; $19{,}5$qkm groß), im Altertum *Capraria*, die „Ziegeninsel", mit 560 Einwohnern und etwas Weinbau. Zwischen Elba und dem Festland die kleinen Eilande *Palmaiola*, mit einem Leuchtturm, und *Cerboli*.

Elba, 9km s.w. von Piombino, mit 25013 Einwohnern, etwa 29km lang, 19km breit und 223,5 qkm groß, ist die größte der Toskanischen Inseln. Wie Giglio und Montecristo (S. 15) ist es ein Teil eines versunkenen Berglandes, das sich von Toskana nach Korsika und Sardinien hin ausdehnt, und besteht hauptsächlich aus Granit, daneben aus Schiefern und Kalken, die sich an ersteren anlehnen. Die Bedeutung der Insel beruht auf den in den Kalken nester- und lagenförmig eingeschlossenen Eisenerzen (Eisenglanz), deren Gewinnung (s. unten), neben dem Fang von Thunfischen und Sardellen, seit dem Altertum den wichtigsten Erwerbszweig bildet. Die meist steile und felsige Küste ist mannigfaltig entwickelt; die höchste Spitze ist der Monte Capanne (S. 15) im W. Das Klima ist milde und gleichmäßig; Wein und Obst gedeihen in seltener Güte, Agaven und Feigenkaktus wachsen im Freien.

Elba, lateinisch *Ilva*, griechisch *Aethalia* (Rußinsel), gehörte seit dem XI. Jahrh. den Pisanern, kam 1290 an Genua, später an Lucca, an die Appiani von Piombino, endlich durch Kaiser Karl V. an Herzog Cosimo I. von Toskana. Nach Napoleons I. Entthronung wurde ihm die Insel mit vollen Souveränitätsrechten überlassen und war sein Aufenthalt vom 3. Mai 1814 bis 26. Febr. 1815 (s. unten). Durch den Wiener Kongreß und den zweiten Pariser Frieden kam Elba wieder an Toskana, mit welchem es 1860 von Piemont annektiert wurde.

Das von Piombino kommende Dampfboot fährt um das *Capo della Vita* in die schöne, amphitheatralisch von Bergen eingefaßte Bucht von Portoferraio.

Portoferraio („Eisenhafen"; *Alb.-Rist. Ape Elbana*, Piazza Vittorio Emanuele, Z. $2^1/_2$ fr., ganz gut; deutscher Konsularagent Pietro Reboa), die Hauptstadt der Insel, mit 5970 Einw., liegt terrassenförmig ansteigend am Südabhang eines durch einen Taleinschnitt von der Küste getrennten Felsens, der zwei von Cosimo I. (s. oben) 1548 angelegte Festen trägt: w. das *Forte Falcone* (79m), ö. das *Forte Stella* (48m) mit dem Leuchtturm. Am Hafen zwei Paläste des Großgrundbesitzers Delbuono (S. 15) und ö. ein Zuchthaus *(Bagno penale)*. Gute Seebadeeinrichtungen. In der Einsenkung zwischen den beiden Forts liegt die *Palazzina dei Molini*, der von Napoleon I. bewohnte ehem. Palast des toskanischen Statthalters, mit kleinem Garten, jetzt Sitz des Geniekommandos (Genio militare), die Vorderseite mit dem Blick auf die Bucht, die Rückseite auf das Meer nach Piombino. Ein Bronzestandbild des Kaisers, von Turillo Sindoni, soll errichtet werden.

Westl. vor der Stadt ein großes Hüttenwerk mit Kokshochöfen *(Alti Forni)*. Weiterhin breiten sich auf dem flachen Strande ausgedehnte Salzgärten *(Saline)* aus, in denen das Meerwasser verdunstet wird. Portoferraio s. gegenüber (Fahrstraße 5km), bei der *Punta delle Grotte*, Reste einer römischen Villa.

6km s.w. der Stadt, am Abhang des Monte S. Martino (370m) und mit Aussicht auf Portoferraio, liegt die vom Kaiser bewohnte *Villa Napoleone* (76m), jetzt im Besitz des Großgrundbesitzers

Pilade Delbuono (Eintrittskarten gegen 1 fr. im Dazio Consumo im Hafentor zu Portoferraio); beachtenswert das ägyptische Zimmer mit der Inschrift: Ubicunque Felix Napoleon. Unterhalb ein vom Fürsten Demidoff († 1870), dem Gemahl der Prinzessin Mathilde Bonaparte († 1904), erbautes Napoleon-Museum, das jetzt naturgeschichtliche Sammlungen enthält. Napoleon wollte hier eine landwirtschaftliche Musteranstalt anlegen.

Ausflüge. Besonders lohnend ist die Besteigung des **Monte Capanne** (1019m), eines mächtigen, am Fuß von einer Schieferhülle umgebenen Granitstocks. Schöne Fahrstraße, zuletzt immer am Meere entlang, bis (15km; Post einmal tägl. in 3 St.) *Marciana Marina* (Alb. della Pace, einfach), dann s.w., zuletzt durch Kastanienwald, hinauf nach (19km) *Poggio* und von dort mit Führer, über die Kapelle *S. Cerbone* (530m), zu Fuß in 3 St. zum Gipfel, mit großartiger *Rundsicht. Von der Kapelle S. Cerbone führt der Weg weiter nach *Marciana* (375m), mit einer Burgruine, von wo man auf steinigem Pfad w. in 1 St. die Wallfahrtkapelle *Madonna del Monte* (627m) und daneben das dritte Wohnhaus Napoleons (s. S. 14) erreicht. Von einem Felsvorsprung, 5 Min. n.w. von hier, prachtvolle Aussicht auf Korsika, Capraia, Gorgona und das Festland. — Ein Ausflug von Portoferraio nach den **Eisengruben** ($^1/_2$ Tag) wird am besten so eingerichtet: mit Boot s.ö. übersetzen nach *Magazzini*, von da auf gutem Wege zu Fuß oder Pferd (3 fr. hin u. zurück) r. unterhalb der Burgruine *Volterraio* (394m) vorbei über den Berg nach *Rio dell' Elba* (157m) und weiter nach *Rio Marina* (Alb. Orzalesi), wo man Führer (kaum nötig) nach den Minen findet. Die Erzlager (s. S. 14) stehen hier frei zu Tage, und rötlichschwarze schutthaldenartige Wände künden sie von weitem an. 3km n. von Rio Marina die *Torre del Giove* (352m; Aussicht). — 9km s. von Rio dell' Elba, 44km s.ö. von Portoferraio, liegt das von den Spaniern im XVII. Jahrh. befestigte Städtchen *Porto Longone* (74m), an einer tiefen Bucht.

12km s.w. von Elba liegt **Pianosa** (26m; $10_{,2}$qkm groß), das alte *Planasia*, seinem Namen entsprechend ganz flach und nicht granitisch. Es war der Verbannungsort des Agrippa Postumus, Enkels des Augustus; angebliche Reste seiner Villa sind noch vorhanden. — Weiter südl., etwas über 40km von Elba, **Montecristo** (648m; $10_{,3}$qkm groß), das alte *Oglasa*, wie Elba und Giglio aus Granit bestehend (vgl. S. 14), mit einem Jagdhaus Viktor Emanuels III. und Trümmern eines im XIII. Jahrh. gegründeten, im XVI. von Seeräubern zerstörten Kamaldulenserklosters. Bekannt wurde die Insel durch Alex. Dumas' d. Ä. Roman „Le Comte de Monte-Cristo" (1844/45). — Endlich, 14km w. vom Monte Argentario (S. 5), die größere Insel **Giglio** (498m; $21_{,2}$qkm groß), lat. *Igilium*, mit 2350 Einw., Weinbau und Granitbrüchen. Bei dem Hafenort *Porto* Reste eines römischen Palastes. Dampfboot von Porto S. Stefano (S. 5) nach Giglio außer So. tägl. vorm., zurück nachmittags.

4. Von Florenz über Empoli nach Siena.

95km Eisenbahn. Personenzug (nur z. T. direkte Wagen) in $2^3/_4$-$3^1/_2$ St., für 11 fr. 05, 7 fr. 75, 5 fr. Im Sommer außerdem Di. Do. Sa. Blitzzug in $2^1/_4$ St. für 12 fr. 15, 8 fr. 50 c.

Von Florenz bis (31km) *Empoli* (Bahnrestaur.) und weiter nach Pisa und Livorno, s. in *Baedeker's Oberitalien*.

Die Bahn nach Siena führt auf der r. Seite des fruchtbaren *Val d'Elsa* aufwärts. R. auf der Höhe *S. Miniato*, einst Kaiserpfalz

Friedrich Barbarossas. 36km *Ponte a Elsa;* 42km *Granaiolo.*

48km *Castelfiorentino*, l. am Abhang (108m), Hauptort des Val d'Elsa.

11km s.-w. von Castelfiorentino (Post 3mal tägl. in 1 St.) liegt das gelegene Städtchen *Montaione* (342m; Alb. Ciulli, Z. 1 fr., mit 3673 Einwohnern; 6km s. w. von hier das Franziskanerkloster *S. Vivaldo*, mit zahlreichen glasierten Tongruppen der Leidensgeschichte Christi, vielleicht aus der Schule der Robbia.

56km **Certaldo** 130m; *Alb. della Stazione*, Via Umberto I, nahe dem Bahnhof, Z. 1½ fr.), mit 4522 Einw., am Hügel l., ist die Heimat der Familie des Dichters und Humanisten *Giovanni Boccaccio*, der 1375 hier starb (geb. 1313 in Paris). Auf dem Hauptplatz sein Standbild von Aug. Passaglia (1879). In der Oberstadt die Kirche *SS. Michele e Jacopo*, in der er begraben war; sie enthält eine Gedenktafel von 1503 und eine Büste von Giov. Rustici. Dicht dabei die *Casa di Boccaccio*, die 1823 durch die Marchesa Lenzoni-Medici hergestellt und mit altem Hausrat ausgestattet wurde; hübsche Aussicht vom Turm. Der mit Wappen geschmückte *Palazzo Pretorio* enthält zerstörte Fresken.

Von Certaldo führt ein Fahrweg s. nach (11km) *S. Gimignano* (S. 17): Einsp. 1 Pers. 3, 2-3 Pers. 4, hin u. zurück mit 5 St. Aufenthalt 5 und 6, Zweisp. 8 und 12 fr.

Vor (64km) *Barberino di Val d'Elsa* wird r. für kurze Zeit S. Gimignano sichtbar.

69km **Poggibonsi** (*Alb. dell' Aquila*, gegenüber dem Bahnhof, Z. 1-1½ fr., gelobt); der Ort mit 7886 Einwohnern liegt rechts. 1½km s. auf der Höhe die ehem. *Festung* mit dem Kloster *S. Lucchese;* in der Kirche der Festung ein Altarbild (Noli me tangere), in dem ehem. Refektorium Fresken von Gerino da Pistoia.

Von Poggibonsi nach Colle di Val d'Elsa: 8km, Zweigbahn in 17 Min., für 75. 45 c. Wagen (s. S. 17): Einsp. 1½, Zweisp. 3½, hin und zurück 2½ und 5 fr. **Colle di Val d'Elsa** (Gasth.: *Venezia*, Z. 1 fr. 20, *Buon Soggiorno*, beide einfach), alte Stadt und Bischofsitz von 5862 Einwohnern. In der Unterstadt (*Colle basso;* 137m) Eisenwerke und Glasindustrie; in der Oberstadt (*Colle alto;* 223m) alte Paläste (u. a. Pal. Ceccerelli von Ant. da Sangallo d. J., XVI. Jahrh.), der Dom (XIII. Jahrh.; schlecht restaurierte Fassade; Marmorkanzel, der untere Teil aus dem XIII., der obere mit Reliefs von Heiligen aus dem XVI., sowie holzgeschnitzte Chorstühle aus dem XVII. Jahrh.) und das Haus des Arnolfo di Cambio (1232-1301), des ersten Architekten des Doms zu Florenz. — Von Colle di Val d'Elsa nach *Volterra* s. S. 13.

Von Poggibonsi nach San Gimignano, 12km, Landstraße, Wagen am Bahnhof (akkordieren; Landeskundige fahren auch billiger): Einsp. 5½, Zweisp. 6, hin u. zurück 5 und 8 fr.; Aufenthalt in San Gimignano, Einsp. die St. ¾, Zweisp. 1 fr. (jede folgende St. ½ und ¾ fr.). Koffer 50, kleinere Gepäckstücke 20 c. Omnibus in 2 (zurück in 1½) St. 80 c.), 8½ Uhr früh und 8 Uhr abends, zurück 6½ Uhr früh und 5½ Uhr abends. — Mit Wagen kann man an demselben Tage nach Siena (3½ St.; vgl. S. 20, auch über Colle di Val d'Elsa) oder Volterra (3½ St.; vgl. S. 17 und 13) weiterfahren; Einsp. von Poggibonsi direkt nach Siena (c. 26km) 6, Zweisp. 8 hin u. zurück 8 und 10) fr. Vgl. auch S. 20/21.

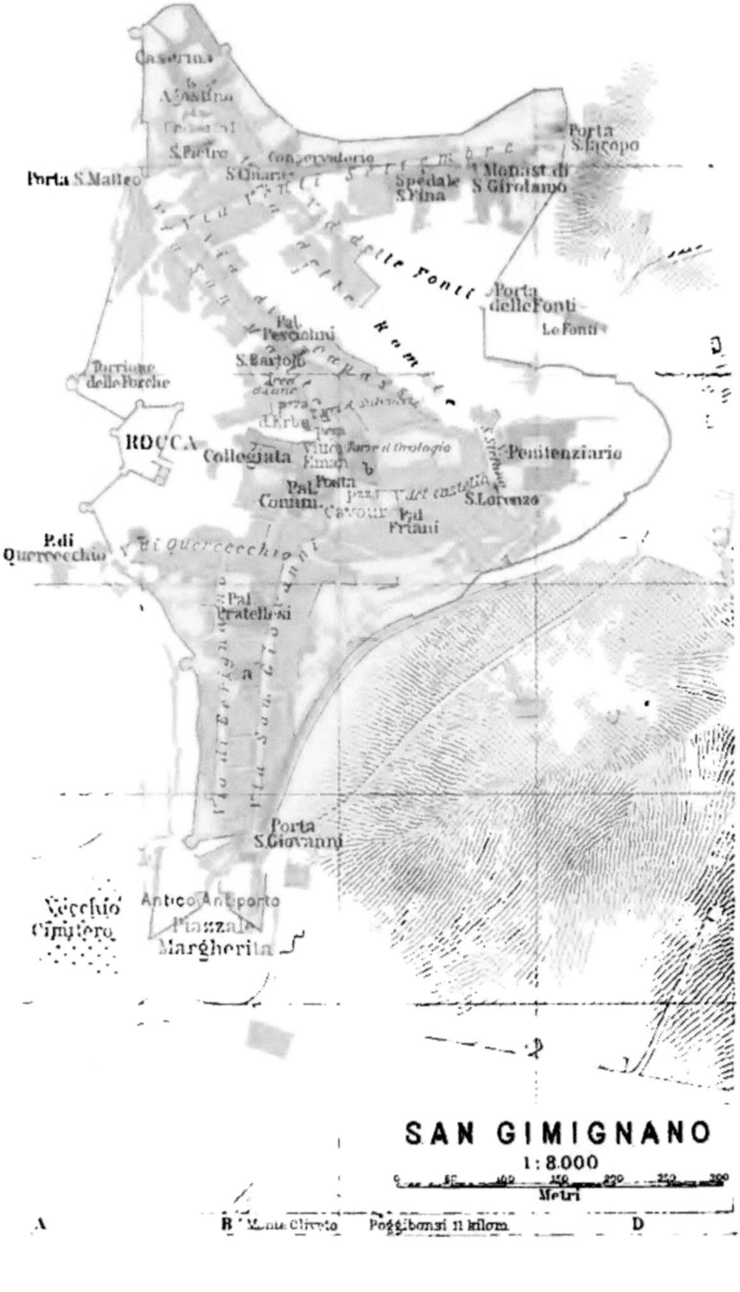
Caserma
Porta S.Iacopo
S.Pietro
Conservatorio
Porta S.Matteo
Spedale S.Fina
Monast.di S.Girolamo
Porta delle Fonti
Le Fonti
Pal. Pesciolini
S.Bartolo
Torrione delle Forche
ROCCA
Collegiata
Penitenziario
Pal. Comun.
Cavour
Pal. Friani
S.Lorenzo
P.di Quercecchio
Pal. Pratellesi
Porta S.Giovanni
Vecchio Cimitero
Antico Antiporto
Piazzale Margherita
SAN GIMIGNANO
1 : 8.000
Metri
A
B
Monte Oliveto
Poggibonsi 11 kilom.
D

San Gimignano. — Gasth. (vgl. S. xv): Alb. Leon Bianco (Pl. a: B 4), Via S. Giovanni, 22 Z. von 1½ fr. an, P. 5-6 fr., Alb. Centrale (Pl. b: C 3), Piazza Cavour 4, Z. 1½, P. 4-6 fr., beide gelobt.

Wagen: nach Poggibonsi oder Colle di Val d'Elsa Einsp. 1 Pers. 2½, 2-3 Pers. 3, Zweisp. 4½ (hin und zurück 3, 4 und 6) fr.; nach Certaldo Einsp. 2½ u. 3, Zweisp. 6 (hin und zurück 3½, 4½ u. 7) fr.; nach Volterra Einsp. 5½ u. 7, Zweisp. 12 (hin und zurück 7½, 10 u. 18) fr. Bei Hin- und Rückfahrten jede St. Aufenthalt Einsp. 50, Zweisp. 75 c.

San Gimignano (332m), hochgelegene alte Stadt von 4060 Einwohnern, war im xiii. und xiv. Jahrhundert blühend und unabhängig, kam aber durch die Zwiste der beiden angesehensten Familien *Salvucci* (Gibellinen) und *Ardinghelli* (Guelfen) herunter und stand seit 1353 unter der Oberherrschaft von Florenz. Ihre Mauern, ihre Türme („S. Gimignano delle belle torri"), ihre Straßen versetzen den Besucher in die Zeiten des Mittelalters. Kaum eine Stadt Toskanas gewährt ein so treues Bild aus dem Jahrhundert Dante's.

Den Mittelpunkt der Stadt bildet die Piazza Vittorio Emanuele (Pl. BC 3), mit beachtenswerten Gebäuden.

Der gotische ***Palazzo Comunale** (Pl. B 3), als *Palazzo del Podestà* 1288-1323 aufgeführt, enthält seit 1906 ein Museo Civico. Direktor Prof. Ugo Nomi-Pesciolini. Eintritt tägl. 9-5 Uhr gegen 1 fr.

Im zweiten Stock die Sala del Consiglio oder *Sala di Dante* (I), in welcher Dante am 7. Mai 1300 (nicht 1299) als florentinischer Gesandter zur Beschickung einer Guelfenversammlung aufforderte, mit Fresken von 1291; außerdem ein großes Fresko („Maestà") von *Lippo Memmi* (S. 23), 1467 von *Benozzo Gozzoli* (S. 18) restauriert und ergänzt: Madonna mit Heiligen, Engeln und knieendem Stifter, dem Podestà Nello dei Tolomei (1317). Ferner zwei Säle (II und III) mit Sammlungen zur Stadtgeschichte (Raccolta cittadina), die Stanza dell' Udienza Segreta (IV) und die Stanza dei Marmi (V). — Im Zwischenstock die Stanza della Trinità (VI) mit geschnitzten Truhen, Büsten, einem orientalischen Teppich und einem Fresko von *Pier Francesco Fiorentino*. — Im dritten Stock die Stanza della Torre (VII), mit Waffen, Bronzen und Gläsern, und die Gemäldesammlung (*Galleria*; VIII); hervorzuheben einige Bilder von *Seb. Mainardi*, einem in San Gimignano geborenen Gehilfen des Dom. Ghirlandaio, *Filippino Lippi* (zwei Rundbilder mit der Verkündigung, 1483), *Fra Paolino*, *Pinturicchio* (Madonna mit zwei Heiligen, c. 1504), *Taddeo di Bartolo* (mit Architektur von S. Gimignano) u. a., sowie altes Chorgestühl. Ferner ein Saal (IX) mit Terrakotta- und Glasgefäßen aus der Apotheke des Hospitals S. Fina (xvi.-xviii. Jahrh.) sowie (X) eine Sammlung etruskischer Altertümer. — Am Ausgang nach dem Hofe l. die ehem. Cappella delle Càrceri (XI; jetzt durch eine moderne Wand geteilt), mit schönen Fresken von *Sodoma (?)*: der h. Ivo († 1303) Recht sprechend und drei allegorische Gestalten, Wahrheit, Klugheit, Lüge.

Die 53m h. *Torre del Comune* ist der höchste von den 13 erhaltenen Türmen der Stadt; die größte der drei Glocken ist von 1348.

Nebenan der Dom, gewöhnlich ***La Collegiata** (Pl. B 3) genannt, aus dem xii. Jahrhundert, seit 1466 durch *Giuliano da Maiano* erweitert, mit Fresken des xiv. und xv. Jahrhunderts.

An der Eingangswand: Marter des h. Sebastian, Freske von *Benozzo Gozzoli* (1465); Mariä Verkündigung, zwei Holzfiguren aus dem xiv. Jahrh., von *Martinus Bartolomaei* aus Siena; über dem h. Sebastian und den anstoßenden Bogen des Mittelschiffs: jüngstes Gericht, Paradies und

Hölle, von *Taddeo di Bartolo* (1393). Im r. Seitenschiff: das Leben Jesu von *Barna da Siena* (1380). — Im l. Seitenschiff: Szenen aus dem Alten Testament, von *Bartolo di Fredi* (1356). — Von hoher Bedeutung ist der Schmuck der letzten Seitenkapelle rechts, Capp. di S. Fina, mit den Gebeinen dieser 15jährig gestorbenen Lokalheiligen. Die Architektur stammt von *Giuliano da Maiano* (1468), der Altar von *Benedetto da Maiano* (1475). Die beiden (1832 restaurierten) *Fresken an den Seitenwänden, welche die Vision der Heiligen und ihr Begräbnis (im Hintergrund die Türme der Stadt) schildern, sind von *Domenico Ghirlandaio* (vor 1475): die früheste und eine der besten Schöpfungen des Meisters und bei aller frischen Lebendigkeit und Porträtmäßigkeit von großartigem Ernst. Im Chor, rechte Wand, Mitte: Krönung der Jungfrau, von *Piero Pollaiuolo* (1483); r. davon: Madonna und Heilige von *Benozzo Gozzoli* (1466); an der l. Wand: dasselbe von *Vinc. Tamagni*. Eingelegte Chorstühle von 1490. — Links das Oratorio S. Giovanni, mit einer Verkündigung von *Dom. Ghirlandaio* (1482) und einem Taufbrunnen von 1379. In der Sakristei ein Ziborium von *Benedetto da Maiano* (kleinere Wiederholung aus S. Domenico in Siena, S. 38) und eine Büste des Onofrio di Pietro aus seiner Werkstatt.

Dem Dom gegenüber der alte *Palazzo del Podestà*, aus dem XIII. und XIV. Jahrh., jetzt Theater (Teatro dei Leggieri), mit weitem Torbogen; der 51m hohe Turm, *Torre dell' Orologio* (Pl. C 3), zeigt die Höhe an, welche Turmbauten von Privaten nicht überschreiten durften.

Von der Piazza Vittorio Emanuele führt die Via S. Matteo bei den beiden *Türmen der Salvucci* (Pl. B 3) abwärts zu einem alten Tor (*Arco della Cancelleria*), welches bis zur Mitte des XIII. Jahrh. die Stadt begrenzte. Darauf gleich r. die 1873 gegründete *Biblioteca comunale*, mit 30000 Bänden. — Weiter r. *S. Bartolo* (Pl. B 2; ursprünglich S. Matteo), mit Fassade aus dem XIII. Jahrh., dann der *Pal. Pesciolini*. — Rechts geht die Via Venti Settembre (Pl. B C 2, 1) ab, in welcher l. *S. Chiara* liegt, weiterhin r. das *Spedale S. Fina* (Pl. C 2) und *S. Girolamo* (hinter dem Hauptaltar Madonna mit Heiligen von Vinc. Tamagni, 1522, die Glorie von späterer Hand), endlich bei der jetzt niedergelegten Porta S. Jacopo (Pl. D 1) l. die ehem. Templerkirche *S. Jacopo* aus dem XII. Jahrh., mit sienesischen Fresken aus dem XIII. oder XIV. Jahrhundert. Unmittelbar jenseit des Tores hat man einen herrlichen Blick auf Stadt und Landschaft.

Von der Via Venti Settembre führt westl. von S. Chiara die Via delle Romite nördl. nach der Kirche

S. Agostino (Pl. B 1), 1280-98 erbaut, mit berühmten *Fresken *Benozzo Gozzoli's* (1463-67), des liebenswürdigen Schülers des Fra Angelico, die allein den Besuch S. Gimignano's lohnen. Der Sakristan wohnt in dem nahen „Palazzo della Vergine" (jenseit Via Venti Settembre einige Schritte bergab).

Die Fresken *Benozzo Gozzoli's* sind im Chor und schildern das Leben des h. Augustinus, von seinem Eintritt in die Grammatikerschule bis zu seinem Tode, in 17 Bildern; sie sind ungleich erhalten und von ungleichem Wert; hervorzuheben: (6) Augustinus als Lehrer der Rhetorik in Rom, (13) der Tod der h. Monica und besonders (17) Augustinus auf der Bahre. — Außerdem zu nennen: in der Capp. di S. Guglielmo

r. vom Chor, Geburt und Tod der h. Jungfrau, von *Bartolo di Fredi*, anziehend durch die aus dem Volksleben herbeigeholten Züge. Capp. del SS. Sacramento, l. vom Chor, Geburt der h. Jungfrau von *Vinc. Tamagni*. — Weiter folgen, auf der l. Seite der Kirche: der h. Geminianus und drei Adoranten, von *Seb. Mainardi*; weiter der h. Sebastian als Schutzpatron gegen die Pest, deren Wirksamkeit durch Blitze symbolisiert wird, von *Benozzo Gozzoli* (1464), minder bedeutend als die Fresken im Chor. - R. vom Haupteingang in der Cappella di S. Bartolo der schöne Altar des h. Bartoldus, ein Hauptwerk des *Benedetto da Maiano*, mit gut erhaltener Bemalung (1494), sowie Fresken von *Seb. Mainardi*, drei Heiligengestalten (1500); Majolikafußboden des xv. Jahrhunderts.

Zurück zur Piazza Vittorio Emanuele. An diese schließt sich die Piazza Cavour (Pl. C 3; früher della Cisterna) mit dem *Palazzo Friani* und den beiden jetzt niedrigen Türmen der *Ardinghelli*. Östl. führt die Via del Castello nach der ehem. Kirche *S. Lorenzo in Ponte* (Pl. C 3), mit einer jetzt vermauerten Vorhalle des xiii. Jahrhunderts. — Man beachte an den Häusern die Terrakottaornamente der z. T. hufeisenförmigen Fensterbogen.

Von der Piazza Cavour führt die Via S. Giovanni abwärts zum (r.) *Palazzo Pratellesi* (Pl. B 4; im Hauptsaal des obern Stockwerks eine Verlobung der h. Katharina, mit Heiligen, Freske von Vinc. Tamagni, 1528); weiterhin an der Straße ein Madonnenbild von Seb. Mainardi.

Schöne Aussicht von der *Rocca* (Pl. A B 3), von 1353, dem höchsten Punkt der alten Befestigungen (vom Dom r. bergan), in einem Privatgarten.

Einige Min. vor Porta delle Fonti das malerische Waschhaus *Le Fonti* (Pl. D 2), aus dem xiii. und xiv. Jahrhundert. — 1km s., vor Porta S. Giovanni (Pl. B 5), das ehem. Kloster *Monte Oliveto*; im Kreuzgang eine Kreuzigung von Benozzo Gozzoli. — $3^1/_2$km n.w., vor Porta S. Matteo (Pl. A B 2), die 1237 geweihte Kirche *Pieve di Cellole* oder *Cellori* (395m), mit merkwürdigen Kapitälen und eigentümlicher Ornamentik an der Apsis. Schöne Aussicht.

Jenseit Poggibonsi beginnt die Eisenbahn bedeutend zu steigen; sie tritt aus dem jungtertiären Gebiet in das zerrissene Schollenland des mittleren Toskanas, mit der höhlenreichen, bewaldeten Kalkgruppe der *Montagnola Senese* (671m), deren innere Auswaschungen häufig lokale Erdstöße zur Folge haben. Rechts *Staggia*, mit einem mittelalterlichen Schloß; unweit der (80km) Stat. *Castellina in Chianti* (der Ort 11km n.ö.) r. das malerische Schloß von *Monteriggioni* (231m; xiii. Jahrh.); von den bei Dante (Inf. xxxi, 40) erwähnten Türmen ragen nur noch vier über den hohen Mauerkranz empor. Die Bahn passiert die Wasserscheide und erreicht nach einem 1500m l. Tunnel das obere Arbia-Gebiet. — 95km *Siena*.

5. Siena.*)

Gasthöfe (vgl. S. xx). *Grand Hôtel & Royal (Pl. a: C 3), Via Cavour 29, Rückseite nach der Lizza (S. 38), 42 Z. von 3 fr. an, F. 1½, G. o. W. 3, M. o. W. 5, P. 9-12, Omn. 1 fr.; Gr. H. Continental (Pl. b: C 4), Via Cavour 15, gegenüber der Post, 60 Z. von 3½ fr. an, F. 1½, G. o. W. 3, M. o. W. 5, P. 8-11, Omn. 1 fr., aus den Zimmern auf der Rückseite Aussicht, beide mit Aufzug, Zentralheizung in den öffentlichen Räumen und elektr. Licht. — Mehr nach italienischer Art: Aquila Nera (Pl. c: C 5), Via Cavour 3, mit Restaurant und elektr. Licht, 40 Z. von 2½ fr. an, F. 1, P. m. W. 8-9, Omn. ¾ fr., meist gelobt. — Zweiten Ranges mit Trattoria: La Scala (Pl. d: C 5), Piazza S. Giovanni 3, gegenüber der Kirche (S. 27), Z. 2, P. 5-8 fr.; La Toscana, Via del Re 1, 40 Z. zu 2, F. ¾, P. 5-6 fr., gelobt; Le Tre Donzelle, Via delle Donzelle 3, gleiche Preise; La Patria, Via dei Termini 4, Z. 1½ fr.; Tre Mori, Piazza Cairoli 1 (Pl. C 3), 20 Z. zu 1-2 fr., ordentlich.

Pensionen (vielfach mit Aussicht und elektr. Licht, meist gelobt und viel von Engländern besucht): *Chiusarelli*, Viale Curtatone 3 (Pl. B 4), 80 Z., P. 5-7 fr.; *S. Caterina* (Lucchetti), Via delle Belle Arti 31, 5 Z., P. 5-6 fr.; *Saccaro*, Via Sallustio Bandini 19 (Pl. D 5), P. 5-6 fr.; *Lucchini-Corsi*, Via Ricasoli 51, P. 5 fr.; *Mariani*, Via Cavour 12, P. 5 fr.; *Livia Gati*, Via de' Servi 1 (Pl. E 7), 8 Z., P. 4-5 fr.; *Romualdi*, Via delle Belle Arti 19, P. 5 fr.; *Quinti-Rigoni*, Via Lucherini 12, gegenüber S. Maria di Provenzano (Pl. D 4), 9 Z., P. 5-6 fr. Einfacher: *Giuseppa Alessandri*, Via Sallustio Bandini 19[II] (Pl. D 5), P. 4 fr.; *Aspasia Mirolli*, Via Cavour 58[III], 8 Z., P. 3½-4 fr., elektr. Licht die Woche 1 fr.; *Gabrielli*, Via Franciosa 56, P. 4 fr.

Speisehäuser (alle gelobt). In den Gasthöfen. Ferner: Ristor. Bonifazi, Via di Città 2 (Pl. C 5); Cannon d'Oro, Via Cavour 26 (Pl. C 4), mit Gartenrest. beim Teatro della Lizza (Pl. B 2, 3); il Sasso (auch Z.), Via Cavour, nahe der Post; Eden, n. vor der Stadt (s. S. 39).

Cafés: C. Greco, Via di Città, gegenüber der Loggia di Mercanzia (S. 21); Pasticceria Mosca, im H. Aquila Nera (*Panforte* ein beliebter Pfefferkuchen), gut; C. del Centro (Rauch), Via Giuseppe Pianigiani. — **Bier** bei Rader an der Lizza (S. 38), sowie in den gen. Cafés.

Gleislose **elektr. Straßenbahn** (*Filovia elettrica*) alle ½ St. von Piazza dell' Indipendenza (Pl. C 5) n. nach Porta Camollia (Pl. B 1; einige Wagen bis Fontebecci), s. nach Porta Romana (Pl. E 8; einige Wagen bis Valli). Linie zum Bahnhof im Bau. Fahrpreise 10, 15, 25, 30 c.

Droschkentarif (Einspänner). *Innerhalb der Stadtmauern* (Città): die Fahrt tags 80 c., nachts (d. h. 1 St. nach Sonnenuntergang bis Sonnenaufgang) 1 fr.; Zeitfahrt bis ½ St. 1 fr. 20, nachts 1 fr. 30 c.; jede ¼ St. mehr 10 und 50 c. — *Vorstadtgebiet* (Subúrbio), zu dem u.a. der Bahnhof, der Palazzo dei Diavoli (S. 39) und der Cimitero della Misericordia (S. 32) gehören: in die Stadt oder umgekehrt 1 fr.; nachts 1 fr. 30 c.; außerhalb der Mauern 1 fr. 30 und 1 fr. 50 c.; Zeitfahrt bis ½ St. 1 fr. 30 c.; jede ¼ St. mehr 50 c. — *Umgebung* (Campagna; s. auch unten): Zeitfahrt bis 1 St. 2½, jede ½ St. mehr 1 fr. — Koffer 30, Reisetasche 20 c.

Für Fahrten in die Umgebung haben die Fuhrhalter Lorenzo Franci (Via Ricasoli 19), Ant. Gracci (Via delle Terme 3) und Natale Turilazzi (Via Cavour 23) folgenden Tarif vereinbart (hin und zurück; Trkg. einbegriffen): *Convento dell' Osservanza* (S. 39) oder *Monistero* (S. 40) Einsp. für 2 Pers. 4, für 4 Pers. 5, Zweisp. für 4 Pers. 6, für 6 Pers. 7 fr.; *Belcaro* (S. 41) Einsp. 5 u. 6, Zweisp. 7 u. 8 fr.; *Certosa di Pontignano*

*) Siena hat, entsprechend seiner Lage auf drei Hügelrücken (S. 21), seit alter Zeit drei Stadtteile: im SW. das *Terzo di Città*, im SO. das *Terzo di S. Martino* und im N. das *Terzo di Camollia*. — Die engen abschüssigen Seitenstraßen heißen *costarelle*.

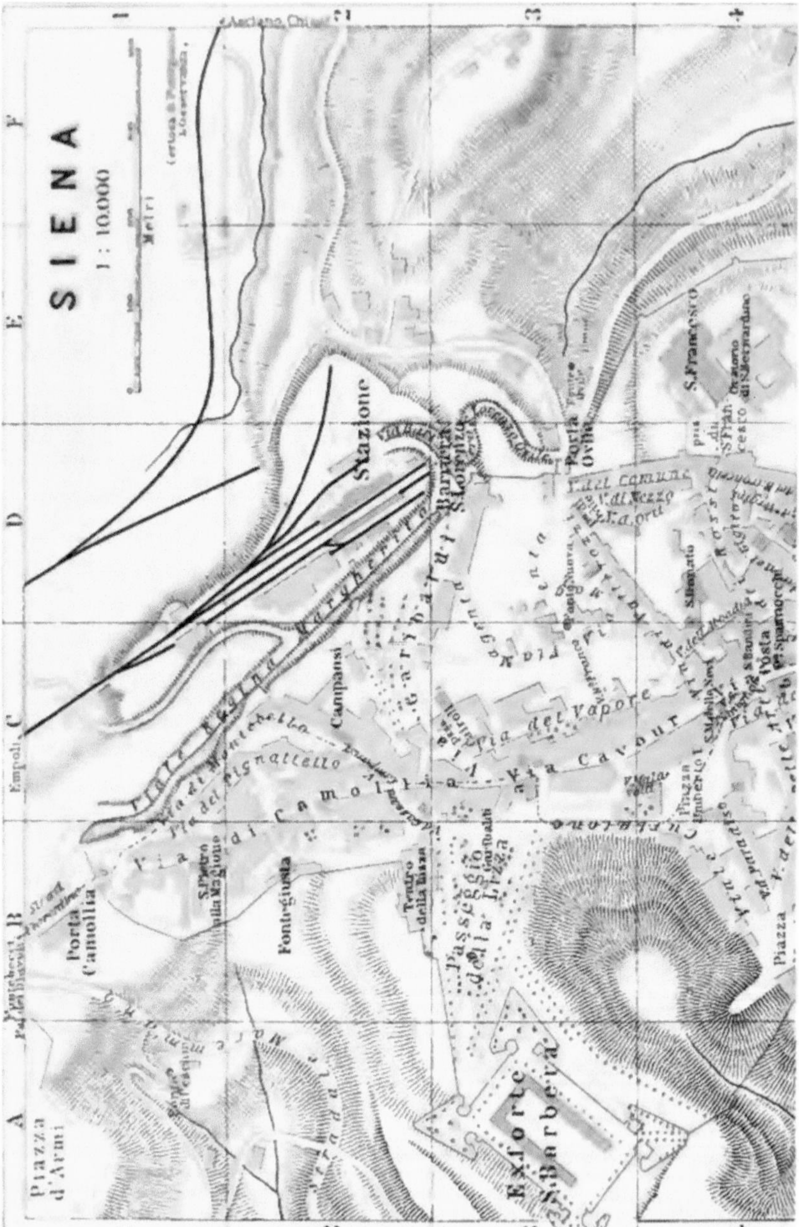
SIENA
1 : 10.000
Metri
Stazione
Porta Camollia
Fontegiusta
Campansi
Porta Ovile
S. Francesco
Ex forte S. Barbara
Passeggio della Lizza
Teatro della Lizza
Viale Regina Margherita
Via di Camollia
Via Cavour
Via del Vapore
Via di Montebello
Via del Pignattello
Piazza d'Armi
Piazza Umberto I
Porta Pispini
Empoli
Oratorio di S. Bernardino

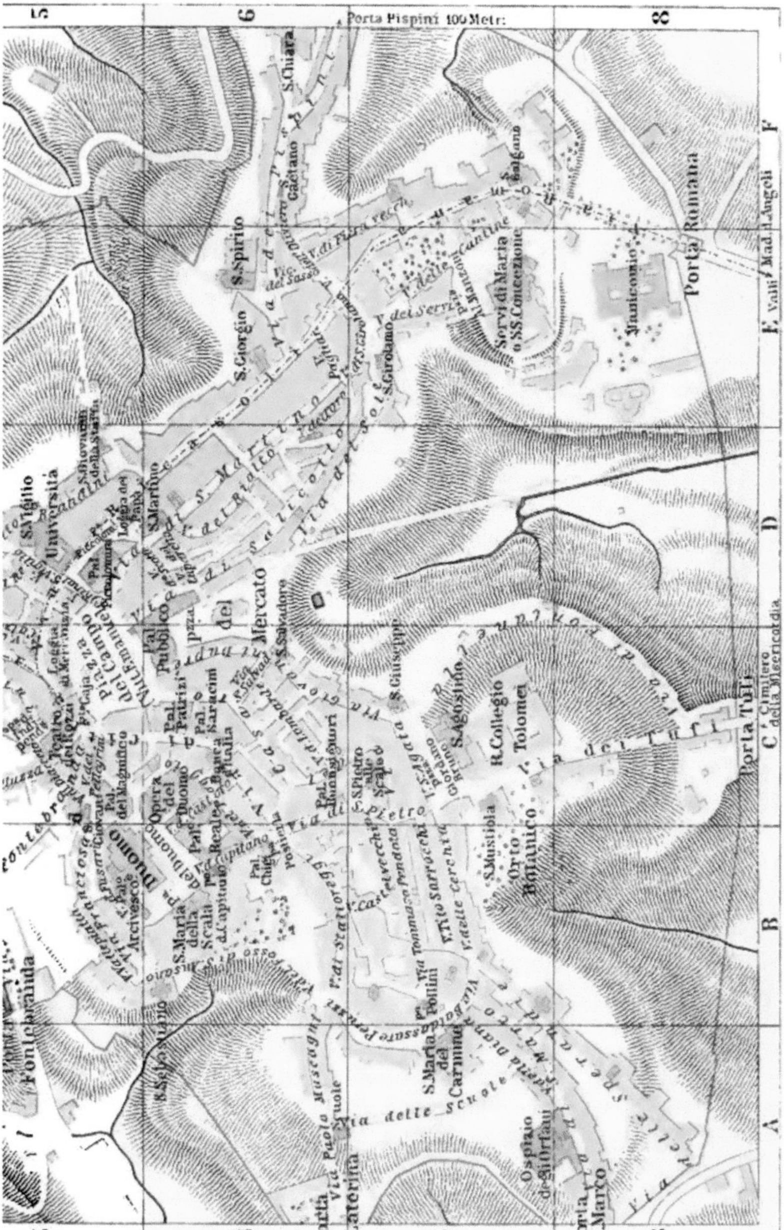

Porta Pispini 100 Metr:
5
6
7
8
A
B
C
D
E
F
Porta Fontebranda
Duomo
S. Maria della Scala
Pal. Arcivesc.
Opera del Duomo
Pal. del Magnifico
Teatro dei Rozzi
Università
S. Vigilio
S. Martino
Pal. Pubblico
del Mercato
S. Giorgio
S. Spirito
S. Chiara
Gaetano
S. Girolamo
Servi di Maria o S.S. Concezione
Manicomio
Porta Romana
S. Agostino
R. Collegio Tolomei
Orto Botanico
S. Mustiola
S. Giuseppe
S. Salvatore
S. Pietro alle Scale
S. Maria del Carmine
Ospizio degli Orfani
Porta S. Marco
Porta Laterina
Porta Tufi
Via dei Tufi
Via di S. Pietro
Via delle Scuole
C. Cimitero della Misericordia
E. Valli Mad. d. Angeli
S. Sebastiano

(S. 40) Einsp. 6 u. 7, Zweisp. 9 u. 10 fr.; *Monte Aperto* (S. 41) Einsp. 7 u. 8, Zweisp. 10 u. 12 fr.; *Cetinale* (S. 40) Einsp. 8, Zweisp. 12 u. 14 fr.; *Torri* (S. 40) Einsp. 9, Zweisp. 13 u. 15 fr.; *Marmoraia* (S. 40) Einsp. 10, Zweisp. 14 u. 16 fr.; *S. Galgano* (S. 40) Einsp. 14, Zweisp. 20 u. 23 fr.; *S. Gimignano* (S. 17; 35km) oder *Monte Oliveto Maggiore* (S. 41; 35km), 3 St., Einsp. 17, Zweisp. 25 u. 28 fr.; *Montalcino* (S. 43; 40km in 4 St.), Einsp. 20, Zweisp. 30 u. 33 fr.; *S. Antimo* (S. 43; 45km in 5 St.) Einsp. 25, Zweisp. 35 u. 40 fr. 1 St. Aufenthalt, 2 in Marmoraia, 3 in S. Galgano, 4 in S. Gimignano, Monte Oliveto Maggiore, Montalcino und S. Antimo sind einbegriffen. — Bei den nachstehenden Touren gilt der Preis nur für die Hinfahrt und erhöht sich, falls die Rückfahrt am folgenden Tage erfolgt, um zwei Zehntel: *Volterra* (S. 10; 50km in 6 St.) oder *Pienza* (S. 46; 50km in 6 St.) Einsp. 30, Zweisp. 40 u. 45 fr.; *Montepulciano* (S. 44; 60km in 7 St.) Einsp. 35, Zweisp. 45 u. 50 fr.; *Arezzo* (S. 48; 65km in 8 St.) oder *Florenz* (65km in 8 St.) Einsp. 40, Zweisp. 50 u. 60 fr.

Automobile vermietet Vittorio Brizzi (Via delle Belle Arti 11, Piazza Umberto I 3 und Passeggio della Lizza 2). Tarif für Ausflüge, hin und zurück mit höchstens 5 St. Aufenthalt, einschließlich Trinkgeld für den Wagenführer: *S. Galgano* (S. 40; 30km in $1^1/_2$ St.) 1 Pers. 30, 2 Pers. 45, 3 Pers. 55, 4 Pers. 60 fr.; *S. Gimignano* (S. 17) oder *Monte Oliveto Maggiore* (S. 41; 35km in $1^1/_2$ St.) 35, 50, 60 u. 70 fr.; *Montalcino* (S. 43; 40km in $1^3/_4$ St.) 40, 60, 70 u. 80 fr.; *S. Antimo* (S. 43; 45km in 2 St.) 45, 65, 80 u. 90 fr.; *Pienza* oder *Volterra* (S. 46 und 10; 50km in $2^1/_2$ St.) 50, 75, 90 u. 100 fr.; *Montepulciano* (S. 44; 60km in 3 St.) 60, 90, 110 u. 120 fr.; *Arezzo* (S. 48) oder *Florenz* (65km in 3 St.) 65, 95, 115 u. 130 fr.; *Grosseto* (S. 4; 85km in 4 St.) 85, 125, 150 u. 170 fr.; Rundtour um den *Monte Amiata* (S. 43; 200km in c. 10 St.) 100, 150, 180 u. 200 fr.

Post & Telegraph: Via Cavour 16, im Pal. Spannocchi (Pl. C 4; S. 24).

Bäder: Schwimmbassin bei Fontebranda, mangelhaft, Wasser kühl; warme Bäder bei *Mazzei*, Via Dupré 45.

Buchhandlung: *Torrini*, Via Cavour 8 (auch Altertümer). — Holzschnitzereien: *Cambi*, Via di Città 9; *Corsini*, Via del Capitano 5, nahe dem Dom, u. a. — Geldwechsler: *Crocini*, Via Cavour 12.

Theater: *Teatro dei Rinnuovati* (S. 25), im Palazzo Pubblico; *T. dei Rozzi* (Pl. C 5), Piazza dell'Indipendenza.

Evang. Kirche am Viale Curtatone (Pl. B 4).

Auskunftsbureau (*Ufficio di Informazioni*) des Verkehrsvereins bei dem Photographen Lombardi, Via di Città 8.

Bei beschränkter Zeit ($1^1/_2$-2 Tage). I. Tag: vorm. *Via Cavour* (S. 24) und *Piazza del Campo* mit dem *Palazzo Pubblico* (S. 25); *S. Giovanni* (S. 27); *Dommuseum* (S. 30); nachm. *Dom* (S. 27); *Pal. Buonsignori* (S. 31). — II. Tag: *Pal. Piccolomini* (S. 32); *Oratorium S. Bernardino* (S. 35); *Accademia di Belle Arti* (S. 35); *S. Domenico* (S. 38); *Lizza* (S. 38); *Fontegiusta* (S. 39).

Am 2. Juli (Mariä Heimsuchung) und besonders am 16. August (Tag nach Mariä Himmelfahrt) findet ein von den 17 Stadtbezirken (contrade) veranstalteter malerischer Umzug und Pferderennen auf der Piazza del Campo statt, nach dem Siegespreis (einer Fahne, lat. pallium) *il Palio* genannt. Bei passender Gelegenheit sollte man das anziehende Schauspiel nicht versäumen: Balkonplatz (posto di ringhiera) 2 fr. und mehr, billiger auf den Holztribünen darunter. — Fest der h. Katharina am 29. April in S. Domenico (S. 38).

Siena (319m), mit 25 567 Einwohnern, Hauptstadt einer Provinz, Sitz eines Erzbischofs und einer Universität, die schon im xiv. Jahrhundert Ruf hatte, jetzt aber nur noch eine juristische und eine medizinische Fakultät hat, liegt 50km südl. von Florenz, in lieblicher Umgebung auf drei zusammenhängenden Hügeln. Handel und Industrie sind ganz lebhaft (Webereien u. a.). Siena gehört zu den angenehmsten Städten Toskanas und eignet sich zu längerem Aufenthalt. Das Klima ist gesund und der hohen Lage wegen nicht zu heiß; das Trinkwasser gilt nicht als gut. Sitten und Sprache der Einwohner sind gefällig und ansprechend. Die meist engen und gekrümmten, bergauf und bergab führenden Straßen bilden mit ihren Palästen und Kirchen eine Fülle schöner Architekturbilder. Für die Kenntnis der Kunst vom XIII. bis XVI. Jahrhundert ist Siena nächst Rom, Florenz und Venedig die wichtigste Stadt Italiens. Die gute Ziegelerde der Umgebung hat zu vielen Backsteinbauten Veranlassung gegeben.

Siena, im Altertum *Saena* oder *Colonia Iulia Saena*, soll nach der Sage von Senus, dem Sohne des Remus, Bruder des Romulus, nach anderen von senonischen Galliern gegründet und durch Augustus Kolonie der Römer geworden sein. Es führt wie Rom als Wappen die Wölfin mit den Zwillingen. Von etruskischen Altertümern ist nicht viel gefunden worden. Seine Hauptbedeutung hatte es im Mittelalter. Als nach dem Tode der Markgräfin Mathilde (1115) deren weite Herrschaft zerfiel, gelang es den Bürgern, ebenso wie denen von Pisa, Lucca, Florenz u. a., ihrer Stadt die Unabhängigkeit zu erringen. Die Regierung war zunächst in den Händen des Adels, bis das Volk die Herrschaft an sich riß. Doch wurden die daraus folgenden Kämpfe später zugunsten des Adels beigelegt, und Siena ward, im Gegensatz zu dem guelfischen Florenz, das Haupt der gibellinischen Partei in Mittelitalien. Seit Anfang des XII. Jahrh. fanden fortwährende Kämpfe mit dem benachbarten Florenz statt. Farinata degli Uberti und die Gibellinen aus Florenz wurden in Siena aufgenommen, und 1260, mit Hilfe der deutschen Reisigen König Manfreds von Neapel, bei Monte Aperto (S. 41) ein großer Sieg über die Guelfen erfochten, der blutigste, den die Annalen Toskanas verzeichnen. Zehn Jahre später gelang es *Karl von Anjou*, entscheidenden Einfluß auf Siena zu gewinnen, das kurz vorher den jungen Hohenstaufen Konradin jubelnd aufgenommen hatte, und die Stadt zum Mitglied des toskanisch-guelfischen Städtebundes zu machen. Eifersüchtig wachten die Bürger über ihre Freiheit, und im ganzen blieb die Verfassung, trotz mehrfacher Versuche des Adels seinen Einfluß zu erhöhen, in der Folge unverändert. Im XIV. und XV. Jahrh. zählte Siena angeblich 100 000 Einwohner und wetteiferte in Kunstliebe und Reichtum mit Florenz. Dann erhoben sich Zwingherren, wie (um 1487) der kunstfreundliche *Pandolfo Petrucci*, gen. *il Magnifico*, den Machiavelli als Muster eines Tyrannen hinstellt. Als Karl VIII. von Frankreich 1493 nach Italien kam, schloß Siena ein Bündnis mit ihm, und auch in den Wirren der ersten Hälfte des XVI. Jahrh. stand es meist auf Seite der Franzosen, die in der Regel eine Besatzung in der Stadt hatten. 1555 übergaben diese, durch Hunger bezwungen, die Zitadelle den belagernden Spaniern, durch deren Hilfe der Herzog Cosimo I. von Toskana die Stadt dauernd seiner Herrschaft unterwarf.

Kunstgeschichte. Das herbe politische Schicksal, welches Siena traf und die mächtige Rivalin von Florenz in eine stille Provinzialstadt verwandelte, erweist sich dem Forscher und Freunde alter Sitten als hohe Gunst; denn er sieht hier die Denkmäler mittelalterlichen Lebens unberührt vom Wechsel der Zeiten und durch eine spätere reiche Entwicklung nicht zurückgedrängt. Doch ist das konservative Wesen Siena nicht erst (etwa wie Brügge im Norden) aufgedrückt worden durch das Zurückweichen des historischen Stromes: auch als Siena voll Kraft und Bewegung war, zeigte es, namentlich mit Florenz verglichen, eine Vorliebe für das längst Eingeführte und ließ sich nur zögernd auf Neuerungen ein. Die beste Zeit der sienesischen Kunst gehört noch dem Mittelalter an, als sich in den städtischen Kommunen die stolze Freude an künstlerischem Schaffen regte, aber das lehrhafte Element noch nicht der reinen

Formenschönheit weichen mußte. Nirgends kann man sich über die gotisch-italienische Architektur des XIII. und XIV. Jahrhunderts so gut belehren wie in Siena, wo stolzer Quaderbau mit zierlichem Ziegelbau wetteifert. Wäre der *Dom* nach dem Sinne und Wunsche der Bürgerschaft ausgeführt worden, so würde er zu den Riesenbauten der Erde gehören; auch in seiner reduzierten Gestalt zählt er zu den schönsten Gebäuden Italiens. Bei den Privatbauten (*Palazzo Buonsignori*, wohl das schönste Beispiel) sind Spitzbogen vorherrschend, die Fenster durch Säulchen geteilt, das Ganze durch Zinnen gekrönt. Als im XV. Jahrhundert das Motiv des festen Burghauses mit Renaissanceformen umschrieben wurde, blieb Siena hinter Florenz, von welchem es für die wichtigsten Paläste (*Piccolomini*, *Spannocchi*, *Piccolomini delle Papesse*) die Baumeister entlehnte, nicht zurück. Von Renaissancekirchen verdient *S. Sebastiano* (S. 32) die meiste Beachtung.

Auch in den bildenden Künsten hat Siena fremden Meistern reichen Spielraum gewährt. An die Tätigkeit des *Niccolò* und *Giovanni Pisano* knüpft sich seit dem XIII. Jahrhundert der Aufschwung der sienesischen Bildhauerschule, deren Hauptdenkmal der Fassadenschmuck des Doms von Orvieto (S. 95) bildet. Ein Sohn Sienas ist *Jacopo della Quercia* oder *Guercia* (1374-1438), einer der Teilnehmer an dem Wettbewerb um die nördliche Baptisteriumstür in Florenz und Mitbegründer der Renaissanceskulptur, von dessen herber, dem Michelangelo verwandten Kunst die Fonte Gaia und der Taufbrunnen in S. Giovanni eine gute Anschauung geben. Ihm folgten *Lorenzo di Pietro*, gen. *il Vecchietta*, *Antonio Federighi*, der auch als Baumeister einflußreiche *Francesco di Giorgio*, *Giacomo Cozzarelli* und *Lorenzo di Mariano*, gen. *il Marinna* (1476-1534), der hervorragendste Hochrenaissancekünstler der Stadt. Bedeutendes hat Siena besonders vom XV. bis XVI. Jahrh. auch in der Holzschnitzkunst geleistet: *Domenico di Niccolò*, *Antonio* und *Giovanni Barili*, sowie *Bartolomeo Neroni*, gen. *il Riccio*, sind die wichtigsten Namen.

Die Herzenskunst der alten Sienesen war die Malerei. Schon im XIII. Jahrhundert durften sie sich rühmen, in *Duccio di Buoninsegna* (c. 1260-1319) einen Künstler zu besitzen, dessen Werke jene Cimabue's an zarter Schönheit und Empfindsamkeit weit überragen. Als er 1311 die „Majestas", die triumphierende Madonna für den Hochaltar des Domes vollendet hatte, wurde das Bild in feierlicher Prozession nach der Kirche getragen (S. 30). Von ähnlicher Bedeutung war *Simone Martini* (1283-1344), durch Petrarca's Sonette unsterblich gemacht und gleich seinem Zeitgenossen Giotto weit über seine Heimatstadt einflußreich und tätig. Außer dem Palazzo Pubblico in Siena weisen Neapel, Orvieto, Assisi und Avignon noch Werke seiner Hand auf. So berühmt wurde sein Name, daß ihm gern das Beste der gleichzeitigen Malerei zugeschrieben wurde. Und in der Tat, wenn auch seine Kompositionen noch sehr unentwickelt erscheinen, für die Wiedergabe feiner Empfindung und zarter Stimmung besaß er bereits ein großes Verständnis. Ihm äußerlich und innerlich verwandt war *Lippo Memmi*, welcher große Fresken mit der gleichen Sorgfalt ausführte, wie die Miniaturen in Chorbüchern. Der breite Erzählungston, die gedankenreiche Allegorie wird durch die Brüder *Pietro* und *Ambrogio Lorenzetti* (beide wahrscheinlich 1348 an der Pest gestorben) vertreten, und so die Annäherung an die Schule Giotto's vollzogen. Schon *Bartolo di Fredi* (1330-1409) hält sich nicht auf der Höhe seiner Vorgänger und vollends *Taddeo di Bartolo* (1362-1422) steht tief unter den Florentiner Zeitgenossen und offenbart, daß der künstlerische Fortschritt an Siena fast spurlos vorübergegangen ist. Das ganze XV. Jahrhundert bleibt Siena im Hintergrunde. Die Maler *Domenico di Bartolo*, *Sano di Pietro*, der oben gen. *Vecchietta*, *Matteo* und *Benvenuto di Giovanni* usw. können sich von dem Altertümlichen nicht losreißen und beharren auch in dem beschränkten Anschauungskreise. *Stefano di Giovanni*, gen. *Sassetta* (1392-c. 1450) erfreut durch Anmut der Formen und einen realistischen Zug. Erst am Schlusse des Jahrhunderts wird durch Anlehnung an die benachbarten Schulen, deren Vertreter häufig nach Siena berufen werden, durch das

Studium florentinischer, umbrischer und lombardischer Meister ein Umschwung erfolgt. Unter den sienesischen Malern dieser Zeit (*Bernardino Fungai, Giacomo del Pacchia, Pacchiarotto* usw.) nehmen *Baldassare Peruzzi* und *Giovanni Antonio Bazzi*, genannt *il Sodoma*, den hervorragendsten Rang ein. Peruzzi (1481-1537), in Rom neben Raffael tätig, mit einem vollendeten Gefühle für schöne Raumverhältnisse begabt, bedeutend nicht nur als Architekt, sondern auch als Dekorationsmaler, hat in Siena nicht allzuviel hinterlassen. Dagegen lernt man Sodoma (1477-1549) in Siena allseitig kennen. Ein geborener Lombarde, brachte er Anklänge an Leonardo da Vinci's Stil nach Siena, doch bildete er diese nicht aus, sondern verließ sich auf seine natürliche Begabung, die ihn allerdings in einem Punkte dicht an Raffael rückt. In der Wiedergabe schöner jugendlicher Einzelgestalten weicht er keinem, seine Kenntnis der Freskentechnik wie seine Fruchtbarkeit sind staunenswert, doch ist die Flüchtigkeit der Komposition störend und trotz seinem eminenten Schönheitsgefühl wirkt er leicht ermüdend. Mit *Domenico Beccafumi* (1486-1551), der öfter den Stil wechselt, beginnt der Niedergang.

Literatur: *C. von Chledowski*, Siena (2 Bände, Berlin 1905, 16 ℳ); *H. Bothes*, Die Blütezeit der sienesischen Malerei (Straßburg 1904, 25 ℳ); *Louise M. Richter*, Siena (berühmte Kunststätten; Leipzig 1901, 4 ℳ).

Die vom Bahnhof (Pl. D2) in Kehren ansteigende Via Garibaldi (Pl. DC 2, 3) mündet unweit der Lizza (S. 38) in die Via Cavour (Pl. C 3-5), die stattlichste und belebteste Straße Sienas.

In ihrem mittleren Teile liegt r. das Kirchlein *S. Maria delle Nevi* (Pl. C4), mit reizender Frührenaissance-Fassade und schönem Altarbilde von Matteo di Giovanni, Madonna mit Heiligen und Schneebälle tragenden Engeln (1477; die Predella bezieht sich auf die S. 196 erwähnte Legende). — Weiter, gegenüber der Via delle Belle Arti (S. 35), erinnert auf der Piazza Salimbeni ein Denkmal, von Tito Sarrocchi (1882), an *Sallustio Bandini* (1677-1760), der die Austrocknung der sienesischen Maremmen anregte. An der Ostseite des Platzes der zinnenbekrönte gotische *Palazzo Salimbeni*, 1879 von Gius. Partini umgebaut, jetzt Sitz einer 1624 gegründeten Bank und Kreditanstalt (*Monte dei Paschi*).

Der südl. angrenzende schöne **Pal. Spannocchi** (Pl. C4), ein 1473 von dem Florentiner *Giuliano da Maiano* begonnener, außen restaurierter Frührenaissancebau, mit kühn konstruierten Hofhallen, ist jetzt Post- und Telegraphenamt. — Weiterhin, nahe der Via dei Rossi (S. 35), die Paläste *Gori*, von 1677, *Bichi*, von 1520, mit modern ausgemalter Hofloggia, und *Palmieri* (1540); dann, an der kleinen Piazza Tolomei, der frühgotische, in seinen unteren Teilen 1205 erbaute *Pal. Tolomei* (Pl. C5), wohl der älteste Profanbau der Stadt, und die um 1100 erbante, 1800 hergestellte Kirche *S. Cristoforo* (Pl. CD 5), mit schönem Altarbild von Girol. del Pacchia, Madonna mit den H. Lukas u. Raimund.

Zwischen der Via di Città, der Fortsetzung der Via Cavour, und der Piazza del Campo (S. 25) ist die **Loggia di Mercanzia** (Pl. C5; jetzt *Circolo degli Uniti*), als Sitz des Handelsgerichts 1417-38 von *Sano di Matteo* u. a. errichtet (das Obergeschoß neuer). Die charaktervollen Statuen der H. Ansanus, Savinus und Victor (1456-63), sowie die Steinbank r. (1464) sind von *Ant. Fede-*

righi, die H. Paulus und Petrus von *Vecchietta* (1458 und 1460), die Steinbank l. von *Urbano da Cortona*.

Die malerische *Piazza del Campo oder *P. Vittorio Emanuele* (Pl. C 5), schon von Dante (Purgat. XI, 134) erwähnt, liegt im Mittelpunkt der Stadt, da wo die drei Hügelrücken zusammenstoßen. Sie hat die Gestalt eines halben Kreises oder einer Muschel und senkt sich nach der Mitte zu, so daß sie einem antiken Theater ähnlich erscheint. Hier fanden die Volksversammlungen und Feste der alten Republik statt. Über die Pferderennen des Palio s. S. 21.

Der gewaltige gotische *Pal. Sansedoni*, an der Nordseite des Platzes, mit Zinnenkranz und Resten eines Turmes, stammt aus dem XIII.-XIV. Jahrhundert. — Auf dem Durchmesser des Halbkreises erhebt sich das Stadthaus, der

***Palazzo Pubblico** (Pl. C D 6), ein mächtiger Bau aus Travertin und Backstein, mit säulchengeteilten Spitzbogenfenstern, 1289-1305 errichtet, viergeschossig im Mittelgebäude, mit niedrigeren Flügeln (das obere Stockwerk der letzteren aus dem XVII. Jahrhundert, vgl. S. 29). Zur Seite ragt die schlanke **Torre del Mángia* 102m hoch empor, 1338-45 von den Brüdern Minuccio und Franc. di Rinaldo aus Perugia aufgeführt und nach einem steinernen Mann, welcher bis 1780 die Stunden anschlug, benannt (zugleich eine volkstümliche Figur in der Art des S. 245 gen. Pasquino; 412 Stufen, oben prächtige Aussicht, $^1/_2$ fr.). Unten an den Turm ist in Form einer Loggia die *Cappella di Piazza* angebaut, begonnen 1352 nach der großen Pest von 1348, die gegen 30000 Menschen hinweggerafft haben soll, 1376 vollendet, 1463-68 von *Ant. Federighi* an Stelle des ursprünglich einfachen Daches mit dem schönen Renaissance-Aufbau versehen (die verdorbene Freske der Altarwand ist von *Sodoma*). Die Wölfin auf der Säule vor dem rechten Flügel des Gebäudes, von *Giov. di Turino*, das Wappen von Siena (S. 22), ist von 1429.

Das INNERE (Eintr. 10-4, So. 10-12, 2-4 Uhr, Trkg. $^1/_2$-1 fr.) ist mit zahlreichen Fresken der Sieneser Schule geschmückt. Im Erdgeschoß zu nennen: eine Krönung der h. Jungfrau, von *Sano di Pietro* (1445); Madonna mit den H. Ansanus und Galganus, und Madonna mit dem h. Leonhard, beide von *Sodoma*; Madonna und Heilige von *Vecchietta*. Im Zimmer des Sindaco: *Sodoma*, auferstandener Christus (1535?), u. a. — Das zuletzt 1753 von *Ant. Galli da Bibbiena* umgebaute Teatro dei Rinnuovati ist die alte Sala del Gran Consiglio.

Im I. Stock besichtigt man zunächst die Sala del Mappamondo (früher *S. delle Balestre*), mit großen Fresken: Maria mit dem Kinde unter einem von Heiligen getragenen Baldachin, von *Simone Martini* (1315), eine figurenreiche Darstellung, in der Komposition steif, aber schön in den Farben und Einzelheiten. Gegenüber das (stark restaurierte) *Reiterbild des sienesischen Feldhauptmanns Guidoriccio, ebenfalls von *Simone Martini* (1328), darunter eine (übermalte) thronende Madonna von *Guido da Siena* (1221; früher in S. Domenico); r. und l. die H. Ansanus und Viktor, an der anderen Wand r. der h. Bernardo Tolomei von *Sodoma* (1529 und 1534); dann h. Bernhardin von *Sano di Pietro* und h. Katharina von *Vecchietta*. — Die Vorhalle dieses Saales ist mit Fresken von *Taddeo di Bartolo* (antike Helden, Judas Maccabäus, h. Christophorus und andere Heilige, 1441) geschmückt; in der Wölbung des Durchgangs gegenüber eine merkwürdige Ansicht der Stadt Rom. Von dieser Vorhalle trennt ein prächtiges, noch gotisches Eisengitter (1435-45), vor welchem r. ein Weihwasserbecken von *Giov. di Turino*, die **Ratskapelle**. Das schöne geschnitzte Stuhlwerk, von *Domenico di Niccolò* (1415-29), zeigt z. T. schon Renaissanceformen; l. Fresken von *Taddeo di Bartolo*, Tod und Himmelfahrt Mariä; am Altar heil. Familie von *Sodoma*; r. Orgel von *Giov. Pifferio* und *Giov. di Pietro Castelnuovo* (1521). — Rechts von der Sala del Mappamondo die

Sala della Pace oder *Sala dei Nove*, mit berühmten, 1337-43 gemalten *Fresken von *Ambrogio Lorenzetti*, die für die Kenntnis der Stimmungen und Anschauungen, welche in den stolzen Bürgerkreisen Sienas im Mittelalter herrschten, unentbehrlich sind. Das Wandbild, den Fenstern gegenüber, schildert das „gute Regiment“, das Ideal eines Staates, der unter dem Schutze der Weisheit, Gerechtigkeit, des Friedens usw. steht; die rechte (Eingangs-) Wand wird von der realistischen Schilderung der Segnungen einer guten Regierung eingenommen, während die linke Wand in zwei Bildern das „schlechte Regiment“ und seine Folgen darstellt. Gern geht man den mehr oder weniger dunkeln Allegorien und Anspielungen nach, die vor modernen Gedankenspielen wenigstens den Vorzug der Naivität besitzen. Die Erhaltung läßt viel zu wünschen übrig, doch wird auch das verwöhnteste Auge die Köpfe des Friedens, der Gerechtigkeit und der Eintracht, sowie die Bildnisse der Stadtältesten auf dem ersten Bilde mit Vergnügen betrachten. — Anstoßend noch ein Raum mit Bildern der 8 Päpste und 38 Kardinäle, die Siena hervorgebracht hat.

In einem **Durchgangsraum** sind einige hierher übertragene Temperabilder, u. a. Madonna von *Matteo di Giovanni da Siena* (1484) und Predigt des h. Bernhardin auf dem Campo (S. 25), interessant wegen der Darstellung des damaligen Platzes, von *Sano di Pietro*. — Weiter r. in die

Sala di Balìa, mit prahlerischen Fresken aus der Geschichte des Papstes Alexander III., von *Spinello Aretino* (1407/8; s. S. 48): der Seesieg der mit dem Papst verbündeten Venezianer über die kaiserl. Flotte; Friedrich I. Barbarossa und der venezianische Doge Seb. Ziani das Schlachtroß des Papstes führend, u. a. Die schöne Intarsiatür ist von *Dom. di Niccolò*, von den vier Truhen die mit der prachtvoll geschnitzten Wölfin von *Ant. Barili*. — Die **Sala Vittorio Emanuele**, daneben, 1886-87 von *Aldi*, *Cassioli*, *Ces. Maccari* u. a. mit schönen Fresken aus der neuesten Geschichte Italiens geschmückt, wurde 1890 eingeweiht. — Endlich l. vom Durchgangsraum die **Sala del Concistoro**: über der Tür, welche mit einer Marmoreinfassung von *Bernardo Rossellino* (1446) verziert ist, ein Gemälde von *Luca Giordano*, das Urteil Salomos; die Deckenbilder, Szenen aus der römischen Geschichte, von *Dom. Beccafumi*; an den Wänden florentinische Bildteppiche (darunter fünf kleinere aus dem XVI. Jahrh.) und moderne Büsten hervorragender Sienesen.

Auf dem vierten Absatz der Haupttreppe eine Mosesstatue (von der Fonte degli Ebrei im ehem. *Ghetto*) von *Ant. Federighi*. Die oberen Stockwerke werden jetzt als Museum eingerichtet.

Im III. Stock eine **Loggia**, in der die marmorne *Fonte Gaia („Freudenquelle“), das Meisterwerk des *Jac. della Quercia* (1409-19), von Corrado Ricci neu zusammengesetzt, seit 1904 wieder aufgestellt ist; die sehr beschädigten Skulpturen stellen die Madonna und die christlichen Tugenden, die Erschaffung des Menschen und die Vertreibung aus dem Paradiese dar. An der Rückwand ein Madonnenfresko von *Ambrogio Lorenzetti* (1339). Schöne Fernsicht bis zum Monte Amiata (S. 43).

Die marmorne *Fonte Gaia* (Pl. C 5), in der Mitte der Rundung der Piazza del Campo, ist eine 1868 von Tito Sarrocchi ausgeführte Nachbildung des alten Brunnens von Jac. della Quercia, der 1858 abgebrochen wurde (Original s. oben). Eine unterirdische, c. 25km lange Leitung spendet seit 1344 an dieser Stelle ihr Wasser.

Aus der S. 24 gen. Via di Città, in welcher namentlich abends ein reges Treiben herrscht, wenden wir uns, gleich jenseit der Via Fontebranda (S. 38), r. die Via dei Pellegrini hinauf, die auf die kleine Piazza S. Giovanni mündet. Der *Palazzo del Magnifico* (Pl. C 5), l. an der Ecke, für Pandolfo Petrucci (S. 22) 1508 von Giac. Cozzarelli im Frührenaissancestil erbaut, hat an der Fassade ausgezeichnete Bronzeverzierungen und Fahnenhalter. An dem Hause Nr. 5 eine Bronzebüste des *Franc. di Giorgio* (S. 23; 1902).

Geradeaus erblickt man den Chor des hochgelegenen Domes, unter welchem gewissermaßen als Krypta das ehem. Baptisterium, jetzt Pfarrkirche **S. Giovanni** (Pl. BC 5) eingebaut ist (seit 1317), mit got. unvollendeter *Fassade von *Giac. di Mino del Pellicciaio* (1382; 1900 restauriert). Der Sakristan wohnt Via dei Fusari 1.

Der Hauptschmuck des Innern ist der marmorne *Taufbrunnen, 1425-32 nach dem Entwurf des *Jac. della Quercia* ausgeführt und mit Bronzebildwerken geschmückt. Von ihm sind auch die (bekrönende) Statuette des Johannes und die fünf Propheten, sowie von den sechs prächtigen Bronzereliefs aus der Geschichte Johannes des T.: Zacharias im Tempel (1417, gegossen 1430); von *Lor. Ghiberti* sind die Taufe Christi und Johannes vor Herodes (1417-27); von *Donatello* das Haupt des Johannes vor Herodes und seine Gäste gebracht, eine Darstellung voll leidenschaftlichen Lebens (1425); die Geburt und Predigt des Täufers sind von *Turino di Sano* und seinem Sohne *Giov. di Turino* (1417-27), von letzterem auch die Figuren der Liebe, Gerechtigkeit und Weisheit; die reizvollen Gestalten des Glaubens und der Hoffnung von *Donatello*, die Stärke von *Goro di Neroccio*. Am Gesims vier Putten (einer jetzt im Kaiser-Friedrich-Museum in Berlin, der sechste fehlt) von *Donatello* und den *Turini*. — Die neuerdings restaurierten Fresken sind von *Vecchietta* (1450), *Benvenuto di Giovanni* (1453) u. a.

Von der Piazza S. Giovanni kann man entweder r. der Straße weiter folgen, am *Palazzo Arcivescovile* (Pl. B 5) vorüber, oder l. die Treppe hinaufsteigen: beide Wege führen zum Domplatz.

Der **Dom** (Pl. B 5, 6), *la Metropolitana*, auf dem höchsten Punkte der Stadt, soll die Stelle eines Tempels der Minerva einnehmen, dem eine Kirche der S. Maria Assunta folgte. Das jetzige Gebäude wurde 1229 begonnen, 1259 bis zum Chor, 1264 die Kuppel vollendet und um 1317 der Chor mit geradlinigem Abschluß östlich über S. Giovanni verlängert (s. oben). Bauliche Fehler, denen man vielleicht einen Teil der jetzt noch dem Gebäude anhaftenden Unregelmäßigkeiten zuzuschreiben hat, ließen 1322 den Gedanken eines großartigen Neubaues aufkommen; 1340 wurde von *Lando di Pietro* ein gewaltiges Langhaus begonnen, dem der jetzige Dom nur als Querschiff gedient hätte (Plan in der Opera). Einige Überreste dieses im edelsten Stil erdachten Gebäudes stehen auf der Südseite des Domes. Bald nach der Pest von 1348 stand man von diesem Plane ab und vollendete den ursprünglichen Bau, der jetzt eine Gesamtlänge von $89{,}_{29}$m, eine Breite von $24{,}_{51}$m, im Querschiff von $51{,}_{38}$m hat. Die, wie am Dome von Orvieto (S. 95), dreigiebelige (tricuspidale) *Fassade, in rotem, schwarzem und weißem Marmor, deren Mittelpfeiler über dem Hauptgesims seitlich verschoben sind und ein großes Radfenster einfassen, wurde nach dem Entwurf des *Giovanni Pisano* (?) erst 1380 vollendet, der reiche Schmuck an Bildwerken (Propheten und Engel) wurde bei der Restauration 1869 u. ff. erneuert (die verwitterten Originale in der Opera del Duomo, S. 30); die venezianischen Mosaiken, nach Zeichnungen von Mussini und Franchi, sind 1878 eingesetzt worden. R. und L. an der Treppe zwei Säulen mit der Wölfin (S. 22). Der Glockenturm, aus dem Ende des XIV. Jahrhunderts, hat sechs Geschosse, die durch vermehrte Fensterbogen nach oben erleichtert werden, ohne sich zu verjüngen.

Das mit gleichmäßig abwechselnden Lagen schwarzen und weißen Marmors bekleidete *Innere hat drei Langschiffe, die sich bis zum Chore fortsetzen und von einem zweischiffigen Querhaus durchschnitten werden. Die unregelmäßige, unten sechs-, oben zwölfeckige Kuppel ist nach dem Langhause hin verschoben und läßt das nach dem Chor gewendete Joch des Querhauses frei. Über den mit Halbsäulen besetzten, durch Rundbogen verbundenen Pfeilern des Mittelschiffs läuft ein stark ausladendes Gesims mit Papstbüsten in Terrakotta (um 1400). Aber trotz des Mangels an Folgerichtigkeit, der in der langen Bauzeit und dem Zusammenarbeiten zahlreicher Künstler begründet liegt, ist die Gesamtwirkung ein heiter-harmonischer Gleichklang.

Das Glasgemälde des Rundfensters an der Eingangswand ist nach *Perin del Vaga's* Zeichnung von *Pastorino Micheli* 1549 ausgeführt. Über der Tür eine von zwei Säulen getragene zierliche Tribuna von 1483. Die beiden schönen Weihwasserbecken sind von *Ant. Federighi* (1462-63).

Der marmorne *Fußboden, der für gewöhnlich (mit Ausnahme einiger Wochen vom 15. August, Mariä Himmelfahrt, an) großenteils durch eine Holzdecke geschützt ist, hat einen ganz einzigen Schmuck in seinen schönen Graffito-Darstellungen nach Zeichnungen hervorragender Künstler: Szenen aus dem Alten Testament, Moses, Simson, Judas Maccabäus, Salomon, Josua von *Domenico di Niccolò* (1423), Absalon von *Pietro del Minella*, der Kindermord zu Bethlehem von *Matteo di Giovanni* (1481), Opferung Isaaks, Adam und Eva, Moses auf dem Sinai u. a. von *Beccafumi*, die Symbole Sienas und der verbündeten Städte, Hermes Trismegistos, Sokrates und Krates, die Sibyllen (von 1482-83) und anderes von Künstlern des XIV.-XVI. Jahrhunderts. Die Ausführung ist verschieden. Die ältesten Bilder sind einfache in den weißen Marmor geschnittene Umrißdarstellungen, die mit schwarzem Stuck ausgegossen sind. Später verwandte man zur Schattierung grauen, dann auch bunten Marmor, womit man allmählich zu kunstreicheren Mosaikdarstellungen überging. Die Bilder sind jetzt z. T. durch Kopien ersetzt (Originale s. S. 30).

Im linken Seitenschiff an der Eingangswand eine Statue des Papstes Marcellus II., von *Dom. Cafaggi*. 4. Altar, von dem S. 29 gen. Kardinal Franc. Piccolomini gestiftet, mit plastischem Schmuck von dem Luganer *Andrea Bregno* (1481-85) und den Statuen der Hl. Petrus, Pius, Gregor, Jacobus und Franziskus (letzterer von *Torrigiani* begonnen) von *Michelangelo* (c. 1501-5). – L. von der Tür der Dombibliothek (S. 29) das Wappen der Familie Bandini, mit dem auferstandenen Christus und Engeln.

Die *Kanzel, aus weißem Marmor, achteckig, von neun zum Teil auf Löwen ruhenden Granitsäulen getragen, mit trefflichen Reliefdarstellungen aus dem Neuen Testament, ist von *Niccolò Pisano*, seinem Sohne *Giovanni* und seinen Schülern *Arnolfo di Cambio*, *Lapo* und *Donato* (1266-68); die schöne Treppe von *Bart. Neroni*, gen. *il Riccio* (1543).

Im linken Querschiff die Cappella S. Giovanni, ein reizvoller Frührenaissancebau von *Giov. di Stefano* (1482-85), mit schönem Portal von *Lor. di Mariano*; im Innern eine *Bronzestatue Johannes des

Täufers von *Donatello* (1457); Marmorstatue der h. Katharina von Alexandria von *Neroccio di Bartolomeo* (1487); Statue des h. Ansanus von *Giov. di Stefano* (vor 1487); Taufstein von *Ant. Federighi*; die Wandbekleidung in Stuck von *Alb. Caponeri* und *Cos. Lucchi* (1596); fünf kleine Fresken, drei mit Szenen aus dem Leben des Bestellers Alberto Arringhieri, von *Pinturicchio* (1504). In einer silbernen Kassette von *Francesco di Antonio* (1466) wird ein Arm des h. Johannes bewahrt. — Außerdem im l. Querschiff oben das reiche gotische Wandgrab des Kardinals Riccardo Petroni († 1313); Statuen der Päpste Pius III., von *Pietro Balestra*, und Pius II., von *Gius. Mazzuoli*. — In der Kapelle l. vom Chor ein Relief vom Ausgang des XIII. Jahrhunderts: Verkündigung, Geburt Christi, Anbetung der Könige, aus der Kirche S. Giovanni di Ponte allo Spino (S. 40); davor im Fußboden ein Bronzerelief von *Donatello* über dem Grabe des Bischofs Giov. Pecci († 1426).

Im Chor ist der Hochaltar nach dem Modell *Baldassare Peruzzi's* ausgeführt (1532); dahinter reiches Schnitzwerk, Gestühl und Pult von *Bart. Neroni*, gen. *il Riccio* (1567), die eingelegte Arbeit (intarsia) von *Fra Giovanni da Verona* (1503). Das bemerkenswerte Bronzetabernakel ist von *Vecchietta* (1465-72); die leuchterhaltenden Engel von *Giov. di Stefano* (1489) und *Francesco di Giorgio* (1497); die vorderen Stühle und der Lettner von *Raffaello da Brescia* (1520). Die Fresken sind ursprünglich von *Beccafumi* (1544), aber seit 1812 ganz übermalt und verändert. — An den Pfeilern der Kuppel zwei Stangen des 1260 bei Monte Aperto (S. 22) benutzten Fahnenwagens (carroccio) der siegreichen Sienesen. — Links vom Hochaltar ein Orgellettner von den *Barili* (1511), über dem Eingang zur Sakristei, in welchem l. ein Weihwasserbecken von *Giov. di Turino*; in dem an die Sakristei anschließenden Kapitelsaal ein Bild aus dem XV. Jahrh., mit einer Ansicht des ursprünglichen Palazzo Pubblico (S. 25), vielleicht von *Sano di Pietro*.

In der Kapelle r. vom Chor die vier Evangelisten und Paulus, Reliefs von *Franc. da Imola* und *Giov. di Turino* (1425); ferner die Grabplatte des Bischofs Carlo Bartoli († 1444), von *Ant. Federighi* nach *Pietro del Minella's* Entwurf.

Im rechten Querschiff Statuen der Päpste Alexander VII., von *Ercole Ferrata*, und Alexander III., von *Ant. Raggi*. — Die Cappella del Voto, den *Chigi* gehörig, für Alexander VII. (Fabio Chigi aus Siena, 1648 päpstlicher Nuntius beim Friedensschluß zu Münster, 1655 Papst) 1661 von *Ben. Giovanelli* erbaut, reich an Lapislazuli, Marmor und Gold, mit einem alten Marienbilde (Madonna delle Grazie) und Statuen der H. Hieronymus und Magdalena (letztere soll ursprünglich eine Andromeda gewesen sein), von *Bernini*.

Im rechten Seitenschiff: beim Querschiff das Grabmal des Bischofs Tommaso Piccolomini († 1483), von *Neroccio di Bartolomeo*; am andern Ende eine Statue des Papstes Paul V., von *Fulvio Signorini*.

Über dem südl. Seiteneingang der Kirche ein schönes Madonnenrelief, fälschlich *Michelozzo* zugeschrieben.

Aus dem l. Seitenschiff gelangt man, wie S. 28 angegeben, in die berühmte ****Dombibliothek** (*Libreria*; nachm. bestes Licht; Trkg. 25-50 c.), sonst *Sala Piccolominea* genannt, eine der schönsten und besterhaltenen Schöpfungen der Frührenaissance, im Auftrage des Kardinals Franc. Piccolomini, nachmals Papst Pius III., 1495 erbaut. Die Eingangswand ist außen mit prächtigen Marmorbildwerken von *Lor. di Mariano* (c. 1497) geschmückt; über der Tür eine Freske von *Pinturicchio*, Krönung Pius' III., der nur 27 Tage regierte, im J. 1503. Das Innere, mit dem schönen glasierten Fußboden und den 1505-7 von *Pinturicchio* und seinen Schülern, nach Vasari unter Beihilfe Raffaels (?), ausgeführten Wandgemälden und Gewölbefresken, ist ein Wunderwerk einheitlicher Ausschmückung. Die zehn Wandbilder veranschaulichen Ereignisse aus dem Leben des *Aeneas Sylvius Piccolomini* aus Pienza (S. 46), 1450-58 Erzbischofs von Siena, als Papst *Pius II.* (1458-1464): 1. Abreise des Aeneas

nach der Porta Tufi (Pl. C 8). — Der *Cimitero della Misericordia*, (5 Min. vor dem Tor bei der Straßenteilung l.), enthält eine gute Pietà von Duprè, mehrere Statuen von Sarrocchi, Pegni, Bianconi u. a., schönste Aussicht morgens und abends (Trkg. 30-50 c.).

Auf dem Rückwege folge man von S. Agostino westl. der Via delle Cerchia (Pl. B 7), in welcher (Nr. 3) der kleine *Pal. Finetti* Beachtung verdient, und weiterhin der Via Baldassare Peruzzi, wo l. das ehemalige Kloster (jetzt Kaserne) und die Kirche

S. Maria del Carmine (Pl. A 7), ein schöner Backsteinbau mit Campanile und Kreuzgang, von *Bald. Peruzzi (?)*. Das Innere ist seit 1903 in Restauration: Capp. del Sacramento, r., *Sodoma*, Geburt Mariä; 4. Altar r. *Pacchiarotto*, Himmelfahrt Christi; 5. Altar l. *Beccafumi*, h. Michael. In der schönen Sakristei eine Statue des h. Sigismund, von *Cozzarelli*.

Gegenüber der *Pal. Pollini* (Pl. B 7), früher *Celsi*, von Bald. Peruzzi (?). — Geradeaus durch die Via del Fosso di S. Ansano gelangt man nach der außen ganz unfertigen Frührenaissance-Kirche **S. Sebastiano** (Pl. B 6) oder *Chiesa degli Innocenti* (Sakristan Via Franciosa 15); das Innere, ein Zentralbau über griechischem Kreuz, von *Girol. Ponsi* (1490?; vgl. S. 23) enthält einige Bilder. — Von hier auf dem Stufenwege r. zurück nach dem Domplatz oder durch die Via Vallepiatta l. nach der Fontebranda (S. 38 u. 41).

Vor *Porta S. Marco* (Pl. A 8) schöne Aussicht.

Von der Ostecke der Piazza del Campo (S. 25) erreicht man durch die kurze Via Rinaldini den ***Palazzo Piccolomini** (Pl. D 5; jetzt Sitz von Behörden), seit 1469 für Nanni Piccolomini, den Vater Pius' III. (S. 29), wahrscheinlich nach einem Entwurf des *Bern. Rossellino* errichtet: eine der hervorragendsten sienesischen Privatbauten der Frührenaissance; Hauptfassade, mit den Wappen Pius' II. und Pius' III., sowie mit schönem schmiedeeisernen Schmuck (Tierköpfe usw.), nach der Via Ricasoli zu; in dem arg verbauten Hof zierliche Kapitäle von *Lor. di Mariano* (1509). Der Palast birgt seit 1859 das *Staatsarchiv* (Direktor Alessandro Lisini), eines der bedeutendsten Italiens, zugänglich wochentags 10-3 Uhr (Eingang im Hofe l., drei Treppen).

55000 Urkunden, die älteste vom J. 736, die Kaiserurkunden von Otto III. an. Außer einer Anzahl Urkunden sind Autographen berühmter Männer (Pius II., Leo X.) und Miniaturen (darunter eine schöne Himmelfahrt Mariä, von *Nicc. di Ser Sozzo Tegliacci*, aus dem XIV. Jahrh.) unter Glas ausgestellt. Ein wichtiges Hilfsmittel für das Studium der sienesischen Malerei ist die durch Verkauf ins Ausland sehr geschmälerte Sammlung bemalter Täfelchen (die ältesten von 1257-1456 Deckel der städtischen Steuerrollen) aus der Biccherna (städtisches Finanzamt) und

Gabella (städtisches Steueramt), mit Bildnissen der Beamten, heiligen und profanen Geschichten u. a.; darunter Arbeiten von *Ambr. Lorenzetti, Giov. di Paolo, Sano di Pietro, Franc. di Giorgio* und *Matteo di Giovanni.*

Gegenüber die neuerdings umgebaute **Universität** (Pl. D 5; vgl. S. 21); sie zählt c. 70 Dozenten und 235 Studierende. Im Hof ein Kriegerdenkmal für 1848. Im Korridor r. das Grabmal des Rechtsgelehrten *Nicc. Arringhieri* (1374); am Sarkophag ein Relief, welches den Professor unter seinen Zuhörern zeigt.

An der nahen Piazza Piccolomini die zierliche *Loggia del Papa* (Pl. D 5); Pius II. (S. 29) ließ sie 1462 durch Ant. Federighi erbauen und widmete sie „gentilibus suis", d. h. seinen Verwandten.

Nebenan die Kirche S. Martino (Pl. D 6), von 1537, die Fassade von *Giov. Fontana* (1613).

2. Altar r.: *Guido Reni*, Beschneidung; 3. Altar l.: Marmoreinfassung von *Lor. di Mariano* (1522), Christi Geburt von *Dom. Beccafumi.* Im Chor, hinter dem Hochaltar, Madonna und vier Heilige, vergoldete Holzstatuen, von einem Nachfolger des *Jac. della Quercia.*

Die Via Ricasoli (Pl. D E 5, 6) führt weiterhin über den Kamm des südöstl. Hügels nach den beiden südöstl. Toren, Porta Pispini und Porta Romana (XIV. Jahrh.). — Gleich r. in dieser Straße die *Fonte di Pantaneto*, von 1352, 1867 erneut. — Etwas weiter geht l. die Via di Follonica ab, welche an der kleinen Kirche *S. Giovanni della Staffa* (Pl. D 5; im Innern eine Tonstatue Johannes d. T. von Giacomo Cozzarelli) vorüber abwärts nach der 1247 erneuerten *Fonte di Follonica* (Pl. E 5) führt, in reizender Lage tief unten in einem Garten. — Nach 5 Min., jenseit der Kirche *S. Giorgio* (Pl. E 6), zweigt l. die Via dei Pispini ab, in welcher man zunächst l. die Kirche

S. Spirito (Pl. E 6) trifft, eine alte Klosterkirche mit Kuppel von 1508 und Portal von 1519, letzteres nach einer Zeichnung des *Baldassare Peruzzi* ausgeführt.

Im Innern: über der Eingangstür ein Christus am Kreuz von *Sano di Pietro.* In der 1. Kap. r. (Capp. degli Spagnuoli) über einer h. Rosa von Viterbo (S. 107) ein vortreffliches Gemälde von *Sodoma*, 1530: die Madonna überreicht in Gegenwart der H. Rosalia und Lucia dem h. Alphons das Ordenskleid der Dominikaner, l. u. r. vom Hauptbild die H. Antonius Abbas und Sebastian, ganz oben der h. Jakob von Compostella (Freske), sämtlich von *Sodoma;* daneben r. eine Anbetung der Hirten, in Terrakotta, von dem Florentiner *Fra Ambrogio della Robbia* (1504). — In der 2. Kap. r. und l. Holzstatuen der h. Katharina und des h. Vinzenz Ferrer, beide von *Giacomo Cozzarelli.* — In der 3. Kap. r. an der l. Wand eine Krönung Mariä von *Dom. Beccafumi.* — 1. Altar l.: *Matteo Balducci*, auferstandene Maria zwischen den H. Franziskus und Katharina; über dem 3. Altar l.: Krönung Mariä von *Girol. del Pacchia* (Frühwerk).

In dem schönen, leider verbauten Kreuzgang (dem Sakristan 20-30 c.): Kreuzigung von *Fra Paolino* aus Pistoia (1516).

Die *Fonte dei Pispini* ist in ihrer jetzigen Gestalt von 1534; die nahe *Porta Pispini* oder *Porta S. Viene* hat eine verdorbene Freske von Sodoma, Christi Geburt (1531).

Wir folgen S. Spirito gegenüber dem Vicolo del Sasso, dann r. der Via S. Girolamo, an einer Säule mit der Wölfin vorüber, nach *S. Girolamo* (Pl. E 7), zu einem ehem. Nonnenkloster gehörig (3. Altar l.: Matteo di Giovanni, Madonna mit Heiligen; die Marmorumrahmung von Lor. di Mariano); weiter l. nach der Kirche

Servi di Maria (Pl. E 7) oder *Santissima Concezione*, 1471-1522 aus einer älteren Kirche umgebaut.

1. Altar r.: Madonna von dem Florentiner *Coppo di Marcovaldo* (1261); 4. Altar r.: *Matteo di Giovanni*, der Kindermord zu Bethlehem (1491); darüber Anbetung der Hirten von *Taddeo di Bartolo*. Die Krönung Mariä über dem Hochaltar ist von *Bern. Fungai* (1500), Hauptwerk des Meisters. — Die Kapellen r. und l. vom Hochaltar enthalten Fresken von *Ambr. Lorenzetti* (?), Kindermord zu Bethlehem, Tanz der Salome, Tod des Johannes (restauriert); 2. Altar l. *Giacomo di Mino del Pellicciaio* (S. 27), Madonna del Belvedere (1363). — In der Sakristei: *Giov. di Paolo*, „Madonna del Manto“ (1436; stark restauriert).

Von dem Platz vor der Kirche hübsche Aussicht. — An der *Porta Romana* (Pl. E 8) eine sehr zerstörte Freske, Krönung Mariä, von Taddeo di Bartolo entworfen, von Sano di Pietro vollendet. — 8 Min. vor dem Tor liegt die Kirche ***Madonna degli Angeli***; im Chor eine Madonna mit Heiligen, von Raffaello Carli (1502).

Dem Pal. Piccolomini (S. 32) n. gegenüber, bei der Universität (S. 33), führt die Via S. Vigilio nach der gleichnamigen Kirche (Pl. D 5), mit Skulpturen des XVIII. Jahrhunderts.

Weiter gelangt man, bei der 1594 erbauten Kirche *S. Maria di Provenzano* (Pl. D 4) vorüber, durch enge Straßen auf die Piazza di S. Francesco (Pl. D E 4), mit der Klosterkirche S. Francesco und dem Oratorium S. Bernardino. An der Nordseite hübscher Blick auf das Kloster Osservanza (S. 39) und die Berge des Chianti.

S. Francesco (Pl. E 4), ein einschiffiger gotischer Bau aus den J. 1250-1326, nach dem Brande von 1655 modernisiert, ist 1885-94 im alten Stil hergestellt worden. Eine neue Backsteinfassade mit Marmorportal ist im Bau.

Inneres (Eintritt vorläufig durch den Kreuzgang r.). Die modernen Glasmalereien, darunter das 11m h. Chorfenster, sind größtenteils von *Zettler* in München. Neben dem Weihwasserbecken eine Statue des h. Franziskus, von *Ramo di Paganello* (1280). — Der neue Hochaltar ist von *Gius. Partini* (1892). L. daneben an der Wand die Marmorbildnisse des Silvio Piccolomini und der Vittoria Forteguerri, der Eltern Pius' II. (S. 29). — In der 3. und 1. Kap. l. vom Chor Fresken von *Ambrogio Lorenzetti*, aus dem Kapitelsaal des Klosters: Bestätigung der Ordensregel durch Innocenz III., Martertod von Franziskanermönchen zu Ceuta in Marokko, Christus am Kreuz, die letzteren beiden wohl nur Werkstattarbeiten. — 2. Kap. r. vom Chor: Grabmal des Cristoforo Felici, von *Urbano da Cortona* (1486). — Der neue Flügelaltar in der 3. Kap. r. ist von *Arturo Viligiardi*, der in der 2. Kap. l. von *Meacci*. — Das moderne Altarbild der Capp. del Santissimo Sacramento ist von *Ces. Maccari*; die alten Fußboden-Graffiti von *Lor. di Mariano* (1504).

Nebenan zwei schöne Kreuzgänge der Frührenaissance, mit Überresten der bei dem Brande der Kirche zerstörten Adelsgräber (XIV. Jahrh.).

— Beim Eingang in das ehem. Kloster, jetzt Priesterseminar, l. an der Wand ein Madonnenrelief von einem Nachfolger *Ant. Federighi's;* in der Kapelle, am Hauptaltar: *Ambr. Lorenzetti*, Maria das Kind stillend; l. Wand: *Barna*, Madonna und Heilige.

Das **Oratorio di S. Bernardino** (Pl. E 4) besitzt treffliche *Gemälde, namentlich von *Sodoma* (1518-32): bestes Licht nachmittags. Der Kustode wohnt r. nebenan Nr. 6 (30-50 c.).

Im unteren Oratorium: Geschichten des h. Bernhardin von Siena (1380-1444), aus dem Ende des XVI. Jahrhunderts. — Weit bedeutender sind die Bilder im oberen Oratorium, Fresken aus dem Leben der h. Jungfrau. L. Langwand, gegenüber dem Eingang: *Girol. del Pacchia*, Geburt Mariä; *Sodoma*, Darstellung im Tempel; *Dom. Beccafumi*, Verlobung Mariä. An der Altarwand, mit Altarbild von *Beccafumi* (1537): *Girol. del Pacchia*, Verkündigung. R. Langwand: *Sodoma*, Heimsuchung Mariä; *Beccafumi*, Tod der h. Jungfrau; *Sodoma*, Himmelfahrt Mariä. Fensterwand: *Sodoma*, Krönung der h. Jungfrau. In den Ecken: **Sodoma*, die H. Antonius, Bernhardin, Ludwig und Franziskus. Zu beachten ist auch die treffliche Dekoration der Decke, des Frieses usw., die zu den geschmackvollsten derartigen Werken der Frührenaissance gehört, von *Ventura di Ser Giuliano Turapilli* 1496 ausgeführt. Im Vorraum Madonnenrelief von *Giov. di Agostino* (1341).

Die Via dei Rossi führt von der Piazza S. Francesco zur Via Cavour (S. 24) zurück.

Die von der Via Cavour w. abzweigende Via delle Belle Arti (Pl. CB 4) führt an der Kunstakademie und der Bibliothek vorüber nach S. Domenico (S. 38).

Die **Accademia di Belle Arti** (Pl. C 4) enthält die 1816 gegründete *Pinacoteca, eine reiche Sammlung von Bildern namentlich der ältern Sieneser Schule, die meist aus aufgehobenen Klöstern und aus dem Palazzo Pubblico stammen. Die Sammlung (c. 700 Gemälde) ist nach der Zeitfolge geordnet, die Namen der Künstler sind auf den Bildern angegeben. Inspektor Arnoldo Prunai. Eintr. außer So. und Festt. tägl. 9-3 Uhr gegen 1 fr., jeden ersten So. im Monat, 8. Jan., 15. und 16. Aug. (s. S. 21), 20. Sept., 2. und 11. Nov. 10-2 Uhr frei; man schellt unten r.; Katalog von 1903, 1 fr.

Am Eingang unbedeutende Reliefs. Die erste Tür r. führt in den großen Saal (X; S. 36), die zweite in den

I. Raum (Korridor; XIII. und XIV. Jahrh.): 1-15. Bilder aus dem XIII. Jahrh., noch ganz im byzantinischen Stil; 2. *Margheritone d'Arezzo*, h. Franziskus; 16. *Guido da Siena*, Madonna; 20, 22, 28, 35, 47. Altarbilder von *Duccio di Buoninsegna;* 46. *Niccolò di Segna*, Kruzifix (1345); 51. *Lippo Memmi*, Madonna mit vier Heiligen (Schulbild); 583. *Duccio di Buoninsegna*, Madonna; 587. *Guido da Siena*, Madonna.

II. Raum (Korridor; XIV. und XV. Jahrh.): 65. *Ambrogio Lorenzetti*, Madonna; 61, 80. *Pietro Lorenzetti*, Madonnen; 67. *Lippo Memmi*, die H. Michael, Hieronymus und Johannes d. T.; 88. *Ambrogio Lorenzetti*, Verkündigung (1344); *Bartolo di Fredi:* 100. vier Szenen aus dem Marienleben, 104. h. drei Könige; 107. *Taddeo Gaddi*, Madonna (1355); 119, 125. *Spinello Aretino*, Krönung und Tod der h. Jungfrau; 127, 128, 130-133, 134, 135. von *Taddeo di Bartolo*, darunter 131. Verkündigung.

III. Raum (Korridor; XIV. und XV. Jahrh.): hauptsächlich Bilder von *Giovanni di Paolo*, Nr. 173 datiert 1453, Nr. 200 von 1440. Außerdem 149-152.

3*

Unbekannter Meister, Triumph des Todes, der Keuschheit, der Liebe und des Ruhmes, nach Petrarca; 164. *Domenico di Bartolo*, Madonna mit musizierenden Engeln (1433); 203. *Pietro di Giovanni*, h. Bernhardin; 204, 210. *Vecchietta*, Heilige und Szenen aus der Passionsgeschichte, Madonna mit Heiligen.

Nun r. in den IV. Raum, der wie der folgende, V. Raum, nur Bilder von *Sano di Pietro* (1406-81), dem „Fra Angelico von Siena", enthält, meist große Altarwerke. Beachtenswert in IV: 246. Altarwerk von 1444; über der Tür zu V: 241. Madonna mit dem h. Calixt; in V: 269. Krönung Mariä.

VI. Raum (xv. und xvi. Jahrh.): 272, 273. von *Sano di Pietro*; 279. *Pietro di Domenico*, Anbetung der Hirten mit den H. Galganus und Martin. Ferner Bilder von *Matteo di Giovanni* (Nr. 286, datiert 1470), *Neroccio di Bartolomeo* (Nr. 282, Madonna mit den H. Michael und Bernhardin, von 1476), *Franc. di Giorgio* (Nr. 288.), *Guidoccio Cozzarelli* (Nr. 296, h. Se-

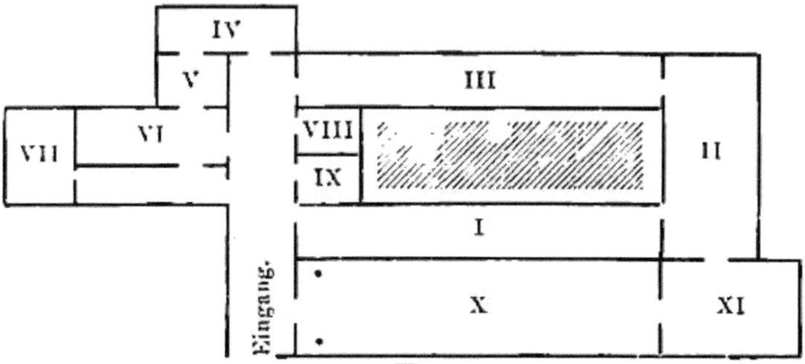

bastian, datiert 1495). Der anstoßende enge Gang führt rechts in den VII. Raum, mit meist beschädigten Bildern (xiii.-xvi. Jahrh.) — Zurück und dem Gang schräg gegenüber in den kleinen

VIII. Raum (xiv.-xvi. Jahrh.): 326, 327. *Sodoma*, Madonna; zwei Bruderschaftsmitglieder das Kreuz anbetend; 333, 334. *Girol. Genga*, Loskauf von Gefangenen, Flucht des Aeneas; ferner von *Sodoma*: *352. Christus an der Säule (Freskenrest aus S. Francesco); 354. Judith; 357. h. Katharina; 360. Madonna; 361. Leichnam Christi von zwei Engeln gehalten. Außerdem in diesem und im nächsten Raum schöne Holzpilaster von *Ant. Barili*, früher im Pal. del Magnifico (S. 27).

IX. Raum (xv. und xvi. Jahrh.): 368. *Andrea di Niccolò*, Christus am Kreuz, mit Heiligen (1502); 386. *Pinturicchio*, h. Familie. — Nun aus dem Eingangskorridor l. in den

X. Raum (großer Saal; xv. und xvi. Jahrh.). Oben an den Wänden sechs Kartons *Beccafumi's* zu den Fußbodenplatten im Dom (sehr zerstört). R. und l. vom Eingang: 401, 443. *Sodoma*, Christus in Gethsemane, Christus in der Vorhölle (Fresken aus S. Croce). R. weiter: 410. *Girol. del Pacchia*, Verkündigung und Heimsuchung Mariä (nach Albertinelli's Bild in den Uffizien); *413. *Sodoma*, Kreuzabnahme; 414. *Girol. di Benvenuto*, thronende Madonna mit Heiligen (1508), im Giebelfelde die Geburt Christi von *Matteo di Giovanni*; 420. *Dom. Beccafumi*, h. Katharina; 422. *Pacchiarotto*, Himmelfahrt. R. und l. vom Ausgang: 434. *Benvenuto di Giovanni*, Himmelfahrt; 424. *Pacchiarotto*, Madonna mit den H. Onuphrius und Bartholomäus. Freistehend 426. *Pacchiarotto*, Heimsuchung Mariä, mit den H. Michael und Franziskus; 427. *Beccafumi*, Christus in der Vorhölle. An der l. Wand: 423. *Beccafumi*, Sturz der Engel; 428. *Franc. di Giorgio*, Kreuzigung; 431. *Bern. Fungai*, Madonna mit Heiligen (1512); 432. *Matteo di Giovanni*, thronende Madonna mit vier Engeln und vier Heiligen; 436. *Benvenuto di Giovanni*, thronende Madonna mit Engeln und Heiligen (1475); 437, 440. *Franc. di Giorgio*, Geburt Christi, Krönung Mariä; 441. *Fungai*, Mariä Himmelfahrt; 444, 447. *Bart. Neroni*, gen. *il Riccio*, Krönung Mariä, Predella dazu.

XI. Raum (xvi. und xvii. Jahrh.). R.: 451. *Fra Bartolomeo*, h. Magdalena; 512. *Sodoma*, Geburt Christi; 462. *Altdorfer*, Martertod des h. Quirinus von Tegernsee; 463. *Bart. de Bruyn*, Bildnis; 488. *Altdorfer*, Szene aus der Legende des h. Quirinus; 504, 489. *Amberger*, Karl V. (Kopien). Auf einer Staffelei: 495. *Pinturicchio*, h. Familie. 500. *Palma Vecchio*, Madonna; 501. *Art Albr. Dürers*, Bildnis eines alten Mannes; 528. *Domenichino*, Landschaft; 537. *Lucas Kranach*, Lukretia; 544. *Paris Bordone*, Verkündigung; 564. *Fra Bartolomeo*, h. Katharina.

Die **Biblioteca comunale** (Pl. C 4), Via delle Belle Arti 9, wurde 1663 gegründet (Siena besaß im xvii. Jahrhundert sechzehn Bibliotheken, seit 1654 sogar eine für Frauen); sie enthält 80000 gedruckte Bände und 5000 Handschriften und ist tägl. 10-5 Uhr geöffnet. Bibliothekar Dr. F. Donati.

Zu beachten: ein griechisches Evangelienbuch, ehemals in der kaiserl. Kapelle zu Konstantinopel, aus dem xi. Jahrh. (der Einband war ursprünglich von Seide, die alten Emailbilder später in Platten von vergoldetem Silber eingesetzt); die Schrift des *Franc. di Giorgio* über die Baukunst, mit seinen Zeichnungen und Rissen; Skizzenbücher von *Baldassare Peruzzi* und *Giuliano da Sangallo;* Briefe der h. Katharina.

Jenseit der Bibliothek l. die Straße „Costa S. Antonio" hinunter und in die erste Seitengasse r., welche geradeaus auf den oberen Eingang in das **Haus der h. Katharina** (Pl. B 4) führt: „sponsæ Christi Katherine domus". Man klingle an der Tür l. ($^1/_2$ fr.). Die h. Katharina von Siena (1347-80), die Tochter eines Färbers namens Benincasa, legte mit acht Jahren das Gelübde der Keuschheit ab; durch Offenbarungen berühmt, bewog sie Gregor XI., den päpstlichen Stuhl von Avignon nach Rom zurückzuverlegen (1377); 1461 ward sie kanonisiert. Von ihren Visionen ist die bekannteste die auf vielen Bildern dargestellte Verlobung mit dem Christkinde. Ihr Tag ist der 29. April.

Die Räume des Hauses sind zu Oratorien umgewandelt, welche der *Confraternità di S. Caterina* gehören. In einem der oberen Oratorien, einst Küche, ist über dem Altar eine Darstellung der Heiligen von *Bern. Fungai;* die übrigen Bilder sind von *Ventura Salimbeni* und *Franc. Vanni;* zu beachten auch die schöne Decke und die Pilaster (der Kachelfußboden verdeckt), alles im Frührenaissancestil. — Der kleine hübsche Hof wird dem *Bald. Peruzzi* zugeschrieben. — Das Oratorio del Crocifisso enthält das (verhüllte) wundertätige Kruzifix (von *Giunta Pisano?*), von welchem Katharina nach der Legende in Pisa 1375 die Wundmale empfing. — Unten in der Kirche (den Schlüssel hat ein anderer Kustode): *Fresken von *Girol. del Pacchia*, die h. Katharina heilt den Matteo di Cenni von der Pest, rettet Dominikaner aus Mörderhand; die Leiche der h. Agnes von Montepulciano reicht ihr den Fuß zum Kuß entgegen; das vierte Bild, die Heilige von florent. Soldaten angefallen, ist von *Ventura Salimbeni* (1604); über dem Altar eine schöne Holzstatue der h. Katharina von *Neroccio di Bartolomeo* (1465); darüber Engel von *Sodoma*.

Von der Kirche aus tritt man auf die Via Benincasa (Pl. BC5), früher Via dei Tintori, noch jetzt von Färbern und Walkern bewohnt; man beachte die beiden Loggien und über der Haustür l. die Büste der Heiligen von Giac. Cozzarelli. — Unweit, nahe dem Stadttor, die schon 1081 erwähnte, 1212 mit einer dreibogigen gotischen Halle überbaute *Fontebranda* (Pl. B 5), am Fuße des Hügels von S. Domenico, wohin hinter dem Brunnen ein steiler Weg hinaufführt.

Die Kirche **S. Domenico** (Pl. B 4, 5), an der Piazza Mazzini, auf die die Via delle Belle Arti mündet (S. 35), ist ein burgartiger gotischer Backsteinrohbau von 1293-1391, mit zinnengekröntem Campanile. Die mächtigen Unterbauten am Abhang, auf denen er ruht, dienen jetzt als Kavalleriekaserne. Der Campanile ist von 1340.

Das INNERE ist einschiffig, mit Querschiff und offenem Dachstuhl. Beim Eintritt gleich r. die Capp. delle Volte (geschlossen): Altarbild, h. Katharina, von *Andrea Vanni*, ihr einziges authentisches Bildnis. — Weiter r.: Grabmal des Mathematikers Gius. Pianigiani († 1850), von *Becheroni*. — Am 3. Altar: *Arcangelo Salimbeni*, h. Petrus Martyr (1579).

Die angrenzende Kapelle der h. Katharina, in welcher in einem Tabernakel von *Giov. di Stefano* (1466) das Haupt der Heiligen bewahrt wird, ist von *Sodoma* 1525 mit trefflichen *Fresken geschmückt worden (bestes Licht gegen Mittag; Trkg. 20-30 c.): an der Altarwand, l. die Heilige zwei Schwestern ohnmächtig in die Arme sinkend (das sog. „svenimento“), r. ein Engel der verzückten Heiligen die Hostie reichend; an der Wand l., das Gebet der Heiligen läßt die Seele eines enthaupteten Verbrechers zum Himmel eingehen. An der Wand r.: *Franc. Vanni*, Heilung einer Besessenen (1593). Von Vanni sind auch die beiden Heiligen am Eingang r. und l., während die Grottesken des Eingangsbogens und der Pilaster mit den reizenden Putten wieder von Sodoma herrühren. Im Fußboden der Kapelle Graffito-Darstellungen auf Marmor. — Letzter Altar r.: *Franc. di Giorgio*, Geburt Christi, unter dem Einfluß Luca Signorelli's gemalt; die Giebelfüllung vielleicht von *Matteo di Giovanni*, die Staffel von *Bern. Fungai*.

Chor. Das schöne *Marmorziborium und die beiden liebreizenden leuchterhaltenden Engel am Hochaltar sind Werke des Florentiners *Benedetto da Maiano*. Aus dem Fenster hinter dem Hochaltar hat man einen prächtigen Blick auf den alles überragenden Dom. — 2. Kap. l. vom Hochaltar, r. *Matteo di Giovanni*, die H. Barbara, Magdalena und Katharina (1479); in der Lünette Anbetung der Könige, von demselben; l. eine Madonna mit Heiligen von *Benvenuto di Giovanni* (1483); 3. Kap.: *Matteo di Giovanni*, Madonna mit den H. Johannes d. T. und Hieronymus. Die 2. Kap. r. vom Hochaltar, mit vielen wappengeschmückten Grabsteinen deutscher Studenten des XVI. und XVII. Jahrhunderts, gehörte einst der „Deutschen Nation“ der Sieneser Universität.

Von der Piazza Mazzini führt der hübsche Viale Curtatone (Pl. B 4, 3) nördl. nach der **Lizza** (Pl. B 3), einer So. und Do. viel besuchten Promenade, 1779 neben einer Reitbahn angelegt, mit einem *Garibaldidenkmal*, von Raff. Romanelli (1896), und hübschem Blick nach S. Domenico und dem Dom. Die Anlagen erstrecken sich bis zu dem 1560 von Herzog Cosimo I. erbauten ehem. *Forte S. Barbera* (Pl. A 3) und setzen sich auf den Wällen fort (hübsche Aussicht).

Von der NO.-Ecke der Lizza führt die kurze Via dei Gazzani nach der Via di Camollia (Pl. C B 2, 1), der nördl. Fortsetzung der Via Cavour (S. 24). Gegenüber zweigt die Via di Campansi nach dem (Nr. 8) ehemaligen *Convento di Campansi* (Pl. C 2) ab.

SIENA
Sovicille
Rosia

Das Kloster, jetzt Armenhaus *(Ricovero di Mendicità)*, hat Fresken von Sano di Pietro (Verkündigung), Benvenuto di Giovanni (Noli me tangere), Matt. Balducci (Himmelfahrt Mariä, im Kreuzgang) und Dom. Beccafumi (Madonna mit Heiligen); die Kirche ist ein hübscher Barockbau von 1681.

In der Via di Camollia einige Min. weiter und schräg gegenüber einem freien Platze l. unter einem Torbogen hindurch die Via Fontegiusta hinab, gelangt man nach der kleinen Kirche

Fontegiusta (Pl. B 2; geschlossen, r. in der Ecke läuten!), einer Bruderschaft gehörig, von *Francesco Fedeli* aus Como 1484 im Frührenaissancestil erbaut; über dem Eingang außen ein kleines Madonnenrelief von *Neroccio di Bartolomeo* (1489); die von vier Marmorsäulen getragenen Gewölbe von 1482, das nördl. Portal von 1489. *Hochaltar von *Lor. di Mariano* (1509-19), eine der schönsten derartigen Schöpfungen der Hochrenaissance; bronzenes Weihwasserbecken, von *Giov. delle Bombarde* (1430); 1. Altar r. Krönung Mariä von *Bern. Fungai;* am 1. Altar l. eine schöne (stark restaurierte) *Freske von *Bald. Peruzzi:* die Sibylle verkündet Augustus die Geburt Christi (c. 1528). Über dem Eingang: Schwert, Helm, Schild und Walfischknochen, angeblich Geschenke von Columbus.

Weiter in der Via di Camollia, gegenüber der kleinen von den Tempelherren erbauten Kirche *S. Pietro alla Magione* (Pl. B 1), mit schöner Frührenaissance-Fassade, r. (48) das schlichte *Haus des Baldassare Peruzzi* (S. 24), durch eine Inschrift bezeichnet.

Lohnend ist der Spaziergang von der 1604 erbauten *Porta Camollia* (Pl. B 1), mit der Inschrift „Cor magis tibi Sena pandit“, r. außerhalb an der Stadtmauer hin; hübsche Aussichten; gegenüber auf der Höhe jenseit des Bahnhofs das Kloster Osservanza (s. unten). Vor *Porta Ovile* (Pl. D 3) liegt r. unten im Tal die malerische gotische *Fonte Ovile* (Pl. E 3). In kaum $^3/_4$ St. erreicht man die Porta Pispini (vgl. Pl. F 6; S. 33).

5 Min. vor Porta Camollia erreicht man das äußere Tor *(Antiporto)* von 1675; kurz vorher l., bei der Piazza d'Armi (Pl. A 1), erinnert eine Denksäule an die Begegnung Kaiser Friedrichs III. mit Eleonore von Portugal (vgl. S. 30). 10 Min. weiter (Omnibus von Piazza Tolomei jede St.) ist der Palazzo Turchi, gewöhnlich *Pal. dei Diavoli* genannt, ein schöner Ziegelbau; die Kapelle, „ein Juwel der Frührenaissance“ (Burckhardt), von Ant. Federighi (1460). In der Nähe das Restaurant *Eden* (im Winter geschlossen).

Ausflüge von Siena (Wagentarif s. S. 20, 21). Nordöstl. vor Porta Ovile (Fahrstraße 3km; Fußweg bei der Wegteilung unmittelbar vor der Bahn nach Chiusi l. unter dem Bahndamm hindurch und gerade hinauf, $^1/_2$ St.), liegt der **Convento dell' Osservanza** (321m), ein Franziskanerkloster. Die 1423 von dem h. Bernhardin gegründete, 1485 durch *Giac. Cozzarelli* erweiterte Kirche ist ein beachtenswerter Bau der Frührenaissance; ihre Bogen und Gewölbe sind mit Tonreliefs von *Franc. di Giorgio* geschmückt; am 2. Altar l. eine schöne Krönung Mariä, von *Andrea della Robbia;* am 1., 3. und (als Predella) 4. Altar l. gute Bilder von *Sano di Pietro;* das Hauptbild des 4. Altars l. von *Taddeo di Bartolo;* unter dem Hochaltar der silberne Reliquienbehälter des h. Bernhardin, von *Franc. d'Antonio* (1460); im Chor der h. Bernhardin und die h. Elisabeth von Portugal, von *Pietro di Giovanni* (1439). In der Sakristei eine vortreffliche Tongruppe der Beweinung Christi, von *Giac. Cozzarelli* und die Grabplatte des Pandolfo Petrucci († 1512; S. 22). Unter der Kirche ein Gruftgewölbe mit der Zelle des h. Bernhardin.

Ferner n.ö. 7km vor Porta Ovile die 1343 gegründete, 1383 befestigte, 1810 säkularisierte **Certosa di Pontignano**; die Kirche im XVII. Jahrh. modernisiert; schöne Aussicht bei der Pfarrkirche.

11km w. vor Porta Camollia liegt S. Colomba: an dem S. 39 gen. Pal. dei Diavoli vorbei und auf der Landstraße weiter; nach 4km folgt man dem zwischen zwei Zypressen l. abzweigendem Wege, der an einem ausgetrockneten See, dem *Piano del Lago* (wahrscheinlich ein kesselartiger Erdfall) vorüberführt. Die Villa **S. Colomba,** früher Eigentum des Collegio Tolomei (S. 31), hat eine schöne Wendeltreppe von *Bald. Peruzzi* (?); Aussicht vom Balkon. — Von S. Colomba führt der vorige Weg durch prächtigen Wald weiter nach (6km) **Celsa,** einer burgartigen Villa, nach dem Plan des *Bald. Peruzzi,* wo zu Anfang des XVI. Jahrh. Mino Celsi, der Verteidiger der Lehren Luthers, lebte; Aussicht aus dem obersten Stockwerk. Erfrischungen beim Verwalter (Fattore). — Von Celsa 3-4km (von Siena 18, Fahrzeit 2 St.) bis **Marmoraia,** wo 1187 der Friede zwischen der Republik Siena und dem Bischof Hugo von Volterra abgeschlossen wurde. Von dem Platze vor der Pfarrkirche schöne Aussicht auf das Elsatal und Colle di Val d'Elsa, dahinter S. Gimignano, n.w. in der Ferne Volterra. — Von Marmoraia besteigt man s. in $^1/_2$ St. den *Poggio degli Alberelli* (633m), mit Fernsicht bis zum Meere und den Apuanischen Alpen.

3km s.w. vor Porta S. Marco, die **Abbazia di S. Eugenio,** gewöhnlich kurz *il Monistero* genannt, ein altes Benediktinerkloster, angeblich 730 von einem Langobarden Warnfried gegründet, 1553 von Pietro Strozzi befestigt, im XVIII. Jahrh. säkularisiert. Die Gebäude sind durchweg modernisiert. In der Kirche z. T. übel zugerichtete Bilder von Duccio, Ambrogio Lorenzetti, Taddeo di Bartolo, Francesco di Giorgio, Matteo di Giovanni u. a. Schöne Aussicht aus dem Garten. Rückweg durch die Porta Fontebranda zu empfehlen: man folgt der bei der Trattoria La Colonna nördl. (l.) abzweigenden Straße etwa 7 Min., dann nordöstl. r.).

Auf der Landstraße weiter bis zur *Osteria delle Volte,* etwa 8km von Porta S. Marco. Der r. abgehende Fahrweg führt von hier nach der (2km) alten Kirche *S. Giovanni di Ponte allo Spino,* aus der ersten Hälfte des XI. Jahrh., und nach (6km; von Siena 14, Fahrzeit $1^1/_2$ St.) **Cetinale,** einer Villa des Flavio Chigi, Neffen des Papstes Alexander VII., nach dem Entwurf des *Carlo Fontana* um 1680 erbaut, mit dem prächtigen Park „Thebais", reich an barocken Skulpturen und Kapellen (Erlaubnis zum Eintritt im Pal. Chigi in Siena, S. 31). Schöne Aussicht von dem Hügel („Romitorio") über dem Palast.

7km jenseit der Osteria delle Volte liegt *Rosia* (205m); in der Pfarrkirche ein Taufbecken von 1332. Abermals 3km weiter (von Siena direkt 16, Fahrzeit $1^1/_2$ St.) *Torri* oder *S. Mustiola a Torri in Val di Merse,* ein altes Kloster der Vallombrosaner, mit Kirche von 1189 und schönem romanischen Kreuzgang, jetzt Pachthof.

14km s.w. von Rosia (Straße nach Massa Marittima, zuletzt l. ab; 30km von Siena, Fahrzeit 3 St.) liegen die Ruinen des 1201 von Ildebrando Pannocchieschi, Bischof von Volterra, gegründeten Zisterzienserklosters **S. Galgano.** Die gotische *Kirche, 1240-68 erbaut, aus Travertin und Ziegeln, dreischiffig, ist auch als Ruine noch von großartiger Wirkung. Am Klostergebäude, jetzt Pachthof, zeigen nur einige Fenster die alte Architektur. 1652 wurden die Mönche in andere Klöster verteilt, 1781 die durch Blitz beschädigte Kirche geschlossen.

5km s.w. vor Porta Fontebranda (Fahrzeit 3/4 St.) liegt Belcaro: 1/4 St. vor dem Tor erreicht man die s. nach der Abbazia di S. Eugenio (S. 40) führende Straße, folgt ihr 5 Min. und biegt kurz vor der Trattoria La Colonna r. über die Brücke ab. Das Schloß **Belcaro** wurde für die Familie Turamini an Stelle einer mittelalterlichen Burg von *Bald. Peruzzi* begonnen, im XIX. Jahrh. modernisiert. Zutritt nur nachmittags. Im Erdgeschoß ein Deckenbild: Urteil des Paris, von Peruzzi; seine Fresken in der Kapelle sind bei einer Restauration verdorben worden. Herrliche Aussicht auf Siena und Umgebung.

Sehr lohnend sind auch die Wagenfahrten nach *San Gimignano* (S. 17) oder *Monte Oliveto Maggiore* (s. unten; über Buonconvento, S. 42); je 35km in 3 St. — Weitere Wagen- und Automobilausflüge s. S. 20, 21.

6. Von Siena nach Chiusi.

88km. Personenzug in 2 3/4-4 St., für 10 fr. 25, 7 fr. 15, 4 fr. 60 c. Im Sommer Di. Do. Sa. Blitzzug in 2 1/4 St. für 11 fr. 25, 7 fr. 90 c.

Siena (S. 20) ist Kopfstation. Der Zug läuft eine Strecke auf der Linie nach Empoli zurück und nimmt dann die s.ö. Richtung auf. Die Bahn durchschneidet die Hügel, welche das Wassergebiet des *Ombrone* von dem der *Chiana* trennen. — 9km *Arbia.*

3km n.ö. liegt *S. Ansano a Dòfana*; in der Pfarrkirche eine Madonna mit Heiligen von Pietro Lorenzetti (1328) und eine Madonna von Bald. Peruzzi, von dem auch der Ziegelbau des Martirio di S. Ansano (Schlüssel im Pfarrhause) herrührt. Auf dem ö. gegenüberliegenden Höhenzuge bezeichnet eine von Zypressen umgebene Pyramide die Stelle der Burg Monte Aperto, von der Farinata degli Uberti (S. 22) 1260 zur Schlacht auszog. Wagen von Siena (10km) s. S. 21.

16km *Castelnuovo Berardenga.* Öde Gegend mit kahlen, vom Regen zerrissenen tonigen Hügeln.

31km **Asciano**; r. 3km vom Bahnhof das freundliche Städtchen (200m; *Alb. del Sole,* Z. 1 1/2 fr.), mit 3620 Einwohnern, 1351 von den Sienesen angelegten Befestigungen, einem schönen Brunnen auf der Piazza und alten Kirchen. In *S. Francesco* ein hübsches Weihwasserbecken, ein bemalter Terrakottaaltar mit den H. Raphael und Christoph, aus der Schule der Robbia, und eine Madonna von Lippo Memmi. In der *Collegiata* eine Geburt der Maria von Sassetta, eine Himmelfahrt Mariä von Giovanni di Paolo, mit Flügeln von Matteo di Giovanni, und Fresken von Taddeo di Bartolo. In *S. Sebastiano* ein Fresko von Benvenuto di Giovanni. Der Hochaltar in *S. Agostino* ist 1437 von Domenico di Bartolo gemalt.

Von Asciano besucht man das berühmte ehem. Benediktinerkloster ***Monte Oliveto Maggiore** (10km; Wagen am Bahnhof, andernfalls in der Stadt bei Bucciarelli oder beim Wirt des Alb. del Sole: Einsp. 8-10 fr. hin und zurück; Fahrzeit auf der Landstraße 2, auf dem direkten, nur für leichtes Fuhrwerk geeigneten, aussichtreichen Wege $1\frac{1}{2}$ St. — Von Siena direkt s. S. 21.

Wer im Kloster übernachten will, bedarf eines Permesses, den man beim Inspektor der Accademia di Belle Arti in Siena erhält (S. 35). Der „Sopraintendente alla custodia del già Arcicenobio di Monte Oliveto Maggiore" gewährt daraufhin Gastfreundschaft gegen Zahlung von 5 fr. tägl., Zimmer einbegriffen. Wer sich nicht wenigstens zwei Tage vorher angemeldet hat, tut gut für einen Tag Lebensmittel mitzubringen. Nur Künstler und Gelehrte dürfen länger als zwei Tage verweilen.

Das Kloster wurde 1320 von dem Sienesen Bernardo Tolomei gegründet und in der Folge durch Schenkungen sehr bereichert. Es gibt noch jetzt einen vortrefflichen Begriff einer derartigen Anlage großen Stils. Wunderbar ist die Energie, mit welcher die Mönche auf dem unfruchtbaren Kreideboden eine vegetationsreiche Oase herzustellen verstanden. Aeneas Sylvius Piccolomini (Papst Pius II.; S. 29) gibt in seinen Annalen eine interessante Schilderung des Klosters.

Über den Eingangstoren glasierte Tongruppen: h. Benedikt segnend; Madonna von Engeln gekrönt.

Der große Klosterhof enthält berühmte *Fresken aus der Legende des h. Benedikt von *Luca Signorelli* (1497-98) und von *Sodoma* (1505). Inschriften unter den Bildern erläutern die Darstellungen, deren Reihenfolge übrigens nicht mit der Zeit ihrer Entstehung zusammenfällt. Den Zyklus eröffnet der von *Sodoma* gemalte Abschied Benedikts vom Vaterhause auf der Wand neben dem Eingang zur Kirche, während die historische Betrachtungsweise mit den Fresken *Signorelli's* an der Wand l. vom Eingang zu beginnen hat, acht an der Zahl: Totila's Kniebeugung; der verkleidete Schildknappe, welcher den Heiligen täuschen soll; die Versuchung des fastenden Mönches; die Bestrafung zweier naschhafter Mönche; die Auferweckung eines Toten, den der Satan von einer Mauer herabgestürzt hat; die Beschwörung des Teufels; Sturz des Götzenbildes; Gott straft den Florentius. Die Aussendung von Missionaren (1. von der l. Ecke) ist von Sodoma's Schüler *Riccio*. Alle übrigen Bilder sind von der Hand *Sodoma's*, dessen Schönheitssinn überall glänzend durchdringt, mag er auch sonst an Ernst und Gediegenheit der Auffassung und Ausführung weit hinter Signorelli zurückstehen. In den ersten Bildern Sodoma's erkennt man Anklänge an die Fresken Pinturicchio's in der Dombibliothek zu Siena, in den späteren erinnert einzelnes an Leonardo da Vinci. — Die Kirche, 1772 modernisiert, zeigt außer dem schönen Chorgestühl und Pult, Intarsia von *Fra Giov. da Verona* (1503), und einer marmornen Madonnenstatue im Vorraum, von demselben, nicht besonders Bemerkenswertes. — In der Libreria: Tür und Schrank, ebenfalls schöne Intarsia-Arbeit, von demselben Künstler (1502). — Im Kapitelsaal und in andern Räumen Fresken von *Antonio da Bologna* und von dem Neapolitaner *Novello*.

Die hinter dem Kloster befindlichen Ställe enthielten verschiedene Abteilungen für die durch Tafeln bezeichneten bedeutenderen Städte Italiens, sind jedoch jetzt sehr verbaut.

In *Buonconvento* (Alb. Cavallo Inglese, Z. $1\frac{1}{2}$ fr., bescheiden), 7km s.w. an der *Arbia*, starb 1313 Kaiser Heinrich VII. In den Kirchen einige altsienesische Bilder (von Sano di Pietro, Matteo di Giovanni, Fungai, Pacchiarotto u. a.).

Von Asciano nach Grosseto, 96km, Zweigbahn in 3-$4\frac{1}{2}$ St. für 11 fr. 15, 7 fr. 80, 5 fr. 05 c.

12km *S. Giovanni d'Asso* (erträgl. Locanda); in der Canonica sechs kleine alte Tafelbilder der Sieneser Schule. Von hier zu Fuß in $1\frac{1}{2}$ St. oder besser zu Wagen nach Monte Oliveto (S. 41).

21km *Torrenieri* (245m), an der alten Landstraße von Siena-Buonconvento (s. oben) über S. Quirico d'Orcia (S. 43), Radicofani (S. 93), Acquapendente (S. 98) nach Bolsena (S. 99) und Rom.

— [9km s.w. von Torrenieri (Omnibus zweimal tägl. in 1½ St. für 1½ fr.) liegt **Montalcino** (511m; *Alb. del Giglio*, Z. 1 fr. 20, ordentlich; Wagen von Siena s. S. 21), Städtchen von 4872 Einwohnern, im frühen Mittelalter der Abtei S. Antimo (s. unten), später Siena untertan. Der *Palazzo municipale* enthält in der Cappella delle Carceri einige Gemälde aus aufgehobenen Klöstern, u. a. Kreuzabnahme (1382) und Krönung Mariä (1388) von Bartolo di Fredi. Die *Kathedrale* wurde 1818 begonnen. Das ehem. *Franziskanerkloster* ist jetzt Hospital; in der Kirche, über dem Haupteingang: Madonna, Johannes d. T., Petrus u. Sebastian aus der Schule der Robbia (1507), neben der Sakristei ein Zimmer mit Fresken vom Ende des xv. Jahrh., im Klosterhof solche von 1438. Schöne Aussicht bei der modernen Kirche der *Madonna*, auf der Ostseite der Stadt. — Von Montalcino südöstl. nach Stat. Monte Amiata (s. unten) c. 13km. Etwa ⅔ des Wegs liegt, ½km n. von *Castelnuovo dell' Abbate*, die bis zum xiii. Jahrh. unabhängige Abtei *S. Antimo*, deren prächtige dreischiffige Kirche aus dem xi. Jahrh. stammt und aus weißem Alabaster und Travertin erbaut ist; reiches Portal von 1292. Wagen von Siena s. S. 21.

7km s.ö. von Torrenieri (starke Steigung; Post zweimal tägl. in 1¼ St. für 1½ fr.) liegt **S. Quirico** *d'Orcia* (424m; *Alb. Tre Mori*, einfach), mit 1377 Einw., unter den Hohenstaufen Sitz eines kaiserl. Vikars, 1472 von Siena befestigt. Die schöne *Kollegiatkirche*, in zierlichem Übergangsstil, wurde schon im viii. Jahrh. gegründet; der jetzige Bau stammt aus dem xii. Jahrhundert; reiche Portale, das älteste an der Fassade, das zweite am r. Querschiff mit Inschrift von 1298, das besonders schöne dritte, am r. Seitenschiff, mit zwei Giganten als Trägern; das Innere im xvii. Jahrh. entstellt; Chorstühle aus dem xvi. Jahrhundert. Daneben die *Misericordia*, mit Hochaltarbild von Sodoma. Zu beachten ferner die romanische Kirche *S. Maria Assunta*, am andern Ende der Hauptstraße. Auch der 1685-87 erbaute *Pal. Chigi* ist besuchenswert; ebenso die *Orti Leonini*, ein alter, jetzt vernachlässigter Park: Schlüssel zu beiden in der Fattoria Chigi. — Von S. Quirico nach Pienza (S. 46) 7km; Post einmal tägl. in 2, zurück in 1 St. für ½ fr.] —

33km (von Asciano) *Monte Amiata*, Ausgangspunkt zum Besuch der gleichnamigen höchsten Erhebung im südl. Toskana: Omnibus für 1½ fr. in 2¾ St. nach (18km) *Castel del Piano* (632m; Locanda Amiatina, mäßig), wo im Municipio Führer zu finden sind. Zu Pferd in 3¾, zu Fuß in 4½ St. zum Gipfel des **Monte Amiata** (1734m), auf dem 1907 ein Kreuz errichtet wurde. Weite Aussicht vom Tyrrhenischen Meer bis zum Apennin und südl. zum ciminischen Wald (S. 108). Der Berg ist ein erloschener Vulkan, der noch zur Tertiärzeit als Insel aus dem Meere emporragte, und bildet eine kuppelförmige Trachytmasse, in deren Nähe (bei Radicofani, S. 93) auch stattliche Basaltdecken auftreten. In der Umgebung wird Zinnober und Quecksilber gewonnen, beides vulkanische Produkte, die sich noch heute an den zahlreichen Schwefelquellen absetzen. — Empfehlenswert der Rückweg durch Wald über *Vivo* (828m; 2 St.), ein ehem. Kamaldulenserkloster, jetzt dem Grafen Cervini gehörig. Von da zum Bahnhof Monte Amiata 18, nach Torrenieri 27km; letzterer Weg führt über *Castiglione d'Orcia*, die verfallenen heißen Bäder von *Vignoni* und S. Quirico d'Orcia (s. oben). — Von Abbadia S. Salvatore auf den Monte Amiata s. S. 93. — [Die Straße vom Bahnhof Monte Amiata nach Castel del Piano führt s. weiter über (2km) *Arcidosso* (661m) nach (9km) *S. Fiora* (687m), in hübscher Lage am SW.-Fuß des Monte Amiata; die Kirche enthält ein Altarwerk von Andrea della Robbia (Madonna della Cintola).]

44km (von Asciano) *S. Angelo-Cinigiano*. Die Bahn folgt dem r. Ufer der *Orcia*, des südlichen Nebenflusses des Ombrone, und überschreitet den letzteren. — 51km *Monte Antico*. Die Bahn folgt dem Ombrone bis (59km) *Paganico*. — 67km *Roccastrada*; der Ort 8km n. auf einer Trachytkuppe (477m). — 76km *Sticciano*. — 84km *Montepescali*, an der Maremmenbahn (S. 4).

37km *Rapolano*, r. der Ort, mit Bädern. Die Gegend wird

freundlicher. 50km *Lucignano;* der mittelalterliche Ort 5km n.ö. auf der Höhe (590m). Der Anbau des Landes zeigt den Eintritt in das herrliche *Chianatal* (S. 53) an. L. in der Ferne der Apennin.

56km *Sinalunga*, r. auf der Höhe der Ort, wo Garibaldi am 24. Sept. 1867, im Begriff gegen Rom zu marschieren, gefangen genommen wurde.

62km *Torrita.* Dann r. das hochgelegene Montepulciano.

70km Station *Montepulciano* (259m). Dabei eine Zuckerfabrik.

Montepulciano. — Ankunft. Der Bahnhof liegt über 2 St. (10km) von der Stadt: Omnibus in $1^3/_4$ St. für $1^1/_2$, Gepäck $^1/_2$ fr.

Gasth.: Alb. il Marzocco (Pl. a: D 2), Via Garibaldi, von den Rückzimmern Aussicht bis zum trasimenischen See, Z. $1^1/_2$-2 fr., recht gut. — *Caffè Poliziano*, Via Cavour 2. — Der würzige und milde Rotwein von Montepulciano ist mit Recht berühmt; *Vino Santo*, ein süßer Weißwein (2 fr. die Flasche).

Montepulciano (605m), aussichtreiche, malerische von mittelalterlichen Mauern umgebene Stadt mit 6288 Einwohnern, liegt weithin sichtbar auf einer hohen, zu der S. 46 gen. Kette des Monte Cetona gehörigen Bergkuppe. Es ist die Vaterstadt des Gelehrten und Dichters *Angelo Ambrogini* (1454-94), der sich nach ihr (respublica Politiana) *Politianus* nannte, bekannt als Hausgenosse Lorenzo's des Prächtigen und Erzieher seiner Kinder, sowie des Kardinals *Rob. Bellarmin* (1542-1621), Vorkämpfers der Gegenreformation. Sowohl der schönen Lage wie ihrer Baudenkmäler wegen verdient die Stadt einen Besuch. 4-5 Stunden genügen.

Unweit des nördl. Stadttors (Pl. D 2), am Anfang der Hauptstraße, der *Via Garibaldi*, wo der Omnibus hält, eine Säule mit dem Wappenlöwen („Marzocco"). Links Nr. 32, *Palazzo Tarugi*, von Vignola, gegenüber, rechts Nr. 35-37, *Palazzo Avignonesi*, ebenfalls Vignola zugeschrieben. Weiter r. Nr. 29 *Pal. Buccelli*, mit eingemauerten etruskischen Urnenreliefs und Inschriften. Es folgt r. *S. Agostino* (Pl. C 2), ausgezeichnet durch eine schöne 1509 vollendete Renaissancefassade von Michelozzo, mit merkwürdigen got. Nachklängen; über dem Hauptportal im Bogenfelde ein Relief, Madonna mit Johannes d. T. und h. Augustin. — Weiterhin führt die Straße den Namen Via Cavour; r. die *Markthalle* (Mercato; Pl. C 3) von Vignola. Unweit n. die Kirche *S. Lucia*, mit Madonnenbild von Luca Signorelli. Südl. von der Markthalle der *Pal. Angiolotti*, mit einspringender Fassade, und die Kirche *Gesù*, ein Rundbau mit reicher Barockdekoration (1714) und unvollendeter Fassade. — Die Fortsetzung der Straße heißt Via Poliziano: l., Nr. 1, das *Geburtshaus des Angelo Poliziano* (Pl. C 5), Ziegelbau des XIV. Jahrh., mit mehreren antiken Inschriften.

Man gelangt weiter auf die Piazzetta di S. Maria, mit der kleinen Kirche *S. Maria* (Pl. B 5; zierliches Portal aus dem XIII. Jahrh.) und trefflicher Aussicht. — R. aufwärts führt die Via Fioren-

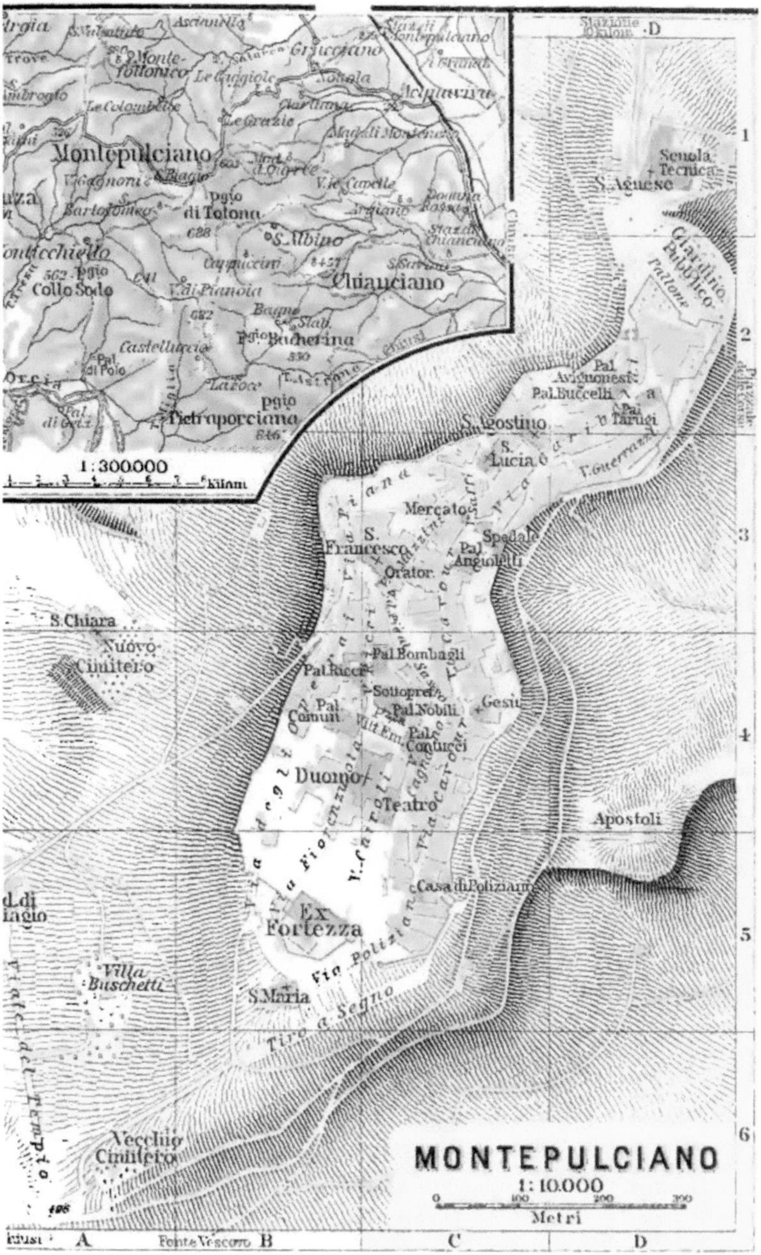

Montepulciano
Chianciano
Pietraporciana
Monte-follonico
1:300.000
Kilom
S. Agnese
Giardino Pubblico
Pal. Avignonesi
Pal. Buccelli
S. Agostino
Pal. Tarugi
S. Lucia
V. Guerrazzi
Mercato
S. Francesco
Spedale
Pal. Angiolelli
Orator.
S. Chiara
Nuovo Cimitero
Pal. Bombagli
Pal. Ricci
Sottoprete
Pal. Nobili
Gesù
Pal. Comun.
Pal. Contucci
Duomo
Teatro
Apostoli
Casa di Poliziano
Ex Fortezza
Via Poliziano
Villa Buschetti
S. Maria
Tiro a Segno
Vecchio Cimitero
MONTEPULCIANO
1:10.000
0
100
200
300
Metri
A
Fonte Vescovo
B
C
D
1
2
3
4
5
6

zuola zur Piazza Vittorio Emanuele (Pl. C 4; früher *Piazza Grande*), an welcher sich der Dom und stattliche Paläste erheben, so nördl. der *Palazzo Nobili*, von Fr. da Sangallo (? ; vor der Seitenfront ein schöner Brunnen von 1520) und daneben r. der *Palazzo Contucci*, früher *del Monte*, von Ant. da Sangallo d. Ä., vollendet von Peruzzi. In der Mitte des Platzes ein *Brunnendenkmal*, mit Bronzemedaillons Viktor Emanuels I., Cavour's, Garibaldi's und Mazzini's (1894).

Der **Palazzo Comunale** (Pl. B 4), aus dem XIV. Jahrhundert, enthält eine kleine Gemäldesammlung. Schöne Aussicht vom Turm.

Im ersten Stock die Gemäldesammlung (Pinacoteca): *Matteo da Siena (?)*, Madonna; *Seb. del Piombo (?)*, Papst Paul III. (? vielmehr Rob. Bellarmin ?); *Pacchiarotto*, Madonna; *Umbrische Schule* (angebl. Raffael), schönes Frauenbildnis (stark übermalt); *Spinello Aretino*, Krönung Mariä. Außerdem vier schöne Altarwerke aus der Schule der *Robbia*. -- Im zweiten Stock die Stadtbibliothek und das Archiv.

Südl. der **Dom** (Pl. B C 4), von *Bart. Ammanati* (1570) und *Ippol. Scalza* (1680), mit unvollendeter Fassade, ein dreischiffiger, 1888 restaurierter Pfeilerbau.

Im Innern, auf dem Hochaltar, Tod, Himmelfahrt und Krönung der h. Jungfrau, von *Taddeo di Bartolo*. Den bedeutendsten Schmuck der Kirche bildete einst das großartige Grabmal des Bartolomeo Aragazzi, Sekretärs des Papstes Martin V., 1427-36 von dem berühmten Architekten *Michelozzo* ausgeführt; dasselbe wurde jedoch im XVIII. Jahrh. auseinander genommen (über die ursprüngliche Gestalt gibt eine Skizze in der Sakristei Aufschluß): einzelne Stücke gingen verloren, erhalten sind u. a. l. vom Hauptportal die liegende Statue des Verstorbenen oder seines Vaters; an den beiden ersten Pfeilern zwei allegorische Reliefs; im r. Querschiff der segnende Christus; auf dem Hauptaltar der marmorne Unterbau, Putten mit Girlanden.

Von der Piazza Vittorio Emanuele führt die Via Ricci (r. der *Pal. Bombagli*, ein gotischer Ziegelbau, jetzt Schwurgericht) nördl. abwärts zum *Oratorio della Misericordia* (Pl. C 3); schöne Aussicht von dem kleinen Platz n.w. um die Ecke. — Weiter durch Via Mazzini bis zur Markthalle (S. 44) und l. durch Via Aurelio Saffi, Via Piana und den Vicolo del Giardino zum westl. Stadttor hinaus in 10 Min. hinab nach der im Tale gelegenen Kirche.

***Madonna di S. Biagio** (Pl. A 5; 494m), von *Antonio da Sangallo d. Ä.* an Stelle einer alten Kirche des h. Blasius 1518-37 erbaut; es ist ein hervorragender Zentralbau, der unter dem Einfluß von Bramante's Entwurf für die Peterskirche (S. 344) steht. Der südliche der beiden freistehenden Türme ist nur im Erdgeschoß ausgebaut. Die Marmordekoration des Hauptaltars ist von den Brüdern *Giovanozzo* und *Lisandro Albertini* (1584).

Auf dem Platze neben der Kirche *Sangallo's* Wohnhaus, von 1518, mit zweigeschossiger Loggia. L. von der Kirche führt ein hübscher ebener Fahrweg ö. um den Stadthügel bis zu dem kleinen öffentlichen Garten (Pl. D 2) beim nördl. Stadttor (S. 44).

Von Montepulciano nach Pienza (Karte S. 44): Landstraße (s. Pl. A 6) c. 14km, Post einmal tägl. in $2^1/_2$ St. für $1^1/_2$ fr.; Einsp. 8-10, Zweisp. 20 fr. hin u. zurück. Einsp. bis S. Quirico d'Orcia (S. 43) 15 fr.

Pienza (491m; *Loc. Letizia*, Z. 1-2 fr., leidlich), Städtchen von 2730 Einw., hieß ursprünglich *Corsignano* und empfing den Namen „Piusstadt“ von dem hier im J. 1405 geborenen Papst *Pius II.* (Aeneas Sylvius Piccolomini; S. 29), der den Ort mit herrlichen Bauten schmückte, hauptsächlich nach Entwürfen des damals berühmtesten Florentiner Baumeisters *Bernardo Rossellino*. Da sie alle in der überraschend kurzen Zeit von drei Jahren 1459-62 entstanden und auch räumlich (auf dem Domplatze) vereinigt sind, so gewinnt man hier ein geschlosseneres Bild der Kunst der Frührenaissance als in den meisten anderen Städten Italiens. Zu beachten sind hauptsächlich: der Dom (s. unten); l. davon der bischöfliche Palast (*Episcopio*); dem Dom gegenüber der *Palazzo Pubblico* mit einer Säulenhalle, und insbesondere r. der *Palazzo Piccolomini*, der wie der Pal. Rucellai in Florenz die Verbindung der Rustika mit Pilastern zeigt (schöner Hof mit Portikus und bemerkenswerten Resten der alten Wandbemalung); davor ein reizender *Brunnen* von 1462. — Im Innern des dreischiffigen, restaurierten Doms: r. Querschiff, Madonna mit vier Hl. von Matteo di Giovanni aus Siena, im Chor geschnitztes Stuhlwerk gotischen Stils von 1462, Kap. l. vom Hochaltar Himmelfahrt Mariä von Lor. Vecchietta, l. Querschiff Madonna und vier Hl. von Sano di Pietro; Taufbecken der Renaissance; sechzehn Chorbücher mit Miniaturen. — Das Museum, neben dem Dom, enthält Meßgewänder, darunter zwei von Pius II. und Alexander Piccolomini, das eine vlämischer, das andere italienischer Arbeit; ferner eine große Madonna von Bartolo di Fredi (1364), die Mitra Pius' II. mit Perlen- und Emailschmuck; alte Wandteppiche (darunter deutsche und vlämische aus dem xiv. und xv. Jahrh.); reich geschnitztes Kruzifix; Bischofsstab aus vergoldetem und nielliertem Silber, Paxvobiscum, silbernes Rauchfaß gotischen Stils, u. a. — Der Gang um die Ringmauer erfordert 12 Minuten. — In der Kirche *S. Anna in Camprena* ($1^1/_4$ St.) verwahrloste Fresken von Sodoma (1503).

Sehr schön ist die Wagenfahrt von Montepulciano nach Chiusi (s. Pl. A 6; $3^1/_2$ St., Einsp. 16 fr.), an den ($^1/_2$ St.) Schwefelquellen von *S. Albino* (477m) vorbei, über ($^1/_2$ St.) Chianciano (s. unten), ($1^1/_4$ St.) Sarteano (S. 93) und ($^1/_2$ St.) Cetona (S. 93). Die untere Straße, an der Eisenbahn entlang, ist nicht lohnend.

Bei der Weiterfahrt wird r. der *Monte Cetona* (1147m) sichtbar, eine schmale, westliche Vorkette des Apennin. L. der *See von Montepulciano* (249m), später der *See von Chiusi* (248m), beide durch einen Kanal verbunden. Die Gegend ist im Sommer ungesund.

79km *Chianciano*. Der Ort (457m) liegt 7km westl.; in der Nähe s.w. ein gut eingerichtetes Schwefelbad mit warmen Quellen (Grand Hôtel, 5 Min. vom Badehaus, 60 Z. von $3^1/_2$, P. von 10 fr. an, Alb. dei Bagni, 50 Z., P. 6-10 fr., beide 1. Juni bis 30. Sept. geöffnet). — 88km *Chiusi*, s. S. 91.

7. Von Florenz über Arezzo-Cortona und Terontola *(Chiusi-Rom)* nach Perugia.

165km. Im Sommer Mo. Mi. Fr. Blitzzug in 3 St. 21 Min. für 20 fr. 65, 14 fr. 45 c.; Schnellzug (nur bis Terontola) in $3^1/_2$-$4^1/_4$ St. für 20 fr. 60, 14 fr. 40, 9 fr. 35 c.; Personenzug in $6^3/_4$-7 St. für 19 fr. 15, 13 fr. 40, 8 fr. 65 c. Nur bis Arezzo, 88km in $1^1/_2$-4 St., Schnellzug für 11 fr. 25, 7 fr. 90, 5 fr. 15 c., Personenzug für 10 fr. 25, 7 fr. 15, 4 fr. 60 c.; von da bis Cortona, 28km in $^1/_2$-1 St., Personenzug für 3 fr. 25, 2 fr. 30, 1 fr. 50 c. — Wer Arezzo und Cortona sehen und vor Abend Perugia erreichen will, tut gut, nachmittags vorher nach Arezzo zu fahren und dort zu übernachten.

Der *Schnellzug nach Rom* verläßt die Linie bei Terontola (s. R. 11), während der S. 46 gen. Blitzzug über Perugia-Foligno nach Rom weiterfährt (Florenz-Rom in $7^1/_2$ St. für 35 fr. 30, 24 fr. 50 c.). In Terontola für Perugia meist Wagenwechsel. — Aussicht fast nur links.

Florenz s. *Bædeker's Oberitalien.* Die Bahn umzieht die Stadt. 5km *Campo di Marte*, ein Nebenbahnhof. — Dann am r. Ufer des *Arno* hin. L. oben Fiesole. Das Tal verengt sich vor (13km) *Compiobbi.* — 21km *Pontassieve* (100m), am Einfluß der *Sieve* in den Arno.

Von Pontassieve nach Forlì führt eine gute Straße durch die Apenninen (c. 92km; Diligenza in $12^1/_2$ St. für $7^1/_2$ fr.). Sie biegt bei (18km; $1^3/_4$ St.) *Dicomano* (158m; Alb. Fratelli Falugiani, Z. 1 fr.) aus dem Sievetal nach O. ab und erreicht am Fuß des eigentlichen Apenninenwalles (29km; $3^1/_2$ St.) *S. Godenzo* (402m; Alb. Agnoletti, Z. $1^1/_2$ fr.; Pens. Alpina, Z. 1 fr.), mit 2600 Einw., in deren aus dem XI. Jahrh. stammenden Kirche Dante 1302 mit andern florentinischen Verbannten zu gemeinsamem kriegerischen Vorgehen gegen die guelfische Signoria zusammenkam. — Die Straße steigt weiter in Windungen bis zur (36km) Paßhöhe (907m), wo eine lange Mauer (*Muraglione*) je nach der Windrichtung auf der einen oder anderen Seite umfahren wird (weite Aussicht) und senkt sich im *Montone-Tal* über (44km; 7 St.) *S. Benedetto in Alpe* (503m), (54km; 8 St.) *Portico S. Benedetto*, (63km; $8^3/_4$ Std.) *Rocca S. Casciano* (224m; Alb. Al Ponte) und (82km; $11^1/_2$ St.) *Castrocaro* nach (92km; $12^1/_2$ St.) *Forlì* (S. 114).

26km *S. Ellĕro* (Zahnradbahn nach Vallombrosa, s. *Bædeker's Oberitalien*). — Links schöner Blick. Die Bahn biegt nach S. um und tritt in das Längstal des mittleren Arno; nach einem kleinen Tunnel auf sein l. Ufer. — 29km *Rignano:* lohnend ein Besuch der prächtigen *Villa Sanmezzano* des Marchese Panciatichi in Florenz (zu Wagen in $^3/_4$ St. zu erreichen). — Folgt ein Tunnel. — 36km *Incisa in Valdarno*, mit weithin sichtbarem Kastell jenseit des Flusses, der sich hier durch das Kalkgebirge sein Bett bricht; von diesem „Einschnitt" der Name des Ortes. — 41km *Figline Valdarno.* Im Tal des Arno bei Figline, Montevarchi und Arezzo wurden viele fossile Knochen von Hirsch, Elefant, Nashorn, Mastodon, Flußpferd, Hyäne, Tiger, Bär u. a. gefunden; es scheint in ältester Zeit einen großen Süßwassersee gebildet zu haben.

48km **S. Giovanni** *Valdarno* (Alb. Valdarnese), l. die kleine Stadt, Heimat des Malers *Masaccio* (1401-28) und des *Giovanni da S. Giovanni*, gen. *Manozzi* (1590-1636). Von letzterem sind Bilder im *Dom*, Enthauptung Johannes des Täufers, Verkündigung u. a. Eine früher dem Masaccio zugeschriebene Madonna, sowie einige andere ältere Bilder sind in der Sakristei der auf der alten Stadtmauer gelegenen Kirche *S. Maria delle Grazie* aufgestellt.

54km **Montevarchi** (144m; *Alb. Tre Mori*, Z. $1^1/_2$ fr.), Städtchen mit 5296 Einwohnern. An der Loggia der Hauptkirche, auf der Piazza, ein figurenreicher *Robbia.* In der *Accademia Valdarnese* eine reiche Fossiliensammlung (s. oben).

Die Bahn läuft steigend durch drei Tunnel bis (61km) *Bùcine*, auf einem Hügel r. Vier weitere Tunnel. — 66km *Laterina;*

72km *Ponticino* (256m); dann in die vom Schutt der Flüsse geschaffene Ebene von Arezzo, das man l. schon von weitem erblickt.

88km *Arezzo*.

-

Arezzo. — Gasth. vgl. S. xv: **Inghilterra** (Pl. a: B 4), Piazza Umberto I 1, mit elektr. Licht und Restaur., Z. 3-5, F. 1, Omn. 1 fr.; — **Vittoria** (Pl. b: C 4), Via Cavour 4, Z. 1½-2 fr.; **La Stella**, Via Guido Monaco 21, Z. 1½ fr., gelobt; **Globo** (Pl. d: C 4), Corso Vitt. Emanuele, nur Z. und F., bescheiden aber gelobt. — Restaurant: *Petrarca*, Via Guido Monaco 6, gelobt. — Café: *dei Costanti*, Piazza Umberto I.

Droschke: einfache Fahrt 1 (1-6 Uhr nachts 1½), die Stunde 2 fr., jede folgende ½ St. 75 c. Handgepäck frei, Koffer 20-50 c.

Theater: *R. Teatro Petrarca* (Pl. B 4), bei Piazza Umberto I; *Politeama Aretino* (Pl. A 5), beim Bahnhof. — Post (Pl. B 3), Piazza Principe Amadeo.

Arezzo (256-296m), das alte *Arretium*, Sitz eines Bischofs und eines Präfekten, am Abhang eines Hügels aufsteigend, ist eine saubere angenehme Stadt von 16451 Einwohnern, in schöner fruchtbarer Gegend, reich an geschichtlichen Erinnerungen und Denkmälern. Für Eilige genügt ein halber Tag.

Arretium, eine der zwölf etruskischen Bundesstädte und mächtige Gegnerin Roms, erbat im Anfange des III. Jahrhunderts Roms Hilfe gegen gallische Angriffe und war im hannibalischen Krieg ein wichtiger Stützpunkt der Römer. Nach dem Bürgerkriege (82 vor Chr.) erhielt Arretium eine römische Kolonie, die zu Caesars Zeit erneuert wurde (*Colonia Fidens Iulia Arretium*). Es hatte Fabriken von roten Tongefäßen und Waffen. — Im Mittelalter hatte die Stadt von den Goten und Langobarden, dann von den Parteikämpfen der Guelfen und Gibellinen viel zu leiden; an der Spitze der letzteren unterlag sie in der mörderischen Schlacht von *Campaldino*, an der auch Dante teilnahm, 1289 dem guelfischen Florenz. Im XIV. Jahrh. war sie einige Zeit unter der Herrschaft der Tarlati (S. 50), kam 1337 vorübergehend, 1384 dauernd an Florenz.

Arezzo ist die Geburtsstätte vieler bedeutender Männer, u. a. des *C. Maecenas* († 9 nach Chr.), des Freundes des Augustus und Gönners des Vergil und Horaz; ferner des Benediktinermönchs *Guido Aretino*, auch *Guido Monaco* genannt (um 990-1050), Gründers unseres Notensystems, der aber nach andern aus der Nähe von Paris stammt. 1304 wurde *Francesco Petrarca*, der größte lyrische Dichter Italiens, von florentinischen Eltern hier geboren (vgl. S. 50; † 1374); 1492 der Satiriker *Pietro Aretino* († 1556). — Von Künstlern gehören Arezzo an: *Margheritone* (1236?-1313), Maler und Bildhauer, nicht bedeutend; *Spinello Aretino* (1318-1410), ein Schüler Giotto's, dessen Stil er mit großer Geschicklichkeit festhielt und volkstümlich machte (in S. Miniato bei Florenz, im Campo Santo zu Pisa und in Siena (S. 26) lernt man ihn am besten kennen); aus späterer Zeit der Maler, Architekt und Künstlerbiograph *Giorgio Vasari* (1512-74); u. a. Trotzdem bestand hier keine Lokalschule. Florentiner und Sieneser Meister befriedigten das Kunstbedürfnis, das im XIII. und XIV. Jahrh. sehr groß war; Giotto, Lippo Memmi, Pietro Lorenzetti u. a. fanden hier Beschäftigung.

Vom Bahnhof (Pl. A 5) folgt man der Via Guido Monaco geradeaus ins Innere der Stadt. Auf **Piazza Guido Monaco** (Pl. B 4) ein 1882 enthülltes *Denkmal Guido Monaco's* (s. oben), von Salvini; auf der Piazza del Popolo l. eine 1880 errichtete Denksäule für die Freiheitskämpfe der Italiener.

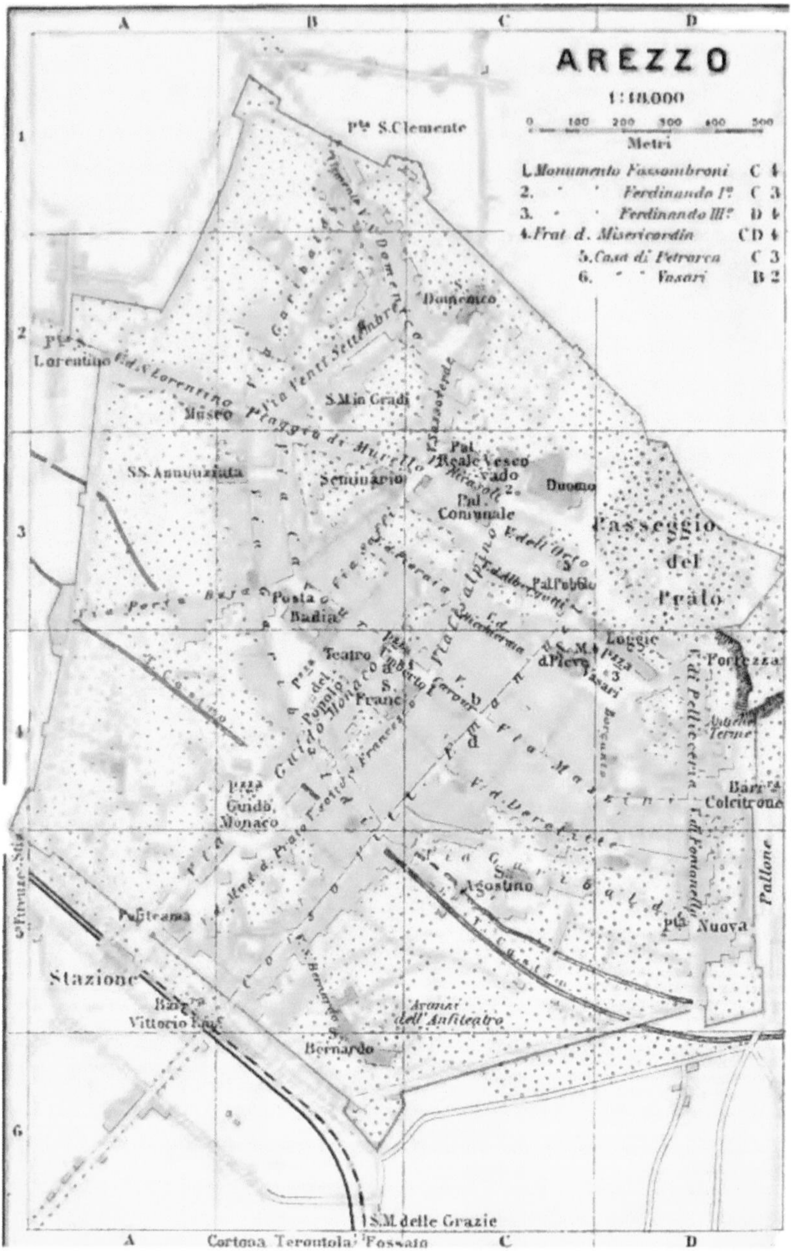
AREZZO
1:18.000
0 100 200 300 400 500
Metri
1. Monumento Fossombroni C 4
2. " " Ferdinando I° C 3
3. " " Ferdinando III° D 4
4. Frat. d. Misericordia CD 4
5. Casa di Petrarca C 3
6. " " Vasari B 2
A
B
C
D
1
2
3
4
6
P.ta S. Clemente
S. Domenico
P.ta S. Lorentino
Museo
S. M. in Gradi
SS. Annunziata
Seminario
Pal. Reale Vescovado
Duomo
Pal. Comunale
Passeggio del Prato
Posta
Badia
Teatro
S. Franc.
S. M. d. Pieve
Loggie
Fortezza
Antiche Terme
P.za Guido Monaco
Barr.ra Colcitrone
Pallone
S. Agostino
P.ta Nuova
Politeama
Stazione
Barr.ra Vittorio Em.le
Avanzi dell' Anfiteatro
S. Bernardo
S. M. delle Grazie
Cortona Terontola Fossato

Auf der kleinen Piazza Umberto I (Pl. BC 4), wo die Via Guido Monaco in den Straßenzug Via Cavour-Via Mazzini mündet, erinnert ein Denkmal (Pl. 1) an den S. 53 gen. *Grafen Fossombroni* (geb. 1754 zu Arezzo, † 1844).

Die Kirche **S. Francesco** (Pl. BC4), in der Ecke des Platzes, gegründet 1322, jüngst restauriert, enthält sehenswerte Fresken des xv. Jahrhunderts.

An der Eingangswand eine Freske des *Spinello Aretino*, Christus beim Mahl mit Maria Magdalena; das Rundfenster, der h. Franziskus empfängt die Ordensregel, von *Guillaume Marcillat* (1520). — L. in der Kapelle des h. Antonius von Padua sehr zerstörte Fresken von *Lorentino d'Arezzo*. Am Ende der l. Wand Grabmal des Ant. Roselli († 1467), von einem Florentiner. — Am Ende der r. Wand *Spinello Aretino*, Verkündigung (um 1385). — Im Chor: schöne, z. T. sehr beschädigte *Fresken von *Piero della Francesca* (c. 1452), dem Lehrer des Luca Signorelli (um Mittag und gegen Abend beste Beleuchtung). Sie erzählen Szenen aus der Legende vom h. Kreuz: Tod und Beerdigung Adams, auf dessen Grab das Samenkorn vom Baume der Erkenntnis gepflanzt wurde und zum Stamme emporwuchs; die Königin von Saba erkennt die Herkunft des von Salomo zum Bau einer Brücke verwendeten Holzes, aus dem später das Kreuz Christi gezimmert wurde; ihr Empfang durch Salomo; Entfernung des Brückenbalkens auf Salomos Befehl; Suchen nach dem Kreuz in einem Brunnen; die h. Helena findet die drei Kreuze und Erprobung des echten; Einbringung des Kreuzes in Jerusalem; Kaiser Heraklius erobert das Kreuz im Kampf gegen Chosroes von Persien; ein Engel verheißt dem schlafendem Kaiser Konstantin Sieg durch das Kreuz und Verkündigung; Sieg Konstantins über Maxentius (s. S. 410). Piero zeigt sich hier als Meister charakteristischer Darstellung, der Perspektive und Lichtwirkung, worin er, wie in der Kenntnis des Nackten allen Zeitgenossen vorauschritt. Die Evangelisten an der Decke wahrscheinlich von *Bicci di Lorenzo*. — In dem vom Chor aus zugänglichen Kapellenraum unter dem Turm gleichfalls bedeutende Fresken von *Spinello Aretino:* thronender Christus mit Engeln; h. Michael den Drachen besiegend; der Engel erscheint Gregor dem Großen bei der Pest über der Engelsburg; gegenüber: Gregor Almosen austeilend, der h. Ägidius auf der Jagd und Messe des h. Gregor.

Weiter s.ö. in Via Cavour, dann l. den Corso Vitt. Emanuele hinauf, trifft man r. die interessante Kirche

S. Maria della Pieve (Pl. C4), im Anfang des xi. Jahrh. gegründet; vom ersten Bau der (restaurierte) Chor erhalten (sichtbar von Piazza Vasari), Fassade und Turm 1216 durch *Marchionne* erbaut, letzterer 1330 vollendet. Über dem Hauptportal Madonna zwischen zwei Engeln und die Monatsbilder, an der Tür r. die Taufe Christi von 1221. Das Innere ist dreischiffig mit weiter Apsis und Krypta, einer Holzdecke über der Vierung und offenem Dachstuhl, alles im alten Stil restauriert. An der Eingangswand ein Hochrelief, Anbetung des Christkindes, aus dem xi. Jahrh.; der Taufbrunnen vorn l. ist etwa aus derselben Zeit. An dem Pfeiler l. vor dem Chor: *Werkstatt Giotto's*, die H. Franziskus und Dominikus. Hinter dem Hochaltar eine gute Madonna mit Heiligen, Verkündigung usw., von *Pietro Lorenzetti* aus Siena (1320).

Hinter der Kirche die malerische Piazza Vasari (Pl. D 4), mit Fontäne und einem 1822 errichteten Denkmal des *Großherzogs*

Ferdinand III. (Pl. 3); an der Nordseite die von *Vasari* 1573 erbauten Loggien (Pl. D 4). Nahe dem Chor von S. Maria della Pieve die *Fraternità della Misericordia* (Pl. 4: D 4), jetzt Sitz des Gerichts, mit schöner Fassade, von florentinischen Künstlern 1375 gotisch begonnen, 1433-36 von Bern. Rossellino im Renaissancestil vollendet und mit einer Madonna in der Türlünette geschmückt.

Unter den Loggien des Vasari kehrt man zum Corso zurück, den man gegenüber dem *Palazzo Pubblico* (Pl. C 3) erreicht; der mit zahlreichen Wappen der alten Podestà geschmückte Bau, von 1322, dient jetzt als Gefängnis.

Etwas höher geht vom Corso, ebenfalls l., die Via dell' Orto ab, wo gleich l. Nr. 22 eine lange Inschrift das *Geburtshaus Petrarca's* (Pl. 5: C 3; S. 48) bezeichnet. Von hier zum nahen Dom, an dessen Ostseite der *Passeggio del Prato* eine hübsche Aussicht auf das Arnotal und die Berge bietet.

Der *Dom (Pl. C 3) ist ein bemerkenswertes Werk italienischer Gotik, begonnen 1277, mit späteren Zusätzen. Die Fassade wird seit 1901 von Dante Viviani vollendet.

Im Innern — dreischiffig ohne Querschiff, von schönen weiten Verhältnissen — gemalte Fenster aus dem Anfange des XVI. Jahrh., von *Guillaume de Marcillat*, der die drei ersten Gewölbe des Mittelschiffs und das erste des l. Seitenschiffs ausgemalt hat (die übrigen Gewölbefresken von *Salvi Castellucci*, 1668); das mittelste Fenster im Chor ist modern. Im r. Seitenschiff das bescheidene Grabmal Gregors X., der 1276 auf der Rückreise aus Frankreich in Arezzo starb, als er eben einen neuen Kreuzzug betrieb. Weiterhin ein altchristlicher Sarkophag (Deckel modern). Darüber ein Renaissancetabernakel und eine Freske von *Spinello Aretino*, Kreuzigung (c. 1380). — Auf dem Hochaltar ein Marmorwerk von *Gior. di Francesco* aus Arezzo und *Betto di Francesco* aus Florenz (1369-75), Madonna mit den H. Donatus und Gregorius und Reliefs aus deren Leben. — Im l. Seitenschiff am ö. Ende: das Grab des Guido Tarlati, des kriegerischen Bischofs von Arezzo († 1327), von *Agostino* und *Agnolo da Siena* (1330), mit 16 Reliefs aus dem Leben dieses hochstrebenden Mannes, der, 1321 zum Vorsteher der Stadt erwählt, bald erobernd sich hervortat, und in S. Ambrogio zu Mailand den Kaiser Ludwig den Baier krönte. Daneben h. Magdalena, Freske von *Piero della Francesca*. Die im J. 1796 errichtete große Kapelle der Madonna enthält fünf treffliche Terrakottawerke von *Andrea della Robbia*. — In der Sakristei eine Verkündigung, Tonrelief von *Bern. Rossellino* (1433), ein h. Hieronymus, Freske von *Piero d'Antonio Dei* und Predellenbilder von *Luca Signorelli*.

Vor dem Dom die *Marmorstatue Ferdinands von Medici* (Pl. 2: C 3), von Pietro Francavilla (1595). Am Domplatz, auf dem ein Petrarca-Denkmal errichtet werden soll, der mit Wappen geschmückte *Palazzo Comunale* (Pl. C 3) von 1333; in der Sala del Consiglio ein Bildnis des Pietro Aretino (S. 48) von Seb. del Piombo (verdorben).

S. Domenico (Pl. C 2) hat über dem Portal eine Madonna, Freske von Lorentino d'Angelo (c. 1480), im Innern einen Christus am Kreuz von Parri Spinello und r. ein bemaltes gotisches Tabernakel mit Wappenschildern, von Giov. di Francesco aus Florenz. — In der Via Venti Settembre r. Nr. 27 das *Haus des Vasari* (Pl. 6 : B2; S. 48), mit Malereien von ihm im ersten Stock.

Ecke der Via Garibaldi (Eingang in dieser Nr. 73) und der Via S. Lorentino befindet sich das ***Museum** (Pl. A B 2), mit verschiedenen Sammlungen; stets zugänglich, man wende sich unten an den Kustoden oder frage in der Bibliothek (kl. Trkg.). Direktor Comm. G. F. Gamurrini.

Im ERSTEN STOCKWERK. — Auf dem Treppenflur antike Reliefs, u. a. Nr. 62. Toilette einer Dame. — I. Zimmer: Steinzeitwaffen und -geräte aus dem Gebiet von Arezzo. In der Mitte eine Münzsammlung, darunter gute etruskische Stücke. Aschenurnen. Attische Vase mit Darstellung von Amazonenkämpfen. — II. und III. Zimmer: Gefäßfragmente von rotem glasierten Ton (S. 48), nebst zahlreichen Formen. Attische Vase mit Darstellung der Entführung der Hippodamia. — IV. Zimmer: neben den Fenstern Bronzestatuetten, außerdem r. mittelalterliche und spätere Gegenstände; an der anstoßenden Wand im 1. Schrank Elfenbeinarbeiten, darunter Nr. 37. geschnitztes Elfenbeinkästchen aus dem VII. Jahrh., u. a.; in den übrigen Schränken vortreffliche Majoliken; in der Mitte Siegel, darüber eine Renaissance-Brunnenfigur; Tonmodell der S. 50 gen. Türlünette von Bern. Rossellino. — V. Zimmer: Waffen, Skulpturen, Architekturstücke, u. a.; in der Mitte auf dem Tische Bronzestatuetten und ein bronzener Reliquienkasten von *Forzore* (1488). — VI. Zimmer: antike Urnen und Reliefs, auch mittelalterliche Skulpturen. — Im VII.-XI. Zimmer: naturgeschichtliche, im VII. und VIII. Zimmer paläontologische Sammlungen, meist aus dem Chianatal.

Im ZWEITEN STOCKWERK die städtische Gemäldesammlung (besonderer Kustode unten). — I. Zimmer: XIV. und XV. Jahrhundert, r. vom Eingang mit drei Bildern von *Margheritone* (S. 48) beginnend. — II. Zimmer: XV. und erste Hälfte des XVI. Jahrhunderts, darunter eine dem *Tommaso Martini* mit Unrecht zugeschriebene Freske, Madonna das Kind anbetend, zwei Tafelbilder von *Piero d'Antonio Dei*, h. Rochus, und zwei Madonnen von *Lorentino d'Angelo*, die eine, mit den H. Gaudentius und Columat, von 1482. — III. Zimmer: großes Altarwerk von *Luca Signorelli*, oben die Madonna, unten David mit dem h. Hieronymus und der knieende Stifter, der Jurist Niccolò Gamurrini (1520); Madonna, auf Wolken thronend, mit vier Heiligen, von *demselben;* ein großes Bild aus der *Schule Fra Bartolomeo's*, Madonna auf dem Thron mit Heiligen. — IV. Zimmer: Ende des XVI. Jahrhunderts, darunter mehrere Bilder von *Giorgio Vasari*. — V. Zimmer: XVII. und XVIII. Jahrhundert, Bilder von *Ricci*, *Vignali* u. a. — VI. Zimmer: XVIII. und XIX. Jahrhundert, Bildnis des Tommaso Sgricci, von *Gérard*. — VII. Zimmer: Zeichnungen und Skizzen. — VIII. Zimmer: eine Freske von *Spinello Aretino* (S. 48). — Im IX. und X. Zimmer: eine vom Grafen Fossombroni (S. 53) vermachte Bildersammlung.

Die *Stadtbibliothek*, in demselben Gebäude (zugänglich 9-12 und 2-5 Uhr) besitzt 490 Handschriften, die ältesten aus dem XI. Jahrhundert.

An einem kleinen an Via Garibaldi anstoßenden Platze liegt die Kirche **SS. Annunziata** (Pl. A B 3), ein trefflicher Renaissancebau, großenteils von *Ant. da Sangallo d. Ä.;* das Innere dreischiffig mit Tonnen- und Kuppelgewölben; am letzten Altar r. Madonna in Wolken mit dem h. Franziskus, von *Pietro da Cortona;* über der r. Seitentür vier Evangelisten von *Spinello Aretino;* Glasgemälde von 1509.

Weiter quer über den Platz und r. in die Via Cavour. Hier liegt, an der Piazza Principe Amadeo (Eingang zwischen Post und Kirche),

4*

die **Badia** *di S. Fiore* (Pl. B 3), jetzt Sitz der *Accadémia Aretina di Scienze, Lettere ed Arti;* im Bibliotheksaal, dem ehemaligen Refektorium, Gastmahl des Ahasverus von Vasari (1548). In der anstoßenden, ebenfalls von Vasari erbauten *Kirche* ein Tabernakel von Ben. da Maiano, die gemalte Scheinkuppel von Padre Pozzo. Der *Klosterhof* ist von Giulio da Maiano.

Am unteren Ende des Corso Vitt. Emanuele, nahe der Barriera Vitt. Emanuele, führt die Via S. Bernardo zur Kirche **S. Bernardo** (Pl. B 6); die Fresken des Portalgewölbes, Gottvater mit den Evangelisten, sind ein Jugendwerk *Vasari's* (1529); darunter Maria dem h. Bernhardin erscheinend, von *Piero d'Antonio Dei;* in der Sakristei Madonna von *Pecori*, aus Arezzo. Vor dem Kirchenportal l. im Klosterhof (läuten!) geringe einfarbige Fresken (Leben Guido Monaco's und des h. Bernhardin), sowie eine Ansicht des mittelalterlichen Rom; im Garten Reste eines römischen Amphitheaters.

15 Min. vor der Barriera Vittorio Emanuele (gleich vor dem Tor durch die Allee l., nach 3 Min. an der Ecke auf dem Fahrweg r.) liegt **S. Maria delle Grazie**, mit zierlicher Säulenvorhalle der Frührenaissance, von *Benedetto da Maiano (?)*, und schönem Marmoraltar von *Andrea della Robbia* (c. 1485). Im Kreuzgang wurden 1907 Fresken von *Piero della Francesca (?)* entdeckt.

Eisenbahn von Arezzo nach *Stia-Pratovecchio* s. Baedeker's *Oberitalien*, nach *Fossato* s. S. 57.

Von Arezzo zweimal tägl. Diligenza in 2 St. für $1^1/_2$ fr. quer durch das Chianatal (S. 53) nach dem 20km s.w. gelegenen Städtchen

Monte Sansavino (330m; *Alb. del Sole*, bei Porta Fiorentina, Z. 1 fr. 20, leidlich), mit 4800 Einw., Geburtsort des Bildhauers *Andrea (Contucci da) Sansovino* (1460-1529). — Auf dem Hauptplatz die Kirche S. Chiara; im Innern l. h. Antonius von den *Robbia* und Madonna mit vier H. von *Andrea Sansovino (?, c. 1525)*; r. die H. Sebastian, Laurentius und Rochus, Frühwerk des *Sansovino;* Anbetung der Hirten von den *Robbia;* an den Mittelpfeilern sienesische Bilder des xv. Jahrhunderts; r. und l. vom Hauptaltar Propheten von *Vasari*. — In der Hauptstraße („ruga maestra") r. der *Pal. Municipale*, 1520 von Ant. da Sangallo d. Ä. erbaut; in der Sala del Consiglio eine schöne geschnitzte Holztür des xvi. Jahrh. Gegenüber (l.) eine *Loggia* von Sansovino. Weiter in der Hauptstraße r. die Kirche der *Misericordia*, mit Grabmal von 1498. Dann r. *S. Agostino*, mit Fassade aus dem xiv. Jahrh.; Himmelfahrt Mariä von Vasari; Klosterhof von Ant. da Sangallo d. J. Links Nr. 17. *Pal. Filippi;* schöne schmiedeeiserne Balkongeländer und Laternenhalter (xviii. Jahrhundert). — Etwa $1^1/_2$km von Monte Sansavino liegt das *Santuario delle Vertighe* (xvi. Jahrh.), mit einer Madonna von Margheritone d'Arezzo (c. 1280).

Von Monte Sansavino nach *Sinalunga* (S. 44) 15km; lohnend der kleine Umweg über Foiano della Chiana und Betolle nach *Torrita*, ebenfalls Eisenbahnstation, s. S. 41 (Einsp. 8-10 fr.). — **Foiano** *della Chiana* (315m; *Alb. Vittoria*, Z. 1 fr., leidlich) ist 13km von Monte Sansavino entfernt. $^1/_2$km vor Foiano r. *S. Francesco*, mit schöner Loggia (Ende des xv. Jahrh.); im Innern mehrere Robbiawerke. In der Stadt enthalten *S. Domenico* und die *Collegiata* ebenfalls einige Robbia, letztere auch eine Krönung Mariä von Luca Signorelli (1523, sein letztes Werk z. T. Schülerarbeit). — In **Betolle** (313m; Alb. Italia) ist die Sammlung etruskischer Altertümer in der *Villa des Conte Passerini* beachtenswert (u. a. gold. Armband mit Widderköpfen; kolossale Schale mit Gigantenkämpfen und bacchischen Szenen). Einsp. nach Torrita ($^3/_4$ St.) $2^1/_2$-3 fr.

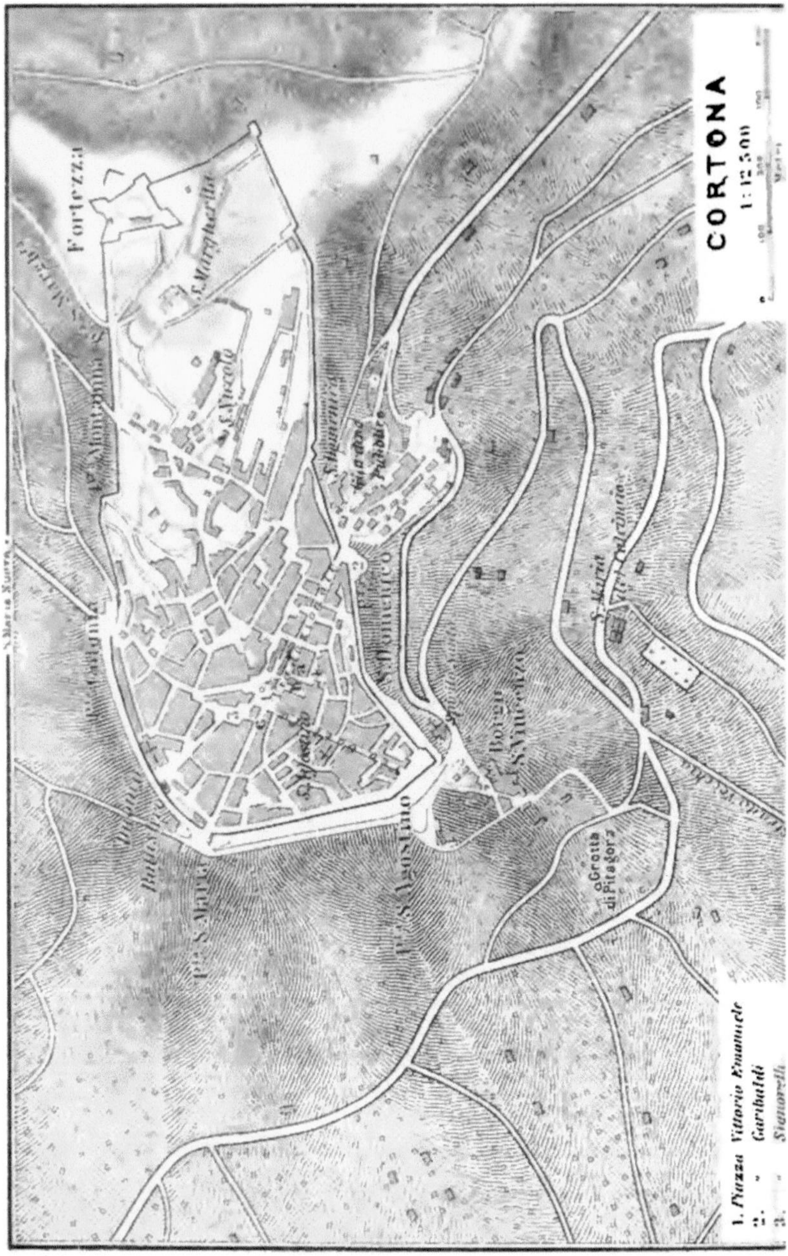
CORTONA
1:12500
Fortezza
S. Margherita
Borgo S. Vincenzo
Grotta di Pitagora
1. Piazza Vittorio Emanuele
2. " Garibaldi
3. " Signorelli

Bei der Weiterfahrt l. die Hügelkette, welche das Arno- und *Chianatal* (s. unten) vom oberen Tibertal scheidet. Tunnel. — 100km *Frassineto;* 106km *Castiglion Fiorentino*, l. auf einem Hügel (345m); weiter l. die verfallene Feste *Montecchio*. Später erscheint l. in der Ferne hochthronend Cortona.

Das *Chianatal* ist eine Längsfurche des Apennins und die natürliche Fortsetzung des obersten Arnotales, das sich in vorhistorischer Zeit durch dieses zum Tiber entwässerte. Infolge des geringen Gefälles verbauten jedoch die Schuttmassen der Nebenbäche das Bett, so daß der Arno einen n. w. Weg einschlug. So versumpfte das Talgebiet und blieb bis in die Mitte des XVIII. Jahrhunderts ein fieberschwangerer Sumpf (Dante, Inf. XXIX, 46), der sich nach zwei sonst getrennten Flußsystemen entwässerte, der seltene Fall einer echten Bifurkation. Durch planmäßige Auffüllung nach dem Colmatensystem, bei dem die Bergbäche die mitgeführte Erde ablagern, wurde das Gebiet besonders unter der Leitung des Grafen Fossombroni (S. 51) erhöht und entwässert und ist jetzt wieder eins der fruchtbarsten des Landes. Die Wasserscheide (252m) verschob sich seit dem Altertum, wo die Chiana, lat. *Clanis*, nachdem sich der Arno abgelöst hatte, in den Tiber mündete, nach Süden. Jetzt sendet sie ihre Hauptwassermasse, die toskanische Chiana, durch den *Canal Maestro* dem Arno zu; nur ein Arm, die römische Chiana, vereinigt sich bei Orvieto mit der zum Tiber fließenden Paglia (S. 94).

116km Station *Cortona* (254m), am Fuße des Hügels, welchen die Stadt krönt, bei dem kleinen Ort *Camucia*.

Cortona. — Ankunft. Eine Fahrstraße (5km; Automobilomnibus in 1/4 St. zur Piazza Signorelli 60 c., nachts 1 fr.) führt zuletzt in großen Windungen, bei der Kirche **S. Maria del Calcinaio*, einem 1485 begonnenen Kuppelbau der Frührenaissance von Francesco di Giorgio aus Siena, mit schönem Altar von 1519, vorüber und, dicht unterhalb der Stadt bei der kleinen Kirche *Spirito Santo* wieder r. bis zum Giardino Pubblico (S. 54). — Fußgänger wählen den abkürzenden alten Weg (Strada Vecchia), auf dem man unweit eines etruskischen Grabes („Grotta di Pitágora") mit schönem Keilsteingewölbe vorbei, w. von S. Maria del Calcinaio und bei der südl. Vorstadt *Borgo S. Vincenzo* vorüber nach dem tiefgelegenen s.w. Stadttore, der Porta S. Agostino (S. 54), gelangt.

Gasth. (vgl. S. XV): Alb. Nazionale (Pl. a), Piazza Alfieri, mit Aussicht, Z. von 1 1/2 fr. an, P. 6 fr., recht gut; Alb. Garibaldi (Pl. b), ebenda, mit guter Trattoria; Tratt. del Popolo (Pl. c; auch Z.), Via Guelfa, in einem Palast des XVI. Jahrhunderts.

Cortona (650m), kleine hochgelegene Stadt von 3579 Einw., oberhalb des Chianatals, unweit des Trasimenischen Sees, ist eine der ältesten Städte Italiens. Die schöne Lage, die Aussichten, die etruskischen Altertümer und einige gute Bilder des XV. Jahrhunderts lohnen den Besuch reichlich.

Es scheint, daß die von der Po-Ebene einwandernden Etrusker die Stadt den Umbrern entrissen und zum Stützpunkt für die Eroberung des Landes machten. Cortona gehörte zu den zwölf Bundesstädten der Etrusker, deren Schicksal es teilte und römische Kolonie wurde. Im Mittelalter kam es nach mancherlei Kämpfen 1411 an Florenz.

Cortona ist der Geburtsort *Luca Signorelli's* (nach 1450-1523), der mit gutem Grunde als Vorläufer Michelangelo's gepriesen wird. Von seinem Lehrer Piero della Francesca (S. 49 u. 57) erbte er das Interesse zu anatomischen Studien, die er in zahlreichen Zeichnungen niederlegte. In der Wiedergabe des Nackten, in dem Verständnis der Bewegungen und Verkürzungen steht er allen Zeitgenossen voran. Um die volle plastische Wirkung zu erreichen, fehlt ihm jedoch der feinere malerische Sinn. Daher fühlt er sich auch in ausgedehnten Fresko-Kompositionen (s. S. 96, 42, 38), wo seine Vorzüge besser zur Geltung kommen, heimischer als in Tafelbildern, die eine koloristische Durchbildung verlangen. Seine Vaterstadt, die ihn durch städtische Ämter ehrte, bewahrt noch eine Reihe von Werken seiner Hand. — Cortona ist ferner die Heimat des Malers und Dekorateurs *Pietro Berettini*, gen. *P. da Cortona* (1596-1669), der hauptsächlich in Rom und Florenz wirkte.

Die vom Bahnhof kommende Fahrstraße (s. S. 53) mündet bei den Promenadenanlagen des *Giardino Pubblico*. Am Eingang der eigentlichen Stadt l. eine halbrunde Terrasse, Piazza Garibaldi (Pl. 2), mit einem Garibaldidenkmal und freier Aussicht auf einen Teil des Trasimener Sees und die umliegenden Höhen. R., beim Eingang zum Giardino Pubblico, die Kirche

***S. Domenico**, Anfang des xv. Jahrh. an Stelle einer älteren Kirche erbaut, jetzt in Restauration. Die trefflichen Bilder sind provisorisch in dem S. 55 gen. Baptisterium untergebracht: *Piero d'Antonio Dei*, Mariä Himmelfahrt; *Fra Angelico*, Madonna mit vier H. und Engeln (Jugendwerk von c. 1414); *Luca Signorelli*, Madonna mit den H. Dominikus und Petrus Martyr (1515); *Lor. di Niccolò*, Krönung Mariä (1440; Geschenk des Cosimo und Lorenzo de' Medici).

Die Via Nazionale führt geradeaus weiter auf die Piazza Vittorio Emanuele (Pl. 1), wo das *Municipio* steht. L. mündet hier die Via Guelfa, in welcher r. die Kirche *S. Agostino* liegt, mit einer Madonna und H. von Pietro da Cortona. Am Ende der Straße, unmittelbar vor *Porta S. Agostino* (S. 53) ist unter dem Pal. Cecchetti ein etruskisches Gewölbe erhalten.

Von der Piazza Vittorio Emanuele r. weiter gelangt man auf die kleine Piazza Signorelli (Pl. 3), wo l. ein alter Marzocco (Löwe), geradeaus der

Palazzo Pretorio, mit vielen Wappen alter Podestà, Sitz verschiedener Behörden, sowie der 1726 gestifteten *Accademia etrusca*, welche ein sehenswertes **Museum etruskischer Altertümer** besitzt. Dem Kustoden, den man holen läßt, ½-1 fr. Di. Do. Fr. 10-1 Uhr Eintritt frei. Direktor Girol. Mancini.

Hauptstück ist ein hocharchaischer, vielleicht aus dem griechischen Kleinasien importierter, runder **Kronleuchter (lampadario)* für 16 Flammen, eine Bronzearbeit ersten Ranges; auf der Unterseite ein Gorgonenhaupt, darum ein Tierkampf, dann Wellenornament, schließlich abwechselnd acht ithyphallische Satyrn, unter welchen Delphine und acht Sirenen, zwischen den Lampen je ein Bacchuskopf. Eine enkaustische Malerei auf Schiefer, *Polyhymnia* genannt, galt früher für antik. Merkwürdige *etruskische Bronzen*, eine *Votivhand* mit vielen Symbolen, unbedeutende *Vasen*, etruskische *Aschenkisten*, *Inschriften* und dergl. Auch einige ägyptische Altertümer, darunter zwei Mumien. — In der ebendaselbst befindlichen Biblioteca pubblica u. a. eine schöne Dantehandschrift.

Neben dem Palazzo Pretorio führt die Via Casali hinunter zum

*Dom *(S. Maria)*, einer schönen Basilika, angeblich von *Giul. da Sangallo* (1456-1502), im XVIII. Jahrh. durch den Florentiner *Al. Galilei* umgebaut.

Im Chor eine Beweinung unter dem Kreuz (1502) und eine sehr originell komponierte Einsetzung des h. Abendmahls mit Predella (1512), beide von *Luca Signorelli;* Empfängnis (1521) und Geburt Christi von demselben. — Im Südschiff eine Madonna von *Pietro Lorenzetti.* — In der Sakristei eine Lünette mit der Madonna, Johannes d. T. und dem H. Hieronymus, von *Luca Signorelli.* Links vom Chor ein antiker Sarkophag mit Kampf des Dionysos gegen Amazonen, fälschlich als die Ruhestätte des Konsuls Flaminius (S. 56) ausgegeben. Daneben ein Tabernakel von *Mino da Fiesole.*

Gegenüber das Baptisterium *(il Gesù)*, von 1505, mit schöner Kassettendecke (1536) und drei *Bildern von *Fra Angelico da Fiesole,* Verkündigung und zwei Predellen, Szenen aus dem Leben Mariä und des h. Dominikus. Ferner hier provisorisch die S. 54 gen. Bilder aus S. Domenico. In der Unterkirche ein Gestühl von *Vincenzo da Cortona* (1517).

Wendet man sich auf Piazza Signorelli an den Hallen des Theaters vorüber, so führt geradeaus die Via Dardano zur Porta Colonia, wo man am besten einen Blick auf die 2600m im Umfang messenden Stadtmauern wirft, deren unterste, aus großen Sandsteinblöcken zusammengefügte Schichten unter der mittelalterlichen Befestigung, aus altetruskischer Zeit stammen; selbst Tore (Porta Montanina, Porta Colonia u. a.) sind noch zu erkennen. Man kann an der Außenseite hinabwandern. N.ö. vor Porta Colonia die Kirche *S. Maria Nuova,* ein 1550 begonnener Kuppelbau von Battista di Cristofanello.

Auf der von Piazza Garibaldi ansteigenden Via S. Margherita gelangt man in 20 Min. nach der die Stadt überragenden Höhe, welche die Kirche dieses Namens und eine verfallende Festung trägt. — Etwa halbwegs geht l. die Via delle Santucce ab, auf der man in einigen Minuten die Kirche **S. Niccolò** erreicht, mit kleinem von einigen Zypressen besetzten Vorhof. Eingang auf der Westseite. Der Kustode wohnt gegenüber.

Im Innern (1/2 fr.) eine stark restaurierte Freske und ein auf beiden Seiten bemaltes gutes Bild von *Luca Signorelli:* vorn der Leichnam Christi von Engeln gehalten und von Heiligen umgeben, hinten thronende Madonna mit den H. Petrus und Paulus. — [Man kann von hier direkt nach S. Margherita weitersteigen; der Küster zeigt einen Treppenweg.]

S. Margherita ist ein moderner Bau an der Stelle einer 1298 von *Giov. Pisano (?)* errichteten gotischen Kirche, von der nur ein schönes Rundfenster erhalten ist; im Hochaltar das Grab der Heiligen von *Angelo* und *Franc. di Pietro* (1362), die silberne Vorderseite ein Geschenk des *Pietro da Cortona.* Von der Plattform des Campanile eine überaus herrliche Aussicht. Unterhalb Reste von *römischen Bädern,* sog. Bacchustempel. — Eine ähnliche Aussicht noch einige Minuten höher von der ehem. Fortezza (650m; Kustode oft schwer zu haben, Trkg. 20 c.), aus dem XVI.

Jahrh.), von deren Mauern aus der Blick ganz frei ist, nur im Rücken beschränkt durch die Bergkette *Alta S. Egidio* (1056m).

Bei der Weiterfahrt erreicht man zunächst (122km) **Teróntola** (*Bahnrest.*), einen unbedeutenden Ort, unweit der Nordwestecke des Trasimener Sees, Knotenpunkt für die Linien nach Chiusi-Orte-Rom (s. R. 11) und nach Perugia-Foligno. Für Reisende in letzterer Richtung meist Wagenwechsel (Aussicht anfangs r., dann l.).

Der Trasimener See, *Lacus Trasimenus*, **Lago Trasiméno** (259m; c. 6m tief), bildet einen Wasserspiegel von 129 qkm Flächeninhalt und 50km Umfang, umgeben von waldbewachsenen oder mit Ölbäumen bedeckten sanften Hügeln, die sich zu Erhebungen bis 800m fortsetzen. Er hat drei kleine Inseln, *Isola Maggiore* (mit Schloß des Marchese Guglielmi; Dampfer s. S. 57) und *Isola Minore* im N., *Isola Polvese* im SO.; von W. springt eine Höhe mit dem kleinen Castiglione del Lago (S. 91) in den See vor. Der fischreiche See besaß bisher nur einen Abzugskanal (Emissario) aus dem xv. Jahrh., der sein Wasser zum Nestore, einem Nebenfluß des Tiber, ableitete aber allmählich verschlammt war. Um den Wasserstand zu regeln und das fruchtbare Ackerland an den Seeufern zu vergrößern und fieberfrei zu machen, wurde 1896-98 s.ö. bei S. Savino (S. 57) an Stelle eines antiken Tunnels ein zweiter Emissar gebaut. Die schon von Napoleon I. geplante völlige Austrocknung des Sees ist vorläufig aufgegeben worden.

Das Andenken des blutigen Sieges, den hier 217 vor Chr. *Hannibal* über den römischen Konsul *C. Flaminius* gewann, umschwebt düster diese reizende Landschaft. Es ist nicht schwer, die heutige Gestalt derselben mit den Beschreibungen der Schlacht bei Polybius (3, 83 ff.) und Livius (22, 4 ff.) in Einklang zu bringen. Im Frühling des Jahres 217 verließ Hannibal das Winterlager in dem gallischen Oberitalien, überstieg den Apennin, zog durch die Niederungen des ausgetretenen Arnus, weit und breit alles verheerend, dann nach S. an dem bei Arezzo stehenden römischen Heere vorbei. Der tapfere und tüchtige Konsul folgte ihm in unvorsichtiger Eile. Hannibal besetzte die Höhen an der Nordseite des Sees, welche das reichlich eine Meile lang am Ufer hin sich erstreckende Defilé beherrschen. Der Eingang bei Borghetto, wie der Ausgang bei Passignano sind leicht zu schließen. In der Mitte auf dem Hügel, wo das Dorf Tuoro (307m) liegt, stand die Hauptmacht der Karthager. Ein dichter Nebel bedeckte die Niederung, als der Konsul am frühen Morgen ohne Kenntnis von dem Plan seines Feindes, den er auf Rom losmarschierend glaubte, in das Defilé einrückte. Als er seinen Irrtum gewahrte, war es zu spät: seine ganze l. Flanke war bloßgelegt und im Rücken von Borghetto her drängte die feindliche Reiterei. Es blieb ihm nichts übrig, als den Ausgang bei Passignano zu forcieren, und in der Tat gelang es der Vorhut von 6000 Mann, sich durchzuschlagen; freilich mußte auch sie am andern Tage die Waffen strecken. Der Tod des tapfern Konsuls war das Signal der völligen Niederlage, welche den Römern 15000 Tote kostete und die andere Hälfte des Heeres völlig zersprengte; die römische Herrschaft in Italien war merklich erschüttert. Der Dorfname *Sanguineto*, n.w. von Tuoro, erinnert an das Blutbad, das bis zum See hinab hier stattfand.

Der kleine Dampfer „Concordia“ der Società di Navigazione sul Lago Trasimeno fuhr 1907 von Mai bis Oktober So. früh und nachm. von

Passignano (s. unten; wo man sich vorher erkundige) über *Torricella* (c. 3½km s.ö., über den aussichtreichen, 405m hohen *Monte Colognola*, liegt der Bahnhof Magione, s. unten) und *Monte del Lago* nach (1 St.) *S. Feliciano* (Fahrpreis 90 c., hin und zurück 1½ fr.), gegenüber der Insel Polvese am O.-Ufer des Sees, von wo ein Fahrweg über (2½km) *S. Savino* (S. 56) nach dem (6½km) Bhf. Magione führt. — Im Mai, Juni, Sept., Okt. machte derselbe Dampfer Do. mittags eine Rundfahrt von Passignano über *Isola Maggiore* (S. 56), *Castiglione del Lago* (S. 91) und *S. Feliciano* (s. oben) zurück nach Passignano: 6 St. für 4 fr.

Die Bahn läuft am See entlang. Tunnel. — 130km *Tuoro*. — 134km *Passignano* (Alb. Balducci, Z. 1 fr.), mit alter Burg und Seebadeanstalt. Dampfer s. oben. Zwei Tunnel. — 144km *Magione*, Flecken mit altem Kastell der Malteserritter. Nach Torricella und S. Feliciano s. oben. — 155km *Ellera*. Kurzer Tunnel.

165km *Perugia* (303m; Bahnrest.); die Stadt malerisch l. auf der Höhe gelegen, s. S. 62.

8. Von Arezzo nach Fossato di Vico.

134km, schmalspurige Aktienbahn (*Ferrovia Appennino Centrale*), tägl. zwei durchgehende Züge, in 5¾-8½ St., für 5 fr. 35, 3 fr. 85 c.

Arezzo s. S. 48. — Die Bahn verläßt die Linie nach Rom (S. 52) und wendet sich dann in starker Steigung den Höhen s.ö. von Arezzo zu, schöne Rückblicke auf die Stadt und die Ebene gewährend. Sie zieht sich aufwärts zum *Scopetone*, dem w. Parallelzug des umbrischen Apennin, welcher die Täler des Arno und Tiber trennt; baulich die interessanteste Strecke: zwanzig Tunnel und mehrere Viadukte. — 18km *Palazzo del Pero* (404m). Weiter in n.ö. Richtung abwärts in dem bewaldeten Tal des *Cerfone*, der zum Tiber geht. — 31km *Ville-Monterchi* (312m), in einem Talkessel. Dann n. in rascher Steigung nach (32km) *Citerna* (320m). — 39km *Anghiari* (338m), malerisch auf der Höhe (429m) gelegenes Städtchen von 1927 Einwohnern. — Das Tal, ein ehem. Seebecken, ist reich angebaut. Die Bahn überschreitet den *Tiber* kurz vor

45km **Sansepolcro** oder *Borgo S. Sepolcro* (330m; *Alb. Fiorentino*, Via Venti Settembre, Z. 1½-2 fr.), Städtchen mit 4537 Einwohnern und alten Stadtmauern, am Fuß der *Alpe della Luna* (1454m), Geburtsort der Maler *Piero della Francesca* (c. 1420-92; vgl. S. 49), für dessen Kenntnis es wichtig ist, und *Raffaello dal Colle* (1490-1540), eines Schülers von Raffael. Eine Stunde genügt für den Eiligen.

Vom Bahnhof gelangt man geradeaus und nach 3 Min. r. durch die Porta Fiorentina in die zur Piazza Vitt. Emanuele II führende Via Venti Settembre. Von ihr führt alsbald r. die Via Barbagliati zur Piazza S. Chiara; hier die Kirche *S. Chiara*, mit einer Himmelfahrt Mariä, von Piero d'Antonio Dei und einer trefflichen Geburt Christi aus der Schule der Robbia. — In der Via Venti Settembre l., an dem Hause Nr. 20, ein romanischer Reliefsfries.

Die Piazza Vittorio Emanuele II hängt unmittelbar mit der Piazza Garibaldi zusammen; an ihr l. der *Palazzo del Comune*, mit einer kleinen GEMÄLDESAMMLUNG (stets zugänglich; Trkg.), meist aus den Kirchen der Stadt; hervorzuheben: **Piero della Francesca*, Auferstehung (Freske), Madonna della Misericordia mit H. (1445); *Signorelli*, Kreuzigung, auf der Rückseite zwei Heilige, ursprünglich Kirchenfahne; *Raffaello dal Colle*, Verkündigung, Beschneidung. Schräg gegenüber l. das *Gerichtsgebäude*, mit Wappenschildern von den Robbia, r. der

DOM, ein romanischer, zur Renaissancezeit umgestalteter Bau. Im Chor eine Wiederholung von *Perugino's* Himmelfahrt Christi in Lyon und eine Auferstehung von *Raffaello dal Colle;* im l. Seitenschiff die H. Petrus und Paulus von *Piero della Francesca* (das zugehörige Mittelbild, Taufe Christi, in der Londoner Nationalgalerie) und eine Anbetung der Könige von *Alberti;* im r. Seitenschiff: h. Thomas von *Santi di Tito* und Denkmal des Kamaldulenserabts *Simone Graziano* († 1508).

Nahe dem Dom, Via Lorenzo Magnifico 15, die *Casa Collacchioni*, mit einer Freske, *junger Herkules, von Piero della Francesca; Zutritt nur mit Erlaubnis des Besitzers Marco Colacchioni in Florenz. Im *Giardino pubblico* ein Denkmal des Künstlers (1892).

Von Sansepolcro führt eine Straße über den Zentralapennin nach *Urbania* (50km; S. 135). — Post 2mal täglich in 2 St. für 1 fr., am Tiber aufwärts, nach (17km) *Pieve S. Stefano* (431m), von wo eine neue Straße über 8km) *Valsavignone* (514m; Osteria Brizzi) n. nach *Montecoronaro* 881m) führt. Von ihr zweigt 3km n. von Valsavignone, anfangs über dem r. Tiberufer aufwärts, ö. ein schlechter Maultierpfad nach (3 St.) *Falera* 1031m) ab, von wo man die 2km n. am Ostabhang des *Monte Fumaiolo* (1408m) inmitten eines alten Buchenwaldes entspringenden *Tiberquellen* (Vene del Tevere, 1268m) besucht.

Weiter s.ö. am l. Ufer des Flusses. 50km *S. Giustino* (327m), mit Schloß der Bufalini (XV. Jahrh.). — 54km *Selci Lama*, l. abseit der Station.

61km **Città di Castello.** — GASTH. (s. S. XV): Alb. della Cannoniera (Pl. a: A 3), Z. 1½ fr., Alb. Tiferno (Pl. b: B 2), Via S. Antonio, 12 Z. von 1 fr. an, beide gelobt.

Città di Castello (288m), mit 6096 Einw., liegt an der Stelle des von Totila zerstörten *Tifernum Tiberinum*, in der Renaissancezeit von der Familie Vitelli beherrscht, später zum Kirchenstaat gehörig. Die Stadt, in länglichem Rechteck erbaut, hat z. T. noch ihre Mauern von 1518 und besitzt durch eine Reihe kleiner Bauten aus der Renaissancezeit einen gewissen Reiz. Am meisten treten der Palazzo Comunale, der Dom und die Paläste der Vitelli, aus dem XV. und XVI. Jahrh., hervor, welche wie die meisten Gewaltmenschen der Renaissance von großer Bauleidenschaft ergriffen waren. Für den Eiligen genügen zwei Stunden.

Dem Bahnhof (Pl. B 2) gegenüber r. der *Pal. Vitelli a porta S. Egidio*, der größte der Vitellipaläste, mit schönen Plafonds

(Besichtigung nur mit Erlaubnis des Fürsten Vitelli in Florenz); im Garten dahinter das reich ausgemalte Sommerhaus (Palazzina, Pl. B 1), aus dem XVI. Jahrhundert. Schräg gegenüber dem Palast eine Garibaldistatue (1887) und die Via Mazzini; in dieser r. der *Pal. vecchio Bufalini*. Bald darauf, ebenfalls r., die

Piazza Vitelli (Pl. B 2), auf deren Südseite (l.) der *Pal. Mancini*. Von hier am *Pal. del Governo* (Pl. 1: A 2; die Nordfassade aus dem XIV. Jahrh.) vorüber, gelangt man w. durch Via Cavour zur Piazza Venti Settembre (Pl. A 2), an der sich gleich l. der prächtige *Palazzo Comunale* erhebt, im XIV. Jahrh. von Angelus aus Orvieto in Rustikaquaderung aufgeführt.

Nebenan der Dom (*S. Florido;* Pl. A 2). Von dem 1012 gegründeten, romanischen Bau ist nur der Turm und das skulptierte Nordportal erhalten; der gegenwärtige Bau, im Renaissancestil, mit barocker Westfassade, wurde 1482-1540 von *Elia di Bartolomeo Lombardo* und seinem Sohne errichtet; im Innern beachtenswert die schönen Kapitäle und die Intarsien des Chors (XVI. Jahrh.); in der Sakristei eine kleine Madonna von *Pinturicchio (?);* im Kirchenschatz ein silbergetriebener Altarvorsatz mit vergoldeten Darstellungen (c. 1150) und ein schöner Bischofstab (XIV. Jahrh.). — Der Westseite der Kirche gegenüber liegt der *Giardino pubblico* (Pl. A 2), mit Blick auf das Tibertal.

4 Min. südl. die gotische Kirche *S. Domenico* (Pl. B 3), von 1395. Noch weiter südl., an der Stadtmauer, der *Pal. Vitelli della Cannoniera* (Pl. A 3), mit dekorativen Fresken im Treppenhaus (c. 1530) und schöner Graffitofassade an der Gartenseite. Er soll jetzt restauriert werden und später die unten gen. Pinacoteca aufnehmen.

3 Min. nördl. von Piazza Venti Settembre, im Erdgeschoß eines ehem. Klosters, jetzt Elementarschule, die städtische **Pinacoteca** (Pl. A 2), mit früher in den Kirchen aufbewahrten Gemälden und Kunstwerken. Man klopfe an der Tür l. vom Eingang (Trkg.).

Beachtenswert sind: 19. *Luca Signorelli*, Marter des h. Sebastian (1496; aus S. Domenico); *Giacomo da Milano*, h. Sebastian; *Schule Signorelli's*, Anbetung der Hirten, Taufe Christi und Krönung Mariä; *Eusebio di S. Giorgio (?)*, eine sehr verdorbene, früher Raffael zugeschriebene Kirchenfahne (Nr. 32. Dreieinigkeit und Nr. 17. Erschaffung Evas); alte freie Kopie der von Raffael für Città di Castello gemalten, jetzt verschollenen Krönung des h. Nikolaus von Tolentino; *Piero della Francesca*, Salvator Mundi; *Francesco Tifernate da Castello*, Verkündigung (1524) und thronende Madonna; *Dom. Ghirlandaio*, Krönung Mariä mit Heiligen; Bilder von *Raffaellino dal Colle* u. a.; mehrere Terrakotten von *Andrea della Robbia* und seiner Schule, besonders Nr. 22. eine große Himmelfahrt Mariä; silbernes Reliquiar (1420).

Unweit n. die kleine Kirche *S. Cecilia* (Pl. A 2), mit einer Anbetung der Könige aus der Werkstatt der Robbia. Noch weiter *S. Maria delle Grazie* (Pl. A 1), mit gotischen Resten. Südl. von hier, am Ende der Via Undici Settembre, *S. Francesco* (Pl. B 2), mit einer Erinnerungstafel an Raffael, der einige seiner ersten

Städtchen (a Perugia die Kirchen S. Croce di Castiglia (Sefarte, und einer von Vasari erbauten Kapelle der Vitelli.

Die Eisenbahn führt weiterhin auf dem r. Tiberufer. 69km S. Serrasole (301m), am Eingang des Assinotales. Auf der Höhe r. der Wallfahrtsort Madonna di Canoscio (449m), 3km von der gleichnam. Haltestelle. — 73km Trestina; 75km Ronchi del Niccone. — 79km Montone-Monte Castelli. Dann wie unten über den Tiber. — 85km Umbertide (247m; Alb. Guardabassi, Via Garibaldi, Z. 1 fr.), Städtchen von 3692 Einw., am l. Ufer des Tiber in dem hier ziemlich engen Tal. In der Kirche S. Croce eine Kreuzabnahme von Luca Signorelli (1516). (Diligenza nach Perugia s. S. 63.)

Jenseit (88km) Monte Corona (290m) verläßt die Bahn den Tiber und windet sich n.ö. in dem engen Tal des Assino aufwärts, den sie achtmal überschreitet. — 95km Serra Partucci (350m). — 96km Campo Reggiano (314m). — 102km Pietralunga (370m; der Ort (566m) liegt 14km nördlich. Man erreicht die fruchtbare Hochebene von Gubbio, ein ehem. Seebecken in der Hauptkette des Apennins, das nach S. durch den Chiaggio oder Chiascio, lat. Clasius, entwässert wird.

113km **Gubbio.** — Gasth. (s. S. xv; man verabrede die Preise): Alb. S. Marco (Pl. a: D 3), Via Alfredo Benvenuti, Z. 1½ fr., mit Garten. — Café am Corso Garibaldi.

Gubbio (478-529m), Stadt von 5783 Einwohnern, liegt am Fuß und Abhang des *Monte Calvo* (983m) am Ausgang einer von schroffen Felswänden eingefaßten Schlucht, durch die die Straße nach Scheggia (S. 125) führt. Sie trägt einen durchaus mittelalterlichen Charakter, und der ansteigende Apennin gibt ihr ein von der Mehrzahl der italienischen Landstädte verschiedenes Ansehen. Aus der Häusermasse tritt der Palazzo dei Consoli gewaltig hervor; hoch oberhalb der Stadt das Kloster *S. Ubaldo* (820m; jenseit Pl. E 1). Für den Eiligen genügen 3 Stunden.

Gubbio ist die alte Umbrerstadt *Iguvium*, im Mittelalter *Eugubium*. Von den Goten zerstört, später eine Zeitlang Freistaat, dann zum Herzogtum Urbino gehörig, kam sie mit diesem zum Kirchenstaat. — Am 15. Mai, dem Vorabend des Festes des h. Bischofs Ubaldus von Gubbio (†1160), findet eine malerische Prozession auf der ansteigenden Straße nach dem oben gen. Kloster statt (la *Festa dei Ceri*).

Aus Gubbio war der Miniaturmaler *Oderisio*, den Dante im Purgatorio (xi, 80) „l'onor d'Agobbio" nennt (1240-99), von dem wir aber keine beglaubigten Werke kennen. Im xiv. u. xv. Jahrh. blühte hier ein Zweig der umbrischen Schule und namentlich Ruhm, teilweise weit über die Heimat hinaus, genossen Maler wie *Guido Palmerucci* (1280-1345?) und Glieder der Familie *Nelli*, unter denen *Ottaviano Nelli* († 1444) am meisten hervorragt (vgl. S. 62). — Noch bedeutender ist Gubbio's Stellung in der Geschichte des Kunsthandwerks. Neben Urbino, Castel Durante, Pesaro, Faenza war es Hauptplatz für die Fabrikation von *Majoliken*. Diese Stellung verdankt Gubbio hauptsächlich seinem Bürger *Don Giorgio Andreoli*, gen. *Maestro Giorgio*, dem Erfinder einer karminroten Farbe, der das Brennen einen besonders schönen Metallschimmer

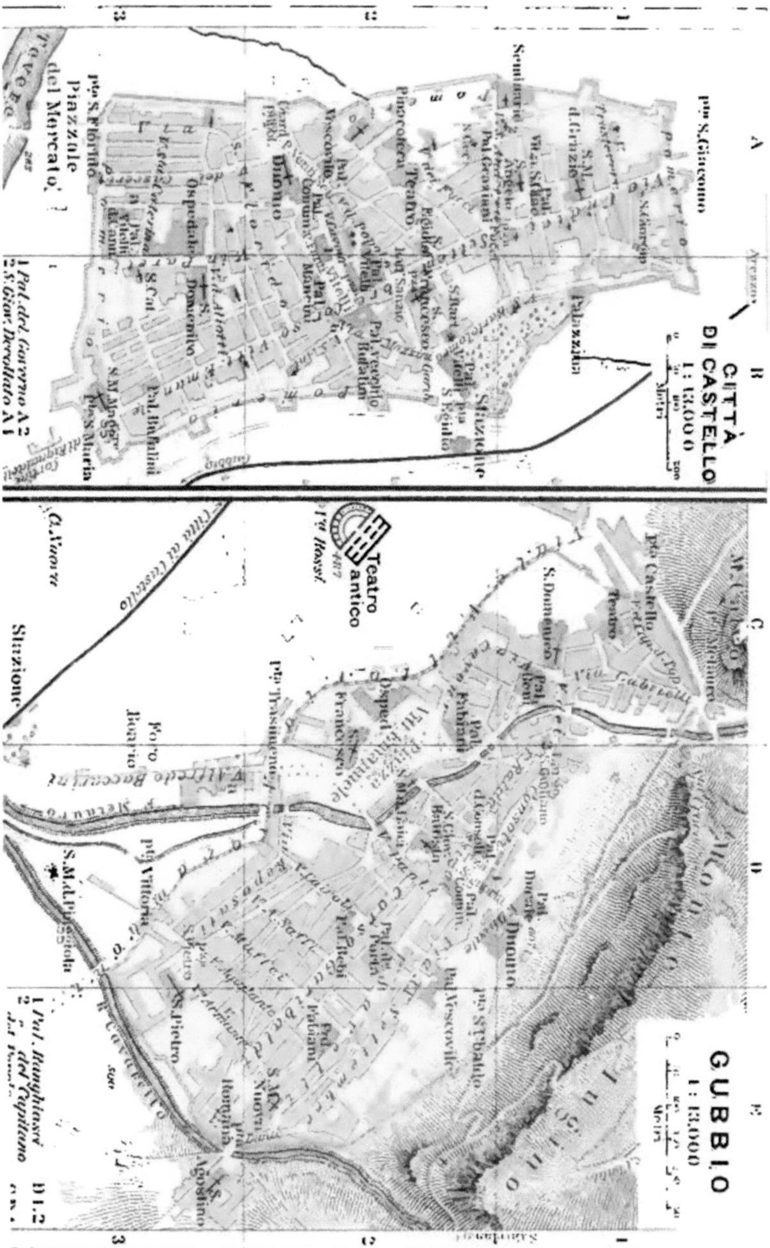
CITTÀ DI CASTELLO
1:13.000
GUBBIO
1:13.000
Teatro antico
Stazione

(Lüster) verlieh. Von seinen weitverbreiteten Arbeiten ist in Gubbio nur eine kleine Schale mit der Stigmatisierung des h. Franziskus erhalten.

Die meisten Straßen gehen bergauf und werden von drei Parallelstraßen durchquert: Corso Garibaldi, Via Savelli und Via Venti Settembre, letztere oben in der Höhe der Piazza della Signoria.

Vom Bahnhof gelangt man in 6 Min. zur Piazza Vittorio Emanuele (Pl. C D 2); l. die gotische Kirche *S. Francesco*. Durch Via Paoli, von der l. eine kleine Querstraße zu der gotischen Kirche *S. Giovanni Battista*, mit einem frühgotischen Altartisch auf 16 Säulen, führt, steigt man, zuletzt im Zickzack, hinauf zu der auf mächtigen Gewölben ruhenden, an den Bergabhang angebauten Piazza della Signoria (Pl. D 2), an welcher vor allen der

Palazzo dei Consoli in die Augen fällt, ein gewaltiger, zinnengekrönter gotischer Quaderbau, mit Turm, 1332-48 von *Giovanello Maffei*, gen. *Gattapone*, aus Gubbio aufgeführt. Im Erdgeschoß eine Ehreninschrift aus der Zeit des Augustus. Von der Loggia ($^1/_2$ fr.) schöne Aussicht: in der Ebene die römischen Ruinen (S. 62), am Berge der Palazzo Ducale.

Gegenüber der **Palazzo Pretorio**, jetzt *Palazzo Comunale* (Pl. D 2), mit einigen Sammlungen (Trkg. $^1/_2$-1 fr.).

Im I. Stock die sog. *Eugubinischen Tafeln*, 1444 unweit des antiken Theaters (S. 62) gefunden: sieben eherne Tafeln, deren Inschriften die umfangreichste aller italischen Urkunden bilden. Sie enthalten in umbrischer Sprache (einer dem Lateinischen verwandten altitalischen Mundart) liturgische Vorschriften und Gebetsformeln und stammen aus verschiedener Zeit: die fünf älteren zeigen die linksläufige umbrische Schrift; die jüngeren (zwei und das Bruchstück einer dritten), mit lateinischem Alphabet, sind etwa aus dem II. Jahrh. vor Chr.

Im oberen Saal (schöne Holztür): eine Anzahl Gemälde, hauptsächlich aus der umbrischen Schule (u. a. eine Kirchenfahne von 1503, h. Vinzenz Ferrer aus der Schule *Nelli's*, ein *Timoteo Viti* usw.); mehrere Urkunden der Hohenstaufenkaiser, mit Goldbullen; sehr beachtenswerte geschnitzte Truhen, Schränke, Stühle aus dem XV. und XVI. Jahrhundert; ältere (vgl. S. 60) und moderne Majoliken.

Die dritte Seite des Platzes nimmt der moderne *Palazzo Ranghiasci-Brancaleone* (Pl. 1 : D 1,2) ein.

Von der Ostecke der Piazza della Signoria erreicht man, zuletzt auf der steilen Via Ducale und endlich r. durch die Via S. Ubaldo, den Palazzo Ducale (Pl. D 1), einen alten gotischen Bau, der von *Luciano da Laurana (Francesco di Giorgio?)* um 1474 in Anlehnung an den Palast in Urbino (S. 137) um- und ausgebaut wurde. Der schöne Säulenhof ist eingeschossig (Kustode in dem Haus neben dem Dom). Das Innere ist verfallen (schöne Aussicht).

Gegenüber liegt der **Dom** (*SS. Mariano e Jácopo Mártire*, Pl. D 1, 2), ein einschiffiger Bau des XIII. Jahrh., an den Bergabhang angelehnt, so daß eine Seite in der Erde steckt; an der Fassade Skulpturen des XIII. Jahrh. (vier Evangelisten und Lamm Gottes); im Innern (1. Altar l.) Madonna mit den Hl. Ubaldus und Sebastian von dem Gubbianer *Sinibaldo Ibi*, (3. Altar l.) eine Krönung der

h. Magdalena von *Timoteo Viti* (1521), (10. Altar l.) eine Geburt Christi von *Eusebio di S. Giorgio;* an der Orgel Pietà von *Adone Doni*, frei nach Michelangelo's Gruppe in Rom (S. 349); in der Sakristei ein Chorgewand, Geschenk des Papstes Marcellus II.

Zurück zur Via Venti Settembre und bald hinab zur Via Savelli, welche man l. verfolgt. An ihrem Ende r. S. Maria Nuova (Pl. E 2); sie enthält an der Wand r. die sog. Madonna del Belvedere, ein trefflich erhaltenes Werk des *Ottaviano Nelli*, wahrscheinlich von 1404 (der Kustode zieht auf), sowie, an der Eingangswand, Fresken von *Guido Palmerucci* und, an der Wand l. von der Tür, einen h. Antonius von demselben.

Weiter s. ö., unmittelbar vor *Porta Romana* (Pl. E 3), liegt *S. Agostino:* im Chor Fresken aus dem Leben des h. Augustin, von Ottaviano Nelli, sowie eine Glorie mit Engeln und Aposteln und ein Jüngstes Gericht, von seinen Schülern. Zurück durch das Tor und gleich l., an der romanischen Kirche *SS. Trinità* vorbei, in den Corso Garibaldi. Dann l. die Via Vincenzo Armanni hinab zu der Kirche *S. Pietro* (Pl. D E 3), mit halbzerstörter Fassade aus dem XII. Jahrh., und zur *Porta Vittoria.* Außerhalb die Kirche *S. Maria della Piaggiòla* (Pl. D 3; an der Tür l. klopfen), mit einer guten Madonna von Gentile da Fabriano (Ottaviano Nelli?) über dem Hauptaltar.

N.w. von Porta Trasimeno, an der Stadtmauer entlang, dann l., gelangt man zu den Resten eines 1863 entdeckten *antiken Theaters* (Pl. C 2), das aus republikanischer Zeit zu stammen scheint und unter Augustus restauriert wurde. In der Nähe s.ö. die Ruine eines großen Grabmals, das sog. *Mausoleum* des Pomponius Graecinus. Die antike Stadt erstreckte sich weiter in die Ebene hinein, als die heutige.

Fahrstraße von Gubbio nach *Perugia* s. S. 73; nach *Urbino* S. 138.

118km *Padùle.* — 126km *Branca* (371m). Dann über den *Chiaggio* und durch dessen Talebene nach (134km) *Fossato di Vico*, s. S. 134.

9. Perugia.

Ankunft. *Elektr. Straßenbahn* vom Bahnhof (303m) durch Porta Nuova (Pl. C D 6; 25 c.) und über Piazza Vittorio Emanuele (Pl. C 5; 20 Min.) zur Piazza Danti (Pl. C 3): 30 c., Handgepäck 10, Koffer 30 c. — Droschken selten vorhanden (vgl. S. 63). Die Straße steigt in Windungen bergan und mündet, jenseit des Militärhospitals und der Piazza d'Armi, an der Porta Nuova (Pl. C D 6). Ein Fußweg (20 Min.) geht bei der ersten Linksbiegung der Straße geradeaus und mündet an der Porta Ebùrnea (Strada del Bucaccio, Pl. A B 6). — *Stadtagentur* der Staatsbahnen, Piazza Umberto I.

Gasthöfe (vgl. S. XV). Ersten Ranges, mit Aufzug, elektr. Licht, Zentralheizung und Bädern: *Grand Hôtel Brufani (Pl. a: C 5; Besitzer George J. Collins, Engländer), am Eingang der Stadt, mit freier Aussicht, 100 Z. zu 3-7, F. $1^1/_2$, G. o. W. 3, M. o. W. 5, P. 8-14, Automobilomnibus $1^1/_2$ fr., ohne Vorausbestellung oft kaum auf Unterkunft zu rechnen, von Engländern bevorzugt; *Palace Hotel (Pl. p: C 5), Piazza

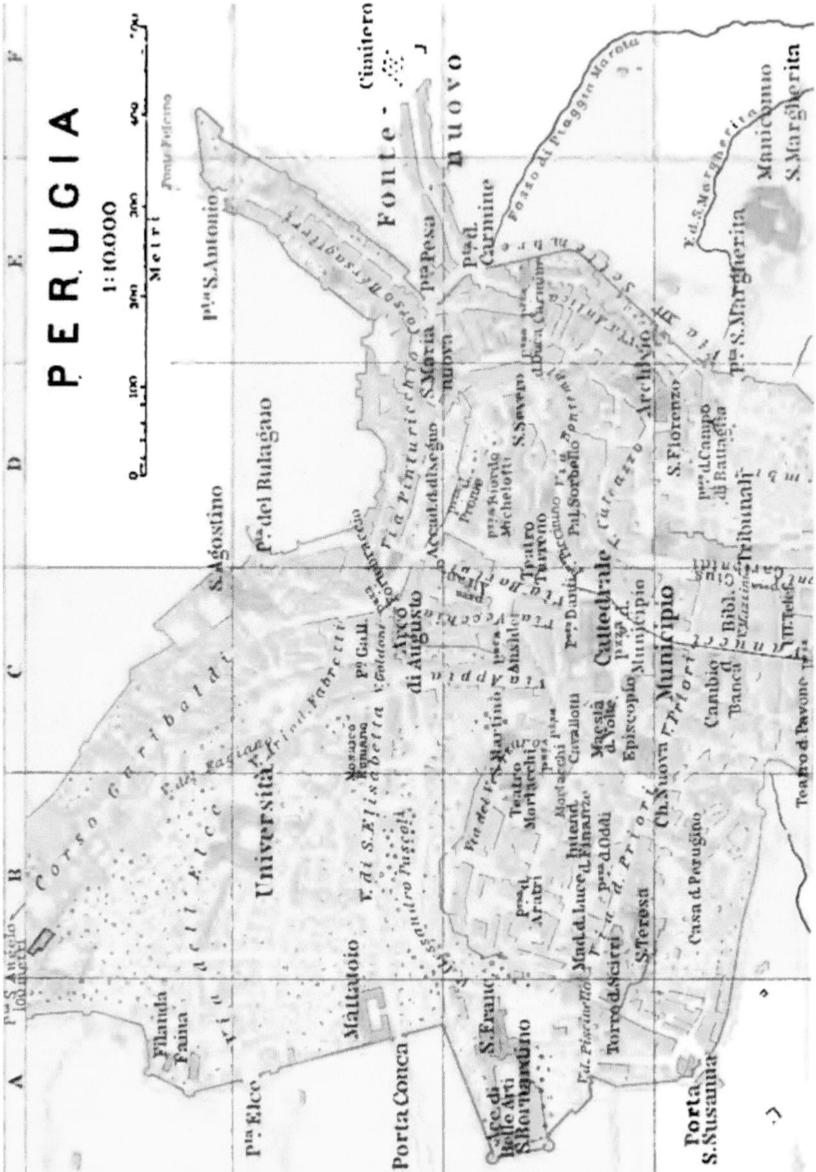
PERUGIA
1:10.000
Metri
Cimitero
Fonte Nuovo
Pta S. Antonio
S. Agostino
Pta del Bulagaio
Corso Garibaldi
Via dell'Elce
Università
Filanda Faina
Mattatoio
Pta Elce
Porta Conca
Arco di Augusto
Via Appia
S. Maria nuova
Pta d. Carmine
Pta Pesa
Teatro Turreno
Cattedrale
Municipio
Teatro Morlacchi
S. Severo
Archivio
S. Florenzo
Tribunali
Cambio d Banca
Bibl. Com.
Ch. Nuova
Episcopio
S. Teresa
Torre d. Sciri
Casa d. Perugino
S. Franc.
S. Bernardino
Acc. di Belle Arti
Porta S. Susanna
Manicomio S. Margherita
Pta S. Margherita
Teatro d. Pavone

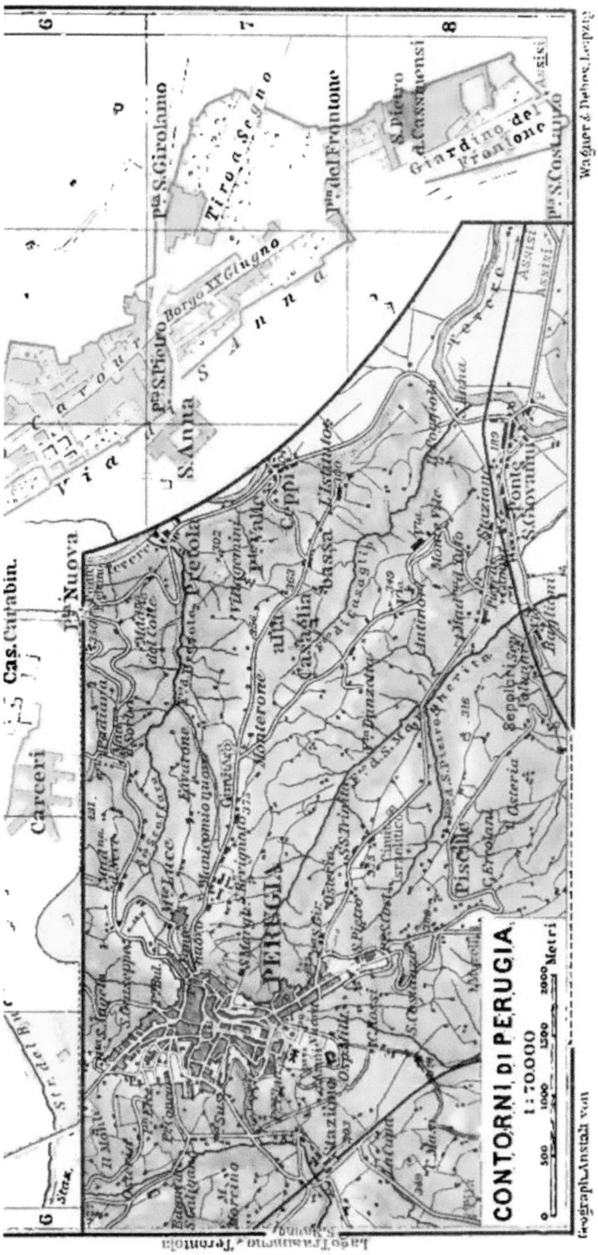
CONTORNI DI PERUGIA
1:70.000
Metri
PERUGIA
Wagner & Debes, Leipzig

Vittorio Emanuele, der ehem. Pal. Cesaroni, 100 Z. zu 4-6, F. $1^1/_2$, G. o. W. 3, M. o. W. 5, P. 8-14, elektr. Omn. $1^1/_2$ fr. — Zweiten Ranges: H. de la Grande-Bretagne & Poste (Pl. b: C 4), Corso Vannucci 21, Ecke der Piazza Umberto I, Z. von $2^1/_2$ fr. an, L. B. 1 fr., mit Trattoria. — Alb.-Pens. Belle Arti (Pl. c: C 5), Via Luigi Bonazzi 21, Z. $1^1/_2$-$2^1/_2$, P. 5-6 fr., mit freier Aussicht, meist gelobt; Alb.-Rist. Umbria (Pl. d: C 4), Via Boncambi 2, Z. $1^1/_4$-$1^1/_2$ fr., für Anspruchslose. — Privatwohnungen billig.

RESTAURANTS: im Palace Hotel (S. 62); Trasimeno, Corso Vannucci 5; H. de la Grande-Bretagne & Poste, s. oben; Trattoria degli Artisti, Via dei Priori 7-9 (Pl. C 4), einfach aber gelobt. — BIERHAUS: Via Baglioni 39a (Pl. C 5).

CAFÉS: Baduel, Trasimeno, Pietro Vannucci, alle drei im Corso Vannucci.

BÄDER, Via Augusta 1 (75 c.).

POST UND TELEGRAPH (Pl. C 5), im Palace Hotel (S. 62), Piazza Vittorio Emanuele.

DROSCHKEN. In der Stadt: Einsp. die Fahrt 75 c., die St. 1 fr. 50 c., jede weitere $^1/_2$ St. 50 c., nachts (1-5 Uhr) 1 fr. 25 c., 2 und 1 fr.; Zweisp. die Fahrt 1 fr. 25 c., die St. 3, jede weitere $^1/_2$ St. 1 fr., nachts 2, 4 und $1^1/_2$ fr. Vom Bahnhof in die Stadt und umgekehrt: Einsp. $2^1/_2$, Zweisp. 4, ein einzelner Platz 1 fr. Handgepäck 10, Koffer 20 c. — Lohnfuhrwerk (vettura di rimessa) für Ausflüge Einsp. c. 3, Zweisp. 5 fr. die Stunde. — AUTOMOBILE sind durch Vermittlung der Gasthöfe zu mieten.

DILIGENZA (Bureau: Corso Vannucci 38) nach *Umbertide* (S. 60) tägl., $7^1/_2$ Uhr vorm. und $3^3/_4$ Uhr nachm., in $3^3/_4$ (zurück in $4^1/_2$) St. für 3 fr.; nach *Todi* (S. 74) tägl. 7 Uhr vorm., in $5^1/_2$ (zurück in $6^1/_2$) St. für $5^1/_2$ fr.

PHOTOGRAPHIEN bei *Dom. Terese*, gegenüber dem Municipio (Pl. C 4).

Bei beschränkter Zeit ($1^1/_2$ Tage): *Collegio del Cambio* (S. 65), *Palazzo del Municipio* mit der *Pinacoteca Vanucci* (S. 66), *Fonte Maggiore* (S. 68), *Dom* (S. 68), *Arco di Augusto* (S. 69), *Universität* (S. 70), *S. Bernardino* (S. 71), *S. Domenico* (S. 72), *S. Pietro de' Cassinensi* (S. 72). — Empfehlenswert die Wagenfahrt nach *Assisi* (vgl. S. 74).

Perugia (493m), Hauptstadt der Provinz Umbrien, mit 20132 Einwohnern, Sitz des Präfekten und eines Militärkommandos, eines Erzbischofs und einer Universität (s. S. 70), liegt auf einem Höhenknoten etwa 300m über dem Tibertal. Die Stadt ist altertümlich gebaut, zum Teil auf der Höhe und ihren vier Ausläufern selbst, zum Teil an den Abhängen. Zahlreiche Bauten ihrer Glanzzeit, des XIV. und XV. Jahrhunderts, die Gemälde der umbrischen Malerschule, die weiten herrlichen Aussichten in die eigentümliche, anmutige Landschaft machen Perugia zu einem der besuchenswertesten Orte Italiens. Es eignet sich als Stützpunkt für weitere Ausflüge, wegen seiner frischen Luft auch als Sommeraufenthalt, und wird im Frühling und Herbst besonders von Engländern besucht. Gutes Trinkwasser aus der Gegend von Nocera Umbra (S. 134).

Perusia gehörte zu den zwölf Bundesstädten der alten Etrusker, nicht minder früh als Cortona; mit diesem und Arretium kam es 310 vor Chr. an die Römer und wurde später Municipium. In dem Kriege zwischen C. Octavianus und L. Antonius, der im Herbst des Jahres 41 Perusia besetzte und im Februar 40 nach hartem Kampfe von jenem zur Übergabe gezwungen wurde (bellum Perusinum), litt die Stadt furchtbar und wurde schließlich in Asche gelegt. Wiedererbaut, ward sie römische Kolonie mit dem Namen *Augusta Perusia* (vgl. S. 69). Im VI. Jahrhundert zerstörte der Gote Totila sie nach 7jähriger Belagerung. Auch in den Kriegen der Langobarden, der Guelfen und Gibellinen litt sie viel. Sie unterwarf sich im XIV. Jahrhundert fast ganz Umbrien, mußte sich aber 1370 dem Papste ergeben. Dann folgte neue Erhebung und Krieg, in welchem die großen Familien der Oddi und Baglioni sich bekämpften. Im J. 1416 warf der weise und tapfere Braccio Fortebraccio von Montone (S. 70) sich zum Herrn auf, daher neue Kämpfe, bis endlich Giovanni Paolo Baglioni sich Papst Julius II. ergab (1506). Leo X. ließ ihn 1520 zu Rom enthaupten. Paul III. ließ 1540-43 durch Ant. da Sangallo d. J. die Zitadelle (Rocca Paolina, s. S. 65) erbauen, um die Stadt in Gehorsam zu erhalten. 1708 wurde Perugia vom Herzog von Savoyen erobert, 1849 von den Österreichern, 1860 von den Piemontesen.

Umbrische Malerschule. Bereits zu Dantes Zeiten war ein umbrischer Künstler, der Miniaturmaler *Oderisio* aus Gubbio (S. 60) berühmt, ein künstlerisches Leben in Gubbio, *Fabriano*, *Perugia* usw. vorhanden. Das nahe Siena übte gewiß Einfluß auf die herrschende Kunstrichtung; noch schärfer wurde diese aber durch die Lage der Städte, die Stimmung der Anwohner, und die von Assisi, Loreto her wehende religiöse Luft beeinflußt. Dramatisches Leben, Gedankenreichtum ist in der umbrischen Kunst nicht vertreten, dagegen findet das still Holdselige, friedlich Anmutige eifrige Pflege. Die geschilderten Männer erscheinen oft schwächlich und beschränkt, die Frauen dagegen gewinnen durch den Ausdruck mild frommen Sinnes unseren Beifall. Technische Neuerungen verbreiten sich nur langsam, die alte Weise wird aber mit größter Sauberkeit betrieben, durch Anwendung häufiger Zieraten anziehender gestaltet.

Wenn wir von den Malern des XIV. Jahrhunderts, die in verschiedenen kleinen Städten zerstreut lebten, absehen, so tritt uns *Ottaviano Nelli* (S. 60) als der erste tüchtige Vertreter der Schule entgegen. Außer in seiner Vaterstadt haben sich auch in Foligno Werke seiner Hand erhalten. Ihn verdunkelte *Gentile da Fabriano* (c. 1370-1428), der vielleicht in seiner Jugend sienesische Meister studiert hatte, später weite Wanderungen (Venedig, Rom) anstellte, seinen Ruhm in ganz Italien gründete und dessen Werke uns beinahe wie die Schöpfungen eines flandrischen Malers heimatlich anmuten. Wie Gubbio und Fabriano, so besitzen noch andere umbrische Städte Lokalschulen, z. B. Camerino und Foligno, in welchem letzteren uns um die Mitte des XV. Jahrh. *Niccolò di Liberatore*, gen. *Alunno* begegnet, ein Mann von beschränkten Mitteln, die er aber wucherisch zu verwerten versteht. Er malt vorzugsweise Marienbilder, in welchen der schwärmerische Ausdruck mit reiner Schönheit glücklich verschmolzen ist und die Perugino's und Raffaels Madonnen wirksam vorbereiten.

Auch die größte Stadt des Landes, Perugia, blieb nicht zurück. Hier genügte die hergebrachte Schulauffassung nicht mehr, und wie überhaupt in Perugia ein reicheres Leben pulsierte, so empfand man hier auch die Notwendigkeit der Annäherung an die florentinische Kunstweise stärker. *Benedetto Bonfigli* (c. 1420-96) zeigt zuerst das Streben, sich über den Lokalstil zu erheben. Ähnliches gilt von *Fiorenzo di Lorenzo*, einem jüngeren Meister, vielleicht Schüler Benedetto's.

Zur Reife kommt diese Richtung durch den Meister, an welchen der Ruhm der umbrischen Malerei sich vorzugsweise knüpft: *Pietro Vannucci*, aus Città della Pieve (1446-1524), nach der wichtigsten Stätte seines Wirkens *Perugino* genannt. Doch schränkte sich seine Tätigkeit keineswegs auf Perugia ein. Zu wiederholten Malen hielt er sich Jahre lang in Florenz auf, und auch in Rom arbeitete er längere Zeit. Die Unzulänglichkeit der heimischen Schule bemühte er sich erfolgreich abzustreifen. In Verrocchio's Werkstätte in Florenz wird er in die Geheimnisse der Perspektive und der neuen Farbentechnik eingeweiht und erwirbt sich in beiden Richtungen volle Meisterschaft. Bis in das neue Jahrhundert hinein erhält er sich auf seiner Höhe, von welcher zu Perugia die Fresken im Collegio del Cambio sowie mehrere Bilder in der Galerie Zeugnis ablegen. Die letzten zwanzig Jahre seines Lebens zeigen ihn in sinkender Kraft, nicht ohne seine eigene Schuld, da er handwerksmäßig verfuhr und habgierig mehr Bestellungen annahm, als er gewissenhaft ausführen konnte. Scheint es doch, als hätte er gleichzeitig mehrere

Werkstätten, z. B. 1502-1505 in Florenz und Perugia unterhalten. In der letzteren war der jugendliche *Raffael* beschäftigt (vgl. S. 69).

Neben Perugino steht als Hauptmeister der Schule *Bernardino Betti*, genannt *Pinturicchio* (1454-1513), da. Ohne in das Schicksal der italienischen Kunst einzugreifen, den großartigen Neuerungen Leonardo's u. a. fern stehend, weiß er die überlieferte Technik und die gangbaren Formen vortrefflich zu verwenden und entwickelt eine staunenswerte Fruchtbarkeit als Freskenmaler. Der Vatikan und römische Kirchen, die Dombibliothek in Siena, die Kollegiatkirche in Spello sind die Hauptplätze seiner Tätigkeit. — Unter den jüngeren Genossen Perugino's ist dann *Giovanni di Pietro* oder (nach seiner Heimat) *lo Spagna* zu nennen, dessen Bilder den Jugendwerken Raffaels nahe kommen, und der die Eigenschaft aller umbrischen Maler, die Leichtigkeit des Schaffens, gleichfalls offenbart.

Untergeordneter Natur sind andere Gesellen aus Perugino's Werkstätte: *Giannicola di Paolo Manni* († 1544), ferner *Eusebio di S. Giorgio* (um 1500), der in Äußerlichkeiten Raffael glücklich nachgeahmt hat, so daß seine Bilder, z. B. die Anbetung der Könige in der Galerie zu Perugia (Saal XVII Nr. 12, S. 68), zuweilen für Raffaels Werke gehalten werden. Von *Sinibaldo Ibi* und *Tiberio d'Assisi*, in den ersten zwanzig Jahren des XVI. Jahrh. tätig, ist nichts Näheres bekannt, auch ihre Werke sehr selten. Als ein ganz tüchtiger Durchschnittsmaler erscheint *Gerino von Pistoia*, und ebenso besitzt Raffaels Freund *Domenico di Paris Alfani* (1483- nach 1536) noch eine gewisse Anziehungskraft. Die Selbständigkeit ist jedoch bereits bei den letzteren Meistern arg geschwächt; ehe die zweite Hälfte des XVI. Jahrhunderts beginnt, hat sich die umbrische Lokalschule in dem allgemeinen Strome, der von Florenz und Rom ausging, verloren.

Am Eingang der oberen Stadt dehnt sich an Stelle der seit 1860 abgetragenen Zitadelle (S. 64) die Piazza Vittorio Emanuele (Pl. C 5) aus, auf welcher sich die *Präfektur* erhebt, mit Arkaden im Erdgeschoß. In der Mitte des Platzes ein *Reiterdenkmal Viktor Emanuels II.*, Erzguß nach Tadolini's Entwurf (1890). Die mit Gartenanlagen bepflanzte Terrasse vor der Präfektur gewährt eine herrliche *Aussicht über das umbrische Tal mit Assisi, Spello, Foligno, Trevi und vielen andern Ortschaften, von der Hauptkette des Apennin von Gubbio an eingeschlossen, ferner auf den Tiber und einen Teil der Unterstadt von Perugia (zweimal wöchentlich abends Musik).

Von der Piazza Vitt. Em. gehen in nördl. Richtung aus: l. der Corso Vanucci, welcher nach dem Dom, r. die Via Baglioni, welche nach der Piazza Gius. Garibaldi (S. 71) führt (an der Ecke das Palace Hotel, mit dem Post- und Telegraphenamt). Wir folgen l. dem Corso Vanucci (Pl. C 5, 4), der Hauptstraße der Stadt.

Jenseit Piazza Umberto I l. Nr. 5, die *Banca di Perugia* (Pl. C 4), mit Wandgemälden aus der Geschichte der Stadt von A. Brugnoli (1895) in einem Saale des ersten Stockwerks (nur mit Erlaubnis der Direktion zu besichtigen).

Dann l. das ***Collegio del Cambio** (Pl. C 4), die alte Wechslerbörse. Sie enthält in der „Udienza del Cambio" einen Freskenzyklus von *Perugino* (1499-1500), die größte derartige Leistung des Meisters, der dafür von der Innung der Kaufleute 350 Dukaten erhielt.

Der Saal ist im Winter 10-2, im Sommer 7-12 und 3-5 Uhr zugänglich ½ fr., Eintrittskarten in der Farmacia Severini, nebenan; bestes Licht 11-12 Uhr.

Die Darstellungen sind bezeichnend für die Denkweise der Renaissance: einerseits die vier Kardinaltugenden mit ihren hervorragendsten antiken Vertretern, anderseits die drei christlichen Tugenden. Wand l. vom Eingang. 1. Bogen: l. oben die Prudentia, unten Fabius Maximus, Sokrates, Numa Pompilius; r. oben die Justitia, unten Furius Camillus, Pittacus, Trajan. 2. Bogen: l. oben die Fortitudo, unten Lucius Sicinius, Leonidas, Horatius Cocles; r. oben die Temperantia, unten Scipio, Perikles, Cincinnatus. Auf dem Pfeiler zwischen den beiden Bogen das Bildnis des Perugino. — Dem Eingang gegenüber: l. Christi Verklärung als Erfüllung des Glaubens; r., besonders schön, die Anbetung des Kindes als Darstellung der Liebe. — Wand r. vom Eingang. 1. Bogen: l. Propheten, r. Sibyllen, als Verkündiger der Hoffnung; darüber Jehovah. — An der Decke Medaillons der sieben Planeten zwischen reichen Ornamenten (Schülerarbeit). — Bei der Ausführung dieser Arbeiten soll unter den Gehilfen Perugino's auch Raffael geholfen haben, was sich aber nicht nachweisen läßt. Zu beachten ist auch die Schnitz- und Einlegarbeit (Tarsia) am Richterstuhl und an der Wechslerbank, die den zweiten Bogen der r. Wand einnehmen, an den Türen usw., von dem Florentiner *Dom. del Tasso* (1490-93) und von *Ant. di Mercatello* (1501); sie gehört zu den schönsten Werken dieser Art. — In der anstoßenden Kapelle ein Altarbild und Fresken von *Giannicola Manni* (1517).

Nebenan erhebt sich der ***Palazzo del Municipio** (Pl. C3, 1), ein gewaltiger Bau von 1281 und 1333, mit der Hauptfassade nach dem Corso, einer zweiten Fassade, mit neuer Treppe, nach dem Domplatz zu gerichtet. Schöne Fenster; die Wappen sind die der Perugia verbündeten Städte. — Über dem Portal am Domplatz ein Greif, das Wappentier der Stadt, und ein Löwe von Bronze (XIV. Jahrh.), darunter Ketten und Torriegel, welche an den 1358 von den Peruginern über die Sienesen erfochtenen Sieg erinnern. Das reich ornamentierte, mit Skulpturen geschmückte Hauptportal ist am Corso. Im ersten Stock die *Sala del Consiglio*, mit schöner Renaissancetür und einer Madonna von Fiorenzo di Lorenzo im Bogenfelde darüber; ferner die *Sala del Capitano del Popolo* oder *dei Notari*, von großartigen Verhältnissen, an den Wänden die gemalten Wappen ehem. Stadthauptleute und Podestàs (XIV. Jahrh.).

Im dritten Stock die städtische ***Pinacoteca Vanucci**, seit 1863 aus aufgehobenen Kirchen und Klöstern zusammengebracht, für die Kenntnis der umbrischen Malerei von hervorragender Wichtigkeit. Eintritt 9-3, Juni-Aug. 10-4, So. und Festt. 9-1 Uhr; Karten (1 fr.) im „Economato" (1. Stock l.). Kataloge liegen aus.

Aus dem Vorsaal gelangt man in den

Saal der alten Bilder (Cimeli; I): 6. *Margheritone d'Arezzo*, großes Kruzifix (1272); 14. *Meo da Siena*, Madonna und Heilige; die beiden Heiligen Nr. 15 und die zwölf Apostel Nr. 16 gehören zu demselben Bild; 22. *Ambrogio Lorenzetti*, Madonna mit vier Heiligen.

Die alte Cappella dei Decemviri oder del Bonfigli (II), mit Fresken von *Benedetto Bonfigli* (1454-96): r. von den Fenstern und auf der Eingangswand Szenen aus dem Leben des h. Ludwig von Toulouse; den Fenstern gegenüber seine Bestattung und Marter des h. Herculanus bei der Einnahme Perugia's durch Totila (s. S. 63); auf der folgenden Wand die Bestattung des Heiligen. Die geschnitzten, 1907 wiederhergestellten Chorstühle wurden von *Gaspare di Jacopo da Foligno* 1452 begonnen und von *Paolino d'Ascoli* vollendet. In den Glasschränken Handschriften und Chorbücher mit Miniaturen.

Saal III enthält Fresken des XIII. und XIV. Jahrhunderts aus S. Elisabetta (S. 69). — Korridor (IV): Kupferstiche.

Saal des XIV. Jahrhunderts (Trecentisti; V): größtenteils gute Sieneser Bilder. 12. Madonna mit den H. Katharina, Agnes, Elisabeth, Herculanus, Constantius u. a., oben und in der Predella kleinere Szenen. *Taddeo di Bartolo* oder *Bartoli:* 18. Ausgießung des h. Geistes; 21. der h. Franziskus mit den H. Antonius von Padua, Herculanus, Ludwig von Toulouse und Constantius; 23. Madonna mit Engeln und Heiligen (1403).

Saal des XV. Jahrhunderts (Quattrocentisti; VI): 18, 19. *Giovanni Boccati da Camerino*, Madonna mit musizierenden Engeln, thronende Madonna mit singenden Engeln, vier Kirchenlehrern und den H. Dominikus und Franziskus (1447). Fries: *Tommaso d'Arcangelo* aus Cortona, Taten des Condottiere Braccio Fortebraccio (S. 70).

Saal der Toskaner (VII): *1-18. *Fra Angelico da Fiesole*, Bestandteile eines großen Altarwerks (Madonna mit Engeln, Verkündigung, Heilige, Wunder des h. Nikolaus von Bari, 1437); 19. *Piero della Francesca*, Madonna mit vier Heiligen, darüber Verkündigung; 20. *Benozzo Gozzoli*, thronende Madonna mit Heiligen (1456); 22. *Luca Signorelli*, Madonna mit Engeln und Heiligen (1510; Werkstattbild).

Saal des Benedetto Bonfigli (VIII): 1, 5, 8. *Bonfigli*, Anbetung der Könige, Madonna mit musizierenden Engeln, Verkündigung mit dem h. Lukas.

Saal des Bartolomeo Caporale (IX): 1. *Bonfigli*, Kirchenfahne des h. Bernhardin von Siena: Christus erteilt dem Heiligen seinen Segen, unten eine Prozession vor dem S. 71 gen. Oratorio di S. Bernardino (1465); 8. *Bart. Caporale*, Christus mit Madonna in der Glorie (Fresko, 1469); 10. *Niccolò da Foligno*, Fahne der Bruderschaft der Annunziata (1466).

Saal des Bernardino di Mariotto (X): 1. Madonna mit Heiligen, 4. Madonna mit einer betenden Nonne (1442), beide von *Bernardino*. Ferner einige Fresken (Nr. 9-16) von *Fiorenzo di Lorenzo*. — R. ein kleines Zimmer (XI) mit Fresken aus dem Palazzo dei Pontani, von denen einige Peruginer Rechtsgelehrte darstellen.

Saal des Fiorenzo di Lorenzo (XII). *Fiorenzo:* 1. Madonna mit Engeln und Heiligen (vielteiliges Altarwerk), 4. Anbetung der Hirten; 6. *Fiorenzo (Pinturicchio?)*, Anbetung der Könige; 7. *Fiorenzo (Schule Mantegna's?)*, Brustbild der h. Jungfrau in einer Girlande, darunter Engelsköpfe; 19. *Perugino*, Krönung der h. Jungfrau (Rückseite s. Saal des Perugino Nr. 22); 20, 21. *Fiorenzo (?)*, h. Sebastian, Madonna mit Engeln und vier Heiligen; 25, *Fiorenzo*, Pietà. — Kabinett des Fiorenzo di Lorenzo (XIII): 1. *Fiorenzo*, Nische mit den H. Petrus und Paulus und der Madonna mit Engeln (1482); 2-9. *Fiorenzo (?)*, Wunder des h. Bernhardin (2-6 Meisterstücke, 7-9 in der Ausführung geringer).

Saal des Perugino (XIV), mit einer Marmorbüste Perugino's von *Carattoli:* 1. *Perugino*, der h. Jakob; darunter ein eigenhändiger Brief des Meisters vom 30. März 1512 an den Prior von S. Agostino; 5-21. *Perugino*, Geburt Christi, Taufe, Predellenbilder, Heilige, alles Teile eines großen Altarwerks aus S. Agostino (1502); 22. *Perugino*, Maria und Magdalena, die H. Franziskus und Johannes r. und l. von einem holzgeschnitzten Kruzifix (Vorderseite s. Saal des Fiorenzo di Lorenzo Nr. 19).

Kabinett des Perugino (XV). *Perugino:* 1. die H. Hieronymus und Maria Magdalena, 3. Johannes der Täufer zwischen vier Heiligen, 4. Madonna Ordensbrüder segnend (1497), 5. der h. Hieronymus als Büßer.

Saal des Giannicola Manni und des Berto di Giovanni (XVI), der eine ein Schüler Perugino's (s. S. 65), der andere ein Nachahmer Raffels.

*Saal des Pinturicchio (XVII), mit den bedeutendsten Bildern:

1. *Pinturicchio*, großes Altarwerk im Originalrahmen: Maria mit den Kindern Christus und Johannes, die H. Augustinus und Hieronymus, darüber Verkündigung, im Giebel Christus im Grabe von zwei Engeln unterstützt, auf den Predellen Szenen aus dem Leben der H. Augustinus und Hieronymus (1498); 3. *Pinturicchio*, bemalte seidene Fahne mit dem h. Augustinus; 5. *Perugino* oder *Giannicola Manni*, Verklärung Christi (1522); 6. drei Predellenbilder dazu; 7. *Perugino*, Madonna und vier Heilige; *Schule Raffaels*, 8. Ornamentstreifen und 11. Gottvater mit Engeln, gehörten zu der in Rom befindlichen Grablegung (vgl. S. 71 und 211); 9. *Perugino*, Madonna mit Betenden und den H. Franziskus und Bernhardin, im Hintergrund die Stadt Perugia; 12. *Eusebio di S. Giorgio*, Anbetung der Könige (1505; vgl. S. 65); 14. *Schule Raffaels (?)*, Madonna, im Motiv der ehemals in Perugia, jetzt in St. Petersburg befindlichen Madonna Conestabile entsprechend; 15. *Eusebio di S. Giorgio*, Madonna mit den H. Johannes d. T. und Benedikt; 19. *Spagna*, Madonna mit den H. Johannes d. T., Franziskus, Hieronymus und Antonius.

Saal der Schule Perugino's (XVIII). *Domenico di Paris Alfani:* 28. Madonna mit den H. Petrus, Paulus, Nikolaus und Lucia (1524); 38. heil. Familie, nach einer Raffael zugeschriebenen Zeichnung in Lille.

Endlich die drei Säle Domenico Alfani, della Torre und Orazio Alfani (XIX-XXI).

Die ebenfalls im Palazzo del Municipio untergebrachte, 1615 gegründete **Biblioteca comunale** umfaßt 70000 gedruckte Bände, sowie schöne Handschriften vom XI.-XV. Jahrhundert, mit Miniaturen. Mit der Bibliothek verbunden ist das *städtische Archiv*; es enthält Urkunden und Akten seit dem XII. Jahrhundert.

Die fünfte Tür r. vom Haupteingang des Pal. del Municipio führt in die 10-12 Uhr vorm., aber auch sonst zugängliche, sehenswerte *Sala del Collegio della Mercanzia*, mit schönen Intarsien (c. 1400).

Auf der Piazza del Municipio (Pl. C 3) der ***Fonte maggiore**, 1277-80 im Zusammenhang mit einer 1254 begonnenen Wasserleitung errichtet, nach Burckhardt der schönste italienische Brunnen jener Zeit: aus drei Schalen trefflich aufgebaut, mit zahlreichen biblischen und allegorischen Reliefiguren von *Niccolò* und *Giovanni Pisano* (1280) und *Arnolfo di Cambio* (unter den Statuetten zwei moderne Ergänzungen). — Die Westseite des Platzes nimmt der *bischöfliche Palast* (Episcopio) ein. Dahinter stand der durch Brand 1329 und 1534 zerstörte Palazzo del Podestà, von welchem ein Rest in dem Torgewölbe der sog. *Maestà delle Volte* erhalten ist.

Unweit nördl. von hier, in der Via del Verzaro, die kleine Kirche *S. Martino di Verzaro* (Pl. C 3), mit einem Fresko von Giannicola Manni, Madonna mit den H. Johannes d. T. und Laurentius.

Die **Kathedrale** (Pl. C 3), *S. Lorenzo*, eine gotische Hallenkirche aus dem XV. Jahrhundert, ist außen unvollendet. Neben dem Eingang vom Domplatz r. eine schöne spätgotische Kanzel (1439), l. eine *Bronzestatue Julius' III.*, von Vinc. Danti (1555).

Das Innere hat drei gleich hohe Schiffe, mit kurzem Querschiff, von schweren Verhältnissen. — R. vom Eingang Grabmal des Bischofs Baglioni († 1451), von *Urbano da Cortona;* dann die Capp. S. Bernardino: Kreuzabnahme von *Baroccio*, ein Hauptwerk des Malers (1569); das gemalte Fenster, die Predigt des h. Bernhardin von Siena darstellend, von *Costantino di Rosato* und *Arrigo Fiammingo* aus Mecheln (1565), 1863 restauriert. — Im l. Seitenschiff die *Cappella del S. Anello* (Kap. des Traurings der h. Jungfrau), welche bis 1797 die berühmte, von Napoleon entführte Vermählung Mariä von Perugino enthielt (jetzt in Caen); das Stuhlwerk ist von *Giov. Batt. Bastone* (1529); das zierliche Tabernakel von dem Goldschmied *Cesare di Francesco Roscetto* (1517) enthält den nur 5 mal im Jahre ausgestellten Trauring der h. Jungfrau. Am 3. Pfeiler ein verehrtes, ungewöhnlich lebendig aufgefaßtes Madonnenbild von *Giannicola Manni.* Unter dem 2. Fenster l. Christus segnend und Heilige von *Lodovico di Angelo;* unter dem 3. Fenster l. eine Pietà, Relief von *Agost. d'Antonio di Duccio* (1474). — Im l. Querschiff ein Marmorsarkophag von 1615 mit den Resten der in Perugia gestorbenen Päpste Urban IV. († 1264) und Martin IV. († 1285). Die Gebeine Innocenz' III. wurden 1892 nach Rom gebracht (s. S. 327). Das schöne Stuhlwerk im Chor wurde 1486 von *Giuliano da Maiano* begonnen und von *Dom. del Tasso* 1491 vollendet. — Im r. Querschiff eine Statue Leo's XIII. (1892), der 1846-77 Erzbischof von Perugia war. — Im Winterchor, gleich nebenan, ein *Altarbild von *Luca Signorelli:* Madonna mit einem lautenspielenden Engel und den H. Johannes d. T., Onuphrius-dem Eremiten, Stephanus (?) und einem Bischof als Stifter (1484).

In dem malerischen Kreuzgang des w. an den Chor der Kathedrale angebauten *Priesterseminars* sind einige beachtenswerte Skulpturstücke eingemauert. Die *Bibliothek* besitzt u. a. einen Lukaskodex aus dem VI. Jahrhundert.

Östl. und nördl. vom Dom die Piazza Danti (Pl. C 3), von der man östl. über Piazza Piccinino in die Via Bontempi, dann durch die erste linke Seitenstraße (Via Raffaello) nach

S. Severo (Pl. D 3) gelangt, einem früheren Kamaldulenserkloster, jetzt Kolleg, in dessen Kapelle *Raffael* im J. 1505 seine erste selbständige *Freske malte, nachdem er bereits 1504 die Schule Perugino's verlassen und dann in Florenz geweilt hatte. Eingang jetzt neben der eigentlichen Kapelle (dem Kustoden 1/2 fr.)

Das sehr beschädigte, durch Consoni stark restaurierte Bild hat Ähnlichkeit mit dem oberen Teile der raffaelischen Disputa im Vatikan: oben Gottvater (nicht mehr vorhanden) mit zwei Engeln und dem h. Geist, darunter der Erlöser zwischen zwei Engeln und die Heiligen Maurus, Placidus, Benedictus, Romualdus, Benedictus Martyr und Johannes Martyr. Einige der Gestalten sind schöner als alles, was die umbrische Schule aufzuweisen hat. Unten l. und r. die H. Scholastica, Hieronymus, Johannes der Evangelist, Gregor der Große, Bonifatius und Martha von *Pietro Perugino,* schwächste Leistungen seines Alters (1521).

Weiter durch Seitenstraßen n.w. (schöne Aussicht von Piazza di Prome, Pl. D 3) oder von Piazza Danti n. durch die Via Vecchia hinunter zum sog. ***Arco di Augusto** (Pl. C 2), einem antiken Stadttor mit der Inschrift *Colonia Vibia Augusta Perusia.* Das Tor stammt aus etruskischer Zeit, die Inschrift ist in der Kaiserzeit, die Loggia in der Renaissancezeit hinzugefügt. Die etruskische Stadtmauer, welche den Hügel der jetzigen Altstadt in 2800m Länge umzog, ist im W. und SW. mehrfach zugänglich.

Der kleine Platz jenseit des Augustusbogens heißt Piazza Fortebraccio (Pl. C 2). L. der *Palazzo Gallenga,* früher *Antinori* (1740-58). Geradeaus weiter der Corso Garibaldi, s. S. 70.

Unweit w. ist bei der zerstörten Kirche *S. Elisabetta* (s. S. 67) ein römischer *Mosaikfußboden* (Pl. C 2) mit Orpheus und den Tieren erhalten (Erlaubnis zur Besichtigung erteilt das Ufficio Regionale im Pal. del Municipio).

Neben dem Pal. Gallenga führt die Via Ariodante Fabretti zur

Universität Pl. B 1,2, 1320 gestiftet, in einem ehemaligen Kloster der Olivetaner. Sie hat eine juristische und eine medizinische Fakultät und zählt c. 35 Dozenten und 350 Hörer. Außer einem kleinen *botanischen Garten, naturwissenschaftlichen* und *kunstgeschichtlichen Sammlungen* besitzt sie im I. Stock ein **Museum etruskischer, römischer und mittelalterlicher Gegenstände**. Eintritt außer Mo. tägl. 10-2, im Sommer 10-12 und 3-5 Uhr, 1 fr.; Fremde finden immer Zutritt. Vizedirektor Favorino Fiumi.

Auf der Treppe etruskische und lateinische Inschriften und unbedeutende römische Skulpturen. Oben die längste bekannte etruskische Inschrift (Tabulae Perusinae), 1822 in der Nähe der Stadt gefunden. Der Korridor enthält etruskische Graburnen und Sarkophage. Aus seinem Südflügel betritt man das I. Zimmer, mit Geräten und Waffen aus der Stein- und Bronzezeit. — II. Zimmer: Bucchergefäße und bemalte Vasen, unter letzteren auch einige attische. III. Zimmer: Terrakotten, Aschenurnen u. dgl., vor dem Fenster eine Tonurne in Form eines liegenden Mannes, der von einer Todesgöttin mit teuflischen Zügen gepackt wird; die Asche war in dem hohlen Innern geborgen. IV. Zimmer: Bronzen. Ein Glaskasten mit Goldschmuck, u. a. ein großer goldener Ohrring mit Frauenkopf. — V. Zimmer: Bronzen, u. a. ein schöner Helm; eine Anzahl Bronzespiegel, darunter einer mit Darstellungen aus dem Helenamythus. VI. Zimmer: Beschläge eines Wagens mit Figuren und Ornamenten hocharchaischen, ostgriechischen Stils. — Im VII.-IX. Zimmer die Sammlung Guardabassi: interessante, meist in etruskischen Gräbern gefundene Gegenstände. Hervorzuheben: im VII. Zimmer eine prächtige Spiegelkapsel mit Darstellung des Dionysos auf dem Panther, gegenüber Toiletten- und Schmuckgegenstände, letztere aus Bernstein, rohen Korallen u. dgl.; im VIII. Zimmer eine Sammlung geschnittener Steine. — X. Zimmer: cyprische Altertümer. Weiter vier Zimmer mit Mittelalterlichen und Renaissancegegenständen. XI. Zimmer: Kasten mit den Gebeinen des Condottiere Braccio Fortebraccio (S. 61), der bei der Belagerung von Aquila am 5. Juni 1424 fiel, wenige Monate nachdem sein Nebenbuhler Sforza in der Pescara ertrunken war (früher in S. Francesco dei Conventuali); Sarg des Bischofs Baglione mit prachtvoller Sammetdecke (xv. Jahrh.). — XII. Zimmer: Kirchengeräte, Kelche, Kruzifixe, Elfenbeinarbeiten, darunter ein Rund mit Schachspiel und Aufbruch zur Jagd (französisches Ritterleben im xiv. Jahrh.). Drei *Meisterstücke der Emailtechnik (champlevés): Kelch, einst Eigentum des Papstes Benedikt XI. († 1304), Kelch und Schale, die letzteren beiden von *Cataluzio di Pietro* aus Todi (xiv. Jahrh.). Silberne Wahlurne für die städtischen Ämter, mit den Wappen der Zünfte (xvi. Jahrh.). — XIII. Zimmer: Siegel; Waffeleisen vornehmer Geschlechter Perugias; Majoliken; schönes Tonrelief, h. Franziskus, von *Luca della Robbia*; Madonnenrelief aus Terrakotta von *Agostino d'Antonio di Duccio*. XIV. Zimmer: Münzsammlung. — Im Korridor weitere etruskische Graburnen und römische Inschriften.

In der Kirche der Universität sind mittelalterliche Kunstwerke, auch Gipsabgüsse aufbewahrt, darunter ein Tabernakel des ix. Jahrh. und ein altchristlicher Sarkophag (iv. Jahrh.).

Der bei Piazza Fortebraccio beginnende Corso Garibaldi (S. 69; Pl. BC 1) führt bei dem Platz vor der Kirche *S. Agostino* vorüber, deren Chor schöne Holzschnitzereien von Baccio d'Agnolo (1502 und 1532) enthält, angeblich nach Zeichnungen Perugino's. Rechts daneben ein Oratorium mit Bildern von Alfani, Scaramucci u. a. 8 Min. weiter die *Porta S. Angelo* (vgl. die Nebenkarte auf dem Plan), wo r. einige Schritte abseits die architektonisch beachtenswerte Kirche *S. Angelo* liegt, ein Rundbau mit 16 antiken Säulen im Innern nach Art von S. Stefano Rotondo in Rom (S. 320), wahrscheinlich ein Bau des VI. Jahrh., aber mit späteren Zusätzen.

Vom Corso Vanucci führt der überwölbte Durchgang unter der Uhr des Pal. del Municipio (S. 66) in die Via de' Priori (Pl. C 4), durch welche man nach dem westl. Stadtteil gelangt. Bei der *Chiesa nuova* (Pl. C 3, 4) zweigt l. die Via della Cupa ab, in deren erster r. Seitenstraße, Via deliziosa, eine Inschrift das *Haus des Perugino* (Pl. B 4) bezeichnet.

In Via de' Priori weiter bergab, an einem mittelalterlichen Turm (*Torre degli Scirri*, Pl. B 3), dann bei der *Madonna della Luce*, einem hübschen Renaissancekirchlein von 1519, vorüber r. auf einen freien Platz. Hier liegt geradeaus das

***Oratorio di S. Bernardino** (Pl. A 3); die Fassade, im Frührenaissancestil von dem Florentiner *Agostino d'Antonio di Duccio* 1457-61 gearbeitet, ist ein Prachtwerk polychromer Dekoration; außer verschiedenfarbigem Marmor ist Terrakotta verwendet, auch der Grund der zahlreichen überaus feinen Skulpturen farbig behandelt (Glorie des Heiligen, sechs Franziskanertugenden, musizierende Engel).

Nebenan das ehem. Kloster **S. Francesco al Prato** (Pl. A 3), das jetzt neu ausgebaut und Sitz der *Accademia di Belle Arti* ist. Für die jetzt baufällige Kirche war die Grablegung Raffaels (in Rom, S. 211) gemalt; in der Krypta Fresken des XIII. Jahrh., Verlobung und Tod der h. Jungfrau.

Einige Min. vor der Porta S. Susanna (Pl. A 4) r. die Reste der gotischen Kirche *S. Maria Colomata* (XIV. Jahrh.), mit Fassade aus rotem und weißem Marmor.

Dem Corso Vanucci östl. parallel dehnt sich die Piazza Giuseppe Garibaldi (Pl. CD 4), früher *Piazza del Sopramuro*, aus, auf großen Unterbauten, z. T. der etruskischen Stadtmauer, ruhend. In der Mitte ein Bronzestandbild *Garibaldi's*, von Ces. Zocchi. Östl. der hübsche *Palazzo del Capitano del Popolo*, später *del Podestà*, von 1472; nebenan die alte Universität, von 1483, beide Gebäude jetzt Sitz verschiedener Gerichtshöfe (*Tribunali*, Pl. D 4).

Nun südl. durch die Via Baglioni nach der Piazza Vittorio Emanuele (S. 65); hier gleich l. die Via Marzia (Pl. C 5) hinab, an den Unterbauten der ehem. Zitadelle (S. 65) vorüber, wo ein etruskisches Tor, *Porta Marzia* genannt, mit interessanten Skulpturen und den Inschriften *Augusta Perusia* und *Colonia Vibia*, das bei Anlage der Zitadelle von seiner alten Stelle verdrängt wurde, eingebaut ist. — Dann links, dem Viale Carlo Alberto folgend, an dessen Ende l. die kleine gotische Kirche *S. Ercolano* (Pl. D 5; 1297-1310) liegt; unter dem Altar ein antiker Sarkophag.

einer Majolikaindustrie. In S. Francesco ein Gottvater mit H., von Fiorenzo di Lorenzo (1475). Im Rathaus ein Altarbild von Niccolò Alunno, Madonna dei Consoli (1458), sowie eine kleine Majolikasammlung. — 20km *Casalina*, mit einer Burg von 1365 und einer Ackerbauschule.

14km **Todi** (411m; *Alb. Cavour*, Via Misericordia, Z. $1^1/_4$ fr.; *Tratt. Garibaldi*, Piazza Garibaldi, auch Z.), das altumbrische *Tuder*, mit 3599 Einw., auf einem steilen Berge. Von ihrer Bedeutung im Altertum zeugen die hie und da erhaltenen Mauern und die große Ruine eines angebl. *Marstempels* (vgl. S. 388) oder einer *Basilika*. An der Piazza die romanische *Kathedrale* und das romanisch-gotische *Stadthaus* (1267, im Innern eine Krönung Mariä von Lo Spagna, 1511). *S. Fortunato*, mit schönem Portal, angeblich von Lor. Maitani (c. 1320), enthält das Grab des Jacopone da Todi († 1306), des vermutlichen Dichters des „Stabat mater dolorosa". Vor allem zu beachten ist aber die Wallfahrtkirche *S. Maria della Consolazione*, im Innern 1508 von Cola Matteuccio da Caprarola begonnen, im Äußeren 1516-21 von Ambr. da Milano und Fr. de Vito Lombardo vollendet; es ist ein Kuppelbau über einem griechischen Kreuze, dessen Arme mit Halbkuppeln bedeckt und vieleckig (Chor halbkreisförmig) gestaltet sind. Dem durch einfache Größe und Schönheit ausgezeichneten Äußeren entspricht das Innere mit seinen harmonischen Verhältnissen und seiner überaus fein abgestuften Pfeilerdekoration. Die Kuppel ist von 1606. Schöne Aussicht von der *Burg* (Rocca). —

Von Todi nach Narni, 45km, über *Rosaro*, *Castel Todino* (437m) und *San Gemini*. Etwa 3km vor S. Gemini liegen 10 Min. östl. der Straße, an der antiken, jetzt verlassenen Via Flaminia (S. 121) die Ruinen des einst blühenden *Carsulae*; am besten erhalten ist ein Stadttor, *Arco di S. Damiano* genannt. [Von hier kann man in c. 2 St. (mit Führer aus S. Gemini) s.ö., an einem ehem. Kloster (*l'Eremita*, 781m) vorbei, den *Monte Torre Maggiore* (1121m) besteigen.] 1km weiter, an der Hauptstraße, das Brunnengebäude der Mineralquelle von S. Gemini. Von San Gemini (12km vor Narni) führen zwei Straßen allmählich hinunter in das schöne *Neratal*: südl. nach Narni (S. 90); s.ö. nach Terni (S. 87; Post von Todi in 7 St. für 5 fr.).

10. Von Perugia nach Foligno und Orte *(Rom)*.

124km. Eisenbahn, Schnellzug (nur von Foligno an) in $4^1/_4$ St. für c. 15 fr. 10, 10 fr. 80, 7 fr., Personenzug in $4^3/_4$ St. für 14 fr. 40, 10 fr. 10, 6 fr. 50 c. Im Sommer Mo. Mi Fr. Blitzzug in 4 St. 5 Min. für 15 fr. 85, 11 fr. 10 c. *Assisi*, *Spoleto* und *Terni* sind die lohnendsten Punkte. Streckenweise sind auch Wagenfahrten empfehlenswert, zwischen Perugia und Assisi (23km; Einsp. 10, hin u. zurück 15, Zweisp. 25 fr.) sieht man dabei das Volumniergrab (S. 73), zwischen Foligno und Spoleto den Tempel des Clitumnus (S. 82). — Von Perugia bis Rom, 208km, Schnellzug in $6\text{-}6^1/_2$ St., Personenzug in $7^1/_2$ St.

Perugia s. S. 62. — Die Bahn senkt sich durch mehrere Tunnel. Bald hat man l. einen Blick auf das Grab der Volumnier (S. 73) und einen hübschen Rückblick auf Perugia. — 11km *Ponte S. Giovanni*. Weiter über den Tiber, der im Altertum die Grenze zwischen Etrurien und Umbrien bildete und hier die umbrischen Ketten s.w. durchbricht, dann über den *Chiaggio* (S. 60). — Bis Spoleto (S. 83) folgt die Bahn einem Längstal, das die Fortsetzung der oberen Tiberfurche darstellt, w. vom Hauptkamm der Apenninen. — 21km *Bastia*. Diligenza 1 mal tägl. in 2 St. für 2 fr. s.w. nach (12km)

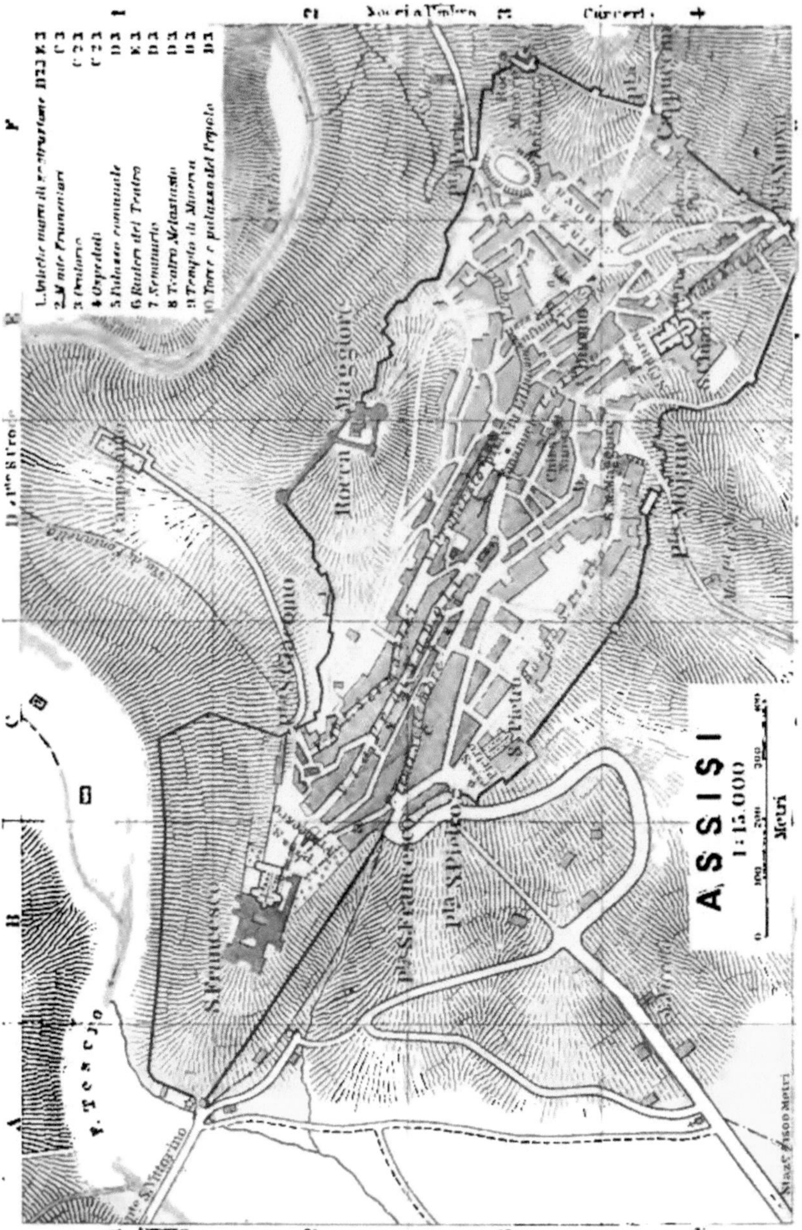
ASSISI
1:15.000
Metri
Rocca Maggiore
S. Francesco
S. Chiara
S. Pietro

Bettona (355m; Alb. Agata Tiberi, Z. 1 fr.), dem etruskischen *Vettona*, auf einem Hügel über dem Chiaggio, mit alten Mauerresten.

24km Stat. *Assisi* (218m): l. auf der Höhe die Stadt (Einspänner $1^1/_2$ fr., Hotelomnibus s. unten). Wer nicht in Assisi übernachtet, besuche zunächst die auf der andern Seite der Bahn wenige Min. vom Bahnhof gelegene Wallfahrtkirche S. Maria degli Angeli, um die sich eine kleine Ortschaft (Alb. Porziuncola, klein aber sauber) angesiedelt hat.

Die Kirche ***S. Maria degli Angeli**, ein mächtiger Bau in lateinischer Kreuzform mit hoher Kuppel, erhebt sich über dem Bethause und der Sterbekapelle des h. Franziskus (s. unten). Sie wurde 1569 von *Galeazzo Alessi* begonnen und im wesentlichen nach seinen Plänen bis 1640 vollendet, Schiff und Chor nach dem Erdbeben von 1832 erneut.

Im INNERN unter der Kuppel das Bethaus des Heiligen, *Portiuncula* genannt, die Wiege des Franziskanerordens; an der Vorderseite eine Freske von *Fr. Overbeck* (1829): der h. Franziskus empfängt den Portiuncula-Ablaß; an der Rückwand Freskenreste von *Perugino*, Kreuzigung; das Altarbild (Mariä Verkündigung) ist vom „*Presbyter Ilarius de Viterbo*" (1393). Hinter der Portiuncula die Sterbezelle, mit Fresken von *Lo Spagna* und einer *Terrakottastatue des Heiligen von *L. della Robbia*. — Im l. Querschiff l., in der Capp. di S. Giuseppe, Altar mit Terrakottareliefs, Krönung Mariä, Stigmatisation des h. Franziskus, h. Hieronymus von *Andrea della Robbia*. — Östl. von der Sakristei befindet sich der kleine Garten, dessen Rosen nach einer Bußübung des Heiligen die Dornen verloren. Daneben die Capp. delle Rose, mit Fresken aus seinem Leben von *Tiberio d'Assisi* (1518) und der Hütte des Heiligen, über welcher der h. Bonaventura ein kleines Oratorium bauen ließ.

Hinauf nach Assisi braucht man zu Fuß $^3/_4$ St.

Assisi. — GASTH.: Hot. Subasio (Pl. a: B 2), beim Kloster S. Francesco, mit 36 Zimmern, schöner Aussicht, Bädern und Bibliothek, Z. von $2^1/_2$ fr. an, F. 1, G. $2^1/_2$, M. $3^1/_2$, P. 7-9, Omn. 1 fr., gut; Modern Hotel Giotto & Pension Bellevue (Pl. c: C 3), Via Venti Settembre 23, mit Aussicht, Zentralheizung, Bädern und Garten, 40 Betten zu 2-3, F. 1, P. 6-8, Omn. 1 fr., gut; Leone (Pl. b: D 3), Piazza Vescovado 5, 40 Z. (aus den oberen Aussicht) und Bäder, Z. $1^1/_2$-$2^1/_2$, F. $^3/_4$, G. $2^1/_2$, M. 3, P. $5^1/_2$-7, Omn. 1 fr., gelobt; Minerva, bei Porta S. Francesco (Pl. B C 2), Z. von $1^1/_2$ fr. an, bescheiden.

Assisi (364-505m), Stadt von 5338 Einwohnern und Bischofsitz, in malerischer Lage, ist das altumbrische *Asisium*, der Geburtsort des elegischen Dichters *Propertius* (46 vor Chr.) und des *h. Franziskus*, dem es seinen Ruhm verdankt.

Der *h. Franziskus* wurde 1182 als Sohn des reichen Kaufmanns Pietro Bernardone und der Pica geboren. Seine Jugend verlebte er in Leichtsinn, bis er, nach seiner Gefangenschaft in Perugia (1201) zweimal gefährlich erkrankt, zur Besinnung kam. 1208 stiftete er den Mönchsorden der *Franziskaner*, der 1210 und 1223 durch die Päpste Innocenz III. und Honorius III. bestätigt wurde. Armut und Entsagung waren die Hauptgelübde. 1224 drückte Christus dem Heiligen, nach der Legende, in Gestalt eines Seraphs seine Wundmale (stigmata) auf, daher erhielt er den Beinamen *Pater Seraphicus*. Am 4. Oktober 1226 starb Franziskus und wurde schon 1228 von Gregor IX. heilig gesprochen. Er ist einer der eigentümlichsten Charaktere des Mittelalters, von dem Dante (Par. xi, 50 sagt, wie eine Sonne sei er aufgestiegen und habe alles mit seinen Strahlen erfüllt. Unter verschiedenen Namen (Seraphische Brüder, Minoriten, Observanten, Kapuziner, seit 1526 entstanden) fand der Franziskanerorden rasch große Verbreitung. Noch im xviii. Jahrh. zählte er über 9000 Klöster mit 150 000 Mönchen. Der Ordensgeneral stand direkt unter dem Papst. — Zu empfehlen: *Henry Thode*, Franz von Assisi und die Anfänge der Kunst der Renaissance in Italien (2. Aufl., Berlin 1904, 16 *M*). Gute Photographien der Fresken Giotto's bei G. Carloforti in Rom, Via Principe Amedeo 3.

Vom Eingang der Stadt wendet man sich gleich l. zu dem burgartig auf gewaltigen Unterbauten am Hügelrande thronenden *Kloster der Franziskaner (*S. Francesco*; Pl. B 2), dessen Bau 1228 begonnen wurde. Der große Klosterhof und die Unterbauten wurden um 1475-85 erneut. 1866 wurde das Kloster aufgehoben, doch den Mönchen ihre Wohnungen auf Lebenszeit belassen. Die übrigen Räume sind vom Staat zu einer Erziehungsanstalt für Lehrersöhne hergerichtet worden. Eintritt (8-11 und 2-5 Uhr) durch das Tor l. vom Eingang zur unteren Kirche. Ein Beamter führt umher (50 c.). Zu erwähnen sind einige Fresken aus dem Ende des xvi. und xvii. Jahrhunderts, die Statue Sixtus' IV. an der Außenmauer und die herrliche Aussicht von dem äußern Umgang.

Die zugehörige *Doppelkirche erhebt sich über dem Grabe des Heiligen.

Die Unterkirche, die noch im Gebrauch und stets zugänglich ist (durch eine Seitentür auf der Terrasse; bestes Licht um Mittag), wurde 1228 begonnen, seit 1232 von *Phil. de Campello* fortgeführt und 1253 vollendet. Sie bestand ursprünglich aus einem Langschiff von vier mächtigen, auf breiten Rundbogen ruhenden Kreuzgewölben, einem westl. Querschiff und einer halbrunden Apsis. Gegen 1300 wurden die gotischen Kapellen angebaut und das erste Gewölbe zu einem östl. Querschiff erweitert. Um dieselbe Zeit entstand das Südportal, welchem 1488 die Eingangshalle mit reichem Renaissanceschmuck vorgelegt wurde.

Beim Eintritt r. ein Grabmal des xiv. Jahrh. mit einer Urne von Porphyr; dann das prächtige „Grab der Königin von Cypern", aus dem Ende des xiii. Jahrh.; die liegende Figur ist wahrscheinlich *Jean de Brienne*, König von Jerusalem und Kaiser von Byzanz († 1237). — In der folgenden Capp. di S. Antonio Abbate die Gräber eines Grafen von Spoleto und seines Sohnes, aus dem xiv. Jahrhundert. — Dem Eingang gegenüber die Capp. del Crocifisso, mit unbedeutenden Fresken des xiv. Jahrh., am Pfeiler l. die Kardinalsweihe des Stifters, Egidius Albornoz († 1367), der hier begraben war. Schöne Glasmalereien aus dem xiv. Jahrhundert.

Das Hauptschiff ist von Vorgängern Cimabue's ausgemalt. Zu Anfang l. die sechseckige Capp. di S. Martino, von dem Sienesen *Simone Martini* mit Fresken aus dem Leben des Heiligen geschmückt. — Über der Kanzel: Krönung Mariä von *Giottino*. — R. vom Mittelschiff befinden sich: 1. Capp. di S. Stefano, mit Fresken aus dem Leben des Heiligen von *Dono dei Doni* (1560); 2. Capp. di S. Antonio da Padova, mit übermalten Fresken; 3. Capp. di S. Maddalena, mit Fresken aus dem Leben der Heiligen (vermischt mit dem der h. Maria Aegyptiaca), von *Giotto* (c. 1302-1305).

Im rechten (nördl.) Querschiff malte *Giotto* mit seinen Schülern an der Wand r. Darstellungen aus dem Leben Christi; daneben eine Madonna mit vier Engeln und dem h. Franziskus, von *Cimabue;* — an der Wand l. Fortsetzung der Bilder aus dem Leben Christi, Flucht nach Ägypten, Kindermord, Jesus im Tempel, h. Franziskus und der Tod als König; — an der nördl. Querwand Wunder des h. Franziskus und Verkündigung von *Giotto;* Heiligenbilder und Madonna von *Simone Martini.* — In der Schlußkapelle, Capp. del Sacramento: Geschichte des h. Nikolaus, vielleicht von dem jugendlichen *Giotto* (c. 1296), und Grabmal des Kardinals Gian Gaetano Orsini († 1339), welcher auch in den Glasfenstern dargestellt ist.

Der Hochaltar ist über der Stelle, wo die Reste des h. Franziskus lagen, errichtet. Die vier Dreiecke des Kreuzgewölbes darüber sind mit den berühmten, bei Nachmittagssonne am besten beleuchteten *Fresken Giotto's (c. 1302-1305) geschmückt, welche die Gelübde des Franziskanerordens, Armut, Keuschheit, Gehorsam, allegorisch verherrlichen, das vierte Bild ist der Verklärung des Heiligen gewidmet. Die Armut in Lumpen gehüllt unter Dornen wird durch Christus dem h. Franziskus vermählt. Die „Hoffnung" neben der „Liebe" hat der Braut den Ring gegeben. Auf dem anderen Bilde sitzt die Keuschheit in einem Turm, im Vordergrunde wird ein Mönch von Engeln getauft, „Reinheit" und „Tapferkeit" reichen ihm Fahne und Schild, rechts kämpfen Engel mit der „Buße" gegen die Dämonen der Wollust. In der Darstellung des Gehorsams, welcher zwischen „Klugheit" und „Demut" thront, nimmt ein Mönch das Joch auf sich. Auf jedem Bilde kommen außerdem noch zahlreiche allegorische Beziehungen vor, die, wenn man überhaupt dem ganzen Ideenkreise nicht fremd gegenüber steht (die meisten Analogien bietet Dante), ohne Schwierigkeit verstanden werden.

Im linken (südl.) Querschiff die Leidensgeschichte Christi, l. eine stark beschädigte Kreuzigung von *Pietro Lorenzetti* (nicht Pietro Cavallini) und eine Madonna zwischen den H. Franziskus und Johannes, von demselben. — In der Capp. di S. Giovanni l. **Lo Spagna*, Madonna mit sechs Heiligen (1516).

In der Sakristei im zweiten Zimmer über der Tür, Bildnis des h. Franziskus aus dem Ende des XIII. Jahrhunderts; prächtiger Teppich Sixtus' IV., der vom 1. bis 3. Okt. über der Orgel ausgespannt wird.

Die Krypta wurde nach der Auffindung der in einem rohen Steinsarge beigesetzten Reste des h. Franziskus 1818 ausgeführt. Eine Doppeltreppe führt hinab. Beim Besuch werden die Kerzen angezündet. Hinter dem Grabe Kolossalstatuen der Päpste Pius VII. und Pius IX.

Die 1253 vollendete Oberkirche ist zugänglich durch das Hauptportal oder durch Vermittlung des Küsters von der Unterkirche aus (im Eingang zur Sakristei r. die Treppe hinauf). Sie bildet ein lateinisches Kreuz, mit schönen gotischen Fenstern, und enthält ebenfalls bemerkenswerte Fresken (restauriert). Die Ostseite hat ein gotisches Portal, die Kanzel im Langschiff stammt von c. 1350, der Bischofstuhl im Chor von c. 1250, das Chorgestühl von 1501.

Das Westende der Kirche schmücken sehr zerstörte Fresken des *Cimabue* (nach andern des *Giunta Pisano*): im südl. Querschiff, beim Eintritt aus der Unterkirche, Kreuzigung und Szenen aus der Apokalypse, Engel und Heilige; im Chor Himmelfahrt und Tod Mariä; im nördl. Querschiff Kreuzigung, Geschichte des Petrus. In den Gewölben des Chors und Langschiffes Evangelisten und Kirchenväter. — Langschiff. In der obern Abteilung einerseits 16 alttestamentliche Geschichten von der Weltschöpfung bis zur Wiedererkennung der Brüder Josephs, anderseits 16 neutestamentliche Geschichten von der Verkündigung Mariä bis zur Ausgießung des heiligen Geistes, von *Schülern Cimabue's*, in gesteigertem Fortschritt. In der untern Abteilung *28 Darstellungen aus dem Leben des h. Franziskus, wahrscheinlich von *Giotto* und seinen Genossen (c. 1290-95): 1. (beim r. Kreuzarm) Franziskus als Jüngling verehrt; 2. bekleidet einen Armen; 3. sieht im Traum einen Palast mit Waffen; 4. wird von dem Kruzifix in S. Damiano ermahnt; 5. gibt dem Vater die Kleider zurück und wird von dem Bischof mit seinem Mantel umhüllt; 6. erscheint dem Papste Innocenz III. den Lateran stützend; 7. erhält die Erlaubnis zu predigen; 8. erscheint den Brüdern auf einem feurigen Wagen; 9. sieht den ihm bestimmten Thron im Himmel; 10. vertreibt die Dämonen aus Arezzo; 11. bietet dem Sultan die Feuerprobe an; 12. schwebt betend in der Luft; 13. baut die Weihnachtskrippe des Christuskindes, das in seinem Arm erwacht; 14. läßt einem durstigen Bauern eine Quelle fließen; 15. predigt den Vögeln; 16. weissagt den Tod eines Adligen; 17. predigt vor Honorius III.; 18. erscheint in der Versammlung zu Arles; 19. empfängt die Wundmale; 20. der Tod des Heiligen; 21. Franziskus erscheint einem Sterbenden; 22. ein Zweifler erkennt die Wundmale; 23. Abschied der h. Klara; 24. Heiligsprechung; 25. Franziskus erscheint dem Papst Gregor IX.; 26. heilt einen Verwundeten in Spanien; 27. läßt eine tote Frau beichten; 28. befreit einen reuigen Ketzer aus dem Gefängnis.

Von dem Platz vor der Oberkirche, beim Austritt aus dieser r. die Treppe hinab und die ungepflasterte Straße hinauf in die Via Principe di Napoli. Hier r. Nr. 13 ein Hospital, *Civile Nosocômio* (Pl. 1: C 2); die zugehörige Kapelle (Capp. dei Pellegrini), die durch halbzerstörte Fresken über der Tür kenntlich ist, enthält alte Freskomalereien, die Wunder der H. Antonius und Jakobus d. Ä. darstellend, von P. A. Mezzastris (S. 81; 1482) und Matteo da Gualdo (1468). Weiterhin r. von dem Brunnen eine Säulenhalle des XIII. Jahrhunderts, einst *Monte frumentario* (Pl. 2: C 3).

An der Piazza Vittorio Emanuele die schöne *Vorhalle eines **Tempels der Minerva** (Pl. 9: D 3), vielleicht aus augusteischer Zeit, mit sechs korinthischen Travertinsäulen, der in eine Kirche *S. Maria della Minerva* umgewandelt ist. Goethe, der die Kirche S. Francesco unbeachtet ließ, feierte ihn als „das erste vollständige Denkmal der alten Zeit", das er sah. Die aus den Löchern, in denen die Bronzebuchstaben saßen, ermittelte Inschrift nannte die Brüder C. und T. Caesius als Erbauer. In der Vorhalle sind antike Inschriften eingemauert. — Die Gittertür im Pflaster vor der Kirche führt zu dem antiken *Forum*, welches der heutigen Piazza entsprach, aber bedeutend tiefer lag; unten eine *Basis* mit langer Inschrift (kaum sehenswert; Schlüssel bei der Guardia municipale, Trkg. 1/2 fr.).

Die *Chiesa Nuova* (Pl. D 3; nahe der südöstl. Ecke der Piazza r. hinab), ein hübscher kleiner Zentralbau von 1615, steht an der Stelle des Hauses, wo der h. Franziskus geboren wurde.

In der oberen Stadt die Piazza S. Rufino (Pl. E 3), mit einer Bronzekopie der unten gen. *Statue des h. Franziskus* (1882).

Der Dom (Pl. E 3), *S. Rufino*, nach dem ersten Bischof (240) benannt, vollendet 1140, die Unterkirche von 1228; die altertümliche Fassade schmücken drei schöne Fensterrosen. Das Innere, 1571 modernisiert, enthält eine Marmorstatue des h. Franziskus, das letzte Werk Giov. Dupré's, sowie im Mittelschiff r. eine Madonna und vier Heilige von Niccolò da Foligno, und schönes Chorgestühl von Giovanni da San Severino.

Aus dem Dom heraustretend kommt man auf dem ungepflasterten Wege l. abwärts zu der gotischen, seit 1257 von Phil. de Campello (S. 76) erbauten Kirche **S. Chiara** (Pl. E4); die mächtigen Strebebogen sind restauriert. Unter dem Hochaltar ruht die h. Klara, die aus Begeisterung für den h. Franziskus Reichtum und Eltern verließ, und den Klarissinnenorden stiftete (s. unten). Um ihr Grab ist seit 1850 eine Krypta mit glänzendem Marmorschmuck erbaut worden. Am Gewölbe über dem Hochaltar Fresken von Giottino (?); in der Cappella di S. Agnese im r. Querschiff zerstörte giotteske Fresken.

Schöne Aussicht über Stadt und Land bietet der 1883 angelegte *Giardino pubblico* (Pl. F4), mit schönen Eichen, s.ö. vom Domplatz, zwischen Porta Nuova und Porta Cappuccini. Unweit, an der Piazza Nuova, Reste eines römischen *Amphitheaters* (Pl. F3). — 10 Min. vor Porta Nuova (Pl. F4) das vom h. Franziskus errichtete Kloster *S. Damiano* (305m), dessen erste Äbtissin die h. Klara (s. oben) war; im Kreuzgang Fresken, Verkündigung und Wundmale des h. Franziskus, von Eusebio di San Giorgio (1507). In der Kirche über dem Altar l. einige Reliquien der h. Klara.

Beachtenswert ist endlich noch die romanische Kirche *S. Pietro* (Pl. C3), mit Fassade von 1268 und tonnengewölbten Schiffen.

Umfassend ist die Aussicht vom *Kastell* oder *Rocca Maggiore* (Pl. DE2; 505m) oberhalb der Stadt, das man von der Piazza aus, wo der Kustode zu erfragen ist, in $^1/_2$ St. erreicht.

Vom *Friedhof* (Camposanto; Pl. D1) hübscher Blick in das Tal des wasserarmen *Tescio*. — Lohnend ist auch der folgende, aussichtreiche Spaziergang ($1^1/_4$ St.): aus Porta S. Giacomo (Pl. C2) die Via di Fontanella abwärts zum (20 Min.) *Ponte S. Croce* (Besteigung des *Col Caprile*, 591m, östl. in 1 St.); zurück und nach 250m auf dem r. abgehenden Fußweg und einer zweiten Brücke über den Tescio, auf dessen r. Ufer man den *Ponte S. Vittorino* (Pl. A1; 20 Min.) erreicht. Von hier zurück zur Porta S. Francesco (Pl. B2, 3).

Östl. von Assisi, in einer Schlucht des Monte Subasio, liegt die Einsiedelei *delle Carceri* (701m), wohin der h. Franziskus sich zur Andacht zurückzog; neben der kleinen Kirche über einer schönen Waldschlucht einige im XIV. Jahrh. angebaute Räume und das Bett des Heiligen im Fels (aus Porta Cappuccini, Pl. F4, zu Fuß $1^1/_2$, zu Esel 1 St.). — Der Gipfel des *Monte Subasio* (1290m) läßt sich von den Carceri in 3 St. ersteigen; weite Rundsicht: s.ö. die Monti Sibillini, s.w. der Monte Amiata. Rückweg nach Assisi (3 St.) eventuell s. über die Reste der roman. Abteikirche *S. Benedetto* (781m; XI. Jahrh.).

Die Wagenfahrt nach *Spello* (S. 80), *Foligno* (S. 80), *Montefalco* (S. 81), *Bevagna* (S. 81) und zurück nach Assisi bildet eine lange Tagestour (c. 30 fr.).

Sehr hübsch ist der Fahrweg von Assisi nach Spello (Einsp. c. 4-5 fr.; zu Fuß 2 St.). Kurz vor der Stadt, an der Landstraße, Ruinen eines *Amphitheaters* aus der Kaiserzeit, von der Bahn aus nicht sichtbar.

35km **Spollo** (314m: *Alb. Brozzi*, Z. 1 fr.), Städtchen von 5155 Einwohnern, malerisch den Berg hinangebaut, das alte *Hispellum* (*Colonia Iulia Hispellum*). Das nach dem Bahnhof zu gelegene Tor (Porta Consolare), an dem drei Porträtstatuen angebracht sind, ist antik, ebenso Teile der Mauer, sowie die Tore Porta Urbana und Porta Veneris.

Der *DOM, *S. Maria Maggiore*, im XVI. Jahrhundert erbaut (die Fassade 1644 begonnen), besitzt gute Gemälde.

R. vom Eingang ein antiker Cippus als Weihwasserbecken. Links die Cappella Baglioni, mit Fresken von *Pinturicchio* (1501): l. Verkündigung (mit Namen und Selbstbildnis des Malers), geradeaus Anbetung des Kindes; r. Jesu erstes Auftreten im Tempel; an der Decke vier Sibyllen. Die Kanzel ist von *Simone da Campione* (1545). — Im Chor prächtiges Marmortabernakel der Frührenaissance, von *Rocco da Vicenza* (1515). L. Beweinung Christi, r. Madonna, von *Perugino* (1521). — In der Cappella del Sacramento eine Madonna von *Pinturicchio* (verdeckt). — In einem Raume r. neben der Kirche ein Majolikafußboden aus Deruta (1566).

In S. ANDREA am 3. Altar r., Madonna mit Heiligen, von *Pinturicchio* und *Eusebio di S. Giorgio* (1508), darauf ein nachgemalter Brief von Gentile Baglione an den Maler.

Unter den Altertümern zeigt man das „Haus des Propertius" (vgl. S. 75). Im *Pal. Municipale* römische Inschriften. In *S. Girolamo*, außerhalb der Stadt, ein bemerkenswertes Temperabild, die Vermählung Mariä, von unbekanntem Meister. Von der obern Stadt aus weite Aussicht auf die Ebene mit Foligno und Assisi. Von dem Erdbeben von 1832 bemerkt man noch Ruinen.

Die Eisenbahn überschreitet weiter den *Topino* und erreicht

40km **Foligno**, Knotenpunkt für die Bahn von Ancona (R. 15).

Am Bahnhof ein Buffet (G. m. W. 2½ fr.) — Einsp. nach der 5 Min entfernten Stadt: der Platz („posto") 40 c., einschl. Gepäck.

GASTHÖFE: *H. de la Poste, unmittelbar am Tor, in der Hauptstraße, Via Cavour. 39 Z. zu 2½-5, P. 8-12 fr., mit elektr. Licht, gutem Restaurant und Café; — Alb. & Tratt. del Teatro, Z. 1½, P. 5 fr., ordentlich; Alb. Umbria. — POST UND TELEGRAPH, Via Umberto I. — *Autogarage*, im Palazzo Orsini, Piazza Umberto I.

Foligno (235m), Bischofsitz mit 9532 Einwohnern und verschiedenen Industrien, liegt in fruchtbarer Landschaft, unweit w. des alten *Fulginium*. Im Jahr 1281 ward es von Perugia zerstört, 1305-1439 von der berühmten Familie der Trinci beherrscht, 1439 mit dem Kirchenstaat vereinigt. Die Stadt litt sehr durch das große Erdbeben von 1832.

Am Eingang der Stadt ein Marmorstandbild des Malers *Niccolò di Liberatore* gen. *Alunno*, des Hauptes der Lokalschule von Foligno (S. 64; 1872).

Die Via Cavour führt geradeaus zur Piazza Vittorio Emanuele, an der die eine Fassade (1201) der *Kathedrale S. Feliziano* liegt; die romanische Südfassade ist von 1133; die Kirche wurde im übrigen im XVI. und XVII. Jahrhundert erneut; l. vom Chor eine achteckige Kapelle von Ant. da Sangallo d. J. (1527); in der Unterkirche Säulen des IX. Jahrhunderts. — Dem Seitenportal gegenüber der *Palazzo Orfini*, mit sehr zerstörter Renaissancefassade. Unweit n. das hübsche chem. *Oratorio della Nunziatella* (XV. Jahrh.), mit einer Freske, Taufe Christi, von Perugino (Trkg. 20 c.).

Auf der Südseite der Piazza Vittorio Emanuele erhebt sich der PALAZZO DEL MUNICIPIO; er enthält einige römische Skulpturen (Relief mit Zirkusspielen) und eine Anzahl von Bildern umbrischer Meister: von *Pier Antonio Mezzastris* aus Foligno 1. Madonna mit Engeln, 3. Madonna mit den H. Johannes und Dominikus, 4. Kruzifix, 5. Madonna mit den H. Franziskus und Johannes; in der Mitte 57. *Dono dei Doni*, h. Katharina.

Auf der Ostseite des Platzes der *Palazzo del Governo*, seit 1398 Sitz der Trinci (S. 80); in der Kapelle des obern Stocks (Kustode im Municipio) Fresken von Ottaviano Nelli (1424): Geschichte der H. Maria, Joachim und Anna. Im Vorzimmer Geschichte des Romulus und Remus (zerstört).

Durch die Via Principe Amedeo, mit (r. Nr. 22) dem schönen *Palazzo Deli* (1510), kommt man nach der Piazza Giordano Bruno, an welcher die alte Kirche *S. Maria infra Portas*, mit einer Vorhalle des VIII. Jahrhunderts, liegt; im Innern mehrere schlecht erhaltene Fresken von Niccolò da Foligno. — Gegenüber die gotische Kirche *S. Domenico*, jetzt Turnhalle (Palestra ginnastica).

Von der Via Principe Amedeo führt die Via della *Scuola d'Arti e Mestieri* zu dieser Schule, in deren Hofe Gipsabgüsse umbrischer Denkmäler aufgestellt sind, darunter der „Tempel des Clitumnus" (S. 82). — Daneben die Kirche *S. Niccolò;* in der 2. Kapelle r. großes Altarbild: Geburt Christi, an den Seiten zwölf Heilige, oben Auferstehung Christi, von Niccolò da Foligno (1492); in der Kapelle r. vom Hochaltar Krönung Mariä, von demselben.

20 Min. östlich von Foligno die Kirche *S. Bartolomeo*, mit dem Martyrium des Heiligen von Niccolò da Foligno. 1km n.ö. von hier das Dorf *Uppello*, von wo ein Reitweg (2km) ö. nach der am Abhang des *Monte Serrone* (1029m) gelegenen chem. *Abbadia di Sassovivo* (530m) führt; man erkundige sich in Foligno nach dem Schlüssel. Der 1229 erbaute Kreuzgang ist einfacher aber ähnlich demjenigen von San Paolo fuori bei Rom (S. 426).

8km w. (Post 2mal tägl. in $1\frac{1}{2}$ St. für 50 c.) liegt **Bevagna** (225m; zwei dürftige *Locanden*), Städtchen von 3581 Einw., am *Clitumnus*, das *Mevania* der Umbrer, mit Resten eines Amphitheaters und andern Altertümern. An der malerischen Piazza die kleinen Kirchen *S. Silvestro* und *S. Michele*, aus dem XII. Jahrh., mit Fassaden von Binellus und Rodulfus von 1195 und 1201. Im Keller eines Hauses in Via Porta Guelfa ist ein antikes Fußbodenmosaik mit Seeungeheuern erhalten.

12km s.w. von Foligno (zuletzt starke Steigung), $5\frac{1}{2}$km s.ö. von Bevagna, liegt Montefalco: Post von Foligno 2mal tägl. in 2 St. für 1 fr.; Wagen hin und zurück 5 fr. Für einen Einspänner Foligno-Montefalco-Bevagna-Foligno, eine landschaftlich sehr lohnende Rundfahrt, wurden 10 fr. bezahlt. — **Montefalco** (473m; *Alb. Posta*, nahe am Tor, ordentlich) ist ein hochgelegenes Städtchen mit 3397 Einwohnern, wichtig für das Studium der umbrischen Malerei. In S. AGOSTINO, unweit vom Tore, l. Seitenwand: Madonna mit Heiligen, aus der *umbrischen Schule* (1522).

Die ehem. Kirche S. Francesco (XIV. Jahrh.; Portal von 1585), an der Piazza Vittorio Emanuele, ist jetzt Nationalmonument und dient als Gemäldesammlung (Trkg. 50 c.). Im Chor gute Fresken von *Benozzo Gozzoli* (1452): Legende des h. Franziskus, am Sockel Bildnisse von Päpsten, Kardinälen, Kirchenvätern usw., unter dem Fenster Dante, Petrarca und Giotto. In der Kapelle r. neben dem Chor Skulpturen (auch antike), Schnitzereien u. a. Unter den Fresken des r. Seitenschiffs zu beachten die von *Benozzo Gozzoli* (1452): Madonna und vier Heilige, die vier Kirchenväter, Christus am Kreuz und Christus segnend. An der Eingangswand: Verkündigung und Geburt Christi, von *Perugino*. An der Wand des l. Seitenschiffs: Madonna und zwei Heilige, von *Tiberio d'Assisi* (1510), Kreuzigung Christi und Wunder des h. Antonius von Padua, aus der *Schule des Benozzo Gozzoli*, Madonna, Tobias mit dem Engel und vier Heilige von *Fra Agnolo da Montefalco* (1506). In der letzten Kapelle des l. Seitenschiffs: *Schule Giotto's*, Kreuzigung Christi und Christus der Maria Magdalena erscheinend.

Schräg gegenüber von S. Francesco die kleine Kapelle *S. Maria di Piazza*, mit einer Madonna von Franc. Melanzio aus Montefalco (XVI. Jahrh.).

In *S. Leonardo* (bei Porta di Spoleto): Madonna mit Engeln und zehn Heiligen, von Melanzio (1515). — 10 Min. vor Porta di Spoleto liegt S. Fortunato; in der Cappella di S. Francesco (im Hofe l.): Legende des h. Franziskus, von *Tiberio d'Assisi* (1512); außen über dem Eingang der Kirche eine Madonna mit den H. Franziskus und Bernhardinus und sieben Engeln von *Benozzo Gozzoli*; an der r. Seitenwand: Maria das Kind anbetend, von *Benozzo Gozzoli* (1450). — Ein Spaziergang um die Mauern der Stadt ist empfehlenswert wegen der prächtigen Aussichten auf die umbrische Ebene.

Die Eisenbahn führt durch das fruchtbare reichbewässerte Tal des *Clitumnus*, dessen Rinderherden die alten Dichter preisen.

49km **Trevi** (sehr dürftige *Locanda* unweit der Porta del Lago). Das 1647 Einw. zählende Städtchen, das *Trebiae* der Alten, liegt links auf steiler Höhe (413m), 3km vom Bahnhof (Omn. 50 c.). Halbwegs die Kirche S. Maria delle Lagrime (s. unten). Im Municipio eine Pinacoteca: beachtenswert *Spagna* 1. Krönung Mariä (nach Ghirlandaio's Bild in Narni, S. 90), 61. h. Cäcilie, 65. h. Katharina; *Fiorenzo di Lorenzo*, Madonna; *Umbrische Schule des XV. Jahrh.*, Kreuzigung (Triptychon). *S. Emiliano*, aus dem XII. Jahrh., hat ein interessantes Portal (der h. Ämilianus zwischen zwei Löwen) und drei reichgeschmückte Altäre von Rocco da Vicenza (1521).

12 Min. vor Porta del Lago liegt S. Martino (Schlüssel im Caffè Cecchini), mit sehr beachtenswerten Fresken: in der äußeren Kapelle eine *Madonna in Verklärung, umgeben von vier Heiligen, von *Spagna* (1512); über dem Eingang zur Kirche Madonna und zwei Engel, von *Tiberio d'Assisi*; im Innern l. h. Martin, von *Spagna (?)*, r. Madonna, mit den H. Franziskus und Antonius, aus der *Schule von Foligno*. — 15 Min. vor Porta del Cieco die Kirche S. Maria delle Lagrime (vgl. oben) erbaut 1487 von *Antonio Marchissi* aus Florenz, mit schönem Portal von *Giovanni di Gian Pietro* aus Venedig (1511); in der 1. Kap. l. Auferstehung, umbrische Schule; im Kreuzschiff l. eine Grablegung, von *Spagna* (1520); 2. Kap. r. Anbetung der Könige, von *Perugino*; 1. Kap. r. Mariä Verkündigung, umbrische Schule.

Weiter, kurz vor dem kleinen Ort *Le Vene*, der alten Poststation *Sacraria*, hat man l. einen kurzen Blick auf den sog. *Tempel des Clitumnus*: einen solchen erwähnt Plinius (Epist. 8, 8); das zierliche kleine Gebäude, als Kirche *S. Salvatore* genannt, ist aber

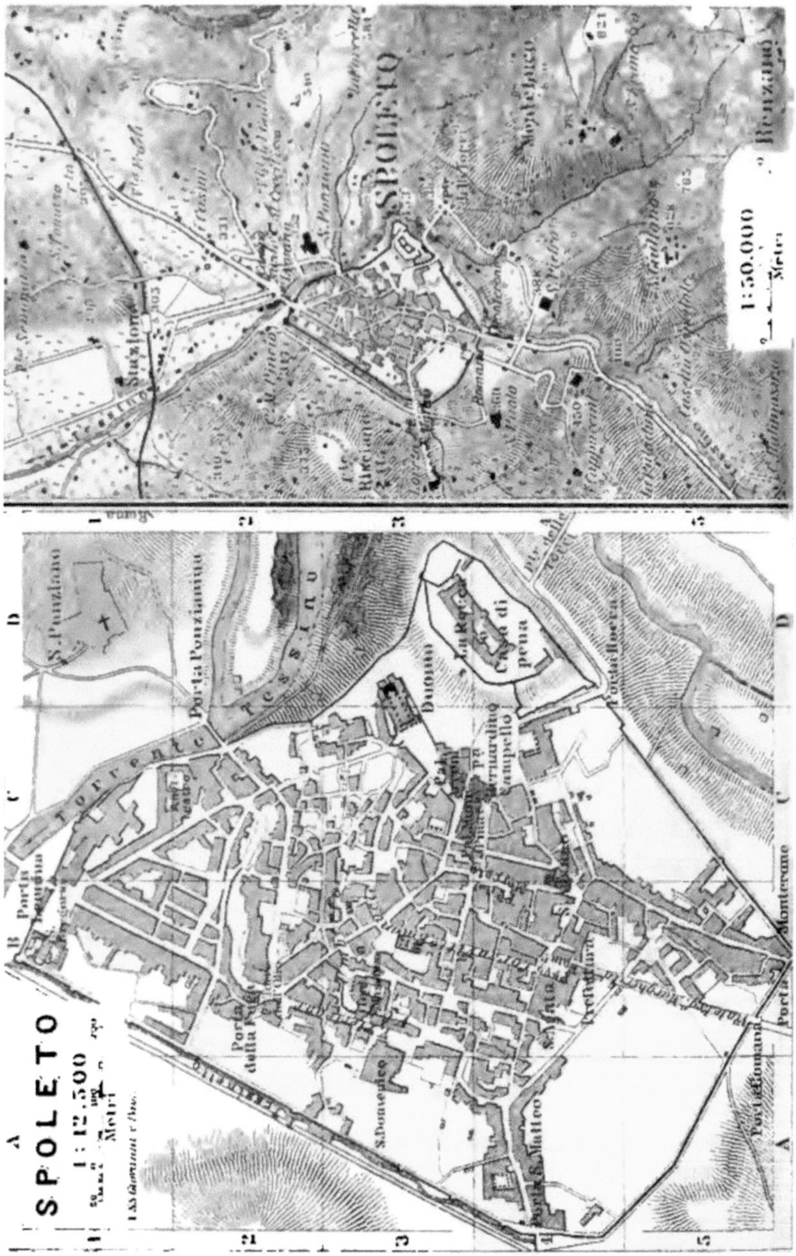
SPOLETO
1:12.500
Porta Ponziana
Torrente Tessino
Duomo
La Rocca
S. Domenico
Porta S. Matteo
Porta Romana
Monterone
Stazione
SPOLETO
1:50.000
Metri

erst im IV. Jahrh. aus Resten antiker Gräber errichtet worden, worauf nicht nur die christlichen Sinnbilder (Rebe und Kreuz) und die gewundenen und geschuppten Marmorsäulen an der Front, sondern auch die in die Fundamente und die Krypta verbauten Inschriften hinweisen. Bei Le Vene hart an der Landstraße die von Plinius schön geschilderte *Quelle des Clitumnus*, die klar und reich aus dem Kalkstein zu Tage tritt. Von Le Vene nach Trevi $1^1/_2$, nach Spoleto 2 St. — 55km *Campello sul Clitunno*, das Dorf l. an der Höhe. 3km s., an der Straße, das Dorf *S. Giacomo;* im Chor der Kirche eine Krönung der Maria und Legende des h. Jakob von Compostela, beachtenswerte Fresken von Spagna (1526); schöner Weg durch das reich angebaute Land.

65km **Spoleto.** — Der BAHNHOF 10 Min. vor der Stadt: Einsp. 1 fr. GASTH.: Lucini (Pl. a: B 3), Via Felice Cavallotti und Piazza S. Filippo, ein alter Palazzo in der oberen Stadt, mit Restaurant und elektr. Licht, 30 Z. zu 2-$2^1/_2$, P. von 6 fr. an; Alb. & Rist. Cambioli, Corso Vitt. Emanuele, Z. $1^1/_2$ fr.; Posta, in der unteren Stadt, Piazza Garibaldi, bei Porta Leonina (Pl. B C 1), Z. $1^1/_2$ fr. — *Trattoria della Ferrovia* (auch Z.), unmittelbar r. beim Tor. — CAFÉS: *Clari, Pennucchietti, Centrale,* alle am Corso Vitt. Emanuele. — *Badeanstalt,* Piazza S. Luca. — *Post & Telegraph,* Piazza Collicola.

Spoleto (305-453m), das alte *Spoletium*, Industriestädtchen in schöner Lage am Südende des S. 74 gen. Längstals, schon früh Bischofsitz, jetzt Erzbistum, hat 9631 Einwohner. Die in den Wäldern der Umgebung reichlich vorkommenden Trüffeln werden zur Herstellung von Konserven benutzt. Im NW. der Stadt liegen nicht unbedeutende Braunkohlengruben (Miniere di Lignite). Durch ihre Lage und manche sehenswerte Kunstdenkmäler lohnt die Stadt einen Besuch. Das Klima ist kühl und erfrischend.

Die alte Stadt der Umbrer erhielt schon 241 vor Chr. eine römische Kolonie und wies 217 den Angriff Hannibals kräftig zurück, wie Livius (22, 9) erzählt. In der Folge war sie römisches Municipium, litt viel in den Bürgerkriegen des Marius und Sulla, dann, nach dem Untergange des abendländischen Reiches, durch Totila, während sie von Theoderich d. Gr. begünstigt worden war. Die Langobarden errichteten hier 570 ein mächtiges Herzogtum, dessen erste Inhaber *Farald* und *Ariulf* waren. Nach dem Falle der Karolinger ward *Guido* von Spoleto sogar Kaiser, wie sein Sohn *Lambert*, der 898 ermordet wurde. 1155 wurde die aufblühende Stadt von Friedrich Barbarossa zerstört, seit dem Anfang des XIII. Jahrhunderts gehörte sie zum Kirchenstaat. Die *Burg*, la Rocca (S. 85), wurde um 1364 von Kardinal Albornoz auf der Stelle der antiken Arx erbaut und von Papst Nikolaus V. vollendet; sie wurde 1499 von Lucrezia Borgia als Regentin von Spoleto bewohnt und fiel am 17. September 1860, nach tapferer Verteidigung durch den Irländer Major O'Reilly, in die Hände der Piemontesen.

Vor *Porta Leonina* (Pl. B C 1) ist eine 24m lange, 10m hohe *Römerbrücke* („Ponte sanguinario") erhalten, zu der man hinabsteigen kann (elektr. Licht; Schlüssel im Stadtzollbureau). Die Hauptstraße durchzieht vom Tor unter verschiedenen Namen die untere Stadt, dann als Via Umberto I und weiter oben als Corso Vittorio Emanuele in Windungen die obere Stadt.

6*

Unweit s.ö. von Porta Leonina, in Via dell' Anfiteatro, innerhalb der Caserma Severo Minervio, Reste eines römischen *Amphitheaters* (Pl. C 2; größe Achse 119, kleine 90m; Zutritt nach Anfrage beim Wachoffizier).

5 Min. vom Tor geht r. eine Seitenstraße ab, die unter einem alten Stadttor (xii.-xiii. Jahrh.) hindurchführt, das mit Bezug auf das S. 83 erwähnte Ereignis *Porta della Fuga* (Pl. B 2) oder *Porta d'Annibale* genannt wird. Wenige Schritte s. erreicht man die Piazza Torre dell' Olio und die Hauptstraße; unweit n.ö. ist ein Stück der polygonalen antiken Stadtmauer erhalten. Statt der Hauptstraße zu folgen, kann man von der Piazza Torre dell' Olio s.ö. durch steile Seitenstraßen zum Corso Vitt. Emanuele hinansteigen, auf dem man weiter zu dem gleichnamigen Platze gelangt.

Die Piazza Vittorio Emanuele (Pl. B 4), mit einem *Denkmal Viktor Emanuels* (1892), liegt über den Resten eines *römischen Theaters* von über 114m Durchmesser, zu denen man hinabsteigen kann (Kustode in der Präfektur; elektr. Licht). Westl. an der Via S. Agata die jetzt als Gefängnis dienende Klosterkirche *S. Agata*, mit eingebauten Resten römischer Mauern. Der Viale Regina Margherita, l. neben der *Präfektur*, führt s. zur Porta Romana (s. S. 86).

Folgt man von Piazza Vitt. Emanuele l. aufwärts der Via Brignone, so gelangt man zur Piazza Montani und 10 Schritte weiter l. um die Ecke in die Via dell' Arco di Druso, die unter dem halbversunkenen *Ehrenbogen des Drusus und Germanicus* hindurch zur Piazza del Mercato (Pl. B C 4) führt, dem Forum der antiken Stadt. Die kleine Treppe neben dem Drusubogen führt in einen hübschen Klosterhof. — Von hier gelangt man in die Unterkirche von *S. Ansano*, welche einst dem h. Isaak (S. 86) geweiht war, mit halb zerstörten Fresken aus dem x. Jahrhundert; die Kirche steht auf z. T. ausgegrabenen Untermauern eines römischen Tempels, zu denen man hinabsteigen kann (elektr. Licht).

Bei dem 1748 erneuten Forumsbrunnen an P. del Mercato steigt man durch Via Municipio gleich bergan zum **Palazzo Municipale** (Pl. C 3, 4), der einige Inschriften und die Pinacoteca enthält.

An der Eingangswand der Pinacoteca frühmittelalterliche Skulpturen. Im II. Saal ein prachtvoller Kamin aus dem Anfang des xvi. Jahrh.; archaische Inschrift, das Recht des Holzens in einem heiligen Haine regelnd. — III. Saal: (Eingangswand) eine vortreffliche Freske von *Spagna*, Madonna mit Heiligen; (r. Wand) *Spagna*, drei Tugenden und Putti; *Antonello Saliba da Messina* (Ende des xv. Jahrh.), Madonna.

Unter der Terrasse vor dem Palazzo Municipale, mit Eintritt von dort, ist ein *römisches Haus* mit reichen Mosaikfußböden ausgegraben worden, ursprünglich der Mutter des Kaisers Vespasian (S. 87) gehörig, jetzt restauriert und mit den dort gefundenen Skulpturen usw. ausgeschmückt (Kustode im Rathaus).

Dem Haupteingang des Pal. Municipale gegenüber gelangt man durch Via dell' Arringo, beim *Palazzo Arroni*, mit schönem Portal und Hof, sowie mythologischen Graffito-Darstellungen aus dem xvi. Jahrh., vorüber zum

***Dom** (Pl. CD3), *S. Maria Assunta*, seit 1067 Kathedrale, im XII. Jahrh. erneut, die Vorhalle seit 1491 von *Ambrogio da Milano* und *Pippo d'Antonio Fiorentino* angebaut; auf jeder Seite eine steinerne Kanzel. Oben ein großes Mosaik von *Solsternus* (1207), Christus mit Maria und Johannes; das Portal mit reichem Ornament (nach 1155) ist l. *Gregorius Meliorantius* bezeichnet.

In der Vorhalle r. eine Taufkapelle (Capp. Eroli), mit spätumbrischen Fresken; am Taufstein Bildwerke aus dem Leben Christi. L. in der Vorhalle altchristliche Skulpturfragmente.

Das INNERE des Doms wurde 1634-44 wohl von *Bernini* erneuert. In der Kapelle gleich r. vom Eingang Reste von Fresken Pinturicchio's (1497) und ein Kruzifix von 1187 aus SS. Giovanni e Paolo (s. unten). — Im Chor beschädigte *Fresken, Hauptwerk des *Fra Filippo Lippi* (1466), vollendet nach dessen Tode von *Fra Diamante* (1470), Verkündigung, Christi Geburt und Tod Mariä; in der Rundung ihre Krönung und Himmelfahrt. — Im rechten Querschiff l. das *Grab Fra Filippo Lippi's* (1412-69), von Lorenzo de' Medici errichtet, mit Grabschrift von Poliziano. Gegenüber das Wandgrab eines Orsini von *Ambrogio da Milano* (1499). — Der Winterchor (Coretto d'Inverno oder Cappella delle Reliquie), im l. Seitenschiff, enthält schönes Schnitzwerk (1548-54).

An dem Platz vor dem Dom stand, wie man glaubt, die Residenz der langobardischen Herzöge (S. 83). Neben dem Dom die hübsche Kuppelkirche *della Manna d'Oro*, gestiftet 1527. — Zwischen beiden Kirchen senkt sich die Via del Seminario hinab zur Via Umberto I (S. 83); in einer Seitenstraße die kleine Kirche *SS. Giovanni e Paolo* (Pl. 1 : B3, Schlüssel beim Domküster; in dem unterirdischen Oratorium Fresken aus dem XI. Jahrhundert).

Wir wenden uns in Via del Municipio zurück und weiter zur Piazza Bernardino Campello (Pl. C4), wo eine Gedenktafel an die Eroberung der Festung im J. 1860 (s. S. 83) erinnert. In der oberen Ecke des Platzes, an dem Brunnen vorüber, schlägt man den Weg r. ein, der unmittelbar beim unteren Tor der als Gefängnis dienenden Festung *la Rocca* (453m; s. S. 83) vorüber führt. Etwas weiter, bei *Porta Rocca* (Pl. D4) erblickt man l. polygonale Fundamente, Reste der antiken Stadtmauer.

Beim Austritt aus den Mauern steht man vor einer tiefen Schlucht, welche von der großartigen Wasserleitung ***Ponte delle Torri**, die zugleich als Brücke die Stadt mit dem Monte Luco (S. 86) verbindet, überspannt wird. Der aus Haustein aufgeführte Bau hat 10 Bogen, ist 81m hoch und 230m lang. Man schreibt ihn dem Theodelapius, drittem Herzog von Spoleto (604) zu; die Grundlage ist römisch, die Spitzbogen weisen auf eine Erneuerung im XIV. Jahrhundert hin. In der Mitte ein Fenster mit Aussicht. Jenseit der Brücke wende man sich l., steige auf steinigem Pfade hinauf zur Wasserleitung und wandere etwa 10 Min. auf dieser hin: trefflicher Blick über Festung, Stadt und Tal.

Zurück bis zur Brücke, dann auf dem Fahrweg, der südwestl. durch das Tor der Wasserleitung hindurch am Rande der Schlucht entlang läuft, in $^1/_4$ St. nach **S. Pietro** (388m), gegründet im V. Jahrh., nach der Zerstörung von 1329 erneuert; die *Fassade schmücken Reliefs aus verschiedenen Zeiten, die ältesten an der Mitteltür, die Darstellungen aus der Tierfabel (der Wolf als Prediger, der Fuchs, der sich tot stellt) wohl aus dem XI. oder XII. Jahrh., die oberen (Tod des Gerechten und des Sünders) jünger. Auf der Höhe des Berges (628m) die kleine Basilika *S. Giuliano*, wo der h. Isaak (s. unten) um 500 ein Kloster gründete.

Von S. Pietro führt eine breite Straße in 1/4 St. zur *Porta Romana* (S. 84). In der Nähe (vor dem Tor etwa 50 Schritte w. an der Stadtmauer hin, dann l.) liegt die Kirche *S. Paolo* (369m), aus dem XIII. Jahrh., mit alten Fresken; das zugehörige Kloster dient als Armenhaus. Auf dem aussichtreichen Wege r. mag man nach der *Madonna di Loreto*, 1572 von Annibale Lippi erbaut, mit neuerem Portal, wandern und dem Bogengang von da nach der *Porta S. Matteo* (Pl. A 4) folgen, von wo man durch Via Loreto Vittori zur Via Umberto I. zurückgelangt.

Außerhalb Porta Leonina geradeaus, über die Brücke, 120 Schritte rechts am Flusse entlang, dann links hinan geradeaus die Kirche *il **Crocifisso**, deren Fassade zwischen den Hallen des *Campo Santo* schon von ferne sichtbar ist. Die Kirche, einst S. Salvatore genannt, liegt auf einer Terrasse innerhalb des Friedhofs und wird jetzt restauriert. Sie ist Ende des IV. Jahrh. errichtet und früh zerstört worden: die schönen antiken Türen von dem christlichen Baumeister mit Rankenfries und Seitenkonsolen, die Fassade mit drei prächtigen Fenstern geziert. Im Innern trennten 20 dorische Säulen das Mittelschiff von den Seitenschiffen, welche nach der Umwandlung der Kirche in ein Kloster vermauert wurden. Im Chor sind sechs antike Säulen mit dorischem Gebälk erhalten und über acht riesigen Säulen mit eigentümlichen Kämpferaufsätzen erhebt sich eine achteckige Kuppel. — In der Nähe liegt die Kirche *S. Ponziano* (Pl. D 1), aus dem XIII. Jahrhundert.

Vom Ponte delle Torri aus kann man in 1 1/2 St. den **Monte Luco** (830m) besteigen, dessen Naturschönheiten Michelangelo entzückten, als er 1556 hier die Einsiedler besuchte. Erfrischungen findet man in dem unweit des Gipfels gelegenen Franziskanerkloster (man zahlt eine entsprechende Vergütung). Die von dem h. Isaak, einem syrischen Mönche, gegründeten Einsiedeleien dienen jetzt als Sommerwohnungen. Der Fra Guardiano führt zu den besten Aussichtspunkten: nach N. und O. über das Clitumnustal mit Trevi, Foligno, Spello, Assisi, ferner Perugia und den Zentralapennin bei Città di Castello und Gubbio. Nach den andern Seiten ist der Blick durch die nahen Berge beschränkt. Im O. werden diese überragt durch die bis tief in den Sommer schneebedeckten Felsgipfel der Monti Sibillini.

Von Spoleto über Norcia nach Ascoli Piceno führt eine 111km lange, landschaftlich sehr lohnende Straße quer über den Apennin. Bis (46km) Norcia tägl. 5 (im Winter 6) Uhr früh Automobilverbindung in 3 1/2 (im Winter 4) St. für I. Kl. 5, II. Kl. 3 fr. Gepäck: je 5kg 25 c. Im Sommer fährt nachm. 4 Uhr noch ein zweiter Wagen. Abfahrt bei Porta Leonina (Pl. B 1). (Einsp. mit Aufenthalt in Borgo di Cerreto in 8 St. für 13 fr.) — Die Straße steigt zunächst ö. einen bewaldeten

Abhang hinan, mit schönen Rückblicken auf das Tal der *Maroggia* und sinkt jenseit der (9,7km) Paßhöhe (*Forca di Cerro*, 734m) in großen Windungen, die Fußgänger abkürzen können, über (12,9km) *Grotti* (385m) in das tief eingeschnittene Neratal hinab, deren r. Ufer sie n.ö. folgt. Zwischen (18km) *Piedipaterno* (333m; Fahrstraße s. nach Terni) und (25,6km) *Borgo di Cerreto* (leidliches Unterkommen im Posthaus) durchzieht sie mehrere Felsenpässe und wendet sich jenseit *Cerreto di Spoleto* bei (28,8km) *Triponzo*, wo l. eine Straße nach (20km) *Visso* abgeht, s.ö. in das Tal des *Corno*, eines südl. Nebenflusses der Nera; hier, c. 12km vor Norcia, lag im Altertum *Vespasiae*, Geburtsort der Vespasia Polla, der Mutter des Kaisers Vespasian. Durch einen neuen Felsenpaß tritt die Straße über (40km) *Serravalle* (nach Cascia, Monteleone und Leonessa, s. *Bædeker's Unteritalien*) in die von mächtigen Bergen eingeschlossene Ebene von Norcia (*Piano di S. Scolastica*), einen ehem. abflußlosen See.

46km **Norcia** (604m; *Alb. Posta*, Via Cavour 2, Z. 1½ fr., ordentlich), das römische *Nursia*, ist ein sauberes, von alten Mauern umgebenes Städtchen, am W.-Fuß der Monti Sibillini, mit 4261 Einw. und Tuchfabriken. Es ist der Geburtsort des römischen Feldherrn Q. Sertorius († 72 vor Chr.) sowie des h. Benedikt (c. 480-543) und seiner Schwester Scholastika. Auf der Piazza Sertorio, dem Hauptplatz, ein Standbild des Heiligen. Die Kirche *S. Benedetto* (XIV. Jahrh.) hat eine hübsche romanische Fassade. Bemerkenswert ist noch das kastellartige *Municipio* und die *Präfektur*, mit frühromanischen Arkaden. Die *Kathedrale*, mit romanischem Portal und einer Fensterrosette, liegt in Trümmern. An einem Hause in einer Seitenstraße eine *Loggia* mit altchristlicher Inschrift.

Die Straße nach (65km) Ascoli biegt 2½km s. von Norcia, bei dem Kirchhof, nach O. um und erhebt sich in mächtigen Windungen zum Kamm des Gebirges (der Saumpfad führt s.ö. nach *S. Pellegrino* und trifft nach steiler Steigung in einer steinigen Schlucht wieder auf die Straße). Etwa 18km von Norcia die Paßhöhe (*Forca Canapine*, 1543m). Oben hat man eine herrliche Aussicht: im SO. der *Gran Sasso d'Italia* (2914m), im NO. der *Monte Vettore* (2478m), der höchste Gipfel der *Monti Sibillini* (Besteigung von *Castelluccio*, 1453m, 4 St. n.ö. von Norcia, in 3½ St. mit Führer). Der Saumpfad verläßt die Straße von neuem und trifft erst bei (25km) *Capo d'Acqua* (840m) wieder mit ihr zusammen. 2km weiter geht s. eine Straße (Diligenza von Arquata) am Westabhang des *Pizzo di Seco* (2422m; Besteigung von Amatrice in 4 St. mit Führer) entlang durch abwechslungsreiche Landschaft über *Accumoli*, *Amatrice* (Alb. Nicandro Capranica), Geburtsort des Malers Cola dell' Amatrice, *Montereale*, *Pizzoli* und *S. Vittorino* nach *Aquila* (s. *Bædeker's Unteritalien*). Weiter n.ö. in dem prächtigen Tal des *Tronto* nach (32km) *Arquata del Tronto* (Alb. della Posta, jenseit des Ortes; Postomnibus nach Ascoli, 33km, tägl. früh in 4, zurück nachm. in 5 St., für 3 fr.). — 44km *Acquasanta* (Gasth.: Stabilimento Balneare; Alb. Adriatico, Z. 2 fr.; Wagen nach Ascoli 5 fr.), ein schon von den Römern besuchter Badeort (*ad Aquas*), mit warmen Schwefelquellen. Das Tal verbreitert sich immer mehr. — 65km *Ascoli Piceno* (Alb. della Posta), s. *Bædeker's Unteritalien*.

Die Eisenbahn überschreitet in einem 1700m l. Tunnel die Kalkkette des umbrischen Apennins. — 82km *Giuncano*. Malerisches Felsental.

94km **Terni**. — Bahnhof (*Buffet*), 5 Min. vor der Stadt; elektr. Straßenbahn und Wagen (Einsp. 50, Zweisp. 70 c., nachts 70 c. und 1 fr.; Koffer 20 c.) bis zur Piazza Vittorio Emanuele.

Gasth.: Europa, Piazza Vitt. Emanuele 2, mit 40 Z., Bädern und Restaurant, Z. 2½-4, F. 1¼, Omn. ¾ fr., deutsch gesprochen, gut; Posta, Z. 1½ fr. — *Ristorante Aquila d'Oro*, Strada Cornelio Tacito 30 (auch bescheidenes Gasthaus); *Café Elvezia*, neben Alb. Europa.

Post: hinter dem Palazzo Pubblico. — Photographien bei *Vitt. Angelici*, Via Nuova 8.

Elektr. Straßenbahn und Wagen nach den Wasserfällen s. unten.

Terni (130m), Industriestadt mit 25877 Einwohnern und Knotenpunkt für die Eisenbahn nach Sulmona, liegt in einem fruchtbaren, von der *Nera*, dem *Nar* der Römer, durchströmten ehem. Seebecken. Es ist das alte *Interamna Nahars*, die Geburtsstadt des Kaisers 275-276 nach Chr.) und angeblich auch des Geschichtschreibers Tacitus (c. 55-117 nach Chr.). Unter der *Kathedrale* (XIII.-XVII. Jahrh.) wurde neuerdings eine Krypta aus dem IX. Jahrh. wieder aufgedeckt. Reste eines Amphitheaters in den Gärten des bischöfl. Palastes, römische Inschriften und Skulpturreste im *Palazzo Pubblico*. In der *Bibliothek* einige Gemälde, u. a. ein Benozzo Gozzoli (Verlobung der h. Katharina, 1466). Hübsche Promenade auf den Wällen; man übersieht das schöne Neratal; l. Collescipoli, r. Cesi, geradeaus Narni.

— —

Ausflug nach den Wasserfällen von Terni. Man benutzt am besten die elektr. Straßenbahn nach Collestatte. Abfahrt vom Bahnhof Terni und von Piazza Vittorio Emanuele alle 10-15 Min. bis zu der unten gen. Fabrik für Panzerplatten (Acciaieria; $2_{,3}$km); von hier c. 8mal tägl. in 23 Min. nach (8km) Collestatte. Man steigt nach 20 Min. an der Haltestelle (Fermata) *Cascate Marmore* aus ($7_{,3}$km; S. 89). Fahrpreis 35 c. (zwischen 11½ und 1¼, 5¾ und 6½ Uhr nachm. 20 c.), keine Rückfahrkarten. — Wagen (Tarif von 1889): hin (¾ St.) und zurück (½ St.) auf der unteren Straße, der die elektr. Bahn folgt („dalla parte di sotto“), Einsp. 5, Zweisp. 7 fr.; auf der oberen Straße („dalla parte di sopra“) 7 und 9 fr.; Rundfahrt (giro) auf der unteren Straße hin und über Papigno auf der oberen zurück (vgl. S. 89) c. 12 fr., dazu ½-1 fr. Trkg.; akkordieren! Landeskundige fahren auch unter der Taxe. — Eisenbahn (nach Sulmona, s. *Baedeker's Unteritalien*: wenig Züge) bis (16km) Stat. *Marmore*, 10 Min. oberhalb der Fälle (S. 89), in 35-50 (zurück 30) Min. für 1 fr. 90, 1 fr. 30, 85 c.

Man versehe sich mit kleiner Münze; bei den verschiedenen Aussichtspunkten werden Kontributionen gefordert (nicht über 15-20 c.) sowie Blumen und Versteinerungen angeboten (ebenfalls höchstens 15-20 c.).

Die elektr. Straßenbahn (s. oben) führt zunächst vom Bahnhof nach S., wendet sich von Piazza Cornelio Tacito östl., überschreitet das Bett des Baches Serra und folgt der geraden Straße durch die Ebene (r. eine kgl. Waffenfabrik). — $2_{,3}$km Haltestelle *Acciaieria*, bei einer Fabrik für Panzerplatten. — $3_{,7}$km *Cervara*. Das Neratal verengt sich. R. und l. ragen hohe Felsen auf, üppige Vegetation bedeckt die Abhänge, geradeaus hoch oben die Ruinen auf dem Monte S. Angelo (611m). — $5_{,4}$km Haltestelle *Papigno Ponte* (kleines Restaurant); der Ort liegt malerisch auf isoliertem Felsen r. am südl. Ufer (vgl. S. 89). — $5_{,8}$km Haltestelle *Papigno Bivio*; r. am südl. Ufer eine Kraftstation (Stabilimento Carburo). — $7_{,3}$km Haltestelle *Cascate Marmore*, wo man aussteigt (s. S. 89). — 8km *Collestatte*, die Endstation (kleines Restaurant), 2½km unterhalb des gleichnamigen Dorfes.

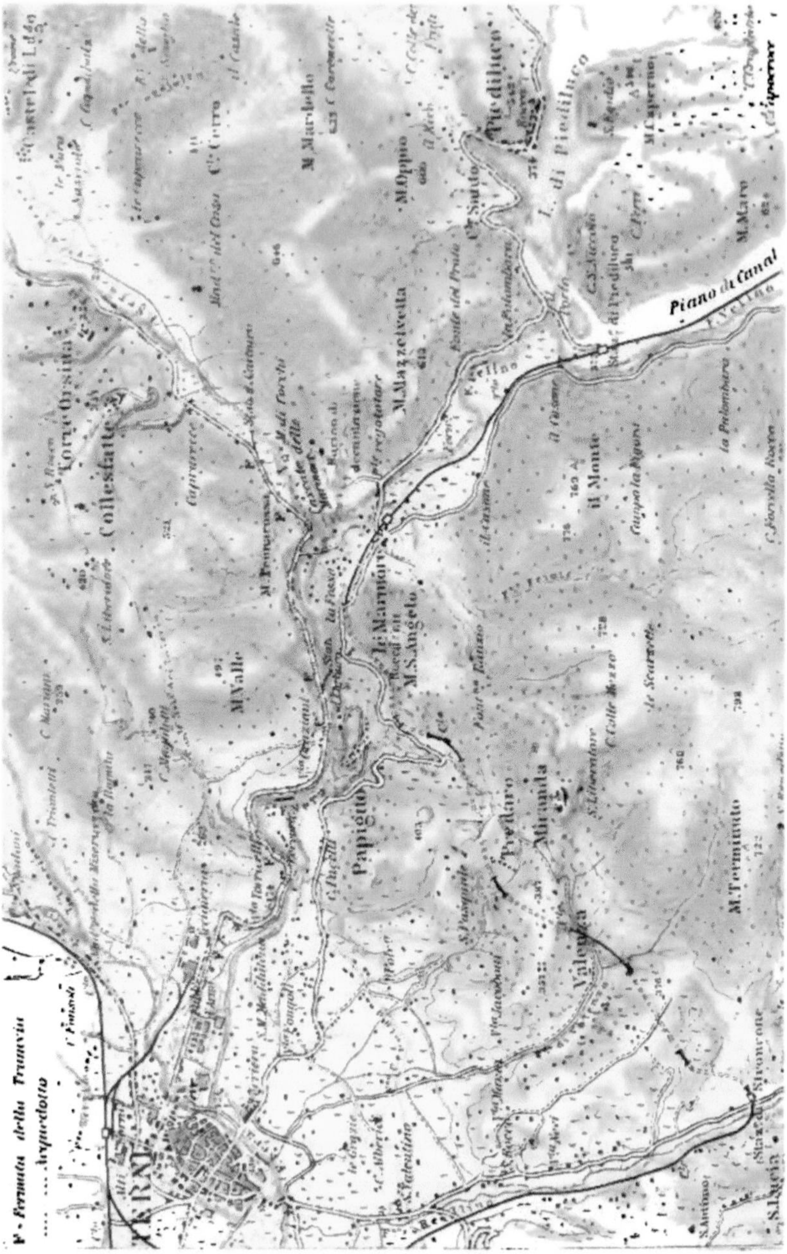
F - Fermata della Tramvia
Acquedotto
TERNI
Papigno
Collestatte
Torre Orsina
Le Marmore
M. S. Angelo
M. Valle
M. Mazzelvetta
Piediluco
L. di Piediluco
Piano di Canal
Miranda
Valenza
M. Terminuto
Il Monte
M. Moro

Die Eisenbahn durchschneidet anfangs in südl. Richtung sanft ansteigend die Ebene der Nera und erreicht (9km) Stat. *Stroncone* (240m); der Ort (451m) liegt 3km südl. Weiter stark bergan. Sechs Tunnel, dann l. prächtiger Blick auf das obere Neratal. — 16km Stat. *Mármore* (Bahnrest., ganz gut).

Vom Bahnhof wendet man sich zunächst r.; nach 150 Schritten jenseit des Wärterhauses 216 überschreitet man die Bahnlinie; die dort lauernden „Custodi delle Caseate" lasse man unbeachtet, halte sich jenseit der Geleise sofort 10 Schritte l., gehe r. durch die Weinberge und an einigen Häusern vorüber, dann r. durch das Gatter (wenn geschlossen: Trkg. 10-15 c.) und weiter l. in 6 Minuten zum oberen Fall (s. unten).

Die aussichtreiche obere Straße (Wagen s. S. 88; von der Piazza zu Terni am Alb. Europa vorüber und l. die Strada Garibaldi hinunter) folgt der Landstraße nach Rieti-Aquila, welche vor dem Tore sofort die Nera überschreitet. Dann zwischen Gärten und Olivenpflanzungen hin. Nach ³/₄ St. zweigt links ins Tal der Nera abwärts ein breiter Fahrweg ab, während die Landstraße rechts langsam ansteigend nach Le Marmore (s. oben) weiterführt. Man folgt diesem Fahrweg, der um den Ort Papigno (S. 88) in Windungen abwärts führt und nach 15 Min. die Nera überschreitet. Auf dem r. Ufer, bei der Villa Graziani, erreicht man die untere Straße (elektr. Bahn s. S. 88) und hat von da bis zu den Fällen noch 20-25 Minuten.

Die Wasserfälle des sich hier in die Nera ergießenden *Velino*, **le Cascate delle Mármore,* haben eine Gesamthöhe von gegen 200m und gehören zu den schönsten Europa's. In drei mächtigen Fällen, von ungefähr 20, 100 und 60m, stürzt das Flüßchen aus der Höhe herab, teils senkrecht, teils über Felsen schäumend; schon von ferne zeigt der Wasserstaub die Nähe der Fälle an.

Der *Velino* ist der Abfluß eines Längstales zwischen dem umbrischen und dem römischen Apennin. Bei Rieti tritt er in ein altes Seebecken, in dem noch kleine Wasseransammlungen erhalten sind. Er führt bedeutende Mengen gelösten Kalkes mit sich, deren Niederschlag (Travertin) sein Bett fortwährend erhöht. Infolgedessen ist die Ebene von Rieti (402m) beständig den Gefahren der Überschwemmung ausgesetzt. Zuerst half Manius Curius Dentatus dem Übel ab durch die Eröffnung des heute noch tätigen Kanals (272 vor Chr.). Zwei andere Kanäle, die *Cava Reatina* oder *Gregoriana* und die *Cava Paolina*, wurden 1422 und 1546 eröffnet, erwiesen sich aber später als unbrauchbar, so daß Clemens VIII. 1598 das alte Emissarium des Dentatus wiederherstellte und ausbaute. Doch machen sich von Zeit zu Zeit wieder neue Regulierungen notwendig.

Die schönsten Aussichten auf die Fälle hat man, außer von der unteren Straße aus, von folgenden Punkten. Ehe man die Fälle erreicht, l. auf schlechtem Fußpfad etwa 12 Min. bergan: beste Ansicht des mittlern und oberen Falles, denen man sich gerade gegenüber befindet. — Zur Straße zurückgekehrt und auf dieser 120 Schritte zurück, schlage man l. einen Karrenweg ein, der auf einer natürlichen Brücke, unter welcher der Fluß sich sein Bett unterhöhlt hat, die Nera überschreitet. Wo der Weg sich teilt, geht man l. allmählich bergan. Die Felsen (in denen ein Steinbruch) rings umher sind aus den Inkrustationen des Velino entstanden. Der Kanal r. *(Cava Paolina)* läuft nur im Winter voll. Man steigt l. weiter, mit hübschen Blicken auf den Fall, in dessen Sprühstaub die Sonne Regenbogen bildet, in 25 Min. steil hinauf zu einem Vorsprung mit kleinem Steinpavillon, welcher einen schönen Überblick des Hauptfalls und des Neratals gewährt. Die Treppe hinan (4 Min.) und oben auf dem Wege noch einige Min. weiter; dann r. auf ein kleines Haus zu, das man zur L. läßt; man durchschreitet den Garten des Hauses und geht weiterhin an einigen Häusern vorüber, um nach 8 Minuten die S. 89 gen. Landstraße nach Rieti-Aquila bei dem Bahnwärterhaus Nr. 216 und weiter den Bahnhof *Mármore* (S. 89) zu erreichen.

Wer Zeit hat, mag, ohne die Bahngeleise zu überschreiten, l. der Landstraße folgen, die nach wenigen Min. zum r. Ufer des *Velino* übergeht und in einer kleinen $^{1}/_{2}$ St. den schönen **Bergsee von Piediluco** (368m; 165ha Seefläche) erreicht, wo r. ein Straßenarm nach der Eisenbahnstation Piediluco (377m; 18km von Terni, für 2 fr. 10, 1 fr. 50, 95 c.) abzweigt, während die Hauptstraße am Seeufer hin in 40 Min. (Ruderboot in $^{1}/_{2}$ St. für $^{1}/_{2}$-1 fr.) nach dem Ort *Piediluco* (374m; leidliches Wirtsh., Fische) führt. Über dem Ort eine zerfallene Burg (Rocca, 542m).

Die Eisenbahn nach Orte zieht sich von Terni durch das reiche Tal der Nera hin. R. auf der Höhe *Cesi* (437m), 8km n.w. von Terni, n. der Straße nach S. Gemini-Todi (S. 74), mit Resten von alten polygonalen Mauern und unterirdischen Grotten; l. *Collescipoli* (238m).

107km **Narni** (240m; *Alb. dell'Angelo*, Z. mit elektr. Licht $1^{1}/_{2}$ fr., recht gut, die Rückzimmer mit Aussicht), Städtchen von 5200 Einwohnern, das alte umbrische *Nequinum*, das römische *Narnia*, Geburtsort Kaiser Nervas, Papst Johanns XIII. (965-72) und des vielgenannten Condottiere Erasmus von Narni, genannt Gattamelata († 1443). Es liegt $^{1}/_{2}$ St. vom Bahnhof (Omnibus hinauf 75, hinab 50 c.) malerisch auf hohem Felsen am l. Ufer der *Nera*, wo diese sich durch eine enge Schlucht ihren Weg zum Tiber gebahnt hat. Die alte Burg (*Rocca*, 332m) ist jetzt Gefängnis. — *Kathedrale*, St. Juvenalis, dem ersten Bischof (369) gewidmet, aus dem XI. Jahrhundert, mit Vorhalle von 1497; 2. Kap. r.: Renaissance-Altarnische (Ende des XV. Jahrh.), Holzstatue des h. Antonius (von Vecchietta, 1475); 3. Kap. l.: Grabmal des Bischofs Gormas (1515). Im *Stadthaus*, mit Fassadenskulpturen des XIV. Jahrh., eine Krönung Mariä von Dom. Ghirlandaio (1486), sehr verdorben. Vom Garten der Kirche *S. Bernardo* (im Innern eine Holzstatue des Heiligen, von Vecchietta) schöner Blick auf das Neratal.

Von Narni über Todi nach *Perugia* s. S. 74/73.

Etwa 10km n.w. von Narni (Post in 2 St. für $1^{1}/_{2}$ fr.) liegt die uralte umbrische Bergstadt **Amelia** (406m; Gasth. vor dem Tor), lat. *Ameria*, aus Ciceros Rede pro Roscio Amerino bekannt, mit vortrefflich erhaltenen zyklopischen Mauern und andern Altertümern.

Die Bahn wendet sich hier dem enge werdenden Tal der Nera zu und führt unmittelbar an der (l.) sog. *Brücke des Augustus* vorüber, welche dicht unterhalb Narni in drei gewaltigen Bogen den Fluß überschritt. Die Brücke wurde für die von hier nach Bevagna (S. 81) führende Via Flaminia erbaut (S. 124); nur der 19m hohe Bogen am l. Ufer ist erhalten, von den andern stehen die Pfeiler. — Stets weiter im Tal der Nera, dessen immergrüne Eichenwälder von seltener Schönheit sind. — 114km *Nera Montoro.* Zwei Tunnel. Dann, unweit der Mündung der Nera, auf einer Gitterbrücke über den *Tiber*, 1860-70 Grenze zwischen dem Königreich Italien und dem Kirchenstaat.

124km *Orte* (Bahnrestaur., gut): hier mündet die Bahn in die über Chiusi kommende Hauptlinie (s. S. 100).

11. Von Florenz über *(Arezzo)* Terontola-Chiusi nach Rom.

316km. Kürzeste Verbindung zwischen Florenz und Rom: Blitzzug (außer im Sommer; Speisewagen) und Schnellzug in $5^1/_2$-$8^1/_4$. Personenzug in $11^3/_4$ St. für 35 fr. 30, 24 fr. 50, 15 fr. 85 c.; kein Wagenwechsel. Schlafwagenzuschlag 7 fr. 20 c. Bei ausreichender Zeit ist der Abstecher von Stat. Orte (S. 100) nach den Wasserfällen von Terni (S. 88) zu empfehlen.

Von Florenz bis Terontola (122km) s. S. 46-56. Die römische Hauptbahn läuft, von der nach Perugia-Assisi-Foligno führenden Nebenlinie r. (südl.) abzweigend, zunächst am Westufer des Trasimener Sees hin, vgl. S. 56.

132km *Castiglione del Lago:* das Städtchen (304m; Alb. del Trasimeno) l. auf einer in den See vorspringenden Anhöhe; Kastell der Duchi della Cornia, von Galeazzo Alessi. Dampfer s. S. 57.

139km *Panicale;* der kleine Ort 7km s.ö. (Post 1 fr.), mit einigen wenig bedeutenden Fresken Perugino's und seiner Schule in den Kirchen. — Die Bahn wendet sich westl. und vereinigt sich im Tal der *Chiana* mit der von Siena kommenden Linie (R. 6).

151km **Chiusi.** — Der BAHNHOF (*Restaur.*, gut) ist von der r. auf der Höhe gelegenen Stadt fast $^1/_2$ St. entfernt: ein Platz („posto") in einem Wagen 1 fr., zwei Posti $1^1/_2$ fr.

GASTH.: Alb. Corona, vor Porta S. Pietro, Z. $1^1/_2$ fr., ordentlich; Etruria, Porsenna, unweit des Bahnhofs, einfach. — Vor dem Ankauf „etruskischer Altertümer" sei gewarnt: die Preise sind hoch und die moderne Fabrikation stark im Schwung.

Chiusi (398m) ist das alte *Clusium*, eine der zwölf etruskischen Bundesstädte, in den Kriegen gegen Rom und als Sitz des Porsenna viel genannt. Im Mittelalter verödete die Malaria die Stadt. Erst in der Neuzeit, nach der Entsumpfung des Chianatals (S. 53), hob sie sich wieder und zählt jetzt 5974 Einwohner. Die Mauern sind mittelalterlich, einige Reste aus etruskischer Zeit in der Nähe des Doms vor *Porta Romana.* Ein Gang um die Stadt von *Porta S. Pietro* nach Porta Romana gewährt hübsche Blicke auf das Chianatal, Città della Pieve, die Berge von Cetona, u. auf die Seen von Chiusi und Montepulciano.

Unter der Stadt dehnt sich ein Labyrinth von unzugänglichen Gängen aus, wahrscheinlich komplizierten Kloakenanlagen, worin die alten Etrusker, wie überhaupt in allen die öffentliche Gesundheitspflege betreffenden Einrichtungen, zu einer Verfeinerung gelangt waren, um welche die Gegenwart sie beneiden könnte.

Das Museo Civico, in einem 1901 eröffneten Neubau am Domplatz (Eintrittskarten in einem Barbierladen an der Hauptstraße, 50 c.), enthält eine reiche Sammlung in den etruskischen Gräbern der Umgebung gefundener Gegenstände: Vasen (besonders einige polychrome Urnen), Schalen, Bronzen, Spiegel, Sarkophage, namentlich aber Aschenkisten, meist aus Terrakotta, auch wohl aus Alabaster und Travertin. Der Kustode hat den Schlüssel zu der städtischen Tomba della Scimmia (S. 93; Zutritt und Führung 2 fr.).

Der Dom, *S. Mustiola* (x. Jahrh.), neuerdings restauriert und ausgemalt, ist eine fast ganz aus Resten antiker Gebäude bestehende Basilika mit 18 alten Säulen von ungleicher Stärke. Im l. Seitenschiff das Grab der h. Mustiola. In der Sakristei ein Meßbuch mit vorzüglichen Miniaturen aus dem xv. Jahrh., größtenteils von Künstlern der Sieneser Schule. An den Mauern der Arkaden des Domplatzes zahlreiche etruskische und römische Inschriften.

Die Hauptmerkwürdigkeit von Chiusi sind die *etruskischen Gräber, welche in einzelnstehenden Hügeln zerstreut in einiger Entfernung von der Stadt liegen. Auf obigem Kärtchen sind sie mit den Zahlen 1 bis 5 bezeichnet. Die Wege sind bei feuchtem Wetter sehr schmutzig. Eilige besuchen nur die beiden zuerst genannten (hin u. zurück c. 2 St.; Wagen vom Bahnhof 5 fr.): zunächst im NO., unweit der Eisenbahn nach Siena, die *Tomba della Paccianese* oder *del Granduca* (Nr. 2; Privatbesitz, Trkg. 1/2 fr.; 1 St.); 20 Min. s.w. davon das bedeutendste von allen, die *Tomba della Scimmia* (Nr. 1; Schlüssel s. S. 92), mit Wandgemälden, Kampfspiele darstellend; die *Tomba del Poggio Gaiella* (Nr. 3), früher wegen ihrer labyrinthartigen Gänge und Kammern für das von Plinius und Varro beschriebene Mausoleum des Porsenna gehalten (über 1 St. n.n.w.; sehr zerstört); ferner im NO. die *Tomba del Colle Casuccini* (Nr. 4), sowie im S. die *Tomba di Vigna Grande* (Nr. 5).

Am Wege zum Bahnhof, bei *S. Caterina*, kleine Katakomben aus altchristlicher Zeit; unweit ein römisches Grab.

Vom Bahnhof Chiusi nach *Città della Pieve* (7km s.ö., s. unten) Diligenza in 1 3/4 St. für 1 1/2 fr., Wagen hin u. zurück 5 fr.

Etwa 8km s.w. von Chiusi (12km vom Bahnhof, Diligenza in 2 St. für 1 1/2 fr.) liegt das Städtchen **Sarteano** (573m; *Alb. Italia*, Corso Garibaldi, Z. 1 fr.), überragt von einer alten Burg. In der *Villa Bargagli* eine Sammlung etruskischer Altertümer aus der Umgegend, Sarkophage, Vasen, kleine Bronzen, die von den Besitzern freundlichst gezeigt wird. — 4 1/2km s.ö. von Sarteano, 12km s.w. von Chiusi (Diligenza in 1 1/2 St. für 1 1/2 fr.), liegt das Städtchen **Cetona** (Unterkunft bei *Pasquale Fiorentini*), von einer Burg überragt (384m; schöne Aussicht; Schlüssel von unten mitnehmen). Im *Palazzo Terrosi* eine kleine Sammlung in der Umgegend gefundener Altertümer (Zutritt nach Meldung durch Visitenkarte): schöne polychrome und reichvergoldete Urnen; ein Elefantenzahn mit archaischen Reliefs aus der Odyssee. Hinter dem Palast malerische Parkanlagen.

Eine landschaftlich lohnende Fahrstraße (Diligenza 1mal tägl. in 4 St.) führt von Sarteano südl. am Monte Cetona (S. 46) entlang, dann w. umbiegend mit Aussicht auf die Täler der Orcia (r.; S. 43) und Paglia (l.; S. 94) nach (22km) **Radicófani** (896m; *Alb. Dante*, Z. 1 fr., einfach aber gut gehalten), mit 2488 Einw., am Südabhang eines Basaltkegels, den eine Festungsruine mit weiter Aussicht krönt. In der Kirche *S. Agata* ein Altarrelief aus der Werkstatt der Robbia, drei weitere in der Pfarrkirche *S. Pietro*. Südl. unterhalb des Ortes, an der Landstraße nach Rom (s. S. 98), das alte Postgebäude (719m). Die Straße führt s. weiter nach Acquapendente (23km; S. 98). — Von Radicofani führt ein Reitweg w. über die nach Regen nicht immer passierbare Paglia (406m), zuletzt durch Kastanienwald nach (8km) *Abbadia S. Salvatore* (829m; Alb. Italia, Z. 1 fr., einfach aber ordentlich), mit 4265 Einw., an der Stelle einer Abtei des x. Jahrh. am O.-Abhang des Monte Amiata gelegen. In der Nähe Quecksilbergruben (s. S. 43). Besteigung des *Monte Amiata* (Führer angenehm) über die ehem. Einsiedelei *Ermeta* (1085m) in c. 3 St., meist steil durch Wald. — Von Abbadia S. Salvatore führt ein Fahrweg südl. abwärts über 5km *Pian Castagnaio* (772m; Alb. Angela Traversi, Z. 1 fr.), mit 4132 Einw., einem Verteidigungsturm des XIII. Jahrh. und einem ehem. Palast der Marchesi Bourbon-Del Monte (1601-11) ins Pagliatal und mündet bei dem (16km) *Podere del Rigo* (296m), 8km s. von Radicofani, in die oben gen. Landstraße nach Acquapendente (S. 98).

Die Eisenbahn führt im Chianatal abwärts.

159km **Città della Pieve** (250m). Das Städtchen (508m; *Alb. Vanucci*, Z. 1 1/2 fr.; Post u. Wagen von Chiusi s. oben), 5km n.ö. vom Bahnhof (Wagen nicht immer vorhanden, 2 1/2 fr.), mit 6694 Einw., ist der Geburtsort des *Pietro Vanucci*, genannt *Perugino* (vgl. S. 61). Es besitzt von ihm mehrere Werke, jedoch aus der Zeit seiner abnehmenden Kraft und überdies meist flüchtig und von Schülern gemalt, da der Meister, wie es scheint, dem Kunstgeschmack der Bewohner seiner kleinen Vaterstadt Hervorragendes zu bieten nicht für nötig fand. In der Hauptstraße, Via Pietro Vanucci, das *Oratorio de' Disciplinati* oder *S. Maria dei Bianchi* (Trkg. ½ fr.), mit einer Anbetung der Könige, dem umfangreichsten Bild Perugino's: man zeigt zwei Briefe des Meisters von 1504, den Preis dieses Freskobildes betreffend, der von 200 Gulden auf 75 ermäßigt wurde. Gegenüber bezeichnet eine Inschrift die Stelle von Perugino's Geburtshaus. Im *Dom*, dessen Inneres 1895 erneut wurde, die Taufe Christi (1. Kap. l.) und Madonna mit den H. Petrus, Paulus, Gervasius und Protasius, im Chor, von 1513; in *S. Pietro*: h. Antonius mit den H. Paulus Eremita und Marcellus (ursprünglich in S. Antonio), alles von Perugino. — Vor dem Südtor die Kirche *S. Maria dei Serri*, mit Resten einer Kreuzigung von Perugino (1517). Eine aussichtreiche Landstraße führt n.ö. nach *Perugia* (S. 62; c. 50km).

168km Station *Ficulle;* der Ort (437m) 1 St. s.ö. — 180km *Allerona.* Bei Orvieto mündet die Chiana in die *Paglia*, einen reißenden Nebenfluß des Tiber, der bei starkem Regen großen Schaden anzurichten pflegt. Der Boden besteht von Chiusi an aus tertiären Schichten (Tonen, Mergeln, Sandstein), während mit Orvieto das vulkanische Gebiet beginnt, welches im See von Bolsena (S. 99) seinen Mittelpunkt hat.

190km Station *Orvieto* (124m; Bahnrestaur.), am Fuß der Höhe gelegen, welche die Stadt einnimmt.

Orvieto. — Ankunft. Eine Drahtseilbahn (*Funicolare*, Pl. EF 1, 2) von 560m Länge und 27% Steigung, zuletzt in einem 120m langen Tunnel unter der Fortezza hindurch, vermittelt den Verkehr zwischen Bahnhof und Stadt: Fahrzeit 5 Min., Fahrpreis 30 c. Die Omnibusse der Gasthöfe (½ fr.) stehen am oberen Endpunkte der Drahtseilbahn. Die fast 4km lange Fahrstraße s. S. 98.

Gasthöfe (vgl. S. xv): H. delle Belle Arti (Pl. a: C 3), im Palazzo Bisenzi, Corso Cavour 43, 40 Z. zu 2½-5, F. 1½, G. m. W. 3, M. m. W. 5, P. 7-12 fr., gut; Palace Hotel (Pl. b: B 3), Via Garibaldi, 30 Z. von 3 fr. an, F. 1¼, G. m. W. 3½, M. m. W. 5, P. von 8 fr. an, Omn. 1 fr., gut; - Italia (Pl. c: B 3), Via del Popolo 5, Cornelio (Pl. d: C 3), Piazza Ippolito Scalzo 1, in beiden Z. 1½-2 fr.; Alb.-Ristor. del Duomo (Pl. e: C 3), Via del Duomo, Z. 1½ fr., gelobt. — Ein ordentliches Café an Piazza Vittorio Emanuele. — Der *Wein* von Orvieto ist berühmt.

Photographies bei *Armoni* (Luigi Raffaelli Nachf.), am Domplatz.

Orvieto (325m), Stadt von 8220 Einwohnern, Bischofsitz, liegt auf einem einzelstehenden Tuffelsen, mit teils natürlichen, teils künstlich geschaffenen senkrechten Wänden, wahrscheinlich an der Stelle des alten *Volsinii.* Volsinii war eine der zwölf Hauptstädte des etruskischen Bundes, die nach wechselvollen Kämpfen

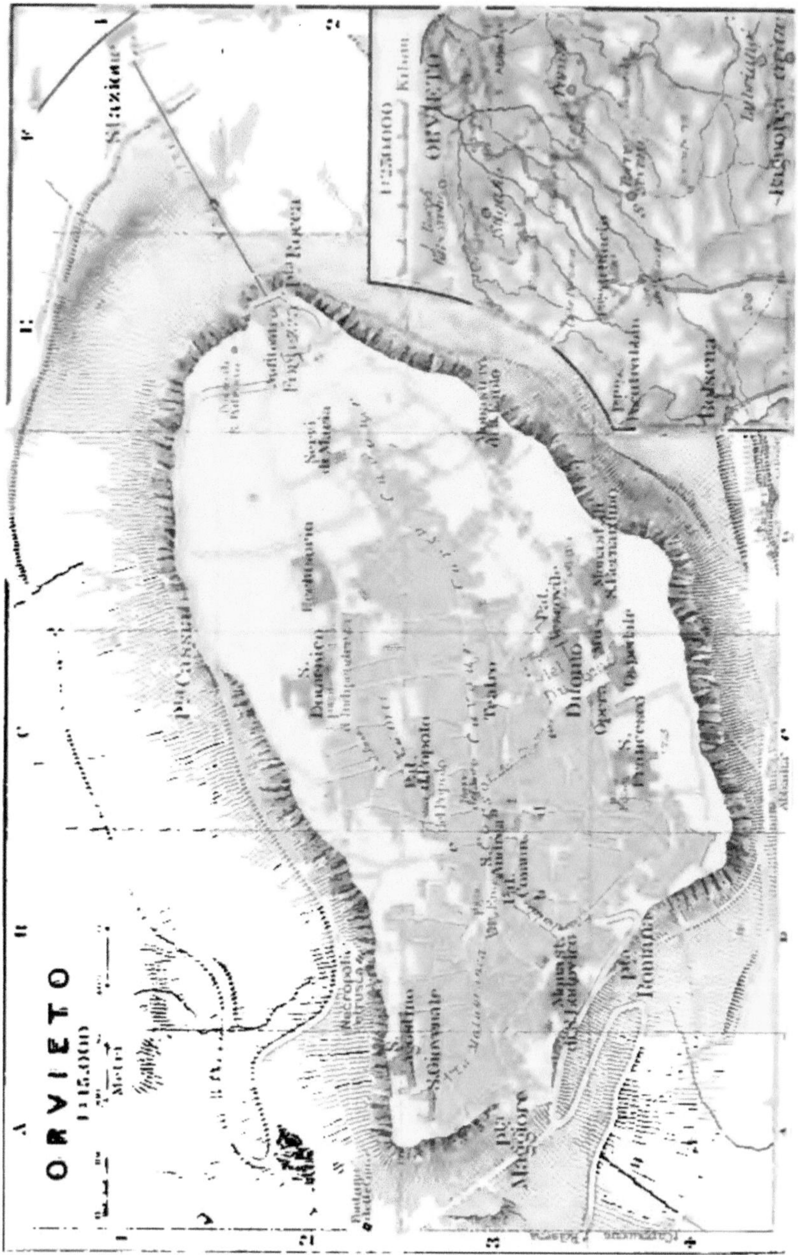
ORVIETO
1:15.000
Metri
Duomo
Teatro
Opera
S. Domenico
Necropoli etrusca
P.ta Maggiore
P.ta Romana
Bolsena

im J. 280 vor Chr. von den Römern erobert und zerstört ward: aus der Beute wurden angeblich 2000 Statuen fortgeführt; ihren Reichtum bezeugen die zahlreichen Gräberfunde von Vasen, Schmucksachen und Statuen. Die später dort entstandene neue Stadt, bei Procopius *Urbibentum*, seit dem Ausgang des Altertums *Urbs vetus*, woher der jetzige Name, war im Mittelalter eine Hauptfeste der Welfen, die oft den Päpsten Zuflucht bot. Eiligen genügt zur Not ein Aufenthalt von 4-5 Stunden.

Von dem Platz im W. der ehem. Festung, wo die Endstation der Drahtseilbahn ist (Pl. E 2), geht die Hauptstraße aus, der *Corso Cavour*. An ihm zwei mittelalterliche Türme: dem ersten (Torre del Moro, Pl. C 3) gegenüber führt die Via del Duomo nach dem

****Dom** (Pl. C 3; Mai-Sept. 1-3 Uhr geschlossen), einem der prächtigsten Beispiele italienischer Gotik und sehenswertesten Kunstdenkmäler Italiens. Veranlaßt durch das „Wunder von Bolsena" (S. 99), wurde der Bau vor 1285, vielleicht durch *Arnolfo di Cambio* begonnen und schon 1309 konnte der Bischof Guido di Farnese die erste Messe darin lesen. Dem Grundplan nach ist der Dom eine dreischiffige Basilika, mit Querschiff und geradlinigem Chorschluß, 104,59 m lang, 32,95 m breit, wie die Dome von Florenz und Siena in wechselnden Lagen dunkeln und helleren Steines (schwarzer Basalt und ein graugelber Kalkstein aus der Nähe) aufgeführt. Wie anderwärts so bildete auch hier der Dom den Mittelpunkt stetiger Kunsttätigkeit. Die Baubehörden wurden nicht müde, für die Ausschmückung des Werkes zu sorgen, und wie wir heutzutage in unsern Museen die hervorragendsten Künstler vertreten wünschen, so suchten jene die berühmtesten Meister zeitweilig für ihre Stadt und ihren Dom zu gewinnen. Die dreigiebelige *Fassade, 1310 nach dem Plan und unter der Leitung des Sienesen *Lor. Maitani* begonnen, aber in den oberen Teilen erst im XVI. Jahrh. vollendet, ist in der Hauptgliederung strenger gefügt als die jüngere Fassade des Domes von Siena (vgl. S. 27) und überaus reich mit Skulpturen und (stark restaurierten) Mosaiken geschmückt, nach Burckhardt das größte und reichste polychromatische Denkmal auf Erden.

Die trefflichen, für den Übergang des älteren Stils in den der Renaissance in vieler Beziehung charakteristischen Reliefs am untern Teile der Pfeiler zeigen Darstellungen aus dem Alten und Neuen Testament: am 1. Pfeiler l. von der Schöpfung bis auf Tubalkain; 2. Pfeiler Abraham, David und sein Geschlecht; 3. Pfeiler Geschichte Christi und Mariä; 4. Pfeiler jüngstes Gericht mit Paradies und Hölle. Darüber die Sinnbilder der vier Evangelisten, in Erz von *Lor. Maitani.* Über dem Hauptportal eine fälschlich Andrea Pisano zugeschriebene Madonnenstatue unter einem Baldachin. Am Rande des großen quadratischen Feldes, dessen Mitte ein Radfenster einnimmt, Marmorstatuen von Propheten und oben der zwölf Apostel, von *Raffaello da Montelupo* seit 1560 ausgeführt.

Über den Türen und in den drei spitzen Giebeln Mosaiken auf Goldgrund: u. a. Mariä Verkündigung, Vermählung, Taufe Christi und

Krönung Mariä, letztere das Hauptbild, ganz oben; sie stammen aus verschiedener Zeit, vom xiv. bis zum xix. Jahrhundert.

Das *Innere ist trefflich restauriert. Je vier Säulen und zwei Pfeiler scheiden das 34m hohe Mittelschiff von den niedrigeren Seitenschiffen; über den rundbogigen Arkaden läuft eine Galerie mit reichem Steinornament. Die Fenster sind spitzbogig, unten mit durchsichtigem Alabaster, oben mit gemaltem Glas. Der Dachstuhl liegt offen und war reich verziert.

Im l. Seitenschiff: Madonna, sehr beschädigte Freske von *Gentile da Fabriano* (1426). Neben dem Haupteingang das schöne marmorne Taufbecken, der untere Teil von *Piero di Giovanni* und *Jacopo di Piero* 1402-3, der obere von *Sano di Matteo* 1407. — Im Mittelschiff: r. ein marmornes Weihbecken von *Ant. Federighi* (1451-56; S. 29). — Im Querschiff l. und r. vom Chor Altäre von *Sammicheli* aus Verona (1521 u. 1528), mit Marmorreliefs, l. Heimsuchung Mariä, r. Anbetung der Könige von *Mosca*. — Im Chor: Fresken aus dem Leben der h. Jungfrau von *Ugolino di Prete Ilario* und *Pietro di Puccio*; r. in der Ecke Verkündigung und Heimsuchung, von *Ant. da Viterbo*, einem Schüler Pinturicchio's.

Die am r. Querschiff befindliche **Cappella Nuova (bestes Licht vorm.), mit einem Gnadenbild der h. Jungfrau (Madonna di S. Brizio), spielt in der Geschichte der italienischen Kunst eine wichtige Rolle. Als nämlich der in Rom anwesende Glasmaler Don Francesco di Barone aus Perugia, der auch in Orvieto beschäftigt war, hörte, daß der „als Maler berühmte Mönch" *Fra Angelico da Fiesole* im Sommer an Rom, wo er im Vatikan tätig war, nicht gebunden sei, wurde dieser alsbald nach Orvieto berufen und ihm die Ausmalung der Kapelle übertragen. Er arbeitete 1447 hier, aber nur drei Monate, in welchen er mit seinem Gehilfen *Benozzo Gozzoli* zwei Felder der Wölbung über dem Altar ausmalte: Christus in der Glorie als Weltrichter und r. Propheten. Die Fortsetzung und Vollendung des Werkes erfolgte erst 1499-1502 durch *Luca Signorelli*, dessen Wandgemälde hauptsächlich die Aufmerksamkeit in Anspruch nehmen. Das erste Bild, an der Wand links, schildert den Sturz des Antichrist, der im Vordergrunde predigend dargestellt ist; in der l. Ecke stehen nach der Überlieferung Signorelli und Fra Angelico. Auf der Eingangswand sind mit geschickter Raumbenutzung r. die Zeichen von Sonne und Mond und der Tod der beiden Zeugen, l. der Weltbrand dargestellt. — Es folgen die Auferstehung der Toten und die Strafen der Verdammten, dann an der Altarwand r. der Niedergang der Ungerechten zur Hölle, l. der Aufgang der Gerechten zum Himmel und endlich, an das erste Bild anstoßend, die Versammlung der Seligen. — Am Sockel: die Dichter des Jenseits, umgeben von Darstellungen aus ihren Werken. An der Decke Apostel, Engel mit den Leidenswerkzeugen, Patriarchen, Kirchenlehrer, Jungfrauen und Märtyrer. Auch die ornamentale Wanddekoration ist zu beachten. — In diesem Werk begrüßen wir die höchste Leistung des xv. Jahrhunderts. In der Beherrschung der Körperformen, in der Kühnheit der Bewegungen und Verkürzungen, in der Kenntnis des Nackten weist es unmittelbar auf Michelangelo hin, der nach Vasari's Erzählung manche Motive daraus für sein jüngstes Gericht entlehnte. *Signorelli* malte auch in einer Nische an der Wand r. die schöne Grablegung. — Davor eine Marmorgruppe, Pietà, von *Scalza* (1572).

Gegenüber im l. Querschiff die Cappella del Corporale, woselbst in dem mosaizierten, marmornen Tabernakel hinter dem Hauptaltar der silberne Reliquienschrein aufbewahrt wird, welcher das von dem Wunder zu Bolsena (S. 99) herrührende blutgetränkte Kelchtuch (Corporale) einschließt. Der Schrein aus vergoldetem Silber, von *Ugolino di Maestro Vieri* aus Siena (1337), ähnelt in der Form der Fassade des Doms; er ist 1,39 m hoch, 0,63 m breit und 135 kg schwer; in durchsichtigem Email ist darauf das Wunder in 12 Szenen dargestellt. Er wird am Fronleichnamsfest und am 1. Ostertag öffentlich ausgestellt und ist sonst nur mit besonderer Erlaubnis zu sehen. Modernisierte Fresken, ebenfalls das „Wunder von Bolsena" darstellend, von *Ugolino di Prete Ilario* (1357-64). Auf dem Altar l. Madonna von *Lippo Memmi*.

Gegenüber dem Dom die *Opera del Duomo* (Pl. C 4). Rechts neben dem Dom, hinten, der *Palazzo Vescovile* (Pl. D 3) von 1264, weiter vorn das

Museum (Pl. CD 3, 4), in dem von Bonifatius VIII. 1296 begonnenen, jetzt restaurierten *Palazzo dei Papi* oder *Pal. Soliano*. Die mittelalterlichen Kunstwerke gehören der Opera del Duomo. Direktor Ing. C. Franci. Eintrittskarten (1 fr.) in der Armoni'schen Photographiehandlung (S. 94).

Im Erdgeschoß einige Rekonstruktionen und Modelle etruskischer Gräber, sowie vorgeschichtliche Altertümer. Plan der etruskischen Nekropolis. Architektonische Dekorationsglieder aus Terrakotta, von einem etruskischen Tempel, der in der Nähe des Giardino pubblico stand. — Der große Versammlungssaal im ersten Stock enthält an den Wänden oben zwölf große Bilder aus dem Dom, von *Muziano*, *Pomarancio*, den Brüdern *Zucchero* und andern Künstlern des XVI. und XVII. Jahrh.; dazwischen Zeichnungen der Schule von Bologna, aus dem Palazzo Gualterio. Darunter: *Luca Signorelli*, Selbstbildnis mit dem des Kämmerers Nic. Franceschi (Freskoskizze, vor 1500), h. Magdalena (1504); *Ant. da Viterbo*, Madonna, h. Sebastian (Fresko); *Simone Martini*, Madonna mit H. (1320), Madonna mit dem Bischof von Savona, u. a. Apostelstatuen von *Mosca*, *Scalza*, *Toti*, *Giov. Bologna* u. a., aus dem Dom. — In der Mitte: Mariä Verkündigung, zwei Statuen von *Mocchi* und zwei Holzstatuen von *Friedrich von Freiburg* (XIV. Jahrh.); schöne Madonnenstatue von *Nino Pisano*, mit z. T. erhaltener Färbung; kostbares Reliquiar von *Ugolino di Maestro Vieri* und *Viva di Siena;* Altardecken. — Ferner etruskische Gegenstände: Waffen, Bronzen, keramische Erzeugnisse usw. aus der etruskischen Nekropolis (S. 98). — An der Rückwand des Saales: *Ces. Fracassini*, Entsatz Orvieto's bei einer Belagerung durch Totila (1866). Darunter zwei schöne Entwürfe für die Fassade des Doms, davon der eine, wahrscheinlich ältere, nur mit einem Giebel, und ein Entwurf für eine unausgeführt gebliebene Kanzel, sämtlich auf Pergament.

In der Straße hinter dem Museum liegt der *Pal. Marsciano* (Uffici finanziari), von Ant. da Sangallo d. J.

Der Corso Cavour mündet westl. auf die Piazza Vitt. Emanuele. Hier liegt der *Palazzo Comunale* (Pl. B 3) aus dem XII. Jahrh., im XIV. Jahrh. umgebaut, die Fassade von Scalza 1585 erneuert, aber nicht vollendet. — Daneben l. die Kirche *S. Andrea* (Pl. B 3) mit einem zwölfeckigen Turm aus dem XI. Jahrh., die Fassade erneuert: im Innern einige Bilder aus dem XIV. und XV. Jahrh. und eine spätgotische Kanzel, deren Brüstung auf der Rückseite Ornamente des IX. Jahrh. zeigt. — Weiter n.w., durch Via Malabranca, nach *S. Giovenale* (Pl. A 3), einer Kirche des XI. Jahrhunderts mit frühgotischem Chor, Altar von 1170 und Freskenresten von Guilelmus de Grua (XIV. Jahrhundert; Eingang in Via Volsinii, l. daneben). — Lohnend ist die Wanderung auf der *Stadtmauer* von S. Giovenale über die Porta Maggiore zur Porta Romana (Pl. B 4).

Nördl. vom Corso Cavour liegt die Piazza del Popolo, mit dem *Palazzo del Popolo* oder *del Capitano* (Pl. C 3), aus dem XII. Jahrhundert (die Rückseite beachtenswert). — Durch den Torbogen, dann r. durch Via degli Orti und l. Vicolo degli Orti nach

S. Domenico (Pl. C 2). Die Kirche hat im r. Querschiff ein Denkmal des Kardinals de Braye († 1282), von Arnolfo di Cambio; die Unterkirche ist von Sanmicheli gebaut (1518-23).

Die 1364 von Kard. Albornoz angelegte *Festung* (Fortezza, Pl. E 2), am NO.-Eingange der Stadt (S. 95), ist jetzt in einen aussichtreichen öffentlichen Garten mit Amphitheater (für öffentl. Schauspiele) verwandelt. Der Kustode hat den Schlüssel zu dem nahen Brunnen *Pozzo di S. Patrizio*, 1527 von A. da Sangallo d. J. begonnen, 1540 von Mosca vollendet, teils in Tuff ausgehauen, teils gemauert, $61_{,32}$m tief, 13m breit. Er reicht durch den Tuff bis auf den wasserreichen tertiären Mergel hinab. Zwei ganz voneinander geschiedene Schneckenrampen umgeben den Schacht; auf der einen stiegen die wassertragenden Esel hinab, auf der andern hinauf (Eintritt 60 c., 248 Stufen).

Die gewundene Fahrstraße, welche die Stadt mit dem Bahnhof verbindet (fast 1km), führt unweit einer beachtenswerten *etruskischen Nekropolis* vorüber (200 Schritte l. abseits, vgl. Pl. B 2). Die meisten Gräber stammen aus dem v. Jahrh. vor Chr., sie waren z. T. noch ganz unberührt. Die Eingänge sind, wie anderwärts, aus drei großen Steinen gebildet; daran der Name der Verstorbenen in etruskischer Schrift; der innere Raum ist viereckig, die Decke durch überkragende Tuffsteine gebildet. In den Gräbern fanden sich viele bemalte Vasen griechischer, besonders korinthischer und attischer Fabrik, und von einheimischen Produkten namentlich schwarze, mit gepreßten Mustern ornamentierte Tonwaren (im Museum, S. 97).

Etruskische Altertümer auch im Besitz des Ingenieurs Riccardo Mancini, Corso Cavour 78, und des Grafen Eug. Faina, gegenüber dem Dom, welche die Besichtigung gern gestatten. Der erstere besitzt außerdem einige Gräber *(Tombe Mancini)* unweit der oben gen. Nekropolis; in einem ist der Inhalt gelassen worden (Eingang durch das eiserne Gittertor mit Aufschrift, bei der Fontana delle Conce; Pl. A 2).

1/2 St. vor Porta Romana (Pl. B 4) liegt die Ruine der Abteikirche von San Severo, *l'Abbadia*, aus dem XI. Jahrhundert.

Vom Bahnhof Orvieto Automobilverbindung 1mal tägl. über (27km; 2 fr. 80 c.) *S. Lorenzo Nuovo* (s. unten) und (62km; 6 fr.) *Pitigliano* (S. 5) nach (118km; 12 fr.) *Orbetello* (S. 5).

Von Orvieto nach Bolsena: 19 (vom Bahnhof 22) km Landstraße; Einsp. in 3 St. für 10-12 fr., akkordieren! Diligenza nach Acquapendente, s. unten. — Aus der Porta Romana (Pl. B 4) senkt sich die Straße zunächst in das Tal hinab und steigt dann in vielen Kehren, bald mit schönem Rückblick auf Orvieto, durch reich angebautes Land auf die flache Abdachung des ehem. Vulkans von Bolsena (s. S. 99).

7km vor Bolsena, am *Poggio di Biagio* (590m) zweigt n.w. eine Fahrstraße über *Castel Giorgio* (559m) und *S. Lorenzo Nuovo* (505m), wo die Straße nach Pitigliano (s. oben) abgeht, nach **Acquapendente** (419m; *Alb. Roma*, Z. 1 fr.) ab, der hoch über der Paglia (S. 94) gelegenen ehem. Grenzstadt des Kirchenstaates, mit 4779 Einw., an der Straße von Rom nach Florenz (s. S. 93). Diligenza von Orvieto (35km) 1mal tägl. in 5 St.

für $4^1/_2$ (Wagen 10-15) fr. — 5km n.w. liegt *Proceno* (392m), ein malerischer Ort mit zerstörtem Renaissancepalast der Sforza (c. 1535).

Endlich steil an dem sog. Kraterrand hinab nach

Bolsena (348m; *Alb. Stella d'Oro,* in der Hauptstraße), malerisch am nordöstl. Seeufer gelegenes Städtchen von 3288 Einwohnern, etwas unterhalb der Stätte des nach Zerstörung des alten Volsinii (S. 94) entstandenen *Volsinii novi.* Von diesem römischen Municipium sind mehrfach Inschriften, Säulen u. dgl. erhalten. Im *Museo comunale* an der Piazza ein Sarkophag mit dem Triumph des Bacchus. Eine antike Straße mit Basaltpflaster führt vom Nordende der Stadt zu den Ruinen hinauf. Schöner Blick über den See.

Die Kirche S. CRISTINA ist im XI. Jahrh. gegründet, die Renaissancefassade vom Kard. Giov. Medici (Leo X.) c. 1500 errichtet; über den Türen zwei Terrakottareliefs von *Andrea della Robbia.*

Im Innern r. vom Chor Büste der h. Lucia aus der Schule der *Robbia,* darüber ein Holzkruzifix des XIV. Jahrhunderts. Im l. Seitenschiff ein Portal des XI. Jahrh., mit Relief: die fünf klugen Jungfrauen und die Anbetung der Könige. Im unteren Raume, vor dem Eingang in die *Katakomben* ein Terrakotta-Altar aus der Schule der *Robbia;* r. über dem Stein, mit welchem die h. Christina aus Bolsena im J. 278 ertränkt wurde, der *Altar del Miracolo* (vgl. unten) unter einem Tabernakel aus dem VIII. Jahrhundert. Endlich das *Grab der Heiligen* in moderner Einfassung, mit schöner liegender Terrakottafigur von Andrea della Robbia. — Der Pfarrer der Kirche hat den Schlüssel zu einem kleinen Museum, mit Inschriften und Gläsern aus den Katakomben sowie langobardischen Altertümern.

Das *Wunder von Bolsena,* berühmt durch Raffaels Gemälde im Vatikan (S. 365/366), fiel 1263 hier vor, indem ein böhmischer Priester, der die Lehre von der Transsubstantiation anzweifelte, durch Blutstropfen an der Hostie, die er eben geweiht hatte, überzeugt wurde. Zum Andenken stiftete Papst Urban IV. 1264 das Fronleichnamsfest *(Corpus Domini)* und veranlaßte den prachtvollen Dombau von Orvieto (S. 95).

$^1/_2$ St. von der Stadt Reste eines antiken *Amphitheaters.*

Der $114{,}_3$qkm große **See von Bolsena,** der *Lacus Vulsiniensis* der Alten, 305m ü. M., 43km im Umfang und bis 146m tief, ist der Mittelpunkt eines gewaltigen vulkanischen Zentrums, das an Größe dem Ätna nichts nachgibt. Seine Tuffe bedecken c. 1300 qkm und reichen von Orvieto bis fast ans Meer. Zahlreiche lange Lavaströme haben sich nach W. und SW. ergossen, aber es ist zweifelhaft, ob ein regelrechter Kegelberg aufgetürmt wurde. Der See wird vielmehr nicht als Krater aufgefaßt, sondern als ein großer Einsturz in den unterirdischen Hohlraum, aus dem das vulkanische Material stammt. Seitenkrater existieren u. a. im W. bei Valentano, im SO. bei Montefiascone und der Insel Martana (s. unten). Der See ist fischreich (seine Aale erwähnt Dante, Purgat. XXIV, 24), sein Süd- und Ostufer angebaut, sein Westufer mit Buschwald bedeckt. Die Marta (S. 101) entwässert ihn zum Meere. Zwei kleine Inseln, *Bisentina* (361m) und *Martana* (377m), ein hufeisenförmiger Krater, fallen ins Auge. Auf der letzteren ward Amalasuntha, die einzige Tochter Theodorichs des Großen, Königin der Goten, auf Befehl ihres Vetters Theodat, den sie zum Mitherrscher erhoben hatte, 534 gefangen gehalten und im Bade erwürgt. Die Kirche auf der Insel Bisentina wurde von der Familie Farnese erbaut und von den Caracci geschmückt. Sie enthält Reliquien der h. Christina.

Von Bolsena führt eine Landstraße (Post in $2^1/_2$ St. für 2, Wagen 5 fr.) in südl. Richtung, zunächst am Rande des Sees entlang, dann z. T. steil ansteigend, in $3^3/_4$ (in umgekehrter Richtung $2^3/_4$) St. nach (13km) *Montefiascone* (S. 103).

Die Bahn von **Orvieto nach Orte und Rom** erreicht das waldreiche Tal des *Tiber*, dessen breites steiniges Bett von zahlreichen Überschwemmungen zeugt und hier die Scheidelinie zwischen den Vulkangebieten Etruriens und dem Apennin bildet. Zwei Tunnel. L. auf der Höhe *Baschi*. 202km *Castiglione in Teverina*. Die Bahn überschreitet den Fluß und bleibt auf dem l. Ufer. — 210km *Alviano*.

219km **Attigliano** (Bahnrest.). Zweigbahn nach *Viterbo*, s. S. 103.

224km *Bassano in Teverina;* der Ort (305m) r. oben (3km).

Hier in der Ebene bezeichnet der kleine Sumpfsee von Bassano die Stelle des in der alten Geschichte durch die großen Siege der Römer über die Etrusker 309 und 283 vor Chr. berühmten *Lacus Vadimonis;* von Plinius d. J. (Epist. 8, 20) wird er nebst seinen „schwimmenden Inseln" beschrieben. — 5km weiter n.w. (Fahrweg vom Bahnhof Orte, 18km) liegt malerisch auf steilem Felsen *Bomarzo* (263m), das alte *Polimartium*, wo zahlreiche Gräber aus etruskischer und römischer Zeit gefunden wurden.

Durch zwei Tunnel erreicht die Linie den Bahnhof von

232km **Orte** (*Bahnrest.*, gut), wo die von (Perugia- und von Ancona-) Foligno kommende Bahn (R. 10) sich mit der Hauptlinie vereinigt. Das Städtchen, 4km nördl. auf der Höhe (134m), mit 4397 Einw., das alte *Horta*, bietet außer seiner Lage nichts.

Weiter im Tibertal abwärts. Bald zeigt sich l., dann nach einer Biegung der Bahn r. der Soracte (S. 101). L. jenseit des Flusses liegen *S. Vito*, sowie *Otricoli*, ein kleiner Ort, 10km von Orte, unweit n. des alten *Ocriculum*, wo viele Altertümer (vgl. u. a. S. 377) gefunden sind. — 241km *Gallese*. Weiter l. hoch oben auf dem l. Ufer Magliano Sabino (s. unten).

245km Station *Civita Castellana-Magliano*, bei dem von einer Burgruine überragten Flecken *Borghetto*. L. der Ponte Felice (s. unten).

Eine lohnende Tagestour ist die folgende: von der Station (Post und Wagen bis Calvi in 3 St.) zunächst n.ö. auf der nach Otricoli (s. oben) und Narni (S. 90) führenden Landstraße, über die schöne, von Augustus für die Via Flaminia (S. 124) erbaute, 1589 von Sixtus V. erneuerte Tiberbrücke, den *Ponte Felice*, der früher für den Verkehr zwischen Rom und den nordöstlichen Provinzen wichtig war. Nach 3km geht r. ein Fahrweg über das (5km) Städtchen *Magliano Sabino* (222m) nach (16km) *Calvi* (401m). Von hier mit Führer in 2 St. n.ö. auf den **Monte S. Pancrazio** (1027m), mit einer Kapelle des Heiligen und herrlicher Fernsicht. Von da in $4^1/_2$ St. über das Kloster *lo Speco* (Erfrischungen) und *Stieli* hinunter nach Narni (S. 90); besonders großartig ist der Abstieg durch die wilde Schlucht von *Vasciano*. 4km vor Narni erreicht man die oben erwähnte Landstraße wieder, welche unterhalb des Schlosses in die Stadt mündet.

Die Station ist 9km von der Stadt Civita Castellana entfernt: Wagen am Bahnhof, Omnibus in $1^1/_2$ St. für 1 fr. Die Straße führt über Tuffe und einen vom Lago di Vico (S. 108) kommenden Lavastrom bergan, zuletzt auf einer von Clemens XI. 1707 erbauten, 1862 erneuerten Brücke über eine 40m tiefe Schlucht.

Civita Castellana (145m; *Alb. Natalucci*, Corso Umberto I 119, gute Küche; *Alb. Falisco*, ebenda 113, Z. 2 fr.), Stadt von 5132 Einwohnern, liegt malerisch auf dem Westende eines zwischen Zuflüssen des Treja isolierten Tuffplateaus, das einst die alte Faliskerstadt *Falerii* trug, die ein bedeutendes Zentrum Südetruriens war und 396 vor Chr. von Camillus erobert, 241 vor Chr. von den Römern zerstört wurde. Die Bewohner wurden in dem von den Römern gegründeten, viel weniger stark befestigten *Falerium novum* (s. S. 102) angesiedelt, kehrten aber im VIII. oder IX. Jahrh. auf die Stätte der ehemaligen Stadt zurück. Die Kathedrale *S. Maria* hat eine schöne Vorhalle, laut Inschrift von Laurentius, seinem Sohn Jacobus und dessen Sohne Cosmus Romanus 1210 errichtet; über der Tür r. Brustbild Christi in Mosaik von Jacobus; das Innere wurde 1736-40 modernisiert; vom Hochaltar führt eine Treppe l. hinab zur Krypta, mit z. T. antiken Säulen und zwei von Rodrigo Borgia gestifteten Renaissance-Altären; in einem Nebenraum sind die ehem. Chorschranken in reicher Cosmatenarbeit eingemauert. — Die *Zitadelle* wurde durch Papst Alexander VI. nach dem Entwurf des Ant. da Sangallo d. Ä. 1494-1500 erbaut und durch Julius II. und Leo X. erweitert; im Hof ein Christusrelief aus Marmor, das nach der Tradition die Züge Cesare Borgia's trägt. In der Nähe, sowie ringsum in den Schluchten, sind geringe Reste der antiken Mauern und zahlreiche etruskische Felsengräber erhalten. — Unweit des Ponte di Celle, im NO. der Stadt, wurden 1887 Reste des dreiteiligen *etruskischen Tempels* der Juno Curitis aufgedeckt; weitere Tempelreste 1888 in der Contrada lo Scasato, im O. der Stadt, auf dem höchsten Punkte ihres ehemaligen Gebiets, sowie 1902 n.w., im Tal des Fosso Maggiore; die letzteren gehören vermutlich einem Merkurtempel an. Die Funde s. S. 214.

Von Civita Castellana elektr. Straßenbahn nach (54km) *Rom* s. S. 410. Die Haltestelle *S. Oreste* (12km in 50 Min. für 1 fr. 10 oder 70 c.) ist der beste Ausgangspunkt für die Besteigung des Soracte. Von der Haltestelle Fahrweg nach dem (3km) ärmlichen Dörfchen *S. Oreste* (414m; Ristor. Gius. Capelli, auch Z., ganz ordentlich); bis hierhin Einsp. von Civita Castellana 6-8 fr., in 2 St.; Post in 3 St. für 1 fr.; zu Fuß $3^1/_2$ St.

Der **Soracte** (691m), ital. *Monte Soratte*, von Horaz (Carm. I, 9: Vides ut alta stet nive candidum Soracte) und Vergil (Aen. XI, 785: Summe deum sancti custos Soractis Apollo!) erwähnt, ist ein 5km langer, von NW. nach SO. streichender, beiderseits steil abfallender Kalkfelsen, mit mehreren Spitzen, ein Bruchstück einer unter den Vulkangebieten versunkenen Apenninenkette, deren nördliche Fortsetzung der Monte Cetona (S. 46) bildet. Gegen SO. fällt der Berg mäßig ab, einen Bergrücken bildend, auf dem S. Oreste liegt. Man läßt das Dörfchen r., wendet sich l. auf steinigem Pfade bergan und erreicht in $^3/_4$ St. das Trinitarierkloster *S. Silvestro* (636m; Brot u. Wein zu haben; einige deutsche Mönche), das im J. 746 von Karlmann, dem Sohn Karl Martells und Bruder Pippins des Kleinen, gegründet wurde, und weiter in 10 Min. die mittlere, höchste Spitze (691m) mit der Kirche *S. Silvestro* und einem kleinen zerstörten Kloster. Im Altertum stand hier ein Apollotempel. Die Aussicht, nach allen Seiten frei, reicht bis zum Zentralapennin, den Sabiner-, Volsker- und Albanerbergen, westl. dem Meer und dem See von Bracciano, nördl.

dem [illegible] Wald. Ein Fußweg führt von S. Oreste in 3 St. hinab nach Stat. *Stimigliano* (s. unten); ½ St. vorher setzt man auf einer Fähre [illegible] über den Tiber (10 c.).

Von Civita Castellana nach den **Ruinen von Falerii** („Fàleri"), 5km n.w. Von der unten gen. Landstraße nach Nepi zweigt nach ½km r. ein Fahrweg ab, der das Tal des Fosso Maggiore und etwa 1km vor Falern das des Rio del Purgatorio, mit zahlreichen Felsengräbern, überschreitet. Das von den Römern um 210 vor Chr. gegründete *Falerium novum* (s. S. 101) oder *Colonia Junonia* bildet ungefähr ein Dreieck; die Mauern (2108m Umfang) sind wohl erhalten, durch viereckige Türme geschützt, von Toren unterbrochen, von denen zwei, die *Porta di Giove* im W. und die *Porta del Bove* im SO., sehenswert sind; in der Nähe des letzteren das Theater, von römischer Bauart. Dahinter das angebliche Forum und die Piscina. Bei der Porta di Giove, innerhalb der Mauern, die Ruine der Abtei S. *Maria*, aus dem XII. Jahrh.; im Schiff antike Säulen.

Die römische Landstraße führt von Civita Castellana südwestl. weiter nach Nepi (11km; Post in 1½ St. für 1 fr.; Einsp. über Nepi und Sutri bis Capranica, S. 109, 12 fr.). Vor Nepi auf schönem **Viadukt** über den *Rio Falisco*. Näher als die Straße ist ein Fußweg, der südl. den *Fosso dell' Isola* überschreitet und dann auf der Höhe entlang läuft (9km). Er berührt (7km von Civita Castellana) den Ort *Castel S. Elia* (213m). In der etwas tiefer gelegenen, um das J. 1000 erbauten, unter Pius IX. renovierten Basilika bäurische Fresken des XI. Jahrh., sowie Skulpturfragmente von einem Dianatempel, an dessen Stelle die Kirche steht (Schlüssel beim Sindaco oder bei den Franziskanermönchen oberhalb der Kirche). Unmittelbar vor Nepi, bei dem erwähnten Viadukt, erreicht der Weg die Straße.

Nepi (225m; *Tratt. Franc. Crirellari*, gelobt), mit 2973 Einw., Bischofsitz, ist das altetruskische *Nepete* oder *Nepet*, später *Nepe*, in malerischer Lage, von mittelalterlichen Mauern und Türmen umgeben. Am Markt der *Palazzo Municipale*, ein zierlicher Renaissancebau mit einigen römischen Bildwerken und Inschriften. Die *Kathedrale* stammt aus dem XI. Jahrh., mit älterer Krypta. Im W. der Stadt das *Kastell*, 1499 an Stelle einer alten Burg von Ant. da Sangallo d. Ä. für Papst Alexander VI. neu gebaut, von Paul III. restauriert, jetzt eine schöne Ruine. Lucrezia Borgia residierte hier im J. 1500 nach dem Tode ihres ersten Gemahls. Unterhalb des Kastells, bei Porta Romana, Tuffquadern *etruskischer Mauern*. — Etwa 10km weiter westl. liegt *Sutri* (3 St.; S. 109).

Bei der **Weiterfahrt** wird r. die Stadt Civita Castellana (S. 101) kurze Zeit sichtbar. Die Bahn geht auf das l. Ufer des Tiber über. — 258km *Stimigliano* (Loc. & Osteria della Posta, beim Bahnhof). Diese wie die folgende (267km) Station *Poggio Mirteto* liegen in der bergigen olivenreichen Landschaft *Sabina*. Von Stimigliano auf den Soracte s. oben. — 278km *Fara Sabina* (28m).

Ein Fahrweg führt n.ö. im Tal des Fosso Corese aufwärts nach (16km; Post 2, zurück 1½ fr.) *Fara in Sabina* (484m; Alb. della Posta). Nach c. 5km liegt r., jenseit des Baches, eine Höhe (*Arci*, 151m), mit den Resten der alten Sabinerstadt *Cures*, aus welcher König Numa Pompilius stammte. Ein Fahrweg und Fußweg durch Wald führen von Fara in Sabina n.w. hinab nach (1½km) *Farfa*, einer 681 gegründeten ehem. Benediktinerabtei in dem schönen Tal der *Farfa*, des alten *Farfarus* oder *Fabaris*. Der Fahrweg überschreitet 2½km weiter die Farfa und wendet sich w. über die Höhe bis zu einer (6km) Straßenteilung (108m). Von hier n. zur Station Poggio Mirteto (s. oben) 4km; s. über eine (1½km) Naturbrücke (*Ponte Sfondato*) und 1km weiter an einer Osteria vorüber zur Station Fara Sabina 7½km.

Am l. Tiberufer weiter nach (290km) Stat. **Monte Rotondo.** Links, 3km oberhalb (Wagenplatz 50 c.), das Städtchen dieses Namens

(165m; Trattoria Vitt. Emanuele, an der gleichnamigen Piazza), mit 4552 Einw. und einem alten Schloß der Orsini, später der Piombino, jetzt Stadthaus (vom Turm Aussicht). In der Kirche *S. Maria Maddalena* das Reitergrabmal des Giordano Orsini (1484).

3km s.ö. von Monte Rotondo liegt *Mentana* (Osteria Vincenzo Pieucci), das alte *Nomentum*, wo Garibaldi am 3. Nov. 1867 von den vereinigten päpstlichen und französischen Truppen besiegt wurde, nachdem er am 26. Okt. Monte Rotondo gestürmt hatte. Ein Denkmal (Ara) mit den Gebeinen der Gefallenen und seit 1905 ein kleines Garibaldimuseum erinnern daran. Die Burg (Castello Baronale) stammt aus dem XIII. bis XVI. Jahrhundert. Von Mentana nach Rom s. S. 416.

Von Monte Rotondo bis Rom folgt die Bahn der Richtung der alten *Via Salaria*. Jenseit Castel Giubileo (S. 415) hat man den ersten Blick auf die Peterskuppel, die indes wieder verschwindet, wenn man sich dem *Anio* (S. 416) nähert. L. die Sabiner- und Albanerberge. — 299km *Sette Bagni* (S. 415). — 311km *Portonaccio*. Man fährt in einem großen Bogen um die Stadt und gleich innerhalb Porta Maggiore an dem (l.) sog. Tempel der Minerva Medica vorüber.

316km *Rom*, s. S. 141.

12. Von Attigliano nach Viterbo und Rom.

Die Bahn hat nur für den Besuch von Viterbo Interesse. Kein Schnellzug, auch kein durchgehender Zug (vgl. S. 104). Von Attigliano nach Viterbo, 40km, Eisenbahn in $1^1/_4$-$1^3/_4$ St., für 4 fr. 65, 3 fr. 25, 2 fr. 10 c. — Von Viterbo nach Rom, 87km, Eisenbahn in $2^1/_2$ St., für 10 fr. 10, 7 fr. 10, 4 fr. 55 c.

Attigliano s. S. 100. — Die Bahn überschreitet den *Tiber* und erreicht über (6km) *Sipicciano* und (17km) *Grotte S. Stefano*

27km **Montefiascone** (404m). Der Bahnhof, wo Omnibus (50 c.) und Wagen warten, liegt an der Landstraße nach Viterbo 3km (fast 1 St.) von dem Städtchen (633m) entfernt. Etwa 100 Schritte unterhalb des Stadttors, an der Straße nach Bagnorea (s. S. 104), die originelle Doppelkirche *S. Flaviano*, 1030 erbaut, 1262 durch Urban IV. hergestellt, in gotischem Stil, gemischt mit Rundbogen. Die Hauptfront liegt nach der Talseite. Im Innern Fresken des XIV. Jahrhunderts. In der Unterkirche originelle Säulenkapitäle; vor dem Hauptaltar ein stark abgetretener gotischer Grabstein und davor auf besonderer Platte die Inschrift:

EST. EST. EST. PR(*opter*) NIM(*ium*) — EST HIC IO(*annes*) DE VC DO(*minus*) — MEVS MORTVS EST.

Man erzählt (vgl. das Gedicht von Wilhelm Müller), die Grabschrift sei von dem Diener, der seinem Herrn vorausgereist wäre, um die Weine zu prüfen und durch ein angeschriebenes *Est* die besten Weinquellen zu bezeichnen. In Montefiascone („auf des Flaschenberges Höh'") wiederholte er das Est dreimal: sein Herr kam nicht weiter. Daß die Inschrift sich auf einen Fugger bezieht, ist höchst unwahrscheinlich. Noch jetzt führt der Muskatwein von hier den Namen *Est, Est* (fiaschetto 50 c.).

Das Städtchen *Alb. d'Italia*, Piazza Vittorio Emanuele, Z. 1 fr.), mit 3128 Einw., an einem Seitenkrater des Bolsener Sees (S. 99), nimmt vielleicht die Stätte des Hauptheiligtums der alten Etrusker, *Fanum Voltumnae*, ein. Der Dom, *S. Margherita*, unvollendet, mit achteckiger Kuppel, ist eines der ersten Werke von *Sanmicheli* 1519. Vom höchsten Punkte der Stadt, der die stattlichen Trümmer eines von Leo X. erneuerten Kastells trägt, hat man den schönsten Überblick über den Bolsener See (S. 99): ganz r. der umbrische Apennin, geradeaus die Kette des Monte Amiata, l. das Meer, die etrurische Ebene und der ciminische Wald.

Ein Fahrweg (10km; Post $1^{3}/_{4}$ fr.) und ein Fußweg führen von Montefiascone w. nach *Marta* (Trattoria Laurente Pomponi, Fischsuppe), einem alten Städtchen am Südufer des Sees, dem hier die *Marta* entströmt, mit einem achteckigen Turm der Farnese. 2km weiter, auf einem Vorsprung im See, liegt *Capodimonte* (335m) und noch $4^{1}/_{2}$km n.w. am See, am Fuße des *Monte Bisenzo* (409m) die Reste des alten *Visentum*, in dessen Nähe neuerdings Grabfunde gemacht wurden. Lohnend ist die Rückfahrt von Marta im Boot (3 fr., akkordieren), mit Besuch von Martana (S. 99). — Etwa 15km s. von Marta liegt Toscanella (S. 108).

Nach *Bolsena* ($2^{3}/_{4}$ St.) s. S. 99. — Die bei S. Flaviano (S. 103) abzweigende direkte Straße nach Orvieto berührt Bolsena nicht, sondern bleibt ö. auf der Höhe. Von derselben führt eine Abzweigung r. nach (13km von Montefiascone) *Bagnorea* (485m; Alb. Allegrini), dem *Balneum Regis* der Alten, in prachtvoller Lage auf einem von Schluchten umgebenen Tuffhügel, der nur durch eine Art Landenge mit der Hochfläche zusammenhängt und fortwährend abbröckelt. Fahrstraße von hier nach Orvieto 18km (s. das Nebenkärtchen auf dem Plan S. 95).

Die Eisenbahn nach Viterbo wendet sich südl. durch die Ebene, zwischen den Vulkangebieten der Seen von Bolsena und Vico. Einige Minuten jenseit eines Tunnels r. ein Stück der alten *Via Cassia* (S. 410).

40km **Viterbo.** — Bahnhöfe: *Stazione Porta Fiorentina* (Pl. B 1; kleines Buffet), 3 Min. nördl. vor Porta Fiorentina; *Stazione Porta Romana* (Pl. C 5), für die Linie nach Rom, 3 Min. südöstl. vor Porta Romana. — Wagen von und zu den Bahnhöfen: Einsp. 1-2 Pers. tags $^{1}/_{2}$, nachts 1 fr., 3-4 Pers. 1 und $1^{1}/_{2}$ fr.; Zweisp. bis 4 Pers. 1 fr. 20 und 2 fr., jede Person mehr 25 und 40 c.; Zeitfahrten in oder außerhalb der Stadt (außer an Fest- und Markttagen) Einsp. 1-3 Pers. die St. 2, jede $^{1}/_{4}$ St. mehr $^{1}/_{2}$ fr., Zweisp. bis 4 Pers. 3 und $^{3}/_{4}$ fr. Nach Montefiascone (S. 103) in 2-$2^{1}/_{2}$ St. für 8-10 fr.; nach Orte (S. 100) in 3 St. für 16-20 fr.

Gasthöfe (vgl. S. xv), alle mit Restaurant: Grand-Hôtel Viterbo (Pl. a: B 1), bei Porta Fiorentina, mit elektr. Licht und Mineralbädern, 50 Z. von $1^{1}/_{2}$ fr. an, F. 1, P. m. W. von 8 fr. an. — Angelo (Pl. b: B 3), Piazza Vitt. Emanuele, Z. $1^{1}/_{2}$-2 fr., gut; Schenardi (Pl. c: B 3), unweit der Piazza, mit Café. — Photographien: *Gius. Polozzi*, Vicolo della Fienaccia (Pl. C 2); *Zeffirino Mattioli*, Corso Vitt. Emanuele (Pl. C 3). — Post: an der Piazza del Plebiscito (Pl. B 3).

Viterbo (293-351m), Stadt von 17344 Einwohnern, Bischofsitz, von altlombardischen Mauern und Türmen umgeben, liegt an der NW.-Seite des ciminischen Waldes, an oder unweit der Stelle des alten *Sorrina*. Es war der Mittelpunkt der großen Schenkung, welche Markgräfin Mathilde von Tuscien († 1115) dem römischen Stuhl machte, des sog. Patrimonium Petri, und wird als Aufenthalt

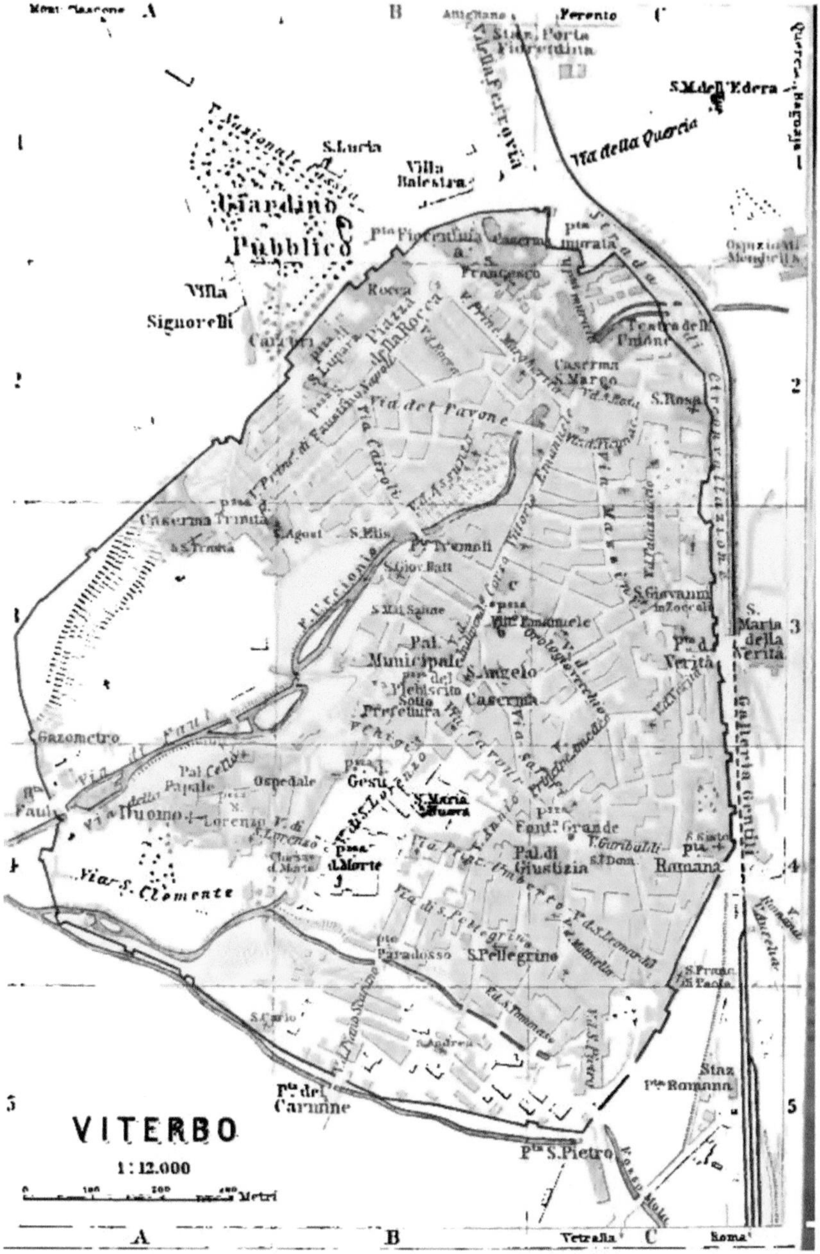
VITERBO
1 : 12.000
Metri
Giardino Pubblico
Villa Signorelli
S. Lucia
Villa Balestra
Via della Querica
S.M. dell' Edera
Pta Fiorentina
S. Francesco
Rocca
Piazza d. Rocca
Via del Pavone
Caserma S. Marco
S. Rosa
Caserma Trinità
S. Agost
Pza Trematti
S. Giovanni in Zoccoli
S. Maria della Verità
Pal. Municipale
Pza del Plebiscito
S. Angelo
Caserma
Prefettura
Gazometro
Pal. Papale
Ospedale
Gesù
S. Maria Nuova
Fontta Grande
Pal. di Giustizia
Pta Romana
Via S. Clemente
Paradosso
S. Pellegrino
Pta del Carmine
Pta S. Pietro
Staz
Vetralla
Roma
A
B
C
1
2
3
4
5

der Päpste und wegen der hier abgehaltenen Papstwahlen (s. S. 106) im XIII. Jahrhundert viel genannt. Kaiser Friedrich I. verlieh Viterbo 1167 Stadtrecht. Bei den altitalienischen Schriftstellern heißt sie „die Stadt zierlicher Brunnen und schöner Frauen" und bietet noch heute eine reiche Fülle architektonischer Reize und malerischer Punkte. Das Trinkwasser ist vortrefflich.

Die Mitte der Stadt nimmt die Piazza del Plebiscito ein (Pl. B 3). Daran der *Palazzo Municipale, 1264 begonnen, mit schöner Vorhalle aus dem XV. und freskengeschmückten Sälen aus dem XV.-XVII. Jahrhundert. Im Hof (schöner Ausblick nach W.) ein zierlicher Brunnen und sechs große etruskische Sarkophagdeckel mit liegenden Figuren. R. der Eingang zum *Museo municipale* (Schlüssel im 1. Stock; 1/2-1 fr.).

I. Zimmer: etruskische Sarkophagdeckel mit liegenden Figuren, einige mit Inschriften; etruskische, römische und mittelalterliche Altertümer, auch gefälschte, wie (im Fenster) das Dekret des Langobardenkönigs Desiderius und die Tabula Cibellaria, Betrügereien des berüchtigten Dominikaners *Annius* von Viterbo (gest. 1502 in Rom); an der Wand r. eine Madonna von *Lorenzo da Viterbo*. — II. Zimmer: einige Gemälde, namentlich eine *Beweinung Christi, ein Hauptwerk *Sebastiano del Piombo's* (unter dem Einfluß Michelangelo's entstanden, aus S. Francesco, S. 107), eine alte (verdorbene) Wiederholung der Geißelung Christi (S. 403) von demselben, eine Taufe Christi (Schulwerk) und eine Anbetung des Kindes von *Ant. da Viterbo;* an der Ausgangstür die Terrakottabüste des G. B. Almadiani, wahrscheinlich von *Andrea della Robbia* (1502). — III. Zimmer: ein Lünettenrelief aus Terrakotta (Madonna mit zwei Engeln), wahrscheinlich von *Andrea della Robbia;* mittelalterliche Skulpturen, darunter eine Sphinx aus S. Maria in Gradi (1286).

Im ersten Stock des u. anstoßenden Gebäudes die *Stadtbibliothek* mit 50000 Bänden (Bibliothekar Cav. Cesare Pinzi) und das sehr wertvolle *Archiv* mit Urkunden seit dem XI. Jahrhundert.

Durch den Bogen r. vom Pal. Municipale führen wenige Schritte abwärts an das zierliche Portal von *S. Maria della Salute* (Pl. B 3), aus dem XIII. Jahrhundert. Unweit nördl., jenseit des Ponte Tremoli, die kleine achteckige Kuppelkirche *S. Elisabetta* (Pl. B 3) oder *S. Maria della Peste*, mit Mosaikfußboden von 1470.

In der NO.-Ecke der Piazza del Plebiscito, wo die Via del l'Indipendenza mündet, liegt die kleine Kirche *S. Angelo* (Pl. B 3), an deren Fassade ein römischer Sarkophag mit Jagdszenen angebracht ist; darüber eine Inschrift aus dem XVI. Jahrhundert zu Ehren der schönen Galiana, um welche, der Sage nach, 1138 (?) zwischen römischen und viterbischen Adelsgeschlechtern ein Krieg entbrannte, in dem die Römer unterlagen. An der andern Ecke der Via dell' Indipendenza, ein Löwe mit einem Palmbaum, das Wappen von Viterbo; ebenso an der südlichen Ecke des Platzes, bei Via S. Lorenzo.

Die Via S. Lorenzo, in deren erster r. Seitenstraße der *Pal. Chigi* (Nr. 7; XV. Jahrh.) Beachtung verdient, führt zum Dom. Halbwegs, die kleine *Piazza della Morte* (Pl. B 4), mit mittelalterlichem Brunnen. Dann über eine Brücke zur Piazza S. Lorenzo.

An der **Piazza S. Lorenzo** (Pl. A 4) l. vom Dom ein kleiner Palast des XIII. Jahrhunderts. R. der seit dem XV. Jahrh. als Bischofspalast dienende, ehem. **Palazzo Papale**, 1266 begonnen und jüngst restauriert, mit Freitreppe und einer mächtigen Halle, in welcher auf Geheiß Karls von Anjou wiederholt das Konklave zusammentrat, 1270 um Gregor X., 1276 um Johann XXI. und 1281 um Martin IV. zu wählen; bei der Wahl Gregors X., die zwei Jahre dauerte, sperrten die Viterbesen die Kardinäle in der Halle ein und suchten sie durch Hunger und Abdeckung des Daches zu einem Entschluß zu bewegen. Von der 1267 angebauten, 1904 restaurierten, schönen gotischen *Loggia* (hübscher Blick) spendete der neugewählte Papst den Segen, von ihr wurde 1268 der Bannfluch Clemens' IV. (S. 107) gegen Konradin von Hohenstaufen verkündet. Vor dem Dom nötigte 1155 Papst Hadrian IV. (vgl. S. 352/353) Kaiser Friedrich I., ihm den Steigbügel zu halten.

Der **Dom**, *S. Lorenzo*, ist eine schöne Säulenbasilika des XII. Jahrhunderts (?), mit gotischem Campanile, im XVI. Jahrh. restauriert.

Im Innern sind die phantastischen Kapitäle beachtenswert. In der 1. Kap. l. Christus mit den vier Evangelisten (1472), von *Girol. Scacco* aus Verona (nicht von Mantegna). In der 2. Kap. r. das Grabmal der Prinzessin Laetitia Wyse-Bonaparte (1804-71). Am Ende des r. Seitenschiffes das moderne Grabmal des Papstes Johann XXI., das alte von 1277 gegenüber im l. Seitenschiff hinter der Tür. — Nicht am Hochaltar des Domes, sondern wahrscheinlich an dem der Kirche S. Silvestro, jetzt del Gesù (Pl. B 4) ermordete 1271 der Genosse Karls von Anjou, Graf Guido von Montfort, Heinrich, den Sohn des Grafen Richard von Cornwallis, Königs der Deutschen und Neffen Heinrichs III. von England, um seinen 1265 in der Schlacht bei Evesham gegen letzteren gefallenen Vater zu rächen. Dante versetzt den Mörder in den siebenten Kreis der Hölle (Inf. XII, 120).

Zurück zur Piazza della Morte und ö. weiter in das sehr malerische STADTVIERTEL S. PELLEGRINO (Pl. B C 4), in dem viele mittelalterliche Häuser erhalten sind, namentlich an der Piazza S. Pellegrino, am Ostende der gleichnamigen Straße.

Weiter s. die 1902 restaurierte Kirche *S. Andrea* (Pl. B 5) aus dem XII. Jahrh., mit gleichzeitiger Krypta. In der Nähe, an der Via di Piano Scarano, ein hübscher Brunnen aus dem XIV. Jahrhundert.

N.ö. von S. Pellegrino liegt die **Piazza Fontana Grande** (Pl. C 4), mit dem größten Brunnen der Stadt, gotischen Stils, 1279 vollendet, 1424 restauriert. Durch Via Cavour ist der Platz mit der Piazza del Plebiscito (S. 105), durch Via Garibaldi mit der *Porta Romana* (Pl. C 4; 1653; s. S. 107) verbunden. Hier die ursprünglich aus dem IX. Jahrh. stammende Kirche *S. Sisto*, mit in die Stadtmauer eingebauter Apsis; in der Sakristei eine Madonna mit Heiligen von einem sienesischen Maler (XV. Jahrh.; verhüllt, Trkg. 20 c.).

Vor Porta della Verità (Pl. C 3) liegt die ehemalige Kirche **S. Maria della Verità**, die jetzt als Festsaal dient (Schlüssel in der Gewerbeschule; schöner gotischer Kreuzgang); in der Capp. Mazzatosta r. reicher *Freskenschmuck, Vermählung der h. Jungfrau,

Verkündigung, Geburt, Himmelfahrt, Heilige, und Propheten mit zahlreichen Bildnissen der Zeitgenossen, von *Lorenzo da Viterbo* (1469), im Fußboden Majolikafliesen des xv. Jahrhunderts. — An der Strada di Circonvallazione bemerkt man 200 Schritte nördl. von Porta della Verità l. an der Stadtmauer geringe Reste einer von Friedrich II. 1242 begonnenen, 1250 zerstörten Kaiserpfalz.

Durch Porta della Verità zurück und r. durch Vicolo della Porta, an der kleinen romanischen Kirche *S. Giovanni in Zoccoli* (Pl. C 3; xi. Jahrh., 1881 restauriert) vorüber, weiter durch Via Mazzini, zuletzt durch Vicolo della Ficunaccia r. hinauf nach der Kirche **S. Rosa** (Pl. C 2); in einer vergitterten Seitenkapelle r., an der man klingelt, der mumienartig vertrocknete Leichnam der Heiligen († 1261), die das Volk gegen Friedrich II. aufregte. Seit 1664 wird am Vorabend des 3. Sept. das Bild der Heiligen auf einem 18m h. Turme (macchina di S. Rosa) von der Porta Romana (S. 106) nach der Kirche getragen. — Nun hinab zum Corso Vitt. Emanuele (Pl. B C 2, 3), an den sich nordwestl. die Via Principessa Margherita anschließt.

Auf Piazza della Rocca (Pl. B 2) ein dem Vignola zugeschriebener Brunnen von 1566. Oberhalb die gotische Kirche *S. Francesco:* im l. Querschiff r. Grabmal des Papstes Clemens IV. († 1268) und im r. Querschiff l. das Hadrians V. († 1276); l. vom Hochaltar Grabmal des Fra Marco da Viterbo († 1369), im l. Querschiff das des Kard. Gerardo Landriani (1445). — L. innerhalb der Porta Fiorentina (1768) die jetzt als Kaserne dienende, 1457 begonnene päpstliche Burg *(Rocca)*. Vor dem Tor der schöne *Giardino Pubblico* (Pl. A B 1, 2).

2km n.ö. vor Porta Fiorentina (vgl. Pl. C 1; Post in 35 Min.; Einsp. 1-2 Pers. hin u. zurück 1 fr.) liegt die Wallfahrtkirche **S. Maria della Quercia,** ein schöner 1470-1525 errichteter Renaissancebau; die Reliefs der Portallünetten sind von Andrea della Robbia (1508), die Holzdecke im Innern von Ant. da Sangallo d. J. (1519-25), das Tabernakel von Andrea Bregno (1490). Von den beiden Höfen des anstoßenden Dominikanerklosters zeigt der erste eine Renaissanceloggia über gotischem Unterbau; in jedem ein hübscher Brunnen (von 1508 und 1633). — 2km weiter **Bagnaia** (Post in 1 St.; Wagen 3 fr. hin u. zurück, einschl. des Aufenthaltes an der Quercia). Vom Hauptplatz des Städtchens r. die Via di Mezzo hinan gelangt man nach der reizenden, 1477 begonnenen, 1564 ausgebauten und 1588 vollendeten *Villa Lante,* Sommeraufenthalt der gleichnamigen herzoglichen Familie, die den Zutritt gestattet. Zierliches Kasino von Vignola, schöne Wasserwerke und prächtige Steineichen (Trkg. $1/2$ fr.).

Etwa 9km n. von Viterbo (vgl. Pl. C 1), $1^1/_2$km ö. der Landstraße nach *Civitella d'Agliano,* liegen die Ruinen von **Férento,** dem etruskischen *Ferentum,* Geburtsortes des Kaisers Otho, 1172 von Viterbo seiner Ketzerei wegen zerstört, weil die Ferentiner den Heiland am Kreuz mit offenen, statt im Tode geschlossenen Augen dargestellt hätten. Unter den ausgedehnten Ruinen aus mittelalterlicher, römischer und etruskischer Zeit, in denen 1902 erfolgreiche Ausgrabungen stattgefunden haben, verdient ein *Theater* von eigentümlicher primitiver Konstruktion, mit späteren Zusätzen, Beachtung. — Bei der Rückkehr nach Viterbo ist der Umweg s.w. durch das wilde Tal der *Acqua Rossa* zu empfehlen.

Etwa 3km westl. von Viterbo (Einsp. 2 fr.) entspringt eine heiße

Schwefelquelle, *il Bulicame*, von Dante (Inf. XIV, 79) erwähnt, noch jetzt zu Bädern benutzt (63° C.; es ist ein kleiner durch Gasblasen in Wallung gehaltener Teich auf einem flachen, aus Travertinabsätzen gebildeten Hügel, eine der vielen warmen Quellen, die als Reste des Vulkanismus in dieser Gegend bestehen. Das Stabilimento Bagni liegt 1½km s.w. Hübscher Weg (¾ St.): vor Porta Faul (Pl. A 4) geradeaus, nicht über die kleine Brücke l., die direkt nach Castel d'Asso (s. unten) führt; Aussicht auf Viterbo.

Castel d'Asso, 8km w. von Viterbo: Wagen hin und zurück 3 St. ¾km w. des Bulicame wendet man sich l., nach Durchschreitung zweier Schluchten 2½km südl. wieder r. und gelangt 3km weiter nach dem Tal, mit etwa dreißig in den Felsen gehauenen *etruskischen Gräbern*. Auf dem gegenüberliegenden Hügel die malerischen Ruinen einer mittelalterlichen Burg; geringe Reste einer antiken Ortschaft, wahrscheinlich des von Cicero erwähnten *Castellum Axia*.

Von Viterbo nach Toscanella, 23km, Post tägl. 9½ Uhr vorm. in 3 St. für 1½ fr. (Abfahrt am Alb. dell' Angelo). — **Toscanella** (166m; *Alb. Braghetti*, Piazza dell' Indipendenza), mit 4839 Einwohnern, von mittelalterlichen Mauern und Türmen umgeben, ist das antike *Tuscana*. Vor dem Tore nach Viterbo liegt eine Schlucht mit etruskischen Gräbern, darüber r. in den Ruinen der alten *Arx* neben dem verfallenen Bischofspalast (in dem der Kustode wohnt) die romanische Kirche *S. Pietro* (¼ St. ö. von Toscanella), aus dem IX. Jahrh., 1039 umgebaut, die reichgeschmückte Fassade zum Teil jünger; im Innern ein Tabernakel von 1093, Chorschranken von dem älteren Bau, r. vom Chor Wandgemälde des XI. Jahrh., alte Krypta. Nahebei im Tal die 1050-1206 erbaute schöne Kirche *S. Maria Maggiore*, mit malerischer Fassade; die Kanzel aus älteren und jüngeren Stücken zusammengesetzt; an der Chorwand ein Weltgerichtsfresko des XIV. Jahrhunderts (Kustode im Palazzo Comunale zu erfragen). Beide Kirchen sind nicht mehr in Gebrauch. Auch die alten romanischen Kirchen *del Gonfalone*, *della Rosa* und *S. Silvestro* sind beachtenswert. — Von Toscanella nach Corneto s. S. 8.

Die alte Straße nach Rom verläßt Viterbo bei Porta Romana und steigt langsam die Höhe des *Monte Cimino* hinan, dessen höchste Spitze (1053m), ein halb abgetragener Vulkan (Trachyt), l. liegen bleibt. Der ciminische Wald *(Mons Ciminius)* galt einst als unübersteigliches Bollwerk Mitteletruriens, bis der verwegene Konsul A. Fabius Rullianus ihn 310 vor Chr. zum ersten Male überschritt und die Etrusker gänzlich besiegte. Von der (11km von Viterbo) Paßhöhe (860m) weite Aussicht. R. unten der **Lago di Vico** (507m), der alte *Lacus Ciminius*, ein waldumgebener Kratersee von 12qkm Fläche, 18km Umfang und 50m Tiefe, an dessen Nordseite sich ein jüngerer Schlackenkegel (*Monte Venere*, 834m) erhebt. Der Kraterrand erreicht w. im *Monte Fogliano* 963m Höhe. — Etwa 16km von Viterbo zweigt l. der Fahrweg nach Caprarola ab (S. 109). 5km weiter Ronciglione (S. 109).

Die 1894 eröffnete Eisenbahn Viterbo-Rom (S. 103; Bahnhof vor Porta Romana, 351m ü. M.; Pl. C 5) hat die fast vergessenen Sehenswürdigkeiten Südetruriens, zu denen früher die kürzeste Poststraße nach Rom führte, auch dem modernen Verkehr zugänglich gemacht. Die Bahn steigt langsam und überschreitet mehrere tief eingeschnittene Bäche. — 4km *S. Martino al Cimino* (387m); der Ort (561m), mit einer gotischen Abteikirche des XII. Jahrhunderts, liegt l. 2½km abseits. Rechts schweift der Blick über die Ebene bis zum Monte Argentario (S. 5). Links die bewaldeten Höhen des Monte Fogliano (s. oben).

13km *Vetralla* (396m); das Städtchen (Alb. Lupi, Borgo Roma), mit 8020 Einw., liegt r. 3km vom Bahnhof, $1^1/_2$km n.ö. des römischen *Forum Cassii*. Basilika S. Francesco, aus dem XII. Jahrhundert.

Von Vetralla besucht man (mit Führer) die *Nekropolis von Norchia*. Man fährt $^3/_4$ St. auf der Straße nach Corneto, dann auf schlechtem Landweg n. 1 St. über die öde Hochebene. Das Tal der Gräber ist noch großartiger als das bei Castel d'Asso (S. 108); unter ihnen zwei im griechischen Stil. Jenseit des Tales stand im IX. Jahrh. eine Stadt *Orcle*; erhalten sind nur Trümmer des Kastells und der Kirche. — Ähnlich *Bieda*, das antike *Blera*, ein elendes Dorf, 9km s.w. vom Bahnhof Vetralla (Wagenplatz 50 c.), mit Felsengräbern und zwei alten Brücken.

19km Stat. *Barbarano* (456m), der höchste Punkt der Bahn, in ödem Weideland. — Vor Capranica auf siebenbogigem Viadukt über das 50m tief eingeschnittene Bett des *Fosso Cacchiano*.

24km **Capranica** (397m); das 3335 Einwohner zählende Städtchen (*Alb. dell' Angelo*, dürftig), mit zwei spitzen Kirchtürmen, liegt l. 3km vom Hauptbahnhof. In der Kirche S. Francesco das Grabmal zweier Grafen von Anguillara († 1408). Dicht beim Ort ist die Haltestelle *Madonna del Piano* der bei Capranica abzweigenden Nebenbahn (8km) nach **Ronciglione** (441m; *Alb. Aquila d'Oro*, dürftig; *Roma*), einem altertümlichen Städtchen von 6056 Einw., mit Mauern und Türmen über einer Felsschlucht aufsteigend, von einer Burgruine überragt, 2km s.ö. vom Lago di Vico (S. 108).

Von Capranica (4km; vom Hauptbahnhof 7km; Post oder Wagen $1^1/_4$ St.) oder auch von Ronciglione (5km) besucht man das malerisch auf einem schmalen Tuffrücken gelegene Städtchen **Sutri** (291m; *Alb. Vanucci*), das altetruskische *Sutrium*, oft erwähnt als Bundesgenosse Roms in den Kämpfen gegen die Etrusker, welchen es Camillus 389 vor Chr. entriß (*claustra Etruriae*, der Schlüssel Etruriens), schon 383 römische Kolonie. In der mittelalterlichen Geschichte ist Sutri bekannt durch die Synode von 1046, welche die Päpste Sylvester III. und Gregor VI. wegen Simonie absetzte. In dem tiefen Einschnitt des Fosso Cacchiano viele etruskische Grabkammern, auf der S.-Seite Reste der alten Mauern. Von den fünf Toren sind drei antik, nämlich zwei gegen S., und gegen N. die *Porta Furia* (angeblich nach M. Furius Camillus benannt), jetzt vermauert. Vor Porta Romana am Fuß einer Höhe, bei der Villa Savorelli, ein in den Felsen gehauenes *Amphitheater* (Durchmesser der Arena 50 und 40m; Schlüssel im Municipio). In dem Felsen oberhalb desselben zahlreiche Grabkammern, eine in eine Kirche verwandelt. — Von Sutri nach Trevignano s. S. 110, nach Nepi S. 102.

Von Ronciglione kann man auf Fußwegen n. in 1 St. (Wagen folgen c. 5km der Straße nach Viterbo, dann dem r. abzweigenden Fahrweg 2km; Post zweimal täglich in 1 St. für 50 c.) das Bergstädtchen **Capraróla** (480m; Alb. del Cimino) erreichen, mit 5591 Einwohnern und dem hoch aufragenden, c. 1547-59 von Vignola für den Kardinal Alessandro Farnese, Neffen Pauls III., erbauten **Palazzo Farnese*, einem der prächtigsten Fürstenschlösser der Renaissance, jetzt im Besitz des Grafen von Caserta, aus dem Hause Bourbon-Sizilien. Eintrittskarten unentgeltlich in der Amministrazione Farnesiana im Palazzo Farnese in Rom (S. 248). Der Grundriß bildet ein regelmäßiges Fünfeck mit einer Rotunde in der Mitte: den runden Hof mit Arkadenhallen umschließen fünf gleich große Gebäudeflügel; die Hauptfassade ist nach SO., dem Ort Caprarola zugewendet. Reiche Wand- und Deckenmalereien, Begebenheiten aus der Geschichte der Farnese, mit Allegorien, schmücken das Innere, im Erdgeschoß von Taddeo, Federigo und Giovanni Zuccaro, im Treppenhaus von Antonio Tempesta. Prächtige Aussicht über das Hügelland mit Sutri,

Nepi, Civita Castellana, nach dem Soracte, in der Ferne die Peterskuppel und die Volskerberge, im O. der Apennin, im SO. die Abruzzen. Die schönen Gärten und die reizende *Palazzina* sind ebenfalls von Vignola.

Vor und jenseit der (28km) Station *Bassano di Sutri* (371m) abermals über Viadukte. Die Bahn tritt in das Vulkangebiet des Sees von Bracciano. 33km *Oriolo Romano* (408m), mit altem Park der Altieri. Dann stark bergab. Durch einen Tunnel, über mehrere Viadukte. 38km *Manziana* (379m), inmitten schöner Waldung am Abhang des *Monte Calvario* (541m) gelegen. Tunnel.

43km **Bracciano** (279m; *Alb. Sabazio*, an der Hauptstraße vom Bahnhof her, *Alb. della Posta*, Via Flavia, beide mit Trattoria und ganz gut), mit 1739 Einwohnern. Vom Bahnhof schöner Blick über die Stadt mit der stattlichen mittelalterlichen Burg, den gleichnamigen See mit den Städten (l.) Trevignano, über der die Rocca Romana (S. 111) aufsteigt, und (r.) Anguillara (S. 111), dazwischen in der Ferne der Soracte und die blauen Sabinerberge.

Die breite Hauptstraße führt zu der von den Orsini 1460 erbauten **Burg*, die seit 1696 im Besitz der Fürsten Odescalchi ist und 1894-99 restauriert wurde. Sie gewährt ein ansprechendes Bild eines festen Adelssitzes im Mittelalter. Die Erlaubnis zum Besuch erhält man in der „Amministrazione del Principe Odescalchi" an dem Platze gleich unterhalb der Burg. In einem zum Haupthof führenden Torweg zwei große Fresken von Antoniazzo Romano: Virginio Orsini und seine Familie (1491). Im Innern schöne Möbel im Frührenaissancestil, mittelalterliche Balkendecken und Familienbilder. Auch die Aussicht von den Zinnen ist zu beachten.

Der fast kreisförmige, fischreiche **See von Bracciano** (164m ü. M.; 31km Umfang; 57,5qkm Seefläche; 160m größte Tiefe), mit gut angebauten, in ihren oberen Teilen bewaldeten Ufern, ist der *Lacus Sabatinus* der Alten und wird, wie der Bolsener See (S. 99), als ein vulkanisches Einsturzbecken aufgefaßt. Der Arrone (S. 6) entwässert ihn zum Meere. Seine Tuffe reichen bis Rom und an die See, Lavaströme haben sich nach O. und NO. ergossen. Zahlreiche Ausbruchsstellen lassen sich nachweisen, so im O. der *Lago di Martignano* (207m; Lacus Alsietinus) und die ehem. Seebecken von *Baccano* (S. 411) und *Stracciacappa*, im NO. die Bucht von Trevignano (s. unten) und das kleine Maar von *Monterosi* (239m). Ein Rest des Vulkanismus sind die zahlreichen warmen Quellen der Gegend.

Eine Straße führt am Nordostufer des Sees hin nach (11km, Wagen 3 fr.) Trevignano. Etwa 2km von Bracciano zweigt l. ein Fußweg bergan ab zu der (¼ St.) Kirche *S. Liberato*, aus dem IX. Jahrh., die laut Inschrift auf dem Grund einer antiken Villa namens Pausilypon steht; hier lag das alte *Forum Clodii*; n.ö. im Tal erblickt man die Weinkeller des Fürsten Odescalchi. 5km weiter liegen ebenfalls ¼ St. l. abseit der Straße die *Bäder von Vicarello* (Badehotel mit 80 Z., P. 7½-12 fr.), mit 45° warmer Schwefelquelle, wohl die *Aquae Apollinares* der Alten, deren starken Besuch die S. 224 und 388 erwähnten Funde von Münzen und Weihgeschenken bezeugen (Badezeit Juni-September). An der Straße manche Trümmer römischer Villen der Kaiserzeit. Das ärmliche Städtchen **Trevignano** *Romano* (182m; Osteria De Santis, am Seeufer, dürftig) liegt an einem typischen halben Krater und nimmt vielleicht die Stelle der früh verschollenen etruskischen Stadt *Sabate* ein. In der Hauptkirche zwei Gemälde aus der Schule Perugino's. Von den Trümmern der durch-

Cesare Borgia zerstörten Burg schöne Aussicht. — Ein Saumpfad führt am O.-Abhang der nördl. von Trevignano aufragenden *Rocca Romana* (602m; schöne Aussicht) hin, dann zwischen den beiden Tuffkegeln *Monte Calvi* (l., 385m) und *Monte Verano* (r., 485m) hindurch in 2-2¼ St. nach Sutri (S. 109). — Am See entlang weiter kann man in 2¼ St. nach Anguillara Sabazia (s. unten) wandern; bei günstigem Winde setzt man besser in einer Barke über.

51km *Crocicchie* (230m). Zur Rechten öffnet sich die Aussicht über die öde römische Campagna, an deren Ende die Peterskuppel im Umriß erscheint, dahinter das Albanergebirge. — 56km Station *Anguillara Sabazia* (164m); das 4km entfernte Städtchen (Wagenplatz 30 c.), Stammsitz der Grafen des Namens, mit einigen antiken Resten, am Südufer des Sees von Bracciano, ist von der Bahn nicht sichtbar. — 59km *Cesano* (164m), 3km von der Station, am Südfuß des Eruptionskegels von Baccano (S. 110).

Von Stat. Cesano besucht man die Ruinen von Galera: beim Bahnhof über die Schienen und s.s.w. geradeaus in ¾ St. zu der ehem. Osteria Nuova; dann über die Straße und diesseit des weit sichtbaren Friedhofs scharf r. über die Wiesen (der Kirchturm gibt die Richtung an), zuletzt durch einen Hohlweg in ½ St. — **Galera**, das antike *Careiae*, auf einem vom Arrone (S. 110) umflossenen Tuffelsen, ist wegen Malaria seit dem Anfang des XIX. Jahrh. verlassen und liegt in Trümmern. Die Mauern aus dem XI. und XV. Jahrh., die Burg der Orsini, eine Kirche sind erkennbar, alles reich überwuchert von Efeu und andern Schlingpflanzen. 8 Min. s. von dem oben gen. Friedhof liegt das dem Collegium Germanicum (S. 179) gehörige *Casale di S. Maria di Galera* mit einigen Fragmenten aus Galera und einer Kirche des XIV. Jahrhunderts.

Die unterirdische Wasserleitung der Acqua Paola (S. 405) läuft bis S. Onofrio neben der Bahn her. — 68km *La Storta-Formello* (160m), früher die letzte Poststation vor Rom, c. 3km s.w. der Ruinen von Veji (vgl. S. 463). — 76km *S. Onofrio* (116m.) — Die Bahn überschreitet auf siebenbogigem Viadukt den oberen Teil des *Valle dell' Inferno*, eines tiefeingerissenen, mit Korkeichen bestandenen, unten von Ziegeleien besetzten Tales westlich vom Monte Mario (S. 412), in welchem sie sich abwärts senkt. Weiter in kurzem Tunnel unter der Umwallung von Rom hindurch, dann auf 300m langem, fünfzehnbogigem Viadukt über das untere Infernotal, abermals durch einen Tunnel, zuletzt auf siebenbogigem Viadukt über das *Gelsominotal* nach dem 8 Min. vor der ehem. Porta Cavalleggeri gelegenen Bahnhof (82km) **Roma-S. Pietro** (138m; vgl. den Plan von Rom II 5). Prachtvoller Blick auf die nahe Riesenkuppel der Peterskirche. — Ein 1217m langer Tunnel durchschneidet die Höhe des Janiculum. Dann senkt sich die Bahn im Bogen nach der Endstation

(87km) **Roma-Trastevere** (19m; S. 141), vor *Porta Portese* (vgl. Plan von Rom III 13, 11). Eine Straßenbahn (Nr. 3, S. 1 des Plananhangs) verbindet den Bahnhof mit dem Hauptbahnhof (Stazione Termini).

13. Von Bologna nach Rimini, Falconara *(Rom)* und Ancona.

201km. Eisenbahn, Schnellzug in $4^1/_2$ St. für 21 fr. 50, 17 fr. 15, 11 fr. 05 c., Personenzug in $6^1/_4$-8 St. für 23 fr. 70, 16 fr. 60, 10 fr. 65 c. — Der Schnellzug von Bologna nach Rom zweigt eine Station vor Ancona, bei *Falconara*, von der nach Süden weitergehenden Bahn ab: von Bologna nach Rom, 482km, in 12 St. (gegen 9-10 St. über Florenz).

Ein Besuch der Küstenstädte am Adriatischen Meere gehört, soweit dieselben auch hinter den Städten Toskanas und Umbriens zurückstehen, zur Kenntnis Italiens. Landschaftlich bietet die Gegend mancherlei. Der Blick östl. auf die weite Adria, westl. nach dem Apennin ist von großem Reiz; die Lage einzelner Städte, namentlich *S. Marino's*, *Ancona's* und *Recanati's*, von außergewöhnlicher Schönheit. *Rimini*, die alte römische Kolonie und Grenzfestung, besitzt sehenswerte Baudenkmäler aus dem Altertum, und an seiner Kirche S. Francesco ein treffliches Werk der Renaissance. *Loreto* hat sehr beachtenswerte Renaissanceskulpturen. *Urbino*, die Vaterstadt Raffaels, mit berühmtem herzogl. Palast, ist ebenfalls mit der Eisenbahn zu erreichen. Die Gemäldegalerien enthalten fast durchweg Werke zweiten Ranges. Die Provinzen *Pesaro-Urbino*, *Ancona*, *Macerata* und *Ascoli* werden unter dem Namen der Marken *(le Marche)* zusammengefaßt (vgl. S. 2). Im Altertum hieß der südl. Teil von Ancona ab *Picenum*, der nördliche wurde zu *Umbrien* gerechnet (vergl. S. 117).

Die Bahn folgt der alten *Via Aemilia*, die von Placentia bis Ariminum reichte. — Von *Bologna* über (35km) *Imola* bis (42km) *Castel Bolognese* (Ravenna) s. *Baedeker's Oberitalien*.

Dann über den Fluß *Senio*, den *Sinnius* der Alten.

50km **Faenza**. *Buffet*. — Gasthöfe: Corona (Pl. a: D 3), Corso Aurelio Saffi, mit 40 Z. und Trattoria, Z. 1-2 fr., gut; Vittoria (Pl. b: D 2), Corso Garibaldi 71, Z. $1^1/_2$-2 fr.; Posta, Via Pescheria 9. — *Cafés* an der Piazza Vitt. Emanuele II (Pl. C D 3) und der anstoßenden Piazza Umberto I. — Droschken: vom Bahnhof zur Stadt Einsp. 1 fr., Zweisp. $1^1/_2$ fr.; Einsp. erste Stunde 1 fr. 70, jede halbe Stunde mehr 85 c. — Omnibus vom Bahnhof zur Stadt 10 c. — Post u. Telegraph (Pl. D 2), Piazza Umberto I. — Für den Eiligen genügen 2-3 Stunden.

Faenza (35m) freundliche Stadt von 13319 Einwohnern, am *Lamone*, dem alten *Anemo*, ist das *Faventia* der keltischen Bojer, die 191 vor Chr. von den Römern unterworfen wurden. Im Bürgerkriege besiegte Sulla hier den Konsul Gn. Papirius Carbo, 82 vor Chr. Im Mittelalter war die Stadt Schauplatz mancher Fehden, 1509 wurde sie durch Papst Julius II. mit dem Kirchenstaat vereinigt. Berühmt sind ihre Töpferwaren (Majoliken, „Fayencen"), deren Fabrikation im xv. und xvi. Jahrh. blühte und neuerdings wieder gepflegt wird.

Vom Bahnhof (Pl.: jenseit C 1) folgt man geradeaus dem Corso Alfredo Baccarini, der 5 Min. jenseit der *Barriera Firenze* auf den Corso Giuseppe Mazzini (Pl. B C 1, 2) mündet. Diesem l. folgend erreicht man die von Arkaden umgebene Piazza Vittorio Emanuele II (Pl. C D 3). Hier l. der Dom, *S. Pietro*, eine schöne dreischiffige Basilika der Frührenaissance, mit unvollendeter Fassade, 1474 von dem Florentiner *Giuliano da Maiano* begonnen, 1513 vollendet: 1. Kap. r. Grabmal des Giov. Bosi († 1542) und

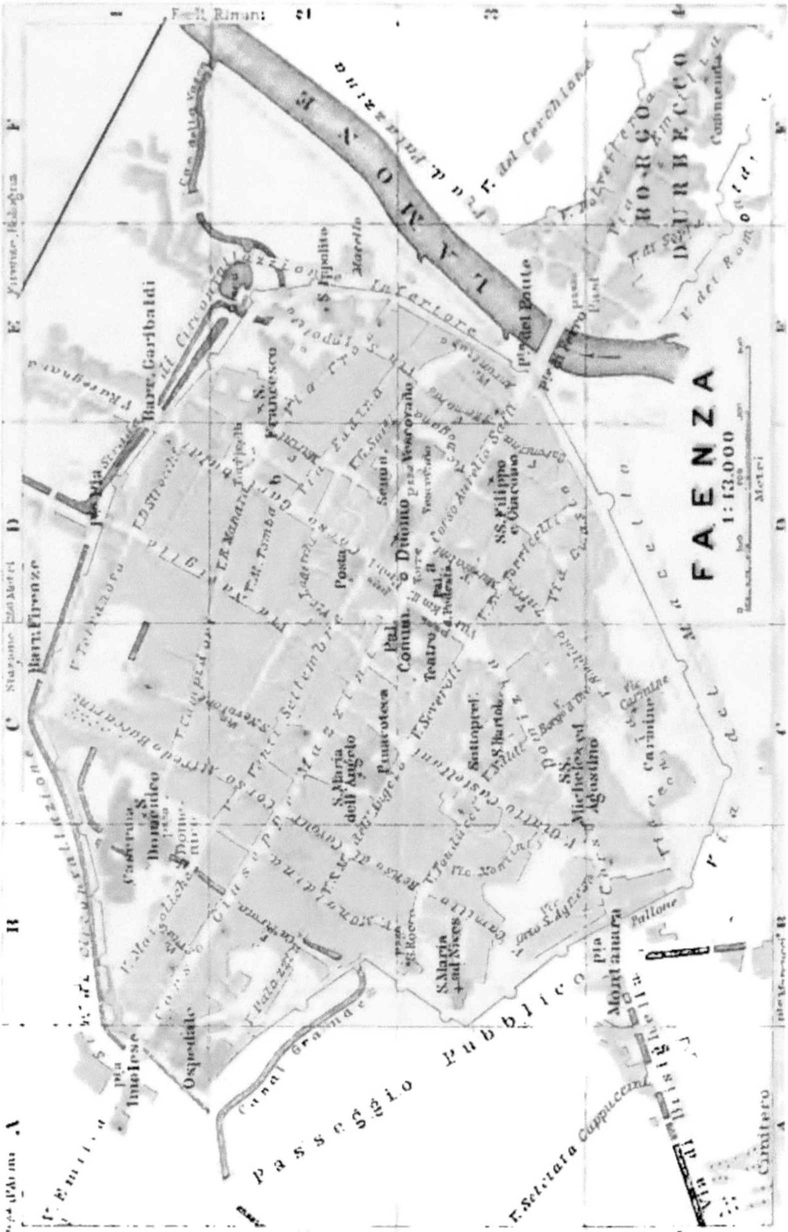
FAENZA
1:13.000

5. Kap. r. des Africano Severoli († 1522), beide von *Pietro Bariloto;* in der letzteren über dem Altar zwei Reliefs, Wunder des h. Savinus (c. 1450); 4. Kap. r. *Innocenzo da Imola*, Madonna mit Heiligen (verhüllt); in der schönen Kapelle r. vom Hochaltar ein Gemälde von *Ferraù Fenzoni*, Anbetung der Könige; in der Kap. l. vom Hochaltar Grabmal des h. Savinus, darunter Reliefs mit Darstellungen aus der Legende des Heiligen, von *Benedetto da Maiano* (1468), sowie ein Bild von *Fenzoni*, Bestattung des Heiligen. — An der Piazza Vitt. Emanuele liegen ferner die *Torre dell' Orologio* (Pl. D 3), davor ein *Brunnen* mit bronzenen Tierfiguren von 1621, und der *Palazzo Comunale.*

Am SW.-Ende des Platzes führt die Via Severoli r. zu dem ehem. Kloster *S. Maria dell' Angelo* (Pl. C 2), das jetzt verschiedene Schulen und im 1. Stock die städtische **Pinacoteca**, das *Museo Civico* und das kleine vaterländische *Museo del Risorgimento* enthält. Eintr. wochentags 10-12, 2-4 Uhr gegen 50 c.; Sonn- und Festtags 10-1 Uhr frei.

Vestibül: *Pace da Faenza*, Madonna mit Heiligen (XIV. Jahrh.). Am Ende eine Kolossalgruppe, Maria mit den beiden Johannes von *Alf. Lombardi.* — I. Saal (Sala di Donatello), r. vom Eingang: *Desiderio da Settignano* (auch *Ant. Rossellino* zugeschrieben), Marmorbüste Johannes des Täufers; *Donatello*, Holzstatue des h. Hieronymus; Terrakottabüste des XVI. Jahrh. und Madonna aus der Schule der *Robbia*. Gemälde: *Melozzo da Forlì (?)*, Beweinung Christi. — II. Saal (Sala del Reni): *Guido Reni*, Madonna mit den H. Franziskus und Christina; *Bagnacavallo*, Verlobung der h. Katharina; *Tiepolo*, Judith; *Ferraù Fenzoni*, der Teich Bethesda; *van Dyck*, Frauenbildnis; *Giacomo Bertucci*, gen. *Jacopone da Faenza*, Madonna mit Heiligen (1565), Kreuzabnahme. — III. Saal (Sala del Bertucci): *Giambattista Bertucci*, fünfteiliges Altarbild, Anbetung der Könige; *Marco Palmezzano*, Kreuztragung (1535); *Dosso Dossi*, zwei Köpfe. — IV. Saal (Sala Gatti): kostbare Steine. — V. Saal: Majolikasammlung. — VI. Saal (*Museo Civico*): zwei schöne Truhen aus dem Besitz der Manfredi, die Faenza 1313-1501 beherrschten; Wachsmaske des Dominikaners Paganelli. — VII. Saal (*Museo del Risorgimento*), mit vaterländischen Erinnerungen. — VIII. Saal: moderne Bilder und eine gute Kopie der Freske in der Commenda (s. unten).

Am Corso Domizia l. die Kirche *SS. Michele ed Agostino* (Pl. C 3, 4), mit schönem Backsteinornament, r. der *Pal. Manfredi.* — Am Corso Garibaldi, vor *S. Francesco*, ein Marmorstandbild des Physikers *Evangelista Torricelli* (1608-47; Pl. D 2), der 1643 das Barometer erfand.

Der Corso Aurelio Saffi (Pl. D E 3) führt über die Brücke in den Borgo d'Urbecco. Die zweite Kirche r. daselbst, *Chiesa della Commenda* (Pl. F 4), enthält in der Chornische ein schönes Freskogemälde, Madonna mit Heiligen, von Girolamo Pennacchi da Treviso (1533).

Von Faenza nach Florenz s. *Bædeker's Oberitalien.*

Bei der Weiterfahrt überschreitet die Bahn den Lamone, dann den *Montone (Utis)*, der sich, mit dem *Ronco (Bedesis)* vereinigt, unweit Ravenna in das Adriatische Meer ergießt.

64km **Forli.** Gasth.: Alb. Masini, Via Garibaldi 8 (Pl. BC 1, 2), Z. 2½ fr., gut; Centrale, Via delle Torri 10 (Pl. D 2), Z. 2 fr.; Commercio, Via Vittorio Emanuele 2 (Pl. D 3), Z. von 1 fr. an. *Trattoria al Forno*, Via Mentana 1 (Pl. D 2), gut. Post u. Telegraph (Pl. DE 2), Piazza Vittorio Emanuele.

Forli, bei den Alten *Forum Livii*, dessen Gründung dem Konsul C. Livius Salinator (188 vor Chr.) zugeschrieben wird, ist jetzt eine Provinzialhauptstadt mit 15 461 Einwohnern.

Forli, wo 410 die Vermählung des Königs der Westgoten *Athaulf* mit *Galla Placidia*, der Schwester des Kaisers Honorius, stattfand, war lange Freistaat, in welchem bis 1315 die Guelfen die Oberhand behaupteten. Dann herrschte die Familie der *Ordelaffi* bis 1480, nach diesen *Girolamo Riario*, Nepot des Papstes Sixtus IV., und nach dessen Ermordung (1488) seine Gemahlin *Katharina Sforza*, welche von *Cesare Borgia* vertrieben wurde. Im J. 1504 gewann endlich Papst *Julius II.* die Stadt für den Kirchenstaat. — Aus Forli stammen der Dichter *Cornelius Gallus* († 27 vor Chr.), der Geschichtschreiber *Flavio Biondo* (xv. Jahrh.) und der Maler *Melozzo da Forli* (1438-94), der mit Piero della Francesca (S. 57) in enger Beziehung stand und bereits von den Zeitgenossen als Meister der Perspektive begrüßt wurde; er war später auch in Rom tätig.

Der Hauptplatz, Piazza Vittorio Emanuele (Pl. D 2), ist von stattlichen Palästen umgeben. Nordöstl. die Kirche

S. Mercuriale (Pl. DE 2), nach dem ersten Bischof von Forli benannt: 1. Kap. l. *Palmezzano*, Christus am Kreuz mit Heiligen und Stifter; 4. Kap. l. *Palmezzano*, Mariä Empfängnis, ein Hauptwerk des Meisters, die Dekoration der Kapelle von *Jac. Bianchi da Venezia* (1536); im Chor hinter dem Hochaltar Stuhlwerk von *Alessandro de' Bigni* (1532) und eine Heimsuchung von *Palmezzano*.

Der Kirche gegenüber der restaurierte *Palazzo del Municipio* (Pl. D 2), mit einem unschönen Turm des xviii. Jahrhunderts.

Nordwestl. gelangt man von hier nach der Piazza del Duomo und zur **Kathedrale S. Croce** (Pl. CD 2), einem stattlichen, mit Ausnahme der großen Querschiffkapellen 1844 ganz erneuten Bau: im l. Querschiff die Kapelle der Madonna del Fuoco, deren Kuppel *Carlo Cignani* aus Bologna 1686-1706 mit einer Freske (Mariä Himmelfahrt) schmückte, ebenda sein Grab; im r. Querschiff am Ende l.: *Rondinelli*, h. Sebastian.

Von der NW.-Ecke des Domplatzes führen die Via Pietro Maroncelli, Via Ces. Ercolani und Via dei Mille nach der Kirche

SS. Biagio e Girolamo (Pl. C 1), mit einigen guten Bildern (bestes Licht etwa 11 Uhr vorm.): 1. und 2. (Doppel-) Kapelle r. Fresken von *Palmezzano*, Geschichte des h. Jakobus, Frühwerk unter dem Einfluß des *Melozzo*, und (in der Kuppel) Propheten und Engel von *Melozzo*, l. Grabmal der Barbara Manfredi (1466) von *Francesco di Simone*; 3. Kap. r. *Guido Reni*, Mariä Empfängnis (verhüllt); 4. Kap. r. *Palmezzano*, Madonna mit Heiligen, zu ihren Füßen Girolamo Riario und Katharina Sforza mit ihren Söhnen (1486), im alten Originalrahmen; in der Kuppel Fresken von *Palmezzano*.

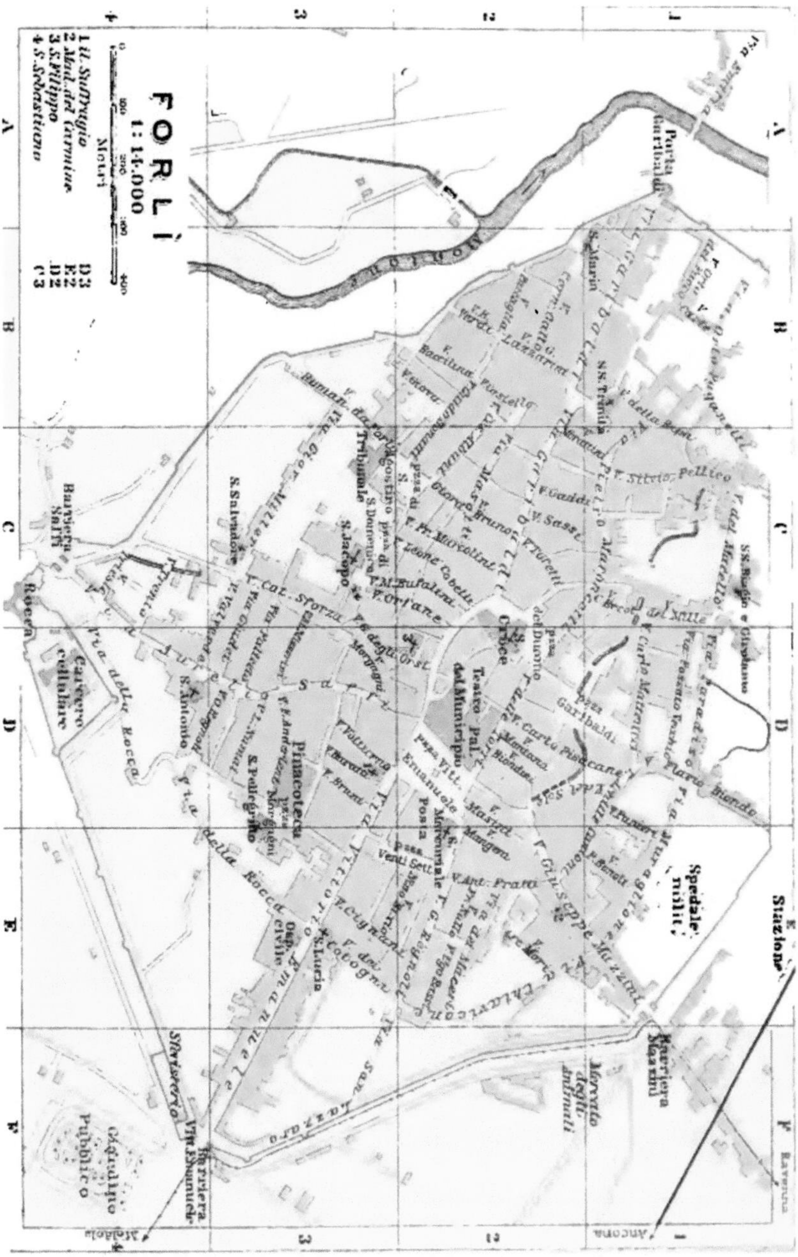
FORLÌ
1:14.000
Metri
Pinacoteca
Stazione
Rocca
Carcere cellulare
Porta Garibaldi
Montone

Das Gymnasium an der Piazza Morgagni, südl. von Piazza Vittorio Emanuele, enthält die städtischen Kunstsammlungen, namentlich die **Pinacoteca** (Pl. D 3), mit Bildern aus der Schule von Forlì, unter denen man außer Melozzo und Palmezzano besonders Cignani beachte. Direktor Comm. Ant. Santarelli.

Im Hof ein Denkmal des Anatomen *Morgagni* († 1771), 1875 enthüllt. — R. im Treppenhaus ein Sarkophag des xiv. Jahrhunderts; dann der Sarkophag des h. Marcolinus von *Ant. Rossellino* (1458). Im ersten Stock, unter einer schönen Türeinfassung und Lünette (Madonna mit Engeln von *Simone di Nanni Ferrucci*, früher am Dom) ist der Eingang zur

PINACOTECA. Trkg. 1/2-1 fr. Durch einen Gang mit Kupferstichen gelangt man in den I. Saal. In der Mitte: Hebe, Statue von *Canova*. L. 10. *Marcello Venusti*, Auferstehung (restauriert); 39. *Bonifazio*, Madonna mit Heiligen; 45. *Ant. Barile*, Gefangennehmung Christi, Intarsia; 51. *Pompeo Batoni*, Diana und Endymion. — Der große Saal enthält die Hauptbilder der Sammlung. Eingangswand: zwei große Gemälde von *Cagnacci*, die H. Valerian u. Mercurialis; 78. *Sienesische Schule*, Christus am Kreuz (xiv. Jahrh.); weiter r. 84. *Ag. Caracci*, h. Franziskus; 86. *Guercino*, Verkündigung; 98. *Franc. Francia*, Anbetung des Kindes; 99. Wandteppich nach der Zeichnung eines *niederrheinischen Meisters*, Christus am Kreuz; 103, 104. *Fra Giovanni da Fiesole*, Anbetung des Kindes, Christus am Ölberg; weiter von *Palmezzano:* 110. männl. Bildnis, 111, 112. Altarstaffeln mit Darstellung im Tempel und Flucht nach Ägypten, 114. Selbstbildnis im achtzigsten Jahre (1536), 117. Christus am Kreuz (1492). 119. die H. Antonius der Abt, Johannes d. T. und Sebastian; darüber 118. *Melozzo*, ein mörserstampfender Bursche, „Pestapepe", Freske, ursprünglich Ladenschild; *Palmezzano:* 120. Verkündigung, 122. Abendmahl (1501); 130. *Lor. di Credi*, weibl. Bildnis; 131. *Nicc. Rondinelli*, Madonna; 134. Christus am Kreuz, Wandteppich nach der Zeichnung eines oberdeutschen Meisters (angeblich *Wohlgemut*); 135. *Cotignola*, Gottvater und Heilige (1519); 143. *Cignani*, Madonna auf Wolken mit der h. Rosa; 151. *Sassoferrato*, betende Maria; 152. *Sustermans*, männl. Bildnis. — In den kleinen Räumen: Medaillen (u. a. Katharina Sforza), Majoliken, Altertümer, Marmorbüste des Pino Ordelaffi (xv. Jahrh.).

Gegenüber, in der Kirche *S. Pellegrino* (Pl. D E 3) r. ein schönes Grabdenkmal des xv. Jahrhunderts.

Die *Zitadelle* (Rocca, Pl. C 4), 1361 durch Kardinal Albornoz erbaut, durch die Ordelaffi und Riarii vergrößert, dient als Gefängnis.

Von Forlì Straßenbahnen n. nach (27km) *Ravenna* (s. *Bædeker's Oberitalien*) 5mal tägl. in 1 1/2 St., für 2 fr. 15, 1 fr. 30 c.; s. nach (13km) *Meldola* 5mal tägl. in 3/4 St., für 1 fr., 60 c. — Nach *Pontassieve* s. S. 47.

Die Bahn nach Rimini überschreitet den Ronco. — 72km *Forlimpopoli*, Städtchen von 2259 Einwohnern, das alte *Forum Popilii*, wo r. auf der Höhe das weinreiche *Bertinoro* (6km; Alb. Fortuna) sich zeigt, einst Besitz der Malatesta. Weiter über den *Savio*, den *Sapis* der Alten.

83km **Cesena** (Stadtplan s. S. 116). — *Buffet.* — GASTH.: Leon d'Oro (Pl. a: C 2), Piazza Vittorio Emanuele, Z. 2 fr.; Genio (Pl. b: C 1), Eingang vom Corso Mazzini (nur Z.). — RESTAUR.: *Cappello* (Pl. c: B 1), Via Fra Michelino; *Minghetti*, Piazza Vittorio Emanuele.

Cesena ist eine kleine Stadt von 7470 Einwohnern, von lieblichen Fluren und Hügeln umgeben, mit schönen Palästen und einer 1380 errichteten, hochragenden Festung *(Rocca)*.

Die Stadt, im Altertum *Caesena*, einer der ältesten Bischofsitze Italiens, war im Mittelalter zuerst Freistaat, fiel dann an die gibelli-

8*

nisch, an *Montefeltro*, und kurz darauf an die guelfischen *Malatesta*. Auf diesen raschen Wechsel spielen Dantes Verse Inf. XXVII, 52 an. 1377 wurde die Stadt von dem Kardinal Robert von Genf schrecklich verheert, später von Cesare Borgia, darauf dem Kirchenstaat unterworfen.

Die *Kathedrale* (Pl. 1 : D 2) enthält in den Seitenschiffen zwei schöne Marmoraltäre aus der Werkstatt der Lombardi (XV. und XVI. Jahrhundert). An der Piazza Vitt. Emanuele der schöne *Palazzo comunale* (Pl. 2 : C 2); an der Piazza Edoardo Fabbri ein Standbild des Papstes Pius VI., welcher 1717, ebenso wie sein Nachfolger, Pius VII. 1742, in Cesena geboren war. — Auf dem kleinen Platz Giardino Bufalini (Pl. C 1) steht ein Standbild des Arztes Maur. Bufalini aus Cesena, von Cesare Zocchi (1883). Das Gebäude nördl. (Pl. 3), 1452 für Domenico Malatesta Novello, Bruder des Herrn von Rimini, von Matteo Nuzio errichtet, enthält in sehenswerten Frührenaissanceräumen die *Biblioteca Malatestiana* (Zutritt 9-12, 3-6 Uhr) und die Stadtbibliothek; erstere besitzt 4000, zum Teil hervorragende Handschriften, die u. a. der venezianische Buchdrucker Aldus Manutius seinen berühmten Klassikerausgaben zu Grunde legte. Die *Pinakothek*, in demselben Gebäude, enthält eine gute Darstellung im Tempel von Franc. Francia.

$^1/_4$ St. s.ö., auf einer Höhe, die Bramante zugeschriebene schöne Hochrenaissance-Kirche *S. Maria del Monte* (darin geschnitztes Stuhlwerk des XV. Jahrhunderts). — Gegen Süden reiche Schwefelgruben.

Die Eisenbahn führt über das Flüßchen *Pisciatello*, dessen Oberlauf den Namen *Urgone* führt und, wie man annimmt, mit dem alten *Rubikon* identisch ist, der die Grenze zwischen dem eigentlichen Italien und der Provinz Gallien bildete und durch den Übergang Caesars beim Ausbruch des Bürgerkriegs mit Pompejus 49 vor Chr. berühmt geworden ist. Der Unterlauf des Rubikon entspricht dem *Fiumicino*, den die Bahn zwischen (90km) *Gambettola* und (97km) *Savignano di Romagna* überschreitet. Das Flußbett hätte also seit dem Altertum die Richtung gewechselt. — Über den *Uso*. — 101km *S. Arcangelo di Romagna*, wo Papst Clemens XIV. Ganganelli 1705 geboren wurde († 1774). — Dicht vor Rimini über die *Marecchia* (bei den Alten *Ariminus*).

111km **Rimini**. — *Bahnrestaur.*, guter Landwein. — GASTHÖFE: Aquila d'Oro, Corso d'Augusto (Pl. B 4), Z. $2^1/_2$-3, Omn. $^3/_4$ fr., gut; Italia, Leon d'Oro e Cappello, bei der Pescheria (Pl. B 5), mit besuchter Trattoria, Z. $1^1/_2$-2 fr., gelobt. — Am Strand (S. 117) und nur im Sommer geöffnet: Gr.-H. Hungaria, mit Garten, 90 Z. zu 4-6, F. $1^1/_2$, G. o. W. 3, M. o. W. 5, P. 10-12 fr.; H. des Bains, im Kurhaus, 120 Betten, Z. $2^1/_2$-5, F. $1^1/_4$, G. o. W. $3^1/_2$, M. o. W. 5, P. 9-12 fr.; H. Lido, 90 Z., P. 9-10 fr. Ein neues Grand-Hôtel mit 250 Z. soll 1908 eröffnet werden. — *Trattoria del Commercio*, Piazza Cavour (Pl. B 5). — CAFÉS: *C. del Corso*, Corso d'Augusto; *C. del Commercio*, Piazza Cavour (Pl. B 5).

WAGEN vom Bahnhof zur Piazza Einsp. 1 fr., Zweisp. 1 fr. 20 c. — POST an Piazza Cavour.

SEEBÄDER. Während der Saison fährt eine Pferdebahn von Piazza Cavour (Pl. B 5) zum Strand (S. 117). Bad mit Wäsche 25 c.-1 fr. Kurhaus (Casino) mit Hotel (s. oben), Café und Restaurant: Eintritt 1-2 fr. Zutritt zum Seesteg (Piattaforma) 10-25 c.

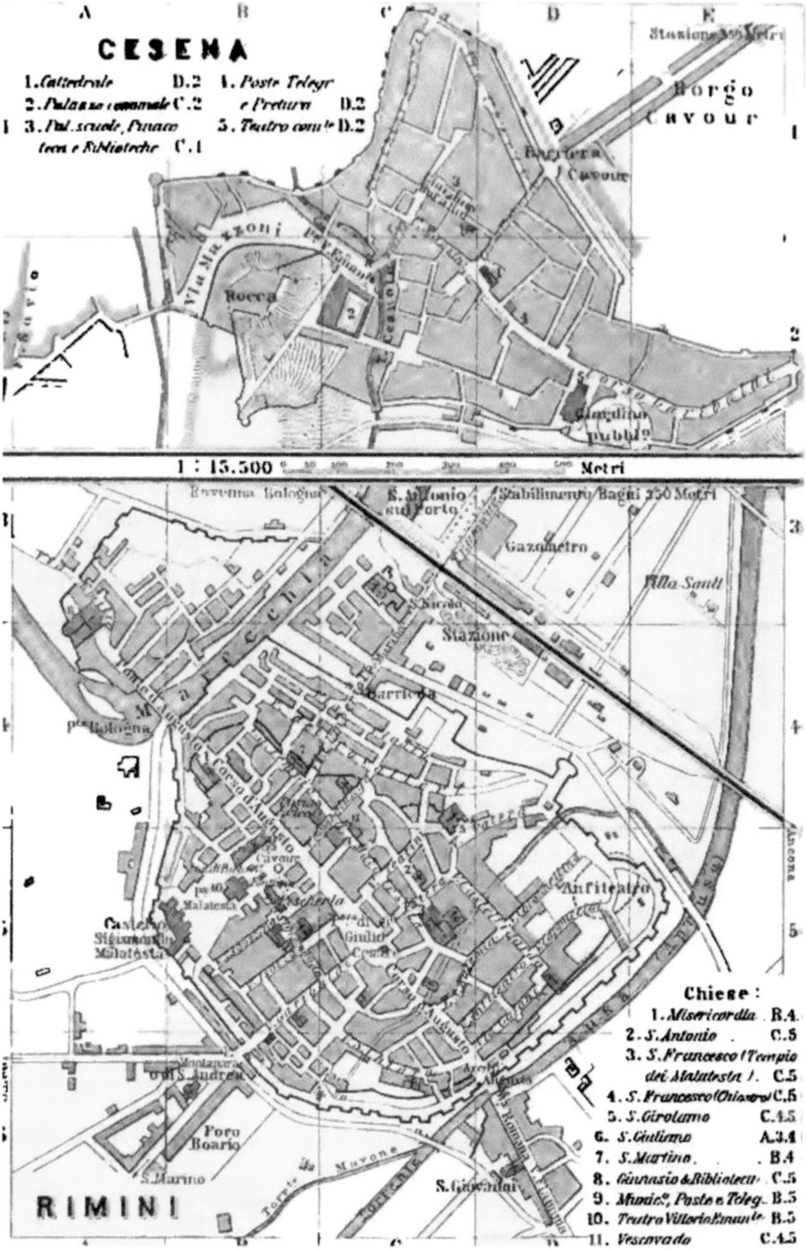
CESENA
1. Cattedrale D.2
2. Palazzo comunale C.2
3. Pal. scuole, Pinacoteca e Biblioteche C.1
4. Poste Telegr. e Pretura D.2
5. Teatro com.le D.2
Borgo Cavour
Barriera Cavour
Via Mazzoni
Rocca
Giardino pubbl.o
1 : 15.500 Metri
Ravenna Bologna
S. Antonio sul Porto
Stabilimento Bagni 350 Metri
Gazometro
Villa Sault
Stazione
Barriera
p.ta Bologna
Corso d'Augusto
Piazza Cavour
p.za Malatesta
Castello Sigismondo Malatesta
Anfiteatro
Foro Boario
S. Marino
S. Giovanni
RIMINI
Chiese:
1. Misericordia B.4
2. S. Antonio C.5
3. S. Francesco (Tempio dei Malatesta) C.5
4. S. Francesco (Chiostro) C.5
5. S. Girolamo C.4.5
6. S. Giuliano A.3.4
7. S. Martino B.4
8. Ginnasio & Biblioteca C.5
9. Munic.o, Poste e Teleg. B.5
10. Teatro Vittorio Eman.le B.5
11. Vescovado C.4.5

Rimini, in freundlicher Lage zwischen den Mündungen der Marecchia und der *Ausa* (bei den Alten *Aprusa*) etwa 1km vom Adriatischen Meer, hat 29545 hauptsächlich Fischerei und Seidenweberei treibende Einwohner. Als Seebad wird es besonders von Italienern und Ungarn besucht; von Porta Marina (s. unten) führt eine schöne Platanenallee zum Strand (Marina, S. 116). Der Hafen ist der Versandung ausgesetzt.

Rimini, im Altertum *Ariminum*, Stadt der Umbrer, wurde 268 vor Chr. römische Kolonie und bildete die Grenzfestung der italischen Halbinsel gegen Gallien. Hier mündete die alte Via Flaminia (S. 121). Rimini wurde von Julius Caesar und Augustus erweitert und verschönert. Während des Exarchats war es die nördlichste der fünf Städte *(Pentapolis maritima)* am Meere, welche durch einen Statthalter regiert wurden. Pesaro, Fano, Senigallia und Ancona waren die anderen. Ariminum wurde 260 Bischofsitz; im Jahre 359 wurde hier ein Konzil gegen die Arianer gehalten. Die Stadt gehorchte später den Langobarden. Im Laufe des XIII. Jahrhunderts hatten sich die Malatesta zu Herren der Stadt gemacht. 1288 tötete *Giovanni lo Sciancato*, „der Lahme", auch *Gianciotto* genannt, seine Frau *Francesca Polenta* aus Ravenna und seinen Bruder *Paolo il Bello* (Dante schuf danach die rührende Gestalt seiner „Francesca da Rimini" im V. Gesange des Inferno). Im XIV. Jahrhundert beherrschte die Familie einen großen Teil der Romagna, zeitweise auch die Mark Ancona; sie ließen sich von Ludwig dem Baiern zu Reichsvikaren machen, wurden aber vom Kardinal Albornoz der Macht des Papstes unterworfen. Geteilt in die Linien von Pesaro und Rimini zeichneten sich die Malatesta als Condottieri, bald auch als Freunde der humanistischen Bildung aus. Der berühmteste war *Sigismondo,* Sohn des Pandulfo (1417-68), welcher große Feldherrngabe mit roher Leidenschaft vereinigte und Künstler und Gelehrte an seinen Hof fesselte, um sich und seiner Geliebten und späteren Gattin, der klugen *Isotta*, die Unsterblichkeit zu sichern. — 1528 erhob sich das Volk gegen die Malatesta und schloß sich der päpstlichen Herrschaft an.

Vom Bahnhof (Pl. C D 3, 4) aus folgt man der breiten Straße, welche innerhalb der Porta Marina den Namen Via Umberto I annimmt; nach 4 Min. links in die Via del Tempio dei Malatesta, bei einem verfallenden Renaissancepalast vorüber.

***S. Francesco** (Pl. 3: C 5; *Duomo, Tempio dei Malatesta*), ursprünglich ein gotischer Bau des XIII. Jahrh., dessen Fenster erhalten sind, wurde 1446-55 durch Sigismondo Malatesta nach dem Plan des *Leon Battista Alberti* unter Leitung des *Matteo de' Pasti* im Renaissancestil erneuert. Leider ist aber von der Fassade nur das Erdgeschoß vollständig ausgeführt, auch fehlt die Kuppel, welche Alberti über dem (1709 erneuten) Chor errichten wollte. Den Sockel zieren die Initialen und Wappen (Elefant und Rose) Sigismunds und Isotta's, deren Grabmäler (s. unten u. S. 118) ursprünglich in den Arkaden r. und l. vom Portal Platz finden sollten.

Unter den Gewölben der Südseite sind die Sarkophage der Gelehrten und Dichter aufgestellt, welche der berühmte Condottiere an seinem Hofe versammelte: in den vier ersten ruhen die Dichter *Basinio* von Parma und *Giusto de' Conti*, der griechische Philosoph *Gemistus Pletho* († 1451), dessen Leichnam Sigismund von seinen Feldzügen in Griechenland mitbrachte, und der gelehrte Ingenieur *Roberto Valturio* († 1489), in den übrigen mehrere Ärzte und ein Bischof des XVI. Jahrhunderts.

Im Innern r. am Eingang das *Grabmal Sigismondo's* († 1468). Der plastische Schmuck der Kapellen ist größtenteils von dem Florentiner *Agostino di Duccio* ausgeführt. — 1. Kap. r.: über dem Altar der Schutzpatron des Stifters, der h. Sigismund von Burgund, an den Pfeilern die allegorischen Gestalten der Tugenden. — In der (verschlossenen) 2. Kapelle der Reliquien („Santuario") eine (restaurierte) *Freske von *Piero della Francesca* (S. 57; „Petri de Burgo opus, 1451"). Sig. Malatesta knieend vor seinem Schutzheiligen, zur Rechten das Kastell (S. 119).

3. Kap. r. (S. Michele): l. das *Grabmal Isotta's* († 1470), schon 1450 errichtet, ganz oben die Devise „tempus loquendi, tempus tacendi"; auf dem Altar der Erzengel mit den Zügen Isotta's von *Ciuffagni;* an den Pfeilern musizierende Engel. — 4. Kap. r., an den Pfeilern die Planeten und andere phantastische Darstellungen nach einem Gedicht Sigismondo's zu Ehren seiner Geliebten. — 4. Kap. links: an den Pfeilern die allegorischen Figuren der Wissenschaften. — 3. Kap. l. Kinderspiele, wahrscheinlich von *Simone di Nanni Ferrucci*, Schüler Donatello's. — 2. Kap. l. verschlossen. — 1. Kap. l., „dell' Acqua" genannt von einer alten Statue der regenspendenden Madonna, l. ein Sarkophag für die Vorfahren des Stifters, daran zwei Reliefs: das Haus Malatesta im Tempel der Minerva und der Triumph Sigismondo's; an den Pfeilern über den Elefanten zweimal sein Porträtmedaillon.

Von dem kleinen Platze vor der Kirche führt s.w. die Via Patera zur Piazza Giulio Cesare (Pl. C 5), dem alten Forum. Hier eine von Sigismondo errichtete, 1560 erneuerte steinerne Basis zur Erinnerung an Caesars Übergang über den Rubikon (S. 116). Daneben eine Kapelle an der Stelle, wo der h. Antonius predigte. (Am Kanal eine andere Kapelle, wo der Heilige, der Legende nach, zu den Fischen predigte, weil das Volk ihn nicht hören wollte.) — Auf dem Corso d'Augusto (Pl. B C 4, 5), welcher über diesen Platz führt, gelangt man s.ö. zur Porta Romana, n.w. zur Piazza Cavour und zur Brücke des Augustus.

Die ***Porta Romana,** oder *Arco d'Augusto* (Pl. C D 6), ist ein Ehrenbogen, den die römische Regierung dem Augustus 27 vor Chr. für die Herstellung der Via Flaminia (S. 124) weihte; die Inschrift an der Außenseite ist jetzt falsch zusammengestellt (die Buchstaben an der Mauer r. vom Tore gehören auch dazu); das Material ist Travertin, die Ausführung sehr zierlich (man beachte die Kapitäle auf der Außenseite); oben Medaillonbildnisse: außen Jupiter und Venus, innen Neptun und Minerva. — Die wenigen Reste eines *Amphitheaters* (Pl. D E 5), das c. 12000 Sitzplätze zählte, sind nicht sehenswert. Dagegen ist ein Spaziergang auf den Wällen vor der Porta Romana bis zu dem S. 119 gen. Kastell der Malatesta ganz lohnend (Pl. C-A 6, 5).

An der Piazza Cavour das **Municipio** (Pl. 9: B 5), mit einer kleinen Gemäldesammlung (Trkg. $^1/_2$ fr.).

Hervorzuheben sind u. a.: *Perin del Vaga,* Madonna; *Dom. Ghirlandaio,* die H. Vincenz Ferrer, Sebastian und Rochus (Werkstattbild); *Gior. Bellini,* der Leichnam Christi von vier Engeln beweint, schönes Jugendwerk; *Benedetto Coda da Rimini,* thronende Madonna mit Heiligen und musizierenden Engeln (1513); *Jac. Tintoretto,* h. Dominikus; *Agostino di Duccio,* Medaillonporträt des Augustus.

Vor dem Palast eine *Bronzestatue Papst Pauls V.* (die Inschrift an der Basis abgekratzt). Hinter dem *Teatro Vittorio*

Emanuele (Pl. 10: B 5) das *Kastéll Sigismondo Malatesta* (Rocca; Pl. A B 5), jetzt Gefängnis, sehr zerstört, über dem Eingang das Wappen der Malatesta.

Die *Bibliothek* (Pl. 8: C 5; in der n.ö. von Piazza Cavour ausgehenden Via Gambalunga), 1617 von dem Juristen Alessandro Gambalunga gegründet, hat 40000 gedruckte Bände und wertvolle Handschriften; in dem kleinen *Museo archeologico* daselbst antike Skulpturen (schönes Grabmal einer Frau; Pansherme) und Grabsteine des x. und xi. Jahrhunderts.

Am Ende des Corso führt der von Augustus begonnene, von Tiberius 20 nach Chr. vollendete fünfbogige *PONTE D'AUGUSTO (Pl. A B 4), mit hübscher Aussicht auf die Apenninen, über die Marecchia (S. 116) nach dem Borgo S. Giuliano hinüber, wo sich die Via Aemilia (S. 112) an die nach Rom führende Via Flaminia anschloß. Hier liegt die Kirche

S. Giuliano (Pl. 6: A 3, 4; Schlüssel gegenüber im Hause Nr. 45), mit einem großen Altarbilde von Paolo Veronese, die Marter des h. Julian (verhüllt), und einem alten Bilde von Bittino da Faenza, 1357, das Leben des Heiligen darstellend.

Von Rimini nach *Ravenna*, 50km, Eisenbahn in $1^1/_4$-2 St. für 5 fr. 80, 4 fr. 10, 2 fr. 65 c. Ravenna, Ferrara usw. s. *Bædeker's Oberitalien*.

Von Rimini aus ist ein Ausflug nach S. Marino (c. 20km) sehr zu empfehlen: Post in 4 (zurück 3) St. für $1^1/_2$ fr.; Abfahrt von Piazza Cavour je nach der Jahreszeit tägl. 12 Uhr mittags-3 Uhr nachm., zurück 4-6 Uhr früh; Einsp. hin u. zurück c. 12, Zweisp. c. 18 fr. u. Trkg. Fußwanderung aus Porta Montanara (Pl. B 6), anfangs einförmig: $4^1/_2$, zurück 4 St.; von *Serravalle* (148m) an folge man der alten Straße. — Die beste Karte ist die italienische Generalstabskarte in 1 : 25000 (1894; 50 c.).

Die Republik **San Marino**, die kleinste der Welt (61qkm mit 11000 Einwohnern), wurde angeblich von dem h. Marinus († 366), dessen Fest am 3. Sept. gefeiert wird, zur Zeit der Diokletianischen Christenverfolgung in unwegsamer Einöde gegründet. Tatsächlich siedelte sich um ein schon 885 genanntes Kloster S. Marino ein Gemeinwesen an, das in der Folgezeit sein Gebiet vergrößerte, 1631 von Papst Urban VIII. anerkannt wurde und sich seitdem in Unabhängigkeit erhielt. Repräsentanten des Staates sind zwei Capitani reggenti, die halbjährlich am 1. April und 1. Okt. unter sehenswerten Feierlichkeiten aus dem großen Rat von 60 Ältesten (Anziani; je 20 Adlige, Bürger und Grundbesitzer) hervorgehen. Ein Ausschuß aus dem großen ist der aus 12 Mitgliedern bestehende kleine Rat.

Die Straße von Rimini führt zunächst nach der Vorstadt *Borgo Maggiore* (521m) am Nordfuße des steil abfallenden Felsens (Monte Titano, 743m), auf dem die Stadt (Alb. del Titano, mit Café-Restaur., Z. $1^1/_2$-2 fr., recht ordentlich), mit 1500 Einw., thront (Fußwege kürzen). Bei Porta S. Francesco (xvi. Jahrh.) die Kirche *S. Francesco* (xiv. Jahrh.) mit Bildern von G. da Cotignola und Fresken von Niccolò Alunno. Auf der aussichtreichen Piazza del Pianello erhebt sich der auch im Innern besuchenswerte gotische *Palazzo del Governo* (1891), von Franc. Azzurri; davor ein Standbild der Freiheitsgöttin, 1876 von Ottilia Heyroth-Wagener geschenkt, welche zum Dank den Titel Herzogin von Acquaviva erhielt. Hinter dem Palast seit 1901 eine Bronzebüste des Epigraphikers und Numismatikers *Grafen Bart. Borghesi* (1781-1860), der von 1821 bis zu seinem Tode Bürger von S. Marino war, wo er seine Sammlungen ordnete und beschrieb. Die 1826-38 erbaute *Kathedrale* (Pieve) enthält das Grab des h. Marinus (s. oben). Im *Museum* eine kleine Gemäldesammlung. Prähi-

tig. *Aussicht von der *Rocca* (738m), die als Gefängnis dient (nachm. nicht immer zugänglich), sowie von dem s. der Rocca gelegenen Turm (743m) und vom Giardino Borghesi.

Von Rimini nach S. Leo: 32km Fahrstraße (s. Pl. A 6); Diligenza tägl. 8¼ Uhr vorm. in 5¼ St. für 3 und 5 fr.; auch für Fußgänger lohnend. Anfangs s. w. einförmig im Tal der Marecchia aufwärts. Links ist lange der mächtige Kegel von San Marino sichtbar; dann erscheint auf der Höhe *Verucchio*, der Stammsitz der Malatesta, denen auch die jenseit des Flusses über *Scorticata* sichtbaren Burgen gehörten. Die Berge treten dicht an den Fluß. Hinter (16km) der nach Scorticata führenden Brücke, die r. liegen bleibt, ein leidliches Wirtshaus an der Straße. 3km weiter geht l. eine Straße nach S. Marino (6km) ab. 4km weiter, hinter *Pietracuta*, wendet man sich s. in das Tal des *Mazzocco* und nach 3½km in Windungen, mit schönen Rückblicken auf Verucchio, San Marino und das Meer, den steilen Berghang von S. Leo hinauf.

S. Leo (639m; *Alb. Leone Cardelli*) ist ein aussichtreiches Städtchen von 2239 Einw., auf steiler Felshöhe über der Marecchia gelegen, mit einem jetzt als Gefängnis dienenden *Kastell*, in dem der Abenteurer *Cagliostro* 1795 im Kerker starb. Sehenswert ist auch die ehem. *Kathedrale*, ein dreischiffiger romanischer Bau mit erhöhtem Chor, weiter Krypta und antiken Bauteilen; unter der linken Chortreppe der Sarkophag des h. Leo. — Ein schöner aber anstrengender Fußweg führt in 3 St. n.ö. nach San Marino (S. 119): auf der Fahrstraße zurück ins Tal des Mazzocco, über den Fluß und r. hinauf zum *Monte Maggio*; hinab ins Tal des *Torrente di San Marino*, über diesen und wieder aufwärts nach San Marino.

Von Rimini führt die Eisenbahn an der Küste weiter und überschreitet die Flüßchen *Marano* und *Conca* (Crustumium). 121km *Riccione*. — 130km *Cattolica*, wo während des Konzils von Rimini 359 die katholischen Bischöfe Aufnahme fanden, daher der Name. Die Vorhügel des Apennins treten hier bis ans Meer; Tunnel. Weiter an dem (l.) *Monte S. Bartolo* mit der Villa Imperiale (S. 122) vorbei und über die *Foglia*, den alten *Pisaurus*.

145km **Pésaro**. — Gasthöfe: Alb. Zongo, Via Zongo (S. 121), mit Restaurant, Z. 2½, Omn. ½ fr.; Leon d'Oro, Via Garibaldi (Pl. C 4, 5), Z. 1¼ fr. — Cafés: im Erdgeschoß des Alb. Zongo, Eingang Via Branca; *C. della Piazza*, an der Piazza Vitt. Emanuele.

Post und Telegraph (Pl. 6: C 4), in der Präfektur (S. 121). — Wagen vom Bahnhof zur Stadt Einsp. 80 c., Zweisp. 1 fr.

Pesaro, mit 14768 Einw., das alte *Pisaurum*, in der Renaissancezeit durch seine Majolikafabriken berühmt (vgl. S. 60), ist die Hauptstadt der mit Urbino verbundenen Mark oder Provinz Pesaro.

Pesaro, ursprünglich von Sikulern, dann von Umbrern und Etruskern und zuletzt von senonischen Galliern bewohnt, seit 184 vor Chr. römische Kolonie, wurde von dem Ostgoten *Vitiges* 536 n. Chr. zerstört, von Belisar wieder aufgebaut und gehörte zur Pentapolis maritima (S. 117). Im XIII. Jahrh. kam es an die *Malatesta*, 1445 an die *Sforza*, dann 1512 an die *Rovere*, Herzöge von Urbino, welche hier Hof hielten. Unter ihnen wurde es, namentlich durch *Lucrezia d'Este*, Gemahlin des Herzogs Francesco Maria II., ein Mittelpunkt der Kunst und Literatur: *Bernardo Tasso* vollendete hier seinen Amadis und auch sein Sohn *Torquato* hielt sich hier auf. Im Jahre 1631 kam die Stadt an den Kirchenstaat. — Die Feigen von Pesaro sind berühmt.

Vom Bahnhof (Pl. A 5) gelangt man durch das südliche Stadttor zur Piazza Garibaldi, auf der sich zwischen Anlagen ein *Marmorstandbild Garibaldi's* (1891) erhebt, und weiter beim *Teatro*

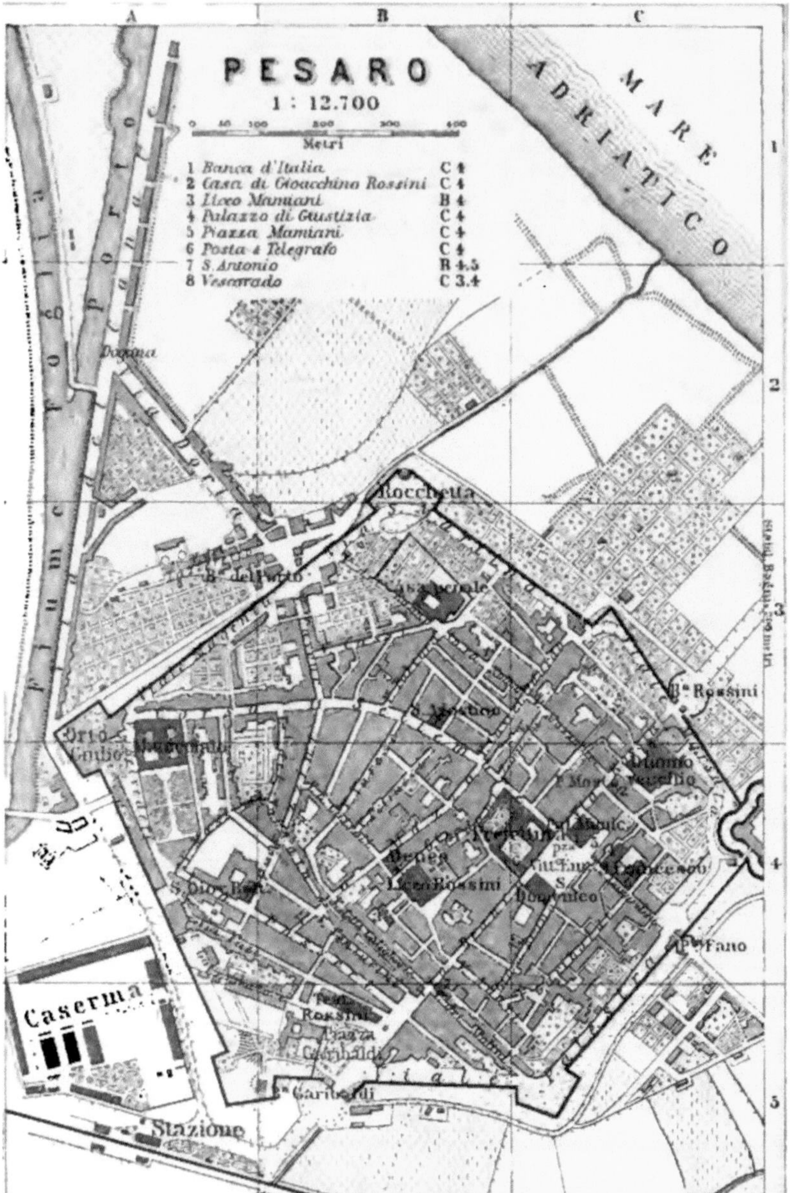
PESARO
1 : 12.700
Metri
1 Banca d'Italia C 4
2 Casa di Gioacchino Rossini C 4
3 Liceo Mamiani B 4
4 Palazzo di Giustizia C 4
5 Piazza Mamiani C 4
6 Posta e Telegrafo C 4
7 S. Antonio B 4.5
8 Vescovado C 3.4
MARE ADRIATICO
Rocchetta
Caserma
Stazione
Liceo Rossini
Ancona
Fano
A
B
C
1
2
3
4
5

Rossini (Pl. B 5) vorüber durch die Via Branca zur Piazza Vitt. Emanuele. Unmittelbar bevor man diese erreicht, hat man l. die Via Zongo, mit dem gleichnamigen Gasthaus (S. 120), einem alten Kardinalspalast. R. das hübsche Portal der ehemaligen Kirche *S. Domenico* (Pl. C 4), von 1390.

An der Piazza Vittorio Emanuele (Pl. C 4), mit ansehnlichem Brunnen, l. die stattliche *Präfektur*, der alte Herzogspalast, vor 1465 von Luciano da Laurana (s. S. 137) für die Sforza begonnen, im XVI. Jahrh. von Girol. Genga und seinem Sohn Bartolomeo für die Rovere vollendet; in dem 34m langen, $16{,}_5$m breiten Festsaal fand 1475 die Hochzeit des Costanzo Sforza mit Camilla von Aragon statt, die bemalte Holzdecke stammt aus der zweiten Hälfte des XVI. Jahrhunderts. Gegenüber liegt der neuere *Palazzo dei Pagi*. Zwischen beiden r. eine 1848 errichtete Fassade mit den Marmorstatuen des Tondichters *Gioacchino Rossini*, des „Schwans von Pesaro", der 1792 hier geboren wurde († zu Paris 1868), und des Schriftstellers Grafen *Giulio Perticari* (1779-1822) von P. Lorandini. — An der andern Ecke der Piazza liegt der *Palazzo Municipale*. Davor ein Denkmal für den aus Pesaro gebürtigen Grafen *Terenzio Mamiani* (S. 247), von Ettore Ferrari (1896). Auf Piazza Mamiani (Pl. 5: C 4), in der kleinen zum Rathaus gehörigen Kirche *S. Ubaldo* (Schlüssel im Economato) eine stark nachgedunkelte *Krönung Mariä mit vier Heiligen und Predellenbildern, von Giov. Bellini (c. 1475).

Westl. von der Piazza, in Via Mazza Nr. 24, befindet sich im *Palazzo Almerici* das beachtenswerte **Ateneo Pesarese** (Pl. B 4), mit den städtischen Sammlungen (Museo Oliveriano). Eintritt Do. So. 10-12 Uhr frei, sonst 10-2 Uhr gegen Trinkgeld (1/2 fr.).

Im Vestibül Votivsteine der Matronen von Pisaurum, zu den ältesten lateinischen Denkmälern gehörig; im Hof und auf der Treppe antike und christliche Inschriften und Skulpturen. — Im ersten Stock: zwei in Stein geritzte Zeichnungen aus dem VII. bis VI. Jahrh. vor Chr., davon eine mit Schiffsdarstellungen; antike Tonbilder und Lampen; Elfenbeinarbeiten (altchristliche Reliefs mit der Vertreibung aus dem Paradiese und der Steinigung des h. Stephanus); altitalische Bronzen und Münzen (ein Aes grave von Vetulonia, S. 4), ein Glasfluß mit einem Mithrasbilde; ferner eine ausgezeichnete *Majolikasammlung* (550 Stück, namentlich aus Pesaro, Urbino, Castel Durante und Gubbio, letztere z. T. von Maestro Giorgio; Katalog 1 fr.), eine Pinakothek mit zwei Bildern von Marco Zoppo, Pietà und Haupt Johannes des Täufers, einer Marmorbüste Napoleons I. von *Canova* usw. Auch eine Naturaliensammlung (besonders Konchylien) ist vorhanden. — Im zweiten Stock die BIBLIOTECA OLIVIERI, die 50000 gedruckte Bände und 2000 Handschriften (darunter Briefe Torquato Tasso's) enthält. Eintritt wochentags 9-4 Uhr.

Im *Liceo Rossini* (Pl. B 4), dem ehem. Palazzo Machirelli, die sitzende Statue Rossini's, von Marochetti (1864).

In Via Rossini, die von der Piazza nach dem Seebad von Pesaro führt (vgl. Pl. C 4, 3), das Geburtshaus Rossini's (Pl. 2: C 4), ferner der *Palazzo Mosca* (gegenüber), mit einer der Stadt vermachten Sammlung von Bildern, Fayencen, Möbeln usw. (fünfzehn Zimmer; So. Do. 11-3 Uhr zugänglich), und der *Dom* (S. Maria Assunta);

nebenan in der Vorhalle des *Vescovado* (Pl. 8: C 3, 4) ein altchristliches Nymphaeum. Im O. der Stadt die von Giov. Sforza erbaute Festung *Rocca Costanza* (jetzt Gefängnis).

Die Kirche *S. Francesco* (Pl. C 4), in Via Roma, besitzt ein gotisches Portal. Die Kirche *S. Agostino* (Pl. B 3), im Corso Undici Settembre, hat ein reiches gotisches Portal von 1412. Der Corso mündet, bei dem (l.) Irrenhaus *(Manicómio)*, auf den kleinen *Orto Giulio* (Pl. A 3, 4), mit meteorologischem Observatorium und schöner Aussicht auf die Foglia, welche eine antike Brücke überspannt, und den Monte S. Bartolo (s. unten). — Die Kirche *S. Giovanni Battista* (Pl. A 4), in Via Pàsseri, ist von Girol. Genga (1540 begonnen); darin das Grabmal Giulio Perticari's (S. 121).

Von Pesaro aus besucht man den n.w. gelegenen *Monte S. Bartolo* oder *Monte Accio* (202m). Am Westabhang des Berges, von der alten Brücke über die Foglia (Pl. A 4) auf steilem Fahrwege (Einsp. 4-5 fr.; akkordieren!) in $^{3}/_{4}$ St. zu erreichen, liegt die ***Villa Imperiale** (Eintrittskarten, außer zur Zeit der Weinlese, beim Besitzer, dem *Principe Albani*, Via Mazza Nr. 5). Alessandro Sforza hatte sich hier ein Landhaus erbaut, zu dem Kaiser Friedrich III. bei seiner Durchreise 1469 den Grundstein legte. Die oberen Räume sind unter den Rovere mit Stukkaturen, Majolikafliesen und Fresken geschmückt worden: im 1. Saal („Stanza del Giuramento") an der Decke Triumphzug des Herzogs Francesco Maria von Urbino, neben ihm Alfonso von Ferrara, von *Girol. Genga;* an den Wänden Landschaften und Putten von *Camillo Mantovano;* der 2. (schönste) Saal („Stanza delle Cariàtidi") ist als Laube mit Daphnefiguren und Landschaften dekoriert von den Brüdern *Dossi*, an der Decke ein Kriegszug des Herzogs; im 3. Zimmer („Stanza dei Semibusti") die Krönung Karls V. und Allegorien nach Zeichnungen von *Angelo Bronzino;* in den Gemälden der folgenden Zimmer, von denen das vierte mit reizenden Grottesken in der Art des *Giov. da Udine* geschmückt ist, wird der Herzog zum Feldherrn ernannt vom Kardinal Alidosi, Papst Leo X. und dem Dogen von Venedig; den letzten Saal („Stanza della Calúnnia") mit der schönen Stuckdecke schmücken Bilder von *Raffaellino dal Colle:* Bekränzung des Herzogs, die Verleumdung (nach Apelles), die christlichen Tugenden. — Um 1530 ließ Eleonora Gonzaga durch *Girolamo Genga* hinter dem Alten Hause einen Palast erbauen, nach der Inschrift an der Fassade für ihren Gemahl Francesco Maria „a bellis redeunti animi eius causa"; er ist nicht vollendet, aber auch im Verfall noch von hoher Schönheit, herrlich der Blick von der Terrasse. — In der Nähe die Kirche der *Girolamitani;* auf einer Höhe hinter dem ehem. Kloster eine der schönsten Aussichten in der Umgegend.

Das von zinnengekrönten Mauern umgebene Städtchen **Gradára,** 11km n.w. von Pesaro, besitzt im *Municipio* eine Madonna mit vier Heiligen von Giov. Santi (1484) und in der *Rocca* einen Tonaltar von Andrea della Robbia; schöne Aussicht vom Turm.

Von Pesaro nach Urbino 37km, hinauf in 4-$5^{1}/_{4}$, hinab in $3^{1}/_{2}$-4 St. für 3 fr. 20 c., hin u. zurück (15 Tage gültig) 5 fr. 20 c.: *Messageria accelerata* (Abfahrt von der Piazza zu Pesaro $6^{3}/_{4}$ Uhr früh, von Urbino $3^{1}/_{2}$ Uhr nachm.) und *Diligenza comunale* (Abfahrt von Pesaro 3 Uhr nachm., von Urbino 6 Uhr früh). Automobilverbindung geplant. Zweispänner 15-20 fr. — Die Straße führt anfangs im Tal der *Foglia* durch fruchtbares Hügelland und überschreitet den Fluß $1^{1}/_{2}$km jenseit des (13km) Dorfes *Montecchio.* Ganz zuletzt erscheint Urbino, zu dem die Straße in Windungen hinansteigt. Unmittelbar vor der Einfahrt erblickt man r. oben den herzoglichen Palast, mit drei Loggien zwischen runden Türmen. Die Post hält im Corso Garibaldi, etwas unterhalb des Alb. d'Italia. — *Urbino* s. S. 135.

Die Eisenbahn folgt von Pesaro bis Ancona stets der Küste, der sie sich stellenweise bis auf wenige Schritte nähert, da die Ausläufer des Apennins unmittelbar an die See heranreichen. Fortwährend hübscher Blick auf das von Barken belebte Meer. Im Sommer herrscht hier vielfach Malaria.

157km **Fano** (*Alb. Moro-Nolfi,* Via Nolfi, Z. von $1^1/_4$ fr. an), das alte *Fanum Fortunae,* verdankt einem Tempel der Fortuna seine Entstehung, woran eine neuere Statue auf dem öffentlichen Brunnen erinnert. Es ist eine freundliche, auch als Seebad besuchte Stadt mit 10535 Einwohnern, von alten Mauern und tiefem Wallgraben umgeben. Der ehemals berühmte Hafen ist jetzt versandet und ohne Bedeutung, die Schiffe ankern in einem neu angelegten Kanal, welcher hier einen Teil der Wassermenge des Metaurus (S. 125) dem Meere zuführt. Papst Clemens VIII. (Aldobrandini) wurde 1536 zu Fano geboren. Die erste Druckpresse mit arabischen Typen ward 1514 auf Kosten Papst Julius' II. zu Fano errichtet.

Man betritt die Stadt durch die Via Nolfi. Weiterhin l. die Piazza Venti Settembre. An ihr das Theater, im *Palazzo della Ragione* (1299). In einem Saale nebenan ein David mit dem Haupte des Goliath von Domenichino und eine Verlobung Mariä von Guercino. — Durch den Bogen r. neben dem Theater kommt man zu dem alten gotischen *Palazzo del Municipio.*

An der Südseite des Platzes, wo ein Brunnen, führt der Corso Vittorio Emanuele entlang. Folgt man demselben r., so ist die zweite Querstraße l. die Via dell' Arco d'Augusto. In der letzteren zunächst, an einem kleinen Platz, der

Dom *(S. Fortunato),* mit einem Portal des XIII. Jahrh. und vier ruhenden Löwen, welche einst die Säulen der Vorhalle trugen.

Im Innern die Kapelle S. Girolamo (die 2. l.) mit einem Denkmal der Familie Rainalducci; fast gegenüber (4. r.) eine Kapelle mit (verdorbenen) Fresken von *Domenichino.* — In der Kapelle r. vom Chor Madonna mit zwei Heiligen von *Lodovico Caracci.* — Hinter dem Dom im Hof des *Vescovado,* Via Montevecchio 7, einige Skulpturen, darunter drei Reliefs des XIII. Jahrhunderts.

Weiter, die Straße überspannend, der *Ehrenbogen des Augustus,* der im IV. Jahrh. um ein Stockwerk erhöht und Kaiser Konstantin geweiht wurde. Er hatte drei Öffnungen, wie er an der auf der Außenseite anstoßenden Kirche *S. Michele* neben dem schönen Renaissanceportal abgebildet ist. — Neben dem Bogen, auf der Stadtseite, ein hübscher Loggienbau, das *Findelhaus* („Brefotrófio").

Zur Piazza Venti Settembre zurück und dem Brunnen gegenüber durch die Via Boccaccio geradeaus, dann l. in Via Bonaccorsi nach **S. Maria Nuova** (Schlüssel im Hause Nr. 14), mit Vorhalle: 1. Kap. l. *Giovanni Santi,* Mariä Heimsuchung; 2. Kap. l. *Pietro Perugino,* Verkündigung (1498); 3. Kap. r. **Perugino,* thronende Madonna mit sechs Heiligen und Predella (1497).

S. Francesco (geschlossen) hat in der Vorhalle Grabdenkmäler

r. des Pandolfo III. Malatesta († 1427), vielleicht von Leon Battista Alberti (1460) und l. seiner Gemahlin Paola Bianca († 1398), von Tagliapietra (1413). — *S. Croce* (in Via Nolfi), Hospitalskirche, enthält eine Madonna mit vier Heiligen von Giov. Santi. — *S. Pietro* (ebenfalls in Via Nolfi), ein reicher und stattlicher Barockbau, hat am Gewölbe Fresken von Viviani, in der Kapelle Gabrielli (der 1. l.) eine Verkündigung von Guido Reni. — *S. Paterniano*, dem ersten Bischof von Fano gewidmet, hat eine Vermählung der Jungfrau von Guercino. — In *S. Agostino* ein S. Angelo Custode von Guercino.

Als lohnender Ausflug wird der *Monte Giove* (256m) gerühmt, von der Kirche von *Rusciano* (s. unten) in 1 St. auf gutem Fahrweg zu erreichen; oben ein Kloster und herrliche Aussicht über die Adria und die Apenninen.

Von Fano über Fossombrone und den Furlopaß nach Fossato: 88km, täglich Eilpost („Corriere" 10 fr.) bis Fossombrone 3¼, bis Cagli 6¼, bis Scheggia 9¼, bis Fossato 12 (zurück 14) Stunden. Es ist die alte Straße von Rom nach Rimini (S. 116), die *Via Flaminia*, 220 vor Chr. vom Censor C. Flaminius, dem späteren Konsul (s. S. 56), zur Sicherung der damals den Galliern entrissenen Po-Landschaft angelegt. Die Straße verläßt Fano durch den Bogen des Augustus und die Porta Maggiore; sie führt durch die Ebene nach der (3km) Kirche von *Rusciano*, am Fuße des Monte Giove (s. oben) und nähert sich dann dem Nordufer des *Metaurus*, dessen einförmiges, aber fruchtbares Tal gut angebaut ist. 1½km vor Fossombrone bei der Kirche *S. Martino del Piano* stand die römische Kolonie *Forum Sempronii*, nach deren Zerstörung durch die Goten und Langobarden Fossombrone entstand.

25km **Fossombrone** (116m; *Alb. Tre Re*, Z. 1 fr.), Städtchen von 7531 Einw., mit ansehnlichen Seidenmanufakturen, war lange im Besitz der Malatesta, bis es unter Sixtus IV. an die Kirche kam. Im *Dom* ein Altar von Domenico Rosselli (1480). Auf der Höhe über der Stadt eine Burg. — Östl. führt von Fossombrone eine Landstraße über *Mondavio* nach *Senigallia* (S. 125), welche die Stadt an ihrem Westende auf einer hohen, einbogigen Brücke verläßt. Diligenza nach *Urbino*, s. S. 138.

Die Via Flaminia überschreitet bei (30km) *Calmazzo* (S. 138; vgl. Karte S. 135) den von W. aus dem Tal bei *S. Angelo in Vado* kommenden *Metaurus* (r. in der Ferne das hochgelegene Urbino, S. 135) und hält sich am l. Ufer des *Candigliano*, der sich hier in den Metaurus ergießt. Bald verengt sich das Tal abermals; r. der *Monte Pietralata* (888m), auch *Monte d'Asdrubale* genannt, wohin der Volksmund die Schlacht am Metaurus verlegt, in der 207 vor Chr. Hasdrubal, seinem Bruder Hannibal zu Hilfe ziehend, mit 60000 Mann, von den Konsuln Livius Salinator und Claudius Nero eine völlige Niederlage und selber den Tod erlitt: der entscheidende Wendepunkt des zweiten punischen Krieges zugunsten der Römer.

Die Straße durchbricht nun, dem Flusse folgend, die n.ö. Parallelkette der Apenninen in einer von hohen Steilwänden eingefaßten Schlucht. An der engsten Stelle, wo die Felsen so nahe zusammentreten, daß nur für den Fluß Raum bleibt, ist der ***Furlopaß** (190m ü. M.; Sasso forato, von den Alten *Intercisa*, später *Petra pertusa* genannt), ein 5,5m breiter, 4,5m hoher und 37m langer Tunnel, durchgehauen. Das Werk stammt von Kaiser Vespasian (77 nach Chr.), wie die über dem nördlichen Eingang in den Felsen gehauene Inschrift meldet: Imp. Caesar Aug. Vespasianus pont. max. trib. pot. VII. imp. XVII. p(ater) p(atriae) cos. VIII. censor faciund. curavit.

36km *Badia del Furlo*, eine kleine Kirche. — 38km *Acqualagna* (S. 135). Weiter bis Cagli an der Eisenbahn Fabriano-Urbino (S. 134) entlang.

50km *Cagli* s. S. 135. — Oberhalb von Cagli durchbricht der Burano, dem die Straße folgt, das Gebirge in großartiger, tief eingeschnittener Schlucht. An ihrem Ausgange liegt (59km) **Cantiano** (360m), mit 1503 Einwohnern; in der *Collegiata* eine h. Familie von Perugino.

70km **Scheggia** (586m), ein unbedeutender Ort, Knotenpunkt für die Straßen nach Fossato-Foligno und nach Gubbio (12km, über die Paßhöhe des Monte Calvo, S. 60; Einsp. 5-6 fr.). In der Nähe auf dem *Monte Petrara* liegen die Ruinen des Tempels des Jupiter Apenninus, dessen Verehrung für die Umbrer einen religiösen Vereinigungspunkt bildete.

Die Hauptstraße führt s.ö. über *Costacciaro*, am Westabhang des *Monte Cucco* (1567m; an der Ostseite in 1390m Höhe eine 611m lange Tropfsteinhöhle) und *Sigillo* nach

88km *Fossato di Vico*, Station der Eisenbahn Ancona-Rom, s. S. 131.

Die Bahn überschreitet hinter Fano den Metaurus (S. 123), dann jenseit (170km) *Mondolfo-Marotta* den *Cesano* und erreicht

179km **Senigallia** oder *Sinigaglia* (*Alb. Roma*, unweit des Hafens, Z. von 2 fr. an, gut; *Trattoria del Giardino*, unweit des Municipio), das antike *Sena Gallica*, an der Mündung der *Misa*, mit 5556 meist Fischerei treibenden Einwohnern. Pompejus zerstörte die Stadt 82 vor Chr. im Bürgerkrieg zwischen Marius und Sulla. Seit dem IV. Jahrh. Bischofsitz, litt sie auch in der Folge viel durch Feuer und Schwert; jetzt hat sie ein durchaus modernes Ansehen und ist im Sommer als Seebad sehr besucht. Die Stadt ist Geburtsort des Papstes Pius IX. (S. XLII); das Haus, mit einigen Erinnerungen an ihn, wird gezeigt. — Die Klosterkirche *S. Maria delle Grazie* (1491; 3/4 St. s.w. der Stadt) enthält im Chor eine Madonna mit sechs Heiligen von Perugino und am 3. Altar r. eine kleine Madonna von Piero della Francesca.

Über *Mondavio* nach *Fossombrone* und von da zum *Furlopaß* s. S. 124.

191km *Montemarciano*. Hübscher Blick auf das Vorgebirge von Ancona. Dann über den *Esino*. — 196km Stat. *Falconara Marittima* (Bahnrestaur.; Alb. Moderno, Z. 1 1/2-2 fr.), von wo die Bahn nach Rom (Wagenwechsel, s. R. 15) abgeht; der Ort (100m) r. auf der Anhöhe. — 204km *Ancona*.

14. Ancona und Umgebung. Osimo. Loreto.

Ancona. — Gasthöfe (keiner ersten Ranges: vgl. S. XV): Roma e Pace (Pl. d: D 4), Via Giacomo Leopardi 3, mit Aufzug, elektr. Licht und Restaurant, 60 Z. von 2 fr. an, Omn. 1 fr.; Vittoria (Pl. b: C 3), Corso Vitt. Emanuele; — Milano (Pl. e: C 4), Via 29 Settembre; Alb. della Ferrovia, nahe beim Bahnhof, mittelmäßig.

Cafés: Antonelli, Ecke Via Marsala u. Stamura (Pl. D 4); Stoppani & Leva, Corso Vitt. Emanuele, Ecke Piazza Roma (Pl. D 4); Dorico, Piazza del Teatro (Pl. C 3). — Bierhaus: Gambrinus-Halle, Corso Vitt. Emanuele 29 (Pilsner Bier). — Trattorien: in den oben gen. Gasthöfen, außerdem Picchio, Piazza Roma.

Seebäder, beim Bahnhof (Pl. A 6). Warme Bäder, P. Stamura (Pl. E 4).

Post & Telegraph: Pl. D 4; letzterer, auch nachts, im I. Stock links.

Deutscher Konsul: *Max Rohrer*, Piazza S. Maria 2 (Pl. C 3).

Deutsch-evang. Gottesdienst: Corso Giuseppe Mazzini 53.

Pferdebahn: vom Bahnhof durch Strada Nazionale zur Piazza del Teatro (Pl. C 3; Fahrpreis 15 c.) und weiterhin über Piazza Cavour bis zum Pian San Lazzaro (15 c., 10 c.).

Droschken. *Einsp.* vom Bahnhof in die Stadt einschl. Gepäck 1 fr., nachts 1 1/2 fr., *Zweisp.* 1 1/2 und 2 fr.; erste Stunde 1 1/2, Zweisp. 2 fr., jede folgende 1/2 St. 60 und 80 c. Außerhalb der Stadt: die erste Stunde 2 fr. 50, bezw. 3 fr. 60 c., jede folgende 1/2 St. 1 fr. 15, bezw. 1 fr. 70 c.

Dampfschiffe der *Navigazione Generale Italiana* berühren Ancona auf dem Wege von Venedig nach Bari-Brindisi-Alexandria-Port Said alle 14 Tage, auf dem Wege nach Brindisi-Corfu-Patras-Piräus-Konstantinopel alle 8 Tage, ebenso umgekehrt; die der *Società di Navigazione „Puglia"* auf dem Wege von Venedig nach Bari, Brindisi und Albanien sowie von Triest nach Dalmatien alle 8 Tage, ebenso umgekehrt. Die *Società Ungaro-Croata* fährt 2-3mal wöchentlich direkt nach Fiume.

Ancona, Hafenstadt mit 33337 Einwohnern, darunter über 6000 Juden, ist Hauptstadt einer Provinz, in prachtvoller Lage zwischen den beiden Vorgebirgen des *Monte Astagno* (Pl. C 6) und *Monte Guasco* (Pl. C 1). Der Hafen bringt dem Staate jährlich über 18 Millionen Franken für Zölle und Abgaben ein. Einfuhr von Steinkohlen und Rohzucker, Ausfuhr von Asphalt. In der Provinz Schwefelbergbau, Seidenspinnereien, Papierfabrikation u. Weinbau.

Ancona wurde bald nach 400 vor Chr. von dorischen Griechen aus Syrakus gegründet, daher *Dorica Ancon* (d. h. Ellenbogen, von der Form seines Vorgebirges). Später römische Kolonie, erhielt es von Kaiser Trajan einen vergrößerten Hafendamm (s. unten) und gehörte zu der S. 117 gen. Pentapolis maritima. In christlicher Zeit mehrfach zerstört, zuerst durch die Goten, hob es sich später wieder und kam 1532 durch Gonzaga an Papst Clemens VII., der ein Fort erbaute und Truppen hineinlegte. Auch in der neuern Kriegsgeschichte wurde Ancona als strategisch wichtige Festung viel genannt. So ward es 1796 den Franzosen, 1799 den Österreichern, 1805 wieder den Franzosen, 1815 dem Papste übergeben, dem es bis 1860 gehörte.

Der Hafen, ein ovales Becken von 800 und 900m Durchmesser, gilt für einen der besten Italiens. Ein stattlicher Quai, die sog. *Banchina*, wurde 1880 vollendet. Der nördliche Hafendamm ist römischen Ursprungs. Am Anfang desselben steht noch, wenn auch seines Erzschmucks beraubt, der wohlerhaltene marmorne ***Ehrenbogen** (Pl. B 1), den laut Inschrift Senat und Volk von Rom 115 nach Chr. dem Kaiser Trajan zum Dank für den neuangelegten Hafendamm errichtete. Auch der von Papst Clemens XII. erbaute neue Hafendamm, die Fortsetzung des alten, hat einen Triumphbogen (Pl. B 1), nach *Vanvitelli's* Entwurf, ohne Inschrift, die Rückseite gegen die Stadt gekehrt. — In der S.-Ecke des Hafens das 1773 in eine fünfseitige Bastion eingebaute ehem. Lazarett, jetzt Zuckerraffinerie (Pl. B 5). Mehrere Forts verteidigen den Hafen.

Auf der den Hafen gegen NO. schützenden Höhe des Monte Guasco, mit weiter Aussicht über Stadt und Meer, liegt der ***Dom,** *S. Ciriaco* (Pl. C 1; 12-4$^{1}/_{2}$ Uhr geschlossen), dem ersten Bischof von Ancona gewidmet, auf der Stelle eines Venustempels, dessen Catull und Juvenal gedenken. Er enthält im Innern noch zehn Säulen des früheren Tempels. Die Kirche, ein Gemisch von byzantinischen und romanischen Bauformen, geweiht 1128, ausgebaut bis 1189, bildet ein griechisches Kreuz, nach jeder Richtung dreischiffig, über der Vierung eine zwölfeckige Kuppel, eine der ältesten in Italien. Die Fassade, vielleicht von *Margheritone d'Arezzo*, stammt aus dem XIII. Jahrhundert, mit einer Vorhalle von großer Schönheit, deren vorderste Säulen auf roten Löwen ruhen.

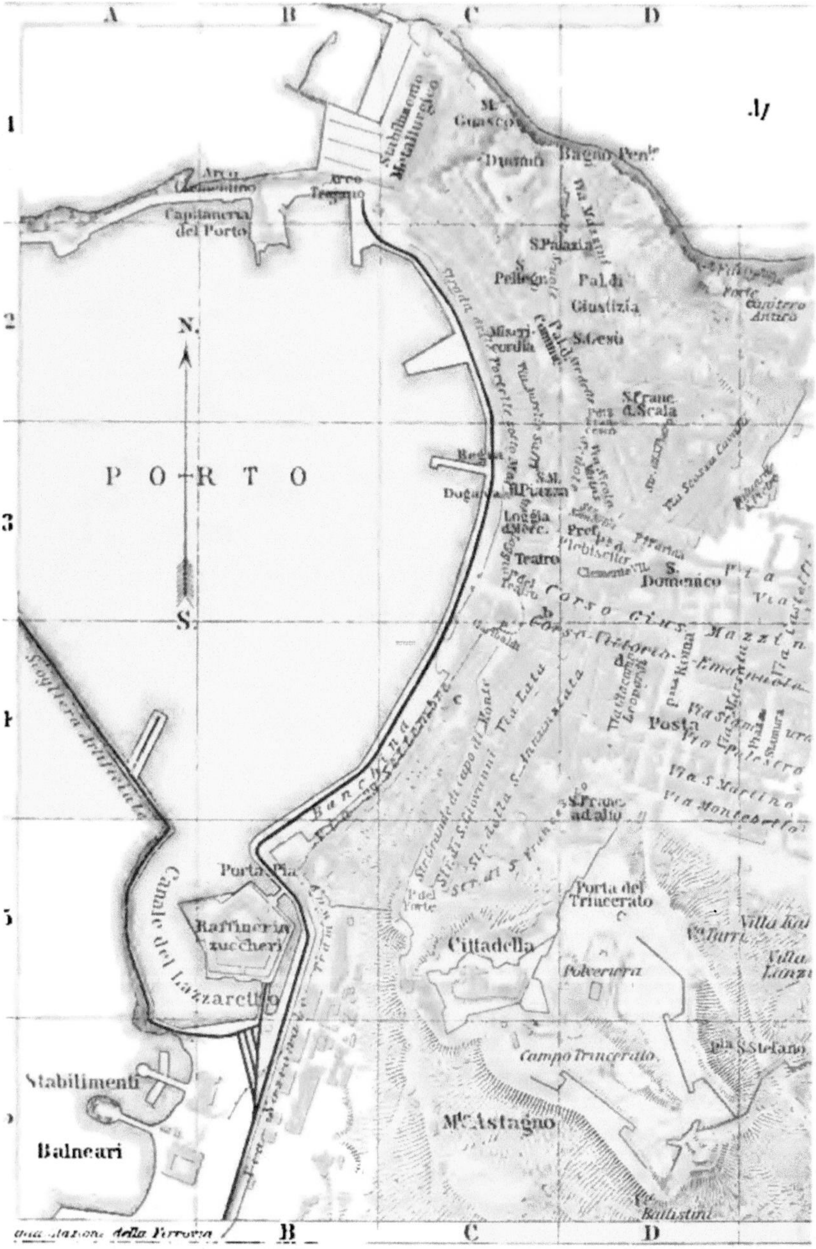
A
B
C
D
1
2
3
4
5
PORTO
N.
S.
Stabilimento Metallurgico
Capitaneria del Porto
Arco Traiano
S.Palazia
Pal. di Giustizia
Misericordia
S.Gesù
S.Franc. d.Scala
Dogana
Loggia d.Merc.
Pref.
Teatro
S. Domenico
Posta
S.Franc. ad alto
Porta Pia
Raffineria zuccheri
Canale del Lazzaretto
Porta del Trincerato
Cittadella
Polveriera
Campo Trincerato
M.te Astagno
Stabilimenti
Balneari
Villa Lanzi
P.za S.Stefano
Cimitero Antico
B
C
D

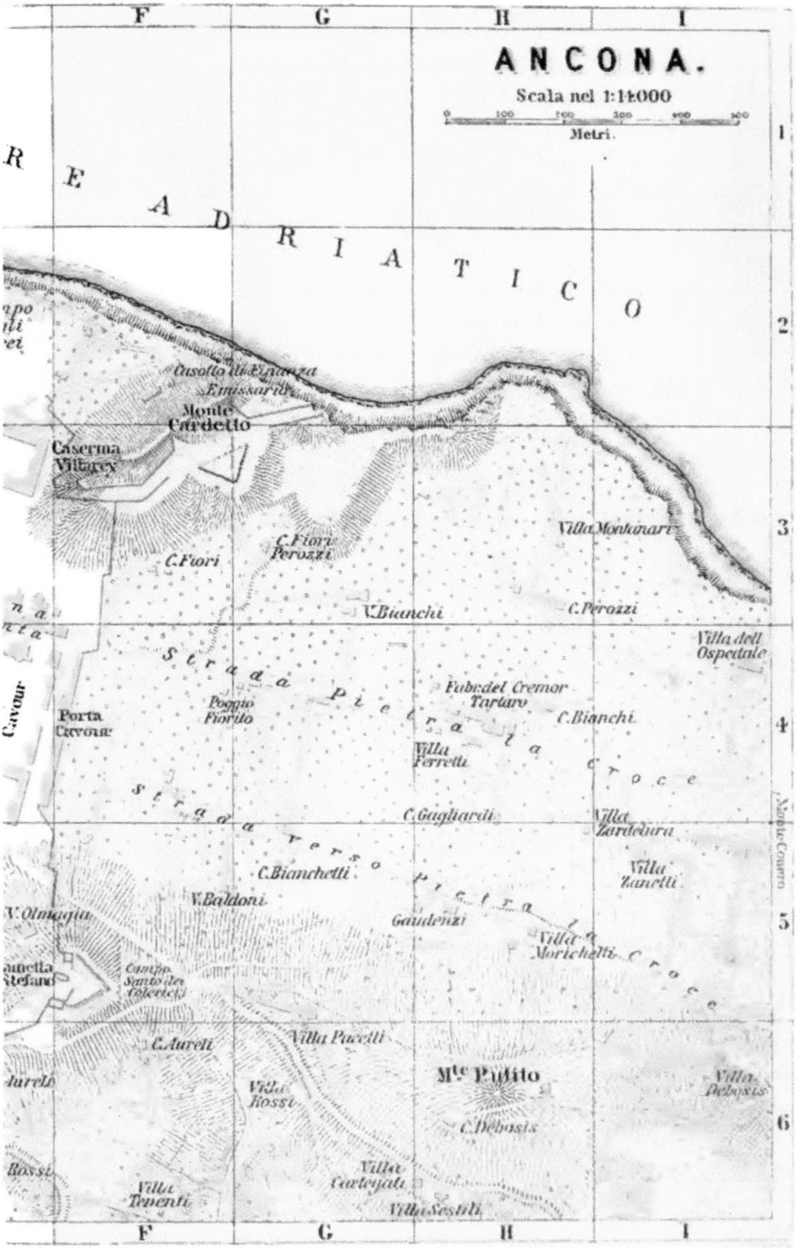
F
G
H
I
ANCONA.
Scala nel 1:14000
Metri.
1
2
3
4
5
6
R E A D R I A T I C O
Casotto di Finanza
Emissario
Monte Cardetto
Caserma Villarey
C. Fiori Perozzi
C. Fiori
Villa Montanari
V. Bianchi
C. Perozzi
Villa dell Ospedale
Strada Pietra la Croce
Fab. del Cremor Tartaro
Poggio Fiorito
Porta Cavour
Cavour
C. Bianchi
Villa Ferretti
Strada verso Pietra la Croce
C. Gagliardi
Villa Zardelura
Villa Zanetti
C. Bianchetti
V. Baldoni
Gaudenzi
Villa Morichelli
V. Olmagia
Campo Santo dei Colerici
Villa Pucetti
C. Aureli
Mte Pulito
Villa Rossi
Villa Debosis
C. Debosis
Rossi
Villa Carlegati
Villa Teventi
Villa Sestili
F
G
H
I

Im linken Seitenschiff vorn ein Grabmal von 1530, weiterhin das 1509 errichtete Grabmal des B. Girolamo Gianelli, von *Giov. Dalmata.* Im rechten Querschiff sind die halbbyzantinischen Kapitäle erhalten, die reliefgeschmückten Schranken am Choraufgang aus dem XII. Jahrhundert. — In der Krypta: r. Skulpturen des XIII. Jahrhunderts (Relief. Christus zwischen Ochs und Löwe, von *Philippus*); darunter Christuskopf und h. Georg; Grabmal des Franziskaners B. Gabriel Ferretti (1456); in der Ecke drei kleine Statuen des XII. Jahrhunderts; weiter schlechte Tonstatuen der H. Cyriacus, Marcellinus und Liberius; interessante Reliefs des XII. Jahrh., wahrscheinlich vom alten Chor des l. Querschiffs; altchristlicher *Sarkophag des Prätorianerpräfekten Fl(avius) Gorgonius* mit Reliefs: u. a. vorn Christus und zehn Apostel, zu Füßen Gorgonius und seine Frau, auf dem Deckel l. von der Inschrift Anbetung der Könige, r. Moses, Goliath, David, Taufe Christi, l. Schmalseite Moses, Opfer Abrahams, an der Schmalseite r. die h. drei Könige vor Herodes (IV. Jahrh.); weiterhin ein römischer Kopf; Statue des h. Primianus; Christus, Relief des XII. Jahrhunderts; Sarkophag der H. Cyriacus und Liberius. — In der Krypta des linken (restaurierten) Querschiffes die Gräber der H. Cyriacus, Marcellinus und Liberius im Barockstil. — Dem Sakristan für das Öffnen der Krypten 30-40 c.

In dem *bischöflichen Palast* neben dem Dom starb 1464 Papst Pius II. Piccolomini, vergebens bemüht, einen Kreuzzug gegen die Türken zustande zu bringen. Vor dem Palast prächtiger Blick nach dem Meer. — In einem Hause am Fuße des Berges unbedeutende Reste eines römischen *Amphitheaters.*

Der *Palazzo del Comune* (Pl. C 2), im XIII. Jahrh. von Margheritone d'Arezzo erbaut, wurde seit 1493 nach Francesco di Giorgio's Plänen erneuert, 1647 z. T. modernisiert. Zum ursprünglichen Bau gehören die Reliefs (Adam und Eva) an der Fassade und die unteren Teile der Rückseite. Im Innern auf der Treppe eine Statue des Gesetzgebers Marco de' Rossi (XIV. Jahrh.).

Vom Palazzo del Comune durch die Strada delle Scuole hinab: l. *S. Francesco* (Pl. D 2; jetzt Hospital), auf mächtigem Unterbau mit reichem gotischen Portal, von Giorgio da Sebenico (1455-59). — Die Straße führt (r.) weiter zur *Präfektur* (Pl. D 3; XV.-XVI. Jahrh.), deren schöner Hof von got. Hallen mit Renaissance-Kapitälen umgeben ist, mit einem prächtigen Renaissancebogen. — Durch den Hof gelangt man auf die Piazza del Plebiscito (Pl. D 3) mit steilen Aufgängen, zwischen denen eine Statue Clemens' XII., von Cornacchini, steht. — Auf der Höhe die Kirche *S. Domenico* (Pl. D 3): 3. Kap. r. Tizian, Madonna in Wolken mit den H. Franziskus und Nikolaus, verdorben, aber von großartiger Komposition (1520).

In dem Hofraum r. neben der Kirche ist r. der Eingang zum **Museum** *(Civica Pinacoteca Podesti e Museo archeologico delle Marche).* Direktor Prof. Dr. G. Pellegrini.

Im ERDGESCHOß das archäologische Museum (Eintritt 10-3, So. 10-1 Uhr). Im Vorraum: Schlußsteine von Haustüren und andere Reliefs des XIII. Jahrhunderts, besonders größere Gruppen, Kain und Abel u. a. vom alten Palazzo del Comune. — I. Saal: besonders römische Altertümer und Münzen. — II. Saal: antike Bronzen, Vasen; Medaillen; Skelett (liegender Hocker) eines Kriegers mit Bronzehelm u. a., gefunden 1892 bei Novilara südl. von Pesaro (VII.-VIII. Jahrh. v. Chr.).

Im OBERN STOCK die Gemäldegalerie, mit einigen guten Bildern der venezian. Schule (Eintritt So. Do. 10-1 Uhr frei, sonst 10-12 Uhr durch den Kustoden; Trkg. $^1/_2$ fr.). I. Saal: Bilder und Kartons von *Francesco Podesti*. — II. Saal: 1. *Carlo Crivelli*, kleine Madonna; 8. *Tizian*, Christus am Kreuz (verdorben); 9. *Pellegrino Tibaldi*, Taufe Christi; 11. *Guercino*, Kleopatra; 13. *Lor. Lotto*, Himmelfahrt Mariä (1550, durch Restauration verdorben); 27. *Ciccarelli*, Madonnenrelief; 30. *Guercino*, h. Pelagia; *37. *Lor. Lotto*, thronende Madonna mit vier Heiligen.

Von der Präfektur führt die Via Bonda abwärts zur *Loggia dei Mercanti* (Pl. C 3) oder Börse, einem spätgotischen Bau mit Fassade von Giorgio da Sebenico (1454-59); im Innern Gemälde von Pellegrino Tibaldi und Stuckarbeiten von Varlè. — Daneben l. der hübsche *Palazzo Benincasa*, aus dem XV. Jahrhundert. — Von da rechts zur Kirche *S. Maria della Piazza* (Pl. C 3), mit überreicher Fassade aus dem Jahre 1210 (Skulpturen vom Meister Philippus). Weiter r. *S. Maria della Misericordia* (Pl. C 2), mit Frührenaissance-Portal und einer Kanzel (Ambo) aus dem VII. Jahrhundert. — Zurück durch die Strada della Loggia zur Piazza del Teatro (Pl. C 3), dem Mittelpunkt des Verkehrs. Geradeaus *S. Agostino*, mit spätgotischem Portal, das Renaissancemotive zeigt, von Giorgio da Sebenico (begonnen 1460).

Vom Theaterplatz zieht sich der Corso Vittorio Emanuele (Pl. C D E 4) durch die seit 1860 angelegten Stadtteile in östl. Richtung aufwärts. Am Ende die weite Piazza Cavour (Pl. E 4), mit einem Marmorstandbilde Cavour's (1868). Im Corso Gius. Mazzini, an der Piazza Roma, eine hübsche langgestreckte Brunnenanlage aus dem XVI. Jahrhundert.

Ausflüge von Ancona.

Die Marken südl. von Ancona, das alte *Picenum*, bieten eine Fülle landschaftlicher Schönheiten, namentlich herrliche Aussichten. Der Apennin entsendet eine Reihe paralleler Ausläufer nach dem Meer, dessen geringe Entfernung die Bildung bedeutender Täler nicht gestattet. Die Städte und Ortschaften liegen durchweg auf Höhen, weithin sichtbar. Nach W. wird der Blick durch den meist schneebedeckten *Zentralapennin* begrenzt, der hier in mehreren Stöcken von den *Monti Sibillini* (S. 87) bis zum *Gran Sasso d'Italia* (2914m) seine höchste Erhebung findet.

3 St. s.ö. von Ancona erhebt sich am Meere der **Monte Cónero**, im Volksmund *Monte di Ancona* (572m), das *Promunturium Cunerum* der Alten, mit einem Kamaldulenserkloster, von wo prächtige Rundsicht. Er ist eine dem Apennin vorgelagerte, von ihm unabhängige Kalkscholle, die geologisch vielleicht, wie der Monte Gargano, einen Rest der im Adriatischen Meere versunkenen dalmatinischen Kalktafel darstellt. Fußgänger folgen der leidlichen, auf der Höhe längs der Küste hinführenden Straße (s. Pl. I 4), nach 5km geradeaus der aussichtreichen alten Straße folgend, bis vor ($2^1/_2$ St.) *Sirolo*, einen kleinen Ort von 2676 Einwohnern; von hier noch $^3/_4$ St. links bergan. Man kann auch die Eisenbahn bis zur Station Osimo (S. 129) und von da die Post nach Sirolo (10km in $1^3/_4$ St. für 50 c.) benutzen, oder auch von Ancona bis zum Fuße des Berges fahren (Wagen s. S. 125).

Die **Bahn Ancona-Foggia** (bis Loreto, 24km, Schnellzug in 31 Min. für 3 fr. 10, 2 fr. 15, Personenzug in 50 Min. für 2 fr. 80, 1 fr. 95, 1 fr. 30 c.; bis Porto Civitanova, 43km, in 1-1 1/2 St.) durchschneidet mittels zweier Tunnel die Ancona umgebenden Höhen. — 6km *Varano*. L. der schöngeformte Monte Conero (S. 128).

16km **Osimo**. Die kleine Landstadt (265m; Alb. Nuova Fenice, Z. von 1 fr. an), mit 6404 Einw., das alte *Auximum*, seit 157 vor Chr. römische Kolonie, liegt 1 St. w. auf einem Hügel (Omn. 75 c.). Die *Stadtmauer*, aus dem II. Jahrh. vor Chr., ist auf der Nordseite erhalten; ein Gang um die Stadt lohnend, auch der Aussicht wegen. An der Piazza der *Palazzo Pubblico*, mit antiken Togastatuen und Inschriftbasen, im XV. Jahrh. auf der Stelle des antiken Forums gefunden, aber 1487 durch die Mailänder verstümmelt; außerdem eine Madonna mit drei Engeln von Lor. Lotto und ein Altarbild von Bart. Vivarini. Am *Dom* Portalskulpturen des XIII. Jahrh., im Innern ein schöner bronzener Taufbrunnen aus dem XVI. Jahrhundert.

Bei der Weiterfahrt zeigt sich r. *Castelfidardo*, wo die päpstlichen Truppen unter Lamoricière durch die Italiener unter Cialdini am 18. Sept. 1860 eine gänzliche Niederlage erlitten.

24km **Loreto**. — GASTHÖFE (vgl. S. XV): Pace, unweit der Kirche, mit elektr. Licht, Z. 1 1/2 fr.; Pellegrino, an der Piazza, Z. 1 1/2 fr.; Pens. Tommaso Ferri, an der Piazza, L unter den Arkaden Nr. 77-78. — *Trattoria di Franc. Betti*, Via della Piazzetta 180. — OMNIBUS und EINSP. in die Stadt der Platz 60, abwärts 40 c. (Fußgänger biegen von der Hauptstraße r. ab, wo diese von einer direkt auf den Ostchor der Kirche zuführenden Straße überbrückt wird); Einsp. nach Recanati (S. 131; 7km s.w.) 3-4 fr. (akkordieren!). — Viel Bettler und zudringliche „Führer“ zu den Sehenswürdigkeiten (entbehrlich).

Loreto (127m), 1/2 St. von der Bahn auf einem Hügel gelegen, mit trefflichen Aussichten auf Meer, Apenninen und die Mark Ancona, berühmter Wallfahrtsort, der aber namentlich seit dem Aufblühen von Lourdes viel von seiner alten Bedeutung verloren hat, zählt 1178 Einwohner und besteht wesentlich aus einer langen Straße von Läden mit Ansichtskarten, Rosenkränzen u. a. Erinnerungen. Am 7./8. September (Mariä Geburt) großes Kirchen- und Volksfest.

Nach der Legende genoß das Haus der h. Jungfrau zu Nazareth in Palästina seit der Pilgerreise der Kaiserin Helena, Mutter Konstantins des Großen, im J. 336, stets besondere Verehrung. Infolge der Einfälle der Sarazenen in das heilige Land verfiel jedoch die von der Kaiserin über dem Hause Marias erbaute Basilika mehr und mehr. Da wurde nach dem Verluste von Ptolemais (Akka) im J. 1291 von Engelhand die *Casa Santa* erst nach Tersatto bei Fiume, dann 1295 nach einem „Lorbeerwald“ *(Lauretum)* getragen, wo sie noch jetzt steht. Die um das heilige Haus für die immer zahlreicher herbeiziehenden Pilger gebauten Häuser erhielten 1586 durch Papst Sixtus V. Stadtmauern und Stadtrechte.

Unter den Pilgern war auch Torquato Tasso:

„Ecco fra le tempeste, e i fieri venti
Di questo grande e spazioso mare,
O santa Stella, il tuo splendor m'ha scorto,
Ch'illustra e scalda pur l'umane menti.“

Die *CHIESA DELLA CASA SANTA, eine große dreischiffige Hallenkirche gotischen Stils, mit dreischiffigem Querhause, wurde an Stelle eines älteren Baues 1468 unter Paul II. begonnen, 1479-86 von dem Florentiner *Giuliano da Maiano* fortgeführt, die hohe auf acht Pfeilern ruhende Kuppel über der Vierung 1500 von *Giuliano da Sangallo* vollendet, das Innere seit 1526 von *Ant. da Sangallo d. J.* z. T. umgebaut. Der aus Backstein errichtete, festungsähnliche Außenbau erhielt seine stattliche Fassade aus Travertinquadern erst 1583-87 unter Sixtus V., dessen sitzende Bronzestatue. von *Tib. Vergelli* und *A. Calcagni* (c. 1589), die Freitreppe schmückt: über der Haupttür eine Bronzestatue der Madonna, von *Girol. Lombardo* (1580). von dessen Söhnen und Schülern die drei schönen Bronzetüren unter Papst Paul V. 1605-21 gearbeitet sind. L. der Glockenturm von reichem Stil, nach *Vanvitelli's* Entwurf; die 220 Zentner schwere Hauptglocke stiftete Leo X. 1516.

Im Innern, links vom Eingang, ein schöner *Taufbrunnen*, Erzguß von *Tiburzio Vergelli*, mit Reliefs und den Gestalten der vier göttlichen Tugenden, Glaube, Hoffnung, Liebe, Standhaftigkeit (1607). An den Altären und in den Kapellen der Schiffe Mosaiknachbildungen des h. Franziskus von *Domenichino*, des Erzengels Michael von *Guido Reni*, u. a.

An das rechte Querschiff, dessen Mittelkapelle mit modernen Fresken geschmückt ist, grenzen r. und l. die beiden SAKRISTEIEN, mit berühmten *Wandgemälden: r. von *Melozzo da Forlì* (S. 111) der Einzug Christi in Jerusalem, an der Decke eine reiche Scheinarchitektur mit Propheten und Engeln (1478); l. in der Sagrestia della Cura stark restaurierte Fresken des *Luca Signorelli* (S. 53) und seines Gehilfen *Bart. della Gatta*, Apostel. Christus mit dem ungläubigen Thomas, Bekehrung des h. Paulus, in der Kuppel Evangelisten, Kirchenväter und Engel (c. 1480); Marmorbrunnen und Intarsiatür von *Ben. da Maiano*, Intarsiatäfelung von *Dom. da Assisi*.

Die Chornische ist seit 1893 nach dem Entwurfe von *Ludw. Seitz* reich ausgemalt. — In der Kuppel schöne Fresken von *Ces. Maccari*.

Inmitten der Kirche erhebt sich unter der Kuppel die **Casa Santa**, das heilige Haus, ein einfacher Ziegelbau, $4{,}_2$m hoch, $8{,}_5$m lang, $3{,}_9$m breit, eingefaßt von einer hohen **Marmorbrüstung*, nach *Bramante's* Entwurf (1510) von *Andrea Sansovino* (1513-29), *Girol. Lombardo*, *Bandinelli*, *Tribolo*, *Raffaello da Montelupo*, *Gugl. della Porta* u. a. ausgeführt und mit zahlreichen Statuen und Hochreliefs geschmückt, die Bronzetüren, die Hängelampe und die beiden Leuchter von *Girol. Lombardo*. Die Statuen stellen Propheten und Sibyllen, sowie an der Südseite David und Goliath dar. Unter den Reliefs hervorzuheben: Westseite: Verkündigung, von *Sansovino*; Südseite: Geburt Christi von *Sansovino*, daneben Anbetung der Könige von *Raffaello da Montelupo* und *Girol. Lombardo*; Ostseite: Ankunft der Casa Santa zu Loreto, von *Niccolò Tribolo*; oben Tod der h. Jungfrau von *Domenico Aimo* aus Bologna; Nordseite: Geburt der h. Jungfrau, von *Sansovino* angefangen, von *Baccio Bandinelli* und *Raffaello da Montelupo* fortgesetzt; Vermählung der h. Jungfrau, von denselben Meistern.

Im Innern des h. Hauses sieht man in einer Blende die etwa 1m hohe, schwarze Bildsäule der h. Jungfrau mit dem Kinde, aus Zedernholz, die für ein Werk des h. Lukas gilt. Sie schimmert von Juwelen, deren Glanz durch die immer brennenden silbernen Lampen erhöht wird. Im J. 1798 ward sie von den Franzosen nach Paris entführt.

Im linken Querschiff ist der Eingang zur SCHATZKAPELLE (*Tesoro*): Zutritt 9-11$^1/_2$ und 2$^1/_2$-3$^1/_2$ (im Sommer 4$^1/_2$-5$^1/_2$) Uhr, kein Trinkgeld; sonst nur gegen Permeß. In den Wandschränken Kostbarkeiten und Weihgaben, das meiste aus dem XIX. Jahrhundert, viel Geschenke von Monarchen und Großen. Die Deckenmalerei ist von *Pomarancio*.

Vor der Kirche ein schöner *Brunnen*, von den Brüdern Jacometti aus Recanati (1625), das *Jesuitenkollegium* und der

Palazzo Apostolico oder Regio, 1510 nach *Bramante's* Entwurf begonnen, von *Andrea Sansovino* und *Ant. da Sangallo d. J.* fortgeführt, aber unvollendet, mit einer Kunstsammlung (Trkg. $^1/_2$-1 fr.).

Gemälde: Lor. Lotto, Anbetung des Kindes, h. Christoph mit den H. Rochus und Sebastian, Christus und die Ehebrecherin, u. a.; Vouet, h. Abendmahl; Schidone, h. Klara; Guercino, Kreuzabnahme; Annib. Caracci, Geburt Christi. — *Teppiche nach Raffael* (s. S. 371): Paulus in Lystra, Heilung des Lahmen, „Weide meine Schafe", Blendung des Zauberers, h. Familie, Petri Fischzug, Pauli Predigt. — *Majoliken*, großenteils aus Urbino.

28km *Porto Recanati*, Städtchen von 4268 Einw., zugleich Station für die 11km w. (Omn. in $1^1/_2$ St., Wagen von Loreto, s. S. 129) hochgelegene Stadt

Recanati (293m; *Alb. Pace*), die 15297 Einw. zählt und im Mittelalter fest und bedeutend war. Das stattliche *Municipio* enthält zwei gute Bilder von Lor. Lotto (thronende Madonna von 1508, Transfiguration von 1512), einen 1229 von Kaiser Friedrich II. der Stadt verliehenen Freibrief, sowie eine Bronzebüste Leopardi's (s. unten) von G. Monteverde (1898). In der Kathedrale *S. Flaviano*, mit gotischer Vorhalle, das Denkmal Gregors XII. von 1417. In der kleinen Kirche *S. Maria sopra Mercanti* eine Verkündigung von Lor. Lotto. *S. Domenico*, mit Freske von Lor. Lotto (der h. Vinzenz Ferrer in Verklärung), und *S. Agostino* haben Renaissanceportale von 1481 und 1484, der Palast des Kardinals *Venier* eine Hofloggia von Giuliano da Maiano (1477-79). Im Palast der *Leopardi* die Sammlungen des gelehrten Dichters Grafen *Giacomo Leopardi* (1798-1837), an den ein Marmorstandbild vor dem Municipio erinnert. Wegen der reizenden Aussichten auf Apenninen und Meer ist ein Spaziergang um die Stadt zu empfehlen.

Von Recanati Post s.w. in $2^1/_2$ (zurück 3) St. für 1 fr., an den Trümmern von *Helvia Ricina* am l. Ufer der Potenza (Reste eines Amphitheaters und einer Brücke, s. S. 132) vorbei nach *Macerata* (s. unten).

Die Bahn überschreitet die *Potenza*. — 37km *Potenza Picena*, mit 4818 Einwohnern, benannt nach einer römischen Kolonie in der Nähe, deren Ruinen verschwunden sind.

43km *Porto Civitanova*, am Ausfluß des *Chienti*. Die Stadt Civitanova (155m; 3869 Einw.) liegt 5km landeinwärts. — Weiter nach Pescara, Foggia usw. s. *Baedeker's Unteritalien*.

Von Porto Civitanova nach Albacina und Fabriano, 96km, Eisenbahn in $3^1/_2$-$5^1/_4$ St. für 11 fr. 15, 7 fr. 80, 5 fr. 05 c. — Die Linie führt anfangs in dem fruchtbaren Tal des Chienti aufwärts. — 8km *Montecosaro*; 13km *Morrovalle-Monte S. Giusto*; 22km *Pausula*; die Stadt, mit 2300 Einw., 6km s. auf der Höhe (255m).

28km **Macerata** (311m; Gasth.: *Centrale*, Piazza Ricci, Z. 2 fr., sauber; *Europa* oder *Nuovo Centrale*, Piazza Vittorio Emanuele II, Z. $1^1/_4$-2 fr.; *Trattoria del Fanfulla*, Piazza Ricci, gelobt), mit 6176 Einw. und einer juristischen Fakultät (370 Studenten), Hauptstadt einer Provinz, liegt stattlich auf den Höhen zwischen Chienti und Potenza. Mit

Recanati entstand Macerata nach der Zerstörung des antiken Helvia Ricina (S. 131). Vom Bahnhof (258m) geht man l. den Viale Umberto I und die aussichtreiche Via delle Mura bis zu dem (10 Min.) großen *Convitto Nazionale*, dann r. durch Via del Convitto in die Stadt und erreicht nach kurzem Steigen die Kirche *S. Giovanni*, mit einer Himmelfahrt Mariä von Lanfranco. Daneben die *Biblioteca Comunale* mit der PINACOTECA (geöffnet wochentags 9-2 Uhr); sie enthält u. a.: 35. Gentile da Fabriano (?), die H. Julianus und Antonius von Padua; 36. Carlo Crivelli, Madonna (1470); 39. Allegretto Nuzi da Fabriano, Madonna mit den H. Julianus und Antonius (1369); 55. Lanfranco, Büßer; Altertümer und Münzen. Geradeaus an der *Post* vorbei zur Piazza Vittorio Emanuele II; l. der *Pal. Municipale* (im Hof antike Togastatuen und Inschriften) und die *Präfektur*, ein Renaissancepalast der Gonzaga mit gotischen Resten. Geradeaus hinab zum *Dom*, r. an der kleinen Kirche *S. Maria del Porto*, mit spätromanischer Ziegelfassade, vorbei zu der von Pius II. erbauten *Porta Mercato;* unweit ö. ein großes, 1829 erbautes Ballspielhaus *(Sferisterio).* Von der Porta Mercato führt die Via Cairoli s. zum Bahnhof zurück. — $^1/_4$ St. ö. vom Bahnhof die Kirche *S. Maria delle Vergini* von Galasso da Carpi (1573).

35km *Urbisaglia* (140m), Stat. für den 9km (zu Fuß $1^1/_2$ St., auch Diligenza) s.w. gelegenen Ort. Die Straße überschreitet den Chienti, dann die *Fiastra* und führt gleich darauf an der Villa des *Fürsten Bandini* vorbei, einem ehem. Kloster mit sehenswerter romanischer Kirche und schönem Garten. Weiter werden die Monti Sibillini (S. 87) sichtbar. Das hochgelegene **Urbisaglia** (*Alb. Brachetti*, Z. $1\text{-}1^1/_2$ fr.), w. der Straße, nimmt die Arx des römischen *Urbs Salvia* ein, das den ganzen Abhang bis zur Fiastra bedeckte und von Alarich zerstört wurde. Spuren antiker Bauten sind allenthalben zu erkennen, vor allem die Trümmer eines Theaters und eines Amphitheaters. Auch die antike Stadtmauer, die das ganze Gebiet umzog, läßt sich verfolgen; an der NW.-Seite der heutigen Stadt sind ihre Reste in die mittelalterlichen Befestigungen eingebaut. — 39km *Pollenza.*

46km **Tolentino** (224m; *Alb. Corona*, bei S. Catervo, Z. 1 fr. 20, mäßig), mit 5111 Einw., das alte *Tolentinum Picenum*, im Mittelalter stark befestigt, liegt in anmutiger Umgebung am Chienti. Vom Bahnhof gelangt man r. in 10 Min. zur Stadt. Gleich im Anfang l. die Kathedrale *S. Catervo;* in der Kap. l. vom Hochaltar der altchristliche Sarkophag des h. Catervus; Fresken des XV. Jahrh., aus der Schule Pinturicchio's. Wenige Minuten weiter das *Museo Civico*, in einem verbauten Renaissance-Kreuzgang n.ö. von S. Niccolò; darin u. a. eine Togastatue sowie (Schlüssel beim Pförtner des Palazzo Gentiloni schräg gegenüber) die Ausbeute der Ausgrabungen des Grafen Silveri-Gentiloni in der die Stadt umgebenden picenischen Nekropole des VIII.-IV. Jahrh. vor Chr. Nebenan die Kirche *S. Niccolò*, mit einem spätgotischen Portal von dem Florentiner Giovanni Rosso (1435), welches der Condottiere Niccolò Mauruzzi seiner Vaterstadt Tolentino schenkte; in der Kap. ö. vom Hauptaltar die Gebeine des h. Nikolaus von Tolentino († 1309) und zwei Bilder aus der spätvenezianischen Schule des XVI. Jahrh. (Brand der Markuskirche in Venedig, Pest in Sizilien); im anstoßenden Raum Renaissancegrab und Holzstatue des h. Nikolaus, sowie Fresken von Lorenzo und Jacopo da Sanseverino (? Giottino), Szenen aus dem Leben des H., Christi und Mariä darstellend. Daneben der Kreuzgang aus dem XIII. Jahrhundert. An der nahen Piazza liegt *S. Francesco* (XIII. Jahrh.); in der Kap. r. Madonna und S. Amicone di Rambone im Begriff Brüche zu heilen (1470). Lohnend ist ein Spaziergang außerhalb der Stadtmauern. — In der Kirche zu *Belforte sul Chienti*, 8km s.w., ein großes Altarwerk von Giov. Boccati aus Camerino (1468).

Die Bahn verläßt den Chienti und geht in das Tal der Potenza über. — 56km **S. Severino Marche** (238m; *Alb. Tacchi*, Z. 1 fr.), Stadt von 3227 Einw., entstanden nach der Zerstörung des antiken *Septempeda.* In der Unterstadt (Borgo) der *neue Dom:* in der Sakristei eine schöne

Madonna mit Stifter von Pinturicchio (1489). Die Kirche *S. Lorenzo* steht auf dem Grunde eines alten Tempels. Im *Stadthaus* einige Gemälde (Niccolò da Foligno, Altarbild von 1468 u. a.), Inschriften und Altertümer (Trkg. 25 c.). In der Oberstadt (Castello, 344m) der *alte Dom* (S. Severino), mit Fresken von Dietisalvi d'Angeluzzo. — 66km *Gagliole.*

68km *Castelraimondo* (Alb. della Stazione, Z. von 1 fr. an), von wo eine elektr. Zweigbahn s. nach Camerino führt: 11km in 50 Min. für 1 fr. 15 und 65 c. — **Camerino** (655m; *Alb. del Leone,* Z. 1 fr.), mit 5218 Einw., seit 252 Sitz eines Bistums, jetzt Erzbistums, und einer 1727 gegründeten Universität (356 Studenten), ist das alte *Camerinum,* die Hauptstadt der umbrischen Camerter, die sich während der Samniterkriege mit Rom gegen die Etrusker verbündeten. Die Kathedrale *S. Sovino* steht auf der Stelle eines Jupitertempels; davor eine Bronzestatue Sixtus' V. von 1587. In der chem. 1509 vollendeten Annunziata-Kirche befindet sich ein kleines *Museo Civico,* mit Altertümern und einigen Bildern. In Camerino wurde 1625 der Maler *Carlo Maratta* geboren († 1713 zu Rom).

75km **Matelica** (356m; *Alb. Aquila d'Oro*), Stadt von 2713 Einw., mit Bildern von Palmezzano (1501) und Eusebio di S. Giorgio (1512) in *S. Franc. dei Zoccolanti* und Gemälden im *Palazzo Piersanti.*

83km *Cerreto d'Esi.* — 87km *Albacina* (s. unten; in der Richtung nach Jesi und Ancona umsteigen!). — 96km *Fabriano* s. unten.

15. Von Ancona nach Foligno *(Orte, Rom).*

129km. Schnellzug in $3^3/_4$ St., für 16 fr. 50, 11 fr. 55, 7 fr. 50 c., Personenzug in $5^1/_4$ St. für 15 fr., 10 fr. 50, 6 fr. 75 c. — Bis Rom, 295km, Schnellzug in 8, Personenzug in $11^1/_4$ St. für 33 fr. 05, 23 fr., 14 fr. 85 c. Links sitzen.

Von Ancona zurück bis (9km) *Falconara Marittima,* s. S. 125. — Die Linie biegt s.w. in das Tal des *Esino* (lat. *Aesis*) ein, den sie bald darauf bei (17km) *Chiaravalle* überschreitet.

28km **Jesi** (71m; *Alb. S. Antonio,* Corso Vittorio Emanuele, Z. $1^1/_2$ fr., ganz gut), Stadt mit 23285 Einw., das alte *Aesis.* Die malerische mittelalterliche Stadtmauer ist gut erhalten. Die *Kathedrale* ist dem h. Septimius geweiht, der 308 hier der erste Bischof war. An dem stattlichen *Pal. Pubblico* (1487-1503) der Wappenlöwe der Stadt in reicher Renaissance-Umrahmung; im Innern einige Bilder von Lorenzo Lotto; ebenso in der Bibliothek. Jesi ist Geburtsort Kaiser Friedrichs II. von Hohenstaufen (1194-1250) und des Komponisten Giov. Batt. Pergolese (geb. 1710, † 1736 in Pozzuoli).

Das Tal verengt sich. Die Bahn überschreitet zweimal den Fluß. 42km *Castelplanio.* 5km ö. das Dorf *Maiolati* (409m), Geburtsort des Komponisten Gasparo Spontini (1774-1851). — Hinter (49km) *Serra S. Quirico* durch einen 1400m l. Tunnel (Galleria della Rossa). — 63km *Albacina,* Knotenpunkt für die Bahn nach Porto Civitanova (S. 131).

71km **Fabriano** (325m; *Alb. Campana,* Piazza Garibaldi, Z. $1^1/_2$-$1^3/_4$ fr.), Stadt von 9586 Einw. und Bischofsitz, mit seit dem XIV. Jahrh. berühmten Papierfabriken, in der Nähe der antiken Städte *Tuficum* und *Attidium,* in einer Mulde zwischen der Vor- und Hauptkette des Gebirges gelegen. Im *Stadthaus* antike Inschriften und eine kleine Gemäldesammlung. In *S. Niccolò*, *S. Benedetto* *S. Lucia*, sowie in mehreren Privathäusern (*Morichi*, *Fornari*, Bilder der Malerschule von Fabriano (s. S. 64).

9km n. von Fabriano liegt das zur Gemeinde *Genga* gehörige Dorf *Rosenga*, unterhalb dessen ein Karrenweg ö. im Tal des *Sentino* abwärts in ½ St. zu der 105m langen *Tropfsteinhöhle Frasassi* führt; am Eingang eine von Leo XII. errichtete Kapelle.

Von Fabriano nach *Urbino* s. unten, nach *Porto Civitanova* S. 133/131

Die Bahn läuft an dem Bache *Giano* hin, führt durch einen 1950m l. Tunnel unter der Zentralkette des Apennin hindurch nach

87km **Fossato di Vico**, Knotenpunkt für die S. 62-57 beschriebene Eisenbahn Arezzo-Fossato, und tritt in die Talebene des *Chiaggio*. Links auf der Anhöhe *Palazzolo*, r. *San Pellegrino* dann weiter l. *Palazzo* und *San Facondino*.

93km **Gualdo Tadino** (161m); das Städtchen (Alb. Ancona) mit 4440 Einw., 1½km ö. vom Bahnhof (535m; Wagen 40 c.). In der Nähe die unscheinbaren Ruinen des alten *Tadinae;* hier schlug und tötete im Jahr 552 Narses den Ostgotenkönig Totila. Im *Palazzo Communale* Gemälde besonders Gualdeser Künstler, sowie eine Pietà von Niccolò da Foligno (1471). Am *Dom* eine schöne Fensterrose.

Weiter senkt sich die Bahn bis (110km) **Nocera Umbra** (396m); das Städtchen, Bischofsitz mit 5685 Einw., an der Stelle der alten Umbrerstadt *Nuceria*, liegt 4km n.ö. (Stellwagen vorhanden). In der *Kathedrale* und in der *Madernina* leidliche Bilder. In *S. Francesco* treffliche Fresken von 1434 an der Orgelwand. Im *Orfanotrófio (Vescovado antico)* die Bildnisse der Bischöfe von Nocera, vom 1. Jahrh. (!) an, gemalt 1659.

4km s.ö., bei zwei seit 1510 bekannten warmen Mineralquellen, ein im Sommer besuchtes *Badhotel* (100 Z., P. 6½-9 fr., geöffnet Juni-Sept. Omnibus am Bahnhof), am Westabhang des *Monte Pennino* (1570m) in einer Höhe von 581m hübsch gelegen.

Es folgt das enge *Val Topina*. Mehrmals über den Fluß, dann durch einen Tunnel und über *Ponte Centesimo* hinab nach

129km *Foligno*, und von hier nach *Rom* s. S. 80-91 u. 100-103

16. Von Fabriano nach Urbino.

80km. Eisenbahn in 3½ St. für 9 fr. 30, 6 fr. 50, 4 fr. 20 c. Täglich zwei Züge; kein Schnellzug.

Fabriano s. S. 133. — 4km *Melano-Marischio* (350m). — 13km *S. Donato Marche* (335m). — 17km *Sassoferrato-Arcevia* (311m) **Sassoferrato** (386m: *Alb. Gius. Fata*, Z. 1 fr.), am *Sentino*, mit 3142 Einw., anziehenden Kirchen und Gemälden, besteht aus Ober und Unterstadt und ist die Heimat des Malers *Giambattista Salvi* genannt *Sassoferrato* (geb. 1605, † 1685 in Rom); von ihm eine Madonna in der Kirche *S. Pietro* in der Oberstadt.

In der Nähe die Ruinen des alten *Sentinum;* hier fand 295 vor Chr. die große Schlacht zwischen den Römern und den verbündeten Sam

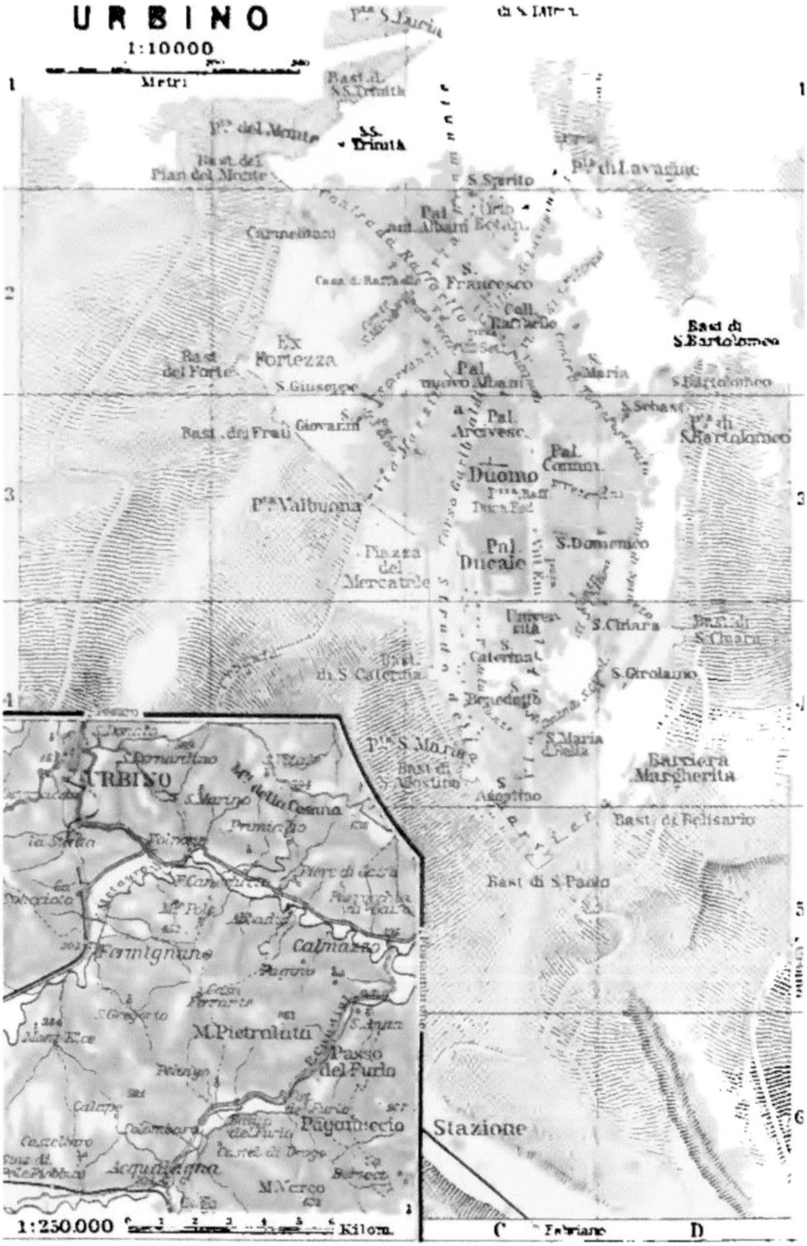
URBINO
1:10000
Metri
S. Spirito
Pal. ant. Albani
Carmelitani
S. Francesco
Coll. Raffaello
Bast. di S. Bartolomeo
Ex Fortezza
Bast. del Forte
S. Giuseppe
Pal. nuovo Albani
S. Maria
S. Giovanni
Bast. dei Frati
Pal. Arcivesc.
Pal. Comun.
Duomo
Pta Valbuona
Pal. Ducale
S. Domenico
Piazza del Mercatale
S. Chiara
Bast. di S. Caterina
S. Caterina
S. Girolamo
S. Benedetto
S. Maria
Barriera Margherita
Bast. di Belisario
Bast. di S. Paolo
Stazione
URBINO
Monte della Cesana
Fermignano
Calmazzo
M. Pietralata
Passo del Furlo
Acqualagna
M. Nerone
1:250.000
Kilom.
C
D

nitern, Galliern, Umbrern, Etruskern statt, welche die römische Herrschaft über ganz Italien begründete. — 13km n.ö. von Sassoferrato (Post in 2, zurück in 1½ St.), an der Straße nach Senigallia (S. 125), liegt die kleine Stadt **Arcevia** (535m), mit 2150 Einwohnern. In der Kirche *S. Medardo* ein großes, vielteiliges Altarbild von Luca Signorelli (1507), 1890 restauriert, eine schöne Taufe Christi und eine Madonna mit H. (1520) von demselben, sowie ein Terrakottaaltar von Giov. della Robbia (1513).

21km *Monterosso Marche* (385m). — 28km *Bellisio Solfare*, mit Schwefelbergwerken. — 32km *Pergola* (291m). — 37km *Canneto Marche* (336m). — 42km *Frontone* (410m); der Ort r. oben.

Von Frontone erreicht man auf einem Karrenweg s.ö. über (6km) *Serra S. Abbondio*, dann s.w. in der waldigen Schlucht der *Cesana* aufwärts, das (12km) Kamaldulenserkloster *Avellana*, wo nach der Tradition Dante nach Heinrichs VII. Tode eine Zuflucht fand. Man kann hier übernachten und mit Führer (2-3 fr.) in 6 St. hin und zurück den **Monte Catria** (1702m) besteigen: auf dem Gipfel ein 18m h. Kreuz und umfassende *Rundsicht n.ö. bis zum Meer bei Fano, n. bis San Marino, w. bis zum Trasimener See, s. bis zu den Monti Sibillini (S. 87).

47km *Acquaviva Marche* (354m). — 52km **Cagli** (253m; *Alb. Roma*, in der Hauptstraße), Städtchen von 4628 Einw., das alte *Cales* oder *Calle*. In *S. Domenico* eine Freske von Giov. Santi (S. 136), Madonna mit Heiligen, eins seiner Hauptwerke (1481); außerdem eine Beweinung Christi mit den H. Hieronymus und Bonaventura von demselben. Auch in *S. Francesco* und *S. Angelo Minore* einige Bilder. Beachtenswert ist der *Torrione della Rocca* (xv. Jahrh.), ein stattlicher runder Wehrturm. Am Fuß des Hügels führte die Via Flaminia auf einer antiken Brücke aus gewaltigen Felsstücken, dem sog. *Ponte Manlio*, über einen seitlich einmündenden Bach. Von Cagli nach Scheggia s. S. 124/125.

Weiter im Tal des *Burano* abwärts, dem bis (57km) *Acqualagna* (204m), wo der Candigliano einmündet, auch die Straße über den Furlopaß (S. 124) folgt. — 61km *Pole-Piobbico* (242m).

68km *Urbania* (238m); der Ort, früher *Castel Durante* genannt und berühmt durch seine Majolikafabriken, liegt 6km n.w. (Post in 1 St.). In der Nähe das ehem. Kloster *Montefiorentino*, mit zwei nach 1484 errichteten Marmorgrabmälern von Francesco di Simone und einer Madonna von Giov. Santi (1484).

Weiter im Tal des Metaurus bis (74km) *Fermignano* (203m). — 80km Stat. *Urbino* (305m).

Urbino. — Ankunft. Eine aussichtreiche Straße führt vom Bahnhof hinauf zur (2km) Stadt: Omn. 60, Gepäck 15 c.; Einsp. 1 fr. 25, Zweisp. 2 fr. — Gasth.: Alb. d'Italia (Pl. a: C 3), Corso Garibaldi, Z. 2 fr.

Urbino (451m), das alte *Urvinum Metaurense*, der Geburtsort *Raffaels* (geb. 1483, gest. in Rom 1520), liegt auf steil abfallender Bergkuppe, rings von kahlen Höhen umgeben. Die Stadt zählt 6889 Einwohner und ist Sitz einer Universität (267 Studenten) und eines Erzbischofs. Wegen der Denkmäler und Erinnerungen aus ihrer Blütezeit verdient sie einen Besuch, der auch in landschaftlicher Beziehung lohnt.

Seit dem XIII. Jahrh. im Besitz der *Montefeltro*, gelangte Urbino im XV. Jahrh. durch den baulustigen *Federigo di Montefeltro* (1444-82) und dessen Sohn *Guidobaldo* (1482-1508) zu einem Glanze, welcher die benachbarten Höfe der Malatesta zu Rimini und der Sforza zu Pesaro weit überstrahlte. Federigo Montefeltro, der sich als Condottiere ausgezeichnet hatte, verheiratete 1474 seine Tochter mit einem Neffen Papst Sixtus' IV., Giov. della Rovere, und ward infolgedessen zum Herzog ernannt. Sein Hof galt für den vollkommensten der damaligen Zeit. Zahlreiche Gelehrte und Künstler weilten hier; der Fürst selbst war von allen der gelehrteste. Die Bestrebungen des Vaters setzte Guidobaldo trotz körperlichen Leidens und anderen Mißgeschicks kräftig fort, auf das glücklichste unterstützt von seiner Gemahlin, der schönen und geistvollen *Elisabetta Gonzaga*. Eine Schilderung des Hofes von Urbino zur Zeit Guidobaldo's, als der hohen Schule feinster Geselligkeit, gibt Graf *Baldassar Castiglione* in seinem „Cortigiano“, dem Ideal eines Hofmanns. 1497 wurde Guidobaldo von *Cesare Borgia*, dem Sohn Papst Alexanders VI., vertrieben und kehrte erst 1503 nach dessen Tode nach Urbino zurück. Er hinterließ seine Herrschaft 1508 seinem Neffen *Franc. Maria della Rovere*, Nepoten Julius' II. 1626 ward das Herzogtum dem Kirchenstaate einverleibt, indem Papst Urban VIII. den letzten kinderlosen Herzog *Francesco Maria II.* zur Abdankung bewog.

Unter den Künstlern der Glanzzeit des Hofes sind zu nennen: *Paolo Uccello*, *Piero della Francesca*, *Melozzo da Forlì* u. a. Selbst ausländische Maler, wie z. B. *Justus van Gent* (s. S. 137), wurden herangezogen. Für die eigentümliche Verbindung von wissenschaftlichen und künstlerischen Interessen sprechen am besten die Bibliothekbilder, ideale Gelehrtenbildnisse, welche Melozzo da Forlì u. a. malten, die aber mit der Bibliothek aus Urbino weggekommen sind. Den größten Teil seines Lebens brachte der Ferrarese *Timoteo Viti* oder *della Vite* (1467-1523), der beste Schüler des Franc. Francia, in Urbino zu; er übte den ersten Einfluß auf Raffael, geriet aber später ganz in den Bann des großen Urbinaten. Unsere besondere Aufmerksamkeit fesselt *Giovanni Santi* aus Urbino (c. 1450-94), Raffaels Vater, dessen Fresken in Cagli (S. 135) und Fano (S. 123) einen hoch entwickelten Sinn für das Anmutige verraten. Er starb, als Raffael im elften Jahre stand, hat also den letzteren kaum unterrichten können; welcher Maler dem bis 1500 in Urbino wohnenden Raffael Lehrer war, ist noch nicht überzeugend festgestellt. *Bramante* (1444-1514), der in der Nähe von Urbino geboren wurde, arbeitete wahrscheinlich als Schüler und Gehilfe bei dem S. 137 gen. *Luciano da Laurana*. Aus Urbino stammt endlich noch *Federigo Baroccio* (1528-1612), der neben manchem Tüchtigen auch viel Affektiertes geschaffen hat. — In der Renaissancezeit war die Stadt wegen des vortrefflichen Töpfertones ihrer Umgebung ein Hauptort für die Fabrikation von Majoliken (vgl. S. 60).

Den Mittelpunkt der Stadt bildet die Piazza Otto Settembre (Pl. C 2), der Marktplatz, auf den der Corso Garibaldi mündet. — Von hier s.ö. die Via Puccinotti hinan gelangt man auf die schmale Piazza Duca Federigo (Pl. C 3), mit dem Dom, dem herzoglichen Palast und einem schönen *Raffael-Denkmal* von Luigi Belli (1897): die Bronzestatue des Malers auf einem Renaissancesockel aus Marmor, mit zwei Reliefs aus seinem Leben; unten l. und r. die Renaissance und der Genius der Kunst, vorn und hinten marmorne Puttengruppen.

Der auf den Trümmern des alten Doms erbaute, 1801 vollendete neue Dom (Pl. C 3) enthält einige bemerkenswerte Bilder.

Beim Eingang r. eine Nachbildung der S. 347 gen. Petrusstatue; 2. Kap. r.: *Federigo Baroccio*, Marter des h. Sebastian; in der Kap. l. vom Hochaltar: *Fed. Baroccio*, h. Abendmahl. In der Sakristei, neben dem r. Querschiff: *Timoteo Viti*, h. Martin und Thomas a Becket, mit dem Bildnis des Herzogs Guidobaldo, des Malers Hauptwerk (1504); **Piero della Francesca*, Geißelung Christi, miniaturartige Tafel in vollendeter Ausführung (gewöhnlich verschlossen). — In der 3. Kapelle der Unterkirche (Eingang an dem kleinen Platz, zwischen Dom und Palast, in der Ecke r.): eine Pietà, Marmorgruppe von *Giov. Bologna*.

Der ***herzogliche Palast** (*Pal. Ducale*, Pl. C 3), jetzt Regierungssitz, Kunstakademie und Archiv, wurde im Auftrage des Federigo di Montefeltro seit 1465 von dem Dalmatiner *Luciano da Laurana* erbaut, der damit den entscheidenden Schritt zur Hochrenaissance tat. Die Unregelmäßigkeit, die dem Bau einen noch erhöhten malerischen Reiz verleiht, war durch den unebenen Grund und die Rücksicht auf die Festigkeit geboten. Schon die Zeitgenossen waren voll Bewunderung für das Werk; Lorenzo de' Medici ließ sich durch Baccio Pontelli Zeichnungen des Palastes anfertigen. Die Raumverhältnisse sind, mit dem Maßstab späterer Zeiten gemessen, keineswegs großartig; selbst der um 1480 vollendete Hof, den man durch den Eingang dem Dom gegenüber betritt, ist mehr anmutig als majestätisch. In ihm r. mittelalterliche Grabmäler und ein Relief (Pietà, XIV. Jahrh.). Der Aufgang zu den oberen Räumen ist links. Auf der Treppe das Standbild des Herzogs Federigo, von *Girol. Campagna* (1606). Die schönen Verzierungen der Türen, Fenster, Kamine hier wie in den Sälen sind von *Domenico Rosselli*, *Ambrogio da Milano* u. a. In den Korridoren und Sälen sind antike Inschriften, altchristliche, mittelalterliche und Renaissance-Skulpturen, sowie eine kleine Gemäldesammlung untergebracht. Eintritt täglich 9-12 und 2-4 (Mai-Okt. 6) Uhr. Trkg. 1 fr.

Unter den Skulpturen sind hervorzuheben: in den Korridoren 72 Reliefs mit Darstellungen von Kriegsmaschinen (nach *Francesco di Giorgio*), von *Ambrogio da Milano* (1474), die einst den Sockel des Palastes zierten; im I. Saal (Sala degli Angeli), fünf schöne Türen und am Kamin ein Fries, tanzende Engel, von *Domenico Rosselli*; im II. Saal vier Marmorkamine. III. Saal: zwei Kruzifixe (XIII. Jahrh.). IV. Saal: Wandteppiche, von flandrischen Meistern in Urbino gearbeitet; Stuckreliefs von *Brandano*; Marmorkamin. Zurück und in die Schloßkapelle, in der ein Gipsabguß vom Schädel Raffaels. Daneben das kleine Studio des Herzogs Federigo; zu beachten die Intarsien, welche einst auch die obere Wand bedeckten, und die reizende Decke. Vom Balkon und vom nördl. Turm (sehenswerte Wendeltreppe) prächtige Aussicht auf die Apenninen. Im Arkadengang des Obergeschosses und in der unteren Kapelle zwei Reliefs von dem sog. *Meister der Marmormadonnen* (XV. Jahrh.). Die berühmte Bibliothek kam nach Rom (S. 391).

In der Gemäldesammlung: r. 38. *Fed. Baroccio*, Madonna mit Heiligen; *39. *Tizian*, Auferstehung Christi, mit dem Abendmahl (s. unten) 1542-44 für eine Prozessionsfahne gemalt; *Timoteo Viti*, 40. h. Rochus, 41. Tobias mit dem Engel, 25. h. Sebastian; 23. *Paolo Uccello*, Geschichte von der entweihten Hostie. Schöner Kamin. — *Timoteo Viti*, h. Sebastian; 42. *Tizian*, Abendmahl (s. oben; verdorben); *Giovanni Santi*, 2. Madonna mit den H. Johannes d. T., Sebastian, Hieronymus, Franziskus und der Familie Buffi (1489); 18. *Luciano da Laurana (?)*, schönes Architekturstück; *1. *Justus van Gent*, Abendmahl mit zahlreichen Bildnissen (darunter Herzog Federigo und der persische Gesandte Caterino Zeno, r. vom Tische, 1474); 60. *Tim. Viti*, h. Apollonia; *Schüler des Andrea Verrocchio* (XV. Jahrh.), Büste des jungen Johannes.

Vor der Langseite des Palastes ein Obelisk und diesem gegenüber die Kirche *S. Domenico* (Pl. C 3), mit Portal von Maso di Bartolomeo (1449-51) und Terrakottarelief, Madonna mit vier Heiligen, von Luca della Robbia (1449). — Unweit südl. die 1671 gegründete *Universität* (Pl. C 4), mit Wappen über der Tür.

An der Piazza Otto Settembre (S. 136) die Loggia von *S. Francesco* (Pl. C 2), einer Kirche des XIV. Jahrh., mit stattlichem Campanile (r. vom Hochaltar das Portal der Kapelle von Costantino Trappola, XV. Jahrhundert).

In der Contrada Raffaello l. Nr. 278, das *Geburtshaus Raffaels* (Casa di Raffaello, Pl. B C 2), jetzt Eigentum der „R. Accademia Raffaello".

Die Zimmer sind mit Kupferstichen nach raffaelischen Gemälden geschmückt. Aus dem Hofe hierher übertragen ist ein (ganz übermaltes) Freskobild der Madonna von Giovanni Santi (S. 136), vielleicht Raffaels Mutter, Magia Ciarla, darstellend. — Trkg. 1/2 fr.

Unweit n.ö. die Kirche *S. Spirito* (Pl. C 1, 2), mit guten Bildern von Luca Signorelli, Beweinung Christi, Ausgießung des h. Geistes, ursprünglich Kirchenfahne (1494-95).

In der Kirche *S. Giuseppe* (Pl. B 2, 3) eine Gruppe von Fed. Brandano, Geburt Christi. In der Nähe das *Oratorio di S. Giovanni* (Pl. B 3), dessen Wände mit restaurierten Malereien von Lorenzo und Jacopo da San Severino, einer großen Kreuzigung und Geschichten der h. Jungfrau und Johannes d. T. (1416) bedeckt sind; auch die alte Holzdecke verdient Beachtung. — In der Kirche *S. Sebastiano* (Pl. D 3) ein h. Sebastian von Giov. Santi.

Von der Bastion *Pian del Monte* (Pl. B 1), am Ende der Contrada Raffaello, hat man eine weite Aussicht. Man durchschreite das danebenliegende Tor und gehe um den Fuß der ehem. *Fortezza* (Pl. B 2; jetzt Gefängnis und unzugänglich) herum, bis man nach 6 Min. dem herzoglichen Palast (S. 137) gegenübersteht. Von den kahlen Gebirgszügen der Apenninen fesseln besonders die schroffen Sassi di S. Simone, n.w. die Gipfel von S. Marino (S. 119).

20 Min. östl. von Urbino (vgl. das Nebenkärtchen S. 135) liegt von weitem sichtbar das ehem. Kloster und die Kirche *S. Bernardino dei Zoccolanti* (c. 1470), mit dem neuen Friedhof von Urbino; schöne Aussicht auf das Städtchen; in der Kirche, einem schlichten, vielleicht von Luciano da Laurana entworfenen, auch Bramante zugeschriebenen Bau, die Grabmäler der Herzöge Federigo und Guidobaldo, mit Büsten.

Von Urbino über Calmazzo (S. 124) nach *Fossombrone* (S. 124), 18km, Post tägl. in 2 1/2 (zurück 3 1/2 St.) für 2 fr. 10 c., Wagen c. 10 fr.; der „Corriere del Furlo" (S. 124) kommt um 10 1/4, in der Richtung nach Fano um 2 Uhr durch Fossombrone; wer die Reise nach Fano fortsetzt, besuche von Calmazzo aus den (50 Min.) Furlopaß (S. 124).

Von Urbino nach *Pesaro* s. S. 120. — Lohnend ist auch die Wagenfahrt (8-9 St. für 40-50 fr.) von Urbino über Calmazzo (S. 124), den Furlopaß (S. 124), Cagli (S. 135), Cantiano (S. 124) und Scheggia (S. 125) nach *Gubbio* (S. 60). Man versehe sich mit Mundvorrat.

II. ROM.

Vergl. auch S. LXXIX.

PRAKTISCHE VORBEMERKUNGEN.

a. Gasthöfe. Pensionen. Privatwohnungen.

Ankunft. Am Hauptbahnhof (*Stazione Termini;* Pl. I, II 27; S. 181; Restaur., G. 2-$2^1/_2$, M. $3^1/_2$-5 fr., m. W.) stehen die Omnibus der Gasthöfe, für deren Benutzung $^3/_4$-$1^1/_2$ fr. in Rechnung gebracht wird. *Droschke* vom Bahnhof in die Stadt: tags wie nachts für 1-2 Pers. 1 fr., geschlossene Droschke 1 fr. 20 und 1 fr. 40 c., jede Person mehr 25 c., Handkoffer 25, größerer Koffer 50 c., vergl. den Tarif im Anhang. Dem *Gepäckträger* (facchino) 25-60 c. — Der Bahnhof in *Trastevere* (Pl. III 11; S. 403) hat für den Fremden nur Bedeutung als Endpunkt der Bahn von Viterbo (R. 12; elektr. Bahn vom Hauptbahnhof s. Plananhang S. 1 Nr. 3). — Polizeiamt *(Questura):* Via SS. Apostoli 17 (Pl. II 18). — Reisebureaus und Fahrkartenverkauf s. S. 148.

Gasthöfe (vgl. S. xv †). Die Häuser ersten Ranges werden auf größtem Fuße betrieben und sind mit elektrischer Beleuchtung, Personenaufzug und Bädern, meist auch mit Zentralheizung versehen. Um die Osterzeit, d. h. im April und Mai, pflegen die Preise erhöht zu werden. Über Speisezwang vgl. S. xv. **Grand Hôtel* (Pl. *GH*: I 24, 27; Schweizer Direktor), Piazza delle Terme, großartiges Aktienhotel mit feinem Restaurant (S. 146), 250 Z. (80 mit Bad) zu 10-20, F. 2, G. 5, M. 8, P. (nur 15. Mai bis Ende Jan.) von $23^1/_2$ fr. an; **Gr.-H. du Quirinal* (Pl. *Q*: I, II 27; Bucher-Durrer, Schweizer), Via Nazionale 7-9, mit 300 Z., feinem Restaurant (S. 146) und kleinem Garten, Z. von 6 fr. an, F. 2, G. 4, M. 7 (im Sommer 6), P. von 13 fr. an; **Gr.-H. Excelsior* (Pl. *Ex*: I 23), ganz moderner Neubau, Ecke Via Boncompagni und Via Veneto, 350 Z. (die meisten mit Bad) von 8 fr. an, F. 2, G. 5, M. 7; **H. Bristol* (Pl. *B*: I 24; A. Frontini), Piazza Barberini 23, mit 91 Z. zu 8-15 fr., F. 2, G. $4^1/_2$, M. 7 (keine Table d'hôte), P. 16-25 fr., vornehm, von Engländern und Amerikanern bevorzugt, Juli bis Sept. geschlossen; **H. Regina* (Pl. *Re*: I 23; G. Barbiani), Via Veneto, Ecke Via Liguria, mit Bar und Restaurant (S. 146), 95 Z. zu 6-15, F. 2, G. $4^1/_2$, M. 7, P. 15-25 fr.; **Bertolini's Splendid Hotel* (Pl. *BS*: I 18), Corso Umberto I 128, modernes Haus mit Bar und Restaurant (S. 146), 300 Z. zu 6-10 fr., F. $1^1/_2$, G. $4^1/_2$, M. 7, P. 13-20 fr.; **Palace Hotel* (Pl. *Pa*: I 21; E. Haase), Via Veneto, 130 Z. von 6 fr. an, F. 2, G. 5, M. 7, P. 16 fr.; *H. Royal* (Pl. *R*: I 26; G. Mazzeri), Via Venti Settembre 30, von Amerikanern besucht, mit 250 Z. und Bar, Z. von 4 fr. an, F. $1^1/_2$, G. 4, M. 6, P. 10-20 fr.; **H. Continental* (Pl. *C*: II 27; L. Lugani), Via Cavour 5, gegenüber dem Bahnhof, mit 300 Z. zu 5-8, F. $1^1/_2$, G. 4, M. 6, P. 12-15 fr., von

† Alphabetisches Verzeichnis siehe im Register.

Engländern und Amerikanern besucht; **H. de Russie* (Pl. *R*: I 17; F. & L. Silenzi), Via del Babuino 9, nahe der Piazza del Popolo, vornehmes Familienhotel mit hübschem Garten, 200 Z. zu 6-15, F. $1^1/_2$, G. 4, M. 6, P. 12-25 fr., Juli-Sept. geschlossen; *H. de Londres* (Pl. *L*: I 17), Piazza di Spagna 15, 150 Z., im Sommer geschlossen; *H. d'Europe* (Pl. *E*: I 21; C. Giordano & Co.), Piazza Mignanelli 3, bei Piazza di Spagna, 100 Z. von 5 fr. an, F. $1^1/_2$, G. 4, M. 6, P. 12-18 fr.

Hieran schließen sich folgende, z. T. ebenso hervorragende Häuser, zunächst in den oberen, neuen Stadtvierteln (Quartiere Ludovisi), die sich auf dem Pinciohügel und dem nördlichen Teile des Quirinals ausdehnen: **Eden-Hotel* (Pl. *E*: I 20; Fr. Nistelweck), Via Ludovisi 49, nahe den Pincioanlagen, 150 Z. von 4 fr. an, F. 2, G. 4, M. 6, P. 11-15 fr.; **H. Suisse* (Pl. *Su*: I 21; G. Piotti), Via Veneto 2, 120 Z. zu 5-12, F. $1^1/_2$, G. 4, M. 6, P. 12-20 fr.; **H. Beau-Site* (Pl. *B*: I 20; E. Haase), Via Ludovisi 45, 110 Z. von 4 fr. an, F. $1^1/_2$, G. 4, M. 6, P. 12-16 fr., von Engländern und Amerikanern besucht, Juni-Sept. geschlossen; **Savoy Hotel* (Pl. *Sa*: I 23; J. Lengyel), Via Ludovisi 15, 100 Z. zu $4^1/_2$-$6^1/_2$, F. $1^1/_2$, G. $3^1/_2$, M. 5, P. $10^1/_2$-18 fr., Juli-Aug. geschlossen; *H. Windsor* (Pl. W: I 23; Castelli & Lantenay), Via Veneto 2 b, 70 Z. von 5 fr. an, F. $1^1/_2$, G. 4, M. 5, P. 12-16 fr., von Engländern und Amerikanern besucht; *H. du Pincio* (Pl. *P*: I 21; R. & G. Silenzi), Via Gregoriana 56, 70 Z. von 4 fr. an, F. $1^1/_2$, G. $3^1/_2$, M. 5, P. 8 fr., von Engländern und Amerikanern besucht; *Boston Hotel & Sud* (Pl. *S*: I 20; E. Berlendis), Via Lombardia 43, 110 Z. von 4 fr. an, F. $1^1/_2$, G. $3^1/_2$, M. 5, P. 9-13 fr., von Amerikanern besucht, gelobt; *H. Hassler* (Pl. *H*: I 20, 21), in schöner Lage bei SS. Trinità de' Monti (S. 174), fast ausschließlich von Deutschen besucht, 65 Z. zu 4-7, F. $1^1/_2$, G. 3, M. $4^1/_2$, P. 11-15 fr., Juli-August geschlossen; *H. d'Italie* (Pl. *J*: I 21, 24; A. Ripamonti), Via Quattro Fontane 12, Aussicht auf den Garten des Pal. Barberini, 80 Z. zu 4-5, F. $1^1/_2$, G. $3^1/_2$, M. 5, P. 10-12 fr.; **H. Métropole et Ville* (Pl. *MV*: I 24; G. B. Avanzi), Via S. Niccolò da Tolentino 76, 80 Z. zu 4-6, F. $1^1/_4$, G. $3^1/_2$, M. $4^1/_2$, P. 9-15 fr., von Engländern besucht; *H. Victoria* (Pl. *V*: I 21; E. Thiele), Via Due Macelli 24, mit 60 Z. und Garten, Z. $3^1/_2$-5, F. 1 fr. 40 c., G. 3, M. 4, P. 9-10 fr., gelobt; *H. Imperial* (Pl. *Im*: I 21; A. Aczél), Piazza de' Cappuccini 11, 100 Z. zu 5-10, F. $1^1/_2$, G. 4, M. 6, Eröffnung Herbst 1907; *Fischer's Park-Hotel* (Pl. *FP*: I 23), Via Sallustiana 39, 150 Z. zu 3-6 fr., F. $1^1/_4$, G. 3, M. 4, P. 8-12 fr., deutsch, gut; *H. Lavigne* (Pl. *La*: I 21; G. Pace), Via Sistina 72, 70 Z. von $3^1/_2$ fr. an, F. $1^1/_4$, G. 3, M. $4^1/_2$ (im Sommer $3^1/_2$), P. von $8^1/_2$ fr. an; *H. Germania & Bellevue* (Pl. *G*: I 23; Pacciarella-Lermann), Via Boncompagni 37, 75 Z. von $2^1/_2$ fr. an, F. $1^1/_4$, G. 3, M. 4, P. von 7 fr. an, von Deutschen besucht; *H.-P. Flora* (Pl. *F*: I 23), Via Veneto 95, 120 Z. zu 4-6, F. $1^1/_4$, G. 3, M. 4, P. 9-12 fr.

In den die Piazza di Spagna umgebenden unteren Straßen nach dem Corso Umberto I hin: **H. d'Angleterre* (Pl. *A*: I 18; H. Silenzi), Via Bocca di Leone 14, 160 Z. von 4 fr. an, F. $1^1/_2$, G. 4, M. 6, P. von 12 fr. an, **H.-P. Anglo-Américain* (Pl. *AA*: I 18; Giordano & Silenzi), Via Frattina 128, 90 Z. zu 3-5, F. $1^1/_2$, G. 3, M. 4, P. 9-14 fr., beide besonders von Engländern und Amerikanern, aber auch von Deutschen besucht; *H. d'Allemagne* (Pl. *Al*: I 18; E. Silenzi), Via Condotti 88, 101 Z. zu $3^1/_2$-7, F. 1, G. 3, M. 4, P. 8-14 fr.; *H. des Nations* (Pl. *N*: I 18), Via Bocca di Leone 68, 64 Z. zu $3^1/_2$-$4^1/_2$, F. $1^1/_4$, G. m. W. $3^1/_2$, M. m. W. $4^1/_2$, P. 10-12 fr. — Nördlich unweit Piazza di Spagna: *H.-P. Bethell* (Pl. *Be*: I 17), Via del Babuino 41, 86 Z. zu 3-6, F. $1^1/_4$, G. 3, M. 4, P. 8-15 fr., Juni-Sept. geschlossen; *Müller's H. Bavaria & Alibert* (Pl. *A*: I 17), Vicolo Alibert 1/2, 90 Z. von 3 fr. an, F. $1^1/_4$, G. $3^1/_2$, M. $4^1/_2$, P. von 9 fr. an, deutsch. — Südlich in der Nähe der Piazza di Spagna: *H. de Genève* (Pl. *G*: I 18; G. Cazzola & Co.), Via della Vite 29, hinter der Hauptpost.

In der Nähe des Hauptbahnhofs, außer den S. 141 gen. Häusern allerersten Ranges: **H. Michel* (Pl. *M*: I 27), Via Torino 98, 150 Z. zu 5-20, F. $1^1/_2$, G. 4, M. 6, P. 10-25 fr., von Amerikanern besucht. — Zweiten Ranges: *H. Liguria* (Pl. *Li*: II 27; Vallini), Via Cavour 23, 64 Z. zu 2-4 fr., F. 80 c., G. m. W. $2^1/_2$, M. m. W. 3, P. 7-9 fr.; *Alb. Genova* (Pl. *Ge*: II 27), Via Principe Amedeo 11 c, Ecke Via Cavour, 32 Z. zu $2^1/_2$-3, F. 1, G. $2^1/_2$, M. 3, P. 8-9 fr.; *Alb. Torino* (Pl. *T*: II 27), Via Principe Amedeo 8, 100 Z. zu 2-3, F. $^3/_4$, G. $1^1/_2$, M. $2^1/_2$, P. 6-7 fr.; *Alb. Lago Maggiore* (Pl. *LM*: II 27), Via Cavour 17, und *Alb. Massimo d'Azeglio e Novara* (Pl. *Ma*: II 27), gegenüber Nr. 18, mit Restaurant, ähnliche Preise.

In und bei der unteren Via Nazionale, noch auf dem Quirinalhügel, aber mehr nach Piazza Venezia, Kapitol und Forum zu, liegen folgende Gasthöfe ersten Ranges: **H. Laurati* (Pl. *L*: II 20), Via Nazionale 154, 65 Z. zu 4-6, F. $1^1/_2$, G. $3^1/_2$, M. 5, P. 9-15 fr.; *H. de la Paix & Helvetia* (Pl. *PH*: II 21, 20; L. Barbieri & Co.), Via Nazionale 104, 80 Z. zu $3^1/_2$-5, F. $1^1/_2$, G. $3^1/_2$, M. $4^1/_2$, P. von 9 fr. an, gut; *H. Beau-Séjour* (Pl. *BS*: II 20; Mengoni), beim Trajansforum, 40 Z. zu $3^1/_2$-6, F. 1, G. $3^1/_2$, M. 5, P. 10-12 fr.

Mehr im Innern der Stadt: **H. Minerva* (Pl. *Mi*: II 18), bei S. Maria sopra Minerva, 300 Z. von 5 fr. an, F. $1^1/_2$, G. 4, M. 6, P. von 12 fr. an, von Geistlichen besucht, *Modern Hotel* (Pl. *Mo*: II 18), Corso Umberto I, Ecke Via delle Muratte, mit Restaurant (S. 146), 140 Z. von $4^1/_2$ fr. an, F. $1^1/_2$, G. $3^1/_2$, M. 5 fr., *H. Marini* (Pl. *M*: I 18), Via del Tritone 17, unweit Piazza Colonna, 120 Z. zu 5-10, F. $1^1/_2$, G. $3^1/_2$, M. 5, P. 10-20 fr., diese drei ersten Ranges. — **H. de Milan* (Pl. *M*: II 18; E. Delvitto), Piazza di Monte Citorio 11, mit Restaur., 116 Z. von 4 fr. an, F. $1^1/_2$, G. 3, M. $4^1/_2$,

P. von 10 fr. an; **H. National* (Pl. *N*: II 18), Piazza di Monte Citorio 130, 70 Z. zu $3\frac{1}{2}$-$4\frac{1}{2}$, F. $1\frac{1}{4}$, G. $3\frac{1}{2}$, M. $4\frac{1}{2}$, P. 10-12 fr. *Capitol H.* (Pl. *C*: II 17; G. Girani), Corso Umberto I 286/287, Ecke der Piazza Venezia, mit Restaur., 70 Z. zu 3-6, F. $1\frac{1}{4}$, G. 3, M. 4, P. 8-12 fr.; *H. d'Orient* (Pl. *O*: I 21), Piazza Poli 7, unweit Piazza Colonna, 80 Z. zu 3-5, F. 1, G. m. W. 3, M. m. W. 4, P. 9-12 fr., mit Garten.

Hôtels garnis (keins ersten Ranges): *H. Colonna* (Pl. *C*: I 18), bei Piazza Colonna, mit Aufzug, 65 Z. zu 3-4, F. $1\frac{1}{4}$ fr.; *H. Cesari Palumbo* (Pl. *C*: II 18), Via di Pietra 89, mit Aufzug und Restaurant, 50 Z. zu 3-7, F. 1 fr.; *H. Central* (Pl. *Ce*: II 18), Via della Rosa 9, bei Piazza Colonna, mit Aufzug, 100 Z. zu $3\frac{1}{2}$-$4\frac{1}{2}$ fr.; *H. S. Chiara & Francia* (Pl. *Ch*: II 18), Via S. Chiara 18, mit 100 Z.; *H. Cavour* (Pl. *C*: II 15), Via S. Chiara 5. — Von Deutschen geführt und mehrfach gelobt: *Max Weser*, Via Sistina 42, Z. $3\frac{1}{2}$-5, F. $1\frac{1}{4}$ fr.; *S. Dubs* (Schweizerin), Via Cavour 211^{I} (Pl. II 27), 18 Z. von 2 fr. an, F. 1 fr.; *Carl Brügner*, Via Cavour 181 (Pl. II 27), 22 Z. zu 2-4, F. $\frac{3}{4}$ fr.; *Fanny Zucca-Geyser*, Via del Quirinale 51^{I} (Pl. II. 21, 24), Z. 2-3, F. 1 fr.; *Teresa Friedrich*, Via della Vite 41 (Pl. I 18), 15 Z. zu 2-$3\frac{1}{2}$, F. $\frac{3}{4}$ fr.

Pensionen (vgl. S. XVI), fast durchweg gelobt und mit elektr. Beleuchtung und Bädern, z. T. auch mit Aufzug und Zentralheizung: *Quisisana* (Dr. C. Massau-Schmitz), Via Venti Settembre 58 (Pl. I 26), mit 30 Z., P. 9-13 fr., Juli-Mitte Sept. geschlossen; *Hallier*, Via Fontanella di Borghese 48^{III} (Pl. I 18), mit 35 Betten, P. von $8\frac{1}{2}$ fr. an; *Castellani-Stelzer*, Via Sistina 79 (Pl. I 21), mit 40 Z., P. 8-12 fr., Aug. und Sept. geschlossen; *Boos*, Via del Quirinale 43 (Pl. II 21, 20), mit 36 Z., P. ohne L. 7-8 fr.; *S. Bernardo* (Frau Rosa Schwarz), Via Veneto 7/8 (Pl. I 23), mit 40 Z., P. 12-15 fr.; *Pecori* (Boos sen.), Via del Quirinale 45^{I} (Pl. II 21, 24), mit 30 Z., P. 7-9 fr.; *Cosmopolis* (Frau Toeplitz), Via Boncompagni 101^{I} (Pl. I 23, 26), mit 14 Z., P. 8-12 fr.; *Kaiser*, Via Sallustiana 38 (Pl. I 23), P. 7-9 fr.; *Rosada*, Via dell' Aurora 43 (Pl. I 20), mit 29 Z., P. 6-8 fr.; *Hannover* (Paul Wacker), Via Venti Settembre 4^{IV} (Pl. I 24), mit Aufzug und 11 Z., P. 7-9 fr.; *Schmidt-Eckstein*, Piazza del Grillo 5 (Pl. II 20), mit 10 Z., P. 6 fr.; *Lehmann*, Via Frattina 138 (Pl. I 18), mit 28 Z., P. $6\frac{1}{2}$-$7\frac{1}{2}$ fr.; *Martha Tea*, Via Sicilia 42 (Pl. I 23, 26), mit 20 Z., P. 6-9 fr. im Aug. geschlossen; *Lucarini*, Via Gregoriana 5 (Pl. I 21), mit 35 Z., P. 6-7 fr.; *Marley*, Piazza di Monte Citorio 121 (Pl. II 18), mit 30 Z., P. 6-8 fr.; *Canal-Suez*, Via Capo le Case 75 (Pl. I 21), mit 42 Z., P. 7-8 fr.; *Pinciana*, Via Veneto 64 (Pl. I 23), mit 10 Z., P. 6-8 fr.; *Pirri*, Vicolo S. Niccolò da Tolentino 1 (Pl. I 24), P. 8-10 fr.; *Comina*, Via degli Abruzzi 3 (Pl. I 23), mit 15 Z., P. 7-9 fr.; *Thermæ Stabianæ*, Via Boezio 10-12 (Pl. I 11), mit 50 Z., P. von 8 fr. an; *Tordelli*, Via del Tritone 46

(Pl. I 21), mit 20 Z., P. 6-9 fr.; *Nagel*, Via del Babuino 114 (Pl. I 17), P. 6-9 fr.; *Feustel*, Via S. Niccolò da Tolentino 50^{II} (Pl. I 24), mit 10 Z., P. 6-7 fr.; *Ricordo*, Via di Propaganda 16^{I} (Pl. I 21), P. 6-9 fr.; *Orsini*, Via Veneto 51^{III} (Pl. I 23), P. 6-7 fr.; *Girardet*, Piazza dell' Esquilino 12^{IV} (Pl. II 27), mit 14 Z., P. 6-8 fr.; *Baranelli*, Lungo Tevere Prati 17 (Pl. I 15), mit 30 Z., P. 5-6 fr.

Von Engländern und Amerikanern werden bevorzugt: *Hayden*, Piazza Poli 42 (Pl. I 18, 21), P. von 9 fr. an; *Hurdle-Lomi*, Via del Tritone 36 (Pl. I 21), P. 7-10 fr.; *Dawes-Rose*, Via Sistina 57 (Pl. I 21), mit 40 Z., P. 7-12 fr.; *H.-P. Britannia* (Pl. *Br*: I 24; A. Valli), Via Quattro Fontane 146, 30 Z., P. 6-10 fr.; *H.-P. Villa Ludovisi* (Pl. *VL*: I 23), Via Emilia 18, 40 Z., P. 8-10 fr.; *Jaselli-Owen*, Piazza Barberini 12 (Pl. I 21, 24), mit 30 Z., P. 7-9 fr.; *Woodcock* (Villa Saccardo), Via Sicilia 164 (Pl. I 23), mit 15 Z., P. 8-10 fr.; *Cargill*, Piazza delle Terme 47 (Pl. I 27), mit 20 Z., P. 6-10 fr.; *Pens. des Anglais* (Gius. Bonzi), Piazza Barberini 5 (Pl. I 21, 24), mit 35 Z., P. von 7 fr. an; *Ghedini*, Via delle Muratte 78^{II} (Pl. II 18), mit 16 Z., P. 7 fr.; *Evans*, Via Poli 53^{IV} (Pl. II 21), mit 5 Z., P. 6½-7 fr., im Sommer geschlossen; *S. Caterina*, Via di Porta Pinciana 29e^{III} (Pl. I 20), P. 5½-6 fr.

Privatwohnungen (vgl. S. XVI) sind am besten in dem von Corso Umberto I, Via del Tritone und Via Sistina begrenzten alten Fremdenviertel (Pl. I 17, 18, 21), besonders an der Piazza di Spagna und ihrer nächsten Umgebung, in Via Nazionale (Pl. II 24), Via Venti Settembre (Pl. I 24, 27, 26) und dem hochgelegenen Ludovisischen Stadtviertel (S. 177; Pl. I 20, 23). Auch am Trajansforum und den anliegenden Straßen findet man sonnige Zimmer.

Preise: für zwei Zimmer in guter Gegend zahlt man 100-250 fr., für eines 50-80 fr. monatlich; Familienwohnungen von 3-5 Zimmern bis 500 fr., bessere Wohnungen z. B. in Via Sistina und Via Gregoriana 1000 fr. Sie sind durch ausgehängte Zettel angezeigt, die jedoch, auch wenn die Zimmer vermietet sind, selten entfernt werden, so daß man beim Suchen auf einiges vergebliche Treppensteigen gefaßt sein muß. Als Vermittler werden genannt: *Toti*, Piazza di Spagna 54; *Impresa Alloggio*, Via Quattro Fontane 11. — Holz zum Heizen im Winter, in vielen Häusern unten im Flur anstehend (der Korb c. 2½ fr.); billiger (20 fr. der „Passo" frei ins Haus) kauft man in den größeren Holzhandlungen, z. B. *Rotti*, Via Monte Brianzo 33; *Società di Consumo*, vor Porta Maggiore.

b. Cafés u. Konditoreien. Speisehäuser. Bier- u. Weinhäuser. Tabak.

Cafés: *Peroni & Aragno* (Caffè Nazionale), Corso Umberto I 180-183, Ecke der Via delle Convertite, sehr besucht, auch Buffet und Damensalon (Eingang Corso Umberto I 183), deutsche Zeitungen; *Colonna*, in der NW.-Ecke der Piazza Colonna; *Faraglia*, im Palast der Assicurazioni Generali Venezia (S. 219); *S. Chiara*, Via S. Chiara 22-31; *Greco*, Via Condotti 85, 1760 gegründet und ehemals viel von Künstlern besucht; *Castellino*, Via Nazionale 134; *Spillmann*, Via Condotti 58; auf dem *Pincio* s. S. 173.

Konditoreien: *Ronzi & Singer*, Corso Umberto I 349, Ecke Piazza Colonna; *Viano*, Corso Umberto I 96-98; *Krechel & Sternath*, Via di Propaganda 8a/9, Ecke Via della Mercede; *Ramazzotti*, Corso Umberto I 404/405; *Strachan*, Via Condotti 20; *Foarini*, Via delle Muratte 14/15; *Latour*, Piazza SS. Apostoli 67/68; *Gilli Bezzola & Co.*, Corso Vittorio Emanuele 45 und Via Nazionale 47/48. — Teestuben: Piazza di Spagna 23; *Charitas*, Corso Umberto I 5-9; sowie in den besseren Cafés und Konditoreien. Die elegante Welt trifft sich zur Teestunde in den ersten der S. 141 gen. Gasthöfe. — Stehbars und Automatische Bars (10-15 c. das Glas) zahlreich in allen Verkehrsstraßen.

Speisehäuser (vgl. S. xvii). — Restaurants nach internationaler Art, mit feiner französischer Küche und entsprechend hohen Preisen: **Grand Hôtel* (S. 141; Table d'hôte an Einzeltischen auch für Nichtgäste des Hotels), **Hôt. du Quirinal* (S. 141), **Hôt. Excelsior* (S. 141), **Hôt. Regina* (S. 141), diese allerersten Ranges. — Hieran reihen sich **Bertolini's Splendid Hotel* (S. 141), *Modern Hotel* (S. 143) und das **Café Colonna* (S. 145), sowie das **Rest. San Carlo* (G. Coban), Piazza S. Carlo al Corso 120, Ecke der Via delle Carrozze (im Sommer geschlossen), mit gemischt italienisch-französischer Küche.

Trattorien in den nordöstl. Stadtteilen, dem eigentlichen Fremdenviertel (S. 169): *Concordia* (früher Corradetti), Via della Croce 81 und Via Mario de' Fiori 40; *Berardi*, Via della Croce 75 (im Sommer geschlossen), gut; *Ranieri*, Via Mario de' Fiori 26 (im Sommer geschlossen), gut; *Umberto I*, Via della Mercede 43-49, nahe der Hauptpost, mit kleinem Garten; *Mehnert* (deutsche Frühstücksstube), Via della Croce 66/66a; *Tratt. Toscana* (früher Castaldi), Via del Nazareno 15; *Rist. dell' Esposizione*, Via Nazionale 213; *Cardinali*, Via Nazionale 246, unweit Piazza delle Terme; *Regina*, Via Agostino Depretis 89/90; *Massimo d'Azeglio e Novara*, s. S. 143; *Benedetti*, Piazza delle Terme 51; *Genova*, ebenda 55-58; *Canepa*, s. S. 147; *Bahnrestaurant*, s. S. 141. — In der westl. Umgebung der Piazza Colonna (Pl. II 18): *Le Venete* (venezianische Küche, mit Garten), Via di Campo Marzio 69[I], n.w. von Piazza Colonna, gut; *Hôt. de Milan* (S. 143); *Fagiano* („Fasan"), SW.-Ecke der Piazza Colonna und Via della Colonna 48/49; *Bocale*, Via dei Bergamaschi 47/48; *Bucci* (Fischgerichte), Piazza delle Coppelle 54-58, gut; *Nazionale e Tre Re*, Via del Seminario 109-112 und Via de' Pastini 120, sehr besucht und nicht teuer; *Rosetta*, Via Giustiniani 22, Ecke Vicolo della Rosetta 1/2, der Front des Pantheons schräg gegenüber; *Jacobini*, Piazza di Pietra 64/65; *Castello dei Césari* (Pl. III 19, s. S. 312; *Aussicht), Via S. Prisca 7. — Anspruchsloser: *Flora*, Via Sistina 147; *Passetto*, Piazza di Tor Sanguigna 17 und Circo Agonale 52; *Fiorelli*, Via delle Colonnette

3-5, westl. von Corso Umberto I, nördl. von S. Carlo al Corso; *Café Greco* s. S. 145. — Die Trattorien am Petersplatz sind für Besucher des Vatikans bequem gelegen aber sonst weniger empfehlenswert.

Bierhäuser (*Birrerie*): *Gambrinushalle Bavaria* (Münchner und Pilsner Bier, G. $1^1/_2$, M. $2^1/_2$ fr.; deutsche Zeitungen), Corso Umberto I 392-394, gegenüber dem Café Peroni & Aragno (S. 145); *Pilsner Urquell & Weihenstephan* (G. 2 fr.), Piazza SS. Apostoli 52-57 und Piazza S. Silvestro 78-80; *Saverio Albrecht* (Münchner u. Pilsner Bier, kalte Küche), Via S. Giuseppe a Capo le Case 23/24, südl. von Piazza di Spagna; *Roma* (Münchner Bier, G. $1^3/_4$, M. $3^1/_2$ fr.), Via Nazionale 136; *Peroni*, Via di S. Marcello 19 (italien. Bier); *Anglo-American Bar*, s. S. 148. — Deutsches Bier wird übrigens auch in den besseren Cafés verschänkt.

Durchweg von den besseren Ständen werden besucht die mit guten Restaurants verbundenen **Toskanischen Weinstuben** (vgl. S. XVIII): *Rist. la Toscana*, Piazza Colonna 31; *Maroni*, Piazza S. Lorenzo in Lucina 33; *Trattoria Fiorentina*, Via Bocca di Leone 4-5.

ENGLISCHE und WIENER BÄCKER: *Colalucci*, Via del Babuino 91/95; *A. Donati*, Via Principe Umberto 145a (Cakes); *Lais*, Via della Croce 48-50 und Via S. Andrea delle Fratte 25/26; *Perego*, Via Nazionale 143; *Valan*, Via Condotti 79; *Gioggi*, Via S. Claudio 70-72; *Union Italo-Hollandaise*, Via S. Niccolò da Tolentino 32 und Corso Umberto I 318. — LATTERIE (Milchhandlungen, auch für Rahm, Butter, Eier): Via Sistina 104/105; Via delle Muratte 81/85; Via Capo le Case 7; Via Frattina 101; Via del Babuino 41a; Piazza S. Ignazio 126 (sterilisierte Milch). — KOLONIALWAREN: *Emporio Commestibili*, Corso Umberto I 230-232; *Fasani*, Piazza di Spagna 32/33; *Castrati*, Piazza Trevi 89/90; *Parenti*, Piazza di Spagna 46 und Via Nazionale 20; *Notegen*, Via della Vite 64; *Achino*, Piazza di Montecitorio 115/116. — DELIKATESSEN: *Dagnino*, Via Mario de' Fiori 103-106, Via del Tritone 51-56 und Corso Umberto I 295; *Albertini*, Via Nazionale 64/65; *Benzoni*, Via Maddalena 48; *Mehnert* (deutsche Wurstfabrik), s. S. 146. Zu erwähnen sind ferner die ROSTICCERIE, wo man mittags und abends frisch am Spieß gebratenes Fleisch und Geflügel kiloweise kauft: *Canepa*, Via Venti Settembre, Eingang Via Pastrengo 2 und Piazza delle Terme 84-86 (zugleich Restaurant); *Ferrarese*, Via Venezia 19; *Arduini*, Via Principe Amedeo 74, usw. — FRUCHTHÄNDLER: *Posidoro*, Via del Tritone 179; *Melano*, Via Agostino Depretis 55/57.

Weinkneipen (*Osterien*; vgl. S. XVIII), sehr zahlreich; wir nennen nur einige wenige: *L. de Angelis*, Piazza S. Claudio 93; *Barile*, Via del Pozzetto, bei Piazza S. Silvestro (Post); ferner Vicolo del Vaccáro 1 (am N.-Ende von Piazza SS. Apostoli) und Via del Tritone 175 (Montefiascone, s. S. 103); Via Palombella 2 (beim Pantheon); Piazza Trevi 95; *Goldkneipe*, Via della Croce 76a; *Pasquale*, Via di S. Andrea delle Fratte 9; *Attili*, Via del Tritone 88/89 (bis nach Mitternacht offen); *Pacifico Piperno* („Vater Abraham"), Via Monte de' Cenci 9, beim Pal. Cenci-Bolognetti (S. 252; Apr.-Mai in Öl gebratene Artischocken, carciofi „alla giudéa"). Ferner die Osterien vor den Toren, besonders vor Porta Pia (S. 415) und am Ponte Molle (S. 409) u. a., vgl. S. 158.

Bankhäuser (meist 9-4 Uhr geöffnet) *Nast-Kolb & Schumacher*, Pal. Marignoli, Corso Umberto I, Eingang Via S. Claudio 87 (Pl. I 18), österreichisches Generalkonsulat; *Nörrenberg & Co.*, Pal. Chigi, Piazza Colonna 370; *Schmitt & Co.*, Piazza S. Silvestro 81; *Banca d'Italia* (Pl. II 24; S. 191), Via Nazionale; *Banca Commerciale Italiana*, Pal. Doria, Via del Plebiscito 112; *Credito Italiano*, Corso Umberto I 347 (Agenturen: Piazza delle Terme 70 und Corso Vittorio Emanuele 47-49); *Ad. Riesler-Franz & figli*, Via Condotti 20; *French, Lemon & Co.*, Piazza di Spagna 49 50. — Wechsler am Corso Umberto I, in Via Condotti, am Pantheon usw.

Ärzte. Deutsche Ärzte: Dr. *Braude* (Deutsch-Russe), Via Modena 50[II]; Dr. *Bretschneider* (Deutsch-Italiener, s. S. 151), Via Condotti 85; Dr. *Flach* (Schweizer), Via Veneto 4c; Dr. *v. Fleischl* (Arzt der österreich. Botschaft), Piazza Rondanini 33; Dr. *V. Janssen* (im Sommer in Bad Kissingen), Via Sistina 48; Dr. *Ohle*, Via Venti Settembre 4; Dr. *Piper*, Piazza di Spagna 9; Dr. *Rosenthal*, Via Piemonte 1; Dr. *Wild* (Schweizer), Via Quattro Fontane 147.

Italienische Ärzte (sprechen nur z. T. deutsch): Prof. *G. Bastianelli*, Via Torino 107; Dr. *Campanella*, Piazza Barberini 51; Prof. *Galli* (für Herzkrankheiten), Viale del Policlinico 139; Prof. Dr. *Marchiafava*, Via del Sudario 14; Prof. Dr. *Mingazzini* (für Nervenleiden), Pal. Bernini (S. 216), Corso Umberto I 151; Dr. *Montechiari*, Via dei Crociferi 44; Prof. Dr. *Montesano* (für Hautkrankheiten), Via di Campo Marzio 69; Dr. *Taussig* (erster Arzt am Ospedale di S. Spirito, S. 342), Via della Croce 81.

Homöopathen: Dr. *Liberali*, Via Monserrato 25; Dr. *Mattòli*, Via Sistina 60; Dr. *Secondari*, Piazza Barberini 51.

Augenärzte: Prof. Dr. *Businelli*, Corso Vitt. Emanuele 252; Dr. *Neuschüler*, Via d'Aracoeli 58; Prof. Dr. *Parisotti*, Piazza Paganica 50; Dr. *Raimondi*, Via della Panetteria; Prof. Dr. *Scellingo*, Via Belsiana 1. — Ohrenärzte: Prof. Dr. *Francesco Egidi*, Via di Pietra 70; Prof. Dr. *Ferreri*, Via Cavour 71. — Chirurgen: Prof. *R. Bastianelli*, Piazza delle Terme 83; Dr. *Bompiani* (Geburtshelfer), Piazza S. Bernardo 106; Prof. Dr. *Curàtulo*, Vicolo S. Niccolò da Tolentino 1b (Frauenarzt, spricht deutsch); Prof. Dr. *Durante*, Klinik, Viale del Policlinico 129; Dr. *Luigi Egidi*, Via Bocca di Leone 22; Prof. Dr. *Mazzoni*, Via Condotti 9; Prof. Dr. *Postempsky*, Corso Umberto I 499. — Zahnärzte: Dr. *Adler*, Via Nazionale 119; Frau *Anna Baum*, Via Sistina 75; *Chamberlain* (Amerikaner), Via del Babuino 114, Ecke Piazza di Spagna; Prof. Dr. *Chiàvaro*, Via Nazionale 40; *Fenchell* (Amerikaner), Piazza di Spagna 93[I]; *Piergili-Lorentz*, Via Sistina 15; Dr. *Ribolla*, Via Condotti 21; *Maria Stehlin* (Schweizerin), Via Tomacelli, Eingang Via del Leoncino 32[I]; *Webb* (Amerikaner), Via Nazionale 87.

Apotheken: *G. Baker & Co.* (deutsche Botschaftsapotheke), Piazza di Spagna 41/42 und Piazza delle Terme 92/93; *G. Bartels & Co.*, Piazza Barberini 49; *Lorenzo Cavedoni*, Via Veneto 25-27; *James Evans* (engl.), Via Condotti 64-66; *H. Roberts & Co.* (engl.), Corso Umberto I 417/418, Ecke Piazza S. Lorenzo in Lucina; *Wall* (engl.), Via S. Niccolò da Tolentino 1; Dr. *Mancini*, Via del Babuino 98; *Garneri*, Via del Gambero 11-13; *Farmacia del Quirinale*, Via del Quirinale 44; *Reale*, Via Torino 140/141; *Berretti*, Via Frattina 117/118, Ecke Via Bocca di Leone 92-96, und viele andere. — *Homöopathische Apotheke (S. Fabi)*, Piazza di Spagna 4. — Verbandzeug: *Immelen*, Via Frattina 134; *Berretti*, s. oben.

Deutsche Krankenhäuser: *Hospital der deutschen Botschaft* (S. 270; Anmeldung bei Geh.-Sekretär Westphal, Via di Monte Tarpeo 24; leitender Arzt Dr. Bretschneider, S. 150; Preise für Deutsche 10, 6, 3, sonst 12, 8, 5 fr. tägl.); Privatkrankenhaus der deutsch-schweizerischen Kreuzschwestern *Suore della S. Croce*, Via S. Basilio 8: 10, 8, 6 fr. täglich. — Krankenpflegerinnen: evangelische, zu erfragen im Diakonissenheim, Passeggiata di Ripetta 19; katholische, Via di S. Basilio 8; englisch-katholische, Via Castelfidardo 45.

Bäder (1¼-2 fr., Trkg. 15-20 c.). In den Gasthöfen. Außerdem: **Istituto Kinesiterapico*, Via Plinio, mit guten Einrichtungen, Schwimmbad in pompejanischem Stil (1 fr.), römisch-irischem Bad (5 fr.) usw.; ferner Corso Umberto I 151 (Pal. Bernini); Via Volturno 37; Via Venezia 18. — *Flußbad* am Ponte Molle (S. 409; nur im Sommer). — *Hydrotherapische Anstalt:* Via Crociferi 44. — Schwedische Massage: *Gunhild Petterson*, Via Lombardia 47 (nur für Damen).

Barbiere (alle mit Damensalon): *Pasquali*, Via Condotti 11 und Corso Umberto I 423; *Cervoni*, Via del Babuino 102; Piazza di Spagna 58, Via del Babuino 101/102; *Allegretti*, Via Nazionale 134; *The Ladies' Toilet Co.* (nur für Damen), Corso Umberto I 461/462. — Parfümerien: *A. Bertelli & Co.*, Corso Umberto I 297-299; *Luciani*, Corso Umberto I 390; ebenda 296-299; *Brugia*, ebenda 341; *Al Piccolo Emporio*, Piazza S. Lorenzo in Lucina 5.

Bedürfnisanstalten (10 c.): Via Nazionale, neben der Galleria d'Arte Moderna (Pl. II 24); Vicolo dello Sdrucciolo, bei Piazza Colonna (Pl. I 18); Via dei Pianellari, bei der Kirche S. Agostino (Pl. II 15); Via Belsiana 22 (Pl. I 18); Vicolo del Mancino, bei Piazza Venezia (Pl. II 17, 15 c.); Via del Governo Vecchio (Pl. II 12); Passeggiata di Ripetta (Pl. I 14); hinter der Kolonnade des Petersplatzes, nach Porta Angelica hin (Pl. I 6); vor Porta del Popolo l. (Pl. I 13); auf dem Pincio (Pl. I 16); Via della Cuccagna, südlich von Piazza Navona (Pl. II 15), usw.

c. Künstleradressen. Künstlervereine. Kunsthandlungen.

Bildhauer: *Boesch*, Via Margutta 33; *Brandenburg* (Schweizer), Vicolo della Cancellata 2, bei Porta Angelica; *Dausch*, Via S. Giacomo 18; *Moses Ezekiel*, Piazza delle Terme 18; *Ferrari*, Via Augusto Valenziani 6, bei Porta Salaria; *Heinrich Gerhardt*, Passeggiata di Ripetta 33; *Glycenstein*, Via Margutta 51; *Guglielmi*, Via del Babuino 155; *Hans St. Lerche*, Via Fausta 4, vor Porta del Popolo; *Monteverde*, Piazza dell' Indipendenza 8-10; *Pier Pander*

Leihbibliotheken: *Loescher* (S. 153), deutsch (für ein Werk wöch. 1, monatl 3 fr.); *Luigi Piale*, Piazza di Spagna 1, über 25000 Bände, in engl., franz., auch in deutscher und italienischer Sprache, Geschichte und Kunst gut vertreten (ein Band monatl. 3, drei Bände monatl. 4 fr.), das Lesezimmer von Piale enthält nur engl., amerikan., franz., ital. Zeitschriften und Zeitungen (Abonnement wöch. 2, monatl. 3 fr.).

Zeitungen s. S. 161.

Buchbinder (römische Pergamentbände): *Andersen*, Via Collina 38-40; *Glingler*, Via della Mercede 35/36, Piazza di Spagna 80 und Via Sistina 17/18; *Olivieri*, Piazza di Spagna 30; *Società Cooperativa*, Piazza della Pigna 12 (billig).

Musik. *Clara Bretschneider*, Via Condotti 85[1], Verkauf und Leihanstalt von Pianofortes und Musikalien; *Bossola*, Corso Umberto I 140; *Venturini*, ebenda 335a; *Ricordi*, ebenda 268/269, *Modes*, s. S. 153.

Photographien: *Alinari & Cook*, Corso Umberto I 137a, *Anderson*, Verkauf in der Buchhandlung von Spithöver, S. 153; *Brogi* (A. Negenborn), Corso Umberto I 419, Ecke Via Fontanella di Borghese, *Romualdo Moscioni*, Via Condotti 76; *Ferrari*, Via Condotti 23a; *Glingler*, s. oben; *Comp. Fotografica*, Via Condotti 10a; *H. Vendel*, Via Sistina 25/26; ferner in den Buchhandlungen *Loescher*, *Modes* (S. 153) und *Piale* (s. oben). — Künstlerphotographien (figürliche und landschaftliche Studien): *Gugl. Plüschow*, Corso Umberto I 333.

Photographische Bedarfsartikel: *Enrico Navone & Co.*, Via del Tritone 199/200; *Brügner*, Via del Quirinale 52; *Scarpettini*, Corso Umberto I 227, *Vasari*, Via Mercede 38 und Via Ludovisi 6; *Rocca*, Via del Babuino 92b.

Photographen. Für Bilder u. dergl.: *Fabbri*, Via Capo le Case 90[1], für Porträte: *Le Lieure*, Vicolo del Mortaro 19; *Felicetti*, Piazza di Spagna 9; *Montabone*, Via Nazionale 188; *Schemboche & Baldi*, Via della Mercede 54; *Nucci*, Via del Quirinale 7; *d'Alessandri*, Via Condotti 63; *Spadoni* (Kinderporträte), Via Due Macelli 66/67.

Kupferstiche: *Regia Calcografia*, die ehem. Stamperia Camerale (billig. die großen Veduten von Piranesi 4, 5 und 8 fr.; reichhaltiger Katalog), Via della Stamperia 6 (Pl. I 21, S. 175; geöffnet 9-3 Uhr). Alte Stiche: *Kempner*, Via Condotti 51/52; *C. Lang & Co.*, Via Bocca di Leone 11.

Kleidung u. dergl. — Fertige Herren- und Damenkleider: *Fratelli Bocconi*, Corso Umberto I, bei Piazza Colonna. — Herrenschneider: *Mattina*, Corso Umberto I 107[1], auf Piazza S. Carlo; *Mortari*, Piazza Sciarra 333; *The London House*, Corso Umberto I 403; *Old England*, Via Nazionale 114-119; *Unione Militare*, Via in Lucina, Pal. Giorgi; *Fratelli Reanda*, Piazza SS. Apostoli 61; *Solaro*, Piazza Montecitorio 127. Gesellschaftsanzüge zu leihen: Corso Umberto I 177, 312/313, 415.

Damengarderobe und Putz: *Pontecorvo*, Corso Umberto I 170-172; *Agostini*, Piazza Poli 35-37, Ecke Via del Tritone; *Carlo Nucci*, Via del Tritone 188-192; *Festari & Pontecorvo*, Via Nazionale 173-177; *Bori*, ebenda 251; *Comp. Lyonnaise*, Corso Umberto I 473-477; *Lucie Laroche*, Piazza delle Terme 89-91; *Milani*, Corso Umberto I 59/60; *De Sanctis*, ebenda 473-477; *Cima & Scagliotti* (Putz), Via Frattina 32; *Giordani*, Via S. Niccolò da Tolentino 26[1] (billiger); *Stelluti*, Corso Umberto I 61-63. — Stoffe: *S. di P. Coen & Co.*, Via Tritone Nuovo 37-45. — Weißwaren, Modewaren usw.: *Franceschini*, Corso Umberto I 141; *Ballario*, Via Colonna 27; *Moglia*, Corso Umberto I 135/136; *Borgia*, Via dei Prefetti 20/21; *Frette & Co.*, Via Nazionale 83-85; *Melzi*, Via Frattina 91/92; *Al piccolo Parigi*, Corso Umberto I 152; *Industrie Femminili Italiane*, Via Marco Minghetti. — Spitzen: *M. Jésurum & Co.*, Piazza di Spagna 39/40.

Wäsche: *Schostal*, Corso Umberto I 158/159; *Kent & Co.*, Via Condotti 36/37; *English Warehouse*, Via del Tritone 32-34 und Via Condotti 61; *La Perfezione*, Corso Umberto I 309/310; *Al Mondo Moderno*, Corso Umberto I 318/319.

Hüte: *Miller*, Via Condotti 16; *Viganò*, Via Marco Minghetti 5-8 und Via Cavour 75; *Martinoli*, Corso Umberto I 264; *Radiconcini*, ebenda 166/177.

Krawatten, Kragen und Handschuhe: *Merola*, Corso Umberto I 143-145 und Via Nazionale 62; *Signorelli*, Via del Tritone 11; ferner Corso Umberto I 318 und Via Condotti 49/50.

Schuhwerk: *Bambacioni*, Via Frattina 11/12 (Damenschuhe); *Mazzocchi*, Via Torino 9/10, Via Due Macelli 47/48 und Via Nazionale 236; *Forte*, Via Venti Settembre 34.

Römische Seidenwaren: *Beretti*, Piazza della Minerva 75; *Bolla*, Via Condotti 67; *Roman Silk Weaving Co.*, ebenda 82/83; *Pieragostini*, Piazza di Spagna 63; *De Felici*, ebenda 97/98; *C. Andreoni*, Piazza del Popolo 16/17. — Römische Kostüme: *Sirotti*, Via Sistina 24; Piazza di Spagna 63.

Reiseartikel: *O. Franzi & Co.*, Corso Umberto I 408/409; *Sbrenna*, Piazza Barberini 20/21; *Old England*, Via Nazionale 114-119; Sattlerarbeiten bei *Destefani*, Via del Tritone 204; *De Angelis*, Via Capo le Case 95.

Galanterie- und Kurzwaren: *Jonetti*, Via Condotti 17-19; *A. Cagiati*, Corso Umberto I 249-255; *Bianchelli*, ebenda 377-383; *Old England*, Via Nazionale 114-119; *E. Sarteur*, Corso Umberto I 265.

Schirme und Fächer: *Gilardini*, Corso Umberto I 185; *Gualtari*, Corso Umberto I 144, usw.

Tischler: *A. Cagiati*, Corso Umberto I 249-255; *Mangold*, Via del Babuino 70-72 und 103; *Gieffers*, Via S. Susanna 11; *Lademann*, Via Corsi 30, vor Porta del Popolo. — Holzkästchen für Postsendungen (Blumen), Via Capo le Case 35.

Optiker: *Hirsch*, Corso Umberto I 402; *Priotti*, ebenda 412; *Suscipi*, ebenda 157.

Uhrmacher: *Hausmann*, Corso Umberto I 406; *Michaelsen*, Via delle Convertite 15, bei der Post; *Kohlmann*, Via Condotti 69; *Conti*, Piazza di Spagna 53.

g. Kirchenfeste. Deutscher Gottesdienst.

Die **Kirchenfeste** haben seit 1870 ihren äußeren Glanz verloren. Zu Messen in der Sixtinischen Kapelle (vgl. S. 360) Zutritt zu erhalten (Herren in Frack oder Uniform, Damen in schwarzem Kleide und schwarzem Schleier oder schwarzer Haube), gelingt nur bei gewichtiger Empfehlung. Dagegen sind zu Ostern bei den Hotelportiers oder in den S. 158 gen. Devotionaliengeschäften gelegentlich Karten zu den großen Pilgerempfängen zu kaufen (3-5 fr.). Musikaufführungen in der Peterskirche s. S. 351.

Auskunft über die kirchlichen Feierlichkeiten gibt das jährlich erscheinende *Diario Romano* (60 c., Sternchen bezeichnen die aufgehobenen Feste), über die Zeremonien der h. Woche und ihre Bedeutung das *Manuale delle cerimonie che hanno luogo nella settimana santa e nell' ottava di pasqua al Vaticano* (1 fr.; auch französisch), sowie *Karl Postumus' Führer für die Ostergebräuche der katholischen Kirche in Rom* (Breslau 1895, 1 *M.*). Angaben über die Kirchenfeiern bringen ferner der S. 161 gen. Roman Herald, sowie die Anschläge im Schaufenster bei *Piale* (S. 154). Über die mit Illumination verbundene vierzigstündige Ausstellung der Hostie („Quarantore") geben Anschläge an den Pfarrkirchen Auskunft.

Die wichtigsten Feste, zu denen jedermann Zutritt hat, sind folgende:

Januar 1. *Gesù* (S. 242): 10½ Uhr Hochamt, Illumination.

6. Epiphanias. *S. Andrea della Valle* (S. 243): 10½ Uhr Ausstellung der vom Fürsten Torlonia geschenkten Gruppe der Anbetung der h. drei Könige.
S. Atanasio dei Greci (Pl. I 17), in Via del Babuino: 10 Uhr Hochamt nach griechischem Ritus.

17. *S. Eusebio*, Piazza Vitt. Em. (S. 199): Einsegnung der Pferde.

18. *S. Prisca* auf dem Aventin (S. 312).

20. *S. Sebastiano*, an der Via Appia (S. 421).

— 21. *S. Agnese fuori* (S. 415): früh Lämmerweihe.

— *S. Agnese* am Circo Agonale (S. 239): 10¾ Uhr Hochamt, gute Musik. Die unterirdischen Kapellen offen.

— 25. *S. Paolo fuori* (S. 424).

— 30. *SS. Martina e Luca* am Forum (S. 293).

31. *S. Clemente* (S. 321): Beleuchtung der Unterkirche von 3 Uhr nachm. bis Sonnenuntergang.

Febr. 1. *S. Clemente* (S. 321): wie am 31. Januar.

— 2. Mariä Lichtmeß (Purificazione). *Peterskirche* (S. 344): 9¾ Uhr Hochamt, Tedeum. Kerzenweihe.

— *S. Biagio della Pagnotta* (S. 250), an Via Giulia: 10½ Uhr armenischer Gottesdienst.

Am Aschermittwoch sowie an allen Sonntagen in den Fasten: berühmte Fastenpredigten in *Gesù* (S. 242), *S. Maria sopra Minerva* (S. 236; schlechte Akustik), *S. Lorenzo in Damaso* (S. 245) und andern Kirchen.

März 7. *S. Maria sopra Minerva* (S. 236): Fest des h. Thomas von Aquino.

9. *S. Francesca Romana* (S. 286): 10¾ Uhr Hochamt; vorm. bis 11 Uhr und nachm. von 3 Uhr an ist das Wohnhaus der Heiligen in dem Nonnenkloster in Via Tor de' Specchi (Pl. II 17) geöffnet.

12. *S. Gregorio Magno* (S. 317): 10½ Uhr Hochamt, die Seitenkapellen geöffnet.

— 16. Fest in der Kapelle des *Palazzo Massimi* (s. S. 244).

— 25. Mariä Verkündigung. *S. Maria sopra Minerva* (S. 236): 10½ Uhr Hochamt.

— 31. *S. Balbina* (S. 313).

Palmsonntag. *Peterskirche* (S. 344): 10 Uhr nach dem Hochamt Prozession und Palmenweihe.

Mittwoch. 2 St. vor Ave Maria Lamentationen und Miserere in allen Kirchen, beachtenswert nur in der *Peterskirche* (S. 344; Vorzeigung der Passionsreliquien) und in *S. Giovanni in Laterano* (S. 326; bester Gesang).

Gründonnerstag. Lamentationen, Miserere usw. wie am Mittwoch; nach dem Miserere Waschung des Hochaltars in der *Peterskirche* (S. 344).

Karfreitag. 10 Uhr vorm. Grablegung in allen Kirchen, am interessantesten in *S. Croce in Gerusalemme* (S. 202), in der *Peterskirche* (S. 344) und im *Gesù* (S. 242); die Ausstellung der Gruppen bleibt bis Samstag Abend. — 2 Stunden vor Ave Maria Lamentationen, Miserere usw. wie am Mittwoch. — Abends in *S. Marcello al Corso* (S. 218: die sieben Klagen Mariä; stark besucht).

Samstag vor Ostern. Zwischen 7 und 8 Uhr früh in allen Kirchen Entzündung des h. Feuers. — Im *Baptisterium des Lateran* (S. 325): Taufe bekehrter Heiden und Juden; Priesterweihe.

Ostersonntag. *Peterskirche* (S. 344): 10 Uhr vorm. Hochamt am Hochaltar; Vorzeigung der Passionsreliquien.

Himmelfahrt. *S. Giovanni in Laterano* (S. 326): 10 Uhr vorm. Hochamt.

Corpus Domini (Fronleichnam). Prozessionen in den Kirchen, am glänzendsten in der *Peterskirche* (S. 344), in *S. Giovanni in Laterano* (S. 326) und im *Gesù* (S. 242).

April 23. *S. Giorgio in Velabro* (S. 304).
— 29. 30. *S. Maria sopra Minerva* (S. 236): Kapelle der h. Katharina für Frauen geöffnet.
Mai 1. *SS. Apostoli* (S. 228).
— 3. *S. Croce in Gerusalemme* (S. 202): $10^3/_4$ Uhr Hochamt, Vorzeigung der Reliquien vom h. Kreuze.
— 6. *S. Giovanni a Porta Latina* (S. 315).
— 12. *SS. Nereo ed Achilleo* (S. 314).
— 14. *S. Alessio* (S. 309) auf dem Aventin.
— 26. *S. Maria in Vallicella* (*Chiesa Nuova*, S. 246): Fest des h. Filippo Neri, dessen Wohnung geöffnet ist.
Juni 24. *S. Giovanni in Laterano* (S. 326): 10 Uhr Hochamt.
— 26. *SS. Giovanni e Paolo* (S. 318): Unterkirche geöffnet.
— 29. St. Peter und Paul. *Peterskirche* (S. 344): 10 Uhr Hochamt.
— 30. *S. Paolo fuori* (S. 424).
Juli 31. *Gesù* (S. 243).
Aug. 1. *S. Pietro in Vincoli* (S. 205): Petri Kettenfeier.
— 5. *S. Maria Maggiore* (S. 196): 10 Uhr Hochamt, künstlicher Schneefall.
— 10. Feier in allen Laurentiuskirchen (*S. Lorenzo*).
— 25. *S. Luigi de' Francesi* (S. 238): $10^1/_2$ Uhr Hochamt.
— 29. *S. Sabina* (S. 308), auf dem Aventin.
Sept. 27. *SS. Cosma e Damiano* am Forum (S. 284).
— 29. *S. Angelo in Pescheria* (S. 253).
Okt. 18. *SS. Martina e Luca* (S. 293), am Forum.
Nov. 2. Allerseelen (Giorno de' morti). *S. Maria della Concezione* (Kapuzinerkirche, S. 177).
— 4. *S. Carlo al Corso* (S. 216): $10^3/_4$ Uhr Hochamt.
— 8. *SS. Quattro Coronati* auf dem Caelius (S. 324).
— 9. *S. Teodoro* am Palatin (S. 304).
— 12. *S. Martino ai Monti* (S. 201).
— 22. *S. Cecilia in Trastevere* (S. 402): $10^1/_4$ Uhr Kirchenmusik.
— — Beleuchtung der *Callistus-Katakomben* (S. 432): $9^1/_2$ Uhr vorm. Messe mit vierstimmigem Gesang.
— — *S. Clemente* (S. 321): Beleuchtung der Unterkirche von 3 Uhr nachm. bis Sonnenuntergang.
— 23. *S. Clemente* (S. 321): wie am 22. November.
Dez. 2. *S. Bibiana* auf dem Esquilin (S. 199).
— 5. *San Saba* auf dem Aventin (S. 312).
— 6. *S. Nicola in Carcere* (S. 253), bei Piazza Montanara: in der Sakristei früh Bescherung für arme Kinder.
— 8. *Gesù* (S. 242): Feier von Mariä Empfängnis.
— 24. 25. *S. Maria Maggiore* (S. 196): Ausstellung der h. Krippe.
— 25. *S. M. in Aracoeli* (S. 256): 10 Uhr Hochamt, Prozession mit dem „Santo Bambino", Beginn der Kinderpredigten (s. S. 257).
— 26. *S. Stefano Rotondo* (S. 320): Hochamt des Collegium Germanicum (S. 179).
— 27. *S. Giovanni in Laterano* (S. 326): Ausstellung der Köpfe der Apostel Petrus und Paulus.
— 28. *S. Paolo fuori* (S. 424).
— 31. Ambrosianischer Lobgesang in allen Kirchen.

Römisch-katholische deutsche Nationalkirche: Santa Maria dell' Anima (Pl. II 15; S. 240). Wohnung der Geistlichen Via della Pace 20. So. vorm. 10 (im Sommer 11) Uhr Knabengesang der Schola Gregoriana, eines Chorknabenkonvikts.

Devotionalien (Rosenkränze, Medaillen u. dergl.): *Tanfani & Bertarelli*, Piazza della Minerva, Ecke Via di S. Chiara; *J. Recktenwald* (Deutscher), Via dell' Anima 64b/65; *Finocchi*, *Calabresi*, beide Piazza della Minerva; *J. Barale*, Via Condotti 30; ferner Via Condotti 95, sowie im Borgo von der Engelsbrücke bis St. Peter.

Protestantischer Gottesdienst. Deutsch: in der deutschen Botschaftskapelle, Palazzo Caffarelli, Sonntag 10 Uhr vorm. (Prediger Dr. Schubert). Italienisch: Via Nazionale 107 (Waldenser; So. 10$^3/_4$ Uhr vorm.; Pastor Rostagno); Via Panico 43, gegenüber der Engelsbrücke (freie ital. Kirche), u. a.

h. Theater. Volksfeste. Straßenleben. Garnison.

Theater (vgl. S. xxi): *Teatro Argentina* (T. Comunale; Pl. II 14; S. 251), Via di Torre Argentina, unweit S. Andrea della Valle. — *T. Costanzi* (Pl. II 27), Via Firenze; *T. Valle* (Pl. II 15), südl. von der Sapienza, Schauspiel; *T. Drammatico Nazionale* (Pl. II 24; S. 192), Via Nazionale, bei Pal. Colonna; *T. Quirino* (Pl. II 18, 21), Via delle Vergini, unweit Fontana Trevi; *T. Adriano*, Piazza Cavour (Pl. I 11). — Dann die kleineren: *T. Metastasio* (Pl. I 15), Via di Pallacorda, bei Via della Scrofa, und *T. Manzoni* (Pl. II 27), Via Urbana 153. — **Singspielhallen**: *Salone Margherita*, Via Due Macelli; *Olympia*, Via S. Lorenzo in Lucina. — **Konzertsäle**: *S. Cecilia*, Via de' Greci 18; *Sala Pichetti*, Via del Bufalo 131, u. a.

Volksfeste. — In der Nacht vom 5. auf den 6. Jan. *(Epiphanias)* findet auf der Piazza Navona (S. 239) ein Jahrmarkt statt, wobei das Volk mit Kindertrompeten, Rasseln u. dergl. einen unglaublichen Lärm vollführt (die sog. „Befana"). — Der einst berühmte, von Goethe geschilderte *Karneval* macht sich jetzt nur durch größeres Leben auf dem Corso bemerkbar. Damen werden gut tun, diesen an den Haupttagen nicht zu betreten. — In der Nacht vom 23. auf den 24. Juni wird in der Umgebung des Laterans das volkstümliche Johannisfest *(Festa di S. Giovanni)* gefeiert. — Um die Zeit der Weinlese besuchen die Römer in Scharen die Osterien vor den Toren (vor Porta Pia, am Ponte Molle), und singen und tanzen; das sind die *Oktoberfeste* („Ottobrate"). — Seit 1870 ist das *Verfassungsfest (Festa dello Statuto)* eingeführt, am ersten Sonntag des Monats Juni: vormittags Parade auf der Piazza del l'Indipendenza oder im Castro Pretorio (S. 180), abends Feuerwerk („Girándola") auf dem Pincio und der Piazza del Popolo. — Am Tage der *Gründung Roms* (Natale di Roma, 21. April) pflegt das Kolosseum bengalisch beleuchtet zu werden. — *Pferderennen* werden auf dem S. 410 gen. Rennplatz abgehalten.

Straßenleben. — In der Nähe der Spanischen Treppe, in Via del Babuino und Via Sistina (Pl. I 20, 21; S. 174, 176) pflegen sich die Künstlermodelle aufzuhalten; die meisten stammen aus den Sabiner Bergen (Saracinesco, Anticoli Corrado, S. 457), der sog. Ciociaria (ciocia, die Sandale). Ihre Trachten sind durch Photographien und Bilder weltbekannt geworden. — Sammelplätze des Landvolks sind: namentlich Sonntags vor dem Pantheon (Pl. II 18; S. 234), unterhalb des Kapitols auf Piazza Montanara (Pl. II 16; S. 253) und der Markt auf Campo di Fiore (Pl. II 14; S. 248). Über den Trödelmarkt bei der Cancelleria vgl. S. 246.

Unter den geistlichen Trachten fallen besonders die der verschiedenen Seminaristen auf: die *Deutschen* und *Ungarn* (S. 179) tragen Rot („gàmberi", Krebse); die *Engländer* (S. 249) und *Franzosen* Schwarz; die *Schotten* violette Sutane mit rotem Zingulum und schwarzem Mantel; die *Spanier* (S. 232) Schwarz mit blauem Zingulum und blaugestreiftem schwarzen Mantelkragen; die *Belgier* Schwarz mit roten Nähten; die *Böhmen* Schwarz mit gelbbraun gestreiftem Zingulum; die *Polen* Schwarz mit grünem Zingulum; die *Griechen* und *Rutenen* Blau mit rotem Zingulum; die *Nordamerikaner* Schwarz mit blauer Litze und rotem Zingulum; die *Südamerikaner* Schwarz mit blauem Zingulum und blauem Futter; die *Armenier* eine weite schwarze Kleidung mit rotem Zingulum. Die Mitglieder der *Propaganda* (S. 175) tragen Schwarz mit rotem Zingulum und rotem Futter.

Garnison. *Linieninfanterie,* Uniform: dunkelblauer kurzer Waffenrock, „giubba" (Joppe), der für die ganze Armee gleich ist, mit rotem Vorstoß, schwarzen Aufschlägen und Kragen mit rotem Vorstoß, blaugraue Beinkleider (bei den Offizieren mit breitem, scharlachroten Streifen), Käppi, schwarzes Lederzeug; Gradabzeichen an Ärmeln und Käppi: Unteroffiziere rote Borde und Schnur, Porteepeeunteroffiziere silberne Borde, Offiziere silberne Schnur, Stabsoffiziere außerdem silberne Tresse. — *Bersaglieri,* Schützen, eine Elitetruppe nach Art der österreichischen Kaiserjäger; Uniform: dunkelblauer Waffenrock und Beinkleider (bei den Offizieren mit breitem, karmesinroten Streifen), karmesinroter Besatz, grüne Fangschnüre, schwarzes Lederzeug, runder Lacklederhut mit herabhängendem Hahnenfederbusch. — *Kavallerie:* dunkelblau mit verschiedenem Regimentsbesatz, blaugraue Beinkleider mit zwei breiten schwarzen Streifen, bei Offizieren in der Farbe der Aufschläge, Gradabzeichen rot (resp. silbern), Pelzmütze (bei den „Lancieri" mit zwei gekreuzten Lanzen, bei der leichten Kavallerie mit einem Horn); die alten savoyischen Regimenter (1-4) tragen Stahlhelme mit goldenem Kamm. — *Feld- und Fußartillerie:* dunkelblau mit gelbem Besatz, gelbes Lederzeug, Käppi mit gekreuzten Kanonenrohren; Offiziere mit breiten gelben Streifen am Beinkleid. — *Genietruppen:* dunkelblau mit Karmesinbesatz, schwarzes Lederzeug, Käppi mit gekreuzten Hacken. — Außerdem sind hierher die S. XXIII gen. *Carabinieri* zu rechnen (1 Regiment zu Fuß, 1 oder

2 Schwadronen zu Pferde: schwarzer Frack, schwarze Beinkleider, Kragen und Aufschläge, scharlachroter Vorstoß, in den Enden der Frackschöße je eine silberne Granate, weißes Lederzeug, quer getragener Dreimaster; Unteroffiziere mit silbernen Tressen an Kragen und Aufschlägen, sowie weißen Fangschnüren; die Berittenen und Offiziere mit breitem roten Streifen am Beinkleid; für Offiziere außerdem Waffenrock, Kragen und Aufschläge mit Silberstickerei, zur Parade Frack mit rotem Umschlagkragen und längs getragenen Dreimaster. — Aus den Carabinieri rekrutiert sich die c. 80 Mann starke kgl. Leibgarde, *Guardie del Re* (blauschwarzer Waffenrock mit silbernen Knöpfen, rotem Umschlagkragen und Aufschlägen, bei den Offizieren silbergestickt; Mannschaften zu Fuß: blauschwarze Hosen mit breitem roten Streifen; Reiter: hellgraue Hosen mit schwarzem Besatz, zur Parade weiße Wildlederhosen und Stulpstiefel, sowie Küraß, reicher Metallhelm, zur Parade mit schwarzem Roßhaarschweif, Pallasch mit goldenem Stichblatt).

i. Bibliotheken und wissenschaftliche Anstalten. Zeitungen.

1. *Biblioteca Apostolica Vaticana:* Benutzung s. S. 390. Präfekt P. Franz Ehrle. Arbeitszeit: 1. Okt. bis Ostern 9-1, Ostern bis 29. Juni 8-12 Uhr, So. Do. und Festtags geschlossen.

2. Bibliotheken unter staatlicher Verwaltung; über die Benutzung vgl. den Aushang in der Bibl. Vittorio Emanuele: *Bibl. Alessandrina* (S. 238; 114000 gedruckte Bände), Nov.-Juni 9-2 und 6-9 Uhr abends, Juli-Okt. 8-2 Uhr. — *Bibl. Angelica* (S. 232; 80000 gedruckte Bände und 2343 Handschriften), wochentags 9-2 Uhr. — *Bibl. Casanatense* (S. 237; 117000 gedruckte Bände und 5451 Handschriften), außer So. Okt.-Mai 9-3, Juni-Sept. 7-1 Uhr. — *Bibl. Vittorio Emanuele* (S. 221; seit 1870 aus der ehem. Jesuiten- und andern Klosterbibliotheken gebildet und durch Ankauf moderner Werke fortwährend vermehrt, jetzt 350000 gedruckte Bände und 6200 Handschriften umfassend), Nov.-Juni 9-6, Juli-Okt. 9-3 Uhr. Der große Lesesaal und das reichhaltige Journalzimmer sind öffentlich. Zur Benutzung der „Sala riservata" mit trefflicher Handbibliothek ist ein Permeß erforderlich. Die Bibliothek ist die einzige in Rom, welche die Bücher ausleiht (gegen Bürgschaft der Gesandtschaft oder des Konsulats: näheres im Uffizio dei Préstiti daselbst, 1 Treppe). Direktor Commendatore Conte Dom. Gnoli.

3. Instituts- und Privatbibliotheken: *Bibl. S. Cecilia,* Via de' Greci 18, tägl. 9-12 Uhr (Musikalien). — *Bibl. Chisiana* (S. 217; wertvolle Handschriften): unzugänglich. — *Bibl. Corsiniana* (S. 398), öffentlich: außer So. u. Mi., 1. Okt.-31. März 1-4, 1. April-30. Juni 2-5 Uhr. — *Bibl. Lancisiana* (medizinische Bücher), im Hospital von S. Spirito (S. 342), tägl. 9-3, 1. Juni-30. Sept. 8-2 Uhr. — *Bibl. Sarti,* in der Akademie von *S. Luca* (S. 293), tägl. außer Sa. So.,

im Sommer 8-2, im Winter 9-3 Uhr. — *Bibl. Vallicelliana* (S. 247, 1581 vom h. Filippo Neri gegründet, seit 1884 im Auftrag des Staats von der Società Romana di Storia Patria verwaltet, mit wertvollen Handschriften), öffentlich: wochentags 9-3 Uhr.

4. Wissenschaftliche Anstalten: *Kaiserlich Deutsches Archäologisches Institut* (S. 270), mit reicher Bibliothek; zweiter Sekretär Prof. Dr. Chr. Hülsen. — *Königlich Preußisches Historisches Institut* (Istituto Storico Prussiano), Pal. Giustiniani (S. 239); Direktor und erster Sekretär Geh. Reg.-Rat Prof. Dr. P. Kehr, zweiter Sekretär Prof. Dr. K. Schellhaß. — *K. K. Österreichisches Historisches Institut* (Istituto Austriaco di Studi Storici), Via della Croce 74; Direktor Hofrat Prof. Dr. L. Pastor. — *Englisches Archäologisches Institut* (British School at Rome), Pal. Odescalchi (S. 219, Eingang Piazza SS. Apostoli); Direktor Dr. Th. Ashby. — *Amerikanisches Archäologisches Institut* (American School of Classical Studies), Via Vicenza 5; Direktor Dr. J. B. Carter. — *Ecole Française de Rome* (für Archäologie, Geschichte und Kunstgeschichte), Pal. Farnese (S. 248); Direktor Msgr. L. Duchesne. — *Nederlandsch Historisch Instituut te Rome*, Via Federico Cesi 72; Direktor Dr. G. Brom.

Zeitungen werden auf der Straße verkauft (meist 5 c. die Nummer): *Giornale d'Italia*, *Tribuna*, *Popolo Romano*, *Vita*, *Corriere d'Italia; Italie* (französisch; 10 c.); *Messaggero; Osservatore Romano*, *Vera Roma*, beide klerikal. Witzblätter sind *il Travaso delle Idee* (10 c.) und *Rugantino*, letzteres in römischem Dialekt. Von Nov. bis Mai erscheint Sa. das englische Wochenblatt *The Roman Herald* (20 c.; vgl. S. 155). Deutsche Zeitungen findet man in den größeren Cafés sowie Piazza di Spagna 61.

k. Besuchsordnung der wichtigsten Sammlungen, Villen, Ruinen usw.

Über kirchliche, staatliche und städtische Feiertage, an denen die Sammlungen geschlossen sind, vgl. S. xx.

	So. u. Festt.	Montag	Dienst.	Mittw.	Donn.	Freitag	Samstag	Wo nicht das Gegenteil bemerkt ist, ist der Eintritt frei.
Accademia di S. Luca (S. 293)	9-1	9-3	9-3	9-3	9-3	9-3	9-3	1 fr.; 16. Juli - 15. Sept. geschl.: vgl. auch S. 293.
Antiquarium (S. 316; städtisch)	—	9-5	9-5	9-5	9-5	9-5	9-5	50 c.
Barberini, Galleria (S. 178)	—	10-5	10-5	10-5	10-5	10-5	10-5	1 fr.
Barracco, Museo (S. 247)	—	—	10-2	—	—	10-2	—	Vgl. S. 247; 15. Juli-1. Okt. geschlossen.
Borghese, Casino (S. 207; staatlich)	10-1	10-4	10-4	10-4	10-4	10-4	10-4	1 fr., So. frei; 1. März-31. Aug. 12-6 (So. 10-1) Uhr.
Caffarelli, Palazzo (Thronsaal, S. 256)	—	11-12	—	11-12	—	11-12	—	
Caracalla-Thermen (S. 313)	v. 10 U. an	v. 9 U. an	v. 9 U. an	v. 9 U. an	v. 9 U. an	v. 9 U. an	v. 9 U. an	bis Sonnenuntergang: 1 fr., So. frei; 1. Juni-20. Sept. 7 (So. 8)-12 und von 3 Uhr an.
Colonna, Galleria (S. 228)	—	—	10-3	—	10-3	—	10-3	1 fr.
Corsini, Galleria Nazionale (S. 396; staatl.)	10-1	9-3	9-3	9-3	9-3	9-3	9-3	1 fr., So. frei; 1. Juni-30. Sept. 8-2 (So. 10-1) Uhr.
Doria-Pamphilj, Galleria (S. 225)	—	—	10-2	—	—	10-2	—	Juli-Aug. geschlossen.
Engelsburg (S. 339)	10-1	10-4	10-4	10-4	10-4	10-4	10-4	1 fr., So. frei.
Farnesina, Villa (S. 394)	—	10-3½	—	10-3½	—	10-3½	—	1 fr.; auch 1. u. 15. jed. Monats; an Festt. u. Juli-Sept. geschlossen.
Forum Romanum (S. 271; staatlich)	v. 10 U. an	v. 9 U. an	v. 9 U. an	v. 9 U. an	v. 9 U. an	v. 9 U. an	v. 9 U. an	bis Sonnenuntergang; 1 fr., So. frei; 1. Juni-20. Sept. 7 (So. 8)-12 und von 3 Uhr an.
Galleria d'Arte moderna (S. 190; staatl.)	10-1	9-3	9-3	9-3	9-3	9-3	9-3	1 fr., So. frei; 1. Mai-30. Sept. 8-2 (So. 10-1 Uhr).
Kapitolinisches Museum (S. 259; städt.)	10-1	10-3	10-3	10-3	10-3	10-3	10-3	1 fr., So. frei; vgl. S. 259.
Katakomben des h. Callistus (S. 432)	mrg.-ab.	mrg.-ab.	mrg.-ab.	mrg.-ab.	mrg.-ab.	mrg.-ab.	mrg.-ab.	1 fr.; Sommer 11½-2½ geschlossen.

	(So.) mrg.-ab.	(Mo.) mrg.-ab.	(Di.) mrg.-ab.	(Mi.) mrg.-ab.	(Do.) mrg.-ab.	(Fr.) mrg.-ab.	(Sa.) mrg.-ab.	
Katakomben der Domitilla (S. 433)								1 fr.
Kircheriano, Museo (S. 221; staatlich)	10-1	10-4	10-4	10-4	10-4	10-4	10-4	1 fr., Sonntags frei.
Konservatorenpalast (S. 263; städtisch)	10-1	10-3	10-3	10-3	10-3	10-3	10-3	1 fr., So. frei; vgl. S. 259.
Lateran { Antiken (S. 329)	—	—	10-3	—	10-3	—	10-1	1 fr., Sa. frei; 1. Juni-30. Sept. 9-1 (Antiken Sa. 9-12); ersten Sa. jed. Monats Christl. 10-1 (1. Juni-30. Sept. 9-12), Antiken geschl.
Lateran { Christl. u. Bildersammlung (S. 332, 334)	—	10-3	—	10-3	—	10-3	—	
Medici, Villa, Garten u. Gipsabgüsse (S. 173)	—	—	—	9-12, 2-5	—	—	9-12, 2-5	1. Juni-30. Sept. geschl.
Palatin (S. 297; staatlich)	v. 10U. an	v. 9U. an	v. 9U. an	v. 9U. an	v. 9U. an	v. 9U. an	v. 9U. an	bis Sonnenuntergang; 1 fr., So. frei; 1. Juni-20. Sept. 7 (So. 8)-12 und von 3 Uhr an.
Peterskuppel (S. 353)	—	8-11	8-11	8-11	8-11	8-11	8-11	Permeß (außer Sa.) s. S. 353.
Quirinale, R. Palazzo del (S. 193)	1-4	—	—	—	1-4	—	—	Permeß s. S. 193.
Rospigliosi-Pallavicini, Casino (S. 194)	—	—	—	9-3	—	—	9-3	
Thermenmuseum (S. 182; staatlich)	10-1	10-4	10-4	10-4	10-4	10-4	10-4	1 fr., Sonntags frei.
Vatikanische Sammlungen (S. 355. 360, 373, 390) { 1. Capp. Sistina, Stanzen Raffaels, Bildergal.	—	10-3	10-3	10-3	10-3	10-3	10-1	1. Juni-30. Sept. 9-1 (Sa. 12) Uhr.
Loggien Raffaels, Cappella di Niccolò V.	—	—	10-3	—	—	10-3	—	
2. Antikensammlung Hauptsäle	—	10-3	10-3	10-3	10-3	10-3	9-11½	1 fr., Sa. frei; 1. Juni-30. Sept. 9-1 (Sa. 12) Uhr.
—, Gabinetto delle Maschere	—	10-3	10-3	10-3	10-3	—	—	
—, Etrusk. Museum	—	10-3	—	—	10-3	—	—	1 fr.; 1. Juni-30. Sept. 9-1 Uhr.
—, Ägypt. Mus., Gall. Lapid., Appartamento Borgia	—	—	10-3	—	—	10-3	—	
—, Gall. d. Candelabri und Wandteppiche	—	—	—	10-3	—	—	—	
3. Bibliothek	—	10-3	10-3	10-3	10-3	10-3	10-1	Arbeitszeit s. S. 160.
Villa di Papa Giulio (S. 213; staatlich)	10-1	10-4	10-4	10-4	10-4	10-4	10-4	1 fr., Sonntags frei.

Bei dem häufigen Wechsel der Bestimmungen kann das umstehende Verzeichnis leider auf unbedingte Zuverlässigkeit keinen Anspruch machen. Aber auch die täglichen Angaben der Zeitungen, z. B. des Popolo Romano, sind nicht immer genau. Man unterlasse nie, Erkundigungen bei andern Reisenden einzuziehen. Auch das S. 148 gen. Reisebureau des Fremdenverkehrsvereins erteilt Auskunft.

Über *Freikarten* sowie über *Studienerlaubnis* vgl. S. xx, xxi der Einleitung. — Über *Trinkgelder* vgl. S. xxii der Einleitung. *Fremdenführer* s. S. xxiii.

Die Kirchen besucht man am besten in den frühen Vormittagsstunden (vgl. S. xix). Mittags 12-3 Uhr sind sie in der Regel geschlossen. Die fünf Patriarchalkirchen *S. Pietro in Vaticano* (S. 344), *S. Giovanni in Laterano* (S. 326), *S. Maria Maggiore* (S. 196), *S. Paolo fuori* (S. 424) und *S. Lorenzo fuori* (S. 199), sowie die beiden Pilgerkirchen *S. Croce in Gerusalemme* (S. 202) und *S. Sebastiano* an der Via Appia (S. 421) bleiben den ganzen Tag über geöffnet. Manche kleine abgelegene Kirchen sind außer am Feste des Titular-Heiligen nur durch den Sakristan zugänglich.

Parkanlagen und Aussichten. — Die Anlagen auf dem *Pincio* (S. 172), mit ihrem schönen Blick auf Rom, sind gegen Abend der Sammelplatz der Einheimischen wie der Fremden. Die vornehme Welt erscheint in ihren Equipagen mit Kutschern und Dienern im Livree und tauscht an den Wagen Besuche aus. Auch der Fußgängerverkehr bietet ein belebtes Bild, namentlich durch die vielen geistlichen Trachten (S. 159). Di. Do. Sa. So. etwa zwei Stunden vor Sonnenuntergang spielt die Militärmusik (im Hochsommer abends von 9 Uhr an abwechselnd hier und auf der Piazza Colonna). Eine Stunde nach Ave Maria werden die Anlagen geschlossen; nur im Hochsommer bleiben sie bis 11½ Uhr abends offen. — Auch der Park der *Villa Borghese* (*Umberto I;* S. 207) kann zu Wagen besucht werden. — Ebenso die aussichtreiche *Passeggiata Margherita* (S. 405); man richte sich so ein, daß man etwa eine Stunde vor Sonnenuntergang bei *S. Pietro in Montorio* (S. 403) ankommt, um das Panorama der Stadt zu genießen. — Herrlich sind die Aussichten auf dem *Palatin* (S. 297). — Landschaftlich hervorragend ist auch die *Via Appia* (420) mit dem Blick über die Campagna nach dem Gebirge. — In der *Villa Doria-Pamphilj* (S. 405) sind nur nicht numerierte Wagen zugelassen (also gewöhnliche Droschken nicht): Eintritt Mo. Fr. von 1 Uhr nachm. bis Sonnenuntergang, 1. Juli bis 30. Aug. geschlossen. — Von andern Villen verdient bei ausreichender Zeit besonders die *Villa Celimontana* (*Mattei,* S. 320) einen Besuch: Dez. bis Mai Di. nachm. von 2 Uhr an, mit nur an dem betr. Tage gültigen Permeß, den man Mo. Di. Sa. 11-12 Uhr Via della Minerva 57 III erhält. *Villa Colonna* s. S. 230, *Malteservilla* S. 309, *Villa Madama* S. 411, die *vatikanischen Gärten* S. 374.

Als Anhalt für einen Aufenthalt von 14-16 Tagen mag folgende **Zeiteinteilung** dienen, wobei jedoch die auf den vorigen Seiten gegebene Besuchsordnung der Sammlungen berücksichtigt werden muß und vielfache Benutzung von Droschken vorausgesetzt wird. In kürzerer Zeit ist es kaum möglich, einen einigermaßen klaren Eindruck von Rom zu erlangen.

1. Tag. Früh eine *Orientierungsfahrt* von 2-3 St. (Droschkentarif s. im Anhang): den Corso Umberto I hinunter bis zur Piazza Venezia, dann zum Trajansforum und durch Via Alessandrina und Via Bonella zum Forum Romanum, am Kolosseum vorbei, durch Via di S. Giovanni in Laterano auf den Platz vor der Kirche; dann durch Via Merulana, an S. Maria Maggiore vorbei durch Via Agostino Depretis (Quattro Fontane) zur Via Nazionale und in dieser bis zur Piazza Venezia, weiter durch den Corso Vittorio Emanuele bis Via di Torre Argentina, durch diese zum Ponte Garibaldi, hinüber nach Trastevere, bei S. Maria in Trastevere vorbei, durch die Lungara auf Piazza di S. Pietro; über den Ponte S. Angelo, dann durch Corso Vittorio Emanuele und Via d'Aracoeli nach der Piazza d'Aracoeli (S. 256), wo man den Wagen entläßt. Zu Fuß hinauf zum *Kapitolsplatz* (S. 258); Besteigung des *Turms auf dem Senatorenpalast* (S. 271); Besuch des *Kapitolinischen Museums* (S. 259) und des *Forum Romanum* (S. 271). Abend auf dem *Pincio* (S. 172).

2. Tag. *Peterskirche* (S. 344; Kuppel nur bis 11 Uhr vorm.); *vatikanische Antikensammlung* (S. 373); *Appartamento Borgia* (S. 372) nur Di. Fr.; Spaziergang von *S. Onofrio* (S. 393) aus längs der *Passeggiata Margherita* (S. 405) bis *S. Pietro in Montorio* (S. 403), wo man den Sonnenuntergang abwarte.

3. Tag. *Piazza Colonna* (S. 217); *Neptuntempel* (S. 218); *Pantheon* (S. 234); *S. M. sopra Minerva* (S. 236); *Museo Kircheriano* (S. 221); *Galleria Doria-Pamphilj* (S. 225) nur Di. Fr.; *Pal. Venezia* (S. 219); *Palatin* (S. 297).

4. Tag. *Pal. Giraud* (S. 342); *Sixtinische Kapelle* (S. 356); *Raffaels Stanzen* (S. 360); *vatikanische Gemäldegalerie* (S. 369); *Raffaels Loggien* (S. 367) nur Di. Fr.; — Ausflug nach dem *Ponte Molle* (S. 409) oder Besuch der *Villa Doria-Pamphilj* (S. 405); nur Mo. Fr.

5. Tag. *Piazza del Quirinale* (S. 192; *Casino Rospigliosi-Pallavicini*, S. 194, nur Mi. Sa.); *Galleria Colonna* (S 228), *Kaiserfōra* (S. 292); *S. Pietro in Vincoli* (S. 205); *Kolosseum* (S. 287); *Konstantinsbogen* (S. 291).

6. Tag. *Piazza Navona* (S. 239); *S. M. dell' Anima* (S. 240); *S. M. della Pace* (S. 240); *S. Agostino* (S. 231); *Villa Borghese (Umberto I)* nebst Antiken- und Gemäldesammlung (S. 206); *S. M. del Popolo* (S. 170).

7. Tag. *Piazza & Pal. Barberini* (S. 177, 178); *S. M. degli*

Angeli & *Diokletiansthermen* (Museum; S. 181, 182), *S. Agnese fuori* (S. 115).

8. Tag. *S. Clemente* (S. 321); *Lateran:* Museum (S. 329), Baptisterium & Kirche (S. 325 ff.); *S. M. Maggiore* (S. 196); *S. Prassede* (S. 203); *S. Lorenzo fuori* (S. 199).

9. Tag. *Gesù* (S. 242); *Pal. Massimi* (S. 244); *Cancelleria* (S. 245); *Pal. Farnese* (S. 248), *Gall. Nazionale Corsini* (S. 396); *Villa Farnesina* (S. 391) nur Mo. Mi. Fr.; *S. M. in Trastevere* (S. 400); zurück über die Tiberinsel (S. 254); *Marcellustheater* (S. 253); *Portikus der Octavia* (S. 252); *Fontana delle Tartarughe* (S. 251).

10. Tag. Vom Forum Romanum zum *Janus Quadrifrons* (S. 305); *Cloaca Maxima* (S. 305); die beiden antiken *Tempel* beim Ponte Palatino und an der Piazza Bocca della Verità (S. 305); *S. Maria in Cosmedin* (S. 305); Wanderung über den *Aventin* (S. Sabina, S. 308), *Cestius-Pyramide* (S. 311); mit der Straßenbahn nach *S. Paolo fuori* (S. 424) und zurück.

11. Tag. *S. Maria in Aracoeli* (S. 256); Sammlungen im *Konservatorenpalast* (S. 263); *Caracallathermen* (S. 313); *Via Appia* innerhalb und außerhalb der Stadt (S. 312 und S. 420), nebst den *Callistus-Katakomben* (S. 432).

Drei weitere Tage sind auf wiederholten Besuch der vatikanischen und kapitolinischen Sammlungen, sowie des Thermenmuseums, je ein Tag ferner auf das *Albanergebirge* (S. 434) und auf *Tivoli* (S. 447) zu rechnen. Man verschiebe diese Ausflüge nicht zu lange, sondern benutze vorzugsweise die Sonntage dazu, an welchen die Kirchen wegen des häufigeren Gottesdienstes weniger gut zu besuchen und die Sammlungen entweder geschlossen oder von Besuchern überfüllt sind.

„O wie fühl' ich in Rom mich so froh, gedenk' ich der Zeiten,
Da mich ein graulicher Tag hinten im Norden umfing!"
(Goethe.)

Rom, lat. und ital. *Roma*, schon im Altertum als die „ewige Stadt" bezeichnet, einst die Hauptstadt des römischen Weltreichs und später der geistlichen Weltherrschaft der Päpste, seit 1871 Hauptstadt des Königreichs Italien, liegt in einer hügeligen vulkanischen Ebene (s. S. 407/408), welche sich vom Kap Linaro bis zum Monte Circeo ungefähr 135km lang und bis zu 40km breit zwischen dem Apennin und dem Meere ausdehnt. Der *Tiber*, der größte Fluß der italienischen Halbinsel, durchfließt die Stadt von N. nach S. in drei großen Kurven. Sein Wasser ist trüb (*flavus Tiberis*, Horaz); der mittlere Wasserstand hat ungefähr 60m Breite bei 5-6m Tiefe. Nach anhaltendem Regen schwillt er stark an und steigt um 10m und mehr. Die Schiffahrt, welche im Altertum stromauf- wie abwärts und weiter zur See sehr bedeutend war, ist jetzt auf einen bescheidenen Lokalverkehr beschränkt. Innerhalb der Stadt ist der Fluß seit 1876 kanalisiert worden. Zwölf Brücken, einschl. der Eisenbahnbrücke bei S. Paolo, und ein eiserner Steg (S. 394) verbinden seine Ufer. Einige weitere Brücken sind in Aussicht genommen. Die ansässige Bevölkerung betrug am 31. März 1907 nach den munizipalen Fortschreibungen 499 711 (einschließlich 10 798 Mann Garnison), davon etwas über 40 000 in der Campagna, der Rest innerhalb der Stadtzollgrenze (Cinta daziaria).

Die eigentliche Stadt breitet sich am linken Ufer aus. In der Ebene, dem alten *Campus Martius*, liegt das Rom des Mittelalters und der folgenden Jahrhunderte, während die sie umgebenden Hügel, die einst das alte und älteste Rom trugen, erst in unseren Tagen wieder bebaut worden sind (vgl. die Terraindarstellung auf dem Plan der antiken Stadt, S. 254/255). Der kleinste, aber durch seine Geschichte wichtigste ist der *Kapitolinische Hügel* (50m), in der Nähe des Tibers und der Tiberinsel, ein schmaler Rücken mit zwei Kuppen, der sich in der Hauptrichtung von Südwest nach Nordost erstreckt. An das Kapitol schließt sich n.ö., jenseit einer Einsenkung, die das Trajansforum einnimmt, der langgezogene *Quirinal* (52m). Diesen trennt im Norden eine durch Via del Tritone und Piazza Barberini bezeichnete Einsattelung vom *Pincio*, der im Altertum gewöhnlich nicht als besonderer Hügel gezählt wird („Collis hortorum", vgl. S. 169). Ö. vom Quirinal liegt der kleinere und durch die neuen Straßenanlagen fast unkenntlich gemachte *Viminal* (56m, bei S. Lorenzo in Panisperna, wo die Erhebung noch am meisten hervortritt). Weiter südl., getrennt durch das Tal der Via S. Lucia in Selci und Via dello Statuto (im Altertum *Subura* genannt), der *Cispius* (bei S. Maria Maggiore 53m) und der *Oppius* (Plateau der Trajansthermen 51m), welche beide auch als *Esquilinus* zusammengefaßt wurden. Oppius, Cispius, Viminal, Quirinal und

Pincius haben ihre gemeinsame Basis in der großen Hochebene der *Esquiliae* (52-59m), die durch das Prätorianerlager (S. 180) und den Bahnhof (bis Porta Maggiore) bezeichnet wird. Südöstl. vom Kapitol erhebt sich isoliert in Gestalt eines unregelmäßigen Vierecks der *Palatin* (51m), mit den Ruinen der Kaiserpaläste. Weiter südlich, hart am Fluß, vom Palatin durch die Einsenkung (21m) geschieden, in welcher der Circus Maximus sich ausdehnte, der *Aventin* (46m). Endlich südöstl. vom Palatin, östl. vom Aventin der langgestreckte *Caelius* (50m), dessen Ostende der Lateran einnimmt. In der Niederung zwischen Caelius, Palatin und Esquilin liegt das Kolosseum, zwischen Palatin, Esquilin und Kapitol das Forum. Seit dem späten Altertum spricht man von den „sieben Hügeln" Roms und versteht darunter: *Capitolinus, Palatinus, Aventinus, Quirinalis, Viminalis, Esquilinus, Caelius.*

Am rechten Tiberufer liegt der geringere Teil der Stadt. Er zerfällt in zwei Hälften: nördlich den *Borgo* um den *Vatikan* und *St. Peter* herum, durch Leo IV. 852 zur Stadt gezogen; südlich *Trastevere* am Fluß und die Abhänge des Janiculum hinauf; dazwischen der *Lungara* genannte Straßenzug.

Die Mauer, welche dies in der Kaiserzeit von 800 000-1 Mill. Einwohnern bevölkerte Areal einschließt, hat auf dem l. Ufer eine Länge von c. 15km, mit 13 Toren. Sie ist aus Backsteinen aufgeführt, auf der Außenseite an 17m hoch und stammt größtenteils aus den Jahren 271-276, von Kaiser *Aurelian* begonnen, von Probus beendet, von Honorius, Theoderich, Belisar, Narses und mehreren Päpsten restauriert. Die Mauer auf dem r. Ufer stammt großenteils aus der Zeit Urbans VIII. — Seit 1870 ist Rom durch vorgeschobene Forts befestigt, welche die Stadt in einem Umkreis von 50km Länge umziehen.

Der nachfolgenden Beschreibung Roms ist eine Einteilung der Stadt in vier Hauptteile zu Grunde gelegt, deren räumliche Abgrenzung der im Anhang des Buches befindliche Übersichtsplan durch blaue gestrichelte Linien andeutet. Jeder dieser Teile erhält durch seine Bauten ein verschiedenes historisches Gepräge, wenn auch zahlreiche Denkmäler aus allen Perioden der römischen Geschichte über die ganze Stadt zerstreut sind:

I. *Die Hügel im Norden und Osten, Pincio, Quirinal, Viminal und Esquilin:* die neuere und neueste Stadt, in ihrem nördlichen Drittel Mittelpunkt des Fremdenverkehrs.

II. *Rom am Tiber* (linkes Ufer): die Stadt des Mittelalters und der nächstfolgenden Jahrhunderte, mit dem *Corso Umberto I* als Hauptstraße, jetzt durch Straßendurchbrüche vielfach umgestaltet.

III. *Das alte Rom:* die südlichen Stadtteile, mit den bedeutendsten Denkmälern aus dem Altertum.

IV. *Das rechte Tiberufer:* Peterskirche, Vatikan, Trastevere.

I. Die Hügel im Norden und Osten, Pincio, Quirinal, Viminal und Esquilin.

Während der ***Pincio*** (Mons Pincius; S. 167), der nördlichste Hügel Roms, im Altertum von Gärten und Parks eingenommen war und geschichtlich bedeutungslos ist, knüpft an den s.ö. anschließenden ***Quirinal*** bereits die Urgeschichte an. Hier lag die sabinische Niederlassung, aus deren Vereinigung mit der palatinischen das historische Rom hervorging. Die servianische Mauer (s. S. xxix und den Plan der antiken Stadt, S. 254/255) lief an der NW.-Seite des Quirinals hin und wandte sich hinter den späteren Diokletiansthermen und dem Bahnhof nach SO. und S., dergestalt außer dem Quirinal hier auch den weiter s.ö. folgenden Hügel *Viminal* und einen Teil des *Esquilin* (die Höhen *Cispius* und *Oppius*) einschließend. Nach der Einteilung des Augustus (S. xxxiii) lagen hier zwei Regionen: *Alta Semita* (Quirinal) und *Esquiliae* (Esquilin). Ihre weitere Ausdehnung in der Folgezeit bekundet die aurelianische Mauer. Im Mittelalter waren die Hügel nur dünn bevölkert und bildeten eine einzige Region *(Rione Monti)*, die ausgedehnteste unter allen vierzehn. Ihre Bewohner, die *Montigiani*, nahmen den übrigen Römern gegenüber eine ähnliche Sonderstellung ein wie die Trasteveriner. In der zweiten Hälfte des xvi. Jahrhunderts legten Pius IV. die Straße von Piazza del Quirinale nach Porta Pia und Sixtus V. die zweite, jene fast im rechten Winkel schneidende Hauptstraße vom Pincio nach S. Maria Maggiore an. Auch versorgte Sixtus die Hügel mit Wasser, doch blieb der weitaus größere Teil der Monti bis in die neueste Zeit von Weingärten und Äckern eingenommen. Erst die Erhebung Roms zur Hauptstadt von Italien (1870) regte die Bautätigkeit wieder an, die dem Hügelgebiet ein völlig verändertes Aussehen gegeben hat.

Am W.-Fuß und auf der Höhe des Pincio dehnt sich ein Stadtteil aus, welcher seit alters als Fremdenviertel bezeichnet wird. Sein Mittelpunkt ist die Piazza di Spagna (S. 174). Von dort erstreckt sich das Fremdenviertel nördl. bis zur Piazza del Popolo, westl. bis zum Corso Umberto I (S. 215) und östl. über den Quirinal hinweg bis zum Bahnhof. — Wir beginnen die Beschreibung mit der am W.-Fuß des Pincio gelegenen Piazza del Popolo.

a. Piazza del Popolo. Monte Pincio. Piazza di Spagna.

Von Norden her, am Endpunkt der Via Flaminia (S. 410), der aus Toskana kommenden Landstraße, bildet die **Porta del Popolo** (Pl. I 13) den Zugang Roms: durch sie betraten vor Eröffnung der Eisenbahn die meisten Besucher die ewige Stadt. Das Tor wurde 1562 an Stelle der Porta Flaminia der Aureliansmauer (S. 168) von

11*

Vignola, die Innenseite 1655 von *Bernini* erbaut, letztere zum Einzug der Königin Christine von Schweden. 1878 wurde es durch Anlage von zwei Seitentoren erweitert. Seinen Namen hat es von der östlich anstoßenden Kirche S. Maria del Popolo. Vor dem Tor r. die *Villa Borghese (Villa Umberto I)*, s. S. 207.

Innerhalb des Tores dehnt sich die *Piazza del Popolo (Pl. I 13, 17) aus, in deren Mitte zwischen vier wasserspeienden Löwen ein *Obelisk* steht, den Augustus im J. 10 vor Chr. zum Andenken an die Unterwerfung Ägyptens im Circus Maximus der Sonne weihte; die hieroglyphischen Inschriften nennen die Namen der Könige Merenptah und Ramses III. (XIII.-XII. Jahrh. vor Chr.). Sixtus V. ließ ihn 1589 hier aufrichten; der Schaft ist 24m, mit Postament und Kreuz $36,_4$m hoch. Westl. und östl. schließen den Platz halbkreisförmige Mauern mit Statuengruppen ein, w. Neptun und Tritonen, ö. Roma zwischen Tiber und Anio. Hinter der westl. Mauer führt die *Via Ferdinando di Savoia* über den *Ponte Margherita* (Pl. I 14), nach dem S. 341 gen. Stadtteil Prati di Castello und dem Vatikan (Straßenbahn s. Plananhang S. 3 Nr. 14, 16). Die Aufgänge an der östlichen Mauer führen auf den Pincio (S. 172).

Südlich gehen von der Piazza del Popolo drei Straßen aus: r. die *Via di Ripetta* (S. 231), parallel mit dem Fluß; in der Mitte der *Corso Umberto I* (S. 215); — l. die auf die Piazza di Spagna (S. 174) mündende *Via del Babuino*, wo Richard Wagner 1876 im Palazzo Grifoni (l. Nr. 79-83) wohnte. Zwischen den beiden letzteren Straßen die Kirche *S. Maria in Monte Santo*, zwischen Corso und Ripetta *S. Maria de' Miracoli*, beide mit Kuppel und Vorhalle, von Rainaldi entworfen (1662-64), von Bernini und Carlo Fontana beendet.

***S. Maria del Popolo** (Pl. I 16) wurde von Papst Paschalis II. 1099 angeblich an der Stelle der Domitiergräber, wo bei Nero's Asche böse Geister spukten, erbaut und unter Sixtus IV. 1472-77 gänzlich erneut. Die Kirche ist Kardinalstitel. Das Innere, das 1655 von *Bernini* barock umgestaltet wurde, hat drei Schiffe mit Querschiff und achteckiger Kuppel. Es ist reich an Kunstwerken, besonders Grabmälern des XV. Jahrhunderts (vgl. S. LXV). Bestes Licht vormittags. Dem Sakristan, der Chor und Kapellen öffnet, $^1/_2$ fr.

Rechtes Seitenschiff. 1. Kapelle, ehemals *della Rovere*, jetzt *Venuti*, 1485-89 von *Pinturicchio* ausgemalt: *Altarbild Anbetung des Christkindles, in den Lünetten Leben des h. Hieronymus; l. Grabmal des Kardinals Cristof. della Rovere († 1477), von *Mino da Fiesole* und *Andrea Bregno*, r. das des Kardinals de Castro (1506).

Links am Pfeiler Grab des Berliner Malers Franz Catel († 1857), mit Büste von *Troschel*. — 2. Kap. *(Capp. Cibò)*: das Altarbild, Mariä Himmelfahrt, von *C. Maratta*. — Auch die 3. Kap. ist von *Pinturicchio* gemalt (c. 1504-7): über dem Altar die h. Jungfrau mit vier Heiligen, l. ihre Himmelfahrt, in den Lünetten Szenen aus ihrem Leben, in den Predellen grau in grau Märtyrerdarstellungen; r. Grab des Giov. Basso della Rovere († 1483); l. liegende Bronzefigur des Kardinals Pietro Foscari († 1485), von *Ant. Rizzo.* — In der 4. Kap. *(Capp. Costa)* ein schöner Marmoraltar von 1489, mit Statuen der H. Katharina, Antonius von Padua und Vincentius; r. Grab des Marcantonio Albertoni († 1485), l. das des Stifters der Kapelle, des Kardinals Giorgio Costa von Lissabon († 1503); in den Lünetten die vier Kirchenväter von *Pinturicchio* (1489).

Im rechten Querschiff: r. Grab des Kardinals Podocatharus von Zypern († 1506).

Links daneben führt eine Tür auf einen Gang, mit einem von G. de Pereriis gestifteten Altar aus der Werkstatt des A. Bregno (1497), und weiter zur Sakristei, wo das Tabernakel vom Hochaltar Alexanders VI. von *Andrea Bregno* (1473) untergebracht ist, mit altem Madonnenbild der Sieneser Schule; außerdem zwei schöne Grabmäler, l. Erzbischof Rocca († 1482), r. Bischof Gomiel.

Linkes Seitenschiff. In der 1. Kap. l. und r. vom Altar zwei Ziborien von *A. Bregno* (xv. Jahrh.), l. Grabmal des Kardinals Ant. Pallavicino († 1507). Am Pfeiler daneben barockes Grabmal einer Fürstin Chigi, von *Posi* (1771). — *Capp. Chigi, eine Prachtkapelle, für Agostino Chigi (S. 394) unter *Raffaels* Leitung in der damals beliebten Form eines griech. Kreuzes mit Hochkuppel erbaut und nach seinen Entwürfen 1516 von Luigi della Pace mit *Mosaiken geschmückt, deren vortrefflich dem Raume angepaßte Komposition den Meister auf der vollen Höhe seiner Entwicklung zeigt: in der Mitte der Kuppel ein Kreisbild, das den Weltschöpfer in Halbfigur von Engeln umgeben darstellt; ringsum durch ornamentale Streifen getrennt, ein auf den Globus sich stützender Genius und sieben Planetenbilder (Luna, Merkur, Venus, Apoll, Mars, Jupiter, Saturn), umgeben von Segmenten des Tierkreises, auf denen Engel nach oben zum Schöpfer weisen oder in Anbetung verharren. Diese Verbindung antiker Götter und Engel erinnert an die Propheten und Sibyllen Michelangelo's, denen gleichfalls stets ein Genius zur Seite gestellt wird, doch ist bei Raffael die innere Beziehung durchaus selbständig und anderer Art. R. das Grabmal Chigi's, von *Lorenzetto*, 1652 von *Bernini* restauriert, l. das seines Bruders Sigismondo, ebenfalls von *Lorenzetto.* Das Altarbild, Geburt Mariä, darüber Gottvater mit Engeln, ist ein stark nachgedunkeltes Spätwerk des *Seb. del Piombo*, die übrigen Bilder sind von *Salviati* und *Franc. Vanni.* Das Bronzerelief am Altar, Christus und die Samariterin, von *Lorenzetto*, befand sich bis 1652 am Grabe des Agost. Chigi. In den Nischen vier Prophetenstatuen: am Altar l. *Jonas, nach *Raffaels* Entwurf, r. Elias, von *Lorenzetto;* am Eingang l. Daniel, r. Habakuk, von *Bernini* und *Algardi.*

Im linken Querschiff: l. das Grab des Kard. Bernardino Lonati (florentiner Arbeit des xv. Jahrh.); in der äußeren Kap. l. vom Chor eine Statue der h. Bibiana von *Bernini*, aus der S. 199 gen. Kirche.

SS. Trinità de' Monti (Pl. I 20) wurde durch Karl VIII. von Frankreich 1495 erbaut, in der französischen Revolution verwüstet, 1816 auf Kosten Ludwigs XVIII. unter *Mazois'* Leitung hergestellt. Die Kirche gehört zu einem Nonnenkloster (Dames du Sacré-Cœur) und ist selten geöffnet, außer abends während der Vesper, etwa eine Stunde vor Ave Maria. Bei verschlossener Tür steigt man l. die Seitentreppe zu der Tür mit dem Blechdach hinauf und schellt.

Links 2. Kapelle: Altarfreske von **Daniele da Volterra*, Kreuzabnahme, Hauptwerk dieses Meisters (stark restauriert, fast immer schlecht beleuchtet); die Zeichnung und Komposition erkennt man besser an einer getuschten Studie in der Bildersammlung des Lateran (S. 331). 3. Kap.: *Ph. Veit*, Madonna, Altarbild. 4. Kap.: *Langlois*, h. Joseph. 6. Kap., Altarbild: Christus, l. die klugen und thörichten Jungfrauen, r. Wiederkehr des verlorenen Sohnes, von *Seitz*. Rechts 3. Kap.: *Daniele da Volterra* (Werkstatt), Himmelfahrt Mariä, wird auf Beihilfe Michelangelo's zurückgeführt, dessen Bildnis man sofort erkennt. 5. Kap.: Darstellung im Tempel, Anbetung der Hirten, Anbetung der Könige, aus *Raffaels* Schule. 6. Kap.: Auferstehung, Himmelfahrt und Ausgießung des h. Geistes, aus *Perugino's* Schule. — Im Querschiff, welches gotische Bogen hat: Malereien von *Perin del Vaga* und *Fed. Zuccaro*.

Von dem Platze gehen s.ö. aus: l. die breite *Via Sistina* (S. 176), r. die kleine *Via Gregoriana*, die in die Querstraße Capo le Case mündet (S. 175).

Der Kirche gegenüber führt die **Spanische Treppe** (Pl. I 20, 21; Gradinata della Trinità de' Monti), 1721-25 von *Al. Specchi* und *Franc. de Sanctis* erbaut, in malerischem Wechsel von Stufen (im ganzen 137) und Rampen hinunter zum Spanischen Platz. An und in der Nähe der Treppe sieht man viel Künstlermodelle (S. 159).

Die **Piazza di Spagna** (Pl. I 17, 18; 25m ü. M.) ist der Mittelpunkt des Fremdenviertels, von eleganten Läden und Gasthöfen umgeben. Am Fuß der Treppe die Fontäne *la Barcaccia* (Barke) von Bernini, in Form eines Kriegsschiffes, das aus Kanonenrohren Wasser speit; der Künstler wählte die Form, weil er nur einen Seitenzweig der Acqua Vergine mit geringem Druck benutzen konnte. — Die nach N. führende *Via del Babuino* ist S. 170 erwähnt, die nach W. führende *Via Condotti*, der Treppe gegenüber, S. 230. In der NO.-Ecke des Platzes, neben dem Hôt. de Londres, am Ende des Vicolo del Bottino, ist bis zum Eintritt der Dunkelheit ein Personenaufzug *(Ascensore)* nach der Höhe des Pincio in Betrieb, wo er westl. von SS. Trinità de' Monti endet (hinauf 10, hinab 5 c.). — Der Platz hat seinen Namen von dem auf der W.-Seite zwischen Via Borgognona und Frattina gelegenen *Palazzo di Spagna*, der seit dem XVII. Jahrh. Wohnung des spanischen Gesandten bei der Kurie ist. Vor dem Palast die von Pius IX. als Denkmal des 1854 verkündeten Dogmas von der unbefleckten Empfängnis Mariä errichtete *Säule der Immacolata;* oben auf der Cipollinsäule die Bronzestatue der h. Jungfrau, unten Moses, David, Jesaias und Ezechiel. — Die kleine südöstliche Erweiterung des Spanischen

Platzes (Omnibus nach St. Peter s. Plananhang S. 5, Nr. 6) heißt Piazza Mignanelli (Pl. I 21).

Südlich das *Collegio di Propaganda Fide* (Pl. I 21), die von Gregor XV. 1622 gestiftete und von seinem Nachfolger Urban VIII. (daher Collegium Urbanum) 1627 erweiterte Hochschule zur Ausbreitung des katholischen Glaubens, in welcher Zöglinge vieler Nationen zu Missionaren ausgebildet werden. Am 6. Jan. findet zuweilen ein Festaktus statt, bei dem Reden in verschiedenen Sprachen gehalten werden. Die Druckerei (Tipografia poliglòtta) war früher unerreicht im Reichtum an Lettern für verschiedene Sprachen. Im zweiten Stock des Gebäudes eine Sammlung meist ethnographischer Gegenstände (*Museo Borgiano;* frei zugänglich Mo. Do. Sa. 10-12 Uhr).

In südöstl. Richtung gehen vom Spanischen Platz aus: l. von der Propaganda die *Via de' Due Macelli,* die sich in gerader Linie bis zu dem S. 191 gen. Tunnel unter dem Quirinal fortsetzt (Straßenbahn s. Plananhang S. 2/4, Nr. 11, 14, 16 und 18), r. die Via di Propaganda. Folgt man der letzteren, so liegt an der Ecke der nächsten Querstraße, Via Capo le Case (S. 174), die Kirche

S. Andrea delle Fratte (Pl. I 21). Der Hauptbau ist 1605-1617 von *Giov. Guerra* ausgeführt worden. Die Kuppel, der kecke Glockenturm, die Tribuna und die Kassettierung des Tonnengewölbes sind von *Borromini.* Die Fassade wurde 1826 von *Gius. Valadier* hinzugefügt. Der Name erinnert an die Hecken und Zäune (fratte), die im XVI. und XVII. Jahrh. hier die Gärten einhegten (vgl. S. 169).

Die Gemälde im Innern sind mäßige Werke des XVII. Jahrh.; die beiden Engel r. u. l. am Chor von *Bernini* waren für die Engelsbrücke bestimmt. Zahlreiche Grabmäler: 2. Kap. r. eine Miss Falconnet, von *Harriet Hosmer;* letzter Pfeiler r. vor dem Seitenschiff Rud. Schadow († 1822), von *Em. Wolff;* im Ausgang nach Via Capo le Case l. Angelica Kauffmann († 1807; s. S. 177), r. der Maler Müller († 1825).

In Via Capo le Case die Kirche *S. Giuseppe a Capo le Case* (Pl. I 21). Daneben das wenig bedeutende *Museo artistico-industriale,* eine Sammlung von Terrakotten, Majoliken, Gläsern, Holz- und Elfenbeinschnitzereien; Eintr. außer am 21. April und an staatlichen Feiertagen tägl. 10-2 Uhr gegen 50 c. (15. Aug.-15. Sept. geschlossen).

Durch Via di Propaganda weiter, dann l. durch Via del Nazareno (Pl. I 21; hier r. ein antiker Quaderbogen von der *Aqua Virgo,* mit langer Inschrift, der zufolge Kaiser Claudius die von seinem Vorgänger Caligula „in Unordnung gebrachte" Leitung wiederherstellte: vgl. S. 176) gelangt man in die große Verbindungsstraße zwischen dem nördl. Hügelstadtteil und dem Corso, die verkehrreiche Via del Tritone (Pl. I 21), welche östl. an Piazza Barberini (S. 177), westl. an Piazza Colonna (S. 217) endet.

Gegenüber der Nazarenostraße südl. weiter führt die gewundene Via della Stamperia (Pl. I, II 21) am *Ackerbau-Ministerium* und an der kgl. Kupferstecherei (*R. Calcografia,* S. 154) vorüber nach der Fontana di Trevi.

Die *Fontana di Trevi (Pl. II 21), der prächtigste der römischen Brunnen, mit trefflichem Wasser, ist an der südl. Schmalseite des *Palazzo Poli* aufgebaut. Der Entwurf ist von *Nicc. Salvi* (1735), der dabei eine Zeichnung Bernini's benutzte; die Vollendung fällt in das J. 1762. In der mittleren Nische steht ein Neptun von *Pietro Bracci*, in den Seitennischen Allegorien der Gesundheit (r.) und der Fruchtbarkeit (l.). Davor ein großes tiefliegendes Bassin.

Die antike *Aqua Virgo*, die hier mündet, hat ihren Namen nach der, wohl mit der Güte des Wassers zusammenhängenden Sage, daß eine Jungfrau wassersuchenden Soldaten die Quelle gezeigt habe, welche dann M. Agrippa im J. 19 vor Chr. für seine Thermen (S. 235) über 20km weit, meist unterirdisch, aus der Campagna herleitete. Sie erreicht die Stadt bei der Villa Medici (S. 173). Sie ist mehrfach hergestellt worden, so von Claudius im J. 46 nach Chr., woran die S. 175 erwähnte Inschrift erinnert, später von den Päpsten Hadrian I. und Nikolaus V. Der letztere führte 1453 einen Hauptabfluß hierher, von dessen drei Mündungen der Brunnen den antiken Namen mit seinem gegenwärtigen vertauschte (Trevi aus „Trivio" entstellt). Die Leitung liefert täglich 80000 cbm Wasser, mit das beste Roms. Sie speist u. a. auch die Brunnen auf Piazza di Spagna, Piazza Navona und Piazza Farnese.

Nach altem Brauche pflegt man beim Abschied von Rom aus der Fontana Trevi zu trinken und eine Münze rückwärts über den Kopf in das Becken zu werfen, um sich der Wiederkehr zu versichern.

Südwestl. von dem Brunnen gelangt man durch die Via delle Muratte (an dem Hause r. Nr. 78 eine Gedenktafel für den Komponisten Donizetti) auf den Corso (S. 218). Dem Brunnen gegenüber erhebt sich die von Kardinal Mazarin erbaute Kirche *SS. Vincenzo ed Anastasio* (Pl. II 21), mit häßlicher Fassade, von Mart. Lunghi d. J. (1650); in der Unterkirche werden seit Sixtus V. die Herzen der Päpste beigesetzt. — Die Via di S. Vincenzo, weiterhin Via de' Lucchesi (l. geht die Via della Dataria nach dem Quirinal hin: S. 193), von Piazza Pilotta an Via Pilotta (S. 192) genannt, führt nach dem *Palazzo Colonna* (S. 228).

b. Via Sistina. Ludovisisches Stadtviertel. Quattro Fontane. Via Venti Settembre.

Die oberhalb der Spanischen Treppe beginnende, nach SO. laufende Via Sistina (Pl. I 21) verdankt, wie bereits S. 169 angegeben, ihre Entstehung dem Baueifer Sixtus' V. Sie senkt sich von der Höhe des Pincio zunächst in das Tal zwischen diesem und dem Quirinal, überschreitet mit ihrer Fortsetzung, der Via Quattro Fontane (S. 178), die Höhe des Quirinal und, nach einer abermaligen Senkung, die des Viminal und endet als Via Agostino Depretis auf dem Esquilin bei der Kirche S. Maria Maggiore (S. 196), die auf den höheren Punkten des ganzen Straßenzugs für das Auge den Abschluß bildet.

Gleich im Anfang der Straße, dicht bei der Piazza della Trinità de' Monti, liegt r. Nr. 64 die *Casa Zuccari* (Pl. I 21), einst im

Besitz dieser Künstlerfamilie und bekannt durch die 1816-18 im Auftrage des preuß. Generalkonsuls Bartholdy hier ausgeführten Fresken aus der Geschichte Josephs von Cornelius, Overbeck, Veit und W. Schadow (seit 1888 in der Nationalgalerie zu Berlin). — Weiterhin r. Nr. 48 Thorwaldsens Wohnhaus (vgl. S. 178; Gedenktafel an der Treppe).

Gegenüber l. Nr. 72 (jetzt Hôtel Lavigne, S. 142) wohnte zu Goethes Zeit Angelica Kauffmann (s. S. 175); hier las der Dichter zum ersten Male einem weiteren Kreise seine Iphigenie vor (vgl. S. 213). Weiter mündet l. die *Via di Porta Pinciana*, welche die Westgrenze des neuen Ludovisischen Stadtviertels bildet und nach der Porta Pinciana (S. 178) führt. An ihr die unzugängliche *Villa Malta* (Pl. I 20), 1827-73 im Besitz des bayrischen Königshauses und von deutschen Künstlern bewohnt.

Am Ende der Via Sistina mündet r. die *Via del Tritone* (S. 175) und öffnet sich l., am Abhang ansteigend, die Piazza Barberini (Pl. I 21, 24), deren schönster Schmuck die von *Bernini* ausgeführte ***Fontana del Tritone**, mit dem muschelblasenden Triton, ist. — Südl. ein Nebengebäude des *Palazzo Barberini* (S. 178).

An Piazza Barberini stößt links ansteigend die Piazza de' Cappuccini, mit der Kirche **S. Maria della Concezione** (Pl. I 21, 24) oder *dei Cappuccini*, 1624 von Kardinal Fr. Barberini gestiftet. Das Innere enthält: über der Tür, eine Kopie nach *Giotto*'s Navicella (Vorhalle der Peterskirche, S. 346) von Franc. Beretta; in der 1. Kap. r. einen h. Michael von *Guido Reni;* in der 3. Kap. verstümmelte Fresken von *Domenichino;* vor der Chortreppe unter dem Stein („hic iacet pulvis cinis et nihil") ruht der Stifter.

Unter der Kirche sind vier Totenkapellen (Eingang hinter dem Hochaltar; man bittet einen Mönch mitzugehen, Trkg.), die mit den Gebeinen von über 4000 dort begrabenen Kapuzinern ausgeziert sind. In jeder Kapelle ist ein Grab mit geweihter Erde aus Jerusalem; wurde eines gebraucht, so entfernte man aus dem, welches am längsten ungestört war, die Gebeine und verwandte sie zum Schmuck der Wände. Am 2. Nov. (Allerseelentag) nach dem Ave-Maria Beleuchtung der Kapellen.

Die breite baumbepflanzte Via Véneto (Pl. I 21, 23) steigt von hier im Bogen bergan nach dem Stadtviertel, welches seit 1885 auf dem Gebiet der ehemaligen *Villa Ludovisi* entstanden ist. Kurz vor ihrer Kreuzung mit Via Ludovisi und Via Boncompagni erhebt sich r. der stattliche, 1886-90 von Gaet. Koch erbaute *Palazzo Margherita* (Pl. I 23), früher *Boncompagni-Piombino*, seit 1900 Witwensitz der Königin Margherita. Die berühmte Antikensammlung kam in das Thermenmuseum (S. 188). Im Altertum dehnten sich hier die prächtigen, später kaiserlichen Gärten des Geschichtsschreibers Sallust aus, von dessen ausgedehnten Baulichkeiten auf Piazza Sallustiana (Pl. I 26) noch ein großes Kuppelgebäude mit acht Nischen sichtbar ist, ohne Grund „Tempio di Venere" genannt, wahrscheinlich ein Nymphäum.

Vom Pal. Margherita führt die Via Veneto geradeaus nach Porta Pinciana. In der zweiten Querstraße l., Via Lombardia, ist der Eingang zum *Casino dell' Aurora* (Pl. I 20), einem Gartengebäude der ehem. Villa Ludovisi, mit berühmten Deckengemälden Guercino's von 1620 (im Erdgeschoß Aurora, im ersten Stock Fama; unzugänglich). An der Innenseite der Stadtmauer, unweit ö. des Tores, eine antike Büste im Typus Alexanders d. Gr., die samt ihrer Nischendekoration aus der Villa Ludovisi (S. 177) stammt und fälschlich Belisar genannt wird.

Vor *Porta Pinciana* (Pl. I 20, 23) ist der östliche Eingang zur *Villa Borghese (Umberto I)*, s. S. 206, 207.

Folgt man von Piazza Barberini (S. 177) in der Richtung der Via Sistina weiter der Via Quattro Fontane (Pl. I, II 24), so hat man zunächst l. an der Ecke den

***Palazzo Barberini** (Pl. I 24), 1624 unter Urban VIII. von *Maderna* begonnen, ein großartiger Bau der Spätrenaissance, den *Bernini* im Barockstil vollendete (S. LXXV). Im Vorgarten eine Marmorstatue *Thorwaldsens*, nach des Meisters eigenem Werk von E. Wolff gearbeitet, 1874 hier in der Nähe seines Ateliers errichtet.

Die Haupttreppe liegt links unter den Arkaden. An ihr eingemauert ein griechisches Grabrelief (obere Hälfte modern), ferner auf dem Absatz des ersten Stockwerks ein schreitender Löwe, Hochrelief aus Tivoli. Die Säle im oberen Stock, u. a. der Skulpturensaal, der ein großes Deckenbild von *Pietro da Cortona*, sowie antike und moderne Bildwerke enthält, sind nur in Abwesenheit des dort wohnenden spanischen Gesandten beim Quirinal zugänglich.

Die Galleria Barberini, auf der Südseite des r. Flügels (Eingang durch den Garten, Eintritt s. S. 162), enthält nur noch wenige beachtenswerte Bilder, da die Hauptstücke sich in den Privatgemächern des Gesandten befinden. Kataloge liegen aus.

I. Zimmer: 10. *Pomarancio*, h. Magdalena; 15. *Raffael*, Madonna (alte Kopie). — II. Zimmer: 64. *Mengs*, Bildnis seiner Tochter; 62. *Spanische Schule*, Anna Colonna; 62. *Sacchi*, Urban VIII.; 45, 65. *Guido Reni*, schlafendes Kind, h. Andreas Corsini. In der Mitte die sog. **Schutzflehende*, Statue eines Mädchens, das mit klagendem Ausdruck auf einen Altar gesunken ist (griechisches Original aus der Jugendzeit des Phidias; vgl. S. 379). — III. Zimmer: 72. *Fr. Francia (?)*, Madonna mit dem h. Hieronymus; 76. *Nachahmer des Palma Vecchio* (nicht Tizian), weibl. Bildnis („la schiava"); *79. *Dürer*, der Jesusknabe unter den Schriftgelehrten, 1506 zu Venedig in sechs Tagen gemalt, wie die Inschrift rühmt (eine unerfreulich gedrängte Häufung von Charaktertypen ohne Zusammenhang; an der Behandlung der Hände erkennt man den Meister); *85. *Raffael*, weibl. Bildnis, sog. Fornarina, die von einer späteren Legende grundlos zur Bäckerstochter gestempelte Geliebte des Meisters, sehr beschädigt (das runde Gesicht eines römischen Mädchens, wie es einem noch heute vielfach begegnet, keine Schönheit und doch voll lebendigen Reizes, c. 1510); 90. *Schule des Giov. Bellini*, Madonna; 89. *Parmigianino*, Verlobung der h. Katharina in Gegenwart des h. Franziskus; 93. *N. Poussin*, Tod des Germanikus; 103, 107, 109. *Claude Lorrain*, Abendlandschaft, Marine, Acqua Acetosa; 105. *Sodoma (?)*, Madonna; 108. *Andrea del Sarto*, h. Familie. In der Mitte das Modell des S. 236 gen. Elefanten von *Bernini*. — IV. Zimmer: 126. *Guido Reni (?)*, sog. Beatrice Cenci (S. 252); 128. *Scip. Gaetano*, Lucrezia Cenci, Stiefmutter der Beatrice; 133. schlecht erhaltenes antikes Mosaik aus Palestrina (Europa auf dem Stier). — Die *Bibliotheca Barberiniana* ist seit 1902 in den Vatikan übertragen (s. S. 391).

Die Via Quattro Fontane steigt den Quirinal hinan. Oben, an der Straßenkreuzung mit Via del Quirinale (S. 192) und Via Venti Settembre (s. unten), liegen die **Quattro Fontane** (Pl. I 24), vier Brunnen, nach denen die Straße benannt ist. Rechts, nach dem Quirinal zu, die von Borromini 1640-67 erbaute kleine Kirche *S. Carlo* oder *S. Carlino*, in ausschweifendstem Barockstil alle geraden Linien vermeidend, aber den engen Bauplatz mit erstaunlichem Geschick zu einer reichen Anlage ausnutzend. Geradeaus, in der Richtung auf S. Maria Maggiore, geht es abwärts nach der Via Nazionale (S. 190).

Die Via Venti Settembre (Pl. I 24, 27, 26), welche der Länge nach über den Rücken des Quirinalhügels nach der Porta Pia führt, trägt ihren Namen zur Erinnerung an den Einzug des italienischen Heeres am 20. September 1870 (S. xxxviii). Straßenbahnen s. Plananhang Nr. 2, 8, 9 und 13.

Das Eckhaus bei Quattro Fontane r. ist der von Dom. Fontana 1600 für den Kardinal Mattei erbaute *Palazzo Albani*, in dem Winckelmann beim Kardinal Al. Albani (S. 412) wohnte. Weiter r. das *Kriegsministerium* (1888). — Der l. mündende Vicolo S. Niccolò da Tolentino führt an dem 1552 gegründeten deutschen und ungarischen Priesterseminar *Collegium Germanicum* (s. S. 159), wo auch der General des Jesuitenordens residiert, und an der 1614 von G. B. Baratta erbauten Kirche *S. Niccolò da Tolentino* vorüber nach dem Ludovisischen Stadtviertel (S. 177).

An der Piazza S. Bernardo, die sich r. öffnet, die Rundkirche *S. Bernardo* (Pl. I 24), die aus einem der Ecksäle der Diokletiansthermen (S. 181) umgeschaffen ist, 1600 geweiht; das antike Kuppelgewölbe war ursprünglich in der Mitte offen wie das Pantheon.

Gegenüber, auf der andern Seite der Via Venti Settembre, die alte Kirche **S. Susanna** (Pl. I 24), 1603 von *Carlo Maderna* umgebaut, mit Malereien aus der Geschichte der unter Diokletian gemarterten Heiligen dieses Namens und der alttestamentlichen Susanna, von *Baldassare Croce* und *Cesare Nebbia*.

Unweit (Eingang Via S. Susanna 1) das *Museo Agrario* (Pl. I 24), ein landwirtschaftliches Museum, frei zugänglich Di. Do. So. 11-4 Uhr. Daneben der Neubau des *Ministeriums für Ackerbau, Industrie und Handel*.

Weiter auf derselben Seite der Straße

S. Maria della Vittoria (Pl. I 24), so genannt nach einem Marienbilde, das den Kaiserlichen den Sieg am Weißen Berge bei Prag verschafft haben soll (1620) und hierher gebracht wurde, aber 1833 verbrannt ist. Der Plan zu der Kirche ist von *Carlo Maderna*, die Fassade von *G. B. Soria*.

Das Innere ist überreich an Marmorschmuck. In der 2. Kapelle r. ein Altarbild (Maria reicht dem h. Franziskus von Assisi das Christuskind) und Fresken (Entzückung und Wundmale des h. Franziskus) von *Domenichino*. Am 4. Altar l. *Bernini's* vielumstrittene, jedenfalls in der Darstellung der Verzückung kaum übertroffene Gruppe der h. Therese, der ein Engel mit dem Pfeil der göttlichen Liebe nach dem Herzen zielt. In der 3. Kapelle l. die h. Dreieinigkeit von *Guercino*. Die Apsis ist 1881 auf Kosten des Fürsten Al. Torlonia prächtig erneuert worden, mit Fresken von *Serra* (die Prozession nach der Schlacht am Weißen Berge).

An der Ecke gegenüber, wo es nach der Piazza delle Terme geht, zieht der unter Sixtus V. (Felice Peretti) von *Dom. Fontana* errichtete **Fontanone dell' Acqua Felice** (Pl. I 24) den Blick auf sich. Der dem Werk Michelangelo's nachgeahmte Moses (s. S. 206) in der Mittelnische ist von *Prospero Bresciano*, der vor Ärger über die Fehler seiner Statue gestorben sein soll: zu beiden Seiten Reliefs mit Aaron und Gideon von *Giov. Batt. della Porta* und *Flaminio Vacca;* davor vier moderne Löwen (die antiken Originale jetzt im Vatikan, S. 386). Die Wasserleitung, die von Colonna am Albanergebirge herkommt (20km), wurde 1585-87 angelegt.

Die Via Venti Settembre führt weiter an dem *Finanzministerium* von Canevari (1870-77) und an einem Standbild des Staatsmannes *Quint. Sella* († 1884) von Ferrari vorüber. Am Ende der Straße r. das *Palais der englischen Botschaft* (Pl. I 26), in der ehem. Villa Torlonia; l. die *Villa Bonaparte*, mit einem 1816 für Pauline Borghese, die Schwester Napoleons I., erbauten Casino.

Die **Porta Pia** (Pl. I 29), 1564 nach *Michelangelo's* Entwurf begonnen, neben der seitdem vermauerten alten *Porta Nomentana*, ist 1870 bekannt geworden durch den Angriff des italienischen Heeres am 20. September. Die Bresche, die damals in die Mauer geschossen wurde, befand sich l. neben dem Tor. — Weiter l. am Corso d'Italia sind drei Gedenktafeln eingemauert, von 1871, 74 und 95; gegenüber eine ***Siegessäule*** (Pl. I 26), von Aureli und Guastalla.

Von Porta Pia nach *S. Agnese* s. S. 415.

Geht man vor Porta Pia r. an der Stadtmauer entlang, so kommt man in wenigen Minuten an das **Castro Pretorio** (Pl. I 29, 30, 32, 33), das von Tiberius erbaute befestigte Lager der Prätorianer, der 10000 Mann starken kaiserlichen Leibgarde (zu denen bis in Aurelians Zeit noch die vier Cohortes urbanae mit 4000 Mann kamen). Es ist ein Rechteck von etwa 350 × 400m, ursprünglich mit der Front nach N. gerichtet und von einer nur 4 m hohen zinnengekrönten Mauer umgeben, an die sich innen gewölbte Kammern anschlossen. Aurelian zog das Lager in seine Befestigung (S. 168) hinein und erhöhte die Mauer auf mehr als das Doppelte. Konstantin, der das Prätorianerkorps auflöste, schleifte sie auf der Stadtseite. Der Innenraum, mit modernen Kasernen, dient jetzt als Exerzierplatz und ist nur mit besonderer Erlaubnis zugänglich.

Von den antiken Toren sind die an der Nordseite (ungefähr gegenüber der „Officina elettrica“) und an der Ostseite, beide aus der Zeit des Tiberius und ausgezeichnet durch treffliches Ziegelwerk, wohlerhalten.

Die Mauer der Südseite ist im frühen Mittelalter aus antiken Quadern eilig erneut worden.

Östlich die ausgedehnte *Poliklinik* (Pl. I 32, 33), ein Prachtbau von G. Podesti, 1896 vollendet, aber erst 1905 eröffnet.

Bei der SW.-Ecke des Castro Pretorio ist in der Stadtmauer ein *Tor* aus der Zeit Aurelians erhalten, dessen antiker Name unbekannt ist; es scheint schon zur Zeit des Honorius vermauert worden zu sein. — Von hier nach *Porta S. Lorenzo* (S. 199) 12 Minuten.

c. Piazza delle Terme. Via Nazionale. Der Quirinal.

Auf der Südostseite der Piazza delle Terme und der anschließenden Piazza dei Cinquecento (Pl. I 27) erhebt sich der 1872 erbaute **Bahnhof.** In der Mitte gegenüber der Ankunftshalle öffnet sich die breite *Via Cavour*, die nach Piazza dell' Esquilino und dem Forum führt: s. S. 205. — Vor der den Diokletiansthermen zugewendeten Hauptfront erinnert ein *Denkmal*, zu welchem ein 1882 gefundener kleiner Obelisk aus dem Isistempel (S. 221) verwendet ist, an die 500 beim Überfall von Dogáli von den Abessiniern getöteten italienischen Soldaten (1886). — Östl. vom Bahnhof das bedeutendste Stück der *Servianischen Befestigung* (S. xxix), die hier aus einem 30m breiten, 15m hohen Wall bestand: die Stützmauern für die Erdanschüttung sind bis zu 12m Höhe erhalten. Im August 1907 wurde mit dem Abbruch dieser ehrwürdigen Reste begonnen, um Platz für neue Gleisanlagen zu schaffen.

Straßenbahnen und *Omnibus* s. im Plananhang.

Die **Diokletiansthermen** (Pl. I 27), die dem Platze den Namen geben, waren die größte Bäderanlage der antiken Stadt. Sie wurden von Diokletian und seinem Mitregenten Maximian 305/306 nach Chr. eingeweiht. Das Hauptgebäude war von einem Umfassungsbau umgeben, die Front nach Osten, dem Prätorianerlager zugewendet. Auf der Westseite hatte der Umfassungsbau eine große Apsis („exedra"), deren Rundung die modernen Palastbauten am Eingang der Via Nazionale (S. 190) noch folgen. In den Ecken lagen kuppelgedeckte Rundgebäude, von denen zwei, die Kirche S. Bernardo (S. 179) und ein in das Mädchengymnasium an Via Viminale verbautes Stück, erhalten sind. Nach der Legende soll der Bau durch verurteilte Christen ausgeführt und deshalb bereits im v. Jahrhundert eine jetzt verschwundene Kirche des h. Cyriacus (an der Nordseite, beim Finanzministerium) errichtet worden sein.

Pius IV. beschloß einen Teil der Thermen zu einem *Kartäuserkloster* umzubauen und übertrug die Ausführung dem *Michelangelo.* Aus dem großen überwölbten Mittelsaale wurde die Kirche ***S. Maria degli Angeli** (Pl. I 27) 1563-66 hergestellt. Das jetzige Querschiff hatte Michelangelo zum Hauptschiff gemacht, in der r. Schmalwand war das Hauptportal, an der l. der Hochaltar. 1749 verdarb *L. Vanvitelli* die Kirche durch einen widersinnigen

Umbau, indem er den Hauptraum zum Querschiff machte und den Eingang auf die Westseite, gegenüber dem Springbrunnen (S. 189) verlegte, wo jetzt eine neue Fassade errichtet werden soll.

Man tritt zuerst in eine kleine Rotunde. R. das 1. Grab ist das des Malers Carlo Maratta († 1713), l. das 1. das des Salvator Rosa († 1673). In der Kap.: Christus erscheint der Magdalena, Altarbild von *Arrigo Fiammingo*. — Von da tritt man in das große Querschiff. Im Durchgang r. in der Nische: vortreffliche Kolossalstatue des h. Bruno, des Stifters des Kartäuserordens, von *Houdon* (c. 1760); in der Kap. l. ein gutes Altarbild von *Girol. Muziano*, Übergabe der Schlüssel. Das Querschiff, ehemals Hauptschiff, ist 90,4m lang, 28m hoch, 27m breit. Von den 16 Säulen (13,4m h.) sind 8 antik aus orientalischem Granit, 8 bei der Restauration aus Backstein aufgemauert. — Die großen Gemälde stammen meist aus St. Peter, wo sie durch Mosaikkopien ersetzt sind. In der rechten Hälfte (der Meridian im Fußboden wurde 1703 von Bianchini gelegt): r. Kreuzigung Petri von *Ricciolini*; Fall des Simon Magus nach *Franc. Vanni* (Original in St. Peter, S. 350); l. ein gutes Bild von *Girol. Muziano*, h. Hieronymus unter den Einsiedlern (in einer Landschaft von *Bril*); *Baglioni*, Wunder des h. Petrus. An der Schmalwand: Kap. des B. Niccolò Albergati. In der linken Hälfte: l. *Subleyras*, Messe des h. Basilius mit dem Kaiser Valens; *Pomp. Batoni*, Fall des Simon Magus; r. *P. Bianchi*, die unbefleckte Empfängnis; *P. Costanzi*, Erweckung der Tabitha. An der Schmalwand: Kap. des h. Bruno. — In der Tribuna: r. *Romanelli*, Mariä erster Tempelgang; *Domenichino*, Marter des h. Sebastian (in Öl auf die Wand gemalt, beachtenswert); l. *Roncalli*, Tod des Ananias und der Sapphira; *Maratta*, Taufe Christi. Im Chor zwei Grabdenkmäler, l. Pius IV., r. Antonio Serbelloni, nach Angaben *Michelangelo's*.

Der übrige Teil des Thermengebäudes, den früher das Kloster innehatte, enthält jetzt verschiedene Wohltätigkeits- und Erziehungsanstalten und das

****Thermenmuseum** (*Museo Nazionale Romano delle Terme Diocleziane;* Pl. I 27), das hauptsächlich für Funde auf staatlichem Boden innerhalb des Stadtgebietes bestimmt ist, jetzt aber auch die herrliche Sammlung Boncompagni (S. 188) enthält. Veränderungen in der Aufstellung sind häufig. Besuchsordnung s. S. 163. Der Eingang ist in der zurückliegenden Ecke zwischen der Piazza delle Terme und der Piazza dei Cinquecento. Man durchschreitet das Tor des „Ospizio Margherita per i poveri ciechi" und wendet sich dann im Hofe (bei *a* des nebenstehenden Grundrisses der Diokletiansthermen) links. — Direktor Prof. G. E. Rizzo. Gedruckter Führer (1905) 1 fr. 50.

Am Ende des Eingangskorridors zunächst r. hinauf zum

Ersten Stockwerk. — 1. Zimmer. In der Mitte: *Fragment einer hellenistischen Gruppe*, Frauenraub (Boreas und Oreithyia oder Kentaur mit Lapithin); Marmorvase mit Reliefs (Kraniche). An den Wänden gute Mosaiken (Fische, Ornamente); ein schlechtes mit Darstellung eines liegenden Leichnams und der griech. Inschrift „Erkenne dich selbst", aus einem Grabe an der Via Appia. R. zwei große *Pfeiler mit Inschriften*, Verzeichnissen der Opfer und Spiele bei den Säkularfeiern der Stadt Rom (gefunden nahe der Engelsbrücke): auf dem Pfeiler an der Eingangswand sind die Spiele unter Augustus (17 vor Chr.) verzeichnet, wobei das für die Gelegen-

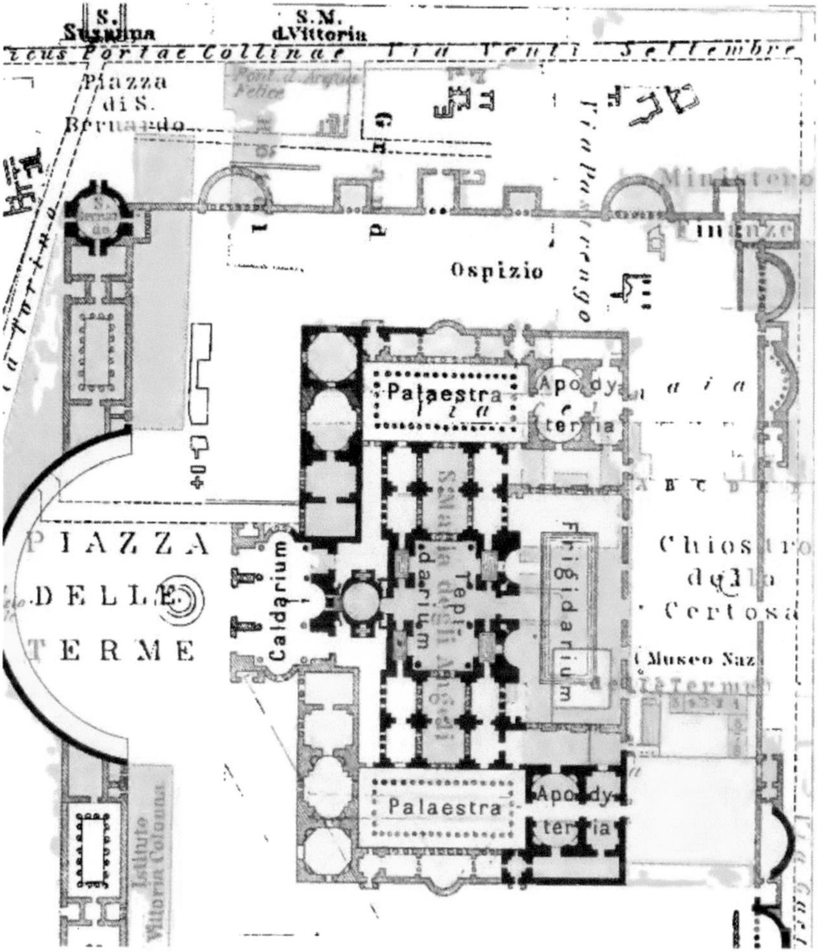
S.M.
d.Vittoria
Via Venti Settembre
Piazza
di S.
Bernardo
Ospizio
Palaestra
Apodyteria
Frigidarium
Caldarium
PIAZZA
DELLE
TERME
Chiostro
della
Certosa
Museo Naz
Palaestra
Apodyteria
Istituto
Vittoria Colonna

heit gedichtete „Carmen saeculare“ des Horaz erwähnt wird. Die Inschriften des anderen Pfeilers beziehen sich auf die Feier unter Septimius Severus (204 nach Chr.). An der Wand dieses Pfeilers l. die ***Fasti Praenestini***, ein Festkalender, der an den Wänden der Kurie von Praeneste (S. 460) eingemauert war. — Links vom 1. Zimmer in das

2. Zimmer: Skulpturen aus dem Grabe des *C. Sulpicius Platorinus*, eines vornehmen Mannes aus der Zeit des Augustus, gefunden 1880 im Garten der Farnesina (S. 394; Zeichnung des Monuments neben der Ausgangstür): reichverzierte Marmorurnen, gute Büste eines jungen Mädchens, wahrscheinlich *Minatia Polla*, deren Aschenurne (l. neben dem Fenster) in dem Grabe gefunden wurde. Ferner **Stuckreliefs* aus einem ebenda entdeckten römischen Hause der ersten Kaiserzeit; sie schmückten die Deckenwölbung eines Schlafzimmers: zwischen fein erfundenen Ornamenten sind Landschaften, Szenen aus dem Dionysoskult und orphische Weihen dargestellt: alles mit sicherem Geschick geschmackvoll ausgeführt.

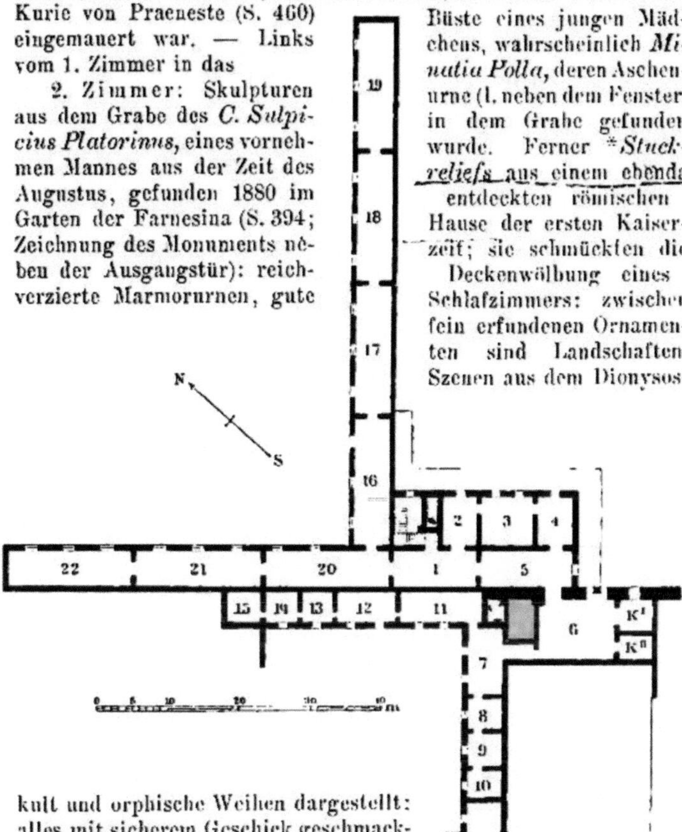

3. Zimmer. Schöne *Bronzestatue eines nackten auf einen Stab sich stützenden Mannes* mit eingraviertem Backenbart, wahrscheinlich ein hellenistischer Herrscher, beim Bau des Teatro Nazionale (S. 192) gefunden, zusammen mit der **Bronzefigur eines ausruhenden Faustkämpfers*, der im Gespräch mit einem Genossen oder Kampfrichter gruppiert zu denken ist (der Naturalismus in der Wiedergabe des häßlichen Modells geht bis zur Angabe der im Kampfe empfangenen Verletzungen, Hautritze und Blutstropfen; man be-

achte auch die genau wiedergegebene Armatur der Hände mit starken durch metallene Haken verbundenen Lederstreifen); 4. *Bronzestatue des Dionysos*, wahrscheinlich kampanische Arbeit des III. Jahrh. vor Chr. (man beachte die koloristische Wirkung des Materials: Augen aus Silber, Lippen in Kupfer, Diadem mit Silber- und Kupferverzierung; die Rechte hielt einen zweihenkligen Becher).

4. Zimmer. Dem Eingang gegenüber: **Apollostatue*, nach einem Original aus der Jugendzeit des Phidias; l. davon Venuskopf aus der Zeit des Praxiteles; *Mädchenkopf mit Binde (Hygieia; Ende des v. Jahrh. vor Chr.); r. Knabenkopf mit langen Locken; Kolossalkopf des Asklepios (Kopie nach einer berühmten Statue in Pergamon); r. vom Ausgang kleinerer Kopf desselben Gottes; Torso einer archaischen weiblichen Statue (griech. Original); *weiblicher griech. Porträtkopf*, archaisch; *Athenastatue*, noch fast archaisch; **weibliche Statue* mit feinem Gewande, vielleicht Charis, die Göttin der Anmut; Torso eines Athleten, nach Polyklet.

5. Zimmer. Weitere *Stuckreliefs* aus dem röm. Hause bei der Farnesina. In der Mitte **Marmorstatue des Dionysos* aus der Villa des Hadrian (S. 449), vortreffliche, etwas verweichlichte Kopie nach einem griech. Bronzeoriginal des v. Jahrh. vor Chr. (S. XLVII).

6. Zimmer. ***Marmorstatue eines knieenden Jünglings*, gefunden bei Subiaco in der Villa des Nero (S. 457), vorzügliches griech. Originalwerk, der Bedeutung nach noch nicht erklärt. Vor dem Fenster **Kopf eines sterbenden Persers*, erste pergamenische Schule (S. LI), auf dem Palatin gefunden; **Kopf eines schlafenden Mädchens*. An den Wänden **Malereien auf schwarzem Grunde*, aus dem römischen Hause bei der Farnesina; auf den schwarzen Flächen waren mit Gelb phantastische Landschaften skizziert (nur noch an einigen Stellen sichtbar); oben ein farbiger Figurenfries, mit lebendig aufgefaßten Gerichtsszenen. — In dem l. anstoßenden Kabinett Bruchstücke von *Porträtstatuen von Vestapriesterinnen*, gefunden im Atrium Vestae (S. 283); man beachte die *Halbfigur gegenüber dem Eingang; alle haben die charakteristische Frisur der Vestalinnen. — In dem Kabinett r. ein **Hermaphrodit*, gefunden 1879 beim Bau des Teatro Costanzi (S. 158) im Peristyl eines antiken Privathauses, weitaus das beste Exemplar dieses Typus (vgl. S. 209). — Durch einen kurzen Gang r. in das

7. Zimmer. An den Wänden **Malereien auf rotem Grunde* aus dem gen. römischen Hause. Die Bilder auf weißem Grunde, so neben dem Eingang das große: (B 5) Schmückung der Aphrodite und neben dem Durchgang zum 8. Zimmer (B 4) kleine Genreszenen, die man sich in die Wand eingelassen denken soll, ahmen die strenge altertümliche Malerei des v. Jahrh. vor Chr. nach, während das Mittelbild von B 4, Pflege des kleinen Dionysos, dem Stil der Bauzeit des Hauses entspricht. Wer sein Haus nicht mit alten Originalen schmücken konnte, schaffte sich auf diese Weise Ersatz. In

der Mitte Fragmente einer Panstatuette und einer Knabenstatuette aus Basalt. R. in der Ecke 517. schöner Jünglingskopf im Stil des Skopas. — L. in das

8. Zimmer. ***Malereien auf weißem Grunde:*** man beachte die feine Frauenfigur an der Ausgangswand. — In dem Glasschrank: Gegenstände aus Bernstein und ein bleiernes Kinderspielzeug aus dem Venustempel bei Terracina (S. 479; die jungen Römerinnen pflegten vor der Hochzeit ihr Spielzeug der Venus zu weihen). Glasgefäße. 524. vorzüglicher römischer Porträtkopf aus der Zeit der Republik.

9. Zimmer. ***Malereien auf rotem Grunde;*** auf dem Stücke D1 findet sich der Name des Malers, Seleukos, auf der zweiten grünen Säule von r. eingeritzt. Zwei Glaskästen mit Goldmünzen aus den Jahren 336-474 n. Chr. (gefunden im Atrium Vestae, S. 283).

10. Zimmer. ***Malereien auf weißem Grunde*** und verschiedene Fragmente. In der Mitte Statuette einer sitzenden Frau aus schwarzem Marmor. — Zurück in das siebente und links in das

11. Zimmer. *Malereien auf weißem Grunde.* Griechische Porträtköpfe, besonders zu beachten Nr. 578. An den Fenstern Porträtköpfe des Sokrates und eines hellenistischen Dichters (wahrscheinlich Kallimachos), einer mit Efeukranz.

12. Zimmer. An den Wänden *Mosaiken*, meist aus einer antiken Villa bei Baccano (S. 411), mit mythologischen Szenen und Musen. Römische Kaiserbüsten. R. an der Wand 584. Fragment eines Reliefs mit der Fassade des Tempels der Venus und Roma (S. 287; im Giebel Mars und Rhea Silvia, l. die Wölfin mit den Zwillingen), zusammengehörig mit einem Relief im Lateran (S. 329). Gegenüber Fragment eines römischen Monuments, auf dem der Quirinustempel auf dem Quirinal dargestellt ist.

13. Zimmer. Hermen von Wagenlenkern (vgl. S. 375, Nr. 619); Mosaik von vier Wagenlenkern in den Farben der vier Zirkusparteien (factiones).

14. Zimmer. Freskenfragmente. Darüber *Wandmalereien* aus einem Kolumbarium bei Porta Maggiore (I. Jahrh. n. Chr.) mit Darstellungen aus der Äneas- und Romulussage (die Bilder schon im Altertum beschädigt, da man das Grab im III. Jahrh. noch einmal benutzte und die Wände neu mit Stuck verputzte). An der Rückwand Büsten Caracallas als Knabe (nicht Geta) und als Mann. In der Mitte eine ***Marmorvase*** mit Reliefdarstellung der eleusinischen Weihe.

15. Zimmer. Torso des **myronischen Diskuswerfers* (s. S. 232 u. 375), 1906 bei Castel Porziano (S. 170) gefunden, und ein nach anderen Wiederholungen ergänzter Gipsabguß der Statue.

Nun zurück in das 1. Zimmer und zunächst durch Zimmer 20 r. in vier Räume („Antiquarium", 16-19) mit Funden aus Latium.

16. Zimmer. In der Mitte ein Glasschrank mit schönen Bronzefragmenten, Statuetten, Gefäßen, Isisklappern. In den Schränken

12*

an der Rückwand Bronzen, Schmuck, sehr schöne Bruchstücke von Glasgefäßen. Terrakotta-Darstellungen kranker Körperteile (Weihgeschenke aus einem Tempel von Heilgottheiten). Außerdem an drehbaren Gestellen im 16.-18. Zimmer Bruchstücke feiner Terrakottareliefs, die in der Kaiserzeit zur Dekoration von Gebäuden benutzt wurden, vielfach mit Farbspuren.

17. Zimmer. In der Mitte ein Glasschrank mit archaischen Terrakottafragmenten aus Rom. An der Rückwand r. und l. ein Schrank mit Funden aus dem Junotempel in Norba (S. 477): Statuetten aus Terrakotta und Bronze. Zwei Schränke mit Weihgeschenken aus einem Tempel von Heilgottheiten in Veji (S. 461): Körperteile und Tiere. Schrank mit Funden aus Ostia.

18. Zimmer. In der Mitte Deckel einer bronzenen Ziste aus Palestrina (S. 460), mit eingravierter Schlachtdarstellung (den Griff bilden Statuetten). An der Rückwand Funde aus Palestrina (hervorzuheben der mittelste Schrank mit archaischem Fries) und aus dem Dianatempel bei Nemi (S. 445; Bronze und Terrakotta).

19. Zimmer. Reste der S. 445 gen. Prunkschiffe aus dem Nemisee: schönes bronzenes Medusenhaupt, Wolfs- und Löwenköpfe, die das Ende großer Balken schmückten. — Zurück und r. in das

20.-22. Zimmer. **Funde aus der langobardischen Nekropole* von Castel Trosino bei Ascoli Piceno (S. 87; VII. Jahrh. n. Chr.): Goldschmuck, Waffen, Gläser; Skulpturen aus derselben Epoche. Die Arbeiten sind Zeugen des in der Völkerwanderung auf italienischem Boden frisch erwachten germanischen Kunsttriebes und Gewerbefleißes; sie sind nach antiken Vorbildern und Anregungen, aber im nordischen Geschmack ausgeführt. Daneben ähnliche Funde aus Nocera Umbra (S. 134). In der Mitte von 22 ein unter Papst Marinus II. (942-46) im Atrium Vestae (S. 283) vergrabener Schatz von 830 *angelsächsischen Münzen*, der 1893 dort wiedergefunden wurde; das Geld war als Peterspfennig nach Rom gekommen; Gepräge Alfreds d. Gr., Eduards I., Athelstans, Edmunds I. (871-946). — Nun zurück zur Treppe und wieder hinab ins

Erdgeschoß. Hier durch die Glastür in den nach *Michelangelo's* Entwurf ausgeführten Kreuzgang des Kartäuserklosters.

Zunächst geradeaus in den westlichen Flügel. Die vielfach verlöschten Nummern sind auf der dem Kommenden zugewandten Seite der Postamente rot aufgemalt: 6. Nymphe auf einem Felsen sitzend (aus dem palatinischen Stadium, S. 302); 10. Statuette des Diomedes; *24. *Statue der Hera*, Kopie einer der sog. barberinischen Hera im Vatikan (S. 377) nahe verwandten Statue, in den Einzelheiten ganz dem späteren römischen Geschmack aus der Zeit der Antonine angepaßt, ein Meisterwerk der Technik (aus dem palatinischen Stadium): 32. Nikestatuette (die Flügel waren angesetzt; strenger Stil): 33. Statue einer Betenden (die Hände falsch ergänzt; vgl. die sog. Pietà im Vatikan, S. 380 Nr. 352).

Nördlicher Flügel des Kreuzgangs. — Die Häuschen der Kartäusermönche (Sonntags häufig geschlossen), die an diesem Flügel des Kreuzgangs (vgl. den Grundriß S. 182) zu Museumsräumen verwendet sind, verdienen auch in ihrer Anlage, die auf die völlige Abgeschlossenheit von der Außenwelt berechnet ist, Beachtung. Im ersten sind Direktionsräume. 46. Statue einer sitzenden Göttin, aus dem Pal. Giustiniani (S. 239).

Haus B: Funde aus Ostia. I. Zimmer: 212. Altar (Vorderseite: Mars, Venus und Amor; Rückseite: die Wölfin mit den Zwillingen, Hirten, Tiber; r. und l. Eroten mit Waffen und Streitwagen): am Fenster r. *207. *Porträtkopf aus spätrepublikanischer Zeit;* l. *206. Porträtkopf Vespasians; spätrömische Porträtköpfe.

Haus C und D: *Inschriften aus dem heiligen Haine der Arvalen* (S. 466) mit Protokollen über Opfer, Spiele, Gebete und Gelübde aus der Zeit von Augustus bis Gordian III. (241 n. Chr.); sie sind für die Geschichte der Kaiserzeit wichtig, da das Arvalenkollegium die Kaiser und die vornehmsten Männer Roms zu Mitgliedern zählte. In Haus D außerdem: I. Zimmer, *310. vorzüglich gearbeiteter *Altar;* II. Zimmer, die *tabula Ligurum Baebianorum*, große Bronzetafel aus der Gegend von Benevent, auf eine milde Stiftung Trajans (alimenta) für arme Kinder bezüglich (vgl. S. 277); gegenüber Grabmal eines römischen Ehepaars; III. Zimmer, auf den Mithraskult bezügliche Monumente und Mosaikfragmente.

Haus E. I. Zimmer: Bruchstücke griechischer und römischer Reliefs; 322. römisches Opfer; 324. zwei griechische Helden; vor dem Fenster *340. *weiblicher Kopf;* 350. archaistisches Votivrelief an Zeus Xenios, mit Inschrift. II. Zimmer: 354. Wiederholung des Hermes aus dem Orpheusrelief in Villa Albani (S. 413); 356. Fragment mit der Figur des Philosophen Anaximandros (Inschrift); 359. Relief mit drei Frauen (vgl. S. 383); 360. Prometheus und der Adler; 362. Satyr sein Schwänzchen betrachtend. III. Zimmer: *345. *halber weiblicher Kopf* mit Porträtzügen, der Schleier dicht umgeschlungen (Original aus hellenistischer Zeit). In dem rückwärtigen Korridor: kleine Darstellung einer griechischen Bühnenwand.

Haus F. I. Zimmer: 384, 385. zwei verschiedene Fragmente des *Flöte spielenden Satyrs* (vgl. S. 263 Nr. 60 und 385 Nr. 38 A); 393. Torso des einschenkenden Satyrs (nach Praxiteles); 386. Dionysoskind (von einer Statue des Hermes mit dem kleinen Dionysos); 394. *Kopf der sog. Penelope* (Kopie nach dem ursprünglich zu der Figur der sog. Penelope gehörigen Kopfe, vgl. S. 378); 399. Torso des Minotauros. II. Zimmer: 404. Statue des Hermes; 405. attischer Jünglingskopf. III. Zimmer: 396. Knabentorso, nach Polyklet.

Im Flügel des Kreuzgangs weiter: 80. großes *Mosaik mit Nillandschaft,* vom Aventin; Kolossalstatue eines Dioskuren.

Östlicher Flügel. Nahe der Mitte: Sarkophagdeckel in Form eines Lagers: der Mann hält die aus Wachs zu denkende Büste seiner

Frau auf dem Schoße; im Rückenkissen ein Behältnis für die Asche eines Verstorbenen. Vorderwand eines Sarkophags aus später Zeit: Ehepaar mit Venus und Amor, die Dioskuren mit Okeanos und Erdgöttin. Am Ende dieses und im Anfang des Südflügels sind Teile der ***Ara Pacis* aufgestellt, eines reich geschmückten Prachtaltars der Friedensgöttin, der zur Feier von Augustus' Rückkehr aus Spanien und Gallien in den Jahren 13-9 vor Chr. vom römischen Senat errichtet wurde; das eine Relief zeigt prächtiges Rankenwerk, das andere die Darstellung eines Opfers am Altar der Erdgöttin. Das Heiligtum stand in einem von Säulenhallen umgebenen Hofe an der Stelle des Palazzo Fiano am Corso (s. S. 216): weitere Bruchstücke hier und im Vatikan (S. 381), in der Villa Medici (S. 173), den Uffizien zu Florenz, im Louvre und in Wiener Privatbesitz.

Südlicher Flügel. Weibliche Kolossalstatue; archaische weibliche Statue; späte Porträtstatue eines römischen Juristen.

Die nächste Tür l. führt zu acht kleinen Räumen (vgl. den Grundriß S. 182), in denen das **Museo Boncompagni, der Antikenbestand der Villa Ludovisi (S. 177), vorläufig untergebracht ist. Die Sammlung wurde von Kardinal Ludovico Ludovisi, einem Neffen Gregors XV. (1595-1632), begründet, kam durch Erbschaft an die Fürsten von Piombino (Boncompagni-Ludovisi) und wurde im J. 1900 für 1400000 fr. vom Staate angekauft. Die Restauration der älteren Stücke ist von Al. Algardi. — I. Zimmer: *7. *Marmorthron für eine Kolossalstatue der Venus*, vortreffliches Werk der entwickelten archaischen Kunst (gefunden 1887); die dem Beschauer zugekehrte Rückseite zeigt die Geburt der Göttin aus dem Meere: auf den Nebenseiten r. eine verhüllte aus einem Weihrauchkästchen opfernde Matrone, l. ein nacktes Flöte spielendes Mädchen. 12. Archaische weibliche Gewandstatue; 33. archaischer *Kolossalkopf einer Göttin*, gewöhnlich *Venus* genannt, griechisches Original aus dem Anfang des v. Jahrh. vor Chr.: er gehörte vielleicht zu dem akrolithen (d. h. in den nackten Teilen aus Marmor, in den bekleideten aus Holz gearbeiteten) Tempelbilde der Aphrodite vom Berge Eryx auf Sizilien, das 181 vor Chr. in den römischen Tempel der Venus Erycina (im Gebiet der ehem. Villa Ludovisi, S. 177) übertragen wurde. 46, 62. Hermen des Herakles und Theseus. — II. Zimmer (r. vom ersten): 10. griechischer Porträtkopf, neuerdings für Aristoteles erklärt; *37. *ruhender Ares* (Kopie nach Lysipp); die nachdenklich träumerische Haltung findet ihre Erklärung durch die Anwesenheit des kleinen Liebesgottes; an der l. Seite ist die Gruppe unvollständig. — III. Zimmer: 59. Hermes als Gott der Beredsamkeit (der r. Arm ist falsch ergänzt, die l. Hand hielt den Heroldstab). — IV. Zimmer: *43. *der Gallier und sein Weib*, Kolossalgruppe. Der Gallier hat, während ihm die Feinde auf der Ferse sind, eben noch Zeit gefunden, seinem Weibe den Todesstoß zu versetzen, und trifft nunmehr sich an unfehlbar tödlicher Stelle; die Gruppe bildete vermutlich den Mittelpunkt eines Statuenzyklus, dessen r. Eckstück der sterbende Gallier (S. 260) und dessen Original (in Bronze) auf der Akropolis von Pergamon als Denkmal der Siege Attalos I. (241-197 vor Chr.) aufgestellt war (vgl. S. LI; falsch ergänzt ist der r. Arm, die Hand müßte den Schwertgriff umgekehrt fassen). **86. Kopf einer *schlummernden Erinys*, sog. Medusa Ludovisi. — V. Zimmer: **66. *Juno Ludovisi*, der berühmteste und jedenfalls einer der schönsten unter allen Junoköpfen. „Keine Worte geben eine Ahnung davon: es ist wie ein Gesang Homers" schreibt Goethe im J. 1787. Der Kopf war im Altertum zum Einsetzen in eine Kolossalstatue bestimmt; der Typus entspricht dem im IV. Jahrh. vor Chr. durch die neuere attische Schule ausgebildeten Ideal. 57. *Athena Parthenos*, eine der größten unter den erhaltenen Nachbildungen des berühmten Werkes des Phidias, laut Inschrift von einem Antiochos oder Metiochos aus Athen (etwa Anfang der Kaiserzeit); sie ist stark und ungeschickt überarbeitet, die Arme sind falsch ergänzt (der r. war vorgestreckt und hielt eine Siegesgöttin, die l. Hand ruhte auf dem Rande des Schildes); 31. Kolossalbüste der Demeter. Zurück ins erste und von hier ins VI. Zimmer: in der Ecke l. 32. *einschenkender Satyr*, nach Praxiteles (statt der Traube in der r. Hand ein Krug zu denken, in der l. eine Schale); 36. schöner, schlecht ergänzter Knabentorso. — VII. Zimmer: sog. *Gruppe des Orestes und der Elektra*, wohl von einem Grabe stammend, laut Inschrift von Menelaos, Schüler des Stephanos, aus der Schule des Pasiteles (I. Jahrh. vor Chr.; vgl. S. LIII). — VIII. Zimmer: 83. Statue des *Antoninus Pius;* späte römische Sarkophage.

In dem Garten innerhalb des Kreuzgangs sind weitere Architektur- und Skulpturfragmente untergebracht, darunter viele Grenzsteine von den Tiberregulierungen unter Augustus, Trajan und andern Kaisern; ferner, um die mittlere Fontäne, sieben kolossale Tierköpfe von einer Brunnenanlage, beim Trajansforum gefunden. Eine der Zypressen soll noch von Michelangelo gepflanzt sein.

Demnächst wird im Thermenmuseum die *Marmorstatue eines mit wollenem, faltigen Chiton bekleideten Mädchens aufgestellt, das auf einem Opferteller einer Gottheit Weihgeschenke darbringt: griechisches Original aus dem Beginn der hellenistischen Zeit, 1878 in Anzio (S. 471) gefunden, 1907 für 450000 fr. angekauft.

In der Mitte der Piazza delle Terme (Pl. I 27), dem Eingang von S. M. degli Angeli (S. 181) gegenüber, schleudert ein aus der Aqua Marcia (S. 419) gespeister *Springbrunnen*, mit vier Bronzegruppen (Najaden mit Meerwesen) von Mario Rutelli (1900), seinen kräftigen Wasserstrahl hoch empor und fällt besonders abends bei elektrischer Beleuchtung weithin ins Auge. — Nördl. das Grand Hôtel (S. 141) und weiter an der Ecke der Via Venti Settembre der Fontanone dell' Acqua Felice (S. 180).

Dem Springbrunnen gegenüber öffnet sich, die Exedra der

Thermen durchschneidend (S. 181), die Via Nazionale (Pl. I 27; II 21, 20), seit 1870 angelegt, eine der verkehrreichsten Straßen der Stadt, von Fußgängern und Wagen, namentlich in der schönen Jahreszeit, ebenso belebt wie der Corso Umberto I (Straßenbahn Nr. 1, 3, 13, 14 und 18 im Plananhang). Durch Via Torino r. nach S. Bernardo s. S. 179.

In Via Nazionale links die *evang. amerikanische Paulskirche*, 1879 im gotischen Stil erbaut, mit Mosaiken nach Burne-Jones. Die bedeutendste Querstraße ist die *Via Quattro Fontane-Agostino Depretis*, welche r. zum Pal. Barberini (S. 178), l. nach S. Maria Maggiore (S. 196) führt.

Rechts die kleine durch die Aufschüttung der Via Nazionale tief gelegte Kirche *S. Vitale*, im v. Jahrh. unter Innocenz I. gegründet. Dann r. das stattliche Gebäude der

Galleria Nazionale d'Arte moderna (Pl. II 24), 1880-83 von Piacentini erbaut und großenteils zu Kunstausstellungen eingerichtet. In der Vorhalle l. der Eingang zu der „Galerie für moderne Kunst". Besuchsordnung s. S. 162. Direktor Prof. Comm. Jacovacci. Künstlernamen und Gegenstand sind überall angeschrieben: wir erwähnen nur die bedeutendsten Stücke.

ERDGESCHOSS. Vom Eingang gelangt man in einen kleinen Saal mit SKULPTUREN (Grundriß unter 1): in der Mitte 62. *Cifariello*, Christus und Magdalena, Bronze. — Nun die Treppe hinauf zum

I. STOCKWERK, mit der GEMÄLDESAMMLUNG (vgl. d. Grundriß). — Raum 1. Eingangswand: geschichtliche Bilder und Bilder aus dem Orient von *Stefano Ussi*; Rückwand: 85. *Gamba*, Seestück; *G. Ferrari*, Christus in Gethsemane; gegenüber 206. *Ciseri*, Ecce Homo; Ausgangswand: Skizzen von *Cesare Mariani*. — In dem anstoßenden Kabinett (2): 91. *Podesti*, Triumph der Venus; 11. Totenmaske *Canova's*. — Raum 3 und 4: Skizzen, Kartons und Gemälde von *Bernardo Celentano* (1835-63). — Raum 5 und 6: chronologisch geordnete Skizzen von *Filippo Palizzi* (geb. 1813). — Raum 7: 65. *Taruffini*, das Opfer des Nils; *Sciuti*, im Venustempel; *Muzioli*, im Bacchustempel; *Domenico Morelli*, das letzte Geleit; 5. *Palizzi*, Wald von Fontainebleau. — Raum 8 und 9: 223. *Carlandi*, Sonnenuntergang; 197. *Bazzani*, Trajanssäule; *Morelli*, Tasso und Eleonore; 178. *Vannutelli*, Julias Leichenbegängnis (Romeo und Julia).

Raum 10 und 11: Aquarellskizzen von *Faustini* und Ölskizzen von *Barabino*: 217. *Constantini*, Dorfschule. — Im Durchgang *79. *Michetti*, Hirtin. — Raum 12: 14. *Michetti*, das Gelübde (Szene aus einer Kirche in den Abruzzen); *71. *Nono*, Zuflucht der Sünder; gegenüber 105. *Favretto*, vor der Loggetta in Venedig. — Raum 13: *Bazzani*, Aquarelle und Zeichnungen nach dem Haus der Vettier in Pompeji.

Nun zurück nach Raum 8 und r. in die Galerie (14) mit einigen Skulpturen, Gemälden und Stichen. Geradeaus die Treppe (15) hinab in einen Saal mit Skulpturen (unter 18). Auf dem Treppenabsatz 75. *Vela*, die Opfer der Arbeit, Bronzerelief; unten **Ximenes*, Auferstehung; *Norfini*, die Überschwemmung; *Em. Marsili*, vergebliches Warten; in der Mitte *Cifariello*, Büste Böcklins; außerdem neue Erwerbungen.

Die Treppe wieder hinauf und l. in Raum 16 und 17: *Ricci*, Skizzen; *Ferrari*, weibliches Bildnis, Träumerei; *Mentesi*, Ruhm (Triptychon). — Raum 18: 176. *Loiacono*, Meeresbucht; 40. *Calderini*, Winter; *Segantini*, Viehtränke im Gebirge; *Vittore Grubricy*, landschaftliche Skizzen (Radierungen). Raum 19: 9. *Calderini*, Herbst; 195. *Sassi*, Gipfel des Monte Rosa; *Vizzotto-Alberti*, Bauernmädchen; 104. *De Martino*, das Panzerschiff Lépanto; in der Mitte 34. *Ximenes*, die elf Schüler aus der Erzählung il Cuore von De Amicis, Br. Raum 20: 115. *Postiglione*, Pier Damiano und die Gräfin Adelaide von Susa; 227. *Sciuti*, römische Frauen bringen ihren Schmuck, um den erschöpften Staatsschatz wieder zu füllen; *82. *Simi*, drei Grazien vom Lande (in Anlehnung an Botticelli's Frühling in Florenz). — Raum 21: *Cabianca*, Venedig am Morgen, Winter in der Ciociaria (S. 159); 67-69. *De Nittis*, Rennen im Bois de Boulogne. — Raum 22: *Sartorio*, Medusa, Diana von Ephesus (unvollendete Gemälde); *Biondi*, römische Saturnalien, Kolossalgruppe in Bronze.

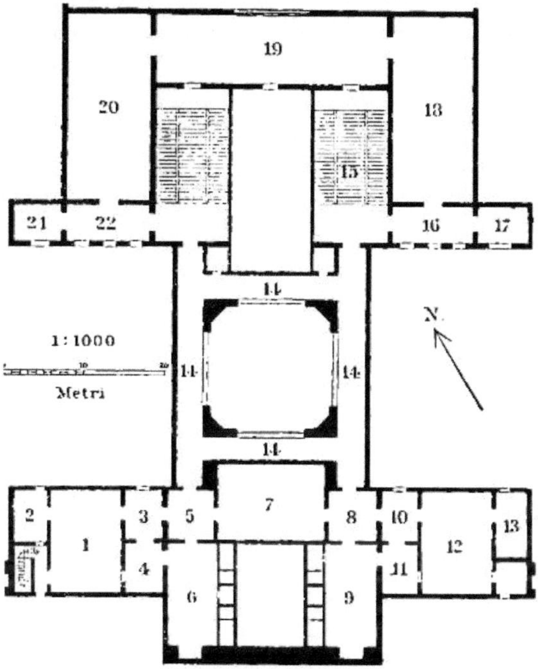

Die nächste Querstraße, Via Milano, führt r. zu dem südl. Eingang des 1902 vollendeten, 348m langen, 15m breiten **Tunnels** unter dem Quirinal, durch den eine geradlinige, vielbenutzte Verbindung zwischen Piazza del Popolo und Via Nazionale geschaffen worden ist (Straßenbahn s. S. 175). Neben dem Tunnel führen r. und l. Treppen auf den Quirinal (S. 193). An der Ecke der *Palazzo Hüffer*. — Dann l. die von Gaet. Koch 1886-94 erbaute *Banca d'Italia* und der hochgelegene Garten der *Villa Aldobrandini*.

Die Via Nazionale erweitert sich hier, wo r. die Via del Quirinale mündet (S. 195), zu der dreieckigen **Piazza Magnapoli** (Pl. II 20), in deren Mitte, von einem Gitter umgeben, ein Stück der *Servinsmauer* (S. xxix) zu Tage liegt. Ein weiteres Stück mit wohl erhaltenem kleinen Tor ist in den *Pal. Antonelli* verbaut (r. Nr. 158,

Treppenflur r. vom Hofe). Südl. erhebt sich, hinter der Kirche *S. Caterina di Siena*, mit Barockfassade von G. B. Soria (1630), die *Torre delle Milizie*, um 1200 von den Söhnen des Petrus Alexius erbaut, auch *Torre di Nerone* genannt, weil das Volk glaubte, Nero habe oben dem Brande Roms zugesehen (vgl. S. 230).

An der hier nach Osten abgehenden Via Panisperna liegt gleich r. die c. 1640 von Vincenzo della Greca erbaute Kirche *SS. Domenico e Sisto*, mit hohem Treppenaufgang, weiter l. die alte, 1633 gänzlich umgebaute Kirche der arianischen Goten **S. Agata in Subura** (Pl. II 23) oder *dei Goti*; im Innern r. die Grabtafel des Humanisten *Joh. Laskaris* † 1535), l. das Grabmal des irischen Agitators *O'Connell* (1775-1847). Die Straße führt östl. weiter nach S. Maria Maggiore: vgl. S. 196.

Weiter senkt sich die Via Nazionale in großem Bogen den 30m hohen Abhang des Quirinal hinab. L. ein Treppenweg, der zum Trajansforum hinabsteigt (S. 295). Dann l. ein mittelalterlicher Turm der Colonna, mit eingebauten Architekturfragmenten vom Trajansforum. An der nächsten Ecke l. die *Waldenserkirche*, r. das *Teatro Drammatico Nazionale* (1884). Die hier r. (nordwärts) abzweigende Querstraße ist die S. 176 gen. *Via Pilotta*, welche an der Rückseite des *Palazzo Colonna* (hier der Eingang der Gall. Colonna, S. 228) entlang, über die kleine Piazza Pilotta, mit dem malerisch-unsymmetrischen *Pal. Muti-Papazzurri*, von Mattia de' Rossi (1644), und weiterhin nach der Fontana di Trevi (S. 176) führt.

Die Via Nazionale führt an der Südseite des Pal. Colonna, dann an Piazza di SS. Apostoli (S. 228) vorüber zur *Piazza di Venezia* (S. 219).

—

Von den *Quattro Fontane* (S. 179) gelangt man durch Via del Quirinale (Pl. II 24, 21) südwestl. auf die Piazza del Quirinale. R. in Via del Quirinale Nebengebäude des kgl. Palastes, die sog. Manica Lunga, links die Kirche *S. Andrea al Quirinale*, mit elliptischem Grundriß, von Bernini 1678 erbaut und reich verziert; weiter ein kleiner öffentlicher Garten, mit einem bronzenen Reiterstandbild *Carlo Alberto's*, des Vaters Viktor Emanuels II., von Raff. Romanelli (1900).

Am Ausgang der Straße erhebt sich r. der kgl. Palast, mit der Hauptfront nach der Piazza del Quirinale zu (Pl. II 21), während der Blick geradeaus schon von weitem auf die beiden kolossalen marmornen **Rossebändiger** fällt, welche mit einem 1787 vom Augustusmausoleum (S. 215) hierher geschafften 15m hohen *Obelisk* den Hauptschmuck des Platzes bilden. Die Granitschale des aus der Acqua Felice gespeisten, 1818 angebrachten Brunnens ist gleichfalls antik. Die 5,6m hohen Rossebändiger, ausgezeichnete Werke der römischen Kaiserzeit, standen einst vor den *Thermen des Konstantin*, auf deren Ruinen u. a. der Palazzo Rospigliosi (S. 194) erbaut ist. Sie sind nie verschüttet worden und gaben dem Platz Jahrhunderte lang den Namen „Monte Cavallo". Wahrscheinlich um 450 wurden sie bei einer Restauration der Thermen inschriftlich als *opus Fidiae* und *opus Praxitelis* bezeichnet (die jetzigen Sockelinschriften sind Kopien aus der Zeit Sixtus' V.). Das Mittelalter machte aus Phidias und Praxiteles Philosophen, deren Weisheit Tiberius, weil sie seine Gedanken erricten, durch Errichtung der Standbilder geehrt hätte.

Nach W. sieht man über die Dächer der Stadt auf die Peterskuppel. In der NW.-Ecke des Platzes führt eine Treppe zur *Via della Dataria* hinab, in der (Nr. 94) der Palast der päpstlichen *Dataria* (Pfründenkammer; vgl. S. 246) liegt. In der Nähe die Kirche *S. Croce de' Lucchesi* (Pl. II 21; nachm. $4^1/_2$-5 Uhr schöner Nonnengesang). Folgt man weiterhin r. der Via S. Vincenzo, so gelangt man zur Fontana di Trevi (vergl. S. 176) oder, l. der Via del l'Umiltà folgend, unweit des Pal. Sciarra auf den Corso (S. 218).

Der **R. Palazzo del Quirinale** (Pl. II 21) wurde 1574 unter Gregor XIII. von *Flaminio Ponzio* und *Mascherino* begonnen und unter den späteren Päpsten, die der besseren Luft wegen hier im Sommer häufig wohnten, von *Dom. Fontana, Bernini, Ferd. Fuga* u. a. vielfach erweitert. Seit 1870 dient er als Residenz des Königs und ist in dessen Anwesenheit großenteils unzugänglich.

Besuchsordnung s. S. 163. Den Permeß erhält man von 10 bis $11^1/_2$ Uhr im *Ministero della Real Casa* (Pl. II 24), Via del Quirinale 30 I. — Man geht vom Haupteingang zwischen den Wachen hindurch geradeaus und am Ende der Halle l. die breite Treppe hinan. Im Treppenhaus ist eine schöne Freske von *Melozzo da Forlì* (S. 114) eingemauert: Christus in einer Glorie von Engeln (ehemals in der Kirche SS. Apostoli, S. 228). — Oben schreibt man seinen Namen ein und wird von einem Diener herumgeführt (kein Trinkgeld!). An die Sala regia, mit Fresken von *Lanfranco* und *Saraceni*, stößt die Cappella Paolina, von *Carlo Maderna* erbaut, mit vergoldeten Stukkaturen und Kopien (grau in grau) nach Raffaels Aposteln aus SS. Vincenzo ed Anastasio alle Tre Fontane (S. 426) und Wandteppichen aus dem XVIII. Jahrhundert. Die Kapelle ist mit Kränzen und Adressen gefüllt, die beim Tode des Königs Viktor Emanuel von dankbaren Italienern aus allen Erdteilen eingesandt wurden. — Rechts schließt sich eine Reihe von Zimmern an, Gesellschafts- und Empfangsräume, mit meist modernen Bildern und Wandteppichen. Im Empfangssaal der Gesandten, hinter dem Thronsaal, ein Bild Kaiser Wilhelms I., von *Karl Arnold* (1874). Im 10. Zimmer am Boden Mosaiken aus der Villa Hadrians, durch den Teppich ganz verdeckt. Im 14. Zimmer ein schönes Deckengemälde von *Overbeck* (1859), zum Andenken an Pius' IX. Flucht im Jahre 1848: Christus entweicht den Juden, die ihn in den Abgrund stürzen wollen (Luk. 4, 28. 29). Im 15. Zimmer Ansichten aus dem Vatikan. — Nach dem Garten fürstliche Gastzimmer. Hier im ehem. Audienzsaale als Fries ein Gipsabguß des auf Napoleons I. Geheiß von *Thorwaldsen* für diesen Raum gefertigten Triumphzuges Alexanders des Großen, der nach 1815 in die Villa Sommariva (jetzt Carlotta) am Comer See kam. — In der kleinen Kapelle dell' Annunziata: Verkündigung, Altarbild von *Guido Reni*.

Der ursprünglich von *Carlo Maderna* angelegte Garten ist unzugänglich. — Der kgl. Marstall (Scuderie Reali) ist größtenteils im SW.-Flügel des Palastes untergebracht. Eingang durch das große Tor unterhalb der zur Via della Dataria hinabführenden Treppe. Zutritt So. Do. 1-3 Uhr mit Permeß, den man vorher $10-11^1/_2$ Uhr ebendort erhält.

Der die Ostseite des Quirinalplatzes einnehmende, 1739 von Fuga [illegible] Palazzo della Consulta, einem [illegible] Verwaltungsgebäude [illegible] dem Ministerium des Äußeren. — Das Gebäude gegenüber, [illegible] mit Fassade von [illegible], enthält einen Teil des kgl. Marstalls (s. S. [illegible]).

In der Fortsetzung der [illegible] des Quirinale [illegible] der Garten des Pal. Colonna (S. [illegible]). [illegible] der

Palazzo Rospigliosi ([illegible]), oder Pal. *Rospigliosi-Pallavicini*, [illegible] von Kardinal *Scipio Borghese* (S. [illegible]) auf den Trümmern der Thermen des Konstantin (S. [illegible]) aufgeführt. Der nur auf Empfehlung zugängliche Palast enthält u. a. [illegible] schönen Claude Lorrain (Tempel der Venus). Die bedeutenden Kunstschätze (Galleria Pallavicini) befinden [illegible] Nebengebäude, dem sog.

Casino Rospigliosi-Pallavicini [illegible] [illegible]. — Man tritt durch das Tor in den Hof und wendet sich durch [illegible] mit „Galleria" bezeichnete Tür l., die [illegible]. An der Außenwand [illegible] einige gute antike Sarkophagreliefs eingemauert (Eberjagd, [illegible], Raub [illegible] Proserpina). — Durch die Tür [illegible] tritt man in [illegible]

Hauptsaal. An der Decke **[illegible] von *Guido Reni*: Aurora, Blumen streuend vor dem Wagen des Sonnengottes, den die Horen tanzend umgeben, das beste Werk des Meisters. Besondere Aufmerksamkeit verdient die Farbengebung: [illegible] [illegible] Nymphe [illegible]. [illegible] Farben gehen allmählich in kühlere Töne [illegible] über [illegible] mit den Wolken (vgl. [illegible]). Am bequemsten betrachtet man das Bild in dem Spiegel auf dem Tische vor der Mitte der Rückwand. — [illegible] Landschaften von *Paul Bril*, und an den [illegible], Triumph der Fama und des Amor (nach [illegible] von *Tempesta*). Linke Wand: [illegible] *Simone da Pesaro*, [illegible] Familie; [illegible] *Leonardo da Vinci*, [illegible] Johannes. Rückwand: [illegible] Wandmalereien; [illegible] *Tizian* (?), [illegible]. [illegible] Wand: [illegible] *van Dyck*, [illegible]. [illegible]: Statue der Athena [illegible].

Zimmer rechts, dem Eingang gegenüber: [illegible] *Domenichino*, [illegible]. L. Wand: *[illegible] *Lor. Lotto*, Sieg der Keuschheit. [illegible] Wand: [illegible] (?), [illegible] *L. Signorelli*, [illegible] Familie. Eingangswand: [illegible] *Lod. Carracci* (?), Simson.

Zimmer links. Eingangswand: [illegible] *Guido Reni*, Andromeda; [illegible] *Nic. Poussin*, [illegible] Selbstbildnis (Original im Louvre); [illegible] kleine antike Wandmalereien, [illegible] ohne Nummer und Teil einer antiken [illegible], Viktoria (ohne Nummer). An [illegible] [illegible], [illegible] wie in den beiden folgenden [illegible] gegenüber [illegible] *Rubens*, Christus und die [illegible] [illegible] der von ihm [illegible] für Madrid gemalten Bilder. Wand dem Eingang gegenüber: 70. *Domenichino*, Triumph Davids. Rechte Wand: 82. *Palma Giovane*, Adam und Eva.

Weiter in Via del Quirinale r. die 1524 erbaute Kirche S. Silvestro al Quirinale (Pl. II 21).

In der Kuppel vier ovale Fresken von *Domenichino*: David tanzt vor der Bundeslade, Salomo und die Königin von Saba, Judith, Esther und Ahasver. In der 2. Kapelle links zwei Landschaften von *Polidoro Caravaggio* und seinem Gehilfen *Maturino*, die Verlobung der h. Katharina, und Christus erscheint der Magdalena (vor 1527, die ältesten Kirchenlandschaften).

Die Via del Quirinale mündet in die Via Nazionale, s. S. 191.

d. Von der Via Nazionale nach S. Maria Maggiore und S. Lorenzo fuori oder Porta Maggiore.

Von der S. 190 erwähnten Straßenkreuzung der Via Nazionale mit der Via Quattro Fontane gelangt man durch den Via Agostino Depretis (Pl. II 24) genannten südöstlichen Teil der letzteren geradezu auf den Chor von S. Maria Maggiore. Wendet man sich, ehe man den ansteigenden Platz vor S. Maria erreicht, r. in die Via Urbana, so hat man nach wenigen Schritten r. die Kirche

S. Pudenziana (Pl. II 27), nach der Legende die älteste Kirche Roms, an der Stelle erbaut, wo St. Pudens, der den h. Petrus bei sich aufnahm, mit seinen Töchtern Praxedis und Pudentiana gewohnt haben soll, schon unter Papst Siricius (384-398) erneuert, in der Folgezeit häufig, am gründlichsten 1588 umgebaut, neuerdings restauriert. Hübscher Campanile aus dem IX. Jahrhundert. An der mit modernen Mosaiken (St. Petrus mit den H. Pudens und Pudentiana: l. Pius I., r. Gregor VII.) geschmückten Fassade ein altes Säulenportal, ebenfalls restauriert. Das Innere ist früh bis 9 (So. 10) Uhr geöffnet, später wendet man sich an den Sakristan (Via Urbana 161: 1-4 Uhr zu treffen). Die drei Schiffe sind ungleich lang. In den Pfeilern sieht man die antiken Marmorsäulen, welche das Fenstergeschoß ursprünglich trugen. Die **Mosaiken der Tribuna* (390 nach Chr.), Christus, die Apostel und die H. Praxedis und Pudentiana, hinten reiche Architektur, darüber die Symbole der Evangelisten zu Seiten des Kreuzes, gehören zu den schönsten in Rom (S. LXI; r. mehreres neu). Die Kuppel über dem Hauptaltar ist von *Pomarancio* gemalt. Am l. Seitenschiff die prächtige Kapelle der Familie Caetani. Der Altar am Ende des l. Seitenschiffes, mit einer Marmorgruppe von *G. B. della Porta*, Christus gibt Petrus die Schlüssel, enthält Reliquien von dem Tische, an dem Petrus Messe gelesen haben soll.

Unweit, auf der Höhe des Viminal, die alte aber oft restaurierte Kirche **S. Lorenzo in Panisperna** (Pl. II 21), welche an der Stelle errichtet ist, wo der h. Laurentius den Martertod erlitten haben soll. Das zugehörige ehemalige Kloster ist jetzt *R. Istituto chimico*. — Von hier zur Via Nazionale s. S. 192.

Auf dem Platz vor dem Chor der Kirche S. Maria Maggiore, Piazza dell' Esquilino genannt (Pl. II 27), steht der eine der beiden *Obelisken*, die sich einst vor dem Mausoleum des Augustus befanden (der andere auf dem Quirinal, s. S. 192). Er ist 14,8m hoch und wurde durch Sixtus V. 1587 hier aufgerichtet. Hier schneidet den Platz die breite *Via Cavour* (S. 205).

Die Fassade der Kirche ist an der entgegengesetzten Seite und der Piazza S. M. Maggiore zugekehrt, auf welcher sich eine schöne *Säule* aus der Basilika des Konstantin (Umfang 5,4m, Höhe des Schaftes 14,3m; S. 285) erhebt, die Paul V. hier mit einer Bronzefigur der Madonna aufstellte.

****S. Maria Maggiore** (Pl. II 27), *Basilica Liberiana*, auch nach der Legende *S. Maria ad Nives* und nach der hier befindlichen Krippe Christi *S. M. ad Praesépe* benannt, ist die größte unter den etwa 80 Marienkirchen Roms. Sie ist eine der fünf Patriarchalkirchen (S. xxxiv) und hat eine Jubiläumstür. Nach der erst im xiii. Jahrhundert nachweisbaren Legende erschien die h. Jungfrau im J. 352 gleichzeitig dem frommen Patrizier Johannes, sowie dem Papst Liberius im Traum mit dem Geheiß, ihr eine Kirche an der Stelle zu erbauen, wo sie am nächsten Morgen (5. August) Schnee finden würden. Dieser Bau, die *Basilica Liberiana*, wurde durch einen Neubau Sixtus' III. (432-440) ersetzt. Von dem Bau des Sixtus ist das Mittelschiff mit seinen antiken Marmorsäulen und Mosaiken erhalten. Seit dem xii. Jahrh. fanden weitere Umgestaltungen der Kirche im Stil des Mittelalters statt: sie erhielt durch Eugen III. eine neue Vorhalle, durch Nikolaus IV. eine neue mit Mosaiken geschmückte Tribuna, Gregor XI. gab dem Glockenturm seine jetzige Gestalt mit dem spitzen Dach. Endlich beginnt mit dem Ende des xv. Jahrhunderts eine dritte Periode in der Geschichte der Kirche, indem man die Unregelmäßigkeiten der Anbauten beseitigte und das ganze mittelalterliche Gebäude mit einem Renaissancemantel umgab. Die beiden großen von Kuppeln überwölbten Seitenkapellen fügten 1586 Sixtus V. und 1611 Paul V. hinzu. Clemens X. gab der Außenseite der Tribuna ihre jetzige Gestalt. Benedikt XIV. unternahm unter *Fuga's* Leitung die letzte Gesamtrestauration.

Die Fassade ist von Fuga (1743) entworfen; die Vorhalle mit darüber befindlicher Loggia öffnet sich in drei Bogen. Den fünf Portalen der Vorhalle entsprechen vier Eingänge in die Kirche (deren letzter l., die Porta Santa, vermauert ist) und r. eine Blende: r. eine Statue Philipps IV. von Spanien. Die Loggia (Aufgang in der Vorhalle, l.: man läßt sich oben von einem Kirchendiener aufschließen), enthält die Mosaiken der früheren Fassade, um 1300 von *Gaddo Gaddi (?)* u. *Philippus Rusuti* ausgeführt, 1825 restauriert: oben in der Mitte Christus auf dem Throne, l. Madonna, Paulus, Johannes, Jakobus, r. Petrus, Andreas, Philippus und Johannes d. T. Unten: l. Traum des Papstes Liberius und des Patriziers Johannes; r. Zusammenkunft der beiden und Absteckung der Kirche auf dem Schnee.

Das Innere zeigt die dreischiffige Basilika aus Sixtus' III. Zeit, 85m l., 18m br., durch spätere Anbauten erweitert. Es macht einen glänzenden, festlichen Eindruck. Der Boden des Mittelschiffs ist aus der Mitte des XII. Jahrh. (S. LXII). Die prächtige *Decke (1493-1498), eine Stiftung Alexanders VI., wurde bisher *Giul. da Sangallo* zugeschrieben; zu der Vergoldung ist das erste aus Amerika gekommene Gold verwendet worden. 36 ionische Säulen aus hymettischem Marmor und 4 aus Granit tragen einen mosaizierten Architrav. Über diesem und am Triumphbogen **Mosaiken* aus der Zeit Sixtus' III. (S. LXI; früh morg. gutes Licht), noch ganz im antiken Geiste und inhaltlich von Interesse: die Darstellungen am Bogen scheinen sich auf die Eigenschaft der h. Jungfrau als Mutter Gottes zu beziehen, Verkündigung, Kindheit Jesu, Kindermord u. a.; an der l. Wand Geschichte Abrahams bis Jakob, an der r. Wand Moses und Josua (nur wenige Bilder sind erneut, 1825). — Vor dem Triumphbogen der *Hochaltar*, aus einer antiken Porphyrwanne, welche das Grab des Patriziers Johannes gewesen sein soll und den Leichnam des Apostels Matthias u. a. Reliquien enthält; vier Porphyrsäulen tragen das Tabernakel. Unter dem Hochaltar die reich geschmückte *Confessione di S. Matteo*, in welcher fünf Bretter von der h. Krippe *(presépe)* aufbewahrt werden; zwischen den hinabführenden Treppen eine knieende *Statue Pius' IX.*, von Jacometti. — In der Apsis der Tribuna *Mosaiken von *Jacobus Torriti* (1295), die Krönung der h. Jungfrau und Heilige, daneben Papst Nikolaus IV. und Kardinal Jakob Colonna (vgl. S. LXIII); vier Reliefs von *Mino da Fiesole*: Geburt Christi, Anbetung der Könige, Himmelfahrt Mariä, Gründung von S. Maria Maggiore (S. 196), 1463-64 im Auftrag des Kardinals d'Estouteville (sein Porträt r. vom Himmelfahrtsrelief) für das Ziborium über dem Hochaltar gearbeitet.

Vorn im Hauptschiff die Gräber l. Nikolaus' IV. († 1292), r. Clemens' IX. († 1669), von Sixtus V. und Clemens X. errichtet. Im r. Seitenschiff, 1. Kapelle: das *Baptisterium* mit schöner antiker Porphyrschale als Taufbecken.

In der *Sakristei*, r. neben dem Baptisterium, ein Altar aus der Schule des Andrea Bregno sowie weitere Teile des oben gen. Ziboriums von Mino da Fiesole. — In dem l. an das Baptisterium angrenzenden offenen Hofe eine Säule zur Erinnerung an den Übertritt Heinrichs IV. von Frankreich zum Katholizismus.

Weiter die Capp. del Crocifisso mit zehn Porphyrsäulen. — Im r. Querschiff die unter Sixtus V. von *Dom. Fontana* erbaute prächtige **Sixtinische Kapelle**, jetzt glänzend restauriert: in der Nische l. *Ribera*, Altarbild (h. Hieronymus); r. die ganze Wand einnehmend, das Grabmal Sixtus' V., die Statue des Papstes von *Valsoldo;* l. Grabmal Pius' V. von *Leonardo da Sarzana;* über dem Altar ein Tabernakel aus vergoldeter Bronze, Engel, welche die Basilika tragen. In der Konfession unter der Treppe: *Bernini*, Statue des h. Gaetanus; am Altar eine Gruppe von *Cecchino da Pietrasanta*, h. Familie

(1480). Am Ende des r. Seitenschiffes das gotische Grabmal des Kardinals Gunsalvus († 1299), von *Johannes Cosmas*.

Im l. Seitenschiff, Doppelgrabmal De Levis von einem Schüler des Andrea Bregno. 1. Capp. Cesi: *Girol. da Sermoneta*, Altarbild, Marter der h. Katharina; l. und r. zwei bronzene Grabstatuen von Kardinälen der Familie. 2. Capp. Pallavicini-Sforza, angeblich nach Michelangelo's Plan gebaut: *Sermoneta*, Altarbild, Himmelfahrt Mariä. Im l. Querschiff, gegenüber der Sixtinischen die **Borghesische Kapelle**, 1611 durch *Flaminio Ponzio* aufgeführt, ebenfalls mit Kuppel; auf dem mit Lapislazuli und Achat reich verzierten Hauptaltar ein altes wundertätiges Bild der h. Jungfrau (nach der Legende vom h. Lukas gemalt, fast schwarz), das schon Gregor I. 590 in feierlicher Prozession durch die Stadt trug; die Fresken in den großen Bogen von *Guido Reni*, *Lanfranco*, *Cigoli* u. a.; die Grabmäler der Päpste l. Pauls V. (Camillo Borghese, † 1621), r. Clemens' VIII. (Aldobrandini, † 1605) sind von Schülern des Bernini. In der Krypta die Grabmäler der Familie *Borghese*.

Die nahe Kirche *S. Prassede* s. S. 203.

Von Piazza S. Maria Maggiore laufen südöstlich und südlich zwei Hauptstraßen aus: l. die Via Carlo Alberto (s. unten), r. die Via Merulana (Pl. II 26, 28), die nach dem Lateran führt (S. 325; Straßenbahn Nr. 1 und 8 des Plananhangs).

An Via Merulana wurde 1874 das sog. **Auditorium des Mäcenas** (Pl. II 29) entdeckt, ein Bau aus „opus reticulatum“; die Wände waren im Innern mit (jetzt fast verschwundenen) Malereien geschmückt. An der Süd- und Ostwand sind von außen Teile der Mauer des *Serviuswalles* (S. xxix) sichtbar. Ob die Gärten des Mäcenas, die sich zwischen dem Serviuswall und dem Begräbnisort für Arme und Sklaven (puticuli, Brunnengräber; Reste wurden bei Via Napoleone III gefunden) ausdehnten, bis hierher gereicht haben, ist ungewiß, sicher hingegen, daß das Gebäude kein Raum für Vorlesungen war. Eher könnte es als Gewächshaus gedient haben.

Gegenüber der **Pal. Field-Brancaccio** (Pl. II 26), 1892-96 von L. Carimini erbaut, mit ausgedehntem, einen großen Teil des Areals der Trajansthermen umfassenden Garten. Darin ein großer Wasserbehälter, die sog. *Sette Sale*, neun parallele gewölbte Räume, die vielleicht noch von Neros „goldenem Hause“ (S. 287) stammen. In einem Gartenpavillon eine Kuh aus Basalt, in altägyptischem Stil, aus dem S. 221 gen. Isistempel. — Weiter nach S. Martino ai Monti s. S. 204.

Wir folgen der Via Carlo Alberto. Gleich l. die Kirche *S. Antonio Abbate*, jetzt Krankenhaus, mit Portal von 1269. Der h. Antonius ist der Patron der Haustiere.

Eine Querstraße der Via Carlo Alberto führt r. nach der Kirche *SS. Vito e Modesto*, mit einem Altarwerk (Fresko) von Antoniazzo Romano (1483), und zu dem einfachen *Ehrenbogen des Gallienus* (Pl. II 29), dem Kaiser im J. 262 von einem M. Aurelius Victor errichtet, wegen seiner nur von seiner Pietät übertroffenen Tapferkeit, wie die Inschrift sagt. Weiter in Via S. Vito die Kirche *S. Alfonso de' Liguori*, 1855 auf Kosten des Engländers Douglas im gotischen Stil erbaut; der Heilige (1696-1787), Verfasser der Theologia moralis, stiftete den Redemptoristenorden. Jenseit der Via Merulana die Kirchen S. Prassede und S. Martino ai Monti: s. S. 203, 204.

L. von Via Carlo Alberto führen Via Mazzini und Via Rattazzi zur Piazza Manfredo Fanti, mit Gartenanlagen (Pl. II 30). An Piazza Manfredo Fanti ist ein Stück der Servianischen Mauer erhalten (vgl. S. 181).

Die Via Carlo Alberto mündet auf die große, ebenfalls mit Gartenanlagen geschmückte Piazza Vittorio Emanuele (Pl. II 29). Gleich l. erblickt man die ansehnlichen Reste eines Wasserkastells der *Aqua Julia*, in dessen Nischen sich bis 1590 die zwei großen, jetzt auf der Balustrade des Kapitols stehenden Trophäenreliefs befanden (S. 258); die grundlose Benennung *Trofei di Mario* ist seit dem xv. Jahrhundert üblich. Daneben am Wege eingemauert die sog. *Porta Magica* von der ehem. Villa Palombara, mit kabbalistischen Formeln, die der Marchese M. Palombara im J. 1680 von einem Unbekannten als Rezept zum Goldmachen erhielt und, da er sie nicht zu deuten vermochte, in Marmor gehauen an der Außenseite seiner Villa anbrachte, ob etwa ein Vorübergehender das Rätsel löse. — An der N.-Ecke des Platzes die im xviii. Jahrhundert neu erbaute Kirche *S. Eusebio* (Pl. II 29); nur der Campanile ist alt; das schöne Deckenbild, die Verklärung des h. Eusebius, ist eins der frühesten Bilder von Raphael Mengs.

5 Min. östlich von Piazza Vitt. Emanuele liegt die Kirche **S. Bibiana** (Pl. II 32), bereits im J. 470 geweiht, jedoch mehrfach, zuletzt 1625 von Bernini umgebaut. Sie enthält acht antike Säulen; auf dem Hochaltar Statue der Heiligen, ein maßvolles und ansprechendes Jugendwerk *Bernini's;* am Eingange l. ein Säulenstumpf, an welchem die Heilige totgegeißelt wurde.

Durch die Straße *Archi di S. Bibiana* gelangt man unter der Eisenbahn hindurch zur Porta S. Lorenzo und der gleichnamigen Basilika, deren Besuch man gleich hier einschiebe (zurück mit der Straßenbahn Nr. 12 des Plananhangs; Dampftrambahn nach Tivoli, außerhalb des Tores links, s. S. 448).

Die **Porta S. Lorenzo** (Pl. II 32, 33), von Kaiser Honorius an einen Bogen angebaut, welcher nach der Inschrift die drei Wasserleitungen Marcia, Tepula und Julia trägt, nimmt die Stelle der alten *Porta Tiburtina* ein. Die neue Straße verläßt die Stadt durch eine s.ö. von dem antiken Tor gebrochene Maueröffnung und erreicht erst weiterhin die Richtung der alten *Via Tiburtina* (S. 449). Sie ist anfänglich mit hohen vernachlässigten Miethäusern besetzt. Bei der Kirche, 1/4 St. vom Tor, wird der Blick auf das Sabinergebirge frei. Auf dem kleinen Platze vor der Kirche eine *Säule* mit einer Bronzestatue des h. Laurentius.

Die Basilika ***S. Lorenzo fuori le mura** (Pl. I 36) wurde auf der Stelle eines von Konstantin auf der Grabstätte des Märtyrers

St. Laurentius und der h. Cyriaca gegründeten Gotteshauses im J. 578 von Pelagius II. ganz neu gebaut. Diese älteste Kirche, die von Osten ihren Eingang hatte, wurde von Grund aus verändert, als Honorius III. (1216-27) das jetzige Langschiff an die Apsis anbaute und die Front mit der Vorhalle nach Westen verlegte. Man sieht an der verschiedenen Richtung der äußeren Mauern, wo der Neubau ansetzt. Unter Nikolaus V. und Innocenz X., sowie in den Jahren 1864-70 unter Pius IX., wurden umfassende Restaurationen vorgenommen, die wenigstens zum Teil die ältere Hälfte von störendem Flickwerk befreiten. S. Lorenzo ist Patriarchal- und eine der sieben Pilgerkirchen Roms (S. xxxiv).

Die Fassade ist 1864 oben mit mosaikartigen Malereien auf Goldgrund ausgeschmückt worden, welche die Gründer und Erhalter der Kirche darstellen: Pelagius II., Kaiser Konstantin, Honorius III., Pius IX., Sixtus III., Hadrian I. Die Vorhalle wird von sechs antiken Säulen getragen, darüber ein mosaizierter Architrav (der h. Laurentius und Honorius III.). In der Vorhalle: übermalte Fresken vom Ende des xiii. Jahrh.; zwei tempelartige Gräber; zwei rohe altchristliche Sarkophage; die Türpfosten ruhen auf Löwen.

Das Innere zerfällt in zwei Teile. Die vordere, jüngere Kirche geht im wesentlichen auf Honorius III. zurück. Sie ist dreischiffig, mit 22 antiken ungleichen Granit- und Cipollinsäulen, auf denen das Gebälk geradlinig aufliegt (am Kapitäl der 8. Säule r. ein Frosch und eine Eidechse; man hat deshalb ohne genügenden Grund vermutet, daß sie vom Portikus der Octavia stammen, wo zwei Künstler, Batrachos d. i. Frosch und Sauros d. i. Eidechse, sich auf ähnliche Weise verewigt haben sollen). An der Wand darüber Fresken von *Ces. Fraccassini* (†1868): r. Gesch. des h. Laurentius, l. des h. Stephanus. Der offene Dachstuhl ist jetzt ebenfalls bunt bemalt. Der reiche Fußboden, opus Alexandrinum, stammt aus dem xii. Jahrh. (S. lxii). R. vom Eingang ein mittelalterliches Tabernakel, darunter ein antiker *Sarkophag* mit einer Hochzeitsdarstellung, in welchem 1256 Kard. Fieschi, Neffe Innocenz' IV., beigesetzt wurde; l. alte Fresken aus dem Leben des h. Laurentius. Im Mittelschiff die beiden erhöhten alten Ambonen (S. lx): der rechts für das Evangelium, daneben der gewundene Leuchter für die Osterkerze, der links für die Epistel (xii. Jahrh.). Am Triumphbogen moderne mosaikähnliche Malereien, Madonna und Heilige. Am Ende des l. Seitenschiffs führt l. eine Treppe von 13 Stufen hinab zu einer Kapelle und in die Katakomben.

An diesen Bau des Honorius schließt sich östlich die ältere, von Pelagius errichtete Kirche, deren Fußboden etwa 3m tiefer liegt. Der mittlere erhöhte Raum, zu dem r. und l. neben der Konfession sieben Stufen hinanführen, rührt von dem Umbau des Honorius her, welcher das Mittelschiff der älteren Kirche durch einen in halber Säulenhöhe gelegten Boden zum Chor mit Krypta einrichtete, die Seitenschiffe aber zuschütten ließ. 1870 wurden die Schuttmassen entfernt und das alte Niveau der Seitenschiffe wieder offen gelegt. Die Kirche des Pelagius, eine dreischiffige Basilika im Stil von S. Agnese fuori (S. 415), hatte ihren Eingang ursprünglich an der entgegengesetzten (Ost-) Seite. Zwölf herrliche kannelierte Säulen aus Pavonazzetto, mit korinthischen Kapitälen (die Kapitäle der beiden vorderen aus Trophäen gebildet, vor diesen auf den Bänken mittelalterl. Löwen), stützen das aus antiken Fragmenten zusammengesetzte gerade Gebälk, welches eine Empore mit kleineren zierlichen Säulen und Bogen darüber trägt (S. Lorenzo und S. Agnese fuori sind in Rom die einzigen Beispiele von Anlagen dieser Art). Am Triumphbogen restaurierte Mosaiken aus Pelagius' II. Zeit (578-590; die ersten, welche oströmische Einflüsse zeigen): Christus, r. die H. Petrus, Laurentius, Pelagius, l. Paulus, Stephanus, Hippolytus. Das Tabernakel ist aus dem Jahre 1148, die Kuppel desselben modern. An der Rückwand ein schöner Bischofstuhl (1251). — Steigt man in der Fortsetzung der Seitenschiffe der vorderen Kirche die Treppe hinab, so gelangt man in die Seitenschiffe der Kirche des Pelagius: der Raum des Mittelschiffs wird z. T. durch die von oben her zugängliche Krypta eingenommen, z. T. durch die modernen Marmorsäulen, welche den Boden des S. 200 erwähnten Chors stützen. Dahinter, in der Vorhalle der ursprünglichen Kirche, ist das *Grab Pius' IX.* (S. xlii): die Vorhalle mit kostbarem Mosaikschmuck nach *Ludw. Seitz'* Entwürfen, das Denkmal selbst aber gemäß der ausdrücklichen Bestimmung des Papstes ganz einfach, ein Marmorsarkophag in einer im Katakombenstil ausgemalten Nische, das Ganze von einem Eisengitter umgeben.

In dem schönen romanischen Kreuzgang (*Chiostro*, für Frauen unzugänglich) sind viele Fragmente von Skulpturen und Inschriften eingemauert; in der Ecke r. vom Haupteingang ein Sarkophagdeckel mit Darstellung einer Pompa Circensis.

Neben der Kirche der ausgedehnte Friedhof **Campo Verano**, 1837 angelegt und wiederholt vergrößert. Am Eingang vier sitzende Kolossalstatuen: Silenzio, Carità, Speranza, Meditazione. Der Friedhof enthält einige schöne Monumente, u. a. auf der Höhe l. nach Via Tiburtina zu eins zum Andenken an das Gefecht von Mentana (S. 103), mit bezeichnenden Inschriften. Vom oberen Teil des Friedhofs, zu welchem man auf mehreren Treppen hinansteigt, schöner *Blick auf das Gebirge und die Campagna.

Die Straße Viale Principessa Margherita (Pl. II 30, 32) führt von S. Bibiana (S. 199) nordwestl. in 10 Min. über *Piazza Guglielmo Pepe*, wo Reste der Aqua Julia (S. 199), zum *Bahnhof* (S. 181), südöstl. in 5 Min. zum sog. Tempel der Minerva Medica (Pl. II 32), einem antiken Nymphäum, zehneckig, von 50m Umfang, mit tiefen Wandnischen, unten einst mit Marmor, oben mit Stuck bekleidet. Im Mittelalter hieß die Ruine *le Galluzze*, woraus man irrig Thermen des Gaius und Lucius Caesar, die nie existiert haben, hat machen wollen. Das Gewölbe ist erst 1828 eingestürzt. Der technisch interessante Bau gehört der Kaiserzeit an.

Von den an der SO.-Seite der Piazza Vitt. Emanuele ausgehenden Straßen führt die mittlere, die *Via Conte Verde* nach *S. Croce in Gerusalemme* (s. unten); r. die *Via Emanuele Filiberto* nach dem *Lateran* (S. 326); l. Via Principe Eugenio nach Porta Maggiore.

Porta Maggiore (Pl. II 34) war ursprünglich ein Straßenübergangsbogen der *Aqua Claudia*, über welcher durch eine zweite Leitung der *Anio novus* floß. Die Inschriften gedenken der Anlage der 67km langen Aqua Claudia, die aus der Nähe von Subiaco (S. 457) herkommt, und des 93km langen Anio novus, der bei den Quellen dieses Flusses begann, beide durch Kaiser Claudius 52 nach Chr. gebaut, sowie ihrer Restauration durch Vespasian 71 und Titus 81 nach Chr. Aurelian machte das Denkmal zu einem Tor seiner Stadtmauer, das Honorius restaurierte und erweiterte (Reste seines Baues und eine lange Inschrift von 405 nach Chr. außerhalb des Tores r.); die Colonna benutzten es im Mittelalter als Kern einer Burganlage. Gregor XVI. beseitigte 1838 die späteren Anbauten.

Von hier gingen im Altertum zwei Straßen aus: l. die *Via Praenestina*, r. die *Via Labicana*, jetzt *Via Casilina* genannt. Zwischen beiden fand man 1838 vor dem Tor das merkwürdige *Grabmal des Bäckers Eurysaces*, aus der letzten Zeit der Republik. Es ist in Gestalt horizontal und vertikal übereinander geschichteter Getreidemaße aufgeführt. Die dreimal wiederholte Hauptinschrift lautet: „Dies ist das Denkmal des Marcus Vergilius Eurysaces, Bäckers und öffentlichen Brotlieferanten." Die Reliefs beziehen sich teils auf sein Handwerk (Mahlen, Backen), teils auf seinen Charakter als Lieferant an den Staat.

Von hier nach *Porta S. Giovanni* und dem *Amphitheatrum Castrense* s. S. 336; in die *Campagna* s. S. 417.

Von Porta Maggiore führt innerhalb der Stadtmauer, unter den Bogen der Claudischen Wasserleitung hindurch, ein Weg nach S. Croce in Gerusalemme, 5 Minuten. Links die neue *Caserma Umberto I.* — Von der Kirche S. Maria Maggiore (S. 196) nach S. Croce in Gerusalemme gebraucht man 20 Minuten.

S. Croce in Gerusalemme (Pl. II 34), eine der sieben Pilgerkirchen, einst *Basilica Sessoriana* genannt, weil hier das *Sessorium*, vielleicht ein antikes Gerichtshaus, stand, soll von der h. Helena zu Ehren des von ihr aufgefundenen h. Kreuzes erbaut worden sein. Sie diente schon 433 zu den Sitzungen eines Konzils, wurde von Lucius II. 1144 von Grund aus neu gebaut, unter Benedikt XIV.

1743 völlig modernisiert und von *Domenico Gregorini* mit der barocken Fassade versehen.

Das Innere ist dreischiffig; das Mittelschiff war einst von zwölf antiken Granitsäulen getragen, von denen nur acht noch sichtbar sind. Unter dem Hochaltar werden in einer antiken Basaltwanne die Reliquien der H. Anastasius und Caesarius bewahrt. In der Tribuna stark übermalte Fresken aus der Schule des *Pinturicchio*, Auffindung des h. Kreuzes. Die Kirche hat viele Reliquien, u. a. die Inschrift vom h. Kreuz.

Links von der Tribuna führt eine Treppe nach der Unterkirche: l. Altar mit Marmorrelief (Pietà, XVII. Jahrh.); zu beiden Seiten Statuetten der H. Petrus und Paulus aus dem XII. Jahrhundert; r. Kapelle der h. Helena (darf von Frauen nur am 20. März betreten werden). Am Gewölbe schöne *Mosaiken*, nach *Bald. Peruzzi* (1508): die vier Evangelisten; in der Mitte Christus; im Bogen über dem Eingang l. h. Helena, r. h. Sylvester, über dem Altar l. Petrus, r. Paulus. Der Körper der Altarstatue der h. Helena stammt von einer der sog. Barberinischen Hera im Vatikan (S. 377) ähnlichen Herastatue; man hat ihm statt des Szepters in die Rechte das Kreuz, in die Linke statt der Schale die Nägel gegeben; auch der Kopf ist modern (XVII. Jahrh.).

Zwischen S. Croce und der S. 202 gen. Kaserne eine Apsis mit Bogenfenstern und dem Ansatz der anstoßenden Mauern, vielleicht ein Rest des Sessoriums (S. 202).

Von S. Croce nach dem Lateran 5 Min., s. S. 335.

e. Von S. M. Maggiore nach dem Forum Romanum.

Die direkte Verbindung zwischen S. Maria Maggiore und dem Forum Romanum ist die *Via Cavour* (S. 205). Wir wenden uns von Piazza S. M. Maggiore (S. 196) zunächst südlich in die kleine Via S. Prassede zu einem Seiteneingang der Kirche

***S. Prassede** (Pl. II 26), schon 491 erwähnt, 822 von Paschalis I. erbaut und der h. Praxedis, Tochter des h. Pudens, bei dem Petrus in Rom gewohnt haben soll (S. 195), gewidmet, von Nikolaus V. um 1450, dann 1832 und 1869 mangelhaft hergestellt.

Das Innere ist dreischiffig mit 16 Granitsäulen; 6 andere sind durch Pfeiler ersetzt, welche Bogen tragen. Die *Mosaiken* sind aus dem IX. Jahrhundert (S. LXI): am Triumphbogen das von Engeln bewachte neue Jerusalem, in der Mitte Christus, zwischen Engeln; am Bogen der Tribuna das Lamm; zu beiden Seiten die 7 Leuchter, und die Symbole der Evangelisten; weiter unten die 24 Ältesten (um dem Bogen zu folgen, werden die Arme der vordersten Ältesten in der mittleren und oberen Reihe immer länger); in der Rundung der Apsis Christus von Heiligen (rechts Paulus, Praxedis und Papst Paschalis mit der Kirche; l. Petrus, Pudentiana und Zeno) umgeben. Zu beiden Seiten der Tribuna sind Emporen.

Im r. Seitenschiff die (3.) *Kapelle des h. Zeno* (der Sakristan schließt auf): am Eingang zwei schwarze Granitsäulen mit antikem Gebälk, darüber Mosaiken (IX. Jahrh.): Christus und die Apostel, die Madonna und acht h. Frauen (die beiden Papstbilder unten sind ein späterer Zusatz, etwa des XIII. Jahrh.); im Innern der Kapelle am Gewölbe Medaillon mit Christuskopf, von vier Engeln gehalten: über dem Altar Madonna zwischen den H. Pudentiana und Praxedis; rechts in einer Nische ein 1223 aus Jerusalem mitgebrachtes Stück der Säule, an der Christus gegeißelt wurde; über der Nische l. vier weibliche Bildnisse, das erste mit quadratischem Nimbus ist Theodora episcopa (Theodora, die Mutter Paschalis' I., war hier beigesetzt). In der 1. Kap. das Grabmal des Kardinals Alanus († 1474), von Andrea Bregno. Am Ende des r. Seitenschiffes, in der *Capp. del Crocifisso,* Grabmal des franz. Kardinals Ancherus († 1286).

Im linken Seitenschiff an der Eingangswand eine Steinplatte, auf der die h. Praxedis geschlafen haben soll. 2. Kap., *Capp. di S. Carlo Borromeo,* mit Stuhl und Tischplatte aus dem Besitz der Heiligen. 3. Kap. *Capp. Olgiati*, mit Malereien des *Cav. d'Arpino.* — Eine marmorne Brunnenmündung im Mittelschiff bezeichnet die Stelle, wo die h. Praxedis die Überreste der Märtyrer barg.

In der Konfession (Schlüssel beim Sakristan) alte Sarkophage mit den Gebeinen r. der H. Praxedis und Pudentiana, l. von Märtyrern. Der Altar mit schönem Mosaik aus dem XIII. Jahrhundert. Darüber eine alte Freske: Madonna zwischen Praxedis und Pudentiana. — In der Sakristei, am Ende des l. Seitenschiffs, eine Geißelung von *Giulio Romano* („ein bloßes Aktbild in ziegelroten Fleischtönen, doch in der Bravour noch sorgfältig". Burckhardt).

Der alte Haupteingang von S. Prassede befindet sich in der südlich unterhalb vorüberlaufenden Via S. Martino ai Monti, einer unweit S. Alfonso de' Liguori (S. 198) abzweigenden Seitenstraße der Via Merulana (S. 198). An dem Hause Nr. 20a eine Gedenktafel für den Maler Domenico Zampieri (Domenichino), der hier wohnte. Die Via S. Martino mündet in die Via Giovanni Lanza, deren östl. Fortsetzung, die Via dello Statuto, von Piazza Vitt. Emanuele kommt (S. 199) und die sich westl. mit Via Cavour vereinigt. An dem freien Platz bei der Mündung der Via S. Martino erheben sich zwei mittelalterliche Türme: r. die *Torre Cantarelli,* l. die *Torre dei Capocci*, letztere um 1500 im Besitze der Vanozza de' Catanei, der Geliebten Alexanders VI. und Mutter der Lucrezia und des Cesare Borgia. Eine Freitreppe führt nach

S. Martino ai Monti (Pl. II 26), neben den Trajansthermen und einer alten Kirche Papst Sylvesters I. um 500 von Symmachus erbaut, schon 844 von Sergius II. und Leo IV. erneuert, um 1650 glanzvoll modernisiert und auch neuerdings wieder restauriert.

Das Innere ist eine dreischiffige Basilika mit geradem Deckengebälk und 24 antiken Marmorsäulen. Im r. Seitenschiff: sechs schöne Freskolandschaften von *Gasp. Poussin,* mit Darstellungen aus dem Leben des Elias, des Vaters des Karmeliterordens (durch Restauration arg entstellt). Im l. Seitenschiff: sechs ebenfalls beachtenswerte kleinere Landschaften. Außerdem zwei Bilder mit Innenansichten der alten Lateran-

und Peterskirche. — Das Presbyterium liegt elf Stufen höher, darunter die Krypta. Von dieser gelangt man l. in große antike Gewölbe, wahrscheinlich von einem Thermenbau, aus dem man früh eine Kirche gemacht hat. An den Gewölben Reste sehr alter Malereien. Hierher verlegt man die Kirche Sylvesters I. aus konstantinischer Zeit.

Südl. hinter S. Martino ai Monti führt die *Via delle Sette Sale* nach S. Pietro in Vincoli. Die sog. Sette Sale und der Garten des Palazzo Field-Brancaccio (S. 198) sind auch von hier aus zugänglich: an der Tür Nr. 2, beim Gärtner, läuten.

Die breite Via Cavour (Pl. II 27, 26, 23; elektr. Bahnen s. Nr. 2 und 17 im Plananhang) geht vom Hauptbahnhof aus, überschreitet die *Piazza dell' Esquilino* (Pl. II 27; S. 195), nimmt weiterhin die *Via Giovanni Lanza* (S. 204, elektr. Bahnen Nr. 4 und 12) auf, macht eine Biegung nach W. und führt — l. oben die Kirche *S. Francesco di Paola* — geradeaus weiter, bei der *Torre de' Conti* (S. 295; vgl. auch den Plan S. 292) vorüber, zum Forum Romanum (S. 271).

Unmittelbar vor S. Francesco di Paola gelangt man von Via Cavour einen Treppenweg hinansteigend, oben durch einen überwölbten Durchgang auf den Platz vor S. Pietro in Vincoli (46m ü. M.). Auf der N.-Seite über dem Durchgang eine zierliche dorische Loggia mit Balkon, die einst zu dem Hause der Vanozza de' Catanei (S. 204) gehörte. Das zur Kirche S. Francesco gehörige ehem. Franziskanerkloster an der Nordseite des Platzes ist jetzt *R. Istituto tecnico.* Westl. ein mittelalterlicher Turm; dabei eine alte Palme.

Die Kirche ***S. Pietro in Vincoli** (Pl. II 23) wurde von Eudoxia, der Gemahlin Valentinians III., im J. 442 erbaut, um die von ihr dem Papste Leo I. geschenkten Ketten des h. Petrus dort aufzubewahren, daher auch *Basilica Eudoxiana* genannt, und von Pelagius I. und Hadrian I. erneuert. Die Vorhalle, ein Werk der Frührenaissance (c. 1475), ist eine Stiftung der Rovere, die den Kardinalstitel von S. Pietro in Vincoli jahrzehntelang inne hatten.

Das Innere (geöffnet früh bis 11, So. bis nach 12 Uhr, nachm. von 3 Uhr an; sonst klingele man l. nebenan, Nr. 4; 1/2 fr.) ist dreischiffig, mit zwanzig antiken Säulen dorischer Ordnung. Links vom Haupteingang am Pfeiler: Grabmal der florentinischen Künstler Pietro und Antonio Pollaiuolo († 1498); die Freske darüber, ein von Sixtus IV. gestiftetes Votivbild gegen die Pest im J. 1476, stammt wahrscheinlich aus der Werkstatt des Antoniazzo Romano.

In der Ecke l. im Seitenschiff an der Wand: Grabmal des gelehrten Kardinals Nicolaus Cusanus (Krebs aus Cues an der Mosel, † 1464); Relief: Petrus mit Schlüssel und Ketten, l. der Stifter (Nic. Cusanus), r. ein Engel, schönes Frühwerk von *Andrea Bregno.* R. Grabplatte des Kardinals Leon. Grosso della Rovere († 1520), von *Jacopo Sansovino.* Am 2. Altar l.: Mosaik aus dem VII. Jahrh., h. Sebastian (bärtig).

Im r. Querschiff: *Michelangelo's* Grabmal für Julius II. (vgl. S. LXVII u. LXIX), dessen Hauptschmuck die gewaltige **Figur des über die Abgötterei der Juden ergrimmten *Moses* bildet, wie er eben vom Sitze aufspringen will. Nach einer neueren Deutung stellt sie ihn dar, wie er die zwölf Stämme Israels noch einmal um sich zu sammeln scheint, um von ihnen Abschied zu nehmen. Das Werk ist eine der genialsten Schöpfungen des Meisters, für dessen Art es charakteristisch ist. Michelangelo kontrollierte seine Figuren nicht ängstlich nach dem Modell, sondern arbeitete nach einer kleinen Skizze direkt in Stein; dadurch erhielten sich Bewegung und Ausdruck in voller Unmittelbarkeit, während sich im einzelnen, besonders in den Proportionen leicht Fehler ergaben. Die Darstellung Mosis mit Hörnern (Lichtstrahlen) erklärt sich aus einer falschen Übersetzung von 2. Mos. 34, 35 in der Vulgata. Von Michelangelo selbst sind außer dem Moses nur noch, jedoch nicht ganz eigenhändig, die Statuen der Rahel und Lea, als Symbole l. des beschaulichen, r. des tätigen Lebens (in Anlehnung an einen Brief des h. Gregor, der nach seiner Wahl zum Papst klagt, daß ihm statt der ersehnten schönen Rahel das freilich fruchtbringendere Leben der Lea beschieden sei; vgl. Dante Purg. XXVII, 108), und die Aufstellung. Die mißlungene Figur des Papstes (der übrigens nicht hier begraben liegt: S. 349) ist von *Maso del Bosco,* der Prophet und die Sibylle zur Seite von *Raff. da Montelupo.*

Neben dem Chor r. h. Margareta, Altarbild von *Guercino.* — Im Chor ein antiker Badesessel aus Marmor als Bischofstuhl. Ein Schrank unter dem Hochaltar, mit Bronzetüren von 1477, einer Stiftung Sixtus' IV. und seines Neffen Giuliano, enthält die Ketten Petri, die am 1. Aug. dem Volk gezeigt werden.

Das anliegende Kloster der Canonici regolari ist Sitz der mathematisch-naturwissenschaftlichen Fakultät der Universität; der Klosterhof ist von *Giul. da Sangallo,* darin ein 1512 von Leon. Grosso della Rovere gestifteter Brunnen (Eingang r. neben der Kirche Nr. 5).

Steigt man südl. den Hügel hinab, so trifft man auf die Via della Polveriera, durch die man zum Kolosseum gelangt (Pl. II 23, 22; S. 287).

f. Villa Borghese. Villa di Papa Giulio.

Die großartigen Parkanlagen der Villa Borghese haben seit ihrer Umwandlung in einen Volkspark (s. S. 207) durch Vernachlässigung manches von ihrer früheren Schönheit verloren, doch bilden die im Casino untergebrachten Kunstschätze eine der wertvollsten Sammlungen Roms. Der Park ist täglich von 9 bis Sonnenuntergang unentgeltlich geöffnet. Der Haupteingang ist bei Porta del Popolo (Pl. I 16), Nebeneingänge auf dem Pincio (Pl. I 16; s. S. 173), bei Porta Pinciana (Pl. I 20, 23;

S. 178) und beim Viale dei Parioli (S. 409). Eintritt in das Casino s. S. 162. — Auch die Altertümer in der Villa di Papa Giulio (S. 213) verdienen Beachtung.

Die ***Villa Borghese,** jetzt **Villa Umberto I** (Pl. I 16, 19, 20, 22), unmittelbar vor der nördl. Stadtmauer Roms, wurde in der ersten Hälfte des XVII. Jahrhunderts von dem Neffen Pauls V., dem kunstliebenden Kardinal *Scipio Borghese*, angelegt und später durch die Giustinianischen Gärten vergrößert. 1902 wurde sie für 3 Mill. Lire vom Staat angekauft und der Stadt Rom als Volkspark überlassen. Viktor Emanuel III. will hier ein Reiterstandbild seines Vaters, von Calandra, errichten lassen. In den schönen, schattigen Anlagen sind allerhand Zierbauten, Tempelchen, künstliche Ruinen, Springbrunnen, antike Statuen und Inschriften zerstreut, deren bedeutendere unser Plan verzeichnet. Der *Haupteingang* (Pl. I 16: Ingresso) ist ein von Canina 1835 in klassischen Formen errichtetes Prachttor. In der Nähe l. unbedeutende Reste der im Kriege 1849 zerstörten sog. *Villa Raffaels* (s. S. 212). Dahinter wird ein *Landwirtschaftliches Institut* (Istituto Internazionale di Agricultura) errichtet. Weiter gelangt man an einem mit antiken Statuen geschmückten Springbrunnen vorüber zu einem großen *Torbau* in ägyptischem Stil (Portico Egizio). Gleich nachher r. ein von der französisch-italienischen Liga der Stadt Rom geschenktes Standbild *Victor Hugo's*, von Lucien Pallez (1905); l. der ehem. Privatgarten des Fürsten *(Giardino del Lago)*, mit einigen Antiken und einem hübschen Teich mit Äskulaptempel. Unweit s.ö., jenseit der Wegekreuzung, von welcher der neue Fahrdamm und eine Brücke zur Verbindung mit dem Pincio (S. 173) ausgeht, das von Kaiser Wilhelm II. der Stadt Rom geschenkte *Goethedenkmal*, von Gustav Eberlein: die Statue des Dichters auf einem korinthischen Kapitäl, am Sockel Mignon und der Harfner, Iphigenie und Orest, Faust und Mephisto (1904). In der Nähe eine Milchwirtschaft (Vaccheria) und der Eingang von Porta Pinciana.

Von der oben gen. Wegekreuzung führt n.ö. eine Steineichenallee zwischen (l.) dem Giardino del Lago (s. oben) und (r.) einem von Steinsitzen amphitheatralisch eingefaßten Renn- und Spielplatz *(Piazza di Siena)* hindurch zu einer Nachbildung des *Faustinatempels* (S. 284), von hier r. ein breiter Fahrweg zur *Fontana dei Cavalli Marini*, dem schönsten Springbrunnen der Villa. Bei der nächsten Wegteilung wendet man sich l. zum Casino.

Das **Casino** (Pl. I 22) wurde 1615 von dem Utrechter *Johann van Santen (Giov. Vasanzio)* erbaut, 1782 durch Marcantonio Borghese erneuert (Ansicht aus dem XVII. Jahrh. s. S. 211). Es enthält im Erdgeschoß eine Skulpturensammlung, deren Räume auf umstehendem Grundriß mit lateinischen Zahlen bezeichnet sind, im oberen Stockwerk die früher im Pal. Borghese (S. 231) befindliche bedeutende Gemäldegalerie, deren Räumen die arabischen Ziffern gelten. Beide Sammlungen wurden 1901 für 3600000 fr. vom Staate angekauft. Illustrierter Katalog der Gemälde, von Venturi (1893) 1½, gebunden 2 fr.: Direktor Giulio Cantalamessa. *Besuchsordnung s. S. 162;* die Zimmer 1, 2, 7, 8, 9 der Gemäldegalerie im oberen Stockwerk sind Sonntags geschlossen.

Die Borghesische **Antikensammlung**, an Stelle der von Napoleon I. angekauften und in das Louvre übertragenen älteren Sammlung seit 1820 gegründet, besteht großenteils aus Funden, die auf den Gütern der Borghese gemacht wurden.

I. Vorhalle („Atrio"). An den Schmalwänden VII. (l.), XXV. (r.), sowie an der Rückwand X. drei Reliefs von einem Triumphbogen des Claudius, der im Corso bei Palazzo Sciarra (S. 218) stand, und laut Inschrift 51/52 nach Chr. vom Senat und Volk wegen der in Britannien erfochtenen Siege errichtet wurde. Links VIII. Pallastorso, Nachbildung der Parthenos des *Phidias* (S. XLVI).

II. Saal („Salone"), mit Deckenbild von *Mario Rossi;* Wandmalereien von *Rotati* und *Wenzel Peter* aus Karlsbad. Am Boden ein Mosaik mit Gladiatoren- und Tierkämpfen. Linke Wand: unter XXXVI. tanzender Faun (sehr ergänzt) ein feines bacchisches Relief. Langwand: XL. Meleager; VIL. weibliche Statue; darunter römischer Grabstein einer Dichterin. Rechte Wand: L. Antoninus Pius, Kolossalbüste; unter IL. kolossaler Dionysos, ein zweites bacchisches Relief zu den Stücken unter XXXVI und über der Tür der Rückwand gehörig. Von dem Hochrelief des stürzenden Reiters über letzterem ist nur der Pferdekörper antik.

III. Zimmer (das erste rechts). In der Mitte: *Canova,* Pauline Borghese (S. 180) als Venus (1805). Eingangswand: LXXI. Weihrelief an Artemis als Schutzgöttin der Kinder, nach griechischen Vorbildern etwa in hadrianischer Zeit gearbeitet. An der Wand gegenüber: LXIV. Ajas die Kassandra vom Palladium wegreißend, Relief. — Gemälde: *Dosso Dossi,* Apollo; *Caravaggio,* David mit dem Haupte Goliaths.

IV. Zimmer. In der Mitte: David mit der Schleuder, Jugendwerk *Bernini's.* Eingangswand: LXXVIII. Pansherme; LXXIX. Sarkophag-Vorderseite, Taten des Herakles (die Rückseite gegenüber IIIIc). Darauf LXXX. Deckel eines anderen Sarkophags, Penthesileia mit ihren Amazonen, die nach dem Tode Hektors den Trojanern zu Hilfe kommen. Rückwand: LXXXV. sog. Sappho. Auf IIIIc: Sarkophagrelief, Geschichte der Leto, l. die Göttin umherirrend, neben den Lokalgottheiten von Delos; in der Mitte Zeus mit dem kleinen Apollo und Artemis, r. Götterver-

sammlung; IIIc. bacchisches Relief, ebenfalls zu den Reliefs im Salone gehörig. — Gemälde an der Rückwand: 7. *Padovanino*, Minerva sich rüstend. Auf Gestellen provisorisch *Raffaels* Grablegung (S. 211) und *Tizians* himmlische und irdische Liebe (S. 213).

V. Zimmer. In der Mitte: *Apollo und Daphne*, ein viel bewundertes Werk *Bernini's*, aus seinem 18. Lebensjahre (1616). R. Wand: CXVII. Apollo mit Greif und Dreifuß, archaistisch; CXVI. dreiseitige Basis mit Merkur, Venus und Bacchus. Wand gegenüber dem Eingang: CXV. *Statuette*, Knabe mit einem Vogel spielend; CXIII. *Statuette*, gefesselter Knabe. Ausgangswand: CVII. Genregruppe, Fischer und Hirten, zum Schmuck einer Fontäne bestimmt.

VI. Zimmer („Galleria"), mit modernen Kaiserbüsten aus Porphyr. In der Mitte eine angeblich aus dem Mausoleum des Hadrian (S. 339) stammende Porphyrwanne; in der Tür nach dem Salone ein schönes antikes Gefäß aus Ophit, das einzige dieser Art in Rom. Man beachte die prachtvolle Marmorinkrustation der Wände. Die Bronzeherme des Dionysos, an der Ausgangswand, mit dem prachtvollen Alabasterschaft ist modern.

VII. Zimmer. Neben dem Eingang r. CLXXXI. weibliche archaische Büste. Neben dem Fenster r. CLXXVII. Venustorso mit Amor; l. CLXXVI. moderne Kopie des Dornausziehers (S. 266). Ausgangswand: CLXXII. schlafender Hermaphrodit (vgl. S. 184).

VIII. Zimmer. In der Mitte: *Bernini*, Aeneas und Anchises, erstes größeres Werk des 15jährigen Künstlers (1613). Neben dem Eingang: CIC. die Heilgötter Asklepios und Telesphoros. R. Wand: CVIIC. Leda. Dem Eingang gegenüber CLXXXVIII. römisches Grabdenkmal. Ausgangswand: CLXXXIV. *Algardi (?)*, Putten (Relief); CLXXXIII. Athena.

IX. Zimmer. In der Mitte: CC. *Satyr auf einem Delphin*, Brunnenfigur, das Vorbild für den von Raffael entworfenen Jonas in S. M. del Popolo (S. 171). Eingangswand: CCI. jugendl. Mänade; CCIII. Paris. Ausgangswand: CCXV. Venus; CCXVI. *archaische weibliche Figur*, griech. Original.

X. Zimmer. In der Mitte: *CCXXV. *tanzender Satyr*, falsch restauriert (er spielte die Doppelflöte). Gegenüber dem Eingang CCXXXVII. sitzende Philosophenstatue, ähnlich dem sog. Menander im Vatikan (S. 379). Schöne Deckenbilder von *Conca*.

Zurück zur (VI.) Galleria und die Treppe daneben hinauf in die

****Gemäldegalerie**, deren Räume auf unserem Grundriß mit arabischen Ziffern numeriert sind. Die Galleria Borghese behauptet trotz neuerlicher Verluste neben der vatikanischen Galerie den ersten Rang unter den römischen Bildersammlungen. Das xv. Jahrh. ist selbstverständlich schwächer vertreten, da es in der Zeit, in welcher die Sammlung entstand, noch nicht allgemein anerkannt wurde. Doch besitzt die Galerie wenigstens aus dem Ausgang des Jahrhunderts treffliche Werke, wie *Lorenzo di Credi's* Madonna mit dem Blumenglase (I. 433). — Zahlreich vertreten ist die Mailänder Schule Leonardo's, die Originalität der meisten Bilder ist aber anfechtbar. Das beste ist der kleine segnende Christus von *Marco da Oggiono* (I. 435) und der kreuztragende Christus von *Solario* (I. 461). — In der älteren oberitalienischen Schule besitzt *Francesco Francia* großes Ansehen: die volle Berechtigung dazu beweist sein h. Stephanus, eine kleine knieende Figur im roten Diakonengewande (V. 65).

Von Raffaels Werken hat nur die *Grablegung* (IV. 369) Anspruch auf Originalität. Das Bild ist nicht gut erhalten, vielleicht schon ursprünglich nicht ganz von Raffaels Hand ausgeführt. Der Eindruck entspricht nicht der Erwartung, die Komposition erscheint studiert, die Farbe kalt (vergl. S. LXX). Die Predellen dazu besitzt die vatikanische Galerie (S. 370).

Reich und gut vertreten erscheint die ferraresische Schule des XVI. Jahrhunderts (im VII. Zimmer). *Mazzolino's* Farbenpracht wird durch die Anbetung der Könige (VII. 218) nahe gebracht. *Dosso Dossi's* Circe (VII. 217) führt uns in eine ähnliche Phantasiewelt, wie Ariost in seinem Rasenden Roland. Auch von *Garofalo*, dem ferraresischen Raffael, sind mehrere Werke vorhanden.

Eine große Anziehungskraft üben die Koloristen des XVI. Jahrhunderts. Von *Sodoma* besitzt die Galerie eine Beweinung Christi (I. 462) und eine heilige Familie (I. 459), in welcher der Madonnenkopf durch Schönheit strahlt. Von *Correggio* hat sie ein Hauptwerk aufzuweisen, die Danaë mit den pfeilschärfenden Liebesgöttern (X. 125). Danaë mehr zierlich-hübsch als vollkommen schön, dagegen die Amoretten von höchstem Reize, die Wiedergabe des Helldunkels meisterhaft. — Ein Saal ist den Venezianern gewidmet. *Tizians* sog. himmlische und irdische Liebe (XI. 147) gehört zu den Schöpfungen, die einmal erblickt nie wieder vergessen werden können; wie ein poetischer Traum weht das Bild den Beschauer an und hat sein Auge den Farbenreiz genossen, so beschäftigt es noch seine Phantasie. Die Erziehung Amors (XI. 170) gehört zu den hervorragenden mythologischen Schilderungen des Meisters. Die Farbenpracht der venezianischen Schule bringt auch *Bonifazio* (insbesondere XI. 186) vor die Augen.

Wie in allen römischen Galerien, so spielen auch hier die Maler der Nachblüte, die Anhänger der Caracci und die Naturalisten eine große Rolle. *Domenichino's* Diana (V. 53) zeigt unter den Nymphen viele frische Köpfe und einen tüchtigen landschaftlichen Hintergrund; *Albani's* vier Elemente (V. 35, 40, 44, 49) sind prächtige Dekorationsbilder. Überaus abstoßend wirkt das Haupt der Naturalisten, *Michelangelo da Caravaggio* (XI. 110). Wenig bedeutend sind die Werke der Deutschen und Niederländer.

Man kommt von der Treppe aus in einen kleinen Vorraum und wendet sich gleich links in das

Erste Zimmer (meist Florentiner und Lombarden). R. Wand: 424. *Raffael,* Madonna aus dem Hause Alba, alte Kopie (Original in St. Petersburg); 425, 427, 440, 442. *Bacchiacca,* Geschichte Josephs; *433. *Lor. di Credi,* Madonna mit dem Blumenglase; 434. Kopie nach einer verlorenen Zeichnung *Leonardo da Vinci's,* Leda; *435. *Marco da Oggiono,* segnender Christus; 439. *Schule des Verrocchio,* heilige Familie; 444. *Bronzino,* Johannes d. T. — L. Wand: 458. *Franciabigio,* Madonna; *459. *Sodoma,* heilige Familie; *461. *Andrea Solario,* kreuztragender Christus (1511); 462. *Sodoma,* Beweinung Christi, stark nachgedunkelt. — Links davon in das

Zweite Zimmer. Kuriositäten. Neben dem Eingang: 519. Ansicht des Casino Borghese im XVII. Jahrhundert; 527. *Vanni,* drei Grazien; r. von der Tür 514. Schule des *Leonardo da Vinci,* weiblicher Studienkopf, Zeichnung in Silberstift. Mosaiken von *Marcello Provenzale:* 498. Madonna, 495. Porträt Pauls V. — Durch das erste Zimmer zurück in das

Dritte Zimmer (Florentiner). Eingangswand: 318. *Carlo Dolci,* Madonna; 310. *Albertinelli,* h. Familie (1511); 306. *Dolci,* Christus. — R. Wand: 352. *Florent. Schule,* h. Familie; 348. *Sandro Botticelli* (Werkstattbild), Madonna mit Engeln; *346. *Sassoferrato,* Kopie nach Tizian, die drei Lebensalter (Original in London); *343. *Piero di Cosimo,* Madonna. — Ausgangswand: 340. *C. Dolci,* Maria als Schmerzensmutter; 331. *Andrea del Sarto,* Madonna; 328. *Dom. Puligo,* Maria Magdalena; 336. *Bugiardini,* Madonna. — Zwischen den Fenstern: 326. *Lucas Cranach,* Venus und Amor (1531); 324. *Franciabigio,* Venus.

Viertes Zimmer, mit Deckenbild von *Christoph Unterberger,* einem Gehilfen des Raphael Mengs (1786). Eingangswand: in der Mitte *369. *Raffael,* Grablegung (vgl. S. 210), 1507 für die Kapelle der Baglioni in S. Francesco al Prato in Perugia (S. 71) kurz vor der Übersiedelung nach Rom gemalt, von Paul V. angekauft; 371. *Ghirlandaio (?),* h. Katharina; 373, 374. *Giulio Romano,* Madonna; 376. *Andrea Sacchi,* Bildnis des Orazio Giustiniani; 377. *Fiorenzo di Lorenzo,* Christus am Kreuz mit den H. Hieronymus und Christophorus. Links: 355. *Sassoferrato* gute Kopie nach Raffaels sog. Fornarina (S. 178). — Wand r.: 420. Kopie nach *Raffael,* Johannes d. T.; 413. Kopie nach *Raffael,* Julius II.; 411. *van Dyck,* Grablegung Christi; *408. *Pontormo,* Kardinal Marcello Cervini; ohne Nr. *Simone Martini,* Madonna. — Nebenan am Fenster: r. *Perugino,* 401. Madonna, 402. Maria Magdalena; l. 399. *Timoteo Viti,* Knabenbildnis. — Neben dem nächsten Fenster r. *396. *Antonello da Messina,* männl. Bildnis; 397. *Perugino (?),* männl. Bildnis. — Letzte Wand: 390. *Ortolano,* Beweinung Christi; 382. *Sassoferrato,* Madonna; 386. nach *Perugino*, h. Sebastian (Original im Louvre). Zurück zum Vorraum und in die

Galleria (5). In der Mitte eine antike Marmorgruppe, Amazone zwei Krieger überreitend. Eingangswand: 68. *Baroccio*, Flucht des Aeneas aus Troja (1598). — Am ersten Fenster: *65 *Franc. Francia*, h. Stephanus, Jugendwerk; am dritten Fenster. 61, 60a. Schule des *Franc. Francia*, Madonna. — Rückwand: 35, 40, 44, 49. *Franc. Albani*, die vier Elemente, Landschaften mit mythologischer Staffage: 42. *Guercino*, Rückkehr des verlorenen Sohnes. — Ausgangswand: *Domenichino*, *53. Diana mit ihren Nymphen im Wettschießen, 55. cumäische Sibylle.

Sechstes Zimmer. Meist Bildnisse, hervorzuheben: 97. *Moroni*, 94. *Bronzino*, 74. *Pontormo*. — Dem Eingang gegenüber durch einen kleinen Zwischenraum in das

Siebente Zimmer (Schule von Ferrara). L. Wand: *217. *Dosso Dossi*, die Zauberin Circe, mit prächtiger Landschaft, ein Hauptwerk des Künstlers; 218. *Mazzolino*, Anbetung der Könige; 211. *Dosso Dossi*, Madonna; zahlreiche meist kleine Bilder *Garofalo's*, darunter (Eingangswand) 205. Grablegung, 210. Madonna, 208. Madonna mit dem h. Franziskus, 213. Madonna mit den H. Petrus und Paulus, (rechte Wand) 237. Geißelung, 239. Anbetung der Könige; 240. Madonna mit Heiligen. Vom Eingang r. in das

Achte Zimmer (Niederländer). 269. *Pieter de Hooch*, im Wirtshaus; 274. *Rubens (?)*, Marias Besuch bei Elisabeth; 272. *Pieter Codde*, Soldatenszene; 273. *Lundens*, Operation; 291. *D. Teniers*, Genrebild. Links in das

Neunte Zimmer. Drei verdorbene Fresken von Schülern Raffaels, unter Glas, aus der sog. Villa Raffaels (S. 207): 303. Hochzeit des Alexander und der Roxane, nach einer in der Albertina zu Wien erhaltenen Zeichnung, welche den Namen *Raffaels* führt; 294. Hochzeit des Vertumnus und der Pomona, von untergeordnetem Werte. *300. *Perin del Vaga*, das sog. Bersaglio degli Dei (Götterschießen), nach *Michelangelo's* Rötelzeichnung in Windsor.

Die Komposition geht auf Lucian (Nigrinus, Kap. 36) zurück, der die Worte der Philosophen mit Pfeilen vergleicht, welche von verschiedenen Bogenschützen auf das Ziel (das menschliche Herz) gerichtet werden. „Die einen spannen den Bogen zu straff, ihr Geschoß bleibt nicht im Ziel, sondern spaltet und verwundet es nur; andere haben keine Kraft und streifen nur oberflächlich; wer aber ein rechter Schütze ist, wählt das Geschoß nicht zu scharf und nicht zu stumpf, sieht gerade auf das Ziel und trifft, daß es haften bleibt.“

Zurück in den Raum zwischen 6. u. 7. Zimmer und rechts in das

Zehnte Zimmer. Eingangswand: 137. Schule des *Paolo Veronese*, Bußpredigt Johannes d. T.; 133. *Marcello Venusti*, Kopie nach Seb. del Piombo's Geißelung Christi (S. 403). — L. Wand: 101. Schule des *Paolo Veronese*, Fischpredigt des h. Antonius; 106. *Palma Vecchio*, Lucretia; 157. *Venezianische Schule*, Madonna mit Stiftern und Heiligen; 115. *Bern. Licinio*, der Bruder des Künstlers mit seiner Familie; 119. *Paris Bordone*, Satyr und Venus. — Zwischen den Fenstern 129, 131. *Bellini*, Adam und Eva (Schulbilder). — Ausgangswand: *125. *Correggio*, Danaë, eins seiner vorzüglichsten Staffeleibilder (c. 1532; vgl. S. 210).

Elftes Zimmer (Venezianer). In der Mitte eine gute Wiederholung des farnesischen Herakles (nach Lysipp). Linke Wand: 143. *Venezianische Schule*, weibliches Bildnis.

**147. *Tizian*, sog. himmlische und irdische Liebe (Amor sacro e profano), eins der ersten Hauptwerke des Meisters, unter dem Einfluß des Giorgione wohl nicht vor 1512 gemalt; vgl. S. 210.

Die Bezeichnung ist erst Ende des XVIII. Jahrh. aufgekommen, die wirkliche Deutung noch immer umstritten. Das Wappen am Brunnen wurde als das der venezianischen Adelsfamilie Aurelio erkannt, in deren Auftrag das Bild wahrscheinlich gemalt wurde. Nach einigen ist es eine symbolisch-allegorische Darstellung (Überredung zur Liebe oder himmlische und irdische Schönheit) nach andern eine mythologische Szene im Gewand der Renaissance: Venus überredet Medea zur Flucht mit Jason oder Helena zur Flucht mit Paris.

Zwischen den Fenstern: 110. *Caravaggio*, h. Familie mit der Schlange. — R. Wand: 163. *Palma Vecchio*, Madonna mit Heiligen und Stiftern; 164. *Cariani*, Madonna; *170. *Tizian*, Erziehung Amors (um 1565). — Eingangswand: 176. *P. F. Bissolo* (nicht Giov. Bellini), Madonna; *185. *Lor. Lotto*, männl. Bildnis; *186. *Bonifazio*, der verlorene Sohn; *188. *Tizian*, h. Dominikus (c. 1565); 192. *Ribera*, Befreiung Petri; *193. *Lor. Lotto*, Madonna (1508); 194. *Tizian*, Christus an der Martersäule (verdorben).

Ein neuer Fahrweg führt durch die nördl. Teile des Parks zu dem Ausgang nach dem Viale dei Parioli (s. S. 411). Auf dem Platz an der Außenmauer des ehem. Privatgartens n.w. hinter dem Casino (Pl. I 22), den ein Halbkreis von Bäumen und eine hohe, von zwei Fensteröffnungen durchbrochene Mauer einschließen, vollendete Goethe, wie sein Zeitgenosse K. Phil. Moritz angibt, im Januar 1787 seine Iphigenie (vgl. S. 177).

Von der Landstraße nach dem Ponte Molle (S. 409; Straßenbahn s. Nr. 15 im Plananhang) zweigt 10 Min. vor Porta del Popolo, bei dem um 1550 angeblich nach Entwürfen Jac. Sansovino's und Peruzzi's erbauten, jetzt verwahrlosten *Casino Julius' III.*, r. der Vicolo dell' Arco Oscuro ab, der in wenigen Min. auf einen kleinen Platz und zur Villa di Papa Giulio führt.

Die **Villa di Papa Giulio**, 1550-55 für Papst Julius III. von *Vignola* unter Beihilfe *Vasari's* und *Michelangelo's* erbaut, ist seit 1888 als Museum für Altertümer aus der Provinz Rom eingerichtet. — Besuchsordnung s. S. 163.

Erdgeschoss. Man wende sich zunächst in das Zimmer r., in dem man auch die schöne Deckenverzierung in Stuck (die christlichen Tugenden) und Gemälden (Geschichte der Nymphe Kallisto) von *Taddeo Zuccaro* beachte. In der Mitte ein Sarkophag aus Cerveteri; in den Glasschränken Vasen aus Corchiano (Gegend von Falerii). An den Wänden Kopien von Gemälden aus etruskischen Gräbern und von einem Sarkophag in Florenz. — Zimmer I. (man beachte die Decke!): Terrakottaverkleidungen von den etruskischen Tempeln des alten *Falerii* (S. 102), stark restauriert. Neben der Tür ein Plan der Ausgrabungen von Falerii. In der Mitte ein uralter Holzsarg, aus einem Baumstamm ausgehöhlt, gefunden 1889 bei Gabii, mit dem Gerippe und den beigegebenen Gefäßen (altitalische Töpferware). Zurück und in die den Hof umgebende Bogenhalle, mit feiner Grottesk-Dekoration. L. der Aufgang zum

OBEREN STOCKWERK. I. Zimmer: älteste Periode von Falerii (bis zum VI. Jahrh. vor Chr.), in welcher die Einfuhr orientalischer und griechischer Waren noch spärlich ist. Eingangswand unten: aus Baumstämmen ausgehohlte Särge. Im Glasschrank in der Mitte: bronzene Graburne in Form eines Hauses, zwei bronzene Dreifüße mit Kesseln, Bronzefibeln usw Die Gegenstände (Töpferwaren, Bronzewaffen, Schmuck) sind möglichst so aufgestellt, wie sie in den Gräbern zusammen gefunden wurden. Von Schrank VI an bemerkt man einzelne Gefäße griechischer Herkunft.

II. Zimmer (Zeit des lebhaften Handelsverkehrs mit Griechenland, um 550-350 vor Chr.). Schwarz- und rotfigurige Vasen in chronologischer Anordnung, die ältesten (schwarzfigurigen) links im XI. Schrank; in den nächsten Schränken folgen Gefäße des strengen, dann des freien rotfigurigen Stils; von Schrank XVIII an schlechte italische Nachahmungen neben eingeführter griechischer Ware. Die schönsten Stücke enthält der Glasschrank in der Mitte: **Gefäß in Form eines Astragalen* mit Löwe, Eros, Nike, laut Inschrift von Syriskos gefertigt; großer Krater mit Jungfrauen-Reigen; Zerstörung Trojas; *Einführung des Herakles in den Olymp. Außerdem schöne Bronzegefäße. In Schrank XXII ein Schädel (CIX) mit falschem Gebiß. — Man achte auch auf die römischen Ansichten aus dem XVI. Jahrhundert am Fries des Zimmers.

III. Zimmer (Nachahmung griechischer Kunst, vom IV. Jahrh. bis zur Zerstörung von Falerii durch die Römer 241 vor Chr.). Auch hier stehen die schönsten Gefäße in dem Mittelschrank; gleich vorn zwei gleiche, die rechte mit lateinischen Inschriften „Ganumede, Diespater, Cupico, Menerva"; rechts zwei gleiche Trinkschalen mit faliskischer Inschrift foied vino pipafo, cra carefo (= hodie vinum bibam, cras carebo? heute werde ich Wein trinken, morgen darben). In den Schränken A und B große Gefäße mit silberglänzender Glasur. — I. Kabinett. *Goldschmuck, Gemmen; Reste von Goldornamenten eines Gewandes, auf modernen Stoff übertragen; Bronzeschale mit einer Heraklesfigur als Griff u. a.: alles aus dem *Grube einer Priesterin*, gefunden bei Todi (S. 74). — II. Kabinett: figürliche Terrakotten aus den Tempeln von Falerii mit z. T. vorzüglich erhaltener Bemalung und von hervorragender Schönheit, darunter besonders eine *Apollostatue; Stirnziegel mit Medusen. — Zurück und aus dem II. Zimmer in den

Bogenkorridor des oberen Stockwerks. Weitere Gräberfunde (Tonware, Bronzewaffen, Schmuck) aus der Umgegend von Falerii (Narce und Monte S. Angelo), in dem r. Flügel aus der älteren faliskischen Periode stammend, in dem l. Flügel aus der späteren Zeit mit eindringendem griechischen Import: LXII. schön erhaltene Bronzegefäße; LXVI. korinthische Gefäße; LXXVI. Vase schönsten Stiles, Apoll als Kitharöde mit Musen. — Zurück und hinunter in den

Hof. Im Hintergrunde die schöne *Brunnenanlage* mit tiefliegendem kleinen Becken, angeblich nach Vasari's Entwurf von Vignola und Ammanati ausgeführt. In einem Seitenhof r. ist das *Modell eines etruskischen Tempels*, dessen Reste 1882 zu Alatri im Hernikerlande gefunden wurden, in natürlicher Größe aufgebaut.

Nördlich schließt sich an den Platz vor der Villa ein langer überwölbter Torweg, der *Arco Oscuro*. Jenseit desselben l., etwas abseits, die *Osteria dell' Arco Oscuro*. Weiter gelangt man nach den Monti Parioli (S. 409) und der Acqua Acetosa (S. 411).

II. Die Stadt am Tiber, linkes Ufer.

Der Teil Roms, welcher sich vom Quirinal und Kapitol westlich bis zum Fluß hin erstreckt, war in ältester Zeit unbewohnt *(Campus Martius)*, wurde aber seit der Begründung der römischen Weltherrschaft immer mehr angebaut und bereits zur Zeit der Republik, vor allem aber durch Augustus mit großartigen Prachtanlagen versehen. Diese Neustadt des antiken Roms war im Mittelalter und den nächstfolgenden Jahrhunderten fast ausschließlich bewohnt und ist auch noch jetzt am dichtesten bevölkert. Abgesehen von den großen neuen Straßenanlagen, durch welche die italienische Regierung dem Stadtteil Licht und Luft zuzuführen sich bemüht, herrscht hier in vieler Beziehung durchaus noch der Charakter der mittelalterlichen und Renaissance-Stadt vor, mit zahllosen, vom Kleinverkehr belebten Gassen und Gäßchen und einer Fülle sehenswerter Kirchen und Paläste. Die Hauptstraße, der *Corso*, erhält ihren Charakter durch stattliche Barockfassaden aus dem XVII. und XVIII. Jahrhundert.

a. Der Corso und seine nächsten Seitenstraßen.

Der *Corso, amtlich *Corso Umberto I* genannt, ist die mittlere der drei von Piazza del Popolo (S. 170) südwärts laufenden Straßen. Er entspricht ungefähr der antiken *Via Lata*, die vom Kapitol ausging und vor der Stadt in der Via Flaminia (S. 409) ihre Fortsetzung fand. Seine Länge beträgt bis zur Piazza Venezia 1500m, zu Fuß etwa 20 Minuten.

Der nördl. Teil der Straße ist wenig belebt. Zwischen der ersten und zweiten Querstraße, von Piazza del Popolo aus, liegt r. Nr. 518 der *Palazzo Rondanini* (Pl. I 17), jetzt *Sanseverino*; im Hofe eine unvollendete Pietà von Michelangelo, an der er noch wenige Tage vor seinem Tode zu arbeiten versucht hat. Links Nr. 18 das Haus, in dem *Goethe* 1786 wohnte; die Gedenktafel meldet: „In questa casa immaginò e scrisse cose immortali Volfango Goethe."

Weiter r. die Kirche *S. Giacomo in Augusta* oder *degli Incurabili*, mit Fassade von Carlo Maderna. Die Kirche gehört zu dem anstoßenden chirurgischen Hospital, das sich bis an die Via di Ripetta erstreckt; hier im Innern auf einem Treppenabsatz ein feines Madonnenrelief von Meister Andrea (XV. Jahrh.; man wende sich an den Portier). Schräg gegenüber l. die kleine Augustinerkirche *Gesù e Maria*, mit Fassade von Girol. Rainaldi.

In der dritten Querstraße von hier r., *Via de' Pontefici* Nr. 57, ist l. der Eingang zum **Mausoleum des Augustus** (Pl. I 17, 18), welches dieser Kaiser für sich und seine Familie erbaute und in dem die meisten seiner Nachfolger bis auf Nerva beigesetzt waren. Auf einem gewaltigen Unterbau, der die Grabkammern enthielt, erhob sich terrassenförmig ein Erdhügel, welchen Zypressen und auf der Spitze das Standbild des Kaisers schmückten; Parkanlagen umgaben das Grabmal, vor dem die S. 192 und

186 genannten Obelisken standen. Im Mittelalter diente es den Colonna als Festung. Von den Grabkammern sind einige erhalten.

An einer Erweiterung des Corso r. **S. Carlo al Corso** (Pl. I 18), die Nationalkirche der Lombarden und von der feinen Welt viel besucht, 1612 von *Onorio Lunghi* begonnen, von *Martino Lunghi d. J.* und *Pietro da Cortona* fortgeführt. Die geschmacklose Fassade wurde um 1690 von Kardinal Omodei hinzugefügt. Die reiche Ausbildung des Innern ist von Pietro da Cortona. Die Deckenmalereien von *Giacinto Brandi;* am Hochaltar eines der besten Bilder von *Carlo Maratta:* die h. Jungfrau empfiehlt Christus den h. Karl Borromäus (dessen Herz unter dem Altar bewahrt wird).

Jenseit der vom Spanischen Platz kommenden *Via Condotti* und ihrer westlichen Fortsetzung, der *Via Fontanella di Borghese* (S. 230), beginnt der belebte Teil des Corso, mit vielen Läden und regem Fußgänger- und Wagenverkehr, der sich gegen Abend besonders steigert.

R. Nr. 418a der große *Palazzo Ruspoli* (Pl. I 16), 1586 von Ammanati gebaut, mit schöner Marmortreppe.

L. Nr. 151, an der Ecke der Via Frattina, der *Palazzo Bernini;* im Vestibül eine große Gruppe von Bernini, „die Zeit bringt die Wahrheit an den Tag", eins der schlimmsten Beispiele für die Allegorik seiner Zeit, aber virtuos ausgeführt.

An dem r. sich öffnenden langgestreckten Platz steht die Kirche **S. Lorenzo in Lucina** (Pl. I 18), im IV. Jahrhundert von einer frommen Matrone Lucina gegründet, später vielfach umgebaut, zuletzt 1606. Im Innern, am zweiten Pfeiler r., das Grab Nic. Poussin's (†1665), von Chateaubriand errichtet; über dem Hauptaltar eine Kreuzigung von *Guido Reni.*

An der Ecke der Piazza in Lucina und des Corso r. der *Pal. Fiano* (Pl. I 18), jetzt *Pal. Almagià.* An seiner Stelle stand die S. 188 gen. Ara Pacis; die 1903 begonnenen Ausgrabungen wurden 1906 wieder aufgenommen, aber von neuem unterbrochen. Neben dem Palast überspannte bis 1662 ein antiker Triumphbogen (Reliefs s. S. 264 u. 268) den Corso; er wurde, wie eine Inschrift an dem Hause links Nr. 167 meldet, bei einer Straßenverbreiterung zum Besten der Pferderennen während des Karnevals niedergelegt.

Weiter führt l. die Via delle Convertite auf die Piazza di S. Silvestro (Pl. I 18), auf welcher 1886 ein Denkmal des Dichters *Pietro Metastasio* (1698-1782), von Gallori, errichtet worden ist. In der NW.-Ecke des Platzes die alte jetzt den englischen Katholiken überwiesene Kirche *S. Silvestro in Capite,* zu Ehren des noch hier bewahrten Stückes vom Haupte Johannes des Täufers von Paul I. (757-67) in seinem eigenen Hause erbaut, aber mehrfach erneuert, mit altem Vorhof. Ein Teil des zugehörigen ehem. Klosters ist in das **Post- und Telegraphengebäude** umgewandelt worden, mit Eingängen von Piazza S. Silvestro wie von Via della Vite her (S. 148). In dem andern Teil des Klosters befindet sich das *Ministerium der öffentlichen Arbeiten.*

Straßenbahnen von Piazza S Silvestro nach dem Bahnhof und weiter nach Piazza Venezia, nach Porta S. Giovanni, nach S. Agnese fuori, nach der Poliklinik s. Plananhang Nr. 2, 8, 9, 11 und 18.

Im Corso r. Nr. 374 *Pal. Verospi*, jetzt *Credito Italiano* (Pl. I 18), von Onorio Lunghi erbaut, von Al. Specchi erneuert; in einer Loggia des ersten Stocks anmutige mythologische Fresken von Francesco Albani.

L., an der Ecke der Via delle Convertite, der *Palazzo Marignoli*, dessen Erdgeschoß das Caffè Peroni & Aragno (S. 145) einnimmt. Dann, ebenfalls l., das 1886-87 erbaute Warenhaus der *Fratelli Bocconi.* Daneben mündet die S. 175 gen. *Via del Tritone.*

R., Ecke von Piazza Colonna, der große **Pal. Chigi,** 1562 von *Giac. della Porta* begonnen, von *C. Maderna* vollendet, jetzt Sitz der österreichischen Botschaft beim Quirinal (S. 149). Die kleine Antiken- und Gemäldesammlung des Palastes, sowie die Bibliothek (Bibl. Chisiana, S. 160) sind unzugänglich.

Die schöne Piazza Colonna (Pl. II 18), die mit ihrer 1889 durch Abbruch des Pal. Piombino hergestellten, noch unfertigen östlichen Erweiterung (bis zur Kirche *S. Maria in Via*, von Mart. Lunghi d. Ä., 1594) hier den Corso unterbricht, ist einer der belebtesten Plätze der Stadt. Militärmusik s. S. 164.

In der Mitte des Platzes r. erhebt sich die ihm den Namen gebende ***Säule des Marc Aurel,** die in derselben Weise wie die Trajanssäule mit Reliefdarstellungen aus den Kriegen des Kaisers gegen die Markomannen und andere deutsche Stämme an der Donau geschmückt ist. Sie besteht aus 28 Stücken, nebst Kapitäl und Basis zusammen 100 altröm. Fuß ($29{,}_6$m) hoch; eine nicht zugängliche Wendeltreppe führt hinauf. Unter Sixtus V., der die Säule 1589 restaurieren und oben ein Standbild des Apostels Paulus aufstellen ließ, wurde sie fälschlich nach Antoninus Pius benannt. Die oberen Teile des antiken Marmorsockels wurden damals mit Travertinplatten belegt, während das untere Drittel noch in der Erde steckt.

Die Reliefs, welche in 23 Windungen den Schaft umziehen, werden durch eine auf den Schild schreibende Viktoria (Ostseite, Mitte) in zwei Hälften geteilt: die untere schildert den Krieg gegen die Markomannen und Quaden (Bellum Germanicum, 172-173), die obere den Krieg gegen die Sarmaten, Jazygen und Quaden (Bellum Sarmaticum, 174-175). Besonders interessant ist die Darstellung (dritte Windung von unten, Ostseite), wo das verschmachtende römische Heer durch einen wunderbaren Regen gerettet wird, was schon im IV. Jahrh. als ein durch das Gebet christlicher Soldaten herbeigeführtes Wunder erklärt wurde. — Im J. 1895 wurden die Reliefs, als älteste bildliche Urkunde zur deutschen Geschichte, auf Kosten Kaiser Wilhelms II. photographiert und von den wichtigsten Stücken Gipsabgüsse (jetzt im Berliner Museum) genommen.

Das Gebäude auf der W.-Seite des Platzes hat eine Vorhalle von antiken ionischen Säulen aus Veji (S. 464), die 1838 hier aufgestellt wurden (im Erdgeschoß die S. 146 gen. Restaurants „Colonna" und „Fagiano").

Die nach W. laufenden Straßen r. und l. von der Säulenhalle münden auf die *Piazza di Monte Citorio* (S. 233), — die nach S. laufende Straße l. auf die Piazza di Pietra (Pl. II 18), deren Südseite 11 korinthische 12,9m hohe Säulen eines *Tempels einnehmen, wahrscheinlich des von Antoninus Pius im J. 145 nach Chr. seinem vergötterten Vater Hadrian errichteten *Hadrianeums*. Er wurde früher häufig *Neptuntempel* genannt und hatte 8 Säulen an der Front, 15 an den Langseiten; die elf noch vorhandenen gehörten zur nördlichen Langseite. In dem anschließenden Gebäude, das früher als Zollamt (Dogana di Terra) diente und jetzt als Börse benutzt wird, ist auch ein Stück der Cellawand erhalten. Zum Schmuck des Tempels oder der ihn umgebenden Säulenhallen gehörten die S. 263 erwähnten Hochreliefs unterworfener Provinzen. — Die Via de' Pastini führt von hier zum *Pantheon* (S. 234), die Via di Pietra zum Corso zurück.

Vom Corso durch Via delle Muratte zur Fontana Trevi s. S. 176.

Im Corso weiter, ebenfalls l., Nr. 239, an einer Erweiterung der Straße, der *Palazzo Sciarra-Colonna (Pl. II 18), der schönste Palast der ganzen Straße, von *Flaminio Ponzio* Anfang des XVII. Jahrhunderts erbaut, mit späterem Portal.

R., dem Pal. Sciarra gegenüber, die stattliche *Sparkasse* (Cassa di Risparmio), von Cipolla (1868). Die nächste Seitenstraße r. führt nach *S. Ignazio* (S. 221), die 2. und 3. Seitenstraße nach dem *Collegio Romano* (Museo Kircheriano, S. 221). Zwischen den beiden letzteren Straßen, r. Nr. 307, der *Pal. Simonetti*. Gegenüber, etwas zurückgelegen, die Kirche

S. Marcello (Pl. II 18), schon 499 erwähnt, nach ihrem Einsturz 1519 durch *Jac. Sansovino* erneut, 1874 völlig modernisiert. Die Fassade ist von *C. Fontana* (1708). L. vom Eingang das Doppelgrabmal der venezianischen Kardinäle Giov. Michiel († 1503) und Ant. Orso († 1511). Die 4. Kapelle r. enthält Deckenmalereien von *Perin del Vaga*, die nach seinem Tode von *Daniele da Volterra* und *Pellegrino da Modena* beendet wurden.

Jenseit der nächsten Seitenstraßen, die r., wie bereits erwähnt, nach dem Collegio Romano (S. 221), l. nach Piazza SS. Apostoli (S. 228) führen, liegt r. die kleine Kirche **S. Maria in Via Lata** (vgl. S. 215), im VII. Jahrh. zuerst erwähnt, in ihrer jetzigen Gestalt aus dem XVII. Jahrh., die hübsche Fassade nach einem Entwurf des *Pietro da Cortona* 1680 ausgeführt; von der Vorhalle führt eine Treppe zu einem Oratorium (von Vignola) hinunter, wo Paulus und Lukas gelehrt haben sollen. Große Pfeiler aus Tuffquadern unter der Kirche und unter dem Pal. Doria gehörten zu den von Caesar begonnenen, von Agrippa vollendeten *Saepta Julia*, welche für die Abstimmungen der Volksversammlung, später zur Abhaltung von Spielen und als Verkaufshalle dienten.

An S. M. in Via Lata stößt die Ostfront des *Palazzo Doria* (Pl. II 18), die mit ihren kräftigen Profilen trefflich auf die Unteransicht an der engen Straße berechnet ist (S. 225).

Gegenüber der 1887/88 im florentinischen Stil aufgeführte *Pal. Odescalchi*; daneben der *Pal. Salviati*, von Carlo Rainaldi erbaut, 1725-1803 Sitz der französischen Kunstakademie (S. 173).

Das letzte Haus r. ist der *Pal. Bonaparte*, früher *Rinuccini*, im XVII. Jahrhundert von Mattia de Rossi erbaut, Sterbehaus der Madame Lätitia († 1836), Mutter Napoleons I.

Den Abschluß des Corso bildet die Piazza di Venezia (Pl. II 17; 15m ü. M.), wo l. die *Via Nazionale* (S. 192), r. die *Via del Plebiscito-Corso Vittorio Emanuele* (S. 242) münden, der Mittelpunkt des Straßenbahnnetzes (vgl. den Plananhang). — Den Namen gibt dem Platz der

***Palazzo Venezia**, im Florentiner Stil, durch die Massen wirkend (S. LXIV). Kardinal Barbo, der nachmalige Papst Paul II. begann den Bau vor 1455. Die Steine lieferte das Kolosseum. Von wem der Entwurf herrührt, wissen wir nicht. Giuliano da Maiano, den Vasari angibt, hat nie in Rom gearbeitet; Meo del Caprina war nur Leiter der Bauführung. Der Palast wurde von Pius IV. 1560 an die Republik Venedig geschenkt und kam 1797 mit dieser an Österreich, dessen Gesandter bei der Kurie noch darin seinen Sitz hat. Die schöne zweigeschossige Pfeilerhalle des großen Hofes, von *Giacomo da Pietrasanta*, ist nur zum kleinen Teile vollendet. Der südöstl. anstoßende, 1466-69 erbaute Palazzetto Venezia soll abgerissen werden, um einen freien Durchblick auf das Denkmal Viktor Emanuels II. zu schaffen; der Loggienbau seines Hofes wird westl. von der S. 220 gen. Piazza S. Marco aufgestellt.

Die Ostseite der Piazza Venezia nimmt, an Stelle des ehem. Pal. Torlonia, der 1902-1907 erbaute Palast der Versicherungsgesellschaft *Assicurazioni Generali Venezia* (Pl. II 20) ein, ein modernes Gegenstück des Pal. Venezia, mit einem aus Padua stammenden Steinrelief des Markuslöwen (XVI. Jahrh.). Dahinter hat man einen freien Durchblick auf die Kirche S. Maria di Loreto und die Trajanssäule (S. 296).

Am Nordabhang des Kapitols, vor dem man nun steht, wird seit 1885 nach dem Entwurf des Grafen *Gius. Sacconi* (1850-1905) das großartige **Denkmal Viktor Emanuels II.** errichtet, das dem Corso den architektonischen Abschluß geben wird. Die Gesamtkosten sind auf 24½ Mill. Franken veranschlagt, über 10½ Mill. hat es bereits an Kosten für Grundstücksenteignung, Unterbauten, Vorarbeiten usw. verschlungen. Große Treppenanlagen führen zu einer Halle mit 15m hohen Säulen und reichem Schmuck an Mosaiken und Malereien hinauf, vor der ein Reiterstandbild des Königs, von *Enrico Chiaradia* († 1901), aufgestellt wird. Die Gesamthöhe wird $63{,}_5$m betragen. In den Unterbauten soll ein Museo del Risorgimento Italiano eingerichtet werden. So. 9-12 Uhr ist die Besichtigung des Denkmals von Via Giulio Romano aus gestattet.

Im Anfang der südöstl. nach dem Forum Romanum zu führenden, jetzt gesperrten Via di Marforio (S. 292) ist l. ein altrömisches Grabmal aus der letzten Zeit der Republik erhalten, das des *C. Poblicius Bibulus* (Pl. II 20), dem diese Stätte vom Senat für sich und seine Nachkommen als Beerdigungsplatz (laut Inschrift „wegen seiner Tüchtigkeit") geschenkt wurde; dieser Punkt lag also bereits außerhalb der Serviusmauer, da innerhalb derselben zu begraben verboten war.

Westlich gelangt man nach wenigen Schritten an die kleine, mit Gartenanlagen bedeckte Piazza S. Marco und zu der südl. in den Palazzo Venezia eingebauten Kirche

S. Marco (Pl. II 17), angeblich schon in konstantinischer Zeit gegründet, 833 von Gregor IV. neu erbaut, die schöne Vorhalle seit 1469. Das Innere wurde im XVII. Jahrh. und zuletzt 1744 durch den Kard. Quirini modernisiert.

In der Vorhalle römische und altchristliche Inschriften. Über dem inneren Hauptportal: St. Markus d. Ev. in Relief, wohl von *Ant. Filarete* S. 347). — Zu dem INNERN steigt man mehrere Stufen hinab. Bis auf die Tribuna und die schöne Kassettendecke von *Marco de' Dolci* (1467-71) ist hier durch die barocke Restauration alles Ältere verdeckt. Die Tribuna, mit schönem Fußboden (opus Alexandrinum), liegt mehrere Stufen höher als die Vorderkirche. Die Mosaiken (in der Mitte Christus, r. die Heiligen Markus, Agapetus und Agnes, l. die Heiligen Felicianus und Markus, welche Gregor IV. herzuführen) aus der Zeit des tiefsten Verfalles dieser Kunst (IX. Jahrh.; vgl. S. LXI; „reine Karikaturen" Burckhardt). Im r. Seitenschiff, 1. Kap. *Palma Giovane*, Auferstehung. 3. Kap.: *Maratta*, Anbetung der Könige. L. Seitenschiff, 2. Kap. Altarrelief: Greg. Barbadigo Almosen verteilend, von *Ant. d'Este.* — Sakristei: Altar mit Tabernakel von *Mino da Fiesole* und *Giov. Dalmata*: treffliches Bildnis des Papstes Markus von *Melozzo da Forlì*.

In der Ecke neben der Kirche die sog. *Madama Lucrezia*, die verstümmelte Marmorbüste einer weiblichen Kolossalstatue (Isispriesterin), die früher mit dem Abate Luigi (S. 243) ähnliche Zwiegespräche führte, wie der Pasquin mit dem Marforio (vgl. S. 245).

Die Via di S. Marco mündet in die *Via d' Aracoeli*, welche l. nach der Piazza d'Aracoeli (S. 256) und dem Kapitol, r. nach der Piazza del Gesù (S. 242) führt.

b. Kircher'sches und ethnographisch-prähistorisches Museum. Die Galerien Doria und Colonna.

R. und l. vom Südende des Corso, 5-6 Min. von Piazza Venezia, befinden sich mehrere beachtenswerte Sammlungen, von denen das *Kircher'sche & ethnographisch-prähistorische Museum* täglich, die *Galerie Doria* nur Di. Fr., die *Galerie Colonna* Di. Do. Sa. zugänglich ist: vergl. S. 162/163.

Die südl. von Piazza Colonna bei der Sparkasse (S. 218) westl. vom Corso abzweigende Via del Caravita führt, mit ihrer Verlängerung, der Via del Seminario, jenseit der kleinen Piazza S. Ignazio (Pl. II 18) geradezu nach dem Pantheon (S. 234). An Piazza S. Ignazio erhebt sich die Jesuitenkirche

S. Ignazio (Pl. II 18), nach der Kanonisierung des Heiligen auf Kosten des Kardinals Ludovisi 1626 begonnen, doch erst 1685 vollendet. Der großartige, dem Gesù (S. 242) verwandte Bau wurde nach Plänen *Domenichino's* von dem Jesuitenpater *Orazio Grassi* ausgeführt. Die Fassade ist von *Algardi*.

Das Innere ist im reichsten Barock ausgeschmückt. Die Malereien in Gewölbe, Kuppel und Apsis, sowie das Bild auf dem Hauptaltar sind von dem Virtuosen der Perspektive, Padre *Pozzo*, von dem auch die Kapelle des h. Luigi Gonzaga im r. Seitenschiff entworfen ist. Den Standpunkt für die Perspektive bezeichnet die runde Marmorplatte in der Mitte des Hauptschiffs. Am Ende des r. und l. Querschiffs große Marmorreliefs, r. Glorie des h. L. Gonzaga, l. Verkündigung.

Auf der Front von S. Ignazio befindet sich der von der Sternwarte (S. 225) regulierte *Zeitball*, bei dessen Fall 12 Uhr mittags die Kanone vom Janiculum (S. 399) abgeschossen wird.

Im Altertum war die Gegend von S. Ignazio bis zum Pal. Grazioli von einem *Doppeltempel der Isis* (nördl.) *und des Serapis* (südl.) eingenommen: die Ruinen des letzteren haben den Hügel gebildet, auf dem die kleine Kirche *S. Stefano del Cacco* (Pl. C 18) liegt. Zu den Tempeln gehörten u. a. die Pavianstatue im Vatikan (S. 386), die Löwen, Sphinxe und Kanopen im kapitolin. Museum (S. 259), die Obelisken vor dem Pantheon (S. 234), vor S. M. sopra Minerva (S. 236) und vor dem Bahnhof (S. 181).

Im *Pal. Borromeo*, an der Westseite der Piazza S. Ignazio, am Eingang der Via del Seminario, hat seit 1873 die *Universitas Gregoriana* ihren Sitz, die hohe Schule der Jesuiten, welche an die Stelle des Collegio Romano (s. unten) getreten ist. Sie verleiht die römische Doktorwürde (Laurea) in Theologie, Kirchenrecht und Philosophie. — Gegenüber das *Post- und Telegraphen-Ministerium* (Pl. II 18).

Die Ignatiuskirche stößt mit dem Chor südlich an das

Collegio Romano (Pl. II 18; s. oben), ein ausgedehntes unter Gregor XIII. und Sixtus V. Ende des XVI. Jahrh. durch *Bart. Ammanati* errichtetes Gebäude. Die mächtige Hauptfassade ist südlich nach der Piazza del Collegio Romano zu gerichtet, woselbst das in diesem Flügel untergebrachte *Liceo Ennio Quirino Visconti* seinen Eingang hat. — Ein Seiteneingang auf der Ostseite des Gebäudes, in der dem Corso parallel laufenden Via del Collegio Romano, führt zur *Biblioteca Vittorio Emanuele* (S. 160) und, drei Treppen hoch, zum

***Kircher'schen Museum** *(Museo Kircheriano)*, welches seine Gründung dem Jesuitenpater *Athanasius Kircher* (geb. 1601 bei Fulda, Lehrer der Mathematik am Collegium Romanum, gest. 1680) verdankt und seit 1876 mit einem reichen, an Bedeutung die ältere Sammlung längst überflügelnden ***Museum für Völkerkunde und Urgeschichte** *(Museo etnografico-preistorico)* verbunden ist. Direktor Comm. Pigorini. Zutritt s. S. 163.

Links vom Eingang die Sammlung für Völkerkunde *(Museo etnografico)*. Man betritt zunächst einen Gang (Pl. 1) mit antikem Mosaikfußboden, an dessen Ende ein Bild des Buddha steht. In den Schränken Gegenstände aus *Siam*, *Birma*, *Indien*. R. schließt sich ein langer Korridor (Pl. 2) an, mit Gegenständen aus den *Polarländern*, *Nord-* und *Südamerika*. An ihn stößt gleich r. ein Raum (Pl. 2a) mit Gegenständen aus *Syrien China* und *Japan*. In den folgenden sechs Zimmern (Pl. 3-8) Gegenstände von den Südseeinseln (*Melanesien, Polynesien, Mikronesien*).

Der Korridor (Pl. 9) enthält Gegenstände aus verschiedenen Ländern, besonders Boote. Im anstoßenden Kabinett (Pl. 10) ein mexikanischer Mantel mit Stickerei aus der Zeit des Fernando Cortez. — Zimmer mit Gegenständen aus *Australien* und *Ozeanien* (Pl. 11-13), aus *Südafrika*, dem *Sudan* und den Ländern am oberen Nil (Pl. 14, 15), *Abessinien* und *Schoa* (Pl. 16, 17; *Geschenke afrikanischer Fürsten an das italienische Königspaar), sowie aus andern afrikanischen Ländern (Pl. 18-26).

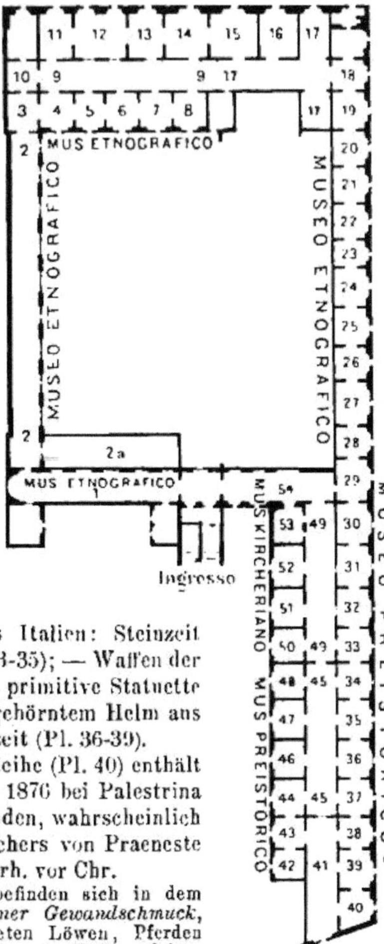

Es folgt die Sammlung der vorgeschichtlichen Altertümer (*Museo preistorico*), hauptsächlich aus Italien: Steinzeit (Pl. 29-32); Bronzezeit (Pl. 33-35); — Waffen der Bronze- und Eisenzeit, u. a. primitive Statuette eines Kriegers mit doppelt gehörntem Helm aus Sardinien (Pl. 35); — Eisenzeit (Pl. 36-39).

Das letzte Zimmer der Reihe (Pl. 40) enthält den **Schatz von Praeneste*, 1876 bei Palestrina (S. 460) in einem Grabe gefunden, wahrscheinlich einst im Besitz eines Herrschers von Praeneste aus dem Anfang des VII. Jahrh. vor Chr.

Die wertvollsten Stücke befinden sich in dem mittleren Fache: 1. *goldener Gewandschmuck*, mit 131 reihenweise aufgelöteten Löwen, Pferden und phantastischen Tieren, die mit Reihen feiner Goldpünktchen verziert sind; 4, 5, 6. *Zylinder aus Goldblech*, mit Ornamenten in feinster Granulararbeit; 2. goldene Gewandfibula. 26. fragmentierte *Silberschale mit vergoldeten Reliefs*, ägyptischer Art, der siegende König und Amon-Ra, Geschichte des Osiris, über dem Flügel des Sperbers im Innenbild mit phönizischen Buchstaben der Name des Verfertigers oder früheren Besitzers „Esmunjai ben Asto“; 20. *zweihenkliger Becher* aus Blaßgold; 25. flache *Silberschale mit vergoldeten Reliefs* (Königsjagden, Vögel und Pferde); 23. größeres *kugelförmiges Gefäß aus vergoldetem Silber*, oben mit sechs auswärts schauenden Schlangen als Henkel, der Bauch des Gefäßes ist streifenweise mit bewaffneten Männern, wilden Tieren und Vögeln geschmückt; 24. vergoldeter Silbernapf, das Innere schmücken zwei Streifen mit Pferden, Stieren, Vögeln und Bäumen. — Im mittleren Fache außerdem noch: 27, 28. zwei Dolche; eine Schale aus blauem Glase, Elfenbeinreliefs zum Belegen von Holz u. a.

Im oberen Fach: 72. hochaltertümlicher *Dreifuß* aus Bronze und Eisen, mit drei über den Rand der Schale ins Innere schauenden Menschen- und drei Tierfiguren; 81. großer kegelstumpfartiger Untersatz aus Bronzeblech. — Im unteren Fache: 75. trümmerhafter *Kessel* aus gehämmerter Bronze mit Greifenköpfen als Henkel; Fragmente von Bronzeschilden, die an der Wand des Grabes aufgehängt waren.

Der Korridor (Pl. 41) enthält Grabfunde aus Veji (S. 464), Capena, Montarono u. a. Orten, ferner Modelle megalithischer Denkmäler (Menhir und Dolmen) aus der Gegend von Otranto sowie das eines sardinischen *Nuragh*, d. h. eines jener kegelförmigen, oben abgestumpften Türme, die teils als Grabbauten, teils als feste Zufluchtsorte dienten und wohl aus der älteren Bronzezeit stammen (bis c. 1000 vor Chr.). — Dann drei Kabinette (Pl. 42-44) mit vorgeschichtlichen Gegenständen aus der Schweiz, Frankreich, Skandinavien, Ungarn usw., in 44 (Mittelschränke und am Fenster) außerdem Proben der italienischen Funde auf Kreta: sog. minoische Kultur, die der mykenischen Kultur auf dem griechischen Festland entspricht (II. Jahrtausend vor Chr.). Der Korridor (Pl. 45) sowie drei weitere Kabinette (Pl. 46-48) enthalten amerikanische Altertümer (mexikanische Gesichtsmasken, peruanische Gefäße und Mumien).

Aus Korridor 45 gelangt man durch eine Glastür zu den Räumen, in denen der Bestand des alten Kircher'schen Museums aufgestellt ist. Zunächst ein Korridor (Pl. 49) mit Skulpturen. Zu beachten am Ende zwei schöne weibl. Köpfe (der eine von schwarzem Marmor) l. und r. vom Ausgang und eine Herme mit altgriechischem Knabenkopf zwischen den beiden Türen von Kabinett 53.

An den Korridor schließen sich l. vier Kabinette (Pl. 50-53). Kab. 50: christl. Inschriften und Lampen aus den Katakomben; kleine Gemälde; Emaildarstellung Christi. Bronzegegenstände; Hängelampe. Kleine Mosaiken. In dem Glasschrank in der Mitte Schnitzereien aus Elfenbein, Bernstein und Holz (Mittelalter und Renaissance). — Kab. 51: Fragmente christl. Sarkophage. In der Mitte ein großes, sehr fragmentiertes Gefäß aus grauem Marmor, mit Reliefdarstellung der anbetenden Hirten und des thronenden Christus mit den Aposteln. Vor dem Fenster das sog. *Spottkruzifix*, eine Wandkritzelei aus dem sog. Pädagogium auf dem Palatin (S. 304): ein Mann mit Eselskopf am Kreuz, zur Seite eine anbetende Figur mit der Beischrift Ἀλεξάμενος σέβετε θεόν (Alexamenos betet zu seinem Gott).

Das Bild wurde nach der gewöhnlichen Auffassung etwa im III. Jahrh. nach Chr. von einem kaiserlichen Pagen zur Verhöhnung eines christlichen Genossen eingeritzt. Daß Christen und Juden Eselsverehrung zugeschrieben wurde, ist auch durch andere Zeugnisse bekannt. Neuerdings hat man aber vermutet, der Zeichner hätte der aus Ägypten stammenden gnostischen Sekte der Sethianer angehört, in deren Lehre Christus mit Seth, dem Sohne Adams, und dieser wieder mit dem ägyptischen, eselsköpfigen Gotte Seth gleichgesetzt wurde. Das Bild wäre also als eine Art Glaubensbekenntnis aufzufassen.

Kab. 52: Terrakotten, darunter feine Reliefs, die zu architektonischer Dekoration bestimmt waren; in dem Glasschrank in der Mitte drei schöne Vasen, Elfenbeinschnitzereien, Gläser. — Zimmer 53: *Münzsammlung*, besonders altrömische und altitalische gegossene Bronzemünzen *(aes grave)*. Am Fenster Gemmen und geschnittene Steine. Gegenüber eine große Bronzetafel mit Weihinschrift an Minerva in faliskischem Dialekt; Eisenreif mit anhängendem Bronzeplättchen und Inschrift: „ich bin entlaufen, halt mich fest; bringst du mich meinem Herrn wieder, erhältst du einen Solidus," nach gewöhnlicher Annahme für Sklaven bestimmt, eher ein Hundehalsband. Bleitafeln mit Verfluchungssprüchen (Anrufungen der Unterirdischen, eine gehaßte Person zu schädigen oder zu vernichten; sie wurden vergraben oder in Gräber gelegt). Relief aus mehrfarbigem Marmor (Krieger mit Pferd). An den Wänden oben unbedeutende Statuetten. — Zimmer 54: *Bronzen*. Zwischen den Eingängen die mit Silber eingelegte Bronzearmatur eines Lagers, falsch als Sessel ergänzt (vgl. das S. 266 gen. Lager).

Vor dem l. Fenster die **Ficoronische Ziste* (1738 bei Palestrina gefunden, zuerst im Besitz des Antiquars Ficoroni), ein zylinderförmiges Gefäß aus Bronzeblech (Toilettenkasten), mit vollendet eingravierten Zeichnungen aus der Argonautensage, die zu den schönsten des gesamten Altertums gehören.

Auf ihrer Fahrt nach Kolchis gelangen die Argonauten ins Land der Bebryken, deren König Amykos ihnen die Benutzung einer Quelle wehrt, bis er von Pollux im Faustkampfe besiegt wird. Den Mittelpunkt des Bildes (Kopien hängen r. und l. vom Fenster) nimmt die Strafe des Unterlegenen ein, der von Pollux an einen Baum gebunden wird. R. davon Athena, über der eine Nike mit dem Siegeskranz auf Pollux zuschwebt. Davor Jason und Herakles. Weiter das Schiff Argo; die Griechen an der Quelle sich labend; ein Argonaut übt sich im Faustkampf, wobei ihn ein dickbäuchiger Silen parodiert. — Die Füße und Deckelfiguren von anderer, roherer Arbeit; an den letzteren die Inschriften „Novios Plautios med Romai (me Romae) fecid" und „Dindia Macolnia fileai dedit" (III. Jahrh. vor Chr.).

Vor dem Fenster mehrere silberne Becher aus Vicarello (S. 110), von denen vier in Form von Meilensäulen ein Verzeichnis der Reisestationen von Gades (Cadix) bis Rom enthalten. Im Wandschrank Bleiröhren, Waffen, Gefäße, Schöpflöffel, Wage und Gewichte, Opfergabeln; *Kopf des Apollon*, nach einem Werk des IV. Jahrh. vor Chr. (die Augen waren eingesetzt); Büsten, Köpfe, Statuetten, Spiegel, Zisten, kleine Reliefs, Leuchter.

Die im Collegio Romano befindliche kgl. *Sternwarte* (auf Empfehlung vorm. zugänglich; Direktor Prof. Millosevich) hat unter Leitung des Padre Secchi († 1878) europäischen Ruf erlangt.

Von der kleinen Piazza del Collegio Romano (Pl. II 18) gelangt man westl. durch die *Via di Piè di Marmo* mit wenigen Schritten nach S. Maria sopra Minerva (S. 236). — Dem Collegio Romano gegenüber erhebt sich, neben dem Chor von S. Maria in Via Lata (S. 218), der ausgedehnte

***Palazzo Doria** (Pl. II 18), dessen dem Corso zugewandte östliche Barockfassade (S. 219), an die sich innen ein schöner Säulenhof schließt, um 1690 von *Gabr. Valvasori*, einem Nachfolger Borromini's ausgeführt wurde. Die Südfassade (S. 242) ist von *Paolo Amati*, die Nordfassade von *Pietro da Cortona*. An letzterer, Piazza del Collegio Romano 1a, ist der Eingang zu der im ersten Stockwerk untergebrachten

***Galleria Doria-Pamphilj** (Besuchsordnung s. S. 162, Trkg. 50 c., Katalog von 1901 1 fr.; die Räume sind im Winter sehr kalt, bestes Licht um Mittag). — Wie alle römischen Bildersammlungen besitzt auch die Galleria Doria keinen Schwerpunkt in einer oder der andern Schule, sondern zeigt Beispiele aller Richtungen vereinigt, höchstens daß man die Vorliebe für die Kunst des XVII. Jahrh. bei der Gründung bemerkt. Unter den älteren Werken wird man sich am Anblick der Madonnen des *Niccolò Rondinelli* (Nr. 159, 163) freuen, eines wenig bekannten Nachfolgers des Giovanni Bellini. Von den Heroen des Cinquecento ist *Raffael* durch das Doppelporträt zweier Venezianer vertreten. Ein treffliches venezianisches Werk ist *Tizians* Salome (Nr. 388). Überwältigend ist die Farbenkraft in dem Bildnis des Papstes Innocenz X. von *Velazquez* (Nr. 118), dem Glanzpunkt der Sammlung; man beachte die Kunst, mit welcher das dreifache Rot harmonisiert wird. Auch die Landschaftsmaler des XVII. Jahrhunderts erfreuen sich einer guten Vertretung. An den Landschaften *Annibale Caracci's* bemerkt man den Kampf historischer und landschaftlicher Phantasie, das Vordrängen der ersteren auf Kosten der einheitlichen Wirkung. Wohlverdienten Ruf genießen die Werke *Claude Lorrain's*; sowohl die Mühle (Nr. 88), wie die Landschaft mit dem Apollotempel (Nr. 76) können als Muster idealer Landschaften, in welchen die Linien und der Aufbau der verschiedenen Gründe den Eindruck bestimmen, gelten. — Die niederländischen Schulen sind ziemlich zahlreich aber wenig günstig vertreten.

Man steigt die Treppe hinauf, klingelt und betritt ein Vorzimmer. Von hier l. in die Hauptsäle (Galleria Grande), welche den oben erwähnten Säulenhof umgeben. Zunächst geradeaus in den

Ersten Flügel *(Primo Braccio)*: 70. *Guercino*, schreibender Jüngling; 71, 72. *Claude Lorrain*, Landschaften mit mythischen

Figuren: 71. *Annib. Caracci*, Geburt Christi; *76. *Claude Lorrain*, Landschaft mit Apollotempel; 78, 80, 82, 84, 86. *Annib. Caracci*, Mariä Himmelfahrt, Flucht nach Ägypten, Beweinung Christi, Anbetung der Könige, Grablegung Christi. *88, 92. *Claude Lorrain*, „die Mühle“, ein Hauptwerk des Meisters (s. S. 225), Landschaft mit Flucht nach Ägypten.

Am Ende des Flügels tritt man l. in das Kabinett mit **118. *Velazquez*, Papst Innocenz X. Pamphilj (1650).

„Aus den häßlichen Zügen dringt ein Blick des blaugrauen Auges zu uns, der mächtiger ist als der leuchtende Purpur und das gleißende Gold.... So blickt ein Mensch, der jeden der vor ihn tritt durchschauen, sich für immer einprägen will, weil man von ihm untrügliche Entscheidungen erwartet“. *Carl Justi.*

Ferner hier eine Büste des Papstes aus dem XVII. Jahrhundert.

Vom Kabinett durchschreitet man geradeaus den Zweiten Flügel *(Secondo Braccio)*, mit einigen antiken Skulpturen, und gelangt in fünf kleinere Räume. — III. Zimmer (der erste dieser Räume):

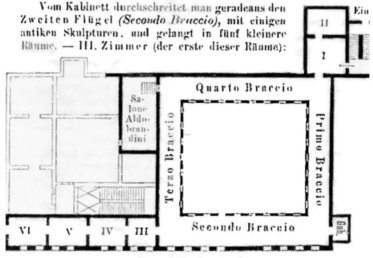

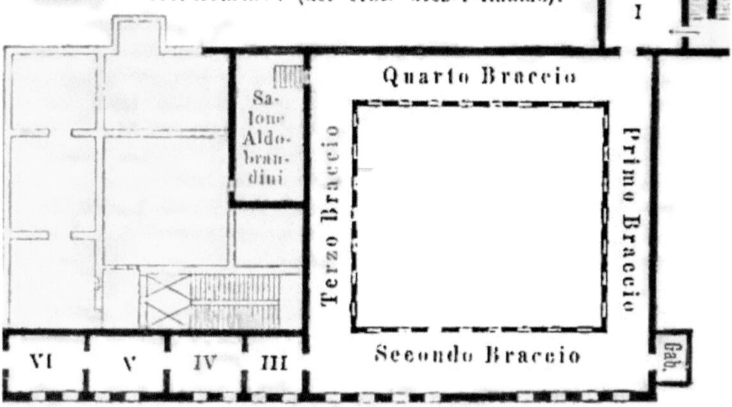

120. *Mazzolino*, Kindermord zu Bethlehem; 125. *Boccaccino*, Madonna mit Heiligen; 128. *Schule von Ferrara* (Mazzolino), Austreibung der Wechsler; 137. *Mazzolino*, Grablegung; 140. *Parentino*, Versuchung des h. Antonius. — IV. Zimmer: 143. Kopie nach *Raffael*, Madonna del Passeggio (Original in London); 144. *Garofalo*, h. Familie und zwei Franziskaner; 153. *nach Raffael* (nicht Leonardo da Vinci), Johanna von Aragonien (niederländische Kopie, Original im Louvre); 156. *Fra Paolino da Pistoia*, h. Familie; 158. *Schule des Michelangelo* (Seb. del Piombo?), h. Familie; *159. *Nic. Rondinelli*, Madonna; 161. *Garofalo*, Heimsuchung (1518); 163. *Nic. Rondinelli*, Madonna; 164. *Andrea Solario*, kreuztragender Christus; 165. *Ortolano*, Geburt Christi; 170. *Dosso*

Dossi (?), männl. Bildnis; 171. *Florentin. Schule*, Bildnis Machiavelli's. — V. Zimmer: 173. *Quinten Massys*, Wechsler im Streit (Schulbild); 175. *Brueghel*, h. Familie; 180. *nach Dürer*, h. Eustachius (Kopie nach einem Stiche des Meisters); 189. *A. van Dyck (?)*, weibl. Bildnis; 192. *Jan Scorel*, Agathe von Schoenhoven; 196. *Deutsche Schule*, männliches Bildnis (1545); 197, 200, 206, 209. *Brueghel*, die vier Elemente; 208. *Deutsche Schule*, weibl. Bildnis (1545). — VI. Zimmer: 215, 218. *Dav. Teniers d. J.*, ländliches Fest, in der Schenke; 231. *Rubens (?)*, ein Franziskaner; 236, 241, 253, 258. *Weenix*, Stilleben mit Figuren. — Kabinett: kleine holländische Landschaften und drei moderne Büsten aus der Familie Doria. — Zurück und aus dem dritten Zimmer l. in den

Dritten Flügel *(Terzo Braccio)*: 277. *Paris Bordone*, Venus, Mars und Amor; 288. *Sassoferrato*, h. Familie; 290. *Lor. Lotto*, h. Hieronymus; 291. *Jan Livens* (nicht Andrea Comodi), Opferung Isaaks; 295. *Guido Reni*, Madonna; 299. *Nic. Poussin*, Kopie der aldobrandinischen Hochzeit (S. 392); 307. *Luca Giordano*, Köchin; 315. *Bern. Licinio*, männl. Bildnis. — Einige Stufen führen links hinunter in den

Salone Aldobrandini, der auch als Kopierzimmer dient und daher oft Hauptwerke der Sammlung enthält. An den Wänden Landschaften von *Gasp. Poussin* und seinen Nachahmern. Unter den Antiken beachte man: auf den dem Eingang rechts entsprechenden Stufen die Wiederholung der sog. Artemis von Gabii im Louvre; in der Mitte der dem Eingang gegenüber liegenden Wand eine archaistische Statue des bärtigen Dionysos; in der Mitte Odysseus unter dem Widder des Polyphem, ein jugendlicher Kentaur (das ganze Vorderteil ergänzt) und ein runder Altar mit feinen Ornamenten. — Zurück und geradeaus in den

Vierten Flügel *(Quarto Braccio)*: 373. *Sofonisba d'Anguisciola*, männl. und weibl. Bildnis; 376. *Sassoferrato*, Madonna; 384. *Caravaggio* (nicht Saraceni), Ruhe auf der Flucht nach Ägypten; 386. *Tizian*, männl. Bildnis, sog. Jansenius; 387. *Correggio*, Triumph der Tugend (unvollendete Tempera-Untermalung, späte französische Kopie); *388. *Tizian*, Salome mit dem Haupte Johannes d. T. (Jugendwerk, c. 1514/15); *390. *Jac. Bassano*, männl. Bildnis; *403. *Raffael* (Kopie?), die venezianischen Gelehrten Navagero und Beazzano (nicht Bartolo und Baldo), aus der römischen Zeit des Meisters (1516); 406. *Lod. Caracci*, h. Sebastian; 411. *Dosso Dossi*, Dido weinend.

Die auf der Westseite des Pal. Doria vorüberführende Via della Gatta mündet südl. gegenüber dem *Pal. Venezia* in die Via del Plebiscito (S. 219).

Wendet man sich von der Piazza del Collegio Romano bei S. Maria in Via Lata (S. 218) vorüber ostwärts zum Corso zurück und folgt dann geradeaus weiter der Via SS. Apostoli, so gelangt man auf die langgestreckte Piazza di SS. Apostoli (Pl. II 21), deren Ostseite die gleichnamige Kirche und die Hauptfront des Palazzo Colonna begrenzen, während an der südlichen Schmalseite die Via Nazionale vorüberführt (S. 192).

Die Kirche **SS. Apostoli,** ursprünglich von Julius I. (337-352) zu Ehren der H. Philippus und Jakobus gegründet, wurde von Pelagius I. (555-560) und im Innern unter Clemens XI. 1702 von *Franc. Fontana* in üppigem Barock erneuert, seit dem Brande im J. 1871 restauriert. Aus älterer Zeit stammt nur die Vorhalle, welche Julius II. c. 1475 als Kardinal erbauen ließ.

In der Vorhalle l. das Denkmal des Kupferstechers Giov. Volpato von *Canova* (1807), r. vom Hauptportal Reste vom Grabmal des 1481 hingerichteten Lor. Colonna, von *Luigi Capponi;* ganz r. ein schöner antiker Adler in einem Eichenkranze, vom Trajansforum.

Im Innern der Kirche: am Ende des linken Seitenschiffes, über dem Eingang in die Sakristei, Grabmal Clemens' XIV. von *Canova;* am Postament Milde und Mäßigung. In der Tribuna: l. das von Sixtus IV. seinem Neffen, dem Kardinal Pietro Riario († 1474), gesetzte Grabmal, von *Mino da Fiesole* und *Andrea Bregno;* gegenüber das Grabmal eines Giraud († 1505), Gemahls von Julius' II. Nichte. Das Altarbild, Marter der H. Philippus und Jakobus, von *Muratori,* ist angeblich das größte Bild dieser Art in Rom. Am Gewölbe der Tribuna: Engelsturz, Freske von *Giov. Odassi,* barock, aber von packender Wirkung. Die ältere Kirche war von *Melozzo da Forlì* ausgemalt; ein schönes Bruchstück dieser Fresken ist jetzt im Quirinal (S. 193), andere in der Sakristei der Peterskirche (S. 351). — In der Krypta das schöne Frührenaissance-Grabmal des Raffaello della Rovere, Vaters Julius' II. (1477).

Im Kloster in dem an die Kirche stoßenden Gang in einer Nische das Grabmal des Kardinals *Bessarion* († 1472). Weiter nach dem Ausgang zu ein Kenotaphion für Michelangelo, der in der Pfarrei von SS. Apostoli wohnte und starb (1564; sein Grab ist in S. Croce zu Florenz).

Der **Palazzo Colonna** (Pl. II 21), ein ausgedehntes Gebäude zwischen Piazza SS. Apostoli und Via Pilotta, südlich von der Via Nazionale begrenzt (S. 192), wurde seit c. 1417 von Martin V. (Colonna) erbaut, im XVII. und XVIII. Jahrh. vielfach erweitert und erneut. Der Zugang zu der im ersten Stockwerk aufgestellten ***Galleria Colonna** befindet sich auf der Rückseite, Nr. 17 der S. 176 und 192 erwähnten Via Pilotta, die von drei den Oberstock des Palastes mit dem zugehörigen Garten (S. 230) verbindenden Bogen überspannt ist. Besuchsordnung der Galerie s. S. 162. Unkritischer Katalog von 1900 1 fr.

I. Zimmer. Von r. nach l.: 17. *Jac. Tintoretto,* Narziß, mit schöner Waldlandschaft; auf dem Marmortisch darunter eine antike Genrefigur, knöchelspielendes Mädchen; 22. *Pietro Novelli,* Marcantonio Colonna; 23. *Girol. Muziano,* Vittoria Colonna, die Freundin Michelangelo's; 24. *Lor. Lotto,* Kard. Pompeo Colonna, sehr beschädigt; 1. *Ferrares. Schule des XVI. Jahrh.* (nicht Giorgione), Giacomo Sciarra-Colonna; 6. *Tintoretto,* Verehrung des h. Geistes, unten vier Brustbilder; 4. *Ag. Caracci,* Pompeo Colonna; 9. *Bronzino,* Venus und Amor; 8. *Nachahmer des Hier. Bosch* (nicht Cranach), Versuchung des h. Antonius; 10. *van Dyck (?)*, Lucrezia Tomacelli, Gemahlin des Filippo Colonna; 11. *Bart. di Giovanni*, Versöhnung der Römer und Sabiner; *12. *Bonifazio I.* (nicht Tizian), Madonna und Heilige, Frühwerk; 13. *Pietro Novelli*, Isabella Colonna und ihr Söhnchen Lorenzo Onofrio; 14. *Bart. di Giovanni*, Raub der Sabinerinnen; *15. *Palma Vecchio*, Madonna mit dem h. Petrus und Stifter. — Die rote Marmorsäule (Columna bellica) in der Mitte des Zimmers, mit Kriegsszenen in Relief, aus dem XVI. Jahrh., ist das Wahrzeichen der Familie Colonna.

Eine Treppe, auf der eine hier eingeschlagene Vollkugel an das Bombardement von 1849 erinnert, führt hinunter nach der

II. Galerie (Gran Sala), mit prächtiger Dekoration von *Ant. del Grande* und *Girol. Fontana* und Deckenbildern von *Coli* und *Gherardi* (die Schlacht bei Lépanto am 8. Okt. 1571, welche Marcantonio Colonna an der Spitze der päpstlichen Flotte gewinnen half). An den Wänden Spiegel, mit Blumen (von *Mario de' Fiori*) und Genien (von *Carlo Maratta*) bemalt. Die antiken Statuen und Reliefs sind meist stark ergänzt und ohne Bedeutung. Gemälde, rechte Wand: 38. *Scip. Gaetano*, Familienporträt der Colonna (1581); 35. Schule des *van Dyck*, Don Carlo Colonna, Reiterbildnis; 32. *Franc. Albani*, Beweinung Christi; 49. *Sustermans*, Fed. Colonna. Linke Wand: 30. *Jac. Tintoretto*, männl. Doppelbildnis; 31. *Nic. Poussin*, Cimone und Efigenia (Boccaccio, Decam. V, 1; Paul Heyse, Braut von Zypern); unter dem vierten Fenster ein schönes griech. Relief: Transport eines gefallenen Jünglings; 39. *Niccolò Alunno*, die Madonna rettet ein Kind vor einem Teufel.

III. Zimmer: *zwölf Landschaften in Wasserfarben von *Gasp. Poussin*, die Hauptstücke der Sammlung; man übersehe keines der z. T. ungünstig aufgehängten Bilder (54, 55, 87-89. an der Eingangswand, 69. gegenüber, 56, 68. an der l. Wand über den Fenstern, 84, 85, 76, 77. an der r. Wand). Die Gegenstände sind mannigfachster Art: eine Bergstraße hart an einer tiefen Schlucht, eine öde vom Sturm gepeitschte Ebene, ein ruhiger See von majestätischen Bäumen eingeschlossen, zerklüftetes Felsland mit Wassersturz, u. s. w.; die Wirkungsmittel ebenso einfach wie gleichförmig, nur die Komposition und die Zeichnung wecken die Stimmung des Beschauers. — Außerdem noch: an der Fensterwand 62. *N. Poussin*, Verwandlung der Daphne; ein großer Schrank mit Elfenbeinschnitzereien (in der Mitte das jüngste Gericht nach Michelangelo) von *Franz* und *Dom. Steinhard*.

IV. Zimmer, mit Deckengemälde von *Batoni* und *Luti* (Verherrlichung Martins V.). Eingangswand: über der Tür 92. *Paris Bordone* (nicht Bonifazio), Madonna mit Heiligen; *90. *Paolo Veronese*, männl. Bildnis; 118. *Holbein (?)*, Lor. Colonna. R. Wand: 116. *Paris Bordone*, Madonna mit Heiligen, ein gutes aber sehr gedunkeltes Bild; 115. *Ann. Caracci*, Bohnenesser; 112. *Spagna*,

h. Hieronymus; 111. *Albani*, Raub der Europa. Ausgangswand: 109. *Girol. da Treviso*, Porträt, ohne Grund Poggio Bracciolini genannt; 106. *Bronzino*, h. Familie; 107. *Tizian*, ein Franziskaner der Name Onufrius Panvinus falsch); 101. *Giov. Bellini*, h. Bernhard. Fensterwand: 96. *Guido Reni*, h. Agnes; 94, 95. *Tintoretto*, zwei Bildnisse.

V. Thronzimmer, mit schönem alten Teppich: über dem r. Tisch eine Seekarte, die Marcantonio Colonna in der Schlacht bei Lepanto (vgl. S. 229) gebraucht haben soll; über dem l. Tisch das ihm vom römischen Senat nach der Schlacht ausgefertigte Ehrendiplom. Der Thronsessel ist nur für den Papst bestimmt und deshalb der Wand zugekehrt.

VI. Zimmer. Eingangswand: 122. *Parmeggianino*, h. Familie: 121. *Innocenzo da Imola*, desgl.; 120, 123. *Mabuse* (?, nicht van Eyck), zwei Madonnen von kleineren, die sieben Freuden und Schmerzen Mariä darstellenden Rundbildchen umgeben, von miniaturartiger Ausführung. R. Wand: 130. *Stefano da Zevio* (nicht Gentile da Fabriano), Madonna; 132. *Giulio Romano*, Madonna (vgl. S. LXXIV); 134. *Jacopo degli Avanzi* aus Bologna, Kreuzigung; 135. *Giov. Santi* (S. 136), Knabenbildnis; 136. *Bugiardini*, Madonna. Ausgangswand: 140. *Sandro Botticelli*, Madonna (Werkstattbild); 141. *Longhi*, Madonna.

Der zum Palast gehörige schöne Garten **Villa Colonna** (vgl. S. 228) ist Mi. vorm. bis 12 und nachm. von 3 Uhr an gegen einen Permeß, den man im Palast (Piazza Apostoli) erhält, von Nr. 15 der Via del Quirinale (S. 194) her zugänglich (Trkg. an den Gärtner). Er enthält einige Antiken, Fragmente des kolossalen Architravs von dem sog. *Frontispizio di Nerone*, einem um 1620 abgebrochenen Gebäude, an das sich ursprünglich die seitdem auf die Torre delle Milizie (S. 192) übertragene Sage knüpfte, und bedeutende Ziegelmauern von den *Thermen des Konstantin (?)*, welche sich auch über die ganze Piazza del Quirinale hinzogen (S. 192). Von der Terrasse hübscher Blick über die Stadt.

c. Von Piazza di Spagna nach der Engelsbrücke.

Der zwischen Piazza di Spagna und dem Vatikan verkehrende Omnibus befährt nicht die unten beschriebene direkte Strecke, sondern Seitenstraßen: vgl. den Plananhang, S. 5 Nr. 6.

Die wichtigste Querstraße im nördlichen Teile des Corso ist die Via Condotti (Pl. I 18), welche mit ihrer westlichen Fortsetzung, der Via Fontanella di Borghese, die nächste Verbindung zwischen dem Spanischen Platz und dem vatikanischen Stadtteil bildet (zu Fuß bis zur Engelsbrücke etwa 20 Min.). Außer ihren Kaufläden bietet die Straße nichts Besonderes. Den Corso kreuzt sie beim Pal. Ruspoli (S. 216); r. führt die neuerdings verbreiterte Via Tomacelli zum Ponte Cavour (S. 231) und zu den Prati di Castello (S. 341).

Jenseit des Corso nimmt die Straße den Namen Via Fontanella di Borghese an (Pl. I 18). Rückwärts bildet die Kirche

SS. Trinità de' Monti (S. 174) einen schönen Abschluß der Straße. Das bedeutendste Gebäude ist der

Palazzo Borghese (Pl. I 15, 18), begonnen im Auftrag des Kardinals Dezza 1590 von *Martino Lunghi d. Ä.*, beendigt für Papst Paul V., durch welchen er an das Haus Borghese kam, von *Flaminio Ponzio* (†1615). Der *Hof hat eine schöne zweistöckige Halle von gekoppelten Granitsäulen und drei antike Kolossalstatuen; am Ende des r. Ganges das bedeutende Marmorfragment einer vom Pferde gesunkenen Amazone (Kopie nach einem griech. Original des IV. Jahrh. vor Chr.). Hinter dem Hof liegt der kleine Garten, mit drei barocken Brunnen von *Carlo Rainaldi* und unbedeutenden Antiken. In den Räumen des Erdgeschosses, welche bis 1891 die berühmte Gemäldegalerie (S. 209) enthielten, ist jetzt die Antiquitätenhandlung von Sangiorgi (S. 152); sehenswert die Dekoration des ersten Zimmers, von *Carlo Villani* grau in grau und in Gold ausgeführt, und des siebenten Zimmers, mit spiegelgeschmückten Wänden, auf denen Amoren (von *Ciro Ferri*) und Blumengewinde (von *Mario de' Fiori*) in Öl gemalt sind.

Die Straße an der langen s.w. Seitenfront des Pal. Borghese führt nach der Stelle des ehemaligen *Ripetta-Hafens*, dessen malerische, unter Clemens XI. erbaute Barocktreppe der Tiberregulierung zum Opfer gefallen ist. Eine Steinbrücke, *Ponte Cavour* (Pl. I 15), führt seit 1902 hinüber nach den Prati di Castello (S. 341). — An der Via di Ripetta, die nördl. auf die Piazza del Popolo (S. 170) mündet, liegt gleich r. die Kirche *S. Rocco* (Pl. I 15), von Giov. Ant. de' Rossi 1657 erbaut.

Jenseit der Piazza Borghese nimmt die Straße den Namen Via del Clementino (Pl. I 15) an und kreuzt die hier in einander übergehenden Straßen Via di Ripetta (s. oben) und die Via della Scrofa (s. unten). L. in Via del Clementino der nach dem Muster des Pal. Giraud (S. 342) neuerbaute *Palazzo Galitzin*, vor welchem sich die kleine Piazza Nicosia öffnet. Weiterhin heißt die Straße Via di Monte Brianzo (viele Altertümerläden). Am Ende l. der *Albergo dell' Orso*, eine der wenigen erhaltenen mittelalterlichen Privatbauten Roms; hier wohnte Montaigne 1536, wahrscheinlich stieg auch Goethe 1786 zuerst hier ab (vgl. S. 215); ob freilich schon Dante im Jubiläumsjahre 1300 hier gewohnt hat, läßt sich nicht erweisen. Weiter führt r. der *Ponte Umberto I* (Pl. I 15) zum Justizpalast (S. 341) hinüber; von S. her mündet eine neue breite Zufahrtstraße. Am Lungo Tevere Torre di Nona weiter erreicht man, nach 10 Min. vom Palazzo Borghese, die *Engelsbrücke* (S. 338).

Wendet man sich aus der Via del Clementino südl. in die Via della Scrofa (Pl. I II 15) und schlägt nach 5 Min. die vierte Querstraße rechts ein (geradeaus geht es nach S. Luigi de' Francesi, S. 238), so gelangt man auf den Platz und zur Kirche

S. Agostino (Pl. II 15), 1479-83 von dem Kardinal d'Estoutevill., Protektor des Augustinerordens, an der Stelle eines früheren Oratoriums durch *Giac. da Pietrasanta* erbaut, der erste kirchliche Kuppelbau Roms. Das Innere bildet ein lateinisches Kreuz mit drei Schiffen, 1750 und zuletzt 1860 restauriert und von *Gagliardi* mit Fresken ausgeschmückt.

An der Eingangswand eine von vielen Weihgeschenken umgebene Madonna („Madonna del Parto"), Marmorstatue von *Jac. Sansovino* (1521). — Im Hauptschiff am 3. Pfeiler l. *Raffaels* Prophet Jesaias, eine Rolle haltend mit den Worten Jes. xxvi, 2, z. T. von *Daniele da Volterra* übermalte und sehr verdorbene Freske aus dem J. 1512, die einen starken Einfluß von Michelangelo's Prophetengestalten in der Sixtinischen Kapelle erkennen läßt. — R. Seitenschiff. 2. Kap.: *Nucci's* freie Kopie nach *Raffaels* verschollener Madonna della Rosa; 4. Kap.: Gruppe von *Giov. Batt. Cotignola*, Christus gibt Petrus die Schlüssel. — Im r. Querschiff die Kapelle des h. Augustin mit Altarbild von *Guercino*, der h. Augustin zwischen Johannes d. T. und Paulus dem Eremiten.

Der Hochaltar ist von *Bernini* verziert; das Madonnenbild soll aus der Sophienkirche in Konstantinopel stammen und von dem h. Lukas gemalt sein. In der Kapelle l. davon das Grabmal der h. Monika, der Mutter Augustins, von *Isaia da Pisa* (c. 1450-63), 1760 großenteils zerstört; das Altarbild von *Gottardi*.

In der kleinen Vorhalle l. vom linken Querschiff eine Madonnenstatue und eine Pietà von *Giov. Dalmata*. — L. Seitenschiff. 2. Kap.: schöne Marmorgruppe (die h. Anna, Maria und Jesus) von *Andrea Sansovino*, 1512 von dem Deutschen Joh. Goritz (Coricius) aus Luxemburg gestiftet und ursprünglich unter dem gleichfalls in Goritz' Auftrag gemalten Raffael'schen Jesaias aufgestellt.

R. neben der Kirche ist der Eingang zu der 1604 gegründeten *Bibliotheca Angelica* (Besuchsordnung s. S. 160). Das ehem. Kloster S. Agostino ist jetzt *Marineministerium*. Im Hof das Grabmal des Bischofs Jac. Piccolomini († 1479), aus der Schule des Mino da Fiesole, und einige andere Renaissance-Grabmäler.

Von Piazza di S. Agostino geradeaus unter dem Bogen hindurch kommt man zum Platz und zu der alten Kirche *S. Apollinare* (Pl. II 15), 1552 und zuletzt 1750 durch Fuga umgebaut. — Der Kirche gegenüber der *Pal. Altemps*, aus dem xvi. Jahrh., von Mart. Lunghi d. Ä. beendet, mit schönem doppelten Arkadenhof und einigen Antiken, jetzt Sitz des spanischen Priesterseminars (vgl. S. 159). Südwestl. von hier, an der *Piazza Tor Sanguigna* ein Festungsturm der Familie Sanguigni. Hier beginnt die S. 231 gen. neue Zufahrtstraße zum Ponte Umberto I, während w. Via de' Coronari (Pl. II 15, 12) zur Engelsbrücke führt. Nicht ganz halbwegs r. die Rückfront des *Palazzo Lancellotti*, unter Sixtus V. von Francesco da Volterra, später C. Maderna erbaut. Das Portal der nach N. gerichteten Hauptfront des Palastes ist von Domenichino entworfen. Im Hofe antike Reliefs und Statuen. Im Kabinett des Fürsten (unzugänglich) eine 1761 auf dem Esquilin gefundene Marmorkopie des myronischen Diskuswerfers (vgl. S. 185 und 375), die einzige, an der der Kopf erhalten ist.

Weiter r. die Kirche *S. Salvatore in Lauro* (Pl. II 12), schon im xiii. Jahrh. erwähnt, 1450, 1591 und 1862 erneuert.

Der graziöse Klosterhof, mit zweigeschossigen Arkaden, ist ein Werk der Frührenaissance. In dem ehem. Refektorium (Trkg.) das aus der alten Peterskirche hierher versetzte Grabmal Papst Eugens IV. († 1447), von *Isaia di Pisa*, das älteste Beispiel eines vollständig in Renaissanceformen aufgebauten Wandmonumentes: die liegende Statue des Papstes auf einem Sarkophag, darüber Madonna mit zwei Engeln, an den Pilastern der umgebenden Nische Heiligenstatuen. Ebenda das Renaissancegrabmal der Maddalena Orsini (xv. Jahrh.).

In Via de' Coronari l., Nr. 124, die sog. *Casa di Raffaele*, aus deren Einkünften nach Raffaels testamentarischer Verfügung seine Grabkapelle im Pantheon (S. 235) erhalten werden sollte. (Sein Wohn- und Sterbehaus lag im Borgo, s. S. 342.)

Am Ende der Via de' Coronari führen Seitenstraßen rechts nach der *Engelsbrücke* (S. 338), links nach dem westlichen Ausgang des *Corso Vitt. Emanuele* (S. 246).

Die nahen Kirchen *S. Maria dell' Anima* und *della Pace* s. S. 240, *Piazza Navona* s. S. 239.

d. Von Piazza Colonna am Pantheon vorüber nach Piazza Navona (Circo Agonale) und weiter zur Engelsbrücke.

Die Seitenstraßen r. und l. von der Säulenhalle an der Westseite der *Piazza Colonna* (S. 217) münden auf die Piazza di Monte Citorio (Pl. II 18). Die Erhöhung auf der Nordseite des Platzes, wo das Abgeordnetenhaus steht, wird ganz durch antike Schuttmassen gebildet; hier lag der Bau für die feierliche Verbrennung der Kaiserleichen bei der Apotheose (Ustrinum).

Das **Abgeordnetenhaus** (*Camera de' Deputati*, Pl. II 18) wurde ursprünglich von *Bernini* 1650 für die Familie Ludovisi begonnen, unter Innocenz XII. von *Carlo Fontana* für die päpstlichen Gerichtshöfe ausgebaut und seit 1871 vom italienischen Parlament benutzt. Seit 1905 wird der Palast nach einem Entwurf von *Ernesto Basile* umgebaut; die Fassade Berninis bleibt erhalten, die rückwärtigen Teile werden vollständig verändert und erweitert und eine neue Nordfront errichtet. Der provisorische Sitzungssaal liegt nach der Via della Missione (Sitzungen meist nachmittags).

Den *Obelisk*, der seit 1789 die Mitte des Platzes einnimmt, brachte Augustus nach Rom (wie den S. 170 genannten). Er stand im Altertum unweit der späteren Kirche S. Lorenzo in Lucina (S. 216), wo er als Zeiger einer Sonnenuhr diente. Seine erste Errichtung in Ägypten geht auf Psammetich I. (vii. Jahrh. vor Chr.) zurück. Seine Höhe mit Kugel und Postament beträgt 26m.

Wendet man sich am untern Ende des Monte Citorio südlich, dann rechts (westl.) und schräg über die kleine Piazza Capranica (r. geht es hier nach S. Agostino und Via de' Coronari: S. 231/232), so gelangt man bald auf den meist recht belebten Platz am Pantheon (*Piazza della Rotonda;* Pl. II 18). Über dem unter Gregor XIII. 1575 angelegten, 1907 restaurierten großen *Brunnen* ließ Clemens XI. das obere Ende eines zerbrochenen Obelisken aus dem Isistempel (S. 221) aufstellen.

Das ****Pantheon**, als christliche Kirche *S. Maria Rotonda* genannt, ist das einzige uns in Mauern und Gewölben ganz erhaltene antike Gebäude Roms. Seine ursprüngliche Errichtung fällt in die Zeit des Augustus, dessen Schwiegersohn, M. Agrippa, im J. 27 vor Chr. im Marsfelde am Nordende seiner Thermen (S. 235) ein Heiligtum erbaute, das den Namen „Pantheum" (d. h. das „Hochheilige", nicht „Tempel aller Götter") erhielt und wahrscheinlich den sieben Planetengöttern (Apollo, Diana, Merkur, Venus, Mars, Jupiter, Saturn) geweiht war. Dieser Bau wurde unter Trajan von einem Blitzstrahl getroffen und von Hadrian erneuert. Nur die Vorhalle blieb, wenigstens zum größten Teile, unverändert, während der mächtige Rundbau, den wir heute bewundern, samt der Kuppel ein Werk der hadrianischen Zeit ist. Eine Wiederherstellung erfolgte unter Septimius Severus und Caracalla. Nach dem Aufhören des heidnischen Kults stand das Pantheon leer, bis der oströmische Tyrann Phokas es dem Papste schenkte. Bonifatius IV. weihte es am 13. Mai 609 zu einer Kirche aller Heiligen unter dem Namen *S. Maria ad Martyres*, wobei achtundzwanzig Wagen mit Märtyrergebeinen aus den Katakomben in die Unterkirche überführt worden sein sollen. Die heilige Bestimmung des Gebäudes verhinderte nicht, daß Kaiser Konstans II. 662 die vergoldeten Bronzeziegel des Daches nach Konstantinopel schleppte. Gregor III. (731-741) ließ die Kuppel mit Blei eindecken. Durch das ganze Mittelalter hindurch galt das Gebäude als ein Wahrzeichen und Kleinod der Stadt: im XIII. Jahrh. mußte jeder Senator schwören, daß er dem Papste „namentlich St. Peter, die Leostadt, Trastevere, die Insel, die Engelsburg und S. Maria Rotonda" verteidigen und erhalten wolle. Der Bau wurde häufig restauriert.

Die **Vorhalle**, zu der im Altertum fünf, jetzt durch die allgemeine Erhöhung des Bodens verdeckte Stufen hinaufführten, ist $33{,}5$m breit und 13m tief. Sechzehn korinthische Granitsäulen (Schaft $4{,}5$m Umfang, $12{,}5$m Höhe) tragen das Giebeldach. Am Architrav die Weihinschrift des ersten Baues, *M. Agrippa consul tertium fecit,* 1894 mit häßlichen modernen Buchstaben ausgefüllt; die lange Inschrift darunter bezieht sich auf die Wiederherstellung unter Severus und Caracalla. Oben im Giebelfelde waren Reliefs angebracht. Acht Säulen stehen in der Front; die übrigen bilden drei ursprünglich überwölbte Schiffe, von denen die beiden äußersten ihren Abschluß in Nischen finden, in welchen Kolossalstatuen des Augustus und des M. Agrippa standen. Der Dachstuhl der Vorhalle bestand aus Hohlbalken von Erz, aus welchem Urban VIII. (Barberini) 1632 die Säulen für den Hochaltar der Peterskirche und Kanonen für die Engelsburg gießen ließ („quod non fecerunt barbari, fecerunt Barberini" klagte Pasquin). Die von demselben Papst auf dem Dache der Vorhalle r. und l. errichteten Glockentürme (die „Eselsohren des Bernini") sind 1883 abgetragen worden. — Den Eingang verschließen antike mit starkem Bronzeblech beschlagene Türflügel.

Das Innere (geöffnet vorm. bis 12, nachm. von der dritten Stunde vor Ave-Maria an zwei Stunden) ist bloß durch die Öffnung in der Mitte des Gewölbes erleuchtet und von so schöner Wirkung, daß man schon im Altertum den Namen „Pantheum" auf die Ähnlichkeit mit dem Himmelsgewölbe bezog. Höhe und Durchmesser der Kuppel sind gleich, 43,4m. Der Fußboden, aus Granit, Porphyr und kostbarem Marmor ist unter Pius IX. restauriert worden. Die Wandfläche wird von sieben Hauptnischen unterbrochen, in welchen die Götterbilder standen (vgl. S. 234; bezeugt sind Mars und Venus). Je zwei kannelierte Säulen aus Giallo antico oder Pavonazzetto (Schaft 8,9m h.) tragen darin den Architrav. Ursprünglich erhoben sich über diesem den Nischen entsprechende Rundbogen, die von Karyatiden getragen wurden, verschwanden aber, wie es scheint, bereits bei einer antiken Restauration. Die antike Dekoration der Attika, aus weißem Marmor, Porphyr und Serpentin, war bis 1747 zum Teil erhalten; erst damals wurde sie durch den häßlichen gelbgrauen Anstrich ersetzt. Die Wölbung, aus Gußwerk, ist mit fünf Reihen Kassetten verziert und hatte vermutlich als Abbild des Himmels goldene Sterne auf blauem Grunde; nur im inneren Rande des großen Auges der Kuppel, dessen Durchmesser 9m beträgt, ist die antike Bronzebekleidung in Form eines eleganten Gesimses erhalten geblieben.

In der zweiten Nische r. befindet sich die Gruft des Königs *Viktor Emanuel II.* († 9. Jan. 1878), gegenüber die König *Humberts I.* (ermordet 29. Juli 1900); beide sind stets mit Kränzen bedeckt. — In der Nische l. neben dem Hochaltar: ein einfaches Denkmal des Kardinals Consalvi, von *Thorwaldsen*.

Zwischen der zweiten und dritten Nische l. ist *Raffaels Grabstätte* (geb. 28. März 1483, gest. 6. April 1520), mit einer 1883 gesetzten Bronzebüste und dem eleganten, von seinem Freunde, dem Kardinal Bembo (S. 237) verfaßten Epigramm:

Ille hic est Raphael, timuit quo sospite vinci
Rerum magna parens, et moriente mori

„Raffael ist's der hier ruht, dem, als er gelebt, zu erliegen Fürchtete Mutter Natur, und zu vergehn, da er ging." Die Madonnenstatue des Altars ist von *M. Lorenzetto* nach einer Bestimmung in Raffaels Testament angefertigt worden. Über der leeren Nische r. vom Altar die Grabschrift der Maria Bibbiena, Raffaels vor ihm verstorbener Braut.

Von andern Künstlern ruhen im Pantheon noch: Baldassare Peruzzi, Perin del Vaga, Giov. da Udine, Ann. Caracci, Taddeo Zuccaro. — Die Skulpturen und Bilder an den Altären und in den Nischen sind unbedeutend.

Hinter dem Pantheon, jedoch ohne Beziehung zu ihm lagen die *Thermen des Agrippa*, von welchen 1881/82 bedeutende Reste freigelegt worden sind. In der Via della Palombella sieht man die Rückwand eines Saales, mit großer Nische. Eine kannelierte Marmorsäule und ein fein durchgebildeter Marmorfries (Muscheln und

Delphine sind an Ort und Stelle wieder angebracht. Zu einem anderen Kuppelsaale der Thermen gehörte die *Arco della Ciambella* genannte Ruine in der gleichnamigen Straße.

Vom Pantheonsplatz gelangt man östlich durch die Via del Seminario nach *S. Ignazio* (S. 221).

Südöstl. hinter dem Pantheon dehnt sich die Piazza della Minerva aus (Pl. II 18), wo l. die Kirche S. Maria sopra Minerva liegt. In der Mitte des Platzes stellte Bernini 1667 auf dem Rücken eines marmornen Elefanten einen kleinen antiken *Obelisk* (S. 221) auf. Die Wasserstandsmarken an der Außenseite der Kirche r. zeigen, daß die Überschwemmungen von 1530, 1557 und 1598 die höchsten der neueren Zeit (1870 und 1900) noch übertrafen.

*__S. Maria sopra Minerva__, auf den Trümmern des von Domitian erbauten Minervatempels stehend, ist die einzige gotische Kirche Roms aus alter Zeit. Sie wurde wahrscheinlich 1280 von den Erbauern von S. Maria Novella zu Florenz, *Fra Sisto* und *Fra Ristoro* begonnen (S. LXIII). 1848-55 restauriert und neu ausgemalt. Sie ist dreischiffig und enthält ausgezeichnete Kunstwerke.

An der Eingangswand r. das Grab des Florentiner Verbannten Diotisalvi († 1482). — Im l. Seitenschiff l. das Grab des Florentiners Francesco Tornabuoni († 1480) von *Mino da Fiesole;* darüber das des Kardinals Giacomo Tebaldi († 1466) aus der Werkstatt des *Andrea Bregno* und *Giov. Dalmata*. In der 3. Kap. am Altar r. eine schöne Statue des h. Sebastian von *Michele Marini*. In der 5. Kap. r. Grabmal der Fürstin Lante, von *Tenerani*. — Im r. Seitenschiff: in dem verschlossenen Raum (Camera mortuaria) zwischen der 3. und 4. Kap., das Grab des Joh. Alberini († c. 1490), mit schönem antikem griech. Sarkophag (Herakles würgt den Löwen). In der 4. Kap. ein Bild auf Goldgrund, Mariä Verkündigung, im Vordergrunde der Kardinal Juan de Torquemada (Johannes a Turrecremata) der Madonna drei arme Mädchen empfehlend, zum Andenken der 1460 zur Ausstattung solcher gestifteten Bruderschaft Santissima Annunziata, von *Antoniazzo Romano;* l. das Grab Urbans VII. († 1590) von *Ambrogio Buonvicino*. In der 5. Kap. *(Aldobrandini)* Malereien von *Cherub. Alberti*, über dem Altar das Abendmahl von *Baroccio;* die Grabmäler der Eltern Clemens' VIII. von *Giacomo della Porta*. In der 6. Kap. l. Grabmal des venezian. Patriziers Benediktus Sopranzi, Erzbischofs von Nicosia († 1495); gegenüber das des spanischen Bischofs Joh. Didacus de Coca (1477), über dem Sarkophag ein Fresko von *Melozzo da Forlì*. — Im Querschiff r. erst eine kleine Kapelle mit einem *Giotto* zugeschriebenen Holzkruzifix. Dann die *Kapelle Caraffa, mit schöner Balustrade, 1489 von *Filippino Lippi* mit Fresken geschmückt (jetzt restauriert): r. Thomas von Aquino, von allegorischen Figuren umgeben, die katholische Lehre gegen die Irrgläubigen verteidigend; in der

Lünette der h. Thomas und das Wunder des Crucifixus; am Altar: Verkündigung mit Kard. Caraffa als Stifter; an der Rückwand Himmelfahrt Mariä; im Gewölbe Sibyllen von *Raffaellino del Garbo;* l. das Grab Pauls IV. († 1559), nach dem Entwurf von *Pirro Ligorio,* ausgeführt von *Giacomo* und *Tommaso Casignola.* — An der Wand links neben Capp. Caraffa das *Grab des Bischofs Guilielmus Durandus († 1296) mit einer Madonna in Mosaik, von dem Cosmaten *Johannes,* eines der besten Werke dieser Schule. In der nächsten Kapelle ein Altarbild von *C. Maratta.* Weiter folgt die Cappella del Rosario, r. vom Chor: r. das Grab des Kardinals Capranica (1465). — Im Chor die großen Grabmäler der beiden Medici, (l.) Leo X. († 1521) und (r.) Clemens VII. († 1534) nach dem Plan des *Antonio da Sangallo* ausgeführt, Leo von *Raffaello da Montelupo,* Clemens von *Nanni di Baccio Bigio;* am Boden der Grabstein des gelehrten Kardinals Pietro Bembo († 1547). — Der Hauptaltar enthält die Reliquien der h. Katharina von Siena (S. 37).

Vor dem Hauptaltar l. ***Michelangelo's* auferstandener Christus mit dem Kreuz, 1514 für 200 Dukaten bestellt, 1521 aufgestellt. Die letzte Überarbeitung in Rom übertrug Michelangelo seinem Gehilfen *Pietro Urbano;* da diese schlecht ausfiel, half *Roderigo Frizzi* nach. Der Bronzeschurz wurde für die Aufstellung in der Kirche hinzugefügt; der r. Fuß ist durch einen Bronzeschuh gegen die Abnutzung durch Küsse geschützt. Vgl. S. LXIX.

In der Kapelle l. neben dem Chor (von hier ein Durchgang nach Via S. Ignazio) der Grabstein des in diesem Kloster 1455 gestorbenen Fra Giovanni Angelico da Fiesole, mit seinem Bildnis und berühmten lateinischen Versen. — Im l. Querschiff die Kapelle des h. Dominikus mit acht schwarzen Säulen und dem Grabmal Benedikts XIII. († 1730) von *P. Bracci.* Daneben r. Eingang zur Sakristei, hinter welcher das 1737 hierher versetzte *Sterbegemach der h. Katharina von Siena* (s. oben) gezeigt wird, mit Fresken: Kreuzigung, Heilige u. a., wohl von Antoniazzo Romano (1482).

Das anstoßende Kloster war früher vom General des Dominikanerordens bewohnt und Sitz der Inquisition; 1633 fand hier der Prozeß gegen Galilei statt (vgl. S. 173); jetzt sind hier die *Biblioteca Casanatense* (S. 160; Eingang Via di S. Ignazio 52) und das *Unterrichtsministerium* (Ministero dell' Istruzione Pubblica) untergebracht. Im Klosterhof das Grabmal Ferricci († 1478) mit einem Madonnenrelief aus der Werkstatt des Mino da Fiesole; daneben das des Astorgio Agnense († 1451). In dem ehem. Gang zur Bibliothek l. das Grabmal des Andrea Bregno, mit der Büste des Meisters (1506).

Östl. in der Nähe die Kirche *S. Ignazio* (S. 221) und das *Collegio Romano;* südl. gelangt man nach dem *Gesù* (S. 242) und dem Anfang des *Corso Vitt. Emanuele* (S. 243).

Südwestl. vom Pantheon, an der Piazza S. Eustachio, liegt die **Università della Sapienza** (Pl. II 15; Eingang Via Sapienza 71). Im J. 1303 von Bonifatius VIII. gestiftet und nach raschem Verfall durch Eugen IV. erneut, erreichte die Universität ihren größten Glanz unter Leo X. Sie hat vier Fakultäten: die juristische, die medizinisch-chirurgische, die mathematisch-naturwissenschaftliche und die philosophische; in Verbindung mit ihr stehen Institute für pharmazeutische und archäologische Studien. Sie besitzt naturwissenschaftliche Sammlungen und eine Bibliothek (*Bibl. Alessandrina*, S. 160). Der Entwurf des Gebäudes ist von *Giacomo della Porta* (1575), die Kirche *(S. Ivo)* von *Borromini* (1660) zu Ehren Urbans VIII. in Form einer Biene, die die Barberini im Wappen führen, angelegt und mit dem barocken Schneckenturm versehen. Der zweistöckige Pfeilerhof ist einer der großartigsten dieser Art in Rom. — N.w. liegt an der Via degli Staderari, mit dem Haupteingang an der Piazza Madama, der

Palazzo Madama (Pl. II 15). Im Mittelalter stand hier ein festes, in den Ruinen der Thermen des Nero erbautes Haus der Crescenzi, von dem noch ein Turm an der Via degli Staderari sichtbar ist. Seit c. 1460 war das Haus im Besitz der Medici, die hier ihre Bank hatten und es unter Paul III. zeitweilig an „Madama" Margaretha, die 1538 mit Ottavio Farnese von Parma vermählte Witwe des Al. de' Medici (Karls V. natürliche Tochter), abtreten mußten. Seine jetzige Gestalt erhielt der Palast durch den Großherzog Ferdinand II. von Toskana, der 1642 den florentinischen Baumeister *Giov. Stef. Marucelli* mit einem Umbau betraute. 1740 kaufte Benedikt XIV. den Palast, seit 1871 ist er Sitz des italienischen Senats *(Pal. del Senato)*. Im Vestibül und Hof, sowie auf der Treppe antike Statuen, Sarkophage, Reliefs und Büsten. Der königliche Empfangssaal ist 1888 von *Ces. Maccari* mit sehr beachtenswerten Fresken aus der römischen Geschichte ausgeschmückt worden (Appius Claudius Caecus, Regulus, Cicero und Catilina).

S. Luigi de' Francesi (Pl. II 15), nördl. vom Pal. Madama, ist die Nationalkirche der Franzosen, 1589 geweiht. Die zweistöckige Fassade von *Giacomo della Porta* täuscht über die Größe des Innern. Die Dekoration des letzteren ist von *Antoine Derizet* (um 1750). Die Seitenkapellen sind schlecht beleuchtet; bestes Licht gegen Mittag.

Rechtes Seitenschiff. Am Pfeiler gegenüber der 1. Kap.: Denkmal für die 1849 bei der Belagerung gefallenen Franzosen. 2. Kap.: **Domenichino*, Fresken aus dem Leben der h. Cäcilie, eins seiner vorzüglichsten Werke (S. LXXVI); r.: die Heilige verteilt Kleider an die Armen; darüber: sie und ihr Bräutigam werden von einem Engel gekrönt; l.: die Heilige erleidet den Märtyrertod unter dem Segen des Papstes; darüber: sie soll zu heidnischem Opfer gezwungen werden; an der Decke: Aufnahme der Heil. in den Himmel; Altarbild: Raffaels h. Cäcilie (in Bologna), Kopie von *Guido Reni*. — 4. Kap., Fresken: r. *Girolamo Siciolante da Sermoneta*, König Chlodwigs Heereszug; l. *Pellegrino Tibaldi*, Taufe Chlodwigs in Reims. — Das schöne Hochaltarbild ist von *Francesco Bassano*, Himmelfahrt Mariä. — Im linken Seitenschiff, am 1. Pfeiler rechts Denkmal Claude Lorrain's, 1836 errichtet. 5. Kap.: *Caravaggio*, Szenen aus dem Leben des h. Matthäus.

Südöstl. an der Piazza S. Luigi liegt der von Carlo Fontana und Borromini erbaute *Palazzo Giustiniani* (Pl. C 15). Er enthält im Hof und im Treppenhaus einige Antiken; im I. Stock ist der Sitz des Großmeisters der italienischen Freimaurer, im II. das Preußische Historische Institut (S. 161). Nördl. nach der Via della Scrofa und *S. Agostino*, s. S. 231. — Westl., zwischen der Kirche und dem Pal. Madama hindurch, gelangt man über die S. 238 genannte kleine Piazza Madama auf die

*__Piazza Navona__ (Pl. II 15), amtlich *Circo Agonale* genannt, nach dem *Circus oder Stadium des Domitian*, das in der Form des Platzes noch jetzt hervortritt. Auch der mittelalterliche Name „Navona" wird von den Wettkämpfen, Agones, hergeleitet.

Drei *Springbrunnen* schmücken den Platz. Der nördliche, von Leon. della Bitta und Greg. Zappalà (1878), stellt den Neptun dar im Kampf mit einem Seeungeheuer, umgeben von Nereiden und Seepferden. — Dann folgt, inmitten eines großen Beckens aus pentelischem Marmor, der von *Bernini* unter Innocenz X. errichtete *Springbrunnen; in den Ecken des Felsens, dessen Teile die vier Erdteile darstellen, die Gottheiten der Flüsse Donau, Ganges, Nil (der sich nach dem auf die Künstlerrivalität anspielenden Witzwort das Gesicht verdeckt, um Borromini's Fassade von S. Agnese nicht zu sehen), Rio de la Plata, von Schülern des Bernini ausgeführt; oben ein ehemals im Zirkus des Maxentius (S. 422) befindlicher, ursprünglich zu Ehren Domitians errichteter Obelisk. — Der dritte Springbrunnen, am Südende des Platzes, ist mit Masken, Tritonen und dem sog. Moro, einem Triton, von Bernini geschmückt.

Die Kirche **S. Agnese,** deren Fassade mit den schönen Türmen zu Seiten des einwärts geschwungenen Mittelbaues, überragt von der Kuppel, der Westseite des Platzes das Gepräge gibt, wurde 1625-50 von *Borromini* und *Carlo Rainaldi* erbaut. Das harmonisch ausgestaltete Innere, in Form eines griech. Kreuzes, ist von Rainaldi.

Über der Haupttür das Denkmal Innocenz' X. von *Marini;* in der Kapelle des Querschiffes l. die von Marini aus einer antiken Bildsäule zurecht gestutzte Statue des h. Sebastian; unter der Kuppel acht Säulen aus Cottanello. Die alte Kirche lag in den Seitengewölben des Zirkus, wo die Heilige ihr Märtyrtum erlitt; von dieser existieren noch zwei unterirdische Kapellen mit antikem Gewölbe, zu denen eine Treppe hinabführt; beachtenswert ein gutes Relief von *Algardi*, Marter der h. Agnes.

L. neben der Kirche erhebt sich der von Girolamo Rainaldi gebaute *Palazzo Pamphilj*, der jetzt dem Fürsten *Doria* gehört. — Gegenüber die Kirche *S. Giacomo degli Spagnuoli*, 1450 erbaut, neuerdings restauriert; im Giebeldreieck über dem Portal zwei Engel von (r.) Mino da Fiesole und (l.) Paolo Romano (1461); im Innern r. eine Kapelle von Ant. da Sangallo, l. eine Orgeltribüne der Frührenaissance. — An der Südseite des Platzes der *Pal. Braschi* (S. 245).

W. hinter Piazza Navona liegt in der Via dell' Anima ***S. Maria dell' Anima** (Pl. II 15), die Nationalkirche der Katholiken deutscher Herkunft, zu denen in alter Zeit auch die Niederländer gerechnet wurden, 1500-1514 erbaut, mit schöner Fassade (nicht von Giuliano da Sangallo). Den Namen erklärt eine kleine Marmorgruppe im Giebel des Portals: die Madonna, von zwei Seelen im Fegefeuer angerufen (XVI. Jahrh.). Die Kirche ist früh bis 8½. Festtags bis 12 Uhr zugänglich; bei geschlossener Tür geht man um sie herum und klingelt an der Tür des zugehörigen *deutschen Hospizes*, gegenüber von S. Maria della Pace.

Das Innere, von einem nordischen Baumeister ausgeführt, neuerdings gründlich restauriert, ist dreischiffig. Die Deckenfresken (Brustbilder von Heiligen) sind von *Ludw. Seitz* (1875-82). Die Glasmalerei über dem Hauptportal nach Zeichnungen von ihm. An der Eingangswand: Grabmal des Kardinals Wilh. Enckevort († 1534). Rechtes Seitenschiff. 1. Kap. Altarbild: *Carlo Saraceni* (Schüler des Caravaggio), der h. Benno empfängt den im Bauche eines Fisches wiedergefundenen Schlüssel des Meißener Doms. Am 3. Pfeiler: Grabmal des Hadrian Vryberch aus Alkmaar, mit hübschen Kinderfiguren von dem niederländ. Bildhauer *Frans Duquesnoy* († 1641 in Rom). 2. Kap. Altarbild: *Gimignani*, h. Familie, links das Grabmal des Kardinals Slusius mit Büste. 4. Kap.: veränderte Kopie nach Michelangelo's Pietà (S. 349), von *Nanni di Baccio Bigio*. — Linkes Seitenschiff. 1. Kap. Altarbild: *C. Saraceni*, Marter des h. Lambert (schönes Helldunkel). 3. Kap.: *Mich. Coxie*, Fresken aus dem Leben der h. Barbara. 4. (Brandenburg-) Kap.: Altarbild (Grablegung) und Fresken von *Franc. Salviati.* Am Eingang zur Sakristei das Grab des Gelehrten Lukas Holste (Holstenius) aus Hamburg († 1661 als Kustos der vatikanischen Bibliothek). — Chor. Auf dem Hochaltar: *Giulio Romano*, h. Familie mit Heiligen, für Jakob Fugger gemalt, durch Überschwemmungen beschädigt; r. das schöne Grabmal Papst Hadrians VI. von Utrecht (Lehrer Karls V., † 1523), mit den Statuen der Gerechtigkeit, Klugheit, Stärke u. Mäßigkeit, nach dem Entwurfe des *Bald. Peruzzi*, von *Michelangiolo Sanese* und *Niccolò Tribolo* ausgeführt; gegenüber das des Herzogs Karl Friedrich von Cleve-Jülich-Berg († 1575), von *Ägidius von Rivière* und *Nic. von Arras.* Auf einem Relief im Vorzimmer der Sakristei (am Ende des l. Seitenschiffs): Belehnung desselben Fürsten durch Gregor XIII. mit Schwert und Hut. — Kirchengesang s. S. 157.

Die Kirche ***S. Maria della Pace** (Pl. II 15) wurde von Sixtus IV. 1484 erbaut und unter Alexander VII. durch *Pietro da Cortona* erneut und mit der schönen halbrunden Vorhalle versehen. Bei geschlossener Tür wende man sich an den Sakristan, Vicolo dell' Arco della Pace 5 (s. S. 241).

Das Innere ist ein achteckiger Kuppelraum mit kurzem vorliegenden Schiff. — Über der 1. Kapelle rechts: ***Raffaels* Sibyllen, l. die von Cumae, dann an dem Bogen die persische, weiter die phrygische und die alte Sibylle von Tibur, von Engeln ihre Offenbarungen erhaltend und sie verzeichnend; 1514 im Auftrage des Bankiers Agostino Chigi (S. 394), der die Kapelle errichtete, gemalt, durch *Palmaroli* 1816 geschickt von Übermalungen befreit (gewöhnlich verhüllt). Vergl. auch S. LXXIV. Bestes Licht vorm. 10-11 Uhr.

„Mit dem vollendeten Raumgefühle, das schon in den Stanzenbildern die höchste Bewunderung erregt, hat Raffael die Darstellung der Halbkreislinie des Bogens so einfach und natürlich eingeordnet, daß man die Kunst in der Gruppierung gar nicht bemerkt. Raffaelisch sind auch die rhythmische Komposition, die lebendigen Kontraste, die feine Steigerung der leidenschaftlichen Empfindungen, vor allem aber die holde Anmut der Frauengestalten und die muntere Lieblichkeit der Engelknaben. Michelangelo's Sibyllen werden stets als Schöpfungen einer erhabenen Phantasie gepriesen werden und durch ihr übermächtiges Wesen ergreifen. Liebenswürdiger und menschlich fühlend erscheinen Raffaels Frauenbilder."

In der Lünette darüber die Propheten, r. Jonas u. Hosea, l. Daniel u. David, von Raffaels Zeitgenossen *Timoteo Viti* (S. 136). Zu beiden Seiten der 1. Kap. l. zwei schöne Grabmäler der Familie Ponzetti, 1505 u. 1509; die treffliche *Freske über dem Altar, die h. Jungfrau zwischen den H. Brigitta und Katharina, vor ihr kniend der Stifter Kardinal Ponzetti, ist von *Bald. Peruzzi* (1516), der hier mit Raffael und Michelangelo wetteifert. Oben in der Rundung Geschichten des A. und N. Testaments in drei Reihen, gleichfalls von *Peruzzi*. — Die zweite Kap. rechts (Cesi) hat schwere, aber vorzüglich gearbeitete Ornamente von *Simone Mosca* (c. 1560): r. eine lebensvolle liegende Statue der Mutter des Kardinals Federico Cesi, Francesca Carduli-Cesi († 1518). — Im Kuppelraum links zuerst Eingang zur Sakristei und zum Kreuzgang (s. unten). Der 1. Altar l. mit einer Anbetung der Hirten von *Sermoneta*, darüber Tod Mariä von *Morandi*. Der 2. Altar, mit einem schönen, z. T. vergoldeten Marmorwerk von *Pasquale da Caravaggio* (1490). Am Hochaltar ein altes gefeiertes Madonnenbild; am Gewölbe hübsche Putten von *Franc. Albani*. Auf dem Altar r. daneben *Sermoneta*, Taufe Christi. Über der Nische *Bald. Peruzzi*, Mariä erster Tempelgang (übermalt).

In dieser Kirche hören Neuvermählte die erste Messe.

Sehenswert ist der *KREUZGANG, 1504 von *Bramante* (S. LXVI) im Auftrage des Kardinals Caraffa gebaut, mit Arkaden im Erdgeschoß; oben zwischen den Pfeilern, also über den Bogen Säulen. An der r. Wand Grabmal des modenesischen Bischofs Bocciacio († 1497). Eingang durch die Kirche oder im Vicolo dell' Arco della Pace Nr. 5.

Die unweit nördl. der beiden Kirchen vorüberlaufende Via de' Coronari (S. 232) bietet den kürzesten Weg von Piazza Navona nach der *Engelsbrücke* (S. 338; 8 Minuten).

Vom Portal von S. M. della Pace geradeaus gelangt man durch Via della Pace und Via di Parione auf die *Via del Governo Vecchio*: s. S. 215.

e. Von Piazza Venezia nach der Engelsbrücke. Corso Vittorio Emanuele.

Der seit 1876 von Piazza Venezia (S. 219) nach W. durch die engsten Teile des mittelalterlichen Roms durchgebrochene breite *Corso Vittorio Emanuele* (Pl. II 17, 14, 12), die Fortsetzung der S. 189-192 beschriebenen Via Nazionale, vermittelt den Verkehr zwischen dem Innern der Stadt und dem vatikanischen Stadtteil. Die Straße ist stets belebt, macht aber gegen das Ende hin noch einen unfertigen Eindruck. — *Straßenbahn* s. Plananhang Nr. 1, 6 und 7.

Der östlichste Teil der Straße hat den Namen Via del Plebiscito (Pl. II 17). Von Piazza Venezia beginnend hat man hier zunächst links die Hauptfassade des *Pal. Venezia* (S. 219), zur R. die Südfront des *Pal. Doria* (S. 225), dann *Pal. Grazioli* und den 1670 erbauten ausgedehnten *Pal. Altieri*, dessen Hof und mit Antiken geschmückte Treppe Beachtung verdienen. — Unmittelbar jenseit des Pal. Altieri zweigt r. die Via del Gesù nach *S. Maria sopra Minerva* ab (S. 236).

Links die Nordseite des ***Gesù** (Pl. II 17), der Hauptkirche der Jesuiten, 1568-75 im Au[redacted]inals Al. Farnese von *Vignola* und *Giac. della Porta* erbaut, mit der Front der Piazza del Gesù zugewendet, eine der reichsten und glänzendsten Kirchen Roms. Der Grundriß ist von Vignola, der mit dem breiten hohen Hauptschiff und den zu Kapellen umgewandelten Seitenschiffen eine neue Entwicklungsphase des katholischen Kirchenbaues einleitete (vgl. S. LXXV). Das Deckengemälde im Hauptschiff, den Triumph des Namens Jesu darstellend, von *Baciccio*, der auch die Kuppel und Tribuna ausgemalt hat, ist eins der bedeutendsten und lebendigsten Barockwerke dieser Art. Die Wände hat Fürst Al. Torlonia 1860 mit kostbarem Marmor bekleiden lassen. Der Hochaltar hat vier Säulen von Giallo antico; l. Grabmal des Kard. Bellarmin (S. 44) mit den Figuren der Religion und des Glaubens in Relief, r. Grabmal des P. Pignatelli mit Liebe und Hoffnung. — Im Querschiff l. der Altar des h. Ignatius von Loyola, des Stifters des Ordens, von P. *Andrea Pozzi* und *Seb. Cipriani* (1696-1700), ein dekoratives Prachtwerk; die versilberte Statue des Heiligen mit Engeln zur Seite für gewöhnlich von einem Bilde Pozzi's verdeckt (das silberne Original von *Legros* angeblich bei Aufhebung des Ordens im XVIII. Jahrh. verschwunden); die Säulen sind von Lapislazuli und vergoldeter Bronze; oben auf dem Architrav zwei Statuen: Gottvater von *B. Ludovisi*, Christus von *L. Ottoni*, hinter ihnen in einem Strahlenkranz die Taube des h. Geistes; zwischen ihnen die Weltkugel aus

Lapislazuli, aus einem Stück (angebl. dem größten, das existiert). Unter dem Altar liegt in einem Sarkophag von Goldbronze der Leichnam des Heiligen. Rechts und links Marmorgruppen: die christliche Religion, vor deren Anblick die Ketzer zurückschaudern, von *Legros*, und der Glaube mit Kelch und Hostie, welche ein heidnischer König anbetet, von *Teudon*. Gegenüber im Querschiffe r. der Altar des h. Franz Xaver, von *Sim. Constanti* nach dem Entwurf des *Pietro da Cortona*.

Den imposantesten Anblick gewährt die Kirche am 31. Dez., am Fest des h. Ignatius (31. Juli) und während der Quarantore (S. 155; sie fallen hier auf die zwei letzten Tage des Karneval), wo sie aufs glänzendste erleuchtet ist. In der Fastenzeit (außer Freit.) wird hier täglich gegen 11 Uhr gepredigt, sonst noch in der Adventszeit oder bei besonderen Gelegenheiten, oft von begabten Predigern.

An die Kirche stößt südl. das ehem. *Profeßhaus* der Jesuiten, jetzt vom Militär okkupiert. Nebenan, in der nach dem Kapitol führenden Via d'Aracoeli (S. 220), Nr. 1 a, der Zugang zu den Zimmern des h. Ignatius (Mo. Mi. Fr. 9-11 Uhr). Gegenüber der *Pal. Bolognetti*, der die Piazza del Gesù im S. begrenzt.

Die Kuppel, die man im Corso Vitt. Emanuele weiter vor sich hat, gehört der Kirche S. Andrea della Valle (s. unten). Einige Min. westl. vom Gesù kreuzt die *Via di Tor Argentina*, s. S. 251.

Weiter l. die Rückseite des **Palazzo Vidoni** (Pl. II 14), einst den *Caffarelli* gehörig, jetzt im Besitz des Fürsten *Giustiniani-Bandini*. Die Hauptfassaden sind der Piazza della Valle (westl.) und der Via del Sudario (südl.) zugewendet. Der Palast wurde nach *Raffaels* Entwurf von *Lorenzetto* aufgeführt. Auf der Treppe hat der sog. *Abate Luigi* seinen Platz gefunden, eine römische Togastatue, die früher an der N.-Ecke des Palastes aufgestellt war und zur Anheftung von Pasquillen benutzt wurde (vgl. S. 220).

Dem Pal. Vidoni südl. gegenüber, in der Via del Sudario, die 1604 erbaute *Cappella del Sudario*, seit 1870 kgl. Hofkirche, mit modernen Fresken von Cesare Maccari. — Die Via del Monte della Farina führt nach *S. Carlo ai Catinari* (S. 251).

Auf der kleinen Piazza della Valle ein Standbild des sizilianischen Schriftstellers Abbate *Nicola Spedalieri* (1740-95), von M. Rutelli (1903).

Die Kuppelkirche ***S. Andrea della Valle** (Pl. II 14) wurde an Stelle mehrerer früherer Kirchen 1594 von *P. Olivieri* begonnen, von *C. Maderna* vollendet. Die reiche Fassade wurde 1665 nach Zeichnungen *Carlo Rainaldi's* ausgeführt. Das Innere, das 1905-1907 leider zu glänzend renoviert wurde, bietet mit seinen ernsten ruhigen Linien und den mächtigen Fresken Domenichino's ein gutes Beispiel des Spätrenaissancestils. Rechts 2. Capp. Strozzi mit Bronzekopien der Pietà (S. 349) und der Rahel und Lea (S. 206) *Michelangelo's*, auf dessen Einwirkung auch die Architektur der Kapelle zurückgeht. Links 1. Capp. Barberini mit Marmorstatuen aus der Schule Bernini's.

Am Ende des Hauptschiffs die aus der alten Peterskirche hierher versetzten Denkmäler der beiden Päpste aus dem Hause Piccolomini: l. Pius II. († 1464; S. 46) von *Pasquino da Montepulciano (?)*, r. Pius III. († 1503) von *Franc. di Giovanni* und *Bastiano di Franc. Ferrucci.* In der Kuppel: Glorie des Paradieses von *Lanfranco;* in den Zwickeln darunter *die vier Evangelisten von *Domenichino*, eins seiner Hauptwerke (1623). Ebenfalls von ihm die *Fresken im Gewölbe der Apsis: vorn in dem Gurtbogen das rechtwinklige Bild Johannes' d. T., der die H. Andreas und Johannes auf Christus hinweist (Ev. Joh. 1, 35 ff.); im Gewölbe selbst in der Mitte Berufung der H. Petrus und Andreas durch Christus; l. Geißelung des h. Andreas; r. der h. Andreas erblickt das Kreuz, an das er geschlagen werden soll und betet es an; darunter sechs weibliche allegorische Figuren (Tugenden): vgl. S. LXXVI. Die unteren großen Fresken (Martyrium des Heiligen) sind von *Calabrese.*

Nördl. gegenüber der Kirche führt die Via del Teatro Valle nach dem *Palazzo Capranica* (Pl. II 15), dann r. nach der Universität und dem Pal. Madama (S. 238).

Im Corso Vittorio Emanuele weiter r. Nr. 141 der

Palazzo Massimi alle Colonne (Pl. II 14, 15), ein schöner Bau nach Plänen *Baldassare Peruzzi's*, der die Vollendung jedoch nicht erlebte († 1536). Die geistreich auf die Krümmung und Enge der alten Straße berechnete Fassade, die im Grundriß einen Bogen bildet, hat durch die Anlage des breiten Corso die frühere Wirkung verloren. Der Durchblick in den doppelten Hof ist aber noch immer höchst malerisch. Im zweiten Stock die *Kapelle des h. Filippo Neri* (S. 216), der hier ein Kind der Familie Massimi vom Tode erweckte, am 16. März zugänglich.

In den Nebengebäuden dieses Palastes errichteten 1467 zwei Deutsche, *Arnold Pannartz* und *Konrad Schweinheim*, indem sie von der zwei Jahre zuvor im Kloster von Subiaco (S. 458) gefundenen Freistätte hierher übersiedelten, die erste römische Buchdruckerei. Ihre Drucke, deren erster Cicero's Briefe waren, tragen die Bezeichnung: in aedibus Petri de Maximis. — Die Familie Massimi leitet sich von den alten Fabii Maximi ab und führt den Spruch „Cunctando restituit“ im Wappen.

Links, wo die Via de' Baullari zum Pal. Farnese führt (S. 248), der kleine Palazzo Linotte (*Pal. Regis;* Pl. II 14), um 1523 für den französischen Prälaten Thomas le Roy erbaut, dessen in den Friesen mehrfach angebrachtes Lilienwappen dem Palast den unbegründeten Namen *Pal. della Farnesina* oder *Farnesina dei Baullari* verschafft hat. Es ist wahrscheinlich ein Werk *Ant. da Sangallo's d. J.*, mit zierlicher Hof- und Treppenanlage, seit 1898 unter Leitung von *Enrico Gui* wiederhergestellt.

R. öffnet sich die Piazza di S. Pantaleo (Pl. II 15), mit der kleinen Kirche *S. Pantaleo*, deren Fassade 1806 von Giuseppe Valadier erbaut worden ist, und einem Denkmal für den italienischen Staatsmann *Marco Minghetti* (1818-86), von Gangeri.

An der von Piazza S. Pantaleo n.w. abzweigenden Via S. Pantaleo r. Nr. 9 der große **Palazzo Braschi** (Pl. II 15), 1780 von *Morelli* erbaut, jetzt Sitz des *Ministeriums des Innern*. Er enthält eine prächtige Marmortreppe mit einigen antiken Statuen. Die Nordseite stößt an Piazza Navona (S. 239). — An der stumpfen NW.-Ecke des Palastes steht der sog. *Pasquino*, der verstümmelte Rest einer vortrefflichen antiken Marmorgruppe (Menelaos mit dem Leichnam des Patroklos, im Drange der Schlacht nach Hilfe umschauend; Wiederholungen in Florenz, Bruchstücke im Vatikan, s. S. 380; vgl. S. XLVIII). Er kam 1501 an diese Stelle.

Am St. Markustage (25. April) pflegten Professoren und Studenten des römischen Archiginnasio lateinische und italienische Epigramme an ihr anzuheften, zunächst nicht in ausgesprochen satirischer Absicht. Den Namen erhielt sie von einem gegenüber wohnenden Schulmeister. Erst als die „Pasquinaten" um die Mitte des XVI. Jahrhunderts, besonders infolge der Reformation, einen scharf satirischen Charakter annahmen, wurde der Name mit einem durch seine böse Zunge bekannten Schneider Pasquino zusammengebracht. Zum Anheften der Entgegnungen pflegte man sich des Marforio (S. 259) zu bedienen. Die Pasquillendichtung hat sich seitdem bis auf die Gegenwart herab in Rom einer ganz besonderen Pflege erfreut, an die Blüte der antiken Satire erinnernd.

Von dem nach dem Pasquino benannten kleinen Platze geht die Via del Governo Vecchio (Pl. II 15, 12) aus, vor Anlage des Corso Vitt. Emanuele die Hauptverbindung nach der Engelsbrücke. In dieser Straße r. der *Pal. del Governo Vecchio* (1475), einst die glänzende Residenz des Kardinals Stefano Nardini, später Sitz der Justiz- und Polizeitribunale, jetzt Erziehungsinstitut; gegenüber (Nr. 124) ein schönes kleines Haus im Stil Bramante's, für den päpstlichen Sekretär J. P. Turcius im J. 1500 erbaut. Weiter an der Rückseite des ehem. Klosters der Filippini (S. 246) vorbei, über Piazza dell' Orologio (Pl. II 12), von wo r. die Via di Monte Giordano zum Palazzo Gabrielli, dann die Via Panico zur Engelsbrücke (S. 338) führt. Der *Palazzo Gabrielli* (Pl. II 12), jetzt *Taverna*, aus dem XVIII. Jahrh., mit hübschem Brunnen und Hof, steht auf einer aus antikem Schutt gebildeten Bodenerhebung, dem von Dante (Inf. XVIII, 28) erwähnten *Monte Giordano*, auf welchem Giordano Orsini im XIII. Jahrh. ein festes Haus errichtet hatte. Im Altertum stand hier das Odeum des Domitian, ein theaterähnlicher Prachtbau für Musikaufführungen.

Im Corso Vitt. Emanuele wird weiterhin die Peterskuppel sichtbar. Links öffnet sich die schmale langgestreckte Piazza della Cancelleria, mit der Kirche S. Lorenzo in Damaso und dem ehemaligen päpstlichen Kanzleipalast.

Der ***Palazzo della Cancellería** (Pl. II 15, 14), 1486-95 von Kardinal Raf. Riario nach den Entwürfen eines toskanischen Meisters (nicht von dem erst 1499 nach Rom gekommenen Bramante) in strenger Durchführung der antiken Ordnungen erbaut, ist eins der edelsten Renaissancedenkmäler Roms, von großartiger Einfachheit der Verhältnisse. Die feine Fassade besteht aus Travertinquadern vom Kolosseum. Das schöne Portal von *Vignola*, zunächst am Corso, führt in die Kirche *S. Lorenzo in Damaso*. Die alte Basilika dieses Namens, die um 370 von Damasus I. beim Theater des Pompejus (S. 248) gegründet war, wurde auf Veranlassung des Kardinals Riario niedergelegt und in Verbindung mit dem Palast ganz neu aufgeführt. Es ist ein dreischiffiger Pfeilerbau, die Innendekoration unter Pius VII. (1820) und Pius IX. (1873) ausgeführt. Am Ende des r. Seitenschiffes das Grab des 1848 ermordeten päpstl. Ministers Grafen Rossi, mit Büste von Tenerani; im l. Seitenschiff das Grabmal des Kardinal Scarampi von Paolo Romano (1467).

Das Hauptportal des Palastes, in störend barocken Formen, ist von *Domenico Fontana* angefügt worden. Im Eingang l. eine Büste des Astronomen P. Secchi (S. 225). Der schöne *Hof ist in zwei Stockwerken von Arkaden umgeben. Die Säulen sind antik; sie stammen aus der Basilika S. Lorenzo in Damaso, aus der sie bei dem Umbau entfernt wurden; die zierlichen Kapitäle sind mit Rosen geschmückt, dem Wappenbilde des Erbauers Kard. Riario. Rechts ein Durchgang nach der Kirche S. Lorenzo. Die Cancelleria und die Dataria (S. 193) sind die einzigen Paläste im Innern der Stadt, welche die italienische Regierung dem Papst gelassen hat.

Das Innere ist nur mit besonderer Erlaubnis zugänglich. Die *Kapelle* ist reich mit Fresken aus der Schule des Perin del Vaga geschmückt. Der große *Sitzungssaal* enthält Fresken aus dem Leben Pauls III. von Vasari.

Auf dem Platz vor der Cancelleria und den anliegenden Plätzen wird Mi. vorm. ein sehenswerter Trödelmarkt abgehalten (alte Stoffe, Antiquitäten u. dergl.). — Nach *Piazza Campo di Fiore* s. S. 248.

Wir folgen dem Corso Vittorio Emanuele weiter. An der zweiten Straßenecke r. der als Liceo-Ginnasio Terenzio Mamiani umgebaute *Palazzo Sora*, 1503-1509 für Kard. Fieschi errichtet, unter Benutzung von Bramante's Entwurf für die Fassade der Peterskirche, aber mit ungeschickten Änderungen. — Dann r. die

Chiesa Nuova (Pl. II 12) oder *S. Maria in Vallicella*, von *S. Filippo Neri* um 1580 für den von ihm gegründeten Orden der Oratorianer begonnen, 1605 vollendet. Als Baumeister waren tätig *Giov. Matteo da Città di Castello*, dann *Mart. Lunghi d. Ä.*, dem im wesentlichen nicht nur das Innere, sondern wahrscheinlich auch die von *Rughesi* ausgeführte Fassade angehören.

Das Innere ist reich dekoriert, die vortrefflichen Stuckarbeiten von *Cos. Faniello* und *Ercole Ferrata*. Die Decke des Hauptschiffes, die Kuppel und Tribuna sind von *Pietro da Cortona* ausgemalt. — Im Querschiff neben der Tribuna die kleine reiche Kapelle des h. Filippo Neri, mit seinem Leichnam unter dem Altar; darauf sein Bildnis in Mosaik nach *Guido Reni*, das Original im anstoßenden Kloster. — Auf dem Hochaltar, mit vier Säulen von Porta-Santa-Marmor: *Rubens*, Madonna; l. die *H. Gregorius, Maurus u. Papias, r. die *H. Domitilla, Nereus u. Achilleus, gleichfalls von *Rubens*, während seines zweiten Aufenthaltes in Rom 1608 für die damalige Modekirche der Stadt ausgeführt.

Am Fest des Heiligen (26. Mai), sowie vom 1. November bis Palmsonntag jeden Sonntag nach Ave Maria, werden in dem anstoßenden *Oratorium* (nur Männern zugänglich) geistliche Musikaufführungen veranstaltet. Die Benennung rührt von den durch Filippo Neri eingerichteten Oratorien d. h. Betsälen her. Goethe erzählt von dem bei den Römern besonders volkstümlichen Heiligen, der der Musik und überhaupt einer heiteren Gestaltung des Gottesdienstes zugetan war.

Das anliegende **Kloster der Filippini**, jetzt Sitz mehrerer *Gerichtshöfe* (Corte d'Appello, Tribunale civile e correzionale, Tribunale di Commercio), ist von *Borromini* gebaut, ausschweifend in den Formen, aber berühmt durch Solidität der Konstruktion. Man zeigt ein Zimmer des Heiligen mit verschiedenen Reliquien. Auch die *Bibliotheca Vallicellana* (S. 161) befindet sich hier.

Jenseit der (l.) kleinen Piazza Sforza, mit dem *Palazzo Sforza-Cesarini*, dem 1875 erneuten *böhmischen Hospiz* und einem Denkmal des Dichters u. Staatsmannes *Grafen Terenzio Mamiani* (1799-1885), von Benini (1892), geht r. die nach der Engelsbrücke (S. 338) führende *Via del Banco di S. Spirito* ab, in welcher das Haus Nr. 44-46 einst dem Bankier Agostino Chigi (S. 394) gehörte; die Wechselstube des „gran mercante della cristianità" (im Seitenflügel, Arco dei Banchi 9) dient jetzt als Pferdestall.

L. das ***Museo Barracco** (Pl. II 12), ein kleiner ionischer Tempelbau für die von dem Senator Giov. Barracco der Stadt geschenkte 1905 eröffnete Antikensammlung *(Museo di Scultura Antica)*. Besuchsordnung s. S. 162; ist Di. oder Fr. ein Festtag, so wird das Museum am Tage darauf geöffnet. Kein Katalog, aber überall erklärende Beischriften.

Erster Saal. Rechts *babylonische*, *assyrische und ägyptische Skulpturen*. Besonders zu beachten l. vom Eingang zwei assyrische Reliefs mit geflügeltem Genius und mit Kriegern und Pferd; unter Glas eine ägyptische Stele mit erhaltener Bemalung; in der Mitte ägyptischer Löwenkopf aus Sykomorenholz; feine ägyptische Reliefs; Holzstatuette; Aschenurnen aus Alabaster. R. vom Ausgang: in der Mitte des Wandbretts drei feine ägyptische Köpfe; Mumienmasken, vergoldet und aus Stuck mit natürlicher Färbung; römischer Porträtkopf aus schwarzem Basalt (nicht Caesar, der nie einen Bart trug). — L. vom Ausgang: phönikischer Löwenkopf (Protome) aus Alabaster; spätantike Frauenbüste aus Palmyra; archaische Skulpturen aus Zypern; byzantinisches Mosaik und Relief; *spätetruskischer Kopf eines weiblichen Dämons; archaische etruskische Grabsteine mit feinen Reliefs; Statuette des ägyptischen Toilettengottes Bes. R. vom Eingang und in der Mitte *griechische Skulpturen:* Unterteil einer archaischen attischen Grabstele (von der Figur des Verstorbenen nur die Füße erhalten, unten sein Knappe zu Pferde); Porträtbüste des Perikles (nach Kresilas); Statue eines jungen Athleten; archaischer Kopf der Athena (die Augen eingesetzt); darüber feiner Mädchenkopf (die Augen waren eingesetzt); r. archaischer Knabenkopf im äginetischen Stil; archaische Statue der Athena (der Kopf fehlt); Kopf eines Feldherrn; weibliche Grabstatue ohne Kopf. Auf dem Tisch in der Mitte: Doppelherme mit zwei Knabenköpfen; Kopien des Doryphoros (s. S. 386, Nr. 126) und des Diadumenos nach Polyklet. Alleinstehend: Torso der polykletischen Amazone (s. S. 385, Nr. 71).

Zweiter Saal. Meist *griechische Skulpturen*. R. und l. vom Eingang eine marmorne Grabvase mit Relief. L. vom Eingang: weibliche Statuette in strengem Stil; *Fragment einer männlichen Statuette (vorzügliche kleine Kopie einer Athletenstatue von Polyklet); darüber *Kopf des Marsyas, gute Kopie nach der Bronzestatue des Myron (vgl. S. 330); Athletenkopf; *Marskopf, vortreffliche römische Arbeit aus der Zeit des Trajan; *Apollokopf strengen Stils (Apollo Barracco); oben verwaschenes *Porträt des Epikur; Kopf des Helios (nicht Alexander der Gr.). Schmalwand: Oberteil einer archaischen Statuette des widdertragenden Hermes (als Herdengott); l. oben Kopf einer polykletischen Knabenstatue. In der Mitte gute Kopien nach den Köpfen des polykletischen Doryphoros und Diadumenos. Rückwand: Aphroditekopf (IV. Jahrh. vor Chr.); feine attische Grab- und Votivreliefs; Apollokopf; weibliche Statuette strengen

Stils. Glasschrank mit Vasen, Terrakotten, Smalten. Fragment eines archaischen Reliefs und einer Statuette des Poseidon; Kentaurenkopf (vgl. S. 265), hellenistischer weiblicher Kolossalkopf; zwei Statuetten von Gefäßträgerinnen aus Rosso antico; tanzender Satyr; *Athletenbüste; feines Relieffragment mit Pferdeköpfen. Schmalwand: *Fragment eines attischen Votivreliefs. R. vom Eingang: römische Knabenbüste; griechischer Mädchenkopf Oberteil eines attischen Grabreliefs; **weiblicher* und **alter männlicher Kopf*, beide von attischen Grabreliefs des IV. Jahrh. vor Chr.; Hand des myronischen Diskuswerfers (vgl. S. 375). In der Mitte: *verwundete Hündin (Zeit des Lysipp).

Weiterhin am Tiber die stattliche Nationalkirche der Florentiner **S. Giovanni de' Fiorentini** (Pl. II 12). Der Bau ward auf Betrieb Leo's X. nach dem Entwurf *Jac. Sansovino's* vor 1521 begonnen (auch Raffael, Ant. da Sangallo d. J., Peruzzi hatten sich an der Konkurrenz beteiligt), unter *Ant. da Sangallo's* Leitung der schwierige Unterbau am Fluß beendet. Später waren *Michelangelo* und nach seinem Tode *Giac. della Porta* und *Carlo Maderna* daran beschäftigt. Die Fassade fügte 1734 *Al. Galilei* hinzu. Im Querschiff r.: *Salv. Rosa*, die H. Cosmas und Damianus auf dem Scheiterhaufen. — Neben der Kirche überschreitet seit 1863 ein eiserner *Kettensteg* den Fluß, s. S. 394.

Die von S. Giov. de' Fiorentini nach SO. laufende *Via Giulia* s. S. 250.

f. Das Stadtviertel im Süden des Corso Vittorio Emanuele bis zur Piazza Montanara. Die Tiberinsel.

Vom Palazzo della Cancelleria (S. 245) aus südl. gelangt man nach der belebten Piazza Campo di Fiore (Pl. II 14; morgens Gemüsemarkt). Ehemals wurden hier Verbrecher und die zum Tode verurteilten Ketzer hingerichtet, so am 17. Febr. 1600 der Philosoph und Vorläufer der pantheistischen Systeme *Giordano Bruno* (geb. 1548), dem 1889 an der Stelle, „wo der Scheiterhaufen brannte", ein Denkmal, von Ettore Ferrari, errichtet worden ist.

Östl. vom Campo di Fiore lag das *Theater des Pompejus* (Pl. II 14). Im Hof des *Palazzo Pio* oder *Righetti* (Via Biscione 95) fand man die S. 377 gen. Herkulesstatue und Unterbauten des Theaters. Aus dem halbkreisförmigen Gange der Straße bei *S. Maria di Grottapinta* erkennt man noch die Gestalt des Zuschauerraums; die Bühne lag ungefähr unter der Via de' Chiavari. Hinter ihr, bis in die Gegend des Teatro Argentina (S. 251), dehnte sich die große *Porticus Pompeiana* aus, mit Säulengängen und Sälen, in deren einem Julius Caesar am 15. März 44 vor Chr. ermordet wurde. Die Via de' Giubbonari führt nach *S. Carlo ai Catinari* (s. S. 251).

Vom Campo di Fiore führen s.w. drei parallele Straßen zu der mit zwei Brunnen geschmückten Piazza Farnese und dem Palast dieses Namens.

Der ***Palazzo Farnese** (Pl. II 14), einer der schönsten Paläste Roms, wurde vor 1514 von Kard. Alexander Farnese, dem späteren

Papst Paul III., nach Plänen *Ant. da Sangallo's d. J.* (S. LXXIV) begonnen und nach dessen Tode (1546) unter Leitung *Michelangelo's* fortgesetzt. Die Steine stammen zum Teil aus dem Kolosseum und aus dem Marcellustheater. Michelangelo beabsichtigte nach dem Tiber zu einen zweiten Hof anzulegen, den er mit den berühmten farnesischen Antiken (jetzt in Neapel) ausschmücken wollte, und durch eine Brücke die Verbindung mit der Villa Farnesina (S. 394) herzustellen. Als sein Tod die Ausführung dieser Gedanken verhinderte, beendigte *Giac. della Porta* den Bau durch die Loggia auf der Flußseite. Durch Erbschaft fiel der Palast an die Könige von Neapel, deren Nachkomme der Graf von Caserta, ihn heute noch besitzt (vgl. S. 109). 1874 mietete ihn die französische Regierung, die dort ihre Botschaft bei der italienischen Regierung einrichtete und im zweiten Stock ihr archäologisches Institut (S. 161) unterbrachte; Verhandlungen über den Ankauf des Palastes gelangten nicht zum Abschluß. Die dreischiffige Säulenhalle des Vestibüls und die beiden Hallen des Hofes sind von Sangallo, der bei letzteren die Architektur des Marcellustheaters zum Vorbild wählte, das oberste, ursprünglich offene Geschoß des Hofes und das schöne Kranzgesims ist von Michelangelo. Von den beiden antiken Sarkophagen im Hof stammt der rechts angeblich aus dem Grabmal der Caecilia Metella (S. 422). Der längliche Hauptsaal (Galleria) im ersten Stockwerk ist mit vortrefflichen mythologischen Fresken von *Agostino* und *Annibale Caracci* und ihren Schülern geschmückt, jedoch unzugänglich.

An der NW.-Seite der Piazza Farnese die Kirche *S. Brigida* (Pl. II 14), an der Stelle des Hauses der 1391 heilig gesprochenen, schwedischen Königstochter Brigitta (1302-73), die hier ihre „Revelationes" schrieb. — Hinter dem Pal. Farnese liegt die 1575 von der Begräbnisbruderschaft der Fratelloni della Buona Morte gestiftete Rundkirche **S. Maria della Morte** (Pl. II 11; geschlossen); in den unterirdischen Räumen werden am 2. Nov. auf den Tod bezügliche Wachsfigurengruppen gezeigt. — Via Giulia s. S. 250.

Von Piazza Farnese führt eine Straße n.w. unter verschiedenen Namen, Via di Monserrato, Via de' Banchi Vecchi, nach der Engelsbrücke (S. 338). In der ersteren r. das Priesterseminar (s. S. 159) und die 1888 neu erbaute Nationalkirche der Engländer, *S. Tommaso di Canterbury* (Pl. C 11) oder *degli Inglesi;* im Innern das einfach edle Grabmal des Kard. Bainbridge, Erzbischofs von York († 1514). — Dann l. das Hospiz und die Nationalkirche der Spanier, **S. Maria di Monserrato** (Pl. II 11; nur vorm. geöffnet), 1495 von *Ant. da Sangallo d. Ä.* erbaut, später erneuert; in der 1. Kap. r., mit einem Altarbild von Ann. Caracci, ruhen die Gebeine der Borgia-Päpste Calixtus III. und Alexander VI.; am r. Pfeiler der 1. Kap. l. ein Ziborium von Luigi Capponi; in der 3. Kap. l. eine Statue des h. Jakobus von Jac. Sansovino. Im Klosterhof (Eingang Via Giulia 151) schöne Grabdenkmäler der Renaissance, u. a. in einem Nebenraume das des spanischen Juristen Pedro Montoya mit edler Büste von Bernini (1612). — In der Via de' Banchi Vecchi Nr. 22-24 das ehem. Haus des Goldschmiedes *Giampietro Crivelli*, um 1510 erbaut, mit reicher Stuckdekoration.

Südöstl. von Piazza Farnese gelangt man durch den Vicolo de' Venti auf Piazza di Capo di Ferro. Hier liegt r. der

Palazzo Spada alla Regola (Pl. II 14), mit statuengeschmückter Fassade, unter Paul III. vom Kardinal Capodiferro 1540 erbaut, in Nachahmung eines von *Raffael* für Giambattista Branconi dell' Aquila im Borgo Nuovo errichteten, jetzt zerstörten Hauses, seit 1640 im Besitze der Familie Spada. Die Gemäldesammlung (über 200, meist Bologneser Bilder des XVI. und XVII. Jahrh.) ist unzugänglich. Von den Antiken werden nur, im Sitzungssaal des italienischen *Staatsrats* (Consiglio di Stato), an den das erste Stockwerk vermietet ist, eine Kolossalstatue (sog. Pompeius) und in der anstoßenden Galerie acht Reliefs mit Darstellungen aus der griechischen Mythologie und Sage gezeigt. Der Portier (Trkg. 50 c.) öffnet ferner die Bibliotheksräume. Der Säulendurchgang zwischen dem ersten und zweiten Hofe mit der wunderbaren Theaterperspektive, die dem Auge eine wesentlich größere Tiefe vortäuscht, ist von *Borromini* (1632).

Von Piazza Capo di Ferro in derselben Richtung weiter kommt man auf die kleine Piazza de' Pellegrini; l. die Rückseite des *Monte di Pietà* (Pl. II 14), wo sich seit 1604 das 1539 gestiftete Leihhaus befindet; r. die Kirche *SS. Trinità de' Pellegrini* (1641), deren Hauptaltar eine Dreieinigkeit von Guido Reni schmückt, mit anstoßendem Hospiz für Rekonvaleszenten und Pilger.

Von P. de' Pellegrini geht es durch die Via de' Pettinari (Pl. II 14) nach dem *Ponte Sisto* (S. 399).

Vom Ponte Sisto führt der *Lungo Tevere Tebaldi* flußaufwärts, mit hübschem Blick auf die Villa Farnesina und das Janiculum: bis zur Engelsbrücke 12 Minuten. Eine neue dreibogige Steinbrücke, der *Ponte Gianicolense* (Pl. II 11), führt hinüber nach dem Gefängnis Regina Coeli und der Lungara (S. 393). Weiter n. der S. 248 gen. Kettensteg. Zwischen Ponte Sisto und Ponte Gianicolense beginnt hinter dem Pal. Farnese die großenteils von Julius II. angelegte Via Giulia (Pl. II 14, 11, 12). An ihr l. Nr. 1 der *Palazzo Falconieri*, von Borromini erbaut, mit kolossalen barocken Falkenhermen an der Front. In der nächsten Quergasse l., Vicolo di S. Eligio, die kleine verwahrloste Kirche *S. Eligio degli Orefici* (Pl. II 11), ein zierlicher Rundbau, 1509 nach Raffaels Entwurf errichtet, 1601 in denselben Formen erneuert (geschlossen; man klopfe Via dell' Armata 118). Weiter in Via Giulia, an derselben Seite, das von Innocenz X. erbaute Gefängnis *Carceri Nuove*, dann die kleine Kirche *S. Biagio della Pagnotta* (s. S. 156) und, Nr. 66, das von Ant. da Sangallo d. J. 1543 für sich selbst erbaute Haus, jetzt *Pal. Sacchetti* (Pl. II 12). In den Untergeschossen der Häuser l. Mauern in derbster Rustica, Anfänge eines von Julius II. projektierten Gerichtsgebäudes, von Bramante entworfen, aber im Entstehen wieder aufgegeben. — Am Ende der Via Giulia l. *S. Giovanni de' Fiorentini*, s. S. 248.

Die wichtigste Querstraße des Corso Vitt. Emanuele ist die S. 243 gen. Via di Tor Argentina (Pl. II 15/18, 14), welche nördl. beim Pantheon (S. 234) beginnt und mit ihrer südl. Fortsetzung, der Via Arenula, am *Ponte Garibaldi* endet (S. 399; Pl. II 13).

Folgt man der Via di Tor Argentina vom Corso Vitt. Emanuele nach S., so erreicht man, am *Teatro Argentina* (S. 158) und einem Denkmal für den Dramatiker *Pietro Cossa* (1834-81) vorüber, die mit Anlagen geschmückte Piazza Benedetto Cairoli (Pl. II 14), von wo es r. durch *Via de' Giubbonari* nach dem Campo di Fiore (S. 248), l. durch *Via del Pianto* (S. 252) nach dem Portikus der Octavia und dem Marcellustheater (S. 253) geht.

Die Nordseite der Piazza Benedetto Cairoli begrenzt die Kirche **S. Carlo ai Catinari** (Pl. II 14), 1612 von *Rosati* zu Ehren des h. Karl Borromäus erbaut, die Fassade von *G. B. Soria;* ein griechisches Kreuz mit Kuppel, in deren Zwickel *Domenichino* die Figuren der vier Kardinaltugenden malte; über dem Hauptaltar *Pietro da Cortona*, der h. Karl Borromäus in der Pestprozession zu Mailand.

In der NO.-Ecke der Piazza Ben. Cairoli führt die enge Via de' Falegnami nach der kleinen Piazza Mattei (Pl. II 17), deren Mitte der reizendste Brunnen Roms schmückt, die 1585 von *Taddeo Landini* ausgeführte ***Fontana delle Tartarughe**, eine zierlich aufgebaute Bronzegruppe von vier schlanken Jünglingsgestalten, die mit dem Fuß auf Delphine gestützt Schildkröten (tartarughe) auf den Rand der oberen Marmorschale hinaufschieben. Der Entwurf, der früher Raffael, dann Giac. della Porta zugeschrieben wurde, rührt vielleicht von einem Florentiner Künstler aus der Schule des Giov. Bologna her.

Links der **Palazzo Mattei** (Pl. II 17), ursprünglich ein ganzer Komplex von Gebäuden, welche das Viereck zwischen S. Caterina de' Funari und Via Paganica einnahmen. Der schönste Teil, mit dem Haupteingang Via de' Funari 31 und einem Nebeneingang ebenda Nr. 32, ist eine der besten Schöpfungen *Carlo Maderna's* (1616).

In den Eingangsfluren und im Hof sind viele antike Reliefs eingemauert; darunter im Hof: r. Mars mit Rhea Silvia und Apollo mit den Musen; l. die Kalydonische Jagd und Raub der Proserpina; in der Vorhalle ein Mithrasopfer, Apollo mit den Musen, bacchischer Aufzug, sämtlich von Sarkophagen. Die zum Teil stark ergänzten Statuen, welche im Hof und in Nischen an den Treppen stehen, sind nicht bedeutend, bemerkenswert dagegen die Stukko-Deckenverzierungen auf den Treppen.

Rechts gegenüber (Nr. 10) der *Palazzo Costaguti*, 1570 von Carlo Lombardo erbaut; im ersten Stock beachtenswerte Deckenfresken, Hauptwerke der Caracci-Schule, von Albani, Domenichino, Guercino, Lanfranco u. a. (auf Anfrage zugänglich, Trkg.). Weiterhin links die von Giac. della Porta 1549-63 erbaute Kirche *S. Caterina de' Funari* (Pl. II 17), mit antikisierender Fassade im Stile Vignolas und barockem Turm. Im Altertum lag hier der *Circus Flaminius*. Die Kirche hat ihren Namen von den Seilern, welche im Mittelalter in der Arena des Zirkus ihre Bahnen hatten.

Geradeaus der *Pal. Ascarelli* (Pl. II 17), wo l. die Via Delfini zur Via d'Aracoeli führt (S. 220), während man r. nach der Piazza Campitelli gelangt. Hier liegt rechts

S. Maria in Campitelli (Pl. II 17), unter Alexander VII. 1655-67 von *C. Rainaldi* an Stelle einer älteren Kirche erbaut, um dem hier bewahrten wundertätigen Marienbilde, dem man 1656 das Aufhören der Pest zuschrieb, eine prächtigere Stätte zu geben. Malerische Fassade mit vielen Säulen und Verkröpfungen.

Inneres. Die Unregelmäßigkeit des nach hinten spitz zulaufenden Bauplatzes ist zu einem geschickten perspektivischen Kunststück benutzt, indem durch Anlage eines „vorläufigen Querschiffs" der Eindruck hervorgerufen wird, als sei hinter den schönen, weit vortretenden Säulen ein zweites, entsprechend größeres zu erwarten. — Im Tabernakel über dem Hauptaltar das erwähnte Marienbild. 2. Kap. r.: Ausgießung des h. Geistes von *Luca Giordano*. 1. Kap. l. zwei barocke Grabmäler der fürstlichen Familie *Altieri* (XVII. Jahrh.), das r. bezeichnet „umbra", das l. „nihil". Im r. Querschiff Grabmal des Kardinals Pacca von *Pettrich*.

Vom s.ö. Ende der Piazza Campitelli führt l. die *Via di Tor de'Specchi*, am Fuß des Kapitols hin, nach Piazza d'Aracoeli (S. 256), r. die *Via Montanara* nach dem gleichnamigen Platz (S. 253).

Von der Piazza Benedetto Cairoli (S. 251) gehen s.ö. die S. 251 gen. Via del Pianto und die Via dei Calderari aus. An letzterer l. römische Pfeiler- und Bogenreste, fälschlich *Crypta Balbi* genannt, die wahrscheinlich zu der vom Konsul M. Minucius 110 vor Chr. errichteten Porticus Minucia gehörten. R. der *Palazzo Cenci-Bolognetti* (Pl. II 14), bekannt durch Beatrice Cenci, die unglückliche Tochter des ruchlosen Franc. Cenci, welche durch ihre Schönheit des eigenen Vaters Begierde erweckte und diesen im Einverständnis mit ihren Brüdern ermorden ließ; sie wurde 1599 hingerichtet (vgl. S. 179 und 341). Der Palast steht über dem aus den Resten des 13 vor Chr. erbauten Balbus-Theaters entstandenen Trümmerhügel *Monte dei Cenci*. Östl. von hier lag das 1887 niedergelegte ehem. Judenviertel (*Ghetto*; Pl. II 17, 16), dessen Gebiet nur zum kleinsten Teile wieder bebaut ist. Im Altertum und Mittelalter wohnten die Juden in Trastevere. 1556 wies ihnen Paul IV. dieses Viertel an; darüber hinaus war ihnen bis zum Ende der päpstl. Herrschaft jede Ansiedelung verboten. In der SO.-Ecke, beim Ponte Fabricio (S. 253) eine von Costa und Armanni 1904 vollendete *Synagoge* (Pl. II 16), mit weithin sichtbarer Kuppel.

Die an der Nordseite des ehem. Judenviertels hinlaufende Fortsetzung der Via del Pianto (s. oben) heißt Via del Portico d'Ottavia (Pl. II 17, 14). L. die *Casa di Lorenzo Manlio*, ein um 1510 für Laurentius Manlius, Schreiber des römischen Senats erbautes wunderliches Privathaus, mit antiken Fragmenten und langer Inschrift an der Fassade. Am Ende der Straße links der *Portikus der Octavia (Pl. II 17), den Augustus an Stelle eines 149 vor Chr. von Metellus erbauten ähnlichen errichtete und im Namen seiner Schwester weihte. 203 nach Chr. wurde das Gebäude von

Septimius Severus und Caracalla, wie die Inschrift sagt, nach einer Feuersbrunst wiederhergestellt. Den Haupteingang bildete eine Doppelhalle von 8 korinthischen Säulen, von denen zwei der äußeren Reihe angehörige und drei von der inneren Reihe erhalten sind. Rechts und links hieran schlossen sich je zweimal 14 Säulen, während die Langseiten auf mindestens je 40 Säulen berechnet werden. Die ganze Halle, mit ihren c. 300 Säulen, umgab einen rechteckigen Hof, in welchem Tempel des Jupiter und der Juno standen. Viele treffliche Kunstwerke aus der mazedonischen Beute waren darin aufgestellt. In den Trümmern wurde 770 von Stephan III. die seitdem vielfach erneute Kirche *S. Angelo in Pescheria* gegründet, in welcher die Juden seit 1584 bis unter Pius IX. am Sabbath eine christliche Predigt anzuhören gezwungen waren; von hier zog Cola di Rienzo zu Pfingsten 1347 auf das Kapitol (s. S. xxxvii).

In s.ö. Richtung weiter, Via del Teatro di Marcello, r. die Reste des ***Theaters des Marcellus** (Pl. II 16). Der Bau wurde von Caesar begonnen, von Augustus 13 vor Chr. beendet und nach seinem Neffen, dem Sohn der Octavia, benannt. Die Bühne befand sich auf der Tiberseite, der Zuschauerraum faßte 3-4000 Personen. Von der äußern Umfassungsmauer sind zwölf Bogen erhalten, in denen Handwerker ihre Werkstatt aufgeschlagen haben. Das untere, z. T. verschüttete Stockwerk ist dorischen, das zweite ionischen Stils; es folgte vermutlich wie beim Kolosseum ein korinthisches.

In dem unzugänglichen Innern erhebt sich auf hohem Schuttberge der *Palazzo Orsini*, wo der Geschichtschreiber Niebuhr 1816-23 als preußischer Gesandter wohnte, seit 1903 im Besitz der Sparkasse (S. 218). Bedeutende Reste von den Hallen der beiden Geschosse und von den Unterbauten der Sitzreihen sind erhalten.

Die Via del Teatro di Marcello mündet auf die kleine belebte Piazza Montanara (Pl. II 16), wo viel Landvolk verkehrt (Omnibus nach Piazza Venezia usw. s. Plananhang S. 5 Nr. 5).

Südlich geht von hier die Via Bocca della Verità aus, in welcher gleich rechts an einem kleinen Platze die Kirche **S. Nicola in Carcere** (Pl. II 16) liegt. An den Außenwänden und im Innern antike Säulen, welche drei hier am *Forum Holitorium* nebeneinander gelegenen Tempeln der Juno Sospita, der Spes und des Janus angehört haben, zu deren Unterbauten man hinabsteigen kann (dem Sakristan für die Begleitung mit Licht $^1/_2$ fr.).

Weiter nach *Piazza Bocca della Verità* und *S. Maria in Cosmedin* s. S. 305.

Der **Ponte Fabricio**, im SW. des Marcellustheaters, wegen der vierköpfigen Hermen auf den Balustraden auch *Ponte de' Quattro Capi* (Pl. II 16) genannt, ist die älteste der jetzigen Brücken Roms, laut Inschrift von *L. Fabricius* erbaut (62 vor Chr.).

Die Brücke führt nach der **Tiberinsel** (Pl. II 16), die im Altertum dem Äskulap geweiht war. Eine Travertineinfassung, von der an der Südspitze der Insel ein Teil mit dem Brustbild des Heilgottes und einer Schlange in Relief erhalten ist, gab ihr die Gestalt eines Schiffes. Den Mast vertrat ein Obelisk. Wie erzählt wird, holten die Römer bei einer heftigen Pest im J. 291 vor Chr. eine der in Epidauros gezüchteten heiligen Schlangen herbei, die bei der Ankunft des Schiffes nach der Tiberinsel schwamm.

Die Stelle des alten Äskulaptempels nimmt vielleicht die an einem kleinen Platz auf der Insel gelegene Kirche *S. Bartolomeo* ein, die um das Jahr 1000 von Kaiser Otto III. zu Ehren des h. Adalbert von Gnesen erbaut wurde. Ihren Namen führt sie mit Unrecht, da der Kaiser von den Beneventanern statt der geforderten Gebeine des Apostels Bartholomäus die des h. Paulinus v. Nola erhielt. Die Fassade wurde 1625 von Martino Lunghi d. J. gebaut. Im Innern 14 antike Säulen; im Chor alte Mosaikreste; in der Mitte der zum Presbyterium führenden Stufen eine mit Bildwerk geschmückte Brunnenmündung aus dem XII. Jahrhundert.

Zwischen der Insel und Trastevere stand der alte *Pons Cestius (Gratiani)*, wahrscheinlich bald nach dem P. Fabricius erbaut, unter den Kaisern Valentinian und Gratian restauriert, 1887-90 mit Benutzung der alten Quadern gänzlich erneuert und nach jedem Ufer um einen Bogen verlängert (*Ponte Cestio* oder *S. Bartolomeo*: Pl. II 16).

Am r. Tiberufer gelangt man mit wenigen Schritten in die *Via della Lungarina* (s. S. 401/402).

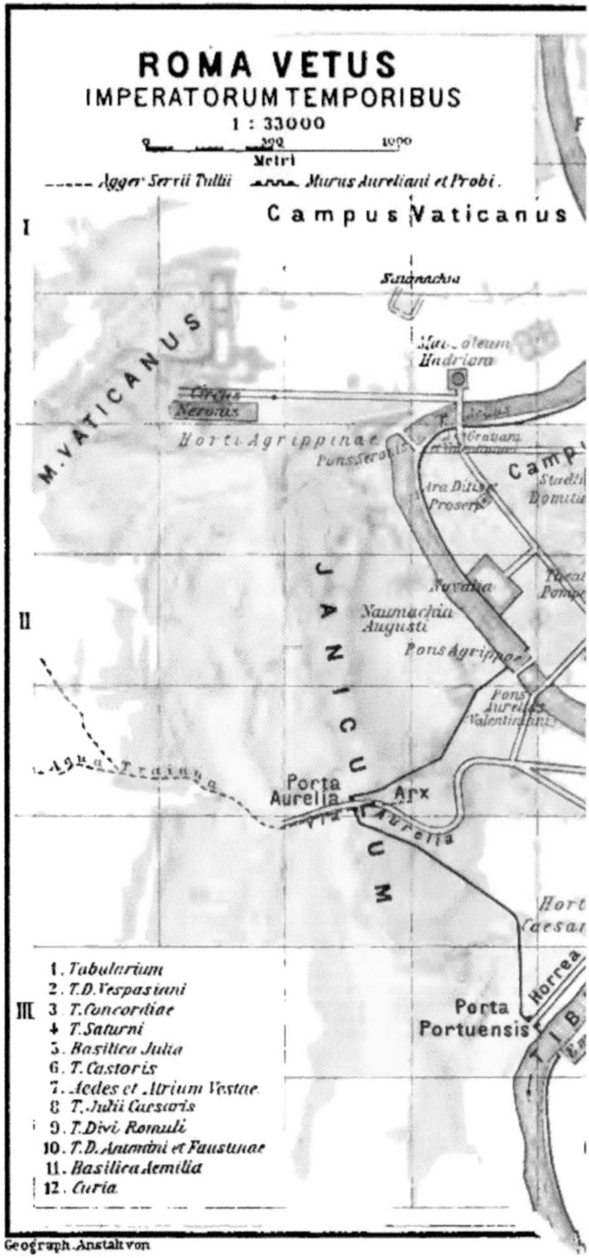
ROMA VETUS
IMPERATORUM TEMPORIBUS
1 : 33000
Metri
Agger Servii Tullii
Murus Aureliani et Probi.
Campus Vaticanus
M. VATICANUS
Circus Neronis
Horti Agrippinae
Mausoleum Hadriani
JANICULUM
Naumachia Augusti
Pons Agrippae
Porta Aurelia
Arx
Via Aurelia
Porta Portuensis
Horrea
1. Tabularium
2. T.D. Vespasiani
3. T. Concordiae
4. T. Saturni
5. Basilica Julia
6. T. Castoris
7. Aedes et Atrium Vestae
8. T. Julii Caesaris
9. T. Divi Romuli
10. T. D. Antonini et Faustinae
11. Basilica Aemilia
12. Curia
Geograph. Anstalt von

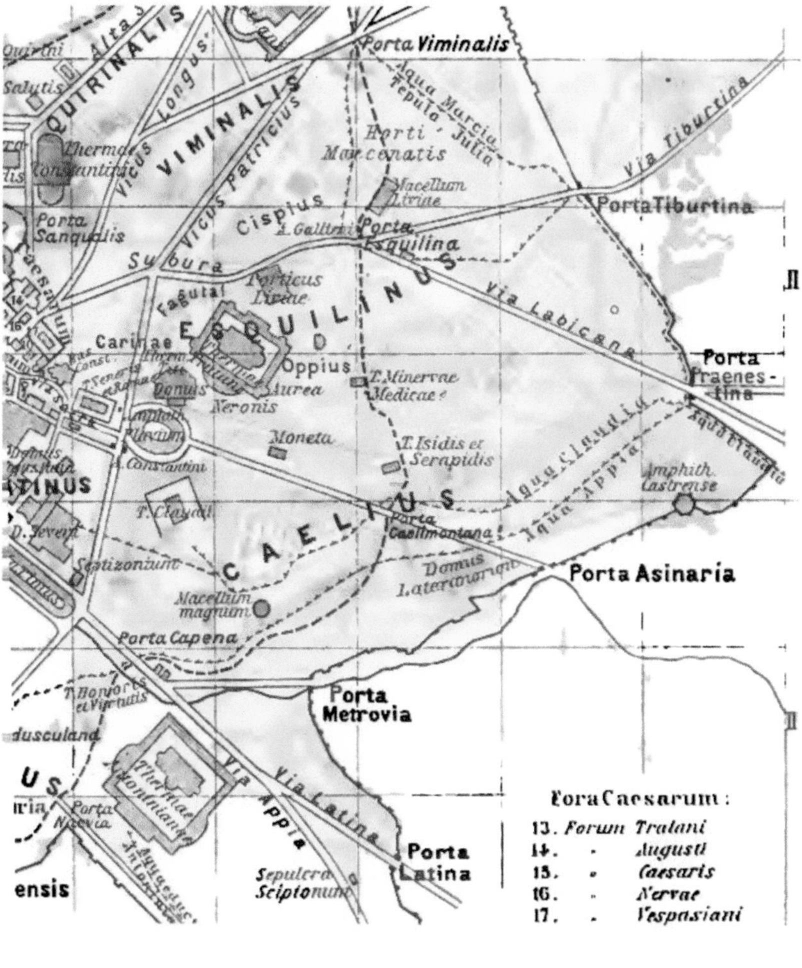
Porta Viminalis
QUIRINALIS
VIMINALIS
Vicus Longus
Vicus Patricius
Aqua Marcia Tepula Julia
Horti Maecenatis
Via Tiburtina
Porta Tiburtina
Thermae Constantini
Porta Sanqualis
Cispius
Porta Esquilina
Macellum Liviae
Subura
Porticus Liviae
ESQUILINUS
Via Labicana
Carinae
Oppius
Porta Praenestina
T. Minervae Medicae
Domus Aurea Neronis
Moneta
T. Isidis et Serapidis
Aqua Claudia
Aqua Appia
Amphith. Castrense
T. Claudii
CAELIUS
Porta Caelimontana
Septizonium
Domus Lateranorum
Porta Asinaria
Macellum magnum
Porta Capena
Porta Metrovia
Thermae Antoninianae
Via Appia
Via Latina
Porta Latina
Sepulcra Scipionum
Porta Naevia
Fora Caesarum:
13. Forum Traiani
14. - Augusti
15. - Caesaris
16. - Nervae
17. - Vespasiani

III. Südliche Stadtteile (das alte Rom).

Dieser Abschnitt der Beschreibung umfaßt die südlichen Teile der Stadt vom Kapitol an, im Osten bis zum Lateran: die Hügel des Kapitol, Palatin, Aventin, Caelius und den Südabhang des Esquilin. Dieser Hauptteil der republikanischen und kaiserlichen Stadt war seit dem frühen Mittelalter fast ganz unbewohnt und lag verödet. In neuester Zeit haben ausgedehnte Straßenanlagen mit Miethäusern seine alte charakteristische Physiognomie an vielen Stellen verändert. Eine Menge alter Kirchen, sowie die imposanten Kunstsammlungen des Kapitols und Laterans befinden sich in diesen Stadtteilen.

a. Das Kapitol.

Das Kapitol, der kleinste, aber bedeutsamste unter den Hügeln Roms, besteht aus drei deutlich geschiedenen Teilen: aus der Nordspitze mit der Kirche und dem Kloster Aracoeli (50m), aus der mittleren Einsenkung, wo der Sage nach Romulus sein Asyl gründete und jetzt der Kapitolsplatz ist (30m), und aus der Südwestspitze mit dem Palazzo Caffarelli (47,5m). Auf der Nordspitze erhob sich im Altertum die Burg *(arx)* mit dem *Tempel der Juno Moneta* („der Warnerin": seit 269 vor Chr. war bei ihm die Münzstätte für die Prägung des Senats eingerichtet; vgl. den Plan S. 292). Auf der Südwestspitze stand der große *Jupitertempel*, welcher ursprünglich von dem letzten König erbaut und 509, im ersten Jahre der Republik, geweiht war. Der Jupitertempel (vgl. den Plan S. 272) hatte einen Umfang von 800 Fuß und dreifache Säulenhallen vorn und an den Seiten. Von seinen drei Cellen war die mittlere dem Jupiter, die beiden anderen der Juno und der Minerva geweiht. Im Sullanischen Bürgerkrieg, 83 vor Chr., und von neuem 69 nach Chr., im Kampfe des Vitellius gegen Vespasian brannte der Tempel ab. Von Domitian prachtvoll erneuert, erhielt sich dies vornehmste Heiligtum der altrömischen Welt bis ins VI. Jahrhundert.

Im frühen Mittelalter gehörte der ganze Berg dem Kloster von S. Maria de Capitolio (Aracoeli). Von seinem Verfall zeugt der Name *Monte Caprino* (Ziegenberg), den die Südwesthöhe führt. Aber die große Tradition sicherte dieser Stätte eine erneute Bedeutung, sobald der Geist munizipaler Freiheit wieder erwachte. 1143 nahm die Stadtverwaltung hier ihren Sitz. Das „Novum Palatium" für die Versammlungen des städtischen *Senats* (S. 258) wird 1150 zuerst erwähnt. 1348 wurde der erste Zugang durch die Anlage der Freitreppe von Aracoeli von der neuen Stadt im Marsfeld (S. 215) nach dem Kapitolsplatz geschaffen, der damals auch als Marktplatz

Der mittlere Aufgang, der von der Piazza d'Aracoeli zum Kapitolsplatz führt, ist eine Flachtreppe (Cordonata), an welcher unten Kopien der S. 259 gen. ägyptischen *Löwen*, oben die *Dioskuren* mit ihren Rossen (gefunden beim Theater des Balbus) aufgestellt sind. In den Gartenanlagen l. eine *Bronzestatue des Cola di Rienzo*, von Masini; der aus antiken Inschrift- und Baufragmenten zusammengesetzte Sockel soll an die antiquarischen Studien Cola's erinnern. Oberhalb Käfige mit einer Wölfin und zwei Adlern.

Der Entwurf zu der jetzigen Gestaltung des Kapitolsplatzes, ***Piazza del Campidoglio** (Pl. II 20), stammt von *Michelangelo*. Die Bauten begannen wahrscheinlich bald nach 1538, gelangten aber, mit mannigfachen Änderungen im einzelnen, erst im XVII. Jahrhundert zum Abschluß. Michelangelo selbst ordnete nur die Flachtreppe, die Aufstellung der Marc Aurel-Statue und die Treppe vor dem Senatorenpalast an. Die schräge Stellung der Seitenpaläste war durch die Lage des älteren Konservatorenpalastes bedingt.

Vorn auf der Balustrade stehen zu beiden Seiten der Dioskuren die sog. *Trophäen des Marius*, Siegesdenkmäler von vortrefflicher Arbeit, wahrscheinlich aus der Zeit des Domitian (von dem S. 199 gen. Wasserkastell der Aqua Julia), sowie Statuen des Kaisers Konstantin und seines Sohnes Konstans aus den Konstantinsthermen (S. 192). R. der erste Meilenstein einer römischen Straße, l. der siebente der alten Via Appia.

In der Mitte des Platzes die treffliche eherne, einst vergoldete **Reiterstatue des Kaisers Marc Aurel* (161-180), die im Mittelalter beim Lateran stand und laut Inschrift 1538 hierhergebracht wurde; ihr ursprünglicher Standort ist unbekannt; die ausgezeichnete Erhaltung verdankt sie dem Volksglauben, der sie für eine Statue Konstantins, des ersten christlichen Kaisers, hielt (s. auch S. XXXIV u. LIII). Die Zeichnung des Sockels wird Michelangelo zugeschrieben; die Höhe ist meisterhaft so berechnet, daß man auch den Kopf des Reiters würdigen kann.

Dahinter der **Senatorenpalast** (*Pal. del Senatore*; Pl. II 20), das 1150 zuerst erwähnte „Novum Palatium" (S. 255), 1300 restauriert und damals mit einer zweistöckigen Vorhalle (lobium, loggia) versehen, 1354 durch Brand beschädigt, 1389 durch Bonifatius IX. wiederhergestellt. Von den vier festen Ecktürmen, die ihm Bonifatius gab, sind zwei, an der SO.-Ecke nach dem Forum zu und an der NW.-Ecke in Via del Campidoglio, noch zu erkennen. Die jetzige Fassade ist von *Girol. Rainaldi* 1592 nach *Michelangelo's* etwas abgeändertem Entwurf erbaut, die schöne Freitreppe aber noch von Michelangelo selbst; die beiden Flußgötter sind Tiber (r.) und Nil (l.), in der Mitte ein Brunnen, darüber eine in Cori (S. 476) gefundene sitzende Roma (sie ist viel zu klein für den Platz; Michelangelo hatte statt ihrer einen kolossalen Jupiter angeordnet). In dem großen Senatssaal des unteren Stockwerks (jetzt dunkel und als

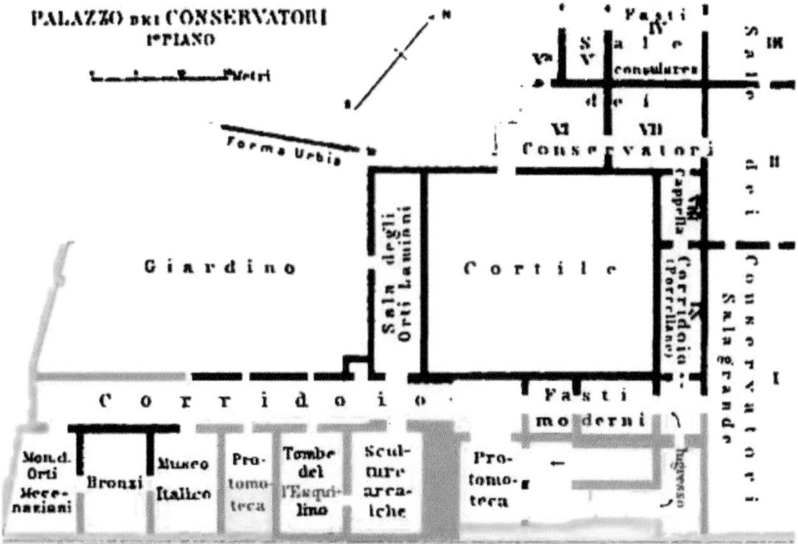
PALAZZO DEI CONSERVATORI
1° PIANO
Metri
Forma Urbis
Fasti
Sale consulares
dei
Conservatori
Giardino
Sala degli Orti Lamiani
Cortile
Cappella
Corridoio (Porcellane)
Sale dei Conservatori
Sala grande
Corridoio
Fasti moderni
Mon. d. Orti Mecenaziani
Bronzi
Museo Italico
Protomoteca
Tombe dell'Esquilino
Sculture arcaiche
Protomoteca
Ingresso

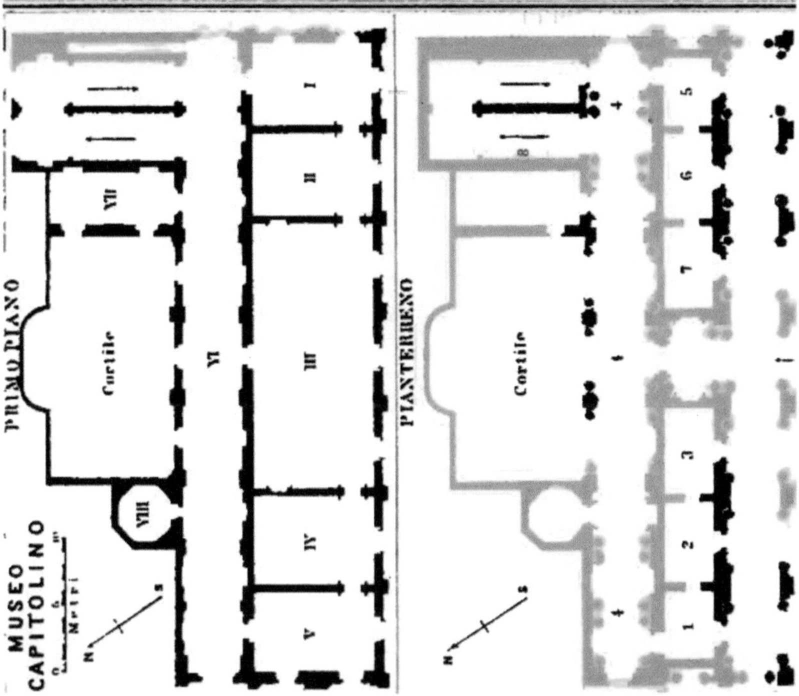
MUSEO CAPITOLINO
Metri
PRIMO PIANO
Cortile
PIANTERRENO
Cortile

Antikenmagazin dienend) wurde Petrarca 1341 als Dichter gekrönt; die Wappen der Senatoren im oberen, dem jetzigen Sitzungssaal, aus dem XIV. und XV. Jahrh., wurden 1889 und 1895 entdeckt. Außerdem enthält der Palast Räume für die städtische Verwaltung, Wohnungen, eine Sternwarte. Der *Glockenturm* ist 1579 von Martino Lunghi d. Ä. an der Stelle eines älteren erbaut, auf der Spitze eine stehende Roma (Aussicht, vgl. S. 271).

Neben dem Senatorenpalast führen r. die *Via del Campidoglio*, l. die *Via dell' Arco di Settimio Severo* (S. 292) zum Forum hinunter.

Von den beiden Seitenpalästen wurde der zur Linken, das **Kapitolinische Museum,** unter Innocenz X. 1644-55 von Girol. Rainaldi erbaut; der zur Rechten, der **Konservatorenpalast,** wurde um 1450 von Nikolaus V. errichtet, 1564-68 von Prospero Boccapaduli und Tom. de' Cavalieri nach Michelangelo's Plan umgebaut. — Die Treppen mit dreibogigen Hallen an den Ostseiten beider Paläste sind von *Vignola* 1550-55 erbaut; die l., hinter dem Kapitolinischen Museum, führt zur Kirche S. Maria in Aracoeli (S. 256), die gegenüberliegende r. auf den Monte Caprino (jetzt Via di Monte Tarpeo), s. S. 270.

Das kapitolinische Museum und der Konservatorenpalast enthalten großartige Antikensammlungen.

A. Das *Kapitolinische Museum.

Besuchsordnung s. S. 162: die Eintrittskarten (1 fr.), die an einem Fenster l. vom Eingang verkauft werden, gelten gleichzeitig für den Konservatorenpalast (S. 263) und das Tabularium (S. 271), aber nur am Lösungstag.

Das Kapitolinische Museum (s oben), angelegt unter Clemens XII., wurde unter Benedikt XIV., Clemens XIII. und Pius VI. vermehrt. Pius VII. erhielt die von den Franzosen entführten Werke mit wenigen Ausnahmen zurück. Die Sammlung ist bedeutend kleiner als die des Vatikans, doch reich an vorzüglichen Werken. Katalog von 1888, 3 fr.

Erdgeschoß *(Pianterreno).* — Im Hof (Cortile): geradeaus über dem Brunnen der sog. **Marforio*, ein kolossaler Flußgott, im Mittelalter dem Carcer Mamertinus gegenüber in der Via di Marforio aufgestellt, wo er zur Anheftung beißender Antworten auf Pasquino's Fragen diente (S. 245). In den Nischen der Rückwand Statuen des Pan, architektonische Stützfiguren, gefunden auf Piazza dei Satiri, wo die Orchestra des Pompejustheaters (S. 248) war. Rechts vor und in einer offenen Halle ägyptisierende Skulpturen aus dem S. 221 gen. Isis- und Serapistempel, u. a. zwei *Löwen* aus schwarzem Granit.

In der untern Halle (Pl. 4), rechts: 4. Kolossalstatue der Athena (Zeit des Phidias); absichtlich verstümmelter Sarkophag mit bacchischer Darstellung. Am Ende dieser Halle r. 21. Unterteil einer Barbarenstatue aus Pavonazzetto, ursprünglich am Konstantinsbogen (S. 291). Hier ist der Eingang zu drei Zimmern mit Inschriften, kleinen Reliefs, Altären und Aschenurnen. Im 1. Zimmer l. eingemauert die sog. kapitolinische Brunnenmündung mit Szenen aus dem Leben Achills (nur der Reliefstreifen antik). — In der Mitte des 2. Zimmers ein Altar des Sonnengottes mit lateinischer und syrischer Inschrift. — Im 3. Zimmer in der Mitte eine große Basis aus dem Portikus der Octavia (S. 252), auf der laut Inschrift eine Statue der Cornelia, Mutter der Gracchen, gestanden hat.

Zurück zum Haupteingang und geradeaus: l. 35. der Kyklop Polyphem mit einem seiner Opfer; r. 40. kolossaler Mars, Kopie des Götterbildes in dem S. 294 gen. Tempel (Beine, Arme und Mantel modern). — Rechts vom Fenster der Eingang zu drei Zimmern (Pl. 5, 6, 7) mit Inschriften und einigen interessanten Sarkophagen:

5. Zimmer. In der Mitte: Altar, bis 1743 auf dem Markte in Albano, mit Darstellung der Arbeiten des Herakles in altertümlichem Stil. — 6. Zimmer: r. 5. *Sarkophag* mit einer Schlacht zwischen Römern und Galliern, mit Anklängen an Figuren vom Weihgeschenk des Attalos auf der athenischen Akropolis (S. li); l. 11. Cippus des Architekten (mensor aedificiorum) T. Statilius Aper; zu Füßen der Porträtfigur ein Eber (aper), an den Nebenseiten Meßrute und andere Instrumente. — 7. Zimmer. Großer *Sarkophag*, früher für den des Alexander Severus und seiner Mutter Mammaea gehalten, mit Szenen aus Achills Leben: Achill wird unter den Töchtern des Lykomedes entdeckt, l. Abschied von der Deidamia, r. Waffnung des Achill; auf der Rückseite: Priamus bittet um Hektors Leiche; Ende des xvi. Jahrh. im Monte del Grano bei Porta Furba (S. 419) mit der Portlandvase des Britischen Museums gefunden. — Zurück zur Halle und die Treppe hinauf zum oberen Stock.

Oberer Stock. — Geradeaus: l. Zimmer des sterbenden Fechters. In der Mitte: **1. der *sterbende Gallier*, im xvi. Jahrh. wahrscheinlich mit der S. 188 erwähnten Kolossalgruppe zusammen in Rom gefunden, nur wenig ergänzt: ein schwer in der r. Seite verwundeter Krieger, den das gewundene Halsband, das struppige Haar und der Schnurrbart als Gallier kennzeichnen, ist auf seinem Schilde neben seinem Signalhorn zusammengebrochen und erwartet trotzig den Tod (vgl. S. li). — Rechte Wand: *5. *Dionysoskopf*, früher fälschlich für Ariadne gehalten; 4. Amazone, Wiederholung der Matteischen (S. 379), der Kopf antik aber nicht zugehörig; 3. Alexander d. Gr.; 2. pergamenische Statue einer Göttin. Dem Eingang gegenüber: 16. sog. M. Iunius Brutus, Caesar's Mörder, neuerdings Vergil genannt; 14. Mädchenstatue aus der Villa Hadrians (S. 449), als Flora ergänzt. Linke Wand: 12. Statue eines Jünglings mit Porträtzügen, aus der Villa Hadrians, fälschlich Antinous genannt;

*10. *ausruhender Satyr nach Praxiteles* (S. XLIX); 9. Mädchen, eine Taube schützend. Eingangswand: *8. Porträtstatue, sog. *Zeno.*

II. Stanza del Fauno. An der Eingangswand die *lex regia* des Vespasian (schwarze Bronzetafel), aus der einst Cola di Rienzo (S. XXXVII) dem Volke die Macht und Freiheit des alten Rom bewies. In der Mitte 1. Satyr (Fauno) aus Rosso antico, eine Traube zum Munde führend, aus der Villa Hadrians (S. 449), auf einem merkwürdigen Altar, der dem Jupiter Sol Serapis geweiht ist. Fensterwand: 26. runder Altar mit Schiffsschnabel und der Inschrift „ara tranquillitatis", welcher mit den beiden andern „ara ventorum" und „ara Neptuni" am Hafen von Antium (S. 471) gefunden wurde, wo sie den abfahrenden und heimkehrenden Schiffern zum Opfern dienten. Ausgangswand: 3. Sarkophag mit Relief: Diana und Endymion; darauf 6. Idealkopf; 8. Knabe mit Silenmaske. Rückwand: 61. Silen. Eingangswand: 16. Knabe, mit einer Gans ringend (Nachbildung eines Werkes des *Boethos*); 18. *Sarkophag* mit einer Amazonenschlacht; darauf 21. Ariadne.

III. Großer Saal. In der Mitte: 2. u. 4. zwei *Kentauren* aus schwarzgrauem Marmor von *Aristeas* und *Papias*, in der Villa Hadrians (S. 449) gefunden; auf ihrem Rücken sind Eroten zu ergänzen (der junge folgt dem Willen des Eros freudig, der alte ist gefesselt und jammert). 3. Kolossalstatue des jungen Herkules aus Basalt, auf einem Altar des Jupiter, mit dessen Geburt usw. — Fensterwand: 30. archaischer Apollo; 31. Apollo; 33. *verwundete Amazone*, die sich auf einen Speer stützte, nach der Inschrift am Baumstamm von einem Sosikles gearbeitet (Kopie nach Kresilas, einem Zeitgenossen des Phidias, s. S. XLVII); 36. Athene. — Ausgangswand: 7. Apollo, Kolossalstatue; 8. Minerva; 9. Kolossalbüste des Trajan mit Bürgerkrone. — Rechte Wand: 13. Hadrian als Mars. In der Mitte ein Durchgang nach Korridor VI (S. 262). 20. Archaischer Apollo; *24. Demeter. — Eingangswand: 27. Jäger mit einem Hasen; 28. *Harpokrates* (S. LI), der Gott des Schweigens, aus der Villa Hadrians.

IV. Zimmer der Philosophen, an den Wänden fein ausgeführte *Reliefs: darunter 99, 100, 102, 104, 105, 107. vom Fries eines Neptuntempels mit Opferwerkzeugen und Schiffsteilen; auch sonst viele schöne Fragmente eingemauert. In der Mitte *98. sitzende *männliche Statue*, mit Unrecht M. Claudius Marcellus genannt (die Kleidung griechisch, der Kopf modern). Ferner dreiundneunzig *Büsten berühmter Männer des Altertums*, zum Teil sehr willkürlich benannt: 1. sog. Vergil, in der Tat eine eleusinische Gottheit; 4, 5, 6. Sokrates; 8. Karneades; 9. Aristides der Rhetor (?); 10. hellenistischer Dichter, ohne Grund Seneca genannt; 21. sog. Diogenes, der Zyniker; 22. Sophokles; 25. Theon; 31. Demosthenes; 33, 34. Sophokles; 35. sog. Alkibiades; 38. Chrysippus; 41-43. Euripides. Gegenüber in der unteren Reihe: 44, 45, 46. Homer;

48. Cn. Domitius Corbulo, Feldherr des Claudius und Nero; *49. fälschlich Scipio Africanus genannt; 58. Plato; *59. junger Barbar (fälschlich Armin genannt; jedenfalls kein Germane); 63. Doppelherme des Epikur und Metrodor; 64. Epikur; *75. Porträt eines Römers (nicht Cicero, aber aus seiner Zeit); *82. sog. Aeschylus. Die Büsten an der Fensterwand unbestimmbar.

V. Zimmer der Kaiserbüsten. Reliefs an der Eingangswand: *92. *Endymion* schlafend, neben ihm der aufmerkende Hund; *89. *Perseus befreit Andromeda* (acht ähnliche, stilistisch verwandte Reliefs im Pal. Spada, S. 250). In der Mitte: 84. sitzende Frau, mit Unrecht *Agrippina d. Ä.* genannt (vgl. das Porträt unten Nr. 10).

Die Sammlung der **Kaiserbüsten* ist eine der vollständigsten: die Benennung meist durch Münzen gesichert. (Vgl. auch S. LIII.)

Die Zählung beginnt l. von der Eingangstür in der oberen Reihe. 1. Iulius Caesar; 2. Augustus; 3. Marcellus, sein Neffe (?); 4. Tiberius; 5. Germanicus; 7. Drusus der Ältere, Bruder des Tiberius; 8. Antonia, Frau des älteren Drusus, Mutter des Germanicus und Claudius; 9. Germanicus; 10. Agrippina, seine Frau; *11. Caligula, in Basalt; 12. Claudius; 13. Messalina, seine dritte Gemahlin; 14. Agrippina die Jüngere, Tochter des Germanicus, Mutter des Nero, Claudius' letzte Gemahlin; 15. Nero; 16. Nero (stark ergänzt); 17. Poppaea, die zweite Gemahlin Nero's; 18. Galba (modern); 19. Otho; 20. Vitellius; 21. Vespasian; 22. Titus; 23. Iulia, dessen Tochter; 24. Domitian; *25. Domitia, Gattin des Domitian; 26. Nerva (modern); 27. Trajan; 28. Plotina, seine Gemahlin; 29. Martiana, seine Schwester; 30. Matidia, deren Tochter; 31, 32. Hadrian; 33. Sabina, seine Gemahlin; 34. Aelius Caesar, sein Adoptivsohn; 35. Antoninus Pius; 36. Faustina die Ältere, seine Gemahlin; 37. Marcus Aurelius als Knabe; 38. Marcus Aurelius in reiferen Jahren; 39. Faustina die Jüngere, Tochter des Antoninus, seine Gemahlin; 41. Lucius Verus; 43. Commodus; 45. Pertinax; 48. Macrinus; 49. Unbekannt, laut Inschrift ein Werk des Zenas aus Aphrodisias; 50, 51. Septimius Severus; 53. Caracalla; 57. Heliogabal; 60. Alexander Severus; *62. Maximin; 63. Maximus, Sohn des Maximin; 64. Gordianus Africanus; 65. Gordian; 66. Pupienus; 69. Philippus Caesar; 76. Gallienus; 82. sog. Iulianus Apostata (die Inschrift auf der Brust stammt aus dem Mittelalter).

VI. Korridor. An der Schmalseite l. eine schöne Marmorvase auf archaistischem **Puteal* (rundem Brunnenrand), mit einem Zuge von zwölf Göttern: Jupiter, Juno, Minerva, Herkules, Apollo, Diana, Mars, Venus, Vesta, Merkur, Neptun, Vulkan. Am Fenster l.: 33. *Büste des jungen Caligula.* Dann, wenn man dem Fenster den Rücken kehrt: links 30. Trajan; *29. *Pallas*, in Velletri gefunden (bis auf die fehlende Ägis eine Wiederholung der Statue Nr. 114, S. 385); r. 42. weibl. Grabstatue. (Gegenüber das Venuszimmer, S. 263.) Links 20. *Psyche* von Eros gepeinigt; r. *Sarkophag* mit Darstellung der Geburt und Erziehung des Bacchus. Die folgenden Felder der Fenster- und der Rückwand enthalten Inschriften aus einem zerstörten Kolumbarium. Rechts 48. ins Knie sinkender Niobide; l. 15. kolossaler Venuskopf; r. *49. weiblicher Kolossalkopf (die Augen waren eingesetzt), Originalwerk des *Damophon* von Messene (II. Jahrh. vor Chr.); 51. Kolossalkopf der Aphrodite; 52. bekleidete Aphroditestatue, als Muse ergänzt; l. 10. achteckiges

Aschengefäß mit Amoren; 8. trunkene Alte (hier der Eingang zum Taubenzimmer). Links 5. *bogenspannender Amor;* r. 60. flötenspielender Satyr; 50. Wiederholung des myronischen Diskuswerfers (S. 232), falsch als stürzender Krieger restauriert: 38. Herkules, von Algardi falsch restauriert, richtig würde er auf der Hindin knieen; das daneben stehende Bein mit der Hydra (Nr. 39), später an derselben Stelle gefunden wie die Figur, gehörte zu einer anderen Gruppe. — An dem Korridor liegt das

VII. Zimmer der Tauben, so genannt nach dem *Mosaik an der rechten Wand: *Tauben auf einer Wasserschale,* gefunden in der Hadriansvilla bei Tivoli, Nachbildung eines berühmten Werkes des *Sosos* aus Pergamon. Darunter Sarkophag: 13. Prometheus bildet den Menschen, Minerva beseelt ihn, der Stil zeigt den Übergang zur christlichen Kunst. An der r. Wand: Mosaik mit Masken. Darunter 37. Sarkophag: Selene und Endymion. An der Schmalseite beachtenswerte römische Porträtbüsten. Darunter in der Mitte Cippus mit Relief: die Vestalin Claudia Quinta zieht das Schiff mit dem Bilde der Magna Mater den Tiber hinauf. Am Fenster daneben 83. die *ilische Tafel*, ein kleines Relief aus Palombino, einer Art weichen Marmors, mit der Zerstörung Troja's und der Flucht des Aeneas in der Mitte und vielen andern, durch griechische Beischriften erklärten Darstellungen des troischen Sagenkreises. 83a. Fragment einer Darstellung des Schildes des Achill, inschriftlich als Werk eines Theodoros bezeichnet; die zu Grunde liegenden 124 Verse aus dem 18. Buch der Ilias standen auf dem Rande des Schildes, 75 davon sind noch erhalten. 83b. Fragment eines zweiten Exemplars derselben Darstellung. — Ebenfalls an dem Korridor VI liegt das

VIII. Zimmer der Venus. Hier steht (drehbar aufgestellt) die ***kapitolinische Venus,* ein wundervolles Werk griechischen Meißels, unter allen vorhandenen Weiterbildungen der knidischen Aphrodite des *Praxiteles* (S. xlix) die vorzüglichste, ein zu vollendeter Anmut entwickeltes Weib (gefunden bei S. Vitale am Quirinal, S. 190). — Links *Leda.* Rechts **Amor und Psyche,* auf dem Aventin gefunden.

B. *Sammlungen im Konservatorenpalast.

Besuchsordnung s. S. 163; Eintrittskarten, nur am kapitolinischen Museum erhältlich, und Grundriß s. S. 259.

Durch die Haupttür gelangt man vom Kapitolsplatz zunächst in den Hof *(Cortile).* Im Hofraum an der r. Wand: Hände, Arm und Füße einer kolossalen Marmorfigur; Würfel, der die Aschenurne der *Agrippina,* Gemahlin des Germanicus, enthielt, im Mittelalter als Getreidemaß benutzt. An der l. Wand: Hochreliefs mit der Darstellung römischer Provinzen, barbarischer Trophäen und Waffen, gefunden auf Piazza di Pietra (S. 218); Kolossalkopf Konstantins

d. Gr. aus der Konstantinsbasilika, vgl. S. 285). In der Halle gegenüber dem Eingang in der Mitte eine als Roma ergänzte Statue, zu beiden Seiten Barbarenstatuen von grauem Marmor.

In der Eingangshalle: der Treppe gegenüber, Nr. 30, eine moderne *Columna rostrata*, mit antikem Bruchstück einer Ehreninschrift für C. Duilius, den Sieger bei Mylae 260 vor Chr.: das ursprüngliche Original wurde wohl zu Anfang der Kaiserzeit durch das erhaltene Exemplar ersetzt. Unter dem Fenster eine Statue Karls von Anjou, Königs von Sizilien, welcher 1263-66, 68-78, 81-84 Senator von Rom war (früher im Sitzungssaal des Kapitols). — An der Treppe l. große Inschrift des Prätors L. Naevius Surdinus, auf der Rückseite ein Relief: M. Curtius, der in einen Abgrund stürzt (vgl. S. 277).

Auf dem ersten Treppenabsatz eingemauert vier beachtenswerte Reliefs: drei von einem Denkmal des Marc Aurel, im Mittelalter in S. Martina am Forum; r. 44. das Opfer vor dem kapitolinischen Tempel; an der breiten Wand 43. Einzug des Kaisers, 42. Begnadigung überwundener Feinde: das vierte, r. 41, (gefunden auf Piazza Sciarra) Empfang eines Kaisers, vielleicht des Hadrian am Triumphtor durch die Roma. Am zweiten Treppenabsatz: r. Allokution eines Kaisers, von dem S. 216 gen. Bogen (das Gegenstück dazu s. S. 268). Links die Treppe, über die man zur Gemäldesammlung (S. 269) gelangt, dann der Eingang in die

*__Neue kapitolinische Sammlung__, welche namentlich die bei den Straßenanlagen der östlichen Stadtviertel gefundenen Antiken, die in städtischen Besitz übergingen (vgl. S. 182), und berühmte Bronzen enthält.

Zunächst zwei Räume mit modernen römischen Magistratsverzeichnissen *(Fasti moderni)*. Im ersten l. zunächst 100. vortreffliches römisches Bildnis aus republikanischer Zeit; dann griechische Porträtköpfe, u. a. in der Mitte der Reihe Büste des Dichters *Anakreon*, gefunden vor Porta Portese in den Gärten des Caesar; r. weitere römische Porträtköpfe. — Im zweiten Raum r. Larenaltar aus der Zeit des Augustus. — In einem dritten Raum l. Porträtkopf einer vornehmen Frau aus der Zeit Theodorichs (kenntlich an der perlenbesetzten Haube; sog. Amalasuntha, S. 99); zwischen den Fenstern Athenatorsen, der l. von einer Kopie der Athena Parthenos des Phidias (interessant das Schildfragment mit Schlachtdarstellung). — Dann ein Korridor *(Corridoio)*: l. Statuette der Athena; r. starkbewegte Satyrstatuetten aus einer Gruppenkomposition, die den Kampf der Götter (hier Satyrn) mit den Giganten darstellte (Kopie nach einem Teil der Bronzegruppen, die König Attalos I. von Pergamon auf der Akropolis von Athen weihte, S. LI). — Gegenüber ein Raum mit modernen Büsten berühmter Italiener der Neuzeit. — Dann r. in die

Sala degli Orti Lamiani, in der die Marmorfunde vom Esquilin vereinigt sind: r. **Kentaurenkopf* mit wildem Ausdruck (pergamenische Schule); ganz überarbeitete Kopie des einschenkenden Satyrs von Praxiteles (Kopf modern); Büste des bekränzten jungen *Herakles* nach Skopas; Statue eines Genius mit Füllhorn und Ägis; zwei Mädchenstatuen; an der Rückwand zwei Tritonen, zusammen gefunden mit der **Halbfigur des Kaisers Commodus* mit den Attributen des Herkules: der Marmor zeigt noch die ursprüngliche Politur, die Stütze maskieren zwei amazonenartige knieende Gestalten (Personifikationen von Provinzen), die einen von gekreuzten Füllhörnern umgebenen Schild halten, darunter der Himmelsglobus. An der l. Wand eine große, mit Akanthusblättern reich verzierte Marmorschale; zwei gut erhaltene jugendliche Porträtköpfe (zusammen gefunden); alter Fischer; altes Weib ein Lamm tragend; Statuette eines spielenden Knaben (er zielte mit einer Nuß nach einer auf dem Boden aufgebauten Pyramide von vier Nüssen); graziöse Figur eines jungen Mädchens auf einem Sessel; neben dem Eingang Grabstein des $11^1/_2$jährigen *Q. Sulpicius Maximus*, der laut Inschrift sich zu Tode arbeitete, nachdem er sich im J. 94 nach Chr. bei dem von Domitian gestifteten Wettkampf (agon) im Extemporieren griechischer Verse ausgezeichnet hatte (die Verse stehen zu beiden Seiten der Statuette des jungen Dichters). In der Mitte die sog. **esquilinische Venus*, ein durch die Uräusschlange als dem Isiskult geweiht bezeichnetes Mädchen, im Begriff sich die Haare aufzubinden (Werk einer eklektischen Richtung aus augusteischer Zeit; der Oberkörper archaistisch, das übrige naturalistisch). – Zurück in den S. 264 gen.

Korridor. L. Statue des Apollo in langem Kitharödengewande (der Kopf fehlt); zwei Statuen römischer Beamter aus nachkonstantinischer Zeit, mit dem Tuch in der erhobenen Rechten das Zeichen zur Abfahrt bei den Wagenrennen gebend: gegenüber fragmentierte Statue eines Knaben mit Schwertriemen; wieder l. schöne weibliche Statue; Kind mit Hündchen; weibliche Statue strengen Stils (Demeter?); gegenüber *Grabstein eines Schusters:* wieder l. zwei Läufer; Bruchstücke eines feinen landschaftlichen Reliefs; am Ende ein großer Sarkophag mit Jagdszenen, aus Vicovaro (S. 456; die Gesichter des verstorbenen Ehepaares sind nicht ausgeführt). — Der Korridor und die Sala degli Orti Lamiani öffnen sich auf einen

Gartenhof *(Giardino)* mit zwei Brunnen, der eine mit einem knieenden Silen, der den Schlauch auf den Schultern trägt, der andere mit einer *Tiergruppe:* Pferd von einem Löwen zerfleischt, die Michelangelo besonders schätzte (Kopf und Beine des Pferdes schlecht ergänzt). An der NW.-Wand sind die Trümmer eines unter Septimius Severus c. 205 nach Chr. angefertigten, größtenteils im XVI. Jahrh. wiedergefundenen *Planes von Rom* (Forma Urbis), aus Marmor, nach der Zusammensetzung von Hülsen und Lanciani möglichst so eingemauert wie der Plan sich im Altertum an dem sog.

17*

Templum sacrae urbis (S. 285) befand. Der Maßstab des für die Topographie unschätzbaren Stadtplanes ist etwa 1:250, die Orientierung nach Süden, wie bei antiken Plänen gewöhnlich. Die Westseite des Gartenhofs wird vom Pal. Caffarelli (S. 256) gebildet; im Fundament ein Stück einer riesigen Säule aus pentelischem Marmor, der einzige sichtbare Rest vom Hochbau des Jupitertempels (S. 255).

Zimmer mit Funden aus den Gärten des Mäcenas (S. 198; *Monumenti degli Orti Mecenaziani*). R. *Relief einer *tanzenden Mänade* mit Messer und dem halben Körper eines Rehzickleins (Original aus der Zeit des Phidias); schlechte Kopie des S. 378 gen. Eros von Centocelle (falsch mit einer Leier ergänzt); kämpfender Heros; **Amazonenkopf*, schönste Wiederholung des kapitolinischen Typus (S. 261); in der Mitte schöne Brunnenmündung in Gestalt eines Trinkhorns, laut Inschrift von dem Athener Pontios; r. vom Ausgang Statue des aufgehängten **Marsyas* aus rotem Marmor (pergamenisch; er gehörte mit einer Figur wie der Schleifer in den Uffizien zu Florenz zu einer Gruppe zusammen); l. zierliche Statuette der Hygieia, mit Globus und Stift falsch als Urania ergänzt.

Anschließend das

Zimmer der Bronzen. Am Eingang r. Ephesische Diana auf einem dreiseitigen Altar; l. ein äußerst charaktervoller *Bronzekopf, mit eingesetzten Augen, fälschlich *L. Iunius Brutus* genannt, [redacted] die Könige vertrieb und zuerst Konsul war; Rest eines *Stieres*, zusammen mit dem gegenüber stehenden vorzüglich gearbeiteten **Pferd* und dem Apoxyomenos (S. 385), in Trastevere gefunden. L. von dem Pferd der **Dornauszieher*, ein Knabe, der sich einen Dorn aus dem Fuße zieht (S. XLVI). Weiter l. ein **Opferknabe* (camillus), charakteristisches Werk der akademischen Richtung in der römischen Kunst. In der Ecke Kopf einer kolossalen Kaiserstatue aus Bronze (IV. Jahrh. n. Chr.). R. von der ephesischen Diana *Vase*, nach der Inschrift am Rande Geschenk des Königs Mithridates an das Gymnasium einer griechischen Stadt (Fuß und beide Henkel modern), gefunden bei Anzio. In der Mitte die Gestelle einer *Sänfte* und eines *Lagers*: nur die Bronzeteile, an denen man die feinen Silber- und Kupfereinlagen beachte, sind antik; das Lager ist nicht richtig ergänzt, es müßte länger sein und die Lehnen auf den runden Scheiben aufruhen. — Anschließend das

Museo Italico: Vasen und Terrakotten (darunter zwei Sarkophage mit Deckelfiguren), auch Bronzen und andere kleine Antiken aus Etrurien und Latium. Zurück in den Korridor und r. in die

Protomoteca, eine Sammlung von Büsten berühmter Italiener, besonders aus dem Gebiete der Künste und Wissenschaften, deren Grundstock die auf Befehl Pius' VII. 1820 aus dem Pantheon entfernten Büsten bilden. Die Büste Pius' VII. selbst ist von *Canova*. Auch einige Ausländer sind aufgenommen: Winckelmann, Angelica

Kauffmann, Raphael Mengs, Poussin. An der Schmalwand Denkmal Canova's von *L. Fabris.* Weiter stößt an den Korridor das

Zimmer der Tombe dell' Esquilino mit *Funden aus den uralten Nekropolen auf dem Esquilin und Quirinal*, die in die ersten Zeiten der Stadt (vii.-v. Jahrh. vor Chr.) zurückgehen.

Die Toten sind meist in sargähnlichen Behältern bestattet, die aus Tuffstein ohne Mörtel roh zusammengesetzt sind. Die Grabbeigaben sind dürftig: Tongefäße einheimischer Fabrik, zum Teil noch ohne Drehscheibe verfertigt, Fibeln und Waffenstücke aus Bronze, Spinnwirtel aus Ton; selten sind Vasen griechischen Ursprungs; Schmucksachen von Bernstein und Glas, edle Metalle fehlen fast gänzlich; vom Gebrauche der Schrift, mit Ausnahme weniger eingeritzter Zeichen, noch keine Spur. — In den Wandschränken Fundstücke vom Quirinal (bei S. Maria della Vittoria, S. 179) und (Schrank IX) von Albano (Hüttenurnen). Am Fenster zwei Tonsärge in Zylinderform mit weibl. Skeletten, gefunden 1884 in Villa Spithöver innerhalb der Servianischen Mauer. Ferner oberer Teil eines tönernen Brunnenschachtes mit altlateinischer Inschrift (iii. Jahrh. vor Chr.?) — Die großen Quadern im Fußboden gehören zur *Umfassungsmauer des kapitolinischen Tempelbezirks* und sind noch an ihrer alten Stelle (vgl. den Plan S. 272). Die beiden Granitsäulen und der kolossale Granitarchitrav sind im Mittelalter hier verbaut worden, aber ohne Zweifel von einem antiken Gebäude in der Nähe genommen.

In dem folgenden Zimmer der Sculture arcaiche, dem dunkelsten der Sammlung, sind die kostbarsten Skulpturen aufgestellt. L. vom Eingang Torso einer archaischen weiblichen Statue; Fragment eines *Grabreliefs* in strengem Stil, mit stehender weiblicher Gestalt; darüber Votivrelief eines siegreichen Athleten: Torso eines *Siegers* im Wagenrennen: der r. Fuß trat auf den Wagen, die vorgestreckten Hände hielten die Zügel (gute Kopie nach einer Statue aus der Mitte des v. Jahrh. vor Chr.); *griech. Grabstele* (Mädchen mit Taube) archaischen Stils; darüber ein archaischer Terrakottafries: Torso einer archaischen Mädchenstatue. Vor dem Fenster Fuß von der Kolossalstatue einer Göttin, mit hoher reliefgeschmückter Sandale; darunter Fragment eines *griech. Grabreliefs* (Frau und Dienerin; Ende des v. Jahrh. vor Chr.). Auf der r. Konsole archaischer Mädchenkopf (die Augen waren eingesetzt); archaische Statue einer *knienden Amazone* (Ende des vi. Jahrh. vor Chr.). An der nächsten Wand eine Nikestatue strengen Stils (der Kopf fehlt): unter Glas ein *Prozessionswagen* (Tensa capitolina) mit Bronzereliefs, Szenen aus dem Leben Achills (Holzteile modern). R. vom Eingang Statuette der Leto, die mit ihren Kindern Apollo und Artemis vor dem Drachen Python flüchtet (Stil des v. Jahrh. vor Chr.).

Zurück auf den Treppenflur und l. in die

Säle der Konservatoren, d. h. des Stadtrats von Rom; sie enthalten hauptsächlich Fresken und andere Kunstwerke, meist aus dem Ende des xvi. Jahrhunderts. Man durchschreitet einen Korridor (IX), in welchem eine vom Grafen Cini geschenkte Porzellansammlung Aufstellung gefunden hat, dann die ehem. Kapelle (VIII), mit einem Madonnenfresko in der Art des *Fiorenzo di Lorenzo* (S. 64), und erreicht das VII. Zimmer, dessen Wände von dem Bologneser *Jacopo Ripanda (?)* mit vollständig übermalten Freskendarstellungen aus den punischen Kriegen geschmückt sind.

Links das VI. Zimmer, früher Sitzungszimmer des Senats: die Malerei des Frieses, Szenen aus dem Leben des Scipio Africanus, angeblich von *Ann. Caracci;* an den Wänden Teppiche, gewebt in S. Michele (S. 402). — Das kleine Zimmer V[a] enthält Erinnerungen an Garibaldi. V. Zimmer. Einige Antiken: weiblicher Bronzekopf als Kanne; zwei Enten; Medusenhaupt von *Bernini.* Büste Michelangelo's, nicht von ihm selbst. — IV. Zimmer: die Bruchstücke der **Fasti consulares,* Verzeichnisse der römischen obersten Beamten sowie (auf den Seitenpfeilern) aller Triumphe von Romulus bis zur Zeit des Augustus, die man 1546 (kleinere Fragmente 1818, 1872 und 1900) zwischen Castor- und Faustinatempel fand und die an der Regia (S. 283) angebracht waren. Büsten zweier um Erläuterung der Fasti besonders verdienter Gelehrter, *B. Borghesi* (von A. Tadolini) und *W. Henzen* (von J. v. Kopf), sowie *Giov. Batt. de Rossi's* (S. 429). — III. Zimmer: Bilder aus dem cimbrischen Kriege; Büste König Ludwigs I. von Bayern; 4. Oberteil einer antiken Apollostatue. — II. Zimmer: Fresken mit Darstellungen aus der Königszeit von *Laureti;* Statuen der Feldherren Marcantonio Colonna, Alexander Farnese, Rospigliosi, Aldobrandini, Barberini. In der Mitte die sog. **kapitolinische Wölfin,* ein Werk des v. Jahrh. vor Chr.; die Vergleichung mit altrömischen Münzbildern zeigt, daß sie allein stand und den Kopf drohend gegen einen Feind wandte; sie ist wahrscheinlich dieselbe, die im kapitolinischen Tempel stand und im J. 65 vor Chr. durch einen Blitzstrahl beschädigt wurde (Spuren davon an den Hinterbeinen); schon vor dem x. Jahrh. war sie mit anderen Bronzen beim Lateran aufgestellt und erfuhr vielleicht damals auch die schlechte Restauration, bei der sie durch Löten und Feilen stark beschädigt wurde; die Zwillinge Romulus und Remus sind erst in der Zeit der Hochrenaissance hinzugefügt worden. — Zwei Türen mit schönem Schnitzwerk öffnen sich in den Großen Saal (I), mit Fresken des *Cavaliere d'Arpino,* Kampf der Horatier und Curiatier und andere Geschichten der Königszeit; ferner Bronzestatue Innocenz' X. von *Algardi* und Marmorstatue Urbans VIII. von *Bernini.*

Wieder zurück auf den Treppenflur und die Treppe hinauf. Auf dem Treppenabsatz l. eine Statue der Persephone, mit einem schönen, aber nicht zugehörigen Athenakopf als Roma ergänzt. Eingemauert ein Relief: Apotheose einer Kaiserin (die Köpfe der Hauptfiguren bis auf das Kinn des Kaisers sind ergänzt; nach diesem Rest war Hadrian dargestellt, nicht Marc Aurel oder Antoninus Pius; die gen Himmel getragene Kaiserin ist demnach die Adoptivmutter oder die Gemahlin des Hadrian); das Relief stammt vom gleichen Bogen wie das auf dem zweiten Treppenabsatz (S. 264). Ferner zwei *Marmormosaiken* in opus sectile, dem modernen

Florentiner Mosaik ähnlich, aus den Wänden der Basilica des Junius Bassus auf dem Esquilin (IV. Jahrh. nach Chr.; vgl. S. 352): Rinder von wilden Tieren zerfleischt, in Lebensgröße.

In den ersten beiden Räumen r. (MUSAICI) an den Wänden antike *Mosaikfragmente*, z. T. von großer Feinheit. In den Pulten am Fenster Reste von Gläsern und Edelsteine. — Rechts schließt sich die bedeutende *Münzsammlung* an (überall erklärende Beischriften; So. geschlossen). L. von der Tür *Goldschmuck:* *Fibula aus Cloisonné-Email in Form zweier Adler, aus dem Grabe eines vornehmen Goten vor Porta del Popolo (VI. Jahrh. n. Chr.).

Im anschließenden KORRIDOR (BRONZI E TERRACOTTE) l. Terrakotten, Gläser usw., r. Bronzen und Grabfunde. Zu beachten die

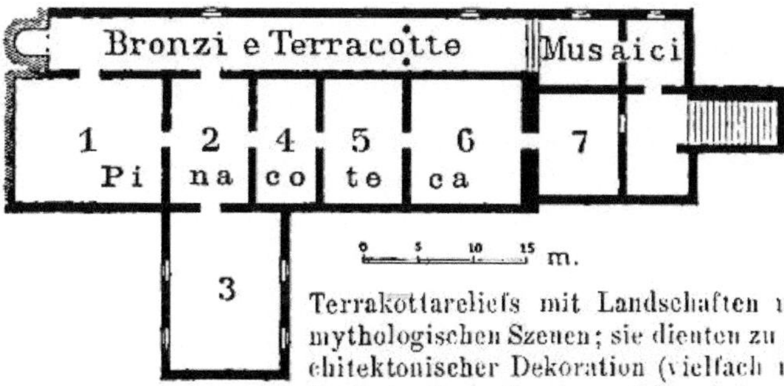

Terrakottareliefs mit Landschaften und mythologischen Szenen; sie dienten zu architektonischer Dekoration (vielfach mit Farbenresten). In einem Schrank jenseit der Tür nach dem 2. Zimmer (s. S. 270) kleinere figürliche Terrakotten; in der Mitte ein archaischer Stirnziegel in Form eines Frauenkopfes, vom Tempel der Juno Moneta (S. 255). Im nächsten Schrank Marmorstatuetten; unten in der Mitte eine farbige Büste (die Brust aus Alabaster, der Kopf aus verschiedenfarbigem Glasfluß, die Augen aus Silber). Im nächsten Schrank große Terrakottafiguren, Reste einer Giebelgruppe. Im letzten Schrank dieser Seite Gläser, l. eine Schreibtafel und Griffel aus Elfenbein; dabei ein Gefäß und ein Scherben, prachtvoll irisierend. Auf der andern Seite Bronzegefäße, Wagen und Gewichte. Statuette eines Hermaphroditen, der eine Schale vor sich hielt (Brunnendekoration). Statuette eines Laren mit Schale und Trinkhorn. Truhen, Lampen, Gefäße. Statuette der dreigestaltigen Hekate. Gräberfunde aus der Nekropole auf dem Esquilin (in Via dello Statuto). Am Ende des Ganges eine Heraklesstatue aus vergoldeter Bronze (unter Sixtus IV. auf dem Forum Boarium, S. 304, gefunden).

Hier betreten wir die **Gemäldesammlung**, die von Benedikt XIV. angelegt wurde und einige bedeutende Bilder enthält. Katalog von A. Venturi (1890; 1¼ fr., im Museum nicht käuflich).

1. ZIMMER. An der Eingangswand l. und r. *Dom. Tintoretto*, Taufe und Geißelung Christi; l. weiter *Dosso Dossi*, heil. Familie; *Dan. da Volterra*, Johannes; *Albani*, Mariä Geburt; Kopie nach *Paolo Veronese*, Madonna mit Heiligen. Dem Eingang gegenüber: **Rubens*, Romulus und Remus (c. 1616); Kopie nach *Poussin*, Triumph der Flora (Original im Louvre). An dieser Wand und der nächsten Schmalwand oben *Annibale Caracci*, Freskendarstellungen aus der Fabel von Amor und Psyche. An der Eingangswand r. *Dom. Tintoretto*, Dornenkrönung; oben *Lo Spagna* (S. 65), Apollo und die Musen (Fresken aus dem S. 467 gen. Jagdschloß La Magliana).

2. ZIMMER: *Salvator Rosa*, Soldat, Hexe; *L.* und *G. Vanvitelli*, römische Ansichten aus der ersten Hälfte des XVIII. Jahrhunderts. Von hier r. in das

3. ZIMMER: r. *Caravaggio*, wahrsagende Zigeunerin; unter Glas *Parmigianino*, Johannes d. T.; *Palma Vecchio* (nicht Tizian), Christus und die Ehebrecherin. An der Schmalwand **Guercino*, die h. Petronilla aus der Gruft gehoben und ihrem Bräutigam gezeigt, Kolossalbild für die Peterskirche. Links *Guido Reni*, seliger Geist (unvollendet). Zurück in das 2. und r. in das

4. ZIMMER: r. **Tizian*, Taufe Christi mit Giovanni Ram als Stifter (c. 1512-13); **Velazquez*, Selbstbildnis (1630); *van Dyck*, gutes Doppelbildnis der Maler Lucas und Cornelis de Wael; *Marcello Venusti (?)*, Michelangelo (nicht Selbstbildnis); **van Dyck*, Doppelbildnis des Dichters Thomas Killigrew und des Henry Carew; *Marcello Venusti (?)*, Bildnis Michelangelo's; *Pietro da Cortona*, Alexander und Darius; *Moroni*, Doppelbildnis.

5. ZIMMER: *Domenichino*, Sibylle von Cumae; Art des *Paolo Veronese*, Maria und Anna; *Guercino* (Schulbild), persische Sibylle; *Paolo Veronese*, Entführung der Europa (Werkstattwiederholung des Bildes im Dogenpalast zu Venedig); *Dom. Tintoretto*, Magdalena.

6. ZIMMER. *Garofalo*, Madonnen- u. a. Bilder; Art des *Bissolo* (nicht Giov. Bellini), männl. Bildnis; *Gentile Bellini (?)*, angebl. Bildnis Petrarca's; *Cola dell' Amatrice*, Tod und Himmelfahrt Mariä; *Schule des Botticelli*, Madonna mit Heiligen; *Schule des Francia*, Madonna mit Heiligen (1513); *Erc. Grandi* (? nicht Giov. Bellini), weibl. Bildnis; *Giov. Buonconsiglio*, Selbstbildnis; *Lorenzo di Credi*, Madonna mit Engeln.

Auf der südl. Höhe des Kapitols, dem sog. *Monte Caprino* (Aufgang die Treppe r. hinter dem Konservatorenpalast hinan, vgl. S. 259), liegen (Via di Monte Tarpeo Nr. 25-27) die *Casa Tarpea*, mit dem protest. Hospital (S. 151), und (Nr. 28) das deutsche *archäologische Institut* (S. 161), 1874-76 auf Kosten des Deutschen Reiches aufgeführt, nach Plänen von Laspeyres. Im Garten des Hospitals (Kustode: Nr. 25) wird der tarpejische Fels *(Rupe Tarpeia)* gezeigt, von dem einst die zum Tode Verurteilten hinabgestürzt wurden. Quaderfundamente im Garten des Pal. Caffarelli (S. 256) gehörten zum Tempel des kapitolinischen Jupiter (vgl. S. 255).

Die großartigen Reste, auf denen der Senatorenpalast steht (Eingang in Via del Campidoglio, vom Kapitolsplatz aus die erste Gittertür links, dann r. in die „Tabulario e Torre Capitolina" überschriebene Tür; Zutritt wie zu den kapitolinischen Sammlungen, s. S. 162; So. geschlossen; Eintrittskarten nur am kapitolin. Museum erhältlich, s. S. 259), gehören zum

***Tabularium**, dem 78 vor Chr. von dem Konsul Q. Lutatius Catulus erbauten Staatsarchiv. Um einen viereckigen Hof gruppierten sich allerseits große Gewölbe; nach dem Forum zu lag eine offene, zweistöckige Bogenhalle mit Halbsäulen dorischer und im Obergeschoß korinthischer Ordnung. Sie diente im Mittelalter als städtisches Salzlager; das Salz hat die Peperinquadern stark angefressen. In den Räumen Architektur- und Skulpturfragmente von den nahen Tempeln, namentlich l. am Ende das prachtvolle Hauptgesims vom Concordiatempel (S. 275), ein ergänzter Abguß vom Gesims des Vespasiantempels u. a. — Auf der Treppe in der Mitte der Halle l., mit der Aufschrift „Torre Capitolina", gelangt man zunächst in einen kellerartigen Raum mit der Inschrift eines Denkmals, welches Kaiser Friedrich II. nach seinem Siege über die Mailänder bei Cortenuova 1237 in Rom errichten ließ, wohin er auch den eroberten Fahnenwagen („il carroccio") gebracht hatte. Weiter durch einen Gang mit mittelalterlichen und neueren Inschriften (Normalmaße u. dgl.) zum Glockenturm auf dem Senatorenpalast (S. 259; im ganzen 259 Stufen), von dessen oberster Galerie man eine der schönsten **Aussichten über die Stadt hat. Zu empfehlen ist die Mitnahme des ungefähr von hier aufgefaßten Bühlmann-Wagner'schen Panoramas von Rom im J. 312 n. Chr. (München 1891; 6 *M*).

b. Das Forum Romanum und das Kolosseum.

Zwischen Kapitol, Palatin und Esquilin liegt, 12m ü. M., 7m über dem Tiber, eine Talsenkung mit ursprünglich sumpfigem Untergrund. Schon früh müssen die Bürger der palatinischen Stadt begonnen haben, die Niederung zu entwässern und für den Anbau zu gewinnen, indem sie den Lauf des aus ihr dem Tiber zufließenden Baches regulierten. So entstand allmählich die *Cloaca maxima* (S. 280, 305). — Die Sage verlegt in diese Niederung den Kampf der Römer unter Romulus gegen die Sabiner unter Titus Tatius nach dem Frauenraube. Auf dem Comitium, am Fuß des Kapitols, versöhnten sich die Gegner und erkoren das Tal als Forum zum

Mittelpunkt des neuen Gemeinwesens. Forum und Comitium stießen aneinander, etwa wie Piazza und Piazzetta in Venedig, dienten aber verschiedenen Zwecken. Das Comitium, das ungefähr vom Severusbogen bis zur heutigen Via Cremona reichte, war der kleinere, aber vornehmere Platz. Auf ihm fanden die Volksversammlungen und Gerichtssitzungen statt. Hier lagen das Rathaus, die angeblich vom König Tullus Hostilius erbaute *Curia Hostilia*, und der *Carcer Mamertinus* (S. 292). Auf dem Forum dagegen ergingen sich Handel und Marktverkehr; an seinen Langseiten öffneten sich Läden *(Tabernae veteres* und *novae)*, die sich anfänglich im Besitz von Fleischern und Handwerkern befanden. Tempel, öffentliche Gebäude, Denkmäler auf und an beiden Plätzen werden schon in frühester Zeit genannt: die ältesten in Resten noch vorhandenen *Heiligtümer* sind die *der Vesta* und *der Juturna*. Aus dem Anfang der republikanischen Zeit stammen die *Tempel des Saturn* (497) und *des Castor* (484). Der *Tempel der Concordia* (366) erinnert an die Beilegung des langen Streites zwischen Patriziern und Plebejern. Mit der zunehmenden Macht Roms, besonders seit den Samniterkriegen, wuchsen die Ansprüche für Entfaltung des öffentlichen Lebens. Die Volksversammlungen wurden vom Comitium auf das Forum verlegt, aus dem nunmehr die Marktleute weichen mußten. Man baute für diese an der Nordseite das „Macellum“ (Viktualienmarkt) und das „Forum piscatorium“ (Fischmarkt), während die Läden am Forum von Goldschmieden und Wechslern eingenommen wurden *(Tabernae argentariae)*. Auch für die Leichenfeierlichkeiten des Adels, die Gladiatorenkämpfe, welche 264 in Rom eingeführt wurden, diente das Forum. Seit dem zweiten punischen Kriege suchte man durch Errichtung von Basiliken, d. h. viereckigen von Säulenhallen umgebenen Sälen, den Verkehr seitlich auszuladen. Der alte Cato erbaute 184 an der Nordseite die *Basilica Porcia;* 179 folgte die *Bas. Aemilia,* 169 die *Bas. Sempronia.* Caesar griff die Aufgabe der Forumserweiterung mit rücksichtsloser Energie an: er erbaute an der NO.-Seite das *Forum Iulium* (S. 294) und plante, wie es scheint, einen Durchstich durch den Rücken zwischen Kapitol und Quirinal, um den Verkehr mit der im Marsfelde aufblühenden Neustadt zu erleichtern; er ersetzte durch den Neubau der *Curia Iulia* (S. 279) das alte Rathaus am Comitium und erbaute die große *Basilica Iulia* an der Südseite. Augustus führte die Pläne seines Oheims aus; durch ihn gewann das Forum im wesentlichen die Anordnung, welche in den jetzigen Ausgrabungen zu Tage tritt. Sämtliche Bauten der Republik sind durch ihn oder seine Nachfolger erneuert worden. Die Bautätigkeit ging durch die ersten vier Jahrhunderte unserer Zeitrechnung unablässig fort, als ob der äußere Glanz dem öffentlichen Leben ersetzen sollte, was ihm an Freiheit und Kraft verloren war. Fünf neue Fora, von Caesar bis Trajan erbaut, schlossen sich an der

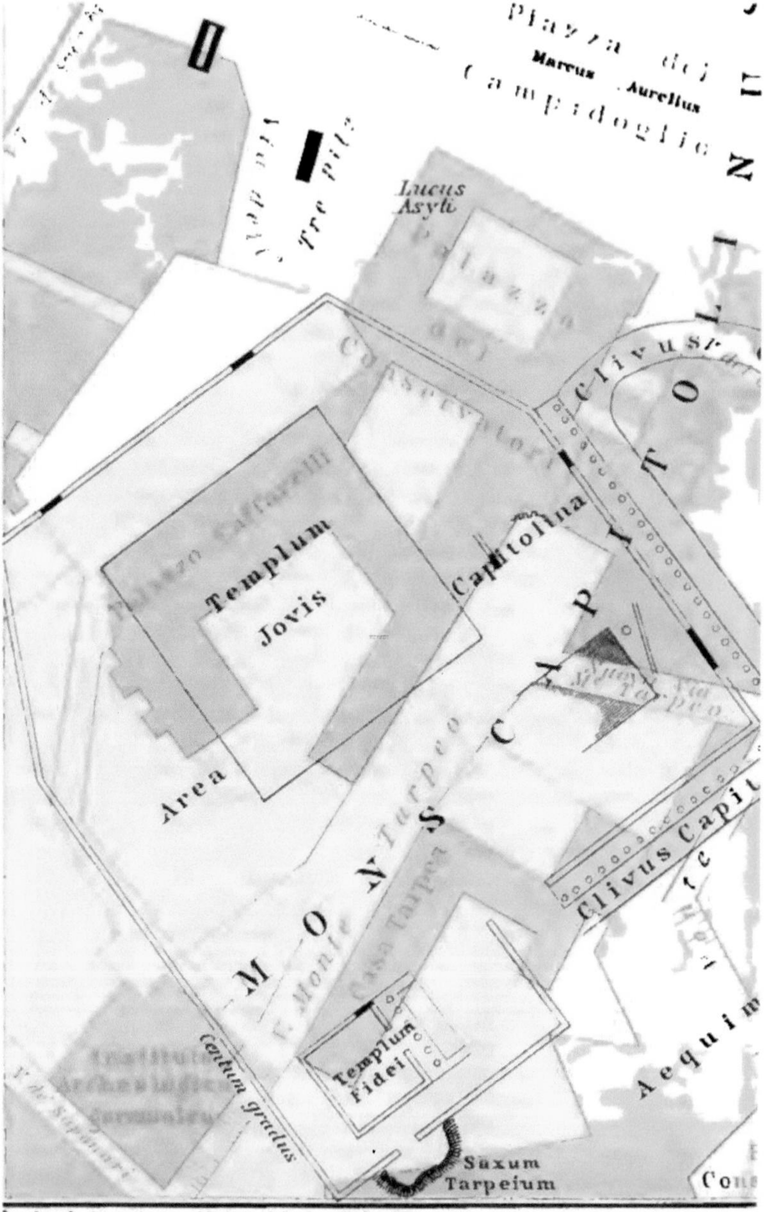

Geograph. Anstalt von Wagner & Debes, Leipzig.

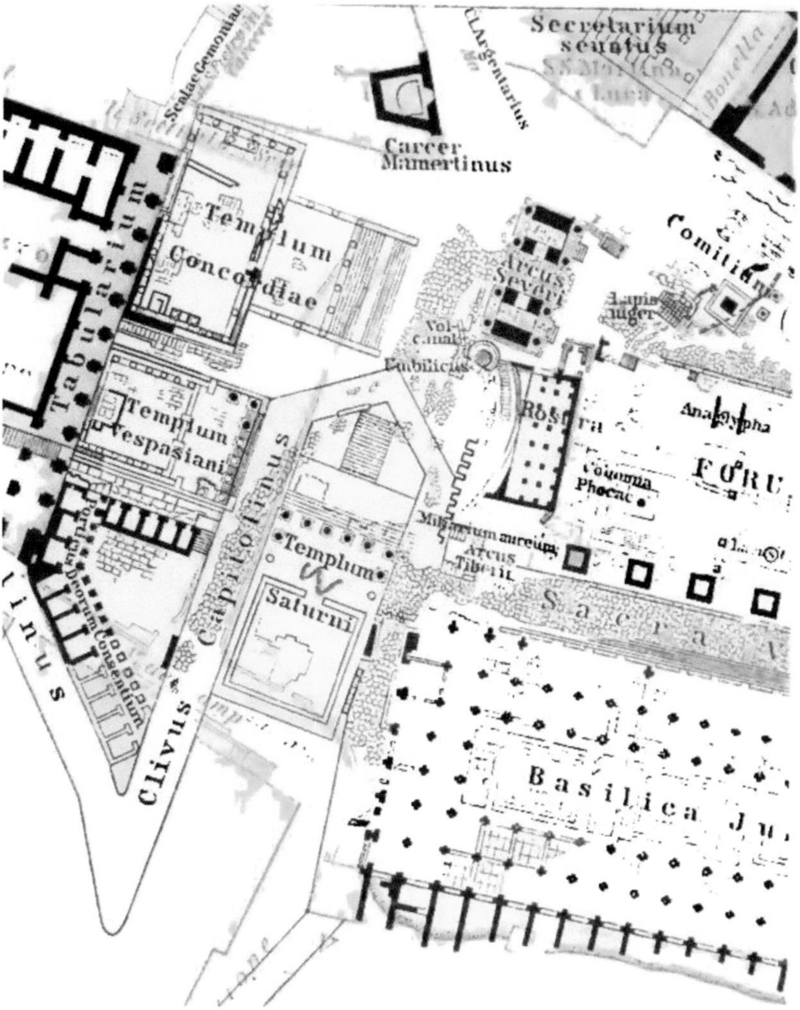
Scalae Gemoniae
Carcer
Mamertinus
Secretarium
senatus
Templum
Concordiae
Tabularium
Templum
Vespasiani
Clivus
Capitolinus
Porticus Deorum Consentium
Arcus
Severi
Comitium
Lapis
niger
Vol-
canal
Umbilicus
Rostra
Columna
Phocae
Milliarium aureum
Arcus
Tiberii
Templum
Saturni
Basilica

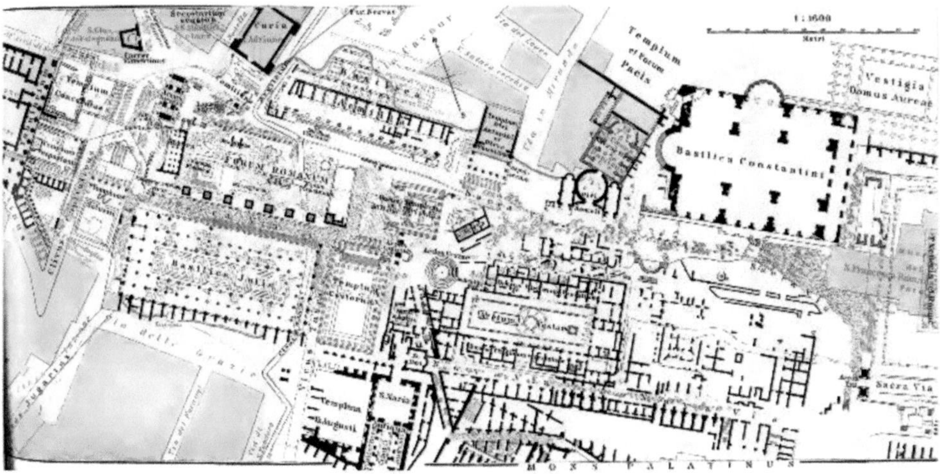
Curia
Templum
Forum Romanum
Basilica Julia
Templum Castorum
Templum D. Augusti
S. Maria
Templum et Forum Pacis
Vestigia Domus Aureae
Basilica Constantini
Sacra Via
MONS PALATINUS
1:3600

Nordseite an und verbanden den Mittelpunkt der Altstadt mit den Prachtbauten des Marsfeldes. Vor ihrem Glanze erblich fast das alte Forum der Republik; aber die ehrwürdige Tradition erhielt ihm seine Weihe; es prangte von vergoldetem Erz und kostbarem Marmor, von Säulen, Ehrenbogen, Standbildern und Kunstwerken.

Unter der Regierung des Carinus beschädigte ein Brand das Forum sehr erheblich; Diokletian und seine Nachfolger haben viele Monumente wieder hergestellt. Noch in der ersten Hälfte des VI. Jahrhunderts unter König Theoderich ist an den alten Bauten restauriert worden. Das letzte Denkmal, welches das Forum aufweist, die *Phokassäule,* trägt die Jahreszahl 608; die Roheit des Baues kündet eindringlich den Verfall. In der Tat hatte bereits in der zweiten Hälfte des VI. Jahrhunderts der Vernichtungskrieg des Mittelalters gegen das Heidentum begonnen. In den öffentlichen Gebäuden nisteten sich Kirchen ein: S. Martina, S. Adriano, SS. Cosma e Damiano, S. Maria Antiqua, S. Sergio e Bacco, S. Maria Nova, S. Lorenzo u. a., die seitdem mannigfach umgebaut, z. T. wieder verschwunden sind. Dazwischen errichteten römische Adlige ihre Türme und Burgen, wie sie das wüste Fehdeleben forderte. Ein ganzes Jahrtausend hindurch haben die antiken Gebäude dann als Steinbruch gedient: von ihnen bezogen die Kirchen und Profanbauten ihre Säulen und Werkstücke und, was noch verhängnisvoller war, zugleich den Kalk, zu dem zahlloser Marmor verarbeitet wurde. Mit noch größerer Gier bemächtigte sich das metallarme Mittelalter der antiken Bronze.

Auf die systematische Zerstörung des Forums folgte eine systematische Verschüttung, stellenweise bis zu 13m über dem antiken Pflaster. Schon im XII. Jahrhundert war die Mitte des Forums, wie aus den alten Prozessionsordnungen hervorgeht, unwegsam; die Niederreißung der Befestigungen der Frangipani und anderer Adelsgeschlechter (1221, 1257) mag die Aufhöhung befördert haben. Im XV. Jahrhundert war das Forum großenteils von Gärten und Rohrpflanzungen überdeckt: auf der wüsten Fläche lagerten die Büffelgespanne der Landleute, in der Umgebung hatten Handwerker ihre Werkstätten aufgeschlagen, nur vereinzelte Säulen ragten über der Schuttdecke hervor. Selbst der Name des Forums war vergessen: *Campo vaccino* hieß der Platz bis zu unseren Tagen. Zwar erwog schon Raffael 1519 den Gedanken einer Wiederherstellung der alten Stadt und besonders des Forums, auch wurde später, namentlich 1546-49 in der Gegend des Severusbogens, des Castor- und Faustinatempels mehrfach gegraben. Allein man dachte nur daran, Kunstwerke und Inschriften, oder Quadern zu Neubauten zu finden, und schüttete alles alsbald wieder zu. Erst dem XIX. Jahrhundert war es vorbehalten, diese wichtigste historische Stätte des alten Roms planmäßig frei zu legen. Unter der Leitung von *Carlo Fea* wurden 1803-19 der Severusbogen, die Phokassäule, der Clivus Capitolinus

(S. 276) mit seinen Tempeln, durch *Canina* wurde 1835 und 1848 ein Teil der Basilica Iulia aufgedeckt. Die italienische Regierung hat unter Leitung von *Pietro Rosa* (1871-75) und *Rod. Lanciani* (1882-84) die Arbeiten in großem Maßstabe wieder aufgenommen. Seit 1898 haben die Ausgrabungen unter dem Ingenieur Comm. *Giac. Boni* das Areal des Forums fast um das Doppelte vergrößert und höchst wertvolle Resultate geliefert: in die ältesten Zeiten Roms führen die archaische Nekropole beim Faustinatempel (S. 284; 1902-1905 aufgedeckt) und die Inschriftstele unter dem 'lapis niger' (S. 278; 1899); an die glanzvollsten Epochen der Kaiserzeit erinnern die Basilica Aemilia (S. 279), der Augustustempel mit seinen Nebengebäuden und das Juturnaheiligtum (S. 281; 1899-1900); ein einzig dastehendes Monument der Verfallzeit ist die Kirche S. Maria Antiqua (S. 281; 1900-1902 aufgedeckt und restauriert), mit ihrem reichen Freskenschmuck. Seit 1905 sind die Arbeiten ins Stocken geraten. Neu angepflanzte Bäume, Sträucher und Blumen beleben vielfach die Steinmassen.

Der Eingang (Besuchsordnung s. S. 162) befindet sich an der Via delle Grazie (Pl. II 19). Der dem Kapitol zunächst gelegene Teil, mit dem Portikus der zwölf Götter, Vespasian- und Concordiatempel, ist durch ein Gitter abgeschlossen und am besten von oben zu sehen. Zu eingehender Betrachtung ist *Chr. Hülsen's* Forum Romanum (2. Aufl., Rom 1905, 5 fr.) unentbehrlich. Vgl. auch die beikommenden Ansichten der Süd- und Westseite des Forums: oben die Rekonstruktion, unten der jetzige Zustand. Die Längsachse des Forums geht ziemlich genau von NW. nach SO.; wir bezeichnen der Einfachheit halber als Nordseite die zwischen S. Adriano und S. Lorenzo in Miranda, als Südseite die von der Basilica Iulia bis zum Castortempel. — Über Photographieren, Zeichnen usw. vgl. S. xx/xxi.

Gehen wir vom Kapitolsplatz durch die Via del Campidoglio r. am Senatorenpalast hinunter (vgl. S. 258), so öffnet sich bald der *Blick über das Forum. Zunächst linker Hand liegt unten der Saturntempel, dem die acht unkannelierten Säulen angehören, dann die drei Säulen des Vespasiantempels und der Bogen des Septimius Severus. Dahinter, durch die Säulen des Saturntempels zum Teil verdeckt, die Phokassäule; weiter der Faustinatempel, mit wohlerhaltener Vorhalle aus acht Säulen, und gegenüber die drei Säulen des Castortempels. An der vom Faustinatempel ansteigenden „heiligen Straße" *(sacra via)* l. der Rundtempel des Romulus mit der Kirche SS. Cosma e Damiano; weiter die gewaltigen Bogen der Basilika des Konstantin, r. zahlreiche Backsteinreste von Läden und Häusern; im Hintergrunde die Kirche S. Francesca Romana auf der Stätte des Tempels der Venus und Roma, das Kolosseum, der Titusbogen, r. die Ruinen und Gartenanlagen des Palatin.

Das erste Gebäude unterhalb des Tabulariums (S. 271) ist der **Portikus der zwölf Götter** *(deorum consentium)*, deren Bildnisse der Stadtpräfekt Vettius Agorius Praetextatus, einer der

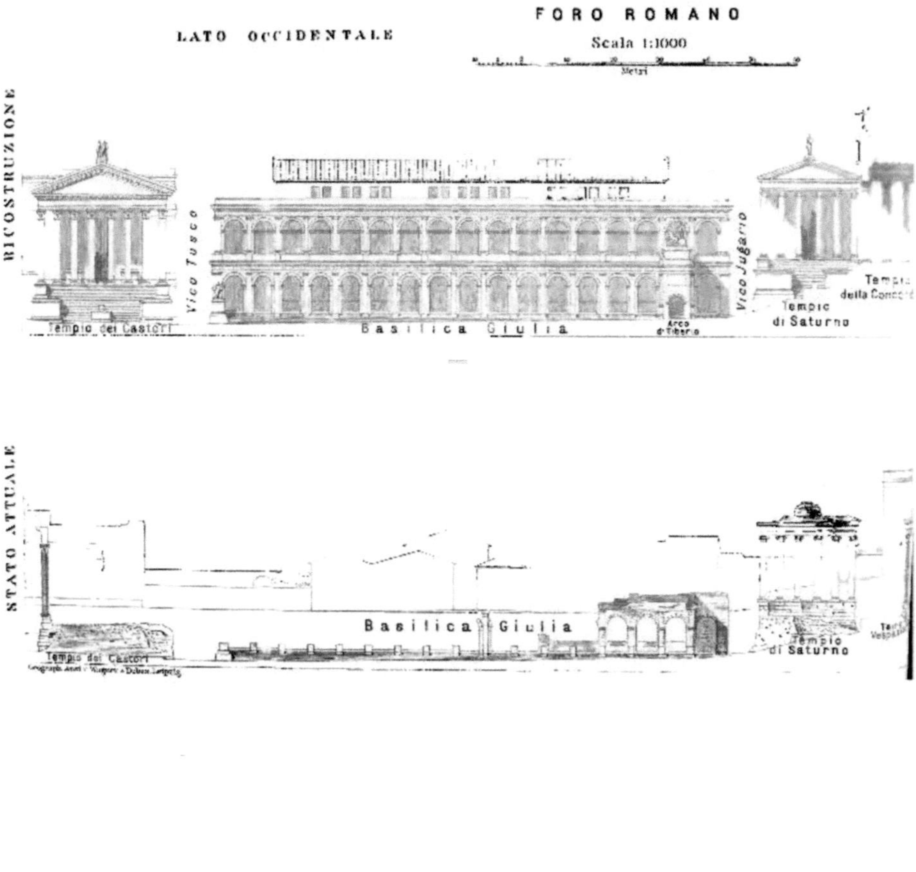
FORO ROMANO
LATO OCCIDENTALE
Scala 1:1000
Metri
RICOSTRUZIONE
Vico Tusco
Vico Jugario
Tempio dei Castori
Basilica Giulia
Arco di Tiberio
Tempio di Saturno
STATO ATTUALE
Tempio dei Castori
Basilica Giulia
Tempio di Saturno

FORO ROMANO

Scala 1:1000

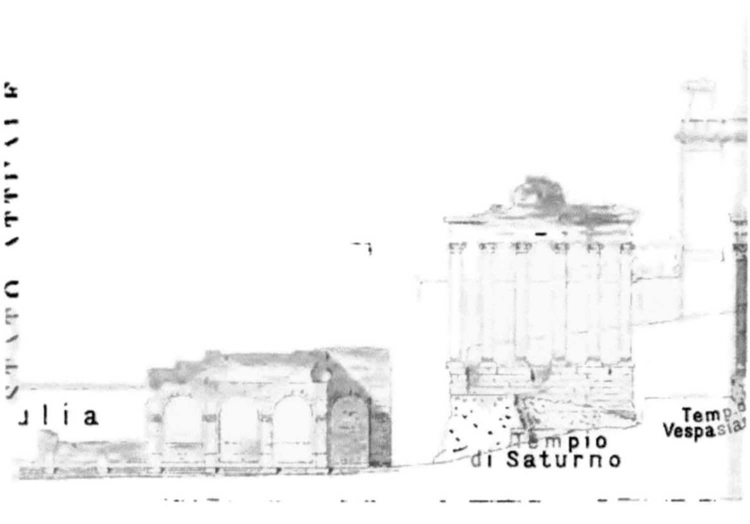

LATO SETTENTRIONALE

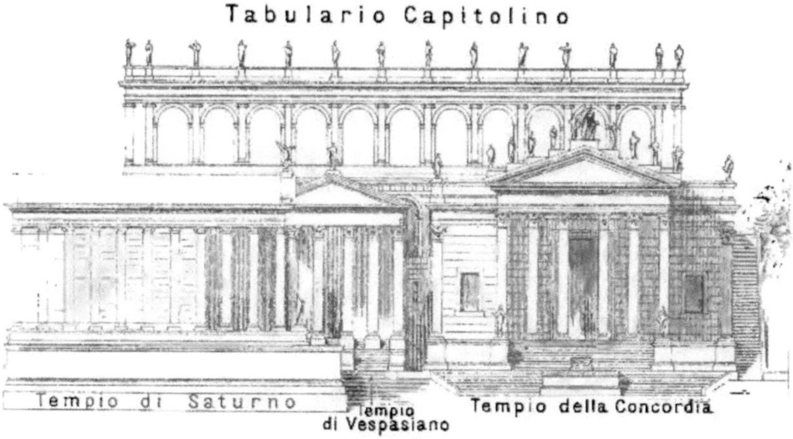

RICOSTRUZIONE

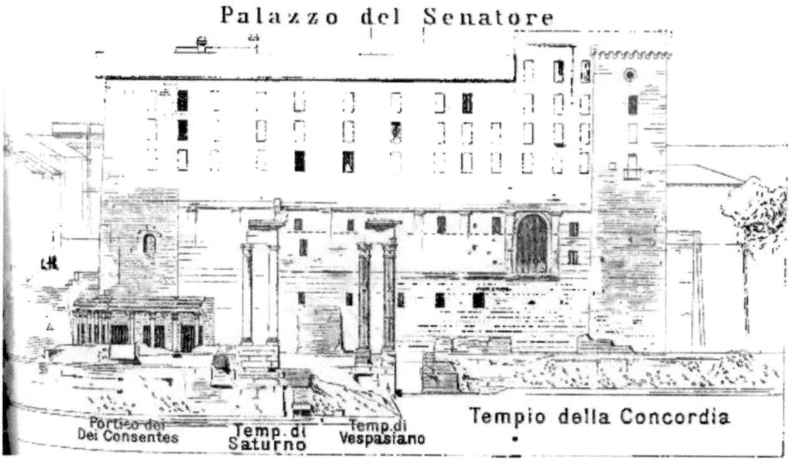

STATO ATTUALE

STATO ATTUALE

RICOSTRUZIONE

Hauptvertreter des sterbenden Heidentums, 367 nach Chr. hier errichtete. Die Ruine wurde 1858 stark restauriert.

Rechts vom Portikus der zwölf Götter erheben sich am Tabularium drei Säulen von dem unter Domitian errichteten, unter Septimius Severus hergestellten ***Tempel des Vespasian.** Die Doppelinschrift hieß: „Divo Vespasiano Augusto senatus populusque Romanus; imperatores Caesares Severus et Antoninus Pii Felices Augusti restituer(unt).“ Nur von dem letzten Wort ist ein Teil erhalten. Säulen wie Gebälk sind von trefflicher Arbeit (ein restaurierter Abguß im Tabularium, S. 271). Der Tempel hatte sechs Säulen Front. Durch die Rückwand der Cella war ein Ausgang des Tabulariums verbaut.

Weiter rechts, ebenfalls mit der Rückwand an das Tabularium gelehnt, der **Concordia-Tempel,** 366 vor Chr. von M. Furius Camillus wegen der Beilegung des langen Streites zwischen Patriziern und Plebejern errichtet. Im J. 7 vor Chr. wurde der Tempel durch Tiberius prächtig erneuert und erhielt wohl damals seine auffallende Anlage. Während der Innenraum, die *Cella,* sonst meist in der Längsrichtung die größte Ausdehnung zeigt, ist hier die Breite überwiegend (25 : 45m; der nördliche Teil der Cella fällt noch in den Aufgang nach Aracoeli, der ihn verdeckt). Eine Freitreppe führte von der Straße zu einem 6m über dieser gelegenen Vorraum *(Pronaos)* von 27m Breite und 14m Tiefe. Im Innern des Concordiatempels fanden in älterer Zeit häufig Senatssitzungen statt; seit Tiberius' Restauration scheint er namentlich zur Aufstellung von Kunstwerken gedient zu haben.

Zur weiteren Betrachtung des Forums begeben wir uns zu dem Eingang in Via delle Grazie (S. 274) und betreten zunächst die Basilica Iulia.

Die **Basilica Iulia** wurde von Caesar zur Erweiterung des Forums angelegt und nach der Schlacht bei Thapsus 46 vor Chr. unvollendet geweiht. Augustus hat sie vergrößert, aber die Vollendung nicht erlebt, da ein Brand sie wieder zerstörte. Zwei weitere Brände suchten das Gebäude am Ausgang des III. Jahrhunderts heim. Es wurde mehrmals, zuletzt 416 nach Chr., restauriert. Die völlige Freilegung erfolgte 1871 und 1882/83.

Die Basilika bildete ein Rechteck von c. 101m Länge und 49m Breite und bestand aus einem überdachten Mittelraum und zwei ringsum laufenden Seitenschiffen. Der Mittelraum, in dem die vier Abteilungen des Centumviralgerichts tagten, ist c. 82×16m groß. Von dem kostbaren Fußbodenbelag, buntem afrikanischen und phrygischem Marmor, sind nur geringe Reste vorhanden; der größere Teil ist modern restauriert. Die Seitenschiffe sind mit weißen Marmorplatten ausgelegt, auf welchen man von den Besuchern eingeritzte Kreise erblickt, zum Teil mit Schrift. Sie dienten für eine Art Brett- oder Damenspiel: denn die alten Römer waren dem Spiel ebenso ergeben, wie die heutigen. Die Pfeiler selbst sind bis auf die Fundamente zerstört; aus den Quadern wurde der Palazzo Giraud im Borgo (S. 342) gebaut. Die Backsteinpfeiler sind meist modern aufgemauert, allerdings nach sichtbaren Spuren und mit Benutzung alter Werkstücke. Nur an der W.-Seite, wo sich im Mittelalter eine Kirche (*S. Maria in Cannapara*) eingenistet hatte, sind bedeutendere Reste erhalten: man sieht hier die Marmorpfeiler der Straßenfront nach dem Vicus Iugarius mit vorgelegten dorischen Halbsäulen. Die Außenarchitektur der Basilika war ganz aus Marmor; der in der Mitte der Hauptfront modern aufgebaute Travertinpfeiler darf nicht täuschen.

Vor der Hauptfront der Basilika führt die heilige Straße (*Sacra Via*) entlang. An ihrer r. Seite, gegenüber der Basilika, sieht man sieben große Backsteinbasen, die einst mit Marmor dekoriert waren; die nachlässige Bauweise und die Ziegelstempel weisen auf diokletianische Zeit. Auf den ersten beiden sind 1898-99 die kolossalen Säulen aus Granit und Pavonazzetto wieder aufgerichtet worden, deren Trümmer 1873 am Fuß der Postamente gefunden wurden; die vermittelnde Basis ist nach dem Vorbild der Phokas-Säule ergänzt.

Rechts neben der Sacra Via, ungefähr dem letzten Backsteinpostament gegenüber, die 1901 entdeckten Fundamente des *Triumphbogens des Tiberius*, der dem Kaiser im J. 16 nach Chr. für Drusus' Siege in Deutschland und die Zurückeroberung der im Teutoburger Wald verlorenen römischen Feldzeichen errichtet wurde. Einige zugehörige Marmorquadern und Gesimse liegen neben dem letzten Backsteinpostament. Hinter dem Bogen beginnt die Straße zu steigen (*Clivus Capitolinus*) und führte in mehreren Windungen vom Forum nach dem Jupitertempel (S. 255) empor. Eine antike Stützmauer, die hier aufgedeckt wurde, bezeichnet man fälschlich als *Rostra vetera* oder *Rostra Caesaris* (vgl. unten). — Gleich l. am Clivus liegt der Tempel des Saturn.

Der *__Saturntempel__, von welchem auf hohem Unterbau noch acht Säulen stehen, wurde ursprünglich im J. 497 vor Chr. von den Konsuln Sempronius und Minucius geweiht und barg seit den ältesten Zeiten den Staatsschatz (*Aerarium publicum*). Von Munatius Plancus, um 44 vor Chr., wurde er erneut. Die Inschrift: „Senatus populusque Romanus incendio consumptum restituit“ deutet auf eine späte Restauration, die ohne Geschmack und eilfertig vorgenommen ist. Von der hohen Freitreppe, welche zur Vorhalle hinaufführte, sind nur Ansätze übrig geblieben.

Von dem von Augustus im J. 28 vor Chr. errichteten *Miliarium aureum*, einem Generalmeilenzeiger der von Rom ausgehenden Straßen, liegen Reste an der Straße vor dem Saturntempel. Neben dem Severusbogen (S. 278) sieht man einen kegelförmigen Backsteinrest: dies war der *Umbilicus Urbis Romae*, der ideelle Mittelpunkt der Stadt. Dahinter (unter einem Holzdach) Reste sehr alter Konstruktionen aus Tuff, die man für das *Volcanal* (Altar und Heiligtum des Volcanus) hält.

Rechts vom Tiberiusbogen, in der Mitte der Westseite des Forums, finden sich die Reste eines 24m langen und halb so tiefen Quaderbaues, der von Augustus erbauten **Rostra** oder Rednerbühne. Sie war mit Statuen und Gedenktafeln geschmückt und so breit, daß sie dem Redner hin- und herzugehen gestattete, ähnlich manchen Predigtstühlen in heutigen römischen und neapolitanischen Kirchen.

Die ursprüngliche Rednerbühne führte den Namen Rostra von den eisernen Schnäbeln der Kriegsschiffe von Antium, mit welchen sie nach Eroberung dieser Stadt 338 vor Chr. geschmückt wurde. Ihre Lage ist nicht genau festzustellen, war aber sicher weiter nach der Curie (S. 279) zu. Caesar verlegte sie an das Ende des Forums. Die im Altertum mit Marmor belegte Vorderwand wurde 1904 unschön restauriert; antik sind nur die letzten Quaderlagen an der Nordecke, in denen die Zapfenlöcher, welche zur Befestigung der Schiffschnäbel dienten, noch zu erkennen sind.

Gegenüber der Rednerbühne erhebt sich auf dem Platze des eigentlichen Forums (S. 280) das letzte Denkmal aus dem Altertum, die **Phokas-Säule**. Sie wurde laut Inschrift im J. 608 nach Chr. dem oströmischen Tyrannen Phokas von dem Exarchen Smaragdus geweiht. Der jetzt auf zwei Seiten entfernte Stufenunterbau aus Tuffblöcken stammt aus dem VII., das Denkmal selbst, mit quadratischem Backsteinpostament, vielleicht schon aus dem V. Jahrhundert. Die 17m hohe Säule, die ein vergoldetes Standbild des Phokas krönte, wurde einem älteren Gebäude entnommen. Sie war lange Zeit ein Wahrzeichen des verschütteten Forums (Byron: „the nameless column with a buried base").

Auf dem Travertinpflaster östl. der Phokassäule finden sich Reste einer großen Inschrift (gewöhnlich mit Brettern verdeckt), deren Buchstaben ursprünglich mit Bronze ausgefüllt waren: L. Naevius L. f(ilius) Surdinus pr(aetor). Derselbe Name kommt auch auf der Rückseite der S. 264 gen., 1553 hier gefundenen Marmortafel mit dem Relief des stürzenden M. Curtius vor, die zum Tribunal praetorium, der erhöhten Stätte, wo der Prätor zu Gericht saß, gehörte. Das Relief deutet auf einen benachbarten heiligen Bezirk, den sog. *Lacus Curtius*, dessen Reste 1904 hier ausgegraben wurden: auf einem dreiseitigen Fundament aus grauem Tuff sieht man den unteren Teil einer runden, schon zur Zeit des Augustus wasserlosen Brunnenmündung (puteal), die den Ort bezeichnet, wo sich einer Sage nach ein tiefer Abgrund durch den Opfertod des jungen Patriziers M. Curtius schloß.

Zwischen dem Lacus Curtius und den Anaglypha Traiani (s. unten) liegt ein quadratischer, ursprünglich ausgepflasterter und mit einem Gitter umgebener Platz, der erst im Mittelalter mit Marmorbruchstücken und dergl. gepflastert worden ist. Hier stand eine Statue des Marsyas (s. S. 278) als Sinnbild der Gerichtsbarkeit über Leben und Tod, ein heiliger Feigenbaum, ein Weinstock und ein Ölbaum.

Unter den jetzt auf dem Pflaster des Forums stehenden Denkmälern nehmen hinsichtlich ihrer künstlerischen Ausführung und Erhaltung die **Anaglypha Traiani**, zwei mit Reliefs geschmückte Marmorschranken, die erste Stelle ein. Man fand sie 1872 in einen späten Bau vermauert: im Altertum standen sie wahrscheinlich auf den Rostra in der Mitte der Seitenbalustraden. Die Darstellungen schildern Ereignisse, die sich auf dem Forum abspielten, und geben daher ein Bild seines Aussehens im Altertum.

Das erste Relief (Kapitolseite) bezieht sich auf die Stiftung Trajans für arme Kinder (alimenta): r. der Kaiser, vor ihm die Italia, ein Kind an der Hand (zerstört), ein anderes im Arm; l. der Kaiser mit Liktoren, das Edikt von den Rostra verkündend. Die Gebäude des Hintergrundes sind: ein nicht näher bestimmbarer Bogen, die Curia Iulia (mit fünf, statt sechs korinthischen Säulen), Straße, Basilica Aemilia, heiliger Feigenbaum, Statue des Marsyas (s. S. 277): sie kennzeichnen die Nordseite des Forums. Das zweite Relief schildert den Erlaß der rückständigen Steuer: die Steuerregister werden vor Trajan verbrannt. Im Hintergrunde die Gebäude der West- und Südseite des Forums: Tempel der Concordia (mit sechs korinthischen Säulen), Bogen der Tabulariumshalle, Saturntempel (mit sechs ionischen Säulen), Basilica Iulia, Marsyas und Feigenbaum. Auf den inneren (ursprünglich äußeren) Seiten beider Reliefplatten: Eber, Widder, Stier, die Tiere des feierlichen Staatsopfers der Suovetaurilia, welches bei Weihungen (lustrationes) in der Weise dargebracht zu werden pflegte, daß die drei Opfertiere um das zu entsühnende Gebäude herumgeführt wurden.

In der Nähe der Anaglypha führt eine Holztreppe hinab zu einer Gruppe ältester Monumente, die c. 1,5m unter dem Niveau der Kaiserzeit liegen. Neben zwei Postamenten, die, wie man nach Äußerungen antiker Schriftsteller vermutet, zwei liegende Löwenbilder trugen, sieht man einen runden Säulenstumpf aus gelblichem Tuff und dahinter einen viereckigen Pfeiler (Stele; vielleicht aus dem VI. Jahrh. vor Chr.), der auf allen Seiten mit Bruchstücken von Inschriften in ältestem Latein bedeckt ist. Die Deutung der Inschriften ist noch nicht sicher. Schon zu Cicero's Zeit wurden sie kaum mehr verstanden und die Denkmäler für das *Grab des Romulus* oder seines Ziehvaters, des Hirten Faustulus, gehalten. Bei der großen Forumsregulierung unter Caesar und Augustus wurden sie verschüttet und z. T. zerstört. Das Pflaster aus schwarzem Marmor („lapis niger"), welches sie deckt, scheint in der späteren Kaiserzeit zur Erinnerung an sie gelegt zu sein. — Jenseit des „Romulusgrabes" erhebt sich der

***Triumphbogen des Septimius Severus**, ganz in Marmor ausgeführt, 23m hoch, 25m breit. Er wurde dem Kaiser und seinen Söhnen Caracalla und Geta 203 nach Chr. wegen der Siege über die Parther, Araber und Adiabener errichtet und war oben mit einem Sechsgespann von Erz geschmückt, auf welchem Severus, von Viktoria bekränzt, stand. Die Buchstaben waren ursprünglich mit Metall ausgelegt. Caracalla ließ später den Namen seines von ihm ermordeten Bruders tilgen und die entstandene Lücke durch Hinzufügung der Worte „dem Vater des Vaterlandes, den besten und tapfersten Fürsten" zu seiner und seines Vaters Titulatur ausfüllen.

Über den Bogen Viktorien; an den Seiten figurenreiche Darstellungen aus den Kriegen des Kaisers; an den Postamenten der Säulen gefangene Barbaren; alles von dem gesunkenen Zustand der damaligen Skulptur zeugend. — Im Mittelalter diente der Bogen den römischen Großen als Festung und war tief verschüttet, bis er 1803 von Pius VII. ausgegraben wurde.

Der Severusbogen war, wie auch andere Triumphbogen, ursprünglich nur durch vorgelegte Stufen zugänglich; für Triumph- und andere Festzüge legte man durch Anschüttung oder Holzbauten eine

Fahrbahn durch den Mittelbogen. Im IV. Jahrh. scheint der Boden des Forums beträchtlich tiefer gelegt worden zu sein, wie das Backsteinpostament vor dem r. Seitendurchgang zeigt, auf welches man neuerdings die 1547 hier gefundene marmorne Basis eines *Reiterstandbilds für Kaiser Constantius* (353 n. Chr.) wieder aufgesetzt hat. Die Stufen wurden im IV. Jahrh. verdoppelt und die Travertinquadern mit Marmor bekleidet.

Der dreieckige Platz vor der Front der Kirche S. Adriano (s. unten) ist der letzte Rest des alten *Comitium* (S. 271). Man sieht u. a. eine große, flache, runde Brunnenschale, ferner ein großes Marmorpostament, laut Inschrift von Maxentius (c. 308 nach Chr.) dem Mars, Romulus und Remus errichtet. Unter dem Pflaster der Kaiserzeit sind Reste von alten Bauten aus Tuffquadern aufgedeckt, deren Bestimmung ungewiß ist; vielleicht gehören einige bogenförmige Grundmauern zur älteren, voraugusteischen Rednerbühne (s. S. 277).

Das hohe Gebäude aus Ziegelwerk mit kahler Fassade an der Grenze der Ausgrabung war die **Curia**, der Sitzungssaal des römischen Senats, der von Caesar erbaut *(Curia Iulia)*, von Diokletian c. 303 n. Chr. erneuert wurde. Papst Honorius I. verwandelte sie um 625 unter Beibehaltung der diokletianischen Ziegelfassade in eine Kirche des Märtyrers Hadrianus *(S. Adriano)*. Die in die Ziegelwand eingehöhlten Gräber stammen aus dem Mittelalter; sie, wie auch die verschiedenen Schichten der Vermauerung der antiken Eingangstür, zeigen das allmähliche Steigen des Bodenniveaus vom VII. bis zum XVII. Jahrhundert. — Außer dem großen Sitzungssaal enthielt das Senatshaus noch mehrere Säle, Kapellen, Höfe mit Säulengängen usw.; in das *Secretarium Senatus* (Saal für geheime Sitzungen) ist die S. 293 gen. Kirche S. Martina eingebaut.

Rechts von der Curia liegt die großartige, aber sehr zerstörte **Basilica Aemilia**, deren Front die ganze Nordseite des Forums bis zum Faustinatempel einnahm. Sie wurde im J. 179 vor Chr. von den Zensoren M. Aemilius Lepidus und M. Fulvius Nobilior erbaut und öfter, zuletzt unter Augustus und Tiberius von Angehörigen der Gens Aemilia restauriert. Dieser Bau der frühen Kaiserzeit hatte nach dem Forum zu eine zweistöckige Pfeilerhalle mit Bogen und dorischem Gebälk; an der SO.-Ecke ist der Rest eines Pfeilers noch an Ort und Stelle, in der Nähe Stücke des Gebälks mit Triglyphen und Bukranien. Hinter der Halle lag zunächst eine Reihe von quadratischen Räumen (Tabernae) mit Mauern aus großen Tuffquadern, welche als Bureaux, Sitzungssäle u. dergl. dienten, sodann der über 60m lange, 22m breite, noch nicht vollständig ausgegrabene Hauptsaal. Er hatte an den Seiten Galerien, die von unkannelierten Säulen aus buntem Marmor (Affricano) getragen wurden. Auf dem prachtvollen Fußboden von großen Marmorplatten sind zahllose Stückchen Eisen und Bronze, Nägelköpfe, kleine Münzen u. a. festgeschmolzen: ein Beweis, daß das Gebäude durch Brand, vielleicht 410 nach Chr. bei der Einnahme Roms durch Alarich, zerstört wurde. Die Halle ist dann nach dem Forum zu eilfertig und unschön erneuert worden, indem man statt der Pfeiler aus weißem Marmor kleinere Säulen aus rotem Granit auf plumpen würfelförmigen Basen aufstellte. Drei derselben sind modern wieder aufgerichtet worden. Aus dem VII.-VIII. Jahrh. n. Chr. endlich stammt der Einbau eines festungsähnlichen Hauses aus großen grauen Tuffquadern, mit Fußbodenmosaik aus kleinen Marmor-, Porphyr- und Serpentinplatten. Nach dem J. 1000 scheint dann auch dieses Haus allmählich verschüttet worden zu sein.

Vor der Front der Basilica Aemilia bezeichnet ein rundes Marmorfundament die Stelle des *Sacellum Cloacinae,* in dessen Nähe die alte, von Augustus und Agrippa erneuerte Cloaca Maxima (S. 271) in das Forum eintrat.

Der c. 120 × 50m große mit weißen Kalksteinplatten gepflasterte Platz des eigentlichen *Forums* (S. 271/272) ist jetzt großenteils mit Werkstücken, Säulen, Gebälkfragmenten von der Basilica Aemilia und anderen Gebäuden bedeckt. In der Mitte des Platzes ist ein rechteckiges Fundament aus Gußwerk freigelegt, das wahrscheinlich einem im J. 92 nach Chr. für seine Kriege in Germanien errichteten kolossalen Reiterstandbild des Domitian *(Equus Domitiani)* angehört. An seiner NO.-Ecke sieht man die Wölbung eines schmalen, etwa mannshohen unterirdischen Ganges; 1901 wurde ein ganzes Netz solcher Gänge (cuniculi) entdeckt, deren Bestimmung noch unklar ist. — Zwischen dem Fundament und den S. 276 gen. Backsteinbasen an der Sacra Via sieht man Reste eines Ziegelbaues mit Marmorfußboden und Stuckverzierung, der ohne Grund als ein von Trajan errichtetes *Kaisertribunal* erklärt wurde.

An der Ostseite des Forums, die Front nach dem Kapitol gewandt, lag der **Tempel Caesars.** An dieser Stelle hatte Caesar eine neue Rednerbühne erbaut, von der M. Antonius am 19. (oder 20.?) März 44 bei dem Leichenzuge des in der Porticus Pompeiana (S. 248) ermordeten Diktators jene weltberühmte Rede hielt, welche die Leidenschaften des Volkes zu hellster Glut entfachte. Rasch wurde ein Scheiterhaufen improvisiert und dem Toten die unerhörte Ehre zu teil, angesichts der höchsten Heiligtümer der Stadt verbrannt zu werden. Die Asche wurde dann im Familiengrabe der Gens Julia auf dem Marsfelde beigesetzt. Eine Säule mit der Inschrift „parenti patriae" ward zum Andenken errichtet. Augustus erbaute später seinem vergötterten Oheim und Adoptivvater (divus Iulius) einen Tempel, den er zwei Jahre nach der Schlacht bei Actium am 18. Aug. 29 vor Chr. weihte. Mit den Schnäbeln der ägyptischen Schiffe schmückte er die Rednerbühne.

Der Tempel war ionischer Ordnung, mit sechs Säulen in der Front. Der Unterbau besteht aus Gußwerk, dessen Quaderbekleidung fehlt. Vor der Front liegt eine teilweise noch mit Quadern bekleidete Estrade, in der die S. 280 erwähnte Rednerbühne *(Rostra ad Divi Iulii)* erkannt worden ist. In der halbkreisförmigen Nische der Vordermauer der Rostra ist 1898 das Fundament eines runden Altars oder einer großen Basis aufgedeckt worden, die höchst wahrscheinlich zum Andenken an den Diktator Caesar errichtet war. In sehr später Zeit hat man die Nische durch eine nachlässig aufgeführte Mauer aus grauem Tuff geschlossen. — Davor die Basis eines großen Denkmals, das ohne Grund als das des Konsuls A. Marcius Tremulus (306 vor Chr.) bezeichnet wird.

Vom Caesartempel durch die Sacra Via getrennt, die durch einen dreitorigen *Triumphbogen des Augustus* überspannt wurde, lag der

***Tempel des Castor und Pollux,** meist kurz als *Castortempel (Aedes Castoris* oder *Castorum)* bezeichnet, von dem der Unterbau und an der Ostseite ein Stück des Stylobats mit drei prächtigen Säulen aus parischem Marmor erhalten sind. Er wurde gelobt zum Dank für den Beistand der Dioskuren bei dem entscheidenden Siege über die Latiner am See Regillus (S. 418) im J. 496 vor Chr. Der Sage nach erschienen die Dioskuren selbst als Siegesboten am Lacus Juturnae (s. unten), in dem sie ihre Rosse tränkten. Zwölf Jahre später, im J. 484, wurde der Tempel geweiht. Die drei erhaltenen Säulen der Ostseite stammen vielleicht von einer Erneuerung aus der Zeit des Trajan oder Hadrian; ihre korinthischen Kapitäle wie das Gebälk sind von vorzüglicher Arbeit. Der Tempel hatte 8 Säulen in der Front, 13 an den Langseiten.

Links neben dem Castortempel liegt der heilige *Bezirk der Juturna*, der Nymphe der hier hervorbrechenden Quellen. Man sieht zunächst den **Lacus Juturnae**, ein viereckiges Wasserbecken mit einem Pfeiler in der Mitte. Am unteren Rande steht ein Marmoraltar mit Reliefdarstellung des Jupiter, der Leda mit dem Schwan, der Dioskuren und einer Fackelträgerin (Lichtgöttin Helena-Selene); er stand im Altertum vielleicht im oder beim Castortempel. Die umliegenden Räume, die wohl zu Kultzwecken dienten, waren mit zahlreichen Statuen von Heilgöttern geschmückt: u. a. Äskulap und ein Opferknabe mit Hahn; die Dioskuren mit ihren Rossen, archaische Werke wohl unteritalischer Herkunft (v. Jahrh. vor Chr.); Kopf eines Serapis; archaische Apollostatue ohne Kopf. Im IV. Jahrh. n. Chr. waren die Räume dem Bureau der städtischen Wasserleitungen (statio aquarum) überwiesen. — Weiter eine kleine Kapelle *(Aedicula)* für ein Bild der Juturna, deren Namen am Gebälk erhalten ist, und davor eine schöne Brunnenmündung *(Puteal)* aus weißem Marmor, laut Inschrift von dem curulischen Aedilen M. Barbatius Pollio (unter Augustus) wiederhergestellt.

Die Aedicula stößt mit der Rückseite an einen rechteckigen Saal aus gutem Ziegelwerk (Eingang an der Westseite), der in christlicher Zeit zu einem *Oratorium der vierzig Märtyrer* umgewandelt wurde; an den Wänden Freskenreste des VIII.-IX. Jahrhunderts.

Geradeaus die Basilika ***S. Maria Antiqua,** die im VI. Jahrh. in ein antikes Monumentalgebäude, wahrscheinlich die mit dem

Augustustempel verbundene Bibliothek (Bibliotheca Templi Divi Augusti) eingebaut worden ist. Der große quadratische unbedeckte Vorraum wurde Vorhof der Kirche. Die Pfeiler- und Säulenstellungen im Hauptraum der Bibliothek wurde zur Anlage der Mittel- und Seitenschiffe benutzt, drei saalartige Räume dahinter zu Chor (Presbyterium) und Seitenkapellen.

Im Vorhof bemerkt man ein großes tiefes Bassin (Impluvium), das einem älteren Bau, vielleicht dem Palast des Caligula angehört, der bei der Erneuerung der Bibliothek unter Domitian zerstört wurde. — Seitenschiffe, Chor und Kapellen der Basilika sind reich mit *Fresken geschmückt, Werke byzantinischer Künstler aus dem VII.-VIII. Jahrh., wohl Insassen des zur Basilika gehörigen Klosters, welches griechischen, in der Zeit des Bildersturmes aus dem oströmischen Reiche geflüchteten Mönchen übergeben war. An der Langwand des l. Seitenschiffes der thronende Christus, r. von ihm elf lateinische, l. neun griechische Heilige, darüber alttestamentliche Bilder (Geschichte Josephs u. a.). Die Kapelle am Ende des l. Seitenschiffes enthält die besterhaltenen Bilder: Christus am Kreuz, darunter thronende Madonna mit den H. Petrus und Paulus, Quiricus und seine Mutter Iulitta; l. Bildnis des Papstes Zacharias (741-752), unter dessen Regierung die Kapelle von einem vornehmen Beamten Theodotus, der r. mit dem Kirchenmodell dargestellt ist, dekoriert wurde. An den Seitenwänden: Marter der H. Quiricus und Iulitta u. a. Die Fresken im Chor haben sehr viel mehr gelitten. Man erkennt r. von der Apsis drei Schichten übereinander: die älteste (thronende Madonna) vielleicht aus dem Anfang des VII. Jahrhunderts; dann aus der Zeit Martins I. (649-654) Kirchenväter mit langen griechischen Spruchbändern; drittens über der Madonna ähnliche Figuren von Kirchenvätern, wohl aus der Zeit Johanns VII. (s. unten). In der Apsis Christus umgeben von Seraphim, Heiligen und Kirchenvätern (aus der Zeit Pauls I., 757-767); in der Lünette über der Apsis Christus am Kreuz, angebetet von Engeln und Seligen in weißen Gewändern; darunter in rotem Felde lange griechische Inschriften (messianische Weissagungen des Alten Testaments). An den Schranken des Presbyteriums David und Goliath, der kranke König Hiskias und der Prophet Jesaias. Von der Kanzel (Ambo), die hier stand, ist eine achteckige Marmorplatte mit der Inschrift „Iohannes servus s(an)c(t)ae Mariae" (Papst Johann VII., 705-707) erhalten. — Unter dem Fußboden sind christliche Gräber gefunden worden, auch schöne Sarkophage, einer mit Darstellungen aus der Geschichte des Jonas.

Aus dem Vorhof führen östl. eine Tür zu einem ansteigenden Korridor, der in vier Windungen zum Tiberius-Palast (S. 298) emporsteigt (oben schöner Blick über das Forum), westl. ein niedriger Durchgang in die mächtige quadratische Cella des *Augustus-Tempels* (Templum Divi Augusti), der von Tiberius erbaut, nach dem neronischen Brande von Domitian prachtvoll erneuert wurde. Seine Front war an dem verkehrreichen Vicus Tuscus (S. 304); in den Nischen standen Kolossalbilder vergötterter Kaiser.

Zurück zum Lacus Juturnae und r. weiter zu dem runden Fundament des *Vestatempels* (Aedes Vestae), in dem das heilige Feuer von den Vestalinnen gehütet wurde. Bruchstücke des Marmorgebälks, der Säulen und der Deckenkassetten liegen umher. Der Tempel wurde Anfang des III. Jahrh. n. Chr. nach einem Brande restauriert. — Die Reste von Marmorwänden n.ö. gegenüber dem Vestatempel bezeichnen die

Regia, nach der Sage ursprünglich Wohnung des Königs Numa Pompilius, des Gründers der Staatskulte, später das Amtshaus des Pontifex Maximus. Als solches enthielt sie die heiligen Räume (sacraria) des Mars und der Ops zur Aufbewahrung der heiligen Lanzen des Gottes und der Opfergeräte der Staatspriester, sowie das Archiv der Pontifices, in dem u. a. die Caerimonialbücher, die Kalendertafeln und das amtliche Verzeichnis (fasti) der jährlichen Magistrate lagen. Der Pontifex Cn. Domitius Calvinus, der die Regia nach dem Brande von 36 vor Chr. prächtig aus Marmor wieder aufbaute, ließ das Verzeichnis in die S.- und W.-Wand des neuen Gebäudes eingraben (die S. 268 gen. Fasti Consulares). Zu diesem Marmorbau gehören die schönen Fragmente von Gesimsen und Kapitälen, die zwischen Castor- und Vestatempel zusammengehäuft sind; zu einer Restauration unter Septimius Severus die rohen Stücke eines Konsolgesimses, die an der Südseite des Gebäudes, wo die Mauer mit den Fasti stand, liegen. Reste des Tuffbaues der republikanischen Regia, die sich weiter nach Osten erstreckte, sind das runde Basament von 2m Durchmesser (oberste Schicht modern), ohne Grund Sacrarium Martis genannt, und ein Raum mit einer altertümlichen Zisterne, ebenfalls ohne Grund Sacrarium der Ops genannt.

S.ö. hinter dem Vestatempel l. eine kleine, 1898 restaurierte *Aedicula* (Kapelle für ein Götterbild), die laut Inschrift vom Senat und Volk errichtet war; an Stelle des plumpen Ziegelpfeilers r. ist eine Säule zu denken.

Neben der Aedicula führt über einige Stufen ein Seiteneingang in das ***Atrium Vestae,** den Palast der Vestalinnen. Die erhaltenen Ruinen, in sorgfältigem Ziegelmauerwerk, dem die Marmorbekleidung fast ganz geraubt ist, gehören dem I. und II. Jahrh. nach Chr. an. Das Gebäude gliedert sich in drei Teile: einen rechteckigen Säulenhof, die um einen quadratischen Saal gruppierten Amtsräume (?) der Vestalinnen, und die r. (westl.) neben dem Atrium gelegenen Wirtschaftsräume. Die eigentlichen Wohnräume lagen im oberen Stockwerk.

Der Säulenhof ist der ausgedehnteste (68 × 23m) Teil des Gebäudes. Die Hallen umgaben den Hof in zwei Stockwerken. Die Säulen des unteren Umgangs sind von grüngeadertem Cipollinmarmor, die des oberen von roter Breccia corallina. In der Mitte des Hofes befanden sich Brunnen- und Gartenanlagen, um den Vestalinnen, die nur bei feierlichen Gelegenheiten ihr Haus verlassen durften, einen freundlichen Aufenthalt zu verschaffen. Geschmückt war der Hof u. a. mit den Statuen der Obervestalinnen (*Virgines Vestales Maximae*), von denen noch elf ganz oder in Bruchstücken erhalten sind, zum Teil von guter Arbeit (die besten jetzt im Thermenmuseum, s. S. 184). Die Inschriften der zugehörigen Basen besagen, daß die Statuen teils von Verwandten oder Untergebenen, teils zum Dank für erhaltene Gnadenbezeugungen — die Fürsprache der Vestalinnen fand bei Besetzung von Ämtern und sogar militärischen Posten besondere Berücksichtigung — errichtet worden sind; die Namen (Numisia Maximilla, Terentia Flavola, Flavia Publicia, Coelia Claudiana, Terentia Rufilla) gehören dem III. und IV. Jahrh. nach Chr. (201-364) an.

In der Mitte des Hofes drei jetzt wiederhergestellte Zisternen zum Auffangen des Regenwassers, da die Priesterinnen sich des Fluß- oder Leitungswassers nicht bedienen durften.

Der zweite Teil des Hauses enthält die **Amtsräume** (?). In der Mitte ein hoher quadratischer Saal, *Tablinum* genannt, zu dem Stufen hinaufführen. An jeder Seite vermitteln von da drei Türen den Zugang zu abgeschlossenen Zellen, deren jede einer der sechs Priesterinnen gehört haben dürfte. — Im südl. Flügel, unterhalb der Nova Via und des Palatins, ist in zwei Zimmern noch das schöne Marmormosaik der Fußböden erhalten. In die letzten Zimmer, in der SO.-Ecke, ist in später Zeit eine Mühle eingebaut worden. Die ursprünglichen **Wirtschaftsräume** finden sich im westl. Flügel. Hier ist namentlich die Küche mit Herd und anstoßend eine Vorratskammer mit zahlreichen Gefäßscherben, einem großen Wasserreservoir aus Blei u. a. bemerkenswert.

Das **Obergeschoß** (der Kustode des Forums hat den Schlüssel) enthielt weitere Wohnräume, von denen ein Teil erhalten ist, insbesondere mehrere Badezimmer. Eine Treppe führt von einem der südlichen Gemächer hinauf. Vom Obergeschoß hat man einen Überblick über das ganze Gebäude und Aussicht nach der Konstantinsbasilika.

An der Sacra Via weiter, dem Vestatempel und der Regia gegenüber, liegt, c. 5m über dem Pflaster und im Altertum durch eine breite Freitreppe zugänglich, der

***Faustina-Tempel**, von welchem noch die Vorhalle mit ihren zehn schönen Säulen aus euböischem Marmor (cipollino) und ein Teil der Cella, mit Marmorfries (Greifen und Kandelaber) an der Westseite, stehen. Im Innern die Kirche *S. Lorenzo in Miranda* (Pl. II 19). Antonin weihte den Tempel im J. 141 seiner Gattin, der ältern Faustina, und nach seinem eigenen Tode im J. 161 wurde er ihm mitgeweiht. Die erste Zeile der Inschrift Divo Antonino et | divae Faustinae ex S. C. ist damals hinzugefügt worden.

Die Kirche, im XII. Jahrh. zuerst erwähnt, mit Fassade von 1602, verdient keinen Besuch. Der Beiname stammt wahrscheinlich von der Begründerin, einer vornehmen Römerin Namens Miranda (vgl. S. Lorenzo in Damaso und S. Lorenzo in Lucina).

An der Ostecke des Tempels wurde 1902 in großer Tiefe eine uralte *Begräbnisstätte* (Sepulcretum) aufgedeckt, teils Brandgräber, teils Bestattungsgräber. Die gefundenen Gefäße, u. a. eine den albanischen (S. 387) ähnliche Aschenurne in Form einer Hütte, dürften z. T. noch ins VIII. Jahrh. vor Chr. gehören; die jüngsten sind aus dem VI. Jahrh., da nach Einrichtung des Forums als Marktplatz das Begraben an dieser Stelle natürlich aufhören mußte. Die Funde sind vorläufig in einem Raum gegenüber dem Romulustempel (s. unten) aufgestellt und nur mit besonderer Erlaubnis sichtbar.

Ein Hügelrücken, im Altertum *Velia* genannt, verbindet Palatin und Esquilin. Seine höchste Stelle wird durch den Titusbogen (S. 286) bezeichnet ($29_{,8}$m). Die Sacra Via setzt sich, allmählich auf ihm ansteigend, nach SO. fort. An ihr liegt zunächst

SS. Cosma e Damiano (Pl. II 19; Eingang Via in Miranda), erbaut von Felix IV. (526-530), unter Benutzung eines antiken Rundtempels (Templum Divi Romuli), den Kaiser Maxentius seinem Sohne

Romulus († 309) errichtet hatte. Urban VIII. erhöhte 1633 wegen der feuchten Lage den Fußboden so, daß eine obere Kirche entstand, neben der jedoch die alte als Unterkirche erhalten blieb.

Die Unterkirche hat noch ihre alten Bronzetüren mit antikem Schloß. — Die Oberkirche hat am Triumphbogen und in der Tribuna ***Mosaiken** aus der Zeit des Stifters (VI. Jahrh.; S. LXI), um 1660 stark restauriert (bestes Licht nachmittags): am Triumphbogen, der bei einer Ausbesserung verkürzt worden ist, das Lamm, mit dem Buche mit sieben Siegeln nach Offenb. Joh. Kap. 5; daneben sieben Leuchter und vier Engel; von den Symbolen der Evangelisten nur noch zwei vorhanden, Engel und Adler. Die Arme mit den Kränzen, darunter, gehörten zwei Propheten an. In der Tribuna: Christus, dem die H. Cosmas und Damianus, zwei arabische Ärzte, die zum Christentum übertraten und unter Diokletian den Martertod erlitten, von Petrus und Paulus zugeführt werden, an den Seiten l. St. Felix (ganz neu) mit der Kirche, r. St. Theodorus. Darunter Christus als Lamm, dem die zwölf Lämmer (Apostel) sich zuwenden.

Hinter dieser Kirche wurden die S. 265/266 erwähnten Reste des antiken Stadtplanes aufgefunden. Die Mauer, an welcher der Plan angebracht war, gehörte zu einem der Nebengebäude des Forum Pacis, welches man für ein von Vespasian errichtetes, von Septimius Severus erneuertes Archiv der Zensurbehörde hält und *Templum sacrae urbis* zu nennen pflegt; vielleicht war es eins der Bibliotheksgebäude, die als zum Templum Pacis gehörig erwähnt werden.

Die ***Basilika des Konstantin** (Pl. II 19, 22), deren drei kolossale Bögen weithin auffallen, wurde von Maxentius erbaut, jedoch von seinem Überwinder Konstantin verändert und nach diesem benannt. Der Grundplan bildet ein Rechteck von fast 100m Länge und 76m Breite, mit drei Schiffen. Der Eingang war ursprünglich auf der Seite des Kolosseums. Ihm gegenüber liegt die unvollständig erhaltene Hauptapsis. Bei der Eröffnung des zweiten Eingangs, von der Sacra Via her, baute man die zweite Apsis. Von den gewaltigen Tonnengewölben, die vielen neueren Architekten zum Vorbild gedient haben (vgl. S. 345), sind die des r. Seitenschiffs erhalten: $20{,}_5$m breit, $17{,}_5$m tief, $24{,}_5$m hoch. Die Spannung des Mittelschiffs betrug 25m bei 35m Höhe und 20m Breite. Vor den Mittelpfeilern standen acht riesige weiße Marmorsäulen korinthischer Ordnung (eine davon jetzt vor S. Maria Maggiore, S. 196). In der ursprünglichen Apsis am Westende stand vielleicht das Kolossalbild des Konstantin, zu dem der riesige Kopf im Hof des Konservatorenpalastes (S. 263/264) gehörte. Die vergoldeten Bronzeplatten des Daches nahm Papst Honorius I. um 626 nach Chr. fort, um die alte Peterskirche damit zu decken.

Zwischen Konstantinsbasilika und Palatin wurden Reste von *Privatgebäuden* der Sacra Via aufgedeckt. Sie war eine der elegantesten Straßen des alten Rom, besonders reich an Goldschmied-, Bronze- u. a. Läden. Die Mauern stammen aus verschiedenen Zeiten (vor und nach Hadrian) und sind im einzelnen noch sehr unklar.

Neben der Konstantinsbasilika, zum Teil auf dem Tempel der Venus und Roma, liegt die Kirche S. Francesca Romana (S. 286).

S. Francesca Romana (Pl. II 19, 22), ursprünglich *S. Maria Nova* genannt, mehrfach, namentlich nach einer Feuersbrunst unter Honorius III. um 1216, erneut, Grabstätte der 1608 heilig gesprochenen *Francesca de' Ponziani* († 1440). Die Fassade ist von einem Zeitgenossen Maderna's (1615).

Inneres. In dem Vorraum mit Seiteneingang zwischen der 1. und 2. Kap. r.: (r.) Grabmal des Kardinals Vulcani († 1394); (l.) des päpstlichen Festungskommandanten und Feldherrn Antonio Rido († 1457). 2. Kap. Altarbild: *Subleyras*, Wunder des h. Benedikt. In der Tribuna: Mosaik (XII. Jahrh., restauriert), in der Mitte Madonna, l. die H. Johannes und Jakobus, r. die H. Petrus und Andreas. Auf dem Hochaltar ein altes Madonnenbild, angeblich vom h. Lukas, das allein beim Brande erhalten geblieben sein soll. Rechts von der Apsis: Grabmal Gregors XI., welcher von Avignon wieder nach Rom übersiedelte († 1378), mit Relief von *Olivieri* (1585). Hier an der rechten Wand eingemauert zwei Steine, auf denen Paulus und Petrus gekniet haben sollen, als sie die Bestrafung des Simon Magus erflehten. In der Konfession: Gruppe der Heiligen mit einem Engel von *Meli*. Unter der Tribuna (verschlossen) Grab der Heiligen mit einem Marmorrelief von *Bernini* auf dem Altar.

In dem anstoßenden *Kloster*, mit zierlichem Kreuzgang aus der Zeit Alexanders VI., ist das Bureau der Ausgrabungsdirektion, die hier ein *Museum* (Museo del Foro) für die auf dem Forum gefundenen Altertümer einrichtet. Im Erdgeschoß werden Architekturteile, Skulpturen und Grabfunde, im oberen Stock die übrigen Funde untergebracht.

Auf der Höhe der Velia (S. 284), am Fuße des Palatin, steht der ***Triumphbogen des Titus**, zum Andenken an den Sieg über die Juden (70 nach Chr.) erbaut, unter seinem Nachfolger Domitianus 81 geweiht, wie die Inschrift an der Seite nach dem Kolosseum zu sagt: „Senatus populusque Romanus divo Tito divi Vespasiani filio Vespasiano Augusto." Er besteht aus einem Bogen und ist mit vortrefflichen Reliefs (S. LIV) geschmückt: außen am Fries unter der Inschrift ein Opferzug; innen einerseits Titus von Victoria gekrönt auf einer Quadriga, die von der Roma gelenkt wird, anderseits der Triumphzug mit gefangenen Juden, dem Tisch mit den Schaubroten, dem siebenarmigen Leuchter; in der Mitte der Wölbung der konsekrierte Kaiser von einem Adler zum Himmel getragen.

Im Mittelalter diente der Bogen den Frangipani als Festung. Als man 1822 die angebauten Mauern wegnahm, verlor er den Halt und mußte neu aufgerichtet werden, wie die Inschrift an der andern Seite sagt. Nur das Mittelstück aus Marmor ist alt, die Travertinteile neu.

Südl. steigt vom Titusbogen der Vicolo di S. Bonaventura (Pl. II 19) bergan; an ihr liegen die Kirche *S. Sebastiano alla Polveriera*, auf der Stelle des von Augustus gegründeten Apollotempels (in der Vigna hübscher Blick auf das Kolosseum) und das Kloster *S. Bonaventura*, das demnächst abgerissen werden soll (im Klostergarten eine schöne Palme und Aussicht).

Die Sacra Via senkt sich, vom Titusbogen ab an Resten von Privatgebäuden (ohne Grund „Thermen des Maxentius" benannt, die nie existiert haben) vorbei hinab nach dem Kolosseum. L. von der

Straße die Doppelapsis des **Tempels der Venus und Roma** (Pl. II 22), von Hadrian 135 nach eignen Plänen erbaut, nach einer Feuersbrunst 307 von Maxentius erneut. Er war einer der prächtigsten Tempel in Rom.

Wie man sieht, waren es zwei Tempel unter einem Dach, mit Eingängen vom Kolosseum und vom Kapitol her, deren Apsiden aneinanderstießen, so daß an beiden Seiten der Mittelwand je eine Nische für ein Götterbild war. Die Apsis nach dem Kolosseum zu ist offen. Der Tempel war ein Peripteros mit 10 Säulen an den Schmal-, 20 an den Langseiten, c. 110m lang, 53m breit, umgeben von einem c. 150 Säulen zählenden Portikus von 166,4m Länge und 100m Breite, der bis an die Straße vorsprang, gegen welche er durch mächtige Unterbauten gestützt war. Die umherliegenden Säulenschäfte von Granit gehörten diesem an. Die Cellen selber waren mit den kostbarsten Marmorarten bekleidet. Die westl., der Roma geweihte, wird als Teil des S. 286 erwähnten Museums zugänglich werden.

Vor dem Kolosseum erreicht man noch die sog. *Meta sudans*, den restaurierten Backsteinkern eines von Domitian errichteten Springbrunnens, dessen Name wohl daher kommt, daß eine krönende Bronzekugel aus vielen Poren das Wasser ausfließen ließ, welches in Schleiern in das kreisrunde Becken niederfiel. R. erblickt man den Konstantinsbogen (S. 291), links, nördl. die Reste einer großen quadratischen *Basis:* dort stand seit Hadrian die vergoldete *Kolossalstatue des Nero* als Sonnengott, die mit dem Strahlenkranze eine Höhe von c. 36m hatte und von Zenodoros verfertigt war. Nero selbst hatte sich den Koloß im Vorhofe seines „goldenen Hauses" errichtet, jenes Palastes, den er sich nach dem Brande Roms (64 nach Chr.) mit verschwenderischer Pracht erbaute, der aber gleich nach seinem Tode (68) großenteils wieder zerstört wurde (vgl. S. XXXI/XXXII). An der Stelle eines künstlichen Sees dieser Nero-Gärten gründete Vespasian das

****Kolosseum** (Pl. II 22) oder, wie es ursprünglich hieß, das *Amphitheatrum Flavium*, das größte aller Theater und eines der ersten Bauwerke der Welt. Es wurde von Titus im J. 80 vollendet und mit hunderttägigen Kampfspielen eingeweiht, wobei 5000 wilde Tiere zu Tode gehetzt und auch Seegefechte aufgeführt wurden. Unter Macrinus (217) brannte infolge eines Blitzschlags die oberste Galerie ab. Die Restauration wurde erst unter Alexander Severus beendet. Im J. 248 feierte Kaiser Philippus mit prächtigen Spielen die 1000jährige Dauer Roms. Im Geiste des seit Konstantin herrschenden Christentums schaffte Honorius 405 die Fechterspiele ab, doch dauerten die Tierkämpfe bis nach Theoderichs des Großen Zeit fort. 442 wurde das Gebäude durch Erdbeben beschädigt und wahrscheinlich 445 von Theodosius II. und Valentinian III. restauriert.

Der jetzige Name, der mit dem Koloß des Nero in Verbindung zu bringen ist, kam seit dem VIII. Jahrh. auf, nachdem der Koloß selbst verschwunden war. Durch weitere Erdbeben (1231, 1255) scheint das Kolosseum schon im XIV. Jahrh. auf seinen jetzigen Umfang reduziert gewesen zu sein. Der nordwestl. Teil diente den

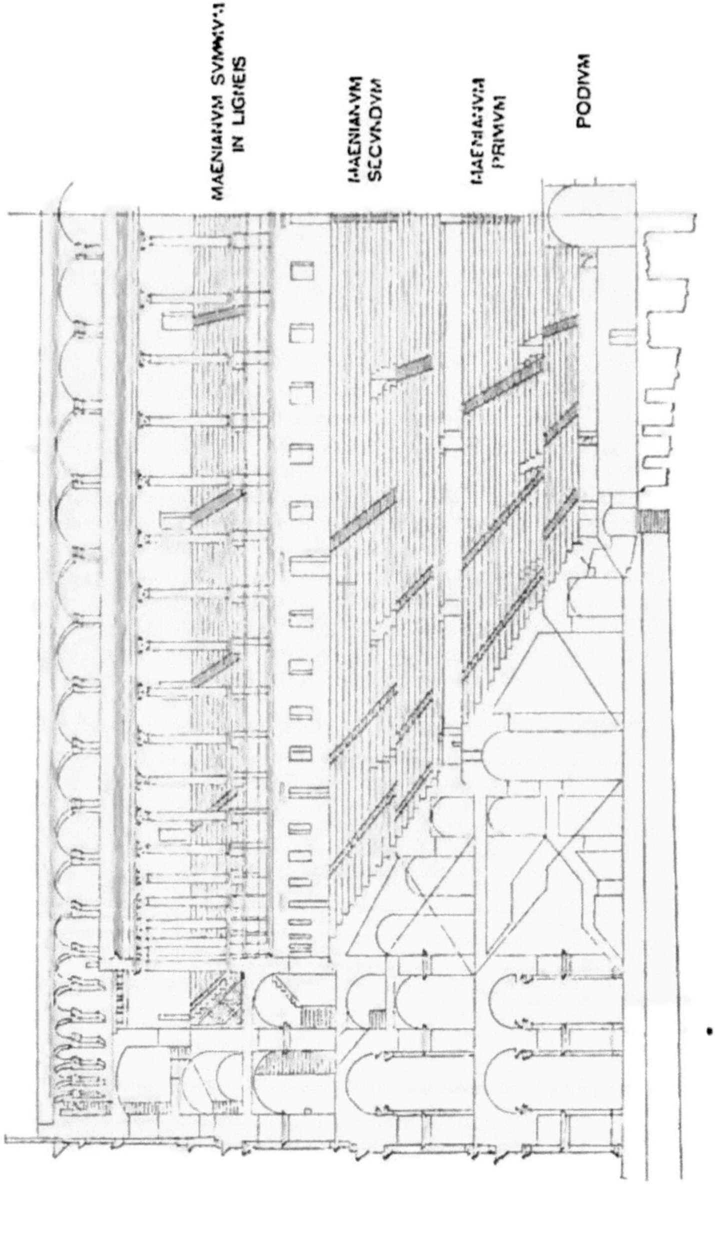
MAENIANVM SVMMVM
IN LIGNEIS
MAENIANVM
SECVNDVM
MAENIANVM
PRIMVM
PODIVM

Frangipani und anderen Baronen als Festung, bis Kaiser Heinrich VII. diese 1312 dem römischen Senat und Volk übergab. Nachdem der Bau dann vom XV.-XVII. Jahrh. noch viel Material zu neuen Kirchen, Palästen usw. geliefert hatte (S. 219, 215, 249), weihte ihn Benedikt XIV. (1740-58) zum Gedächtnis des hier geflossenen Märtyrerblutes der Passion Christi. Den drohenden Einsturz beugte man im XIX. Jahrh. durch Strebepfeiler und Einbauten vor.

Das Kolosseum ist aus Travertinquadern aufgeführt, welche ursprünglich durch Eisenklammern zusammengehalten wurden; im Innern sind auch Tuff und Ziegel verwandt. Die vielen eingehauenen Löcher rühren aus dem Mittelalter, wo man das damals sehr wertvolle Eisen herausholte. Der Gesamtumfang des elliptischen Baues beträgt nach den zuverlässigsten Messungen 524m, die ganze Längenachse 188m, die Querachse 156m. Die Höhe beläuft sich auf $48{,}_5$m. Der erhaltene nordöstliche Teil (gegen den Esquilin hin) hat 4 Stockwerke, die 3 unteren mit Arkaden, deren Pfeiler mit Halbsäulen dorischer, ionischer, korinthischer Ordnung geschmückt sind, die Mauer des 4. Stockwerks mit Fenstern zwischen korinthischen Pilastern. In den Arkaden des 2. und 3. Stockwerkes waren Statuen aufgestellt, wie aus Abbildungen auf alten Münzen hervorgeht. Von den vier dreischiffigen Haupteingängen waren die an der kleineren Achse, gegen Esquilin und Caelius, dem Kaiser vorbehalten, die beiden anderen für den feierlichen Aufzug beim Beginn der Spiele, sowie zum Hereinschaffen der Tiere und der Maschinen bestimmt. In den Bogen des Eingangs nach dem Esquilin zu sieht man noch Spuren der Stukkaturen, die einst Giovanni da Udine, dem Schüler Raffaels, als Muster dienten. Die Zuschauer gelangten durch die Arkaden des untersten Stockwerkes, welche mit Nummern bis zu LXXVI bezeichnet waren (Nr. XXIII bis LIV sind noch vorhanden), und die anschließenden Treppen zu ihren Plätzen.

Das Innere hatte Raum für 40-50000 Zuschauer (die Zahl 87000 ist übertrieben). Die Sitzreihen sind nach außen durch zwei Arkadenreihen gestützt, nach innen zum Teil massiv untermauert. In jedem vierten Bogen führt eine Treppe hinauf. Außerdem laufen zwischen den Reihen Gänge hin. Die vorderste Sitzreihe, das *Podium*, war für den Kaiser, die Senatoren und die vestalischen Jungfrauen bestimmt; der Kaiser hatte einen erhöhten Platz (Pulvinar), die andern Ehrensessel. Über dem Podium waren zwei Abteilungen von Marmorstufen, die bis hinauf zu der von Türen und Fenstern durchbrochenen Gürtelmauer reichten. Die Mauer trug eine Säulenhalle, unter der sich hölzerne Sitzstufen befanden. Auf dem Dache der Halle standen die geringeren Zuschauer (pullati, die keine Toga hatten). Ganz in der Höhe der Innenmauer sieht man eine Reihe von Konsolen, auf denen eine schmale Terrasse hinlief, von wo Matrosen der kaiserlichen Flotte Segeltücher gegen die brennenden Sonnenstrahlen über den Zuschauerraum ausspannten.

Die dazu nötigen Stricke wurden an Mastbäumen befestigt, die in den noch sichtbaren Löchern im äußeren Kranzgesims und auf den Kragsteinen darunter ihren Halt hatten.

Die Arena hat eine Längenachse von 86m, eine Querachse von 54m Ausdehnung. Unter ihr befanden sich bei den Fundamenten des innersten Mauerringes Kammern und Käfige für die wilden Tiere. Nach der Mitte zu bemerkt man in dem offengelegten Teile eine Menge von Mauern, Pfeilern und Bogen, welche teils zur Stütze der Arena dienten, teils zu den mannigfachen Vorrichtungen gehörten, durch welche das theatralische Beiwerk zu Tierhetzen und anderen Vorstellungen heraufgeschafft wurde. Die zahlreichen Fragmente mit sehr großen Buchstaben, am Rande der Arena, gehörten zu den um 445 gesetzten Dedikationsinschriften Theodosius' II. und Valentinian's III. (S. 287).

Obschon zwei Dritteile des Riesenbaues nicht mehr vorhanden sind, bleibt doch der Rest noch immer übergewaltig. Ein Architekt des XVIII. Jahrhunderts berechnete den Wert des übrig gebliebenen Materials nach den Tagespreisen auf c. $1^1/_2$ Millionen Scudi (c. 8 Millionen fr.). Stets galt das Kolosseum als Symbol der Größe Roms. Von Pilgern des VIII. Jahrhunderts rührt der Spruch her: „so lange das Kolosseum steht, wird Rom stehen; wenn das Kolosseum fällt, wird Rom fallen und mit Rom fällt die Welt."

Zur Orientierung ist die Besteigung der oberen Stockwerke sehr empfehlenswert. Besuchsordnung wie beim Forum Romanum (s. S. 162); Treppe im 2. Bogen l. vom Eingang, gegenüber dem Tempel der Venus und Roma: 50 c., So. frei. Im 1. Stock sind drei Bogengänge; man nehme den inneren, um das Gebäude recht übersehen zu können. Drei Bogen am nördl. Ende der kleinen Achse dienen jetzt als Magazin für Inschriften (vom Rand des Podiums mit Namen der Platzinhaber, vieler vornehmer Römer des V. und VI. Jahrh. nach Chr.). Über dem Eingang nach dem Palatin zu führt die moderne Treppe von 48 Stufen in den 2. und gleich weiter l. auf einen Vorsprung im 3. Stock. Weitere 55 Stufen führen im 4. Stock zu einer 1852 von Canina auf antiken Spuren errichteten zweistöckigen Halle, von deren Plattform man den besten Überblick über das Gebäude und eine schöne Aussicht auf die südlichen Stadtteile hat. Man übersieht den Caelius mit S. Stefano Rotondo und SS. Giovanni e Paolo, weiter den Aventin mit S. Balbina, hinten S. Paolo fuori, näher r. die Cestiuspyramide, r. den Palatin, auf dessen Höhe die Bogen der Aqua Claudia zuführen.

Einen unbeschreiblichen Eindruck macht das Kolosseum an hellen Mondabenden und bei Beleuchtung (z. B. bei bengalischem Feuer, vgl. S. 158), weil dann die Massen dem Verfall des einzelnen gegenüber erst zu ihrem Recht kommen. „Überhaupt", sagt Goethe von Rom, „haben Sonne und Mond, eben wie der Menschengeist, hier ein ganz anderes Geschäft als anderer Orten, hier wo ihrem Blick ungeheure und doch gebildete Massen entgegen stehen." Der Eintritt in die Arena ist die ganze Nacht gestattet, nicht aber die Besteigung der Sitzreihen zu der man eines Permesses des Ministeriums bedarf.

Nördl. vom Kolosseum gelangt man durch Via degli Annibaldi nach S. Pietro in Vincoli (S. 205). Südwestl., zwischen Caelius und Palatin, die hier in die Sacra Via mündende *Via triumphalis* überspannend, erhebt sich der

***Triumphbogen des Konstantin** (Pl. II 22), der besterhaltene Roms, errichtet nach dem Siege über Maxentius bei Saxa rubra 312 (S. 410), wo Konstantin sich für das Christentum entschied: „Imperatori Caes. Flavio Constantino Maximo pio felici Augusto Senatus Populusque Romanus, quod instinctu divinitatis mentis magnitudine cum exercitu suo tam de tyranno quam de omni eius factione uno tempore iustis rem publicam ultus est armis arcum triumphis insignem dicavit.“ Der Bogen hat drei Durchgänge. Er war bereits im x. Jahrh. in eine Festung verwandelt und später im Besitz der Frangipani; 1804 wurde er freigelegt. Der größte Teil der Architektur und der trefflichen Skulpturen rührt von älteren Gebäuden her, aber nicht, wie man gewöhnlich annimmt, vom Triumphbogen des Trajan. Die rohen konstantinischen Zutaten stechen häßlich davon ab.

Aus der Zeit Trajans stammen: die *Statuen der gefangenen Dacier* aus Pavonazzetto, oben vor der Attika, davon sieben alt, einer, sowie die Hände und Köpfe der übrigen, neu (Fragment s. S. 260); ferner die großen **Reliefs*, welche ursprünglich einen zusammenhängenden Fries von mindestens 15m Länge bildeten, aber zur Zeit des Konstantin roh auseinander genommen und r. und l. im Hauptdurchgang sowie an den Schmalseiten der Attika eingelassen wurden. Die richtige Folge ist: 1. (Mitteltor l.) Trajan beim Einzug in Rom von Victoria gekrönt, Prätorianer im Kampf mit Daciern; 2. (Attika l.) Fortsetzung des Kampfes; 3. (Mitteltor r.) Gefangene den Kaiser um Gnade anflehend; 4. (Attika r.) Besiegte Dacier, im Hintergrunde ihre Hütten. Trajanisch sind außerdem noch die acht *Rundmedaillons*, mit Jagd- und Opferszenen, gleichfalls ohne Rücksicht auf ihre Zusammengehörigkeit eingemauert: Auszug zur Jagd (Westseite l.) und Opfer an Apollo (Ostseite l.); Eberjagd (Ostseite l.) und Opfer an Diana (Westseite r.): Bärenjagd (Westseite r.) und Opfer an Silvanus (Westseite l.); Löwenjagd (Ostseite r.) und Opfer an Herkules (Ostseite r.). — Mit Unrecht werden in die trajanische Zeit versetzt die acht *Reliefs* auf den Langseiten der Attika, neben der Inschrift (Opfer, Ansprachen an das Volk und die Soldaten, Einzug usw.): die Kaiserköpfe auf diesen sind willkürlich im xvii. Jahrh. als Trajan ergänzt worden, ebenso die meisten charakteristischen Zutaten. Sie beziehen sich auf Marc Aurel und gehören zu den S. 261 gen. im Konservatorenpalast.

Aus dem iv. Jahrh. sind die unter den Medaillons eingelassenen *kleineren Reliefs*, friedliche und kriegerische Taten Konstantins darstellend, beachtenswert über dem l. Seitendurchgang die Abbildung des Kaisers auf den Rostra, sowie die *Viktorien-* und *Gefangenenstatuen* an den Säulenpostamenten.

Durch Freilegung des antiken Pflasters im SO. des Kolosseums hat man einen schönen Blick auf den besterhaltenen Teil der Außenseite des Gebäudes gewonnen. Das Pflaster besteht aus Travertinplatten und ist in einer Entfernung von 18m vom Gebäude durch große Grenzsteine aus Travertin eingefriedigt, die an den Rückseiten Löcher haben, vermutlich für Barrieren oder Seile zur Sonderung der nach den verschiedenen Eingängen drängenden Zuschauer. Um diesen freien Platz läuft noch eine mit Lava gepflasterte Straße. Reste eines Backsteinportikus, die östlich jenseit der modernen Straße zum Vorschein gekommen sind, gehören vielleicht zu den *Thermen des Titus*, die gleich dem Kolosseum auf dem Gebiet des neronischen goldenen Hauses (S. 287) erbaut waren. Sie nahmen den Abhang des Oppius (bis Via degli Annibaldi) ein, sind aber gänzlich zerstört. An sie schlossen sich die **Thermen des Trajan,** die bis in die Gegend von S. Pietro in Vincoli und S. Martino ai Monti (S. 205, 204) reichten. Ihre großartigen Reste, mit Unrecht für die Titusthermen gehalten, sind zum Teil erst 1795 zerstört worden. Was man jetzt als „Terme di Tito“ zu sehen bekommt, gehört fast durchweg zu älteren, vielleicht neronischen Gebäuden, die Trajan in die Fundamente seiner Anlage hineinzog.

Die Ruine ist tägl. von 9 (1. Juni-30. Sept. 7) Uhr bis Sonnenuntergang zugänglich. Der Eingang ist in Via Labicana links (vor dem Eintritt abkühlen!). Der Kustode leuchtet (Trkg.). Man sieht zunächst den Unterbau einer großen halbkreisförmigen Exedra, welche die Mitte der Rückseite des trajanischen Baues bildete. Weiter gelangt man zu den neronischen Bauten, die mit der Achse der Thermen einen Winkel von 45° bilden, und betritt eine Reihe von sieben Zimmern, vor deren mittelstem man l. Reste eines Brunnens bemerkt. Die Bestimmung der einzelnen Räume ist nicht sicher. Die schönen Malereien, welche Giov. da Udine und Raffael als Vorbilder für die Loggien des Vatikan dienten, sind sehr beschädigt. Eine Nische wird fälschlich als Fundstätte des Laokoon (S. 381) ausgegeben.

c. Die Kaiserfora.

In der Ebene nordöstlich vom Forum der Republik lagen die Fora der Kaiser, welche sowohl als Prachtgebäude und Denkmäler ihrer Erbauer errichtet wurden, wie auch zu Gerichtsverhandlungen und andern praktischen Zwecken bestimmt waren. Das Hauptgebäude war stets ein Tempel. Das erste, das Forum Iulium, wurde von Caesar begonnen, von Augustus vollendet; das zweite errichtete Augustus; ein drittes, der Platz um den Friedenstempel, hat Vespasian zum Erbauer. Zwischen diesem und den beiden ersten begann Domitian und vollendete Nerva das Forum transitorium; den Schluß der Reihe nach Norden bildete das glänzende Trajansforum.

Wir beginnen unsere Wanderung an der nördl. Ecke des Forum Romanum, wo die vom Kapitol kommende *Via dell' Arco di Settimio Severo* (S. 259) und die S. 220 gen. *Via di Marforio* zusammenstoßen.

Hier liegt, an der Via di Marforio, die kleine Kirche *S. Giuseppe de' Falegnami* (Pl. II 20), welche über einem der ältesten Bauwerke Roms errichtet ist, dem **Carcer Mamertinus** unter der Freitreppe, der ursprünglich vielleicht ein Brunnenhaus (lat. *tullianum*) war. Das Gebäude wurde von der Sage dem König Servius Tullius zugeschrieben; später diente es als Gefängnis. Neuerdings hat man die Vermutung aufgestellt, es sei eigentlich ein archaisches Kuppelgrab (wie die mykenischen) gewesen. Eintritt, unter der Freitreppe, von 9 Uhr vorm. bis zur Dunkelheit, 25 c. Elektr. Licht.

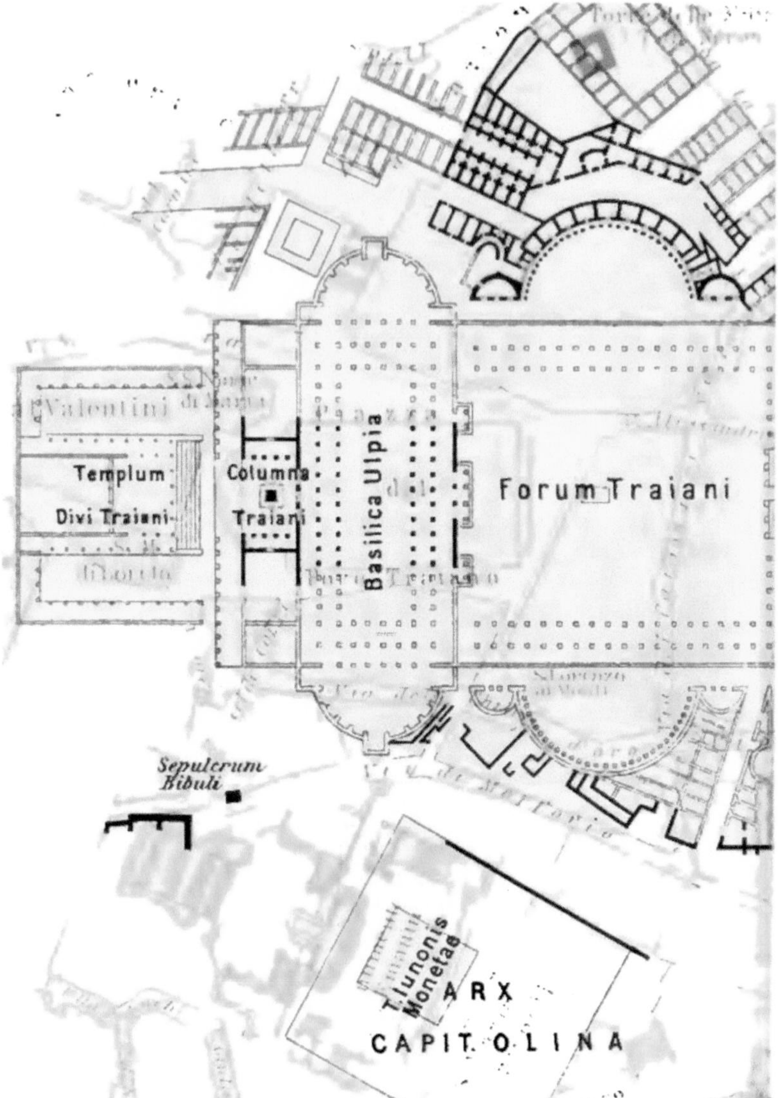

sph. Anstalt v. Wagner & Debes, Leipzig.

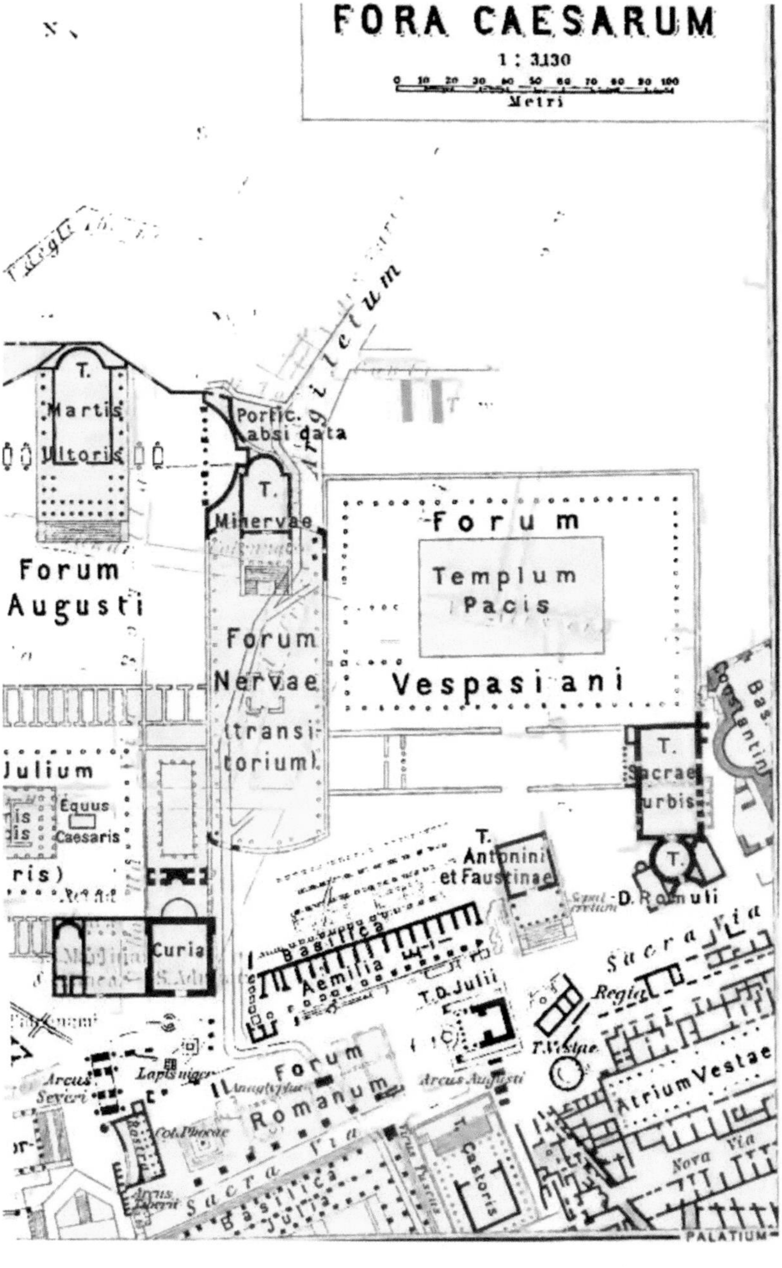
FORA CAESARUM
1 : 3130
0 10 20 30 40 50 60 70 80 90 100
Metri
Argiletum
T. Martis Ultoris
Portic. absi data
T. Minervae
Forum Augusti
Forum Nervae (transitorium)
Forum Templum Pacis Vespasiani
Bas. Constantini
T. Sacrae urbis
Julium
Equus Caesaris
Curia
T. Antonini et Faustinae
D. Romuli
Basilica Aemilia
Sacra Via
Regia
T. D. Julii
T. Vestae
Atrium Vestae
Lapis niger
Forum Romanum
Arcus Severi
Arcus Augusti
Rostra
Col. Phocae
Castoris
Basilica Julia
Nova Via
PALATIUM

Der Carcer besteht aus zwei unter einander liegenden Räumen. Der obere, ein unregelmäßiges Viereck, an das sich wohl noch mehrere ähnliche Räume anschlossen, wurde laut Inschrift an der Vorderseite unter Tiberius oder Caligula restauriert. Der untere Raum, ursprünglich nur durch ein Loch in der Decke zugänglich, ist 6m lang, 3m breit, 2m hoch. Seine Wölbung wird durch Überkragung der Decksteine gebildet. Hier haben Jugurtha, Vercingetorix und andere überwundene Feinde Roms geendet. Bei der Erzählung der Hinrichtung von Catilina's Genossen beschreibt Sallust den Ort fast genau so wie er sich heute noch zeigt: „Im Gefängnis ist ein Raum, das Tullianum genannt, etwa zwölf Fuß unter der Erde; rings umgeben ihn Wände und eine aus Quadern gewölbte Decke; sein Aussehen ist durch Vernachlässigung, Dunkelheit und Geruch abschreckend und häßlich". — Die Quelle wird von der Legende auf den Apostel Petrus zurückgeführt, der ebenfalls hier gefangen gesessen und seine Kerkermeister mit dem Wasser getauft habe. Seit dem XV. Jahrh. heißt das Gebäude daher *S. Pietro in Carcere.*

Etwas östl. mündet die Via Bonella auf das Forum. Am Eingang l. und r. die Kirchen SS. Martina e Luca und S. Adriano (S. 279). **SS. Martina e Luca** (Pl. II 20) besteht aus einer Unter- und einer Oberkirche. Die jetzige Unterkirche, mit einem prachtvollen Barockaltar von Pietro da Cortona, wurde ursprünglich im VII. Jahrh. in den Ruinen des Secretarium Senatus (S. 279) errichtet und um 1640 von Pietro da Cortona (S. 54) z. T. aus eignen Mitteln umgebaut, der die Oberkirche, einen schönen Kuppelbau über griechischem Kreuz, hinzufügte. Sein Grab ist in der Unterkirche, in der Oberkirche das des Architekten und Archäologen Luigi Canina († 1856).

Die **Accadémia di S. Luca** (Pl. II 20), Via Bonella Nr. 44, wurde 1577 für den Unterricht in den bildenden Künsten gestiftet, mit *Federigo Zuccaro* als erstem Direktor, 1874 nach modernen Grundsätzen umgestaltet. Die zur Akademie gehörige Bildergalerie verdient bei genügender Zeit immerhin einen Besuch. — Eintritt s. S. 162, am 17. Okt. von 1-5 und am 18. Okt. von 8-5 Uhr frei; 1. Jan., Ostersonntag, 1. Weihnachtstag und 1. Sonntag im Juni geschlossen.

Man steigt die Treppe hinan, an deren Wänden einige sehr übertünchte Abgüsse von der Trajans-Säule eingemauert sind. Am ersten Absatz Eingang zu der Sammlung von Konkurrenzarbeiten der Schüler (geschlossen), darunter *Kessels*, ruhender Diskuswerfer, in Gips; Christus am Ölberg, Zeichnung von *Ludwig Seitz*; Reliefs von *Thorwaldsen* und *Canova*: *Thorwaldsen*, Ganymed mit dem Adler; sowie einige Abgüsse von Antiken.

Man steigt eine weitere Treppe hinan, tritt in ein Vorzimmer, wo r. eine Tür zur BIBLIOTECA SARTI führt, von dem Architekten *Ant. Sarti* 1881 der Akademie geschenkt, 15000 Bände, namentlich kunstwissenschaftlichen Inhalts (Eintr. s. S. 160), und schellt am Eingang zur

Bildergalerie. — I. Saal. Eingangswand: 1. *Schwäbische Schule*, Kreuzabnahme; 2. *Carlo Maratta*, Madonna; auf der Rückseite eine Kopie des ersten Entwurfes zur Transfiguration Raffaels (S. 370) von Maratta; 3. *Rubens*, Nymphen die Göttin des Überflusses krönend (Skizze, c. 1610-12); 4, 5. *G. Poussin*, Landschaften; 7, 11. *Orizzonte*, Landschaften; 10. *van Dyck*, Madonna (verdorben). Schmalwand: 21, 24. *Jos. Vernet*, Marinen. Wand gegenüber dem Eingang: 36. *Mytens*, Porträt des Admirals Kortenaar (1636); 39. *Schule des Paolo Veronese*, Toilette der Venus (die Einblick it); 153. *Giulio Romano*, Kopie nach Raffaels Galatea in der Farnesina;

48. *Guido Reni*, Amor; 49. *Claude Lorrain*, Marine; 51. *Fr. Hayez* († 1882), siegreicher Athlet. Schmalwand: 52. *J. Vernet*, Marine. In der Mitte zwei Pulte mit Radierungen. An den Saal schließt sich r. ein Zimmer mit modernen Gemälden, meist akademischen Konkurrenzarbeiten. Ein anderes Zimmer enthält Selbstbildnisse, darunter 198. Virginie Lebrun und 214. Angelica Kauffmann.

II. Saal. 57. *Altniederländische Schule*, mystische Vermählung der h. Katharina: 59. *Schule Tizians*, Vanitas; 61. Kopie nach *Tizian*, h. Hieronymus (Original in der Brera); 66. *Jac. Bassano*, Verkündigung; 72. *Raffael*, h. Lukas die Madonna malend (Werkstattbild); 73. Kopie nach *Tizian*. Zinsgroschen (Original in Dresden); 77. *Guercino*, Amor und Venus, Freske; *78. *Raffael*, Knabe als Girlandenträger (c. 1512), Rest einer Freske aus den Gemächern Innocenz' VIII. im Vatikan, stark übermalt (Kopie des Knaben l. auf der Jesaiasfreske in S. Agostino, S. 232); 79. Kopie nach *Tizian*. Diana entdeckt den Fehltritt der Kallisto (Original im Bridgewater House in London); 81. *Ribera*, Disputation des h. Hieronymus mit den Schriftgelehrten.

III. Saal. R. Langwand: 103. *Guido Cagnacci*, Lukretia, ein tüchtiges Werk dieses sonst wenig bedeutenden Malers aus der Schule Guido Reni's; 107. *Paolo Veronese (?)*, Susanna. Gegenüber dem Eingang: 116. *Guido Reni*, Bacchus und Ariadne; ohne Nr. *Pio Joris*, Gründonnerstag. Linke Langwand: 122. *Albani*, Madonna; 211. Kopie nach *van Dyck*, Kinderbildnis in Pastell (aus dem Gruppenbild der Kinder Karls I. von England; 131. *Sassoferrato*, Madonna; 133. *Guido Reni*, Fortuna; 142. *G. H. Harlow*, Einkleidung des Kardinals Wolsey; 14. *Faruffini*, Selbstbildnis.

Nördl. von SS. Martina e Luca und der Akademie lag das Forum des Caesar oder *Forum Iulium*, dessen Mitte ein *Tempel der Venus genetrix* einnahm. Reste der kolossalen Umfassungsmauer, aus Tuff und Travertin, sieht man im Hof des Hauses Via delle Marmorelle Nr. 29.

Die Via Bonella, welche die Via Alessandrina (S. 295) durchschneidet, führt zu den Ruinen des **Forum des Augustus** (Pl. II 20), die großenteils 1888-89 freigelegt wurden. Augustus hatte in der Schlacht bei Philippi dem „rächenden Mars“ (Mars Ultor) einen Tempel gelobt und später beschlossen, damit den Bau eines großartigen Forums zu verbinden. Die Erwerbung des Terrains war schwierig, weil stark bewohnte Straßenviertel niedergelegt werden mußten und Augustus gewaltsame Enteignung scheute. Der Architekt hat jedoch die Nachteile des unregelmäßigen Areals durch Anlage großer Nischen im Halbrund (Exedren) in den Seiten der Umfassungsmauer geschickt überwunden. Im Mittelalter war das Forum seiner tiefen Lage wegen versumpft. Pius V. und Gregor XIII. ließen den Boden stark erhöhen und legten die modernen Straßen an.

An die östliche Umfassungsmauer des Forums lehnt sich die Rückwand des am 12. Mai des Jahres 2 vor Chr. geweihten *Tempels des Mars Ultor*. Die drei schönen korinthischen Säulen und der Pfeiler mit Gebälk (1842 freigelegt) gehörten zum Umgang an der r. Langseite. Der Tempel war mit Kunstwerken reich geschmückt; auch befanden sich hier u. a. die von den Parthern dem Crassus in der Schlacht bei Carrhae abgenommenen, 20 vor Chr. an Augustus zurückgegebenen Feldzeichen; hier legten die siegreichen Feldherren die Triumphalinsignien nieder. In den Kellern des hohen Unterbaues lag der kaiserliche Schatz *(aerarium militare)*. Die Umfassungsmauer aus Peperinquadern, die das Forum und den Tempel umgab, ist auf der Ostseite noch wohl erhalten. Die große Exedra in der südlichen Umfassungsmauer hat mehrere Reihen von kleineren Nischen: in den unteren standen einst die Bronzestatuen von Feldherren und Triumphatoren; auf des Kaisers Befehl abgefaßte Inschriften (Elogia) verkündigten ihre Taten. Der kostbare Marmorboden des jetzt sehr vernachlässigten und schmutzigen Forumsplatzes liegt fast 7m unter dem modernen Pflaster.

Ein antikes Tor, seit dem Mittelalter *Arco de' Pantani* genannt („pantáno" der Sumpf), führt neben den drei Säulen des Tempels, zur Via di Tor de' Conti, die an der Ostseite der gewaltigen Umfassungsmauer entlang läuft und nach r. in die Via Cavour mündet (S. 205). Ihren Namen hat die Straße von der Anfang des XVII. Jahrh. großenteils abgetragenen *Torre de' Conti*, einem Turm des römischen Adelsgeschlechtes der Conti aus der Zeit Innocenz' III., der diesem Geschlecht angehörte. — Ehe man den Turm erreicht, wende man sich r. in die Via della Croce bianca, welche die Stätte des **Forum des Nerva** oder *Forum transitorium* der Länge nach durchschneidet. Als „Durchgangsforum" wurde es bezeichnet, weil eine Hauptstraße hinüberführte. Hier standen ein Tempel der Minerva, mit dessen Marmor Paul V. die Acqua Paola (S. 405) schmücken ließ, und ein kleiner Tempel des Janus quadrifrons. Einen Begriff von der Pracht des Baues geben die zur Umfassungsmauer gehörigen sog. **Colonnacce* an der Kreuzung der Via della Croce bianca mit der Via Alessandrina, zwei halbverschüttete korinthische Säulen, mit reichem Gebälk; die Reliefs zeigen Minerva einerseits als Schützerin der Kunsttätigkeit, Weberei usw., anderseits vereint mit den neun Musen.

Die verkehrreiche Via Alessandrina führt von hier, die Via Bonella und die Stätte des Augustusforums kreuzend (S. 294), geradeaus auf die Piazza del Foro Traiano (Pl. II 20).

Das ***Forum des Trajanus** war eine Gruppe prachtvoller Gebäude, als deren Baumeister *Apollodorus* von Damaskus genannt wird (111-114). Mittels eines großartigen Durchstichs zwischen Kapitol und Quirinal stellte Trajan hier eine bequeme Verbindung der Fora der Altstadt mit den Anlagen der Neustadt auf dem Marsfelde her (vgl. S. 272 u. S. XXXII). Der gesamte Bau maß c. 200m in der Breite und mehr noch in der Länge. Das Trajansforum galt als das schönste unter den vielen Prachtwerken Roms. 1812-14 haben die Franzosen die Mitte zum Teil freigelegt.

Ammian (XVI, 10) berichtet vom Besuch des Kaisers Constantius 356: „als er aber an das Forum des Trajan gekommen war, ein, wie uns dünkt, ganz einziges Werk unter dem Himmel, dem auch die Götter die Bewunderung nicht versagen werden, stockte er wie vom Donner gerührt und ließ sein Auge ringsum schweifen über die riesenhaften Bauten, zu deren Beschreibung das Wort nicht reicht und die von Sterblichen nicht wieder gewagt werden können." Eine Legende des VII. Jahrh. läßt Gregor den Gr., als er eines Tages, die alte Größe bewundernd, über das Forum ging, in tiefe Trauer versinken, daß ein so gerechter und milder Herrscher der ewigen Verdammnis anheimgefallen sei: sein Gebet erlöste die Seele Trajans.

Die Anlage bestand, von S. nach N., aus vier Teilen: dem Forumsplatz, der Basilika, den Bibliotheken mit der Säule im Mittelhof und dem Tempel. Ausgegraben sind nur der zweite und dritte Teil, und auch diese nicht vollständig. Das Forum grenzte an dasjenige des Augustus, der mit einem Triumphbogen geschmückte Haupteingang lag in der Gegend der modernen Via del Priorato. Von der östl. halbrunden Abschlußmauer, den sog. *Bagni di Paolo Emilio,* sieht man noch einen Teil im Hofe von Via di Campo Carleo 6 (Schlüssel beim Kustoden des Trajansforums); zwei Stockwerke übereinander, mit schöner Ziegelfassade.

In dem aufgegrabenen Teile (c. 110 × 45m; Besuchsordnung wie beim Forum Romanum, s. S. 162; Eintritt frei) stehen zunächst vier Reihen Säulen, welche die Lage der fünfschiffigen *Basilica Ulpia* bezeichnen, deren Längenachse den beiden Schmalseiten des jetzigen Platzes parallel lief; das Mittelschiff war 25m, der ganze Bau 56m breit; der Boden war mit feinem Marmor getäfelt (die Dimensionen entsprechen ungefähr denen von S. Paolo fuori, S. 424). Die auf den aufgefundenen Fundamenten neu errichteten Granitsäulen gehörten vielleicht zur Umfassungshalle des Forums. Ursprünglich befanden sich hier kannelierte Säulen von gelbem Marmor.

An der Nordseite der Basilika ragt die **Trajans-Säule auf. Sie ist ganz von Marmor. Der Schaft besteht aus achtzehn, durchschnittlich $1{,}_{50}$m hohen Trommeln und hat eine Länge von 27m. Die ganze Säule mit Postament und Statue ist 33m hoch, bei unten $3{,}_{6}$, oben $3{,}_{3}$m Durchmesser. Um sie zieht sich ein Band von 1m Höhe und 200m Länge, ganz mit ausgezeichneten *Reliefs* bedeckt: Darstellungen aus Trajans Dacierkrieg, mit 2500, unten 60-75cm großen menschlichen Figuren, vielen Tieren, Maschinen u. a. (vgl. S. LIV). Im Sockel der Säule war die Asche des im J. 117 nach Chr. in Cilicien gestorbenen Kaisers Trajan beigesetzt; die im ganzen Mittelalter offene, erst um 1770 vermauerte Grabkammer ist 1906 wieder zugänglich gemacht worden. Das dorische Kapitäl krönte ein Bronzestandbild des Kaisers, das 1587 durch das des Apostels Petrus ersetzt wurde. Im Innern läuft eine Treppe bis oben (nur mit Erlaubnis des Unterrichtsministeriums zugänglich). Die Höhe der Säule bezeichnet die Stärke der Erdschicht, welche zwischen Quirinal und Kapitol abgetragen wurde, um Platz für diese Bauten zu gewinnen: „ad declarandum quantae altitudinis mons, et locus tantis operibus sit egestus", besagt die im J. 114 gesetzte Inschrift. Es sind mit der Basis 100 altrömische Fuß ($29{,}_{6}$m). Die Säule war an drei Seiten von einer zweistöckigen Galerie umgeben, welche die Betrachtung der Reliefs auch in größerer Nähe ermöglichte. Die Fundamente dieser Hallen sind noch zu sehen. An sie schlossen sich, r. und l. von der Säule, zwei Gebäude für eine griechische und eine lateinische Bibliothek. Noch weiter nördlich, zwischen den beiden Kirchen, lag der dem Trajan geweihte Tempel, durch welchen Hadrian die Anlage seines Adoptivvaters vollendete.

An der Nordseite des Platzes liegen zwei Kirchen: die r., *SS. Nome di Maria*, wurde 1683 zum Dank für die Befreiung Wiens von den Türken gelobt und 1738 erbaut: l. *S. Maria di Loreto*, 1507 (?) von Antonio da Sangallo d. J. begonnen, mit malerischem achteckigen Innenraum und reich kassettierter Kuppel (im Chor l. über der 2. Tür eine edle Statue der h. Susanna von Duquesnoy). Das Portal und die bizarre Laterne auf dem Kuppelscheitel sind von Giov. del Duca (1580).

d. Der Palatin.

An der Südseite des Forums erhebt sich der *palatinische Hügel*, seiner Grundform nach ein dem Quadrat nahe kommendes Trapez von c. 1800m Umfang. Ursprünglich bestand er, wie der kapitolinische, aus zwei durch eine Einsattelung getrennten Hügelkuppen von fast gleicher Höhe (nördlich in den Farnesischen Gärten 50, östlich bei S. Bonaventura 51m ü. M.), deren Gestalt aber durch die Bauten wesentlich verändert wurde. Auf den Palatin verlegt die Sage die Wohnungen ihrer Helden vor Gründung der Stadt, des *Evander* und *Faustulus;* eine Reihe altertümlicher Tempel und Heiligtümer bewahrte ihr Andenken bis in die späte Zeit. Sodann ist der Palatin der Anfang und Kern der Weltstadt, die Stätte der *Roma quadrata*, von deren Ummauerung an verschiedenen Stellen Reste zum Vorschein gekommen sind. In der republikanischen Zeit war der Palatin von Privatwohnungen eingenommen; so haben der Redner Hortensius, Cicero und sein grimmiger Feind, der Tribun Clodius, hier Häuser besessen. *Augustus* war auf dem Palatin geboren und verlegte seine Residenz nach der Schlacht bei Actium auf diesen Sitz der alten Könige. Seine Bauten nehmen einen bedeutenden Teil des östlichen Hügels ein; zu ihnen gehören, außer dem eigentlichen Palast *(Domus Augustiana)*, der große Apollotempel, nebst der reichen griechischen und lateinischen Bibliothek. Kaiser *Tiberius* erbaute (vielleicht in der Nähe seines Vaterhauses, s. S. 299) auf der Nordspitze des Hügels einen zweiten Palast. *Caligula* erweiterte ihn durch einen Anbau an der Nordecke, durch den er den Castortempel (S. 281) zum Vestibül der Kaiserwohnung machte; doch überdauerten die Anlagen ihren Urheber nicht lange. Dem wahnsinnigen Luxus eines *Nero* genügte der Palatin nicht; er schuf sich eine neue Residenz in dem goldenen Hause, welches vom Palatin bis zum Esquilin reichte (S. 287). Die Kaiser der flavischen Dynastie verlegten ihren Sitz auf den Palatin zurück und vergrößerten und verschönerten die Anlagen des Augustus. *Trajan* und *Hadrian* hatten Privatpaläste in den südl. Stadtteilen, der letzte residierte mit Vorliebe in seiner Villa bei Tibur. Die Antonine wählten namentlich den Tiberiuspalast zur Residenz, der damals erweitert zu sein scheint. *Septimius Severus* erweiterte die kaiserliche Residenz nach Süden über den Hügelrand hinaus; das von ihm errichtete *Septizonium*, ein vielstöckiger Säulenbau, bestimmt, den architektonischen Prospekt für die hier mündende Via Appia zu bilden, stand zum Teil noch im XVI. Jahrhundert und wurde erst von Sixtus V. abgebrochen. In den folgenden Jahrhunderten teilte die Kaiserburg den allgemeinen Verfall der Stadt: Odoaker und Theoderich haben hier noch gewohnt; Narses starb hier im J. 571, nachdem er den Palast seiner letzten Kunstschätze beraubt hatte. Seit dem VII. Jahrhundert gehörten die Bauten teils der Kirche, teils den Vertretern der byzantinischen Statthalter; eine bedeutende Kirche war dem h. Caesareus geweiht, der so Nachfolger der Cäsaren wurde. Nach dem Jahre 1000 nahmen Gärten, Klöster und Festungstürme die Trümmerstätte in Besitz.

Die ersten Ausgrabungen fanden bei Anlage der farnesischen Gärten *(Orti Farnesiani)* unter Paul III. Farnese (1534-50) statt; 1721-30 wurde der mittlere Teil des Palatiums freigelegt. Die Kunstwerke kamen meist aus Rom fort (Parma, Neapel). Die planmäßige Aufdeckung der Ruinen begann, nachdem Napoleon III. 1861, dann die italienische Regierung 1870 die farnesischen Gärten angekauft hatte, unter Leitung des Architekten Comm. Pietro Rosa.

Die Ausgrabungen sind täglich zugänglich, s. S. 163. In der nachstehenden Beschreibung sind die besterhaltenen Teile, deren Besuch etwa 2-3 Stunden erfordert, hervorgehoben; von den übrigen am Wege liegenden Sehenswürdigkeiten nehme man mit, wozu Zeit und Lust reicht. Die Großartigkeit der Ruinen im Verein mit den schönen und stets wechselnden Aussichten, die man von der Höhe des Palatin genießt, werden auch wiederholten Besuch reichlich lohnen. Vgl. auch *Eberhard Graf Haugwitz*, der Palatin (Rom 1901, 7½ fr.). — Erlaubnis zum Messen, Zeichnen, Photographieren usw. s. S. XX/XXI.

Der Eingang befindet sich in der Via S. Teodoro neben der S. 304 gen. Kirche (auf dem Stadtplan im Anhang II 19). Man folgt l. der antiken Straße *(Clivus Victoriae)* an der Rückseite der Bibliothek des Augustustempels aufwärts (S. 282), deren Anlage hier bequem zu übersehen ist. Die Straße ist zur Zeit der Antonine oder des Septimius Severus mit mächtigen Ziegelbogen überwölbt worden.

Unter einem durch ein Gitter verschlossenen Bogen r. (Plan *y*) befindet sich das sog. Kreuzigungs-Graffito (nicht zu verwechseln mit dem Spottkruzifix, S. 223): eine rohe Kritzelei auf dem weißen Stuck, wahrscheinlich Seiltänzer darstellend, darüber lateinische Verse erotischen Inhalts.

Unter den Bogen hindurch gelangt man zum *Casino* der ehemaligen farnesischen Gärten. Nun die Treppe r. hinauf zu der mit Gartenanlagen bedeckten Stätte des **Tiberius-Palastes**. Von

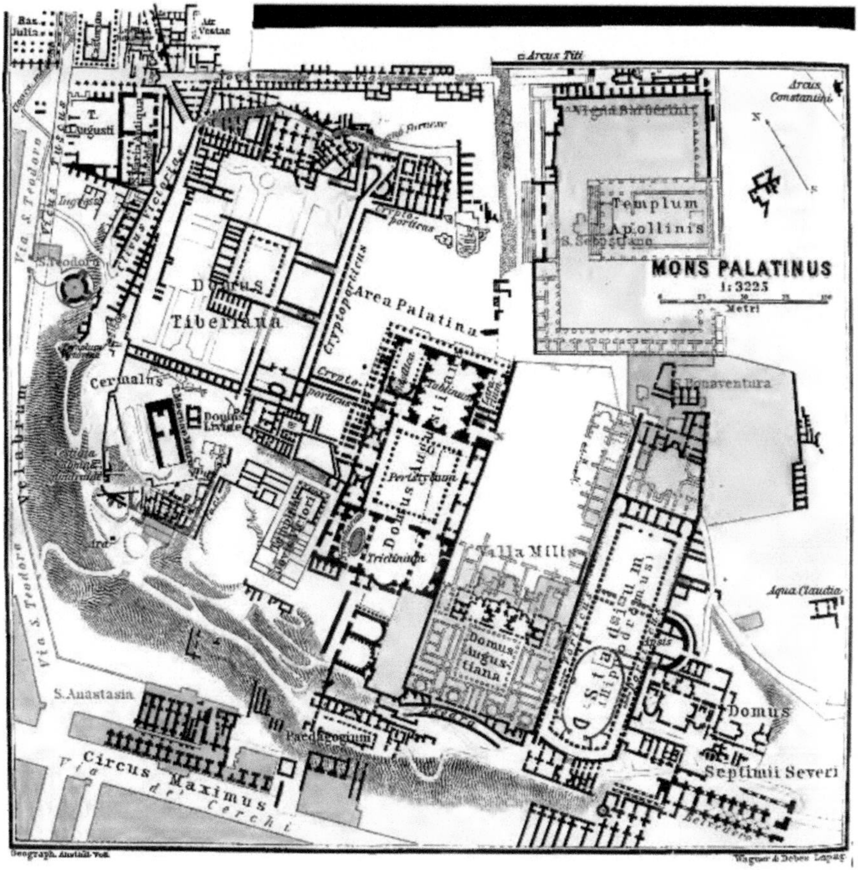
Arcus Titi
Arcus Constantini
Vigna Barberini
Templum Apollinis
S. Sebastiano
MONS PALATINUS
1: 3225
Metri
Domus Tiberiana
Area Palatina
Cryptoporticus
Cermalus
Domus Liviae
Velabrum
Via S. Teodoro
S. Teodoro
S. Bonaventura
Peristylium
Domus Augustana
Triclinium
Villa Mills
Domus Augustiana
Stadium (Hippodromus)
Aqua Claudia
Domus Septimii Severi
S. Anastasia
Paedagogium
Circus Maximus
Via de' Cerchi
Geograph. Anstalt v. Wagner & Debes, Leipzig

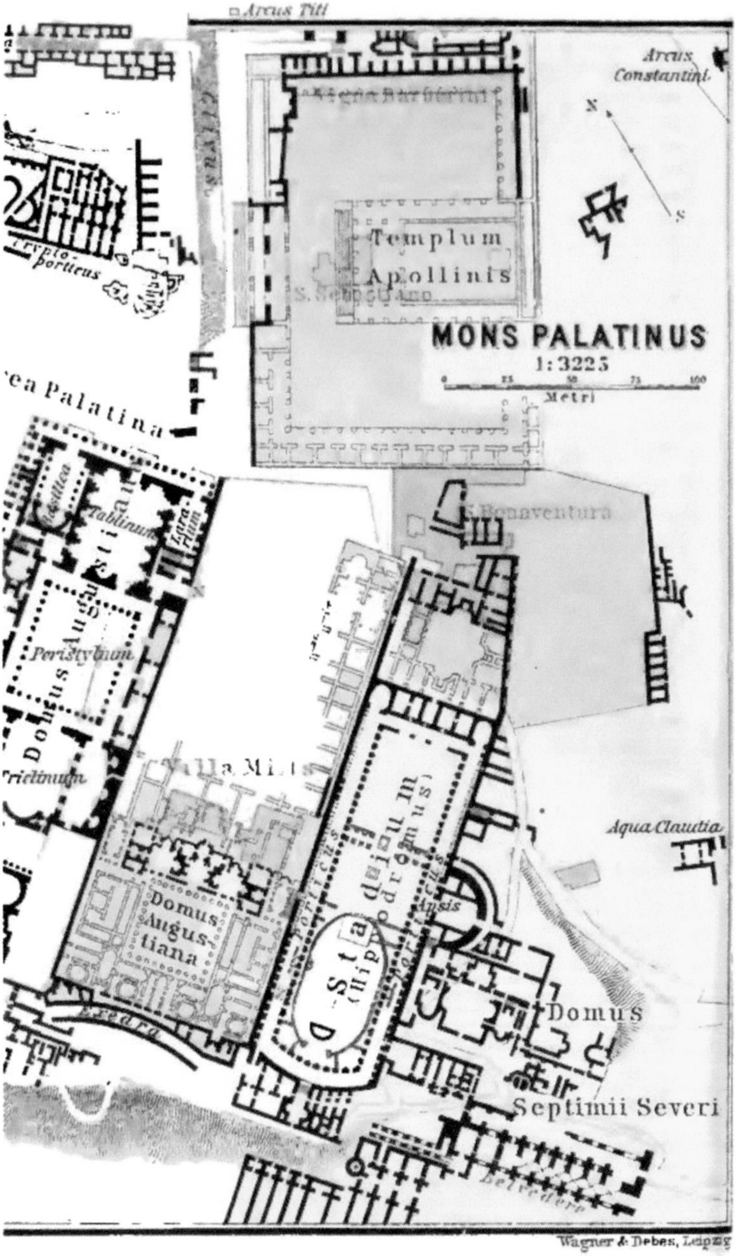

Arcus Titi
Arcus Constantini
N.
S.
Templum
Apollinis
MONS PALATINUS
1:3225
Metri
S. Bonaventura
Area Palatina
Crypto-porticus
Tablinum
Peristylum
Domus Augusti
Triclinum
Domus Augustiana
Stadium
(Hippodromus)
Apsis
Aqua Claudia
Domus
Septimii Severi
Exedra
Belvedere
Wagner & Debes, Leipzig

einem balkonartigen Ausbau an der N.-Seite treffliche Aussicht auf das Forum und die Konstantinsbasilika. Von der Nordspitze aus, wo jetzt das kleine Gehölz mit den immergrünen Eichen ist, schlug der wahnsinnige Caligula eine Brücke über das Forum hin nach dem Kapitol, um mit dem kapitolinischen Jupiter, für dessen Abbild auf Erden er sich ausgab, bequemer plaudern zu können. — Weiter am N.-Rande des Hügels entlang, von wo man einen schönen Blick auf das Kapitol, das Tal des Velabrum und den Vicus Tuscus (S. 304) hat. Am Ende die kleine Treppe hinunter zu dem an einem modernen Zinkdach kenntlichen

Haus der Livia *(Domus Liviae)*, in dem man mit Wahrscheinlichkeit das von den Kaiserbauten verschonte Haus vermutet, welches der Vater des Tiberius, Ti. Claudius Nero, bewohnte, und wohin sich auch seine Mutter Livia, die sich, um Augustus zu ehelichen, von ihrem Gemahl hatte scheiden lassen, nach dem Tode des letzteren wieder zurückzog. Der Eingang ist an der O.-Ecke.

Man steigt r. sechs Stufen zu dem Mosaikboden des überwölbten **Vestibulum** hinab und betritt zuerst einen viereckigen ehemals z. T. bedeckten **Hof**, an welchen sich dem Eingange gegenüber drei Gemächer schließen. Die vortrefflichen *Wandgemälde* finden nicht häufig ihresgleichen. Im **Mittelzimmer** sind die Hauptbilder als große Fenster gedacht, welche den Ausblick ins Freie gestatten, wo mythologische Szenen vor sich gehen: r. Io, von Argus bewacht, während Merkur zu ihrer Befreiung naht; an der Wand dem Eingang gegenüber Galatea und Polyphem (kaum noch erkennbar). Die beiden kleinen Bilder in der Ecke oben, welche Opferszenen enthalten, geben eine Vorstellung von dem antiken Tafelbilde, welches wie die mittelalterlichen Altartriptychen durch zusammenlegbare Flügel geschlossen wurde. An der linken Wand Wasserleitungsröhren aus Blei, die unter dem Fußboden gefunden worden sind; ihre Inschriften haben die Bestimmung des Hauses ermöglicht. Die Wände des **rechten Zimmers** zeigen prächtige Blumen- und Fruchtgirlanden, von denen Masken und andere bacchische Gegenstände herabhängen, zwischen Säulen; die des **linken** über den braunen, rot und grün eingefaßten Flächen leichtes Rankenwerk zwischen Flügelgestalten auf weißem Grunde. An die r. Seite des Hofes lehnt sich, durch die moderne Aufschrift **Triclinium** bezeichnet, das Speisezimmer, mit roten Wänden. Die beiden großen Mittelbilder stellen Landschaften mit kleinen Heiligtümern (Diana, Herkules) dar. Oben an der Eingangswand l. u. r. ein Glasgefäß mit Früchten. — Die übrigen Räume, mit dem Hofe durch eine schmale Treppe verbunden (zugänglich von der Außenseite oben r.), haben ihre Wanddekoration verloren und sind nicht vollständig ausgegraben.

Der von Steineichen überwachsene, hohe quadratische Unterbau auf der W.-Spitze des Hügels gehört zu dem 191 vor Chr. gegründeten *Tempel der Magna Mater*, d. h. der phrygischen Göttin Kybĕle, deren heiligen Stein man infolge eines sibyllinischen Orakels nach Rom gebracht hatte. Der Tempel erhielt sich, obwohl mehrmals durch Brand beschädigt, durch die ganze Kaiserzeit in seiner altertümlichen Form. Reste von Säulenschäften, Kapitälen und Basen, aus Peperin mit weißem Stuck überzogen, liegen umher. An der rechten Seite eine Kybelestatue guter römischer Arbeit.

Zwischen dem Magna-Mater-Tempel und dem Hause der Livia müssen mehrere sehr alte Heiligtümer gelegen haben, u. a. das *Haus des Romulus* (Casa Romuli), eine runde Hütte aus Flechtwerk auf steinernem Unterbau, die noch im IV. Jahrh. nach Chr. als Wohnung des Stadtgründers oder seines Adoptivvaters Faustulus gezeigt wurde. 1907 wurden hier Ausgrabungen begonnen, die noch fortdauern. Man sieht große *Quadermauern* mit Steinmetzzeichen, ähnlich der servianischen Befestigung (S. XXIX). Unter einer wurde ein Grab mit Tongefäßen aus dem V. Jahrh. vor Chr. gefunden; die Mauern sind also jünger, wahrscheinlich hängen sie mit einer Erneuerung der Palatinbefestigung nach dem Einfall der Gallier (S. XXX) zusammen. Älter und z. T. von ihnen durchschnitten und zerstört sind zwei große runde, wie der Carcer Mamertinus (S. 292) durch Überkragung geschlossene Zisternen.

Außerhalb der Befestigung führte ein Treppenweg, die *Scalae Caci*, am Westrande des Hügels hinab zum Velabrum (S. 304), wo er beim Lupercal (s. S. 304) mündete. Anstoßend, nach dem Circus Maximus (S. 303) zu, sieht man Reste mehrstöckiger Privathäuser mit Bädern und Mosaikfußböden.

Zwischen dem Hause der Livia und der Domus Augustiana (s. unten) liegt eine Tempelruine, von der nur Unterbau und Treppe erhalten sind, anscheinend der von Fabius Maximus in der Schlacht bei Sentinum (S. 135) gelobte *Tempel des Jupiter Victor*. 26 Stufen führen in fünf Absätzen zu dem fast quadratischen Unterbau des Tempels. Auf dem vierten Treppenabsatz eine runde Basis mit Inschrift, Weihgabe des Domitius Calvinus, der 36 vor Chr. über Spanien triumphierte; die obere Hälfte fehlt.

Vom Hause der Livia wenden wir uns rechts in einen bedeckten Gang (*Cryptoporticus*) mit Stukkaturen, die z. T. durch das Wasser eines antiken darüber gelegenen Fischbehälters (piscina) versintert sind. Die Angabe, daß hier Caligula im J. 41 nach Chr. von den Verschworenen ermordet worden sei, ist unrichtig, da nach Sueton der Teil des Palastes, in welchem der Mord geschehen war, durch einen Brand, wahrscheinlich den neronischen, vernichtet wurde. Am Ende des Ganges r. zu der Area Palatina, dem freien Platz vor dem kaiserlichen Palast, zu dem eine beim Titusbogen von der Sacra Via (S. 286) abzweigende Straße hinaufführte. Ein großer Fundamentkern wird hier fälschlich als Tempel des Juppiter Stator bezeichnet, ist aber mittelalterlich; an seiner Ostseite Reste eines unterirdischen Kanals (?) mit altlateinischen Inschriften.

Der kaiserliche Palast, die **Domus Augustiana** (jetzt oft auch *Domus Flavia* benannt, weil die erhaltenen Reste wahrscheinlich zum großen Teil von einem Umbau des Domitian herrühren) hatte eine Hauptfront nach N., dem Forum und der Sacra Via zu. Eine hochgelegene Vorhalle von Cipollinsäulen mit drei balkonartigen Vorsprüngen lag vor der Fassade; zu ihr führten Treppen an beiden Enden hinan. Die zugänglichen Teile des Palastes gehörten durchweg zu den großartigen kaiserlichen Pracht- und Repräsentationsräumen, nicht zu den Wohngemächern, welche unter der ehemaligen Villa Mills liegen (vgl. S. 302 und den Palatinplan). Mit der Raumverteilung des römischen Privathauses, wie wir es in Pompeji kennen lernen, zeigen sie daher auch nur geringe Ähnlichkeit.

Nach der Vorhalle öffnen sich drei weiträumige Säle. Der mittelste, als *Tablinum* bezeichnet, war der Thronsaal (*Aula regia*): hier erteilte der Kaiser Audienzen. Der gewaltige, 45m lange, 36m breite Raum (Mittelschiff der Peterskirche c. 26m) war samt seiner halbrunden großen Apsis, wo der Thron stand, und seinen sechs abwechselnd runden und viereckigen Nischen, in denen Statuenbasen erhalten sind, einst ganz überdeckt, und es hält schwer, sich heute, wo die strahlende Decke fehlt, wo die Wände ihre Marmorbekleidung, die Nischen ihre Säulen, die Postamente ihre Kolossalstatuen eingebüßt haben, eine Vorstellung von seiner einstigen Pracht zu machen. Zwei 1724 gefundene Kolossalstatuen des Herkules und Bacchus, aus schwarzem Basalt, sind jetzt im Museum zu Parma.

In dem südöstl. anstoßenden Saal fand man 1726 an der Rückwand einen (jetzt zerstörten) großen Altar mit Treppen an den Seiten, wonach der Raum als Hauskapelle *(Lararium)* bezeichnet wurde. Der kleine jetzt hier aufgestellte Marmoraltar mit Darstellung der Laren gehört nicht hierher. Dahinter eine Treppe zum Oberstockwerk. Jenseits führt l. ein Gittertor (Pl. x) in den Garten der Villa Mills (S. 302).

Nordwestl. vom Tablinum liegt die *Basilica*, wo der Kaiser Recht sprach. Die halbrunde Tribuna war durch eine Marmorschranke, von welcher ein Rest noch steht, von dem Raum für die Parteien getrennt. Letzteren umgab beiderseits eine schmale Halle. Die unkannelierten Säulen waren mit Bronzeornamenten geschmückt, die Löcher zu deren Befestigung sind noch zu sehen.

Durch das Tablinum gelangt man s.w. in das *Peristylium*, einen quadratischen Garten von je 54m Seitenlänge, welchen ringsum eine Säulenhalle umschloß. Auch dieser Raum hat von seiner einstigen Pracht nichts als wenige Spuren der Marmorbekleidung und die imponierenden Dimensionen bewahrt. Den unbedeckten Mittelraum hat man sich mit Wasserwerken, Bäumen und Blumen erfüllt zu denken.

An der SW.-Seite führt eine Treppe in zwei unterirdische Gemächer hinab, wo Reste von Stukkaturen und Bemalung erhalten sind. Der Stil weist auf die augusteische Zeit: vielleicht gehörten die Räume (gleich mehreren anstoßenden, 1721 entdeckten und sofort zerstörten) zur älteren Domus Augustiana, und sind von den Bauten des Domitian überdeckt.

Auf das Peristyl öffnet sich seiner ganzen Breite nach das *Triclinium*, der große Speisesaal *(Jovis coenatio)*, so daß die zu Tische Liegenden die Aussicht auf die Fontänen und Baumgruppen des Peristyls hatten. In der halbrunden Apsis an der SW.-Wand sind die Marmor- und Porphyrplatten des Fußbodenbelags größtenteils erhalten, nur weist die schlechte und unregelmäßige Ausführung auf eine ganz späte Restauration. (Geringere Reste, auch von der Wandbekleidung sieht man an der NW.-Wand. - An letztere lehnt sich das *Nymphaeum*, ein Speisezimmer für die heißen Monate, vor den Fenstern eine Brunnenanlage, deren elliptisches Bassin mit Marmorplatten belegt war.

Hinter dem Triclinium ein *Portikus* von sechs Cipollinsäulen (zwei ganz, die andern in Fragmenten erhalten). Durch den eingestürzten Fußboden sieht man in der Tiefe auf das ursprüngliche Niveau, das die Kaiser überbaut haben. Weiterhin noch zwei Säle mit halbrunden Abschlüssen und Nischen in den Wänden, unbekannter

Bestimmung, unrichtig als *Academia* und *Bibliotheca* bezeichnet. Schöner Blick auf das Tal des Circus Maximus und den Aventin.

Die Palastruinen auf der SW.-Seite des Hügels erreicht man entweder durch die Villa Mills oder auf einem Fußweg, der sich bei der oben gen. Academia, gegenüber dem Jupiter-Victor-Tempel (S. 300) durch Gebüsch abwärts zieht. Man hat auf diesem Wege zur Linken Reste der Südfront des Augustuspalastes, namentlich eine große *Exedra* in Form eines flachen Bogens, in welche das Gärtnerhaus der Villa Mills eingebaut ist.

Die den mittleren Teil der Kaiserpaläste bedeckende **Villa Mills** betritt man durch das S. 301 gen. Gittertor hinter dem Lararium. Die Villa gehörte im XVI. Jahrh. der Familie Spada; das Casino wurde im Anfang des XIX. Jahrh. von Sir Charles Mills umgebaut und war bis 1906 Nonnenkloster. Im Altertum lagen hier Wohnräume des Kaiserpalastes, von denen bedeutende Reste in den Kellern der Villa und des 1869 begonnenen, nie vollendeten Klosterneubaus erhalten sind. In dem an diesen Neubau anstoßenden Teile wurden 1907 verblaßte Reste von altchristlichen Wandmalereien aufgedeckt, die mit der S. 298 gen. Kirche S. Caesareus in Palatio in Verbindung gebracht werden. Beachtung verdienen eine hübsche Renaissance-Loggia mit Granitsäulen, vergoldeten Kapitälen und Resten von Deckengemälden; ferner ein Pavillon mit von Camuccini um 1820 restaurierten Fresken aus der Schule Raffaels. — Der Garten hinter dem Casino hat schöne Zypressen: prachtvoller Blick, besonders gegen Abend, auf den Aventin und die südl. Stadtteile. Eine Treppe r. hinter dem Casino führt durch ehem. Kellerräume zum unteren Stock der Domus Augustiana. Man sieht einen großen quadratischen Hof und anstoßend zwei Säle mit achteckiger, einen mit quadratischer Decke von interessanter Konstruktion. Von hier durch eine Wandöffnung (Pl. z) zum sog.

Stadium, wahrscheinlich ein Garten („Hippodromus") und nicht, wie man früher annahm, zu Wettläufen und Athletenspielen bestimmt. Ursprünglich war der langgestreckte Raum (160×48m) nur von hohen Mauern umgeben, mit einer großen Halbkuppel-Nische an der SO.-Seite und einem Balkon auf der NO.-Seite (bei S. Bonaventura, S. 286). Später, wahrscheinlich unter Septimius Severus, wurde den Mauern ein Portikus von Pfeilern mit Halbsäulen vorgelegt. Am besten erhalten ist die NO.-Ecke; man beachte, wie der Backsteinkern der Säulen mit Basen aus weißem und Kanneluren aus rotem (Porta Santa-) Marmor überdeckt ist. An den Enden des Raumes zwei Brunnen mit halbkreisförmigem Becken: von dem östlichen sind viele Reste der Dekoration, Gesimse usw. gefunden worden. Auch der große Abzugskanal aus weißem Marmor, der den ganzen Innenraum umzieht, weist auf reichliche Bewässerung hin. An den Enden der Portiken halbrunde Nischen, in der linken eine Musenstatue (andere Fundstücke im Thermenmuseum, S. 186). —

Unter der großen, ohne Grund als „Kaiserloge" bezeichneten Apsis an der SO.-Seite liegen drei Gemächer mit verloschenen Resten von Wandmalereien. Aus sehr später Zeit (vielleicht aus der des Theoderich, dessen Name auf den Ziegelstempeln vorkommt) stammt der große elliptische Einbau in der südwestl. Hälfte.

Eine Treppe zwischen der großen Apsis und der NO.-Ecke des Stadiums führt zur Höhe des oberen Umgangs: hier zunächst l. eine Plattform, auf der Ruinen mehrerer Säle und große Zisternen erhalten sind. Schöner Blick in das Stadium, nach SO. auf den Caelius und die Albanerberge. Zurück und an der Rückwand der Apsis des Stadiums vorbei (zu beachten ihr hoher Umgang mit kassettiertem Gewölbe) gelangt man zu den Ruinen des *Palastes des Septimius Severus.* Man erkennt Räume mit Heizanlagen, Badegemächer u. a., ohne daß der Plan des Ganzen klarzulegen wäre. Zwischen niedrigen Gebäuderesten gelangt man zuletzt über eine gepflasterte Brücke zu einem *Belvedere* über drei unteren Geschossen, welches eine herrliche *Aussicht vom Kolosseum im NO., über die südlichen Stadtteile und die Campagna bis zur Peterskuppel im NW. gestattet.

R. vom Kolosseum im Vordergrund fünf Bogen der *Aqua Claudia* (S. 202), welche den Palatin mit Wasser versorgte (unter ihr führt eine neue Fahrstraße durch); nach S. weiter die Kirchen SS. Giovanni e Paolo, der Lateran, ganz vorn S. Gregorio, darüber S. Stefano Rotondo und das Casino der Villa Celimontana. R. davon die Ruinen der Caracallathermen (hinten die beiden Türme l. sind die Porta S. Sebastiano; dahinter das Grabmal der Caecilia Metella), S. Balbina, mit hohem Turm, entfernter S. Saba mit zweigeschossiger Vorhalle, noch weiter die Cestiuspyramide, in der Campagna S. Paolo fuori. Näher der Aventin mit seinen drei Kirchen. Der *Judenfriedhof* (Cimitero israelitico), vorn, mit vielen weißen Grabsteinen, liegt im Gebiet des *Circus Maximus*, der sich in der Talmulde zwischen Aventin und Palatin ausdehnte. Die Mauern sind bis auf unbedeutende Reste verschwunden, doch erkennt man noch die Gestalt. Der Circus wurde bereits unter den Königen angelegt, von Caesar vergrößert und mit steinernen Sitzen versehen und von den Kaisern immer prächtiger ausgeschmückt. Er vermochte zur Zeit des Plinius über 100 000, nach weiteren Vergrößerungen sogar 200 000 Zuschauer zu fassen (die Angaben 385 000 oder gar 485 000 sind übertrieben). Die letzte Wettfahrt in der bereits verödeten Stadt hat hier der Gotenkönig Totila 549 abgehalten. In der Mitte lief der Länge nach eine Schranke hin (vgl. S. 422). Die Obelisken von Piazza del Popolo und vom Lateransplatz sind von hier.

Zurück über die Brücke, dann halbrechts, an Resten schwarzweißer Mosaikfußböden vorbei, gelangt man in c. 100 Schritten zu einer modernen Treppe. Hier hinab zum Südrande des Hügels und durch den Korridor wieder zum Vorplatze des Stadiums. Von dort, statt an dem Gärtnerhause vorbei, abwärts zu einem Gebäude am SW.-Abhange des Palatins unterhalb der Veranda der Villa Mills. Es ist das fälschlich sog.

Paedagogium. Vor dem Eingang ein Portikus, dessen Marmorgebälk jetzt durch gemauerte Pfeiler gestützt wird; die alten Granitsäulen sind bis auf eine verschwunden. An den Wänden der dahinter liegenden Raume, namentlich in den kleinen dunklen Kammern r. und l. neben der Rundnische (nur die letztere jetzt offen), hat man viele mit dem Schreibgriffel (stilus) gemachte Kritzeleien gefunden, u. a. auch das S. 223 erwähnte Spottkruzifix. Nach dem mehrfach in ihnen vorkommenden Ausdruck „exit de paedagogio“ hat man das Gebäude bezeichnet. Wahrscheinlich handelt es sich um Strafzellen, die von den Insassen euphemistisch Paedagogium genannt wurden, während das Gebäude selbst zur kaiserlichen Garderobe gehörte. Das eigentliche Paedagogium, die Erziehungsanstalt der kaiserlichen Sklaven, lag bei der Kirche SS. Giovanni e Paolo (S. 318).

Weiter in 3 Min. zu einem modernen Hause, an dessen Front eine Büste des um die Erforschung des Palatins verdienten *Francesco Bianchini* († 1729) angebracht ist. Hier auch ein „einem unbekannten Gotte“ geweihter Travertinaltar *(Ara)*, mit altertümlicher Inschrift „sei deo sei deivae sacrum“, neu errichtet von einem Prätor Sextius Calvinus, wahrscheinlich 100 vor Chr. Dann r. am Westrande des Hügels Reste einer alten Mauer aus Tuffquadern, die man gewöhnlich der Ringmauer der *Roma quadrata* (S. 297), richtiger wohl Substruktionen späterer republikanischer Zeit zuweist. Die Quadern sind nach Läufern und Bindern (abwechselnd eine Lage der Länge und eine Lage der Breite nach) ohne Mörtel geschichtet. Hinter diesem Mauerstück liegt eine Höhle, die man fälschlich als *Lupercal* bezeichnet, die Höhle, in welcher die Zwillinge von der Wölfin genährt worden sein sollten. Das wahre Lupercal muß viel tiefer am Fuße der Nordspitze des Hügels gelegen haben; es war noch in der Kaiserzeit als eine mit Skulpturen und Denkmälern geschmückte Grotte erhalten.

Dann hinter der Kirche S. Teodoro vorbei zum Ausgang.

e. Velabrum und Forum Boarium.

Die vom Forum auf der W.-Seite des Palatin nach S. laufende Via S. Teodoro (Pl. II 19) entspricht annähernd dem antiken *Vicus Tuscus* (S. 282), durch den sich der Hauptverkehr zwischen dem Forum und dem Tiber bewegte. Die alte Rundkirche **S. Teodoro** (Pl. II 19), l. von der Straße tief und etwas zurückgelegen, zuerst unter Gregor dem Großen erwähnt, steht auf dem Grunde eines antiken Gebäudes; im Innern ein altchristliches Mosaik aus dem VII. Jahrh. (Fr. früh bis 9 Uhr zugänglich; s. auch S. 157).

Weiter zweigt r. die Via di S. Giorgio in Velabro ab (Pl. II 16, 19). Der Name erinnert an das antike Stadtviertel *Velabrum*, das sich vom Vicus Tuscus zum Forum Boarium erstreckte.

Hier r. **S. Giorgio in Velabro** (Pl. II 19; meist geschlossen,

Kustode in Nr. 19), im IV. Jahrh. gegründet, 682 von Leo II. neu gebaut und den H. Georg und Sebastian geweiht, später vielfach restauriert. Die Vorhalle stammt nach der metrischen Inschrift von einem solchen Umbau, wohl aus dem XII. Jahrh. (im Mittelalter hatte man den Namen Velabrum in „velum aureum" umgewandelt). Das Innere, eine dreischiffige Basilika mit 16 antiken Säulen, altem Tabernakel (S. LXII) und übermalten Fresken, wahrscheinlich von Pietro Cavallini (1295; s. S. 400) in der Tribuna, wird restauriert.

Neben der Kirche die kleine *Ehrenpforte der Wechsler* (Arcus argentariorum, Arco degli Orefici; Pl. II 19), welche nach der Inschrift die Wechsler und Kaufleute des Forum Boarium zu Ehren des Septimius Severus, seiner Gemahlin und seiner Söhne errichteten. Die stark beschädigten Skulpturen stellen Opfer und Opfergerätschaften dar (das Bild des Geta ist auch hier auf Befehl Caracalla's ausgemeißelt, s. S. 278). — Weiter der ***Janus Quadrifrons** (*Arco di Giano;* Pl. II 19), ein Durchgangsbogen mit vier Fronten aus der spätern Kaiserzeit, wie man annimmt, zu Ehren Konstantins des Großen errichtet. Oben war ein zweites Stockwerk. — Von hier bis zum Tiber dehnte sich im Altertum ein großer Platz aus, das *Forum Boarium* (Rindermarkt).

Dem Bogen der Wechsler gegenüber durch die niedrigen Backsteinbogen gelangt man an einer Mühle hin zur **Cloaca Maxima** (Pl. II 16), dem berühmten zur Entwässerung des Forums und der anstoßenden Niederungen angelegten antiken Kanal (S. 271), der noch heute seiner Aufgabe entspricht. Zur Beförderung des Abflusses sind hier mehrere Quellen in ein Bassin geleitet. In der Mühle (20-30 c.) sieht man die Fortsetzung des Kanals nach dem Forum zu, vom Ponte Palatino aus die Mündung in den Tiber (s. S. 307). Als Baumaterial ist Tuff mit einzelnen Travertinreihen, an der Mündung nur Peperin verwendet.

Geht man vom Janusbogen weiter, an der Piazza dei Cerchi vorüber, so kommt man auf die Piazza Bocca della Verità, die durch die gleichnamige Straße nördlich mit der Piazza Montanara in Verbindung steht (S. 253) und ein Teil des alten Forum Boarium ist. In der Mitte ein hübscher *Barockbrunnen*, 1715 nach Bizzaccheri's Entwurf ausgeführt, die Tritonengruppe von Moratti. Links, am Fuße des Aventin,

***S. Maria in Cosmedin** (Pl. II 16), auch *Bocca della Verità* genannt (S. 306), eine schon im VI. Jahrh. vorhandene, vielfach umgebaute Basilika, mit schönem späteren Glockenturm. Sie steht auf den Fundamenten eines Herkulestempels *(Templum Herculis Pompeiani)*, wohl aus republikanischer Zeit, und einer Halle für Getreideverteilungen (*statio annonae;* auf dem Grundriß schwarz angedeutet), aus dem IV. Jahrh. nach Chr. Die Kirche war ursprünglich einschiffig (punktierte Linie) und auf einen Teil der Halle beschränkt. Papst Hadrian I. (772-795) legte die Seitenschiffe an und erweiterte das ganze Gebäude nach O., wo der in Verfall geratene Herkulestempel anstieß, um fast das Doppelte (schraffierte Teile). Da die Kirche der griechischen Kolonie (Schola Graeca) gehörte, woran der auf den Meïdanplatz in Konstantinopel bezügliche Beiname noch heute erinnert, hatte sie Frauenemporen (matronaea) über den Seitenschiffen sowie Nischen in der Apsiswand für heilige Geräte und Bücher (pastophoria). Zu Anfang des XII. Jahrh. wurde der Boden um $1{,}_{75}$m gehoben, die Frauenemporen entfernt, Haupt- und Seitenschiffe mit flachen Holzdecken versehen, die Vorhalle und der Glocken-

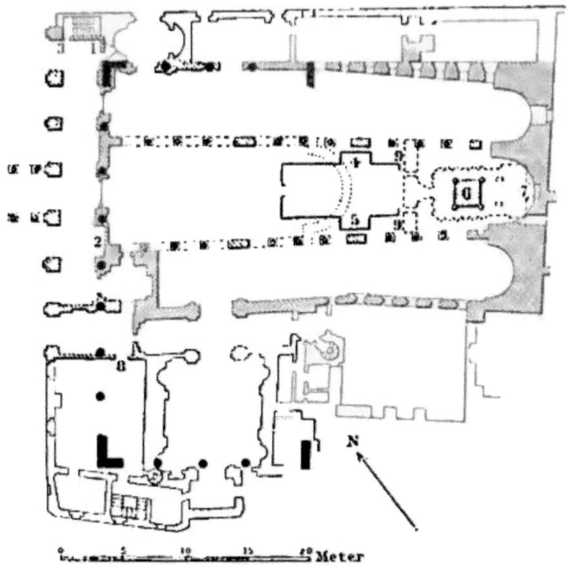

turm in ihrer heutigen Gestalt aufgeführt, wahrscheinlich im Auftrag des nachmaligen Papstes Gelasius II., der 1078-1118 als Kardinal Titular der Kirche war. Sein Nachfolger Calixtus II. vollendete unter Mitwirkung seines Kämmerers Alfanus die Dekoration des Innern. 1894-99 wurden die Umbauten des XVI. und XVIII. Jahrh. entfernt und die ganze Kirche vorzüglich restauriert.

Vorhalle. Die kolossale antike Marmorscheibe mit Tritonenmaske (1 auf dem Grundriß), die ursprünglich die Heißluftleitung in einem Bade verschloß und durch Nase, Mund und Augen Dampf hauchte, hat den Namen *Bocca della Verità:* nach römischem Volksglauben hätten die Alten beim Schwur die Rechte in den Mund der Maske gelegt, der den Meineidigen festhielt. Das Hauptportal, laut Inschrift von einem Ioannes de Venetia etwa im XI. Jahrh. gearbeitet, zeigt rohe Nachahmung antiker Motive; zu beiden Seiten lange Schenkungsurkunden des IX. Jahrhunderts. R. das Grabmal des Alfanus (2; 1123; s. oben). Neben der Maske führt eine Tür (3) zur Orgelbühne, mit einem kleinen Museum von Funden aus den älteren Kirchen, zu dem der Kustode den Schlüssel hat.

Inneres. An der Eingangswand drei Marmorsäulen von der statio annonae (S. 305); andere in der Wand des l. Seitenschiffs und in der Sakristei; sie standen auf einer $1{,}_{75}$m hohen Sockelmauer. Die flachen

Holzdecken (genaue Nachbildungen der mittelalterlichen) ruhen auf zwanzig antiken Säulen verschiedener Herkunft. Über der fünften Säule l. bezeichnet eine Inschrift die Grenze des ältesten und des hadrianischen Baues (S. 305). Die Schranken für den Sängerchor (schola cantorum), die Ambonen (4 und 5), der Osterleuchter, alles ergänzt und wieder an seinem ursprünglichen Platze aufgestellt, der Bischofstuhl (7) in der Apsis und vor allem der *Marmorfußboden (Opus Alexandrinum) gehören zu den schönsten dokorativen Arbeiten des XII. Jahrh. in Rom. — Der Hochaltar (6) ist eine antike Wanne aus rotem Granit. Das Marmormosaik (Opus sectile) darunter stammt noch aus dem VIII. Jahrhundert. Das Tabernakel, eine Stiftung des Kardinals Franc. Caetani, Neffen Bonifatius' VIII., ist ein Werk des Cosmaten Adeodatus (c. 1300). An der Wand l. von der Apsis Freskenreste des XI. (?) Jahrh., mit griech. Graffiti. Die Fresken der Apsiden und die Einfassung des Blindfensters hinter dem Bischofstuhl sind modern. — Die dreischiffige Krypta (zwei Eingänge, bei 9; am 8. März offen und beleuchtet) unter dem Presbyterium, mit Reliquiennischen in den Seitenwänden, ist ganz aus den antiken Tempelfundamenten ausgehöhlt. — In der Sakristei (Eingang r. vorn: 8) ein Mosaik auf Goldgrund, Anbetung der Könige, Fragment aus der von Johann VII. im J. 706 in der alten Peterskirche gestifteten Marienkapelle.

Die s. nach Porta S. Paolo laufende *Via della Salara* s. S. 308.

Gegenüber, am Tiber, ein kleiner malerischer *Rundtempel, mit zwanzig korinthischen Säulen (eine an der N.-Seite fehlt), der seit dem XVI. Jahrh. irrig *Vestatempel* (vgl. S. 282) genannt wird. Das antike Dach und Gebälk sind nicht mehr vorhanden, auch der antike Name nicht sicher *(Portunus?)*. Unter dem jetzigen dürftigen Dache birgt sich das Kirchlein *S. Stefano delle Carrozze*, jetzt *S. Maria del Sole* (Pl. II 16) genannt.

Eine neue Eisenbrücke, Ponte Palatino (Pl. II 16), verbindet die Piazza Bocca della Verità mit Trastevere (vgl. S. 401/402). Stromaufwärts daneben ein Pfeiler des 181 vor Chr. erbauten *Pons Aemilius*, der durch Überschwemmungen oft beschädigt wurde und seit dem Einsturz der beiden Bogen am l. Ufer (1598) *Ponte Rotto* genannt wird. Stromabwärts der neuen Brücke mündet die Cloaca maxima (S. 305), deren Wölbung unter einem Bogen des neuen Kais erhalten und bei nicht zu hohem Wasserstande von der Brücke aus sichtbar ist.

R. von der Brücke erhebt sich ein zweiter wohlerhaltener kleiner *Tempel (seit 880 *S. Maria Egiziaca*, Pl. II 16), der seiner Konstruktion nach aus dem Ende der Republik zu stammen scheint und vielleicht der *Mater Matuta* geweiht war. Die Bezeichnung Tempel der Fortuna virilis ist falsch. Es ist ein ionischer Pseudoperipteros, mit je vier Säulen an den Schmalseiten, je sieben an den Langseiten: nur die Säulen der einst offenen, jetzt zugemauerten Vorhalle standen frei, die übrigen sind zum Schmuck angebrachte Halbsäulen. Das Material ist Tuff, an den vorspringenden und bearbeiteten Teilen Travertin, alles mit Stuck überzogen. Im Innern nichts Bemerkenswertes.

An der andern Seite der Querstraße das malerische aus Ziegeln, unter eigentümlicher Benutzung antiker Fragmente erbaute *Haus des Crescentius*, welches gewöhnlich Casa di Rienzi (Pl. II 16) oder *di Pilato* genannt wird. An der Ostseite, Via del Ricovero, meldet eine lange Inschrift, daß Nikolaus, Sohn des Crescens, der Erste von den Ersten stammend, dieses himmelhohe Haus erbaut habe, nicht aus eitler Ruhmbegier, sondern um Roma's alten Ruhm zu erneuern. Die Crescentier waren am Ausgang des x. Jahrh. das mächtigste Adelsgeschlecht Roms, doch ist unter ihren Gliedern keines mit Namen Nikolaus nachweisbar; auch stammt das Haus, der älteste erhaltene mittelalterliche Privatbau Roms, vielleicht erst aus dem xi. oder xii. Jahrh. (vgl. S. lxii). Die ursprüngliche Anlage war bedeutend ausgedehnter und darauf berechnet, den Brückenübergang zu beherrschen. Mit dem Tribunen Cola di Rienzo, der aus dem Rione Regola stammte, hat das Haus nichts zu tun.

Nördlich weiter gelangt man am Tiber hin nach dem ***Marcellustheater*** (S. 253), durch Via Bocca della Verità (S. 305) nach der ***Piazza Montanara*** (S. 253).

f. Der Aventin. Monte Testaccio. Cestiuspyramide.

Straßenbahn von *Piazza Venezia* durch Via Arenula und am Tiber entlang nach dem *Quartiere Testaccio* und durch Porta S. Paolo nach *S. Paolo fuori*, s. Nr. X und 5 des Plananhangs.

Der *Aventin* (46m), in ältester Zeit Hauptsitz der römischen Plebs und auch in der Folgezeit dicht bewohnt, ist jetzt von Klöstern und Vignen eingenommen und von der modernen Bautätigkeit noch wenig berührt

Am Fuße des Hügels läuft die von Piazza Bocca della Verità (S. 305) ausgehende Via della Salara (Pl. III 16) und weiterhin die Via della Marmorata (S. 310) entlang. Von Via Salara zweigen, unmittelbar bei S. Maria in Cosmedin (S. 305) und 2 Min. weiter, links Wege ab, welche auf den Aventin hinaufführen.

Auf dem zweiten der eben gen. Wege, dem *Vicolo di S. Sabina*, gelangt man in 5 Min. auf die Höhe des Aventins. Die großen Reste von Tuffmauern, welche jetzt die Vigna r. an der Straßenecke begrenzen, gehören zu einem *Kastell*, von dem aus die Savelli im xiii. Jahrhundert Fluß und Uferstraße beherrschten. Oben, an der *Via di S. Sabina*, liegen dicht beisammen die drei Kirchen S. Sabina, S. Alessio und S. Maria Aventina.

***S. Sabina** (Pl. III 16) wurde, wahrscheinlich auf dem Grund eines Tempels der Juno Regina 425 unter Cölestin I. von einem illyrischen Priester Petrus erbaut, im xiii., xv. und xvi. Jahrh. hergestellt. Honorius III. übergab die Kirche nebst dem zugehörigen ehem. päpstlichen Palast dem h. Dominikus, welcher hier seinen Orden gründete. Man tritt gewöhnlich durch den Seiteneingang ein; ist er geschlossen, so klingelt man an der Tür l. und gelangt durch das Kloster zu der früheren, jetzt vermauerten Vorhalle und zum

Hauptportal. Die Reliefs der Türen aus Zypressenholz enthalten zahlreiche biblische Darstellungen, meist aus dem v. Jahrh. (oben l. vielleicht die älteste Darstellung der Kreuzigung). Vgl. S. LXI.

Das INNERE, mit 24 antiken korinthischen Säulen hymettischen Marmors und offenem Dachstuhl, hat den Charakter der altchristlichen Basilika gut bewahrt. — An der Eingangswand über der Tür ein vortreffliches *Mosaik* vom J. 430: Inschrift mit dem Namen des Erbauers, l. die Figur der Ecclesia ex circumcisione (der Judenchristen), r. der Ecclesia ex gentibus (Heidenchristen). — In der Mitte des Mittelschiffes, nach dem Altar zu, im Boden das Grab des Dominikanergenerals Muñoz de Zamora († 1300), mit einem Mosaik. Über dem Hochaltar ein Ziborium im Stile des XI. Jahrh., von Poccetti (1905). — Am Ende des r. Seitenschiffes, in der Kap. des h. Dominikus: *Madonna del Rosario mit den H. Dominikus und Katharina, Altarbild von *Sassoferrato*, das Hauptwerk des Meisters. R. daneben das Renaissancegrabmal des Kardinals Auxias de Podio († 1483). — Im l. Seitenschiff sind Reste der alten Chorschranken, mit Ornamenten des IX. Jahrh., eingemauert.

In dem kleinen Garten des anstoßenden ehem. *Dominikanerklosters* ein alter Orangenbaum, angeblich noch vom h. Dominikus gepflanzt. Man sieht ihn durch das kleine Fenster gegenüber der Holztür. Der schöne Kreuzgang (1216-25, mit 103 Säulchen; s. S. LXII); wie der größere Garten gehören zu einer Desinfektionsanstalt und sind ganz unzugänglich.

S. Alessio (Pl. III 16) wird schon im VII. Jahrh. erwähnt und war damals dem h. Bonifatius geweiht. Seit etwa 970 griechischen Basilianermönchen, später Benediktinern gehörig, wurde die Kirche nach Wiederauffindung des Leichnams des h. Alexius, der allmählich an die Stelle des ursprünglichen Patrons trat, von Honorius III. 1217 neu geweiht. In dem anliegenden Kloster ein Blindeninstitut *(Istituto de' Ciechi)*. Man tritt von der Straße in den Vorhof; wenn die Kirche geschlossen, l. an der Tür schellen (Trkg. 25-30 c.).

Das Innere wurde 1750 und wiederum neuerlich ganz modernisiert. Im l. Seitenschiff ein Brunnen und eine hölzerne Treppe aus dem väterlichen Hause des Heiligen, welches an der Stelle der Kirche stand. Im Chor am Bischofstuhl: zwei mosaizierte Säulchen, nach der Inschrift Rest eines Werkes von 19 Säulen von *Jacobus Cosmas* (S. LXII).

An dem mit Obelisken und Trophäen in Stuck verzierten kleinen Platze, auf den man nun kommt, bezeichnet r. Nr. 40 eine braune, vom Malteserwappen überragte Gartentür den Eingang in die

Villa des Malteser-Priorats (Pl. III 17; Eintritt Mi. und Sa. von 9 Uhr an). Man schellt und erfreue sich, während man wartet, an dem berühmten Durchblick durch das Loch über dem Türschloß nach der Peterskuppel, die am Ende der Hauptallee erscheint. Im Garten eine der schönsten Palmen Roms. Das *Prioratsgebäude* enthält in einem Saal des II. Stocks die Bildnisse der 75 Großmeister des Ordens, von Frater Gerhardus (1113) an bis zum jetzigen Großmeister, dem Grafen Galeazzo v. Thun und Hohenstein. Vom Garten aus tritt man auch in die Kirche des Ordens,

S. Maria Aventina (Pl. III 17) oder *S. M. del Priorato*, die, vielleicht schon im IX. Jahrhundert gegründet, zuerst den Benediktinern, dann den Templern gehörte und nach Aufhebung des

Ordens an die Malteser kam. Sie erhielt ihre jetzige Gestalt 1765 durch den Großprior Kardinal Giov. Batt. Rezzonico nach Plänen von Piranesi.

Vom Eingang r. ein antiker Sarkophag, auf welchem Minerva und die Musen mit dem Verstorbenen in ihrer Mitte dargestellt sind; später wurde ein Bischof Spinelli darin beigesetzt. Außerdem das Standbild Piranesi's († 1778) und die Grabmäler mehrerer Malteserritter, u. a. des Großmeisters Rich. Caracciolo († 1395), des Großpriors von Venedig Giov. Diedo, eines Neffen des Papstes Eugen III., ferner des Bailli's Bart. Carafa (1405) von Magister Paulus (r. nahe dem Hochaltar) und des Sergio Seripando (l. vom Eingang, erste Nische), aus dem xv. Jahrhundert. In der dritten Nische l. ein marmornes Reliquiar in lombardischem Stil, Ende des ersten Jahrtausends nach dem Vorbild einer antiken Graburne roh gearbeitet.

Am Westabhang des Hügels das großartige, 1900 geweihte internationale Benediktinerkonvikt mit der stattlichen Kirche **S. Anselmo** (Pl. III 17); weite Krypta. Die l. davon abwärts führende, schmutzige Via del Priorato mündet nach 10 Min. in die Via della Marmorata (s. unten).

Die Via della Marmorata (Pl. III 16, 17, 18) nähert sich 6 Min. von Piazza Bocca della Verità dem Tiber, neben dem sie ungefähr 2 Min. frei herzieht: rechts freundlicher Rückblick auf den Ponte Palatino und das Kapitol; am Flußufer befand sich in früherer Zeit der Lande- und Lagerplatz des rohen karrarischen Marmors, die sog. Marmorata. Gegenüber sieht man den Hafen Ripa Grande und das große Ospizio di S. Michele (S. 402), wohin man für 10 c. übersetzen kann; hübscher Rückblick auf den Aventin.

Die Straße verläßt den Fluß und zieht sich südöstlich nach der Porta S. Paolo hin. Zwischen Straße und Fluß erhebt sich hier, auf den früheren *Prati del Popolo Romano*, ein neues Stadtviertel häßlicher Miethäuser.

In Via della Marmorata 94 das **Museo dei Gessi** (Pl. III 17) der Universität, mit Gipsabgüssen, meist nach Antiken, die nicht in Rom sind, für Studienzwecke zu empfehlen; geöffnet Mi. Fr. 2-5 (16. März-15. Juli 6), So. 10-12½ (9½-12) Uhr (an den meisten staatlichen Feiertagen sowie 16. Juli-15. Nov. geschlossen). Direktor Prof. E. Loewy.

Nach 6 Min. mündet l. die Via del Priorato (s. oben). Gleich darauf eine ansehnliche Querstraße, welche l. als Viale Aventino nach S. Saba, S. Prisca (S. 312) und dem Circus Maximus (S. 303) führt, r. als Via Galvani nach dem Tiber zu zum Monte Testaccio und zum *Schlachthaus* (Mattatoio; Straßenbahn s. Plananhang S. 4, Nr. X).

Der **Monte Testaccio** (Pl. III 15) ist ein vereinzelt 35m über dem Tiber aufragender Hügel von 850m Umfang und besteht, wie der Name (testa, die Scherbe) andeutet, ganz aus antikem Scherbenschutt. Bei dem nahen Emporium (vgl. den Plan der antiken Stadt, S. 255) legten die Transportschiffe an, welche in großen irdenen Gefäßen (Dolia), Wein, Öl usw. aus Spanien, Afrika und andern Mittelmeerländern nach Rom brachten. Jetzt enthält der Hügel ringsum Weinkeller, die zum Teil mit Schenken verbunden sind. Die Rundsicht vom Gipfel ist durch Neubauten stark beeinträchtigt.

Nach N. die Stadt, dahinter die Monti Sabatini und der inselartig aufsteigende Soracte. Dann die Sabinerberge nach O., hinten der gewaltige Monte Terminillo, in der näheren Kette der Monte Gennaro, zu seinen Füßen Montecelio, weiter r. Tivoli. Hinter dieser Kette werden die Häupter des Monte Velino oberhalb des Fuciner Sees sichtbar. Südlich von Tivoli erscheint Palestrina. Nach einer Einsenkung, über welche einzelne Volskerberge hervorragen, folgt das Albanergebirge: auf der östlichen Erhebung Colonna, weiter Frascati, höher hinauf Rocca di Papa, der M. Cavo, darunter Marino, endlich r. Castel Gandolfo. Aus der weiten Campagna sondern sich gegen Südosten die langen Bogenreihen der Aqua Claudia und Felice, die Gräber der Via Appia mit der Caecilia Metella ab.

Von der Via Galvani führt kurz vor Porta S. Paolo r. eine Seitenstraße zum **Protestantischen Friedhof** (Pl. III 18), der von 7 Uhr morgens bis gegen Abend geöffnet ist. Der Kustode (20-30 c.) hat auch den Schlüssel zu dem älteren Friedhof an der Cestiuspyramide, der u. a. das Grab des Malers *J. A. Carstens* († 1798) enthält. Die Pinien sind von Wilh. von Humboldt zwischen 1801 und 1808 über den Gräbern seiner in Rom verstorbenen Kinder gepflanzt. Der jetzige Friedhof, dessen hohe Zypressen die Ruhestätte vieler in Rom verstorbener Deutschen, Engländer, Skandinavier, Amerikaner, Russen beschatten, wurde 1825 angelegt. Die Kapelle am W.-Ende wurde 1898 erbaut.

Von bekannteren deutschen Namen seien erwähnt: *Emil Braun*, Archäolog, † 1856; *Christian Reinhart*, Maler, † 1847; *Gottfr. Semper*, Architekt, † 1879; *W. Henzen*, Epigraphiker, † 1887; *Aug. Riedel*, Maler, † 1883; *Goethe's Sohn*, † 1830; der schwäbische Dichter *Wilh. Waiblinger*, † 1830; *H. von Marées*, Maler, † 1887; *F. Geselschap*, Maler, † 1898; *J. v. Kopf*, Bildhauer, † 1903. An der Mauer oben ist das Herz des 1822 im Golf von Spezia ertrunkenen englischen Dichters *Shelley* beigesetzt, dessen Leichnam sein Freund Lord Byron verbrennen ließ.

Die ***Pyramide des Cestius** (Pl. III 18), das Grabmal des vor dem Jahre 12 vor Chr. gestorbenen *Gaius Cestius Epulo*, lag ursprünglich außerhalb der Stadt an der Via Ostiensis und wurde erst durch Aurelian in die Stadtmauer eingeschlossen: „Öder Denkstein riesig und ernst" (Platen). Die ägyptische Pyramidenform wurde von den Römern nicht selten für ihre Grabmäler verwendet; die des Cestius ist aus Backsteinen erbaut und mit Marmorquadern bekleidet, 37m hoch, jede Seite unten 30m breit. Die Grabkammer war bis zum J. 1660, wo der jetzige Zugang gebrochen wurde, nur auf Leitern zu erreichen. Sie enthält nichts Bemerkenswertes.

Die Hauptinschrift *C. Cestius L. f. Pob. Epulo. pr. tr. pl. VII. vir epulonum*, die an der Ost- und Westseite steht, meldet, daß der Verstorbene, Lucius' Sohn aus der Tribus Poblilia, Praetor, Volkstribun und Mitglied des Priesterkollegs der Septemviri Epulones war, welche feierliche Opferschmäuse zu veranstalten hatten; die andere, an der Ostseite unten, daß das Grabmal unter Aufsicht des L. Pontius Mela und des Freigelassenen Pothus in 330 Tagen errichtet ward.

Die *Porta S. Paolo* (Pl. III 18), östl. neben der Cestiuspyramide, ist die alte *Porta Ostiensis.* Von da nach *S. Paolo fuori* s. S. 424 Straßenbahn s. Nr. 5 im Plananhang).

Folgt man innerhalb des Tores in nordöstl. Richtung der Via di Porta S. Paolo, so erreicht man zunächst (nach 5 Min.) l. ein c. 30m langes, 10m hohes Stück der alten *Servianischen Stadtmauer* (Pl. III 20; S. xxix). Dasselbe besteht aus großen Tuffquadern, mit wechselnden Läufern und Bindern (S. 304). Bedeutend jüngeren Ursprungs ist der dabei befindliche Bogen. In der späteren Zeit der Republik war die Mauer, wie die Trümmer zeigen, außer Gebrauch und ganz überbaut.

Etwas weiter zweigen l. die Via di S. Prisca, r. die Via di San Saba ab nach den gleichnamigen Kirchen.

Santa Prisca (Pl. III 20; meist geschlossen), von sehr alter Gründung, wurde im xviii. Jahrh. modernisiert. Nebenan die Trattoria „Castello dei Cesari" (S. 146) mit prachtvoller *Aussicht auf die verödeten südlichen Stadtteile, namentlich den Palatin. — 5 Min. weiter vereinigt sich die Straße mit der S. 308 gen. Via di S. Sabina.

San Saba (Pl. III 20, 21), dem kappadokischen Abte Sabas († c. 531 nach Chr.) geweiht, ist gleichfalls sehr alt, aber 1465 fast ganz neu gebaut worden. Die Kirche gehört dem Collegium Germanicum (S. 179); der Kustode ist ein Deutscher. In der Vorhalle l. ein antiker Sarkophag mit Darstellung einer Vermählung und der Juno Pronuba. Im Innern 17 Säulen, teils Granit, teils Marmor, mit verstümmelten Kapitälen. Die 1900 begonnenen Herstellungsarbeiten, die u. a. etwa 4m unter dem Boden eine ältere Kirche mit Resten von Malereien (vii. und xii. Jahrh.), sowie zahlreiche antike Fragmente und Sarkophage zu Tage gefördert haben, werden noch Jahre beanspruchen. Im l. Seitenschiff fünf antike Sarkophage. Andere römische Reste im Klostergarten. Schöne Aussicht von der Loggia über dem Eingang.

g. Die Via Appia innerhalb der Stadt.

Vom Konstantinsbogen (Pl. II 22; S. 291) in Via S. Gregorio bis zur Kirche *S. Gregorio Magno* s. S. 316/317; — dann geht r. die Via dei Cerchi ab.

Unweit der Stelle, wo die Via S. Gregorio in die Via di Porta S. Sebastiano (Pl. III 22, 23, 27) mündet, befand sich ehemals die *Porta Capena,* von welcher die **Via Appia** auslief. Wir folgen links der Via di Porta S. Sebastiano, an deren Anfang l., Nr. 1-5, das *Auditorium Appium* (Pl. III 23) liegt, in dem Lichtbilder der antiken Via Appia gezeigt werden (Eintr. tägl. 10 Uhr früh bis Sonnenuntergang, 1 fr.; Juli bis Sept. geschlossen).

Nach 5 Min., am Ende der Allee, die an der r. Seite der Straße hinläuft, führt r. ein Weg hinauf nach der am Abhang des Aventin gelegenen

Kirche **S. Balbina** (Pl. III 23), von Gregor dem Großen geweiht, mit noch offenem Dachstuhl, aber modernisiert und kahl. Sie enthält ein Relief (Kreuzigung) von *Mino da Fiesole* und das schöne Grabmal des Kardinals Stefano Surdi von *Johannes Cosmas* (man schelle an dem Tor r. vor der Kirche). In dem anstoßenden Gebäude ist ein Hospiz für alte Männer und eine Besserungsanstalt für Mädchen eingerichtet.

In Via di Porta S. Sebastiano weiter erblickt man bald l. die Villa Celimontana (S. 320). Nach 10 Min. überschreitet die Straße die *Marrana*, einen kleinen Bach mit trübem Wasser. Links eine Baumschule *(Semenzaio comunale)*. Dann r., diesseit der Kirche SS. Nereo ed Achilleo, Nr. 29, der Eingang zu den (15 Min. vom Konstantinsbogen) Ruinen der Caracallathermen.

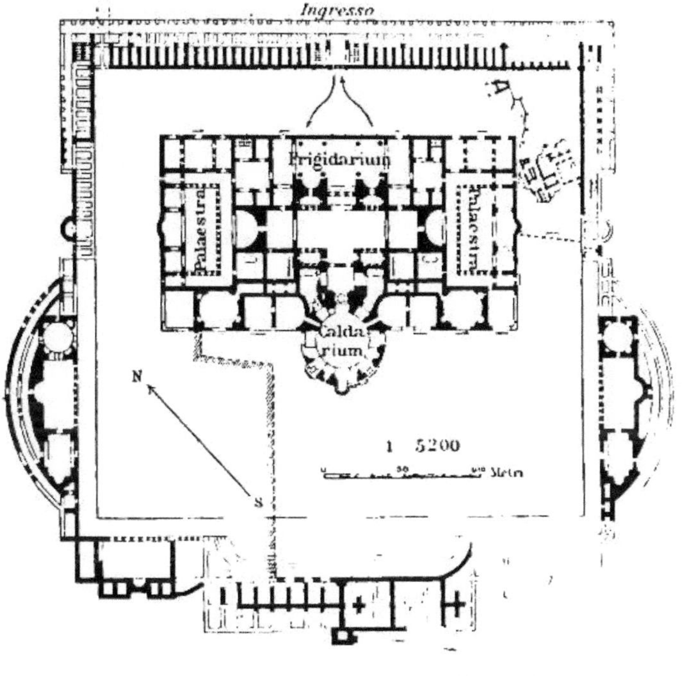

Die ***Caracallathermen**, *Thermae Antoninianae* (Pl. III 23, 24; Eintritt s. S. 162) wurden 212 nach Chr. von *Caracalla* begonnen, von *Elagabal* erweitert, von *Alexander Severus* vollendet. Trotz der eingestürzten Gewölbe zeugen die Mauermassen noch von der technischen Vollendung des Gebäudes. Die Pracht der Einrichtung war erstaunlich. Eine Menge von Statuen (darunter der farnesische Stier, der Herakles des Glykon und die sog. Flora in Neapel), Mosaiken usw. sind hier gefunden worden. Es gab 1600 marmorne Badesessel, und die Räume reichten noch für eine erheblich größere Zahl von Badenden aus. Das eigentliche Thermengebäude, das im Viereck von einer Mauer mit Portiken, Rennbahn usw. umgeben war, ist 220m lang, 114m breit, die gesamte Anlage mißt 330m in Länge und Breite. Das Baden hatte sich in der Kaiserzeit zu einem höchst mannigfaltigen Vorgang ausgebildet, der aus unsern modernen Nachahmungen römischer Bäder teilweise bekannt sein wird. Man begann mit dem *Tepidarium*, wo man bei mäßig erwärmter Luft den Körper salben und massieren ließ. Dann nahm man im *Caldarium* ein warmes Wasserbad oder ein Schwitzbad, dem zur Erfrischung ein kaltes Bad im *Frigidarium* oder der *Piscina* folgte. Zum Schluß ließ man sich kräftig abreiben und nochmals salben. Die drei genannten Haupträume liegen in der Mittelachse des Gebäudes und sind sicher zu erkennen. In der Benennung der übrigen Räume, die zu Leibesübungen, zur Unterhaltung und Erholung bestimmt waren, auch Bibliotheken und Gärten umschlossen, herrscht viel Willkür.

Man gelangt zuerst in das *Frigidarium*, das große unbedeckte kalte Bad, mit Schwimmbassin, dann r. durch eine Gruppe von fünf kleineren Sälen *(Apodyteria)*, die zum Auskleiden bestimmt waren, in die *Palaestra*, einen großen rechteckigen, einst von Säulen umgebenen Raum, mit Resten eines Mosaikbodens. In der Mitte der Langwand, wo jetzt der Brunnen ist, war eine halbkreisförmige Exedra, aus der ein Teil der Mosaikfiguren von Athleten (im Lateran, s. S. 329, 334) stammt. Von dort tritt man in den fälschlich *Tepidarium* genannten Mittelsaal, einen ungeheuern, ursprünglich von einem flachen Gewölbe überspannten Raum, in dessen Eckpfeilern vier große Bassins für lauwarme Wasserbäder angelegt sind. — Rechts durch einen kleinen, sehr zerstörten Vorsaal (cella media) in das Schwitzbad oder *Caldarium*, einen runden Saal mit sehr starken Wänden (innerhalb eines Pfeilers r. führt eine kleine Treppe empor, von wo aus man einen Überblick über die Anlage hat) und jetzt eingestürztem Kuppelgewölbe. Die Heizvorrichtungen und Warmluftleitungen sind bloß gelegt. — Um die drei Haupträume legen sich beiderseits in gleichmäßiger Anordnung die Nebenräume. In der der oben gen. entsprechenden, südlichen *Palaestra*, wo das meiste von dem Athletenmosaik des Laterans gefunden worden ist, sind Architektur- und Skulpturfragmente, Reste eines Mosaikbodens vom oberen Stockwerk (Meerwesen u. dgl.) ausgestellt. — An der Südseite der äußeren Umfassungsmauer ist ein achteckiger Raum mit Kuppelgewölbe erhalten, daneben ein großes Schwimmbassin; an der Westseite, gegenüber dem Caldarium, ist ein *Stadium* für Wettläufe zu erkennen. Andere Reste der Thermen sind in den umliegenden Vignen zerstreut. — Zurück in das Frigidarium, wo r. der Ausgang.

Zurück und weiter in Via di Porta S. Sebastiano. Hier r. die Kirche **SS. Nereo ed Achilleo** (Pl. III 23, 26), früh gestiftet, um 800 von Leo III., dann Ende des XVI. Jahrhunderts von Kardinal Baronius (S. 437) fast ganz erneuert.

Das Innere (Kustode auf der l. Straßenseite Nr. 8a) zeigt die Form einer alten Basilika. Am Ende des Mittelschiffs l. ein Ambo, angeblich sehr alt und aus S. Silvestro in Capite hergebracht; r. und l. vom Altar ein Marmorkandelaber aus dem Anfang des XVI. Jahrhunderts. Über dem Bogen der Tribuna Stücke eines Mosaiks aus Leo's III. Zeit: Verklärung Christi mit Moses u. Elias, davor knieende Apostel, r. Verkündigung, l. thronende Madonna (vgl. S. LXI).

Gegenüber die von Benedikt XIII. erneuerte Kirche *S. Sisto*. Das Kloster wurde von Honorius III. dem h. Dominikus übergeben. — Dann geht l. die Via della Ferratella ab, die nach dem Lateranplatz (S. 325) führt.

Weiter folgt r. **S. Cesáreo** (Pl. III 27), schon von Gregor dem Großen erwähnt, zuletzt von Clemens VIII. erneuert (offen an Sonn- u. Festtagen früh): in der Mitte der Vorderkirche zwei Altäre aus dem Ende des XVI. Jahrh., am Ende l. die alte Kanzel mit Skulpturen (Christus als Lamm, Symbole der Apostel und Sphinxe); gegenüber ein moderner Kandelaber mit antiker Basis; die ausgelegten Schranken des Presbyteriums und die Verzierungen des Hauptaltars sind mittelalterlich; in der Tribuna ein alter Bischofstuhl.

Auf dem Platz vor der Kirche steht eine antike Säule.

Bei S. Cesareo zweigt l. die alte Via Latina ab, welche 5 Min. weiter durch die 1808 geschlossene *Porta Latina* (Pl. III 30; S. 418) das aurelianische Stadtgebiet verließ. Kurz vor diesem Tor l. hinter dem früheren Kloster die im VIII. Jahrhundert gegründete, 1190 von Cölestin III. neugebaute Kirche **S. Giovanni a Porta Latina** (Pl. III 30), die nach wiederholten Restaurationen im XVI. und XVII. Jahrh. wenig Bemerkenswertes mehr enthält, außer ihren antiken Säulen, vier in der Vorhalle, zehn im Innern. Noch näher am Tor r. eine achteckige Kapelle vom J. 1509 (vielleicht nach einem Plan Bramante's), **S. Giovanni in Oleo**, wo der Legende nach der Evangelist Johannes in siedendes Öl geworfen wurde, aus dem er unversehrt hervorging, was seine Freilassung zur Folge hatte (Fest am 6. Mai).

Weiter in der Via di Porta S. Sebastiano, l. Nr. 12 bei der Zypresse, das 1780 aufgefundene **Grab der Scipionen** (Pl. III 27), das jetzt nur Nachbildungen der alten Sarkophage und Inschriften (S. 382) enthält. Eintritt 10-5 Uhr, bei Kerzenlicht (25 c.); Juli-Sept. geschlossen.

Unregelmäßige, in den Tuff gehauene Gänge, vielleicht ein alter Steinbruch, sind vom III. bis I. Jahrh. vor Chr. zur Beisetzung der Angehörigen des Geschlechts benutzt worden. Über der Erde war das Grab durch einen quadratischen Tuffbau bezeichnet, von dessen Nordfassade, die einer Seitenstraße zwischen Via Appia und Via Latina zugewandt war, noch ein Teil mit gewölbter Tür und weit ausladendem Gesims erhalten ist. *L. Cornelius Scipio Barbatus* war das älteste hier beigesetzte Glied der Familie; der Venezianer Quirini bestattete die Gebeine des Helden 1780 in seiner Villa Altichiero bei Padua. Ferner waren hier begraben dessen Sohn, viele jüngere Scipionen und der Dichter *Ennius*. Im I. Jahrh. nach Chr. wurde für Freigelassene der Cornelier eine Grabkammer mit Ziegelwänden angebaut. In der späten Kaiserzeit hat man die Wände vielfach mit Mauern aus Tuff und Ziegeln gestützt, auch in neuerer Zeit wurde verschiedenes restauriert.

Mehr östlich liegt in derselben Vigne das **Kolumbarium des Pomponius Hylas** oder *der Freigelassenen der Octavia*, der Gattin des Nero. Eintr. 25 c., Juli-Sept. geschlossen. Eine Treppe führt in eine unterirdische Kammer, deren Wände Nischen für Aschenurnen enthalten. Derartige Anlagen waren in der Kaiserzeit üblich. Sie wurden gemeinschaftlich von mehreren Familien oder auf Spekulation gebaut, und die einzelnen Grabstellen vererbt, verkauft oder verschenkt. Die Ähnlichkeit mit Taubenschlägen („columbaria") veranlaßte den Namen. Über oder unter den Nischen („loculi"), die sich in ununterbrochener Reihe auch unter den niedrigen Steinbänken („podia") ringsum fortsetzen, sind die Namen der Beigesetzten auf Stuckschildchen aufgemalt oder auf Marmortäfelchen eingegraben. Häufig gibt ein kurzer Zusatz noch Auskunft über den Erwerb der Stelle. Unter jeder Nische waren 2, seltener 1 oder 3-4 Aschentöpfe („ollae") eingelassen. Die Ausschmückung richtete sich nach den Mitteln des Verstorbenen. Das Kolumbarium des Pomponius Hylas zeichnet sich durch seinen Stuck- und Farbenschmuck aus. Der Treppe gerade gegenüber eine mit Stuck verzierte Nische, darunter eine Aschenkiste mit Muscheln und Mosaik; r. eine Apsis mit gemalten Weinranken und Viktorien.

Drei andere **Kolumbarien** sind in der anstoßenden Vigna Codini, Nr. 13, zu sehen (läuten!; Trkg. $^1/_2$ fr.).

Zwei dieser Grabanlagen zeigen fast quadratischen Grundriß; die größere mit einem die Wölbung stützenden Pfeiler in der Mitte faßt über 600 Aschenkrüge. Das kleinere Gebäude, laut den Inschriften für die *Sklaven und Freigelassenen der jüngeren Marcella*, der Schwestertochter des Augustus, bestimmt, wurde im J. 10 n. Chr. erbaut. — Das dritte Grab besteht aus drei in Hufeisenform zusammenstoßenden gewölbten Gängen, deren Wände rechteckige Nischen verschiedener Größe, z. T. früher mit Stuck und kostbaren Marmorarten verziert, enthalten.

Wenige Min. weiter, unmittelbar vor Porta S. Sebastiano (25 Min. vom Konstantinsbogen) erhebt sich der sog. **Drususbogen** (Pl. III 30). Er ist aus Travertinquadern erbaut, zum Teil mit Marmor bekleidet und mit Marmorsäulen geschmückt. Ursprünglich hatte er r. und l. noch seitliche Durchgänge. Die gewöhnliche Benennung und zeitliche Ansetzung (8 vor Chr.) ist falsch, der Bau vielleicht aus der Zeit Trajans. Caracalla führte für seine Thermen (S. 313) die Wasserleitung über ihn hinweg, deren Ziegelreste den Eindruck jetzt bedeutend schwächen.

Die Marmorquadern der *Porta S. Sebastiano* (Pl. III 30), der alten *Porta Appia*, scheinen von antiken Gebäuden genommen; das Tor ist mit mittelalterlichen Zinnen geschmückt.

Via Appia außerhalb der Stadt s. S. 420; *Callistus-Katakomben*, 25 Min. vor dem Tor, s. S. 432.

h. **Der Caelius.**

Dieser einst dicht bevölkerte Hügel (50m) ist jetzt in gleicher Weise verödet wie der Palatin und Aventin.

Vom Konstantinsbogen (Pl. II 22, S. 291) folgt man südl. der Via di S. Gregorio (Pl. III 22), die zwischen dem Palatin und dem Caelius hinläuft. R. am Palatin sieht man die schöne Palme von S. Bonaventura (S. 286), sowie die Bogen der Aqua Claudia (S. 303). Links oberhalb der Straße, Nr. 1, der Eingang in das

Antiquarium (Pl. II, III 22), früher *Magazzino archeologico*, eine städtische Sammlung neuerer Funde aus dem römischen Stadtbezirk. Eintritt s. S. 162.

Im Garten zerstreut Fragmente von Skulpturen und Inschriften; Reste des Grabmals eines Wagenlenkers, mit Viergespannen.

I. Zimmer. In den Schränken r. Fragmente von Stuck-, Töpfer- und Schmiedearbeiten, eingelegter Marmordekoration und Malerei (Farben). Ausgangswand r. Sammlung der kostbarsten Marmorarten. Links Ziegelstempel, Brunnenrohre, eine eisenbeschlagene Grabtür. — II. Zimmer. In den Schränken Skulpturfragmente, z. T. von großer Schönheit. R. Schmalwand unten: zwei Bruchstücke eines Frieses mit Darstellung des Kampfes der Götter und Giganten (römische Arbeit nach hellenistischem Vorbild). In der Mitte: Stier aus einer Gruppe des stiertötenden Mithras. — Gegenüber ist der Eingang in einen neugebauten Saal. In der Mitte l. Basaltstatue einer Frau, deren Hände betend vorgestreckt waren (der Basalt sollte die dunkelgrüne Bronze des Originals nachahmen); l. davon Statue des Hermes mit rötlichem Mantel. An der Längswand dem Eingang gegenüber, von l. nach r.: Kopf einer ägyptischen Prinzessin aus hellenistischer Zeit (der Kopfschmuck ist ein Vogelbalg); fragmentierte Statue eines Kriegers mit Schwertband (pergamenisch); Diadumenos nach Polyklet (vgl. S. XLVII); Porträtkopf eines Feldherrn (Kopie nach einem Werke des Kresilas, Zeitgenossen des Phidias und Polyklet); fragmentierte Wiederholung der sog. Hestia Giustiniani (S. 398); archaischer Jünglingskopf; Torso einer archaischen Kriegerstatue (in den Löchern war ein bronzenes Schwertband befestigt). Rechte Schmalwand: Kopf des Perseus mit geflügelter Hadeskappe; Kopf des Diomedes, wie die in der Mitte aufgestellte kolossale Athenastatue Kopie nach einem Werke des Kresilas (s. oben). Eingangswand: Kopf einer Göttin (Zeit des Phidias); Köpfchen eines Hermaphroditen (hellenistisch); Knabenstatue (Kranz und Büschel aus Myrtenzweigen weisen auf die eleusinischen Mysterien); Kopf des Diadumenos (s. gegenüber) und eines anderen Athleten nach Polyklet: archaistische Priapstatue; Hermes mit Widder (nach einem Vorbild strengen Stils); Athenakopf. — III. Zimmer. Funde aus der Begräbnisstätte auf dem Esquilin. Rechts Peperinfragmente von einem Grabmal der Flötenbläser (tibicines), einer Gilde, die in Rom bei öffentlichen Opfern zu musizieren hatte. Links Lampen, einzelne Gräberfunde vereinigt. In der Mitte l. Reste einer Wasserleitung. — IV. Zimmer. In den Schränken Weihgeschenke, Reliefs und Figuren aus Terrakotta. Unter den Fragmenten an der r. Schmalwand zu beachten: r. Mädchenstatuette (v. Jahrh. vor Chr.); in der Mitte Relieffragment von einer Darstellung der Freisprechung des Orest (vgl. das S. 397 gen. corsinische Silbergefäß); davor in der Mitte ein Larenaltar des Augustus. Links Grabskulpturen und Inschriften aus Peperin und Travertin (s. S. LXXX) aus der Zeit der Republik. — V. Zimmer. Unter den Köpfen r. zu beachten: in der Mitte des untersten Bordes l. Apollo; in der Mitte des mittleren Bordes an der Schmalwand hellenistischer Mädchenkopf mit Kranz; darüber pathetisch erregter Mädchenkopf. Links in der Ecke Gruppe eines Satyrs und einer Nymphe (Farbenreste); gegenüber Reste eines Giebelreliefs mit Opferdarstellung, vom Esquilin (der Gipsabguß r. nach einem Original in den Uffizien zu Florenz). In der Mitte l. zwei Musen. An den Wänden prachtvolle Ornamente. — VI. Zimmer. An den Wänden große Bruchstücke eines spätrömischen Mosaiks mit Jagddarstellungen, vom Esquilin. Athenastatue; reizende Gruppe zweier spielenden Mädchen.

Weiter die Via S. Gregorio entlang und durch das Gittertor zur Kirche

S. Gregorio Magno (Pl. III 22), ursprünglich im Jahre 575 von Papst Gregor d. Gr. an der Stelle seines Vaterhauses errichtet und dem h. Andreas, später von Gregor II. seinem Namensvorgänger geweiht. 1633 ließ der Kardinal Borghese durch *Giov. Batt. Soria* den Bau erneuen; von ihm sind die Treppe, der Portikus, der Vorhof und die Fassade. Das Innere der Kirche wurde 1725-31 modernisiert.

In dem Vorhof, unter der Halle vor dem Eingang: l. Grabmal der Guidiccioni von 1643, aber mit Skulpturen aus dem xv. Jahrh., r. das schöne Grabmal der beiden Brüder Bonsi von *Luigi Capponi* (c. 1498)

Das Innere hat 16 antike Säulen. Im r. Seitenschiff, am Ende geradeaus: Altar des h. Gregor mit kleinen Marmorreliefs von *Luigi Capponi*; Altarbild von *S. Badalocchi (?)*; die Predelle: Erzengel Michael mit den Aposteln und anderen Heiligen, wahrscheinlich von einem Schüler *Pinturicchio's*. Hier ist r. ein kleines *Zimmer aus St. Gregors Haus* erhalten, mit einem schönen antiken Marmorsessel und Reliquien des Heiligen. Gegenüber, vom l. Seitenschiff aus, tritt man in die Capp. Salviati: auf dem Altar r. ein altverehrtes Madonnenbild, das mit dem h. Gregor gesprochen haben soll; l. ein Altar aus der Werkstatt des *Andrea Bregno* (1469), mit unschön erneuter Vergoldung.

Der Sakristan öffnet (½ fr.) auch die drei l. abseits vom Eingang liegenden *Kapellen, welche durch einen Portikus vereinigt sind. Hier ist ein Stück Quadermauer aus der Kaiser- (nicht aus vorservianischer) Zeit sichtbar, von späteren Mauerresten zum Teil überdeckt. Rechts die **Kap. der h. Silvia,** Mutter des h. Gregor, mit deren Statue von *Cordieri*. In der Nische: Engelkonzert, Freske von *Guido Reni*, sehr verdorben. — In der Mitte die **Kap. des h. Andreas,** mit ihrer Zeit überaus berühmten Bildern: r. *Domenichino*, Marter des h. Andreas, l. *Guido Reni*, der h. Andreas auf dem Weg zum Richtplatz erblickt das Kreuz, auf beiden l. unten das Bildnis des Malers. — Links die **Kap. der h. Barbara** mit der sitzenden Marmorstatue des h. Gregor, angeblich von *Michelangelo* begonnen, von *Cordieri* vollendet. In der Mitte ein Marmortisch mit antiken Füßen, an dem der h. Gregor täglich zwölf Arme gespeist haben soll. Der Legende nach erschien eines Tages ein Engel als Dreizehnter unter ihnen.

Die unweit nördl. vorüberlaufende Via di SS. Giovanni e Paolo führt, unter einigen Ziegelbogen hindurch ansteigend und an der (l.) antiken Ziegelfassade, jetzigen Außenwand der Unterkirche von SS. Giovanni e Paolo vorbei, nach

*__SS. Giovanni e Paolo__ (Pl. III 22). Die Kirche wurde um 400 von dem Senator Pammachius an der Stelle des Hauses der H. Johannes und Paulus gegründet, nach der Legende zweier hoher Hofbeamten des Kaisers Julianus Apostata, unter dem sie den Martertod erlitten. Bei der Plünderung Roms durch Robert Guiscard im J. 1084 wurde das Gebäude schwer beschädigt, aber im xii. Jahrhundert wieder hergestellt. Aus dieser Zeit stammt die Vorhalle, das Fußbodenmosaik im Inneren der Kirche und die Außenarchitektur der Apsis mit der zierlichen Säulendekoration. 1718 entstellte der Kardinal Paolucci das Innere durch Umbau in barockem Stil; die weithin sichtbare Kuppel über der Kapelle des h. Johannes im l. Seitenschiff kam unter Pius IX. hinzu.

Die modernisierte Oberkirche bietet nichts besonderes; von Interesse sind aber die Reste älterer Gebäude unter derselben. Ähnlich wie in S. Clemente (S. 321) liegen hier mehrere Bauschichten übereinander: zwei *Privathäuser*, eins mit heidnischen, eins mit christlichen Wandmalereien (das einzige in Rom), ein *frühchristliches Oratorium* und eine *mittelalterliche Kapelle*. Seit der Zerstörung von 1084 und der darauf folgenden Wiederherstellung sind alle diese Bauten durch sieben Jahrhunderte spurlos begraben gewesen. Seit 1887 hat man sie unter der Leitung des Passionisten P. Germano wieder ausgegraben. Fest am 26. Juni (s. S. 157) und 14. Februar.

Man steigt am Ende des r. Seitenschiffs hinab (elektr. Licht, dem Sakristan $^1/_2$ fr.) und kommt zunächst in einen Eingangsraum, wo mehrere Amphoren stehen, darunter eine mit dem Christusmonogramm. Daneben l. ein Saal, das sog. Tablinum, dessen Bemalung Marmorbelag nachahmt. In der Wölbung, außer Meerwesen, Blumen und Masken, auch drei christliche Darstellungen: Moses am Horeb, Moses die Gesetzestafeln empfangend und eine Orantin; die Malerei kann dem IV.-V. Jahrh. angehören. Noch älter sind die Fresken des Zimmers r. vom Eingangsraum: Genien (fast lebensgroß) mit Fruchtschnüren, auf weißem Grunde (II.-III. Jahrh.). Weiter ein Oratorium, das man dem Bau des Pammachius zuschreibt, mit Fresken, u. a. Enthauptung dreier Märtyrer (älteste bekannte Martyriums-Darstellung). Tiefer noch eine Badeanlage, zu den ältesten Teilen des Ganzen gehörig. Endlich (hinter dem sog. Tablinum, nach Via di SS. Giovanni e Paolo zu) eine Kapelle mit Fresken aus dem IX. und XI. Jahrh. (Christus mit den Erzengeln und den H. Johannes und Paulus; interessantes Kreuzigungsbild).

Neben der Kirche ein hübscher Glockenturm. Das anstoßende Kloster gehört den Passionisten. Im Garten, der nur Herren zugänglich ist, schöne Aussicht nördl. auf das Kolosseum, südöstl. nach dem Lateran.

Man steigt in der von Mauern eingeschlossenen Straße weiter zu dem 10 nach Chr. errichteten *Bogen der Konsuln Dolabella und Silanus* (Pl. III 25), aus Travertin, dem Übergangsbogen der Aqua Marcia über eine alte Straße. — Unweit r. Nr. 8 das Portal eines Hospitals, das zu der untergegangenen Kirche *S. Tommaso in Formis* (Pl. III 22, 25) gehörte. Das Mosaikmedaillon über der Tür stellt Christus zwischen einem schwarzen und einem weißen Sklaven, den ein Kreuz als Christen bezeichnet, dar und bezieht sich auf den 1198 gestifteten Trinitarierorden zur Loskaufung christlicher Sklaven; es ist laut Inschrift von zwei Meistern aus der Familie der Cosmaten gefertigt (c. 1218).

Links führt die Via Claudia hinab nach dem Kolosseum (S. 287).

Zur R. hat man die baumbepflanzte längliche Piazza della Navicella (Pl. III 25) und die Kirche S. Maria in Domnica. Im Altertum lagen in der Nähe, südl. von der Aqua Marcia nach Villa Celimontana zu, die *Castra Peregrina*, d. h. die Kaserne der von auswärtigen Legionen nach Rom entsandten Centurionen („frumentarii“), deren Dienst etwa dem unserer Feldjäger oder Kabinettskuriere verglichen werden kann. Die Kaserne umschloß mehrere kleine Tempel (der Isis, des Juppiter redux usw.). Der Apostel Paulus wurde bei seiner Ankunft in Rom in den Castra Peregrina interniert, bis ihm gestattet wurde, seine Wohnung in der Stadt zu nehmen (Ap. Gesch. 28, 16). Das *Marmorschiffchen* („Navicella“), das auf dem Platze steht, erinnert an die Geschenke, die die Centurionen nach gefährlichen Reisen in den Tempeln zu weihen pflegten, so nach Seereisen kleine Schiffe aus Marmor. Ein solches stand im Mittelalter in der Vorhalle der Kirche; da es schadhaft geworden war, ließ Leo X. die Kopie anfertigen und hier aufstellen. Reste anderer Marmorschiffe sind in der Villa Celimontana gefunden worden.

S. Maria in Domnica oder *della Navicella*, eine der ältesten Diakonien Roms, wurde 817 von Paschalis I. neu gebaut; dieser Zeit gehören die Säulen des Hauptschiffs und die Tribuna an. Die Vorhalle ließ Leo X. errichten.

Das Mittelschiff ruht auf achtzehn schönen Granitsäulen, der Bogen der Tribuna auf zwei Porphyrsäulen. An der Hochwand des Mittelschiffs ein übermalter Fries von Giulio Romano. Die *Mosaiken* (817-824) sind unter Clemens XI. stark restauriert worden: über dem Bogen Christus zwischen zwei Engeln und den Aposteln, unten zwei Heilige; im Gewölbe Maria mit dem segnenden Christuskinde, zu beiden Seiten Engel, Paschalis I. küßt ihren Fuß, unter allen Figuren sprießen Blumen hervor. — Nur am 2. Sonntag in den Fasten offen; sonst klingle man r. neben der Kirche.

Nebenan ist der Eingang zur ***Villa Celimontana** (Pl. III 25) oder *Mattei*, 1582 angelegt, jetzt im Besitz des Herrn v. Hoffmann. Eintritt s. S. 164; Trkg. 25-30 c. Die schönsten Teile des Gartens, mit Aussichten auf die südl. Stadtteile und das Albanergebirge, liegen l. vom Eingang. Unter den wenigen Antiken ist ein Obelisk zu erwähnen, der im Altertum wahrscheinlich im Heiligtum der Isis Capitolina, im Mittelalter bei Aracoeli stand, und 1582 vom Senat dem Ciriaco Mattei geschenkt wurde.

Gegenüber von S. Maria in Domnica, jedoch ohne Zugang von Piazza della Navicella, liegt S. Stefano Rotondo. Man folgt l. der Via di S. Stefano Rotondo und geht durch die erste grüne Tür rechts: l. an der vierten Säule klingeln.

S. Stefano Rotondo (Pl. III 25), die größte aller Rundkirchen, von Papst Simplicius 468 geweiht, steht auf den Fundamenten des mittleren Rundbaues einer großen Markthalle *(Macellum magnum)* der späteren Kaiserzeit. In den folgenden Jahrhunderten wurde sie prächtig mit Marmor und Mosaiken geschmückt, verfiel aber dann gänzlich, bis Nikolaus V. sie um 1450 erneuerte. In dem ursprünglichen Gebäude, dessen Durchmesser 65m betrug, bildete die gegenwärtige Umfassungswand die mittlere Säulenreihe, welcher eine äußere 10m davon entfernte niedrigere Ringmauer, mit Pilastern, die man noch um die Kirche sieht, entsprach. Derart bestand der Bau aus drei großen Ringen, welche durch vier Kreuzarme durchbrochen waren. Nikolaus V. ließ die äußere Wand bei Seite und vermauerte die mittlere Säulenreihe bis auf einige zurücktretende Kapellen; die Decke bildet ein rohes Holzdach. Der alte Eingang war nach Osten: die gegenwärtige Vorhalle erbaute Nikolaus V.

Im Innern l. der Bischofstuhl, ein antiker Sessel, von welchem Gregor der Große eine seiner Homilien gehalten hat; dann eine Altarnische mit Mosaik (642-649); weiter l. eine Kapelle mit l. einem hübschen Grabmal aus dem Anfang des XVI. Jahrhunderts. Die 56 Säulen sind bis auf wenige marmorne von Granit. Die Seitenwände sind mit schauderhaften Marterszenen von *Tempesta* und *Pomarancio* ausgemalt (sehr restauriert). In der Mitte ein hölzernes Tabernakel. Das Dach wird von zwei hohen Granitsäulen und zwei Pfeilern getragen.

Verfolgt man die Via di S. Stefano Rotondo weiter (Pl. III 25, 28), so gelangt man an großen *Militärlazaretten* und an den Bogenreihen der von Nero für sein goldenes Haus angelegten Verlängerung der Aqua Claudia *(Arcus Neroniani Aquae Claudiae)* vorbei in 5 Min. in die Nähe des Laterans (S. 325).

i. S. Clemente. Der Lateran.

Straßenbahnen von *Piazza Venezia*, *Piazza S. Silvestro* und *Piazza di S. Pietro* nach *Piazza di Porta S. Giovanni*, s. Nr. 4, 8, 16 des Plananhangs; — Omnibus von *Piazza S. Pantaleo* über Piazza Venezia nach *Piazza S. Giovanni* s. Nr. 2 des Plananhangs.

Vom Kolosseum (Pl. II 22; S. 287) laufen in südöstl. Richtung mehrere Straßen aus: darunter links die Via Labicana nach der Seite der Titusthermen (S. 291), weiter rechts die Via de' SS. Quattro, zur gleichn. Kirche führend (S. 324) und unweit des Laterans in die Via di S. Stefano Rotondo (S. 320) mündend; in der Mitte die Via di S. Giovanni in Laterano, welche direkt nach dem Lateran führt (12 Min.). Schlägt man die letztere ein, so trifft man nach 5 Min. l., an einem kleinen Platze, die Kirche S. Clemente.

***S. Clemente** (Pl. II 25) ist die in ihrer ursprünglichen Anlage am besten erhaltene Basilika Roms und hat durch die 1861 von dem Prior Mullooly veranstalteten Ausgrabungen der altchristlichen Unterkirche und der darunter liegenden römischen Bauschichten noch erhöhtes Interesse gewonnen. Der altchristlichen Basilika (jetzigen Unterkirche) gedenkt der h. Hieronymus bereits im J. 392; 417 war sie Schauplatz einer Kirchenversammlung; der 885 in Rom gestorbene Apostel der Slawen Cyrillus fand hier seine Grabstätte. Nachdem sie 1084 bei dem Einzug Robert Guiscard's fast ganz zerstört worden war, erbaute 1108 Paschalis II. auf den Trümmern die jetzige (Ober-) Kirche, für welche er aus der unteren einzelne Schmuckteile (z. B. den Chor und die Ambonen) benutzte. Die Oberkirche wurde mehrfach, zuletzt von Clemens XI. im ganzen gut restauriert; er gab jedoch dem Mittelschiff die störende Decke. Der h. Clemens ist nach der römischen Tradition der dritte Nachfolger Petri (91-100); er erlitt den Märtyrertod im Schwarzen Meere. An der Stelle seines Wohnhauses erhebt sich der Legende nach die Kirche, die Kardinalstitel ist und irischen Dominikanern gehört.

Die Kirche ist gewöhnlich durch eine Seitentür von Via S. Giovanni in Laterano aus zugänglich, aber während der Mittagsstunden geschlossen; man klingelt dann an der Haupttür unter der Vorhalle in Via S. Clemente. Von dieser tritt man durch das von einer Säulenhalle umgebene *Atrium* in die *Oberkirche. Sie ist dreischiffig, ohne Querschiff. Vgl. S. LX. Das Mittelschiff, mit gerader Decke, wird durch 16 antike Säulen von den Seitenschiffen getrennt und enthält die *Chorschranken* und *Ambonen* aus der Unterkirche mit dem Monogramm des Papstes Johannes VIII. (872; den Schlüssel hat der Sakristan). Das *Tabernakel* mit vier Säulen von Pavonazzetto ist aus Paschalis' II. Zeit (S. LXII). In der Tribuna ein alter Bischofstuhl, 1108 wieder hergestellt. Die *Mosaiken* (S. LXIII) sind aus dem XII. Jahrhundert: am Triumphbogen in der Mitte Brustbild Christi mit den Symbolen der Evangelisten, l. die H. Paulus und Laurentius, darunter Jesaias, unter diesem die Stadt Bethlehem, r. die H. Petrus und Clemens, darunter Jeremias, unter diesem Jerusalem; im Gewölbe Christus am Kreuz mit Johannes und Maria in reichem Rankenwerk, darunter dreizehn Lämmer; an der Wand der Apsis Christus mit den Aposteln, bei einer Restauration durch Malerei ergänzt. An der Wand r. von der Tribuna die Grabmäler des Kardinals Roverella († 1476), von *Giovanni Dalmata* und *Andrea Bregno* und des Erzbischofs Brusati von *Luigi Capponi* (1485). — Die Kapelle rechts neben dem Tabernakel ist durch eine Stiftung des Erzbischofs Stroßmayr (1886) mit Fresken von *S. Nobili* aus dem Leben der H. Cyrillus und Methodius geschmückt. Die anschließende Kapelle in der Apsis am Ende des r. Seitenschiffes enthält eine Statue Johannes des Täufers von dem Florentiner *Simone di Giovanni Ghini* (XV. Jahrh.). — Links vom Haupteingang die Cappella della Passione oder di S. Caterina mit übermalten Fresken, wahrscheinlich von *Masaccio* gegen Ende seines Lebens im Auftrag des Kardinals Branda Castiglione († 1443) gemalt. Am Bogen über dem Eingang: Verkündigung. Links neben dem Eingang der h. Christophorus. An der Wand hinter dem Altar eine Kreuzigung. An der l. Wand Geschichten aus dem Leben der h. Katharina von Alexandria, und zwar oben: sie verweigert die Anbetung eines heidnischen Götterbildes, sie belehrt die Töchter des Königs im Gefängnis; unten: *sie disputiert vor Kaiser Maximianus mit Doktoren, ein Engel zerbricht die Räder, mit denen sie gerädert werden soll, ihre Enthauptung. Die Bilder der Fensterwand, sehr verdorben, erzählen die Legende des h. Ambrosius.

Wie bereits S. 321 bemerkt und die nebenstehenden Ansichten zeigen, befinden sich unter der gegenwärtigen Kirche noch mehrere ältere Bauschichten. Zu unterst zwei im rechten Winkel aneinander stoßende Mauern aus mächtigen am Caelius gebrochenen Tuffsteinquadern (auf dem Grundriß und Durchschnitt mit I bezeichnet), wohl noch aus republikanischer Zeit. Daran schließen sich die Baufragmente aus der kaiserlichen Zeit, II. Jahrh. nach Chr. (auf dem Grundriß u. Durchschnitt mit II bezeichnet; s. auch S. 324). Erst auf diesen künstlichen Fundamenten erhob sich seit dem IV. Jahrhundert die christliche Basilika, die jetzige *UNTERKIRCHE, deren Altar

S.CLEMENTE.

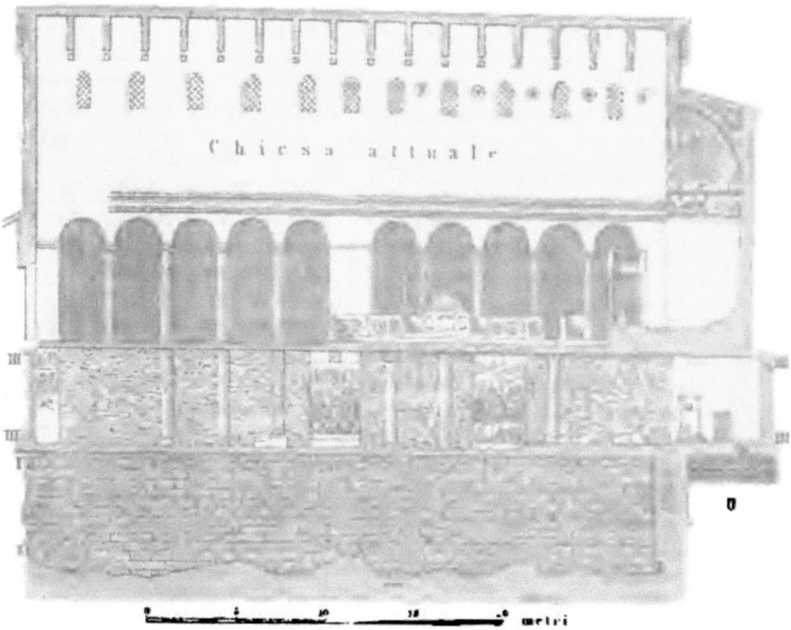
Chiesa attuale
III
II
I
metri

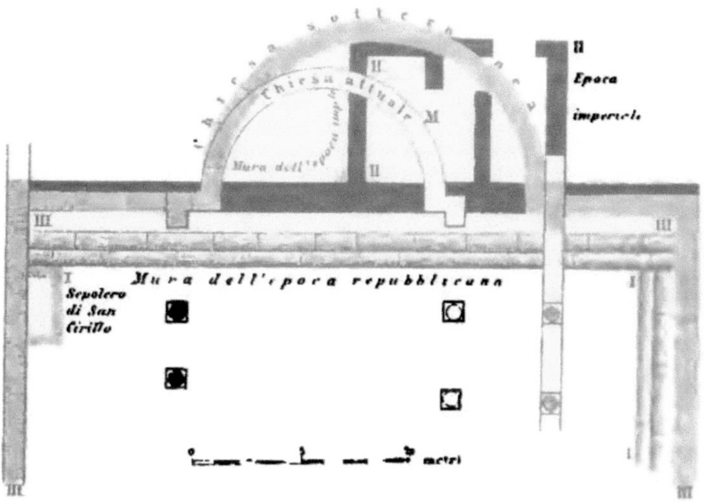
Chiesa attuale
II
Epoca
M
III
I
Mura dell'epoca repubblicana
Sepolcro
di San
Cirillo
metri

bei *a* der Durchschnittsansicht stand. Sie war viel großartiger in der Anlage als die spätere (obere) Kirche, ihr Mittelschiff so breit wie das obere Mittelschiff mit einem Seitenschiff zusammen; demgemäß besaß die alte Apsis eine bedeutend weitere Spannung. Für den späteren Bau wurden die Reste der alten Kirche gänzlich verschüttet. Beide Kirchen waren also bis zur Gegenwart nie gleichzeitig im Gebrauch. — Die Unterkirche kann außer So. und Festt. tägl. $9^1/_2$-12 Uhr und $2^1/_2$ bis Sonnenuntergang besichtigt werden (Eintritt $^1/_2$ fr.; elektr. Licht). Vollständig beleuchtet wird sie am 31. Jan., 1. Febr., 22. und 23. Nov. sowie am 2. Montag in den Fasten von 3 Uhr nachmittags bis Sonnenuntergang. Der Eingang befindet sich in der Sakristei der Oberkirche (am r. Seitenschiff), an deren Wänden Nachbildungen der Fresken der Unterkirche und vergleichende Pläne hängen.

Eine breite Marmortreppe, mit Inschriften an den Wänden, führt in die alte Vorhalle hinab, an welche sich die drei Schiffe der Unterkirche schließen. Zur Verstärkung der Tragkraft wurden beim Bau der Oberkirche im r. Seitenschiff Füllwände eingefügt. Die bei der Ausgrabung angebrachten Stützen sind an der weißen Tünche kenntlich. *Fresken aus sieben Jahrhunderten schmücken die Wände, zum Teil vortrefflich erhalten. Wir beginnen mit der Vorhalle.

Vorhalle. Gleich an der Treppe: weiblicher Kopf mit Nimbus (v. Jahrh.). — Weiter l. unter dem ersten Bogen, wo wahrscheinlich das ursprüngliche Grab des h. Cyrillus war: der thronende Christus zwischen den Erzengeln Michael und Gabriel; die H. Andreas (links) und Clemens (rechts) empfehlen den knienden Cyrillus; l. stehend sein Bruder Methodius (IX. Jahrh.). — Gegenüber r. Auffindung eines vom Meere verschlungenen und nach einem Jahre wieder ans Land geworfenen Kindes durch seine Mutter am Altar des h. Clemens. Darunter, um das Medaillonbild des h. Clemens gruppiert, die Familie des Stifters. Rechts die Weiheinschrift „Ego Beno de Rapiza pro amore dei et beati Clementis pingere feci" (IX. Jahrh.). — Weiter r. Überführung der Reliquien des h. Cyrillus aus dem Vatikan nach S. Clemente unter Papst Nikolaus, mit der Weiheinschrift: „Ego Maria Macellaria pro timore Dei et remedio anime mee haec pingere feci." — Am Ende der Vorhalle r. Eingang zum

L. Seitenschiff. Über der Tür drei stark zerstörte Fresken, in der Mitte die Auferstehung eines Kindes. Die Fresken an der südl. Langwand stellen im unteren Streifen Szenen aus dem alten, im oberen aus dem neuen Testament dar; an der l. Ecke unten Jakobs Traum, oben Petri Kreuzigung; weiter unten Esther vor Ahasverus (falsch als Cyrillus vor Kaiser Michael erklärt), oben Madonna. An der Seitenwand Taufe in Gegenwart des h. Clemens. — Nun durch den Bogen an der r. Wand ins

Mittelschiff. Hier gleich l. eine Freske in drei Streifen übereinander: der oberste mit der Inthronisation des h. Clemens zur

Hälfte zerstört: im mittleren St. Clemens zelebrierend, r. die zum Christentum bekehrte Theodora und ihr mit Blindheit bestrafter Gatte Sisinius, l. die kleineren Figuren des Stifters Beno und seiner Frau; darunter die Weiheinschrift: „Ego Beno de Rapiza cum Maria uxore mea" usw.; zu unterst Sisinius läßt eine Säule statt des h. Clemens binden (IX. Jahrh.). Die wegen der Nähe der Füllmauern schwer sichtbaren Fresken an den Seitenflächen des Pfeilers, h. Blasius und Daniel in der Löwengrube, sieht man am besten vom l. Seitenschiff aus. Weiter nach der Vorhalle zu an derselben Wand eine zweite größere Freske in drei Streifen: oben halb zerstört, Christus zwischen Michael und St. Clemens (l.), Gabriel und St. Nikolaus (r.); in der Mitte drei Szenen aus dem Leben des h. Alexius, wie auf römischen Sarkophagen nebeneinander gestellt, *a.* Alexius kehrt unerkannt als Eremit nach Rom zurück, *b.* Papst Bonifatius I. segnet den Sterbenden, *c.* die Braut erkennt den Toten; unten Ornament mit Blumen und Vögeln.

Die Fresken der Außenwand des r. Seitenschiffes sind bis auf wenige Reste zerstört: in der Nische daselbst Maria mit Jesus; oben am Bogen Christus (bartlos), an den Seiten Engel und Heilige; große Darstellung des Weltgerichts (IX. Jahrh.).

Unter der Apsis befinden sich die Baufragmente aus kaiserlicher Zeit (auf dem Grundriß schwarz angegeben und mit II bezeichnet). Das Material ist Backstein. Von den drei aneinander stoßenden Räumen ist der erste mit Stuckornamenten geschmückt; der folgende ist ein Vorraum, der in eine *Mithraskapelle* führt, in welcher man seltsamerweise die Statue des guten Hirten gefunden hat. Die Räume sind zum Teil mit Wasser angefüllt und unzugänglich; ihre Trockenlegung wird beabsichtigt.

Eine Querstraße, S. Clemente gegenüber, führt in die Via de' SS. Quattro und l. in dieser bergan zur Kirche

SS. Quattro Coronati (Pl. II 25; Eingang durch das Tor des Ospizio di Orfane). Sie ist den H. Severus, Severianus, Carpophorus und Victorinus geweiht, welche unter Diokletian den Martertod starben. Auch fünf Bildhauer werden hier verehrt, die gleiches Los traf, weil sie sich weigerten, heidnische Götterbilder zu fertigen (daher besitzen die Steinmetzen, scarpellini, hier eine Kapelle). Die Kirche ist von sehr alter Gründung, jedenfalls unter Benutzung eines antiken Gebäudes; nach der Zerstörung unter Robert Guiscard von Paschalis II. im J. 1111 wieder aufgebaut; unter Martin V. von dem Kard. Alfonso Carillo hergestellt; später zum Teil modernisiert. Schlüssel im Vorhof r. ($^1/_2$ fr.).

Die Kirche (1907 in Restauration) hat jetzt zwei Vorhöfe, da sie bei einem Neubau, wahrscheinlich Paschalis' II., bedeutend verkleinert wurde. In ihrer ursprünglichen Länge umfaßte sie den ganzen zweiten Hof mit; die ehemalige Breite wird durch die in letzterem verbauten antiken Säulen bezeichnet (man beachte auch die unverhältnismäßig große Tribuna im Innern, welche nur so ihre Erklärung findet). — Unter der Halle vor dem Eingang zum zweiten Hof, ist r. die den Steinmetzen gehörige *Capp. di S. Silvestro*, 1246 unter Innocenz IV. geweiht; sie enthält interessante, aber wenig anziehende alte Malereien noch in der Art des byzantinischen Stils, mit Darstellungen aus dem Leben Konstan-

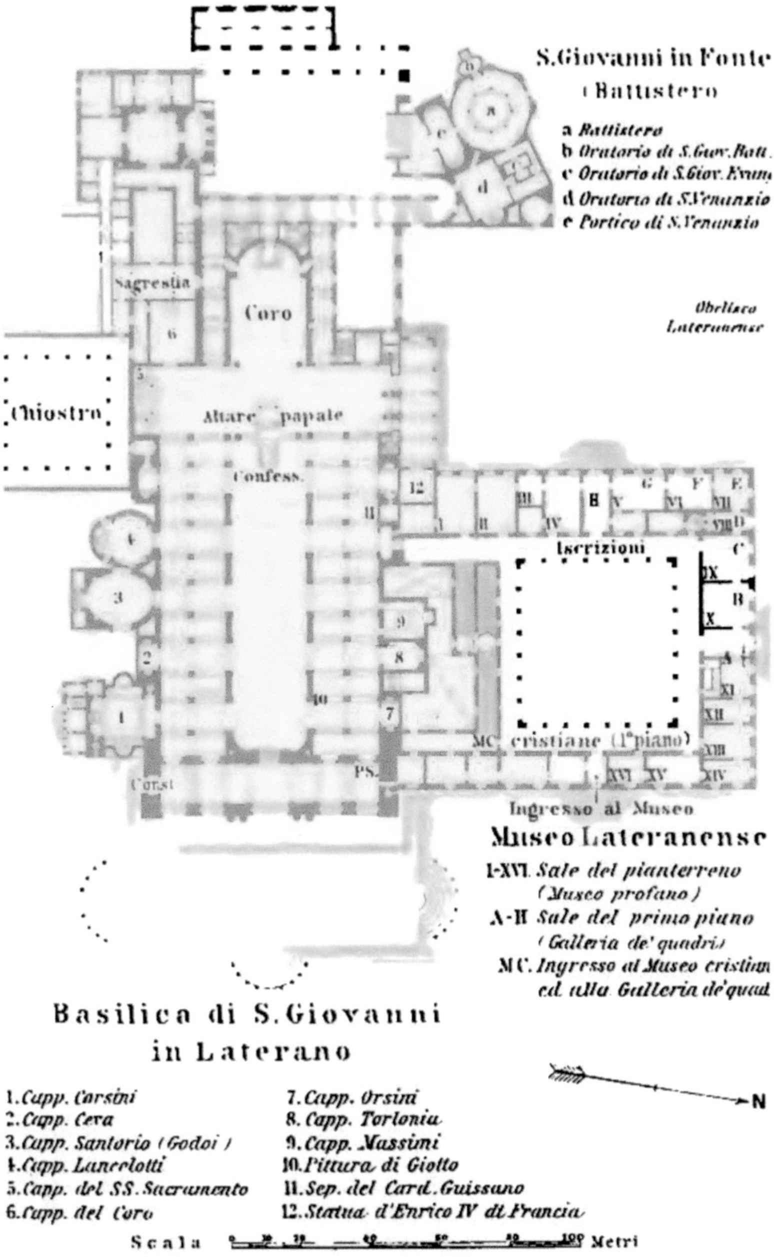
S.Giovanni in Fonte
(Battistero)
a Battistero
b Oratorio di S.Giov.Batt.
c Oratorio di S.Giov.Evan.
d Oratorio di S.Venanzio
e Portico di S.Venanzio
Obelisco Lateranense
Sagrestia
Coro
Chiostro
Altare papale
Confess.
Iscrizioni
MC cristiane (1°piano)
Const.
PS.
Ingresso al Museo
Museo Lateranense
I-XVI. Sale del pianterreno (Museo profano)
A-H Sale del primo piano (Galleria de' quadri)
MC. Ingresso al Museo cristian. ed alla Galleria de'quad.
Basilica di S.Giovanni in Laterano
1. Capp. Corsini
2. Capp. Cera
3. Capp. Santorio (Godoi)
4. Capp. Lancelotti
5. Capp. del SS. Sacramento
6. Capp. del Coro
7. Capp. Orsini
8. Capp. Torlonia
9. Capp. Massimi
10. Pittura di Giotto
11. Sep. del Card. Guissano
12. Statua d'Enrico IV di Francia
N
Scala
Metri

tins. — Das Innere der Kirche ist dreischiffig, mit Emporen; in der Tribuna barocke Fresken von *Giov. da S. Giovanni* und ein Ziborium Innocenz' VIII. aus der Werkstatt des *Andrea Bregno.*

— —

Die Via di S. Giovanni (S. 321) mündet, zuletzt an (r.) einem großen Frauenhospital vorüber, auf die **Piazza di S. Giovanni in Laterano** (Pl. III 28), welche l. von den Neubauten am südl. Ende der Via Merulana (S. 198) begrenzt wird, im übrigen aber ihren baulichen Charakter noch von den Bauten Sixtus' V. erhält. In der SW.-Ecke erhebt sich das alte Baptisterium, in der SO.-Ecke die Querschiffassade der Lateransbasilika (S. 326), auf der O.-Seite der lateranische Palast, mit dem Museum (S. 329).

Der *Obelisk* in der Mitte des Platzes, aus rotem Granit, stammt aus Theben in Oberägypten, wo er von König Thutmosis IV. (1436-1427 vor Chr.) errichtet worden war. Kaiser Constantius ließ ihn 357 nach Chr. nach dem Circus Maximus schaffen, wo er 1587 in drei Stücke zerbrochen wieder gefunden wurde. Seit 1588 steht er an der jetzigen Stelle. Es ist der größte aller Obelisken, obschon für die neue Aufstellung unten 1m abgesägt werden mußte: 32, mit dem Postament 47m hoch, er wiegt 440 700 kg.

Wir wenden uns zunächst zum ***Baptisterium** (*Battistèro* oder *S. Giovanni in Fonte*), der ältesten und lange Zeit einzigen Taufkapelle Roms, deren achteckiger Grundriß das typische Vorbild für alle ähnlichen Anlagen geworden ist. Nach der römischen Tradition soll schon Konstantin der Große im J. 324 durch Papst Sylvester I. hier die Taufe empfangen haben (in Wirklichkeit erfolgte diese erst 337 kurz vor dem Tode Konstantins). Als der eigentliche Erbauer wird Sixtus III. angesehen. Papst Hilarius fügte 461 an der Ost- und Westseite die *Oratorien Johannes des Evang.* und *Johannes d. T.* hinzu, Johann IV. um 640 das an ersteres anstoßende *Oratorium S. Venanzio.* Leo X. gab dem Ganzen das Bleidach, seine Nachfolger schmückten und modernisierten es.

Vom Platz aus tritt man zunächst in das eigentliche Baptisterium (Pl. *a*), welches durch acht große Porphyrsäulen mit antikem Marmorgebälk, angeblich Geschenk Konstantins, in einen Mittelraum mit Umgang geteilt wird. In der Mitte das Taufbecken aus grünem Basalt, eine antike Badewanne. Die Fresken sind von *A. Sacchi, Maratta* u. a. — Rechts schließt sich das Oratorium Johannes des Täufers (Pl. *b*) an, mit Bronzestatue des Heil. von *L. Valadier* 1772 (nach Donatello), zwischen zwei Säulen von Serpentin. Die beim Öffnen und Schließen tönenden Bronzetüren sind von Papst Hilarius geschenkt. — Links, gegenüber, das Oratorium Johannes des Evangelisten (Pl. *c*) mit Bronzetüren von 1196 und schönen *Mosaiken*, Blumen und Vögeln auf Goldgrund. Relief mit

Johannes und dem knieenden Leo I. von *Luigi Capponi.* Die Statue des Heiligen zwischen zwei Alabastersäulen ist von *Landini* († 1591). Eine dritte Tür bildet den Eingang zu dem quadratischen Oratorio di S. Venanzio (Pl. *d*), mit figurenreichem Mosaik (640-642). — Die vierte Tür, dem Eingang vom Platze aus gegenüber, öffnet sich auf den Portico di S. Venanzio (Pl. *e*), ursprünglich die Vorhalle des Baptisteriums, als der Haupteingang noch auf dieser Seite war. 1154 ward die Vorhalle in zwei Kapellen umgewandelt; in der Apsis l. schöne ***Mosaikdekoration,*** Goldranken auf blauem Grunde, aus dem v. Jahrhundert. Über der Tür: Kreuzigung, Marmorrelief von einem von G. de Pereriis gestifteten Altar aus der Werkstatt des *Andrea Bregno* (1492). Den äußeren Eingang, nach dem Hofe zu, schmücken zwei antike Porphyrsäulen mit Architrav.

Der **Hof**, mit einem von katholischen Arbeitervereinen errichteten Denkmal für Leo XIII., von Annibale Monti (1904), wurde mit dem Chor der Lateransbasilika gänzlich erneut (s. unten).

Die Basilika ***S. Giovanni in Laterano** (Pl. III 28), „die Mutter und das Haupt aller Kirchen" (S. XXXIV), ist von Konstantin d. Gr. in einem Palast der Familie der Laterani, den er dem Papste Sylvester I. schenkte, gegründet worden. Sie wurde *Basilica Constantiniana* oder *S. Salvatoris* genannt, als zweites Zion auch *Aula Dei,* und nach und nach mit den umfassendsten Indulgenzen ausgestattet. Bei einem Erdbeben 896 stürzte sie ein. Von Sergius III. (904-911) wieder erbaut, wurde die Kirche Johannes dem Täufer geweiht. Der Neubau brannte 1308 ab, wurde von Clemens V. hergestellt, von Giotto ausgemalt und nach einem zweiten Brande (1360) von Urban V. und Gregor XI. abermals hergestellt, dann unter Martin V. (1430) und Eugen IV. verändert, endlich seit Pius' IV. Zeit (1560) im Barockstil umgebaut. Die Vorhalle des nördl. Querschiffs (nach dem Obelisken zu) ist von *Domen. Fontana* (1586). Die Ausgestaltung des Innern ist vorwiegend das Werk *Franc. Borromini's,* dem Innocenz X. um 1650 die Bauleitung übertrug. Die mächtige Hauptfassade wurde unter Clemens XII. von *Aless. Galilei* aufgeführt (1734). Leo XIII. vergrößerte (1878-85) den Chor, indem er die Tribuna hinausrücken ließ. — In der Lateranskirche wurden 1123, 1139, 1179, 1215, 1512 fünf wichtige Konzilien abgehalten.

Die Hauptfassade, an der Piazza di Porta S. Giovanni (S. 335), mit gekuppelten, auf hohe Postamente gestellten Säulen in der Mitte und Pilastern beiderseits, in deren Zwischenräume eine Loggia eingefügt ist, und statuengekrönter Attika, ist von schlichter Großartigkeit. Die 6m hohen Statuen, Christus zwischen Aposteln und Heiligen, sind ein weithin sichtbares Kennzeichen der Kirche. Von dem Balkon in der Mitte der Loggia erteilte der Papst früher am Himmelfahrtstage den Segen. Die Vorhalle unter der Loggia ist 10m tief, 60m breit. Von den fünf Eingängen ist r. die Porta Santa vermauert und nur in Jubeljahren geöffnet (s. S. 347). Die zwei antiken Bronzetüren des mittelsten Einganges stammen von der Curia (S. Adriano, S. 279). Ganz l. eine Statue Konstantins, aus dessen Thermen (S. 192).

Die Fassade des r. Querschiffs, an der Piazza di S. Giovanni in Laterano (S. 325), neben dem Palast, hat neben der Vorhalle zwei kleine alte Glockentürme, die bei einem Umbau unter Pius IV. mit spitzen Turmhelmen versehen wurden. In der Halle unten l. eine Bronzestatue Heinrichs IV. von Frankreich von *Nic. Cordieri* (Pl. 12).

Das Innere (1907 in Restauration) ist 130m lang und hat fünf Langschiffe und ein Querschiff. Der Langbau erhielt seine heutige Gestalt durch *Borromini*, der die prächtige angeblich von Michelangelo, aber von Giac. della Porta herrührende Holzdecke des Mittelschiffs beibehielt und je zwei Säulen desselben zu Pfeilern vereinigte. Der reich eingelegte Fußboden ist eine Stiftung des Colonnapapstes Martins V. In den Nischen der Pfeiler zwölf kolossale Apostelstatuen aus *Bernini's* Schule und Reliefs von *Algardi*. Über diesen 12 Bilder von Propheten. Am Ende des Mittelschiffs r. und l. die beiden einzigen sichtbaren antiken Granitsäulen. Unten vor der *Konfession* das schöne Grabmal Martins V. († 1431) aus Erz, von *Simone di Giov. Ghini*. — Vier Stufen führen zum Querschiff hinauf, das 1603 unter Clemens VIII. von *Giac. della Porta* erneuert und mit Fresken ausgemalt worden ist. In der Mitte über dem Hochaltar (*Altare papale*, an dem nur der Papst oder ein von ihm ernannter Vertreter Messe lesen darf) ein schönes gotisches *Tabernakel von *Giov. di Stefano* (1369), mit stark übermalten Malereien (um 1390) des *Barna da Siena*. Der Altar enthält viele Reliquien, besonders die Köpfe der Apostel Petrus und Paulus, und einen hölzernen Tisch aus den Katakomben, der einst dem h. Petrus als Altar gedient haben soll. Im Querschiff r. zwei schöne Säulen von Giallo antico, darüber die reich verzierte *Orgel*, l. der große *Altar des Sakraments*, mit vier antiken Säulen von vergoldetem Erz, aus der alten Basilika. — In der Kap. l. neben dem Chor (Pl. 6) ein Porträt Martins V. von *Scip. Gaetano*, das Altarbild vom *Cav. d'Arpino*; holzgeschnitzte Chorstühle von *Girol. Rainaldi*. L. vom Chor das 1907 enthüllte Grabdenkmal Leo's XIII. († 1903), von *Giulio Tadolini*: über dem Sarkophag aus Verde antico die Gestalt des segnenden Papstes, der trauernden Kirche und eines Arbeiters im Pilgerkleid. R. vom Chor das von Leo XIII. errichtete Grabdenkmal Innocenz' III. (s. S. 69), von *Gius. Luchetti*. In der Kapelle r. davon auf der l. Seite Denkmal des Philologen Laurentius Valla († 1457), Kanonikus dieser Kirche.

Im Chor sind Fußboden und Wände mit polierten Marmorplatten bekleidet; an den Wänden r. und l. je drei Balkone mit vergoldeten Gittern. Die alte, bei dem Umbau 1884 hinausgeschobene Apsis zeigt kostbare Mosaiken von *Jacobus Torriti* (S. LXIII; 1290, vielleicht restaurierte er nur ein älteres Werk): der Heiland in Wolken, unten zu Seiten eines Kreuzes l. die Jungfrau, zu deren Füßen Nikolaus IV. kniet, und die H. Franziskus, Petrus und Paulus, r. die H. Johannes d. T., d. Ev., Andreas und Antonius. Im Chorumgang: zwei Inschriften in Mosaik, die sich auf den Bau der Kirche beziehen, Statuen der H. Petrus und Paulus aus dem XIII. Jahrhundert. An den Chorumgang schließt sich die Sakristei: die inneren Bronzetüren von 1196; vor dem Altar das Grab des Kanonikus Fulvius Ursinus († 1600); l. eine Verkündigung nach einer Zeichnung *Michelangelo's* von *Marcello Venusti*.

Seitenschiffe. An der Rückseite des ersten Mittelschiffpfeilers (Pl. 10) r. *(*Giotto*, Bonifatius VIII. zwischen zwei Kardinälen, das 1. Jubiläum (1300) verkündend. Am nächsten Pfeiler Grabschrift des Papstes Sylvester II. († 1003). Rechts: 2. Kap. (Pl. 8), im Besitz der Familie Torlonia und reich mit Marmor und Gold geschmückt; über dem Altar Kreuzabnahme, Marmorrelief von *Tenerani* (dem Aufseher, der diese und andere Kapellen öffnet, ½ fr.). Die 3. Kapelle (Pl. 9) gehört den Massimi, von *Giacomo della Porta* erbaut, mit Altarbild, Kreuzigung von *Sermoneta*. Über dem Durchblick in diese Kapelle eine Reliefflgur des h. Jakobus, Fragment eines von G. de Pereriis gestifteten Altars, aus der Werkstatt des *Andrea Bregno* (1492; die übrigen Teile im Kreuzgang). Weiterhin: Grab des Kardinals Guissano, † 1287 (Pl. 11), die alten Teile von den *Cosmaten*; an der Rückseite des letzten Mittelschiffpfeilers Grabstein des Kardinals Ran. Farnese, von *Vignola*, und gegenüber das beim Umbau 1650 zerstörte, später wieder zusammengestückte Grabmal des portugiesischen Kardinals Ant. de Chiaves († 1447), von *Filarete*. — Links: 1. Kapelle, die des h. Andreas Corsini (Pl. 1), von *Al. Galilei* 1734 erbaut, mit vier antiken Porphyrsäulen und einer großen Porphyrwanne, aus der Vorhalle des Pantheons, vor dem Erzbilde Clemens' XII. (Corsini, † 1740), und kostbar mit Steinen ausgelegten Wänden. Unter der Kapelle das Grabgewölbe der Corsini, mit einer schönen Pietà von *Bernini* (oder *Ant. Montauti*).

Von der letzten Kapelle des l. Seitenschiffs führt der Sakristan in den *KREUZGANG (Chiostro), mit vielen gewundenen und mosaizierten Säulchen (S. LXII), ein Werk der beiden *Vassallettus* (1222-30; vgl. S. 426). In den Gängen mancherlei Fragmente aus der alten Kirche. Das Kloster ward Ende des VI. Jahrhunderts von Benediktinern aus Monte Cassino gestiftet.

An der von der Nordseite der Piazza di S. Giovanni in Laterano ausgehenden Via Ariosto liegt der letzte Rest der Villa Massimi, das **Casino Massimi** (Pl. II 28), in welchem Fürst Camillo Massimi 1821-28 drei Säle von den deutschen Malern Jul. Schnorr, Ph. Veit, A. Koch, Overbeck und Führich mit Freskodarstellungen aus Dante, Ariost und Tasso schmücken ließ (nur auf besondere Empfehlung zugänglich).

Auf der Ostseite der Piazza di S. Giovanni in Laterano erhebt sich, an die Kirche anstoßend, der

Lateranische Palast (Pl. III 28), welcher nebst dem Vatikan und Castel Gandolfo durch das Garantiegesetz von 1871 das Privileg der Exterritorialität erhalten hat. Hier befand sich die Residenz der Päpste von der Zeit Konstantins an bis zur Auswanderung nach Avignon (vgl. S. 354). Der alte Palast war viel ausgedehnter als der jetzige und umschloß noch die Kapelle Sancta Sanctorum (S. 335). Seit dem großen Brande von 1308 blieb er eine Ruine, die endlich Sixtus V. schleifte, um durch *Domenico Fontana* den neuen Palast zu erbauen (1586). Innocenz XII. verwandelte diesen, da er unbenutzt blieb, 1693 in ein Waisenhaus; Gregor XVI. bestimmte ihn 1843 zu einem Museum für heidnische und christliche Altertümer, die im Vatikan und Kapitol keinen Raum mehr hatten, unter dem Namen ***Museum Gregorianum Lateranense.** Der Eingang ist auf der Ostseite des Palastes, an der Piazza di Porta S. Giovanni (S. 335). Besuchsordnung s. S. 163.

Im Erdgeschoß befindet sich die ***Antikensammlung** *(Museo Profano)*, mit einzelnen vortrefflichen Stücken. — Man durchschreitet den Eingangsflur und folgt l. den Arkaden des Hofes bis zum Ende des westlichen Flügels, wo man mit dem Zimmer Nr. I beginne: vgl. den Grundriß S. 326.

I. Zimmer. An der Eingangswand: 6. weibliche Statuette im Stil der Athena Parthenos des Phidias; 10. Grabrelief (Abschied eines Kriegers); 11. Brunnenrelief, Erziehung des Asklepiosknaben. Linke Wand: 13. zwei Faustkämpfer (Relief); 15. Büste des Marc Aurel; 20. römischer Kaiser in Begleitung von Liktoren; das obere zugehörige Stück im Thermenmuseum (S. 185) stellt den von Hadrian gegründeten Tempel der Venus und Roma (S. 287) dar, die Ergänzung des Kopfes als Trajan ist demnach unrichtig; davor: 19. Statuette eines Mädchens; 26. Nymphe, welche einen Satyrknaben tränkt, Brunnenrelief. Rechte Wand: mehrere gute Torsen; 51. Fragment einer Artemisstatue (auf dem l. Arm Rest eines Rehs). In der Mitte Mosaik mit Faustkämpfern, aus den Caracallathermen (s. I. Stock, S. 334). — II. Zimmer: interessante Architekturfragmente, besonders vom Trajansforum, man beachte 86, 130, 168, die prächtigen Friesstücke in der Mitte der Eingangs-, Ausgangs- und Rückwand. — III. Zimmer. Eingangswand: 255. Äskulapstatue. Rückwand: 256. Antinous (S. LIV; Kopf neu), in Ostia gefunden. — IV. Zimmer. Eingangswand: 273. römisches weibliches Bildnis; *278. *Medea mit den Töchtern des Pelias*, griech. Relief; sie bereiten mit der Zauberin Medea (links) die Opferung des eigenen Vaters vor; 291. Statue des Germanicus. Rückwand: 319. *Marsstatue.* Ausgangswand: 348. Wiederholung des praxitelischen ausruhenden Satyrs (S. XLIX). Auf einem Cippus: 352. *Büste eines jugendlichen Clau-*

diers. In der Mitte: 382. schöne Schale von Lumachella (Muschelmarmor).

Man überschreitet den Flur nach dem

V. Zimmer. Rückwand: 394. römische Porträtbüste; *396, 405. Panshermen; 397, 403. Statuen des Äskulap und der Hygieia (letztere falsch als Muse ergänzt); 407. *Aschenkiste*, mit Relief: ein Knabe trägt seinen im Kampf unterlegenen Hahn weinend davon, ein anderer umarmt den seinigen, der einen der Siegerkränze ergriffen hat. In der Mitte: 399. Hirsch von Basalt (er trug ursprünglich eine Artemis). — VI. Zimmer: Skulpturen aus Caere (S. 465). Eingangswand: 427. runder Altar mit Pan und zwei tanzenden Horen; darauf 428. kolossaler Porträtkopf des Augustus; 433. Statue eines Kaisers, der Kopf neu. Rückwand: 435, 437. sitzende Kolossalstatuen des Tiberius und Claudius, zwischen ihnen 436. die jüngere Agrippina (?). Ausgangswand: 439. Kaiserstatue. Am Fenster: 442. Relief mit Darstellung der Gottheiten dreier etruskischer Städte (Tarquinii, Volci und Vetulonia). Am Pfeiler zwischen den Fenstern: 445. weibliche Porträtstatue (vielleicht Drusilla). In der Mitte: 447, 450. zwei schlafende Silene (Brunnenfiguren); 448. Larenaltar mit Opferdarstellung. — VII. Zimmer. R.: *462. sog. *tanzender Satyr*, gefunden auf dem Esquilin, vielmehr Marsyas vor der Erscheinung der Athene erschreckt zurückweichend (S. XLVI/XLVII), nach einem Werke Myrons; die Arme mit den Klangblechen sind falsch restauriert. Dem Eingang gegenüber (drehbar aufgestellt): **476. *Sophokles*, eine der schönsten uns erhaltenen antiken Porträtstatuen, gefunden 1838 in Terracina. In dem Dichter das 'Muster des vollkommenen Mannes', die Sicherheit hoher geistiger Bedeutung, den Adel ungetrübter männlicher Schönheit zu gestalten: das ist es augenscheinlich, was der Künstler in seinem Werke erstrebte und was ihm schon in den großen Zügen der Hauptanlage, der schlichten Stellung des Körpers, der bedeutungsvollen Haltung des Kopfes, den edlen Verhältnissen der ganzen Gestalt zu erreichen gelang. Die hohe und breite Stirn, das milde, phantasievolle Auge, die kräftigen Backen, der wohlwollend ernste Mund vollenden das Bild eines Mannes, der auf der glücklichen Höhe eines reichen Lebens steht (Benndorf & Schöne). R. davon 475. Bildnis eines Diadochen. — VIII. Zimmer. Eingangswand: l. *487. Relief, der Komödiendichter Menander und seine Muse; r. oben 496. Köpfchen einer schlafenden Nymphe; 497. kleiner Kopf eines siegreichen Athleten. Linke Wand: 515. Fragment eines römischen Reliefs. In der Mitte: *534. *Statue des Poseidon*, in Porto gefunden. — IX. Zimmer: viele schöne architektonische Fragmente, aus den Ausgrabungen auf dem Forum und der Via Appia stammend. In der Mitte: 656. *Dreifußbasis* mit bacchischen Tänzen. — X. Zimmer: meist Skulpturen aus den Gräbern der Haterier an der Via Labicana bei Centocelle. Eingangswand: 675, 677. männl. und weibl. Porträtbüste, in fein verziertem Gehäuse, wie römische Ahnenbilder aufgestellt; weiter 676. Relief eines großen Grabbaues mit Hebemaschine daneben; 691. Relief: Ausstellung einer Toten, die von Klageweibern umgeben ist. Ausgangswand: 719. Relief mit römischen Gebäuden, unter denen Titusbogen und Kolosseum zu erkennen sind. Darüber: 721. spätes Relief mit Merkur (gebrochen), Ceres, Pluto, Proserpina; 722. Reliefteile mit Zitronen- und Apfelzweigen. Zwischen Fenster und Ausgang *686. dreiseitiger Pfeiler, auf zwei Seiten je ein von Rosen umrankter Kandelaber. In der Mitte: 710. Amor auf einem Delphin.

Man überschreitet einen zweiten Flur nach dem

XI. Zimmer: meist Skulpturen aus den Gräbern der Via Latina (S. 418). Eingangswand: r. 751. bacchischer Sarkophag. Rückwand: 761. schöne bärtige Herme; 765. Friesfragment, Faustkämpfer; 769. Adonis-Sarkophag (an dem Deckel die Schicksale des Ödipus). Ausgangswand: 777. Sarkophag mit der Geschichte der Phädra und des Hippolytos; 783. griechisches Votivrelief; darunter 782. Fragment einer Nereide. In der Mitte 792. ein großer Sarkophag mit Triumphzug des Bacchus. — XII. Zimmer. Eingangswand: 799. *Sarkophag* mit der Geschichte des Orest (Aegisth's Tod usw.); 808. Augustuskopf. Ausgangswand: 813. *Sarkophag* mit Untergang der Niobiden. In der Mitte 831. Nachbildung des (nicht erhaltenen) Puteal Libonis auf dem Forum Romanum, aus Veji. — XIII. Zimmer. Eingangswand: 840. Grabrelief der Ulpia Epigone; 842. Relief, kämpfender Gigant; 846. *Porträtstatue des C. Caelius Saturninus.* Rückwand: Fragmente kolossaler Porphyrstatuen. Ausgangswand: 866. römisches Grabrelief; *868. Relief, Pylades, der den ermatteten Orest unterstützt. In der Mitte 882. Sarkophag des P. Caecilius Vallianus, mit der Darstellung eines Totenmahles; darauf: 885. dreiseitige *Kandelaberbasis* mit Pluto, Neptun und Proserpina. — XIV. Zimmer. Eingangswand: 887. Fragment eines griechischen Votivreliefs (Aphrodite?). Dem Eingang gegenüber: 902. Statue eines gefangenen Barbaren, unvollendet und interessant durch die daran sichtbare Punktiermethode. Daneben: 895. Sarkophag des L. Annius Octavius mit Darstellung der Bereitung des Brotes; dabei die Inschrift: Evasi, effugi. Spes et Fortuna valete! Nil mihi vobiscum est, ludificate alios (fort bin ich, entronnen, Hoffnung und Glück lebet wohl! nichts ist mir mit euch noch gemein, habt andre zum Besten). Darauf l. Hermenbüste des jugendlichen Dionysos (praxitelischer Stil), r. die des Herakles nach Polyklet. An der r. Wand: *892. *Mosaik* mit Darstellung eines ungefegten Speisesaalfußbodens (opus asarotum) und Masken von *Heraklitos,* 1833 südl. der Caracallathermen gefunden. — XV. Zimmer. Hier und in dem folgenden Zimmer ist der Ertrag 1861-69 veranstalteter Ausgrabungen in Ostia (S. 468) vereinigt. In den Glaskästen unter den Fenstern Lampen, Terrakotten, Glasfragmente, Elfenbeingerät usw. Am Pfeiler: Nischenmosaik mit Silvan. Zu beiden Seiten desselben

Fragmente von Terrakottaplatten. Ausgangswand: r. 972. Kopf des Mithras; 975. *weibl. Köpfchen;* 977. Grabrelief des röm. Ritters T. Flavius Verus. XVI. Zimmer. Bleiröhren von antiken Wasserleitungen; 1062-66. Gemälde aus einem Grabe mit Darstellungen aus der Unterwelt. In der Mitte: 1061. Statue eines liegenden *Attis*, Spuren von Vergoldung am Halbmond; *1043. Bronzestatuette der Venus.

Das *Christliche Museum *(Museo Cristiano)*, zu dem man unter den Arkaden in der l. Ecke die Treppe hinaufsteigt (bei M. C. des Grundrisses S. 325), wurde 1851 auf Anregung des Padre Marchi gegründet; die Anordnung erfolgte durch diesen und durch G. B. de Rossi. Die aus der älteren vatikanischen Sammlung Benedikts XIV. stammenden Sarkophage sind meist stark ergänzt und überarbeitet. Wissenschaftlicher Katalog von Joh. Ficker, Leipzig 1890.

Das Museum enthält vor allem eine **Sammlung altchristlicher Sarkophage* (vgl. S. LV u. LIX und S. 429 ff.), meist aus dem IV. und V. Jahrhundert. Sie zeigen großenteils „dieselbe fortlaufende Erzählungsweise mit Vereinigung mehrerer dicht gedrängter und bewegter Szenen auf derselben Fläche, wie die spätheidnischen Arbeiten. Der etwas stenographische Vortrag dieser Ereignisse wird selbst dem bibelfesten Beschauer einigermaßen zu schaffen machen; auch die Gegenüberstellung von Vorbildern aus dem alten und Gegenbildern aus dem neuen Testament erleichtert das Erkennen nicht immer, weil diese Bezüge zum Teil etwas gezwungen sind" (Burckhardt). Die Erläuterung einiger solcher Szenenreihen (oben Nr. 55; unten Nr. 104, 135, 174, 171) wird dem Besucher helfen, die meisten übrigen selbst zu deuten.

Vorraum: Skulpturen und Architekturfragmente, meist aus Porto. Geradeaus: *55. großer Sarkophag mit zwei männlichen Brustbildern und Reliefs in zwei Reihen übereinander; oben Auferweckung des Lazarus, Vorhersage der Verleugnung Petri, Moses empfängt die Gesetzestafeln, Isaaks Opferung, Pilatus' Händewaschung; unten Moses schlägt Wasser aus dem Felsen, von den Juden bedrängt, Daniel in der Löwengrube, Gesetzesverlesung, Blindenheilung, Speisungswunder. An der Wand l. 56. Brustbild Christi; r. 58. Bad des neugeborenen Jesuskindes, aus der S. 307 gen. Kapelle Papst Johanns VII. in der alten Peterskirche (stark restauriert); 57. Mosaik, Christus thronend zwischen den H. Paulus und Petrus, Kopie aus dem XVIII. Jahrhundert; das Original befand sich in der alten Peterskirche über dem Grabe Kaiser Otto's II.

Dann l. über einige Stufen aufwärts. R. an der Schmalwand: 103, 105. Statuen des guten Hirten; *104. großer Sarkophag, 1838 in S. Paolo fuori neben dem Apostelgrabe gefunden; die darin Beigesetzten waren vermutlich Glieder einer vornehmen römischen Familie aus dem Anfang des V. Jahrhunderts; Reliefs, obere Reihe l. Adam u. Eva, in der Mitte Schild mit männl. und weibl. Büste; r. Verwandlung des Wassers in Wein, Vermehrung der Brote, Auferweckung des Lazarus; unten Anbetung der Könige, Heilung des Blindgeborenen, Daniel in der Löwengrube; Ansage der Verleugnung; Bedrängnis Mosis und Quellwunder. — Am Fenster: 111. Sarkophag, Durchzug der Israeliten durch das rote Meer. — Auf der Treppe l.: 119. Geschichte des Jonas (oben in kleineren Figuren Erweckung des Lazarus, Quellwunder, Mosis Bedrängnis); die Skulptur in starker Anlehnung an antike Motive, namentlich in den genrehaften Nebenfiguren der Fischer und Hirten, gefunden am Vatikan; 135. Vorderseite Adam und Eva, Wasserwunder, Blindenheilung, Erweckung der Totengebeine, Ansage der Verleugnung, Heilung des Gichtbrüchigen, Isaaks Opferung, Mosis Bedrängnis und Quellwunder; Nebenseiten l. die drei Männer im feurigen Ofen, r. Daniel in der Löwengrube, Noah in der Arche. — Oben r. 138. Christus und die Apostel; l. 193. Opfer Kains u. Abels u. a.; r. 146. Auferweckung des Lazarus u. a.; l. 189. Szenen des Alten u. Neuen Testaments (neben der Opferung Isaaks Auferweckung des Jünglings von Nain); die Büsten ergänzt. R. *150. ländliche und Jagdszenen; l. guter Hirte, r. Orans (Betende), interessant wegen der Reste von Bemalung und Vergoldung (letztere meist schwarz geworden; III. oder IV. Jahrh.). L. 181. ovaler Sarkophag mit starken antiken Reminiszenzen. In der Mitte 183A. Gute Hirten, Ernte und Weinlese, gefunden in der Prätextatus-Katakombe (S. 433). R. 156. Orpheus (auch auf Katakombengemälden, s. S. LIX), aus Ostia. — L. *174. Vorderseite Christus thronend zwischen den Aposteln (Petrus von r., Paulus von l. auf ihn zueilend), l. Opferung Isaaks, r. Pilatus sich die Hände waschend; r. Nebenseite Mosis Quellwunder, Christus heilt die Blutflüssige; l. Nebenseite Petri Verleugnung. — R. *164. Opfer Abels und Kains, Gefangennahme Petri, Kreuz mit Monogramm und zwei Kriegern; Hinrichtung Pauli, Hiob und sein Weib; aus der Unterkirche von S. Paolo fuori (IV. Jahrh.). — L. *171. Kreuztragung, Dornenkrönung, Kreuz mit Monogramm, unter dem zwei Krieger, Gefangenführung Christi, Pilatus wäscht sich die Hände; aus der Domitilla-Katakombe (IV. Jahrh.; S. 433). — Am Treppenabsatz 199. Geburt Christi, Anbetung der Könige; 198. Himmelfahrt Eliä. — Oben *223. sitzende Statue des h. Hippolytus (Anf. des IV. Jahrh.), aus den Katakomben bei S. Lorenzo fuori, antik nur der Sessel, an dem sich eine griechische Inschrift mit der Angabe seiner Werke und einer Ostertabelle befindet.

Die Tür links führt in die oberen Arkaden, dort die Tür gegenüber (der Kustode öffnet) zu den Zimmern mit Kopien nach Katakombenbildern (S. 331), gleich r. zum großen Mosaik (S. 331).

Die Rückwände der drei offenen Arkadenreihen enthalten in systematischer Anordnung (von de Rossi, S. 429) eine Auswahl *altchristlicher Inschriften*, ein unvergleichliches Hilfsmittel für das Studium des christlichen Altertums. Gleich beim Eingang l. die berühmte Inschrift des Abercius aus Hieropolis in Phrygien, aus der Zeit des Elagabal (217 n. Chr.): Bericht über eine Pilgerreise von Phrygien nach Rom (der christliche Charakter neuerdings bestritten). Über der ersten Tür r.: Ehreninschrift für den Statthalter von Syrien, Quirinius, der den Zensus zur Zeit von Christi Geburt abhielt (Luk. 1). Weiter l. in den Arkaden des Hofes: I.-III. Elogien auf Märtyrer usw. aus Damasus' I. (366-384) Zeit. IV.-VII. datierte Inschriften (71) von 238-557. VIII. u. IX. dogmatisch wichtige Inschriften. X. Bischöfe, Presbyter, Diakonen. XI. u. XII. andere ausgezeichnete Personen. XIII. Verwandte, Freunde usw. XIV., XV., XVI. symbolische und andere Darstellungen. XVII. u. folg. Einfache Grabinschriften aus verschiedenen Katakomben. Zuletzt einige jüdische Inschriften (mit dem siebenarmigen Leuchter und andern Symbolen).

Die zwei Zimmer mit den Kopien von Katakombengemälden enthalten Bilder aus den Katakomben des h. Callistus (Sakramentskapellen), der h. Priscilla (Cappella Greca), den Lucinakrypten, dem Coemeterium Ostrianum usw. — Auch einige unbedeutende Originale (Orantenfiguren) befinden sich hier.

Unter der ersten Arkade tritt man r. in einen Saal, in dessen Fußboden ein 1824 in den Caracallathermen (S. 313) gefundenes antikes **Mosaik* angebracht ist: 20 Athletenbildnisse in ganzer Figur, 26 in Brustbildern, stark ergänzt und modern zusammengestellt (die ursprüngliche Anordnung ist aus den an den Wänden aufgehängten Zeichnungen ersichtlich); es gehört vielleicht nicht der Zeit des Caracalla, sondern erst dem Ende des IV. Jahrh. an und zeigt deutlich die Spuren des Kunstverfalles der Zeit, in der es entstanden ist.

Die anschließende **Bildersammlung** *(Galleria de' Quadri)* enthält einige gute Gemälde von Meistern des XV. und XVI. Jahrhunderts, sowie eine Reihe moderner Bilder, meist Geschenke an Leo XIII.

I. Zimmer (Pl. A): sehr zerstörte Fresken aus S. Agnese fuori. Zwei Glocken des XIII. Jahrh., aus der Peterskirche und S. Maria Maggiore, sowie eine kleine Glocke des VIII. Jahrh., aus Canino bei Viterbo.

II. Zimmer (Pl. B). In der Mitte ein *Mosaik*, gefunden in der Nähe des Pal. Sora (S. 246). Eingangswand: *60. *Crivelli*, Madonna (1482); 61. *ders.*, Altarwerk (1481); 62. *Antonio da Murano*, Altarwerk (1464). In der Ecke: 64. *Benozzo Gozzoli*, der h. Thomas empfängt den Gürtel von der Madonna, mit Predelle (1450). Rückwand: 65. *Fra Filippo Lippi*, Krönung Mariä (1438). Ausgangswand: 66. *Giov. Santi* (S. 136), h. Hieronymus; 67. *Cola dell' Amatrice*, Himmelfahrt Mariä, mit zwei Nebenbildern (1515); 68. *Spagna*, Madonna mit Heiligen. Fensterwand: 69. Fresko aus S. Lorenzo fuori, Madonna mit Heiligen.

III. Zimmer (Pl. C). Eingangswand: 70. *Marco Palmezzano* aus Forlì (Melozzo's Schüler, S. 114), Madonna mit Heiligen; 71. *Franc. Francia*, Verkündigung; 72. *Palmezzano*, Madonna mit Heiligen. Rückwand: r. u. l. 73, 75. *Fra Bartolomeo*, die H. Petrus und Paulus; dazwischen 74. *Andrea del Sarto*, Maria mit Elisabeth und Jesus und Johannes. Ausgangswand: 76. große Kopie der Transfiguration *Raffaels* (vgl. S. 370); 77 *Cesare da Sesto*, Taufe Christi. Fensterwand: 78. *Venezianische Schule*, Grablegung; 79. *Giulio Romano*, Steinigung des Stephanus, Karton zu dem Gemälde in S. Stefano zu Genua.

IV. Zimmer (Pl. D). Eingangswand: 82. *Cavaliere d'Arpino*, Verkündigung. Rückwand: 84. *Sassoferrato*, Sixtus V. Ausgangswand: 86. *Lawrence*, Georg IV. von England. Fensterwand: 87. *van Dyck* (?), Bildnis.

V.-VIII. Zimmer (Pl. E, F, G, H): moderne Bilder. u. a. *Ludwig Seitz*, Anbetung der Hirten, *Rolland*, Marter des h. Gabriel Perboyre. *Mili*, Judith, *Grandi*, Verherrlichung Leo's XIII. — Im letzten Saal einige Gipsabgüsse nach Antiken und Fresken mit römischen Stadtansichten aus der Zeit Sixtus' V.

Der NO.-Ecke des Lateranpalastes gegenüber steht das unter Sixtus V. mit zweigeschossiger Vorhalle versehene Gebäude der **Scala Santa**: 28 Marmorstufen aus dem Palaste des Pilatus in Jerusalem, die Christus bestiegen haben soll, gegen Ende der Kreuzfahrerzeit nach Rom gebracht. Sie dürfen nur knieend erstiegen werden und sind der Schonung wegen mit Holz verkleidet. Daneben zwei andere Treppen zum Heruntersteigen. An ihrem Fuße zwei Marmorgruppen von *Jacometti*, Christus und Judas, und Christus vor Pontius Pilatus, sowie eine knieende Statue Pius' IX. Oben hat man einen Einblick in die alte Hauskapelle der Päpste, *Sancta Sanctorum*, den einzigen erhaltenen Teil des alten Lateranpalastes, 1278 von Nikolaus III. durch einen Cosmaten erbaut: sie enthält ein Mosaikbild Christi im Stil des IX. Jahrhunderts und ein angebl. vom h. Lukas gemaltes Christusbild auf Holz (VI.-VII. Jahrh.). Von den merkwürdigen Reliquien und Reliquienbehältern ist das wichtigste seit 1906 im christlichen Museum des Vatikans (S. 392) ausgestellt.

Ö. schließt sich an die Scala Santa eine von Benedikt XIV. errichtete Tribuna, mit Kopien der *Mosaiken aus dem Triclinium Leo's III.*, dem wichtigsten Speisesaal des alten Lateranpalastes. Sie beziehen sich auf den durch Karl den Gr. geschlossenen Bund der geistlichen und der weltlichen Macht: in der Mitte, Christus die Jünger aussendend; l. Christus auf dem Thron übergibt Papst Sylvester die Schlüssel und Kaiser Konstantin die Fahne; r. Petrus übergibt Papst Leo die päpstliche Stola und König Karl dem Gr. die Fahne (die Zeitgenossen mit blauem quadratischen Nimbus). Die Originale waren aus dem Ende des VIII. Jahrhunderts; sie gingen unter Clemens XII. zu Grunde und wurden 1743 nach alten Zeichnungen erneut.

Der Tribuna mit den Mosaiken gegenüber dehnt sich die weite zum Teil neu bebaute Piazza di Porta S. Giovanni aus (Pl. III 31), an welcher sich der Eingang zum Lateranischen Museum (S. 329) und auch die Hauptfassade der Lateransbasilika (S. 326) befinden. — Östlich führt ein staubiger Weg in 5 Min. nach S. Croce in Gerusalemme (S. 202), nördlich die Via Emanuele Filiberto nach der Piazza Vittorio Emanuele (S. 199).

In der Via Emanuele Filiberto gelangt man r. auf einem etwas ansteigenden Wege zum Eingang der jetzt von Neubauten eingeschlossenen **Villa Wolkonsky** (Pl. II 31), jetzt *Campanari*, die namentlich zur Rosenzeit allenfalls noch einen Besuch verdient. Durch den Garten läuft die Aqua Claudia (S. 202). Außerdem sind einige antike Gräber und Skulpturfragmente zu sehen. Zutritt Mi. Sa. gegen Trkg. an den Portier.

Das nach der Kirche benannte Stadttor *Porta S. Giovanni* (Pl. III 31), 1574 erbaut, ist an die Stelle der vermauerten *Porta Asinaria* getreten, welche ein wenig r. davon lag. – (Von Porta S. Giovanni in die Campagna s. S. 418).

Wendet man sich außerhalb des Tors l. an der Stadtmauer entlang, so kommt man in 7 Min. zum **Amphitheatrum Castrense** (Pl. III 31), dem einzigen Amphitheater Roms außer dem Kolosseum, mit 52:38m im Durchmesser, bemerkenswert durch seine ganz in gebrannten Ziegeln hergestellten Architekturteile (korinthische Kapitäle). Der Zugang zum Innern, das übrigens nichts bietet, ist durch das Tor neben S. Croce in Gerusalemme (S. 202). — Vom Amphitheatrum Castrense bis Porta Maggiore (S. 202) 12 Minuten.

IV. Die Stadtteile am rechten Tiberufer.

Am rechten Tiberufer liegen zwei getrennte Stadtteile: im Norden der vatikanische, *Borgo* genannt, im Süden *Trastèvere.* Eine lange Straße, die *Lungara,* verbindet beide.

a. Der Borgo.

Straßenbahn von *Piazza delle Terme, Piazza Venezia* oder *Porta S. Giovanni* s. Nr. 1, 14, 6, 7 und 16 im Plananhang; — Omnibus von *Piazza Venezia* oder *Piazza di Spagna* s. ebenda S. 5, Nr. 3 und 6.

Der Landstrich vom Monte Mario bis zum Janiculum hieß im Altertum *Ager Vaticanus,* vielleicht von einer untergegangenen Etruskerstadt *Vaticum (?).* Die Ebene am Flusse war wegen ihrer bösen Luft verrufen; sie wurde nicht zur Stadt gerechnet, auch nicht von der Mauer Aurelians eingeschlossen. Kaiserliche Gärten dehnten sich hier aus: in ihnen erbaute *Caligula* einen Zirkus, den er mit einem großen Obelisken schmückte. Der Zirkus war Schauplatz der Wettfahrten *Nero's* und seiner schauderhaften Verfolgung unschuldiger Christen im Jahre 65 („durch grausamen Hohn wurde die Todesstrafe verschärft, man nähte die Verurteilten in Tierfelle und ließ sie durch Hunde zerreißen, oder kreuzigen oder abends wie Fackeln verbrennen", Tacitus Ann. 15, 44). Auf diesen durch das erste große Martyrium zu Rom geweihten Mauern erhob sich die *Peterskirche.* Daneben behauptete sich das Heidentum mit großer Zähigkeit: nördl. vom Zirkus lagen bis zum Ende des IV. Jahrhunderts hochgefeierte Heiligtümer der phrygischen Kybele *(Mater Deum Magna Idaea)* und des Mithras (ersteres im späten Altertum auch kurz *Phrygianum,* letzteres *Vaticanum* genannt). Außer der religiösen Weihe war für die Entwicklung dieses Stadtteiles maßgebend, daß *Hadrian* in den Gärten der Domitia am Flusse sein gigantisches Grabmal errichtete. Wann es in einen Brückenkopf verwandelt worden, ist nicht mit Sicherheit zu ermitteln, vielleicht von Honorius im J. 405. An seinen Mauern brach sich 537 die Kraft der Goten, und seitdem ist es die beherrschende Zitadelle geblieben, deren Besitz zugleich über denjenigen der Stadt entschied. Um die Peterskirche entstanden eine Menge von Kapellen, Kirchen, Klöstern, Hospitälern, seit *Symmachus* (498-514) auch eine Wohnung für den Papst. Fremde Pilger gründeten feste Niederlassungen *(schola, borgo);* seit dem VIII. Jahrhundert werden deren vier genannt: der Sachsen (d. h. Engländer),

Friesen, Langobarden und Franken, die in Kriegsfällen eigene Kompanien bildeten. Zum Schutz gegen die Streifereien der Sarazenen umzog *Leo IV.* 848-52 den ganzen Bezirk mit einer 40 Fuß hohen Mauer mit Rundtürmen und ward damit der eigentliche Schöpfer der nach ihm benannten *Civitas Leonina*. Die Mauer wurde in den Kämpfen des Mittelalters mehrere Male zerstört, bei dem Rückzuge Heinrichs IV. vor Robert Guiscard 1084, bei der Belagerung und Zerstörung der Engelsburg durch die Römer 1379, und ist w. der Peterskirche z. T. erhalten. Mit der Rückkehr der Päpste von Avignon beginnt eine neue Periode in der Geschichte des Borgo: nach und nach werden Straßen angelegt, die Mauer ansehnlich erweitert. *Eugen IV.* und *Sixtus IV.* waren besonders tätig. Die Zeit des höchsten Glanzes fällt in den Anfang des XVI. Jahrhunderts unter *Julius II.* und *Leo X.* *Paul III.* und *Pius IV.* erneuerten infolge der von den Moresken drohenden Gefahr die Befestigungen: *Ant. da Sangallo* begann sie im S. (Porta S. Spirito 1545); *Michelangelo's* eigenes Werk ist die imponierende Bastion Belvedere (1547): nach seinem Entwurf ist die weitere Befestigung, welche besonders im N. die Grenzen des Borgo erweiterte (Porta Angelica, Borgo Angelico) ausgeführt (1560-70). Bis auf *Sixtus V.* war der Borgo päpstliches Eigentum und von der städtischen Verwaltung getrennt: durch ihn ward er als 14. Rione der Stadt einverleibt. Aber einen überwiegenden Teil des städtischen Lebens vermochte der päpstliche Hof nicht in seine Nähe zu ziehen. Eine spärliche, meist aus kleinen Gewerbetreibenden bestehende Bevölkerung wohnte bis 1870 im Schatten der größten Kirche und des größten Palastes der Christenheit. Seit Anfang der 80er Jahre führte die Bebauung der Prati di Castello wesentliche Änderungen herbei: nördl. vom Borgo entstand ein neuer Stadtteil (S. 341), die Befestigungen des XVI. Jahrh., mit der malerischen Porta Angelica, wurden zerstört.

Die Hauptverbindung nach dem vatikanischen Stadtteil bildet die **Engelsbrücke**, *Ponte S. Angelo* (Pl. I 12). Sie wurde 136 nach Chr. von Hadrian in Verbindung mit seinem Grabmal erbaut und nach ihm *Pons Aelius* benannt. Am Aufgang stellte Clemens VII. im J. 1530 Statuen der H. Petrus, von *Lorenzetto*, und Paulus, von *Paolo Romano* (1464) auf. Die zehn kolossalen Engelstatuen, 1688 nach *Bernini's* Zeichnungen ausgeführt, sind dekorative Werkstattarbeiten und nicht alle gleichen Wertes (vgl. S. LXXVII). Bei Gelegenheit der Tiberregulierung wurde die Brücke 1892-94 gründlich restauriert: nur die drei mittleren Bogen sind noch antik, auf jeder Seite sind zwei neue Joche angebaut worden. — Die damals errichtete provisorische *Eisenbrücke* westl. daneben ist erhalten geblieben und dient besonders dem Straßenbahnverkehr. Eine neue Brücke, *Ponte Vittorio Emanuele*, soll im Zuge des gleichnamigen Corso erbaut und dann die Eisenbrücke beseitigt werden; doch können die Arbeiten nicht vor Niederlegung des östl. Teils des Ospedale di S. Spirito (S. 342) begonnen werden.

Die Engelsbrücke mündet auf die ***Engelsburg** (*Castel S. Angelo;* Pl. I 12), das gewaltige Grabmal, das Hadrian für sich und seine Nachfolger erbaute *(moles Hadriani)* und Antoninus Pius im J. 139 vollendete. Auf einem quadratförmigen Unterbau von 84m Länge und Breite erhebt sich ein Zylinder von 64m Durchmesser, aus Peperin und Travertin, der früher mit Marmor bekleidet war. Wahrscheinlich trug dieser einen viel kleineren Rundbau und letzterer auf einer Quadriga eine Kolossalstatue des Hadrian. Die Gesamthöhe betrug etwa 50m. Von Hadrian bis auf Caracalla († 217) wurden alle Kaiser mit den Ihrigen hier begraben. Als die Goten unter Vitiges 537 das von Belisar eroberte Rom belagerten, benutzten die Eingeschlossenen das Gebäude als Festung. Erst Vitiges' Nachfolger, Totila, gelang die Eroberung im J. 548. Nach Totila's Fall im J. 552 kam es in den Besitz der Oströmer unter Narses. Papst Gregor dem Großen erschien, als er im J. 590 eine Prozession wegen der damals wütenden Pest abhielt, der Erzengel Michael sein Schwert einsteckend über der Engelsburg, weshalb Bonifatius IV. oben eine Kapelle („S. Angelus inter Nubes") erbaute. Seit 923 diente der Bau dauernd als Festung, und lange bedrohten Gewalthaber von hier aus die Stadt. 1379 wurde sie von den Römern großenteils zerstört. Seit Bonifatius IX., der sie durch *Niccolò d'Arezzo* restaurieren ließ, war sie in der dauernden Gewalt der Päpste, die, wie es scheint schon zu Ende des XIII. Jahrhunderts, einen verdeckten Gang (passetto) zum Vatikan anlegten, der von Alexander VI. restauriert wurde. Auch Julius II. hat viel an der Engelsburg gebaut. 1527 überstand Clemens VII. hier die schreckliche Belagerung gegen das zuchtlose Heer des kaiserlichen Feldherrn Karl von Bourbon, den Benvenuto Cellini beim Sturm erschossen haben will. Die Außenwerke legte Urban VIII. an. Die *Bronzestatue des Erzengels Michael,* die in Erinnerung an die Vision Gregors d. Gr. das Gebäude krönt, ist von dem vlämischen Bildhauer *Verschaffelt* und 1752 an die Stelle einer Marmorstatue Montelupo's (S. 311) getreten. Gründliche Restaurierungsarbeiten sind seit 1901 unter Leitung des Obersten *Mariano Borgatti* im Gange.

Der **Eingang** ist gegenüber der Engelsbrücke. *Besuchsordnung s. S. 162.* Führung jede ½ Stunde; So. werden die Verliese und Ölkammern nicht gezeigt. Illustrierter Führer von Borgatti (s. oben; 1902) 1 fr. Auf dem umstehenden Durchschnitt sind die antiken Teile schwarz, die mittelalterlichen schraffiert, die Renaissancezutaten mit einfachen Umrißlinien angegeben.

Zuerst gelangt man in eine schmale Gasse, die auf der Höhe des alten quadratischen Unterbaus um den Rundbau des Mausoleums führt. Hier l. ein kleines **Museum** mit Büsten Hadrians und des Antoninus Pius, Stücken des Marmorfrieses, der den oberen Rundbau im Altertum krönte, sowie einem Modell des ganzen Monuments (nach Borgatti). Das Grabmal selbst betritt man durch einen modernen Zugang oberhalb der antiken Haupttür und kommt zunächst in eine **quadratische Kammer**

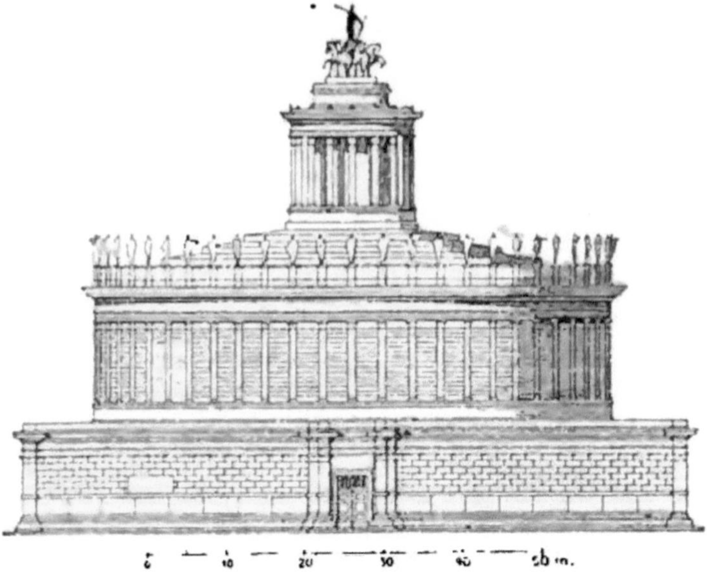

Moles Hadriani

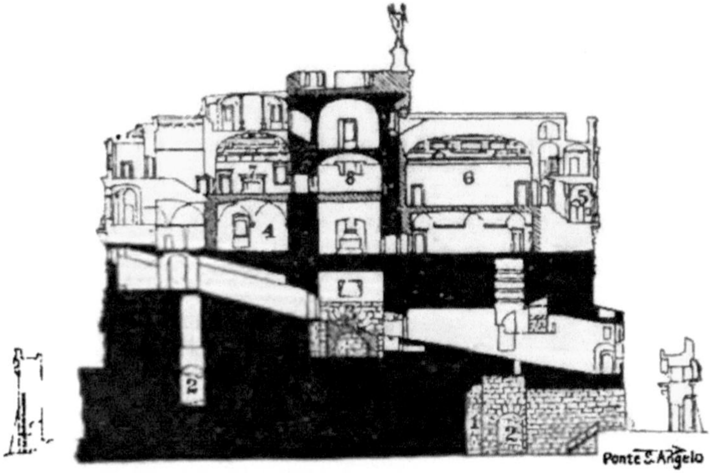

Engelsburg

mit einer Nische (1 auf dem Durchschnitt) für eine Kolossalstatue. Von dieser führte ein langsam ansteigender Spiralgang (2) zu der Grabkammer (3), wo Hadrian und seine Angehörigen bestattet waren; man sieht noch vier Nischen für die Urnen (vgl. S. 351). — Weiter eine moderne Treppe hinauf und in den Cortile delle Palle (Kugelhof): an der l. Langwand die marmorne Engelstatue von *Raffaello da Montelupo* (S. 339); hinten die von *Michelangelo* entworfene Fassade der Kapelle Leo's X. oder Clemens' VII. (in der Kapelle ein schönes Madonnenrelief von 1600); r. einige Kammern mit Festungsmodellen und -maschinen vornehmlich des XVI. Jahrh., die zusammen mit den unten gen. andern Räumen ein Museum der ehemals berühmten italienischen Ingenieurkunst bilden *(Museo del Genio)*. Neben dem Treppenausgang gelangt man in einen Saal (4) mit Papstwappen und Inschriften aus der Engelsburg, und weiter in die Camera della Giustizia (unter 8), wo einst das päpstliche Kriminalgericht tagte: in der Mitte Majolikafliesen aus den päpstlichen Wohnräumen; in einer Ecke Kopf und Schwertscheide von dem Holzmodell des Verschaffeltschen Erzengels (S. 339). — Weiter durch mehrere z. T. in Restauration befindliche Räume in den halbkreisförmigen sog. Cortile dell' Olio. Hier führen Treppen: r. hinab zu den Verliesen, in denen Beatrice Cenci (S. 252) und Benvenuto Cellini gesessen haben sollen, und den ehem. Vorratskammern für Öl- und Getreide; — l. hinauf in das

Obere Stockwerk zu den päpstlichen Gemächern. Man betritt zunächst den sog. Salone (7), mit Freskenresten und schönem Stuckgewölbe von *Girol. Sermoneta* (Meergötter). Anstoßend ein Zimmer mit Bildnissen und Erinnerungen an italienische Ingenieuroffiziere und die ehem. Schatzkammer (8; riesige Truhe mit Beschlägen Julius' II., Holztäfelung von Paul III.). — Eine antike Wendeltreppe führt zur Plattform, wo man eine schöne Aussicht, besonders auf die Peterskirche hat. Auf halber Höhe der Treppe noch drei Zimmer des Museo del Genio. Zurück in Saal 7 und einen schmalen mit Grottesken geschmückten Gang abwärts zum Salone del Consiglio (6; auch Sala Paolina genannt), der Fresken von *Perin del Vaga* u. a. Schülern Raffaels enthält (Geschichte Alexanders d. Gr.) und reicher Stuckdecke (die Figur eines Kurialen r. vom Eingang wird fälschlich als Prospero Farinacci, Verteidiger der Beatrice Cenci, gezeigt). R. davon die Camera del Perseo, das Wohnzimmer Pauls III., mit Freskenfries von *Perin del Vaga* (Geschichte des Perseus), und die Sala di Amore e Psiche, ein Schlafzimmer mit prächtig geschnitzter und vergoldeter Decke und Freskenfries (Geschichte der Psyche), gleichfalls von *Perin del Vaga*. Durch die Tür auf der Schmalseite des Salone del Consiglio gelangt man auf die Loggia Julius' II. (5). — Vom Perseuszimmer führt eine kleine Treppe hinab in das mit Stuck und Grottesken dekorierte Badezimmer des Papstes.

Ein Kai (Lungo Tevere di Castello) führt von der Engelsburg r. am Flusse entlang nach dem neuen Stadtteil auf den ehemaligen *Prati di Castello*, langen regelmäßigen Straßenzügen mit vielstöckigen Miethäusern. Gegenüber dem Ponte Umberto I (S. 231) geht der 1889 begonnene, große Justizpalast (Pl. I 12, 15) nach Plänen von G. Calderini seiner Vollendung entgegen. Reicher plastischer Schmuck bedeckt die Fassaden; über dem Hauptportal eine Marmorgruppe der Gerechtigkeit zwischen Stärke und Gesetz; weitere Gruppen sollen das Gebäude krönen; zehn sitzende Statuen römischer Rechtslehrer sind an den Eingängen und in den Höfen verteilt. Der Sitzungssaal des Kassationshofes wird von Cesare Maccari (s. S. 238) mit Freskendarstellungen aus der römischen Rechtsgeschichte geschmückt. Die Gesamtkosten belaufen sich auf 34 Mill. fr. Vor der Nordfront des Palastes ein *Denkmal Cavour's*, von Galletti 1895). – Weiter nördl., inmitten einer neuentstandenen Villenkolonie, die 1888 zum Priesterjubiläum Leo's XIII. gestiftete Kirche *S. Gioacchino* (Pl. I 11), ein Prachtbau in Basilikenform, von R. Ingami, mit Mosaiken, Granitsäulen und reichem Schmuck.

Am Nordrand der Stadt vier große *Kasernen.*

Die von den Prati di Castello ausgehenden Straßenbahnen s. im Plananhang Nr. 14 und 16, den Omnibus ebenda S. 5 Nr. 5.

Westl. stößt an die Engelsburg die Piazza Pia (Pl. I 12), von welcher vier Straßen auslaufen. In der Mitte zu beiden Seiten des Brunnens: die Straßen *Borgo Nuovo* (r.), der gewöhnliche Weg zum Vatikan, als „Via Alessandrina" 1499 vom Papst Alexander VI. angelegt, und *Borgo Vecchio* (l.). Ganz links nahe dem Fluß *Borgo S. Spirito*, ganz rechts *Borgo S. Angelo.*

In Borgo Nuovo r. die 1566 erbaute Kirche *S. Maria Traspontina* (Pl. I 9). Ebenfalls r., an der kleinen Piazza Scossa Cavalli, der *Palazzo Giraud, jetzt *Torlonia*, 1496-1504 durch Ant. Montecavallo für den Kardinal Adriano da Corneto aufgeführt; die Fassade ist eine Wiederholung derjenigen der Cancelleria (S. 245) und der Anteil *Bramante's* beschränkt sich vermutlich auf die Architektur des inneren Hofes; das Portal ist aus dem XVIII. Jahrhundert.

L. an Piazza Scossa Cavalli der **Palazzo dei Penitenzieri**, von Kardinal *Dom. della Rovere* um 1480 erbaut, von *Pinturicchio* ausgemalt, jetzt sehr verwahrlost (im ersten Stock noch eine schöne Decke mit mythologischen Szenen und eine von Kard. Alidosi gestiftete Kapelle mit Renaissancedecke). An der SO.-Ecke des Platzes die Kirche *S. Giacomo Scossa Cavalli.* Gegenüber an der Westseite der **Palazzo dei Convertendi**, z. T. von *Bramante* für die Familie Caprini von Viterbo gebaut, 1517 von *Raffael* angekauft, dessen angebliches Sterbezimmer im 1. Stock liegt. Die alte Architektur, die dem Pal. Vidoni (S. 213) ähnlich war, ist durch Umbauten unkenntlich geworden.

Weiter im Borgo Nuovo, r. Nr. 101-5, *Pal. Ricciardi,* für den Leibarzt Leo's X., Giac. da Brescia, nach einem Entwurf Bald. Peruzzi's (?) erbaut. Geradeaus betritt man die Piazza Rusticucci (Pl. I 9), die eine Art Vorhof zum Petersplatz bildet (S. 343).

Der Borgo S. Spirito, ebenfalls von Piazza Pia ausgehend (s. oben), mündet an den südl. Kolonnaden des Petersplatzes. In demselben l. am Fluß das große *Ospedale di S. Spirito* (Pl. I, II 9). Das Gebäude, einer der bedeutendsten Reste der Frührenaissance in Rom, mit merkwürdiger achtseitiger Kuppel, stammt aus der Zeit Sixtus' IV. Fresken mit Darstellungen aus seinem Leben haben sich in den Krankensälen erhalten. In der Kapelle zwölf Apostel-darstellungen aus der Frührenaissance. Die Anstalt wurde von Innocenz III. gegründet. Sie hat 1000 Betten und enthält außerdem eine Irrenanstalt für 500 Kranke, ein Findelhaus für 3000 Kinder (nachm. 2-4 Uhr zugänglich gegen Permeß, den man im Admini-

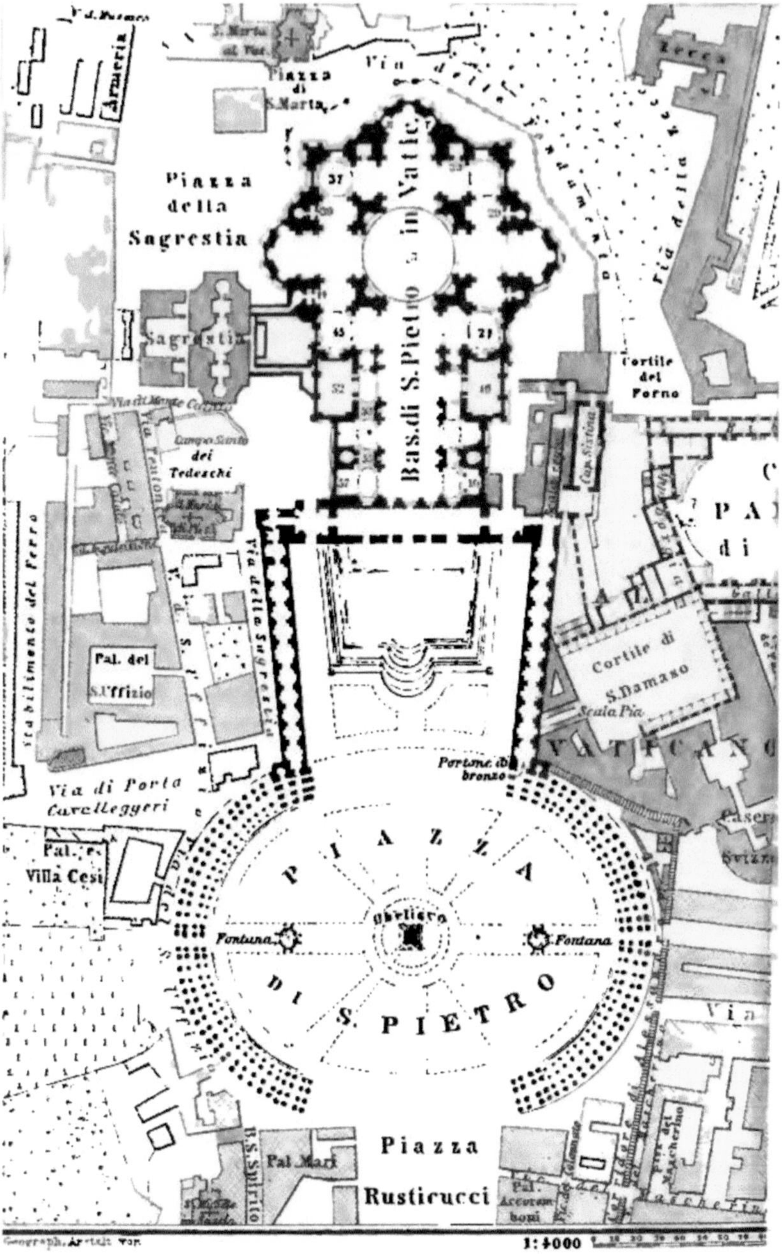
Armeria
S. Marta al Vat.
Piazza di S. Marta
Via della Fondamenta
Zecca
Via della Zecca
Piazza della Sagrestia
Sagrestia
Bas. di S. Pietro in Vatic.
Cortile del Forno
Via di Monte Carlo
Via Fentone
Campo Santo dei Tedeschi
Cap. Sistina
Via della Sagrestia
Stabilimento del Ferro
Pal. del S. Uffizio
Cortile di S. Damaso
Scala Pia
VATICANO
Portone di bronzo
Via di Porta Cavalleggeri
Villa Cesi
PIAZZA DI S. PIETRO
Obelisco
Fontana
Fontana
Piazza Rusticucci
Pal. Mari
B. S. Spirito
Pal. Accoramboni
Via del Mascherino
Geograph. Anstalt von
1:4000

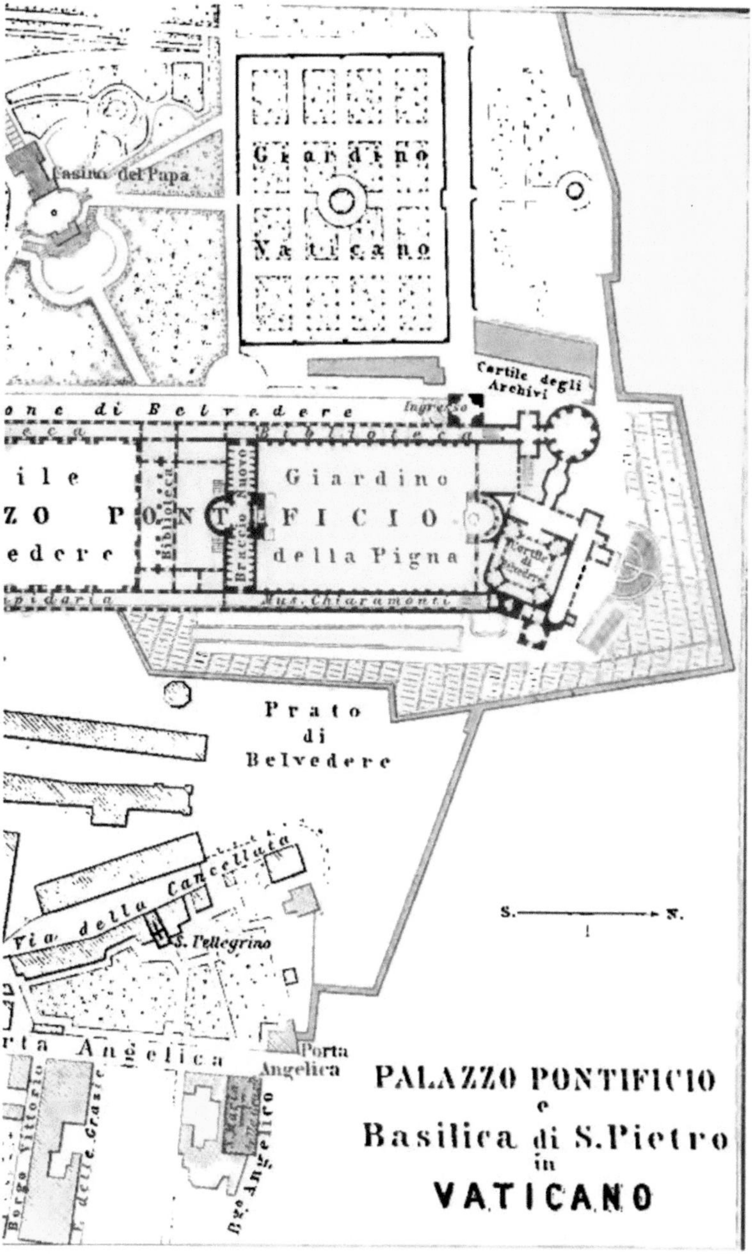
Giardino
Vaticano
Casino del Papa
Cortile degli Archivi
Ingresso
one di Belvedere
Biblioteca
Giardino
della Pigna
Braccio Nuovo
ile
ZO PONTIFICIO
edere
Mus. Chiaramonti
Prato
di
Belvedere
S. N.
Via della Cancellata
S. Pellegrino
rta Angelica
Porta
Angelica
Borgo Vittorio
PALAZZO PONTIFICIO
e
Basilica di S. Pietro
in
VATICANO

strationsgebäude, 1 Treppe, oder in der Bibliothek erhält), ein Verpflegungshaus für heranwachsende Mädchen, ein solches für altersschwache Leute und eine bedeutende medizinische Bibliothek, die *Bibl. Lancisiana* (Eintr. s. S. 160).

Weiter l. die zu dem anstoßenden Hospital gehörige Kirche *S. Spirito in Sassia* (Pl. II 9), durch Ant. da Sangallo d. J. unter Paul III., die Front durch Mascherino unter Sixtus V. aufgeführt; auf dem Hauptaltar ein Bronzeziborium, angeblich von Palladio. Der von Sixtus IV. gestiftete, in Backstein aufgeführte Campanile, mit Eckpilastern, welche je zwei Stockwerken entsprechen, ist „in ... kräftigen Einfachheit vielleicht der edelste Turm der Früh- ... (Burckhardt). Hier befand sich einst das Quartier der ...gländer; vergl. S. 337).

...lgt l., am Ende einer Querstraße, die *Porta S. Spirito*, aus welcher die Lungara nach Trastevere führt, s. S. 393.

Kurz vor den Kolonnaden l. *S. Michele in Sassia* (Pl. II 9), früher Kirche der Friesen (S. 337), im XVIII. Jahrhundert erneuert; in ihr ist Raphael Mengs († 1779), der Maler und Freund Winckelmanns, begraben.

Die ****Piazza di S. Pietro,** der großartige Vorplatz der Peterskirche, hat die Form einer Ellipse, an welche sich ein nach der Kirche zu breiter werdendes Viereck anschließt. Sie wird von den gewaltigen, 1655-67 erbauten *Kolonnaden Bernini's* eingefaßt, die aus je vier Säulenreihen dorischen Stils bestehen; 284 Säulen und 88 Pfeiler bilden drei bedeckte Gänge, deren mittlerer zwei Wagen neben einander Raum gibt. Oben auf der Balustrade stehen 162 barocke Heiligenstatuen. Die Kosten des Baues betrugen 850 000 Scudi (über 3 680 000 *M.*). Die Gesamtlänge des Platzes ist 340m, die größte Breite 240m. Der Eindruck, den das Ganze macht, ist eine würdige Vorbereitung auf die größte Kirche der Christenheit.

Der *Obelisk* ohne Hieroglyphen, in der Mitte des Platzes, hat eine Höhe von 25,5m. Er wurde von Caligula aus Heliopolis in den vatikanischen Zirkus gebracht und auf der Spina aufgestellt (vgl. S. 337), wo er aufrecht stehen blieb bis zu seiner Übertragung an die jetzige Stelle im J. 1586.

Die Fortschaffung des Kolosses von dem alten zum neuen Standort geschah unter Leitung *Dom. Fontana's*, der das Gewicht auf 963537 röm. Pfund (326784kg) berechnete. Es war ein schwieriges Unternehmen, zu dem 800 Arbeiter angestellt waren. Man erzählt, daß Fontana die Ausdehnung der Stricke nicht gehörig berechnet habe und daß, obgleich jedes laute Wort bei Todesstrafe verboten war, ein Matrose durch den Ausruf: *acqua alle funi!* (Wasser auf die Stricke) dem drohenden Riß vorgebeugt habe. Die Familie des Matrosen (in Bordighera bei San Remo) erhielt zum Dank das Privilegium, die Palmzweige für den Palmsonntag an die Peterskirche zu liefern.

Um den Obelisk ist auf dem Boden eine Windrose angebracht. Zu beiden Seiten stehen die schönen 14m hohen *Springbrunnen*, der nach dem Vatikan zu von Maderna errichtet, der andere unter

b. Die **Peterskirche (S. Pietro in Vaticano).

Die *Peterskirche* wurde von Kaiser *Konstantin* auf die Bitte des Papstes *Sylvester I.* über dem Grabe des Apostels Petrus neben dem neronischen Zirkus erbaut und im J. 326 geweiht (S. xxxiv), dann in den folgenden Jahrhunderten vielfach erweitert und verschönert. Die Basilika hatte fünf Schiffe, ein Querschiff und einen von Säulengängen umschlossenen Vorhof und war von kleineren Kirchen, Kapellen und Klöstern umgeben. Wie viel von dem umfangreichen Bau, der sich durch reichen Schmuck in Gold, Mosaik und Marmor auszeichnete, in die konstantinische Zeit, wie viel in das Ende des iv. und in das v. Jahrhundert gehörte, ist nicht nachzuweisen. Vor dem Hochaltar empfing Karl der Große zu Weihnachten 800 aus den Händen Leo's III. die römische Kaiserkrone, und nach ihm wurden viele Kaiser und Päpste hier gekrönt.

Da das ehrwürdige Gebäude mit der Zeit vielfach gelitten hatte, faßte *Nikolaus V.* (S. lxiv) den Plan eines Neubaues und begann 1452 die Tribuna nach dem Entwurf des Florentiners *Bernardo Rossellino.* Darnach sollte der Bau die Form eines lateinischen Kreuzes (mit einem längeren Arme) annehmen, der Chor nach innen rund, nach außen im halben Sechseck geschlossen werden. Die Größenverhältnisse waren derart geordnet, daß Chor und Querschiff dieselben Teile in der alten Kirche vollständig umspannten. Die Mauern waren 4-5 Fuß über die Erde gestiegen, als der Tod des Papstes das Werk ins Stocken brachte.

Erst 50 Jahre später wurde es wieder aufgenommen und zwar aus Anlaß des Grabmals, welches *Julius II.* noch bei Lebzeiten sich zu errichten beschloß (S. lxvii) und wofür, da in der Kirche kein Platz war, eine Kapelle angebaut werden sollte. Vom Anbau kam man zum Gedanken eines Umbaues, bei welchem zunächst noch die Anfänge des Rossellino'schen Baues mit in Rechnung gezogen wurden. Auch davon ging man als einer drückenden Beschränkung ab und entschloß sich zu einem vollständigen Neubau. Daß Julius II. verschiedene Architekten, unter ihnen auch den *Giuliano da Sangallo* mit Entwürfen betraute und daß die Pläne des aus der Lom-

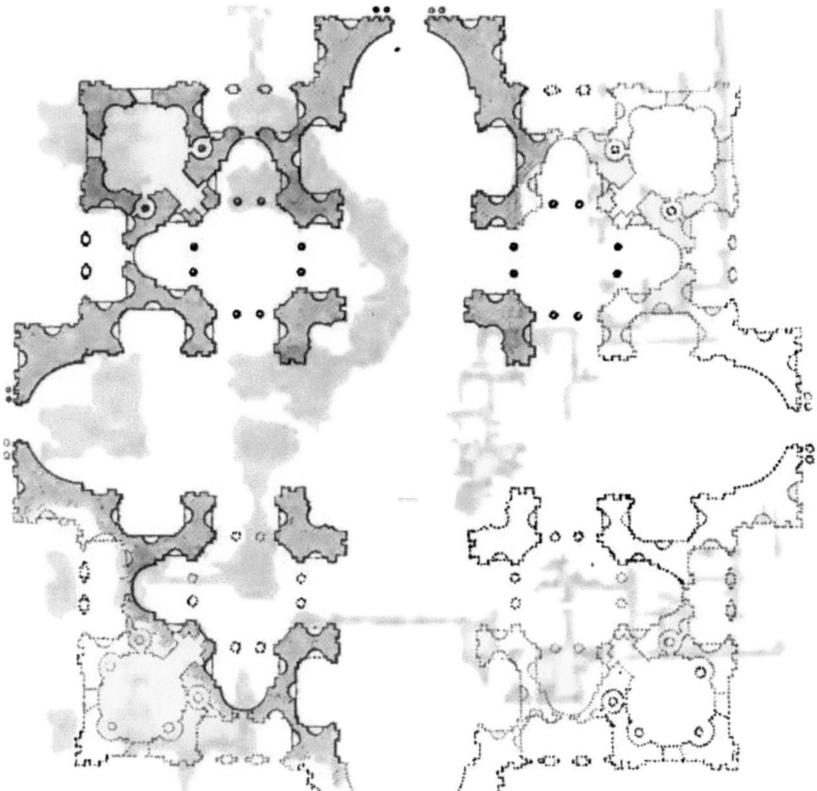

S. Pietro in Vaticano, disegno di Bramante.

1 : 1850

0 10 20 30 40 50 Metri

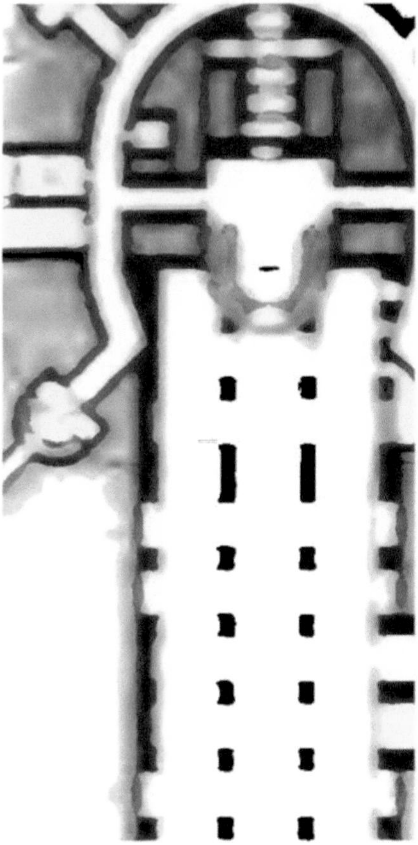

Spiegazione de'numeri.

1. *Statua di S. Pietro*
2. *— — di S. Longino*
3. *— — di S. Elena*
4. *— — di S. Veronica*
5. *— — di S. Andrea*
6. *— — di Pio VI.*
7. *Sepolcro di Urbano VIII.*
8. *— — — Paolo III.*
9. *Musaico (S. Pietro)*
10. *La Pietà del Michelangelo*
11. *Monumento di Leone XII.*
12. *— — di Maria Cristina di Svezia*
13. *Martirio di S. Sebastiano (Domenichino)*
14. *Sepolcro d'Innocenzo XII.*
15. *— — della contessa Matilda*
16. *Cappella del Sagramento*
17. *Sepolcro di Sisto IV.*
18. *— — di Gregorio XIII.*
19. *— — di Gregorio XIV.*
20. *Comunione di S. Girolamo (Domenichino).*
21. *Cappella Gregoriana*
22. *Sepolcro di Gregorio XVI.*
23. *Madonna del Soccorso*
24. *Sepolcro di Benedetto XIV.*
25. *Messa di S. Basilio (Subleyras)*
26. *Quadro di Caroselli*
27. *— — di Valentin*
28. *— — di Poussin*
29. *Monumento di Clemente XIII:*
30. *Altare della Navicella*
31. *Cappella di S. Michele Arcangelo*
32. *Sepoltura di S. Petronilla (Guercino)*
33. *Sepolcro di Clemente X.*
34. *— — di Alessandro VIII.*
35. *S. Pietro guarisce il paralitico (Mancini)*
36. *Altare di S. Leone Magno*
37. *Cappella della Colonna*
38. *Sarcofago di Leone II, III e IV.*
39. *Monumento di Alessandro VII.*
40. *Caduta di Simone Mago (Vanni)*
41. *S. Tommaso (Camuccini)*
42. *Sepolcro di Palestrina*
43. *S. Valeria (Spadarino)*
44. *Porta alla sagrestia*
45. *Cappella Clementina*
46. *Tomba di S. Gregorio Magno*
47. *Sepolcro di Pio VII.*
48. *Morte di Anania e Zaffira (Roncalli).*
49. *Trasfigurazione di Raffaello (musaico)*
50. *Sepolcro di Leone XI*
51. *— — d'Innocenzo XI.*
52. *Cappella del Coro*
53. *Sepolcro d'Innocenzo VIII.*
54. *Cappella della Presentazione*
55. *Monumento di Maria Clementina Sobieski*
56. *Tomba della famiglia Stuarda*
57. *Cappella del fonte battesimale*
58. *Sagrestia comune*
59. *— — dei canonici*
60. *Stanza capitolare*
61. *Sagrestia de' beneficiati*
62. *Tesoro della chiesa*

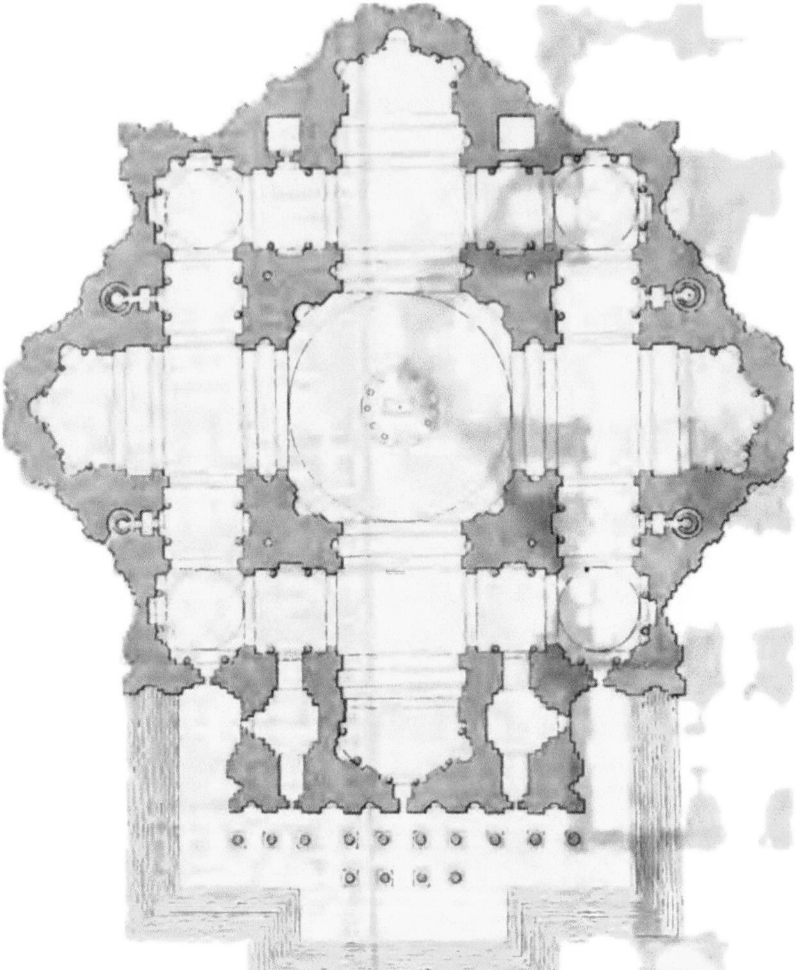

S. Pietro in Vaticano, piano di Michelangelo

1 : 1850

0 10 20 30 40 50 Metri

bardei eingewanderten **Bramante** den Sieg errungen, wie erzählt wird, erscheint durchaus glaublich. Die zahlreichen Skizzen und Entwürfe, die die Sammlung von Handzeichnungen in den Uffizien zu Florenz bewahrt, legen Zeugnis ab, mit welcher Begeisterung und welchem Fleiße das Werk von den Künstlern ergriffen wurde, wie namentlich Bramante nicht müde wurde, immer wieder die Entwürfe umzuzeichnen und bis zur höchsten Vollendung zu steigern. Das Pantheon auf die Konstantinsbasilika (S. 285) zu stellen, schwebte seiner Phantasie als Ziel vor. In der Form eines griechischen Kreuzes mit riesiger Zentralkuppel dachte er sich die neue Kirche, Chor und Kreuzarme abgerundet, mit vier kleineren Kuppeln auf diesen (vgl. den Grundriß S. 344). Am 18. April 1506 wurde in Gegenwart von 35 Kardinälen unter dem Chorpfeiler der h. Veronika (4, auf dem großen Grundriß) der Grundstein gelegt.

Bekanntlich wurde dieser Plan, der bei allem Reichtum der Gliederung eine bewunderungswürdige Einheit zeigt, nicht festgehalten. Noch im letzten Lebensjahre Bramante's († 1514) wurden *Fra Giocondo da Verona* († 1515) und *Raffael* zur Leitung des Baues berufen, mit ihnen *Giuliano da Sangallo* († 1516). Das hohe Alter des ersten und dritten, der frühe Tod Raffaels († 1520) waren dem Werke wenig förderlich. Es nahm einen schlechten Fortgang, zumal an dem ursprünglichen Plane vielfach geändert wurde. Griechisches oder lateinisches Kreuz war die Losung der Parteien. In der Leitung des Baues folgten: *Antonio da Sangallo d. J.* (seit 1518), *Baldassare Peruzzi* aus Siena (seit 1520), endlich ***Michelangelo*** (seit 1547), welcher die Neuerungen insbesondere des Antonio da Sangallo verwarf und Bramante's Grundriß rettete. Er verstärkte die Kuppelpfeiler, verengte die Nebenräume zugunsten des Hauptraumes und ordnete eine Säulenvorhalle mit Giebel an. Davon wich man indes später wieder ab. Glücklicher traf es Michelangelo mit der Kuppel. Er vollendete die Trommel und hinterließ ausreichende Zeichnungen und Modelle, um das Werk bis zur Laterne hinauf nach seiner Absicht fortzusetzen. So ist die Peterskuppel die Vollendung des künstlerischen Gedankens geworden, der 150 Jahre früher durch Brunellesco angeregt, aber in der Florentiner Domkuppel wesentlich nur als technische Leistung zum Ausdruck gekommen war. Bei der ungeheuern Dimension erscheint die leichtschwebende Form, der reine Linienzug der Kuppel Michelangelo's doppelt bewundernswert. Bis auf unsere Zeit gilt sie als unerreichtes Vorbild.

Nach Michelangelo's Tode († 1564) setzten *Vignola* und *Giacomo della Porta* den Bau fort. Letzterer leitete die Arbeiten an der Kuppel. Im Jahre 1606 war das Werk bis zur Fassade gediehen. Da beschloß *Paul V.* eine verhängnisvolle Neuerung. Er nahm, sei es, daß eine Erweiterung für die Prachtentfaltung bei Kirchenfeiern angemessener erschien, sei es, wie Zeitgenossen berichten, um von den geheiligten Boden der alten Kirche nichts preiszugeben, den Gedanken des lateinischen Kreuzes wieder auf, ließ das Langhaus verlängern und durch *Carlo Maderna* die gegenwärtige Fassade im Barockstil errichten. Die Kuppel kommt infolgedessen nur in der Ferne zu der von Michelangelo beabsichtigten Wirkung; vom Petersplatz gesehen verschwindet der Zylinder, auf dem sie aufsteigt, hinter der Fassade. Am 18. November 1626, angeblich genau dem 1300. Jahrestage der ersten Weihe, vollzog Urban VIII. die Weihe der neuen Kirche. Die letzte Hand legte *Bernini* an, der 1629 Maderna's Nachfolger wurde. Er beabsichtigte, r. und l. von der Fassade Glockentürme zu errichten, von denen aber der eine wegen schlechter Fundamentierung abgetragen wurde, der andere dann unausgeführt blieb.

Nach allen diesen Schicksalen ist St. Peter wo nicht die schönste, doch die größte Kirche der Welt. Sie bedeckt eine Fläche von 15160qm (Dom in Mailand 11700, St. Paul in London 7875, Hagia Sophia in Konstantinopel 6890, Kölner Dom 6166qm).

Die Angaben über die Größenverhältnisse weichen freilich nicht unerheblich voneinander ab. Im Mittelschiff auf dem Fußboden ist die innere Länge von St. Peter bestimmt zu 837 Palm (187m), die Länge einschließlich der Mauern zu 868⅔ P. (191m); St. Paul in London 710 P. ($158,_{11}$m); Dom in Florenz 669 P. ($149,_{28}$m); Dom in Mailand 606 P. ($131,_{04}$m); S. Paolo fuori le mura 572 P. ($127,_{36}$m); Hagia Sophia in Konstantinopel 492 P. ($109,_{57}$m). Nach Carlo Fontana's Messung beträgt die Gesamtlänge einschließlich der Vorhalle 947 P. ($211,_5$m), die Höhe des Mittelschiffs 207 P. ($46,_2$m), seine Breite vorn 123 P. ($27,_5$m), hinten gegen die Tribuna 107 P. (24m); die Länge des Querschiffs im Lichten 615 P. ($137,_5$m). Die Kuppel erhebt sich vom Fußboden der Kirche bis zum Auge der Laterne in einer Höhe von 552½ P. ($123,_4$m), bis zum Gipfel des Kreuzes 593 P. ($132,_5$m); ihren innern Durchmesser gibt man an zu 42m, d. i. $1,_4$m weniger als der des Pantheon (S. 235). Die Baukosten beliefen sich zu Ende des xvii. Jahrh. auf mehr als 17 Mill. Scudi (gegen 200 Millionen ℳ). Die jährlichen Ausgaben für die Erhaltung betragen 150000 ℳ. Die neue Sakristei Pius' VI. kostete 900000 Sc. = 3600000 ℳ.

Die Fassade, zu der eine Freitreppe hinanführt, ist $112,_6$m breit und $44,_3$m hoch, mit 8 Säulen, 4 Pilastern und 6 Halbpilastern, korinthischer Ordnung. Oben eine Balustrade mit $5,_7$m hohen Statuen Christi und der Apostel. Die Inschrift nennt Paul V. (Borghese) als Erbauer, 1612. In der Loggia über dem mittelsten der fünf Eingänge wurde ehemals der Papst gekrönt; von ihr aus erteilte er am Osterfeste über Stadt und Erdkreis (urbi et orbi) den großen Segen.

Die Vorhalle ist 71m breit, $13,_5$m tief, 20m hoch und trefflich ornamentiert, namentlich prachtvoll die Stuckdecke. Am Ende der Halle l. eine Reiterstatue Karls d. Gr. von Cornacchini, am Ende r. hinter einer stets verschlossenen Flügeltür, die auf die Scala regia (S. 355) mündet, Konstantin d. Gr. von Bernini.

Das Mosaik innen über dem mittleren Eingang, das Schifflein Petri darstellend *(la Navicella)*, wurde nach *Giotto's* Zeichnung 1298 für den Vorhof der alten Kirche ausgeführt, aber bei der Übertragung an die jetzige Stelle mehrfach verändert und modernisiert (eine Kopie des Originals in S. Maria della Concezione, S. 177).

Die fünf Pforten der Kirche sind von antiken Säulen aus Pavonazzetto und Affricano eingefaßt. Die *_ehernen Türflügel_ der großen Mittelpforte ließ Eugen IV. nach dem Muster derer von S. Giovanni in Florenz durch _Antonio Filarete_ (S. LXV) 1439-45 anfertigen, mit christlichen Darstellungen in den Hauptfeldern und antiken im Ornament (z. B. Phrixus und Helle auf dem Widder, Europa auf dem Stier, Ganymed vom Adler entführt, Leda mit dem Schwan u. a.). Die letzte Pforte r., _Porta Santa_ genannt, wird nur in Jubeljahren geöffnet (alle 25 Jahre, nach zweimaligem Ausfall 1850 und 1875 zuletzt wieder 1900).

Das **Innere macht einen überwältigenden Eindruck, der sich immer steigert, je mehr man sich der riesigen Größe des Ganzen und der einzelnen Bauglieder, wie namentlich der freien harmonischen Raumverhältnisse bewußt wird. Das Beste davon bleibt Bramante's Werk: die Breite der drei Kreuzarme, die vier großen Kuppelpfeiler, die Arkaden unter der Kuppel und der Durchmesser der letzteren. Auch die Kassettierung der Tonnengewölbe muß schon auf Bramante zurückgeführt werden. Die Verkleidung der Wände und der Fußboden aus buntem Marmor ist von Giac. della Porta und von Bernini. Außer dem Hauptaltar zählt man 29 Altäre und 148 Säulen.

Im Mittelschiff, am Boden gleich bei der Mitteltür, eine runde Porphyrplatte, die sich in der alten Kirche vor dem Hochaltar befand, wo die Kaiser gekrönt wurden; weiterhin die S. 346 erwähnten Längenangaben. Die Pfeiler zu beiden Seiten, mit korinthischen Pilastern und reichem Gebälk, sind durch Bogen verbunden und tragen das prachtvoll kassettierte und vergoldete Tonnengewölbe der Decke. In den Nischen der Pfeiler Statuen von Ordensstiftern; an den beiden ersten Pfeilern des Hauptschiffes zwei Weihwasserbecken, von kolossalen Putten gehalten. Am vierten Pfeiler r. unter einem Baldachin, auf weißem Marmorsessel die *_sitzende Bronzestatue des h. Petrus_ (1 auf dem Grundriß), wahrscheinlich ein Werk des v. Jahrh., neuerdings von einigen ins XIII. Jahrhundert versetzt; Paul V. brachte sie aus dem zerstörten Kloster S. Martino al Vaticano hierher; der r. Fuß ist durch die Küsse der Andächtigen abgescheuert. Darüber ein Mosaikbildnis Pius' IX. (1871).

Der Kuppelraum, der sich über dem Hochaltar und der Krypta mit dem Grab des Apostelfürsten wölbt, erhält seine Bedeutung durch das mächtig von oben einfallende Licht. Die vier Pfeiler, die die Kuppel tragen, haben je 71m Umfang. Ihre Nischen und Loggien sind von _Bernini_. In den unteren Nischen vier 5m hohe Statuen: r. (2) h. Longinus von _Bernini_ und (3) h. Helena von _Bolgi_, l. (4; die schönste) h. Veronika von _Mocchi_ und (5) h. Andreas von _Duquesnoy_. Die oberen Nischen sind von gewundenen Säulen eingefaßt. Von der Veronikaloggia werden an hohen Festen von den Domherren die Lanze, mit der Longinus die Seite des Gekreuzigten durchbohrte, das von der Kaiserin Helena mitgebrachte Stück vom Kreuze Christi, das Schweißtuch der h. Veronika und das Haupt des Apostels Andreas gezeigt. Darüber vier Mosaikbilder der Evangelisten, nach *Cav. d'Arpino*. Auf dem 2m hohen Fries steht auf Goldgrund in blauen Buchstaben eine Mosaikinschrift: *Tu es Petrus et super hanc petram aedificabo ecclesiam meam et tibi dabo claves regni caelorum.* Das Gewölbe der Kuppel hat 16 Rippen von vergoldetem Stuck, dazwischen vier Reihen von Mosaiken; in der untersten der Heiland, die h. Jungfrau und die Apostel. In der Höhe der Laterne Gottvater, nach *Cav. d'Arpino*.

Der Hochaltar *(Altare Papale)*, an dem nur der Papst die Messe liest, wurde 1594 geweiht und erhielt 1633 unter Urban VIII. das kostbare, 29m hohe Tabernakel, das nach *Bernini's* Entwurf aus z. T. vom Pantheon (S. 234) stammendem Erze hergestellt wurde. Vier gewundene, reich vergoldete Säulen tragen den Baldachin, der phantastische Oberbau wird von einer Weltkugel mit dem Kreuz gekrönt. Einst ebenso begeistert gepriesen, wie später scharf verurteilt, gilt Bernini's Werk mit seinen bewegten Linien jetzt wieder als geistvolle Lösung der Aufgabe, dem kleinen Altar inmitten der riesigen Architektur die gebührende Geltung zu verschaffen. Vor dem Altar öffnet sich, von einer Balustrade mit 89 immer brennenden Lampen umgeben, die unter Paul V. von *Carlo Maderna* erbaute Konfession, zu der eine doppelte Marmortreppe hinabführt (der Sakristan öffnet, etwa 30 c. Trkg.). Unten die Statue des betenden Pius VI. (6), von *Canova* (1822) und zwei 1m hohe Alabastersäulen mit den Statuetten der h. Petrus und Paulus. Die Türen von vergoldetem Erz, die die Gruftkapelle (S. 352) schließen, stammen noch aus der alten Kirche.

Hinter der Kuppel setzt sich das Hauptschiff fort und endigt in der Tribuna, mit *Bernini's Cathedra Petri*, einem von den vier Kirchenlehrern (Ambrosius, Augustinus, Athanasius, Johannes Chrysostomus) gehaltenen Bronzethrone, welcher den alten hölzernen Bischofsstuhl Petri umschließt. — Rechts (7) das Grabmal Urbans VIII. († 1644) von *Bernini;* l. (8) das Pauls III. († 1549) von *Guglielmo della Porta*, wohl unter unmittelbarem Einfluß Michelangelo's entstanden: oben die segnende Gestalt des Papstes, unten r. Klugheit und l. Gerechtigkeit. Die Namen der Bischöfe und Prälaten, welche 1854 das Dogma von der unbefleckten Empfängnis Mariä annahmen, ließ Pius IX. eingraben.

Nachdem wir so den Mittelraum durchwandert und einen Überblick über das imposante Gebäude gewonnen, wenden wir uns zu den Seiten- und Querschiffen. An Gemälden enthält die Peterskirche wenig; die früher vorhandenen sind z. T. in die vatikanische und kapitolinische Galerie, z. T. nach S. Maria degli Angeli (S. 181) übertragen und hier durch Mosaikkopien ersetzt.

Im rechten Seitenschiff über der Jubiläumstür (9) Mosaik: Petrus, von Clemens X. im Jubiläumsjahre 1675 gesetzt. — Die 1. Capp. della Pietà (10; gutes Licht nur nachm.) enthält ***Michelangelo's Pietà*, 1499 auf Bestellung des Kardinals Jean de Villiers de la Grolaie, französischen Gesandten am päpstlichen Hofe, ausgeführt: die Madonna, in jugendlicher Frauenschönheit, hat sich am Fuß des Kreuzes niedergelassen, quer über ihren Knieen ruht der tote Christus mit sanft gelösten Gliedern und leise rückwärts geneigtem Haupte, unter der Schulter von dem rechten Arm der Mutter unterstützt. Michelangelo schuf dies Meisterwerk in seinem 25. Lebensjahre noch unter dem lebendigen Eindruck der Antike. Die vollendete Schönheit der Form verklärt die Wahrheit der Empfindung. Es ist das einzige vom Künstler selbst bezeichnete Werk: auf dem über die Brust der Maria hinlaufenden Bande. Das Marmorkreuz und die eine Krone haltenden Bronzeengel sind Zutaten der Barockzeit. In derselben Kapelle l. ein großer altchristlicher Sarkophag, in welchem laut Inschrift der Stadtpräfekt *Petronius Probus* († 395) beigesetzt war, 1595 beim Neubau der Peterskirche gefunden; r. eine Säule, die wahrscheinlich aus dem IV. Jahrh. ist, aber nach der Überlieferung dem Tempel zu Jerusalem entnommen sein soll und Bernini das Vorbild für die gewundenen Säulen am Tabernakel gab. — Unter dem Bogen neben der Kapelle r.: (11) Denkmal Leo's XII. von *De Fabris*, von Gregor XVI. errichtet; l. (12) Kenotaph und bronzenes Porträtrelief der Königin Christine v. Schweden (vgl. S. 396). Der 2. Altar (13) mit dem Martyrium des h. Sebastian nach *Domenichino*. Unter dem nächsten Bogen die Grabmäler r. (14) Innocenz' XII., von *Filippo Valle*, l. (15) der Markgräfin Mathilde von Tuscien († 1115), von *Bernini*, im Auftrage Urbans VIII. ausgeführt, als dieser ihre Gebeine aus Mantua hierher bringen ließ. Rechts die große Sakramentskapelle (16), mit eisernem Gitter; darin Altarbild von *Pietro da Cortona*; r. (17) das glänzende *Grabmal Sixtus' IV. († 1484), Erzguß von *Antonio Pollaiuolo* (1493), in welchem auch Julius II. beigesetzt ist (vgl. S. 206). Unter dem nächsten Bogen r. (18) das Grabmal Gregors XIII., der den Kalender verbesserte († 1585), von *Camillo Rusconi*; l. (19) der schmucklose Sarg Gregors XIV. Geradeaus über dem Altar am Hauptpfeiler (20) die Kommunion des h. Hieronymus nach *Domenichino* (S. 369). Rechts (21) die Gregorianische Kapelle, unter Gregor XIII. nach dem Entwurfe *Michelangelo's* erbaut, die über 80000 Scudi kostete; hier r. (22) das Grabmal Gregors XVI. († 1846) von *Amici*, 1854; unten Relief, die Ausbreitung des christlichen Glaubens. Über dem Altar (23) die Madonna del Soccorso, aus der alten Peterskirche (um 1118); unten das Grab des h. Gregor von Nazianz († 390). Unter dem folgenden

Bogen r. 24 das Grabmal Benedikts XIV.; l. (25) Altar: die Messe des h. Basilius nach *Subleyras*.

Das rechte Querschiff diente 1870 als Sitzungssaal für das Konzil. Neben der Tribuna drei Altäre mit Bildern nach *Caroselli* (26), *Valentin* (27) und *Nic. Poussin* (28), Marter des h. Erasmus.

Von hier tritt man in die westl. Fortsetzung des r. Seitenschiffes. Unter dem Bogen: r. (29) das vielgerühmte Denkmal Clemens' XIII. (Rezzonico aus Venedig, † 1769) von *Canova*, hervorragend die Gestalt des Papstes und die Löwen; l. (30) der Altar der Navicella mit Christus und Petrus auf dem Meer, nach *Lanfranco*. Dann r. (31) Kap. des Erzengels Michael, der Erzengel nach *Guido Reni*; geradeaus (32): h. Petronilla nach *Guercino* (S. 270). Unter dem (l.) folgenden Bogen: r. (33) Grabmal Clemens' X. († 1676); l. Erweckung der Tabitha durch Petrus nach *Costanzi*. — Nun, an der Haupttribuna vorbei, in die

Westl. Abteilung des linken Seitenschiffes. Gleich r. (34) Grabmal Alexanders VIII. (Ottoboni aus Venedig, † 1691) von *Arrigo di S. Martino*: l. (35) Heilung des Lahmen durch Petrus und Johannes nach *Mancini*; weiterhin (36) rechts der Altar Leo's I. mit Marmorrelief von *Algardi*, die Umkehr Attila's (um 1650). Geradeaus (37) die Cappella della Colonna, mit einem verehrten Madonnenbild von einem Pfeiler der alten Peterskirche. Unter dem Altar (38) ein altchristlicher Sarkophag (an der Vorderseite Christus mit den Aposteln) mit den Resten Leo's II. († 683), Leo's III. († 816) und Leo's IV. († 855). — Weiter über der kleinen Tür r. (39) das Denkmal Alexanders VII. († 1667) von *Bernini*. Gegenüber (40): Altar mit Ölbild von *Franc. Vanni* (auf Schiefer), Bestrafung des Magiers Simon.

Im linken Querschiff, mit Tribuna und drei Altären, stehen Beichtstühle für zehn Sprachen, welche die Aufschriften angeben; am Pfeiler der h. Veronika, unter der Statue der h. Juliana, der erhöhte Sitz, auf welchem an hohen Festen der Großpönitentiar Absolution erteilt. Über dem ersten Altare r. (41) der h. Thomas von *Camuccini*; vor dem mittleren (42) das schmucklose Grab des großen Tonsetzers Giov. Pierluigi da Palestrina (1526-94; S. 460); das Altarbild, die Kreuzigung Petri, nach *Guido Reni*. L. (43) die h. Valeria nach *Giov. Ant. Spadarino*. Etwa von hier aus hat man einen guten Überblick über den Kuppelraum, die Tribuna und die Kreuzschiffe. Unter dem folgenden Bogen r. führt das Portal von grauem Marmor (44) zur Sakristei (S. 351). Darüber Grabmal Pius' VIII († 1830) von *Tenerani*. L. (48) Tod des Ananias und der Sapphira nach *Roncalli*. Es folgt (45) die Clementinische Kapelle, von Clemens VIII. (1592-1605) erbaut; r. unter dem Altare (46) ruht Gregor I. der Große (590-604); das Altarbild nach *Andr. Sacchi* (s. S. 371): geradeaus (47) das vom Kardinal Consalvi errichtete Grabmal Pius' VII. († 1823), von *Thorwaldsen.* — Man wendet sich l.; unter dem (49) Bogen l. eine vierfach vergrößerte Mosaiknachbildung von Raffaels Transfiguration (S. 370). — Gegenüber r. beginnt das

Linke Seitenschiff. Hier unter dem Bogen r. (50) das Grabmal Leo's XI. († 1605) von *Algardi*, mit Relief, die Abschwörung des Protestantismus durch Heinrich IV. von Frankreich; l. (51) Grabmal Innocenz' XI. († 1689) nach einem Entwurf von *Carlo Maratta*, mit Relief: die Befreiung Wiens durch König Johann Sobieski. Die große Chorkapelle (52), von *Giac. della Porta* reich mit Stuck und Gold verziert, enthält den schlichten Grabstein Clemens' XI. († 1721) und zwei Orgeln. Hier finden Sonntags häufig feierliche Musikaufführungen statt. — Unter dem nächsten Bogen r. über der Tür wird die Leiche des letztverstorbenen Papstes bis zur Ausführung seines Denkmals beigesetzt; l. (53) das *Grabmal Innocenz' VIII. († 1492), von *Antonio* und *Pietro Pollaiuolo.* Folgt r. (54) Altar mit dem ersten Tempelgang Mariä nach *Romanelli.* Unter dem Bogen r. über der Tür, welche zur Kuppel führt (S. 353), (55) Denkmal der Gemahlin des Prätendenten Jakob (III.) v. England, Maria Clementine Sobieska († 1735 zu Rom); links (56) Denkmal der letzten Stuarts (s. S. 352), von *Canova* (1819), mit Brustbildern Jakobs III. und seiner Söhne Karl Eduard und Heinrich, Herzogs von York und Kardinals von Frascati (vgl. S. 446). In der letzten Kap. (57) r. das Taufbecken, ein porphyrner Sarkophagdeckel, der nach unverbürgter Überlieferung aus der Grabkammer des Hadrianmausoleums (S. 341) stammen soll. Die Taufe Christi über dem Altar nach *Maratta.*

Die Sakristei (Eingang bei 44 des Grundrisses, durch das S. 350 gen. graue Marmorportal, am besten 9-11 Uhr vorm.), von Pius VI. nach *Carlo Marchionne's* Entwurf 1775 erbaut, besteht aus drei Kapellen, an einem mit alten Säulen und Inschriften gezierten Korridor.

Im Eingang die H. Petrus (r.) und Paulus (l.), 1461-62 von *Paolo Romano* gearbeitet, früher auf dem Petersplatz (S. 313). In der mittleren Kapelle (58), der Sagrestia comune, achteckig, mit acht Säulen von Bigio aus der Villa Hadrians bei Tivoli, findet man einen Chorknaben, der das übrige zeigt (1/2 fr.). Links (59) die Sagrestia dei Canonici, mit der Capp. dei Canonici, die auf dem Altar eine Madonna mit den Il. Anna, Petrus und Paulus von *Francesco Penni* und gegenüber eine Madonna von *Giulio Romano* enthält. Anstoßend (60) die

Stanza Capitolare, mit beachtenswerten Bildern aus der alten Konfession, von *Giotto:* Christus mit dem Kardinal Stefaneschi; Marter des h. Petrus, ein würdiges Zeugnis von Giotto's dramatischer Darstellungskraft; Marter des h. Paulus; auf der Rückseite Petrus thronend, Andreas mit Johannes, Paulus mit Jakobus; in der Predella (am Fenster) die Madonna zwischen den Aposteln: ein Meisterwerk der Tafelmalerei, welches allein schon genügen könnte, um Giotto als Gründer einer neuen Malerschule auszuweisen *(C. & C.).* Ferner *Fragmente von *Melozzo da Forli* aus der früheren Apsis von SS. Apostoli (S. 228): musizierende Engel und Apostelköpfe. — R. (61) die

Sagrestia de' Beneficiati, mit einem Sakramentshäuschen von *Donatello* (darin ein verdorbenes Bild von *Memmi*) und einem Altarbild von *Muziano*, Übergabe der Schlüssel. Daneben (62) der Schatz der Peterskirche, mit Kostbarkeiten: Altarkreuz und zwei Kandelaber von *Ant. Gentili* aus Faenza (1582; prachtvolle, unter dem Einfluß Michelangelo's entstandene Arbeiten), Kreuz des Kaisers Justinus (vi. Jahrh.), Dalmatica Karls des Großen u. a. — Über der Sakristei das nur auf besondere Empfehlung zugängliche Archiv der Peterskirche, mit alten Handschriften, z. B. Leben des h. Georg mit Miniaturen von *Giotto*, und einige Klassiker.

Die Krypten *(le Sagre Grotte Vaticane)*, die z. T. von der alten Peterskirche herrühren, aber im XVI. und XVII. Jahrh. ausgebaut wurden, sind nur mit besonderer Empfehlung zugänglich. Elektrische Beleuchtung.

Unter dem Kuppelraum (S. 347) die **Grotte Nuove**, die aus der Gruftkapelle (s. unten), einem hufeisenförmigen Gang und mehreren anderen Kapellen bestehen. In den vier Kuppelpfeilern führen Treppen hinab zu den Kapellen der h. Veronika (*a*; Haupteingang), der h. Helena (*k*), des h. Longinus (*i*) und des h. Andreas (*d*). — Kap. S. Maria de Porticu (*b*): am Eingang r. Evangelist Matthäus, l. Johannes, Reliefstatuen vom Grabmal Nikolaus' V. (S. 353); auf dem Altar eine übermalte Madonna von Simone Memmi, aus dem Portikus der alten Kirche; r. und l. Engelstatuen von Mino da Fiesole und Giov. Dalmata, vom Grabmal des Kard. Eroli († 1479). Büste Benedikts XII. von Paolo da Siena (1341). Die Marmorstatue des Apostels Petrus ist aus dem Torso einer sitzenden Konsularstatue zurechtgemacht. An den Wänden Ansichten der alten Peterskirche. Vor der Kap. r. Mosaik, Christus mit Petrus u. Paulus (ersterer mit drei Schlüsseln), einst im Vorhof der alten Peterskirche über dem Grabe Kaiser Otto's II. (Ende des x. Jahrh.; s. unten). — Kap. S. M. Pregnantium (*c*; „der Gebärenden"): am Eingang die beiden Apostel Jakobus, Reliefstatuen vom Grabmal Nikolaus' V. (S. 353); Gott Vater, Relief von dem oben gen. Grabmal des Kard. Eroli. Halbfigur Bonifatius' VIII. Paulus vor Nero, Relief von dem Ziborium Sixtus' IV., das bis 1592 den Hochaltar der Peterskirche schmückte. In dem anstoßenden Gemach Fragmente der Marienkapelle Johanns VII. (vgl. S. 307) und Darstellungen aus der alten Peterskirche. — Korridor: Marter der H. Petrus und Paulus, Reliefs von dem oben gen. Ziborium Sixtus' IV.; zwölf Apostelstatuen, z. T. von Mino da Fiesole. Reste des Andreastabernakels von Isaia da Pisa und Paolo Romano; Reste des Ziboriums der h. Lanze von Andrea Bregno. Reliefs vom Grabmal Pauls II. (S. 353): Sündenfall, Jüngstes Gericht, Glaube und Liebe von Mino da Fiesole, Hoffnung (bezeichnet), Auferstehung Christi, Erschaffung der Eva von Giov. Dalmata. Reliefstatuen der H. Petrus und Paulus, von dem oben gen. Grabmal des Kard. Eroli, gleichfalls von Giov. Dalmata. Thronende Madonna mit Nikolaus III. und Kard. Gaetano Orsini, Relief wahrscheinlich aus der Werkstatt des Paolo Romano. — Gegenüber dem Eingang der Gruftkapelle der Sarkophag des Stadtpräfekten *Junius Bassus*, der 359 nach Chr. „als Neugetaufter zu Gott ging", eins der glänzendsten Beispiele altchristlicher Grabskulptur. Die reich geschmückte Gruftkapelle (*Confessione*, vgl. S. 348 und Grundriß *m*), der an die äußere Konfession (S. 348) anschließende Innenraum, ist den H. Petrus und Paulus geweiht. Ihr Altar umschließt den der alten Kirche von 1122. Die Mosaikbildnisse darüber sind moderne Nachbildungen der auf Silber gemalten Originale des xiii. Jahrhunderts.

Unter dem Mittelschiff die **Grotte Vecchie**, drei lange Gänge, deren Fußboden, 3,5m unter dem jetzigen, der ursprüngliche der alten Kirche ist. Aus dieser enthalten die Grotten viele Grabmäler von Päpsten und Fürsten: u. a. in *e*. die letzten Stuarts (s. S. 351), Papst Nikolaus I. († 867), Gregor V. (Bruno, Deutscher, † 999) und Kaiser Otto II. († zu Rom 983); am Ende von *f*. Alexander VI. († 1503; vgl. S. 249), in *g*. Hadrian IV. (Nikolaus Breakspeare, der einzige englische Papst, † 1159), ein alter

Granitsarkophag; Pius II. (Aeneas Sylvius Piccolomini, † 1464; vgl. S. 29), altchristlicher Sarkophag; Pius III. († 1503; vgl. S. 29), Bonifatius VIII. († 1303) von Arnolfo di Cambio (?), Nikolaus V. (Thomas von Sarzana, † 1455), Paul II. († 1471) und Kard. Eroli (S. 352), beide von Giov. Dalmata; Urban VI. († 1389); Marcellus II. († 1555) in einem altchristl. Sarkophag; Kard. Fonseca († 1422).

Zur *Besteigung der **Peterskuppel** (vgl. S. 163) bedarf man außer Sa. eines Permesses, den man in der „Rev. Fabbrica di S. Pietro", Via della Sagrestia 8, 1. Stock, erhält. Man klopft an der Tür im l. Seitenschiff, Pl. 55. Ein bequemer Wendelgang führt bis auf das Dach; Wandtafeln erinnern an Besteigungen fürstlicher Personen. Auf dem Dache erblickt man eine Menge von Kuppeln und kleinen Gebäuden, welche zum Teil von Arbeitern und Wächtern bewohnt werden. Die Aussicht beherrscht die Stadt und die Campagna bis zum Apennin und zum Meere. Die Kuppel ist vom Dach aus noch 94m hoch; ihr Umfang beträgt 192m. Man sieht die ungeheuern Eisenreifen, durch welche im XVIII. Jahrhundert den drohenden Rissen Einhalt getan wurde. Von den Galerien innerhalb des Tambours überraschender Blick in das Innere der Kirche. Bequeme Treppen führen zwischen der doppelten Kuppel zur *Laterne*, wo man außer der Aussicht auch einen guten Überblick über die Kirche selbst hat. Zur kupfernen Kugel auf der Spitze vorzudringen, ist zwecklos und Damen durchaus abzuraten: man muß sich senkrecht auf einer eisernen Leiter durchzwängen; zu sehen ist nichts.

Von den acht achteckigen Gemächern in den Pfeilern, welche die Kuppel tragen, enthält eines die Modelle der Kirche von *Michelangelo* und seinem Vorgänger *Antonio da Sangallo d. J.*, zu deren Besichtigung man indes eines nur auf Empfehlung zu erlangenden besonderen Permesses bedarf.

Geht man an St. Peter hinter den Kolonnaden l. hinauf (Weg nach der vatikanischen Antikensammlung: siehe S. 373 und den Übersichtsgrundriß, S. 344/345), so bemerkt man kurz vor der Sakristei im Pflaster eine Platte, welche den ehemaligen Standort des S. 343 genannten Obelisken bezeichnet. L. der **Campo Santo dei Tedeschi**, der älteste, schon von Konstantin dem Gr. eingerichtete christliche Kirchhof, mit Erde vom Kalvarienberge angefüllt, den Pius VI. 1779 zur Bestattung von Deutschen und Niederländern bestimmte. Am Tor die Inschrift: Teutones in Pace.

Es ruhen hier u. a. zwei deutsche Bäcker *Philipp Keller* aus Augsburg († 1559) und *Mattheus Foltz de Wipina* († 1546), der Maler *Jos. Ant. Koch* († 1839), *Platner*, der Beschreiber Roms (s. S. LXXIX; † 1855), der Bildhauer *J. M. Wagner* († 1858), Pater *Theiner* († 1874), Kardinal *Hohenlohe* († 1896), u. a. — Dabei die Kirche S. MARIA DELLA PIETÀ IN CAMPO SANTO, deren Orgel ein Geschenk Kaiser Wilhelms II. ist. In der zugehörigen *Arciconfraternità teutonica e fiamminga* finden Pilger und Hilfsbedürftige für einige Tage Obdach.

Unweit liegt auch der *Palazzo del S. Uffizio*, welcher von Pius V. der 1542 von Paul III. eingerichteten Inquisitions-Kongregation zugewiesen wurde.

c. Der vatikanische Palast.

Im Mittelalter war die Residenz der Päpste beim Lateran. Bei der Peterskirche bestand nur das von Symmachus erbaute Wohnhaus (S. 337), das von Eugen III. (1150), Cölestin III. und Innocenz III. erweitert wurde. Da der Lateran durch den Brand von 1308 verödet war, nahm Gregor XI. bei der Rückkehr aus Avignon 1377 im Vatikan seine Residenz, und nach seinem Tode wurde hier 1378 das erste Konklave gehalten, welches dann das Schisma zur Folge hatte. Nikolaus V. (S. LXIV) beschloß 1450, den Vatikan zum größten Palast der Welt zu erheben, und darin alle Behörden und die Wohnungen der Kardinäle zu vereinigen; er hinterließ bei seinem Tode einen fast vollendeten Palast mit Bibliothek (s. S. 390), Appartamento Borgia und Stanzen, der durch Alexander VI. in der sog. *Torre Borgia* einen Abschluß erhielt. Sixtus IV. baute 1473-81 die *Sixtinische Kapelle;* Innocenz VIII. 1486-92 das Gartenhaus *Belvedere*, welches Bramante unter Julius II. mit dem Palast durch einen großen Hof verband. Derselbe Meister legte die *Loggien* um den Damasushof an; Paul III. baute 1540 die *Paulinische Kapelle;* Sixtus V. die heutige *Bibliothek*, welche den von Bramante erbauten großen Hof in zwei Teile teilte (Cortile di Belvedere und Giardino della Pigna), und die jetzige Wohnung der Päpste. Die letztere wurde von Clemens VIII. (1592-1605) vollendet Urban VIII. begann nach Bernini's Angaben die *Scala regia.* Pius VI. erbaute die *Sala a Croce greca*, die *Sala rotonda* und die *Sala delle Muse.* Pius VII. errichtete für die Skulpturen den *Braccio nuovo.* Pius IX. schloß die vierte Seite des Damasushofes, indem er die dorthin führende große Treppe *(Scala Pia)* überdeckte und umbaute. Der Palast bedeckt eine Fläche von 55000qm, wovon gegen 25000qm auf die zwanzig Höfe entfallen; die Zahl der Säle, Kapellen und Zimmer mag gegen 1000 betragen (die oft wiederholte Angabe, es seien elftausend, ist eine Fabel). Nur ein kleiner Teil des Palastes dient der Hofhaltung des Papstes, der bei weitem größere enthält Prachtsäle und Sammlungen. Durch das vom Papst nicht anerkannte Garantiegesetz der italienischen Regierung vom 13. März 1871 hat der Vatikan, der Lateran und der Sommerpalast zu Castel Gandolfo das Privilegium der Exterritorialität erhalten.

Der Haupteingang des Palastes *(Portone di Bronzo)* ist am Ende der rechten Kolonnade des Petersplatzes, wo die Schweizerwache ist (S. 355; spricht deutsch). Die sich hier andrängenden Führer weise man zurück; ihre Dienste sind entbehrlich. Geradeaus

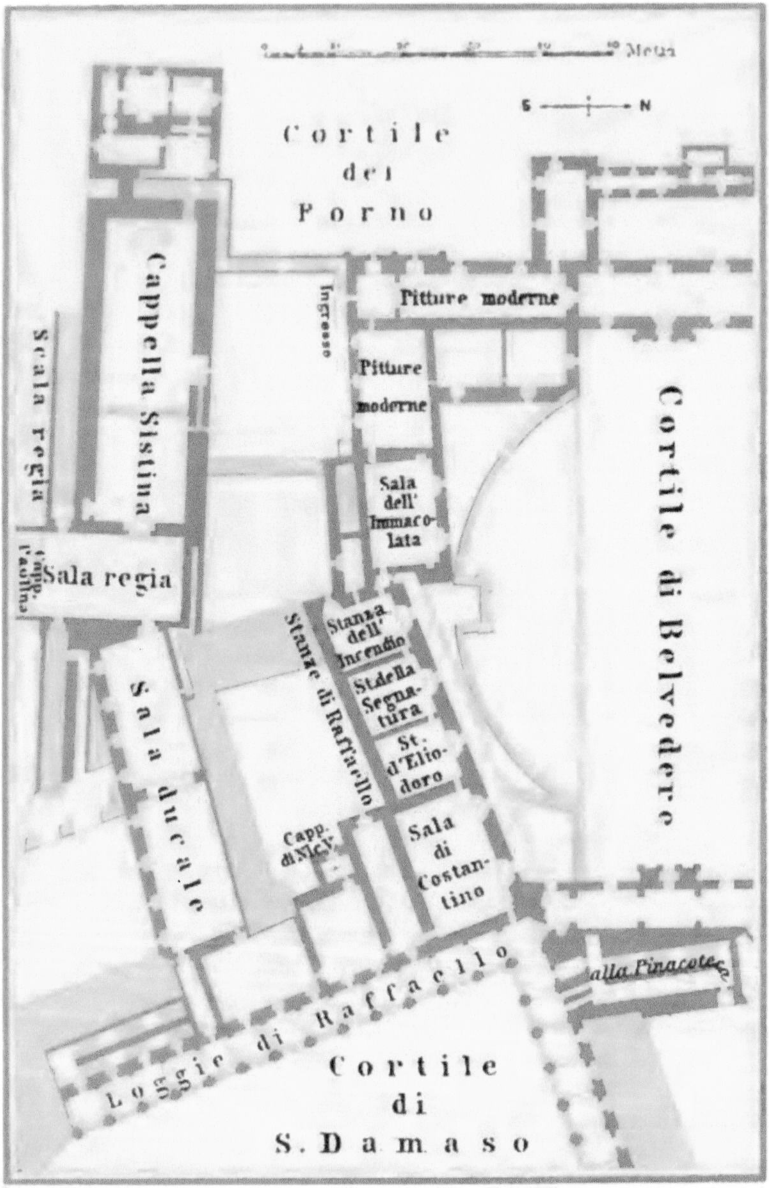
Metri
S N
Cortile dei Forno
Cappella Sistina
Scala regia
Ingresso
Pitture moderne
Pitture moderne
Sala dell' Immacolata
Cortile di Belvedere
Sala regia
Stanze di Raffaello
Stanza dell' Incendio
St. della Segnatura
St. d'Eliodoro
Sala ducale
Capp. di Nic. V.
Sala di Costantino
Loggie di Raffaello
Cortile di S. Damaso

gelangt man zu den Gemälden (s. unten). — Die Treppe r. (*Scala Pia*, s. S. 354) führt in einen Hof, *Cortile di S. Damaso*, nach dem von Innocenz X. erbauten Brunnen des h. Damasus benannt, auch *Cortile delle Loggie*, nach den ihn an drei Seiten umgebenden Loggien Bramante's (S. LXVI). R. der vom Papst bewohnte Flügel. L. ein Portal mit der Inschrift „Adito alla Biblioteca ed al Museo", welches nur für die auf der Bibliothek Arbeitenden zu benutzen ist.

Die päpstlichen Haustruppen bestehen aus: der 1801 gegründeten *Nobelgarde* (Guardia Nobile), etwa 20 römischen Adligen mit Offiziersrang, unter einem Generalleutnant; der 1505 von Julius II. errichteten *Schweizer Garde* (Guardia Svizzera), etwa 100 Schweizern unter einem Obersten, deren bunte Tracht mittelalterlicher Lanzknechte angeblich von Michelangelo entworfen ist; und der *Palastgarde* (Guardia Palatina), einer Art Bürgermiliz von etwa 50 Römern, die bei Feierlichkeiten Dienst tun.

1. Cappella Sistina. Raffaels Stanzen und Loggien. Gemäldegalerie. Raffaels Teppiche. Appartamento Borgia.

Besuchsordnung s. S. 163, Permeß s. unten; Schirme und Stöcke sind am zweiten Absatz der Scala regia abzugeben. — Kataloge über die Gemäldesammlungen und Malereien im Vatikan, von Ercole Massi, werden auf dem ersten Absatz der Scala regia verkauft, sind aber entbehrlich.

Man geht vom Haupteingang (*Portone di Bronzo*, S. 354) geradeaus auf die **Scala regia** zu, die 1661 von *Bernini* erbaut wurde und zu den Prunkstücken der Barockarchitektur gehört. Die Verengerung des Raumes nach oben ist durch prächtige Dekoration und Säulenstellungen in abnehmendem Abstand zur Erzielung einer großartigen perspektischen Wirkung benutzt. Am ersten Absatz rechts, in der Axe der Vorhalle der Peterskirche, die Konstantinstatue Bernini's (S. 346). Oben erhält man den Permeß und wendet sich zu der Treppe rechts, die im ersten Stock auf die Sala regia mündet: 91 Stufen. In halber Höhe zeigt ein Schild („Camere e Stanze di Raffaello") r. den Aufgang nach dem zweiten Stockwerk zu Raffaels Stanzen und Loggien (S. 360 ff.). Im dritten Stock ist die Gemäldegalerie (S. 369).

Sala regia. **Cappella Sistina. Sala ducale. Cappella Paolina.

Die **Sala regia**, die ursprünglich zum Empfang der Gesandten der europäischen Mächte bestimmte Vorhalle der Sixtinischen Kapelle, wurde unter Paul III. von *Ant. da Sangallo d. J.* begonnen und 1573 vollendet. Die prächtigen Stuckverzierungen an der Decke sind von *Perin del Vaga*, die über den Türen von *Daniele da Volterra*. Die großen Fresken *Vasari's*, *Salviati's*, der *Zuccari* schildern die Macht der Kirche: Aufhebung des Bannes über Heinrich IV. und Aussöhnung mit Friedrich Barbarossa, Kampf gegen die Türken, Niedermetzelung der Hugenotten in der Bartholomäusnacht. Die Tür an der Eingangswand l. führt zur Sixtinischen Kapelle (klopfen!).

Die ****Sixtinische Kapelle** wurde unter Sixtus IV. von *Giov. de' Dolci* 1473-81 erbaut; sie ist 40,5 m lang, 13,2 m breit und hat auf jeder Seite oben sechs Fenster. Schön verzierte Marmorschranken grenzen den Raum für die Geistlichkeit (Presbyterium) ab, r. in der Wand die Sängertribüne mit schöner Balustrade; beides Arbeiten von *Mino da Fiesole* und andern Florentiner Meistern. Einteilung und Ausschmückung der Kapelle entsprechen der altchristlichen Basilika. Der untere Teil der Wände wurde früher bei festlichen Gelegenheiten mit den Raffaelischen Teppichen (S. 371) bedeckt. Ihren Ruhm verdankt die Kapelle dem herrlichen Freskenschmuck (bestes Licht morgens). „Ohne die Sixtinische Kapelle gesehen zu haben, kann man sich keinen anschauenden Begriff davon machen, was ein Mensch vermag" sagt Goethe.

Die *Wandgemälde oben an den Langseiten sind um 1481-83 von den damals berühmtesten florentinischen und umbrischen Meistern ausgeführt worden (S. lxv). In altkirchlicher Gegenüberstellung von Verheißung und Erfüllung schildern sie Szenen aus dem Leben Mosis (l.) und Christi (r.) und sind reich an zeitgenössischen Bildnissen. Die Darstellungen beginnen am Altar (wo sich ursprünglich, ehe Michelangelo das jüngste Gericht malte, drei Bilder von Perugino, Findung Mosis, Krönung Mariä und Anbetung der drei Könige, befanden) und treffen auf der Eingangswand zusammen. Links 1. (neben dem Altar) *Perugino* und *Pinturicchio*, Moses mit seiner Frau Zipora auf der Reise nach Ägypten, Zipora beschneidet ihren Sohn; — *2. *Sandro Botticelli*, Moses tötet den Ägypter, vertreibt die Hirten vom Brunnen, kniet vor dem feurigen Busche; — 3. *Pier di Cosimo* und Schüler des *Cos. Rosselli*, Pharao's Untergang im Roten Meere; — 4. *Cos. Rosselli*, Gesetzgebung auf dem Sinai, Anbetung des Kalbes; — 5. *S. Botticelli*, Untergang der Rotte Korah und des Dathan und Abiram, vielleicht eine Anspielung auf das Schisma des Erzbischofs von Krain (im Hintergrund der Konstantinsbogen und das S. 298 gen. Septizonium); — *6. *Luca Signorelli* und *Bart. della Gatta*, Moses als Gesetzgeber (der nackte Jüngling in der Mitte ist eine Personifikation des Stammes Levi), Verleihung des Hirtenstabes an Josua, Trauer an der Leiche Mosis. — Rechts 1. *Perugino* und *Pinturicchio*, Taufe Christi; — 2. *S. Botticelli*, Reinigungsopfer des Aussätzigen (III. Mose 14, 2-7) und Versuchung Christi (im Hintergrunde die Fassade des damals eben vollendeten Ospedale di S. Spirito, S. 342); — *3. *Dom. Ghirlandaio*, Petrus' und Andreas' Berufung zum Apostelamt, in würdevollem strengen Monumentalstil; — 4. *Cos.*

Rosselli, Bergpredigt, Heilung des Aussätzigen; — *5. *Perugino*, Christus übergibt Petrus die Schlüssel, trotz mancher Mängel der Komposition zu des Meisters vollkommensten Monumentalbildern gehörend (r., mit dem Winkelmaß, der Architekt Giov. de' Dolci, S. 356); — 6. *Cos. Rosselli*, das Abendmahl. — Die Fresken an der Eingangswand, Auferstehung Christi, ursprünglich von *Dom. Ghirlandaio*, und Streit des Erzengels Michael über Moses' Leichnam, von *Salviati*, ließ Gregor XIII. durch *Arrigo Fiammingo* und *Matteo da Lecce* erneuen. — An den Pfeilern zwischen den Fenstern 28 Päpste von *Fra Diamante, Ghirlandaio, Botticelli* und *Rosselli.*

Die **Decke (S. LXIX), zu deren besserer Besichtigung der Kustode Spiegel verabreicht (Trkg.), wurde von *Michelangelo* am 10. Mai 1508 begonnen und am 31. Oktober 1512 enthüllt. Ob die Decke der Sixtina, ob die raffaelischen Stanzen die höchste und kühnste Schöpfung der neueren Kunst zeigen, darüber herrscht alter Streit. Den Vorzug eines einheitlichen Gedankensystems, einer geschlossenen Komposition besitzt die Decke, was um so mehr zu bewundern ist, als der Gegenstand der Darstellung nicht von Anfang an festgelegt war. Ursprünglich sollte sich der Bildschmuck auf die zwölf Apostel beschränken. Michelangelo fühlte das Dürftige und bewog den Papst zur Erweiterung des Bilderkreises. Um die Verbindung zwischen den einzelnen Bildern herzustellen, zeichnete er ein imaginäres Baugerüst, Säulen, Pfeiler, Gesimse, Bronze und Marmor nachahmend, welches von den Wänden aufsteigt und in der Mitte der Decke (Spiegelgewölbe) neun bald größere, bald kleinere Felder einschließt. Dadurch, daß den Baugliedern überall lebendige Gestalten, bald in natürlicher Farbe, bald in Bronzefarbe vortreten, kommt in den architektonischen Hintergrund ein Schwung und ein höheres ideales Element, welches als die beste Vorbereitung für die großen Mittelgemälde dient. Hier lernt man erst erkennen, was die vollendete architektonische Phantasie für einen Maler bedeutet, und wie sehr dieselbe den Mittelpunkt der Kunst Michelangelo's bildet.

Die Erklärung der Mittelbilder geben wir z. T. mit den Worten *Ascanio Condivi's*, eines Schülers des Michelangelo, welcher 1553, noch unter den Augen des Meisters, dessen Leben schrieb. — „Im *1. Felde* der Decke (vom Altar aus), das eines der kleineren ist, sieht man in den Lüften Gott den Allmächtigen, welcher mit der Bewegung der Arme das Licht von der Finsternis scheidet. — Im *2. Felde* schafft er zwei größere Weltleuchten, die ausgestreckte Rechte berührt die Sonne, die Linke den Mond. In seiner Umgebung sind einige Engel, deren einer (links) das Gesicht verhüllt und sich an den Schöpfer anschmiegt, als wollte er sich vor dem schädlichen Einflusse (blendendem Licht) des Mondes schützen. In demselben Felde ist wieder Gott beschäftigt, auf der Erde die Kräuter und Pflanzen zu schaffen. Er ist mit solcher Kunst ausgeführt, daß, wohin du dich auch wendest, er dir zu folgen scheint, den ganzen Rücken zeigend bis zu den Fußsohlen: eine sehr schöne Sache, die uns zeigt, was die Verkürzung vermag. Im *3. Felde* erscheint Gott der Herr von Engeln umgeben in den Lüften und betrachtet die Gewässer, ihnen befehlend, daß sie alle jene Arten von Tieren hervorbringen sollen, die dieses Element ernährt. Im *4. Felde* ist in der großartigsten und gedankenreichsten Komposition der Decke die Erschaffung des Menschen dargestellt, wie Gott durch die Berührung mit dem Zeigefinger das Leben in Adams Glieder überströmen läßt. Mit dem andern Arm umfängt er seine Engel. — Im *5. Felde* zieht Gott aus Adams Seite das Weib heraus, welches mit gefalteten und gegen Gott vorgestreckten Händen sich mit süßer Gebärde verneigt, so daß es scheint, daß sie ihm danke, Gott sie segne. — Im *6. Felde* windet sich der Dämon, von der Mitte hinauf in weiblicher Gestalt, im übrigen als Schlange, um einen Baum und indem er sich mit dem Menschen unterredet, verführt er ihn, gegen seinen Schöpfer zu handeln und reicht dem Weibe den verbotenen Apfel. Im zweiten Teile des Feldes sieht man beide, vom Engel verjagt, erschreckt und traurig dem Antlitze Gottes entfliehen. — Im *7. Felde* ist Noah's Dankopfer dargestellt, — im *8. Felde* die Sintflut, wo man von weitem die Arche Noah's sehen kann mitten im Wasser und an sie einzelne Menschen angeklammert, um sich zu retten. Mehr in der Nähe ist ein Schiff, vollgeladen mit Leuten, welches wegen seiner übermäßigen Schwere und wegen der vielen und heftigen Stöße der Wellen mit verlorenem Segel bereits Wasser aufnimmt und zu sinken droht, wobei es ein wundersam Ding ist, das menschliche Geschlecht so elendig in den Wellen untergehen zu sehen. Dem Auge noch näher erscheint über den Wassern die Spitze eines Berges, wohin sich wie auf eine Insel eine Menge Männer und Frauen geflüchtet haben, die verschiedene Affekte zeigen, aber alle elend und erschreckt unter ein Zelt gekauert sind, das über einen Baum gespannt wurde, um sich von oben vor dem außerordentlichen Regen zu schützen; und darauf ist mit großer Kunst vorgestellt der Zorn Gottes, der mit Blitzen, mit Wassern und Wettern sich gegen sie kehrt. Noch gibt es da eine Bergspitze, auf der rechten Seite, und einen Haufen Menschen darauf, welche die gleiche Not erleiden, wovon es zu lange währen würde, jeden einzelnen zu beschreiben. — Im *9. Felde,* dem letzten, ist die Trunkenheit Noah's erzählt."

Michelangelo hat sein Werk in umgekehrter historischer Zeitfolge am Eingang begonnen. Hier gewinnt man auch den Ansichtspunkt für die Mittelbilder, die dem Beschauer zunächst in kleineren Verhältnissen ausgeführt werden konnten, als weiter nach dem Hochaltar zu. Über die Reihe der Propheten und Sibyllen erhält man in der Mitte der Kapelle den besten Überblick.

Am untern Teile des Gewölbes die Propheten und Sibyllen, umgeben von Engeln und Genien. Vom Altare l.: 1. *Jeremias,* in tiefes schmerzliches Sinnen verloren; 2. die *Persische Sibylle,* lesend; 3. *Ezechiel,* mit einer halb aufgerollten Schriftrolle; 4 die *Erythräische Sibylle,* neben einem aufgeschlagenen Buche; 5. *Joel,* in einer Rolle lesend; 6. (über der Tür) *Zacharias,* in einem Buche blätternd: 7. die *Delphische Sibylle,* mit einer geöffneten Schriftrolle; 8. *Jesaias,* den Arm auf ein Buch gestützt, verloren in göttliche Eingebung; 9. die *Cumäische Sibylle,* ein Buch öffnend; 10. *Daniel,* schreibend; 11. die *Libysche Sibylle,* ein aufgeschlagenes Buch ergreifend; 12. (über dem jüngsten Gericht) *Jonas,* der eben dem Leibe des Fisches entronnen ist (das Vorbild der Auferstehung Christi). „Alle sind wahrhaft wunderbar", versichert Condivi, „sowohl wegen der Stellungen, als wegen des Zierates und der Verschiedenheit der Gewandung. Aber am wunderbarsten von allen ist der Prophet Jonas, der am Kopfe des Gewölbes aufsitzt. Sein Rumpf verkürzt sich nach innen, nach jenem Teile, der den Augen näher ist, während die Beine, die außen hervorragen, in dem entfernteren Teile sind. Ein erstaunliches Werk, und das ist die Wissenschaft Michelangelo's in den Verkürzungen und in der Perspektive."

In den Spitzbogen und Lünetten: die Vorfahren des Heilands, alle in stiller Erwartung. In den vier Eckbogen: an der Altarwand r. die Israeliten in der Wüste mit der ehernen Schlange, l. der König Ahasverus, Esther und Haman; an der Eingangswand r. David und Goliath, l. Judith.

Fast dreißig Jahre später, 1534-41, malte Michelangelo unter Paul III. an der Altarwand das c. 20m hohe, 10m breite **jüngste Gericht (S. LXVIII u. LXX). Er mußte vorher die zwei Fenster der Altarwand zumauern lassen und zerstörte die schönen Verhältnisse der Kapelle. Es bedarf anhaltenden Studiums, um die kolossale Komposition, die durch den Weihrauch geschwärzt und ungünstig beleuchtet ist, in allen Einzelheiten zu erkennen; höhere Anstrengung erfordert das Eindringen in die religiöse Auffassung und die künstlerische Gestaltung des genialen Meisters, der sich hier ganz unter den Einfluß Dantes gestellt hat. Zur Linken des richtend vortretenden Heilands schweben die Seligen, von Teufeln zurückgehalten, von Engeln unterstützt empor, zur Rechten drängen sich vergebens die Sünder hinauf; oben zwei Gruppen von Engeln mit dem Kreuz, der Säule der Geißelung und den andern Marterwerkzeugen; in der Mitte: Christus und die Madonna, Apostel und Heilige; unter den erwachenden Toten die Hölle nach Dante, mit dem Barkenführer Charon und dem Richter Minos, dessen Gesicht die Züge des päpstlichen Zeremonienmeisters Biagio von Cesena trägt, der das Gemälde wegen der Nacktheit der Figuren getadelt hatte. Später bewog man Paul IV., der das Bild aus demselben Grunde abschlagen lassen wollte, durch *Daniele da Volterra* mehreren Figuren Kleider um die Hüften malen zu lassen. Im XVIII. Jahrh. ließ Clemens XII die Bekleidung von *Stefano Pozzi* noch vervollständigen, wodurch begreiflicher Weise das Kunstwerk nicht gewann.

In der Sixtinischen Kapelle findet die Krönungsmesse des regierenden und die Totenmesse für den verstorbenen Papst statt, außerdem gelegentlich Pilgermessen und Seelenmessen für katholische Fürsten (vgl. S. 155). Mit Unterstützung des Deutschen Reiches und des Kaisers erschien ein monumentales Werk von Ernst Steinmann, Die Sixtinische Kapelle (2 Bde., München 1901 u. 1905, 250 *M*).

Nur mit besonderer Erlaubnis des Maggiordomo (S. xx) sind zugänglich die an die Sala regia anschließende von *Bernini* erbaute **Sala ducale**, mit Deckenfresken und Landschaften von *Bril*, sowie die ebenfalls an die Sala regia anstoßende **Cappella Paolina**, 1540 von *Ant. da Sangallo d. J.* erbaut, nach dem damaligen Papste, Paul III., benannt. Auch hier befinden sich zwei Fresken von *Michelangelo* (1542-c. 1550), l. die Bekehrung Pauli, r. die Kreuzigung Petri (S. LXVIII); die übrigen Bilder sind von *Lor. Sabbatini* und *F. Zuccaro*, die Statuen in den Ecken von *P. Bresciano*. Die Kapelle dient am ersten Adventsonntag zur vierzigstündigen Ausstellung der Hostie („Quarantore"), und ist dann und am Gründonnerstage glänzend erleuchtet.

Raffaels **Stanzen und **Loggien. Kapelle Nikolaus' V. — **Gemäldegalerie. — *Raffaels Teppiche.

Vergl. den Grundriß S. 355.

Man folgt, wie S. 355 angegeben, der durch ein Schild bezeichneten Treppe r. bis zum zweiten Stockwerk, wo man an einer weißen Tür anklopft, durch die man die Stanzen und Loggien Raffaels von der Rückseite betritt. — An den Eintrittsraum schließen sich geradeaus und rechts je ein Zimmer mit unbedeutenden modernen Bildern römischer Maler, meist Darstellungen aus dem Leben durch Pius IX. heilig gesprochener Personen; außerdem in dem Zimmer r.: *Matejko*, Befreiung Wiens durch Johann Sobieski im J. 1683, 1884 von Polen hierher gestiftet. Man durchschreitet dieses Zimmer und weiter die *Sala dell' Immacolata*, mit Fresken von *Podesti*, die sich auf die am 8. Dez. 1854 erfolgte Verkündigung des Dogmas von der unbefleckten Empfängnis Mariä beziehen; in der Mitte ein 1878 von dem französischen Klerus an Pius IX. geschenkter Prachtschrank, welcher den Text des Dogmas in vielen Sprachen enthält. — Von hier durch die Tür geradeaus in die erste der berühmten

****Stanzen Raffaels.** — An der Spitze der Schöpfungen *Raffaels* stehen die Fresken, welche er in den Jahren 1508-20 im Auftrage Julius' II. und Leo's X. in den päpstlichen Prunkgemächern *(Stanze* oder *Camere)* des Vatikan schuf. In ihrer ganzen Größe ist die Aufgabe nur allmählich an Raffael herangekommen. Ursprünglich beabsichtigte Julius II. nur eine mäßige Ausschmückung der Räume durch *Perugino, Sodoma* und andere Maler aus Umbrien und Siena. In deren Reihe trat, wahrscheinlich durch Perugino eingeführt, der jugendliche Raffael und übertraf bald so sehr alle Genossen, daß ihm die Arbeit ausschließlich übertragen wurde. Sie überdauerte sein Leben und wurde von seinen Schülern vollendet.

Er erhielt für jedes der Wandbilder 1200 Goldscudi (etwas weniger als 10 000 *M.*). Sie sind, nachdem sie besonders während der Plünderung Roms 1527 arg gelitten hatten, unter Clemens XI. durch Carlo Maratta restauriert worden. (Vgl. auch S. LXX ff.)

Wer einen Überblick der Entwicklung Raffaels gewinnen will, besichtige die Fresken in der Reihenfolge ihrer Entstehung: Stanza della Segnatura (S. 362), Stanza d' Eliodoro (S. 365), Stanza dell' Incendio (s. unten), Sala di Costantino (S. 366).

I. Die **Stanza dell' Incendio** nimmt in der Zeitfolge der raffaelischen Fresken die dritte Stelle ein. Sie sind im J. 1517 von Schülern nach den Entwürfen des Meisters ausgeführt. — Die DECKENBILDER (Verherrlichung der Dreieinigkeit) sind noch von Raffaels Lehrer *Perugino* (1508). — Die WANDBILDER schildern Ereignisse aus der Regierungszeit Leo's III. und Leo's IV.

1. Über dem Fenster: der Eid Leo's III. vor Karl d. Gr. (mit gold. Kette, man sieht ihn von hinten), um sich von den gegen ihn erhobenen Beschuldigungen zu reinigen, gemalt von *Perin del Vaga*.

2. Rechts davon, an der Ausgangswand: Sieg Leo's IV. über die Sarazenen bei Ostia, ausgeführt von *Giulio Romano*. Der Papst ist als Leo X. dargestellt und von dem Kard. Julius von Medici (Clemens VII.), dem Kard. Bibbiena und andern begleitet.

Darunter am Sockel: Ferdinand der Katholische u. Kaiser Lothar.

*3. Der Brand des Borgo, nach dem man das Zimmer nennt, in der Ausführung wohl ganz von *Franc. Penni*. Die anscheinend wenig dankbare Aufgabe, ein Wunder zu malen, hat die Kunst Raffaels so glücklich gelöst, daß ein im großen Stil angelegtes Genrebild, um einen modernen Ausdruck zu gebrauchen, sich vor uns entwickelt. Den historischen Vorgang — eine im vatikanischen Stadtteil, dem Borgo, ausgebrochene Feuersbrunst wird von Papst Leo IV. (IX. Jahrh.) durch das Kreuzeszeichen von der Loggia der Peterskirche aus gelöscht — verlegt er in den Hintergrund. Der vordere Schauplatz zeigt uns die Schrecken eines Brandes, die Bemühungen der Leute, sich und ihre Habe zu retten, die vor Entsetzen halb gelähmten oder verwirrten Geisteskräfte besonders der Weiber und Mütter. Aus dem Kreise des gewöhnlichen Lebens heraus reißt uns aber die Gruppe in der linken Ecke, welche uns den alten Anchises auf dem Rücken des Aeneas, dessen Gattin Kreusa und seinen kleinen Sohn Ascanius zeigt, uns somit in die heroischen Zeiten zurückführt. In der Tat aber sollte mit dieser Gruppe nur ein ideales Beispiel kindlicher Aufopferung im Augenblick höchster Gefahr dargestellt und das Interesse der Zeitgenossen durch die ihnen wohlbekannten Figuren aus Vergils Äneis erhöht werden. Der Burgbrand ist unstreitig das volkstümlichste Bild der ganzen Reihe und wohl geeignet, die Vorzüge der raffaelischen Kunst vor der späteren anschaulich zu machen. Freunde des Altertums mögen auch die Fassade der alten Peterskirche (S. 311), welche zu Raffaels Zeit noch stand, beachten.

Darunter: Gottfried von Bouillon und Aistulf.

4. Karls des Großen Kaiserkrönung in der alten Peterskirche; der Papst Leo III. trägt die Züge Leo's X., der Kaiser die von Franz I. von Frankreich; Zeremonienbild. Darunter: Karl der Große.

II. Die *Stanza della Segnatura hat ihren Namen von der Gerichtssitzung (Segnatura di Grazia), die hier an jedem Donnerstag unter Vorsitz des Papstes abgehalten wurde. Die Fresken wurden 1508 begonnen, 1511 vollendet. Die Einteilung des Gewölbes war schon vor Raffael durch *Sodoma* geschehen.

Deckenbilder: 1. die Theologie (Divinarum rerum notitia), auf Wolken, ein Buch in der Linken, mit der Rechten hinabdeutend auf die Erscheinung des Himmels in der Disputa darunter; daneben 1. der Sündenfall; 2. die lorbeerbekränzte Poesie (Numine afflatur), auf einem Marmorsessel mit Buch und Leier; daneben Schindung des Marsyas; 3. die Philosophie (Causarum cognitio) mit Diadem, zwei Büchern (Sitten- und Naturlehre) und einem Kleide, das die vier Elemente andeutet; daneben die Astronomie (wie in S. Maria del Popolo, S. 171); 4. die Gerechtigkeit (Jus suum unicuique tribuit) mit Krone, Schwert und Wage; daneben Salomo's Urteil.

Wandgemälde. 1. Unter der Theologie: die Disputa. — Diese Bezeichnung wird populär bleiben, obschon sie auf einem Irrtum beruht. Es wird nicht über die Transsubstantiation, über das Altarsakrament gestritten; die aufgestellte Monstranz mit der Hostie, die aus der irdischen Kirchenversammlung zu der himmlischen hinaufweist, verbindet nur die beiden Hälften des Bildes, wie das durch sie versinnbildlichte Wunder der Menschwerdung Christi die irdische mit der himmlischen Welt verknüpft. Das Bild ist einfach als eine *Verherrlichung des christlichen Glaubens* aufzufassen. Die Gemeinde, um den Altar versammelt, erfüllt von religiösen Empfindungen und Gedanken, in Begeisterung entflammt, sieht den Himmel offen, in ihm um Christus gruppiert die Helden des Glaubens. So zerfällt die Komposition in zwei Hälften, eine obere und eine untere, wodurch sich nicht allein das Wesen der religiösen nach oben blickenden Anschauung klar ausspricht, sondern auch eine feste Basis für die formale Gliederung gewonnen wird. In der oberen Hälfte thront Christus von der Madonna und dem Täufer umgeben, über ihm schwebt die Halbfigur Gottvaters, unter ihm das Symbol des h. Geistes, welchem zur Seite je zwei Engel die Evangelienbücher halten. Ein Engelreigen bildet den Hintergrund. Engel tragen auch die Wolken, auf welche sich etwas niedriger rechts und links von Christus die Heroen des Alten und Neuen Testaments niedergelassen haben. Sie wechseln mit einander ab; in den alttestamentlichen Helden sind gleichzeitig auch die Weltalter vertreten. Links sitzen *Petrus*, *Adam*, *Johannes der Evang.*, *David*, *Laurentius* und eine halbverdeckte alttestamentliche Persönlichkeit *(Jeremias?)*; rechts *Paulus, Abraham, Jakobus, Moses, Stephanus* und schließlich ein gewappneter Held des Alten Testaments. In der unteren Hälfte geben die vier zunächst am Altar sitzenden Kirchenväter den festen historischen Grund ab; links *Gregorius* und *Hieronymus*, rechts *Augustinus* und *Ambrosius*.

Seit alter Zeit bemüht man sich auch für die anderen Figuren historische Namen zu ersinnen und in ihnen Theologenbildnisse zu erraten. Schon Vasari nennt die Heiligen Dominikus und Franziskus, Thomas von Aquino, Bonaventura, Scotus, Nikolaus von Bari. Man bezeichnet die Gestalt in antik idealer Tracht neben dem h. Ambrosius, welche die Rechte zum Himmel emporhebt, als *Petrus Lombardus*, den Mönch hinter dem h. Augustinus als *Thomas von Aquino*, den Kardinal als *Bonaventura*, die beiden Päpste als *Sixtus IV.* und *Innocentius III.* Die Aufnahme von Zeitgenossen beweist das freie Verfahren des Künstlers. Ganz links im Hintergrund steht *Fra Angelico da Fiesole*, auf der r. Seite ist das Profil des lorbeerbekränzten *Dante* und, von Dante durch den Alten getrennt, der Kopf *Savonarola's* sichtbar.

In dem Sockel unter dem Bilde (von *Perin del Vaga* unter Paul III. hinzugefügt) von links nach rechts: heidnisches Opfer: der h. Augustin findet ein Kind, welches das Meer ausschöpfen will: die cumäische Sibylle zeigt dem Kaiser Augustus die Madonna; allegorische Figur der Erkenntnis der göttlichen Dinge.

2. Unter der Poesie: Der Parnaß (r. von der Disputa). — Die Komposition ist die durchsichtigste in dem ganzen Gemäldekreise. Der Beschauer erfreut sich an dem poetischen Leben, an der erhöhten Empfindung, welche das Bild durchweht, und empfängt den Eindruck höchsten genußvollen Daseins. Bewunderungswürdig bleibt, wie Raffael das Werk den ungünstigen Raumverhältnissen organisch angepaßt hat. Unter Lorbeerbäumen sitzt *Apollo* die Geige spielend. Diese Situation wählte Raffael nicht aus Unkenntnis, oder weil er einem damals berühmten Geiger, dem Giacomo Sansecondo, ein Kompliment machen wollte, sondern aus formellen Gründen. Die Handbewegung beim Geigenspiel erschien ihm freier und malerischer als bei dem Lyraspiel. Um Apollo haben sich die neun *Musen* gelagert, eine geschlossene Mittelgruppe bildend. Links nimmt die Prachtgestalt des blinden *Homer* die Aufmerksamkeit in Anspruch. Die Töne des Gottes haben ihn begeistert, so daß er nun auch den Gesang anstimmt. In seiner nächsten Umgebung sind *Dante* und *Vergil*, in der vorderen Gruppe *Petrarca* und *Sappho* erkennbar. Auf der Gegenseite werden die vordersten Figuren *Pindar* und *Horaz* genannt; die hinteren Persönlichkeiten, offenbar Zeitgenossen Raffaels, zu benennen, fehlt jeder Anhalt.

Die grau in grau gemalten Bilder darunter beziehen sich auf folgende Erzählung: als im J. 181 vor Chr. auf dem Janiculum ein Sarkophag mit lateinischen und griechischen Büchern gefunden wurde (l. Bild), sorgten die Konsuln dafür, daß erstere bewahrt, letztere aber als religionsfeindlich verbrannt wurden (r. Bild).

3. Unter der Philosophie: die sog. **Schule von Athen**, das Gegenbild der Disputa, nicht nur räumlich, sondern auch dem Gedanken nach. Wie dort die Gemeinde der Gläubigen, so sehen wir hier die *Gemeinde der Wissenden* versammelt. Der Schauplatz ist nicht mehr geteilt zwischen Himmel und Erde, wie in der Disputa, sondern beschränkt sich auf die Erde, doch wird auch in der Schule von Athen (der Name ist erst später aufgekommen) eine Abstufung des Wissens, vom empirischen Stückwissen zum vollendeten universellen Wissen angedeutet. Ein Stufenbau führt zu einer offenen in der Tiefe mit einer Kuppel gekrönten Halle die wir als den herrlichsten Tempel der Weisheit begrüßen. Apollo, Minerva und zahlreiche Götter schmücken die Nischen; die Fürsten des Geistes, welche die Renaissance gläubig verehrte, *Plato* und *Aristoteles*, von einem zahlreichen Gefolge umgeben, treten bis an die Stufen heran, die zu dem vorderen Plane herabführen, auf welchem sich im Gegensatz zu den reinen Philosophen die Vertreter der empirischen Wissenschaften, der Geometrie, Arithmetik, Astronomie, Musik tummeln. Das sind die beiden Hauptgegensätze, nach welchen das Gemälde sich gliedert, womit sich zugleich eine stetige Steigerung der Empfindungen und Stimmungen von dem mechanischen Lehren und Lernen, Nachschreiben, Grübeln, Streiten bis zur begeisterten Offenbarung der Wahrheit in dem „göttlichen Plato" verbindet. Dieser allgemeinen Gliederung und Charakteristik gab nun Raffael noch wärmeres individuelles Leben, indem er, was ja ganz im Sinne seiner gebildeten, für die Antike begeisterten Zeitgenossen war, griechische und andere antike Persönlichkeiten in die Schilderung verflocht. Er wollte aber keineswegs ein vollständiges Bild von der Entwickelung der griechischen Philosophie liefern, wie man wohl gemeint hat, sondern benutzte nur verschiedene populäre Persönlichkeiten des Altertums, um die Phantasie des Beschauers zu orientieren, den Vorgang, der sich sonst in das Abstrakte, Allgemeine verloren hätte, gleichsam zu lokalisieren. Unverkennbar sind außer Plato und Aristoteles die Masken des kahlköpfigen *Sokrates* (l. oben) und des auf den Stufen liegenden *Diogenes*. Auch *Ptolemaeus* (durch Verwechselung mit den Ptolemäern mit einer Krone begabt) und *Zoroaster*, mit der Kugel, in der vordersten Gruppe rechts, regen keine Zweifel an.

Für die anderen Gestalten muß man sich aufs Raten verlegen. Wir geben die Deutungen, ohne die Richtigkeit zu verbürgen. Der bärtige Alte in der Ecke l., im Profil, gilt als *Zeno*, der Stoiker; der weinlaubbekränzte neben ihm, der ein Buch hält, ist *Epikur* oder auch *Demokrit*. R. neben ihm wird der junge *Federigo Gonzaga* sichtbar, der Liebling Julius' II., den Raffael auf besonderen Wunsch des Papstes hier malen mußte. Der Orientale, der sich über den schreibenden *Pythagoras* beugt, repräsentiert *Averroes* (vielleicht Hermes Trismegistos). Neben dem Säulensockel sitzt, gleichfalls auf die Tafel des Pythagoras blickend, *Empedokles*; der auf einen Marmorwürfel den Fuß aufstützende ist *Anaxagoras* oder auch *Xenokrates*. Als *Heraklit* endlich wird die isoliert sitzende Figur des Vordergrundes, welche die linke Gruppe abschließt, gedeutet. In der Sokratesgruppe oben stellt der jugendliche Krieger den *Alkibiades* oder auch den *Xenophon* vor; der zu Sokrates Heranwinkende hinter dem Krieger wird für *Chrysippos* ausgegeben. Für die entsprechenden Gestalten rechts auf dem oberen Plane fehlt jede Deutung. Auch Zeitgenossen hat Raffael in dem Bilde angebracht. So soll der schöne Jüngling in der vorderen Gruppe l. die Züge des Herzogs von Urbino *Francesco Maria della Rovere* tragen; in dem mit dem Zirkel demonstrierenden Geometer r. hat Raffael *Bramante* porträtiert. Der *Meister* erscheint neben Sodoma ganz r. in der Ecke.

Im Sockel, braun in braun, von *Perin del Vaga* (von l. nach r.): allegorische Figur der Philosophie; Magier, über die Himmelskugel beratend; Belagerung von Syrakus; Archimedes' Tod.

4. Unter der Gerechtigkeit, über dem Fenster, drei Kardinaltugenden: die Klugheit mit Doppelantlitz in Zukunft und Vergangenheit schauend, r. die Mäßigung, l. die Stärke. Darunter, zu beiden Seiten des Fensters, die Verherrlichung des geistlichen und weltlichen Rechtes. R. übergibt Gregor IX. (mit den Gesichtszügen Julius' II.) die Dekretalien einem Rechtsgelehrten (umher viele Bildnisse, vorn l. der nachmalige Leo X.); darunter im Sockel (von *Perin del Vaga*): Moses bringt den Israeliten die Gesetztafeln. — L. Tribonian überreicht dem Kaiser Justinian das Kompendium des römischen Rechtes; darunter: Solons Anrede an das athenische Volk (?).

III. Auch die ***Stanza d'Eliodoro** ist noch fast ganz eigenhändig von Raffael ausgemalt (1512-14). Die fortschreitende Freiheit und Sicherheit in der Technik ist deutlich zu verfolgen.

Die Deckenbilder (sehr verdorben) stellen vier Szenen aus dem alten Bunde dar: Jehova erscheint Noah, Jakobs Traum, Moses vor dem feurigen Busch, Isaaks Opferung. Die Ausführung ist von *Peruzzi*, dem ursprünglich wahrscheinlich überhaupt die Ausmalung der Stanze übertragen worden war.

Die Wandgemälde, von denen das erste dem ganzen Raum den Namen gegeben hat, sollten die glänzenden politischen und kirchlichen Erfolge der Regierung Julius' II. verherrlichen. Die Zurückweisung Attila's wurde erst unter Leo X. vollendet (vgl. S. 366).

1. Unter dem Moses: die wunderbare Vertreibung des Heliodor aus dem Tempel zu Jerusalem durch einen himmlischen Reiter (Macc. II, 3), mit Hindeutung auf die Befreiung des Kirchenstaats von seinen Feinden. Rechts, vor dem mächtigen Roß des Reiters, den zwei Boten mit Geißeln begleiten, liegt Heliodor am Boden, von seinen Begleitern will einer sich wehren, der zweite schreit, ein dritter sucht seinen Raub zu halten; im Hintergrund der Hohepriester Onias betend; links Frauen und Kinder, sowie Papst Julius II. auf seinem Sessel (der vordere Sesselträger ist der berühmte Kupferstecher Marcantonio Raimondi): eine Komposition von wunderbarer Kraft des Ausdrucks.

2. Unter der Opferung Isaaks die Messe von Bolsena: ein

ungläubiger Priester wird durch eine blutende Hostie von der Transsubstantiation überzeugt (vgl. S. 99), auf Zweifler an der Unfehlbarkeit der Kirche und die Überwindung des Schismas durch Julius II. (1512) hindeutend; Frauen und Kinder und, dem Priester gegenüber, Papst Julius II., in unerschütterter Ruhe knieend. Der Kardinal mit dem roten Gesicht ist Raf. Riario (S. 215). Dieses vorzüglich erhaltene Bild ist technisch wohl das vollendetste unter Raffaels Fresken.

3. Unter Noah: Attila durch Leo I. von Rom abgewendet, mit Beziehung auf den Abzug der Franzosen aus Italien nach der Schlacht bei Ravenna 1512. Der Papst mit den Zügen Leo's X., auf weißem Maultier, um ihn Kardinäle und Gefolge zu Pferde, über ihm die Hl. Petrus und Paulus in strahlendem Licht, welche, nur von Attila und seinen Scharen gesehen, unter diesen Furcht und Entsetzen erregen.

4. Unter Jakobs Traum: Befreiung Petri, in drei Abteilungen, ebenfalls mit Beziehung auf die Vertreibung der Franzosen. Über dem Fenster, Petrus im Kerker schlafend zwischen den Wächtern, durch den Engel geweckt, r. wird er hinabgeführt, l. erwachen die Wächter.

Am Sockel unter den Bildern sind grau in grau elf Karyatiden und vier Hermen gemalt. Sie lassen trotz starker Restaurationen Raffaels Erfindung deutlich erkennen und symbolisieren das Leben des Friedens. Die braun in braun ausgeführten Bilder dazwischen sind noch stärker übermalt und haben ähnlichen Bezug wie die großen Figuren. Merkwürdige Chiaroscuro-Bildchen haben sich auch hinter den Fensterläden erhalten.

IV. Die Fresken der **Sala di Costantino** sind erst nach Raffaels Tode unter Clemens' VII. (Giulio de' Medici) entstanden. Mit der Ausführung war *Giulio Romano* betraut, der von *Francesco Penni* und *Raffaello dal Colle* unterstützt wurde. Gewöhnlich wird behauptet, daß die Figuren der Comitas und Justitia, die auffallenderweise in Öl gemalt sind, noch von Raffaels Hand herrühren. Aus den Briefen des Sebastiano del Piombo, der sich nach Raffaels Tode um die Arbeit bemühte, an Michelangelo geht jedoch hervor, daß nur eine Figur probeweise von Raffaels Schülern in Öl gemalt wurde, und daß die Gegenstände der Darstellung damals noch nicht feststanden, jedenfalls noch mannigfache Änderungen erfahren. Zeichnungen Raffaels fanden sich hauptsächlich für die Konstantinsschlacht vor.

Wandgemälde. — 1. (Langwand) die Schlacht Konstantins gegen Maxentius am Ponte Molle (S. 409): der Kaiser siegreich vordringend, hinter ihm Fahnen mit dem Kreuz, Maxentius im Flusse versinkend, Flucht und Niederlage überall, von *G. Romano* gemalt; Zeichnung und Ausdruck von bewundernswerter Kraft und Lebendigkeit, weniger gelungen die Farbe. — Zu Seiten des Bildes: l. Sylvester I. zwischen den allegorischen Figuren der Fides und der Religio, r. Urban I. zwischen Justitia und Caritas.

2. Taufe Konstantins durch Sylvester I. (mit den Zügen Clemens' VII.) in der Taufkapelle des Laterans, von *Francesco Penni*. — Links davon: Damasus I. zwischen Prudentia und Pax, r. Leo I. zwischen Innocentia und Veritas.

3. (Fensterwand) Schenkung Roms durch Konstantin an Sylvester I., von *Raffaello dal Colle*. — L. Silvester I. mit der Fortitudo, r. Gregor VII. (?) mit der Potentia (?).

4. Konstantins Ansprache an seine Krieger über die siegverheißende Erscheinung des Kreuzes, nach Raffaels (?) Entwurf, von *G. Romano*, der den Zwerg vorn (vielleicht Gradasso Berettai von Norcia, Leibzwerg des Kardinals Hippolyt von Medici) und einige andere Figuren zusetzte. — Links Petrus, zwischen Ecclesia und Aeternitas; r. Clemens I., zwischen Moderatio und Comitas. — In den Sockelbildern sind Szenen aus dem Leben des Konstantin, nach Giulio Romano's Entwürfen gemalt.

Die Decke, die erst unter Sixtus V. vollendet worden ist, zeigt eine Allegorie auf den Sieg des Christentums über das Heidentum. In den Zwickeln die Landschaften Italiens mit allegorischen Figuren in den Lünetten.

Ein Kustode führt durch das Sterbezimmer Julius' II., mit prächtiger Decke (Mediceer-Embleme), und öffnet (vgl. S. 163) die *__Kapelle Nikolaus' V__, welche von *Fra Angelico da Fiesole* mit Fresken aus dem Leben der Hl. Laurentius und Stephanus ausgeschmückt ist: das letzte und reifste Werk des Meisters, c. 1450-55 ausgeführt, unter Gregor XIII. und Pius VII. restauriert. Der Marmorfußboden zeigt die Sonne und die zwölf Zeichen des Tierkreises. Über dem Portal das Wappen Julius' II.

Die obere Reihe der Fresken stellt Szenen aus dem Leben des h. Stephanus dar: 1. (von der Tür r.) Weihe des h. Stephanus zum Diakon durch Petrus; 2. Stephanus verteilt als Diakon Almosen; *3. er predigt; 4. vor dem Rate zu Jerusalem; 5. er wird zum Märtyrertod geschleppt; 6. seine Steinigung. — Darunter in derselben Reihenfolge das Leben des h. Laurentius: 1. seine Weihung zum Diakon durch Sixtus II. (mit den Zügen Nikolaus' V.); 2. derselbe Papst gibt ihm Schätze zur Verteilung an die Armen; 3. Verteilung derselben; 4. der Heilige wird vom Kaiser verurteilt; *5. er bekehrt den Kerkermeister; 6. sein Märtyrertod. — Außerdem an der l. Wand unten: l. h. Bonaventura, r. h. Johannes Chrysostomus. In der Wölbung: l. h. Augustinus, r. h. Gregorius. An der r. Wand unten: l. h. Athanasius, r. h. Thomas von Aquino. In der Wölbung: l. h. Leo, r. h. Ambrosius. An der Decke die vier Evangelisten. — In unmittelbarer Nähe der schrankenlosen Energie Michelangelo's und der schönheiterfüllten Formen Raffaels behaupten sich die Fresken Fra Angelico's durch die Weihe reiner Religiosität und die Ruhe beschaulicher Andacht.

**__Raffaels Loggien__ (Besuchsordnung s. S. 163). Aus dem Konstantins-Saal tritt man auf das zweite Stockwerk der Loggien des Damasushofes (vgl. Grundriß S. 355), deren westlicher (r.) Flügel nach *Raffaels* Entwürfen und unter seiner Leitung 1517-19 durch *Giulio Romano, Giovanni da Udine* und andere mit Stukkaturen und gemaltem Ornament und mit Deckenbildern ausgeschmückt ist. Die Halle war ursprünglich offen und ist daher durch den Einfluß der Witterung arg beschädigt; erst seit 1813 ist sie durch Glasfenster geschützt. Die Stukkaturen und das gemalte Ornament sind von *Giovanni da Udine*, von dem auch die Ausmalung des ersten Stockwerkes (S. 372) herrührt; der Einfluß der kurz zuvor in den Trajansthermen (S. 292) wiedergefundenen antiken Arbeiten dieser Art ist deutlich in ihnen erkennbar. Unter den nach Raffaels Komposition ausgeführten Deckenfresken ist das erste Gewölbe von *Giulio Romano*, die übrigen sind von *Franc. Penni*, *Perin del Vaga*, *Polidoro da Caravaggio* u. a. Jedes der dreizehn Kuppelgewölbe umfaßt vier biblische Szenen in viereckiger Umrahmung, die zusammen unter dem Namen *Raffaels Bibel* bekannt sind. Das Ganze zeigt einen Reichtum der Erfindung, eine Anmut der Behandlung, wie wenige andere Werke. (Dem öffnenden Kustoden 20 c.)

Deckengemälde. Die 12 ersten Gewölbe enthalten Szenen aus dem Alten, das 13. Szenen aus dem Neuen Testament, und zwar, r. von der Hauptaufgangstreppe, d. i. an dem dem jetzigen Eingang entgegengesetzten Ende anfangend: I. (über der Tür) 1. Scheidung des Lichtes von der Finsternis; 2. Scheidung von Land und Meer; 3. Schöpfung von Sonne und Mond; 4. Schöpfung der Tiere. — II. 4. Erschaffung der Eva; 1. Sündenfall; 2. Vertreibung aus dem Paradies; 3. Adam und Eva arbeiten (zerstört). — III. 1. Bau der Arche Noah's; 2. Sintflut; 3. Ausgang aus der Arche (zerstört); 4. Noah's Opfer. — IV. 1. Abraham und Melchisedek; 3. Gott verheißt Abraham Nachkommen (zerstört); 2. Abraham und die drei Engel; 4. Lot's Flucht aus Sodom. — V. 1. Gott erscheint Isaak; 3. Abimelech sieht Isaak Rebekka liebkosen; 2. Isaak segnet Jakob; 4. Esau und Isaak. — VI. 1. Jakob träumt von der Himmelsleiter; 2. Jakob und Rahel am Brunnen; 3. Jakob schilt Laban, daß er ihm Lea gegeben (zerstört); 4. Jakob auf der Reise. — VII. 1. Joseph erzählt seinen Brüdern seinen Traum; 2. Joseph wird verkauft; 3. Joseph und Potiphars Weib; 4. Joseph erklärt Pharao's Traum. — VIII. 1. Findung Mosis; 2. Moses vor dem feurigen Busch; 3. Untergang Pharao's im Roten Meer; 4. Moses schlägt Wasser aus dem Felsen. — IX. 1. Moses empfängt die Gesetztafeln; 2. Anbetung des goldenen Kalbes, Moses zerbricht die Tafeln; 3. Moses kniet vor der Wolkensäule (zerstört); 4. Moses zeigt dem Volk die Gesetztafeln. — X. 1. Der Israeliten Zug durch den Jordan; 2. Fall Jericho's; 3. Josua heißt während des Kampfes mit den Ammonitern die Sonne still stehen; 4. Josua und Eleasar verlosen Palästina unter die zwölf Stämme. — XI. 1. Samuel salbt David; 2. David und Goliath; 4. Davids Triumph über die Syrer; 3. David sieht Bathseba. — XII. 1. Zadok salbt Salomo; 2. Salomo's Urteil; 4. die Königin von Saba; 3. der Tempelbau (zerstört). — XIII. 1. Anbetung der Hirten (zerstört); 2. die Weisen aus dem Morgenlande; 3. Taufe Christi; 4. Abendmahl.

Unter den Stukkaturen beachte man beispielsweise die reizenden kleinen Reliefs in den Fensterleibungen der ersten Abteilung. Hier sieht man l. oben zuerst Raffael (?) sitzen und zeichnen, darunter einen Farbenreiber. Weiter unten eine Anzahl von Schülern, die beschäftigt sind, des Meisters Entwürfe auszuführen, und darunter wieder die Fama, welche den Ruhm des Werkes verkündigt. Rechts sieht man einen alten Maurer bei der Arbeit, ebenso in der r. Leibung des 2. Fensters, beides augenscheinlich Porträte. Außerdem sind an den mit Grottesken geschmückten Pilastern in den Medaillons und kleineren Feldern zahlreiche Skulpturen des Altertums, z. B. Reliefs von der Trajans-Säule, der Apoll von Belvedere u. a., dann auch Werke Raffaels und Michelangelo's (Adam und Eva, der Prophet Jonas aus S. Maria del Popolo, Sockelfiguren aus der

Sixtina) in kleinem Maßstab wiederholt. Offenbar durften die Schüler Raffaels ihre Studien frei verwerten. Das Ganze zusammen gibt ein anmutiges Bild von dem Leben und Treiben der Künstler bei diesen Arbeiten.

Tief unter diesen Werken der raffaelischen Zeit steht die Ausschmückung der beiden andern Loggienflügel dieses Stockwerks, die von *Marco da Faenza* und *Paul Schor* stuckiert und von Malern des XVI. und XVII. Jahrhunderts gemalt sind. — Im nördl. (ersten) Flügel ist gleich l. vom Ausgang aus dem Konstantins-Saal der Aufgang zu der Gemäldegalerie; man steigt die Treppe hinan, wendet sich oben links und tritt durch die nächste Tür ein.

Die vatikanische ****Gemäldegalerie** wurde von Pius VII. gegründet, der die von den Franzosen aus Kirchen entführten Bilder bei ihrer Rückgabe 1815 beisammen ließ und einige andere hinzufügte. An Zahl der Bilder steht sie hinter den großen römischen Galerien zurück, sie besitzt jedoch fast nur Gutes, einzelne Meisterwerke ersten Ranges. Der Permeß wird hier abgegeben. Der Name des Malers und der Gegenstand ist auf jedem Bilde angegeben. Katalog s. S. 355. ☛ Die Sammlung wird demnächst in die ehem. Foreria oder Floreria (päpstl. Gerätekammer) verlegt, die in der SW.-Ecke des Belvedere-Hofes an das Museum christlicher Altertümer (S. 392) anstößt, und dann vom Cortile del Forno (S. 374) aus zugänglich sein. Wir geben daher die Bilder in alphabetischer Reihenfolge der Künstlernamen.

Fra Angelico da Fiesole: *kleine Madonna mit Engeln auf Goldgrund; Szenen aus dem Leben des h. Nikolaus von Bari. *Fed. Baroccio:* h. Michelina; Verkündigung. *Bonifazio,* h. Familie mit den H. Elisabeth und Zacharias. *Paris Bordone,* der h. Georg mit dem Drachen. **Caravaggio,* Grablegung, eins der tüchtigsten Bilder der naturalistischen Schule. Kopie nach *Correggio,* segnender Christus. **Franc. Cossa* (nicht Benozzo Gozzoli), Wunder des h. Hyazinth (Predella eines Altarwerks, dessen Mittelbild in London und die Flügel in Mailand sind). *Carlo Crivelli:* der tote Christus mit Maria, Johannes, Magdalena; der sel. Jakobus della Marca (1477). **Domenichino,* Kommunion des h. Hieronymus, eins der besten Bilder des Malers (1614). *Schule des Gentile da Fabriano,* dreiteiliges Altarwerk: Krönung Mariä, Geburt Christi, Anbetung der Könige. *Nicc. (Alunno) da Foligno:* Kreuzigung Christi und Krönung Mariä (1466). *Franc. Francia (?),* Madonna und h. Hieronymus. *Garofalo,* Madonna, h. Joseph und h. Katharina. *Guercino:* Christus und Thomas; Johannes der Täufer; h. Magdalena; h. Margareta von Cortona. *Italien. Schule des XV. Jahrh.,* Maria mit dem Kinde. **Leonardo da Vinci,* h. Hieronymus, Lösung eines Problems starker Verkürzung, nur braun in braun untermalt (wohl um 1480). **Melozzo da Forlì,* Freske aus der früheren vatikanischen Bibliothek (S. 390): Sixtus IV. mit dem Kardinal Giuliano della Rovere (Julius II.) und Pietro Riario, vor ihm kniet

Platina. **Bart. Montagna* (nicht Mantegna), der Leichnam Christi von Magdalena gesalbt. *Moretto*, Madonna mit den H. Hieronymus und Bartholomäus. *Murillo*, Verlobung der h. Katharina; *Murillo* zugeschrieben Anbetung der Hirten; Marter des h. Peter Arbues. *Perugino* Auferstehung Christi, z. T. angeblich unter Mitwirkung des jungen *Raffael* gemalt (der schlafende Soldat r. gilt für das Bildnis Raffaels, der fliehende l. für das Perugino's); die H. Benedikt, Flavia und Placidus; *thronende Madonna mit den Schutzheiligen von Perugia Constantius, Herculanus, Laurentius, Ludwig von Toulouse. *Pinturicchio*, Krönung Mariä, 1503 für die Kirche della Fratta in Umbertide gemalt, unten die Apostel, die H. Franziskus, Bonaventura und drei h. Franziskaner. *N. Poussin*, Marter des h. Erasmus.

***Raffael*, Christi Verklärung auf dem Berge Tabor (la Trasfigurazione), sein letztes großes Werk, seit 1517 für Kard. Giulio de' Medici, den späteren Papst Clemens VII. gemalt, bis 1797 in S. Pietro in Montorio (S. 403).

Nur der obere Teil ist von Raffael selbst. Christus schwebt zwischen Moses und Elias; Petrus, Jakobus, Johannes liegen von dem Glanz geblendet. Die anbetenden Gestalten l. sind die Märtyrerdiakonen Felicissimus und Agapitus. Die stark nachgedunkelte, von *Franc. Penni* und *Giulio Romano* bis 1522 vollendete untere Hälfte zeigt uns die übrigen Jünger, zu denen der epileptische Knabe gebracht wird, dessen Heilung sie aber in Abwesenheit des Herrn nicht vermögen. Nach einer neueren Deutung hat der gottbegeisterte Knabe die Vision der Verklärung Christi. „Wundersam bleibt es," sagt Goethe, „daß man an der großen Einheit einer solchen Konzeption jemals hat mäkeln dürfen . . . Wie will man das Obere und Untere trennen? Beides ist eins: unten das Leidende, Bedürftige, oben das Wirksame, Hilfreiche, beides aufeinander sich beziehend, ineinander einwirkend."

Raffael: *Glaube, Liebe, Hoffnung (Predella zur Grablegung, S. 211, grau in grau, 1507); *Krönung Mariä, 1503 für S. Francesco in Perugia gemalt; auf der Predella Verkündigung, Anbetung der Könige und Darstellung im Tempel.

**Raffael*, Madonna von Foligno, 1512 gemalt, im Hintergrunde die Stadt Foligno, in welche eine Bombe fällt; r. unten empfiehlt der h. Hieronymus der Madonna den Sigismondo Conti, Sekretär Julius' II., der das Bild für S. Maria in Aracoeli bestellte, von wo es 1565 nach S. Anna delle Contesse in Foligno gebracht wurde (vgl. S. 257); l. der h. Franziskus von Assisi und Johannes d. Täufer. „In packender Gewalt, voll lebendiger Porträtwahrheit und in der tiefen Kraft und dem feinen Schmelz der Farbentöne überragt die Madonna di Foligno weitaus alle früheren Tafelbilder Raffaels". Die in Paris, wohin das Bild in den Revolutionskriegen geschleppt war, vorgenommene Übertragung des Gemäldes von Holz auf Leinwand hat einige Restaurationen nach sich gezogen.

Guido Reni: Kreuzigung Petri; Madonna, unten die H. Thomas und Hieronymus. *Ribera*, Marter des h. Laurentius. *Antoniazzo Romano*, Madonna mit den H. Petrus und Paulus und den zwölf

Beisitzern des päpstlichen Gerichtshofes (Rota). *Giulio Romano* (die obere Hälfte) und *Francesco Penni*, gen. *il Fattore* (die untere Hälfte), Krönung Mariä, 1525 nach einer Zeichnung Raffaels für das Kloster Madonna di Monte Luce bei Perugia gemalt. *Andrea Sacchi:* Messe Gregors des Großen; Vision des h. Romuald. *Sassoferrato*, Madonna. *Lo Spagna*, Anbetung des Christkindes. *Tizian:* *Madonna in der Glorie, unten die H. Katharina von Alexandria, Nikolaus von Bari, Petrus, Antonius, Franziskus und Sebastian (1523 für S. Niccolò de' Frari in Venedig gemalt, um 1770 nach Rom gebracht, wo die ehemals oben im Halbrund abgeschlossene Fläche viereckig gemacht wurde); die energische Wahrheit des Kolorits, die Hoheit der Formgebung und Auffassung, der männliche Ernst der ganzen Komposition machen das sehr beschädigte Bild zu einem der bedeutendsten Werke der mittleren Periode des Meisters; *Tizian* zugeschrieben, angebl. Bildnis des Dogen Niccolò Marcello (1473-74), ein Muster charaktervoller Häßlichkeit. *Valentin*, Marter der H. Processus und Martinianus. *Paolo Veronese*, Traum der h. Helena.

Zu den vatikanischen Kunstschätzen auf dem Gebiet der Malerei sind auch ***Raffaels Teppiche** zu rechnen, welche mit einer Anzahl anderer Wandteppiche in der an die Galleria dei Candelabri (S. 376) anschließenden *Galleria degli Arazzi* ausgestellt sind (nur Mi. 10-3 Uhr zugänglich). Die Entwürfe, aus dem Leben Jesu und der Apostelgeschichte, nach welchen diese Wandteppiche gewirkt sind, wurden von Raffael in den J. 1515 und 1516 gezeichnet; sie gehören zu den reifsten Leistungen des Meisters (S. LXXIII; sieben Originalkartons, die Karl I. von England in Flandern kaufte, werden jetzt im South Kensington Museum in London aufbewahrt). Die Ausführung fand in Brüssel statt, nicht, wie man früher meinte, in Arras, dem älteren Sitz der Teppichindustrie (woher der Name „arazzi" für Teppiche). Jeder Teppich kostete fertig 13600 *M.* Sie waren ursprünglich für den unteren bilderlosen Teil der Wände in der Sixtinischen Kapelle bestimmt, wo sieben von ihnen am Stephanstage 1519 zum ersten Male prangten. Schon bei der Belagerung Roms 1527 wurden sie erheblich beschädigt und entführt, und kamen erst 1553 unter Julius III. zurück. 1798 fielen sie den Franzosen in die Hände, welche sie an einen Genueser Juden verkauften, dem sie Pius VII. 1808 wieder abkaufte. Das vortreffliche Gewirk aus Wolle, Seide und Gold ist in dem jetzigen Zustande nur noch teilweise zu erkennen; besonders sind die Fleischtöne sehr ausgeblichen. Die zahlreichen später ausgeführten Wiederholungen, von denen sich die ältesten in Berlin, andere in Loreto, Dresden und Paris befinden, bezeugen die allgemeine Bewunderung, welche diese Teppiche von Anfang an hervorriefen.

Die Sockelbilder in Bronzefarbe unter den Petrusbildern erzählen das Leben Leo's X. bis zu seiner Papstkrönung, unter den Paulusbildern setzen sie die Erzählung des Lebens der Apostel fort. Die Zieraten, welche die Hauptbilder umgeben, sind großenteils von Raffaels Schüler *Giovanni da Udine.* Die Hauptbilder stellen dar: (Erste Abt., I.) *1. Petrus erhält die Schlüssel („Weide meine Lämmer"). *2. Petrus heilt den Lahmen im Tempel. *3. Das Volk von Lystra will dem Paulus und Barnabas opfern. *4. Pauli Predigt in Athen. Quer hängend: *Fragment einer Darstellung der Blendung des Zauberers Elymas durch Petrus. (Zweite Abt.) 5. Christus erscheint der Maria Magdalena. 6. Das Mahl zu Emmaus. 7. Christi Darstellung im Tempel. 8. Die Anbetung der Hirten. 9. Himmelfahrt Christi. 10. Anbetung der Könige. (Dritte Abt.) 11. Auferstehung Christi. 12. Ausgießung des heil. Geistes. — Zurück auf der andern Seite. 13. Die Religion zwischen Gerechtigkeit und Barmherzigkeit. *14. „Weide meine Lämmer." 15. Kindermord zu Bethlehem (in drei Teilen). 16. kleine Darstellung des Ganges nach Golgatha (holländisch, nach Raffaels Komposition). *17. Bestrafung des Ananias. 18. Krönung Mariä (erst von Paul III. in die Sixtina gestiftet). *19. Pauli Bekehrung. *20. Steinigung des Stephanus. *21. Petri Fischzug. *22. Pauli Befreiung aus dem Gefängnis zu Philippi. Die mit * bezeichneten Teppiche sind nach Kartons von Raffael ausgeführt, zu den übrigen lieferten nach seinem Tode die Schüler die Vorlagen, nur z. T. nach kleinen Zeichnungen des Meisters. Am meisten raffaelisch erscheinen noch die Anbetung der Hirten, Christi Himmelfahrt und der Kindermord. Diese zweite Reihe der Teppiche war für den großen Konsistoriumsaal bestimmt.

Auf die Teppichgalerie folgt noch die *Galleria geografica*, ein an 150m langer Gang mit Landkarten, von dem Dominikaner Ignazio Dante angegeben, von seinem Bruder Antonio unter Gregor XIII. 1580 ausgeführt, mit Deckenbildern von Tempesta u. a., und einer Anzahl z. T. bedeutender antiker Büsten.

Endlich ist hier noch das ***Appartamento Borgia** zu beschreiben, das im ersten Stockwerk unter den Stanzen Raffaels liegt. Eintritt (vgl. S. 163) gegen Karten, die kostenlos zusammen mit der für die Antikensammlung ausgegeben werden. Zugang: am Ende des Museo Chiaramonti (S. 383) geradeaus durch die Galleria Lapidaria (S. 384), an deren Ende einige Stufen abwärts in das erste Stockwerk der Loggien (S. 368) führen; hier gleich r. der Eingang in das Appartamento. Die Räume haben Nordlicht, sind daher im Winter ziemlich dunkel.

Das Appartamento Borgia, der Schauplatz des häuslichen Lebens Alexanders VI. und seiner Familie, seit dem XVI. Jahrh. verwahrlost, ist 1889-97 auf Befehl Leo's XIII. unter Leitung des Malers Ludwig Seitz verständnisvoll restauriert worden. Die von *Pinturicchio* ausgemalten Gemächer stellen sich an Farbenpracht der Dombibliothek in Siena (S. 29) zur Seite. Die Majolikafußböden sind in Anlehnung an erhaltene Reste neu hergestellt.

I. Saal der Päpste. Am Gewölbe Stuckdekoration und Fresken (Sternbilder) von *Giov. da Udine* und *Perin del Vaga* unter Leo X. ausgeführt. Wandteppiche mit der Sage von Kephalos und Prokris. Vor der Mitte der Rückwand eine Büste Leo's XIII. von *Ugolini.* In der l. Ecke die angebliche Rüstung Julius' II., in der r. die Karls von Bourbon (vgl. S. 339). An der Fensterwand eine Tür mit Holz-

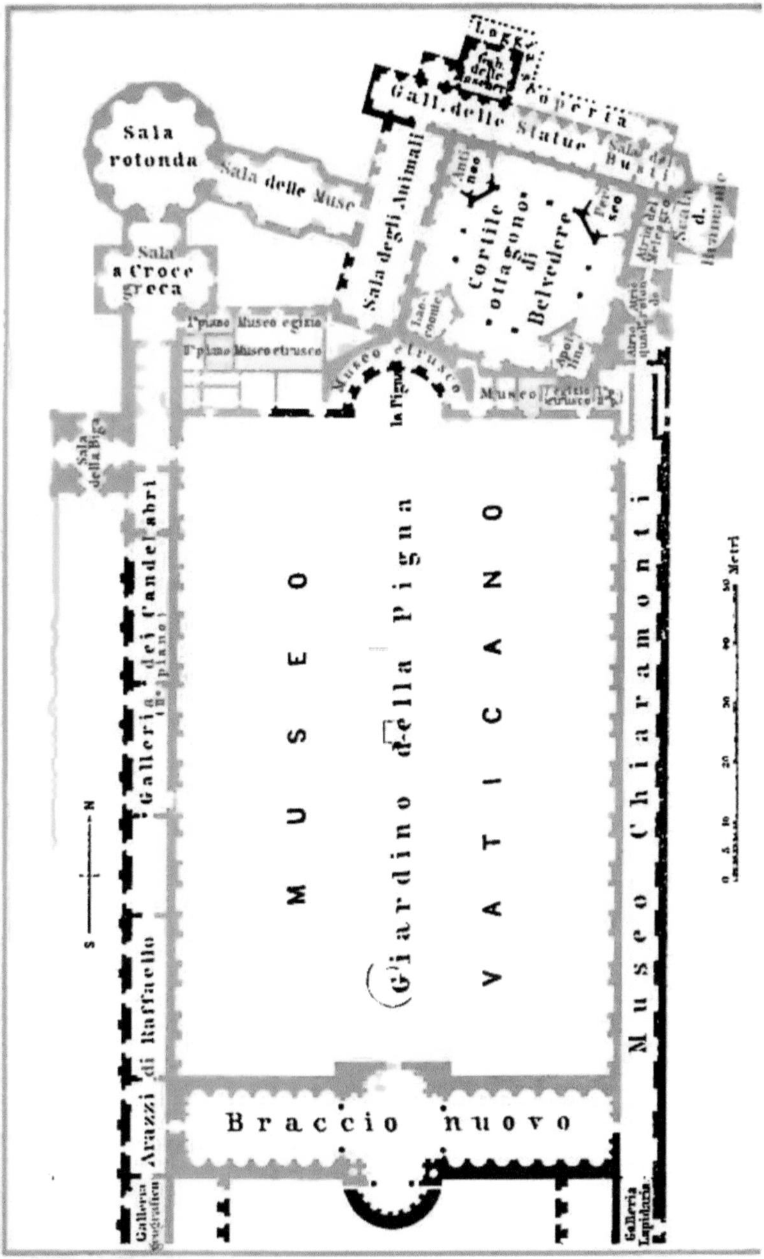
Sala rotonda
Sala delle Muse
Sala a Croce greca
Sala degli Animali
Gall. delle Statue
Loggia scoperta
Sala dei Busti
Cortile ottagono di Belvedere
Antinoo
Perseo
Museo etrusco
I° piano Museo egizio
I° piano Museo etrusco
la Pigna
Sala della Biga
Galleria dei Candelabri
(II° piano)
Arazzi di Raffaello
Galleria Geografica
MUSEO VATICANO
Giardino della Pigna
Museo Chiaramonti
Braccio nuovo
Galleria Lapidaria
Metri
S
N

mosaik (biblische Gegenstände), moderne Kopie einer der S. 72 genannten Türen des Fra Damiano von Bergamo in Perugia.

II. Saal der Kirchenfeste, mit Fresken meist aus *Pinturicchio's* Schule. Am Gewölbe Medaillons mit Brustbildern von Propheten. Wandbilder, an der Rückwand l. beginnend: Verkündigung, Geburt Christi, Anbetung der Könige, Auferstehung (l. Alexander VI. knieend, eigenhändig von *Pinturicchio*), Himmelfahrt Christi, Ausgießung des h. Geistes, Himmelfahrt Mariä. Über dem Eingang das Wappen Nikolaus' V. Die in der Stuckdekoration hier und im nächsten Saal häufig wiederholte Figur des Apisstiers ist eine Anspielung auf das Wappen der Borgia (vgl. die Wappentafel S. xl.).

III. Saal der Heiligenleben, mit eigenhändigen *Fresken von *Pinturicchio.* Am Gewölbe Legende der Isis, des Osiris und des Apisstiers (s. oben). Über der Tür *Rundbild der Madonna. Wandbilder: an der Rückwand *Disputation der h. Katharina von Alexandria vor Kaiser Maximianus (die Heilige trägt die Züge der Lucrezia Borgia, ganz r. der Türkenprinz Dschem; im Hintergrund der Konstantinsbogen); an der Eingangswand l. Legende der h. Susanna, r. der h. Barbara; an der Ausgangswand l. die h. Einsiedler Paulus und Antonius in der thebanischen Wüste, r. Mariä Heimsuchung; an der Fensterwand Marter des h. Sebastian (r. das Kolosseum). Unten schöne Bänke mit Holzmosaik aus der Bibliothek Sixtus' IV.

IV. Saal der sieben freien Künste, mit Allegorien von *Pinturicchio* und seinen Schülern: Grammatik, Dialektik, Rhetorik, Geometrie, Arithmetik, Musik, Astrologie. Der Kamin, nach einer Zeichnung *Sansovino's* durch *Simon Mosca* ausgeführt, stammt aus der Engelsburg. R. davon sind Reste der alten Fußbodenmajoliken eingemauert. — Hier führte eine Tür in das Schlaf- und Sterbezimmer Alexanders VI.

V. Saal des Credo, wie der folgende zur Torre Borgia (S. 354) gehörig. Die Gewölbefresken (Apostel mit dem Glaubensbekenntnis auf ihren Spruchbändern) sind von *Pier Matteo* aus Amelia. Die auf Leinwand gemalte Wanddekoration des V. und VI. Saales ist fast ganz modern. Schöne Grottesken in der Leibung des einen Fensters. Büste Pius' II. vielleicht von *Paolo Romano (?)*.

VI. Saal der Sibyllen. Deckenmalereien mit Propheten und Sibyllen, von Schülern *Pinturicchio's* ausgeführt, z. T. sehr stark übermalt (1494).

2. Antikensammlung.

Museo Pio-Clementino. Museo Chiaramonti. Braccio nuovo. Ägyptisches Museum. Etruskisches Museum.

Besuchsordnung s. S. 163. Stühle und Bänke zum Ausruhen fehlen, außer im Belvedere-Hof und im Braccio nuovo, fast gänzlich. Kurze Kataloge, von *Ercole Massi*, sind am Eingang zu haben aber entbehrlich.

Wissenschaftlicher Katalog von W. *Amelung*, Bd. 1: Braccio nuovo, Galleria Lapidaria, Museo Chiaramonti, Giardino della Pigna (mit 121 Tafeln; Berlin 1903. 10 ℳ).

Den Anfang der Antikensammlung des Vatikan, der ersten der Welt, machten die Päpste Julius II., Leo X., Clemens VII. und Paul III. im *Belvedere* (s. S. 351). Doch haben nur wenige Meisterwerke, z. B. der Torso des Herakles, der Apollo von Belvedere, der Laokoon, seit jener Zeit ihren Platz im Vatikan behauptet. Weitaus der größte Teil der Sammlung jener kunstliebenden Päpste wurde von ihren Nachfolgern in der zweiten Hälfte des XVI. Jahrhunderts, besonders von Pius V. entfernt und z. T. nach auswärts verschenkt. Erst Clemens XIV. (Ganganelli, 1769-74) begann wieder eine größere Sammlung. Unter ihm und seinem Nachfolger Pius VI. entstand das *Museo Pio-Clementino*, das seine Anordnung durch Ennio Quirino Visconti erhielt. Die 1797 von den Franzosen geraubten Stücke kamen 1816 zurück. Pius VII. legte das *Museo Chiaramonti* und 1821 den *Braccio nuovo* an; Gregor XVI. fügte das *ägyptische* und das *etruskische Museum* hinzu.

Der Eingang ist $^1/_4$ St. vom Petersplatz, auf der W.-Seite des Palastes, unfern der NW.-Ecke: aus dem Borgo kommend überschreitet man die Piazza S. Pietro, geht l. von der großen Freitreppe der Peterskirche durch den Durchgang unter der Vorhalle hindurch, um die ganze Peterskirche herum, dann über den Cortile del Forno (vgl. S. 369 und den Grundriß S. 312/313) und zwischen den vatikanischen Gärten (s. unten) und dem Palast hin, bis zu dem Tor unter der Sala della Biga. Wagen können bis hierhin fahren (vgl. Plananhang S. 6: besondere Fahrten). Man wendet sich bei der Kasse r., steigt dann l. die Treppe hinauf — (die Glastür der Treppe gegenüber führt in die *Bibliothek*, s. S. 390) — und betritt das Museum in der *Sala a Croce greca*: s. S. 375.

Der Torweg l. vom Eingangsraum führt auf eine Terrasse, zu der der Zutritt nicht immer gestattet wird; man hat von dort einen Einblick in den großen vatikanischen Garten, auch *Boscareccio* genannt, eine schöne Anlage im Stil des XVI. Jahrh., die sich bis zu den Mauern der Leonischen Stadt (S. 338) erstreckt. Zutritt nur mit besonderer Empfehlung. Schöne Aussichten, besonders auf die Peterskuppel. Über einer mit Bäumen bepflanzten Anhöhe, l. neben dem regelmäßig angelegten Prunkgarten, steht das von Pirro Ligorio 1560 für Pius IV. erbaute *Casino del Papa* oder *Villa Pia*, ein zierlicher Renaissancebau mit Vorpavillon. Auf dem höchsten Punkt liegt angelehnt an einen der Türme der Leonischen Stadt, der jetzt als Sternwarte dient, das *Casino Leo's XIII.* In der Nähe seit 1905 eine Nachbildung der Kirche und darunter der Grotte von Lourdes, ein Geschenk französischer Katholiken.

**Museo Pio-Clementino. *Museo Chiaramonti. *Braccio nuovo.

Das **Museo Pio-Clementino, der eigentliche Kern der Sammlung, mit einer Reihe der berühmtesten Antiken, zerfällt in elf Abteilungen, nachstehend I-XI bezeichnet

I. **Sala a Croce greca,** unter Pius VI. von *Simonetti* in Form eines griechischen Kreuzes erbaut. Im Boden drei antike *Mosaiken:* bei der Treppe zwischen den beiden Sphinxen ein *Blumenkorb aus Roma Vecchia (S. 423); in der Mitte ein Schild mit Büste der Pallas, umgeben von einem blauen Gürtel, auf dem die Mondphasen und Sterne dargestellt sind (der größere Teil, das mittlere Quadrat mit der bunten Randleiste, antik, die äußeren vier Kreissegmente modern; einige zugehörige Randfiguren im Thermenmuseum, s. S. 182), gefunden 1741 in der Villa Ruffinella bei Frascati; am Eingang zu dem folgenden Saal (Sala rotonda, S. 377) ein Bacchus. Hier beginnen wir mit der Aufzählung der wichtigeren Skulpturen: 566. der große mit Reliefdarstellungen der Weinlese geschmückte (auf das neutestamentliche Gleichnis bezüglich?) Porphyrsarkophag der Constantia, Tochter Konstantins des Großen, aus ihrem Grabmal, der späteren Kirche S. Costanza (S. 416); *574. *Venus,* Nachbildung der knidischen Aphrodite des *Praxiteles* (S. XLIX), das Blechgewand modern; 578, 579. die beiden bereits genannten ägyptischen Sphinxe; 589. Sarkophag der h. Helena, der Mutter Konstantins, aus ihrem Grabmal bei Torre Pignattara (S. 417), von Anastasius IV. nach dem Lateran, von Pius VI. hierher geschafft An der Treppe: r. 600. liegende Statue eines Flußgottes, angeblich von Michelangelo ergänzt (gegenüber der Eingang zum ägyptischen Museum, S. 386).

Man steige jetzt zunächst die mit zwanzig antiken Säulen aus Praeneste geschmückte Treppe hinauf. Oben r. die

II. **Sala della Biga,** ein runder Kuppelsaal mit Blick auf die vatikanischen Gärten. — In der Mitte *623. ein Zweigespann, *biga,* das dem Saal den Namen gegeben hat; nur der Wagenkorb, mit dem reichen Blätterschmuck, der Jahrhunderte lang als Bischofsstuhl in S. Marco diente, und ein Teil des rechten (nicht zugehörigen) Pferdes sind antik. *608. *bärtiger Bacchus,* mit der Inschrift Sardanapallos; *610. *weibischer Bacchus;* 611. *bärtiger Athlet,* nur der Körper und ein Teil des l. Beines u. des Kopfes antik (richtig als Läufer zu ergänzen wie die S. 265 genannten); *612. *opfernder Römer,* aus Palazzo Giustiniani in Venedig; *615. *Diskuswerfer,* attische Schule (S. XLVI); 616. sog. Phokion, strenge Statue des Hermes mit nicht zugehörigem Porträtkopf; *618. *Diskuswerfer des Myron;* das Original war Bronze (S. XLVI); der Kopf ist modern und falsch aufgesetzt (vgl. S. 185 und 232); 619. römischer Wagenlenker, mit der eigentümlichen, bei den Zirkusrennen üblichen Riemenverschnürung um den Oberkörper; 621. Sarkophagrelief: Wettfahrt des Pelops und Oenomaus; 613, 617. Sarkophage, mit Wettrennen, die Lenker als Eroten dargestellt.

Man beachte die Darstellung des Zirkus (vgl. S. 422) mit der *Spina* in der Mitte, auf der sich allerlei Heiligtümer und die Vorrichtung zum Zählen der Rennen befanden: nach jedem Umlauf wurde von den hölzernen Eiern auf der Spina eines abgenommen und einer der Delphine umgedreht.

Beim Austritt aus der Sala della Biga rechts, von der Treppe geradeaus, gelangt man in die nur Mi. 10-3 Uhr zugängliche

III. **Galleria dei Candelabri**, einen an 80m langen Korridor, mit Deckengemälden von *Ludwig Seitz* (1883-86), welche teils Ereignisse aus der Regierungszeit Leo's XIII., teils allegorische Darstellungen (Verherrlichung des h. Thomas von Aquino; Künste und Wissenschaften unter geistlicher Herrschaft) zum Gegenstand haben, und schönem neuen Marmorfußboden. Man beachte auch die vielen prächtigen Gefäße aus kostbaren Marmorsorten, die mit ihren schönen Farben der Galerie einen eigenen Reiz verleihen.

Erste Abteilung, r. und l. vom Eingang: 2, 66. Vogelnester mit Kindern; r. 11. Torso des einschenkenden Satyrs (nach Praxiteles); *19. Knäbchen in vorgebeugter Stellung (nach ausgesetzten Nüssen zielend, vgl. Nr. 197A, S. 383); l. 45. Kopf des einschenkenden Satyrs (nach Praxiteles); 52. schlafender Satyr aus Basalt. — Zweite Abteilung: r. 74. Pan, der einem Satyr einen Dorn aus dem Fuße zieht (Brunnenfigur); 81. Ephesische Diana, aus der Villa Hadrians; 83. Sarkophag mit der Ermordung des Aegisth und der Klytämnestra durch Orest; 93. und l. 97. Kandelaber, aus S. Costanza; 113. Sarkophagrelief: Protesilaus und Laodamia; *118a. *Ganymed vom Adler entführt*, Nachbildung eines berühmten Werkes des *Leochares* (S. XLIX). — Dritte Abteilung: r. 131. Mosaik: tote Fische, Datteln, ein Bündel grüner Spargeln u. a.; 134a. moderne Kopie eines jetzt in Madrid befindlichen Puteals (runden Brunnenrandes), Gegenstück zu dem antiken Puteal Nr. 134c, mit bacchischen Szenen; zwischen beiden 134b. altertümliche Götterfigur auf einer Basis mit Weihinschrift an Semo Sancus; l. 149a. Schlafgott Hypnos; 148. Satyr mit Bacchuskind. In der Wand eingemauert acht Gemälde schwebender Gestalten, aus Torre Marancia wie das Mosaik S. 385. — Vierte Abteilung: r. 157. und l. 219. Kandelaber aus S. Costanza; r. 162. Statuette einer Nike, an ein Tropaion gelehnt; 173. Sarkophag: Ariadne von Bacchus entdeckt; 176, 178. Satyr sein Schwänzchen betrachtend; 177. alter Fischer; 183. Fragment einer Statue des Kronos; *184. *Stadtgöttin von Antiochia*, nach *Eutychides* (S. LI); 187. Kandelaber, mit Herkules' Dreifußraub (Herkules, Apollo, Priester); l. 194. Knäbchen mit einer Gans nach einem Original des *Boethos* (III. Jahrh. vor Chr.); 204. Sarkophag mit den Kindern der Niobe; 208. Marcellus (?), Neffe des Augustus. — Fünfte Abteilung: r. *222. *griechische Wettläuferin*, nach einer Bronze des V. Jahrh. v. Chr.; l. 246. jugendl. Pan als Brunnenfigur. — Sechste Abteilung: r. Statue der Artemis; 253. Sarkophag mit Diana und Endymion; *253c. Statuette der Persephone; 257. Ganymed; l. 264. Niobide; 269. Sarkophag mit dem Raube der Töchter des Leukippos durch die Dioskuren; darauf 269b. Statuette eines Athleten (nach *Polyklet*); *269c. *Statue eines kämpfenden Persers*, zu dem Weihgeschenke des Königs Attalos auf der athenischen Akropolis gehörig (S. LI). — Darauf folgt die Galerie mit den *Teppichen Raffaels*, s. S. 371.

Wir begeben uns wieder hinab in die Sala a Croce greca und treten durch diese (vgl. den Grundriß S. 373) in die

IV. **Sala rotonda,** unter Pius VI. von *Simonetti* nach dem Vorbilde des Pantheons erbaut. Im Boden ein großes *Mosaik*, 1780 in Otricoli (S. 100) gefunden, mit Nereiden, Tritonen, Kentauren und Masken; die Mitte nimmt eine prachtvolle Porphyrschale ein, die Clemens XI. 1705 aus der Villa di Papa Giulio nach dem Vatikan bringen ließ. R. und l. vom Eingang: 554. Iulia Domna, Gattin des Septimius Severus; 553. Plotina, Gattin des Trajan. Dann l. weiter: 552. *Juno Sospita* aus Lanuvium (S. 474), ein altlatinisches Kultbild in später Erneuerung aus der Zeit der Antonine; 551. Claudius; 550. Claudius als Jupiter, aus Lanuvium; 549. Zeus Serapis; 548. Nerva; 547. ein Meergott aus Pozzuoli, vielleicht als Personifikation des Golfs von Neapel aufzufassen, den Reichtum der Gestade symbolisiert der Kopfschmuck aus Blättern und Früchten; *546. sog. *Barberinische Hera;* 545. Antinousbüste; 544. Herkules, Kolossalstatue von vergoldeter Bronze, $3{,}_{83}$ m hoch, 1864 beim Theater des Pompejus (S. 248) gefunden; 543. Kolossalkopf des Hadrian, von pentelischem Marmor, aus seinem Mausoleum (S. 339); *542. weibliche, als Ceres ergänzte Statue; 541. Faustina, Gemahlin des Antoninus Pius; 540. *Antinous als Bacchus* (das Gewand ist modern; der darunter befindliche Körper ist unbearbeitet, was die Bedeckung mit einem [Metall-?] Gewand auch im Altertum voraussetzt), aus einer Villa Hadrians bei Präneste (S. 460; „Antinous Braschi"). **539. *Zeusbüste von Otricoli,* der berühmteste und bedeutendste unter den erhaltenen Zeusköpfen, früher fälschlich als Abbild des Phidias'schen Zeus (S. XLVI) betrachtet, während er vielmehr einen neuen Zeustypus aus dem IV. Jahrh. vor Chr. darbietet. 556. Pertinax; 555. Genius des Augustus. Am Eingang zum nächsten Saal: 537, 538. Komödie, Tragödie, zwei Hermen aus der Villa Hadrians.

V. **Sala delle Muse.** Im Vorraum: l. *525. *Perikles;* 523. Aspasia; r. 531. Periander von Korinth; 530. männliche Statue, fälschlich Lykurg genannt; 528. Bias, der Pessimist unter den sieben Weisen.

[Der achteckige Prachtsaal, ebenfalls unter Pius VI. von *Simonetti* erbaut, mit Kuppel und sechzehn Säulen aus carrarischem Marmor, hat seinen Namen von den hier aufgestellten Statuen der neun Musen, welche außer Nr. 504 und Nr. 520 zusammen mit dem Apollo 1774 bei Tivoli gefunden worden sind (die zusammen gefundenen sind wahrscheinlich Nachbildungen einer Gruppe des *Praxiteles* oder seiner Schule). In der Mitte der r. Wand: *516. *Apollo Musagetes,* in langem Gewande begeistert einherschreitend. L. vom Apoll 517. *Terpsichore;* r. 515. *Kalliope;* 511. *Erato.* Auf der andern Seite: 499. *Melpomene*, *503. *Thalia*, 505. *Klio*, *508. *Polyhymnia*. Zwischen 503 und 505 steht 504. weibliche Statue als Urania ergänzt. Gegenüber 520. Nymphe als Euterpe ergänzt. Zwischen den Musen verteilt eine Anzahl Porträthermen: links 509. Metrodoros, der Lieblingsschüler des Epikur; 507. Antisthenes der Zyniker; 506. Demosthenes; 502. Aeschines; 500. angeblich Zenon, eher ein berühmter Astronom, vielleicht Aratos; 498. Epikur: rechts 512. Epimenides von Kreta; 518. Hermenbüste eines Strategen aus dem IV. Jahrh. vor Chr., fälschlich Themistokles genannt; 519. Plato (die Aufschrift „Zeno" modern).

Der anderseitige Nebenraum des Musensaales, zugleich Vorraum zum Saal der Tiere, enthält: r. 494. griechische Porträtherme; 495. Apollo Kitharödos (als Bacchus ergänzt); 496. Sophokles als Greis. Auf der l. Seite: 492. Sophoklesherme mit fragmentierter Inschrift, nach der die Benennung der berühmten Statue im Lateran (S. 330) möglich wurde; 490. Diogenesherme; 489. griechischer Waffentanz, Friesplatte.

VI. **Sala degli Animali**, mit einer Menge meist stark ergänzter Tierbilder, aus weißem und buntem Marmor; die Fußböden großenteils mit antiken Mosaiken bedeckt.

Vier Granitsäulen grenzen in der Mitte einen Durchgang aus dem Musensaal in den Belvedere-Hof (S. 380) ab und teilen den Saal in zwei Hauptabteilungen. In der Abteilung beim Eintritt aus dem Musensaal rechts: 182. Kopf eines schreienden Esels; 194. Mutterschwein mit zwölf Jungen; 202. kolossaler Kamelkopf als Brunnenmündung; 208. Herkules mit Geryoneus; 210. Diana; 213. Herkules mit dem Zerberus; 228. *Triton raubt eine Nymphe*, in Auffassung und Ausführung an Rokokowerke des XVIII. Jahrh. erinnernd, auf modernem Untersatz; 232 Minotaur. — In der Abteilung links: 116. zwei spielende Windhunde; 113a, 125a. Mosaiken aus der Villa des Hadrian; 124. Mithrasopfer; 134. Herkules mit dem erlegten Nemeischen Löwen; 137. Herkules den Diomedes erschlagend; 138. Kentaur mit einem Eroten auf dem Rücken (Wiederholung des jungen Kentauren im kapitolinischen Museum S. 261), 139. Commodus zu Pferde (Bernini's Vorbild für die S. 346 gen. Konstantinstatue); 151. geopfertes Schaf auf dem Altar, 153. kleine Gruppe eines ruhenden Hirten mit Ziegen; 157. (im folg. Fenster) Relief einer Kuh mit saugendem Kalb.

VII. **Galleria delle Statue.** Der Raum wurde von Clemens XIV. und Pius VI. durch Umbau eines Gartenhauses Innocenz' VIII. geschaffen; in den Lünetten und an der Decke sind noch Reste der Wappenembleme Innocenz' VIII., Teile der von *Pinturicchio* und seiner Werkstatt 1487 ausgeführten Dekoration. — Vom Eingang r. *250. *Thanatos*, der Todesgott, sog. *Genio del Vaticano* oder *Eros von Centocelle („Amore")*, am Rücken Ansätze von Flügeln. Darüber 249. Relief, fälschlich Michelangelo zugeschrieben: Cosimo I. vertreibt die Laster aus Pisa. 251. Athlet, ähnlich dem Doryphoros Polyklet's; *253. *Triton*, nur der Oberleib, gefunden bei Tivoli; 254. Nymphe; 255. Paris; 257. Selene zu Wagen, aus einer Darstellung ihres Besuchs bei Endymion (feines Relief); 259. bekleideter Apollo Kitharödos, fälschlich als Pallas ergänzt; 260. griechisches Votivrelief, den Heilgöttern geweiht; *261. sog. *trauernde Penelope*,

Nachbildung einer archaischen Arbeit (der Kopf nicht zugehörig, vgl. S. 187 u. 383); am Postament Relief: Bacchus und Ariadne mit Silen; *264. *Apollo Sauroktonos,* einer Eidechse auflauernd, nach *Praxiteles'* Erzbild; *265. *Amazone,* aus Villa Mattei (S. XLVII); 267. trunkener Satyr; 268. Juno, aus den Thermen von Otricoli; 269. stark ergänztes, spätes Grabrelief; *271, 390. (zu beiden Seiten des Bogens, der in den Büstensaal führt) der Komödiendichter *Poseidippos* und der sog. *Menander,* zwei ausgezeichnete Porträtstatuen aus pentelischem Marmor (die Bänder der Fußbekleidung waren aus Bronze; Reste erhalten). — Hier fügt man zweckmäßig den Besuch des Büstensaales ein: s. unten.

Fensterwand der Statuengalerie, am Menander vorüber weiter: 392. Septimius Severus; 393. *Schutzflehende auf einem Altare sitzend,* ein schöneres Exemplar in der Galleria Barberini (S. 178); 394. Neptun Verospi; 395. Apollo Kitharödos, archaisch; 396. verwundeter Adonis, neben der Wunde Ansatz einer Hand, wahrscheinlich von einem die Wunde waschenden Amor; 397. liegender Bacchus aus der Villa des Hadrian; 398. Macrinus, Nachfolger Caracalla's. Davor in der Mitte: große Alabasterschale, gefunden bei SS. Apostoli. 399. Äskulap und Hygiea, aus Palestrina; 401. Fragment aus der Niobidengruppe (S. 385), Bein eines Sohnes und eine Tochter, wie die florentinischen Statuen beim Lateran gefunden; 405. sog. *Danaide,* vielmehr eine Wasserträgerin; 406. Wiederholung des ausruhenden Satyrs des Praxiteles. — In der Fensternische: r. **griechische Grabstele* (ein Athlet, dem sein Diener Schabeisen und Ölgefäß reicht); 421. Aschengefäß aus orientalischem Alabaster, zusammen gefunden mit den unter den Statuen Nr. 248, 408, 410, 417, 420. stehenden Travertincippen; es enthielt die Überreste eines Mitgliedes der kaiserlichen Familie der Julier. — An der Schmalseite: *414. *schlafende Ariadne,* unter Julius II. gefunden; darunter *Sarkophag* mit einer Gigantenschlacht. Zu beiden Seiten *412, 413. die *Barberinischen Kandelaber,* die größten und schönsten unter allen erhaltenen, in der Villa Hadrians gefunden; drei Reliefs auf jedem stellen (l.) Jupiter, Juno, Merkur und (r.) Mars, Minerva, Venus dar. 416. Relief: die verlassene Ariadne, in gleicher Stellung wie die große Statue; 417. Merkur; 420. Lucius Verus.

VIII. **Sala dei Busti,** mit vier Abteilungen. Die Ausschmückung der Decke stammt noch aus der Zeit Innocenz' VIII. und wurde wahrscheinlich von *Pier Matteo* aus Amelia ausgeführt. Wir beginnen beim Eintritt rechts. In der I. Abt.: unten r. der Kopf 283. Hadrian; 277. Nero als Apollo Kitharödos mit Lorbeerkranz; 274. Augustus mit Ährenkrone; *273. *Büste des jungen Augustus* (drehbar). Oben r. in der Ecke 292. *Caracalla* (S. LIII). — In der II. Abt.: oben 298. Zeus Serapis, aus Basalt; unten 303. Apoll; 307. Saturn; 308. Isis; 311. Kopf des Menelaus, aus der Gruppe des

Menelaus mit der Leiche des Patroklos, gefunden 1772 in der Villa Hadrians, Wiederholung der Pasquinogruppe (S. 245); mit diesem Kopf wurden zugleich gefunden 381 b. die Beine des Leichnams am Fenster in I. links. In der III. Abt.: oben 313, 314. Masken, 315, 316. Satyrn. In der Mittelnische *326. *Zeus*, einst im Pal. Verospi. Links oben 329. Barbar; unten 338. *Porträt eines Diadochen* als Dionysos (die Löcher oben zum Einsetzen von kurzen Stierhörnern).

In der II. Abt. noch 346. Herkules. In der von der zweiten aus zugänglichen IV. Abteilung: in der Nische 352. betende Frau, sog. Pietà, darunter 353. *Sarkophag* mit Prometheus- und Parzendarstellung; daneben l. unten 357. Antinous; *363. *Hera*, nach einem Original des v. Jahrh. vor Chr. — In der I. Abt. unten 376. Pallaskopf, aus der Engelsburg; 382, 384. anatomische Darstellungen in Marmor. In der Mitte ein Säulenschaft mit drei Horen. An dem Eingang r. *388. Römer und Römerin (Grabrelief), Niebuhr's Lieblingspaar, für dessen Grabmal in Bonn es von Rauch zum Vorbild genommen wurde.

IX. **Gabinetto delle Máschere** (Eintritt s. S. 163). Es hat seinen Namen nach dem im Fußboden in moderner Einfassung angebrachten *Mosaik mit Masken, welches 1780 in der Villa Hadrians (S. 450) gefunden wurde. Am Eingang r. *425. *Tänzerin* aus pentelischem Marmor, aus Neapel; Goethe hatte, als diese Statue nach Rom kam, die Absicht, sie zu kaufen; 427. kauernde Venus im Bade; 428. griechisches Votivrelief. — An der Eingangswand und dem Eingang gegenüber: vier Reliefs mit Herkulestaten; 432. Satyr, aus Rosso antico, Wiederholung im Kapitol (S. 261); 433. Venus sich das Haar trocknend. — Fensterwand: im ersten Fenster 394. ein Badestuhl, im zweiten 435. schöne Schale, beide aus Rosso antico. Im Fenster: Relief mit Bacchuszug. — Eingangswand: 443. Apollo. — Anstoßend die verschlossene *Loggia scoperta*, mit Aussicht auf das Gebirge.

Nun zurück durch die Sala degli Animali und l. in den

X. **Cortile del Belvedere** (vgl. Grundr. S. 373), urspünglich ein quadratischer Hof mit abgeschrägten Ecken und zu dem von Innocenz VIII. erbauten Belvedere (S. 354) gehörig, damals mit den jetzt zur Statuengalerie umgebauten Zimmern, aus denen man die schöne Aussicht genoß, in direkter Verbindung. Erst 1775 wurde die innere Säulenhalle hinzugefügt und 1803 die Eckhallen zu Kabinetten umgebaut. Einige der hervorragendsten Kunstwerke der vatikanischen Sammlung sind hier aufgestellt. Zu beiden Seiten des Eingangs zwei *molossische Hunde. In der Mitte des Hofes ein Brunnen mit antiker Mündung, über den Arkaden antike Kolossalmasken, an den Wänden Sarkophage und Statuen.

Das erste Eckkabinett, vom Eingang aus dem Tiersaal r., enthält **74. die berühmte Gruppe des *Laokoon*, der nebst seinen beiden Söhnen auf Geheiß des von ihm beleidigten Apollo von zwei

Schlangen getötet wird. Bei dem älteren Sohne scheint eine Befreiung noch möglich; es gab eine Fassung der Sage, nach der nur einer getötet wurde. Die Gruppe war nach Plinius einst im Palast des Titus aufgestellt. Unter Julius II. wurde sie 1506 bei den Sette Sale (S. 205; vgl. auch S. 257) entdeckt und von Michelangelo das Wunder der Kunst genannt. Das Werk, als dessen Meister Plinius *Agesander*, *Polydorus* und *Athenodorus* aus Rhodus nennt, gehört dem Ausgang der hellenistischen Zeit an und ist aus pentelischem Marmor; die drei in die Höhe gehenden Arme sind von Giov. Ang. Montorsoli unrichtig ergänzt, der des Laokoon war nach dem Kopfe zu gebogen (s. unten). Es ist in der Virtuosität der Technik (obgleich *nicht* aus *einem* Stein), der dramatischen Spannung des Momentes und den hochpathetischen Köpfen, besonders des Vaters, der bedeutendste Vertreter der rhodischen Kunstrichtung (S. LII). In der Banknische l. ein schlangenumwundener rechter Arm, wahrscheinlich von einer etwas verkleinerten, antiken aber minderwertigen Wiederholung der Gruppe. — In der Halle weiter: 81. römischer Opferzug von der Ara Pacis (S. 188). In der Nische: 85. Hygiea. Davor in der Mitte 44. sog. Ara Casali, mit Reliefs, die sich auf den Untergang Trojas und den Ursprung Roms beziehen. Weiter: 88. Roma, die einen siegreichen Kaiser geleitet.

Zweites Eckkabinett: **92. *Apollo vom Belvedere*, zu Ende des XV. Jahrhunderts vielleicht in einer römischen Villa bei Grottaferrata (S. 439) gefunden. Mit der Linken hielt der Gott den Bogen weit vorgestreckt und drohend erhoben, mit der Rechten einen Lorbeerzweig gesenkt, von dem sich Reste an dem Stamm finden. Vgl. S. XLIX. — Links 94. Relief: Frauen, die einen Stier zum Opfer führen (l. Hälfte modern). — Über der Ausgangstür des Kabinetts außen: **bacchischer Zug*, griechisches Relief. — In der Halle weiter: 98, 97. Reliefs mit Satyrn und Greifen, die früher einen Trapezophor (Tischfuß) bildeten. 28. großer Sarkophag mit Löwenköpfen und tanzenden Satyrn und Bacchanten, gefunden 1777, als man den Grund zur Sakristei der Peterskirche legte. 30. schlafende Nymphe, Brunnenfigur.

In dem dritten Eckkabinett haben 1811, als die Hauptstücke des Museums nach Paris gebracht und vom Apoll und Laokoon nur Gipsabgüsse geblieben waren, der Perseus und die Faustkämpfer von *Canova* ihre Aufstellung gefunden. — In der Halle weiter: r. 38. Relief, Diana und Hekate im Kampfe mit Titanen und Giganten, in Villa Mattei gefunden; 39. römischer Sarkophag, ein Feldherr mit unterworfenen Barbaren. In der Nische: 42. Gemahlin des Alexander Severus als Aphrodite.

Viertes Eckkabinett: *53. *Hermes*, früher Antinous vom Belvedere genannt, nach einem griechischen Original (wahrscheinlich von Praxiteles) aus dem Ende des IV. Jahrh. vor Chr. L. 55. Relief: Aufzug von Isispriestern. — In der Halle noch: r. 61. Sarkophag,

Nereiden mit den Waffen Achills; darauf 60a. *Torso einer Nereide. — Weiter zur

XI. **Vorhalle des Belvedere** (vgl. den Grundriß S. 373). Man betritt zunächst das

Atrio Rotondo. In der Mitte eine schöne Schale von Pavonazzetto-Marmor. L. unter Nr. 7 ein Cippus mit dem Relief eines *Diadumenos*, eines Jünglings, der sich eine Binde um den Kopf legt und uns eine Vorstellung von *Polyklet's* gleichnamiger Statue (S. XLVII) geben kann. In den Nischen drei schöne Gewandstücke. Auf dem Balkon eine antike Windrose, 1779 beim Kolosseum gefunden. Schöne Aussicht über die Prati di Castello hin zum Pincio, im Hintergrunde das Sabinergebirge. Links das

Atrio del Meleagro. In der Mitte *10. Statue des *Meleager*, glattes Werk der Kaiserzeit, um 1500 vor Porta Portese gefunden (vgl. S. XLVIII). L. 21. eine kolossale Trajansbüste; 20. großes Sarkophagrelief mit Darstellung eines Hafens (Puteoli?), überladen aber technisch merkwürdig; 22. Reliefdarstellung eines römischen Kriegsschiffs mit zwei Ruderreihen (biremis), aus Palestrina.

Der Kustode öffnet eine Glastür, durch die man auf einen Balkon mit schöner Aussicht tritt und l. einen Blick auf die (unzugängliche) flache **Wendeltreppe Bramantes* werfen kann, den einzigen Teil seiner Belvedere-Entwürfe (S. 354), den er noch vollständig ausgeführt hat. R. unten ein Brunnen in Form einer Galeere (XVII. Jahrh.).

Durch das runde Atrium zurück und weiter in das

Atrio Quadrato. In der Mitte Nr. 3 (drehbar) der berühmte **Torso des Belvedere*, nach der Inschrift von *Apollonios* aus Athen, der wahrscheinlich im ersten Jahrhundert vor Chr. lebte; um 1440 im Palazzo Colonna (S. 228), also wahrscheinlich zum Schmuck der Konstantinsthermen dienend. „In der Bewunderung des Torso, den Winckelmann in einem seiner berühmten Hymnen gefeiert und welchem Schiller enthusiastische Worte geweiht, sind Alle einig; über das Motiv, durch welches man sich die Haltung zu erklären habe, sind viele widersprechende Ansichten aufgestellt. Früher dachte man sich meist *Herakles* gruppiert mit einer vor ihm stehenden Figur, etwa Hebe oder Auge; dann ihn allein, mit beiden Händen auf seiner linken Seite einen Stab fassend, so daß er ausruhe; neuerdings hat man geglaubt, er sei leierspielend zu denken“; endlich bestreitet man sogar den Namen Herakles, da das Fell nicht von einem Löwen stamme. Man wird sich durch diese Streitfragen nicht in der Bewunderung des Torsos stören lassen, der Einfluß auf die Kunst eines Michelangelo hatte. — Dem Fenster gegenüber Nr. 2 der **Sarkophag des L. Cornelius Scipio Barbatus*, Urgroßvaters des großen Africanus, Konsuls im Jahre 298 vor Chr., aus Peperin, mit sehr merkwürdiger Inschrift in saturnischen Versen, die seiner Gaben und Taten gedenkt, gefunden 1780 im Grabmal der Scipionen (S. 315; vgl. auch S. LIV) an der Via Appia, zugleich mit denen seines Sohnes L. Cornelius Scipio, Konsuls des Jahres

259 vor Chr., und des Sohnes des Scipio Africanus, P. Cornelius Scipio, Flamen Dialis, deren Inschriften ringsum eingemauert sind. Die Büste auf dem Sarkophag hat man ohne Grund für die des Dichters Ennius gehalten.

Wir betreten jetzt (vgl. den Grundriß S. 373) das

***Museo Chiaramonti,** aufgestellt in der einen Hälfte eines 300m langen Korridors, die durch Pilaster in 30 lateinisch numerierte Abteilungen geteilt wird. Da der Eingang früher auf der andern Seite war, so beginnt man jetzt mit der

Abteilung Nr. XXX: kolossaler Torso einer Statue der Göttin Roma; darüber ein Relief mit drei Frauen (die hier in Gips ergänzten Teile befinden sich im Thermenmuseum, S. 187 Nr. 359). R. eine Tür zum Giardino della Pigna (S. 386). — XXIX: l. *704. Odysseus dem Polyphem den Becher reichend; 693. Kopf des bekränzten Herakles. — XXVIII: l. 682. Kolossalstatue des Antoninus Pius, aus der Villa Hadrians. — XXVII: l. 652. Kopf eines Kentauren; Reliefs: 643. Geburt des Erichthonios (Gäa übergibt den Knaben der Athena), *644. *tanzende Frauen.* — XXVI: l. 636. Herkules mit Telephus; r. 638. Torso eines fliehenden Mädchens. — XXV: l. *607. *Kopf des Neptun,* von pentelischem Marmor, aus Ostia; oben 593, 596, 594. griechische Reliefs. — XXIV: l. 588. Dionysos mit einem Satyr; 587. Ganymed. — XXIII: l. 561. Porträtbüste. — XXII: r. 547. *Isis* (vgl. S. LI); l. 544. Silen. — XXI: l. *513 A. *Venuskopf* aus griechischem Marmor; 512. u. 510 A. Römische Porträtbüsten; r. 535. Kopf eines sterbenden Galliers, aus kleinasiatischem Marmor (vgl. S. LI). — XX: r. 497. Darstellung einer Mühle; 497 A. Kinder mit Nüssen spielend (vgl. S. 376, Nr. 19 und S. 265); l. 495. *Amor* den Bogen spannend; *494. *Tiberius,* sitzende Kolossalstatue, 1796 in Piperno gefunden. — XIX: *465. sog. *trauernde Penelope,* Relieffragment, schöner in der Arbeit als die besser erhaltene Wiederholung in der Galleria delle Statue (S. 378). — XVII: r. 441. Alkibiades (?); l. 422. Demosthenes; *420. Kopf des Vulkan; *423, 419 und 417. römische Knabenbüsten. — XVI: l. 401. Augustus, 400. sitzender Tiberius, beide aus Veji. — XV: l. *372 A. griechisches Relief, aus böotischem Kalkstein, mit Bruchstück eines Reiters, dem Parthenonfries verwandt; oben 360. altertümliches Relief, drei bekleidete Grazien (Chariten) darstellend, Nachbildung eines im Altertum berühmten Werkes, welches die Legende dem Philosophen *Sokrates* zuschrieb (Fragmente des Originals haben sich auf der Akropolis in Athen gefunden). — XIV: l. 353. Nymphe; 352. Paris. — XIII: r. 338. Knabe aus einer Gruppe Knöchelspieler; l. oben 300. Fragment eines Schildes mit vier Amazonen, Nachbildung des Schildes der Athena Parthenos von *Phidias.* — XII: l. 294. Herkules, von Canova ergänzt; 295. Torso, verwandt dem praxitelischen Hermes (S. XLIX); r. 297. Athlet. — XI: r. 285.

Apollo mit der Hirschkuh auf der Hand, archaistisch; 287. Fischerknabe; 287A. griechischer Porträtkopf; l. 263. römisches Porträt. X: r. 244. Kolossalmaske des Oceanus, diente als Brunnenmündung; 245. Polyhymnia; l. 241. Göttin ein Kind stillend (Juno Lucina, eine römische Gottheit). IX: r. *229. zwei *Silenköpfe* als Doppelherme, der eine archaisch, der andere dem hellenistischen Typus entsprechend; l. ohne Nr. Torso einer Herastatue; oben 186. griechisches Reiterrelief. — VIII: r. 179. Sarkophag des C. Junius Euhodus und der Metilia Acte, mit Darstellungen der Alkestis-Sage; l. 197. Kopf der Athena, mit modern eingesetzten Augen. — VII: r. 166. altertümlicher Apollo; l. 145. Jünglingskopf; *144. bärtiger Dionysos; 135. Kopf einer römischen Porträtstatue. VI: l. *122. Diana, griechisches Original aus der Zeit des Praxiteles; 121. Statue einer Dichterin. — V: l. 87. Eros mit Löwenfell; 79. Fragment einer Gruppe der Skylla mit den Gefährten des Odysseus (vgl. das Mosaik im Braccio nuovo vor Nr. 14); oben 70 u. *71. griechische Reliefs. — III: r. 55. Hebe-Torso. I: r. 13. der Winter; l. 6. der Herbst; oben 2. sitzender Apollo, Relief. — Rechts öffnet sich der Braccio nuovo, s. unten.

Die südliche, durch ein Gitter vom Museo Chiaramonti geschiedene Hälfte des Korridors enthält die zugleich mit dem Appartamento Borgia (S. 372) zugängliche **Galleria Lapidaria.** Die von Clemens XIV. und Pius VI. angefangene, von Pius VII. vermehrte Sammlung umfaßt über 5000 heidnische und altchristliche Inschriften aller Art, die nach Anordnung des Neubegründers der lat. Epigraphik *Gaetano Marini* in die Wände eingemauert sind, sowie mancherlei antike Cippen, Sarkophage und Statuen. Rechts der Eingang in die Arbeitsräume der Bibliothek, geradeaus der Zugang zum Appartamento Borgia (S. 372).

Der ***Braccio nuovo** (vgl. Grundriß S. 373) wurde 1821 unter Pius VII. von *Raffael Stern* erbaut. Es ist ein 8m breiter, 70m langer Saal, von einem Tonnengewölbe überdeckt, durch Oberlicht erhellt, mit 14 antiken Säulen von Cipollino, Giallo antico, Alabaster und ägyptischem Granit geschmückt. — Rechts Nr. *5. *Karyatide*, antike Kopie einer der Karyatiden vom Erechtheion, ergänzt von Thorwaldsen; 8. Commodus im Jagdgewande; 9. Barbarenkopf (zusammen mit 118 und 127 auf dem Trajansforum gefunden); 11. Silen mit dem Bacchuskinde im Arm; *14. *Augustus*, 1863 bei Prima Porta in der Villa der Livia (S. 410) gefunden, beste Statue des Kaisers mit deutlichen Spuren einstiger Bemalung (S. LIII). Davor am Boden: Mosaik aus Torre Marancia, Odysseus mit Nereiden und der Scylla; 17. Statue des unbärtigen Äskulap; 18. Claudius; *23. sog. *Pudicitia*, aus Villa Mattei, Kopf und r. Hand neu; 24. archaischer Jünglingskopf mit Ansätzen zu Hörnern und Tierohren, vielleicht ein Flußgott (die Büste modern); 26. Titus, mit der Statue seiner Tochter Iulia (gegenüber Nr. 111) 1828 beim Lateran gefunden; 27.

Meduse, ebenso wie die Medusen Nr. 40 u. 93 beim Tempel der Venus und Roma gefunden; Nr. 110 ist ein Gipsabguß; 38 A. Flöte spielender Satyr; **176. *Tochter der Niobe*, ohne Kopf in Tivoli gefunden, vorzügliche griechische Kopie, Einzelfigur aus der berühmten (untergegangenen) Gruppe, die Skopas zugeschrieben wird; dahinter 32-36. Brunnenfiguren; 31. Isispriesterin; 39. (in der Mitte) schöne schwarze Basaltvase, mit Masken; 41. Apollo Kitharödos; 44. verwundete Amazone; 47. Karyatide; 48. Trajan; 50. Selene den schlafenden Endymion erblickend; 53. Statue eines tragischen Dichters (der Kopf des Euripides nicht zugehörig); *60. sog. Sulla; *62. *Demosthenes*, wahrscheinlich bei Frascati (Tusculum) gefunden (die Hände mit der Schriftrolle sind falsch ergänzt, sie waren gefaltet).

Freistehend: **67. *Apoxyomenos*, ein Jüngling, der sich den rechten Arm mit dem Schabeisen von dem Staube der Palästra reinigt, nach *Lysippos* (S. L), 1849 in Trastevere gefunden; die Finger der rechten Hand mit dem Würfel sind falsch ergänzt.

An der zweiten Langwand weiter: *71. *verwundet ausruhende Amazone*, Nachbildung eines Werkes des *Polyklet* (S. XLVII), die Arme und Füße von Thorwaldsen ergänzt; 72. Porträt eines jungen Barbarenfürsten; 81. Hadrian; 83. Juno; 86. Fortuna mit Füllhorn und Ruder, aus Ostia; *92. Artemis; *109. *Kolossalgruppe des Nil*, von sechzehn (größtenteils ergänzten) spielenden Kindern, Symbolen der sechzehn Ellen, um die der Fluß anschwillt, umgeben (S. LI); an der Hinter- und den Nebenseiten der Plinthe humoristische Darstellung des Kampfes von Pygmäen mit Krokodilen und Nilpferden, gefunden bei S. Maria sopra Minerva. In dem Halbrund dahinter r.: 97 a. M. Antonius, der Triumvir (?); 97, 99, 101, 103, 105. Athleten; 106. Büste des Triumvirn Lepidus (?). Im Fußboden hinter dem Nil Mosaik mit der Diana von Ephesus. An der Langwand weiter: 111. Iulia, Tochter des Titus (vgl. Nr. 26); *112. Kopf einer jugendlichen Göttin, sog. *Juno Pentini*; *114. sog. *Pallas Giustiniani* (früher im Besitze dieser Familie), von parischem Marmor (vgl. S. 262); 117. Claudius; 118. Barbar; 120. *ausruhender Satyr*, nach *Praxiteles* (S. XLIX; besseres Exemplar s. S. 261); *123. schöne *Athletenfigur*, mit nicht zugehörigem Kopf des Lucius Verus; *126. *Doryphoros* nach *Polyklet* (S. XLVII); 127. Barbar; *132. *Merkur*, von Canova ergänzt (Kopf antik, aber nicht zugehörig).

Der **Giardino della Pigna**, der nördl. innere Hof des vatikanischen Palastes, enthält noch viele Bruchstücke von Statuen und Reliefs. Zutritt aus dem Museo Chiaramonti (S. 383), aber in der Regel nicht gestattet. In der Mitte eine antike Kolossalsäule, welche zum Andenken an das Konzil von 1870 im J. 1886 hier aufgerichtet worden ist; oben eine Bronzestatue des h. Petrus. Außerdem r. ein kolossaler *Pinienzapfen* (la Pigna), das Werk eines P. Cincius Salvius, der im Altertum einen Brunnen beim Isis- und Serapistempel (S. 221) schmückte und im Mittelalter einem Stadtteil den Namen Rione della Pigna gab; im XII. Jahrh. kam er in den Vorhof der alten Peterskirche, wo ihn Dante sah (Inf. XXXI, 58). Dahinter die Basis der dem Antoninus Pius errichteten Säule, welche unweit des Monte Citorio stand, mit der Apotheose des Antonin und der Faustina, und der Reiterparade (decursio equitum) beim kaiserlichen Leichenbegängnis. L. ein kolossaler Marmorporträtkopf.

Ägyptisches Museum. *Etruskisches Museum.

Vergl. den Plan S. 373 und die Besuchsordnung S. 163.

Das **Ägyptische Museum** *(Museo egizio)*, das seinen Eingang in der Sala a Croce greca (S. 375) gleich bei der Treppe hat, ist unter dem etruskischen aufgestellt. Es wurde von Pius VII. gegründet. An Reichhaltigkeit kann es sich zwar nicht mit den großen ägyptischen Sammlungen in Berlin, Paris, London, Florenz und Turin vergleichen, enthält aber doch eine Reihe wertvoller Stücke, namentlich Skulpturen der späteren Zeit, sowie die stilistisch merkwürdigen Nachahmungen ägyptischer Kunstwerke, die in Rom und Umgebung gefunden worden sind. Katalog von Orazio Marucchi (1899) 5 fr.

Geradeaus in das I. Zimmer *(Sala dei Sarcofagi)*: 1, 2. bemalter Holzsarg einer Sängerin des Amon (c. 1000 vor Chr.); 3. mumienförmiger Basaltsarg eines Zeitgenossen des Königs Psammetich II. (594-589 vor Chr.); Holz- und Steinsärge. — II. Zimmer *(Sala delle Statue)*: 8, 26. Sitzbilder der löwenköpfigen Göttin Sechmet; 9. Kolossalkopf eines Königs, früher für einen Hyksos („Hirtenkönige“, die Ägypten im II. Jahrtausend vor Chr. eroberten) gehalten; 10. Kolossalstatue einer Prinzessin aus dem Hause der Ptolemäer; 11. Pavianstatue („il Cacco“, vgl. S. 221); 12, 14. Ptolemaeus Philadelphus (283-247 vor Chr.) und seine Gemahlin Arsinoë; *16, 18. liegende Löwen, von Pharao Nektanebos (361-345 vor Chr.) in einen unterägyptischen Tempel geweiht; 17. Granitstatue der Königin Tu'e, Mutter Ramses' II. (c. 1300 vor Chr.). — R. von den beiden ersten das IX. Zimmer *(Sala dei Monumenti di Imitazione)*, mit ägyptisierenden Skulpturen, meist aus der Villa Hadrians (S. 451): *36. Kolossalstatue des Antinous („Apollo egizio“) aus weißem Marmor; in der Mitte 69a. Eingeweidegefäß (sog. Kanopus) aus Alabaster; r. vom Ausgang 56. Statuette des Nil (vgl. die Statue im Braccio nuovo, S. 385). — III. Zimmer *(Sala del Naoforo)*: Statuen, Grabsteine, Kanopen mit Inschriften; 70. stark ergänzte Granitstatue König Sethos' I. (c. 1300 vor Chr.); *113. Statue des Oberpriesters der Göttin Neith von Saïs, Uza-Herresnet, ein Tempelchen des Osiris vor sich haltend (naoforo), die Inschriften erwähnen die Eroberung Ägyptens durch die Perser unter Kambyses. — IV. Bogenkorridor *(Emiciclo)*: Mumien, Holz- und Steinsärge, einige aus einem Massengrabe von Amonspriestern in der Totenstadt von Theben; Grabsteine. — V. Zimmer *(Gabinetto primo delle Vetrine)*: Figuren von Göttern und heiligen Tieren; Totenfiguren aus Fayence, Skarabäen, Alabastergefäße u. a. — VI. Zimmer *(Gabinetto secondo delle Vetrine)*: Mumien von heiligen Tieren, Götterfiguren und Amulette, Räuchergefäß aus Bronze. — VII. Zimmer *(Gabinetto terzo delle Vetrine)*: Götter- und Totenfiguren, Amulette, Skarabäen, u. a. in Schrank 6 ein großer Gedächtnisskarabäus Amenophis' III. (c. 1400 vor Chr.) auf die Anlage eines Sees. — VIII. Zimmer *(Gabinetto dei Papiri)*: Papyrushandschriften meist religiösen Inhalts in hieroglyphischer und hieratischer Schrift. — Das X. Zimmer *(Sala dei Monumenti assiri)* enthält **assyrische Altertümer**: Reliefs aus den Palästen des Sargon (722-705 vor Chr.) in Chorsabad und des Sanherib (705-682 vor Chr.) in Kujundschik und Ninive, Erstürmung einer Stadt, Überfahrt auf einem Floß über einen Strom, geflügelte Gottheiten u. a.; Keilinschriften. — Ausgang nach dem Museo Chiaramonti (S. 383).

Steigt man von dem Treppenflur, auf welchen die *Sala della Biga* (S. 375) und die *Galleria dei Candelabri* (S. 376) münden, weiter hinauf, so hat man r. den Eingang zum

***Etruskischen Museum** (*Museo etrusco Gregoriano;* man klingelt! Trkg.). Das Museum, 1836 von Gregor XVI. gegründet, enthält in zwölf Zimmern eine Menge meist 1828-36 in Vulci, Toscanella, Chiusi und andern etruskischen Städten ausgegrabener Altertümer: Statuen, Gemälde, Vasen, Goldschmuck, mannigfachen Hausrat aus Bronze, für italische Kunst und die Lebenseinrichtungen der Etrusker von hohem Interesse.

I. Zimmer. Drei Tonsarkophage mit den lebensgroßen Gestalten der Toten auf dem Deckel. An den Wänden viele Porträtköpfe aus Terrakotta, anziehend durch die lebendige Auffassung der individuellen Eigentümlichkeiten und die naturalistische Wiedergabe (vergl. S. LIII). — Davon r. II. Zimmer. Zahlreiche Porträtköpfe; viele kleinere Aschenkisten, zum Teil aus Alabaster, mit mythologischen Reliefs, aus Chiusi und Volterra. — III. Zimmer. In der Mitte unter Glas kleine Aschenkisten in Form von Häusern und Hütten, in den der sog. ersten Eisenzeit (etwa VIII. Jahrhundet vor Chr.) angehörenden italischen (latinischen) Gräbern zwischen Albano und Marino gefunden. 106. große Graburne aus Marmor mit teilweise erhaltener Bemalung; Löcher zur Einfügung von Bronzeschmuck an den Händen und am Kopf der Figur. 110. Grabstein eines Ateknatos, Sohnes des Drutos, mit altlateinischer und keltischer Inschrift, aus Todi. — IV. Zimmer. Linke Wand, neben dem Eingang: 154-156. schöner Terrakottafries, aus Cerveteri; 168. Stuckrelief: Jupiter (unbärtig), Neptun, Pluto. Schöne dekorative Terrakottaplatten. Rückwand: l. 211, r. 234 und daneben 266. Fragmente weiblicher Figuren mit reicher Gewandung, aus Tivoli; 215. Aschenurne mit dem sterbenden Adonis, naturalistisches Werk; in der Mitte der Wand am Boden: archaische architektonische Terrakotta mit Pegasos. Rechte Seitenwand: 265. Stuckrelief, Venus und Adonis. In der Mitte: Terrakottastatue des Merkur.

Die folgenden vier Zimmer enthalten die Vasensammlung. Diese gemalten Gefäße sind teils aus Griechenland importiert, teils in Etrurien gefertigt, wo Vulci, Chiusi, Volterra, Bomarzo u. a. als Fabrikorte nachzuweisen sind. Die Etrusker machten sowohl die älteren griechischen Vasen mit schwarzen, wie auch die jüngeren mit roten Figuren nach, oft ohne Verständnis der Gegenstände und mit Vorliebe für grauenvolle, besonders Mordszenen. Auch in der Zeichnung stehen sie hinter den Griechen weit zurück. — V. Zimmer. Vasen ältesten Stils, schwarzfigurig, die ersten aus Korinth, von Nr. 12 an athenische Ware. In der Mitte ein sehr altes Gefäß mit Tierdarstellungen. — VI. Zimmer. In der Mitte: 77. Ajax mit der Leiche des Patroklos; *78. Achill und Ajax beim Brettspiel (mit dem Namen des Verfertigers *Exekias*). An der Fensterwand Preisvasen von den panathenäischen Spielen zu Athen; unter dem l. Fenster zwei Schalen mit altlateinischen Inschriften. Neben dem Ausgang: 70. Vase mit zwei Bildern: zwei Männer mit Ölgefäßen und den Beischriften: „O Vater Zeus, wenn ich doch reich würde!" und: „Er ist schon voll und läuft sogar über." — VII. Zimmer, Bogenkorridor. 136. siegreicher Krieger mit Nike u. Vater. L. an der Wand eine Reihe z. T. vortrefflicher rotfiguriger Vasen, u. a. *84. Achill, Einzelfigur von vorzüglicher Erhaltung. Gegenüber *134. Hektors Abschied von Priamus und Hekuba. L. in der Nische 89. große Vase unteritalischer Technik (mehrfarbig, mit Gold, Weiß und Violett), Totenfeier. Weiter l. 91. Tod des Orpheus. 93. Minerva und Herkules; 97. Apoll auf geflügeltem Dreifuß. In der Nische: *103. Vase mit weißlichem Grund und farbiger Zeichnung: die Übergabe des Bacchuskindes an Silen; Rückseite musizierende Figuren. 121. komische Darstellung von Jupiters und Merkurs Besuch bei Alkmene. Am Ausgang eine unteritalische Vase mit Aussendung des Triptolemos. — Das im Sommer 1907 in Neuordnung begriffene VIII. Zimmer enthält eine große Anzahl zierlicher, fein bemalter *Trinkschalen*, meist mit Szenen aus dem täglichen Leben. In einem Schrank kleine Vasen, z. T. von barocker Form. Man beachte u. a. Menelaos und Helena, getrennt durch Aphrodite; Hahnenkampf; Jason und Athene. An der Wand oben Kopien von Gemälden eines Grabes in Vulci, welche die etruskische Kunst bereits von der griechischen beeinflußt zeigen: darunter befindet sich, wie die Inschriften zeigen, außer mythologischen Szenen (Kassandra, Achill schlachtet dem Patroklos Totenopfer) eine historische, ein Abenteuer des Mastarna (Servius Tullius) und des Caeles Vibenna. In den Glaskästen unter den Fenstern antike Gläser, z. T. durch Technik und Schönheit der Farben bemerkenswert. In der Mitte ein Tisch mit Mosaik von Gläserfragmenten. — Von hier zurück zum VI. Zimmer, von da r. in das

IX. Zimmer, wo besonders Bronzegegenstände aller Art, Hausrat, Waffen, Schmuck, sowie Goldsachen aufbewahrt werden. An der Wand r. 313. eine Kriegerstatue, sog. Mars von Todi (S. 74), mit umbrischer Inschrift „Ahal Trutitis dunum dede" = Ahala Trutidius donum dedit, also ein Weihgeschenk (III. oder II. Jahrh. vor Chr.). An der Wand dahinter Helme, Schilde, Spiegel mit eingravierten Zeichnungen. In der Ecke zwischen Tür und Fenster 283. Bronzeknabe mit Vogel; dann ein Glasschränkchen mit Votivgegenständen aus Vicarello (S. 110; hauptsächlich goldene und silberne Becher), außerdem Bronzegefäße, Ringe, geschnittene Steine. Vor dem Fenster *327. ovale Cista von Bronzeblech aus Vulci mit Reliefs (Amazonenkämpfen), welche aus Stempeln geschlagen sind; in der Cista fanden sich weibliche Toilettengegenstände.

In der Mitte ein Schrank mit Sachen aus Pompeji, darunter ein schönes marmornes Reiterrelief. In dem drehbaren Glasschrank *Goldschmuck* aus etruskischen Gräbern: man sieht, daß das prunkliebende Volk der Etrusker es zu großem Geschick in der Bearbeitung edler Metalle gebracht hat. Doch stammt ein großer Teil der

Gegenstände auch aus phönizischen oder karthagischen Werkstätten, in denen nach assyrischen und ägyptischen Mustern für den Export gearbeitet wurde: dazu gehören hauptsächlich die in den oberen Abteilungen des Schrankes befindlichen drei silbernen goldplattierten Schalen mit erhabenen Darstellungen (ähnliche im Schatz von Praeneste, S. 222), und der l. und r. davon hängende Goldschmuck (Brustschild, Armbänder u. a.), mit getriebenen Ornamenten oder mit feiner Granulararbeit versehen. Vor dem 2. Fenster 329. eherne Statuette eines Knaben mit der Bulla und etruskischer Inschrift. Weiter rechts eine Wärmpfanne mit Zange u. Schürhaken. Vor dem 3. Fenster 207. eine zweite, minder gut erhaltene Cista mit eingravierten Zeichnungen (Athletengruppen). An der Ausgangswand: 175. Rest einer Bronzestatuette; 173. Oberteil einer Porträtstatue; davor 205. restaurierte Biga; 206. Bronzearm von vorzüglicher Arbeit, gefunden in Civitavecchia zugleich mit dem r. von der Biga stehenden Delphinschwanz und dem an der Wand dahinter befestigten Speer; es sind Reste einer Kolossalstatue eines als Neptun dargestellten Kaisers. In dem Schrank 170. Bronzegegenstände des täglichen Lebens; in der Ecke 145. Wärmpfanne. An der Rückwand: Gefäße, Kandelaber, Kessel und Schilde; 57. eine Räucherpfanne mit vier Rädern, davor 155. ein ehernes Bett, beide hochaltertümlich (c. 600 vor Chr.); 69. etruskische Signaltrompete (lituus); 32-34. schildartige Bronzeplatten mit Reliefköpfen in der Mitte; sie dienten zur Dekoration der Decke und der Türfelder der Grabkammer. Neben der Eingangstür 16. schöner weiblicher Bronzekopf. — Nun durch die kleine Tür an der zuerst beschriebenen Wand in den X. Raum, einen Korridor, wo Wasserröhren und kleine Bronzen aufbewahrt werden. — Von hier in das

XI. Zimmer. Es enthält außer allerhand Tongefäßen (darunter einige sehr altertümliche mit eingeritzter geometrischer Dekoration) und drei großen Sarkophagen (der mittlere mit Bemalung) zahlreiche Kopien von Grabgemälden aus Corneto und Vulci, die für die Entwickelung der altitalischen Malerei sehr bezeichnend sind. Des Raumes wegen mußten die Bilder in mehreren Reihen übereinander untergebracht werden, während die Originale in Streifen je eine Wand der Grabkammer ausfüllen. Die älteste Stufe zeigen die Bilder an den Schmalseiten des Saales (außer der Szene über der Tür), welche archaischen griechischen Zeichnungen einigermaßen verwandt, aber ungeschickter und ohne tieferes Naturgefühl sind (bis c. 450 vor Chr.). Einer zweiten Stufe gehören die Bilder der Langwand an, in denen man den Fortschritt erkennt, den die Etrusker unter griechischem Einfluß in der Technik des Zeichnens und der Auffassung der menschlichen Gestalt machten; daneben treten auch etruskische Eigentümlichkeiten, besonders in den Köpfen hervor, welche noch alle im Profil gebildet sind (etwa von der Mitte des v. Jahrh. ab). Alle diese Gemälde stellen Spiele und

Tänze dar, die zu Ehren der Gestorbenen aufgeführt wurden. Die dritte völlig entwickelte Stufe zeigt das Bild über der Tür: Pluto und Proserpina, das etwa den Malereien im 8. Zimmer gleichsteht. Man beachte auch die allmähliche Erweiterung der Farbenskala; ferner die rein konventionelle Farbenwahl, so sind alle Pflanzen, Kränze, Bronzegefäße blau statt grün. — Geradeaus in das XII. Zimmer, mit Goldschmuck, Vasen und Terrakotten aus dem Gebiet von Viterbo. — Nun zurück durch das XI. Zimmer, den Korridor und das IX. Zimmer, geradeaus in das

XIII. Zimmer. L. ein etruskisches Grab mit drei Lagern, Vasen u. a.; am Eingang zwei Löwen. Im Schrank in der Mitte Bronzen, darunter zwei Reliefköpfe von Idolen mit Attributen vieler Götter; am Fenster Gegenstände aus Knochen.

3. Archiv und Bibliothek.

Das Archiv ist nur zu Studienzwecken mit Erlaubnis des Kardinal-Staatssekretärs zugänglich (8½-12 Uhr an denselben Tagen wie die Bibliothek, S. 160). Der gleichen Erlaubnis bedarf man zur Benutzung der Bibliothek. Unerläßlich ist für beide die Empfehlung eines wissenschaftlichen Instituts. Auch hat man genau anzugeben, worin man zu arbeiten wünscht (Zugang s. S. 355). Dagegen ist die Besichtigung der Bibliothek und der mit ihr verbundenen Sammlungen an keine besonderen Bedingungen geknüpft (vgl. S. 163). Eingang wie S. 374 angegeben: durch die Glastür gegenüber der zur Sala a Croce greca hinaufführenden Treppe, man klopfe! Trkg. ½-1 fr. — *Vergl. den Plan S. 342/343.*

Schon früh fingen die Päpste an, Urkunden aufzuheben und zu sammeln, aus denen das im IV. Jahrh. unter Damasus I. zuerst erwähnte **Archiv** entstand. Nach mannigfachen Einbußen, besonders durch die Übersiedelung nach Avignon, und mehrmaligem Wechsel des Lokals ist es jetzt zum größten Teile im Vatikan in 25 Zimmern aufgestellt. Es enthält eine Menge der wichtigsten Urkunden, besonders aus dem Mittelalter, die päpstlichen Regesten, sämtliche Schreiben der Päpste, von Innocenz III. an, sowie die Korrespondenz mit Nuntien und fremden Höfen.

Die **Bibliothek** *(Bibl. Apostolica Vaticana)* wurde um 1450 von Nikolaus V. gegründet, der etwa 9000 Bücher aus dem Privatbesitz seiner Vorgänger zu einer öffentlichen Sammlung vereinigte, mit Giov. Tortelli als Vorsteher. Die folgenden Päpste vernachlässigten die Sammlung, bis Sixtus IV. ihr 1475 einen besonderen Raum und bestimmte Einkünfte anwies und den Gelehrten Platina zum Vorsteher bestellte. Da die Zahl der Bücher stetig wuchs, ließ Sixtus V. 1588 durch Dom. Fontana das gegenwärtige Gebäude errichten, welches den großen Hof des Bramante durchschneidet. Durch Schenkungen und Ankäufe hat der Bestand jetzt eine Höhe von etwa 250000 gedruckten Bänden und über 34000 Handschriften erreicht. An der Spitze steht ein Kardinalbibliothekar, der in den gewöhnlichen Geschäften durch den Unterbibliothekar und einen Präfekten vertreten wird.

Von größeren Bibliotheken, die der Vaticana einverleibt wurden und zum Teil ihre besondere Numerierung haben, sind hervorzuheben: die *Bibliotheca Palatina*, die Kurfürst Maximilian von Bayern 1623 bei der Eroberung Heidelbergs wegnahm und dem Papste schenkte; 1657 kam die *Bibl. Urbinas*, von Herzog Federigo da Montefeltro gegründet, 1690 die *Bibl. Reginensis*, welche der Königin Christine von Schweden gehört hatte, 1746 die *Ottoboniana*, durch Alexander VIII. (Ottobuoni) angekauft, hinzu; 1902 kaufte Leo XIII. für 500 000 fr. die *Bibl. Barberiniana*. — Die 1797 nach Paris entführten 843 Handschriften kamen 1814 zurück, doch wurden 886 deutsche Handschriften aus der Palatina nach Heidelberg zurückgeliefert.

Durch die Glastür gegenüber dem Aufgang zum Statuenmuseum (vgl. S. 390) betritt man einen 300m langen Korridor unter der Galleria dei Candelabri, der durch Zwischenwände in Zimmer und Abteilungen geschieden ist.

I. Abteilung: **Museo profano.** R. neben der Tür **Bronzekopf des Augustus*, einer der schönsten Porträtköpfe des Kaisers; l. *Bronzekopf des Nero*, darunter auf dem Tisch ein schönes Mädchenköpfchen. An dem ersten Bogen des anschließenden Korridors zwei Porphyrsäulen aus den Thermen Konstantins (S. 192), an jeder Brustbilder zweier Könige ausgemeißelt. In den Wandschränken die *Bibliotheca Ottoboniana*, die *Bibliotheca Reginensis* und die Handschriften der Vaticana. — Hat man die Hälfte des Korridors durchschritten, so tritt man l. in den von Fontana erbauten

Großen Saal, der $70_{,8}$m lang, $15_{,6}$m breit und 9m hoch ist. Das Gewölbe ruht auf sechs Pfeilern. Die Malereien, aus dem XVII. Jahrh., schildern das Leben Sixtus' V., mit Ansichten seiner Bauten, die den Osten Roms völlig umgestalteten. An den Wänden und um die Pfeiler liegen in 46 niedrigen Schränken die Handschriften; einige besonders berühmte sind in Glasschränken ausgestellt: Palimpsest der Republik von Cicero; Dante mit Miniaturen des Giulio Clovio; Rituale des Kardinals Ottobuoni; Brevier des Königs Matthias Corvinus; Handschriften des griech. Neuen Testaments (V. Jahrh.), des Vergil (V. Jahrh.), des Terenz (der sog. Bembinus aus dem IV. Jahrh.); Autographen von Petrarca, Luther und Tasso; ein Bändchen Liebesbriefe Heinrichs VIII. an Anna Boleyn. Die antiken Vasen auf den Schränken sind meist unbedeutend. Außerdem sind hier eine Anzahl Geschenke, die den Päpsten von Fürsten gemacht wurden: Sèvres-Kandelaber und -Vasen von Napoleon I., Karl X. und Präsident Mac-Mahon, Taufbecken des Prinzen Napoleon von Napoleon III., Berliner Vasen von Friedrich Wilhelm IV. und Wilhelm I., Malachitsachen aus Rußland usw.

Die anstoßenden Arbeitszimmer kann man nur von der Galleria Lapidaria (S. 384) aus betreten. Darin die Bildnisse der Kardinalbibliothekare, eingerahmte Papyrusrollen und Kopien der beiden Säulen mit nachgeahmt altattischer Schrift vom Triopium des Herodes Atticus an der Via Appia (Originale in Neapel).

Zurück zum Korridor und in die folgenden Räume. In den beiden ersten Abteilungen stehen die lateinischen Handschriften der *Palatinischen* und *Urbiner Bibliothek*. In der I. Abt. über dem Eingang: Innenansicht von SS. Apostoli, über dem Ausgang: Innenansicht der alten Peterskirche; in der 2. Abt. über dem Eingang: Aufrichtung des vatikanischen Obelisken (S. 343); über dem Ausgang: Ansicht der Peterskirche nach Michelangelo's Entwurf; l. Ansicht des Vatikans mit Umgebung: Statue des h. Petrus von Amalia Dupré. In der 3. Abt. Quattrocentisten und orientalische Handschriften; Geschenke zum Jubiläum Leo's XIII.; zu Seiten des Ausgangs zwei antike Porträtstatuen. Es folgt das

Museum christlicher Altertümer (*Museo cristiano;* Präfekt Baron R. Kanzler). Im I. Zimmer Gegenstände aus den Katakomben und altes Kirchengerät: Lampen, Gläser, Gemmen, Statuetten, Gemälde, Altartafeln, Kreuze u. a. Im zweiten Schaupult r. einige schöne elfenbeinerne Diptychen und Triptychen. Ferner hier provisorisch Reliquienbehälter aus der Kapelle Sancta Sanctorum (S. 335). - Das II. Zimmer hat Deckenmalereien von *Raphael Mengs*. In den Glasschränken des III. Zimmers eine große Zahl kleiner Bilder aus dem XIII.-XV. Jahrhundert (Schule des Fra Angelico, Triptychon von Ant. da Viterbo u. a.), die jetzt mit der vatikanischen Gemäldegalerie vereinigt werden sollen (s. S. 369). An der Ausgangswand r. ein russischer Bilderkalender in Kreuzform, aus dem XVII. Jahrh.; daneben r. ein großes Kreuz von Bergkristall, in den die Passion eingeschliffen ist, von *Valerio Vicentino*, Geschenk Pius' IX. Der schöne geschnitzte Betstuhl Pius' IX. ist französische Arbeit. Unter Glas ein prächtiger Betstuhl, Geschenk der Genueser an Leo XIII. – In dem Nebenraum, der ehem. Kapelle Pius' V., mit Fresken von *Giorgio Vasari* und der 1797 und 1849 sehr bestohlenen Münzsammlung (nicht sichtbar), ein großes Glasgemälde, Pius IX. im päpstlichen Ornat, von Mich. Hub. Schmitz in Aachen. Außerdem in diesem und dem folgenden Zimmer die zahlreichen Adressen, welche Papst Pius IX. im Laufe seiner Regierung erhalten hat. — Vorn im dritten Zimmer ist r. der Eingang zu einem

Zimmer mit **antiken Gemälden**. Im Fußboden antike Mosaiken. R. Wand: Phaedra und Scylla, wie die S. 393 gen. Myrrha, Pasiphae und Canace bei Torre Marancia gefunden: fünf Bilder mythologischer Frauen, die durch unglückliche Liebe berühmt geworden sind: darüber Odysseus bei Circe, wie die S. 393 gen. Darstellungen aus der Odysee auf dem Esquilin gefunden. Dann die sog. **Aldobrandinische Hochzeit*, um 1600 in Rom gefunden.

Das Bild, eine römische Kopie aus der Zeit des Augustus, wohl nach einem griechischen Original aus der Zeit des Apelles und Aetion (IV. Jahrh. vor Chr.), ist eins der schönsten uns erhaltenen antiken Gemälde. Es zeigt in reliefartiger Anordnung und feiner Farbenabtönung in der Mitte die in einen weißen Mantel gehüllte Braut, der Aphrodite liebevoll zuredet, r. auf der Schwelle den harrenden Bräutigam, an den Enden Gruppen von

Frauen und Mädchen, die das Brautbad zurichten und das Hochzeitslied anstimmen.

Geharnischter Krieger, 1868 in Ostia gefunden; darüber Odysseus und die Lästrygonen. L. neben einer Tür: Schiff, das beladen wird, aus Ostia. Am Fenster orientalische Gold- und Silbergeräte, Geschenke des Kaisers von Siam an Pius IX. Links und r. davon: Myrrha und Pasiphae. An der Langwand weiter: die Späher des Odysseus bei den Lästrygonen, darunter ein Amoren-Zweigespann; r. davon Opferzug vor einer Artemis-Statue; l. Schiff auf einem Wagen gezogen und Beginn einer Prozession, wahrscheinlich Darstellung einer volkstümlichen Frühlingsfeier. Dann Odysseus in der Unterwelt; darunter eine Unbekannte (sog. Byblis) und Canace. — Ein anstoßendes Kabinett enthält eine Sammlung *antiker Ziegelstempel* und eine Anzahl von *Majoliken* (Teller), die aus dem päpstlichen Sommerpalast zu Castel Gandolfo stammen.

Die *päpstliche Mosaikfabrik (Studio del Musaico)* ist unter der Galleria Lapidaria, der Eingang in der l. Ecke der Hinterseite des Damasushofes (S. 355). Permeß wochentags 8-11 Uhr in der Segretaria des Maggiordomo, Via della Segretaria 8. Die Fabrik verfertigt mittels farbiger Glaspasten, deren Zahl man angeblich auf 28000 gebracht hat, Nachahmungen berühmter Bilder für Kirchen.

---

d. Die Lungara.

Der Borgo ist mit Trastevere durch eine 15 Min. lange Straße, die von Julius II. angelegte Via della Lungara, verbunden. Man verläßt den Borgo durch die von Antonio da Sangallo d. J. begonnene *Porta di S. Spirito* (Pl. II 9; S. 343), welche ungefähr die Stelle des alten Sachsentors einnimmt.

Gleich r. zweigt von der Lungara ein breiter Fahrweg (Via del Gianicolo) ab und zieht sich im Bogen die Höhe des Janiculum hinan zum nördlichen Eingang der S. 405 beschriebenen *Passeggiata Margherita,* wohin man auch auf der steilen Salita di S. Onofrio in 5 Min. direkt gelangen kann. Der Fahrweg führt oben durch den ehemaligen Klostergarten von

S. Onofrio (Pl. II 9). Vor der um 1430 zu Ehren des ägyptischen Einsiedlers Onuphrius erbauten Kirche und dem zugehörigen Kloster der Hieronymianer eine von acht Säulen getragene Halle; in derselben r. in den Lünetten unter Glas drei Fresken aus dem Leben des h. Hieronymus (Taufe, Züchtigung, Verzückung), von *Domenichino.* Bei verschlossener Tür klingle man r. am Kloster ($^1/_2$ fr.).

Links in der 1. Kap. ein von Pius IX. errichtetes Grabmal Torquato Tasso's (s. S. 394), mit Statue von *de Fabris* (1857). In der 2. Kap. Grabstein des sprachkundigen Kardinals Mezzofanti († 1849). — Rechts in der 2. Kap.: Madonna von *Ann. Caracci.* Am Ende der r. Wand: Grabmal des Erzbischofs Giov. Sacchi († 1505); in der Lünette: *Pinturicchio* (Schulbild). h. Anna die Madonna unterrichtend. In der Tribuna übermalte Fresken *Bald. Peruzzi's*.

Einige Zimmer des anstoßenden Klosters sind als *Tassomuseum* (Museo Tassiano) eingerichtet: Eintritt wochentags 1. Nov.-31. Mai 9-3, 1. Juni-31. Okt. 9-11, 3-6 Uhr gegen 25 c.; Sonn- und Feiertags 9-12 Uhr frei, an hohen Festtagen geschlossen. In einem Gang des ersten Stockes ein schönes Freskogemälde, wahrscheinlich von Boltraffio, Madonna mit Stifter, schlecht übermalt, so daß z. B. der erhobene Arm des Kindes ganz mißgestaltet erscheint. Dann zwei Zimmer mit Drucken und Autographen und ein drittes, in welchem Tasso, als er auf dem Kapitol den Lorbeer empfangen sollte, zuletzt wohnte und am 25. April 1595 starb, mit seiner Büste aus Wachs nach der Totenmaske, seinem Porträt (von Balbi, 1864), Autograph usw. — L. neben dem Kloster am Hügelabhang die Reste der Eiche, unter welcher Tasso zu sitzen pflegte: prächtige Aussicht.

Weiter in der Lungara. L. überschreitet ein *Kettensteg* (Pl. II 9, 12: 5 c.) den Fluß, am andern Ufer S. Giovanni de' Fiorentini (S. 248). Der Brücke gegenüber an der Lungara der große *Palazzo Salviati* (Pl. II 9), mit schönem Hofe aus dem XVI. Jahrhundert, jetzt Kadettenanstalt (Collegio militare). Dann r. das Gefängnis *Regina Coeli* (Pl. II 8, 11). l. der Ponte Gianicolense (S. 250).

15 Min. von Porta S. Spirito, dem S. 396 gen. Pal. Corsini gegenüber, hat man zur L. den Eingang in die

****Villa Farnesina** (Pl. II 11; vgl. S. 162), einst im Besitz des päpstlichen Bankiers und begeisterten Kunstfreundes Agostino Chigi (S. 171), der das anmutige kleine Renaissancegebäude 1509-11 aufführen ließ. 1580 erwarb Kardinal Al. Farnese die Villa. Nach dem Aussterben der Farnese kam sie 1731 an die Könige von Neapel, deren letzter, Franz II., sie 1861 auf 99 Jahre an den Herzog von Ripalda vermietete. Der bis an den Tiber reichende Garten wurde durch die Flußregulierung beträchtlich verkleinert.

Aus dem Garten tritt man in eine ursprünglich offene, jetzt durch Fenster geschlossene Eingangshalle, die zwischen zwei vorspringenden Flügeln im Erdgeschoß des Gebäudes liegt und eine Länge von 19,5m, eine Breite von 7,15m hat. Die Decke mit ihren Zwickeln und Kappen ist nach den Entwürfen *Raffaels* 1516-18 von seinen Schülern *Giulio Romano* und *Francesco Penni* und (für die umrahmenden Girlanden) *Giovanni da Udine* mit **zwölf Darstellungen aus der Geschichte der Psyche geschmückt, die zu den reizendsten Schöpfungen des Meisters gehören (vgl. S. LXXIII). Raffael lehnt sich an das Märchen des Apulejus, eines in der Renaissancezeit viel gelesenen lateinischen Schriftstellers des II. Jahrhunderts nach Chr., stellte aber nur die im Olymp spielenden Szenen dar. Nach einer neueren Vermutung hätten die an dramatischer Wirkung jene weit übertreffenden Szenen auf der Erde, in

Psyche's Palast, auf den Wandflächen zur Darstellung kommen sollen. Trotz der zu Anfang des XVIII. Jahrh. von C. Maratta ausgeführten Restauration, die besonders für den blauen Grund ungünstig war, ist die heitere Schönheit der Raffaelischen Schilderung unverwüstlich. Mit Recht gilt der Raum auch für jene an herrlichen Kunstschöpfungen so reiche Zeit als einzig in seiner Art.

Die Darstellung beginnt links und setzt sich nach rechts auf der dem Eingang gegenüberliegenden Wand fort. Das Märchen, wie es Apulejus erzählt, ist kurz folgendes: Ein König hat drei Töchter, deren jüngste, Psyche, durch ihre Schönheit den Zorn der Venus auf sich zieht; diese fordert ihren Sohn Amor auf, das Mädchen durch Liebe zu einem Unwürdigen zu strafen (1). Amor verliebt sich selbst in sie und zeigt sie den drei Grazien (2, das besterhaltene Bild); er besucht sie nur nachts und warnt sie, nach seinem Aussehen zu forschen, was Psyche, durch ihre neidischen Schwestern aufgestachelt, dennoch tut. Sie zündet eine Lampe an und weckt den Gatten durch einen heißen Öltropfen; dieser flieht zürnend und Psyche irrt verzweiflungsvoll umher. Inzwischen hat Venus Amors Vermählung erfahren, sperrt den Sohn ein und bittet Juno und Ceres, ihr Psyche finden zu helfen, was beide verweigern (3). Darauf fährt sie in ihrem Taubenwagen zu Jupiter (4) und bittet ihn um Hilfe (5); ihr Wunsch wird gewährt und Merkur fliegt aus, um Psyche zu suchen (6). Venus quält sie auf alle Weise und gibt ihr unmögliche Arbeiten auf, die sie mit allerhand freundlicher Hilfe vollbringt; zuletzt muß sie die Büchse der Proserpina aus der Unterwelt holen (7) und bringt sie der erstaunten Venus (8). Amor, seiner Haft endlich entflohen, bittet Jupiter um Psyche, Jupiter küßt ihn (9), läßt durch Merkur die Götter zur Verhandlung laden und Psyche zum Olymp emportragen (10). Psyche erscheint in der Versammlung der Götter, Merkur reicht ihr den Trank der Unsterblichkeit (Deckenbild rechts), die Götter feiern das Hochzeitsmahl (Deckenbild links). — In den Kappen unter den Zwickeln vierzehn Amoren mit den Attributen der Götter, die Amor alle besiegt. — Zur bequemeren Betrachtung der Bilder ist es gut, Handspiegel mitzubringen.

Der an die Eingangshalle l. anstoßende Saal, ursprünglich wie jene ohne die schützenden Fenster enthält ein zweites Werk *Raffaels* aus dem heiter mythologischen Kreise, nicht minder herrlich als die Psychedarstellungen, diese in der Ausführung, da sie ganz von des Meisters eigener Hand herrührt (1514), sogar weit übertreffend: **Galatea, auf einer Muschel über das Meer getragen, umgeben von Nymphen, Tritonen und Liebesgöttern. *Links daneben malte *Sebastiano del Piombo* den Polyphem, der sich vergeblich bemüht, durch seine Liebeslieder Galatea's Herz zu rühren (im XVIII. Jahrhundert erneut und ganz verdorben). Meisterhaft in Entwurf und Ausführung sind die 1518 vollendeten *Deckenmalereien *Baldassare Peruzzi's*, die in scheinbar plastischer Umrahmung den gestirnten Himmel schildern: das große Deckenbild zeigt das Sternbild des Perseus und des Wagens, mit der Nymphe Kallisto als Lenkerin, die vierzehn Spitzbogen andere Sternbilder, die zehn Sechsecke die zwölf Zeichen des Tierkreises und sieben Planetengötter, meist zu Gruppen vereinigt. Dazu fügte *Seb. del Piombo* um 1511 in den Lünetten Darstellungen aus dem Reiche der Lüfte oder aus Sagen, die mit der Verwandlung in Vögel endigen. — Die Restaurationen in diesem wie im Eingangsraum (1861-70) sind nur zum Teil geglückt.

Die Lünetten entnehmen ihre Stoffe den Metamorphosen des Ovid, doch ist die Deutung im einzelnen nicht immer sicher. Südl. Schmalwand: 1. Tereus mit Philomele und Prokne (?); die Töchter des Kekrops und Erichthonius. Langwand: 3. Dädalus und Ikarus; 4. Juno auf dem Pfauenwagen; 5. Scylla tötet ihren Vater Nisus, indem sie ihm das purpurne Haar abschneidet; 6. Phaeton; 7. Boreas und Oreithyia. Nördl. Schmalwand: 8. Flora und Zephyrus; 9. ein kolossaler grau in grau gemalter Kopf, der fälschlich Michelangelo zugeschrieben wird. — Die Landschaften werden mit Unrecht Gasp. Poussin zugeschrieben.

Das obere Stockwerk der Farnesina, das nur mit schwer erlangbarem Permeß zugänglich ist, enthält im 1. Zimmer (Salone) Architekturmalereien (Ausblick auf Rom, Borgo, Janiculum usw.), von *Bald. Peruzzi*, eine der bedeutendsten Leistungen derartiger Illusionsmalerei. Der Fries mit mythologischen Szenen ist gleichfalls von *Peruzzi (?)*. Eingangswand: Deukalionische Flut, Apollo und Daphne. Langwand: Venus und Adonis, Bacchus und Ariadne, Wettfahrt des Pelops und Oenomaus, Parnaß, Triumph der Venus. Ausgangswand: Endymion und Luna, Kephalos und Prokris; über den Fenstern, schwer sichtbar: bacchische Szenen, Arion auf dem Delphin. Über dem Kamin: Schmiede des Vulkan. — Im II. SCHLAFZIMMER: **Sodoma*, Hochzeit des Alexander und der Roxane, 1511-12 gemalt. Zu Grunde liegt die Beschreibung eines Gemäldes des Action (bei Lucian): der Roxane auf dem Brautbette wird Alexander von Amoretten zugeführt; Hymenäus und der Brautführer Hephästion stehen in Bewunderung versunken, während andere Amoretten mit den Waffen Alexanders spielen. — Ausgangswand: *Sodoma*, die Familie des Darius vor Alexander. — Das dritte Gemälde, Alexander auf dem Bukephalos, ist ein schwaches Werk eines römischen Manieristen aus der zweiten Hälfte des XVI. Jahrhunderts.

Auf der anderen Seite der Lungara erhebt sich der

Palazzo Corsini (Pl. II 11), ehemals den Riario gehörig, 1668-89 Wohnsitz der katholisch gewordenen Königin Christine von Schweden, Tochter Gustav Adolfs, die hier 1689 starb (S. 319), 1729-32 für den Kardinal Neri-Corsini, den Neffen Clemens' XII., von *Ferd. Fuga* umgebaut, mit Säulenhallen in beiden Höfen und schönem Durchblick auf den Garten, der sich hinten am Abhang aufwärts zieht (S. 406). 1884 ist der Palast durch Kauf in das Eigentum des Staats übergegangen und der kgl. Akademie der Wissenschaften, *R. Accademia de' Lincéi*, überwiesen worden. — Vom Hauptportal führt geradeaus eine Doppeltreppe, welche die Höhe des ersten Stockwerks in einem Laufe erreicht, zur

***Galleria Nazionale** (Eintr. s. S. 162). — Außer der alten Corsinischen Sammlung umfaßt die Galerie die von dem Fürsten Giov. Torlonia († 1829) der Stadt vermachte Sammlung, eine Anzahl Bilder aus dem Monte di Pietà (S. 250) und dem Pal. Sciarra (S. 218) und wird auch durch Ankauf vermehrt. Fast alle Zeiten und Schulen sind vertreten, z. T. durch ausgezeichnete Stücke, besonders gut ist die ältere stilisierende Landschaftsmalerei (*Andr. Locatelli*, 1660-1741). Auch die wenigen deutschen und holländischen Bilder sind beachtenswert. Kein Katalog. Direktor Prof. Dr. F. Hermanin.

In dem Gang von der Treppe zum Vorsaal r. und l. antike Köpfe; man beachte l. den zweiten, einen Herakleskopf nach Skopas. —

Vorsaal: in der Mitte Psyche, von Zephiren getragen, von *Gibson;* an der Rückwand r. Tänzerin von *Canova;* ferner Skulpturen aus seiner Schule; dazwischen drei antike Statuen. Rechts in das

I. Zimmer. Eingangswand: schöne Landschaften von *Locatelli.* Neben der Tür der Rückwand: *Horace Vernet,* männl. Bildnis; weiter hier und an der Ausgangswand römische Ansichten von *Panini.* Zwischen Ausgangstür und Fenster: römische Ansichten von *van Witel* (Vanvitelli). Vor dem zweiten Fenster l. 215. das antike **Corsinische Silbergefäß,* mit Darstellung der Freisprechung des Muttermörders Orest durch den Areopag in Athen, in getriebener Arbeit. Zwischen den Fenstern 158. *Poussin,* Landschaft.

II. Zimmer. In der Mitte ein antiker Marmorstuhl mit Reliefs (auf Krieg, Jagd und Opfer bezüglich). Eingangswand: venezianische Ansichten von *Canaletto.* Linke Wand: 3725. *Baciccio (Giov. Batt. Gaulli),* Bildnis Bernini's; 197. *Maratta,* h. Familie; 241, 229, 243. *Carlo Dolci,* h. Apollonia, h. Magdalena, h. Agnes. Gegenüber 245, 294. *Guido Reni,* Eccehomo. An der Rückwand 395. *Salvator Rosa,* Schlachtenbild. — Rechts in das

III. Zimmer. An den Türflügeln 397, 400. *Rotari,* Frauenköpfe; 186. *Ribera,* alter Arbeiter. L. vom ersten Fenster 732. *Carlo Dolci,* Madonna. An der Rückwand 196. *Mola,* Homer; 244. *Luca Giordano,* Christus unter den Schriftgelehrten; 430, 437, 188, 730, 1099. Bilder von *Guercino.* — Anstoßend ein neuerbauter Saal mit einer Marmorgruppe, Herakles schleudert Lichas vom Felsen, eins der Hauptwerke *Canova's.* Zurück in das III. und gleich r. in das

IV. Zimmer: Niederländische Schulen. 336, 337, 342, 343. *Paul de Vos* oder *Snyders,* Jagdstücke; 764. *Thomas de Keyser,* weibl. Bildnis; 767. *Moreelse,* männliches Bildnis; 440. *Karel du Jardin,* Hufschmied; 499. *G. van den Eeckhout* (nicht Rembrandt), Christus in Emmaus; 445. *D. Teniers d. J.,* Kaserne; 401. *Pieter de Hooch,* Lanzknecht; 478. *Ferd. Bol,* Kimon und Pero.

V. Zimmer, angebl. Sterbezimmer Christine's von Schweden (S. 396). Vlämische Schule: 971. *Rubens,* (Schulbild) ein Mönch; 292. *Paulus Moreelse,* männl. Bildnis; gegenüber 225. *Rubens (?),* h. Sebastian. Zwischen den Fenstern 220. *van Dyck (?),* Madonna.

VI. Zimmer. *2171. *Bronzino,* Stefano II. Colonna (1546); 632. *Dosso Dossi,* männl. Bildnis; 581. *venezianische Schule,* männl. Bildnis; 615. *Tizian,* Philipp II. in jungen Jahren (Schulbild, Original in Neapel); 584. *Bugiardini,* Kopie nach Raffaels Leo X. im Pal. Pitti zu Florenz (mit Änderung in den Nebenpersonen). — Anstoßend zwei Kabinette mit Bildern von *Guido Reni* (der Kustode schließt auf, kleines Trkg.).

VII. Zimmer. Zwischen Eingang und Fenster: 610. *Bart. Veneto,* männl. Bildnis; 510. *Andrea del Sarto (?),* Madonna. R.

vom Eingang 631. *Tizian* (Schulbild), Bildnis; 659. *Paolo Veronese* (Schulbild), Verlobung der h. Katharina; oben 623. *Rocco Marconi*, die Ehebrecherin vor Christus; 618. *Cariani*, h. Familie; 627. *Garofalo*, Kreuztragung; 644. *ferraresische Schule (Nic. Pisano ?)*, Pietà; 640. *Inn. da Imola*, h. Familie; 648. *Amico Aspertini* (bologneser Schule), ein Heiliger; 589. *Bagnacavallo*, h. Familie; 580. *Bugiardini*, Madonna; *579. *Fra Bartolomeo*, h. Familie; 590. *Rosso Florentino*, h. Familie; 574. *Bronzino*, florentinische Edelfrau. Unten an den Wänden des VII. und VIII. Zimmers (Nr. 204-214) Reste von Wanddekorationen aus dem Palazzo Altoviti (ehemals gegenüber der Engelsburg), von *Perin del Vaga*.

VIII. Zimmer. Über dem Eingang 716. *Palmezzano*, Gott Vater; R. der Tür 712. *Franc. Francia*, h. Georg; 2371. *Antoniazzo Romano*, thronende Madonna zwischen den Hl. Paulus und Petrus (1488); 726. *Nic. Rondinelli*, Madonna; ohne Nr. *Venezianische Schule* (Giorgione?), h. Georg. Zwischen den Fenstern 718. 721. *Pietro Alemanno*, h. Michael, h. Petrus. R. vom Durchgang in das nächste Zimmer: 733. *Fra Angelico da Fiesole*, jüngstes Gericht (Triptychon): *Mosaikbild* aus dem XVIII. Jahrh., Clemens XII. und Kardinal Neri-Corsini (S. 396). In der Mitte: *Piero di Cosimo*, Maria Magdalena.

IX. Zimmer (*Kabinett*). 752. *Meister des Todes Mariä*, Kardinal Bern. Clesius, Fürstbischof von Trient; 750. *Holbein (?)*, Heinrich VIII.; 758. *Hans von Schwaz*, Bildnis des Wolfgang Tanvelder (1524); 733. *Hans Hoffmann* (Ende XVI. Jahrh.; nicht Dürer), Hase; 1382, 1387. *Pozzo*, Skizzen für die Decke von S. Ignazio (S. 212). — Anstoßend ein Saal mit einigen provisorisch aufgehängten Bildern, u. a. *191. *Murillo*, Madonna.

Aus dem S. 396 gen. Vorsaal führt l. hinten eine Treppe hinauf zu einem Umgang; hier l. in das

Kupferstichkabinett (Gabinetto delle Stampe) mit einer hochbedeutenden Sammlung von Kupferstichen und Handzeichnungen. Eine Anzahl der Blätter ist ausgestellt, die übrigen werden auf besonderen Wunsch Di. Do. Sa. 10-12 Uhr vorgelegt.

Die **Bibliothek** dieses Palastes (Zutritt s. S. 160; Eingang durch das Hauptportal, dann, vor der großen Treppe r. ab, durch einen Korridor zu einer Wendeltreppe, 1. Stock) wurde 1754 von dem Kardinal Neri-Corsini gegründet. Sie enthält 70000 Druckbände und 2500 Handschriften.

Am S.-Ende der Lungara liegt, mit dem Eingang im Vicolo Corsini, Nr. 5, das dem Publikum verschlossene **Museo Torlonia** (Pl. II 10), Eigentum des Fürsten *Don Giulio Torlonia*, nächst den großen öffentlichen Sammlungen die reichste Antikensammlung Roms. Sie ist zum großen Teil aus dem ehem. Museo Giustiniani gebildet, wozu noch eine Anzahl früher in Villa Albani befindlicher Werke und die Ergebnisse Torlonia'scher Ausgrabungen kamen. In mehr als 600 Nummern umfaßt es nahezu alle Epochen der griechisch-römischen Kunst (490. sog. Hestia Giustiniani; reiche Sammlung von Kaiserbüsten). Katalog von P. E. Visconti (3. Aufl. 1883).

Unweit südl. wird die Via della Lungara abgeschlossen durch die *Porta Settimiana* (Pl. II 10), ein Tor in der älteren Mauer von Trastevere. — Die von hier ausgehenden Straßen *Via Garibaldi* und *Via di S. Maria della Scala* s. S. 403 und 401. — R. das Eckhaus von Via di S. Dorotea wird als Haus der Fornarina (S. 178) bezeichnet, mit altem gotischen Fenster.

e. Trastévere.

Straßenbahn von *Piazza delle Terme* über Piazza Venezia und Ponte Garibaldi s. Plananhang S. 1 Nr. 3.

Das *Janiculum* tritt in dominierender Höhe (84m) nahe an den Fluß heran. Die beiden Ufer waren in älterer Zeit hier nur durch eine Pfahlbrücke, den *Pons Sublicius*, verbunden, den die Römer in Zeiten der Gefahr abbrachen. Erst gegen Ende der republikanischen Zeit wird eine Befestigung auf dem Janiculum erwähnt und erst Augustus verleibte die *Regio Transtiberina* als XIV. der Stadt ein. Am Fluß entlang lagen prächtige Villen, doch behielt das Viertel den Charakter einer Vorstadt und war ein Hauptsitz von Ausländern, namentlich auch von Juden, die bis ins XVI. Jahrhundert hier ansässig waren (vgl. S. 252). Gegenwärtig wird Trastevere fast ausschließlich von der arbeitenden Klasse bewohnt, unter der man zahlreichen kräftigen und schönen Gestalten begegnet. Die Trasteveriner behaupten, das altrömische Blut am reinsten bewahrt zu haben, und nehmen in mancher Hinsicht dem übrigen Rom gegenüber eine Sonderhaltung ein, sprechen auch einen eigenen Dialekt.

Von den Trastevere mit der Stadt verbindenden Brücken ist die nördlichste der neue Ponte Gianicolense (S. 250), der nächste flußabwärts der **Ponte Sisto** (Pl. II 10, 13), unter Sixtus IV. 1474 erbaut. Im Altertum stand hier der 366 nach Chr. von dem Stadtpräfekten Symmachus erbaute *Pons Valentiniani*. — Gegenüber ist 1899 der *Fontanone di Ponte Sisto* wieder aufgestellt worden, ein unter Paul V. 1613 von Giov. Fontana am anderen Ausgang der Brücke erbauter, 1879 abgetragener Brunnen. R. gelangt man von hier durch die *Via di Ponte Sisto*, unweit der oben gen. Porta Settimiana vorüber, zur *Via Garibaldi*, die bergan nach S. Pietro in Montorio führt, s. S. 403; — l. durch Seitenstraßen nach S. Maria in Trastevere, s. S. 400.

Unterhalb des Ponte Sisto überschreitet der 1885-88 erbaute **Ponte Garibaldi** (Pl. II 13) den Fluß in zwei eisernen Bogen von je 55m Spannung. Die Brücke mündet auf die Piazza d'Italia, welche von der Hauptstraße Trastevere's, der *Via della Lungaretta* gekreuzt wird. L. die 1902 gut restaurierte **Torre degli Anguillara,** im XII. Jahrh. von den mächtigen Grafen Anguillara (S. 111) aus dem Geschlechte der Orsini erbaut: mit den Resten des anstoßenden festen Hauses eine der bedeutendsten mittelalterlichen

Privatbauten Roms. Im Innern (Eintr. wochentags von 9 Uhr an, klopfen; Trkg. ½ fr.) eine Sammlung von Architekturteilen, Wappen u. a. mittelalterlichen Gegenständen. Aussicht vom Turm.

Die Kirche **S. Crisógono** (Pl. II 13) ist eine dreischiffige Basilika von alter Gründung, aber vielfach umgebaut, zuletzt 1624 durch Giov. Batt. Soria, von dem die Vorhalle herrührt.

Das Innere, mit reich vergoldeter Decke von dem letzten Umbau, zeichnet sich durch seine antiken Säulen, besonders die beiden Porphyrsäulen des Triumphbogens, die größten in Rom, und durch den schönen alten Mosaikboden aus; das Deckengemälde des Querschiffs vom *Cavalier d'Arpino*. An der Tribunawand Mosaik: Madonna zwischen den Hl. Chrysogonus und Jakobus. Geschnitzte Chorstühle von 1866.

An der Ostseite der Piazza S. Crisogono, in Via Monte di Fiore, ist etwa 10m tief ein Wachtlokal der römischen Feuerwehr, das *Excubitorium* der VII. Cohorte der *vigiles* (S. xxxi), ausgegraben worden. Eintrittszeiten wie beim Forum Romanum (S. 162; Trkg. ½ fr.). Man steigt eine moderne Treppe hinab in einen kleinen mosaizierten Hof mit Brunnen in der Mitte; r. eine Kapelle mit Wandmalereien; anstoßend mehrere Gemächer, an den Wänden eingekratzte Inschriften vom Anfang des iii. Jahrh. nach Chr.

Von Piazza S. Crisogono folgen wir der Via della Lungaretta r. und erreichen nach 5 Min. die Piazza di S. Maria in Trastevere (Pl. II 10, 13), mit einem Brunnen und der gleichnamigen Kirche.

***S. Maria in Trastevere**, an der Stelle, wo zur Zeit der Geburt Christi plötzlich eine Ölquelle aus dem Boden gedrungen sein soll, angeblich durch Callistus I. unter Alexander Severus gegründet, zuerst 499 erwähnt, wurde von Innocenz II. (1140) neu erbaut und von Innocenz III. 1198 geweiht. Unter Clemens XI. fügte *Carlo Fontana* die jetzige Vorhalle hinzu (1702). Eine etwas prunkende Restauration der Kirche wurde 1866-74 durchgeführt. An der Vorderseite Mosaiken, Maria mit dem Christuskinde, zu jeder Seite eine kleine Bischofsfigur (Innocenz II. und Eugen III.) und zehn Jungfrauen, acht mit brennenden, zwei mit erloschenen Lampen, aus dem xii. Jahrhundert, im xiv. Jahrh. stark restauriert (vgl. S. lxiii); die Mosaiken oben am Giebel sind modern. In der Vorhalle zwei Verkündigungen, die eine angeblich von *Pietro Cavallini*, jetzt ganz übermalt, und viele Inschriften. R. eingemauerte Chorschranken aus dem vii. und viii. Jahrhundert.

Das Innere (bestes Licht nachm.) ist dreischiffig, mit geradem Gebälk auf 22 antiken ungleichen Säulen; die ionischen Kapitäle, mit Köpfen ägyptischer Gottheiten, stammen aus den Caracalla-Thermen. Schöner mit Porphyr, Verde antico u. a. Marmor ausgelegter Fußboden im Cosmatenstil (S. lxii). Die mit vergoldetem Schnitzwerk geschmückte Decke angeblich nach *Domenichino*; von ihm auch das Ölbild auf Kupfer in der Mitte, die Jungfrau von Engeln umgeben. Im Hauptschiff gleich r. vom Eingang ein zierliches Tabernakel von *Mino da Fiesole*. Die Kapellen enthalten nichts Besonderes; in der 4. Kap. r. an Stelle des Altarblatts eine perspektivische Scheinarchitektur von *Ant. Gherardi* (vor 1685). An den Stufen, die zum Querschiff hinaufführen, bezeichnet *Fons olei* die Stelle jener Ölquelle der Legende. Im Querschiff r. Gräber zweier Armellini (1524). Im Querschiff l. ein vom Kardinal Philipp von Alençon den H. Philippus und Jakobus errichteter Altar, l. daneben das Grab des Kardinals († 1397); r. das Grab des Kardinals Pietro Stefaneschi († 1417), mit schöner liegender *Statue von *„Magister Paulus“*. — Die **Mosaiken* der Tribuna gehören verschiedenen Zeiten an. Oben die älteren, wie die des Triumphbogens 1139-53 ausgeführt („das erste Hauptwerk des romanischen Stils in Italien“), und zwar am Bogen: das Kreuz mit Alpha und Omega unter den Symbolen der Evangelisten; r. und l. Jesaias und Jeremias; am Gewölbe: Christus und Maria thronend, l. die H. Callistus, Laurentius, Innocenz II., r. Petrus, Cornelius, Julius, Calepodius. Die unteren schreibt Vasari dem Pietro Cavallini (S. LXIII) zu. Sie wurden von Camuccini restauriert und enthalten: die dreizehn Lämmer und Darstellungen aus dem Leben der Maria, in der Mitte der Wand Mosaikbrustbild der Maria mit den H. Peter und Paul und dem Stifter Stefaneschi (1290). — Kap. r. vom Chor: *Umbrische Schule*, Madonna mit den H. Rochus und Sebastian. — In der Sakristei Fragmente eines antiken Mosaiks (Enten und Fischer, erstere vortrefflich).

Nordwestl. von S. M. in Trastevere gelangt man in die Via di S. Maria della Scala, welche an der Kirche *S. Maria della Scala* (1592) vorüber nach der *Porta Settimiana* (S. 399) und dem Anfang der Via Garibaldi (S. 403) führt. — Südöstl. von Piazza S. M. in Trastevere durch die *Via di S. Francesco* nach der Kirche dieses Namens 6 Min., s. S. 403, südlich durch die *Via S. Cosimato* in 4 Min. nach der Piazza S. Cosimato. An der Südseite des Platzes liegt das

Kloster **S. Cosimato** (Pl. III 10, 13), teils aus dem XI., teils aus dem XV. Jahrh., seit 1892 Eigentum der Congregazione di Carità. Die KIRCHE wurde 1475 an Stelle einer altchristlichen Basilika des IX. (?) Jahrhunderts erbaut, von der noch der kleine Vorhof erhalten ist. Im Innern antike Säulen und eine Freske von *Ant. da Viterbo*, Madonna mit Heiligen; in der 2. Kap. l. Grabmal Lorenzo Cibò's († 1504), nach Entfernung des Sarkophags als Altar benutzt, von *Michele Marini (?)*, einst in S. Maria del Popolo. Nebenan ein hübscher romanischer Klosterhof.

Der *Ponte Palatino*, die S. 307 genannte Eisenbrücke bei Piazza Bocca della Verità, mündet westlich geradeaus auf die Via della

Lungarina, während südwestlich die *Via de' Vascellari*, weiterhin *Via di S. Cecilia* genannt, nach der Kirche S. Cecilia führt.

***S. Cecilia in Trastevere** (Pl. III 13) wurde von Urban I., nach einer irrigen Tradition im Wohnhaus der Heiligen, zur Kirche geweiht, als solche von Paschalis I. im IX. Jahrhundert erneuert, 1725 durch den Kardinal Franc. Acquaviva umgebaut, 1899-1901 auf Kosten ihres Titularkardinals Rampolla durch G. B. Giovenale gründlich restauriert. Ein weiter Vorhof (darin eine antike Marmorvase) und eine Vorhalle mit vier Säulen von rotem und schwarzem Affricano bilden den Zugang.

Das Innere ist dreischiffig. In alter Zeit trugen Säulen das Hauptschiff, seit 1822 Pfeiler. R. vom Eingange Grabmal des engl. Kardinals Adam von Hertford († 1398), von *„Magister Paulus" (?)*, l. des kriegerischen Kardinals Fortiguerra († 1473), von *Mino da Fiesole*, 1891 neu zusammengesetzt. — Der schöne Hochaltar mit Säulen von Pavonazzetto ist ein Werk des *Arnolfo di Cambio* (1293), des Erbauers des Doms von Florenz; daneben der alte Leuchter für die Osterkerze. Unter dem Hochaltar die liegende *Statue der enthaupteten h. Cäcilie (s. unten) von *Stefano Maderna*. In der Tribuna alte *Mosaiken* aus der Zeit der Gründung (IX. Jahrh.): der Heiland thronend mit dem Evangelium, l. die Hl. Paulus, Agathe und Paschalis; r. Petrus, Valerianus und Cäcilie. — In der 1. Kap. r. ein altes Bild, Christus am Kreuz; die 2. Kap., zurückgelegen, ist ein antikes Bad, das angeblich der h. Cäcilie gedient hat; an der Wand sieht man noch die Leitungsröhren. — Die Tür gegenüber führt zur Sakristei, mit Gewölbemalereien (die vier Evangelisten) der *umbrischen Schule* und einem Madonnenrelief von *Mino da Fiesole*. — In der letzten Kap. r. an der Wand die von der Front der Kirche abgesägten Freskenreste aus dem XIII. Jahrh., Bestattung der Heiligen und „sie erscheint dem Papst Paschalis I." — Kirchenmusik am St. Cäcilientag (22. Nov.) s. S. 157.

Die Unterkirche (Eingang r. neben der Tribuna; elektr. Licht) enthält die 1901 glänzend dekorierte Grabkapelle der h. Cäcilie, deren Reste von Paschalis I. 821 aus der Callistuskatakombe (S. 432) hierher übertragen wurden, und ihrer Martyriumsgenossen. Unter dem Langhaus Reste antiker Bauten (Gerberei; in einer Wandnische ein wohlerhaltenes kleines Relief der Minerva, der Schützerin der Gewerbe); zahlreiche christliche Inschriften, Sarkophage und Skulpturfragmente aus der alten Basilika.

Östl. von S. Cecilia die kleine 1090 geweihte, 1875 restaurierte Kirche *S. Maria in Cappella* (Pl. II 16), südl. die Armenanstalt *Ospizio di S. Michele* (Pl. III 13, 16), gegründet 1689 von Tom. Odescalchi, jetzt Arbeitsschule für Knaben und Mädchen unter staatlicher Leitung (Druckerei, Teppichfabrikation, Holzschnitzerei u. dgl.), und am Fluß entlang der Kai *Ripa Grande*, mit dem Hafen.

Die hinter dem Chor von S. Cecilia vorüberlaufende Via Anicia (Pl. III 13) führt an der Kirche *S. Maria dell' Orto*, 1489 begonnen, seit 1512 von Giulio Romano fortgeführt, mit 1792 erneuerter Fassade von Martino Lunghi d. J., überreichem Stukkoschmuck und einem hübschen Weihwasserbecken (c. 1500), sowie an der Rückseite der großen *Fabbrica de' Tabácchi* vorüber nach dem Platz und der Kirche

S. Francesco a Ripa (Pl. III 13), 1231 erbaut, im XVII. Jahrh. modernisiert; in der letzten Kapelle l. eine liegende Statue der h. Ludovica Albertoni von *Bernini.* In dem zugehörigen Kloster wohnte eine Zeit lang der h. Franziskus von Assisi. — Nordwestl. von Piazza S. Francesco a Ripa mündet die S. 401 gen. *Via di S. Francesco* (bis S. M. in Trastevere 6 Min.).

Südl. bei S. Francesco die *Porta Portese* (Pl. III 13), von welcher die Straße nach Porto (S. 467) ausgeht. Vor dem Tor liegt der *Bahnhof Trastevere* (vgl. S. 111 und 141).

Folgt man, wie S. 399 angegeben, der Via Garibaldi (Pl. II 10), so gelangt man nach fünf Minuten an einen kleinen Platz, wo neben dem *Bosco Parrasio degli Arcădi,* dem Garten der „Arcadia" (der poetischen Akademie, in die 1787 auch Goethe aufgenommen wurde), die steile Via di Porta S. Pancrazio direkt zur Acqua Paola führt (S. 405); hoch oben sieht man die spanische Kunstakademie, ein 1881 gegründetes, der S. 173 gen. französischen entsprechendes Institut. Weiter zieht sich die Via Garibaldi in großem Bogen bergan nach S. Pietro in Montorio, Acqua Paola und Porta S. Pancrazio. Fußgänger können etwa 80 Schritte jenseit des kleinen Platzes r. den mit Passionsstationen besetzten Treppenweg einschlagen.

S. Pietro in Montorio (Pl. II 10; 60m ü. M.), ein Frührenaissancebau, seit 1472 auf Kosten Ferdinands und Isabellas von Spanien errichtet, verdankt seine Entstehung der mittelalterlichen Legende, daß Petrus hier am Abhang des Janiculums den Martertod erlitten habe (vgl. S. 344). Bei der Belagerung 1849 wurden Turm und Tribuna fast ganz zerstört. Wenn geschlossen, schelle man an der Tür r. (25-50 c.).

Rechts: in der *1. Kapelle unten die Geißelung Christi, von *Seb. del Piombo* nach Michelangelo's Zeichnung in Öl gemalt (1518); daneben l. der h. Petrus, r. der h. Franziskus; an der Decke Verklärung Christi; am Bogen außen zwei Propheten mit Engeln, Fresken, ebenfalls von *Seb. del Piombo* (bestes Licht gegen Mittag). Die 2. Kapelle (Krönung Mariä am Bogen) von Schülern des *Perugino* gemalt. Das Altarbild der 5. Kapelle, Bekehrung des Paulus, von *Vasari.* Dann das Grabmal des Kardinals Ant. del Monte von *Bart. Ammanati* (nach 1550). — Den Hochaltar schmückte einst Raffaels Transfiguration (S. 370). — Links: in der letzten Kap. das Altarblatt, Christi Taufe, von *Daniele da Volterra (?).* In der 4. Kap. Christi Grablegung, von *Theodor van Baburen* (1617), einem holländischen Schüler Caravaggio's; in der 3. Kap. Altarbild und Decke wahrscheinlich von *Antoniazzo Romano.* In der 2. Kap. Skulpturen aus *Bernini's* Schule. In der 1. Kap. h. Franziskus von *G. de' Vecchi.* An der Wand neben der Tür das Grabmal des Erzbischofs Julianus von Ragusa, von *G. A. Dosio* (XVI. Jahrh.).

Der **Tempietto* im Klosterhof, ein nach Bramante's Entwurf 1499-1502 errichteter Rundbau dorischen Stils mit sechzehn Granitsäulen, soll die Stelle bezeichnen, wo das Kreuz Petri stand.

Vom dem Platz vor der Kirche herrliche *Aussicht über Rom und Umgebung. Nach Süden erblickt man den Tiber, den die Eisenbahn Civitavecchia-Pisa auf eiserner Brücke überschreitet; dahinter die große Basilika S. Paolo fuori le mura. Dann ein Stück der Stadtmauer, davor der Monte Testaccio, bis zu welchem das neue Stadtviertel im SW. des Aventin sich hinzieht, die Pyramide des Cestius und die Porta S. Paolo. Auf dem Aventin die Kirchen S. Maria Aventina, S. Alessio, S. Sabina und S. Anselmo. Dahinter das Albanergebirge mit r. dem Monte Cavo (949m), l. Frascati. Auf dem Caelius die Villa Celimontana (Mattei) und S. Stefano Rotondo, darüber auf dem letzten Ausläufer des Albanergebirgs Colonna und zwischen diesem und dem Sabinergebirge bei Palestrina die Höhen der Abruzzen. Es folgt der Palatin mit den Ruinen der Kaiserpaläste und den Zypressen der Villa Mills; darüber die Statuen auf der Laterankirche. Weiter das Kolosseum, die drei gewaltigen Bogen der Konstantinsbasilika, ferner das Kapitol mit dem Pal. Caffarelli, dem Turm des Senatorenpalastes, einem Stück der Fassade des kapitol. Museums und der Kirche Aracoeli; darüber die beiden Kuppeln mit dem Turm gehören S. Maria Maggiore auf dem Esquilin an. In weiter Ferne der schöne zweigipfelige Monte Velino (2487m), n.w. vom Fuciner See. Weiter bei den Zypressen der große kgl. Palast auf dem Quirinal, davor neben der hellen Kuppel die Trajanssäule und weiter vorn die Kuppelkirche Gesù, dahinter der Monte Gennaro (1269m). Dann auf dem Pincio, dem nördlichsten der römischen Hügel, die helle Villa Medici und r. davon mit den beiden Türmen SS. Trinità de' Monti, über dem spanischen Platz. Näher, unweit des Tiber, ragt der Palazzo Farnese mit der offenen Loggia hervor. Davon r. der Schneckenturm an der Universität, weiter r. ein Stück der Pantheonskuppel, verdeckt durch die Kuppelkirche S. Andrea della Valle, neben der r. die Marc-Aurel-Säule auf der Piazza Colonna sichtbar ist; noch weiter r. die neue Synagoge. Wieder l. auf der Höhe die Mauer und die Anlagen auf dem Pincio mit den beiden Kuppelkirchen von Piazza del Popolo. Dann nahe am Fluß die Chiesa Nuova, dahinter der zackige Rücken des Soracte (691m). Diesseit des Tiber die Engelsburg, dahinter die Monti Sabatini. An der Kettenbrücke liegt S. Giovanni de' Fiorentini mit seiner Kuppel. Ferner der Monte Mario mit der Villa Mellini; endlich ganz an der Ecke l. ragt noch die Peterskuppel hervor. Zu Füßen des Abhangs in Trastevere liegt die Kirche S. Maria in Trastevere; der Campanile r. davon ist S. Cecilia.

Steigt man von S. Pietro in Montorio direkt hinunter, so gelangt man durch den Vicolo della Frusta r., dann l. durch Vicolo della Paglia auf die Piazza di S. Maria in Trastevere (S. 400).

Die Via Garibaldi steigt weiter bergan zur **Acqua Páola** (Pl. II 10, 7), der alten *Aqua Traiana*, die aus dem über 50km entfernten See von Bracciano (S. 110) gespeist wird. Paul V. ließ die Leitung durch *Fontana* und *Maderna* 1612 herstellen und die triumphbogenartige Fontäne erbauen, bei der Marmor vom Forum des Nerva (S. 295) und Granitsäulen aus dem Vorhof der alten Peterskirche zur Verwendung kamen. Das mächtige Wasserbecken wurde unter Innocenz XII. hinzugefügt.

R. gegenüber bildet ein Gittertor den Eingang zu der 1884 eröffneten ***Passeggiata Margherita** (Pl. II 7, 8), die den ehem. Garten des Palazzo Corsini (S. 396) umfaßt und daher oft auch noch *Villa Corsini* genannt wird. Sie führt auf der Höhe und am Abhang des Janiculum hin. An dem breiten Fahrweg, welcher die Anlagen durchzieht, zahlreiche Büsten hervorragender Italiener der neuesten Zeit und das 1895 enthüllte stattliche *Reiterdenkmal Gius. Garibaldi's*, von Em. Gallori, die über 7m hohe Bronzefigur auf mächtigem Granitsockel, von Bronzegruppen umgeben: vorn Kampf um Rom 1849, hinten Schlacht bei Calatafimi 1860, r. Amerika, l. Europa. Etwas unterhalb wird um 12 Uhr mittags ein Kanonenschuß gelöst (vgl. S. 221). Weiter r. das Casino der *Villa Lante*, aus dem XVI. Jahrhundert. Der Fahrweg endet, zuletzt bei der Tasso-Eiche und S. Onofrio (S. 393) vorüber in Bogen abwärts, an der Porta di S. Spirito (S. 393). Zu Fuß legt man die Strecke von der Acqua Paola bis S. Onofrio bequem in 15-20 Min. zurück. Die Aussichten auf Rom und die Campagna, besonders schön gegen Sonnenuntergang, übertreffen in ihrer Mannigfaltigkeit fast noch den Blick von S. Pietro in Montorio.

Von der Acqua Paola erreicht man in fünf Minuten die **Porta S. Pancrazio** (Pl. II 7), die auf der Höhe des Janiculum (84m) neben der alten *Porta Aurelia* liegt. — Vor dem Tore einige Osterien. L. geht es nach der um 500 von Symmachus erbauten, häufig erneuerten Kirche *S. Pancrazio* (Pl. III 1), geradeaus in einigen Min. zum Eingang der

***Villa Doria Pamphilj** (Pl. II, III 4, 1). Die Villa, auch *Belrespiro* genannt, wurde im Auftrag des Fürsten Camillo Pamphilj, Neffen Innocenz' X., von *Al. Algardi* nach 1650 angelegt und gehört jetzt dem Fürsten Doria. Sie ist die ausgedehnteste unter den römischen Villen. Das bewegte Terrain gibt ihr einen besonderen Reiz. Eintritt s. S. 164. Droschken bis zur Porta S. Pancrazio s. Plananhang S. 6; in der Villa selbst sind sie nicht zugelassen.

Man folgt dem Fahrweg unter einem Triumphbogen hindurch und gelangt in 8 Min. auf eine *Terrasse* mit schöner Aussicht auf den Monte Mario und die Peterskirche, zwischen beiden der Soracte und ein Teil der Campagna. Die Gittertür zur L. führt in den verschlossenen Garten, der das von Algardi erbaute *Casino* umgibt (mit antiken Statuen und Sarkophagreliefs und schöner Rundsicht; jetzt unzugänglich). In der Nähe r. unter Bäumen, an der alten *Via Aurelia*, einige *Kolumbarien* (Pl. II 1), darunter eins mit Malereien (Prometheus' Befreiung durch Herkules, Tod der Niobiden u. a.; vgl. auch S. 315; Trkg. 20-30 c.).

Der Fahrweg biegt jenseit des Casino-Gartens l. ab (Pl. III 1) und läuft an einer Wiese entlang, die im Frühjahr von blühenden Anemonen bedeckt ist; in ihrer Mitte ein Altar mit sieben Göttern und Antoninus Pius (?). Nach 5 Min. zieht sich der Weg rechts, mit schöner Aussicht auf das Albanergebirge und die Campagna, senkt sich in Windungen zu einem Schwanenteich und um diesen herum und steigt dann wieder zu einer Fontäne, die den Teich speist. Von hier nach dem Casino-Garten zurück entweder auf dem geraden Fußweg oder auf dem Fahrweg, welcher nach 4 Min. zu den Gewächshäusern (r.) und der Fasanerie (l.) führt. 50 Schritt weiter am Weg (l.) ein 1851 vom Fürsten Fil. Andr. Doria errichtetes Denkmal zum Andenken an die 1849 bei der Erstürmung der Porta S. Pancrazio gefallenen Franzosen.

LAGO DI BRACCIANO
Anguillara
Campagnano
Castelnuovo
Riano
Monte Rotondo
Mentana
Mt.i Cornicolani
Fidenae
Tor di Quinto
S.Onofrio
ROMA
Bonifica di Maccarese
Fiumicino
Porto
Isola Sacra
Ostia
S.Paolo
Tre Fontane
Castel Gandolfo
Albano
Ariccia
Genzano
Castel Porziano
Monte di Leva
Laurentum
Prattica
Lavinium
Ardea
MARE
TIRRENO
Tramvie, Acquedotti, Nomi Antichi
C.Casa, Ct Casale, Cle Colle, Fso Fosso, Fte Forte, Mo Molino,
M. Monte, Ost. Osteria, Pte Ponte, S. San. Santa, Tre Torre
Anzio Nettuno

Borgocollefegato
Carsoli
Tagliacozzo
Arsoli
Orvinio
Licenza
Vicovaro
Mandela
S.Polo
Subiaco
Cervara di Roma
Agosta
Marano
Sambuci
Castel Madama
Anticoli
Roviano
Riofreddo
Camerata
Rocca di Botte
Pereto
Oricola
Cineto Romano
Vallinfreda
Vivaro Romano
Pietraforte
Paganico
S.Lucia
Poggio Cinolfo
Collalto
Tufo
Verrecchie
Cappadocia
Pagliara
Castellafiume
M.Camposecco
M.Autore
M.Calvo
Vallepietra
Filettino
Jenne
Trevi
Arcinazzo Romano
Affile
Roiate
Olevano Romano
Bellegra
Rocca S.Stefano
S.Vito Romano
Pisoniano
Gerano
Canterano
Rocca Canterano
Ciciliano
Cerreto Laziale
Guadagnolo
S.Gregorio
Casape
Poli
Gallicano nel Lazio
Zagarolo
Palestrina
Cave
Genazzano
Capranica Prenestina
Rocca di Cave
Serrone
Paliano
Piglio
Acuto
Anticoli di Campagna
Guarcino
Trivigliano
Torre Cajetani
Fumone
Alatri
Ferentino
Anagni
Valmontone
Labico
Artena
Colleferro
Gavignano
Segni
Gorga
Sgurgola
Montelanico
Morolo
Supino
Patrica
Ceccano
Carpineto Romano
Giulianello
Velletri
Cori
Norma
Sermoneta
Bassiano
Sezze
Cisterna di Roma
Terracina
M.ti Sabini
M.ti Simbruini
M.ti Ruffi
M.ti Prenestini
Monti Lepini

III. UMGEBUNG ROMS.

1. Die unmittelbare Umgebung der Stadt.

Die weite *Campagna di Roma*, im N. vom ciminischen Wald, im W. vom Meer, im S. vom Albanergebirge, im O. von der Apenninkette der Sabina begrenzt, gibt Gelegenheit zu den lohnendsten Ausflügen. Die öde wild zerrissene Ebene mit ihren großartigen Ruinen vornehmlich aus der alten Zeit und ihrem malerischen Gebirgshintergrund bietet eine Fülle von Schönheiten.

Die Campagna, in jungtertiärer Zeit ein Meerbusen mit einzelnen Inseln, wurde durch Vulkanbildungen auf einer dem Apennin parallelen großen Spalte vollständig umgestaltet: im N. entstanden der Monte Cimino (S. 108) und die Krater um den Braccianer See (S. 110), im S. wurde das Albanergebirge (S. 434) allmählich aufgetürmt. Seine Tuffe und Aschen füllten den Meerbusen aus und es bildeten sich von einer reichen Tierwelt (Flußpferd, Elefant, Hirsch) belebte Sümpfe; lange Lavaströme ergossen sich bis in die Nähe von Rom (s. S. 422/423). Aber noch wichtiger als in naturgeschichtlicher Beziehung ist diese Ebene für den Geschichtsfreund. Der schmale Strich Landes, der sich zwischen dem Albanergebirge und dem Tiber nach dem Meere hinzieht, ist das alte *Latium*, die Heimat des römischen Volkes, welches langsam gegen die Etrusker im N., die Sabiner im O., die Volsker im S. erobernd vordrang und schließlich die Einigung Italiens und die Unterwerfung der alten Welt durchführte. Einst ein dichtbebautes Land mit zahlreichen blühenden Städten, ist es jetzt eine große Einöde, nur etwa ein Zehntel der Pflugschar unterworfen. Im Mai, bevor die Herrschaft der *Malaria* (S. xxvi) beginnt, ziehen Hirt und Herden in das Gebirge und die wenigen, die an die Scholle gefesselt sind, fristen ein kümmerliches fiebergeplagtes Dasein; die italienische Gesellschaft vom roten Kreuz nimmt sich ihrer seit 1900 durch Einrichtung von Ärztestationen an. Die Ursachen jenes Wechsels gehen bis in die letzten Jahrhunderte der römischen Republik zurück, als der freie ackerbauende Bauernstand vor der großen Guts- und Weidewirtschaft zusammenschmolz. Eine dichte Bevölkerung aber und Entwässerung bei intensiver Kultur sind einzig und allein imstande, der Malaria zu steuern. Im Mittelalter nahm das Übel zu. Die päpstliche Regierung hat wiederholt die Hebung des Ackerbaues versucht und die italienische Regierung setzt diese Bestrebungen fort, aber so lange nicht an die Stelle der jetzigen Groß- und Weidewirtschaft die Bebauung durch einzelne Ansiedler tritt, überhaupt ohne ein aufopferndes und großartiges Einschreiten von allen Seiten, scheint Abhilfe nicht zu hoffen. Die großen Güter werden an Unternehmer (mercanti di Campagna) verpachtet. Diese übergeben die Bewirtschaftung einem Verwalter (fattore), der auf dem Hofe (tenuta oder casale) seinen Sitz hat. Die Bestellung des Bodens mit Maschinen bürgert sich erst neuerdings allmählich ein.

Die Ausflüge in die Campagna erfordern meist einen vollen Nachmittag. Bei längerem Aufenthalt verlege man sie vorzugsweise in die Wintermonate, um die bessere Jahreszeit für das Gebirge frei zu haben. Im Hochsommer sind Touren in der Ebene nur mit Vorsicht zu unternehmen (vgl. S. xxvi). *Droschkentaxe* s. im Anhang; *Wagen, Reitpferde, Automobile* und *Fahrräder* s. S. 149.

Man hüte sich vor Erkältungen, namentlich bei dem schroffen Temperaturwechsel um Sonnenuntergang; zu warnen ist vor dem Hinlegen auf den im Vergleich zur Sonnenwärme sehr kalten Erdboden. Beim Querfeldeingehen vermeide man die Nähe der Rinderherden, besonders

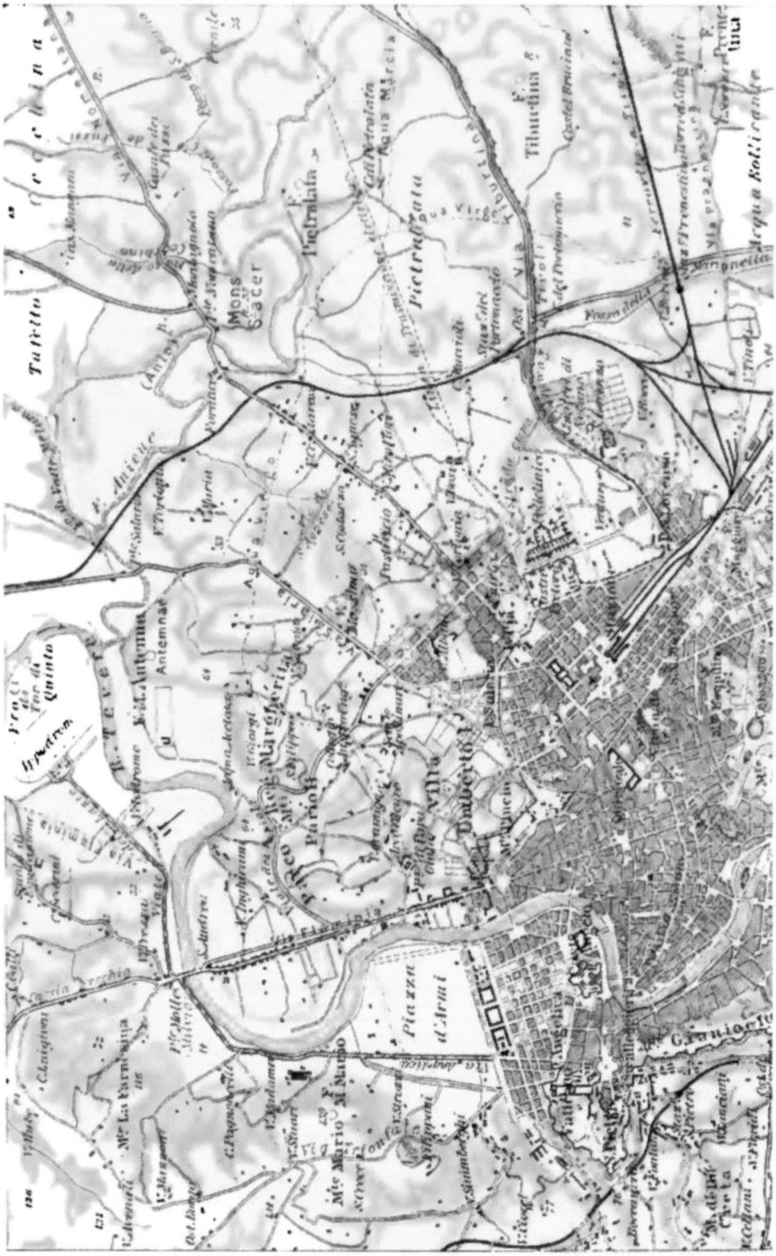
Mons Sacer
Pietralata
Tiburtina
Parioli
Villa Umberto I
Antemnae
Piazza d'Armi
Tor di Quinto

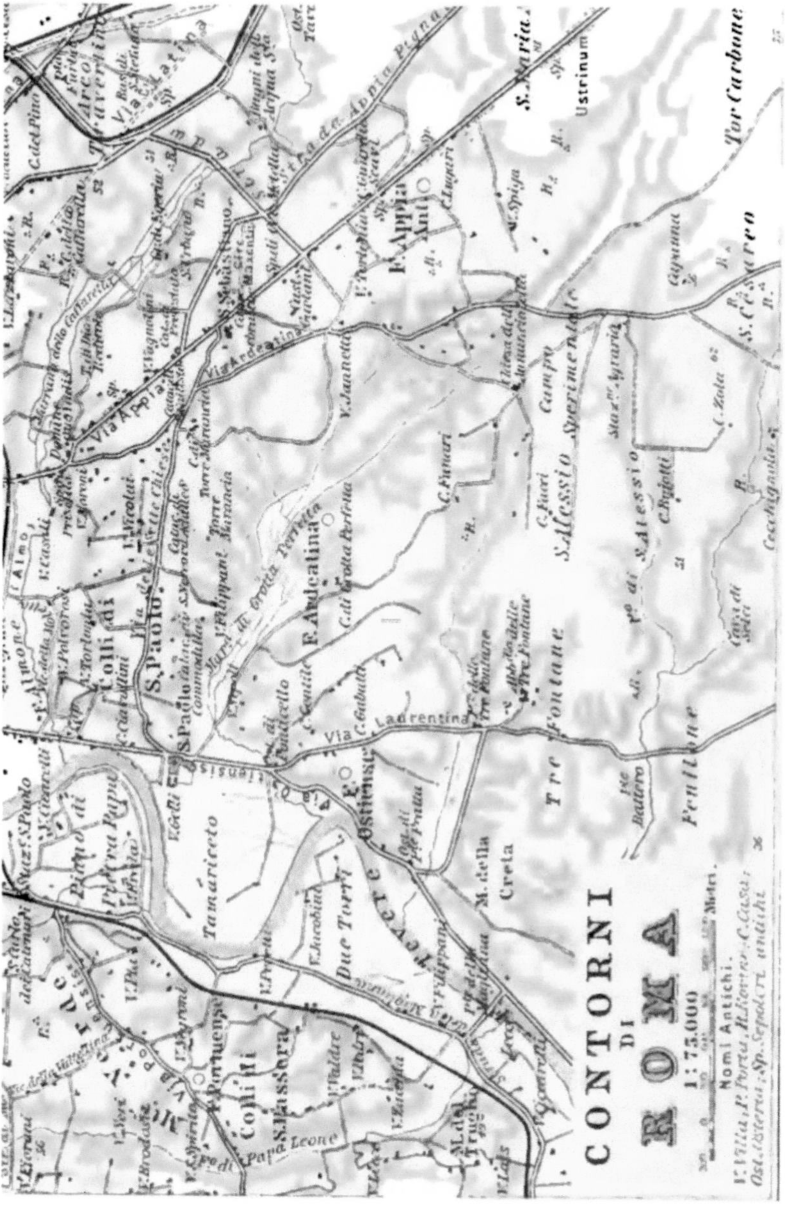
CONTORNI
DI
ROMA
1:75.000
Nomi Antichi.
Via Appia
Via Ardeatina
Via Laurentina
S. Paolo
Tre Fontane
S. Alessio
Tor Carbone
Ustrinum

im Frühling; auch die Hunde können, wenn der Hirt abwesend ist, gefährlich werden. Über die öffentliche Sicherheit vgl. S. XXIII.

Die Touren sind in der Reihenfolge der Tore von Norden nach Osten und Süden aufgezählt. *Vergl. die nebenstehende Karte.* — Die besten Spezialkarten sind die des italienischen Generalstabs, besonders die der näheren Umgebung von Rom in 1 : 25 000 (Dintorni di Roma, 9 Blatt in Farbendruck, Winterthur 1894). Meisterhaft sind die Abschnitte über die Campagna in *Graf Moltke's* Wanderbuch (6. Aufl., Berlin 1892, 3 ℳ), der 1845 die erste gute kartographische Aufnahme der Campagna machte. Zahlreiche Ausflüge schildert ansprechend *Albert Zacher*, Was die Campagna erzählt (2 Bde., Frankfurt a. M. 1903, 7 ℳ). Vgl. auch *Otto Kaemmel*, Rom und die Campagna (Bielefeld und Leipzig 1902, 4 ℳ).

a. Vor Porta del Popolo.

Von Piazza del Popolo bis zum *Ponte Molle*, 3km: Straßenbahn, unmittelbar vor dem Tore abfahrend, s. Plananhang S. 3, Nr. 15; Einspänner etwa 2 fr. — Von Ponte Molle bis *Acqua Acetosa* 25 Min. — Straßenbahn nach Civita Castellana s. S. 410. Zu Fuß vom Ponte Molle bis *Primaporta* $1\frac{1}{2}$ St., Einsp. kaum unter 8-10 fr.

Die dicht vor *Porta del Popolo* (S. 169) gelegene *Villa Borghese (Umberto I)* mit ihren Kunstsammlungen ist S. 206, die Antikensammlung in *Villa di Papa Giulio* S. 213 beschrieben.

Die Landstraße nach Ponte Molle ist die alte *Via Flaminia*, die im J. 220 vor Chr. von dem Censor C. Flaminius angelegt wurde (S. 124). Sie läuft anfangs zwischen Häusern hin. Jenseit des (10 Min.) *Vicolo dell' Arco oscuro*, der bei dem *Casino Julius' III.* r. nach der Villa di Papa Giulio führt (S. 213), r. die kleine Kirche *S. Andrea*, von Julius III. zum Andenken seiner Rettung aus den Händen der Deutschen (1527) gestiftet, von Vignola in trefflichem Renaissancestil erbaut. Dann geht r. ein breiter Fahrweg ab, der *Viale dei Parioli*, der die noch unfertigen Promenadenanlagen auf den Parioli-Hügeln durchzieht. R. an diesem, hinter einem Gitter die 1888 freigelegten Reste der *Basilika des h. Valentinus*, aus dem IV. Jahrhundert (dabei der Eingang zu den zugehörigen Katakomben). Weiter an der Landstraße, kurz vor der Brücke r. eine *Kapelle des h. Andreas*, mit einer Statue des Heiligen von Paolo Romano (1463), von Pius II. an der Stelle errichtet, wo er das Haupt des h. Andreas, das 1462 aus dem Peloponnes hierher gebracht wurde, mit feierlichem Gepränge in Empfang nahm.

Der **Ponte Molle**, jetzt amtlich **Ponte Milvio** genannt, auf dem man den Tiber überschreitet, steht auf den Grundlagen des durch den Zensor M. Aemilius Scaurus 109 vor Chr. in Stein erneuerten *Pons Milvius* oder *Mulvius*, dessen erste Errichtung ungefähr mit der Anlage der Via Flaminia zusammenfällt. Die mittleren vier Bogen der Brücke sind noch antik. Die letzte umfassende Restauration fand 1805 statt; damals wurde der triumphbogenartige Aufbau nach *Valadier's* Entwurf hinzugefügt.

Unmittelbar jenseit der Brücke befinden sich einige vielbesuchte

Osterien bei der Endstation der Straßenbahn. Die Landstraße teilt sich hier: ganz l. mündet die Via di Porta Angelica (S. 411), mit der Straßenbahn nach Civita Castellana (s. unten), die r. in der Nähe des Flusses auf dem Viale del Lazio, einer Allee die hier an die Stelle der alten *Via Flaminia* getreten ist, weiterführt; der n.ö. Fahrweg mündet kurz vor Due Ponti (s. unten) wieder in die Via Flaminia; geradeaus die *Via Cassia* (s. unten).

Die Via Cassia, die über Bolsena, Chiusi nach Arezzo führt, steigt langsam bergan, mit Aussicht auf die Albaner- und Sabinerberge und den Soracte und überschreitet nach 2km das Tal der *Acquatraversa:* bis *La Storta* (S. 411) im ganzen 14km. Halbwegs, 4km vom Ponte Molle, steht l. am Wege auf zerstörter Basis ein Sarkophag aus dem Ende des II. Jahrh. nach Chr., grundlos *Grab des Nero* genannt; die Inschrift (an der Rückseite, wo die alte Straße herging) sagt deutlich, daß *Vibia Maria Maxima* ihrem Vater P. Vibius Marianus und ihrer Mutter Regina Maxima dieses Denkmal errichtet habe. R. geht hier ein antiker Weg (Via Veientana) nach Veji ab (vgl. S. 464), der aber nicht leicht zu finden ist.

Von Rom nach Civita Castellana, 51km, elektr. Straßenbahn 2-3mal tägl. in 3 St. für 4 fr. 90, 3 fr.; hin und zurück 7 fr. 90, 4 fr. 85 c. Wer den ersten Zug benutzt, kann von Civita Castellana (S. 101) über Nepi (S. 102) und Sutri (S. 109) zu Wagen nach Capranica (S. 109) fahren und von dort mit der Eisenbahn nach Rom zurückkehren. — Bahnhof auf der Piazza della Libertà (Pl. I 14). Die Bahn fährt über den Lungo Tevere Milvio, den Viale delle Milizie und die Via di Porta Angelica (S. 411), dann am Ponte Molle (keine Haltestelle, s. oben) vorüber auf dem Viale del Lazio bis zur (5km) Haltestelle *Tor di Quinto*, mit dem Elektrizitätswerk, etwa 1km s. der gleichnamigen Militärreitschule (Scuola di Equitazione). — 6km Haltestelle *Tiro a Segno*, bei den Schießständen; r. eine Radfahrbahn (Velodròmo). — 7km Haltestelle *Ippòdromo*, am Eingang des Rennplatzes. Weiterhin l. der über einem antiken Grabmal errichtete mittelalterliche Wachtturm *Tor di Quinto*. — 8km Haltestelle *Due Ponti* (Osteria del Ponte), bei den Brücken über die Acquatraversa (s. oben) und die *Crescenza*. 2km n.w., über dem Tal der letzteren, das nach dem Maler Nicolas Poussin auch *Poussintal* (Val di Pussino) genannt wird, das malerisch gelegene *Casale Crescenza*. Weiter zwischen rotbraunen Tuffhügeln und dem Tiber nach der (10km) Osteria di *Grotta Rossa*. — 12km Haltestelle *Castel Giubileo*, bei den Häusern *Le due Case*, wo r. eine $1^1/_2$km lange Straße auf einer Eisenbrücke über den Tiber führt und bei Castel Giubileo (S. 415), das man jenseit des Flusses erblickt, die Via Salaria erreicht. Die Via Flaminia und die Straßenbahn überschreiten die von Veji kommende *Valchetta* (S. 464). — Bei (13km) **Prima Porta** (Osteria), einer nach dem Einschnitt, in dem hier die Via Flaminia zwischen zwei Hügeln ansteigt, benannten unscheinbaren Häusergruppe, r. die Trümmer der kaiserlichen **Villa der Livia** (S. 299) oder *ad Gallinas*, der Fundort der Augustusstatue im Vatikan (S. 384); sehenswert ein Zimmer mit gut erhaltenen Wandmalereien, einen Garten mit Zierbäumen und Vögeln darstellend (30 *c.*). Schöne Aussicht. Andere Villenreste, mit Mosaikfußböden im ägyptischen Stil, wurden 1892 in dem benachbarten Grundstück *Fondo Piacentini* aufgedeckt. In der Nähe von Prima Porta lag an der Via Flaminia die von der rotbraunen Farbe des Tuffs benannte Station *Saxa rubra;* in der Ebene am Fluß besiegte im J. 312 nach Chr. Konstantin unter dem Zeichen des Kreuzes („Labarum") den Gegenkaiser Maxentius, welcher auf der Flucht beim Ponte Molle im Tiber ertrank. Mit Konstantin zog der neue Glaube siegreich in Rom ein.

20km Haltestelle *Scrofano*, beim *Casale Mal Borghetto*, wo ein Fahrweg n.w. nach dem ($6^1/_2$km) Dorfe *Scrofano* (260m), am *Monte Musino*, abzweigt. — 26km Haltestelle *Riano;* r. auf der Höhe (225m) ein im XVI. Jahrh. erbautes Kapuzinerkloster. Das Dorf *Riano* (102m) liegt

7½km s.ö. — 29km *Castelnuovo di Porto* (282m; Trattoria Belvedere), mit 1494 Einw. und altem Schloß der Colonna, jetzt Amtsgericht. — 31km *Morlupo;* das Dorf (207m; Tratt. di Checcarello, guter Wein) liegt 3km östl. Bald wird der Soracte (S. 101) sichtbar. — 32km Haltestelle *Campagnano-Magliano.* Der Ort *Campagnano di Roma* (287m), mit 2753 Einw., liegt 11km w., unweit des ausgetrockneten Seebeckens von *Baccano* (Baccanae, vgl. S. 110) und 12km n. der Eisenbahnstation La Storta Formello (S. 111; Diligenza 1½ fr.). Der Fahrweg nach (8km) *Magliano Pecorareccio* zweigt 5km w. der Haltestelle von dem nach Campagnano r. ab. — 40km *Rignano Flaminio* (259m), wo auf einem Platz eine Kanone aus der Borgiazeit steht. — 42km Haltestelle *S. Oreste,* Ausgangspunkt für die Besteigung des Soracte (s. S. 101). — 47km *Faleria;* das Dorf, früher *Stabia* genannt und nicht zu verwechseln mit Falerii (S. 102), liegt 5km südlich. — 54km *Civita Castellana* (S. 101).

Den Rückweg vom Ponte Molle möge man über Acqua Acetosa oder auch über Villa Madama nehmen. Der erstere Weg zweigt unmittelbar bei der Brücke am linken Tiberufer in östl. Richtung ab, und erreicht, beständig am Flusse hin, mit Aussichten auf das Sabinergebirge und den Soracte, in 25 Min. das 1661 von Alexander VII. nach Plänen von *Bernini* errichtete Brunnenhaus der **Acqua Acetosa,** deren Wasser, ein leicht eisenhaltiger Säuerling, sehr geschätzt und in Rom auf den Straßen verkauft wird. Goethe trank es gern auf seinen Morgenspaziergängen. — Unweit südl. führt der S. 409 erwähnte *Viale dei Parioli* vorüber, auf dem man r. zur Landstraße vor Porta del Popolo zurückgelangt (s. S. 214), während man links *(Viale della Regina)* in 20 Min. den Stadtteil vor Porta Salaria erreicht (S. 412), wo man r. abbiegt, um auf der Westseite der Villa Albani vorüber bei Porta Salaria die Stadt wieder zu betreten. 7 Min. vor der eben gen. r. abgehenden Straße führt eine zweite r. zum Nordeingang der Villa Borghese (S. 207).

Wählt man zum Rückweg die am r. Tiberufer bei Ponte Molle mündende „Via di Porta Angelica" (Straßenbahn nach Civita Castellana s. S. 410) und schlägt nach 15 Min. den für Wagen nicht empfehlenswerten Weg r. ein, so gelangt man in 10 Min. zu der am nördl. Abhang des *Monte Mario* gelegenen **Villa Madama** (geöffnet Sa. von 9 Uhr vorm. an; Eingang nur an der NW.-Seite). Sie wurde für den Kardinal Giulio de' Medici, späteren Papst Clemens VII., nach den Entwürfen *Raffaels* von *Giulio Romano* erbaut, kam dann in den Besitz von Karls V. Tochter Margaretha (daher der Name, vgl. S. 238), hierauf in den der Farnese, nach diesen der Könige von Neapel. Die Villa war für die Entwickelung des altitalienischen Gartenstils von Bedeutung, ist aber jetzt sehr verwahrlost; sie enthält ein hübsches grün bewachsenes Wasserbecken, eine reizende Loggia mit Stukkaturen und halb erloschenen Fresken von *Giulio Romano* und *Giovanni da Udine* (1520-25), und in einem Zimmer einen Puttenfries von *Giulio Romano (?).* Vor der Villa schöne Aussicht. — Zurück zur Via di Porta Angelica und bei den Kasernen (Pl. I 7; S. 342) vorüber in c. ¾ St. zum Ponte Margherita (Pl. I 14; S. 170).

Der **Monte Mario** (139m) hieß im Altertum *Clivus Cinnae*, im Mittelalter *Monte Malo;* der Name M. Mario wird von Mario Mellini hergeleitet, welcher unter Sixtus IV. Besitzer der die Höhe krönenden *Villa Mellini* war. Die Villa liegt im Bereich des *Forte Monte Mario*, man bedarf zum Besuch daher eines Permesses (erhältlich in der Direzione del Genio militare, Via del Quirinale, gegenüber dem Pal. Rospigliosi, S. 191); oben herrliche *Aussicht. Einen Ersatz bietet die Terrasse der Kirche *Madonna del Rosario* an der Straße.

Von Porta Angelica aus erreicht man, der Via Leone IV und der Via Trionfale folgend (vgl. Pl. I 5, 4, 1), die Villa Mellini und das Fort in c. 40 Min. Verfolgt man die Fahrstraße noch 1/4 Stunde weiter nach N. und schlägt dann, jenseit der Kirche *S. Onofrio* (r.), den l. rückwärts führenden Feldweg ein, so gelangt man zum Valle dell' Inferno (S. 111), durch welches die Eisenbahn nach Viterbo führt, mit freiem Blick auf die vom Albanergebirge eingerahmte Peterskuppel.

b. Vor Porta Salaria.

Omnibus von *Piazza della Cancelleria* vgl. Plananhang S. 5 Nr. 4. — Von Porta Salaria bis *Ponte Salario* 3½km. — Von Ponte Salario bis *Villa Spada* (Fidenae) 4km; von dort bis zur Eisenbahnhaltestelle Sette Bagni oder der Straßenbahnhaltestelle Castel Giubileo (auf dem r. Ufer, s. S. 410) je 2½km.

Die *Porta Salaria* (Pl. I 25), nach der Beschießung vom 20. Sept. 1870 (vgl. S. 180) neu hergestellt, wobei ein antikes Grabmal aus Peperin, das Ähnlichkeit mit dem des Bibulus (S. 220) hat, zum Vorschein kam, ist Ausgangspunkt der uralten *Via Salaria*, auf der das Salz von Rom in das Land der Sabiner gebracht wurde. An dieser Straße liegt, 5 Min. vor dem Tor, jetzt leider von Mietskasernen umgeben, rechts die berühmte

Villa Albani (Pl. I 25, 28), um 1760 von *Carlo Marchionne* für den Kardinal Al. Albani, den Freund Winckelmanns, angelegt und unter des letzteren Mitwirkung mit vortrefflichen Kunstwerken geschmückt. Napoleon I. entführte 294 Statuen, von denen ein Teil 1815 bei der Rückgabe wegen der Höhe der Transportkosten verkauft wurde und in die Münchner Glyptothek kam. Die Villa ist seit 1866 Eigentum der Fürsten Torlonia, jetzt *Don Giulio Torlonia's*, der den Zutritt selten und nur auf persönliche Empfehlung gestattet.

In dem nach französischem Muster regelmäßig angelegten Garten liegt l. das *Casino* (Pl. I 25), mit beiderseits anschließenden Galerien, geradeaus das kleine sog. *Bigliardo*, mit Zypressen zur Seite, rechts das im Halbrund erbaute sog. *Kaffeehaus* (Pl. I 28). Die Kolossalbüste Winckelmanns von E. Wolff, in der von der l. Galerie ausgehenden Allee immergrüner Eichen, hat König Ludwig I. von Bayern 1857 setzen lassen.

I. Casino. — Erdgeschoß. Vorhalle. In den sechs Nischen hier und auf der anderen Seite des unten gen. Eingangsraumes zur Treppe röm. Kaiserbüsten. In der Mitte: 61. sitzende weibliche Porträtstatue (Faustina); 66. runder Altar mit Bacchus, Ceres, Proserpina und drei Horen, 74. ein anderer mit einer Fackelträgerin und Sommer, Frühling, Winter, Herbst; 79. sitzende weibl. Figur. An den Pfeilern l. und r. Hermen: am ersten r. 52. Hermes; am siebenten r. 80. Euripides. — Zurück und l. in das Atrio della Cariátide; 16, 24. Kanephoren (die Körbe neu). In der Mitte: 19. Bacchantin, deren nicht zugehöriger Kopf von einer Karyatide herrührt (hinten an dem Pfeilerstück die Künstlernamen Kriton und Nikolaos); am Postament *20. sog. Capaneus, vom Blitz getroffen (vgl. S. 12). In der anschließenden linken Galerie: Hermen, die dritte r. 45. Scipio Africanus, l. 29. Epikur.

Aus der Vorhalle gelangt man durch einen kleinen Eingangsraum l. zur Treppe. Vor der Treppe: l. 9. Roma auf Trophäen sitzend (Relief); daneben 11. Relief mit Fleischerladen. An der Treppe Reliefs: auf dem ersten Absatz r. 885. Tod der Niobiden, l. 889. Grabrelief (?); auf dem dritten Absatz oben: 898, 899. zwei tanzende Bacchantinnen.

Erster Stock. — I. Sala ovale. In der Mitte: 905. Apoll auf dem Dreifuß, die Füße auf dem Omphalos. R. von der Tür: 906. Jünglingsstatue von *Stephanos*, Schüler des Pasiteles (S. lii/liii). Gegenüber: *915. bogenspannender Amor. — Rechts folgt

II. der Hauptsaal oder Galleria grande. Deckengemälde: Apollo, Mnemosyne und die Musen von *Raph. Mengs* (1756). In den Nischen der Eingangswand: *1012. Pallas u. 1019. Zeus. Reliefs: 1004. (über der Tür) Apollo, Diana, Leto vor dem delphischen Tempel, archaistisches Weihrelief eines pythischen Siegers im Lyraspiel; dann l. 1013. Jüngling mit seinem Pferde, Grabrelief; r. 1018. Antoninus Pius mit Pax und Roma. Die acht Mosaikstreifen zu Seiten dieser und der Balkontür und in den vier Ecken sind großenteils antik. — An der l. Wand: 1020. zwei opfernde Frauen, r. 1007. tanzende Bacchantin. An der Fensterwand: 1005. Herkules bei den Hesperiden; 1009. Dädalus und Icarus.

Rechts vom Hauptsaal: III. Erstes Zimmer. Über dem Kamin: *1031. Hermes führt die von Orpheus aus der Unterwelt befreite Eurydike zurück, attisches Relief aus der Zeit des Phidias, ein treffliches Beispiel jener „edeln Einfalt und stillen Größe“, welche Winckelmann der antiken Kunst nachrühmte (vgl. auch S. xlvii). Außerdem einige Hermen: Eingangswand: l. *1034. Theophrast. Fensterwand: l. 1036. Hippokrates. Ausgangswand: r. 1040. Sokrates. — IV. Zweites Zimmer. Eingangswand: l. 35. *Signorelli*, Madonna mit dem h. Jakobus u. Stifter, Laurentius u. Sebastian; l. vom Eingang: 45. Lünette von *Cotignola*, toter Christus von Engeln betrauert (1509). Rückwand: 36. *Niccolò (Alunno) da Foligno*, Madonna mit Heiligen (1475). Ausgangswand: *37. *Pietro Perugino*, Gemälde in sechs Abteilungen: Joseph und Maria verehren das Christuskind, Kreuzigung, Verkündigung, Heilige (1491). — V. Drittes Zimmer. Rückwand: 55. *van Dyck*, Christus am Kreuz.

Links vom Hauptsaal: VI. Erstes Zimmer. Über dem Kamin: *994. berühmtes *Relief des Antinous* aus der Villa Hadrians. An der Eingangswand: *997. flötenblasende Paniskin. — VII. Zweites Zimmer. R. vom Eingang 980. altertümliches griech. Grabrelief. Rückwand: *985. griechisches Grabrelief im besten Stil, Kämpfergruppe (S. xlvii). Darunter: 988. Prozession von vier Göttern, Hermes, Athene, Apollo und Artemis, archaistisch. Am Fenster l. 970. altertümliche Statue der Pallas; r. 975. altertümliche Venus. Ausgangswand l.: 991. griechisches Grabrelief (zur Hälfte modern). — VIII. Drittes (Eck-) Zimmer. 21. *Holbein (?)*, Porträt, sehr übermalt (1527). *18, *17. *Giulio Romano*, farbige Entwürfe (in Öl auf Papier) zu den Fresken aus der Geschichte der Psyche im Palazzo del Tè zu Mantua. — IX. Viertes Zimmer. Vor dem Fenster: *965. Aesop als verwachsener Zwerg, vielleicht nach *Lysipp*, der Kopf von großer Feinheit der Charakteristik. An der Eingangswand in der Nische: 952. Apollo Sauroktonos (Eidechsentöter), nach *Praxiteles*. Gegenüber:

933. Bronzestatuette des Herkules. Rechte Fensterwand r.: 912. kleine Statuette des Diogenes. Ausgangswand l. *957. kleines Relief mit Apotheose des Herkules, auf den Pfeilern zu beiden Seiten Verzeichnisse seiner Taten (ähnlich der ilischen Tafel, S. 263). — Im X. und XI. Zimmer unbedeutendere Bilder und Wandteppiche.

Zurück in den ovalen Saal und wieder hinab in das

Erdgeschoß, wo man in dem anderen Flügel der Vorhalle seine Wanderung fortsetzt. Dort ist am Ende l., entsprechend dem Atrio della Cariatide, I. das Atrio della Giunone: 91, 97. zwei Kanephoren; 93. angebl. Juno. — II. Galerie: in den Nischen *103. Bacchantin mit Nebris; *106. Satyr mit dem kleinen Bacchus; an den Pfeilern z. T. schöne, meist willkürlich benannte Hermen. — Geradeaus III. Stanza della Colonna: antike Säulen von buntem Alabaster; links *131. Sarkophag mit der Hochzeit des Peleus und der Thetis; oben vier Sarkophagreliefs; l. 135. Hippolyt u. Phädra; über dem Ausgang, 139. Raub der Proserpina; r. 141. bacchischer Zug; über dem Eingang, 140. Tod der Alcestis. — IV. Durchgangsraum: bärtiger Bacchus, archaistisch. — V. Stanza delle Terracotte. An der l. Wand, gleich am Anfang, 146. griech. Grabrelief. 147. griech. Votivrelief. Jenseit der Tür: 157. der verliebte Polyphem und Amor. 161. Diogenes und Alexander. Dem Eingang gegenüber: 164. Dädalus und Icarus aus Rosso antico. Darunter 165. antikes Landschaftsbild. An der rechten Wand: 171. Maske eines Flußgottes. Links davon 169. Bacchus begnadigt gefangene Inder, einst in Winckelmanns Besitz. Rechts von der Maske und an der Eingangswand mehrere schöne Reliefs in Terrakotta. — VI. Zimmer. In der Mitte: Leda mit dem Schwan. — VII. Zimmer. Über der Eingangstür: bacchischer Kinderzug (Pavonazzetto) aus der Villa Hadrians; l. Statue eines liegenden Flußgottes; r. Theseus mit dem Minotaurus. — VIII. Zimmer. Relief im 1. Fenster l.: der Schlafgott.

Eine Eichenallee mit Grabsäulen (cippi) führt von dem zuletzt beschriebenen Teile des Casinos nach dem

II. Bigliardo, mit einigen unbedeutenden Antiken, und zum

III. Kaffeehaus. — In der halbrunden Halle l. 594. Abguß der sog. Herme des Alkibiades (Original im Museo Torlonia, S. 398); 604. Statue, Mars; 610. Herme, Chrysippus; 612. Statue, ruhender Apollo; 628. Statue, Karyatide. Weiter jenseit des Eingangs zum Saal: l. auf der freien Säule 721. Homer. Daneben 725. Karyatide; r. am dritten Pfeiler 737. Posedonmaske. Schräg gegenüber l. 744. altertüml. griech. Porträtkopf; l. 749. Statue der Persephone (aus der Zeit des Phidias). — Zur Mitte der Halle zurück und in den Vorsaal: in der r. Abt. 711. Iris niederschwebend; l. 706. Theseus mit Aethra. In der l. Abt.: 641. Marsyas an den Baum gebunden; l. 639. Relief, Venus mit Amor. Außerdem mehrere Statuen komischer Schauspieler. — In dem Saal: l. von der Tür in der Nische: 662. Artemis mit einem Hirschkalb. Darunter: 663. Mosaik mit einer Versammlung von sieben Philosophen. Dem entsprechend r. von der Tür Mosaik: 696. Befreiung der Hesione durch Herkules. Von der Balkontür r.: 682. Ibis aus Rosso antico; 684. Atlas als Träger des Tierkreises; l. 678. Knabe mit einer großen komischen Maske; 676. kolossaler Serapiskopf aus grünem Basalt.

Im Unterbau des Kaffeehauses eine Halle mit ägyptischen Statuen.

Die Via Salaria führt auch weiterhin an vielstöckigen Unternehmerhäusern entlang und kreuzt $^1/_4$ St. vom Tor den von den Monti Parioli kommenden Fahrweg (*Viale della Regina*, S. 411). 10 Min. weiter l. die *Villa Savoia,* früher *Ada,* jetzt im Besitz des Königs, von dessen Kindern sie viel benutzt wird.

Links, auf einem Hügel (62 m) an der Stelle des antiken *Antem-*

nae, liegt die moderne *Fortezza Antenne*. Die Straße überschreitet den *Anio* (s. S. 449). Die Brücke, **Ponte Salario**, vielfach zerstört und wiederhergestellt, zuletzt im J. 1867 bei dem Einfall Garibaldi's in den Kirchenstaat, hat wenig von dem antiken Bau behalten. — Jenseits ein im Mittelalter überbautes antikes Grab.

7½km vom Tor die *Villa Spada*. Von hier ab erstreckte sich r. auf der Anhöhe das alte **Fidenae**, der Brückenkopf der Etrusker auf dem linken Tiberufer, mit Veji gegen Rom im Bunde und erst nach langen Kämpfen 426 vor Chr. von diesem unterworfen. Die Spuren der alten Stadt sind schwer zu erkennen. Die Burg lag auf dem Hügel, den jetzt *Castel Giubileo* einnimmt. Die Aussicht von oben (82m) ist weit und lohnend. Das Kastell wurde von Bonifatius VIII. im Jubiläumsjahr 1300 erbaut. ¼ St. weiter über die Eisenbrücke zur Via Flaminia (Straßenbahn) s. S. 410.

Die Straße läuft in der Ebene am Flusse fort. 10½km von Rom die Eisenbahnstation *Sette Bagni* (S. 103). — 15km das *Casale Marcigliana*; in dem wenig jenseits die Straße kreuzenden Fosso della Bettina erkennt man die *Allia*, nach welcher die furchtbare Niederlage, die die Römer im J. 390 vor Chr. durch die Gallier erlitten, benannt wird: das Schlachtfeld liegt aber am rechten Tiberufer der Alliamündung gegenüber. — 20km die Eisenbahnstation *Monte Rotondo* (S. 102).

c. Vor Porta Pia.

Straßenbahn von *Piazza S. Silvestro* (S. 216) nach *S. Agnese* s. Nr. 9 des Plananhangs. — Bis Porta Pia kann man auch die Linie Nr. 13 des Plananhangs benutzen (Omnibus vgl. Nr. 4). — Von Porta Pia bis *S. Agnese* zu Fuß 20-25 Min.; ebensoweit von da bis zum *Ponte Nomentano* und *Mons sacer*, bis wohin die meisten den Spaziergang ausdehnen werden.

Porta Pia (Pl. I 29) s. S. 180. — Man folgt geradeaus der Hauptstraße, der alten *Via Nomentana*, die etwa 8 Min. vor dem Tore vom *Viale della Regina*, der von den Monti Parioli kommenden großen Straße (s. S. 414 u. 411) geschnitten wird, und erreicht, bei der unzugänglichen *Villa Torlonia* (r.) vorüber, 2km von Porta Pia, links

***S. Agnese fuori le mura**, die von Konstantin über dem Grabe der h. Agnes (s. S. 239) gegründete Kirche, welche Honorius I. (625-38) neu baute, Giuliano della Rovere 1479 restaurierte und endlich Pius IX. 1856 abermals erneuerte. Sie hat noch immer viel von dem Charakter einer altchristlichen Basilika (S. LX) bewahrt. Hauptfest am 21. Januar, Segnung zweier Lämmer, aus deren Wolle die Pallien für die Erzbischöfe gefertigt werden.

Durch den Torweg des zugehörigen Klosters der Canonici regolari (r. der Aufgang zu den Wohnräumen; im Gang des ersten Stockes Freskenreste von 1454, darunter eine Verkündigung) tritt man zunächst in einen Hof, wo man r. durch das große Fenster ein Freskobild zur Erinnerung an die Rettung Pius' IX. sieht, der 1855 nach dem Hochamte in einem Saal neben der Kirche mit dem Boden durchbrach und unversehrt in einen Keller stürzte. Jenseit des Hofes r. die Eingangstür zur Kirche, zu welcher eine Treppe von 45 Marmorstufen hinabführt; an den Wänden viele altchristliche Inschriften aus den Katakomben.

Das **Innere** der Kirche (bestes Licht nachm.) hat drei Schiffe; 16 antike Säulen (aus Porta Santa und Pavonazzetto), welche Bogen tragen, scheiden dieselben: über den Seitenschiffen und an der Eingangswand Emporen, mit kleineren Säulen. Das *Tabernakel*, von 1614, hat vier schöne Porphyrsäulen; darunter die Statue der h. Agnes von Alabaster, eine ergänzte Antike. In der Tribuna **Mosaiken*, die h. Agnes zwischen den Päpsten Honorius I. mit der Kirche und Symmachus, 625-638 ausgeführt, bezeichnend für den Übergang zum byzantinischen Stil, und ein alter Bischofsstuhl. Rechts 2. Kap.: marmorner Christuskopf, mittelmäßige Arbeit des XVI. Jahrh.; schöner mosaizierter Altar, darüber ein gutes Relief (die H. Stephanus und Laurentius) von einem von Gugl. de Pereriis gestifteten Altar, von Andrea Bregno (1490). Im l. Seitenschiff auf dem Altar der Kapelle ein hübsches altes Freskobild: Madonna das Kind stillend. — Über die *Katakomben*, zu denen ein Eingang im l. Seitenschiff ist, s. S. 433. Eintritt außer Sonn- und Feiertags tägl. 9-11½ und 3 Uhr bis Sonnenuntergang, 15. Juni bis 1. Okt. geschlossen; den Permeß vermittelt der Sakristan, der auch für Beleuchtung sorgt (1 fr.). Es werden höchstens fünf Personen zu gleicher Zeit zugelassen.

Die s.w. dicht bei S. Agnese gelegene Rundkirche **S. Costanza,** die entweder von der Straße aus durch das angrenzende Nonnenkloster oder aus dem Hof von S. Agnese (dem Pförtner 30-50 c.) zugänglich ist, wurde von Konstantin d. Gr. als Grabmal für seine Tochter, die h. Constantia, erbaut und 1256 in eine Kirche umgewandelt. 24 gekoppelte Granitsäulen tragen den Kuppelbau: er hat 22½m im Durchmesser. Von der Vorhalle und der Einfassungsmauer des ursprünglichen Baues sind nur Reste vorhanden. Im Tonnengewölbe des Umgangs alte blaue **Mosaiken* auf weißem Grunde, aus dem IV. Jahrhundert, mit weinlesenden Genien in antikem, aber den Kunstverfall deutlich bekundenden Stil (ähnliche Darstellungen auf dem Porphyrsarkophag der Heiligen, s. S. 375). Von geringerem Interesse sind die Mosaiken in den Nischen: Christus als Weltenherrscher mit Aposteln, vielen Bäumen und Lämmern (VII. oder VIII. Jahrh.). Das *Coemeterium Ostrianum*, 5 Min. von hier, s. S. 433.

Ungefähr 4km vor Porta Pia überschreitet die Straße den *Anio* (Aniene). Die Brücke, **Ponte Nomentano,** ist alt, aber vielfach restauriert; auf ihr eine mittelalterliche Befestigung. Am r. Ufer r. eine Osteria, am Fuße des Hügels, in welchem man den durch den Auszug der Plebs im J. 494 vor Chr. (?) berühmten *Mons sacer* (37m) erkennt: hier überredete der Sage nach Menenius Agrippa die Plebejer durch die Fabel von der Rebellion der Glieder gegen den Magen zu einem Vergleich, dessen Hauptbedingung die Einsetzung von Volkstribunen war. Oben hübsche Aussicht, namentlich am Ostrande über den gewundenen Lauf des Anio und den pinienumgebenen Pachthof Casal de' Pazzi.

6km weiter das Oratorio di S. Alessandro (S. 434).

1½km hinter dem Oratorio di S. Alessandro, beim *Casale Capobianco*, zweigt r. ein Weg nach *Palombara* ab (S. 418). — Links geht es über (22km von Rom) *Mentana* (S. 103) nach (25km) *Monte Rotondo* (S. 102). Die Gegend ist öde, herrlich aber der Blick auf das Sabinergebirge.

d. Vor Porta Maggiore.

Straßenbahn bis zum Tor s. Plananhang S. 2 Nr. 10.

Von *Porta Maggiore* (Pl. II 34; S. 202) laufen zwei Landstraßen aus: l. die Via Praenestina, r. die Via Casilina (Labicana).

Schlägt man l. die meist einsame Straße nach Palestrina (S. 460), die alte Via Praenestina, ein, so gelangt man, 20 Min. vom Tor, aus den Vigneumauern heraus auf freies Feld. R. zeigen zahlreiche Gräberruinen den Gang der antiken Straße an, an denen man auf dem Felde hingehen mag, da der Blick hier freier ist, als auf der Fahrstraße. 4km vom Tor liegen die **Torre degli Schiavi** (Sklaventurm) genannten Ruinen, die zu einer größeren Anlage aus der Zeit Diokletians gehörten.

Zuerst l. von der Straße ein *sechseckiger Kuppelbau*, größtenteils eingestürzt: die Ruine erhält durch eine Säule in der Mitte und einen Aufsatz, beides mittelalterlich, ein wunderliches Aussehen. — Weiter ein *runder Kuppelbau* mit Nischen, ursprünglich Grabmal, im Mittelalter Kirche, daher die fast erloschenen Fresken; darunter (Eingang hinten) ein Gewölbe mit starken Pfeilern in der Mitte. — Unter den Ruinen r. von der Straße ein paar *Kolumbarien* (S. 315).

Dann geht l. die *Via Collatina* ab, welche an der *Aqua Virgo* (S. 176) entlang läuft und nach Lunghezza führt (S. 448). — Die Via Praenestina bietet weiterhin nichts Besonderes mehr. Schön ist jedoch der beständige Blick auf das Gebirge.

An der Via Praenestina, 7km vom Tor, die Ruinen von *Torre tre Teste* und (1km n.) *Torre Sapienza*, die sog. *Villa der Gordiani*. Bei 12km Entfernung, im Altertum beim neunten Meilenstein, überschreitet die Straße den Fosso di Ponte di Nona auf einer siebenbogigen antiken Quaderbrücke, dem *Ponte di Nona*. 15,5km *Osteria dell' Osa*, wo die moderne Straße n.ö. abbiegt (s. unten). Die alte, nicht mehr fahrbare Via Praenestina zog sich r. auf Gallicano (10km; s. unten) zu. An ihr l. das ausgetrocknete Becken des *Lago di Castiglione*, dessen Ostrand die Stätte des antiken **Gabii** einnimmt. Ruinen, besonders Quaderreste des Tempels der Juno Gabina (?), bemerkt man in der Nähe des weithin sichtbaren Turmes von *Castiglione*.

Die moderne Straße teilt sich am Fuße des Gebirges bei der *Osteria Capannelle:* l. zur Via Tiburtina, welche sie beim Ponte Lucano trifft (S. 449), r. über *Corcolle* und *Passerano* (vgl. die Karte S. 459) nach *Gallicano*, dem antiken *Pedum* (von Ost. dell' Osa 16km). Die antike und die moderne Straße treffen sich unterhalb des letzteren Orts bei der *Osteria di Cavamonte*, deren Name an den 20m tiefen Einschnitt der antiken Straße in den Tuffelsen erinnert. Über denselben führt die Aqua Claudia (S. 419.) Weiter, bei dem Kloster *S. Pastore* vorbei, nach *Palestrina* (S. 460) noch 9km.

Die von der Porta Maggiore r. ausgehende, belebtere Straße, *Via Casilina*, ist die alte, nach Labicum (S. 459) führende Via Labicana. Sie führt, 3km vor dem Tor, an den Resten des achteckigen *Grabmals der Kaiserin Helena* vorüber, deren Sarkophag jetzt im Vatikan steht (S. 375); das Gebäude, in das die kleine Kirche *SS. Pietro e Marcellino* (die Katakomben s. S. 431) eingebaut ist, heißt **Torre Pignattára**, von den Töpfen (pignatte), welche, wie in der Kaiserzeit üblich, der größeren Leichtigkeit wegen in das Gewölbe eingemauert sind. In der Nähe liegen Tuffsteinbrüche. 10 Min. weiter führt r. ein Verbindungsweg zur ($1^1/_2$km) Via Tuscolana (Straßenbahn s. unten).

Weiterhin, l. von der Via Labicana, Bogenreste der antiken *Aqua Alexandrina*. 9km das den Borghese gehörige Gehöft *Torre Nuova*. — 13km vom Tor, beim *Ponte Catena*, die moderne *Acqua Felice* (S. 180). 16km *Osteria Finocchio* (4km n. die Osteria dell' Osa, S. 417). Bald zeigt sich l. ein ausgetrocknetes Seebecken, das für den *See Regillus* (Lago Regillo) gilt, wo die Römer 496 vor Chr. über die Latiner siegten. 4km jenseit der Osteria Finocchio l. der *Monte Falcone* (203m); 2km s. von hier die Station Monte Compatri-Colonna (S. 439).

c. Vor Porta S. Giovanni.

Die S. 435 gen. Straßenbahn über Grottaferrata nach Frascati (Abfahrt Via Principe Umberto, beim Hauptbahnhof, Pl. II 27; vgl. auch die Karte S. 406/407) folgt vor Porta S. Giovanni der Via Appia Nuova (s. unten) und biegt nach 2km ö. in den *Vicolo delle Cave* ein, wo Besucher der Latinergräber aussteigen: Fahrzeit vom Bahnhof 23 Min., Preis I. Kl. 30, II. Kl. 20 c.; vom Tor 10 Min. für 15 und 10 c. Die Linie folgt weiterhin, an *Porta Furba* (S. 419; Haltestelle) und dem Monte del Grano vorüber, der Via Tuscolana. — Wagen können bis an die Gräber selbst und von da nach Porta Furba fahren. — Straßenbahnen bis zum Tor und Omnibus bis zum *Lateran* s. Plananhang S. 1/3 Nr. 4, 8, 16 und S. 4 Nr. 2.

Von *Porta S. Giovanni* (vgl. S. 336 und Plan III 31) geht die nach dem Albanergebirge führende Landstraße aus, welche sich 5 Min. vor dem Tor, bei der Osteria del Quintale in die (l.) Straße nach Frascati *(Via Tuscolana)* und die (r.) Straße nach Marino-Albano teilt. Letztere, *Via Appia Nuova* genannt, überschreitet 8 Min. weiter auf dem *Ponte Lungo* (Pl. III 36) die Eisenbahn nach Civitavecchia. 2km vor dem Tor geht l. der *Vicolo delle Cave* (Straßenbahn s. oben) ab. Die Via Appia Nuova schneidet 10 Min. weiter die von der ehemaligen *Porta Latina* (S. 315) ausgehende antike **Via Latina,** die über die Albaner Berge in das Tal des Sacco führt (S. 473) und in Capua endet. Sie war, ebenso wie die Via Appia und die übrigen von Rom ausgehenden Straßen, von Gräbern eingefaßt.

Wir folgen der Via Latina, überschreiten die Eisenbahn Rom-Marino-Albano (S. 440) und erreichen nach 5 Min. die beiden sog. ***Latinergräber,** welche ihrer schönen Dekoration wegen besondere Beachtung verdienen. Eintrittszeiten wie beim Forum Romanum (Trkg. $^1/_2$, Gesellschaft 1 fr.).

Das 1. Grab, Tomba dei Valerii (r. am Wege), hat in der unterirdischen Grabkammer anmutige Stuckreliefs auf weißem Grunde (Seetiere, Nymphen, Genien); die Gebäude über der Erde sind z. T. ziemlich willkürlich erneuert.

Das 2. Grab (gegenüber), Tomba dei Pancratii (die *Pancratii* waren eine der im III. und IV. Jahrh. häufigen Begräbnisgesellschaften; Anlage und Ausführung des Grabes aber stammen schon aus dem II. Jahrhundert), enthält in der einen Kammer von farbigen Stuckornamenten eingerahmte landschaftliche Gemälde und vier mythologische Stuckreliefs

(Urteil des Paris, Alcestis, Priamus bei Achill, Herkules leierspielend bei Bacchus und Minerva).

Mehrere andere Gräber sind nur wegen ihrer Ziegeldekoration (korinthische Pilasterkapitäle und Gesimse) bemerkenswert.

Ganz in der Nähe die Grundmauern einer dem *h. Stephanus* im v. Jahrh. erbauten *Basilika* (den Schlüssel hat der Kustode der Gräber). Schöne Aussicht auf die Albanerberge.

Fußgängern, die von hier nach der Via Appia Antica wollen (nicht ganz 2km), ist die für Wagen schlechte *Strada Militare* (vgl. S. 423) zu empfehlen. Dieselbe kreuzt unmittelbar vor (westl.) der Eisenbahn die Via Latina, 3 Min. südl. davon die Via Appia Nuova und 1/4 St. weiter die Via Appia Pignatelli (S. 421) und erreicht die Via Appia Antica unweit des Grabmals der Caecilia Metella (S. 422). Zwischen der Via Appia Nuova und der Strada Militare liegen die wenig besuchten kalten Mineralbäder von *Acqua Santa*.

Porta Furba. Der Ausflug (2-3 St., auch mit dem Besuch der Via Latina zu verbinden, s. S. 418) ist dadurch besonders angenehm, daß der Blick nur kurze Strecken durch Mauern eingeengt wird. Droschken vom Stadttor hin und zurück 3-4 fr.

Von *Porta S. Giovanni* 5 Min. geradeaus, s. S. 418; bei der Osteria del Quintale schlägt man l. die Straße nach Frascati ein *(Via Tuscolana)*, die 1km weiter unter der Eisenbahn nach Civitavecchia hindurchführt. — 2 1/2km vor dem Tor mündet r. der *Vicolo delle Cave* (Straßenbahn s. S. 418). Weiterhin kreuzt die Via Tuscolana die Eisenbahn Rom-Marino-Albano und unmittelbar darauf die Strada Militare (s. oben). L. hat man die fortlaufende Bogenreihe der *Acqua Felice* (S. 180), davor hie und da übereinander die stattlichen Reste der *Aqua Claudia* (S. 202) und der 146 vor Chr. vom Prätor Q. Marcius Rex erbauten, 1869 hergestellten *Aqua Marcia*, die aus dem Sabinergebirge kommt und 90km lang ist. R. Aussicht auf die Via Appia mit dem Grabmal der Caecilia Metella.

3 1/2km vom Tor erreicht man die sog. **Porta Furba**, einen Bogen der Acqua Felice, unter dem die Straße durchführt (Haltestelle der Straßenbahn, s. S. 418). Schöne Aussicht auf die Campagna und das Albanergebirge, später auch auf das Sabinergebirge. Unten läuft die Eisenbahn nach Ciampino-Frascati und Terracina vorbei. Jenseit der Eisenbahn fällt l. (8 Min. von Porta Furba) ein Grabhügel in die Augen *(Monte del Grano)*; ein langer Stollen führt in die runde alte Grabkammer, in welcher man den sog. Sarkophag des Alexander Severus (im kapitolinischen Museum, S. 260) fand. Der Hügel gewährt eine schöne Aussicht. — Straßenbahn nach Frascati s. S. 418 und 435.

f. Vor Porta S. Sebastiano.

Der Besuch der Via Appia erfordert zu Wagen mit Aufenthalt 3-3 1/2 St., mit dem Rückwege bei den Latinergräbern (S. 418) vorüber 4 St. (Wagen nach dem Stundenpreis außerhalb der Tore vorher genau zu akkordieren, vergl. den Plananhang S. 6). Fußgänger gebrauchen vom Konstantinsbogen bis *Porta S. Sebastiano* 25 Min.; vom Tor bis zu den *Callistus-Katakomben* 25 Min.; von da bis zum Anfang der aufgegrabenen Strecke der *antiken Straße* 20 Min., weiter bis *Casale Rotondo* 10 Minuten. Ratsam ist es, wenigstens bis Porta S. Sebastiano einen Einsp. ($1^1/_4$ fr.) zu benutzen; besser nimmt man den Wagen jedoch bis zu den Callistus-Katakomben (kaum unter 3 fr.), deren Besuch man zweckmäßig bei dieser Gelegenheit ausführt, geht dann zu Fuß bis zum Casale Rotondo und zurück bis zum Grabmal der Caecilia Metella; hier r. auf der Strada Militare in 20 Min. zur Via Appia Nuova und den Latinergräbern (S. 418): zurück vom Vicolo delle Cave mit der Straßenbahn (vgl. S. 418): im ganzen von den Katakomben bis zum Vicolo delle Cave ungefähr $2^1/_2$ Stunden zu Fuß. — Man kann auch für die Hin- oder Rückfahrt die Bahn Rom-Marino-Albano (S. 440) bis zur Stat. *Capannelle* an der Via Appia Nuova benutzen, von der man rasch zur Via Appia Antica gelangt.

Die an der Via di Porta S. Sebastiano liegenden Ruinen und Bauten, sowie die *Porta S. Sebastiano* (Pl. III 30) selbst s. S. 312 ff.

Die ***Via Appia**, die 312 vor Chr. von dem Zensor Appius Claudius Caecus angelegte „Königin der Straßen", führte durch die alte *Porta Capena* (S. 312) über Terracina (S. 479) nach Capua, von wo sie später bis Benevent und Brindisi verlängert wurde. 1850-53 wurde sie bis zum elften Meilenstein, wo jetzt die Eisenbahn nach Terracina und Nettuno kreuzt, ausgegraben. Bis zur Kirche S. Sebastiano hemmen Vignenmauern r. und l. den Blick, dann aber hat man bald die herrlichste Aussicht in die Campagna mit den Trümmern ihrer Wasserleitungen und auf die Gebirge, am schönsten gegen Sonnenuntergang. Von den zahllosen alten Gräbern zu beiden Seiten sind wenige erhalten, die Reste der übrigen zusammengestellt und eingemauert.

Vor Porta S. Sebastiano senkt sich die Straße den alten *Clivus Martis* hinunter, führt nach 4 Min. unter der Eisenbahn nach Civitavecchia-Pisa hindurch und überschreitet 3 Min. weiter den Bach *Almo* (s. S. 421), wo sich r. und l. schon Gräberruinen zeigen. 12 Min. vom Tor zweigt r. die Via Ardeatina ab (S. 423); l. liegt die kleine Kirche **Domine quo vadis**, an der Stelle, wo nach der Legende Petrus, den Martertod fliehend, dem Herrn begegnete und ihn fragte: Domine quo vadis? auf die Antwort „Venio iterum crucifigi" kehrte er dann beschämt um. Eine Nachbildung der Fußspur Christi im Marmor wird gezeigt (vgl. S. 422). — Einige hundert Schritte jenseits, bei einer kleinen runden Kapelle, geht l. ein Feldweg ab, der „Vicolo della Caffarella".

Dieser Feldweg (bei Regenwetter sehr schmutzig) führt 10 Min. lang zwischen Hecken hin. Wo das freie Feld beginnt, wendet man sich l. hinunter nach der Mühle. Bei dieser steht, an einer Querstraße zwichen Via Appia und Via Latina (S. 418), ein römisches Familiengrab in Tempelform, das man ohne Grund für den nach Hannibals Rückzug errichteten Tempel gehalten und **Tempel des Deus Rediculus** (des die Umkehr bewirkenden Gottes) genannt hat. Die Front war nach N. gerichtet und hatte eine Treppe; der Eingang zur Grabkammer ist in der l. Seitenwand, an der Seite sechseckige Halbsäulen in Nischen. Das Material, gelber Backstein für die Flächen, roter für die Zierglieder, ist in vollkommenster Ziegeltechnik behandelt. Im Innern (25 c.) zwei Stockwerke mit Kreuzgewölben, das obere für die Totenfeiern.

Man kann die Wanderung im Tale des *Almo* oder der *Caffarella*, dessen Abschluß der weithin sichtbare Hügel mit dem Haine der Egeria (s. unten) bildet, aufwärts zur *Grotte der Egeria* und nach *S. Urbano* (s. unten) fortsetzen, doch ist der Fahrweg bisweilen gesperrt (man muß dann überklettern oder Umwege machen).

Die Via Appia steigt mit hübschem Rückblick auf die Aureliansmauer und Porta S. Sebastiano und führt etwa 10 Min. zwischen Mauern hin. L. in der *Vigna Vagnolini* sind Reste eines antiken Kolumbariums, der größten bekannten derartigen Anlage (S. 315), gefunden worden, aber nicht immer zugänglich. Hübscher Blick auf das Tal der Caffarella und die Via Latina.

25 Min. vom Tor erreicht man r. Nr. 33, durch einige Zypressen kenntlich und mit Aufschrift versehen, den Eingang zur *Callistuskatakombe*, s. S. 432.

Etwas weiter teilt sich die Straße abermals: geradeaus die Fortsetzung der „Via Appia antica" (s. unten), l. die „Via Appia Pignatelli", die 4 km von hier bei der Station *Capannelle* (S. 440) mit der S. 418 gen. Via Appia Nuova zusammentrifft.

Von der Via Appia Pignatelli zweigt nach 9 Minuten links ein Feldweg ab nach dem weithin sichtbaren roten Ziegelbau von **S. Urbano**, einem römischen Grabe, das lange für einen Bacchustempel galt, wahrscheinlich im XI. Jahrhundert in eine Kirche verwandelt. Das Gebäude war mit einer Vorhalle versehen, welche von vier korinthischen Marmorsäulen getragen wurde und um 1634 bei einer Restauration, von der auch die Strebepfeiler herrühren, zugemauert worden ist. Die Gemälde im Innern zwischen den korinthischen Pilastern sind nach einer Inschrift auf der Kreuzigung Christi über der Tür im J. 1011 von einem sonst nicht bekannten *Bonizzo* ausgeführt und trotz späterer Übermalung wegen der frühen Entstehungszeit von Interesse: an der Hinterwand Christus auf dem Throne segnend, außerdem Szenen aus dem Leben Christi, des h. Urbanus und der h. Cäcilie.

Der kleine, früher ausgedehntere Eichenhain auf dem Hügel östlich, heißt **Bosco sacro**, weil Numa Pompilius hier seine Zusammenkünfte mit der Nymphe Egeria gehabt haben soll: vorzügliche Aussicht auf Campagna und Albanergebirge. — Der Karrenweg im Tal (direkt von S. Urbano auch ein Fußweg) führt l. in wenigen Minuten zur sog. **Grotte der Egeria**, die man aus Mißverständnis einer Juvenalstelle und Verwechselung der aurelianischen mit der servianischen Mauer hier suchte. Es ist ein Nymphäum, ursprünglich mit Marmor verkleidet: das Heiligtum des hier vorüberfließenden, jetzt kanalisierten Baches *Almo* und in ziemlich später Zeit errichtet. In der Nische an der Hinterwand auf Kragsteinen, aus denen Wasser fließt, eine verstümmelte Statue von einem Sarkophagdeckel; ebenso waren in den Nischen der Seitenwände Statuen. Die wirkliche Egeriagrotte muß am Südabhang des Caelius gelegen haben.

Auf dem rechten Straßenarm, der „Via Appia Antica" gelangt man an den *jüdischen Katakomben* (S. 431), l. Nr. 37 in der Vigna Randanini, vorüber bergab nach der (30 Min. vom Tor) Kirche

S. Sebastiano. Sie gehörte seit ältester Zeit zu den sieben Kirchen, welche die Pilger aufsuchten (S. XXXIV), weil sie über den Katakomben, wo so viele Märtyrer ruhten, erbaut ist. Zuerst wird sie unter Gregor dem Gr. erwähnt und hatte Basilikenform, ihre jetzige Gestalt erhielt sie 1612 durch *Flaminio Ponzio* und *Joh. van Santen* (S. 207). Die Vorhalle tragen sechs antike Granitsäulen.

In der 1. Kap. r. der Originalstein mit Christi Fußspur (S. 420); die letzte Kap. r., mit dem Grab des Kardinals Albani (S. 412), wurde von *Carlo Maratta* eingerichtet. Am Hauptaltar ein Gemälde von *Innocenzo Tacconi*, Schüler Ann. Caracci's; in der 2. Kap. l. eine gute Statue des h. Sebastian, nach *Bernini's* Modell von *Giorgini* ausgeführt. L. am Ausgang führt eine Treppe zu den Katakomben (S. 433).

Unmittelbar ehe man die Kirche erreicht, zweigt r. die *Via delle Sette Chiese* ab, welche nach 10 Min. die Via Ardeatina schneidet und 4 Min. weiter die Katakomben der Domitilla (S. 433) erreicht. Von da bis S. Paolo fuori $^1/_2$ St., s. S. 424. Die Talsenkung führte im späten Altertum den bisher unerklärten Namen *Catacumba* oder *ad Catacumbas*, der den christlichen Begräbnisstätten ihre moderne Benennung gegeben hat (s. S. 427).

Weiter auf der Via Appia sieht man bei einem großen Tore zur L. den **Zirkus des Maxentius**, auch *Circus in Catacumba* (s. oben) genannt, der für Wagenrennen bestimmt war. Den Namen des Erbauers erfuhr man aus einer 1825 hier gefundenen, jetzt unter dem Eingangsbogen am östl. Ende des Zirkus eingemauerten Inschrift, welche dem *Divus Romulus*, dem 309 nach Chr. im jugendlichen Alter gestorbenen Sohne des Maxentius, geweiht ist. Der Zirkus ist 482m lang, 79m breit und hatte Raum für 18000 Zuschauer, die auf zehn Sitzreihen saßen. Vorn an der Via Appia war ein großer Portikus, mit dem runden Grabtempel des Romulus in der Mitte, dahinter der Haupteingang, zu dessen Seiten r. und l. im Innern die Ablaufschranken *(Carceres)*. Eine Mauer *(Spina)*, die mit Statuen und Obelisken (S. 239) besetzt war und an jedem Ende eine Zielsäule *(Meta)* hatte, scheidet die Bahn für die Ausfahrt von der Bahn für die Rückfahrt; die Mauer läuft etwas schief, um die Vorteile und Nachteile der verschiedenen Wagenbahnen möglichst auszugleichen, weshalb auch die Carceres in einer schrägen Linie liegen; die ganze Bahn mußte siebenmal durchlaufen werden.

Die Straße steigt von neuem und erreicht (2km von Porta S. Sebastiano) das ***Grabmal der Caecilia Metella,** welches in den Ansichten der Campagna so oft wiederkehrt; ein Rundbau von 20m Durchmesser, auf viereckigem Sockel, mit Travertin bekleidet; unter dem Hauptgesims läuft ringsum ein Marmorfries von Blumengewinden und Stierschädeln, die dem Gebäude den Namen *Capo di Bove* gegeben haben. Die lakonische Inschrift auf einer der Straße zugekehrten Marmortafel lautet: Caeciliae Q. Cretici f(iliae) Metellae Crassi, der hier bestatteten Tochter des Metellus Creticus, Schwiegertochter des Crassus, Triumvirs und Unterfeldherrn Caesars im gallischen Kriege (daher die Trophäe aus gallischen Waffen oberhalb der Inschrift). Der Bau selbst ist aus der Zeit des Augustus. Im XIII. Jahrhundert machten die Caetani ihn zum Turm einer Raubburg und versahen ihn mit dem Zinnenaufsatz. Zu dieser Burg, welche später durch verschiedene Hände ging und unter Sixtus V. zerstört wurde, gehören die anliegenden malerischen Ruinen und die

Kirche gegenüber. — 4 Min. weiter mündet l. die S. 419 erwähnte *Strada Militare* (für Wagen häufig gesperrt).

Bis in diese Gegend erstreckt sich ein Lavastrom vom Albanergebirge (vgl. S. 434), der auch die Pflastersteine der alten Straße geliefert hat. Der interessantere Teil der Straße beginnt: das alte Pflaster liegt mehrfach zu Tage, die Zahl der Gräberreste zu beiden Seiten mehrt sich; auch die Aussicht wird mit jedem Schritt umfassender. Links sieht man nebeneinander die großartigen Bogenreihen der Aqua Marcia und der Claudia, letztere zum Teil in die moderne Acqua Felice verwandelt (vgl. S. 419). Man erreicht, 45 Min. vom Tor, den seit 1851 ausgegrabenen Teil der Via Appia (an dem Hause r. eine Tafel), welche fortan dicht mit Gräbern besetzt ist. Viele verdienen nähere Betrachtung.

R. ein Außenwerk der neuen Befestigung von Rom, *Fortezza Appia antica*. — 4 Min. davon r., in der Vigna Lugari ein großes *Grab*, angeblich des h. Urbanus; dahinter interessante Reste einer *römischen Villa*: man sieht die Vorratskammer mit großen Tongefäßen, eine Badeanlage u. a. (Trkg. 25 c.).

25 Min. weiter bemerkt man l. das *Casale di S. Maria Nuova*. Dahinter ausgedehnte Ruinen, welche den Namen *Roma Vecchia* führen und einer großen Villenanlage der Quintilier anzugehören scheinen. — Sodann r. zwei kegelförmige baumbewachsene Grabmäler, mit weitem Blick auf die öde Campagna. Daneben Reste eines *Ustrinum*, eines zur Leichenverbrennung dienenden Platzes, mit Peperinquader-Umfassung.

15 Min. von S. Maria Nuova hat man l. ein großes Grab, auf dem ein kleines Gehöft steht, *Casale Rotondo* genannt, häufig geschlossen (sonst oben hübsche Aussicht; Trkg. 25 c.). Auch der noch 7 Min. weiter gelegene *Tor di Selce* (Basaltturm) l. ist ein altes Grab, auf welchem ein mittelalterlicher Turm steht.

Die Fortsetzung der Via Appia von Tor di Selce bis Albano (noch $2^1/_2$ St.) ist weniger lohnend. Unter den Grabmälern ist noch zu erwähnen, 3km hinter Tor di Selce, l. der runde *Torraccio di Palombaro*. Die Eisenbahn nach Terracina und Nettuno schneidet die Straße. Vgl. die Karte S. 406/407. Etwas weiter die *Osteria delle Frattocchie* (Eisenbahnstation, s. S. 474), wo sich die alte Straße und die Via Appia nuova vereinigen. Weiter links hatte Clodius seine Villa; rechts im Tal lag *Bovillae*, Kolonie von Alba longa, mit einem Heiligtum der Gens Iulia; Zirkus und Theater sind noch zu erkennen. An beiden Seiten der Straße sieht man Mauerreste und Gräber. Ein großes Viereck, etwa 10m hoch, mit drei Nischen, galt lange mit Unrecht für das Grab des Clodius. Die Straße steigt. Kurz vor dem Tore von Albano l. das sog. Grab des Pompejus (S. 443).

Zwischen der Via Appia und der Via Laurentina (S. 426) liegt mitten in der Campagna malerisch das von Paul V. und Leo XII. erbaute Schloß **Cecchignola**, mit altem Turm und Garten, von Porta S. Sebastiano auf der *Via Ardeatina* (S. 420) in $1^1/_2$ St. zu erreichen.

g. Vor Porta S. Paolo.

Die Basilika *S. Paolo fuori* ist von Piazza Venezia (S. 219) aus über Piazza Benedetto Cairoli (S. 251) mit der Straßenbahn zu erreichen: vgl. im Plananhang Nr. 5. Zu Fuß gebraucht man von Piazza Bocca della Verità (S. 305) bis zur *Porta S. Paolo* 20 Min.; von da bis zur Basilika *S. Paolo fuori* 30 Min.; bis *Tre Fontane* weitere 30 Min. (Straßenbahn im Bau). — Zweckmäßig verbindet man mit dem Hin- (oder Rück-)weg nach Porta S. Paolo den Besuch der drei Kirchen auf dem Aventin (S. 308/309) oder des Monte Testaccio (S. 310) und der Cestiuspyramide (S. 311). Vor dem Tore benutze man jedenfalls die Straßenbahn.

Porta S. Paolo (Pl. III 18) s. S. 311. — 5 Min. vor dem Tor führt die Straße unter der Eisenbahn nach Civitavecchia hindurch. 3 Min. weiter bezeichnet links eine kleine Kapelle den Ort, wo nach der Legende Petrus und Paulus auf ihrem letzten Gange voneinander Abschied nahmen. — Unmittelbar vor der Basilika geht l. in spitzem Winkel rückwärts die *Via delle Sette Chiese* nach S. Sebastiano an der Via Appia ab ($^3/_4$ St., vgl. S. 422).

***S. Páolo fuori le mura** wurde von Valentinian II. und Theodosius 386 an der Stelle einer kleinen Kirche Konstantins gegründet (vollendet unter Honorius) und mehrfach von den Päpsten, besonders von Leo III., erneuert. Sie war vor dem großen Brande, welcher 1823 mit Ausnahme der Chorpartie fast das ganze Gebäude vernichtete, die schönste und merkwürdigste aller Kirchen Roms: eine fünfschiffige Basilika, mit offenem Dachstuhl; achtzig Säulen aus Pavonazzetto und parischem Marmor trugen den mit den Brustbildern der Päpste verzierten Architrav; sie enthielt viele alte Mosaiken und Fresken, in der Konfession den Sarg des h. Paulus, den die fromme Lucina, der Legende nach, in ihrem Grund und Boden begrub. Ein Säulenvorhof umgab die Vorderseite nach dem Tiber zu, und ein bedeckter Säulengang führte im frühen Mittelalter bis zur Stadt.

Gleich nach dem Brande begann unter Leo XII. der Wiederaufbau, den *Belli*, später *Poletti* leitete. Gregor XVI. weihte 1840 das Kreuzschiff, Pius IX. bei dem Konzil 1854 die Kirche. Bei der Explosion des Pulvermagazins vor Porta Portese 1891 wurde das Gebäude abermals nicht unerheblich beschädigt. Plan und Verhältnisse sind, mit geringen Abweichungen, dieselben wie die der alten Kirche, nur stimmt die Ausstattung nicht recht zum Charakter der altchristlichen Basilika. — Die Hauptfassade (man gehe an der Nordseite der Kirche entlang, dann l. durch den Bretterzaun), mit einer im Bau begriffenen Vorhalle von prachtvollen monolithen Säulen aus Simplongranit, ist nach dem Tiber zu gerichtet. Die Mosaiken oben an derselben, Christus mit Petrus und Paulus und eine symbolische Darstellung in altchristlicher Art, darunter die vier großen Propheten, sind nach Entwürfen von Fil. Agricola und Consoni in der päpstlichen Mosaikfabrik gefertigt (1885).

Das *Innere der Kirche betritt man durch das Säulenportal der Nordseite (oder direkt von der Straße aus durch einen Nebeneingang östl. beim Turm, dann durch die S. 426 erwähnten Vorräume). Den gewaltigen, wenn auch mehr festlichen als kirchlichen Eindruck, den der mächtige Raum verbunden mit der Pracht des Materials macht, genießt man am besten aus der Gegend des Haupteingangs im westlichen Anfang des Mittelschiffs, etwas zur Seite. Fünf Schiffe mit Querschiff gliedern den 120m langen, 60m breiten und 23m hohen Raum. Die reich kassettierte Decke (ehemals ein offener Dachstuhl) wird von achtzig, durch Rundbogen verbundene Säulen aus Simplongranit getragen. Die beiden gelblichen Säulen von orientalischem Alabaster am Eingang, wie die vier am Tabernakel des Hochaltars sind ein Geschenk des Khediven von Ägypten, die Malachitbasen ein solches des Zaren Nikolaus I. Über den Säulen der drei mittelsten Schiffe und im Querschiff sind Porträtmedaillons sämtlicher Päpste in Mosaik (jedes 1,5m im Durchmesser) angebracht. Im Mittelschiff oben zwischen den Fenstern Darstellungen aus dem Leben des h. Paulus von *Gagliardi, Podesti, Consoni, Balbi* u. a. Zu Seiten des Aufgangs zum Querschiff die Statuen der H. Petrus und Paulus, von *Jacometti* und *Revelli;* der reiche rote und grüne Marmorbelag der *Konfession* stammt aus peloponnesischen Brüchen, die schon im Altertum benutzt waren.

Den Triumphbogen schmücken stark restaurierte *Mosaiken* (440-461), im Auftrag der Galla Placidia, Schwester des Honorius und Arcadius, gefertigt: Christus und die 24 Ältesten der Offenbarung. Auf der Seite nach dem Querschiff zu: in der Mitte Christus, l. Paulus, r. Petrus. — Unter dem Triumphbogen der *Hochaltar* mit dem *Tabernakel von *Arnolfo di Cambio* (?; vgl. S. 402) und seinem Genossen *Petrus* (1285). Der **Osterleuchter,* im r. Querschiff, mit Darstellungen aus dem Leben Christi, Tier- und Laubwerkverzierungen in erhabener Arbeit, ist von *Nicolaus de Angelo* und *Petrus Vassallettus* (S. 426; c. 1180). — In der Tribuna **Mosaiken* aus dem Anfang des XIII. Jahrhunderts, in der Mitte Christus, zu seinen Füßen ganz klein Papst Honorius III., l. die H. Lukas und Paulus, r. die H. Petrus und Andreas; darunter zwölf Apostel und zwei Engel. Unten der moderne Bischofstuhl. — Im Querschiff l. 1. die Capp. di S. Stefano, mit dessen Statue von *Rin. Rinaldi* und zwei Bildern (Steinigung des h. Stephanus von *Podesti,* der hohe Rat von *Coghetti*). Vor dem Mosaik unter der 2. Kapelle, Capp. del Crocefisso, legten am 22. April 1541 Ignaz von Loyola und seine Genossen das Gelübde des neuen Ordens ab. — Rechts neben der Apsis: 1. Capp. del Coro, von *Carlo Maderna* entworfen, bei dem großen Brande verschont geblieben. — 2. Capp. di S. Benedetto, mit dessen Statue von *Tenerani.* — An den Schmalwänden des Querschiffes l. Altar mit der Bekehrung Pauli von *Camuccini,* und den Statuen des h. Bernhard von *Stocchi* und des h. Gregor von

Laboureur, r. Altar mit einer Mosaikkopie der Krönung Mariä von *Giulio Romano* und *Franc. Penni* (S. 371) und den Statuen der H. Benedikt und Scholastica von *Gnaccherini* und *Baini*.

Aus dem r. Querschiff gelangt man geradeaus zum Eingang in den Kreuzgang, — links durch einige Kapellen, mit zum Teil alten, aber stark übermalten Fresken, in einen Vorraum mit einer Statue Gregors XVI., einigen alten Fresken und Mosaiken (u. a. Brustbilder der Apostel Paulus und Petrus, etwa aus dem v. Jahrh.); hier der S. 425 erwähnte Nebeneingang beim Turm und r. die **Sakristei**. In letzterer einige gute Ölbilder: über der Tür Geißelung Christi (von *Signorelli?*), r. thronende Madonna mit den H. Benedikt, Paulus, Petrus und Justina; ferner dieselben Heiligen als Einzelfiguren.

Prachtvoll ist der ***Kreuzgang** (*Chiostro;* Nationalmonument, kein Trkg.) des zugehörigen ehemaligen Benediktinerklosters, den man vom r. Querschiff der Kirche her betritt, nächst dem des Lateran der schönste in Rom (jetzt in Restauration). Laut der ringsum laufenden Mosaikinschrift wurde er c. 1220 von dem Abt Peter von Capua begonnen, unter Abt Johann V. c. 1241 vollendet. Die Dekoration ist vielleicht von *Petrus Vassallettus*, einem der damaligen Meister in dergleichen Arbeiten (vgl. S. 328). An den Wänden antike und altchristliche Inschriften und Skulpturfragmente; u. a. ein großer Sarkophag mit der Geschichte des Apollo und Marsyas.

Ein meist unzugänglicher Saal hinter der Sakristei enthält eine sitzende Marmorstatue des Papstes Bonifatius IX. aus dem Anfang des xv. Jahrhunderts und in einem verschlossenen Schrank die *Bronzetür der alten Basilika*, die 1070 auf Bestellung des Konsuls Pantaleon von Staurakios in Konstantinopel gefertigt wurde und durch den Brand sehr gelitten hat (mit eingegrabenen Darstellungen aus der h. Geschichte, deren Umrisse in Silber ausgelegt waren).

Die Straße führt geradeaus weiter und teilt sich 7 Min. jenseit S. Paolo, bei der *Osteria del Ponticello:* r. geht die alte *Via Ostiensis* nach Ostia (S. 467), l. die *Via Laurentina* ab. Schlägt man die letztere ein, so gelangt man an der hübsch gelegenen *Osteria Montagnola* vorüber in 25 Min. zur

Abtei delle Tre Fontane *(ad aquas Salvias)*, die der Malaria wegen lange Zeit fast verlassen war und 1868 den französischen Trappisten überlassen wurde. Durch umfassende Entwässerung und Bodenkultur, sowie Anpflanzungen des schnell wachsenden, den Boden austrocknenden Eukalyptus-Baumes haben sich die gesundheitlichen Verhältnisse gebessert. Die Legende verlegt an diese Stelle die Hinrichtung des Apostels Paulus; das abgeschlagene Haupt habe in drei großen Sprüngen die Erde berührt, daraus seien die drei Quellen entstanden, die der Abtei den Namen geben. Man betritt den die drei Kirchen umgebenden Hof durch einen Bogen mit Spuren von Malereien, der vermutlich zu einer alten Johannes d. T. geweihten Kirche gehörte (läuten! 25 c.).

Die größte der Kirchen, **SS. Vincenzo ed Anastasio**, eine Pfeilerbasilika alten Stils, ist von Papst Honorius I. gebaut, zuerst 1221 von Honorius III. und neuerdings abermals restauriert. Sie hat viel Altertümliches bewahrt, besonders die Marmorfenster über dem Mittelschiff; in der Vorhalle Reste von Malereien, unter denen das Bildnis Honorius' III.

Rechts davon die zweite, runde Kirche **S. Maria Scala Coeli**, so genannt, weil dem h. Bernhard, welchem Innocenz II. das Kloster übergeben, eine Himmelsleiter erschien, auf der Engel durch sein Gebet Erlöste in den Himmel führten; der Bau in seiner heutigen Gestalt ist aus dem Ende des XVI. Jahrh.; in der Tribuna gute Mosaiken von Franc. Zucca: die h. Jungfrau mit den Heiligen Bernhard, Vincenz, Zeno (?), Anastasius (?), von Clemens VIII. und Kardinal Aldobrandini, dem Vollender der Kirche, verehrt.

Die dritte 1599 erbaute Kirche, **S. Paolo alle Tre Fontane**, steht an der Stelle, wo der Apostel enthauptet sein soll, und enthält die drei Quellen; in der Mitte ein antikes Mosaik, die vier Jahreszeiten, 1869 in Ostia gefunden; an der Quelle r. die weiße Marmorsäule, an die Paulus bei der Enthauptung gebunden wurde.

Am Schluß der Führung zeigen die Mönche, von denen einige deutsch sprechen, noch ihre Destillation, wo u. a. ein Gläschen Eukalyptus-Likör für 20 c. angeboten wird.

In den Hügeln oberhalb der Abtei befinden sich Gruben von Puzzolanerde, welche mit Kalk vermischt den berühmten römischen Mörtel gibt; oben schöne Aussichten.

Die Via Laurentina überschreitet $^1/_4$ St. südl. der Abtei einen Bach, auf dessen l. Ufer man in 1 St. (schwer zu finden) nach Cecchignola (S. 423) gelangen kann.

Die Katakomben.

Eine besondere Aufmerksamkeit in der näheren Umgebung Roms verdienen die Katakomben, jene altchristlichen Begräbnisstätten, welche die weite, sonst fast unvermittelte Kluft zwischen dem antiken und dem christlichen Rom ausfüllen, da alle anderen christlichen Baudenkmäler, insbesondere die ältesten Kirchen, längst verschwunden oder unter späteren Restaurationen völlig versteckt sind. Den meisten Reisenden wird der Besuch der *Callistus-* und etwa der *Domitilla-* oder *Agnes-Katakombe* genügen, welche täglich zugänglich sind: vgl. S. 432 und S. 433. Der Führer sorgt für Licht, doch empfiehlt sich zu eingehenderer Betrachtung die Mitnahme besonderer Kerzen. Am 22. November ist die Callistus-Katakombe, am 31. Dezember die Priscilla-Katakombe erleuchtet und dann für jedermann frei geöffnet. Bei den Kustoden der Callistus-Katakombe erfährt man am besten, wann und wie man den Zutritt zu den übrigen erlangt.

1. Geschichte der Katakomben. Der Name wurde erst im XV. Jahrhundert von den altchristlichen Begräbnisplätzen unter S. Sebastiano, welche in der *Catacumba* genannten Gegend lagen (s. S. 422), auf die übrigen derartigen Anlagen übertragen. Die ersten Christen nannten ihre Begräbnisplätze mit einem griechischen Namen *Coemeteria*, d. i. Ruhe- oder Schlafstätten, in Hindeutung auf die Hoffnung der Auferstehung. Das römische, in der Kaiserzeit mehrfach erneute Gesetz, welches auch für die Christen maßgebend war, verbot die Bestattung (auch der Asche) innerhalb der Stadt, und demgemäß finden wir die christl. Gräber meist vor den Toren an den großen Landstraßen.

Während die europäischen Völker im Verlauf der Geschichte fast durchweg zur Verbrennung der Toten übergegangen waren, hielten die Ägypter und Juden an der Sitte des Begrabens fest. Unter dem Einflusse des Judentums wurde diese Sitte auch für das Christentum maßgebend und führte zu der Anlage der unterirdischen Grabgänge, in deren Seitenwände man die für Aufnahme des Leichnams bestimmten Öffnungen grub. Solche Katakomben finden sich nicht bloß zu Rom, wo sie vorzugsweise die Lager des für Bauzwecke unbrauchbaren weichen Tuffs in der nächsten Umgebung der Stadt durchziehen, sondern auch in mehreren anderen Städten Italiens, wie Neapel, Syrakus, Chiusi, Venosa, ebenso in Alexandria in Ägypten und anderswo.

Die römischen Katakomben nahmen ihren Ausgang von einzelnen *Familiengräbern* und wurden nach ihren ursprünglichen Besitzern benannt, wie die der *Lucina*, der *Priscilla*, des *Pontianus* u. a. Überall sind die Zugänge zu diesen Grabstätten weit und öffentlich. Die ältesten Anlagen gehören dem I. Jahrhundert, die jüngsten der ersten Hälfte des IV. Jahrhunderts an. Vom III. Jahrhundert an begann die *Kirche* eigene Begräbnisstätten herzurichten und die vorhandenen Anlagen in ihre Verwaltung zu nehmen. Letztere scheint bald sämtliche christliche Grabstätten umfaßt zu haben. Die verschiedenen Bezirke waren an die Presbyter verteilt.

Die Christenverfolgungen des III. Jahrhunderts gefährdeten auch die Katakomben, welche nunmehr eine Zufluchtstätte für die Verfolgten wurden. Wir hören von nicht wenigen, die darin den Märtertod erlitten. Mit Konstantins des Großen Edikt von Mailand aber ward der Kirche der Friede und den Gräbern die dauernde Sicherheit wiedergegeben. Das IV. Jahrhundert hindurch bleibt das Begräbnis in den Katakomben üblich; gegen Ende desselben nimmt es aber zusehends ab, und Anfang des V. Jahrhunderts verschwindet diese Sitte gänzlich, da nunmehr das Bestatten bei den Kirchen beginnt. Die letzten drei Katakomben scheinen in den Jahren 336-347 von Papst Julius I. gegründet worden zu sein.

Dagegen blieben die Katakomben mit den Gräbern der Märtyrer Gegenstand der Verehrung und das Ziel andächtiger Pilger. Schon Papst Damasus I. (366-384) nahm viele Restaurationen vor und versah zahlreiche Gräber mit schönen metrischen Inschriften; man grub größere und kleinere Lichtöffnungen, legte Treppen an, um den Besuch zu erleichtern, und schmückte die Wände noch spät mit Bildern, welche sich von den frühchristlichen durch Gegenstand und Darstellungsweise deutlich unterscheiden. Zur selben Zeit aber wurden die Katakomben bei den Plünderungen, welche Rom erfuhr, oft verwüstet und ausgeraubt: bereits bei der Belagerung durch die Goten 537, vornehmlich aber 755 durch die Langobarden. „Sie durchwühlten mit frommer Wut die Kirchhöfe der Märtyrer, nach heiligen Knochen suchend, die sie dann, sie eifriger verwahrend als Gold, unter beliebigem Märtyrertitel nach den Kirchen ihrer Heimat zu bringen und teuer zu verkaufen hofften. Diese Menschen gruben mit der Gier von Goldgräbern; es genügte, daß ein Skelett auf römischem Boden ausgegraben war, um ihm Wunderkräfte zuzuschreiben, und so mochte es geschehen, daß die Gebeine von Menschen, die zu ihrer Zeit als Sünder in die Katakomben hinabgestiegen waren, plötzlich als Reste himmlischer Heiligen wieder ans Licht kamen" (Gregorovius). Die Massenübertragung von Märtyrergebeinen in das Pantheon ist S. 234 bereits erwähnt. In S. Prassede wurden laut einer Inschrift noch im J. 817 die Reste von 2300 Märtyrerleichen beigesetzt. Um die Erhaltung der Coemeterien bemühten sich Johann III. (560-73), Paul I. (757-67), Hadrian I. (772-95) und Leo III. (795-816). Seit Paschalis I. (817-24) verfielen die Anlagen indes mehr und mehr und kamen endlich völlig in Vergessenheit; nur die von S. Sebastiano blieben bekannt und dem Besuche der Pilger zugänglich. Erst im XV. Jahrhundert finden sich Spuren erneuten Besuches in einigen Katakomben teils von Pilgern, teils von Mitgliedern der römischen Akademie der Humanisten.

Die wissenschaftliche Erforschung beginnt, nachdem am 31. Mai 1578 Arbeiter an der Via Salaria auf ein altes Coemeterium gestoßen waren. Von diesem Tag datiert die Wissenschaft der *Roma sotterranea*, deren Pflege die römische Kirche als eine Ehrensache betrachtet. Ihr Begründer ist *Antonio Bosio* aus Malta, der 36 Jahre seines Lebens dem Unternehmen widmete: seine „Roma sotterranea" ward 1632, drei Jahre nach seinem Tode, gedruckt. Seine Arbeiten, durch andere Gelehrte fortgeführt, drohten jedoch wieder in Vergessenheit zu geraten, bis er im XIX. Jahrh. in dem Jesuiten P. *Marchi* und vor allem in den Archäologen *Giovanni Battista de Rossi* († 1894) und *Jos. Wilpert* würdige Nachfolger fand.

Literatur: *G. B. de Rossi*, La Roma sotterranea cristiana (3 Bände, 1864-77), Inscriptiones christianae urbis Romae (1. Bd. 1861, 2. Bd. 1889), Bullettino di Archeologia cristiana (1863 ff.); *Jos. Wilpert*, die Malereien der Katakomben Roms (2 Bde., Freiburg i. Br. 1903. 300 *M*). Eine gemeinverständliche wissenschaftliche Darstellung gibt für deutsche Leser *F. X. Kraus*, Roma sotteranea (2. Aufl., Freiburg i. Br. 1879); vgl. auch dessen Geschichte der christlichen Kunst, Band I (Freiburg 1896). Neuer: *Orazio Marucchi*, Le Catacombe romane (2. Aufl., Rom 1905, 8 fr.).

II. Die Einrichtung der Katakomben war ursprünglich sehr einfach. Man grub schmale, im Mittel $0{,}_{80}$m breite, später oft noch engere (bis $0{,}_{55}$m) Gänge, in deren Seitenwänden man Nischen *(loculi)* in der Länge des zu bestattenden Leichnams, und zwar mehrere (bis zu dreien und mehr) übereinander, anlegte. Nach der Beerdigung wurden die Nischen mit Tafeln von Marmor oder Terrakotta geschlossen, welche anfänglich außer dem Namen des Toten höchstens noch den Zusatz *in pace* trugen. Die älteren Inschriften sind meist in griechischer, die späteren durchaus in lateinischer Sprache abgefaßt. Der Wechsel weist auf den Übergang des Christentums aus einer fremdländischen zu einer wirklich einheimischen nationalen Gemeinde hin. Den Toten pflegte man allerlei Schmucksachen und Erinnerungszeichen, ja einzelnes Hausgerät mitzugeben. Neben den Deckplatten wurden Tonlampen angebracht, um die dunkeln Gänge zu erhellen.

Das Anwachsen der Gemeinde, der Übergang von Gruftstätten einzelner Familien zu eigentlichen allgemeinen Friedhöfen mußte sich auch in der äußeren Einrichtung bemerkbar machen. Nach und nach erweitern sich die Anlagen; die Gänge werden schmäler und höher oder treten in mehrere (bis zu fünf) Stockwerke übereinander; verschiedene, ursprünglich getrennte Anlagen werden durch neue Grabungen in Verbindung gesetzt, und vielfach ist einem aufmerksamen Auge noch heute der verwickelte Gang mannigfacher Umgestaltungen und Erweiterungen erkennbar. Eine eigene Körperschaft der *Fossores* (Totengräber) entsteht und geht erst mit dem Erlöschen der Sitte, die den Katakomben den Ursprung gegeben hat, ein. Die größeren Räume, welche das System der einförmig fortlaufenden Gänge unterbrechen, dienten als Familienbegräbnisse (*cubicula*, Schlafgemächer) und waren als solche Privateigentum. Schließlich finden wir auch Räume, die zu gottesdienstlichen Versammlungen bestimmt waren; doch gehören diese sämtlich dem IV. Jahrhundert an, als man begann, das Andenken der Märtyrer durch kirchliche Feierlichkeiten zu ehren. Die Meinung, daß der regelmäßige Gemeindegottesdienst in den Katakomben stattgefunden habe, ist irrig (dazu dienten die Privathäuser in der Stadt). Nur an den allgemeinen Totenfesten versammelte sich die Gemeinde an den Gräbern.

Die meisten Grabnischen sind jetzt leer. Erst in neuerer Zeit läßt man die gefundenen Gegenstände tunlichst an Ort und Stelle.

III. Ein besonderes Interesse darf die Ausschmückung der Katakomben beanspruchen. Selbstverständlich konnte die christliche Kunst in ihren Anfängen nichts sein, als eine Anwendung des im Heidentum Ausgebildeten auf die neuen Zwecke und Vorstellungen, welche das Christentum mit sich brachte. Deshalb unterscheiden sich die Malereien und Skulpturen der Katakomben in ihrem Stil durch nichts von der übrigen gleichzeitigen Kunst, deren erst langsamen, dann jähen und fast gänzlichen Verfall sie teilen. Die besten Fresken gehören dem Ausgang des I. und Anfang des II. Jahrhunderts an. Mit dem allgemeinen Sinken der altrömischen Welt des III. und IV. Jahrhunderts werden die Formen unschön und verzerrt. Auch in der Dekoration findet zwischen heidnischer und christlicher Kunst kein grundsätzlicher Unterschied statt, am wenigsten in der älteren Zeit.

Dagegen macht sich von Anfang an in der Wahl und Auffassung der Gegenstände ein durchaus eigentümlicher Sinn geltend. Sehr selten im Verhältnis zu der Menge der Gemälde finden wir einfach historische Darstellungen, welche nichts wollen, als eine Tatsache, sei es der jüdischen, sei es der christlichen Geschichte, versinnlichen. Nur einmal begegnet uns Maria mit dem Kinde allein (Priscilla-Katakombe), gewöhnlich sehen wir sie mit den Königen aus dem Morgenland (in verschiedener Zahl), welche Geschenke bringen, z. B. in den Katakomben des Callistus, der Domitilla, der Priscilla. Darstellungen von Martyrien kommen erst seit dem v. Jahrhundert vor.

Die Hauptmasse der Gemälde ist symbolisch und deutet unter dem Bilde biblischer Ereignisse auf Glaube und Hoffnungen des Christentums hin. Hier kehrt vor allem die *Auferstehung* in mehrfacher Gestalt wieder, entweder angedeutet durch die Erweckung des Lazarus, der mumienartig umwunden in einer Tür erscheint, während Christus (unbärtig) mit einem Stäbchen in der Hand davor steht; oder unter dem Bilde der Geschichte des Jonas, der von dem Fisch verschlungen und wieder ausgespieen wird oder unter der Kürbisstaude sitzt. Ferner erscheint häufig der gute Hirte, das gefundene Schaf auf dem Rücken tragend, zuweilen von Lämmern umgeben. Abrahams Opfer, Noah in der Arche, die drei Männer im feurigen Ofen gehören dem nämlichen Kreise an. Ebenso Daniel zwischen den Löwen, mit betend erhobenen Händen, in derselben Stellung, in welcher sehr oft die Gestorbenen auf oder neben ihrem Grabe abgebildet sind („Oranten"), und die verschiedenen Heilungswunder Christi. Darstellungen der *Taufe* und des *Abendmahls* (erstere in realer, letztere in symbolischer Form) finden sich in den sog. Sakramentskapellen der Callistus-Katakombe. Durch eine Art Hieroglyphik ist der Fisch zu einem wichtigen christlichen Symbol geworden, indem das griechische Wort für Fisch: ἰχθύς sich aus den Anfangsbuchstaben folgender griech. Worte zusammensetzt: Ἰησοῦς Χριστὸς Θεοῦ Υἱὸς Σωτήρ, d. i. Jesus Christus Gottes Sohn Heiland. Alle diese Gegenstände und manche andere, besonders die alttestamentlichen Überlieferungen, denen man eine symbolische Beziehung auf christliche Begegnisse abgewinnen konnte (z. B. Moses, der Wasser aus dem Felsen schlägt), ziehen sich gleichmäßig durch alle Malereien der Katakomben und durch die Skulpturen der altchristlichen Sarkophage. Hand in Hand damit gehen zahlreiche Inschriften, bis in die Mitte des III. Jahrhunderts ziemlich einfach in der S. 429 angedeuteten Weise, von da an ausführlicher und reicher an Ausdrücken der Trauer und der Hoffnung.

Bilder, Inschriften und Sarkophage aus den Katakomben sind jetzt im Christl. Museum des Lateran (S. 332), die Inschriften auch in der Galleria Lapidaria des Vatikan (S. 384) untergebracht.

Die Katakomben ziehen sich in einem großen Kreise um Rom herum, am dichtesten zwischen Via Salaria und Nomentana einerseits, Via Latina, Appia und Ostiensis anderseits. Mehr als vierzig, von sehr verschiedenem Umfang, sind nachgewiesen, sie sind aber nur zum Teil zugänglich. Nach Michele de Rossi's sorgfältigen

Berechnungen nehmen die bis 1867 bekannt gewordenen ein Areal von 246 ha (2466778 qm) ein, wobei zu berücksichtigen ist, daß die Gänge in mehreren Stockwerken untereinander laufen, die obersten 7-8m unter der Oberfläche, die tiefsten 22m. Sämtliche Gänge aneinander gelegt, würden eine Länge von 876km ergeben. — Im folgenden sind nur die wichtigsten Katakomben aufgeführt.

Am lehrreichsten ist die ***Katakombe des h. Callistus,** an der Via Appia, 25 Minuten vor Porta S. Sebastiano (vgl. S. 421). Wenn man die Vigne betritt, in der sie liegt, so sieht man neben dem Wächterhäuschen, wo man das Eintrittsgeld (1 fr.) bezahlt und einen deutsch sprechenden Mönch als Führer erhält, einen kleinen, wieder als Kapelle hergestellten Ziegelbau mit drei Apsiden, in welchem G. B. de Rossi 1850 das alte *Oratorium S. Callisti in Arenariis* erkannte. Es enthält Inschriften und Skulpturfragmente aus den Katakomben, sowie eine Büste de Rossi's. — Nebenan ist der jetzige Zugang zu den Katakomben. Man gelangt in einen Gang mit Gräbern und findet bald l. einen *größeren Raum (Camera papale, cubiculum pontificium) mit den Gräbern mehrerer Päpste („Bischöfe"): Anteros, Fabianus, Lucius, Eutychianus; ursprünglich auch Sixtus II. († 258 als Märtyrer in den Katakomben). Zu Ehren des letzteren eine große metrische Inschrift, vom Papst Damasus I. gegen Ende des IV. Jahrhunderts gesetzt, in der eigentümlich zierlichen und geschmückten Schrift, welche sein Schreiber, Furius Dionysius Philocalus, für diese Zwecke erfand. Zu beiden Seiten des Eingangs an der Außenseite bemerkt man eine Menge eingeritzter Inschriften von andächtigen Besuchern aus dem IV. bis VI. Jahrhundert. Aus dem Papstbegräbnis tritt man in einen oben offenen Raum mit dem *Grabe der h. Cäcilie* (der Leichnam jetzt in S. Cecilia in Trastevere, S. 402); an der Wand mehrere byzantinische Malereien aus dem VII. bis VIII. Jahrhundert, h. Cäcilie, h. Urban und ein Christuskopf; an den Wänden der Lichtöffnung Reste anderer Fresken. Am Cäcilientag, 22. Nov., wird hier Messe zelebriert (vgl. S. 427). Zu Seiten der Gänge in der Nähe dieser Kapellen mehrere Gräberkammern, die sog. Sakramentskapellen, mit den S. 431 angedeuteten symbolischen Darstellungen und anderen Malereien. Ferner die *Grabkammer des Papstes Eusebius* (309-11) mit der aus dem VI. Jahrh. stammenden Kopie einer damasianischen Inschrift, eine andere mit zwei Sarkophagen, in denen man noch die Reste der Verstorbenen sieht, der eine mumienartig erhalten, der andere fast zerstört. Schließlich erwähnen wir noch das *Grab des Papstes Cornelius* (251-53), welches zu einem ursprünglich selbständigen Coemeterium (der *Lucina*) gehört.

Neben der Katakombe des h. Callistus (Eingang Via Appia 28, Chiostro dei Trappisti; nicht allgemein zugänglich) wurden 1903 die Reste der *Grabkapelle der H. Marcus und Marcellinus,* mit sehr zerstörten Wandgemälden, und die *Krypta des Papstes Damasus I.* (366-384), mit der Grabinschrift seiner Mutter, entdeckt.

Die ***Katakomben der Domitilla oder der H. Nereus und Achilleus** (Eintritt tägl. 9 Uhr bis abends, 1 fr.), in der Nähe der Callistus-Katakomben, Via delle Sette Chiese 22 a (s. S. 422), sind die reichsten an Inschriften (über 900) und neben den Lucina-Krypten und der Priscilla-Katakombe die älteste derartige Anlage. Domitilla gehörte dem flavischen Kaiserhause an. In zweien der fünf antiken Zugänge finden sich Fresken aus dem Ende des I. Jahrhunderts, Genien im pompejanischen Stil, die ältesten Darstellungen des guten Hirten, des Daniel u. a. In der Mitte der Katakombe liegt die 1875 ausgegrabene *Basilika der h. Petronilla*, der Tochter des Apostels Petrus nach der Legende. Im zweiten Stockwerk der Katakombe angelegt, ragte sie mit dem Dach in das Freie. Sie war dreischiffig, mit Vorhof, und bildete im Grundriß fast ein Quadrat. Auf einer Tabernakelsäule ist die Marter des h. Achilleus in Relief abgebildet, vielleicht die älteste derartige Darstellung (v. Jahrh.). Alles andere ist zerstört (neuerdings zum Teil restauriert). In Gebrauch war die Basilika nur vom V. bis zum VIII. Jahrhundert.

Die **Katakomben der Commodilla,** in der Vigna Serafini, Via delle Sette Chiese, unweit von S. Paolo fuori le mura (S. 424), sind 1903-1905 ausgegraben worden. Sie enthalten mehrere durch ihre Malereien merkwürdige Cubicula, u. a. das Grab einer vornehmen Frau Turtura (VI. Jahrh.), mit dem größten und besterhaltenen unter allen Katakombengemälden.

Die **Katakomben des Prätextatus,** unweit der Via Appia, nach S. Urbano (S. 421) zu, enthalten ähnliche Dekorationen, wie die Station der Vigiles in Trastevere (S. 400). In einem Teile derselben, der Grabkapelle der Vibia, finden sich häretisch-gnostische Darstellungen (Hermes als Totenführer u. a.).

Die **Katakomben der h. Priscilla** liegen an der Via Salaria, 3km vor dem Tor (S. 412). Der älteste Teil ist ein quadratischer Raum (wegen der griechischen Inschriften „cappella greca“ genannt) mit interessanten Malereien aus dem III. Jahrhundert. Weiterhin im dekorativen Deckenschmuck Maria mit dem Kinde und Jesaias, welcher auf das neue Licht in Israel (Stern) hinweist, die älteste Madonnendarstellung, aus der zweiten Hälfte des II. Jahrhunderts. Stellenweise findet man hier auch die ältesten und einfachsten Inschriften in Farben auf Ziegelplatten.

Die **Katakomben der h. Agnes** (Eintr. s. S. 116), unter der Kirche S. Agnese fuori le mura, sind ohne Malereien, aber vielfach noch im ursprünglichen Zustande und dadurch von besonderem Interesse. — 5 Min. hinter der Kirche eine andere Katakombe, *Coemeterium Ostrianum* genannt, durch die große Zahl der in den Gängen angelegten Familienbegräbnisplätze bemerkenswert.

Die **Katakomben des h. Sebastianus,** unter der gleichnamigen Kirche an der Via Appia (S. 421), die einzigen auch noch im Mittelalter besuchten, bieten wenig Bemerkenswertes. Die sog. *Platonia di S. Damaso*, mit Resten der ursprünglichen Stuckdekoration, ist das Grab des Märtyrers Quirinus, Bischofs von Siscia; man hat sie irrtümlich für eine von Damasus für die Leichen der Apostel Petrus und Paulus gebaute Gruft gehalten.

Die **jüdischen Katakomben** (*Catacombe ebraiche*, S. 421; Eintritt tägl. 9-5 Uhr, 1 fr.), unweit von S. Sebastiano, sind ungefähr aus dem III. Jahrhundert nach Chr. Sie erinnern in der Anlage an die Katakomben von Neapel. Die Inschriften sind nur griechisch und lateinisch. Unter den Symbolen ist am häufigsten der siebenarmige Leuchter. Zwei Kammern sind mit ornamentalen Malereien geschmückt, wobei gegen das mosaische Gesetz auch Tierdarstellungen vorkommen. Ein Sarkophag trägt Vergoldungen.

Die **Katakomben der H. Petrus und Marcellinus**, bei Torre Pignattara (S. 417), gehören zu den ausgedehntesten. Die Decke einer hohen Kapelle trägt eine Darstellung von Christus auf dem Thron, r. Paulus, l. Petrus, darunter vier Heilige, ganz im Stil der ältesten Mosaiken. Andere Fresken, u. a. auch zwei Bilder von Familienmahlen, gehören dem III. Jahrhundert an; die Darstellung oft sehr realistisch.

Die **Katakomben des h. Pontianus** sind 1km vor Porta Portese (S. 403; r. von der Straße, kurz vor der Abzweigung der Strada di Monteverde, in der Vigna di S. Michele) in der Breccie des Monte Verde angelegt. Am Ende einer in die Tiefe führenden Treppe ein als Baptisterium dienendes Bassin mit Wasser. Auf der dahinter liegenden Wand ist die Taufe Christi (neben dem Jordan ein Hirsch) über einem großen Kreuze in später Manier dargestellt. Über der Treppe zwei große Medaillons mit Christusköpfen aus dem VI. und IX. (?) Jahrhundert.

Das **Oratorio di S. Alessandro**, beim 10. Kilometerstein vor Porta Pia (S. 416), ist ein langes, halb unterirdisches Gebäude aus ärmlichem Mauerwerk. Nach der Inschrift am Altar war hier das Grab eines Alexander, ungewiß ob des Bischofs dieses Namens. Dabei einige Katakombengänge.

Katakombe der h. Generosa s. S. 467.

2. Das Albanergebirge.

Das waldreiche *Albanergebirge* (Monti Albani oder Laziali) ist eine aus basaltischen Gesteinen (Laven und Tuffen) aufgebaute, isolierte Berggruppe, die langsam aus der mit vulkanischen Aschen erfüllten Ebene aufsteigt und eine schöne im *Monte Cavo* (949m) und der *Punta Fuette* (956m) gipfelnde Pyramide bildet. Der äußere Kegel zeigt in der Mitte eine weite kesselförmige Vertiefung, die im Osten von einem zusammenhängenden Wall eingeschlossen wird, im Westen zwei große, mit Wasser erfüllte Becken (Lago di Albano, Lago di Nemi) sowie die trockene Valle Aricciana und den Laghetto di Turno umschließt. Man hat früher von einem Zentral- und drei Seitenkratern gesprochen, wahrscheinlich handelt es sich aber um Einstürze während einer Pause nach der Haupteruptionsperiode des Vulkans. Später erneuerte sich die Tätigkeit und schuf über dem alten Schlote den Monte Cavo, der im Campo di Annibale seinen Krater besitzt. Lange Lavaströme haben sich gegen Rom, Velletri und nach Norden ergossen; sie erscheinen im Gelände als Rücken und werden von den Eisenbahnen durchschnitten. Die Tuffe sind verschiedener Natur, weit verbreitet ist der durch seine Mineralien und die eingebackenen Kalk- und gebrannten Tonstücke bunt aussehende Peperin. Die Einschlüsse deuten auf sehr heftige Explosionen, die Trümmer der unter dem Vulkan ruhenden Gesteine in Masse empor-

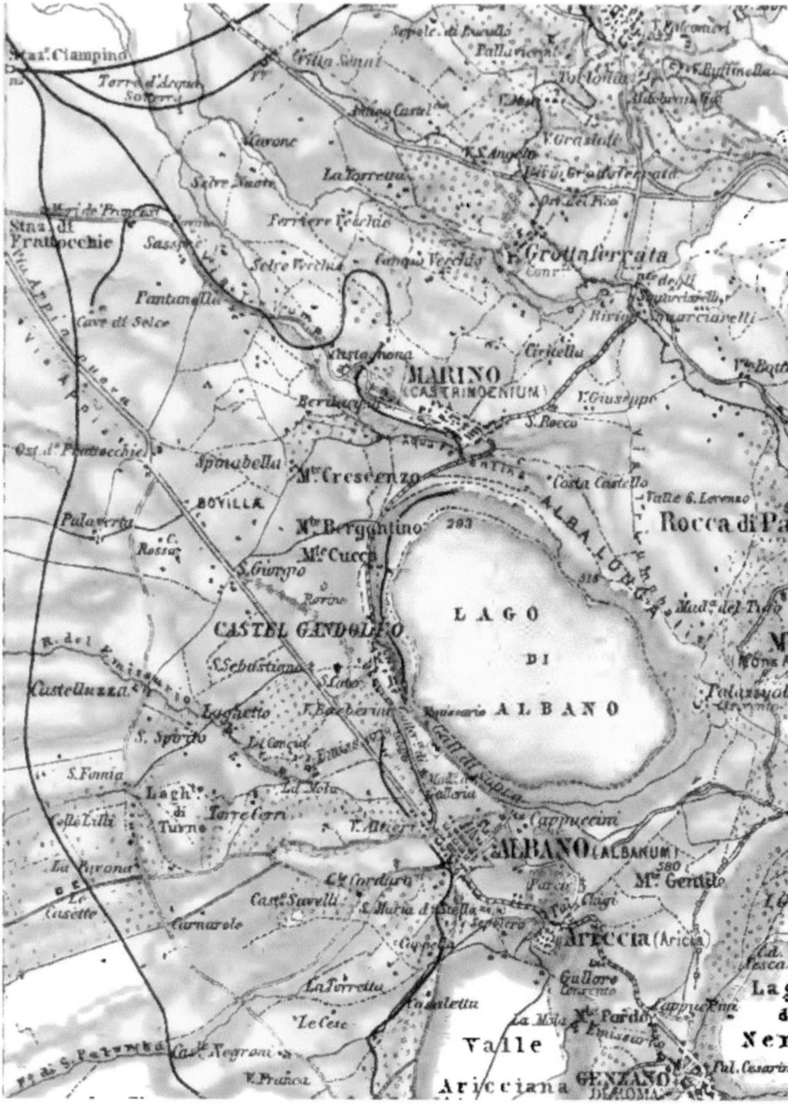
MARINO
(CASTRIMOENIUM)
Grottaferrata
Rocca di Pap
LAGO
DI
ALBANO
CASTEL GANDOLFO
ALBANO (ALBANUM)
Ariccia (Aricia)
GENZANO
Valle
Aricciana
Mte Crescenzo
Mte Bergantino
Mte Cucco
BOVILLA
Mte Gentile
Castelluzza
Laghetto
Frattocchie
Stna di Frattocchie
Stazne Ciampino
Cave di Selce
Pantanella
Palaverta
S. Sebastiano
S. Spirito
S. Fomia
Colle Lilli
La Torretta
Le Cese
Castel Savelli
Carnarolo
La Mola
Torre Cerri
Laghi di Turno
Via Appia
S. Rocco
V. Giuseppe
Costa Castello
Galleria
Cappuccini
Lag
di
Nem

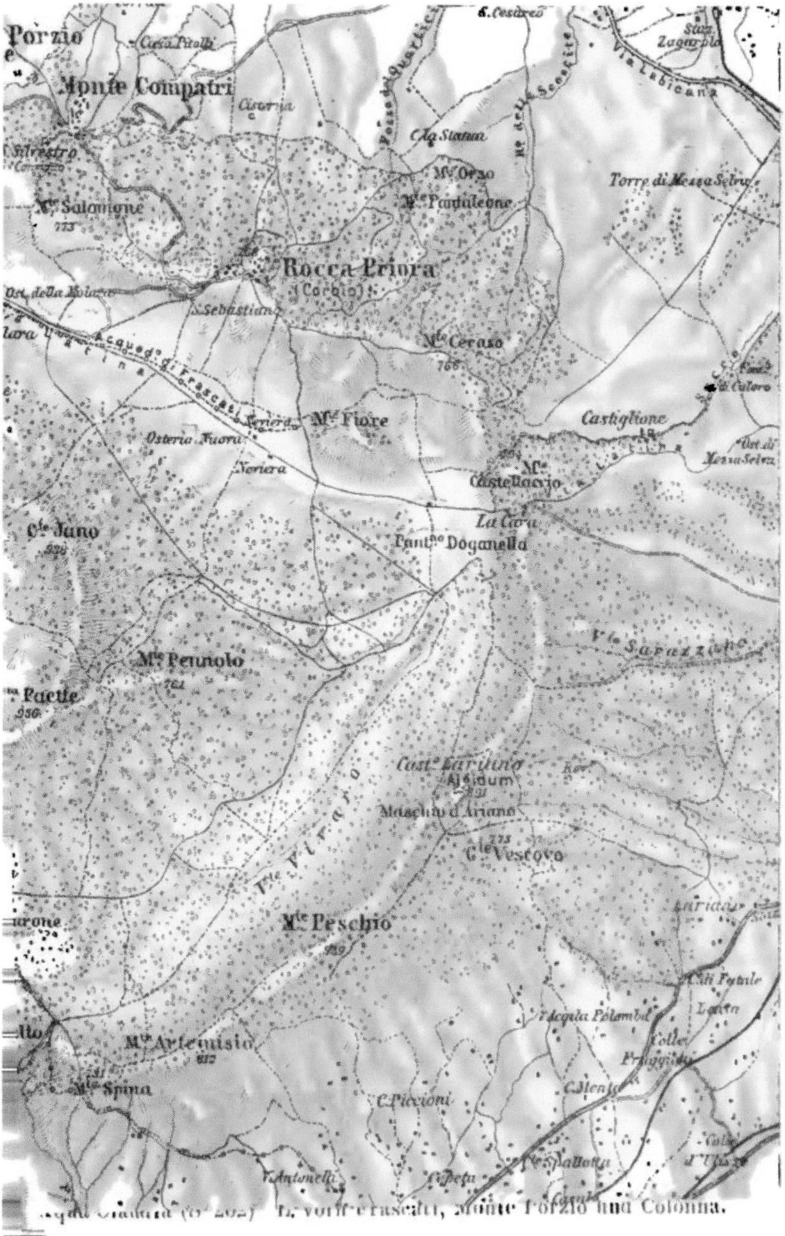
Porzio
Monte Compatri
Rocca Priora
S. Sebastiano
Acqued.o di Frascati
Osteria Nuova
Mte Fiore
Mte Ceraso
Mte Pantaleone
Via Labicana
Torre di Mezza Selva
Castiglione
Mte Castellaccio
La Cava
Cant.ne Doganella
Cle Jano
Mte Pennolo
Via Sarazzano
Algidum
Maschio d'Ariano
Cle Vescovo
Mte Peschio
Mte Artemisio
Mte Spina
C. Piccioni
Mte Salomone
Zagarolo

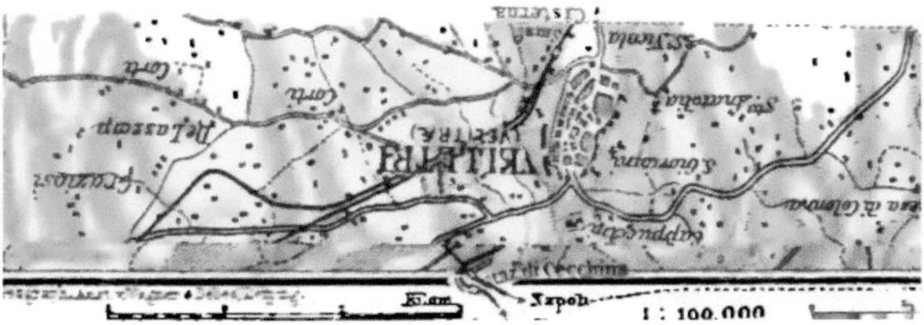
1 : 100.000

rissen. Seit historischen Zeiten ist der Vulkan erloschen, nur Erdbeben bei Albano, Nemi, Rocca di Papa erinnern daran, daß das ganze Gebirge junger Entstehung ist. Seine Höhe und isolierte Lage machen es zu einem gesunden quellenreichen Gebiet, das ringsum von üppigen Kulturen bedeckt ist. Der Albaner Wein hatte schon im Altertum Ruf. Am Nordabhange des Gebirges liegt *Frascati*, am Südwestabhang *Albano*, beide seit dem Altertum von Villen römischer Großen umgeben. — Seiner landschaftlichen Schönheit wegen ist das Gebirge von jeher ein beliebtes Ziel für Ausflüge. Die Bewohner haben manche Eigentümlichkeiten bewahrt, doch begegnet man den schönen Volkstrachten nur noch sehr selten.

Einen Tagesausflug, der sich mit Hilfe von Eisenbahn und Straßenbahn in der verschiedensten Weise zusammenstellen läßt, richte man etwa in folgender Weise ein: mit der Eisenbahn oder Straßenbahn nach *Castel Gandolfo* (S. 441), zu Fuß auf der Galleria di sopra bis zur Einmündung der Straße von Albano, dann wie S. 442 und 445 angedeutet nach *Rocca di Papa* und weiter auf den *Monte Cavo* (S. 446), dessen Gipfel man von Castel Gandolfo im Ganzen in 3-4 St. erreicht; nun entweder hinunter nach *Rocca di Papa* (S. 446) und mit der Straßenbahn über *Grottaferrata* (S. 439) nach *Frascati* (S. 436) oder direkt nach Rom zurück, oder wie S. 447 angedeutet vom Monte Cavo hinunter nach *Nemi* (S. 445) $1^1/_2$ St., und weiter nach *Genzano* (S. 444) $^3/_4$ St., wo man die über *Ariccia* (S. 443), *Albano* (S. 442), *Castel Gandolfo* (S. 441) und *Marino* (S. 440) nach Rom führende Straßenbahn erreicht. *Frascati* besucht man dann in einem Nachmittagsausflug von Rom aus. — Man kann die Wanderung auch in einem Tage und in umgekehrter Folge machen: von *Castel Gandolfo* nach *Albano* $^1/_2$ St., *Genzano* 1 St. (Straßenbahn 17 Min.), *Nemi* $^3/_4$ St., *Monte Cavo* (mit Führer) 2 St., *Rocca di Papa* $^1/_2$ St.; weiter s. oben. — *Grottaferrata* (S. 439) ist hauptsächlich wegen der Fresken Domenichino's bemerkenswert; landschaftlich bietet dieser Teil des Gebirges am wenigsten.

Im Frühjahr und Herbst werden deutsche Reisende der Fußwanderung den Vorzug geben; Führer (3-4 fr. der Tag) sind dabei, mit Ausnahme weniger Strecken, entbehrlich. In der wärmeren Jahreszeit halte man sich jedoch an die landesübliche Art des Reisens zu Esel: kaum unter 6 fr. für die Tagestour, einschl. des Lohnes für den Treiber („pedone"), der nebenher läuft. Man akkordiert „tutto compreso" und gibt, war man zufrieden, ein kleines Trinkgeld. Man bestimme den Weg, den man machen will, genau. Wer Eselgalopp nicht liebt, zügele den Ehrgeiz des Treibers durch die Drohung am Trinkgeld zu kürzen. — Wagen sind sowohl in Frascati wie in Castel Gandolfo und in Albano zu haben.

Von Rom nach Frascati. — Eisenbahn: 24km, in $^3/_4$ St. für 2 fr. 80, 1 fr. 95, 1 fr. 30 c.; über Rückfahrkarten vergl. S. XIII. — Bis (14km) Stat. *Ciampino* s. S. 459. Die Hauptlinien führen weiter nach Neapel und Terracina: s. S. 473 und S. 474. — Die Zweigbahn nach Frascati steigt langsam bergan. Der Bahnhof von Frascati liegt etwas unterhalb der Stadt.

Straßenbahn, an Sonn- und Feiertagen und im Oktober (s. S. 158) von Einheimischen überfüllt: 23km in 1 St. 24 Min. für 1 fr. 55, 1 fr.; hin und zurück 2 fr. 35, 1 fr. 50 c. Abfahrt am Anfang der Via Principe Umberto, beim Hauptbahnhof (Pl. II 27); beste Aussicht von den Decksitzen (Imperiale). — Bis zur Porta S. Giovanni (S. 336) folgt die Bahn den Straßen Via Principe Umberto, Via Manzoni und Via Emanuele Filiberto. Vom Tor bis *Porta Furba* s. S. 418. Die Bahn folgt auch weiterhin der Via Tuscolana; l. der Monte del Grano, r. die Bogen der Acqua Felice und der Aqua Claudia (S. 202). L. vorn Frascati, Monte Porzio und Colonna.

Kurz vor der ($10{,}_5$km) Haltestelle *Osteria del Curato* r. die *Sette Bassi* genannten Ruinen aus der römischen Kaiserzeit. Die Straße teilt sich: l. führt ein Arm an der *Torre di Mezzavia* (Osteria) vorüber direkt nach (10km) Frascati, während die Straßenbahn r. der *Via Anagnina* folgt, mit der sich 3km weiter die alte Via Latina (S. 418) vereinigt. — Vor ($16{,}_9$km) *Villa Senni* überschreitet die Straße die Eisenbahnen nach Segni-Neapel (S. 473) und nach Frascati (vgl. die Karte S. 434) und beginnt zu steigen.

20km Haltestelle *Grottaferrata Bivio*, 1km n. des Ortes, wo die Linie nach Grottaferrata (Rocca di Papa)-Genzano s. abzweigt (s. S. 439). Die Linie nach Frascati führt n. in Windungen aufwärts an der Villa Torlonia (s. unten) vorüber nach (23km) Frascati (Piazza Romana, s. unten).

Frascati. — Gasth.: Gr.-H. Frascati, ersten Ranges, mit 70 Zimmern, elektr. Licht und Bädern, Z. von 3 fr. an, F. $1^1/_2$, G. o. W. $3\text{-}3^1/_2$, M. 5, P. 9-12 fr. — Alb. di Londra (Pannelli), Piazza Romana, oberhalb der Bahnhofstreppe, mit 15 Z. und Café, Z. $2^1/_2$, P. 6-7 fr. — Pensionen: Bellevue, im I. Stock des Pal. Senni, 21 Betten, P. 8-10 fr., mit Aussicht, neu; Convento S. Carlo (französische Schwestern), Via Principe Umberto, mit Garten und Aussicht, P. 6-7 fr., gelobt.

Trattorien (die Wirte besorgen meist ganz ordentliche Zimmer zum Übernachten): Villetta, mit Garten und Aussicht, auf halber Höhe der Bahnhofstreppe, l. am Viale Giuseppe Pery; Leone, Piazza Romana, oben an der Bahnhofstreppe; Cipolletta, bei der Kirche, in der Via Re Umberto links und durch den doppelten Torbogen, durch den man zur Piazza del Mercato gelangt.

Sommerwohnungen: einzelne Zimmer 30-40 fr. monatl., 3-4 Z. etwa 100 fr.; auch sind ganze Villen zu mieten.

Straßenbahn nach Rocca di Papa, Grottaferrata usw. s. S. 439; Postomnibus nach Monte Compatri S. 439.

Der Besuch der Höhe von Tusculum erfordert hin u. zurück 3-4 St., am besten hin über Villa Aldobrandini oder Villa Ruffinella, zurück über Camaldoli und Villa Mondragone: *Führer* angenehm, namentlich bei beschränkter Zeit, 2-3 fr. Ein Teil der Villen ist nicht immer zugänglich; Auskunft erteilen das Papiergeschäft von Felice Ruggeri (gegenüber dem Dom), die Wirte in Frascati und der S. 148 gen. Fremdenverkehrsverein.

Frascati (322m), in gesunder Lage am Abhange der Berge, mit herrlichen baum- und wasserreichen Villen und prächtiger Aussicht auf die Campagna, eignet sich zu längerem Aufenthalt. Die durch ihren Wein berühmte Stadt, mit 8453 Einwohnern, ist neueren Ursprungs. Im ix. Jahrh. werden zuerst zwei Kirchen, S. Maria und S. Sebastianus in Frascata erwähnt; beide lagen wahrscheinlich in den Trümmern einer römischen Villa (der Anicier?), die mit Gebüsch (frasche) bewachsen war, daher ihr Name. Erst nach der Zerstörung von Tusculum (S. 437) bekam der Ort einige Bedeutung.

Vom Bahnhof führen eine Fahrstraße und ein Treppenweg zu der mit Gartenanlagen geschmückten Piazza Romana, wo r. der Eingang der *Villa Torlonia* (früher *Conti;* Trkg.) ist, mit verfallenen Wasserwerken, Steineichenhainen und schönen Aussichten (geradeaus die unteren, nicht immer geöffneten Eingänge der Villen Lancellotti und Aldobrandini, s. S. 437). L. gelangt man in zwei Min.

auf die Piazza, den Hauptplatz von Frascati, mit hübschem Brunnen. Der Dom *S. Pietro*, 1700 von Girol. Fontana erbaut, enthält l. vom Haupteingang einen Gedenkstein für den 1788 in Frascati gestorbenen englischen Prätendenten Karl Eduard Stuart (S. 351).

Von der Piazza folgt man der r. vom Dom steil ansteigenden Straße (Corso Volfango Goethe) aufwärts geradeaus. Oberhalb der Stadt l. die nur am 29. Sept. zugängliche *Villa Lancellotti* (früher *Piccolomini*), in welcher der gelehrte Kardinal Baronius († 1607) seine Kirchengeschichte schrieb. Eingang in Via Lancellotti.

Dann r. die **Villa Aldobrandini** oder *Belvedere*, von dem Kardinal Pietro Aldobrandini, Neffen Clemens' VIII., nach dem Entwurfe des Giacomo della Porta 1598-1603 angelegt. Eintrittskarten unentgeltlich in dem S. 436 gen. Papiergeschäft von Felice Ruggeri. Der Park, mit seinen Terrassen, phantastischen Grotten, Statuengruppen, Wasserwerken, Felspartien und hohen Eichen, weiten Aussichten, besonders vom platten Dache des Halbrondells aus, ist einer der schönsten der Zeit. Das Casino enthält Malereien von Cav. d'Arpino. Dahinter stürzt, 12km weit hergeleitet, ein Wasserfall herab, der in breitem Becken zwischen einem halbrunden Hallenbau aufgefangen wird. Man kann durch den Park auf die unten gen. antike Straße nach Tusculum gelangen.

Der Weg nach Tusculum (Führer angenehm) führt weiter an der *Kapuzinerkirche* (20-25 Min. oberhalb der Stadt; mit einigen Bildern) vorüber zum Eingang der nur So. geöffneten **Villa Tusculana* oder *Ruffinella*, aus dem XVI. Jahrh., eine Zeitlang Eigentum Lucian Bonaparte's, gegen den hier Räuber 1818 den von Washington Irving erzählten Anschlag vollführten, später des Königs Viktor Emanuel II., jetzt des Fürsten Lancellotti. In der Vorhalle einige Inschriften und Altertümer aus der Umgebung.

Von Villa Ruffinella (r. vom Palast auf dem gepflasterten oder dem ungepflasterten Wege bergan) gelangt man, später z. T. auf antiker Straße in starker Steigung (etwa $1^1/_4$ St. von Frascati bis zum Theater, s. S. 438) nach der Stätte der uralten Stadt **Tusculum**, deren Gründung die Sage auf Telegonus, den Sohn des Odysseus und der Circe, zurückführt, Geburtsort des ältern Cato und Lieblingsaufenthalt Cicero's. Im Mittelalter bewohnten die Burg auf dem Gipfel streitbare Grafen, die meist mit dem Kaiser gegen die Römer im Bunde waren, daher die letzteren (besonders um ihre große Niederlage durch Friedrich I. im J. 1167 zu rächen) unter Cölestin III. 1191 alles von Grund aus zerstörten. So sind denn von dem alten Tusculum nur Trümmer übrig.

Man sieht, von Villa Ruffinella aufwärts schreitend, zuerst das *Amphitheater*, mit Raum für 3000 Zuschauer, außerhalb der Stadtmauern (große Achse 70m, kleine 52m, Arena 18 × 29m), von den Führern Scuola di Cicerone genannt. Dann auf antikem Pflaster aufwärts, nach $^1/_4$ St. an (l.) Trümmern vorbei, denen man den Namen *Villa des Cicero* gegeben hat, da das berühmte „Tusculanum" in dieser Gegend gelegen haben mag. Geradeaus, bei einem Ziegelbau mit eingemauerten Skulpturfragmenten, das alte *Forum* und das gut erhaltene, 1839 aufgedeckte *Theater*. Ein *Wasserbehälter (piscina)* in vier Abteilungen liegt hinter dem Theater. Vor diesem l. durch das Gatter, den antiken Weg hinab, trifft man nach wenigen Schritten auf ein Stück der alten Stadtmauer; dabei ein bemerkenswertes *Quellhaus*, mit altertümlichem Spitzgewölbe aus Quadern.

Um vom Theater auf die 50m ($^1/_4$ St.) höher gelegene *Burg* (arx) zu gelangen, halte man sich auf dem r. herumführenden schmalen Fußpfad. Sie breitete sich auf dem künstlich behauenen Felsen aus, wo jetzt das Kreuz steht (670m). Umfassende *Aussicht: r. Monte Porzio und Camaldoli, weiterhin das Sabinergebirge mit Tivoli und Montecelio, dann der Soracte und die ciminischen Berge, nach dem Meere hin die weite Campagna mit ihren Wasserleitungen, Rom und die Peterskuppel, links Grottaferrata, Marino, Castel Gandolfo und der Monte Cavo, unter diesem Rocca di Papa.

Rüstige Fußgänger können von der Ostseite des Burgbergs hinab zur Fahrstraße in das *Molaratal* steigen, die östl. nach dem (1 St.) aussichtreichen Bergstädtchen *Rocca Priora* (798m), dem höchstgelegenen Ort des Albanergebirges, hinaufführt; schöner Fahrweg von hier n.w. nach (4km) Monte Compatri (S. 439). Aus dem Molaratal führen Feld- und Waldwege s. nach ($1^1/_2$ St.) Rocca di Papa (S. 446; Führer angenehm, 1 fr.).

Beim Rückweg durchschreite man unmittelbar unter der Burg r. das erste Gatter und folge dem östlich abwärts führenden Wege (bei der ersten Wegeteilung l., bei der zweiten r.). Am Fuße der Höhe von *Camaldoli*, einem von Paul V. 1611 gegründeten Kloster (Frauen nicht zugänglich), folge man dem Fahrwege links (einige hundert Schritte weiter geht es r. ab zur Landstraße nach Palestrina, s. S. 439) bis zur Mauer der *Villa Mondragone*, unter Gregor XIII. 1572 von Kardinal Altemps angelegt, seit 1865 von den Jesuiten als Erziehungsanstalt eingerichtet. Der große Palast stammt von Paul V. Wer den Park und die Aussichtsterrasse besuchen will, wende sich r. an der Mauer entlang bis zum Gitter, welches auf Anklopfen meist geöffnet wird (Trkg.) und verlasse den Garten durch die Zypressenallee und den unteren Ausgang. Links nach Frascati zurück führt der Weg zwischen Mauern, vorbei an der (r.) **Villa Falconieri**, der ältesten bei Frascati; sie wurde 1546 von Kardinal Ruffini angelegt, der Palast 1648 für Orazio Falconieri von Franc. Borromini erbaut und von Ciro Ferri u. a. mit Malereien geschmückt. 1905 wurde sie von Herrn Ernst v. Mendelssohn-Bartholdy in Berlin erworben und dem deutschen Kaiser geschenkt. An dem zypressenumgebenen Teich auf der Rückseite des Palastes ein Medaillonbildnis für Richard Voß, der die Villa lange bewohnte und wie Paul Heyse poesievoll geschildert hat.

Von Frascati nach Palestrina: die Hauptstraße bleibt n. von Monte Porzio Catone und mündet bei Colonna (S. 459) in die von Rom kommende Landstraße, die alte Via Labicana. Der Weg über die Höhe, 25km (Postomnibus bis Monte Compatri in 1 St. für 1 fr., bis Monte Porzio in 3/4 St. für 75 c.; vergl. die Karten S. 434 u. 459) ist namentlich in seiner ersten Hälfte schön, aber schattenlos. Von der NO.-Ecke der Stadt, bei Villa Borghese, zieht sich die Landstraße am unteren Eingang der Villa Mondragone, von dem eine Zypressenallee hinaufführt, vorüber. Weiter Ruinen antiker Gewölbe, die man ohne Grund einer Villa des Cato zuweist. Nach 3/4 St. r. an dem mit Oliven besetzten Hügel vorbei, auf welchem l. *Monte Porzio Catone* malerisch liegt (451m; Trattoria Giov. Del Bianco; schöne Aussicht von der Piazza Borghese). In weiteren 35 Min. erreicht man *Monte Cómpatri* (583m; Trattoria Pietro Felici; Eisenbahn, s. S. 459), mit einem Schloß der Borghese. Man betritt den Ort nicht, sondern geht an der gemauerten Rampe, welche dessen Zugang bildet, vorüber und folgt dann l., an dem Waschbrunnen hin, dem wenig bequemen Weg bergab; bei einer (20 Min.) größeren Gruppe von Bäumen rechts; bei einem (7 Min.) Kapellchen mit Madonnenbild wieder r. hinauf. In 3/4 St. (von der Kapelle) erreicht man auf breitem Fahrwege die von Rom kommende Straße und auf dieser noch 1/4 St. weiter die *Osteria di S. Cesareo*, jenseit deren r. die Via Labicana abgeht. Unsere Straße überschreitet nach 1/4 St. die Eisenbahn Rom-Neapel, läßt dann den Fahrweg nach dem Bahnhof von *Zagarolo* (S. 459) rechts und steigt in 1 1/4 St. bergan nach *Palestrina* (S. 460).

Von Frascati nach Grottaferrata. — Straßenbahn (Teilstrecke der Linie nach Albano-Genzano, s. S. 442): 3,5km in 20 Min. für 25 und 15 c. Bis (2,9km) *Grottaferrata Bivio* s. S. 435/436. 3,5km *Grottaferrata Città*, Haltestelle am n.ö. Eingang des Ortes, wenige Min. von der Kirche. — Der Fußweg zweigt unterhalb der Villa Torlonia (S. 436) von der Landstraße ab: beim Hinuntergehen l., 1/4 St. weiter bei der Wegeteilung wieder l., ebenso dann nach 5 Min. beim Eintritt in den Wald. — Von der 4km langen Fahrstraße nach Grottaferrata zweigt bei der Villa Torlonia (S. 436) r. ein am 25. März (s. S. 440) geöffneter Weg durch die *Villa Grazioli* ab.

Grottaferrata (329m; mehrere Osterien), ist ein Weinbau treibendes Dorf mit 1050 Einwohnern, an dessen Südende das burgartige *Kloster* griechischer Basilianermönche in die Augen fällt. Es wurde 1004 unter Kaiser Otto III. vom h. Nilus gegründet und nach 1484 von Kardinal Giuliano della Rovere, nachmaligem Papst Julius II., nach den Regeln der damaligen Festungsbaukunst mit Graben und Türmen befestigt; der Architekt ist nicht sicher nachzuweisen. Im Hof ein Standbild des h. Nilus von Raffaele Zaccagnini (1904).

Die Kirche wurde 1754 fast ganz erneuert und 1902 restauriert. Von dem alten Bau ist nur die Vorhalle übrig; darin r. eine hübsche Madonnenstatue. Das holzgeschnitzte Portal, mit alter Marmoreinfassung und griechischer Inschrift („die Sorgen sollt ihr lassen sein") stammt aus dem XI. Jahrhundert; über der Tür ein Mosaik, der Heiland, Maria und der h. Basilius.

Im Innern stammt die Kassettendecke des Mittelschiffs von 1575; unter ihr und an den Wänden wurden 1901 byzantinische Fresken des XIII. Jahrhunderts freigelegt. Am Triumphbogen ein Mosaik mit den zwölf Aposteln aus derselben Zeit. — Aus dem r. Seitenschiff betritt man die Kapelle des h. Nilus, mit *Fresken aus dem Leben der H. Nilus und Bartholomäus, einem Hauptwerk des *Domenichino* (1610; vgl. S. LXXVI), 1819 von Camuccini restauriert. An der Eingangswand r. der Heilige betend vor dem Kreuz, l. der Heilige beschwichtigt einen Sturm, der die Ernte bedroht. An der l. Wand weiter das Hauptbild der Reihe, die Begegnung des Heiligen mit Otto III. (der grün gekleidete Knappe, der das Pferd des Kaisers hält, ist Dominichino selbst; auf der andern Seite des Pferdes Guido Reni, auch in Grün, und Guercino). Gegenüber an der r. Wand: der h. Bartholomäus hält beim Bau der Kirche eine Säule im Falle auf. L. vom Altar: der h. Nilus heilt einen besessenen Knaben mit Öl aus einer Lampe der Madonna; r. die Madonna reicht den H. Nilus und Bartholomäus einen goldenen Apfel; in der Lünette der Tod des h. Nilus. Am Triumphbogen Mariä Verkündigung. An der Schmalwand gegenüber dem Altar ein reliefgeschmücktes marmornes Taufbecken aus dem XI. Jahrhundert. — Der Gottesdienst wird nach griechischem Ritus abgehalten.

Ein kleines *Museum* im Kloster enthält wertvolle Handschriften, Kirchengeräte, Meßgewänder, Skulpturenreste u. a.

Am 8. Sept. und besonders am 25. März ist in Grottaferrata ein aus dem ganzen Albanergebirge besuchter, volkstümlicher Jahrmarkt (Fiera di carne suina, Schweinefleisch), der auch viele Fremde anlockt.

Von Rom nach Albano. Eisenbahn 30km in 1 St., für 3 fr. 50, 2 fr. 45, 1 fr. 60 c. Abfahrt am Hauptbahnhof. Bis vor Porta Furba folgt die Bahn der Hauptlinie Rom-Neapel (S. 459); l. die sog. Torre Pignattara (S. 417); r. erscheint die Bogenreihe der Acqua Felice. Die Bahn überschreitet die alte Via Latina unweit der S. 418 erwähnten Gräber und zieht sich an der Via Appia Nuova hin. — Weiterhin r. die Gräberreihen der Via Appia. — 11km *Capannelle* (S. 421); r. Casale Rotondo und Tor di Selce (S. 423), l. das Gebirge. — Die Bahn steigt langsam bergan, zuletzt in großem Bogen und durch einen Tunnel, nach

24km **Marino** (355m; *Alb. d'Italia,* in der Vorstadt östl., an der Straßenbahn, einfach; *Tratt. Valerio Giardini,* Piazza del Plebiscito 13), auf einem Vorsprunge des Gebirges malerisch gelegen, an der Stelle des alten *Castrimoenium.* Es war seit 1270 eine feste Burg der Orsini, bis die Colonna es 1424 unter Martin V. nahmen. Die Stadt zählt 7307 Einwohner und ist berühmt durch vortrefflichen, doch nicht leichten Wein. In der Kirche *SS. Trinità,* l. vom Corso, eine Dreifaltigkeit von Guido Reni; in *S. Maria delle Grazie* ein h. Rochus von Domenichino. Vor dem *Palazzo Colonna* ein Brunnen zur Erinnerung an die Schlacht bei Lepanto (s. S. 229). Der *Dom* ist dem h. Barnabas geweiht.

Die Eisenbahn überschreitet die Aqua Ferentina (S. 442). Malerischer Rückblick auf Marino. Jenseit eines Tunnels sieht man sich plötzlich am Ufer des Albaner Sees.

Der ***Albaner See** (293m) hat $6{,}_{02}$qkm Fläche und 10km Umfang; die nördliche Hälfte bei Castel Gandolfo ist seicht, die südliche bis zu 170m tief. Der See ist vulkanischen Ursprungs und macht einen düstern feierlichen Eindruck, obwohl seine Ränder meist gut bebaut sind. Starke Quellen auf seinem Grund, die von winterlichem Schmelz- und Regenwasser herrühren, speisen ihn wie den Nemisee. Den Abfluß bildet seit ältester Zeit ein unterirdischer Kanal von großartiger Anlage (s. unten).

Die Eisenbahn umzieht den See an der Innenseite des Kraters, mit schöner Aussicht auf ihn; bald erscheint l. der Monte Cavo und Rocca di Papa. Über dem Ostrande des Sees lag auf dem langgestreckten Hügel die Mutterstadt Roms *Alba longa.*

Die Anfänge von Alba longa reichen über die geschichtliche Kenntnis hinaus, die spätere Sage führte sie auf des Aeneas Sohn Ascanius zurück. Sie war die Hauptstadt des latinischen Bundes, der in ihr seinen politischen und religiösen Mittelpunkt fand. Schon früh aber ward sie von der jüngeren Nebenbuhlerin am Tiber zerstört, und nur die alten Bundesfeste auf dem Albanerberge blieben bestehen. Bauliche Reste sind nicht erhalten; nur die Abschroffung der Hügelwände verrät die Tätigkeit der Menschenhand. Die Nekropole von Alba longa lag westl. von der Stadt, beim Monte Cucco. Zahlreiche Gräber mit Hüttenurnen, Bronzegeräten und Hausrat aus uralter Zeit sind aufgedeckt, einige angeblich unter dem Peperin, was bezeugen würde, daß sie aus einer Epoche stammen, in welcher das Albanergebirge noch ein tätiger Vulkan war.

27km **Castel Gandolfo** (426m; *Hotel Belvedere,* 32 Z. von 3, P. von 7 fr. an, deutsch, *Ristor. della Ferrovia,* beide mit Aussicht; *Casa Gigante,* P. 6 fr.; Wagenpreise etwa wie in Albano, S. 442), ein unbedeutender Ort von 1980 Einwohnern, im Mittelalter den Savelli, seit 1596 dem Papste gehörig, mit einem großen *päpstlichen Sommerpalast,* den Urban VIII. nach Carlo Maderna's Entwurf erbaute, in prächtiger Lage, 133m über dem steilen Ufer des Sees. Der Palast hat durch das Garantiegesetz von 1871 (s. S. 354) Exterritorialität erhalten. — Vom Bahnhof entweder auf steilem Fußweg direkt hinauf zum Ort oder auf der Fahrstraße in 10 Min. zum nördl. Eingang und l. hinauf zur Piazza del Plebiscito, mit dem päpstlichen Palast. An dem Platze davor die Kirche *S. Tommaso da Villanova,* ein Zentralbau von Bernini (1661). Am südlichen Ausgang des Ortes r. die *Villa Barberini,* mit schattigen Anlagen, Trümmern einer Villa des Domitian und Aussicht auf die Campagna (Zutritt meist gestattet; Trkg.). In der Nähe, an der Straße nach Albano, das Haus in dem Goethe im Oktober 1787 wohnte (Gedenktafel). — Weiter folgt man l. der **Galleria di sopra,* einem reizenden, von immergrünen Eichen beschatteten, zur Not auch fahrbaren Wege, der oberhalb des Sees hin (in 35 Min.) nach Albano führt und herrliche Blicke, besonders rückwärts nach Castel Gandolfo hin gewährt. Bei dem S. 443 gen. Kapuzinerkloster geht es r. hinab nach Albano und Ariccia; geradeaus, auf dem dicht an der Klostermauer entlang laufenden Wege erreicht man in 25-30 Min. die Landstraße Albano-Rocca di Papa, s. S. 445; der schöne Fußweg l. am See entlang führt nach Palazzuola (S. 445).

Der Kustode für das antike EMISSARIUM, den oben erwähnten künstlichen Abfluß des Albaner Sees, wohnt in dem roten Fischerhäuschen am N.-Ende des Ortes (Trkg. 1-1½ fr.). Wenn man mit der Eisenbahn ankommt, besucht man das Emissar besser ehe man nach Castel Gandolfo hinaufsteigt. Der Weg geht kurz vor dem südl. Ausgang des Ortes von der Galleria di sopra steil nach dem Seeufer hinab. Das Hinuntersteigen erfordert fast ¼ St., die ganze Besichtigung etwa 1 St. Der 1200m lange, durch das Gestein getriebene Stollen wurde der Sage nach während der Belagerung Veji's 397 vor Chr. von den Römern angelegt, als der See ungewöhnlich anschwoll, ist aber wahrscheinlich älter. Am Eingang eine Schleusenkammer aus 65-69cm hohen Quadern. Der Abfluß selbst ist 2-3m hoch und mündet ¼ St. n.w. unterhalb Albano bei *la Mola* (Fischzuchtanstalt) als ein Bach, der dem Tiber zufließt. Der Kustode läßt Lichter auf Holzpflöcken durchschwimmen.

Jenseit Castel Gandolfo durchzieht die Eisenbahn zwei Tunnels, zwischen denen sie die Landstraße Rom-Albano (S. 423) überschreitet und erreicht (30km) Albano (s. unten).

Straßenbahn nach Albano (vgl. S. 435; Linie Rom-Genzano): $30_{,8}$km in 2 St. 8 Min. für 2 fr. 10, 1 fr. 35 c.; hin und zurück 3 fr. 15, 2 fr. 05 c. Bis ($20_{,7}$km) *Grottaferrata Città* s. S. 435/436 und 439. Die Bahn folgt der Straße, überschreitet den *Ponte degli Squarciarelli*, wo die Straße nach Rocca di Papa (S. 446) abzweigt, und erreicht die ($22_{,7}$km) Haltestelle *Bivio Squarciarelli*, (Zweiglinie nach Rocca di Papa s. S. 445). Weiter s.w. nach ($24_{,7}$km) *Marino* (S. 440; Haltestelle am Ostende des Ortes). Dann der im Bogen abwärts führenden Straße folgend, die den tiefen Einschnitt überschreitet, in dessen Grunde der im Altertum *Aqua Ferentina* genannte Bach fließt; an seiner Quelle hielten die Latiner ihre Bundesversammlungen. Malerischer Rückblick auf Marino. Die Straße steigt durch Ulmen-, Eschen-, Steineichen- und Kastanienwald hinan zum Kraterrand des Albaner Sees. L. schöner Blick auf den See, r. Fernsicht bis zum Meere. Von ($28_{,6}$km) *Castel Gandolfo* (S. 441) an senkt sich die Straße unter dem Namen *Galleria di sotto* (die Galleria di sopra s. S. 441) auf der Westseite des Kraterrandes hinab nach ($30_{,8}$km) Albano. Fortsetzung bis Genzano s. S. 443.

Albano. — Gasth. (akkordieren!): Europa oder *Posta* (Fratelli Lucarini), Piazza Principe Umberto, im Ort, an der Straßenbahn, mit guter Trattoria und Café, 35 Z. zu 2½-4, P. 7 fr.; Ristor. Salustri, gegenüber dem vorigen (der Wirt besorgt auch Zimmer); Trattoria Alhambra, Piazza Umberto I (s. S. 443), gelobt. — *Caffè Carones*, Piazza Principe Umberto.

Einspänner nach Nemi 1 Pers. 5, 2 Pers. 8 fr., nach Rocca di Papa (S. 446) c. 6, über Rocca di Papa (mit Aufenthalt zum Besuch des Monte Cavo) nach Frascati c. 12-15 fr. (akkordieren!).

Wer die S. 435 angedeutete Tour über *Rocca di Papa* zum *Monte Cavo*, zurück über *Nemi-Genzano-Ariccia* (6-7 St.) beabsichtigt, wende sich von der Piazza Umberto I links und über die Piazza Principe Amedeo r. hinauf nach dem Kapuzinerkloster.

Albano (384m), amtlich *Albano Laziale*, kleine Stadt von 8038 Einwohnern, die ihrer hohen Lage wegen als Sommeraufenthalt besucht wird und sich auch als Stützpunkt für Ausflüge eignet. Sie verdankt ihre Entstehung vermutlich dem Kaiser Septimius Severus, der hier c. 195 nach Chr. an der Via Appia im Gebiet der Villa des Domitian („Albanum Domitiani") die große Kaserne für die II. parthische Legion anlegte (zahlreiche Soldatengräber, meist kolossale Sarkophage, sind 1866 oberhalb des Parco Chigi, s. unten, gefunden und an ihrem Platze belassen worden). An diese Castra Albana schloß sich bald eine Niederlassung an, die 460 Bischofssitz wurde. Im XI. Jahrhundert mehrfach in den Kämpfen der Päpste mit Rom genannt, gehörte Albano 1260-1697 den Savelli, dann zum Kirchenstaat.

Der Bahnhof liegt unterhalb der aussichtreichen Piazza Umberto I. Am oberen Ende der Piazza läuft die Via Appia mit der Straßenbahn vorüber. Von Resten aus dem Altertum sind zwischen dem Kloster *S. Paolo* und dem hochgelegenen *Kapuzinerkloster* (s. S. 441) geringe Trümmer eines *Amphitheaters* erhalten, die man zum Teil von der Straße aus sieht. Die Kirche *S. Maria della Rotonda* steht auf einem alten Rundtempel. Die Ruinen in der Straße Gesù e Maria hält man für Reste von Bädern.

Vor dem n.w. Eingang der Stadt ragt r. an der Via Appia, zwischen dieser und der S. 442 gen. „Galleria di sotto", der Kern eines großen Grabmals auf, das man ohne Grund als *Grab des Pompejus* bezeichnet. — 2 Min. s.ö. vor der Stadt an der Straße nach Ariccia r. steht ein merkwürdiges *Grabmal etruskischen Stils*, früher grundlos Grab des Aruns Tarquinius oder der Horatier und Curiatier genannt: ein großer Würfel, mit fünf (zwei noch vorhanden) abgestumpften Kegeln darauf.

Die Eisenbahn fährt von Albano weiter in 1/4 St. südl. nach (5km) *Cecchina* (S. 470).

Von Albano nach *Rocca di Papa* und auf den *Monte Cavo* s. S. 445.

Von Albano nach Genzano: 4,1km Straßenbahn (Fortsetzung der S. 442 gen. Linie) in 15 Min. für 30 oder 15, hin und zurück 45 oder 20 c. Die Bahn folgt der Landstraße. Bald nach der Abfahrt r. das oben gen. Grabmal etruskischen Stils. Weiter über den 1846-53 erbauten, 304m langen, 59m hohen *Viadukt*, welcher mit drei Bogenstellungen übereinander das tiefe Tal vor Ariccia großartig überschreitet. Rechts Blick über die weite Ebene bis zum Meer; links über den Park des gleich l. jenseit des Viaduktes gelegenen, von Bernini erbauten *Palazzo Chigi*. Der Park wird im Naturzustande gehalten und hat prächtige alte Bäume; den Besuch vermittelt der Portier oder Gärtner im Palast (Trkg. 1/2-1 fr.).

1,2km **Ariccia** (412m; *Trattoria Lodov. Laurenti* oder *Ciccia Bianca*, Corso Garibaldi 4), kleiner Ort von 3521 Einwohnern, wird wegen der nahen Wälder vielfach als Sommeraufenthalt gewählt. Das alte *Aricia*, zum latinischen Bunde gehörig, lag südl. unterhalb der neueren Stadt, welche die Stelle der alten Burg (Arx) einnimmt, in dem rings von Tuffwänden umgebenen Talkessel, *Valle Aricciana* (283m), der wahrscheinlich derselben

Entstehung ist wie die benachbarten Seen (vgl. S. 431). Es war die fünfte Station der Via Appia, die am Fuße des jetzigen Orts auf mächtigen noch sichtbaren Unterbauten sich bis gegen Genzano hinzieht (lohnender Spaziergang von Albano durch das Tal nach Ariccia und Genzano, etwa $^1/_2$ St. länger als die Straße). Im Mittelalter kam Ariccia an die Savelli, 1661 durch Kauf an die Chigi, die es noch besitzen. Die 1771 restaurierte Kuppelkirche *S. Maria dell' Assunzione* ist ein Barockbau von Bernini (1664).

Die schöne schattige Straße nach Genzano zieht sich anfangs etwas l. und überschreitet drei aussichtreiche Viadukte. Nach dem zweiten r. die ehemalige Jesuitenkirche *Galloro* und 1km weiter der aussichtreiche *Monte Pardo*. Weiterhin teilt sich die Straße: l. nach einem Kapuzinerkloster und an den Nemisee hinunter (unten ein teilweise antiker Weg nach Nemi); der mittlere Weg durch die Allee führt in 10 Min. nach dem Palazzo Cesarini, die Straßenbahn fährt r. hinunter nach der Stadt.

$4{,}_1$km **Genzano** — Pens. Thekla Danker, Via Garibaldi 21, 9 Z., P., nicht unter 10 Tagen, 4-6 fr., deutsch; Ristorante Pizzotto, Corso Vittorio Emanuele 132, mit Aussichtsterrasse, gelobt; Tratt. Torti, ebenfalls am Corso Vitt. Emanuele, einfach.

Genzano, amtlich *Genzano di Roma*, (436m), mit 7376 Einwohnern, die ansehnlichen Weinbau treiben, wurde 1235 gegründet und 1828 zur Stadt erhoben. Außer seiner Lage, hoch über dem südwestl. Rande des Nemisees, bietet der ärmliche Ort nichts Anziehendes: beste Aussicht über den See im Garten des *Palazzo Cesarini*, der sich an dem steilen Ufer abwärts zieht (Eingang dem Palast l. gegenüber; Zutritt nach Meldung im Palast, aber oft nicht gestattet). — Das früher am 8. Tage nach Fronleichnam gefeierte Blumenfest (Infiorata di Genzano) findet jetzt nicht mehr statt.

Der ****Nemi-See** (*Lago di Nemi;* 318m), von $5^1/_2$km Umfang, 34m Tiefe und $1{,}_{67}$qkm Seefläche, liegt in einem ovalen Kessel, der ein trichterförmiger Einbruch oder ein Explosionskrater ist; sein Abfluß geschieht durch einen künstlichen Emissar. Die steilen c. 200m hohen Tuffwände des Kessels, mit einzelnen Lavagängen, sind vortrefflich angebaut und bewaldet. Im Altertum hieß er *Lacus Nemorensis*, auch wohl „Spiegel der Diana", nach einem Tempel (S. 415) und einem dieser Göttin heiligen Hain (nemus); daraus ist der jetzige Name entstanden. Das Wasser ist klar und von Winden selten berührt; das Ganze namentlich bei hochstehender Sonne wunderbar schön, die Perle des Albanergebirges.

Von Genzano nach Nemi 1 St.: beim Pal. Cesarini r. der Straße folgen, durch den Ort und bei der Kirche SS. Annunziata vorüber. Der Fahrweg ($4{,}_5$km; Omnibus) läuft am oberen Rande des Sees hin, zuweilen Aussicht. — Ein schöner Fußweg führt bei der Kirche SS. Annunziata an den See hinunter und steigt ziemlich steil durch Obstanlagen unterhalb Nemi bei den Mühlen wieder hinauf.

Nemi (521m) ist ein kleiner mittelalterlicher Ort mit altem Kastell der Colonna, jetzt Eigentum des Fürsten Enr. Ruspoli. Das Gasthaus (*Trattoria De Sanctis*, auch zum Übernachten, ganz gut, akkordieren!) hat eine kleine Veranda, die eine herrliche *Aussicht gewährt: der See mit dem Schlosse von Genzano, dahinter ein alter Wartturm, die weite Ebene und das Meer. Die Erdbeeren von Nemi sind berühmt.

Unterhalb Nemi finden sich in der „i Giardini" genannten Gegend bedeutende Reste von Fundamenten des *Dianatempels* und einer ihn umschließenden Halle. Etwas weiter, nach Genzano zu, bei der „Casa dei Pescatori" liegen etwa 20-50m vom Ufer im See Reste von zwei großen *Prunkschiffen* oder *Schiffspalästen* aus der Zeit des Caligula; man hat sie zuletzt 1895 und 1904 zu heben versucht; die Funde s. S. 186.

Wer von Nemi direkt nach Albano zurückkehrt, möge den S. 444 erwähnten Fußweg am nordwestl. Seeufer wählen.

Von Nemi auf den Monte Cavo s. S. 447, besser mit Führer (1-$1^1/_2$ fr.) wegen der vielen Waldwege: c. 2 Stunden.

Der Monte Cavo.

Der Monte Cavo ist von *Rocca di Papa* aus in $^3/_4$ St., von *Albano* aus in $2^3/_4$ St. zu ersteigen; von *Nemi* s. S. 447 und oben.

Von Frascati nach Rocca di Papa. STRASSENBAHN (vgl. S. 435; Abzweigung der S. 442 gen. Linie Rom-Albano-Genzano): 7km in 47 Min. für 75 oder 50 c. Bis zum ($5_{,7}$km) *Bivio Squarciarelli*, wo Hauptlinie nach Genzano s.w. weiterfährt, s. S. 442. Die Zweiglinie nach Rocca di Papa hält sich s. der unten gen. Fahrstraße und erreicht ansteigend die (7km) Endstation *Rocca di Papa* (Valle Oscura), etwa 600m vom Orte entfernt; eine Drahtseilbahn führt bis zur Piazza hinauf. — Die FAHRSTRASSE (Einsp. etwa $7^1/_2$, hin u. zurück 10 fr., Zweisp. 10 fr.) zweigt beim *Ponte degli Squarciarelli* (S. 442) von der Straße nach Marino (S. 440) s.ö. ab und führt beständig steigend zuletzt in Windungen hinauf.

Von Albano nach Rocca di Papa (c. 7km; Wagen s. S. 442; Fußgänger gebrauchen etwa $1^3/_4$ St.). Der z. T. schlechte Fahrweg biegt unterhalb des Kapuzinerklosters (S. 443) r. ab und nimmt nach 12 Min. oben am Park des Pal. Chigi (S. 443) einen von Ariccia kommenden Straßenarm auf. Nach weiteren 15 Min. mündet l. der von der Galleria di sopra (S. 441) kommende Weg, welcher auch für Fußgänger von Albano aus kürzt. — Bald darauf tritt die Straße in schönen Laubwald; der Boden besteht aus Schlacken und Aschen des Monte-Cavo-Kraters.

Biegt man bei einer Brücke, c. 2km vor der Madonna del Tufo (S. 446) links ab, so erreicht man in 12 Min. auf breitem, steinigen Weg die Nordspitze des schon von der Landstraße sichtbaren über dem Ostrande des Albaner Sees gelegenen Franziskanerklosters **Palazzuola**, aus dem XIII. Jahrhundert, dessen Garten ein merkwürdiges antikes aus dem Felsen gehauenes Grabmal enthält. Links am Südrande des Sees entlang bis zum Kapuzinerkloster bei Albano s. S. 441.

In starkerer Steigung, zuletzt bei der *Madonna del Tufo* (c. 650m; Trattoria) vorüber, mit weithin sichtbarem Trinitarierkloster und besonders bei Abendbeleuchtung herrlicher *Aussicht auf den Albaner See, die Abhänge des Gebirges mit Marino und Grottaferrata, sowie über die Campagna hinweg auf Rom, erreicht man über Basaltströme hinweggehend Rocca di Papa. Man braucht nicht l. in den Ort einzubiegen, sondern kann sich bei einer mächtigen, am Fuß ummauerten Linde sofort aufwärts zum Campo di Annibale wenden.

Rocca di Papa. — Albergo & Tratt. dell' Angeletto, zwei Häuser an der Piazza im unteren Teile des Ortes, 12 Z. zu 1½-2, P. m. M von 7 fr. an, einfach gut; Alb. & Tratt. Belvedere, mit schöner Aussicht, oben an der Via del Tufo, mäßig. — Pens. Cosmopolis, Viale Silvio Spaventa, bei der Haltestelle der Zahnradbahn, nur im Sommer, P. 8 fr. Straßenbahn nach *Rom* s. S. 445.

Rocca di Papa (620-760m), malerisches Felsennest von 4023 Einwohnern, jetzt eine beliebte Sommerfrische der Römer, mit zahlreichen Villen, liegt inmitten schöner Waldung am Außenrande eines großen ehemaligen Kraters, welcher nach einer unbegründeten Sage, als hätte Hannibal auf seinem Zuge gegen Rom hier gelagert, den Namen *Campo di Annibale* (750m) hat. Die römische Garnison bezieht hier von Juli bis September ein Sommerlager. Am oberen Ende des Ortes eine Erdbebenwarte (Osservatorio geodinamico).

Auf der Höhe des Kraterrandes, bis zu welchem man durch die steilen Gassen des Ortes 15-20 Min. zu steigen hat, wendet man sich r. auf steinigem Wege auf den Gipfel des Monte Cavo zu und erreicht 12 Min. weiter eine antike mit Basalt gepflasterte und wohl erhaltene Straße, *Via triumphalis* genannt, weil auf ihr die Feldherren, denen der Senat den Triumph in Rom verweigerte, aus eigener Machtvollkommenheit triumphierend hinaufzogen. ¾ des Weges, bei zwei freien Stellen, hat man einen besseren Blick nach SW. als von oben: r. Marino, daneben l. der Albaner See, dann Albano, Ariccia mit dem Viadukt, Genzano, der Nemisee und Nemi.

Der Gipfel des ***Monte Cavo** (949m) erfordert von Rocca di Papa ¾ St. Steigens. Es ist der alte *Mons Albanus*, auf welchem das uralte Heiligtum des Latinischen Bundes, der *Tempel des Juppiter Latiaris*, stand, wo alljährlich das große Opferfest der *Feriae Latinae* gefeiert wurde. Die geringen Überreste wurden zerstört, als der letzte Stuart, Kardinal von Frascati (S. 351), 1777 hier ein jetzt aufgehobenes Passionistenkloster erbaute. Nur an der SO.-Seite der Gartenmauer sieht man noch ein Stück seiner Grundmauern. Bescheidenes Gasthaus mit Aussichtsturm. Die Aussicht beherrscht das Meer, die Küste von Terracina bis Civitavecchia, das Volsker- und Sabinergebirge, Rom und die Campagna, zu Füßen das schöne Albanergebirge. Die Ferne ist meist verschleiert, am klarsten kurz vor Aufgang oder gleich nach Untergang der Sonne, namentlich wenn ein Regen die Luft gereinigt hat.

Vom Monte Cavo nach Nemi $1^1/_2$ St. Ein Führer ($1^1/_2$-2 fr.), den man von Rocca di Papa mitbringen muß, ist bei genauer Beachtung der folgenden Angaben allenfalls entbehrlich, aber wegen der vielen Waldwege angenehm. Ein steiler, steiniger Fußpfad führt von der SO.-Ecke der Kuppe abwärts; nach 8-10 Min. erreicht man einen vom Campo di Annibale kommenden bequemen Fußweg, dem man r. folgt: schöne Blicke auf den Nemisee und das Meer. 25 Min. weiter zweigt l. und dann r. je ein Fußpfad ab; man bleibt geradeaus. Nach 10 Min. unten bei der Wegteilung r., 10-12 Min. weiter bei der Wegteilung l. und nach 1 Min. auf einen breiten Fahrweg, dem man r. folgt. Nach 12 Min. l., 3 Min. weiter ein Brunnen. Hier l. und gleich wieder r. auf steinigem Pfad, auf dem Nemi sehr bald sichtbar wird.

3. Das Sabinergebirge.

Die bis 1368m hohe Apenninkette, welche steil abfallend im O. die römische Ebene begrenzt und nach ihren alten Bewohnern als sabinische bezeichnet wird, ist landschaftlich höchst lohnend. Es ist der Bruchrand des Hauptgebirges gegen die von Vulkanen eingenommene römische Senke (vgl. S. 408). Der Soracte (S. 101) und das Kap Circeo (S. 480) sind seine isolierten Vorberge. Südöstl. des Albanergebirges stellen die Volskerberge (S. 473) die Fortsetzung des versunkenen Apenninenstückes dar. Der sonst unfruchtbare Kalk ist mit den fruchtbaren vulkanischen Aschen überschüttet und dadurch ertragsfähig geworden. Berühmt sind die Ölbäume der Gegend. — Die *Gasthäuser* sind einfach und gut; etwas akkordieren ist angebracht: Zimmer, Frühstück, Essen 5-6 fr., dazu $^1/_2$ fr. Trinkgeld. — *Wagen* sind außer in Tivoli nicht immer zu haben, die Diligenza ist Damen kaum anzuraten.

Der Eilige wird sich mit einem Tagesausflug nach Tivoli genügen lassen. Bei längerem Aufenthalt in Rom wähle man einen schönen Tag im April oder Mai, wenn alles grünt und blüht (vgl. unten). Auch Subiaco läßt sich in einem Tagesausflug besuchen. — Wenn man, was sehr zu empfehlen ist, mehrere Tage auf das Sabinergebirge verwendet, so empfiehlt sich etwa folgender Reiseplan: 1. Tag: von Rom mit einem Frühzuge nach *Tivoli*, abends oder am nächsten Tag nach *Subiaco* (S. 457), 2. Tag früh Besichtigung der Klöster, nachm. zu Fuß oder zu Wagen nach *Olevano* (S. 462), 3. Tag zu Fuß oder mit der Diligenza nach *Valmontone* (S. 473) oder *Palestrina* (S. 459), mit der Bahn nach Rom (oder nach *Segni*, vgl. S. 473). Wer mit dem Glanzpunkt, Tivoli, schließen will, richte sich folgendermaßen ein: 1. Tag: von Rom mit dem Frühzuge nach *Palestrina* oder *Valmontone*, von da mit der Diligenza oder zu Fuß nach *Olevano*, 2. Tag nach *Subiaco*, 3. Tag nach *Tivoli*, am 4. nach Rom zurück. — Lohnend ist auch die Wagenfahrt von Tivoli nach *Subiaco* oder *Genazzano* (S. 455; $3^1/_2$-4 St.).

Von Rom nach Tivoli.

Wer die Villa Adriana und Tivoli an einem Tage besucht, benutzt am besten für die Hinfahrt die Dampftrambahn, mit Unterbrechung der Fahrt bei der Villa (s. S. 449), für die Rückfahrt die Eisenbahn (s. unten), weil der letzte Zug der Trambahn Tivoli meist schon zeitig verläßt. Der Besuch der Villa Adriana von Tivoli aus im Wagen hin und zurück (s. S. 452) ist Eiligen weniger zu empfehlen.

a. Eisenbahn. Linie Rom-Sulmona-Castellammare Adriatico: bis *Tivoli*, 39km, in 1-$1^3/_4$ St., für 3 fr. 80, 2 fr. 65, 1 fr. 95 c. (hin und zurück für den einfachen Fahrpreis). Landschaftlich ist die Eisenbahn der S. 448 gen. Dampftrambahn vorzuziehen.

Abfahrt am Hauptbahnhof (S. 141). Bald erscheint r. die Ruine Torre degli Schiavi (S. 417). 8km *Cervara di Roma*, in der Nähe der einst durch Künstlerfeste berühmten Cervaragrotten. — 12km *Salone*, mit einer 1525 nach dem Entwurf Baldassare Peruzzi's für Kardinal Ant. Trivulzi erbauten Villa; im Innern Dekorationen von Giov. Maria Falconetto. — 14km *Lunghezza*, das antike *Collatia*, ein Meierhof des Duca Strozzi, mit Baronalburg aus dem xv. Jahrh., malerisch in dem baumreichen Tal des *Teverone* gelegen.

20km *Bagni*, Station für *Acque Albule* (S. 449). — Die Bahn überschreitet die Landstraße nach Tivoli; r. schöner Blick auf dieses und die Viadukte der weiteren Bahnstrecke, im Hintergrund das Gebirge. — 25km *Montecelio*, früher *Monticelli* genannt, angeblich an der Stelle des alten *Corniculum*. — Die Bahn beginnt stark zu steigen.

33km Station *Palombara-Marcellina*. *Palombara Sabina* (372m; Caffè Nazionale, an der Piazza), ein aussichtreiches Städtchen, mit 4517 Einwohnern und malerischer Burg der Savelli, jetzt der Torlonia (xv. Jahrh.), liegt 10km nördlich auf einem einzelnen Hügel (Wagenplatz 75 c.). 3/4 St. s.w. die ehem. Benediktinerkirche S. Giovanni in Argentella (ix. Jahrh.), mit Turm aus dem xiii. Jahrh. und am Ende des l. Seitenschiffs einem Kapellenabschluß (Ikonostas) von 1170.

Die Station Palombara ist Ausgangspunkt für die (von Rom in einem Tage auszuführende) Besteigung des **Monte Gennaro** (1271m), eines der höchsten Gipfel des Sabinergebirges, der dem Auge des Fremden schon lange bekannt ist. Erfrischungen sind mitzunehmen; der Berg ist wasserarm. Vom Bahnhof folgt man der Landstraße nach Palombara bis zu dem (3/4 St.) Dorfe *Marcellina* (280m; dürftige Osteria), wo man sich mit einem Führer versieht (2-3, bis Vicovaro 5 fr.). Weiter in dem weithin sichtbaren Tale des Gießbaches *Scarpellata*, dann in östlichem Bogen zum Teil durch Gehölz und über die (3 1/2 St.) Hochfläche des *Pratone* (1024m) zum (1 1/4 St.) höchsten Gipfel, dem *Monte de' Zappi* (1271m; trigonometrisches Signal). Die Aussicht reicht über die Küste vom Monte Circeo bis an den See von Bracciano, die weite Ebene mit zahllosen Ortschaften von den Volsker- und Albanerbergen bis zum Soracte und ciminischen Wald; dann über die Breite des Apennins bis zu den Schneehäuptern der Abruzzen. — Den Rückweg kann man vom Pratone (s. oben) südl. nach dem Dorfe *S. Polo de' Cavalieri* (651m) nehmen, von wo eine Straße nach der Station *S. Polo* (S. 456) hinabführt, oder man steigt vom Pratone östl. an der (40 Min.) guten Quelle *Fonte di Campitello* vorbei über *Rocca Giovane* und durch das *Licenza-Tal* (S. 456) in etwa 5 St. nach der Stat. *Vicovaro* (S. 456) hinab.

Bei der Weiterfahrt öffnet sich r. die Aussicht über die Campagna, geradeaus auf Tivoli mit den Zypressen der Villa d'Este. Jenseit eines Tunnels r. Blick auf die Wasserfälle und die Stadt. Noch zwei Tunnel. — 39km *Tivoli*. Bahnhof vor der Porta S. Angelo (S. 453).

b. Dampftrambahn: 29km in 1 1/4-1 3/4 St., für 2 fr. 50, 1 fr. 85 c., hin und zurück 3 fr., 2 fr. 20 c; Sonn- und Festtags hin und zurück für den einfachen Fahrpreis. Nach *Bagni* (S. 449), einschließlich Bad und Wäsche, 1 fr. 90-3 fr. Man nehme die Fahrkarten am Schalter. Die Wagen sind im Winter sehr kalt. Abfahrt vor *Porta S. Lorenzo*. Straßenbahn s. Plananhang S. 4, Linie A; Droschke ebenda S. 6. — Der Besuch der Villa Hadrians, an der die Dampftrambahn vorüberfährt, kann zur Not in 2 St. ausgeführt werden. Das Billett gestattet die Unterbrechung der Fahrt. Auch kann man die Strecke zwischen Tivoli und der Villa in der S. 452 und S. 455 angedeuteten Weise zu Fuße zurücklegen.

Die Trambahn folgt der Landstraße, die von der Porta S. Lorenzo (S. 199) ausgeht und meist auf der antiken *Via Tiburtina* bleibt. R. die Basilika S. Lorenzo (S. 199). — 6km Haltestelle *Ponte Mammolo*, bei der angeblich nach Mammaea, der Mutter des Alexander Severus, benannten Brücke über den *Anio* oder *Teverone*, der bei Tivoli die Wasserfälle bildet und beim Ponte Salario (S. 415) in den Tiber fällt. — 11km *Settecamini*.

20km **Bagni** (zwei Osterien), Station für das Schwefelbad *Acque Albule*, die *Aquae Albulae* der Alten, mit Schwimm- und Zellenbädern für Herren und Damen und Restaurant. Das reichlich mit übelriechendem Schwefelwasserstoff beladen aus dem Tuffboden hervorbrechende Wasser (23° C) ist wohl eine bis dahin unterirdische Wasserader des Apennins.

Unweit die Travertinbrüche, welche für die Bauten des alten wie des neuen Rom, für das Kolosseum wie für die Peterskirche das Material lieferten. Der Stein (Lapis Tiburtinus) ist frisch gebrochen weich und leicht zu bearbeiten, ausgetrocknet ziemlich hart und widerstandsfähig. Jenseit der Aniobrücke *Ponte Lucano* (Haltestelle, 23km) das wohlerhaltene *Grabmal der Plautier*, aus der ersten Kaiserzeit, dem der Caecilia Metella (S. 422) ähnlich.

25km Haltestelle **Villa Adriana** (Café-Rest., mit Garten), $^1/_4$ St. vom Eingang der Villa; Wagen meist vorhanden (1-$1^1/_2$ fr. für 1-4 Pers.). Vgl. die Karte S. 450. Eine schöne Zypressenallee führt vom Tor zu dem unteren Wächterhaus mit dem Billettverkauf (1 fr., So. frei; Permeß s. S. xx).

Die *Villa des Hadrian, eine Prachtanlage von über 70 ha Fläche (viermal so groß als der Palatin), stammt aus den letzten Lebensjahren des weitgereisten Kaisers († 138 nach Chr.), der die Merkwürdigkeiten seiner Welt an einem Orte zusammenstellen wollte. „Er schuf," wie Spartian erzählt, „in seiner Villa bei Tivoli ein Wunder der Baukunst; ihren Teilen legte er die berühmtesten Namen von Gegenden und Orten bei, so z. B. Lyceum, Academie, Prytaneum, Canopus, Poikile, Tempe, ja um nichts fehlen zu lassen, bildete er sogar das Schattenreich nach." Nach dem Tode des Erbauers wird die ungeheure Anlage nur noch einmal erwähnt, als Kaiser Aurelian der gefangenen Königin Zenobia von Palmyra eine Villa bei Tibur unweit des „Palatium Hadriani" anwies. Im xvi. Jahrhundert begann man mit Ausgrabungen, die zahlreiche Kunstwerke, darunter Hauptzierden des vatikanischen und kapitolinischen Museums, zu Tage förderten, aber auf die Erhaltung der Baureste keine Rücksicht nahmen, bis der Besitz 1871 durch Kauf von der Familie Braschi an den Staat überging, der bis 1890 regelmäßige Ausgrabungen veranstaltete. Wir schließen uns den herkömmlichen Bezeichnungen der Ruinen an, ohne zu vergessen, daß nur wenige für gesichert gelten dürfen. Ein Hauptreiz der Villa liegt in ihrer landschaftlichen Schönheit.

Neben dem Wächterhaus sieht man das erste zur Villa gehörige Gebäude, das sog. *Teatro Greco*, dessen Bühne und Sitzreihen deutlich zu erkennen sind. An der Rückwand der Bühne entlang, dann r. den Hügel hinauf durch eine Zypressenallee, an einem jetzt als Wächterhaus (Casa dei Custodi) dienenden Gebäude aus dem XVI. Jahrh. und dem sog. *Nymphaeum* vorüber, zur *Poikile* (italien. il Pecile), einem rechteckigen von Säulenhallen umgebenen Garten mit großem Wasserbassin in der Mitte. Man hat sie ohne Grund für eine Nachahmung der mit Gemälden geschmückten Stoa Poikile („bunten Säulenhalle“) in Athen erklärt, deren wirkliches Aussehen wir aber nicht kennen. Die über 200m lange Mauer, welche die Nordseite begrenzt, läuft fast genau von O. nach W.; die beiden Säulenhallen, die sie begleiteten, boten also einerseits vollen Schatten, anderseits volle Südsonne. Nach W. und SW. ist die natürliche Hügelfläche durch Unterbauten erweitert, welche in drei Stockwerken eine Menge gewölbter Kammern enthalten, zugänglich durch einen Eingang am Südrande des Platzes (Pl. 1), bei der Zypresse. Diese Kammern, gewöhnlich *le cento camerelle* genannt, sieht man für Wohnungen der kaiserlichen Leibwache oder Sklavenschaft an. — Weiter zur NO.-Ecke des Platzes, wo der Eingang zur *Sala de' Filosofi*, mit Nischen für Statuen. Dann in ein kreisrundes Gebäude (Pl. 3), welches im Innern ein Wasserbassin mit säulengeschmückter Insel enthält: ein Pavillon, vielleicht für ein Sommertriclinium, der fälschlich *Natatorium* (Schwimmhalle) oder *Teatro marittimo* genannt wird. Weiter östlich betritt man den *Hauptpalast:* zunächst einen etwas höher gelegenen rechteckigen Hof *(Cortile della Biblioteca)*, dessen l. Seite von einer z. T. bis zum Oberstock erhaltenen Gebäudegruppe, der sog. *Bibliothek* (Pl. 4) eingenommen wird. Nach N. schlossen sich Gartenanlagen an. An der Ostseite des Hofes liegt ein breiter Korridor, an den sich beiderseits Kammern von kreuzförmigem Grundriß, mit wohlerhaltenen Mosaikfußböden anschließen, das sog. *Ospedale* (Pl. 5). Weiter nach NO. führt ein tieferliegender Korridor, an den nach l. ein schönes Vestibül anschließt, zu einem Raum, in dem man ein *Triclinium* vermutet; von hier schöner Blick auf das Tal Tempe, Tivoli und das Gebirge. Dann hinauf durch die Olivenpflanzung zu dem sog. *dorischen Peristyl* (Pl. 6) und zum sog. *Giardino*, einem weiten rechteckigen Platz. In den anliegenden Räumen *(Triclinio)* sind viele schöne Mosaiken gefunden worden (S. 380). An der Ostseite des Giardino der *Oecus Corinthius* (Pl. 7), ein Saal, dessen Schmalseiten durch große halbrunde Nischen abgeschlossen werden, in der Mitte zwei kleine Bassins für Springbrunnen. Aus der SO.-

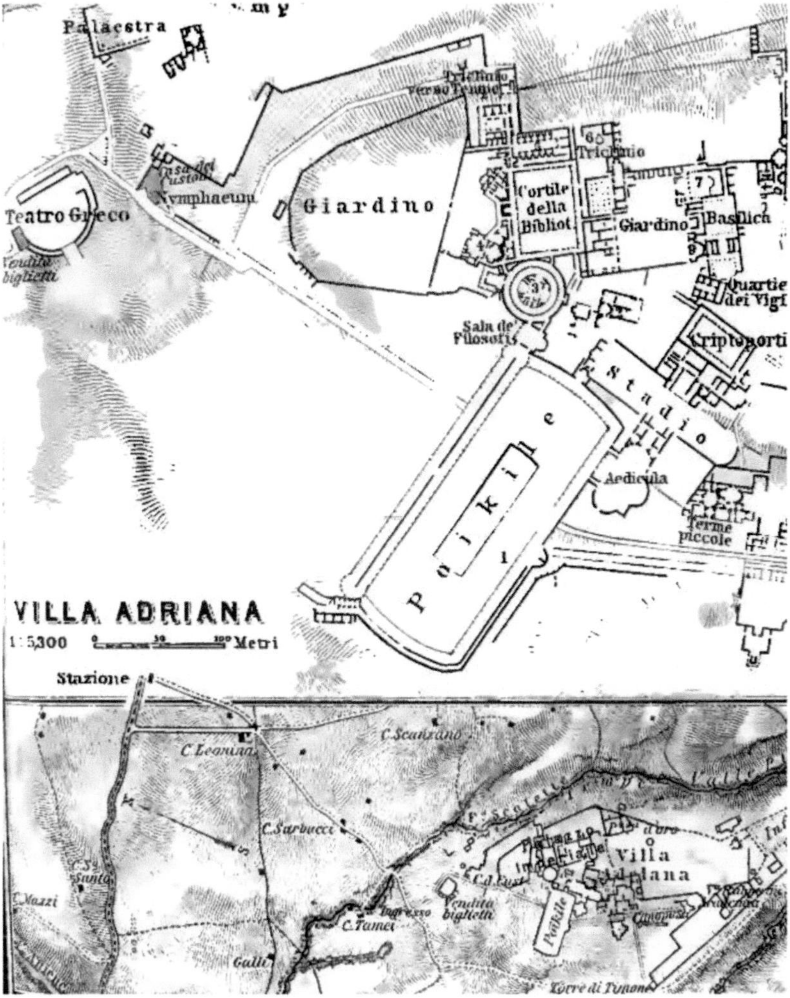
Palaestra
Teatro Greco
Vendita biglietti
Nymphaeum
Giardino
Cortile della Bibliot.
Triclinio
Giardino
Basilica
Sala de Filosofi
Quartie dei Vigi
Stadio
Poikile
Aedicula
Terme piccole
VILLA ADRIANA
1:5,300
Metri
Stazione
C. Leonina
C. Scanzano
C. Sarbucci
C. Mazzi
C. Tamei
Galli
Ingresso
Vendita biglietti
Villa Adriana
Poikile
Torre di Tonone

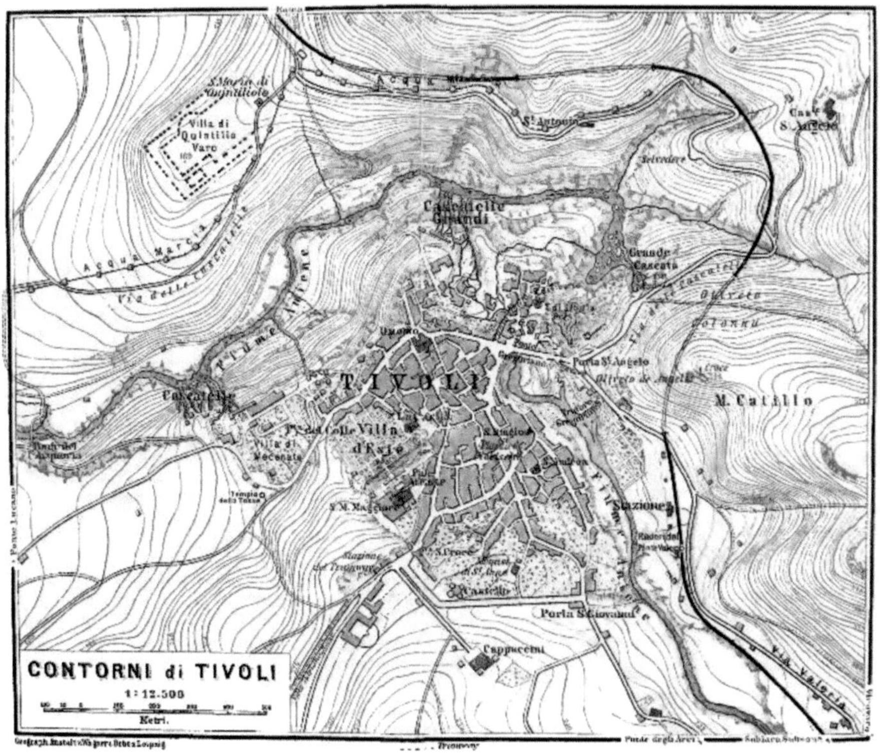
CONTORNI di TIVOLI
1:12.500
Metri.
TIVOLI
M. Catillo
Cascatelle Grandi
Grande Cascata
Porta S.t Angelo
Stazione
Porta S. Giovanni
Cappuccini
S. M. Maggiore
Villa d'Este
Villa di Quintilio Varo
Villa di Mecenate
Cascatelle
Fiume Aniene
Acqua Marcia
Via delle Cascatelle
Via Valeria
S.t Antonio
Duomo
Castello
Belvedere

Ecke, dann durch ein achteckiges Vestibül gelangt man zur sog. *Piazza d'Oro*, einem Hof mit umlaufender Halle von 68 Säulen, abwechselnd von orientalischem Granit und Cipollin (nur die Basen noch an Ort und Stelle); die im XVIII. Jahrh. hier massenhaft gefundenen Dekorationsreste kostbarsten Materials haben dem Hof seinen Namen verschafft. An der SO.-Seite der Piazza d'Oro ein Kuppelraum mit halbkreisförmiger Apsis, welche eine Wasserkunst mit Stufenfontäne enthält. — Nun zurück zum Oecus Corinthius, an den l. die *Basilica*, mit 36 Marmorpfeilern, stößt; s.w. ein Saal mit Exedra, in welcher ein erhöhtes Postament steht: man will darin den kaiserlichen Thronsaal erkennen.

Weiter an der S.-Seite des Giardino entlang, vorüber an einer schönen halbkreisförmigen *Exedra* (Pl. 9) mit Wasserbassin, auf dem nach S. führenden Wege weiter. L. an demselben ein mehrstöckiges isoliert stehendes Gebäude, das sog. *Quartiere dei Vigili*, von einigen für eine Kaserne, von andern für eine Wohnung kaiserlicher Beamten gehalten. Der Weg führt zu einer mit der Front nach W. gerichteten Gebäudegruppe: man durchschreitet einen unterirdischen Korridor *(Criptoportico)* und gelangt in eine Zimmerreihe mit dem Blick auf das darunterliegende *Stadium*. Beim Austritt aus dem Palast südl. und auf den Unterbauten entlang, welche einen tieferliegenden großen länglichen Hof umgeben. In der Mitte derselben eine *Thermenanlage*, in deren Sälen Reste schöner Stuckdekoration. Beim Austritt aus den Thermen öffnet sich l. das künstlich in den Tuffhügel eingeschnittene *Tal von Kanopus*. „Kanopus", sagt Strabo, „ist eine Stadt 120 Stadien von Alexandria. Sie besitzt den Tempel des Serapis, der hoch verehrt wird. . . Scharen von Wallfahrern kommen den Kanal herabgefahren; es wimmelt von Männern und Weibern, die in zügelloser Ausgelassenheit spielen und tanzen." Den Kanal mit dem Tempel im Hintergrund hatte Hadrian nachbilden lassen, um hier ägyptische Feste zu feiern. Wohlerhalten ist am Ende des Tals die große Nische mit Fontänenanlage; dahinter unterirdische Hallen, die in einer Cella mit dem Bilde des Serapis ihren Abschluß fanden. Aus dem Kanopus stammen viele der ägyptischen Kunstwerke im Vatikan (S. 386). — Lohnend ist noch der Besuch der sog. *Torre di Roccabruna* oder *di Timone* (s. den unteren Teil des Planes; 4 Min. vom Kanopus), eines quadratischen Baues mit schöner Aussicht.

Die weiter südl. gelegenen Teile sind sehr zerstört und von Privatbesitzungen mit schönen Olivenhainen überdeckt: zunächst im Gebiet der Villa Bulgarini die sog. *Academia*, vielmehr ein Palast zum Wohnen ähnlich dem nördlichen Hauptpalast; dann ein Theater, *Odeo* benannt; eine unterirdische Halle von 312m Länge und über 100m Breite, fälschlich für die von Spartian erwähnte Nachbildung des Schattenreiches, *Inferi*, gehalten. Das sog. *Liceo* und das sog. *Pritaneo* noch weiter südöstl. gehörten nicht mehr zu der kaiserlichen, sondern zu Privatvillen.

Vom Kanopus zurück, an der Front der vorhin beschriebenen Thermen vorbeischreitend, kommt man bei einer zweiten, kleineren aber besser erhaltenen *Badeanlage* vorbei: durch eine moderne Tür tritt man zunächst in das Tepidarium, einen Kuppelraum mit zwei großen Badebassins, dann in das achteckige Apodyterium und l. von diesem in das runde Frigidarium; die übrigen Räume sind minder klar bestimmbar; der antike Eingang war auf der Nordseite, nach der Poikile hin. — Weiter zurück zur Poikile, schließlich durch das Tor in der Nordwand und die Zypressenallee zum Eingang. — Bei der Rückkehr zum Wächterhause genieße man noch den köstlichen Schatten in dem Eichenhain unterhalb des Giardino (s. den Plan) und den Blick auf Tivoli und das Tal Tempe.

Von der Villa Adriana hinauf nach Tivoli braucht man zu Fuß fast 1 Stunde (vgl. S. 455), mit der Trambahn 1/4 Stunde.

Die Trambahn macht einen weiten Bogen nach SO., durch Olivenpflanzungen stark ansteigend, bei der (27km) Haltestelle *Regresso* vorüber, und endigt bei dem südwestlichen Stadttor, der *Porta S. Croce* (29km), von wo man durch die Stadt hinaufsteigt nach dem Platz im W. des Ponte Gregoriano, wo es dann l. durch den Vicolo della Sibilla nach den Tempeln, r. über die Brücke nach dem Eingang zu den Wasserfällen geht.

Tivoli (Pl. S. 451). — Gasth. (rechtzeitige Anfrage wegen der Preise in allen notwendig): Regina (Pl.: a), Piazza del Plebiscito, 20 Z. von 2, P. 5-7 fr.; Sirena, gegenüber dem Eingang zu den Wasserfällen, mit Aussicht auf die Tempel, 20 Z. zu 3, P. von 6 fr. an; Sibilla, bei den Tempeln (s. S. 453), mit Aussicht, 20 Z. zu 2, P. 6-7 fr. — *Chalet-Restaurant des Cascades*, Villa Gregoriana, beim Eingang zu den Wasserfällen; *Ristor. del Plebiscito* (auch Z.), in der Nähe des Hot. Regina, G. o. W. 1 1/2 fr., bescheiden aber gelobt; *Belvedere*, Via della Sibilla 6; *Nettuno*, Piazza della Sibilla 128, G. o. W. 1 1/2 fr. — *Caffè d'Italia*, bei der Trambahnstation.

Der Besuch der Wasserfälle erfordert etwa 1-1 1/2 St.; gegen die Zudringlichkeit der durchaus überflüssigen Führer und der Bettler wappne man sich mit Geduld.

Wagen nach der Villa Adriana (S. 449) Einsp. 4, Zweisp. 6 fr., hin u. zurück 6 und 10 fr., einschl. 1 1/2 St. Aufenthalt; auch fährt bisweilen ein Omnibus hin u. zurück für 1 fr. 60 c. Zweispänner nach Licenza (S. 456) c. 15 fr.

Tivoli (232m), bei den Alten *Tibur*, mit 12881 Einw., liegt prachtvoll auf einer vom Monte Gennaro (S. 448) nach S. laufenden Kalkkette, die der Anio in einer mit den berühmten Fällen endigenden Schlucht durchbricht. Es bestand nach der spätern Sage als Niederlassung der Sikuler lange vor Roms Gründung. Camillus unterwarf 380 vor Chr. Tibur mit Praeneste den Römern, und so gehörte es seitdem zu der Genossenschaft der mit Rom verbündeten latinischen Städte. Herkules und Vesta standen hier besonders in Ehren. In der Zeit des Augustus gründeten sich hier die römischen Großen, wie Augustus selbst, Maecenas u. a., reizende Villen; mit Hadrian stieg der Glanz des Ortes am höchsten. Im Mittelalter teilte Tivoli meist die Schicksale und Kämpfe Roms. Pius II. gründete 1460 die Zitadelle auf den Ruinen des Amphitheaters. Die heutige, aufblühende Stadt hat enge, abends elektrisch beleuchtete Straßen; im Frühling gilt sie als windig und feucht.

Ankunft mit der Trambahn s. S. 452. Wer mit der Eisenbahn (S. 447) ankommt, betritt die Stadt im NO. durch die *Porta S. Angelo* und hat dann gleich zur Linken das Gittertor, das den gewöhnlichen Eingang zu den Wasserfällen bildet (s. unten; man mag direkt eintreten, um für den Austritt am jenseitigen Talabhang das Tor bei den Tempeln zu benutzen). Geradeaus weiter gelangt man über den *Ponte Gregoriano*, der den Fluß oberhalb der Fälle überschreitet, zu dem S. 452 gen. kleinen Platze, wo l. die von der Porta S. Croce kommende Hauptstraße mündet und r. der Vicolo della Sibilla zu dem (r.) Gasthaus gleichen Namens und den Tempeln führt.

Der ***Tempel der Sibylle**, auch der *Vesta* oder dem *Hercules Saxánus* zugeschrieben, steht im Hofe des Gasthauses auf einem Felsen oberhalb der Wasserfälle. Es ist ein Rundbau korinthischer Ordnung mit offener Säulenhalle ringsum; von den 18 ursprünglichen Säulen sind zehn erhalten. Der Tempel diente im Mittelalter als Kirche, aus welcher Zeit die runde Nische im Innern herrührt; Tür und Fenster verengen sich nach oben. Treffliche Aussicht auf die Fälle; r. Reste von Häusern, die das Hochwasser des Anio 1826 in die Tiefe riß; ganz l. der gewaltige „neue Wasserfall“ (vgl. unten). — Neben dem Sibyllentempel ist ein zweiter kleiner Tempel aus dem Altertum erhalten, der sog. *Tempel des Tiburtus* (oder der Sibylle), ein längliches Viereck, mit vier ionischen Säulen an der Vorderseite, bis 1884 ebenfalls in eine Kirche verbaut. Dicht dabei ein eisernes Tor, das nur So. geöffnet ist und dann zum Eintritt in die Promenadenwege an den Wasserfällen benutzt werden kann.

Wochentags bildet das oben genannte Gittertor zwischen der Porta S. Angelo und dem Ponte Gregoriano den einzigen Zugang zu den ***Wasserfällen** (s. den Plan: „Ingresso“; 50 c., Sonnt. frei; Führer s. S. 452). — Der Weg vom Eingang geradeaus führt zur oberen Öffnung des *Traforo Gregoriano*, des 1826-35 durch den Architekten Folchi ausgeführten Felsdurchstichs, welcher in zwei Stollen von 270 und 300m Länge den Abhang des Monte Catillo durchbricht und dem Anio zur Sicherung der Stadt einen auch für Hochwasser ausreichenden Abfluß gewährt. Kurz vorher l. ein antiker Brückenbogen aus Opus reticulatum. Da der Durchstich nur von der unteren Öffnung aus betreten werden darf, so wendet man sich in der Regel vom Eingangstor sofort links und dann wieder links unter dem Bogen der Straße hindurch und am Rande des Tals weiter, mit Aussicht l. auf die beiden Tempel. Man gelangt zuerst zu einer mit jungen Steineichen bestandenen *Terrasse*, die einerseits den schönsten Blick auf den Sibyllentempel oben, anderseits auf den „neuen Wasserfall“ unten gewährt, mit dem der Anio nach dem Austritt aus dem Gregorianischen Stollen 108m tief ins Tal stürzt. Durch eine Tür, die der Schließer öffnet (10-15 c.), kann man bis zum Fall und in das Innere des Stollens gelangen

(372 Schritte lang; die Wanderung an dem tosenden Flusse entlang keineswegs angenehm). Von der Terrasse geht man ein Stück zurück und folgt dann, sich stets r. haltend, dem bergab führenden Fußwege (nicht den Steinstufen); l. römische Unterbauten; auf halber Höhe führt bei einigen Zypressen r. ein Weg in wenigen Minuten zu einem gemauerten *Vorbau* unmittelbar über dem neuen Fall hinab. — Nun zurück zum Hauptweg und weiter bergab, erst auf einem Zickzackweg, zuletzt auf Treppenstufen. Man steigt hinab, so tief man kommen kann, zuletzt auf der vom Wasserstaub stets feuchten Steintreppe in die phantastisch geformte *Sirenengrotte*. — Aus dieser Grotte kehrt man zurück zur Wegeteilung unten und folgt dem an der anderen Talwand aufsteigenden Wege, der bald zu einer in den Felsen gehauenen *Galerie* führt, deren Öffnungen man schon vorher sieht. Am Ende der Galerie teilt sich der Weg wieder: links in einigen Minuten über eine eiserne Brücke zur *Neptunsgrotte*, durch die ehemals der Hauptarm des Anio ging. — Zurück bis zum Eingang der Galerie; dann auf dem l. abgehenden, im Zickzack ansteigenden Promenadenwege zu dem S. 153 erwähnten Ausgang bei den Tempeln, den man sich wochentags für einige Soldi öffnen läßt.

Im W. der Stadt die ***Villa d'Este**, wohl die schönste Renaissance-Schöpfung ihrer Art, seit 1550 für Kardinal Ippolito d'Este von *Pirro Ligorio* angelegt, jetzt Eigentum des Erzherzogs Franz Ferdinand von Österreich-Este. Man tritt neben der Kirche S. Maria Maggiore durch ein Nebentor ein (50 c.) und begebe sich r. abwärts in die Nähe des Hauptportals, das unten an der Landstraße ist (verschlossen), um zunächst den herrlichen Blick durch die Längsachse des symmetrisch in Terrassen ansteigenden malerisch vernachlässigten Gartens mit seiner feierlichen Pflanzenpracht zu genießen. Unten ein Rundplatz mit den höchsten Zypressen Italiens (bis 65m hoch, Durchmesser einzelner Stämme 3m) und ein breites Wasserbecken. Am Abhang aufwärts, an den Kreuzungs- und Endpunkten der Queralleen, Schmuckbauten mit vom Anio gespeisten Wasserkünsten. Oben das Casino, ein unvollendeter Bau, den r. und l. Türme krönen sollten, mit reich verziertem Balkon; im Innern schlecht erhaltene Fresken von den Brüdern Zuccaro, Girol. Muziano u. a. In der Kapelle empfing Franz Liszt 1865 von Kardinal Hohenlohe die Weihen als Weltgeistlicher.

Den besten Gesamteindruck der Lage Tivolis hat man von der *V i a d e l l e C a s c a t e l l e, die von der Porta S. Angelo n.ö. ausgeht, zwischen stattlichen Olivenbäumen am Abhang des rechten Anioufers hinführt und prachtvolle Blicke auf Tivoli und die Wasserfälle bietet, besonders bei der (15 Min.) ersten, auf unserm Plan mit *Belvedere* bezeichneten Terrasse und (10 Min. weiter) bei der Terrasse jenseit *S. Antonio*, wo man auch die kleineren Wasserfälle unterhalb der Stadt, *le Cascatelle*, sieht.

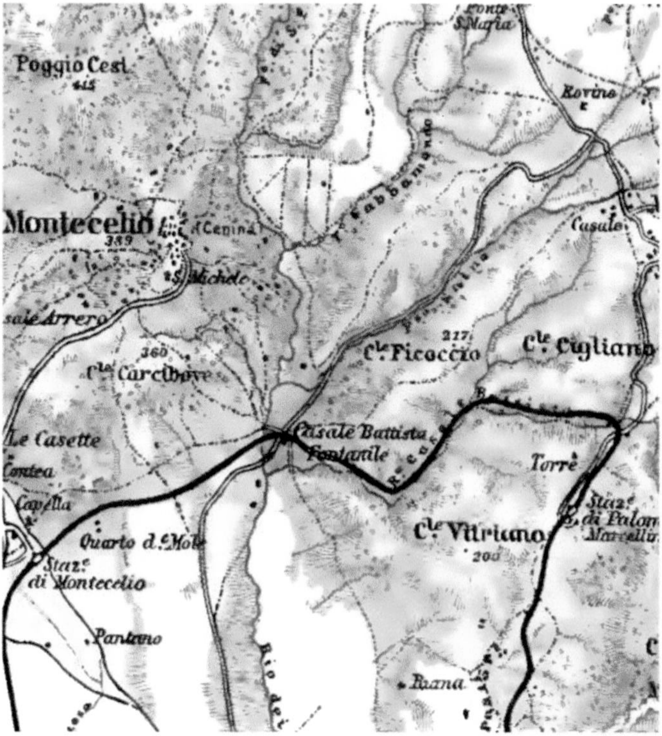
Poggio Cesi
Montecelio
389
Cenina
S. Michele
Casale Arrero
360
Cle Carciòve
Le Casette
Contea
Capella
Quarto d. Mole
Staz.e
di Montecelio
Pantano
Casale Battista
Fontanile
217
Cle Ficoccio
Cle Cugliano
Torre
Staz.e
di Palom
Marcellin
Cle Vitriano
200
Rovine
Casale
Ponte
S. Maria
Bana

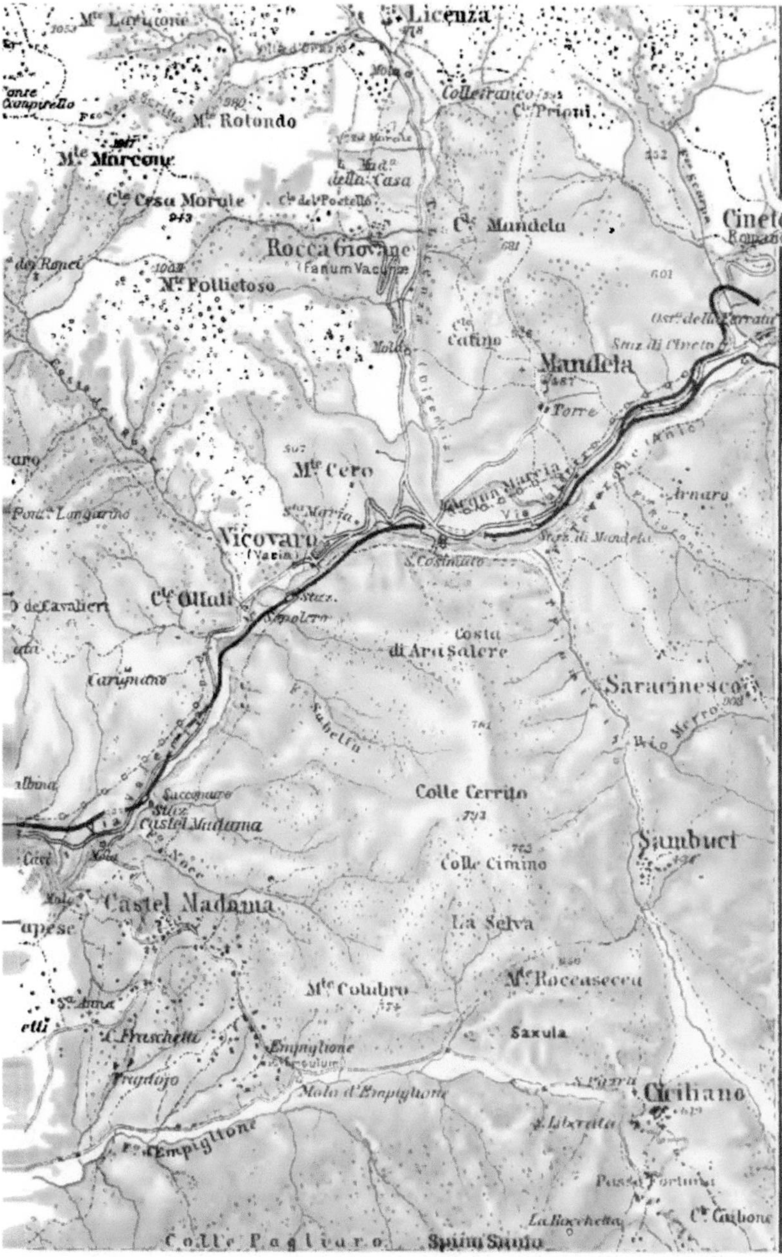
Licenza
Mte Rotondo
Rocca Giovane
(Fanum Vacunae)
Cle Mandela
Cineto
Romano
Mandela
Torre
Mte Cero
Vicovaro
Cle Ollali
Costa
di Ara Salere
Saracinesco
Colle Cerrito
Sambuci
Colle Cimino
Castel Madama
La Selva
Mte Roccasecca
Mte Colubro
Saxula
Empiglione
Mola d'Empiglione
Ciciliano
Colle Pagliaro
Spirito Santo

Wer den Weg nicht nach der Villa Adriana fortsetzen will, kehrt hier am besten um; andernfalls wandere man geradeaus weiter. Nach 10 Min., bei der kleinen Kirche *S. Maria di Quintiliolo* zeigen sich r. ausgedehnte antike Unterbauten, angeblich Reste einer Villa des Quintilius Varus (eine Villa des Horaz hat es bei Tivoli nie gegeben). Nach etwa 20 Min. erreicht man einen Fahrweg, der l. hinab in einigen Minuten zum *Ponte dell' Acquoria* führt, auf dem man den Anio überschreitet. Am l. Flußufer gelangt man in südl. Richtung in wenigen Min. auf die Straße nach der Villa Adriana (s. unten).

Verläßt man die Via delle Cascatelle bald nach dem Austritt aus der Porta S. Angelo und schlägt den steilen Pfad r. bergan ein, so erreicht man in 25 Minuten den durch ein Kreuz bezeichneten Gipfel des *Monte Catillo* (348m), der einen schönen Überblick über die Campagna gewährt.

Von Tivoli nach der Villa Adriana.

a. Mit der Trambahn s. S. 448.

b. Auf der antiken Straße von der Porta del Colle, dem westl. Stadttor, aus; Wagen s. S. 452; zu Fuß 1 St. Wenige Min. vor dem Tor r. die fälschlich so genannte *Villa des Maecenas*, in der ein großes Elektrizitätswerk und eine Eisenfabrik ist. L. der Straße hat ein alter Rundbau, vielleicht das Grabmal der Familie Turcia oder Tossia, den wunderlichen Namen *Tempio della Tosse* (Hustentempel). Weitet mündet r. der vom Ponte dell' Acquoria (s. oben) kommende Weg. Etwa $^1/_4$ St. weiter erreicht man die Haltestelle Villa Adriana der Trambahn (S. 499).

c. Fußgänger erreichen die Villa Adriana am schnellsten ($^3/_4$ St.) auf dem 100m südl. der Trambahnstation vor Porta S. Croce r. (s.w.) abgehenden schlechten Fußweg (vgl. die Karte S. 451).

d. Über die Via delle Cascatelle s. S. 454.

Von Tivoli nach Palestrina über *Ponte Lucano* und *Gallicano* oder über *S. Gregorio* und *Poli* s. S. 461.

Die schöne Straße von Tivoli nach Subiaco oder Genazzano (c. 30km, Wagenfahrt von $3^1/_2$-4 St.) verläßt die Stadt durch das südöstl. Tor, die Porta S. Giovanni, führt zunächst kurze Zeit im Tale des Anio aufwärts und biegt dann in das Tal des *Fosso d'Empiglione* ein, den sie auf dem *Ponte degli Arci* überschreitet (l. Überreste der Aqua Claudia, s. S. 419). Weiterhin zweigt l. eine Straße nach Castel Madama (S. 456) ab. Jenseit des l. auf der Höhe gelegenen Dorfes *Ciciliano* (619m) neue Straßenteilung: l. führt ein aussichtreicher Fahrweg über *Gerano* (502m) nach *Canterano* (603m; S. 457) und weiter auf die Fahrstraße von Cineto Romano nach Subiaco (S. 457), die er $1^1/_4$ St. vor Subiaco erreicht; geradeaus gelangt man, abermals in starker Steigung, über *Pisoniano* (545m) nach *S. Vito Romano* (693m); von da mit prachtvoller Aussicht auf das Volskergebirge und das Saccotal hinab nach Genazzano (S. 461).

Von Tivoli nach Subiaco.

37km: Eisenbahn in $1^1/_2$ St. für 4 fr. 40, 3 fr. 10, 2 fr. 5 c. (keine Rückfahrkarten). Bis (14km) *Mandela* auf der Linie Rom-Tivoli-Sulmona, dann Nebenbahn. — Die schöne Wagenfahrt s. oben.

Die Eisenbahn (Bahnhof vor Porta S. Angelo, s. S. 453) hält sich anfangs auf dem r. Ufer des Anio, l. von der Landstraße, der alten

Via Valeria, und der *Aqua Marcia* (S. 419). R. schöner Blick in das grüne Flußtal. — 4km *S. Polo de' Cavalieri;* der Ort (S. 418) liegt l. auf der Höhe, 7km ($1^1/_2$ St.) von der Eisenbahn entfernt. Dann zwei Tunnel. — 8km *Castel Madama.* Der schon von weitem sichtbare Ort (453m), mit 3371 Einw., liegt hoch über dem andern Ufer des Anio, 4km r. vom Bahnhof. — Jenseit eines Tunnels setzt die Bahn auf das l. Ufer des Flusses über.

11km **Vicovaro** (315m). Vom Bahnhof nach dem am r. Ufer gelegenen Städtchen, mit 1986 Einw., gebraucht man $^1/_4$ St. Am Wege l. die Kirche *S. Antonio,* mit Vorhalle von antiken Säulen. Unmittelbar unterhalb des Stadteingangs Reste der Mauern des antiken *Varia.* Die achteckige Kapelle *S. Giacomo,* genannt il Tempietto, wurde c. 1450 von Dom. da Capodistria erbaut; die Skulpturen am Portal sind von Giov. Dalmata. Der *Palast der Orsini* stammt aus dem XIII. Jahrhundert.

Jenseit Vicovaro durchschneidet ein langer Tunnel die Felsenhöhe, auf der das Kloster S. Cosimato liegt.

14km **Mandela,** Ausgangspunkt der Zweigbahn nach Subiaco (S. 457). Der Ort (487m), mit einer Burg des Marchese di Rocca Giovane, liegt l. auf der Höhe; er hieß früher *Cantalupo,* hat aber neuerdings seinen antiken Namen wieder erhalten („rugosus frigore pagus", Horaz Ep. I, 18, 105). — Fortsetzung der Eisenbahn nach Sulmona usw., eine der schönsten Strecken Italiens, siehe *Baedeker's Unteritalien.*

Das zwischen Vicovaro und Mandela von N. mündende, schöne Tal der Licenza, der alten *Digentia,* hat für Horazfreunde durch die Frage nach dem Landgut des Dichters ein besonderes Interesse. Post nach Rocca Giovane einmal tägl. 60, nach Licenza 70 c. Einige Min. jenseit des 1km w. vom Bahnhof gelegenen Klosters *S. Cosimato* erreicht man die am r. Licenza-Ufer aufwärts führende Straße; nach $2^1/_2$km, wo das Tal sich verengt, eine *Mühle* (Mola; nach Mandela s. S. 457) und wenige Min. weiter den l. in spitzem Winkel nach Rocca Giovane hinaufführenden Fahrweg (steile, steinige Fußwege kürzen). Der Ort wird erst unmittelbar ehe man ihn erreicht sichtbar.

Rocca Giovane (518m; dürftige *Osteria,* wo man einen Führer findet) ist ein von einem Palast des Marchese di Rocca Giovane überragtes Dorf auf steilem Felsen hoch über dem Licenza-Tale, das von Horaz (Epist. I, 10) erwähnte *Fanum Vacunae.* Von hier gelangt man auf rauhem Pfade nach der kleinen Terrasse *Capo le Volte,* wo man früher die Villa des Horaz suchte; zugunsten der Hypothese wurde der in der Nähe gelegene Hügel *il Poggitello* in *Colle del Poetello* umgetauft. Dann n.ö. abwärts, an der malerischen Quelle *Fonte dei Ratini* oder *degli Oratini* vorüber, aus deren Namen man einen Anklang an den des Dichters heraushören wollte, zu der sog. *Cascata,* einer verfallenen Wasserkunst (nicht antik). Nicht weit unterhalb liegt die jetzt von Äckern bedeckte Fläche, wo die *Villa des Horaz* (384m) zu suchen ist; mehrere hier gefundene Mosaikfußböden aus augusteischer Zeit wurden wieder zugedeckt. Unten auf der Fahrstraße entlasse man den Führer und steige entweder über das steinige Bett der Licenza („me quotiens reficit gelidus Digentia rivus", Hor. Epist. I, 18, 104) in 20 Min. nach dem auf steilem Bergvorsprung reizend gelegenen Dorfe **Licenza** (478m; dürftige Osteria) hinauf oder kehre auf der Fahrstraße in $1^3/_4$ St. zum

Bahnhof Mandela zurück. Der Umweg über das Städtchen Mandela (s. S. 456), wohin von der S. 456 gen. Mühle Feldwege führen, erfordert 1 St. mehr.

Von Rocca Giovane auf den *Monte Gennaro* s. S 448.

Etwa 3 St. s.ö. vom Bahnhof Mandela (stellenweise mühsamer Reitweg; Maultier mit Treiber, vorher zu bestellen, 2 fr.) liegt auf steilem Felskegel das ärmliche Dörfchen *Saracinesco* (908m; Osteria Belisari, dürftig), mit 655 Einw. und prächtiger Aussicht bis Rom. Viele Künstlermodelle stammen von hier (s. S. 159). Abstieg nach Anticoli Corrado (s. unten) 2 St.

Die Zweigbahn nach Subiaco (23km) überschreitet nach c. 4km den Anio und folgt seinem Tale in s.ö. Richtung. — 8km *Anticoli-Roviano*. Das malerische Bergstädtchen *Anticoli Corrado* (512m; Pens. Vincenzo Carboni, mit Aussicht, Z. $1\frac{1}{2}$, P. $3\frac{1}{2}$ fr., gelobt), 2km s. auf der Höhe, wird im Sommer von Malern viel besucht. *Roviano*, mit einem zweiten Bahnhof an der Linie nach Sulmona (s. S. 456), liegt 2km nördl. Das Tal des Anio erweitert sich malerisch. — 13km *Marano-Agosta*, ersteres am l., letzteres am r. Ufer des Flusses, dessen Tal sich hier wieder verengt. Von Agosta führt ein Saumpfad n.ö. nach dem auf hohem Felsen gelegenen *Cervara di Roma* (1053m). — 18km *Rocca Canterano-Canterano-Cervara*. Rocca Canterano (745m) liegt 7, Canterano (S. 455) 4km entfernt r. auf der Höhe. Cervara s. oben. Erst ganz zuletzt erscheint (23km) Subiaco, zwischen Wald und Felsen reizend gelegen.

Subiáco. — Gasth. (rechtzeitige Anfrage wegen der Preise ratsam): Alb. dell' Aniene, am oberen Ende der Hauptstraße r., Z. (nicht im Hause selbst) 1, P. 5, bei längerem Aufenthalt $4\frac{1}{2}$ fr., einfach; La Pernice, vom Eingang der Stadt in der ersten Straße l., bescheiden. Auch die französischen Schwestern des *Klosters zum h. Sakrament* (Casa della Missione) nehmen Pensionäre auf (P. von 5 fr. an). — Wagen: Einsp. nach Olevano (S. 462), mit Aufenthalt bei den Klöstern, c. 8 fr. (akkordieren!).

Subiaco (408m), das alte *Sublaqueum* im Gebiet der Aequer, ist eine kleine Stadt von mittelalterlichem Aussehen, mit 8003 Einw., überragt von einer Burg aus dem xi. Jahrh., die früher oft von den Päpsten bewohnt ward und jetzt einem Kardinal als Sommersitz dient. Es entstand aus einer großen Villenanlage des Nero, mit drei künstlichen Seen (Simbruina stagna, Tacitus Ann. xiv 22), woher der Name, 1305 durch Überschwemmung zerstört. Am Ufer des Anio, den Klöstern S. Scolastica gegenüber, sieht man noch Bauten und Terrassen aus der Zeit Nero's, der nach Tacitus hier einst bei der Tafel fast vom Blitze erschlagen worden wäre. Unweit des Bahnhofs, über dem l. Anio-Ufer, beim Friedhof die Klosterkirche *S. Francesco*, mit einem Altarbild von Antoniazzo Romano (1467) und Fresken aus dem Anfang des xvi. Jahrh. (von Sodoma?) in der 1. Kap. r. vom Hochaltar. — Am Eingang der Stadt ein *Triumphbogen* für Pius VI. (1789).

Die Umgebung ist reizend, und die weltberühmten Klöster nehmen ein besonderes Interesse in Anspruch. Der Ausflug erfordert etwa 3 St. und bietet eine Fülle herrlicher Aussichten. Führer unnötig. Man folgt der Hauptstraße, die den über 1km langen Ort durchzieht und dann am r. Ufer des Anio aufwärts führt. Oberhalb ist ein Elektrizitätswerk im Bau, das seine Kraft dem Flusse entnimmt. 10 Min. von den letzten Häusern der Vorstadt S. Martino geht bei einem Fabrikgebäude, ehe die Straße auf dem schönen Bogen des *Ponte Rapone* oder *di S. Mauro* hoch über dem Flusse die Schlucht überschreitet, l. ein gemauerter Weg bergan, auf dem man an einigen Kapellen vorüber in weiteren 15 Min. die

***Klöster von S. Scolastica** erreicht. Es ist ein Komplex von dreien, das erste vom h. Benedikt gegründet, der sich um 530, ein Jahr nach der Gründung von Monte Cassino, hierher zurückgezogen hatte und in einer der Felsgrotten, die jetzt Kapellen sind *(il Sagro Speco)*, als Einsiedler lebte. Die hinzugekommenen Besitzungen wurden von Gregor I. und seinen Nachfolgern bestätigt. Im VII. Jahrhundert wurde das Kloster zerstört, 705 wieder aufgebaut und 981 Benedikts Schwester, der h. Scholastica, geweiht. Der jetzige Bau ist modern. Im Jahre 1052 wurde ein zweites Kloster, 1235 durch den Abt Landus ein drittes hinzugefügt. (Bei beschränkter Zeit ist es ratsam, den Besuch der Klöster erst auf dem Rückweg vom Sagro Speco auszuführen).

Das erste (Eingang an dem vordern Hof vorbei, r. im Klostergang) besaß ehemals eine an Handschriften reiche Bibliothek. 1465 druckten hier die Deutschen Arnold Pannartz und Konrad Schweinheim das erste Buch in Italien, Cicero's De Oratore, dann Lactantius, 1467 Augustinus, von denen noch Exemplare hier aufbewahrt werden (vgl. S. 244).

Das zweite Kloster wurde 1052 gegründet und später im gotischen Stil erneut. Im Hof ein wunderliches Relief vom J. 981 und zwei Inschriften aus dem Mittelalter.

Das dritte Kloster hat einen schönen, 1210-15 begonnenen romanischen Säulenhof mit Mosaiken aus der Schule der Cosmaten (S. LXII) und einige Altertümer: Sarkophag mit bacchischen Darstellungen, schöne Säulen u. a.

Die *Kirche S. Scolastica*, ursprünglich von Benedikt VII. 975 gegründet, ist im XVIII. Jahrh. völlig erneut worden und enthält, außer Fresken von 1426 in der Capp. di S. Beda und schön geschnitzten Chorstühlen, nichts Merkwürdiges. Der Campanile ist von 1053.

In 25 Min. steigt man weiter hinauf nach *S. Benedetto* oder *il Sagro Speco* (640m), auf der Höhe an den Fels gelehnt, von gewaltigen Steinmassen überragt, von Eichen umschattet.

Durch einen Korridor mit zerstörten Malereien der umbrischen Schule betritt man die Oberkirche, die mit Fresken aus dem Leben Christi und aus dem Leben des h. Benedikt und der h. Scholastica ausgemalt ist (XIII. Jahrh.: vielleicht sienesisch). In der anschließenden Cappella S. Gregorio ein stark übermaltes *Bild des h. Franziskus*, der um 1218 das Kloster besuchte (ohne Heiligenschein und Wundmale, wohl 1228 gemalt, vgl. S. 75). Nun hinab zur Unterkirche, deren Gemälde (Madonna, Kindermord von Bethlehem, Porträt des Papstes Innocenz III. u. a.) von 1219 ein sonst unbekannter *Conxolus* verfertigte, und zum Sagro Speco, der Grotte des h. Benedikt, mit einer Statue des Heiligen von *Raggi*, einem Schüler Bernini's, und alten Malereien.

Der Klostergarten prangt von Rosen, die der h. Benedikt, der Legende nach, als Dornen zur Zügelung der Begierden pflegte und der h. Franziskus bei seinem Besuche in Rosen verwandelte.

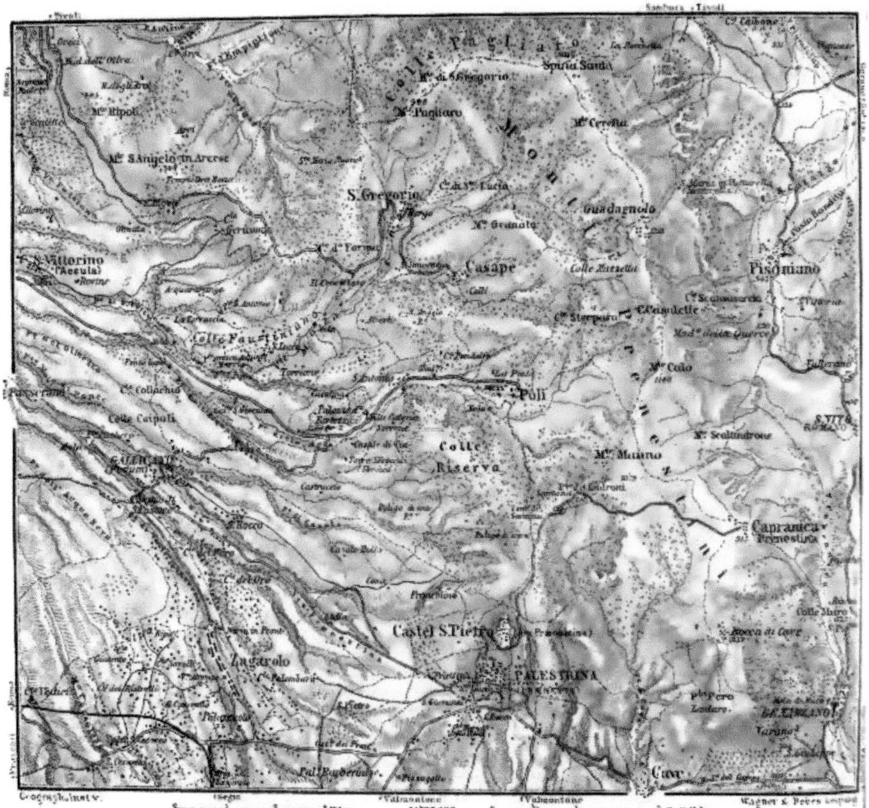
S. Gregorio
Casape
Guadagnolo
Pisoniano
Poli
Colle Riserva
Capranica
Prenestina
Castel S. Pietro
PALESTRINA
Zagarolo
Gallicano
Colle Faustiniano
S. Vittorino
(Aecula)
Spina Santa
M. Pagliaro
M. Granato
M. Cerella
M. Guadagnolo
Rocca di Cave
Cave
Colle Caipoli
1:100000
Kilom.
Wagner & Debes, Leipzig

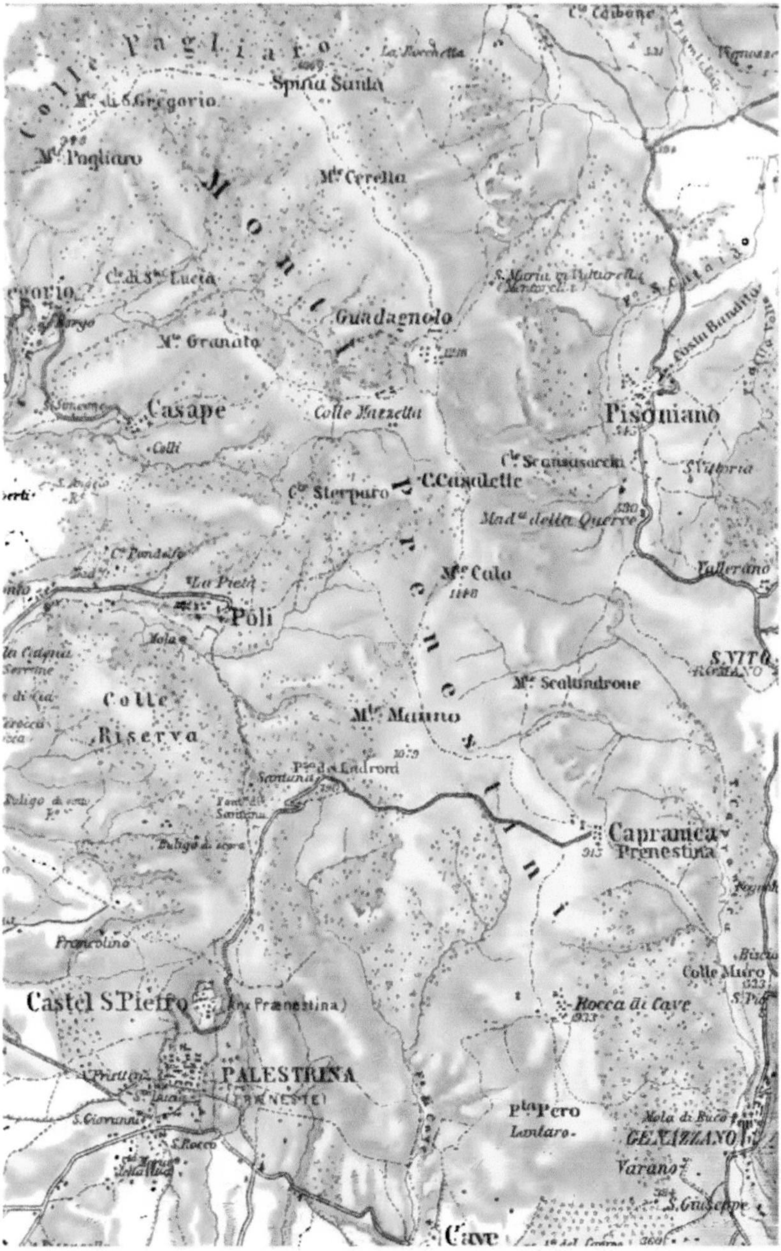
Colle Pagliaro
Spina Santa
La Rocchetta
Mte di S.Gregorio
Mte Pagliaro
Mte Cerella
Monti Prenestini
Guadagnolo
Mte Granato
Casape
Colle Mazzetta
Pisoniano
C.Casalette
Mad.a della Querce
Vallerano
Mte Calo
Poli
S.VITO ROMANO
Mte Scalambrone
Colle Riserva
Mte Mauro
Capranica Prenestina
Francolino
Colle Muro
Castel S.Pietro
(Arx Praenestina)
Rocca di Cave
PALESTRINA
S.Giovanni
S.Rocco
GENAZZANO
Varano
S.Giuseppe
Cave

Man besuche auf dem Rückweg von S. Benedetto noch den schönen Aussichtspunkt auf dem kurz vor dem Eingangstor r. abzweigenden Fußpfad. Unten auf der Landstraße mag man den Ponte Rapone überschreiten und r. weitergehen, um auf Fußwegen zur Stadt zurückzukehren. — Die Straße ist die S. 462 genannte, auf welcher man Olevano in $4^1/_4$ St. erreicht.

Der schmale Fahrweg in dem engen, malerischen Tal des Anio vom Ponte Rapone (S. 458) an aufwärts, führt 8km von Subiaco an der (l.) *Grotta dell'Inferniglio* (485m; gute Quelle) vorüber, wo l. ein Weg nach dem (10km von Subiaco) schön gelegenen Orte *Jenne* (834m; Locanda Vincenzo de Angelis) abzweigt. Im Anio-Tal weiter geht 13km von Subiaco beim *Ponte Cominacchio* (534m) r. ein Weg nach (19km von Subiaco) *Trevi nel Lazio* (821m) dem antiken *Treba*. Links geht es n.ö. im Tal des *Simbrivio* aufwärts nach dem am SO.-Abhang des Monte Autore (s. unten) in einem Bergzirkus gelegenen (21km oder c. 6 St. von Subiaco) **Vallepietra** (825m; *Trattoria del Club Alpino*). $1^1/_2$-2 St. n. von hier, an der Kapelle *Spirito Santo* (1064m) vorüber, liegt an einer 300m hohen, senkrechten Felswand das *Santuario della SS. Trinità* (1337m; Fest am Sonntag nach Pfingsten). Den **Monte Autore** (1853m), den zweithöchsten Gipfel der bewaldeten *Monti Simbruini*, besteigt man von Vallepietra über das Santuario und an einer Quelle (1680m) vorüber mit Führer in 4-5 St., von Subiaco direkt in 5-6 St. Prachtvolle Rundsicht. Abstieg in 3 St. n.ö. nach *Cappadocia*, von wo ein Fahrweg nach (11km) *Tagliacozzo* an der Eisenbahn Rom-Sulmona führt (vgl. *Bædeker's Unteritalien*), oder n.w. über die Hochfläche des *Prato di Camposecco* (1325m) nach *Camerata Nuova* (810m; Tratt. Giuseppe Mestici), von wo ein Fahrweg über *Rocca di Botte* nach der (9km) *Station Pereto*, an derselben Linie, führt.

Von Rom nach Palestrina.

Eisenbahn (Linie Rom-Neapel) bis *Palestrina*, 37km, in $1^1/_4$ St. (Schnellzüge halten nicht), für 4 fr. 30, 3 fr. 05, 1 fr. 95 c.

Die Eisenbahn durchschneidet die Stadtmauer l. von Porta Maggiore. R. erscheint die Bogenreihe der Acqua Felice, die unsere Linie jenseit der Porta Furba (S. 419) kreuzt; weiter entlang an den stattlichen Bogen der antiken Aqua Claudia (S. 419), die Sixtus V. z. T. für seine Leitung benutzte. R. die Gräberreihen der Via Appia. Links das Sabiner- und Albanergebirge, am Fuße des letzteren Frascati, weithin sichtbar. — 11km *Ciampino*, wo die Linien nach Frascati (S. 436), sowie nach Terracina (S. 474) und Nettuno (S. 472) abzweigen.

Die Bahn führt in geringer Steigung an den Abhängen des Albanergebirges entlang; r. oben Monte Porzio Catone (S. 439). 26km *Monte Compatri-Colonna*, der erstere Ort (S. 439) 4km vom Bahnhof r. im Gebirge, der zweite 3km ö. vom Bahnhof auf einem einzelnen Hügel (347m) in der Ebene. Zwischen beiden Orten lag die uralte Stadt *Labīci* oder *Labīcum*.

Weiter durchfährt die Bahn den großen Einschnitt zwischen dem Albaner- und dem Sabinergebirge, mit schöner Aussicht auf beide und auf die Volskerberge im Vordergrunde. 35km *Zagarolo*; der Ort, mit 5528 Einwohnern, 3km n. vom Bahnhof.

37km *Palestrina*, mit dem hoch gelegenen Castel S. Pietro schon lange vor der Ankunft sichtbar. Die Stadt liegt 6km n.ö. vom Bahnhof: Omnibus in c. 1 St. für 50 c.

Palestrina (465m; *Alb. dell' Armellino*, Corso Pierluigi 93, *Vedova Pastina-Bernardini*, Piazzetta della Fortuna, mit Aussicht, c. 5 fr. tägl., beide sehr einfach mit wenigen Z.), Städtchen von 7071 Einwohnern, mit steilen schmutzigen Straßen höchst malerisch am Bergabhang gelegen, das *Praeneste* der Römer, war im Mittelalter oft Gegenstand blutiger Kämpfe zwischen den mächtigen Colonna und den Päpsten, wurde dabei 1437 zerstört und ist seit 1630 im Besitz der Barberini. Es ist Geburtsort des Giov. Pierluigi da Palestrina (S. 350). Viele Kupferschmiede.

Praeneste war eine der ältesten Städte Italiens, sie wurde durch Camillus 380 vor Chr. erobert und war seitdem Rom untertan, in den Bürgerkriegen 82 vor Chr. ein Hauptwaffenplatz des jüngern Marius, nach langer Belagerung von Sulla bezwungen und vollständig zerstört, später von demselben als römische Kolonie glänzend wieder aufgebaut. In der Kaiserzeit wurde es der kühlen Lage wegen ein Sommeraufenthalt der Römer und von Horaz (Od. III, 4, 22) zugleich mit Tibur und Bajae als Ruheort gepriesen. Ein berühmter *Fortunatempel* und ein *Orakel* (sortes Praenestinae. Cic. de Div. II, 41) zogen Besucher an. — In den Nekropolen von Praeneste sind zahlreiche Kostbarkeiten und Kunstsachen gefunden worden; die sog. Zisten (Toilettenkasten, S. 224) stammen fast ausschließlich von hier.

Die Stadt ist fast ganz auf den Trümmern des Tempels der Fortuna gegründet, welcher auf gewaltigen Terrassen ansteigend, von einem halbrunden Portikus umgeben, die Stelle des Palazzo Barberini einnahm. Beim Betreten der Stadt erblickt man die unterste dieser Terrassen, aus Ziegeln aufgeführt. Der Plan des Gebäudes im einzelnen ist jedoch schwer nachzuweisen. An der Fassade des *Seminars* an der Piazza Savoia Arkaden mit vier sehr zerstörten korinthischen Halbsäulen, die der zweiten Terrasse anzugehören scheinen; im Hof ein noch an seiner alten Stelle stehender Altar. Nebenan der dem h. Agapetus geweihte *Dom*. In der Nähe ist ein Saal mit halbrunder Apsis zugänglich, in dem das unten gen. Nilmosaik gefunden wurde; darunter eine antike Schatzkammer (Aerarium). Auf der anderen Seite des Platzes ein Saal mit Resten eines feinen Mosaiks (Seetiere); in seiner Rückwand der Eingang zu einer Felsengrotte. 1907 begonnene Ausgrabungen dauern noch fort. — Vom Corso steigt man in c. 10 Min. hinauf zum *Palazzo Barberini*, der fast ganz auf jenen antiken Unterbauten ruht. Im ersten Stock (Trkg. 1/2 fr.) ein großes antikes Mosaik (Nillandschaften mit Personen in ägyptischer und griechischer Tracht und zahlreichen Tieren); in der zum Palast gehörigen Kapelle S. Rosalia eine unvollendete, Michelangelo zugeschriebene Marmorgruppe (Pietà).

Die alten *Mauern* von Palestrina, von denen an verschiedenen Stellen Überreste zu Tage treten, zeigen vier verschiedene Bauweisen, von den kyklopischen getürmten Steinmassen bis zu den Ziegelbauten der Kaiserzeit. Zwei Schenkelmauern, von welchen man die nördliche am besten erhaltene durch die Porta S. Francesco erreicht, während die südliche von der Porta delle Monache Farnesiane aus gut zu übersehen ist, verbinden die Stadt mit der Burg *(arx)* auf dem Gipfel, jetzt *Castel S. Pietro*, aus wenigen ärmlichen Häusern bestehend. Eine Fahrstraße und ein direkter Saumpfad führen vom Palazzo Barberini in $^1/_2$ St. hinauf; die *Aussicht von der Höhe (752m) lohnt reichlich die Mühe. Man übersieht die weite Campagna, aus der sich die Peterskuppel abhebt, bis ans Meer, r. den Soracte und die Sabinerberge, dann das Albanergebirge; l. das Tal des Sacco mit den einschließenden Volskerbergen. Die malerische, verfallene *Fortezza* ward 1332 von den Colonna erbaut. Man kann sie sich für einige Soldi aufschließen lassen; der Zugang freilich unbequem, aber die Aussicht vom Innern besonders schön.

Die Entfernung von Palestrina nach Tivoli auf der Fahrstraße über *Gallicano nel Lazio*, *Passerano* (S. 417) und den *Ponte Lucano* (S. 449) beträgt c. 24km. — Hübsch ist auch die Tagestour (zu Fuß oder zu Esel, mit Führer) über das Gebirge nach Tivoli; von Palestrina n. auf der oben gen. Fahrstraße an der Burg vorbei, nach c. 2km l. auf beschwerlichen Fußpfaden über (9km) *Poli* (435m; s. unten) mit altem Palast der Torlonia, nach (12km) *Casape* (475m), von da Fahrstraße über (14km) *S. Gregorio da Sassola* (450m) nach (28km) Tivoli (S. 452). Von Poli und Casape führen steinige Wege n.ö. nach (5km) *Guadagnolo* (1218m), dem höchsten Dorfe der Provinz Rom, mit einem kolossalen Christusmonument, und weiter nach der ($1^1/_2$km) auf steilem Felsen gelegenen Wallfahrtkirche *S. Maria in Vulturella*, im Volksmund *La Mentorella*, die 1209-48 angeblich an der Stelle errichtet wurde, wo nach der Legende dem aus Herders Gedicht bekannten h. Eustachius ein weißer Hirch mit dem Kruzifix zwischen dem Geweih erschien. Sie besitzt einen wertvollen Kirchenschatz. — 5km w. von Poli, an der Fahrstraße nach dem (20km) Ponte Lucano (S. 449) die *Villa Catena*, früher den Conti, jetzt dem Herzog von Torlonia gehörig, ein von Innocenz XIII. vergrößerter Renaissancebau.

Von Palestrina über Olevano nach Subiaco.

Von Palestrina nach Olevano, c. 18km, Einsp. 13 fr., Zweisp. 18-20 fr., Fußgänger gebrauchen c. 4 St. Die zweimal tägl. vom Bahnhof *Zagarolo* nach Olevano fahrende Post (3 St. für $1^1/_2$ fr.) fährt unterhalb Palestrina vorüber. — Die ebenfalls zweimal tägl. vom Bahnhof *Valmontone* (S. 473) nach Olevano fahrende Post (19km in $2^1/_2$, zurück 2 St. für 1 fr. 40 c.) fährt südl. unterhalb Genazzano vorüber. — Von Olevano nach Subiaco c. 15km.

Der Fahrweg verläßt Palestrina in östl. Richtung und ist auch für Fußgänger lohnend. Aussicht l. und geradeaus auf die Sabinerberge, r. auf die Volskerberge, rückwärts auf das Albanergebirge. Es ist die von Rom kommende Straße, welche unterhalb Palestrina vorüberführt. Nach $^3/_4$ St. erreicht man, nachdem man auf siebenbogiger Brücke den *Fiumicino di Cave* passiert hat, den kleinen Ort *Cave* (390m), früher im Besitz der Colonna, weiter die Kirche der *Madonna del Campo*. Bald erscheint in der Ferne Paliano (S. 462), auf hohem Felsen. 40 Min. jenseit der Kirche biegt die Landstraße stark nach r. aus, während ein abkürzender Fahrweg geradeaus bleibt; bald darauf geht l. eine Straße nach Genazzano ab.

Genazzano (371m; *Locanda Paganelli*), mit 4160 Einwohnern, ist bekannt durch die Wallfahrtkapelle der *Madonna del buon Consiglio*, die an Marientagen viel Volk anzieht. – Man kann zur Landstraße zurückkehren oder quer durchs Tal auf beschwerlichem, aber schönen Wege in 2 St. über den *Ponte della Mola* direkt nach Olevano gehen.
Von Genazzano nach *Tivoli* über S. Vito und Pisoniano s. S. 455.

Die Landstraße vereinigt sich nach 10 Min. bei einer Osteria wieder mit dem S. 461 gen. abkürzenden Fahrweg. Weiterhin zwei Brücken. Jenseit der zweiten, *Ponte d'Orsino*, teilt sich die Straße: l. nach (2 St.) Olevano, r. nach dem auf grünem Hügel über dem Sacco-Tal gelegenen Bauernstädtchen *Paliano* (476m; 5855 Einw.; Bahnhof s. S. 474), dessen Kastell der Colonna (XVI. Jahrh.) als Strafanstalt dient; in der Kollegiatkirche die Familiengräber der Colonna. Der erstere Weg steigt allmählich, zuletzt in einem weiten Bogen nach Olevano, das dem Auge viel näher erscheint, als es ist.

Olévano. — Gasth.: Roma, vor dem Ort mit Aussicht, Z. 1½, P. 5, bei längerem Aufenthalt 4½ fr., gelobt; Casa Baldi, eine altbekannte, von Scheffel besungene Malerherberge oberhalb des Orts, P. m. W. 5, bei längerem Aufenthalt 4½ fr. (Aussicht s. unten).

Olevano (571m), amtlich *Olevano Romano*, ein mittelalterliches Städtchen von 4753 Einwohnern, im Besitz der Borghese, mit steilen, schmutzigen Straßen, geringen Resten einer antiken Ringmauer und den Ruinen einer Burg, liegt höchst malerisch an einem Bergabhang. Berühmt ist die *Aussicht von dem den Ort überragenden Bergrücken, bei der Casa Baldi (s. oben), besonders schön gegen Abend. R. erblickt man die kahlen Höhen des Sabinergebirges mit Bellegra, S. Vito, Capranica und Rocca di Cave, dann die schmale Ebene zwischen den Albaner- und Volskerbergen; in der Ferne erscheint Velletri, näher Valmontone mit seinem Schloß, Rocca Massima, Segni, Paliano; nach S. verliert sich der Blick im Saccotal; dazu den schönsten Vordergrund bildend die Stadt Olevano.

Links von der Straße nach Bellegra und Subiaco (S. 463), 25 Min. nördl. von Olevano, liegt der durch Künstlersubskription erworbene, jetzt dem deutschen Reich gehörige Eichenhain **Serpentara** („Schlangenhain"), in welchem viele deutsche Künstler, u. a. Jos. Ant. Koch, Ludwig Richter, Friedr. Preller ihre Studien gemacht haben. In der Nähe seit 1906 ein von dem Bildhauer Heinrich Gerhardt gestiftetes Haus für deutsche Künstler. Im Walde selbst mehrere in den Felsen gehauene Medaillonbildnisse, u. a. Kaiser Wilhelms II. und Joseph Viktor v. Scheffels, das letztere mit der Inschrift: Hier im Zentrum der Gebirge Lesen wir die alte Keilschrift, Die der Haufe nie verstehn mag: Das Gesetz des ewig Schönen.

¼ St. n. der Serpentara zweigt von der Straße nach Subiaco (S. 463) l. ein Fahrweg ab, der an einem Friedhof vorüber über den Felskamm nach (1 St. von Olevano) **Bellegra** (815m) hinansteigt, einem auf isoliertem Kalkfelsrücken thronenden ärmlichen Dorfe, das früher *Civitella* genannt wurde. Man durchschreite den Ort und halte sich r. bis zu einem Tor mit prachtvoller *Aussicht. Auf der Südwestseite des Dorfs sind ansehnliche Reste der uralten, aus unbehauenen Steinen aufgeführten Mauer erhalten, die diese weniger abschüssige Seite des Berges schützte. Von hier nach Subiaco S. 463.

Von Olevano nach Subiaco (S. 457) hat man die Wahl zwischen drei schönen Wegen:

1. Die Landstraße (18km), der kürzeste und bequemste Weg (zu Fuß $3^3/_4$, zu Wagen 2-$2^1/_2$ Stunden; unterwegs kein Wirtshaus!) führt unterhalb der Serpentara vorüber und läßt nach 40 Min. die Straße nach Bellegra zur Linken (s. S. 462). Kaum $^1/_2$ St. weiter mündet rechts eine von Roiate (s. unten) kommende Straße, dann nach $1^1/_2$ St. die Straße von Affile (s. unten) ein. Nach 40 Min. erreicht man den *Anio,* den man auf dem Ponte Rapone (S. 458) überschreitet. Am r. Ufer geht es r. nach den Klöstern, l. auf der Straße weiter in 10 Min. nach Subiaco, s. S. 459/457.

2. Am meisten lohnt der Weg über Bellegra und Rocca S. Stefano, $4^1/_2$-5 St. Bis Bellegra s. S. 462. Der Fahrweg führt weiter über *S. Francesco* in 1-$1^1/_4$ St. nach *Rocca S. Stefano* (665m) und hört hier auf. Den malerischen, aber beschwerlichen und nur guten Fußgängern zu empfehlenden Saumpfad nach Subiaco (2 St.) muß man sich von einem Führer zeigen lassen. Er senkt sich zuerst steil in ein Seitental und führt dann über einen Bergrücken, wo sich die Aussicht öffnet, in das Tal des Anio.

3. Der Weg über Roiate und Affile (5-6 St.) ist der längste und zum Teil beschwerlichste, nur mit Führer zu machen. *Roiate* (697m) ist ein kleines Dorf, *Affile* (684m) größer, mit einigen Resten von Mauern und Inschriften des antiken *Afilae.* Von Affile führt ein Fahrweg hinab zu der von Guarcino kommenden Landstraße, die weiterhin in die unter 1 beschriebene Straße mündet.

4. Etruskische Städte.

Die von tiefen Schluchten durchzogene Landschaft vulkanischen Tuffs, welche sich nördlich vom Tiber bis an den ciminischen Wald (S. 108) und die Berge von Tolfa (S. 8) hinzieht, nahm im Altertum Südetrurien ein. Ursprünglich von einem den Latinern verwandten Stamme bewohnt, dann von den Etruskern unterworfen, ward es nach langen Kämpfen, mit denen die ersten Jahrhunderte der römischen Geschichte angefüllt sind, zurückerobert und latinisiert: der Fall des mächtigen Veji 396 vor Chr. bezeichnet diesen denkwürdigen Wendepunkt.

Ausflüge, die auch landschaftlich lohnen, werden sich zunächst nach den etruskischen Resten in *Cerveteri* und *Veji* richten. Der ganze Strich ist von Malaria heimgesucht. Auch auf *Corneto* (S. 6) sei hier hingewiesen, auf *Galera, Bracciano* und andere Orte an der Eisenbahn nach Viterbo (S. 108-111), sowie auf die Straßenbahn nach *Cirita Castellana* (S. 410).

Veji.

Der Ausflug erfordert einen Tag. Unterwegs kein gutes Wirtshaus, daher Mundvorrat mitzunehmen. Großartige Ruinen darf man nicht erwarten, wohl aber eine interessante Landschaft.

Eisenbahn von Rom (Trastevere) nach *La Storta-Formello* (S. 111; Osteria della Stazione) 19km in 34 Min. für 2 fr. 25, 1 fr. 55, 1 fr., hin und zurück für 3 fr. 35, 2 fr. 35, 1 fr. 50 c. — Von der nach

Bracciano (S. 410) führenden Straße zweigt gleich jenseit der alten Poststation von La Storta r. ein Fußweg ab, auf dem man in $^1/_2$ St. nach dem ärmlichen Weiler *Isola Farnese* gelangt, den eine mittelalterliche Burg der Rospigliosi überragt. Auf dem Fahrweg gebraucht man $^3/_4$ St.: 1km Straßenteilung l. nach Bracciano (Via Clodia), r. nach Sutri (S. 409; Via Cassia); von letzterem Straßenarm geht nach 500m r. der Fahrweg nach Isola ab. In Isola nimmt man einen Führer (1 fr., handeln!).

Veji war eine der mächtigsten etruskischen Städte und wurde erst nach jahrhundertelangen Kämpfen (vgl. S. 415) und einer langwierigen Belagerung 396 vor Chr. durch Camillus erobert. In Verfall geraten, wurde es durch Caesar mit einer römischen Kolonie versehen, die indes kaum den dritten Teil des alten Stadtgebiets ausfüllte. Dieses hatte einen Umfang von c. 9km und bildet ein Dreieck zwischen zwei unterhalb sich vereinigenden Bächen, dem im NO. der Höhe von Isola vorüberfließenden *Fosso dell' Isola* und dem von N. nach S. fließenden *Fosso di Formello*. Eine abgesonderte Fläche am Zusammenflusse der Bäche, welche mit dem übrigen Stadtgebiet nur durch einen schmalen Sattel zusammenhängt, ist die *Piazza d'Armi* oder *Cittadella*, die alte Arx. Von hier an führt der vereinigte Bach den Namen *Valchetta*, der alte *Cremera*.

Um die topographischen Hauptpunkte kennen zu lernen, gebraucht man 2-3 Stunden. Man geht von Isola n.w. abwärts nach dem Fosso dell' Isola, der bei der Mühle (Molino) einen hübschen Wasserfall bildet. — Weiter zum *Ponte Sodo* (solido, fest), einem durch den Felsen getriebenen, etwa 70m langen Tunnel, durch den der Fosso di Formello durchfließt. — Von hier nach der *Grotta Campana*, einem 1843 aufgefundenen, in den Tuffelsen gehauenen Grab; das Innere besteht aus zwei Kammern, deren Wandmalereien mit Tierfiguren im orientalisch-griechischen Stil der korinthischen Vasenmalerei die ältesten in Etrurien erhaltenen sind; die auf den Bänken gefundenen Skelette sanken nach der Öffnung des Grabes zusammen; Tongefäße sind noch vorhanden. — Zurück über den Fosso di Formello zur *Porta Spezieria*, mit Resten eines Kolumbariums, dessen Höhlungen die Benennung („Apotheke") veranlaßten. Oberhalb, am Hügel, besonders wohlerhaltene Reste der Befestigung, eines Tors und einer mit Lava gepflasterten Straße. — Nun entweder auf der Höhe oder im Tal des Fosso di Formello südl. zu der oben gen. *Piazza d'Armi*, wo man eine schöne Aussicht hat: im N. weithin sichtbar der zinnengekrönte *Tumulus von Vaccareccia*. — Von der Piazza d'Armi zurück nach Isola; vor dem Eintritt in das Dorf erkennt man in der Felswand zahlreiche Grabnischen.

Fußgänger können von der Piazza d'Armi im Tal des Cremera abwärts wandern und in etwa 2 St. beim sog. Grab des Nero die *Via Flaminia* (S. 410) erreichen. Das Lager, wo der ganze Stamm der Fabier von den Vejentern vernichtet wurde, sucht man etwa $^1/_2$ St. von der Piazza d'Armi.

Caere.

Ein Tagesausflug: man fährt mit dem 1. Zug nach (48km) Palo (S. 9; Schnellzug in 1 St. für 6 fr. 15, 4 fr. 30, 2 fr. 80 c., Personenzug in $1^3/_4$ St. für 5 fr. 60, 3 fr. 90, 2 fr. 55 c.), wo man Wagen nach Cerveteri findet (8km; Post in 50 Min. für 75 c., zu Fuß $1^1/_2$ St.) und kann nach einem Aufenthalt von 5 St. zum Abendzuge zurückgelangen. — Dem Sindaco von Cerveteri hat man ein bis zwei Tage vorher die Ankunft zu melden, man läuft sonst Gefahr, den Wächter (Guardia), der den Schlüssel zu den Gräbern hat, nicht vorzufinden. Hat es einige Tage geregnet, so unterlasse man den Ausflug, weil dann die Gräber mit Wasser gefüllt sind.

Cervéteri (81m; einfaches *Caffè Ristorante* an der Piazza; der Wirt besorgt Führer, auch Fuhrwerk zur Nekropole), das alte *Caere*, eine uralte Gründung, hieß in frühester Zeit *Agylla* (phönizisch „die runde"). Später den Etruskern unterworfen, trieb es von seinen Häfen *Pyrgi* (S. Severa) und *Alsium* (Palo, S. 9) aus einen weitverzweigten Handel. Mit Rom stand es in freundschaftlichem Verhältnis und wurde 351 vor Chr. in den römischen Staatsverband aufgenommen. In der Kaiserzeit blühte es unter Trajan und erhielt sich bis ins XIII. Jahrhundert. Aber zu Anfang des letzteren verließen es seine Bewohner und gründeten 4-5km östl. *Cere nuovo*, das jetzige *Ceri*. Ungewiß wann, kehrte indes ein großer Teil derselben nach dem „alten Caere" zurück: daher der Name. Das heutige *Cerveteri* zählt 1272 Einwohner und ist seit 1674 im Besitz der Ruspoli. Es nimmt nur einen kleinen Teil der antiken Stadt ein, welche 5km im Umfang maß und seit 1829 ein ergiebiges Gebiet für Gräberfunde dargeboten hat. Im Mittelalter war Cerveteri von zinnengekrönten Mauern umschlossen und hatte, wie noch heute, nur einen Zugang. Ein Teil der Mauern nebst mehreren Türmen ist wohlerhalten und gewährt einen malerischen Anblick, besonders an der NO.-Seite, wo das alte Baronalschloß steht.

Für den Touristen bietet die Nekropole das einzige Interesse; sie ist mit Führer (s. oben; 1 Pers. 2 fr., 2 Pers. 3 fr., mehrere nach Verhältnis) in 3-4 St. zu besichtigen. Die Gräber sind entweder in größeren Gruppen in den Felsen eingehauen, oder es sind freistehende konische Hügel (tumuli). Am bemerkenswertesten sind die nachstehend mit Nr. 5, 6 und 7 bezeichneten Gräber. Die Hauptmasse liegt an dem Hügel der Stadt gegenüber, von ihr durch eine Schlucht getrennt.

1. Grotta delle Sedie e Scudi, nach zwei Sesseln und mehreren Schilden, die aus dem Felsen gehauen sind, so benannt, hat einen Vorraum und fünf Kammern. — 2. Grotta del Triclinio, mit erloschenen Malereien, ein Gastmahl darstellend. — 3. Grotta della bella Architettura, zwei Kammern, durch Pfeiler gestützt. — 4. Grotta delle Urne, mit drei Marmorsarkophagen. — 5. Grotta delle Iscrizioni oder de' Tarquinii, mit zwei Kammern, durch Pfeiler gestützt. Zahlreiche etruskische Inschriften mit dem Namen *Tarchnas*, der auf ebenfalls hier gefundenen lateinischen Inschriften *Tarquitius*, nicht Tarquinius lautet, also für die Herkunft des römischen Königsgeschlechtes nichts beweisen kann. — 6. Grotta dei Bassorilievi, 1850 ausgegraben, das besterhaltene und interessanteste Felsengrab. Am Beginn der in die Tiefe

fahr der Treppe zwei Löwinnen als Wächter des Grabes. Die beiden Pfeiler, welche als Deckenstütze stehen geblieben sind, und die Wände über den dreizehn Grabnischen sind mit verschiedenen Reliefs, Haus-, Jagd- und Kriegsgerät geschmückt, teils aus Stuck aufgesetzt, teils aus dem Fels ausgehauen und meistens bemalt.

An der Straße nach Palo liegt 7. Grotta Regulini-Galassi, 1829 aufgedeckt, sehr alt und jetzt großenteils verfallen. Die Decke ist durch Vorschrägen der Seitenwände spitzbogenartig gewölbt. Die Ausbeute dieses Grabes, jetzt im Museum Gregorianum (S. 387-390), war höchst bedeutend. Man fand in den beiden l. und r. von dem gewölbten Gange liegenden kleinen Kammern ein Gurtbett, einen vierräderigen Wagen, Schilde, Dreifüße, Gefäße aus Bronze, einen eisernen Altar, Tonfiguren, Silberbecher und reichen Goldschmuck, der einst die Toten zierte. — Reichlich 1km von diesem liegt ein 1850 aufgedecktes Grab, in dem man die aufgefundenen Gegenstände, Vasen und Töpfe belassen hat.

Außer diesen eine große Menge anderer Gräber (z. B. die *Grotta Torlonia*, in deren erster Kammer 54 Totenbänke sind, usw.).

5. Die Seeküste von Latium.

Die Verbindung mit dem Meere war für das antike Rom von ungleich größerer Wichtigkeit, als für das moderne. Sie war einer der Hauptfaktoren für die Weltstellung der Stadt. Dementsprechend wurde die Tibermündung mit großartigen Hafenanlagen ausgestattet. Der Strand war ein Lieblingsaufenthalt der reichen Römer, wie zahlreiche Villen bezeugen. Die Anschwemmungen des Tiber, der besonders bei Hochwasser viel Schlamm und Sand führt, haben die Küstenlinie vorgeschoben und den jetzt verödeten Strand wesentlich umgestaltet. Ein breiter Waldgürtel (macchia) zieht sich an ihm hin; in den Sommermonaten haust hier die Malaria. Hohe Sanddünen (tumoleti) begleiten die Küste bis südlich von den Pontinischen Sümpfen.

Porto. Fiumicino. Ostia.

Von Rom nach Fiumicino, 34km, Eisenbahn in $1\frac{1}{2}$ Stunden (Schnellzüge halten in Ponte Galera, s. S. 467, nicht), für 3 fr. 95, 2 fr. 80, 1 fr. 80 c., hin u. zurück 5 fr. 95, 4 fr. 20, 2 fr. 70 c. — Der Ausflug von Fiumicino nach *Ostia* und *Castel Fusano* erfordert zu Fuß hin und zurück c. 6 St.; zu Wagen oder Automobil (S. 119) macht man ihn am besten direkt von Rom aus (21km; Einsp. 20-25 fr., Zweisp. 30-40 fr., nebst Trinkgeld), ebenso mit dem Fahrrad (vgl. S. 149): von Porta S. Paolo (S. 311) $1\frac{1}{2}$ St., auf der Via Ostiensis (S. 470) fast durchweg sanft bergab (außer bei den Hügeln von Decima). Im Frühjahr 1907 wurde ein Automobilverkehr zwischen Piazza di Spagna und Ostia eingerichtet. Mitgebrachten Mundvorrat verzehre man in der schönen Cella des Tempels von Ostia oder im Walde von Castel Fusano; bei letzterem Orte ist keinerlei Wirtschaft.

Die Bahn umzieht die Stadt (vgl. S. 9); 10km *Roma S. Paolo* (S. 9), wo die von Stat. Trastevere (S. 111) kommende Linie einmündet. — 15km *Magliana*. Unmittelbar beim Bahnhof, r. den Hügel hinauf, liegt die *Vigna Jacobini*, die Stätte des heiligen *Haines der Arvalen*, jener uralten latinischen Bruderschaft („fratres Arvales"), deren Stiftung die Sage auf die Söhne der Acca Larentia, der Pflegemutter des Romulus, zurückführt.

Die antiken Grundmauern, auf welchen das Casino der Vigna ruht, gehören einem Rundtempel der Dea Dia oder einem Kaisertempel (Caesareum) an. Die Ausgrabungen haben Teile der in Stein gehauenen Akten der Arvalen aus der Kaiserzeit zu Tage gefördert (S. 187). In der Ebene unterhalb des Haines (jenseit der Straße) finden sich Überreste eines viereckigen Gebäudes mit Säulenhalle. — Am Hügel hinan eine altchristliche Grabstätte, mit Resten eines Oratoriums des Papstes Damasus I. Daneben ist der (verschlossene) Eingang zu der kleinen *Katakombe der h. Generosa*, die durch ihre primitive Anlage und gute Erhaltung interessant ist.

Etwa 1km jenseits, l. der Bahn, das jetzt verfallene, dem Kloster der h. Cäcilie gehörige Jagdschloß *La Magliana*, einst Lieblingsaufenthalt mehrerer Päpste, wie Innocenz' VIII., Julius' II., Leo's X., mit hübschen Renaissancedetails (die Fresken im Konservatorenpalast, S. 270.)

23km *Ponte Galera*, s. S. 9. Wagenwechsel! Die Zweigbahn nach Fiumicino führt in s.w. Richtung weiter.

30km **Porto** (kein Gasth.), im J. 103 nach Chr. von Trajan angelegt *(Portus Traiani)*, da der von Kaiser Claudius zum Ersatz für Ostia (s. unten) erbaute Hafen nur auf kurze Zeit Abhilfe gewährt hatte. Trajan grub damals einen neuen Kanal *(fossa Traiani)*, den jetzigen schiffbaren Arm des Tiber. Die Trajanische Stadt, die bald den römischen Handel an sich zog, lag unmittelbar am Meer; heute ist sie 3km von demselben entfernt (der Fluß rückt sein Delta um jährlich 4m vor). Das jetzige Porto besteht aus der Kathedrale *S. Rufina*, aus dem x. Jahrh., doch ganz modernisiert, einem ehem. *bischöflichen Palast*, mit Inschriften und Altertümern, und einer *Villa des Fürsten Torlonia*. Der Hafen Trajans ist jetzt ein seichter See *(Lago Traiano)*. Nordwestl. davon, in den Wiesen, läßt sich noch der Umfang vom Hafen des Claudius erkennen.

34km **Fiumicino** *(Locanda dei Cacciatori)*, ein erst 1825 angelegter Ort. Das von Zollwächtern benutzte Kastell *(Torre Clementina)*, 1773 von Clemens XIV. hart am Meer erbaut, liegt jetzt 400m von ihm entfernt; vom Turme weite Aussicht über das einsame Strandgebiet, n. bis zum Kap Linaro, hinter dem Civitavecchia liegt, s. bis zum Kap Circeo; im Untergeschoß ehem. Gefängnisräume. Am Strand eine *Seebadeanstalt* (Stabilimento Bagni).

Zwischen dem Flußarm von Fiumicino und dem Hauptarm, der bei Ostia vorbeifließt, liegt die *Isola Sacra*, welche ihren Namen aus dem Altertum ableitet, sei es von einem Tempel, sei es, weil sie von Konstantin der Kirche geschenkt wurde. Man überschreitet die Schiffbrücke südl. vom Bahnhof und gelangt auf dem Fahrweg in 1 St. zum Hauptarm des Tiber, gegenüber dem alten Wartturm *Torre Bovacciana*, wohin man auf einer Fähre (scafa) übersetzt (15 c.). Der Fluß hatte im Altertum hier seine Mündung.

Das alte **Ostia** („Gemünd"), von Ancus Martius gegründet erstreckte sich von der Gegend der Torre Bovacciana nach O. am Tiber entlang. Es war eine große Handelsstadt, von deren Hafenanlagen in der Nähe des Turms ansehnliche Reste erhalten sind *(Emporium)*. Zur Zeit des Augustus war der Hafen bereits zum Teil versandet, doch behauptete die Stadt noch längere Zeit ihre hervorragende Stellung. In der aus allen Nationen bunt gemischten Bevölkerung fand, wie andere ausländische Kulte, so auch das Christentum früh Eingang; das Bistum Ostia soll noch von den Aposteln errichtet sein, es ist eines der angesehensten der katholischen Kirche. Die Mutter des h. Augustinus, Monica, starb hier.

Das heutige Dörfchen *Ostia* (bescheidene Osteria beim Kastell; von der Landestelle rechts und um den Turm herum, schmaler Fahrweg: „Via di Torre Bovacciana“: 1/2 St.) wurde mehrere Jahrhunderte nach der Zerstörung der antiken Stadt von Gregor IV. 830 gegründet. Unter Leo IV. (847-55) erlitten die Sarazenen hier eine große Niederlage (vgl. S. 361). Julius II. (1503-13) ließ als Kardinal 1483-86 durch Baccio Pontelli und Giuliano da Sangallo das *Kastell* erbauen und von Peruzzi u. a. mit jetzt verschwundenen Fresken schmücken. Im Hof Inschriften und Skulpturen von den

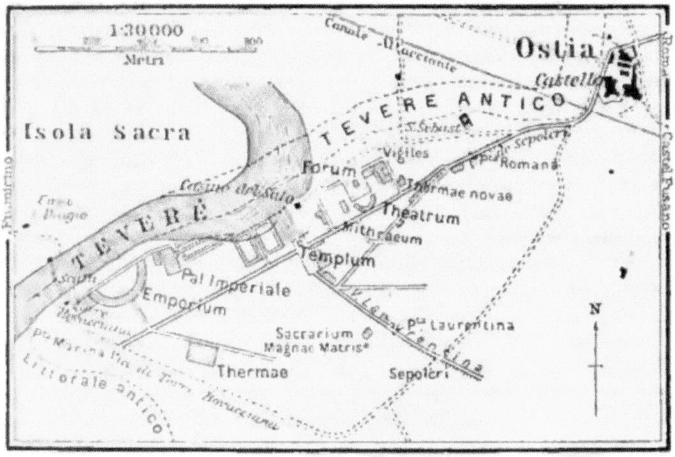

Ausgrabungen; vom Turm weite Aussicht. Seine Bedeutung schwand, als 1612 Paul V. den r. Tiberarm bei Porto eröffnete. Die hübsche Kirche *S. Aurea* soll nach Plänen von Baccio Pontelli (? Meo del Caprina?) unter Julius II. erbaut sein.

Die Besichtigung der *Ruinen erfordert mindestens 2 Stunden. Der Kustode (2-3 fr.) ist gewöhnlich im Casino del Sale (S. 469). Man erreicht, vom modernen Ostia kommend, an einer Reihe *antiker Gräber* vorüber (die hier gefundenen Altertümer großenteils im Lateran, S. 331), in 8 Min. die *Porta Romana* der alten Stadt. Bei der Straßenteilung wendet man sich r. und gelangt zunächst zu den 1891 aufgedeckten *neuen Thermen*, einer kleinen Anlage mit wohlerhaltenem Bassin und vielen Resten der Marmordekoration. — Westl. davon die *Kaserne der Feuerwehr (Vigiles)*, die der

Kustode öffnet: ein säulenumgebener Hof, an dessen einer Langseite eine Kapelle mit Basen für Kaiserstatuen und mit einem wohlerhaltenen schwarz und weißen Mosaik (Opferszene); andere, Kaisern des II. und III. Jahrh. gesetzte Ehrenbasen stehen im Hofe. Die übrigen Räume scheinen als Wachtstube und Wohnzimmer gedient zu haben; an den Wänden eingekratzte Figuren und Inschriften. — Weiter zu dem 1880/81 ausgegrabenen *Forum*. Es ist von quadratischer Form, jede Seite c. 80m lang, und war ringsum mit Hallen umgeben: der Portikus gegen S. hatte marmorne, die anderen backsteinerne Säulen mit Stucküberzug. Durch später gezogene Zwischenwände ist die Halle z. T. in kleine Kammern geteilt (besonders deutlich an der SO.-Ecke), welche als Versammlungslokale für verschiedene Collegia (Gilden; genannt werden die Schiffer, welche Holz nach Rom transportierten, die Schiffer von Terracina u. a.) dienten. In der Mitte des Forums erhebt sich der Unterbau eines *Templum in antis* von 25m Länge, 11m Breite; die Mauern sind sehr zerstört und, ebenso wie der Altar an der Rückwand der Cella, ihrer Marmorbekleidung bis auf geringe Reste beraubt. Der Südportikus des Forums stößt an die Hinterwand des *Theaters*, von dessen Bühne und Sitzreihen beträchtliche Stücke erhalten sind. Es stammt aus der ersten Kaiserzeit, vielleicht von M. Agrippa, ist aber zweimal restauriert worden: zuerst von Septimius Severus in den J. 196/197, dann im IV. oder V. Jahrh. noch einmal sehr eilfertig. Zahlreiche große Marmorbasen mit Ehreninschriften vom Forum, die dabei als Baumaterial verwandt wurden, sind jetzt wieder herausgenommen. — Von der SW.-Ecke des Forums kommt man in eine antike Straße, an der gleich r. die Fundamente dreier ganz gleicher *Tempelchen* (in einem noch der Altar mit der Inschrift Veneri sacrum); dahinter ein wohlerhaltenes *Mithras-Heiligtum* (Mitrhraeum), das der Kustode öffnet, mit gemauerten Bänken für die Gläubigen; darauf ein Mosaik, die Bilder der sieben Planetengötter, u. a. — Dann durch eine von Privatgebäuden umgebene Straße und l. zu dem modernen Hause *(Casino del Sale)*. Von hier führt eine wohlerhaltene, 6-7m breite, antike Straße, die auf beiden Seiten von Pfeilerhallen begleitet ist, zur Rückwand des schon von fern sichtbaren *Tempels*, des einzigen Gebäudes des alten Ostia, welches sich durch das ganze Mittelalter hindurch über dem Erdboden erhalten hatte. Die Cella, von vortrefflichem Mauerwerk, ist gut erhalten, die Schwelle von einem Block Affricano von c. 5m Länge gebildet, in dem gewölbten Unterbau Magazine für das Tempelgerät (favissae).

Weiter südl. gelangt man in c. 10 Min. zum *Heiligtum der Magna mater*, einem unregelmäßigen viereckigen Bau mit Säulenhallen an den Langseiten, wo die S. 331 gen. Attis-Statue gefunden worden ist. Etwas südwärts, an der antiken Straße nach Laurentum, sind 1865 Gräber, darunter mehrere Kolumbarien (S. 315), aufgedeckt worden.

Zurück zum Casino del Sale und am Fluß entlang durch die Ruinen alter *Magazine* (man erkennt hier die Änderung des Flußlaufes, in den jetzt die Mauern zum Teil hineinreichen); u. a. eine *Vorratskammer* mit 30 in den Boden eingelassenen tönernen Gefäßen zur Aufbewahrung von Wein, Öl und Getreide. — Nach einigen Minuten links der Eingang zu einem prächtigen *Privathaus* (ohne Grund *Palazzo imperiale* genannt) mit Cipollinsäulen; darin eine ausgedehnte Badeanlage, schöne Mosaiken (jetzt im Vatikan) und ein kleines Mithraeum.

Von Ostia nach Rom auf der Landstraße, der alten *Via Ostiensis* 21km; Post in $2^1/_2$ St. für 1 fr. 50 c.). Die Straße durchzieht auf einem Damme den ehem. Stagno di Ostia, einen Sumpf, der jetzt durch systematische Trockenlegung der Bebauung gewonnen wird (*Bonifica di Ostia*). Die Salzgruben waren schon in der römischen Königszeit in Gebrauch. 2km von Ostia die *Colonia Ravennate*, eine landwirtschaftliche Genossenschaftskolonie. Dann durch niedrigen Wald (*Macchia di Ostia*) und über die Hügel von Decima nach der (9km) *Osteria di Malafede*, wo r. der von Tor Paterno (s. unten) kommende Fahrweg einmündet. Weiter in der Nähe des Tiber entlang, an der *Osteria di Mezzocammino* und der *Osteria Tor di Valle* vorbei, nach der *Osteria del Ponticello*, wo unsere Straße mit der Via Laurentina zusammentrifft. Fortsetzung bis Rom s. S. 126, 424.

Eine schattenlose Straße führt von Ostia (vom NO.-Ausgang des Dorfes r. ab) nach dem in schöner Pinienwaldung gelegenen *Castel Fusano* (c. 3km), im XVI. Jahrh. von dem Marchese Sacchetti erbaut und gegen Seeräuber befestigt, jetzt im Besitz der Chigi, seit 1888 an die kgl. Familie vermietet (zugänglich So. Do. mit Permeß wie zum Quirinalpalast, S. 163). Von hier geht ein hübscher Weg mit antikem Basaltpflaster nach dem Meere ($^1/_2$ St.).

Von Castel Fusano nach *Tor Paterno*, einem Gehöft in der Gegend des alten *Laurentum*, 10km. Von Tor Paterno kann man auf einem Fahrwege über das (8km) kgl. Jagdschloß *Castel Porziano*, das die Stelle des alten *Vicus Augustanus* einnimmt, nach der (7km) *Osteria di Malafede* (s. oben) wandern oder sich mit Führer nach (7km) *Prattica di Mare* (89m) wenden, einem unbedeutenden Dorfe an der Stelle des alten *Lavinium*, mit einem Baronalpalast der Borghese.

10km von Prattica, 18km von Albano, liegt **Ardea** (37m), die alte Hauptstadt der Rutuler, einer der wenigen schon in römischer Kaiserzeit wegen Malaria verrufenen Orte Latiums. Deshalb früh verödet, bewahrt Ardea namentlich in seinen Befestigungen ein altertümlicheres Aussehen als alle anderen latinischen Städte. Das heutige Dörfchen, mit einem Kastell der Sforza-Cesarini, nimmt die Stelle der alten Burg ein, auf einem Hügel mit künstlich abgeschrofften Felswänden. Viele Reste gewaltiger Mauern aus verschiedenen Perioden; im O. zwei mehrere hundert Meter lange wohlerhaltene Wälle mit Graben, ähnlich dem Serviuswall in Rom.

Anzio. Nettuno.

Eisenbahn nach *Anzio*, 59km, in $1^3/_4$-2 St. für 6 fr. 85, 4 fr. 80, 3 fr. 10 c.; hin u. zurück 10 fr. 10, 7 fr. 10, 4 fr. 55 c. — Stationen: 14km *Ciampino* (S. 559). — 24km *Pavona*. — 29km *Cecchina*

(S. 474). — 42km *Carroceto*. Von hier w. nach Ardea (s. S. 470) 12 km. — 59km *Anzio*. — 62km *Nettuno*.

Anzio. — Gasth. (s. S. xv; man vereinbare die Preise im voraus): Grand-Hôtel (a auf dem Kärtchen), beim Bahnhof, mit Restaurant, 60 Z. zu $3^1/_2$, F. 1, G. o. W. 3, M. o. W. $4^1/_2$, P. 9 fr., 1. März bis Ende Sept. geöffnet; Alb. Vittoria, verschieden beurteilt. — Mehrere Trattorien. — Privatwohnungen zur Badezeit in zahlreichen Villen.

Wagen: Einsp. nach Nettuno c. 1 fr. für 1-3 Pers., ein einzelner Platz 25 c. — Omnibus 25 c. die Person.

Barken zu Spazierfahrten im Hafen $1^1/_2$ fr. die Stunde für 1-3 Personen, jede Person mehr 50 c. Dampfer der Società Napoletana di Navigazione a vapore fahren vom 15. Apr. bis 15. Sept. Di. Fr. über die Ponza-Inseln, Ischia und Procida in $11^1/_2$ St. nach Neapel (vgl. *Bædeker's Unteritalien*).

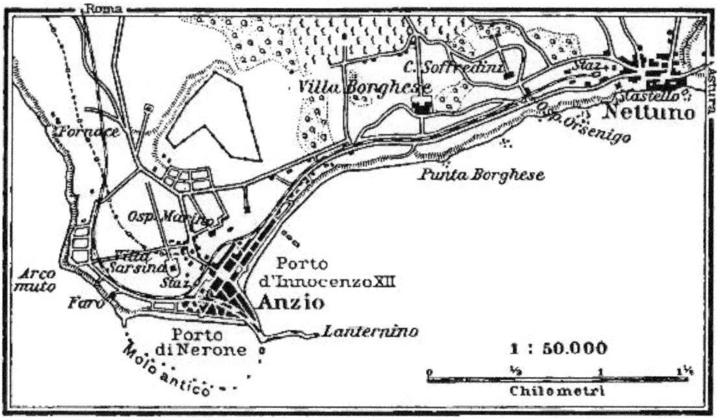

Anzio (14m), mit 3449 Einwohnern, ist zur Zeit der Seebäder, besonders im Juni, Juli, August ein beliebter, wenn auch nicht ganz fieberfreier Aufenthalt der Einwohner Roms. Es liegt an der Stelle der alten Volskerhauptstadt *Antium*.

Früh durch Seehandel blühend und bekannt als Zufluchtsort des 490 vor Chr. aus Rom verbannten Coriolanus (der hier auch den Tod fand, als er Rom auf Bitten seiner Mutter verschonte), mußte Antium sich bereits im J. 468 den Römern ergeben. Es erhielt seit dem Jahre 338, als alle Latiner sich unterwarfen, eine römische Kolonie und blieb so mit Rom in festem Verbande. Seit Ausgang der Republik war es ein beliebter Sommeraufenthalt vornehmer Römer; Cicero hatte hier eine Besitzung, deren Ruhe und Lieblichkeit er nicht genug preisen kann (ad Att. IV, 8). Caligula und Nero sind hier geboren. Letzterer baute einen künstlichen Hafen (s. S. 472). Später scheint Antium vor Bajae und den Strandorten des Golfes von Neapel zurückgetreten zu sein, doch bestand der von Horaz (Od. I, 35) besungene Fortunatempel mit seinem Orakel bis in die letzten Zeiten des Heidentums. Im Mittelalter war Antium ganz verödet, erst im xvi. Jahrhundert beginnt der Wiederanbau; die jetzige Stadt stammt fast ganz aus der Zeit nach Anlage des neuen Hafens unter Innocenz XII. (1698).

Vom Bahnhof gelangt man l. nach der Piazza. Von hier hat man wenige Schritte nach dem unbedeutenden Hafen, der der Versandung ausgesetzt ist. Reste eines alten Molo sieht man gegenüber nach Nettuno zu, bei der Badeanstalt. Der von Nero angelegte Hafen lag w. des heutigen; Spuren seines c. 60 ha umfassenden Hafendammes ragen aus dem Wasser hervor.

Von der Piazza bergan, über den Schienenstrang, durch die Via Pietro Aldobrandini, dann links, gelangt man zur *Villa Sarsina*, früher *Aldobrandini*, mit schöner Aussicht. Gegenüber, in der ehem. Villa Albani, ein Marinehospiz *(Ospizio Marino)*. Man kann die Via Pietro Aldobrandini weiter verfolgen und dann geradeaus den Hügel hinaufgehen, wo antike Mauerreste sind (8 Min.); schöne Aussicht über Stadt und Meer. Eine schattige Baumallee (Via della Galleria) führt von hier hinter der Villa Borghese herum nach Nettuno (s. unten).

Bootfahrten (vgl. S. 471) bieten malerische Blicke auf den ruinenbedeckten Strand. Das Vorgebirge, auf dem der Leuchtturm *(Faro)* steht, ist von antiken Gängen („Grotte di Nerone") durchbohrt, die zu einer großen, vermutlich kaiserlichen Villa gehörten. Der sog. *Arco muto*, unweit n.w., ist neuerdings vermauert worden. — Je weiter man sich vom Lande entfernt, desto freier wird der Blick auf den schön geformten Monte Circeo (S. 480).

Die Bahn von Anzio nach Nettuno (3km für 35 oder 25 c.) folgt der Landstraße. Fußgänger brauchen $^1/_2$ Stunde. Bei dem Bahnwärterhäuschen Nr. 36 befindet sich der Seiteneingang zur

Villa Borghese, die man bei dieser Gelegenheit besuchen kann, in Anwesenheit der fürstlichen Familie nur mit Permeß, den man sich vorher in Rom verschaffen muß, sonst gegen 25 c. Der meist geschlossene Haupteingang befindet sich dem Casino gegenüber, das die Stelle der antiken Burg einnehmen soll. Die Villa zeichnet sich durch schöne schattige Baumanlagen aus. — Vom Ausgang bis Nettuno hat man noch 10 Minuten

Nettuno (*Buffet* am Bahnhof; *Caffè Nettuno*, an der Piazza; *Tratt. della Campana*, Via Vittorio Emanuele III 8), kleiner Ort mit 5072 Einwohnern, einem 1496 für Papst Alexander VI. erbauten Kastell und winkligen Gassen, wie es heißt eine Niederlassung der Sarazenen, hat außer seiner schönen Lage nichts Sehenswertes. Das schöne Kostüm der Frauen ist kaum noch an Festtagen sichtbar.

Am Meer entlang führt ein Weg, an einem Artillerieschießplatz *(Poligono d'Artiglieria)* vorbei, nach der 12km östl. entfernten *Torre Astura*. Die Trümmer römischer Villen sind sehr zahlreich; auch Cicero besaß hier ein Landhaus. Der Turm, durch eine Brücke mit dem Festlande verbunden, gehörte zu einer Burg der *Frangipani*, wo Konradin von Schwaben 1268 nach der Schlacht bei Tagliacozzo vergebens Schutz suchte.

6. Das Volskergebirge und die Eisenbahn nach Terracina.

Der Bergzug der *Monti Lepini* oder *Volskerberge* (Monti dei Volsci) wird ö. vom Hauptstock des Apennin durch das Tal des Sacco, n. vom Albanergebirge durch eine schmale Einsenkung, w. vom Meer durch ein

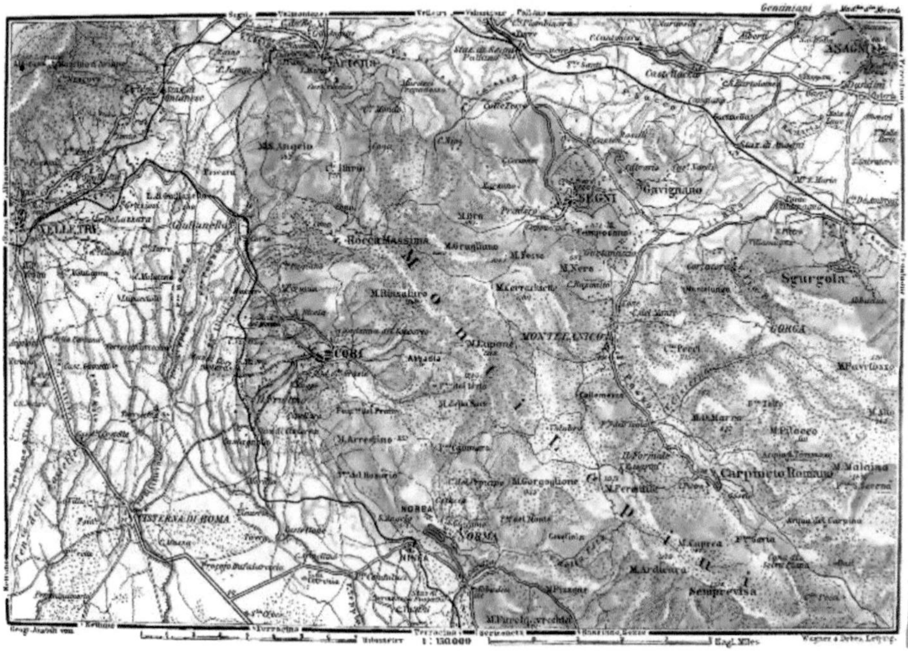
Artena
VELLETRI
Rocca Massima
SEGNI
Gavignano
Sgurgola
CORI
MONTELANICO
Carpineto Romano
NORBA
NORMA
CISTERNA DI ROMA
Semprevisa
Wagner & Debes, Leipzig

ödes, sumpfiges Flachland geschieden. Im S. erstreckt er sich bis zum Golf von Gaeta und erhebt sich in der Semprevisa, s. von Carpineto, bis zu 1536m Höhe. Im Altertum war er ein Hauptsitz der Volsker, wurde aber früh von Rom unterworfen und latinisiert. Seine malerisch an den Bergabhängen hinaufstrebenden Städte bewahren viele Überreste aus der republikanischen Epoche Italiens, die in Verbindung mit der schönen Natur in hohem Grade Beachtung verdienen. Es ist ein typisches Kalkgebirge, ein Tafelland mit steilen Gehängen nach NO. und NW., oben wasserarm, mit reichen Quellen am Fuße. Im Saccotale erheben sich mehrere kleine Vulkankegel.

Eilige können *Segni* (s. unten) oder *Ninfa* (S. 476) und *Norma* (S. 477) von Rom aus in Tagesausflügen besuchen. Bei ausreichender Zeit ist etwa folgender Reiseplan zu empfehlen: am ersten Tage von Rom früh mit dem Schnellzuge nach Stat. *Segni* (s. unten), mit der Diligenza zur Stadt, nachm. mit der Bahn über *Velletri* (S. 474) nach *Cori* (S. 475); am zweiten Tage zu Fuß mit Führer oder (bei regnerischem Wetter besser) zu Pferde nach *Norma* (S. 477) und *Ninfa* (im Sommer nicht ratsam, s. S. 476) oder auch mit dem Frühzuge nach *Ninfa*, auf dem Fußpfade nach *Norma* und von da auf der Landstraße nach Station *Sermoneta-Bassiano* (S. 477), mit der Bahn nach *Terracina* (S. 479); am dritten Tage Ausflug zum *Monte Circeo* (S. 480, Semaforo; wer den Gipfel ersteigt, muß in S. Felice übernachten).

Von Rom nach Segni. — Eisenbahn (Linie Rom-Neapel): 54km, Schnellzug in 1 St. 5 Min. für 6 fr. 90, 4 fr. 85 c., Personenzug in c. $1^3/_4$ St. für 6 fr. 30, 4 fr. 40, 2 fr. 85 c. — Von Rom bis *Palestrina* s. S. 459. — 43km *Labico*, so neuerdings irrtümlich nach dem antiken Labici (S. 459) aus *Lugnano* umgetauft. — 46km *Valmontone* (303m; Alb. Garibaldi), Städtchen von 4913 Einwohnern, mit einem schönen Schloß der Doria-Pamphilj auf isoliertem, vulkanischen Kegel, Ausgangspunkt der Diligenza nach Olevano (S. 462). Weiter an dem Flüßchen *Sacco* entlang.

54km Stat. **Segni**-*Paliano* (204m; Buffet), wo die Bahn von Velletri mündet (S. 475).

Die Entfernung vom Bahnhof zur Stadt Segni beträgt 7km: Diligenza, an fast allen Zügen, 75 c. (zu Fuß etwa 2 St.). Die Straße steigt an den das Saccotal begrenzenden Höhen hin aufwärts; l. unten auf isoliertem Hügel das malerische *Gavignano* (394m), Geburtsort Innocenz' III. Dann in ein Seitental, wo auf der Bergkuppe l. die antiken Mauern und die Porta Saracinesca sichtbar werden. Endlich auf gewundenem Wege hinauf zur modernen Stadt.

Segni (668m; Loc. Colaiacomo), mit 6942 Einwohnern, ist das uralte *Signia*, angeblich unter Tarquinius Superbus von den Römern kolonisiert, an einem Bergabhang (der Gipfel c. 700m) in fester Lage, mit schönen Aussichten auf das Tal mit den Hernikerstädten. Es nimmt nur die untere Hälfte der Römerstadt ein.

Durch den Ort hinaufsteigend, gelangt man oberhalb zur Kirche *S. Pietro*, die auf der mittleren Cella eines antiken Tempels errichtet ist: die Mauern von rechtwinkelig behauenem Tuff, darunter zwei Lagen polygonaler Kalksteine. Neben der Kirche eine Zisterne, gleichfalls aus römischer Zeit. Die 2km lange, aus polygonalen Blöcken erbaute **Stadtmauer* ist größtenteils erhalten. Von S. Pietro auf bequemem Wege bis zur Spitze des Berges mit dem Kreuz; schöne Aussicht auf die Stadt und das Saccotal. Herunter, dem Mauerzuge an der N.-Ecke ein kleines Ausfallpförtchen) folgend, gelangt man zuerst zu der halbverschütteten *Porta in Lucino*, dann auf der NW.-Spitze, auf halber Höhe des Berges zu der merkwürdigen *Porta Saracinesca*, deren Alter in die Zeit vor Erfindung des Bogenschnittes hinaufreicht; die Wölbung wird durch Vorschragen der Seitenwände ersetzt. Man kann von hier den auf halber Höhe hinführenden Fußweg nehmen, bei einer großen Waschbank vorbei; er mündet am unteren Tor.

Paliano (S. 462) liegt 11km n. vom Bahnhof Segni-Paliano: Diligenza 1 fr.

Vom Bahnhof Segni-Paliano Diligenza über (14km) *Montelanico* (306m; nach Norma s. S. 477) in 3 St. (2 fr.) nach (24km) *Carpineto Romano* (601m), kleine Stadt mit 4836 Einwohnern und mehreren alten Kirchen. Der Palazzo Pecci in der Via Cavour ist das Geburtshaus Leo's XIII. (1810-1903), der viel für die Stadt getan hat. Auf dem s. aufragenden *Monte Caprea* (1470m) wurde 1901 ein Riesenkreuz errichtet. Von Carpineto nach *Norma* s. S. 477, nach *Piperno* s. S. 478.

Vom Bahnhof Segni-Paliano ist Anagni 7-8km entfernt. Über diese und die anderen Hernikerstädte, sowie über die Fortsetzung der Bahn vgl. *Baedeker's Unteritalien.*

Von Rom nach Terracina. — Eisenbahn: 122km, in $4^3/_4$ St. (kein Schnellzug) für 14 fr. 20, 9 fr. 95, 6 fr. 40 c.; hin u. zurück 21 fr. 25, 14 fr. 90, 9 fr. 60 c. — Von Rom bis (14km) *Ciampino* s. S. 459. — Die Bahn umzieht, zunächst in südlicher Richtung, den Westabhang des Albanergebirges. Links erscheint auf dem Bergsattel Rocca di Papa (S. 446), r. daneben der Monte Cavo mit dem ehem. Kloster. Jenseit (16km) *Frattocchie* (S. 423) über die Via Appia nuova und die alte Via Appia. Links auf dem olivenreichen Hügel zeigt sich Castel Gandolfo (S. 441), später l. in der Ferne Albano und Ariccia, durch den langen Viadukt verbunden. — 29km *Cecchina*: Zweigbahn nach Albano s. S. 442, nach Nettuno S. 472. — R. unmittelbar vom Meere steil aufsteigend zeigt sich der Monte Circeo (S. 480), näher das Volskergebirge.

33km *Civita Lavinia.* Der armselige Ort (324m) liegt $^1/_2$ St. oberhalb des Bahnhofs auf einem westlichen Ausläufer des Albanergebirges. Es ist das alte *Lanuvium,* das wegen seines Kultus der Juno Sospita (vgl. S. 377) berühmt war. Reste des Tempels sind 1885 gefunden worden. An der Westseite des Ortes ist ein Stück der alten Stadtmauer aus mächtigen Peperinquadern erhalten, sowie das Pflaster einer um die Stadtmauer führenden Straße; an der Piazza ein Sarkophag und manche Trümmer von Gräbern und Villen in der Nähe. — Die Bahn durchschneidet mehrere Lavaströme.

42km **Vellétri** (352m; Bahnrestaur.; *Loc. del Gallo*, Via Vittorio Emanuele, mit Trattoria, Z. $1^1/_4$ fr., gelobt), das alte *Velitrae*, Stadt der Volsker, seit 338 vor Chr. Rom unterworfen, Heimat des Octavischen Geschlechts, aus welchem Augustus stammte. Das durch seinen Wein berühmte Städtchen mit 18734 Einwohnern,

Sitz des Bischofs von Ostia (s. S. 468), liegt 6 Min. vom Bahnhof malerisch auf einem Vorsprung des Monte Artemisio. Der von Martino Lunghi d. Ä. erbaute *Palazzo Lancellotti*, jetzt *Avellino*, an der Piazza, hat eine schöne Barocktreppe; von der Loggia weite Aussicht. Ebenso vom *Palazzo Municipale*. In der Kathedrale *S. Clemente* ein Madonnenbild von Antoniazzo Romano; merkwürdige Krypta mit antiken Säulen. Auf dem neuen Friedhof, wo Garibaldi am 19. Mai 1849 glücklich gegen die neapolitanischen Truppen kämpfte, steht seit 1883 eine Siegessäule.

Velletri ist Ausgangspunkt für die Besteigung des *Monte Algido* oder *Maschio d'Ariano* (891m; mit Führer in 3-4 St., etwas näher von Stat. Ontanese, s. unten), einer Erhebung auf dem Rande des großen kraterförmigen Ringwalls im südöstlichen Albanergebirge. Auf dem Gipfel des M. Algido Reste uralter Befestigungen (Algidum) und eines um 1100 errichteten Kastells der Colonna (Castello Lariano), sowie weite Fernsicht. Man kann nach ($2^1/_2$ St.) Nemi hinabsteigen.

Von Velletri nach Segni, 24km, Eisenbahn für 2 fr. 80, 1 fr. 95, 1 fr. 30 c. — Die Bahn wendet sich zunächst nordöstlich und durchschneidet bei (8km) *Ontanese* die Einsattelung zwischen dem Albaner- und Volskergebirge. — 16km *Artena*, der Ort liegt 2km südlich an den Abhängen des Volskergebirges. Nun hinab in das Tal des *Sacco* nach (24km) Station *Segni-Paliano* (S. 473).

Die Bahn nach Terracina führt weiterhin zunächst durch eine öde Ebene. — 53km *Giulianello-Rocca Massima*, Station für das ärmliche Dorf rechts und den (7km) Ort *Rocca Massima* l. im Volskergebirge, an dessen Westabhang die Eisenbahn sich fortan entlang zieht.

59km **Cori.** — Der *Bahnhof* (152m) liegt 3km unterhalb der Stadt: Diligenza 50 c. — Gasth.: Alb. dell' Unione, an der Piazza, Z. $1^1/_4$ fr., verhältnismäßig gut. — *Führer*, um die Sehenswürdigkeiten rasch zu finden, $^1/_2$-1 fr. — Zwei *Pferde* nach Norma und Ninfa, nebst berittenem Führer c. 12 fr.

Cori (397m), mit 7118 Einwohnern und bedeutendem Tabaksbau, ist das alte *Cora*, das seinen Ursprung auf den Trojaner Dardanos oder auf Koras zurückführte und früh in den Besitz des latinischen Bundes kam. Die Stadt bestand auch im Altertum aus einer Ober- und einer Unterstadt. Die Reste der aus mächtigen polygonalen Blöcken gefügten antiken Mauer sind sehr ansehnlich. Unter den Kaisern noch blühend, verschwindet Cori später aus der Geschichte. Im frühen Mittelalter scheint es verödet gewesen zu sein, bis es im xiii. Jahrhundert von den Grafen von Segni neu angebaut und mit einem großenteils erhaltenen Mauerring befestigt wurde.

Von der Piazza, wo die vom Bahnhof kommende Fahrstraße endet, auf der „Via Pelasga" an einem Stück der antiken Stadtmauer vorüber zur Oberstadt hinansteigend, trifft man zunächst die Kirche *S. Oliva*, auf antiken Fundamenten erbaut, mit zweistöckigem Kreuzgang, antiken Säulen und originellen Deckenfresken des xvi. Jahrhunderts. Bei der Kirche ein besonders gut erhaltenes Stück der Stadtmauer. Weiter aufwärts geringere Reste.

Neben der Kirche *S. Pietro* steht die Vorhalle des sog. **Herkulestempels,* der vielleicht den drei kapitolinischen Gottheiten Jupiter, Juno, Minerva geweiht war; die S. 258 gen. Statue der Roma (aus einer Minervastatue restauriert) soll hier gefunden sein. Die Kirche selbst steht z. T. in der Cella des Tempels. Acht Säulen nebst dem Fries aus Travertin mit Spuren von Stucküberzug blieben erhalten; Formen und Verhältnisse zeigen eine Verkümmerung des nach Italien übertragenen dorischen Stils. Die Inschrift über der Cellatür, welche der Erbauung durch die Vorsteher der Stadt (duumviri, den röm. Konsuln entsprechend) gedenkt, weist uns in die Zeit Sulla's. Im Innern der Kirche (Trkg. 25 c.) ein antiker Marmoraltar als Taufstein. Sehr schön ist die Aussicht über die Stadt nach dem Meer und der Ebene mit dem Monte Circeo.

Hinunter nach der Via S. Salvatore, wo zwei **korinthische Säulen* erhalten sind; am Architrav ein Teil der Inschrift, welche den Tempel als in sullanischer Zeit dem Castor und Pollux geweiht bezeichnet. Er scheint sechs Säulen in der Front gehabt zu haben, von denen die erhaltenen die mittleren sind. — Noch weiter unten, am Vicolo di Pozzo Dorico und an der Piazza Pizzitonico, sind Reste von Unterbauten großer Zisternen; Cori war also schon im Altertum auf Regenwasser angewiesen.

Vor der *Porta Ninfesina*, wo man ebenfalls ein großes Stück der antiken Stadtmauer sieht, ist eine tiefe Schlucht, die von einer altrömischen Brücke, dem *Ponte della Catena*, aus drei Lagen Tuffquadern, überspannt wird.

Von Cori führen schöne, aber beschwerliche Wege am Abhang des Gebirges entlang nach *Norba* (S. 477): zu Pferde oder zu Fuß $2^1/_2$-3 St., nicht ohne Führer (3-4 fr.).

61km *Cisterna di Roma;* 6km westl. die kleine Stadt (77m; Diligenza nur von Velletri), mit Burg der Caetani, auf dem letzten Hügel über den pontinischen Sümpfen, im Mittelalter *Cisterna Neronis*, wie man glaubt, auf der Stelle der alten *Tres Tabernae*, wo der Apostel Paulus auf der Reise nach Rom die ihm von dort entgegenkommenden Freunde traf (Apostelgesch. 28). Von Cisterna Fahrweg s.w. nach (10km) *Conca* (27m), einem Landgut auf der Stelle des antiken *Satricum*.

70km *Norma-Ninfa,* Station für das 6km östl. auf der Höhe gelegene Norma (s. S. 477; Fahrstraße, aber keine Wagenverbindung) und für die unmittelbar w. vom Bahnhof gelegenen, efeuumrankten *Ruinen der mittelalterlichen Stadt **Ninfa**. Die Mehrzahl der Gebäude stammt aus dem XII. und XIII. Jahrhundert. Eine Burg der Caetani, Kloster, Kirchen mit verblichenen Fresken, Straßen sind deutlich erkennbar. Die sumpfige Umgebung der Stadt war die Ursache ihrer Verödung, und der Malaria wegen ist auch jetzt noch der Besuch im Sommer nicht ratsam. Am meisten empfiehlt er sich im April und Mai zur Blumenzeit.

Vom Bahnhof kann man, der Fahrstraße 200 Schritte folgend, dann l. bergan auf steilen Fußpfaden in $1^1/_2$ St. direkt nach Norma hinaufsteigen.

Norma (417m; Locanda della Fortuna, bei Raff. Tomassini, leidlich) ist ein kleines Gebirgsstädtchen mit 2559 Einwohnern. $^1/_4$ St. n.w., an dem nach Cori (S. 475) führenden Bergpfade findet man die Ruinen von **Norba** („Civita"), seit 492 vor Chr. latinische Kolonie, in den Bürgerkriegen von den Sullanern erobert und zerstört. Die wohlerhaltene Mauer, polygonalen Stils, hatte einen Umfang von c. $2^1/_2$km; Funde von Gefäßscherben unter ihren Fundamenten haben gezeigt, daß die Anlage erst in republikanischer Zeit entstanden ist. Man erkennt mehrere Türme, ein Tor und im Innern Reste von vier Tempelanlagen, von denen einer wahrscheinlich der Diana, ein anderer der Juno Lucina geweiht war. Die wichtigsten Funde der 1901 begonnenen Ausgrabungen s. S. 186; ein kleines Museum wurde außerdem an Ort und Stelle eingerichtet.

Von Norma kann man auf beschwerlichen Bergpfaden in c. 4 St. nach *Montelanico* (S. 474), in 4-5 St. nach (13km) *Carpineto* (S. 474) hinüberreiten (Pferd mit Führer c. 5 fr.).

73km Stat. *Sermoneta-Bassiano*. 1km n.ö. vom Bahnhof, am Ausgang des *Val Carella*, liegt die gotische Abteikirche von *Valvisciolo* (104m; XIII. Jahrh.). Auf der andern Seite des Tals führt die Straße nach (5km) Norma (s. oben) vorüber, während die Straße nach (7km) *Bassiano* (562m) n.ö., später s.ö. im Val Carella aufwärts führt. Von Bassiano mit Führer n.ö. auf die *Semprevisa* (1536m; weite Aussicht) c. 4 St.; Abstieg eventuell nach Carpineto Romano (S. 474). — *Sermoneta* (257m), ein von der Malaria heimgesuchtes Städtchen mit 1151 Einw. und alter Burg der Caetani, die davon den Herzogstitel führen, liegt 3km s. der oben gen. Abteikirche.

Die Eisenbahn führt weiter oberhalb der **Pontinischen Sümpfe** *(Paludi Pontine)* hin, deren Gebiet sich über 750qkm in wechselnder Breite von 10-18km von den Bergen bis zur See, in größter Länge 50km von Cisterna bis Terracina erstreckt. Ein großer Teil wird als Weide benutzt oder bepflügt; die sumpfigeren Stellen werden von den Büffeln aufgesucht. Nach dem Meere zu ist ein an Korkeichen reicher Wald *(macchia)*. Im Sommer verödet die Malaria alles.

In der Urzeit ein wohlangebautes Flachland, versumpfte es schon in den letzten Jahrhunderten der Republik mit dem Verfall des freien ackerbauenden Bauernstandes. Der Grund des Übels lag und liegt in dem mangelnden Gefäll des Bodens, der eine dem Apennin parallele Senke darstellt, die durch Dünenzüge vom Meere abgesperrt ist. Viele unterirdische Quellen treten hier zu Tage und die Bäche und Kanäle sind nicht imstande, bei starkem Regen die von den Bergen kommende Wassermasse rasch in sich aufzunehmen. Alle Austrocknungsversuche, wie sie vielleicht schon um 312 vor Chr. *Appius Claudius* (S. 420), dann 160 vor Chr. der Konsul *Cornelius Cethegus*, darauf *Julius Caesar*, *Augustus*, *Nerva*, *Trajan*, endlich der Gotenkönig *Theoderich* unternahmen, haben immer nur zeitweise Abhilfe gewährt. Unter den Päpsten taten hierfür namentlich *Bonifatius VIII.*, *Martin V.* und *Sixtus V.*, besonders aber *Pius VI.*, welcher die alte Via Appia musterhaft erneuerte. Auf Grund eines Gesetzes von 1899 wurde von einem Berliner Syndikat ein neuer Entwässerungsplan ausgearbeitet. Danach sollen durch peripherische Kanäle alle Zuflüsse abgefangen und ins Meer geleitet werden; der größte Teil des Überschwemmungsgebietes würde dann von selbst trocken, der tiefere Rest durch ein neues Damm- und Kanalsystem sowie durch Pumpwerke entwässert werden.

84km **Sezze** (38m). Eine Straße (Diligenza 75, zurück 50 c.) führt ö. aufwärts zur (5km) Stadt (319m; Loc. Salvatore Valenti, Z. 1 fr., einfach), mit dem Beinamen *Romano* und 6941 Einwohnern. Es ist das alte volskische *Setia*, seit 382 vor Chr. römische Kolonie und in den Kriegen bis zu Sulla's Zeiten häufig erwähnt, in der Kaiserzeit unbedeutend, aber seines Weines wegen, den Augustus dem Falerner vorzog, oft genannt. Erhalten sind bedeutende Reste der Ringmauer, aus Quadern mit Rustikabossierung. Von ähnlicher Bauart ist ein großartiger Unterbau r. unterhalb des Eingangs zur Stadt, ohne Grund *Tempio di Saturno* genannt.

R. erblickt man die Landstraße, die in gerader Linie die pontinische Ebene durchschneidend der antiken *Via Appia* folgt, sowie das Flüßchen *Ufente*, im Altertum *Ufens*. L. die Abhänge des *Monte Trevi* (505m) mit den Ruinen einer im XVI. Jahrh. von den Setinern zerstörten Stadt.

98km **Piperno** (42m). Die Stadt (150m; Loc. Vedova Giordani, Z. 1 fr.), mit 6736 Einw., liegt 500m vom Bahnhof s. auf der Höhe. Sie wurde im frühen Mittelalter von geflüchteten Bewohnern der alten Volskerstadt *Privernum* gegründet (die 2km nördl., an der Landstraße, 1899 gefundenen Reste gehören wohl nur dem römischen Privernum an). An der malerischen Piazza die *Kathedrale*, von 1283, 1782 im Innern modernisiert.

Links hübscher Blick in das Tal des *Amaseno*, dessen Höhen alte Burgen und Orte, *Roccagorga, Maenza, Prossedi* und *Roccasecca* krönen und den die Bahn weiterhin überschreitet.

103km *Sonnino* (17m). Das Städtchen (430m), 6km s.ö., mit 4518 Einw.; war einst berühmt durch malerische Frauentrachten und kühne Wegelagerer, an welchen der Maler Leopold Robert († 1835) Studien machte.

1½km nördl. von der Station Sonnino liegt das Zisterzienserkloster **Fossanova**, in welchem Thomas von Aquino auf dem Wege zum Konzil von Lyon 1274 starb. Die 1187-1208 errichtete, jetzt restaurierte Klosterkirche, dreischiffig mit rechteckigem Chorabschluß und achteckigem Glockenturm über der Vierung, ist das älteste Beispiel des gotischen Stils in Italien, jetzt restauriert. Beachtenswert auch der Kreuzgang, der Kapitelsaal und das Refektorium. In einem Zimmer ein Reliefbildnis des h. Thomas v. Aquino, von *Bernini*. Von Fossanova nach Piperno (s. oben) 6km.

111km *Frasso*. Am Abhang des *Monte Leano* (676m) lag das uralte Heiligtum der Feronia (Horaz Sat. I. 5, 23). Die Bahn trifft hier auf die alte Via Appia.

122km **Terracina**. — Gasth.: Alb. Nazionale oder Carlotta, an der Piazza, gelobt; Alb. Reale della Posta, am östl. Ausgang der Stadt, die hinteren Zimmer mit Aussicht aufs Meer, Z. $1^1/_4$ fr., beide mit Trattoria. — *Caffè Centrale*, in der Hauptstraße.

Terracina, mit 7597 Einwohnern, das alte volskische *Anxur*, von den Römern *Tarracina* genannt, auf weithin glänzenden Kalkfelsen prächtig gelegen (Hor. Sat. I. 5, 26), uralter Bischofsitz, ist die natürliche Grenzstadt zwischen Mittel- und Süditalien. Die Altstadt steigt am Vorgebirge aufwärts. Darüber dehnen sich die Ruinen der antiken Stadt aus, unter denen namentlich auf dem Gipfel der Unterbau des Venustempels in die Augen fällt.

Die Landstraße durchzieht den von Pius VI. angelegten neueren Stadtteil. Gegenüber der Kirche *S. Salvatore* ein kleines *Museo Municipale* (Zutritt durch den Konservator Pio Capponi). Im SW., jenseit des Kanals (Linea Pia) schließt sich an die Neustadt ein Dorf primitiver, meist kegelförmiger Schilfhütten an, das von Oktober bis Juni von Landleuten aus den Abruzzen („Aquilani") bewohnt wird, die hier der Feldarbeit obliegen.

In der Altstadt steht an dem antiken Forum die *Kathedrale S. Cesareo* auf der Stelle eines Tempels der Roma und des Augustus, welchen derselbe A. Aemilius geweiht hat, der das Forum mit dem unversehrt erhaltenen Pflaster versah. In den Travertinplatten ist die Inschrift: A. Aemilius A. F. mit großen Buchstaben deutlich zu lesen. Die Vorhalle der Kathedrale ruht auf zehn antiken Säulen, die von liegenden Löwen und anderen Tieren getragen werden; r. eine große Granitwanne, nach der Inschrift zur Marter von Christen gebraucht. Im Innern Reste des schönen Mosaikbodens (XII. Jahrh.); der Baldachin hat schön kannelierte antike Säulen; an der auf Säulen mit Löwenfüßen ruhenden Kanzel alte Mosaiken; die Osterkerzensäule ist von 1245. Im Kapitelsaal eine hölzerne Truhe (X. oder XI. Jahrh.), mit Reliefs. Vom Glockenturm (91 meist hölzerne Stufen) weite Aussicht.

Den Gipfel des Vorgebirges (*Monte S. Angelo* oder *Teodorico;* 228m) ersteigt man in $^1/_2$-$^3/_4$ St., entweder direkt von der Neustadt, r. von S. Salvatore steil hinauf, oder bequemer von der Altstadt aus, unter dem Torbogen neben der Kathedrale r. hinauf, teilweise auf antiker Straße an Gräber- und Mauerresten vorbei, dann r. ab durch eine Lücke in der Umfassungsmauer der Olivenpflanzung und durch diese an einer Zwischenmauer hin bergan. Auf einem Felsvorsprung stand hier, getragen von einer noch erhaltenen, z. T. auf Arkaden ruhenden Terrasse, ein großartiger *Tempel der Venus Obsequens* (der Gnädigen), von 34m Länge und 20m Breite. Die Cella, aus deren Mauern Halbsäulen vortraten, hatte einen Mosaikboden und enthält noch den Sockel für das Kultbild. Bis zu der 1894 veranstalteten Ausgrabung hielt man die Arkaden für Reste eines Palastes des Ostgotenkönigs Theoderich. Die jetzige Benennung ist durch eine Inschrift u. a. Funde (s. S. 185) gesichert, die Bezeichnung „Tempel des Jupiter Anxur" ist falsch. Treffliche *Aussicht, die nach W. die Ebene bis zum Albanergebirge und den Monte Circeo, im S. die Ponza-Inseln, im O. die Ebene von Fondi, das Vorgebirge von Gaeta mit dem Grabmal des Munatius Plancus, endlich die Insel Ischia und bei klarer Luft auch den Vesuv umfaßt.

Am östl. Ausgang der Stadt der *Taglio di Pisco Montano*, ein interessantes Stück römischer Straßenbaukunst. Appius Claudius hatte seine Straße ursprünglich über die Höhe geführt. Später wurde durch Abbruch der Felsen Raum für eine breitere Straße am Meer gewonnen: in der so entstandenen senkrechten Felswand sind von oben herab die Tiefen von 10 zu 10 römischen Fuß angegeben; die unterste Marke, wenige Fuß über der jetzigen Straße, ist CXX.

Ein Fahrweg (18km; Diligenza nach S. Felice einmal tägl. in $2^1/_2$ St. für 2 fr.; Einsp. 5, Zweisp. 8-10 fr.) führt am Meere hin nach dem **Monte Circeo** oder *Circello*, bei den Alten *Promontorium Circaeum*, wohin die Sage den Palast der homerischen Zauberin Circe, der Tochter der Sonne, verlegte. Das Vorgebirge ist der Rest einer die pontinischen Sümpfe auf der W.-Seite begrenzenden, großenteils versunkenen Apenninenscholle; es war eine Insel, die durch Anschwemmungen verlandete. Am Ostabhang der kleine Ort *S. Felice Circeo* (98m; Locanda Capponi, sehr einfach), mit 1615 Einw. und alter Burg der Caetani; schöner Blick von dem im XII. Jahrh. erbauten Turm. Von dort erreicht man auf gutem Fußweg, den Telegraphenstangen folgend, etwas oberhalb einer schönen zyklopischen Polygonalmauer (*Civita* oder *Cittadella vecchia*) der alten Stadt *Cercei* oder *Circei*, die, seit 393 römische Kolonie, noch zu Cicero's Zeiten bestand, vorüber, in 1 St. die Signalstation (*Semaforo*, 374m). Die Aussicht ist herrlich: im SO. sind Ischia, Capri und der Vesuv deutlich sichtbar, gegen O. und NO. überblickt man das Gebirge bis Velletri hinauf, im S. hat man das Meer mit den Ponza-Inseln. — Ganz frei ist die Rundsicht von der höchsten Spitze des Berges (541m), wo man bei klarem Wetter auch die Peterskuppel sieht: von S. Felice mit Führer ($1^1/_2$ fr.) in $2^1/_2$ St., das letzte Stück auf steilem steinigen Pfad ziemlich mühsam. Die Mauerreste auf dem Gipfel werden fälschlich einem *Circetempel* zugeschrieben.

Am Berge zerstreut Reste römischer Bauten, so auf der N.-Seite auf halber Höhe unter großen Bäumen, zur L. des Wegs, der zum Lago di Paola führt, römisches Gemäuer um einen Brunnen, die *Fontana di Mezzo Monte*. Auch am *Lago di Paola*, einem Strandsee am nördl. Fuße des Berges, der der Stadt Cercei als Hafen diente, liegen Reste römischer Palast- und Wasserbauten, darunter die sog. *Piscina di Lucullo* und weiter n.ö. der *Fonte della Bagnaia*. Cicero und Atticus, Tiberius und Domitian verweilten gern hier. — An der Seeseite des Berges mehrere z. T. sehr ausgedehnte Grotten, einige nur mit Boot zu erreichen. — Eilige können den Semaforo von Terracina aus in einem Tage hin und zurück besuchen.

Lohnend ist eine Bootfahrt (c. 6 fr.) auf dem n.ö. von Terracina gelegenen, dicht umwaldeten Sumpfsee **Lago di Fondi**, einer durch Anschwemmungen abgesperrten Meeresbucht, der durch zwei Kanäle mit dem Meere verbunden ist. Man fahre in den östl., bei der *Torre S. Anastasia*, ein und durch den westl., bei der *Torre Canneto*, wieder heraus. Der See hieß im Altertum *Lacus Fundanus* oder *Amyclanus*, nach einer verschollenen Stadt *Amyclae*, die von geflohenen Lakoniern hier angelegt worden sein soll.

Von Terracina nach Formia und Gaeta s. *Bædeker's Unteritalien*.

VERZEICHNIS

der wichtigsten in diesem Handbuch genannten Künstler.

A. = Architekt, B. Bildhauer, M. Maler; bol. = bolognesisch, flor. florentinisch, ferr. ferraresisch, franz. französisch, lomb. lombardisch, röm. römisch, vläm. vlämisch, usw.

Die Seitenzahlen bei einzelnen Künstlernamen (z. B. S. XLVIII, S. 96) beziehen sich auf die kunstgeschichtlichen Abschnitte des Buches.

Galilei, Alessandro, flor. A., 1691-1737.
Garbo, Raffaellino del (R. Carli), flor. M., 1466-1524.
Garófalo (Benvenuto Tisi da), ferr. M., 1481-1559.
Gaulli, Giov. Batt., gen. *il Baciccio*, röm. M., 1639-1709.
Gellée s. *Claude Lorrain*.
Gerino da Pistoia, umbr. M., Anf. des XVI. Jahrh. — S. 65.
Ghiberti, Lor., flor. B., 1381-1455.
Ghirlandáio, Dom. (Dom. Bigordi), flor. M., 1449-94. — S. LXIV.
—, *Ridolfo*, Sohn des vorigen, flor. M., 1483-1561.
Gimignano, Vinc. da San (Vinc. Tamagni), röm. M., Schüler Raffaels, 1492- nach 1529.
Giocondo, Fra, veron. und röm. A., 1435-1515.
Giordano, Luca, genannt *Fapresto*, neap. M., c. 1632-1705.
Giorgione (Giorgio Barbarelli), ven. M., 1477 (?)-1510.
Giotto (di Bondone), flor. M. A. B., 1267 (?)-1337. — S. LXIII.
Gózzoli, Benozzo, flor. u. pis. M., Schüler des Fra Angelico, 1420-c. 1497.
Guercia, Jac. della, s. *Quercia*.
Guercino, il (Giov. Franc. Barbieri), bol. u. röm. M., 1591-1666. — S. LXXVI.
Guido da Siena, sien. M., XIII. Jahrh.
Holbein, Hans, d. Jüng., deutscher M., 1497-1543.
Honthorst, Gerard (Gherardo della Notte), holl. M., 1590-1656.
Houdon, Jean Ant., franz. B., 1741-1828.
Ibi, Sinibaldo, umbr. Maler, Anf. des XVI. Jahrh. — S. 65.
Imòla, Innocenzo da (Inn. Francucci), bol. M., 1494-1549.
Kauffmann, Maria Angelika, deutsche Malerin, 1741-1807.
Kephisodotos d. Ält., griech. B. (Vater des Praxiteles). — S. XLIX.
— *d. Jüng.*, griech. B., Sohn des Praxiteles. — S. XLIX.
Koch, Joseph Ant., deutscher M., 1768-1839. — S. LXXVII.
Laippos, griech. B., Schüler des Lysippos. — S. L.
Landini, Taddeo, flor. u. röm. B., † 1594.
Lanfranco, Giov., bol., röm. u. neap. M., 1581-1675.
Laurana, Franc., aus Dalmatien, B., tätig c. 1468-90.
—, *Luciano da*, aus Dalmatien, A., † nach 1483. — S. 137.
Laureti, Tom., röm. M. A., um 1580.
Lebrun, Charles, franz. M., 1619-1690.
Legros, Pierre, franz. B., 1656-1719.
Leochares, griech. B., Mitte d. IV. Jahrh. vor Chr. — S. XLIX.
Leonardo da Vinci, flor. u. mailänd. M. B. A., 1452-1519.
Licinio, Bernardino, bergamask. u. ven. M., tätig um 1511-44.
—, *Giov. Ant.*, s. *Pordenone*.
Lievens, Jan, holländ. M., 1607-74.
Ligorio, Pirro, röm. A., † 1583.
Lionardo da Vinci, s. *Leonardo*.
Lippi, Filippino, flor. M., c. 1459-1504. — S. LXIV.
—, *Fra Filippo*, Vater des Filippino, flor. M., c. 1406-69.
Lombardo, Giról., ven. B., XVI. Jahrh.
Longhi, Luca, ravenn. M., 1507-80.
Lorenzetti, Ambrogio und *Pietro*, sien. M., 1. Hälfte des XIV. Jahrh. — S. 23.
Lorenzetto, Martino (di Lodovico Campanaio), flor. u. röm. A. B., 1494-1541.
Lorenzo di Pietro, s. *Vecchietta*.
Lotto, Lorenzo, ven. M., 1480-1556.
Luca di Tommè, sien. M., Ende des XIV. Jahrh.
Luini, Bernardino, lomb. M., c. 1470-1532.
Lunghi, Mart., d. Ält., röm. A., tätig um 1570.
—, *Mart., d. Jüng.*, A., Sohn des Onorio, † 1657.
—, *Onorio*, röm. A., Sohn Mart. d. Ält., 1561-1619.
Luti, Bened., flor. M., 1666-1724.
Lysippos, griech. B., IV. Jahrh. vor Chr. — S. L.
Maderna, Carlo, röm. A., 1556-1629. — S. LXXV.
—, *Stefano*, lomb.-röm. B., 1571-1636.
Maiano, Benedetto da, flor. A. B., 1442-97.
—, *Giuliano da*, Bruder des Benedetto, flor. A., 1432-90.
Mainardi, Seb., toskan. M., Gehilfe Ghirlandaio's, † 1513.
Maitani, Lor., sien. A. B. M., c. 1275 (?)-1330.
Manetti, Rutilio, sien. M., 1572-1639.
Manni (Nanni), Giannicola di Paolo, umbr. M., † 1544. — S. 65.
Mantegna, Andrea, pad. und mant. M., 1431-1506.
Maratta, Carlo, röm. M., 1625-1713.
Marcantonio Raimondi, bol. u. röm. Kupferstecher, um 1488-1527.
Marchionne, Carlo, röm. A. B., 1704-80.
Marcillat, Guillaume de, Glasmaler, 1467-1529.
Margheritone, M. u. B., aus Arezzo, 1236 (?)-1313. — S. 48.

Mariano, Lor. di, gen. *il Marrina,* sien. B., 1476-1534. — S. 23.
Martini, Simone (Sim. di Martino), sien. M., 1283-1344. — S. 23.
Masaccio (Tommaso di Ser Giovanni Guidi da Castel S. Giovanni), flor. M., 1401-28. — S. 47.
Masolino (Tommaso di Cristofano Fini), flor. M., Lehrer des vorigen, 1383-1440(?).
Matsys, Quinten, vläm. M., 1466-1530.
Matteo (di Giovanni di Bartolo) da Siena, sien. M., 1435-95. — S. 23.
Mazzola, Franc., s. *Parmigianino.*
Mazzolino, Lod., ferr. M., 1481-1530.
Melozzo da Forlì, umbr. u. röm. M., 1438-1494. — S. LXV. 114.
Memling, Hans, aus Mainz, niederländ. M., 1430-94.
Memmi, Lippo, sien. M., † 1356. — S. 23.
Menelaos, griech.-röm. B. zur Zeit des Augustus. — S. LIII.
Mengs, Ant. Raphael, deutscher M., 1728-79.
Meo s. *Caprina.*
Messina, Antonello da, siz. u. ven. M., † c. 1493.
Michelangelo Buonarroti, flor. u. röm. B. M. A., 1475-1564. — S. LXVII-LXX. LXXVI. (Vgl. auch das Register unter „Rom".)
Minella, Pietro del, sien. B., XV. Jahrh.
Mocchi, Franc., toskan. B., 1580-1646.
Mola, Francesco, röm. M., 1612-66.
Montelupo, Raffaello da, flor. B., 1505-67.
Montórsoli, Fra Giov. Ang., flor. B., Gehilfe Michelangelo's, 1507-63.
Moretto da Brescia (Alessandro Bonvicino), bresc. M., 1498-1555.
Morone, Franc., veron. M., 1474-1529.
Moroni, Giov. Batt., bergamask. u. bresc. M., c. 1520-77.
Mosca, Simone, da Settignano, B., 1498-1554.
Murillo, Bartolomé Estéban, span. M., 1617-82.
Muziano, Girol., aus Brescia, röm. M., 1530-92.
Myron, griech. B., V. Jahrh. vor Chr. — S. XLVI.
Nelli, Ottaviano, umbr. M., † 1444. — S. 60. 64.
Neroccio di Bartolomeo (Landi), sien. B. M., 1447-1500.
Neroni, Bartolomeo, gen. *il Riccio,* sien. B., Mitte XVI. Jahrh.
Niccolò, Andrea di, sien. M., 1460-1529.
Nucci, Avanzino, umbr. M., 1552-1629.
Nuzi da Fabriano, Allegretto, umbr. M., 1308-85.
Oderisio aus Gubbio, Miniaturmaler, 1210-99. — S. 60. 61.
Oggiono, Marco d', mail. M., Schüler Leonardo's, c. 1470-1530.
Orcagna oder *Orgagna (Andrea di Cione),* flor. A. B. M., Schüler Giotto's, 1329-68.
Overbeck, Joh. Friedr., deutscher M., 1789-1869. — S. LXXVII.
Pacchia, Girolamo del, sien. M., 1477-nach 1535. — S. 24.
Pacchiarotto, Giac., sien. M., 1474-1540. — S. 24.
Palladio, Andr., vic. u. ven. A., 1518-1580.
Palma Giovane (Giovine), Jac., ven. M., 1544-1628.
— *Vecchio (Jac. Negretti),* ven. M., 1480-1528.
Palmerucci, Guido, umbr. M., 1280-1345 (?). — S. 60.
Palmezzano, Marco, aus Forlì, M., c. 1456-1537.
Parmigianino oder *Parmeggianino (Franc. Mazzola),* parm. M., 1503-1540.
Pasiteles, griech.-röm. B., 72-48 vor Chr. — S. LII.
Passignano, s. *Cresti.*
Pellegrini, s. *Tibaldi.*
Penni, Franc. (il Fattore), flor. u. röm. M., Schüler Raffaels, 1488-1528. — S. LXXIV.
Perin del Vaga, s. *Vaga.*
Perugino, Pietro (Pietro Vanucci), umbr. u. flor. M., Lehrer Raffaels, 1446-1524. — S. LXIV. 64. 93.
Peruzzi, Baldassare, sien. u. röm. A. M., 1481-1537. — S. LXXIV. 24.
Pesellino (Franc. di Stefano), flor. M., 1422-57.
Phidias, griech. B., 500-430 v. Chr. — S. XLVI.
Pietrasanta, Giac. da, A., † vor 1495. — S. LXIV.
Pintelli, s. *Pontelli.*
Pinturicchio (Bernardino Betti), umbr. M., 1454-1513. — S. LXIV. 65.
Piombo, Seb. del, s. *Sebastiano.*
Pippi, s. *Romano.*
Pisanello, s. *Pisano, Vittore.*
Pisano, Giov., pis. B. A., Sohn des Niccolò, c. 1250- c. 1328. — S. 23.
—, *Niccolò,* pis. B. A., c. 1206-80. — S. 23.
—, *Vittore (Pisanello),* veron. M., c. 1380-1451.
Polidóro, s. *Caravaggio.*
Pollaiuolo, Ant., flor. B. M. A., 1429-98.
—, *Piero,* flor. B. M., 1443-c. 1496.
Polyklet, griech. B., 2. Hälfte des V. Jahrh. vor Chr. — S. XLVII.

Pomarancio (Circignani), röm. M., Ende des XVI. Jahrh. — S. LXXVI.
Ponte, Franc., Jac. da, s. *Bassano*.
Pontelli, Baccio, flor. A. B., † 1494.
Pontormo, Jac. (Carrucci) da, flor. M., 1494-1557.
Ponzio, Flaminio, röm. A., c. 1570-1615.
Pordenone, (Giov. Ant. Sacchi da P.), friaulischer u. ven. M., 1483-1539.
Porta, Bart. della, s. *Bartolomeo*.
—, *Giac. della*, lomb. A. B., 1541-1604.
—, *Giov. Batt. della*, röm. B., 1542-97.
—, *Guglielmo della*, lomb. u. röm. B., † 1577.
Poussin, Gaspard (G. Dughet), franz. M., 1613-75.
—, *Nicolas*, franz. M., 1594-1665.
Pozzo, Pater *Andrea*, Jesuit, M. A. u. Dekorateur, 1642-1709.
Praxiteles, griech. B., tätig c. 364-329 vor Chr. — S. XLIX.
Provenzale, Marcello, röm. Mosaizist, † 1639.
Quercia, Jac. della (oder *J. della Fonte*), sien. B., 1374-1438. — S. 23.
Raffaello dal Colle, röm. M., 1490-1540. — S. LXXIV. 58.
— *Santi da Urbino*, umbr., flor. u. röm. M. A., 1483-1520. — S. LXX. 135. — (Vgl. auch das Register unter „Rom".)
Raibolini, s. *Francia*.
Raimondi, s. *Marcantonio*.
Rainaldi, Carlo, röm. A., Sohn des folgenden, 1611-91.
—, *Girol.*, röm. A., 1570-1655.
Rembrandt Harmensz van Rijn, holländ. M., 1606-69.
Reni, Guido, bol. M., 1574-1642. — S. LXXVI.
Ribera, Gius., gen. *lo Spagnoletto*, span.-neap. M., 1588-1656.
Ricciarelli, s. *Volterra, Daniele da*.
Ristoro, Fra, flor. A., † 1283. — S. LXIII.
Robbia, Andrea della, flor. B., 1437-1528.
—, *Giov. della*, Sohn des vorigen, flor. B., 1469-1529 (?).
—, *Luca della*, flor. B., 1400-1482.
Robusti, s. *Tintoretto*.
Romanelli, Giov. Franc., röm. M., c. 1610-62.
Romano, Giulio (G. Pippi), röm. u. mant. M. A., Schüler Raffaels, 1492-1546. — S. LXXIV.
—, *Paolo (Paolo di Mariano di Tuccio Taccone)*, röm. B., c. 1415-c. 1470.
Roncalli (dalle Pomarance), röm. M., Ende XVI. Jahrh. — S. LXXVI.
Rondinelli, Niccolò, ravenn. u. ven. M., um 1500.
Rosa, Salvator, neap. u. röm. M., 1615-73.
Rosselli, Cosimo, flor. M., 1439-1507. — S. LXIV.
Rossellino (Bern. di Matteo Gamberelli), flor. u röm. A. B., 1409-1464. — S. LXIV.
Rubens, Peter Paul, vläm. M., 1577-1640. — S. LXXVI.
Sacchi, A., röm. M., 1598 (?)-1661. — S. LXXVI.
Salaino, Andr., mail. M., Schüler Leonardo's, tätig c. 1495-1515.
Salimbeni, Ventura, sien. M., 1557 (?)-1613.
Salviati, Franc. (Fr. dei Rossi), flor. und röm. M., 1510-63.
Sangallo, Antonio da, d. Ä., flor. A., 1455-1534.
—, *Antonio da, d. J.*, Neffe des vorigen, flor. A., 1485-1546. — S. LXXIV.
—, *Francesco da*, Sohn des Giuliano, flor. B., 1494-1576.
—, *Giuliano da*, Bruder des älteren Ant., flor. A., 1450 (1452)-1516.
Sanmicheli, Michele, ver. A., 1484-1559.
Sano di Pietro (di Domenico), sien. Miniaturmaler. 1406-81.
Sansovino, Andrea da (Andr. Contucci aus Monte Sansavino), flor. u. röm. B., 1460-1529. — S. 52.
—, *Jac. (J. Tatti)*, Schüler des vorigen, flor., röm. u. ven. A. B., 1486-1570.
Santi, Giov., Vater Raffaels, umbr. M., c. 1450-94. — S. 136.
—, *Raffaello* s. *Raffaello*.
Saraceni, Carlo, gen. *Veneziano*, ven. u. röm. M., 1585-1625.
Sarto, Andrea del, flor. M., 1486-1531.
Sassetta s. *Stefano di Giovanni*.
Sassoferrato (Giov. Batt. Salvi), röm. M., 1605-85. — S. LXXVI. 134.
Schadow, W. v., deutscher M., 1789-1862.
Schiavone (Andr. Meldola), venez. M., c. 1522-82.
Schidone, Bart., mod. M., † 1615.
Schnorr (v. Carolsfeld), Julius, deutscher M., 1794-1872.
Sebastiano del Piombo (Seb. Luciani), ven. u. röm. M., 1485-1547.
Seitz, Ludwig, deutscher M., geb. 1843 in Rom.
Sermoneta, Girol. Sicciolante da, röm. M., † 1580.
Signorelli, Luca, tosk.-umbr. M., nach 1450-1523. — S. LXIV. 53. 96.
Sisto, Fra, flor. A., † 1289. — S. LXIII.
Skopas, griech. B., c. 390-350 vor Chr. — S. XLVIII.

Sodoma, il (Giov. Ant. Bazzi), lomb., sien. und röm. M., 1477-1549. — S. LXXIV. 21.
Solario, Andrea (A. del Gobbo), lomb. M., tätig 1495-1515.
Spada, Lionello, bol. M., 1556-1622.
Spagna (Giov. di Pietro), umbr. M., Schüler Perugino's, tätig um 1507, † c. 1530. — S. 65.
Spagnoletto, s. *Ribera*.
Specchi, *Al.*, röm. A. u. Kupferst., 1. Hälfte des XVIII. Jahrh.
Spinello Aretino, flor. M., Schüler Giotto's, 1318-1410. — S. 48.
Stefano di Giovanni, gen. *Sassetta*, sien. M., 1392-c. 1450. — S 23.
Stephanos, griech.-röm. B., I. Jahrh. vor Chr. S. LII.
Subleyras, *Pierre*, franz. M., 1699-1749.
Taddeo di Bartolo, sien. M., 1362-1422. — S. 23.
Tamagni, *Vinc.*, s. *Gimignano*.
Tatti, s. *Sansovino*.
Tempesta, *Ant.*, röm. M., 1637-1701.
Teniers, *David*, *d. J.*, vläm. M., 1610-90.
Thorwaldsen, *Bertel*, B. aus Kopenhagen, 1770-1844.
Tibaldi (Pellegrino Pellegrini), bol. A. M., 1532-96.
Tiberio d'Assisi, umbr. M., XVI. Jahrh. — S. 65.
Timarchos, griech. B., Sohn des Praxiteles, IV. Jahrh. vor Chr. — S. XLIX.
Tintoretto, *Dom.* *(Dom. Robusti)*, Sohn des folgenden, ven. M., 1562-1637
—, *il (Jac. Robusti)*, ven. M., 1518-94.
Tisi, *Benv.*, s. *Garofalo*.
Tiziano Vecelli, aus Pieve di Cadore, ven. M., 1477-1576.
Torriti, *Jacobus*, röm. Mosaizist, Ende des XIII. Jahrh.
Tribolo (Nicc. Pericoli), flor. B., 1485-1550.
Uccello, *Paolo*, flor. M., 1397-1475. — S. 136.
Udine, *Giov. Nanni da*, ven.-röm. M., Mitarbeiter Raffaels, 1487-1561. — S. LXXIV.
Vacca, *Flaminio*, röm. B., Ende XVI. Jahrh.
Vaga, *Perin del*, flor., röm. und gen. M., Schüler Raffaels, 1499-1547. — S. LXXIV.
Valadier, *Gius.*, röm. A., 1762-1839.
Valentin, franz. M., 1601-1634.
Valsoldo, röm. B., Ende XVI. Jahrh.
Vanni, *Andrea*, sien. M., 1320-1414.
—, *Franc.*, sien. M., 1565-1609.
—, *Lippo*, sien. M., XIV. Jahrh.
Vannucci, *Pietro*, s. *Perugino*.
Vanvitelli, *Gaspare*, gen. *G. degli Occhiali*, röm. M., 1647-1736.
—, *Lod.*, röm. M. A., 1700-73.
Vasari, *Giorgio*, flor. M. A. u. Künstlerbiograph, 1512-74. — S. 48.
Vecchietta (Lorenzo di Pietro), sien. B. A. M., 1412-80. — S. 23.
Vecelli, *Tiziano*, s. *Tiziano*.
Veit, *Philipp*, deutscher M., 1793-1877. — S. LXXVII.
Velazquez (Diego Rodriguez de Silva V.), span. M., 1599-1660.
Venusti, *Marcello*, röm. M., Schüler Michelangelo's, 1515-79.
Veronese, *Paolo (P. Caliari)*, veron. u. ven. M., 1528-88.
Vignola (Giacomo Barozzi), bol. u. röm. A., 1507-73. — S. LXXV.
Vinci, *Leonardo da*, s. *Leonardo*.
Viterbo, *Ant. (del Massaro) da*, 1450-1517.
—, *Lor. da*, M., c. 1446-71 (?).
Viti, *Timoteo (Tim. della Vite)*, bol. u. umbr. M., 1467-1523. — S. 136.
Volterra, *Daniele da (D. Ricciarelli)*, röm. M. B., Schüler Michelangelo's, 1509-66. — S. 11.
Wouwerman, *Philips*, holl. M., 1619-1668.
Zampieri s. *Domenichino*.
Zúcchero (Zuccaro), *Federigo*, flor. M., 1560-1609. — S. LXXVI.
—, *Taddeo*, röm. M., 1529-69.

Abkürzungen von Eigennamen.

Ag. = Agostino.	Fil. = Filippo.	Lod. = Lodovico.
Al. = Alessandro.	Franc. = Francesco.	Lor. = Lorenzo.
Ann. = Annibale.	Giac. = Giàcomo.	Nicc. = Niccolò.
Ant. = Antonio.	Giov. = Giovanni.	Rid. = Ridolfo.
Bart. = Bartolomeo.	Girol. = Giròlamo.	Seb. = Sebastiano.
Batt. = Battista.	Gius. = Giuseppe.	Tom. = Tommaso.
Bern. = Bernardo.	Gugl. = Guglielmo.	Vinc. = Vincenzo.
Dom. = Domenico.	Jac. = Jácopo.	Vitt. = Vittorio.

Register.

†) Die römischen Zahlen bezeichnen die Abschnitte der betr. Seite.

Druck von Grimme & Trömel in Leipzig.

PLANANHANG

Inhalt

NB. Das vorliegende Heft kann vom Buche getrennt werden, indem man den gelben Faden durchschneidet.

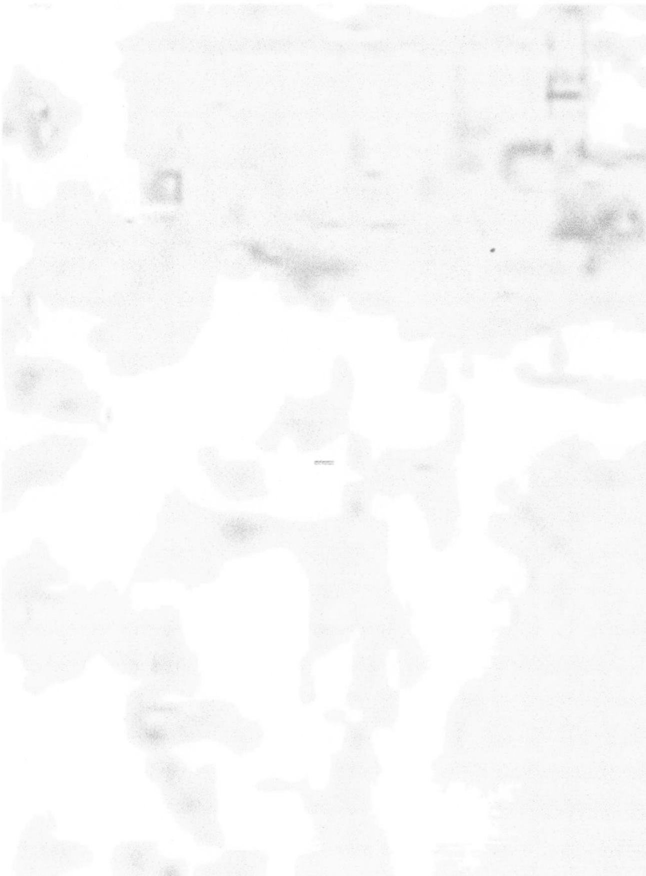

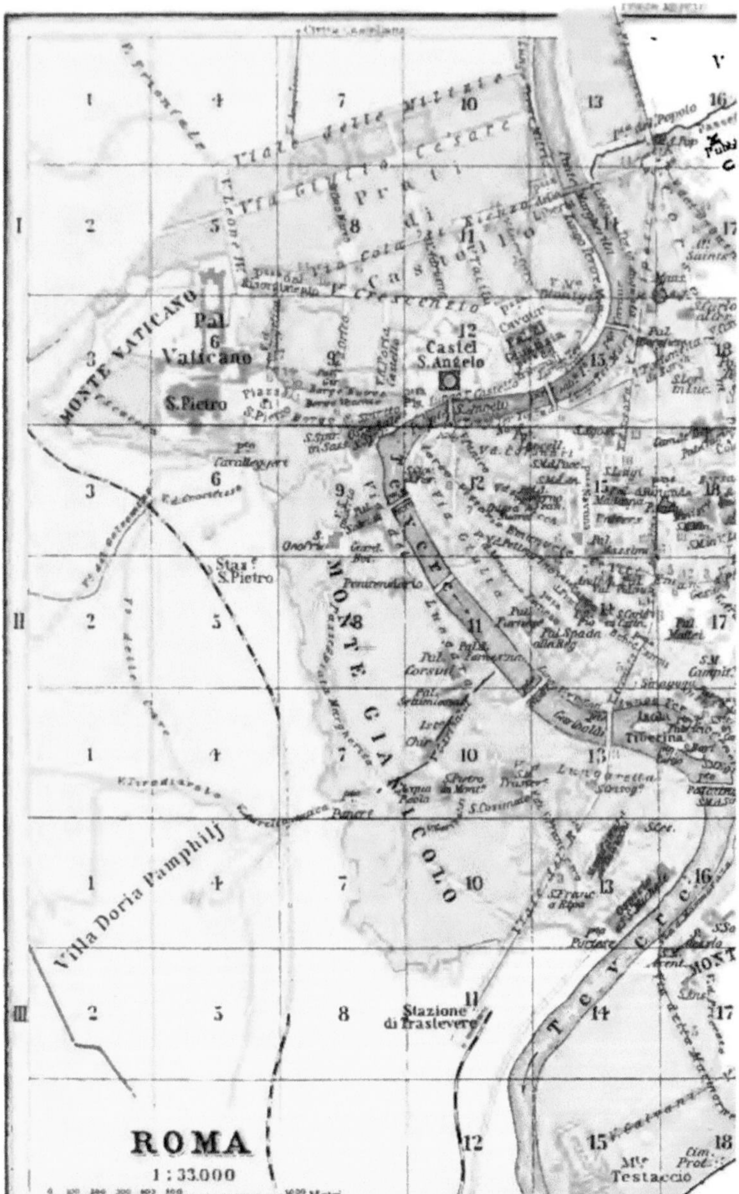

Geograph. Anstalt von.

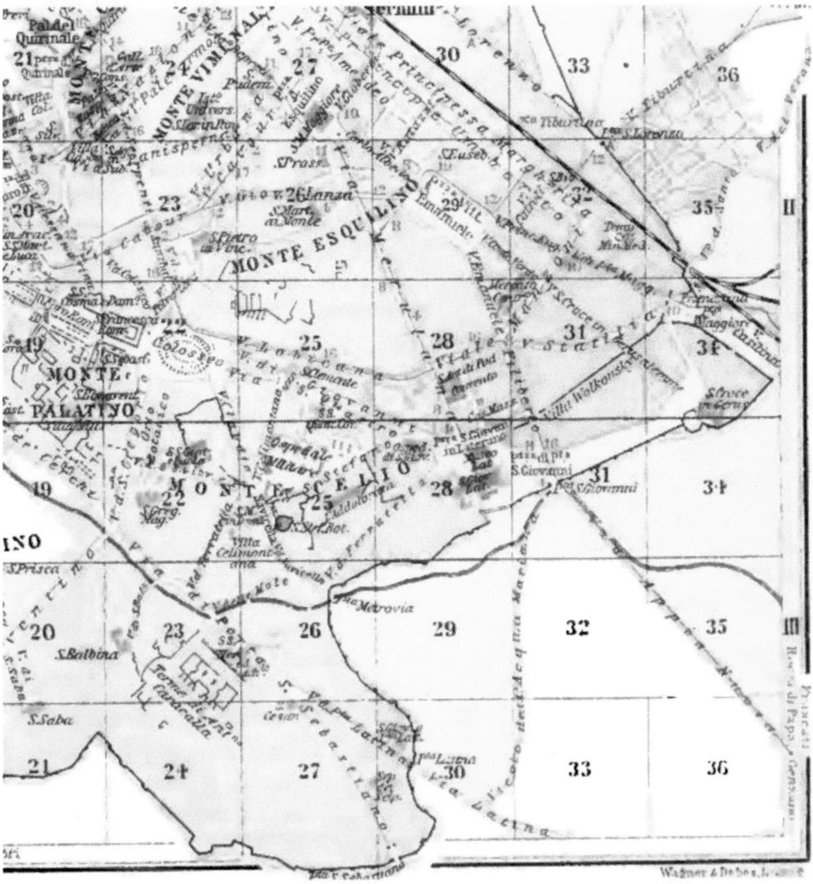

Quirinale
MONTE VIMINALE
MONTE ESQUILINO
Viale Principessa Margherita
Colosseo
MONTE
MONTE CELIO
Villa Wolkonsky
Villa Celimontana
Terme di Caracalla
S.Balbina
S.Saba
S.Prisca
Metrovia
Wagner & Debes, Leipzig

Straßenbahnen und Omnibus.

a. Elektrische Straßenbahnen.

Die römischen Straßenbahnen fahren von früh 7½ (im Sommer 7) Uhr bis c. 11 (die Hauptlinien bis c. 12) Uhr nachts (vor den Toren endet der Dienst zeitiger). Anfang und Endziel sind angeschrieben und die Wagennummern 1-18 abends erleuchtet; die Haltestellen bezeichnen rote Schilder. Der Fahrpreis beträgt je nach der Länge der Fahrt und der Zahl der Teilstrecken 5-25 c. Trinkgeld nicht üblich. *Vorsicht vor Taschendieben!*

1 (weißes Schild). Von **Piazza S. Pietro** (Pl. I 6) zum **Bahnhof** (Dogana, Pl. I 27); alle 5 Min., 20 c. — Fahrstrecke: Borgo Nuovo, *Piazza Pia* (Pl. I 12), Ponte Vitt. Emanuele (Pl. I 12-II 12), Corso Vitt. Emanuele, *P. del Gesù* (Pl. II 17), Via del Plebiscito, *P. Venezia* (Pl. II 17; 10 c.), V. Nazionale (bis Ecke Via Milano, Pl. II 24, 15 c.), *P. delle Terme* (Pl. I 27).

2 (weißes Schild). Von **Piazza S. Silvestro** (Pl. I 18) nach **Piazza Venezia** (Pl. II 17); alle 8 Min., 25 c. — Fahrstrecke: Via della Mercede, Capo le Case, di Porta Pinciana, Ludovisi (Veneto), Boncompagni, Quintino Sella (Pl. I 26; 10 c.), Venti Settembre, Goito, Cernaia, Volturno, *Bahnhofsplatz* (Pl. I 27; 15 c.), V. Cavour, *P. dell' Esquilino* (S. Maria Maggiore, Pl. II 27; 20 c.), V. Cavour, Salara Vecchia, *P. Chiavi d'Oro* (Pl. II 20), V. S. Lorenzo ai Monti, *P. del Foro Traiano* (Pl. II 20), V. S. Eufemia. In umgekehrter Richtung durch V. Alessandrina (Pl. II 20).

3 (grün-blaues Schild). Von der **Stazione di Trastevere** (Pl. III 11) zum **Bahnhof** (Dogana, Pl. I 27); alle 8 Min., 20 c. — Fahrstrecke: Viale del Rè, *Piazza d'Italia* (Pl. II 13), Ponte Garibaldi (Pl. II 13), V. Arenula, Torre Argentina, Corso Vitt. Emanuele, *P. del Gesù* (Pl. II 17), V. del Plebiscito, *P. Venezia* (Pl. II 17; 10 c.), V. Nazionale (bis Ecke Via Milano, Pl. II 24, 15 c.), *P. delle Terme* (Pl. I 27).

4 (grün-rotes Schild). Von **Piazza Venezia** (Pl. II 17) nach **Porta S. Giovanni** (Pl. III 31); alle 8 Min., 15 c. — Fahrstrecke: Via S. Eufemia, *Piazza Foro Traiano* (Pl. II 20), V. Alessandrina, Cavour, Giovanni Lanza (Palazzo Field-Brancaccio, Pl. II 26; 10 c.), Merulana, *P. S. Giovanni in Laterano* (Pl. III 28), V. Domenico Fontana, Em. Filiberto. In umgekehrter Richtung durch Via Cremona (Pl. II 20) usw. — Anschluß an die Linie B, S. 4.

5 (grünes Schild und grüne Flagge). Von **Piazza Venezia** (Pl. II 17) nach **S. Paolo fuori**; alle 15 Min., 25 c. — Fahrstrecke: Via del Plebiscito, *Piazza del Gesù* (Pl. II 17), Corso Vitt. Emanuele, V. di Torre Argentina, *P. Benedetto Cairoli* (Pl. II 14), V. Arenula,

Lungotevere dei Cenci, Lungotevere di Pierleoni, V. della Salara, Marmorata bis Monte Testaccio, Pl. III 18, 10 c.), Porta S. Paolo (Pl. III 18; 15 c.), V. Ostiense.

6 (rotes Schild). Von **Piazza Venezia** (Pl. II 17) über die Prati di Castello (Pl. I 8, 11) zurück nach **Piazza Venezia**; alle 9 Min., Rundfahrt 20 c. — Fahrstrecke: Via del Plebiscito, *Piazza del Gesù* (Pl. II 17), Corso Vitt. Emanuele, Ponte Vitt. Emanuele (Pl. I 12), *P. Pia* (Pl. I 12), Borgo Vecchio, *P. S. Pietro* (Pl. I 6; 10 c.), V. del Colonnato, di Porta Angelica, *P. del Risorgimento* (Pl. I 5, 8), Via und *Piazza Cola di Rienzo* (Pl. I 11; 15 c.), V. Marianna Dionigi, Lungotevere Prati, *P. dei Tribunali* (Justizpalast, Pl. I 12, 15), Ponte Umberto (Pl. I 15), V. Monte Brianzo, *P. Nicosia* (Pl. I 15), V. della Scrofa, *P. S. Luigi de' Francesi* (Pl. II 15), V. della Dogana Vecchia, dei Crescenzi, della Rotonda (Pantheon, Pl. II 18), di Torre Argentina, Corso Vitt. Emanuele, V. del Plebiscito.

7 (gelbes Schild). Wie Nr. 6 in umgekehrter Richtung, nur anfangs die Fahrstrecke: *Piazza Grazioli* (Pl. II 18, 17), Via della Gatta, *P. del Collegio Romano* (Pl. II 18), V. Piè di Marmo, *P. della Minerva*, V. della Minerva, *P. della Rotonda* (Pl. II 18), V. Giustiniani.

8 (blau-gelbes Schild). Von **Piazza S. Silvestro** (Pl. I 18) nach **Porta S. Giovanni** (Pl. III 31); 20 c. — Fahrstrecke: Via della Mercede, Capo le Case, di Porta Pinciana, Ludovisi, (Veneto), Boncompagni, Quintino Sella (Pl. I 26; 10 c.), Venti Settembre, Goito, Cernaia, Volturno, *Bahnhofsplatz* (Pl. I 27; 15 c.), Viale Principessa Margherita, V. Gioberti, *P. S. Maria Maggiore* (Pl. II 27, 26), V. Carlo Alberto, *P. Vitt. Emanuele* (Pl. II 29), V. Leopardi, Merulana, Viale Manzoni, V. Em. Filiberto. In umgekehrter Richtung: Via Domenico Fontana, *Piazza S. Giovanni in Laterano* (Pl. III 28).

9 (grünes Schild). Von **Piazza S. Silvestro** (Pl. I 18) nach **S. Agnese fuori**; alle 11 Min., 25 c. — Fahrstrecke: Via della Mercede, Capo le Case, di Porta Pinciana, Ludovisi, (Veneto), Boncompagni, Quintino Sella (Pl. I 26; 10 c.), Venti Settembre, Porta Pia (Pl. I 29; 15 c.), V. Nomentana.

10 (weißes Schild). Vom **Bahnhof** (Ankunftseite, Pl. II 27) nach **Porta Maggiore** (Pl. II 34); alle 20 Min., 10 c. — Fahrstrecke: Viale Principessa Margherita, V. Gioberti, *Piazza S. Maria Maggiore* (Pl. II 27), V. Carlo Alberto, *P. Vitt. Emanuele* (Pl. II 29), V. Principe Eugenio; bis zur V. Prenestina.

11 (blau-weißes Schild und weiß-blaue Flagge). Von **Piazza S. Silvestro** (Pl. I 18) nach **Piazza Vitt. Emanuele** (Pl. II 29); alle

7 Min., 15 c. — Fahrstrecke: Via della Mercede, Due Macelli, Quirinaltunnel (Pl. I 21-II 24), V. Nazionale, Agostino Depretis (bis Ecke Via Palermo, Pl. II 24, 10 c.), *Piazza dell' Esquilino* (Pl. II 27), *P. S. Maria Maggiore* (Pl. II 27, 26), V. Merulana, dello Statuto.

12 (rot-blaues Schild und rote Flagge). Von **Piazza della Cancelleria** (Pl. II 14) zur Barriere der **Porta Tiburtina** (Pl. II 33), alle 7 Min., 20 c. — Fahrstrecke: Corso Vitt. Emanuele, Via del Plebiscito, *Piazza Venezia* (Pl. II 17), *P. Foro Traiano* (Pl. II 20), V. Alessandrina, Cavour (Pl. II 23, 10 c.), Giovanni Lanza, dello Statuto, *P. Vitt. Emanuele* (Pl. II 29; 15 c.), V. Lamarmora, *P. Guglielmo Pepe* (Pl. II 29, 32), Viale Principessa Margherita, Arco di S. Bibbiana. In umgekehrter Richtung durch Via Cremona (Pl. II 20) usw.

13 (weiß-grünes Schild). Von der **Poliklinik** (Pl. I 32) nach **Villa Umberto I** (Borghese; vor Porta del Popolo, Pl. I 13); alle 8 Min., 25 c. — Fahrstrecke: Viale del Policlinico, Porta Pia (Pl. I 29), Via Venti Settembre, Pastrengo, Cernaia, *Piazza delle Terme* (Pl. I 27), V. Nazionale, *P. Venezia* (Pl. II 17; 15 c.). V. del Plebiscito, *P. Grazioli* (Pl. II 18, 17), V. della Gatta, *P. Collegio Romano* (Pl. II 18), V. Piè di Marmo, *P. della Minerva* (Pl. II 18), V. della Minerva, *P. della Rotonda* (Pantheon, Pl. II 18), V. Giustiniani, *P. S. Luigi de' Francesi* (Pl. II 15), V. della Scrofa, di Ripetta. In umgekehrter Richtung: Via Dogana Vecchia (Pl. II 15), dei Crescenzi, della Rotonda, di Torre Argentina, Corso Vitt. Emanuele, *Piazza del Gesù* (Pl. II 17) usw.

14 (blaues Schild und blaue Flagge). Von **S. Pietro in Vaticano** (Pl. I 6) durch den Quirinaltunnel (Pl. II 24-I 21) zum **Bahnhof** (Dogana, Pl. I 27); alle 6 Min., 20 c. — Fahrstrecke: Via del Colonnato, di Porta Angelica, *Piazza del Risorgimento* (Pl. I 5, 8), Via und *Piazza Cola di Rienzo* (Pl. I 11), *P. della Libertà* (Pl. I 14), Ponte Margherita (Pl. I 14), V. Ferdinando di Savoia, *P. del Popolo* (Pl. I 14-16), V. del Babuino, *P. di Spagna* (Pl. I 17, 18), V. Due Macelli (Pl. I 21, 10 c.), Tunnel (s. oben), V. Milano (Pl. II 24, 15 c.), Nazionale, *P. delle Terme* (Pl. I 27).

15 (weißes Schild). Von **Porta del Popolo** (Pl. I 13) nach dem **Ponte Molle** (P. Milvio); alle 15 Min., 15 c. — Auf Via Flaminia.

16 (weiß-rotes Schild und weiß-rote Flagge). Von **Piazza S. Pietro** (Pl. I 6) durch den Quirinaltunnel (Pl. II 24-I 21) nach **Porta S. Giovanni** (Pl. III 31); alle 8 Min., 25 c. — Fahrstrecke wie Nr. 14 bis Via Milano (Pl. II 24; 15 c.), von da: Via dei Serpenti (Kolosseum, Pl. II 22; 20 c.), V. Labicana, Viale Filiberto.

17 (grün-weißes Schild). Von **Piazza Venezia** (Pl. II 17) zum **Bahnhof** (Ankunftseite; Pl. II 27); alle 10 Min., 15 c. — Fahrstrecke: Via S. Eufemia, *Piazza Foro Traiano* (Pl. II 20), V. Alessandrina, Cavour, *P. dell' Esquilino* (Pl. II 27, 10 c.). In umgekehrter Richtung: Via Salara Vecchia, Cremona, *Piazza Chiavi d'Oro* (Pl. II 20), V. S. Lorenzo ai Monti.

18 (weißes Schild und weiße Flagge). Von **Piazza S. Silvestro** (Pl. I 18) nach der **Poliklinik** (Pl. I 32); alle 7 Min., 20 c. — Fahrstrecke: Via della Mercede, Due Macelli, Quirinaltunnel (Pl. I 21-II 21), V. Milano (Pl. II 24; 10 c.), Nazionale, *Piazza delle Terme*, *Bahnhofsplatz* (Pl. I 27; 15 c.), V. Solferino, *P. Indipendenza* (Pl. I 30), V. S. Martino, Viale Castro Pretorio, del Policlinico.

X (rotes Schild, noch ohne Nr.). Von **Piazza Venezia** (Pl. II 17) nach dem **Quartiere Testaccio** und dem Schlachthaus (Mattatoio, (Pl. III 15); alle 15 Min., 10 c. — Fahrstrecke wie Nr. 5 bis Via Marmorata, dann Via Galvani.

Ferner:

A (weißes Schild). Vom **Bahnhof** (Dogana, Pl. I 27) nach dem **Campo Verano** (Pl. I 36); alle 10 Min., 15 c. — Fahrstrecke: Via di Porta S. Lorenzo, Porta S. Lorenzo (Pl. II 32), V. Tiburtina.

Straßenbahnen nach *Tivoli* s. S. 448/449, nach *Frascati*, *Grottaferrata*, *Marino*, *Castel Gandolfo*, *Albano*, *Genzano*, *Rocca di Papa* S. 435, 439, 442, 443, 445, nach *Civita Castellana* S. 410.

---

b. Omnibus.

Die Omnibus verkehren von früh $7^1/_2$ oder 8 bis abends 8 oder $9^1/_2$ Uhr. Der Fahrpreis (10-15 c.) ist innen, das Endziel hinten auf dem Wagen vermerkt, die übrigen Schilder nennen meist Zwischenstationen.

1 (rote Aufschrift auf weißem Grund). Von **Porta del Popolo** (Pl. I 13, 16) nach **Piazza Venezia** (Pl. II 17): alle 6 Min., 10 c. (mit Umsteigkarte für die Straßenbahnlinie Piazza S. Silvestro-Bahnhof 15 c.). — Fahrstrecke: Corso Umberto I [von $3^1/_2$, bezw. $4^1/_2$ nachm.: Via del Babuino, *Piazza di Spagna* (Pl. I 17, 18), V. Propaganda, S. Andrea delle Fratte, del Pozzetto, *P. Poli* (Pl. I 18, 21), *P. di Trevi* (Pl. II 21), V. delle Muratte, delle Vergini, dell' Archetto, *P. SS. Apostoli;* zurück: *P. SS. Apostoli*, V. S. Marcello, dell' Umiltà, delle Vergini].

2 (gelbe und weiße Aufschrift auf blauem Grund). Von **Piazza S. Pantaléo** (Pl. II 15, 14) nach **Piazza S. Giovanni in Laterano** (Pl. III 28); alle 15 Min., 15 c. — Fahrstrecke: Corso Vitt. Emanuele, Via del Plebiscito, *Piazza Venezia* (Pl. II 17), V. Foro Traiano, *P. Foro Traiano* (Pl. II 20), V. Alessandrina, del Colosseo, S. Giovanni.

3 (schwarze Aufschrift auf gelbem Grund). Von **Piazza Venezia** (Pl. II 17) durch Porta Settimiana (Pl. II 10) nach **Piazza Scossacavalli** (Pl. I 9); alle 20 Min., 10 c. — Fahrstrecke: Via del Plebiscito, *Piazza del Gesù* (Pl. II 17), Corso Vitt. Emanuele, V. Arco de' Ginnasi, Botteghe Oscure, Florida, Arenula, *P. Benedetto Cairoli* (Pl. II 14), V. dei Giubbonari, dei Pompieri, dei Pettinari, Ponte Sisto (Pl. II 11, 13), V. di Ponte Sisto, S. Dorotea, Porta Settimiana, V. della Lungara, dei Penitenzieri.

4 (gelbe Aufschrift auf dunkelgrünem Grund). Von **Piazza Cancelleria** (Pl. II 14) nach **Piazza Principe di Napoli** (Pl. I 28); alle 15 Min., 15 c. — Fahrstrecke: Via und *Piazza S. Pantaleo* (Pl. II 15), V. Pasquino, *P. Circo Agonale* (Pl. II 15), V. Agonale, *P. dell' Apollinare* (Pl. II 15), V. S. Agostino, della Scrofa, della Stelletta, Uffici del Vicario, *P. Montecitorio* (Pl. II 18), *P. Colonna* (Pl. II 18), V. del Tritone, *P. Barberini* (Pl. I 21, 24), V. S. Niccolò da Tolentino, delle Finanze, Flavia, di Porta Salaria, Augusto Valenziani, Corso d'Italia, V. Ancona.

5 (rote Aufschrift auf weißem Grund). Von **Piazza Montanara** (Pl. II 16) nach **Porta Trionfale** (Pl. I 5); alle 7 Min., 10 c. (mit Umsteigkarte für die Straßenbahnlinie Nr. 7: von Via Cola di Rienzo zur Piazza Risorgimento, 10 c., und, in umgekehrter Richtung, für die Linie Nr. 8: von Piazza S. Silvestro zum Bahnhof, 15 c.). — Fahrstrecke: Via Montanara, Tor de' Specchi (Kapitol, Pl. II 20), *Piazza d'Aracoeli* (Pl. II 17), V. d'Aracoeli, Botteghe Oscure, Via und *P. S. Marco* (Pl. II 17), *P. Venezia* (Pl. II 17), Corso Umberto I, V. Tomacelli, Ponte Cavour (Pl. I 15), Lungotevere Mellini, V. Gioacchino Belli, Cicerone, Plinio, Orazio, Cola di Rienzo, Attilio Regolo, dei Gracchi, Ottaviano, Giulio, Cesare, Leone IV [von $3^1/_2$, bezw. $4^1/_2$ nachm.: *Piazza SS. Apostoli* (Pl. II 21), Via dell' Umiltà, delle Vergini, Marco Minghetti, delle Bollette, *P. S. Claudio* (Pl. I 18), Via und *P. S. Silvestro* (Pl. I 18), V. del Gambero, Frattina, *P. S. Lorenzo in Lucina* (Pl. I 18), V. Leonetto, *P. Borghese* (Pl. I 15)].

6 (rote Diagonale auf weißem Grund). Von **Piazza di Spagna** (Pl. I 17, 18) nach **Piazza di S. Pietro** (Pl. I 6): alle 20 Min., 10 c. — Fahrstrecke: Via Frattina, Corso Umberto I, *Piazza Colonna* (Pl. II 18), *P. Montecitorio* (Pl. II 18), V. degli Orfanelli, *P. della Rotonda* (*Pantheon*, Pl. II 18), Via und *P. S. Eustacchio* (Pl. II 15), V. Teatro Valle, Canestrari, *Circo Agonale* (Pl. II 15), Via und *P. di Pasquino* (Pl. II 15), V. del Governo Vecchio, Banchi Nuovi, Banco S. Spirito, Ponte S. Angelo (Pl. I 12), Borgo Vecchio.

Römischer Droschkentarif.

Droschken *(vetture pubbliche)* sind auf allen Plätzen zu finden.

	offen (Tag wie Nacht)	geschlossen Tag	geschlossen Nacht
Einfache Fahrt *(corsa ordinaria)*.			
Innerhalb der Stadtmauern)*, sowie nach der *Poliklinik*, dem *Bahnhof* in *Trastevere* und der *Straßenbahnstation für Tivoli*	1.—	1.20	1.40
Besondere Fahrten *(corse speciali)*.			
Nach dem Bahnhof S. Pietro, dem vatikanischen Museum, Janiculum, Porta S. Pancrazio, Aventin*), Porta S. Sebastiano, Campo Verano (Friedhof), Viale della Regina, Pincio (bis zum Piazzale), sowie im allgemeinen ½ km über die Stadtmauern hinaus**)	1.50	1.70	1.90
Zeitfahrten *(servizio ad ora)*. †)			
Innerhalb der Stadtmauern, die Stunde . . .	2.25	2.50	3.-
— — —, jede folgende ¼ Stunde	0.55	0.65	0.75
Vor die Tore bis zu 3 km, sowie bei Spazierfahrten in den Anlagen des Pincio, der Villa Borghese, des Viale dei Parioli und der Passeggiata Margherita (früher Villa Corsini) die Stunde**)	3.—	3.—	3.
— — —, jede folgende ¼ Stunde	0.75	0.75	0.75

Diese Tarifsätze gelten für 1-2 Personen; für jede Person mehr erhöht sich der Satz um 25 c. Landeskundige fahren auch unter der Taxe. — Handkoffer 25 c., größere Koffer 50 c. — Wird die Droschke vom nächsten Stand geholt, so hat man 25 c. Zuschlag zu zahlen, 50 c. aber, wenn man sich ihrer dann nicht bedient.

Nachtzeiten: 1. April-30. Sept. von 8 Uhr abends bis 5 Uhr morgens, 1. Okt. - 31. März von 7 abends bis 6 morgens.

Beschwerden sind auf dem Bureau der städtischen Polizei (vom Kapitolsplatz die Treppe l. hinauf) vorzubringen.

*) Mit folgenden Einschränkungen: jenseit des Tiber bis Viale delle Milizie (Pl. I 4, 7, 10), Piazza S. Marta (Pl. I 6), Salita di S. Onofrio (Pl. II 9), Via Luciano Manara nebst Via Garibaldi (Pl. III 10), nach dem Aventin nur bis Via della Greca (jedoch einschließlich S. Sabina und S. Alessio; Pl. III 16), nach Porta S. Sebastiano nur bis zur Kreuzung des Viale Aventino mit Via di S. Gregorio (Pl. III 22).

**) Vor Porta S. Pancrazio und S. Sebastiano muß man akkordieren. Auch im übrigen empfiehlt es sich, da es schwierig ist, die Grenzen der tarifmäßigen ½ oder 3 km innezuhalten, bei den Fahrten vor die Tore zu akkordieren. Eine 3stündige Fahrt auf beliebige Entfernung kostet etwa 7-8 fr. Wenn die Droschke innerhalb 3 km vor Porta S. Sebastiano entlassen wird und leer zur Stadt fahren muß, zahlt man 1 fr. 25 c. mehr, wird sie innerhalb des Pincio während der Nachmittagsspazierfahrt entlassen, 1 fr. mehr.

†) Die erste Stunde muß, auch wenn nicht beendet, voll bezahlt werden. Vom Gründonnerstag bis einschließlich Ostersonntag kann der Kutscher bei jeder Zeitfahrt 50 c. über die Taxe verlangen.

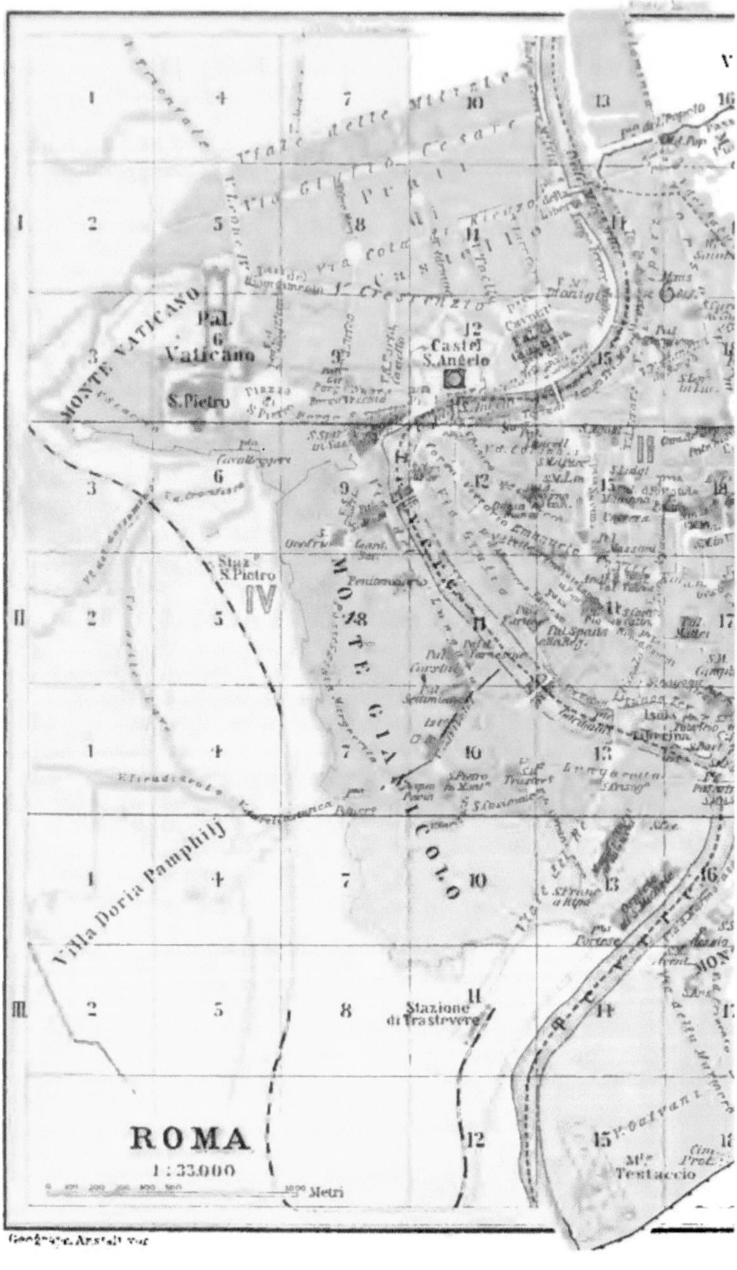

Geogr. Anstalt v.

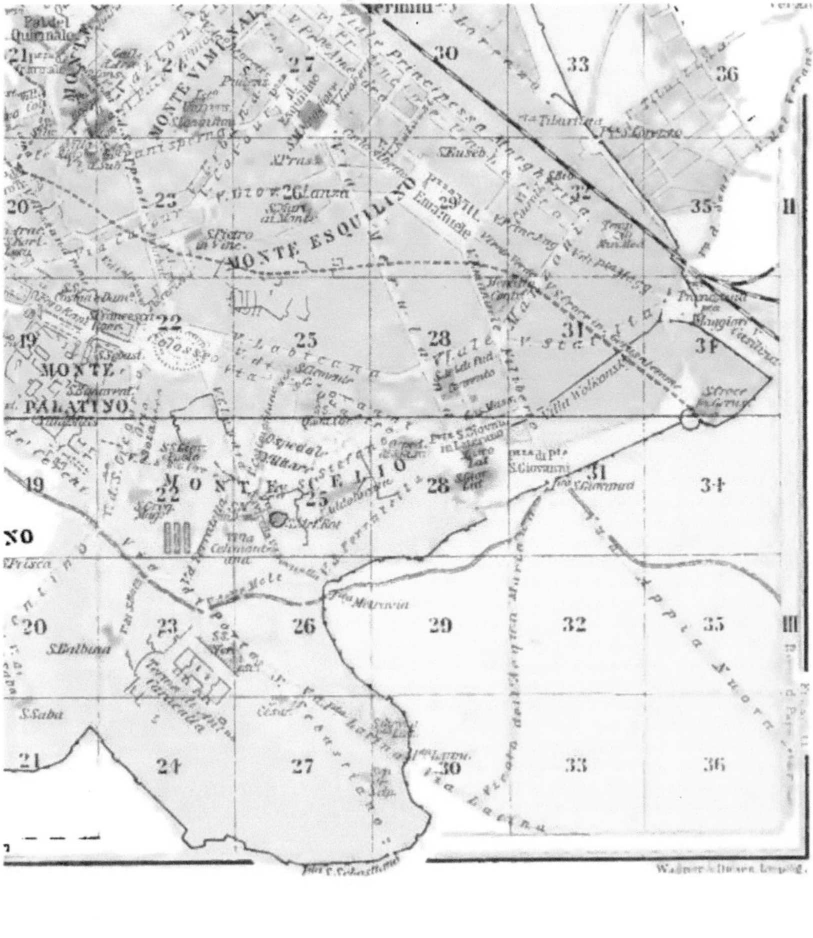
MONTE VIMINALE
MONTE ESQUILINO
MONTE PALATINO
MONTE CELIO
Colosseo
S.Eusebio
S.Prassede
Villa Wolkonsky
S.Croce in Gerus.
S.Giovanni
S.Balbina
S.Saba
S.Prisca
Wagner & Debes, Leipzig.

Verzeichnis der hauptsächlichsten Straßen, Plätze, Paläste usw. von Rom.

Der große Plan von Rom ist in drei Streifen geteilt, der obere (I) in *braunem*, der mittlere (II) in *rotem*, der untere (III) in *grauem* Druck. Jeder Streifen enthält 36 numerierte quadratische Felder. Dieser Einteilung entsprechen die mit **I, II, III** bezeichneten Spalten und die in diesen stehenden Zahlen. Will man z. B. wissen, wo die *Via Adriana* liegt, so schlägt man auf dem I. (braunen) Streifen das 11. Feld nach. Ist der gesuchte Name zugleich oder ausschließlich auf dem mit roter Farbe gedruckten Sonderplan des Zentrums von Rom enthalten, so ist dies durch ein *C* vor der ersten senkrechten Linie angedeutet. Benennungen, denen ein *San, Santo, Santa* vorangeht, sind nicht unter S zu suchen, sondern unter dem betreffenden Namen, z. B.: S. Giovanni unter G; Paläste und Villen, sowie Brücken und Stadttore mit den danach benannten Straßen usw., sind unter *Palazzo, Villa, Ponte, Porta* zusammengefaßt. Um beim Gebrauch des Planes den Übergang von einem zum anderen Streifen ohne Schwierigkeit zu ermöglichen, ist die Numerierung der Felder so eingerichtet, daß immer die gleichen Zahlen aneinander stoßen: das 18. Feld des oberen (I.) Streifens findet also seine südl. Fortsetzung im 18. Felde des mittleren (II.) Streifens; das 16. des mittleren im 16. des unteren (III.) Streifens.

Zur Berechnung von Entfernungen merke man sich, daß jede Seite eines Quadrats fast genau der Länge von *500m* (die Diagonale 750m) entspricht.

	I	II	III
Abruzzi, Via	23		
Accademia di Francia	17,20		
— di S. Luca	.	20	
Acqua Mariana, Vicolo dell'	.	.	31-33
— Paola.	.	7,10	
— Sparta, Via d' . *C*	.	15	
Acquedotto Antoniniano	.	.	24
— Neroniano	.	31	
Adda, Via	22		
Addolorata, l'	.	.	25
Adriana, Via	11		
S. Adriano	.	20	
S. Agata de' Goti, Via	.	23	
— in Suburra	.	23	
Agnello, Via dell' . .	.	23	
S. Agnese . . . . . . *C*	.	15	
Agonale, Via . . . *C*	.	15	
Agonizzanti . . . . *C*	.	15	
Agostino Bertani, Via	.	.	10
— Depretis	.	24,27	
S. Agostino . . . . *C*	.	15	
—, Piazza . . . . . *C*	.	15	

	I	II	III
S. Agostino, Via di *C*	.	15	
Albani, Via	25		
Alberico II, Via . . .	9,12		
Aldo Manuzio, Via . .	.	.	15,17
Aleardo Aleardi, Via	.	28	
Alessandria, Via . . .	28		
Alessandrina, Via . .	.	20	
Alessandro Farnese, Via	10,11		
— Volta, Via	.	.	15,18
S. Alessio	.	.	16
Alfieri, Via	.	28	
S. Alfonso	.	26	
Alibert, Vicolo	17		
Amatriciani, Vicolo degl' . . . . *C*	.	12	
S. Ambrogio . . . . *C*	.	17	
— Via . . . . *C*	.	17	
Americo Vespucci, Via	.	.	14
S. Anastasia	.	19	19
Ancona, Via	28,29		
Andrea Cesalpino, Via	32		
— Vesalio, Via . . .	28,31		
S. Andrea delle Fratte	21		

	I	II	III
S. Bernardino	.	23	
S. Bernardo alle Terme	24		
—, Piazza	24		
S. Biagio . . . . . . *C*	.	12	
S. Bibiana	.	32	
Biblioteca Angelica *C*	.	15	
— Casanatense . . *C*	.	18	
— Vittorio Emanuele *C*	.	18	
Biscione, Piazza del *C*	.	14	
Bixio, Via	.	28,32	
Bocca di Leone, Via di	17,18		
— della Verità, Piazza della	.	16	
— — —, Via della . .	.	16	
Bodoni, Via	.	.	15,17
Boezio, Via	8,11		
Bollette, Vicolo delle *C*	.	18	
Bollo, Vicolo del. *C*	.	14	
Bologna, Vicolo del .	.	10	
Bonaparte, Via	33	33	
S. Bonaventura	.	19,22	
—, Vicolo di.	.	19	
Boncompagni, Via . .	23,26		
Bonella, Via	.	20	
Borghese, Piazza . . .	15,18		
Borgo Angelico	9		
— S. Angelo	9		
— Nuovo	9		
— Pio	9		
— S. Spirito	9		
— Vecchio	9		
— Vittorio	9		
Borgognona, Via . . .	18		
Börse (Borsa) . . . *C*	.	18	
Boschetto, Via del . .	.	21,23	
Bosco Parrasio	.	10	
Botteghe Oscure, Via delle . . . . *C*	.	17	
Bovari, Vicolo dei *C*	.	14	
Brescia, Via	25		
Bresciani, Via de' *C*	.	12	
S. Brigida . . . . . *C*	.	14	
Brunetti, Vicolo . . .	14		
Bufalo, Via del	21		
Buonarroti, Via	.	29	
Burrò, Via de' . . *C*	.	18	
Cagliari, Via	28		
Caio Mario, Via . . .	8		
Cairoli, Via	.	29,32	
Calabria, Via	26		
Calamatta, Via	15		
Calatafimi, Via	27		
Calderari, Via de' *C*	.	14,17	
—, Vicolo de' . . . *C*	.	15	
S. Calisto	.	10	
Camera dei Deputati *C*	18	18	
Campana, Vicolo della . . . . *C*	15		

	I	II	III
Campanella, Vicolo della . . . . *C*	.	12	
Campani, Via dei . .	.	35	
Campania, Via	23,25		
Campidoglio . . . . *C*	.	17,20	
Campitelli, Piazza *C*	.	17	
Campo Carleo, Via del	.	20	
— de' Fiori Piazza *C*	.	14	
— Marzio, Via di . *C*	18	18	
— Militare	29,32		
— Santo dei Tedeschi	.	6	
— Verano	36	36	
Cancellata, Vicolo della	6		
Cancelleria, Piazza della . . . . *C*	.	14	
—, Vicolo della . . *C*	.	15	
Cancellieri, Via	9		
Cancello, Vicolo del *C*	15		
Candia, Via	5		
Canestrari, Via dei *C*	.	15	
Canneti, Via dei . . .	36		
— Vicolo dei	.	.	31,34
Capo d'Africa, Via. .	.	22,25	
— di Ferro, Piazza *C*	.	14	
— —, Via . . . . . *C*	.	14	
— le Case, Via	21		
Capocci, Via	.	23	
Cappellari, Via de' *C*	.	11,14	
Cappellini, Via	.	29,30	
Cappuccini, Via de' .	21		
Capranica, Piazza. *C*	.	18	
Caprettari, Piazza *C*	.	15	
Caravita, Via del *C*	.	18	
Carbonari, Via de' . .	.	20	
Carceri, Via delle *C*	.	12	
— di Regina Coeli . .	.	8,11	
Carino, Via delle . . .	.	23	
Carità, Via della . *C*	.	11	
S. Carlino	24		
Carlo Alberto, Via . .	.	26,29	
— Botta, Via	.	25,28	
S. Carlo ai Catinari *C*	.	14	
— al Corso	18		
Carrette, Piazza delle	.	20	
Carrozze, Via delle . .	18		
Cartari, Vicolo de' *C*	.	12	
Casa Goethe	17		
— di Raffaele . . . *C*	.	12	
— di Rienzi	.	16	
Caserme	7,10	31	
Cassa di Risparmio *C*	.	18	
Cassiodoro, Via	11		
Castelfidardo, Via . .	26,30		
Castello S. Angelo . .	12		
— dei Cesari	.	.	19
Castro Pretorio, Viale	29,30		
S. Caterina de' Funari . . . . *C*	.	17	
— della Ruota . . *C*	.	11	

	I	II	III
Gerolamo Fracastoro, Via	31		
Gesu, il C	.	17	
—, Piazza del C	.	17	
—, Via del C	.	17,18	
— e Maria	17		
— —, Via di	17		
Ghetto, Vecchio	.	17,16	
Giacomo Medici, Via	.	7,10	7
S. Giacomo C	.	11	
—, Via di	14,17		
— in Augusta	14,17		
— de' Spagnuoli C	.	15	
Giambattista Morgagni, Via	32,34		
Gianicolo, Monte	.	7,10	7,10
—, Via del	.	9	
Giardini, Via dei	21		
Giardino, Via del C	18		
Giglio, Vicolo del C	.	14	
Ginori, Via	.	.	14,15
Gioacchino Belli, Via	11,14		
S. Gioacchino	11		
Gioberti, Via	.	27,30	
S. Giorgio in Velabro	.	19	
Giovanni Branca, Via	.	.	14
— Lanza, Via	.	23,26	
— Maria Lancisi, Via	32		
S. Giovanni in Aino C	.	11	
— Decollato, Via di	.	16	
— de' Fiorentini C	.	12	
— —, Piazza C	.	12	
— in Laterano	.	.	28
— —, Piazza di	.	.	28
— —, Via di	.	25	28
— in Oleo, Cappella	.	.	30
— a Porta Latina	.	.	30
SS. Giovanni e Paolo	.	.	22
— —, Via di	.	.	22
— e Petronio C	.	14	
Girolamo Induno, Via	.	.	10
S. Girolamo della Carità C	.	11,14	
— degli Schiavoni	15		
Giubbonari, Via de' C	.	14	
Giuditta Tavani, Via	.	.	13
Giulia, Via C	.	11,12	
S. Giuliano C	.	12	
Giulio Cesare, Viale	5,8,10		
— Romano, Via C	.	17	
S. Giuseppe	21		
— de' Falegnami	.	20	
Giusti, Via	.	29	
Giustiniani, Via C	.	15	
Glorioso, Viale	.	.	10
Goethe-Haus (Casa G.)	17		
Goffredo Mameli, Via	.	.	10
Goito, Via	26,30		
Gonfalone, Vicolo del C	.	12	

	I	II	III
Governo Vecchio, Via del C	.	12,15	
Gracchi, Via dei	8,11		
Granari, Vicolo dei C	.	15	
Grazie, Via delle	.	19	
Grazioli, Piazza C	.	18,17	
Greca, Via della	.	.	16
Greci, Via de'	17		
Gregoriana, Via	21		
S. Gregorio, Via di	.	22	22
— Magno (al M. Celio)	.	.	22
Grillo, Salita del	.	20	
Grotta Pinta, Vicolo di C	.	14	
Grotte, Vicolo delle C	.	14	
Grottino, Vicolo del	18		
Guardiola, Vicolo della C	.	18	
Guglia, Via della C	.	18	
Guglielmo Pepe, Piazza	.	29,32	
— Saliceto, Via	28,31		
Guicciardini, Via	.	28	
Gustavo Bianchi, Via	.	.	14
Ibernesi, Via degli	.	20	
S. Ignazio C	.	18	
—, Piazza di C	.	18	
—, Via di C	.	18	
S. Ildefonso	21		
Impresa, Via dell' C	18	18	
Incurabili, Via degli	17		
Indipendenza, Piazza dell'	30		
Industria, Piazza dell'	.	.	14
S. Isidoro	20,21		
—, Via di	21		
Isola Tiberina	.	13,16	
Isonzo, Via	25		
Istituto d'Agricoltura	16		
— Archeologico Germanico	.	16	
— di Belle Arti	14		
— Chimico	.	24	
— Fisico	.	24	
— Tecnico	.	23	
S. Ivo C	15		
La Goletta, Via	5		
Labicana, Via	.	25,28	
Lamarmora, Via	.	29,32	
Lancellotti, Piazza C	.	12,15	
Lancisi, Via	9		
Larga, Via C	.	12	
Lata, Via C	.	18	
Laterano, S. Giovanni in	.	.	28
Latina, Via	.	.	30,33
Latini, Via dei	.	33,35	
Laurina, Via	17		
Lavatore, Via del	.	21	

	I	II	III
Lazio, Via	20		
Lazzaro Spallanzani, Via	31		
Leccosa, Via	15		
Leonardo da Vinci, Via	.	25,28	
Leone, Via del	18		
— IV, Via	5		
Leonetto, Vicolo del *C*	15		
Leonina, Via	.	23	
Leopardi, Via	.	29	
Leutari, Vicolo . . *C*	.	15	
Leuto, Vicolo del . *C*	15		
Libertà, Piazza della	14		
Liguria, Via	21,23		
Lodovico Calandrelli, Via	.	.	7,10
Lombardia, Via	20,23		
Lorenesi, Vicolo dei *C*	.	15	
Lorenzo Ghiberti, Via	.	.	14,15
S. Lorenzo in Damaso *C*	.	14	
— in Miranda	.	19	.
— in Panisperna	.	24	
— in Piscibus	9		
Lucchesi, Via dei	.	21	
Luce, Via della	.	13	13
S. Lucia de' Ginnasi	.	17	.
— del Gonfalone . *C*	.	12	
Luciano Manara, Via	.	10	10
Lucina, Piazza in	18		
—, Via in	18		
Lucrezio Caro, Via	11		
Lucullo, Via	23,24		
Ludovico Muratori, Via	.	28	
Ludovisi, Via	20,23		
Luigi Masi, Via	.	.	10
— Santini, Via	.	.	10
S. Luigi de' Francesi *C*	.	15	
— —, Piazza u. Via di *C*	.	15	
Lungara, Via della *C*	.	9,11	
Lungaretta, Via della	.	13	
Lungarina, Via della	.	13,16	
Lungo Tevere degli Alberteschi	.	16	16
— degli Altoviti . *C*	.	12	
— degli Anguillara	.	13,16	
— in Augusta	14		
— di Castello . . . *C*	12		
— dei Cenci	.	13,16	
— della Farnesina *C*	.	11	
— dei Fiorentini . *C*	.	12	
— Flaminio	13		
— del Gianicolo	.	9,11	
— Marzio	15		
— dei Mellini	14,15		
— Milvio	10,13		
— dei Pierleoni	.	16	14,16
— dei Prati	15		
— dei Sangallo . . *C*	.	12,11	
— Sanzio	.	13	

	I	II	III
Lungo Tevere dei Tebaldi *C*	.	11	
— di Testaccio	.	.	15,14
— di Torre di Nona *C*	12,15	12	
— dei Vallati . . . *C*	.	14,13	
— Vaticano . . . . *C*	12		
Lupa, Via della	18		
Macao (Campo Militare)	29,32		
—, Via del	27		
Macel de' Corvi, Via di *C*	.	20	
Macello, Via del	14,17		
Machiavelli, Via	.	28,29	
Madama Lucrezia, Vicolo di *C*	.	17	
—, Piazza *C*	.	15	
Maddalena, Via della *C*	.	18	
Madonna dei Monti, Via della	.	20,23	
Magenta, Via	30		
Magnanapoli, Piazza	.	20	
Malabarba, Vicolo di	.	36,35	
Malpasso, Vicolo del *C*	.	12	
Mamiani, Via	.	29	
Mancino, Vicolo del *C*	.	21	
Manfredo Fanti, Piazza	.	30	
Manin, Via	.	27	
Mantellate, Vic. delle	.	8,11	
Manzoni, Viale	.	28,32	
Marcantonio Colonna, Via	10,11		
Marcello Malpighi, Via	29,28		
S. Marcello *C*	.	18	
—, Via di *C*	.	18,21	
Marche, Via	23		
Marchegiani, Vicolo dei *C*	.	12	
Marco Aurelio, Via	.	22,25	25
— Minghetti, Via *C*	.	18	
S. Marco *C*	.	17	
—, Piazza di *C*	.	17	
—, Via di *C*	.	17	
Marforio, Via di . *C*	.	20	
Margana, Piazza . *C*	.	17	
—, Via *C*	.	17	
Marghera, Via	30		
Margutta, Via	17		
Maria Adelaide, Via	13,14		
— Cristina, Via	13,14		
S. Maria degli Angeli	27		
— dell' Anima . . *C*	.	15	
— in Aquiro *C*	.	18	
in Aracoeli *C*	.	20	
— Aventina	.	.	17
— in Campitelli . *C*	.	17	
— in Campo Marzio *C*	15,18	15,18	
— in Cappella	.	.	16

	I	II	III
Monte Brianzo,			
Via di ...... *C*	15		
— Citorio, Piazza di *C*	.	18	
— della Farina,			
Via del ...... *C*	.	14	
— Giordano, Via di *C*	.	12	
— d'Oro, Piazza di .	18		
— di Pietà .... *C*	.	14	
— —, Piazza del . *C*	.	14	
— Savello, Via di ..	.	16	
— Tarpeo, Via di ..	.	16,19	
— Vecchio, Piazza di *C*	.	15	
— —, Vicolo di .. *C*	.	15	
Montebello, Via	27,29		
Montecatini, Vicolo *C*	.	18	
Monterone, Via .. *C*	.	15	
Monticello, Vicolo			
del .... *C*	.	21	
Montoro, Vicolo di *C*	.	11	
Moretta, Vicolo della *C*	.	11,12	
Moro, Via del	.	10,13	
Moroni, Vicolo	.	10	
Muratte, Via delle *C*	.	18,21	
Museo Agrario	24		
— Artistico-Indu-			
striale	21		
— Barracco .... *C*	.	12	
— Capitolino ... *C*	.	20	
— dei Gessi	.	.	17
— Kircheriano .. *C*	.	18	
— Lateranense	.	.	28
— Torlonia .... *C*	.	10,11	
Muzio Clementi, Via	15,14		
Napoleone III, Via .	.	30,29	
Napoli, Via	.	24,27	
Nari, Vicolo de' . *C*	.	15	
Navicella, Piazza della	.	.	25
—, Via della	.	.	25,26
Navona, Piazza .. *C*	.	15	
Nazareno, Via del ..	21		
Nazionale, Via .. *C*	.	21,24	
SS. Nereo ed Achilleo	.	.	23,26
Nerva, Via	26		
Nicola Fabrizi, Via .	.	.	7,10
— Salvi, Via	.	22	
S. Nicola in Carcere .	.	16	
— de' Cesarini .. *C*	.	17	
— —, Via di ... *C*	.	17	
— dei Lorenesi .. *C*	.	15	
— dei Prefetti .. *C*	18		
S. Nicolò da Tolentino	24		
— —, Via u. Vicolo di	24		
Nicosia, Piazza	15		
Nocetta, Vicolo della	.	.	2,5
SS. Nome di Maria ..	.	20	
Nomentana, Via ...	29,28		
Notre-Dame de			
Lourdes	3		

	I	II	III
Olmata, Via dell' ..	.	26	
Olmo, Vicolo dell' *C*	.	17	
Ombrellari, Vicolo			
degl'	9		
S. Omobono	.	16	
S. Onofrio	.	9	
—, Vicolo di	.	9	
Orazio, Via	11,12		
Orbitelli, Vicolo . *C*	.	12	
Oreste Tiburzi, Via .	.	.	10
Orfani, Via degli *C*	.	18	
Orfeo, Vicolo d' ...	9		
Orologio, Piazza dell' *C*	.	12	
Orso, Via dell' .. *C*	15		
S. Orsola ...... *C*	.	17	
Orti d'Alibert, Vicolo	.	8	
Orto Botanico	.	22	22
Ospedale Ecclesiastico	.	14	
— S. Gallicano	.	13	
— S. Giov. Laterano	.	.	28
— Militare	9	.	25
— de' Pazzi	.	9	
— Tiberino	.	16	
Ospizio Cronici	.	.	21,20
— S. Margherita ...	.	.	23
— S. Michele	.	.	13,16
Osteria, Vicolo dell'.	36	33	
Osti, Vicolo degl' . *C*	.	15	
Ostia, Via	5		
Ostiense, Via	.	.	18
Ostilia, Via	.	25	
Otranto, Via	5,4		
Ottaviano, Via	8		
Ovidio, Via	8,11		
Pace, Via della .. *C*	.	15	
Padella, Piazza .. *C*	.	11	
—, Via .... *C*	.	11	
Paganica, Via ... *C*	.	17	
Paglia, Via della ...	.	10	
Palatino, Monte	.	19,22	19,22
Palazzo Accoramboni	9		
— Albani	24		
— Altemps ..... *C*	.	15	
— Altieri ...... *C*	.	17	
— Antonelli	.	20	
— Ascarelli .... *C*	.	17	
— Assicurazione Ve-			
nezia .... *C*	.	20	
— Barberini	24		
Bocconi ..... *C*	18		
— Bolognetti .... *C*	.	17	
— Bonaparte ... *C*	.	17,18	
— Borghese	15,18		
— Borromeo .... *C*	.	18	
— Braschi ..... *C*	.	15	
— Caetani ..... *C*	.	17	
— Caffarelli .... *C*	.	17,16	
— della Cancelleria *C*	.	14,15	
— Capranica .... *C*	.	15	

	I	II	III
Palazzo Cenci	.	14	
Chigi C	18	18	
Cicciaporci . . . C	.	12	
Colonna C	.	21	
de' Conservatori C	.	17,20	
della Consulta . . .	.	21	
— Corsini C	.	11	
— Costaguti C	.	17	
— Doria C	.	18	
— — Pamphili . . C	.	15	
Falconieri C	.	11	
— Farnese C	.	11,14	
— Ferraiuoli . . . C	.	18	
— Fiano	18		
— di Firenze . . . C	15		
— Gabrielli C	.	12	
— Galitzin	15		
— Giraud	9		
Giustiniani . . . C	.	15	
— di Giustizia	12,15		
del Governo Vecchio C	.	12,15	
— Grazioli C	.	17	
— Hüffer	.	21	
— Lancellotti . . . C	.	12,15	
— Lante C	.	15	
— Linotte (Regis) C	.	14	
— Madama C	.	15	
— Malatesta C	.	17	
— Marescotti . . . C	.	17	
— Margherita	23		
— Marignoli C	18		
— Massimi . . . . C {	.	15,14	
	.	17	
— Mattei C	.	17	
— Muti C	.	17	
— — Papazzurri . C	.	21	
— Odescalchi . . . C	.	18,21	
— Orsini C	.	16,17	
— Ossoli C	.	14	
Pamphili-Doria C	.	15	
— Pio C	.	14	
— Poli C	21	21	
— del Quirinale (P. Reale)		21	
— Regis C	.	14	
— Ricci Parracciani C	.	12	
— Rondanini	14,17		
— Rospigliosi		21,24	
— Ruspoli	18		
— Sabini C	.	18	
— Sacchetti C	.	12	
— Salviati . . . . C {	.	9	
	.	18,21	
— Santacroce . . . C	.	14	
— Sciarra-Colonna C	.	18	
— del Senatore . . C	.	20	
— Serlupi C	.	18	
— Sforza-Cesarini C	.	12	
— Simonetti C	.	18	
Palazzo Sora C	.	12,15	
— Spada C	.	14	
— di Spagna	18,21		
— Strozzi C	.	17	
— del S. Uffizio . . .	.	6	
— della Valle . . . C	.	14	
— Vaticano	6		
— Venezia C	.	17	
— Vidoni C	.	14	
Palermo, Via	.	24	
Palestro, Via	26,30		
Pallacorda, Via di C	15		
Palle, Vicolo delle C	.	12	
Palma, Vicolo della C	.	12	
Palombella, Via della C	.	15,18	
S. Pancrazio	.	.	4
Panetteria, Via della	21	21	
Panico, Via di . . C	.	12	
Panieri, Vicolo dei .	.	10	
Panisperna, Via . . .	.	20,23	
S. Pantaleo C	.	15	
—, Piazza di . . . C	.	15,14	
—, Via di C	.	15	
Pantheon C	.	18	
—, Via del C	.	18	
Paola, Via C	.	12	
Paolina Via	.	26,27	
S. Paolino C	.	14	
— alla Regola, Via di C	.	14	
Paolo Emilio, Via . .	8		
Paradiso, Piazza del C	.	14	
—, Via del C	.	14	
Parco aeronautico . . .	10		
Parioli, Via dei	22		
Parione, Via di . . C	.	15	
Parma, Via	.	24	
Pasquino, Piazza di C	.	15	
—, Vicolo di . . . C	.	15	
Passeggiata Margherita	.	8,7	
—, di Ripetta, Via della	14		
Paste, Vicolo delle C	.	18	
Pastini, Via dei . C	.	18	
Pastrengo, Via	27		
Pavone, Vicolo del C	.	12	
Pellegrini, Piazza dei C	.	14	
Pellegrino, Via del C	.	12,14	
Pelliccia, Via della .	.	10,13	
Penna, Via della . . .	14		
Petrarca, Via	.	28	
Pettinari, Via dei C	.	14	
Pia, Piazza	12		
Piacenza, Via	.	21,24	
Pianellari, Via dei C	15	15	
Pianto, Piazza del C	.	17	
—, Via del C	.	14,17	
Piè di Marmo, Via del C	.	18	
Piemonte, Via	23		

	I	II	III
Pierluigi da Palestrina, Via	15,14		
Pietra, Piazza di . C	.	18	
—, Via di C	.	18	
Pietramellara, Via	.	.	7
Pietrella, Vicolo della	.	.	34
Pietro Cossa, Via	14		
— Micca, Via	.	32	
— Roselli, Via	.	.	7
— Verri, Via	.	28	
S. Pietro, Piazza di	6,9		
— in Montorio	.	10	
— in Vaticano	6		
— in Vincoli	.	23	
— —, Piazza u. Via di	.	23	
SS. Pietro e Marcellino	.	28	
— e Paolo C	.	12	
Pigna, Piazza della C	.	18	
—, Via della C	.	17,18	
Pilotta, Piazza della C	.	21	
—, Via della	.	21	
Pinacolo, Vicolo del C	.	15	
Pinciana, Via	23,22		
Pincio, Monte	20,23		
Piombo, Vicolo del C	.	18,21	
Piramide di Cestio	.	.	18
Piscinula, Via in	.	16	
Plebiscito, Via del C	.	17	
Plinio, Via	11		
Po, Via	22,25		
Polacchi, Via dei . C	.	17	
Poli, Piazza C	18,21		
—, Via C	21	21	
Policlinico	32,33		
—, Viale del	29,32		
Politeama, Vicolo del	.	10,13	
Pollarola, Piazza . C	.	14	
Polveriera, Via della	.	22,23	
Polverone, Vicolo del C	.	14	
Pompeo Magno, Via	11,13		
Pomponio Leto, Via	9		
Ponte S. Angelo . C	12	12	
— —, Piazza di . C	.	12	
— (all'Armata) C	.	11	
— Cavour	15		
— Cestio	.	16	
— ai Fiorentini	.	9,12	
— Fabricio	.	16	
— Garibaldi	.	13	
— Margherita	14		
— Nerone	.	9,12	
— Palatino	.	16	
— di Ripetta	15		
— Rotto	.	16	
— Sisto C	.	14,10	
— —, Vicolo di	.	10	
— Umberto I C	15		
— Vitt. Emanuele	.	12	
Pontefici, Via dei	17		
Popolo, Piazza del	14,16		

	I	II	III
Porta Angelica	9		
— Appia	.	.	30
— Asinaria	.	.	31
— Aurelia	.	7	7
— Capena	.	.	22
— Castello	9,12		
— Cavalleggeri	.	6	
— —, Via di	.	6	
— Fabbrica	.	6	
— Flaminia	13		
— S. Giovanni	.	.	31
— —, Piazza di	.	.	31
— Janiculensis	.	.	7
— Latina	.	.	30
— Leone, Via di	.	16	16
— S. Lorenzo	.	32,33	
— —, Via di	30	30,33	
— Maggiore	.	34	
— —, Via di	.	32,31	
— Metrovia	.	.	26
— Nomentana	29		
— Ostiense	.	.	18
— S. Pancrazio	.	7	7
— —, Via di	.	10	
— S. Paolo	.	.	18
— —, Via di	.	.	18,20
— Pia	29		
— Pinciana	20,23		
— —, Via di	21,20		
— del Popolo	13		
— Portese	.	.	13
— —, Via di	.	.	13
— Portuense	.	.	11,14
— —, Via di	.	.	12,14
— Praenestina	.	34	
— Salaria	25,26		
— —, Via di	26		
— S. Sebastiano	.	.	30
— —, Via di	.	.	23,27
— Settimiana C	.	10	
— S. Spirito	.	9	
— Tiburtina	.	33	
— Trionfale	5		
Portico d' Ottavia C	.	17	
— —, Via del C	.	17,16	
Porto di Ripa Grande	.	.	13,16
Portoghesi, Via de' C	15		
Posta (Post) C	18		
— Vecchia, Via della C	.	15	
Pozzetto, Via del . C	18		
Pozzi, Via dei	.	20	
Pozzo delle Cornacchie, Via del . . C	.	15	
S. Prassede	.	26	
Prati di Castello, Vicolo dei	4		
Prefetti, Via dei . C	15,18		
Principe Amedeo, Via	.	27,29	
— Eugenio, Via	.	29,32	
— di Napoli, Piazza	28		

	I	II	III
Siena, Piazza di . . .	19		
Silla, Via	8		
S. Silvestro, Piazza di	18		
— in Capite	18		
— a Monte Cavallo .	.	21	
S. Silvia	.	.	22
Simmachi, Via dei . .	.	.	25
S. Simone . . . . . . *C*	.	15	
Sinibaldi, Vicolo . *C*	.	14	
Sistina, Via	21		
S. Sisto Vecchio, Via di	.	.	23,26
Soldati, Vicolo dei *C*	15	15	
Solferino, Via	30		
Sommacampagna, Via	29,30		
Sora, Piazza . . . . *C*	.	12,15	
—, Vicolo. . . . . . *C*	.	12,15	
Spagna, Piazza di . .	17,18		
Spagnoli, Via degli *C*	.	15	
Specchi, Via degli *C*	.	14	
S. Spirito . . . . . . *C*		11	
— in Sassia	.	9	
Staderari, Via degli *C*	.	15	
Stamperia, Via della *C*	21	21	
S. Stanislao . . . . *C*	.	17	
Statilia, Via	.	31	
Statuto, Via dello . .	.	26,29	
Stazione S. Pietro . .	.	5	
— di Termini	27	27	
— di Trastevere . . .	.	.	11
S. Stefano del Cacco *C*	.	18	
— del Cacco, Via . *C*	.	17,18	
— Rotondo	.	.	25
— —, Via di	.	.	25,28
Stelletta, Via della *C*	15	15	
Strengari, Via degli *C*	.	13,14	
Struzzo, Vicolo dello *C*	.	11	
Sudario, Via del . *C*	.	14	
S. Sudario, Cappella del . . . . *C*	.	14	
Sugarelli, Vicolo . *C*	.	12	
S. Susanna	24		
—, Via di	24		
Tacito, Via	11,12		
Tasso, Via	.	28	
Tavolacci, Via	.	.	13
Teatro Adriano	11		
— Argentina . . . *C*	.	14	
— Costanzi	.	27	
— Manzoni	.	27	
— di Marcello	.	16	
— Metastasio . . . *C*	15		
— Pace, Via del . *C*	.	15	
— di Pompeo . . . *C*	.	14	
— Quirino . . . . . *C*	.	18,21	
— Rossini . . . . . *C*	.	18	
— della Valle . . . *C*	.	15	
— —, Via del . . . *C*	.	15	

	I	II	III
Tempio di Claudio . .	.	22	22
— Esculapio	16,19		
— Faustina	19		
— Minerva Medica .	.	32	
— di Venere e Roma	.	22	
S. Teodoro	.	19	
—, Via di	.	19	
Terenzio, Via	8		
S. Teresa	22		
Terme, Piazza delle .	27		
— di Agrippa . . . *C*	.	18,17	
— di Caracalla	.	.	23,24
— di Diocleziano . . .	27		
— di Tito	.	22,25	
— di Traiano	.	25,26	
Testaccio, Monte . . .	.	.	15
Tibullo, Via	8		
Ticino, Via	22,25		
Tiradiavoli, Via . . .	.	1,4	
Tittoni, Via	.	.	10
Tolemaide, Via	5		
Tomacelli, Via	15,18		
S. Tommaso di Canterbury . . . . *C*	.	11	
— in Formis	.	.	22,25
— in Parione . . . *C*	.	12,15	
Tor de' Conti, Via di	.	20	
— Millina, Via di *C*	.	15	
— Sanguigna, Piazza e Via di . . . . . *C*	.	15	
— de' Specchi, Via di *C*	.	17	
Torino, Via	27	27	
Torre Argentina, Via di . . . . *C*	.	14,18	
— delle Milizie	.	20	
— di Nona, Via di *C*	12,15	12	
Toscana, Via	23		
Traviccella, Via della	.	.	21
Tre Archi, Via dei *C*	.	15	
— Pile, Via delle . *C*	.	17	
— Pupazzi, Vicolo dei	9		
Trenta Aprile, Viale	.	.	7,10
Trevi, Piazza di . *C*	.	21	
Triboniano, Via	12		
Tribuna di Campitelli, Via della . *C*	.	17	
— Tor de' Specchi, Via . . . . *C*	.	17	
Tribunali, Piazza dei	12,15		
Triclinio Leoniano . .	.	.	31
Trinità de' Monti, Piazza	20,21		
SS. Trinità de' Missionari . . . . . . *C*	18	18	
— de' Monti	20		
— dei Pellegrini . *C*	.	14	
Trionfale, Via	1,4		
Tritone, Via del . . .	18,21		
Trofei di Mario	.	29	
Tronto, Via	25		

Druck von Grimme & Trömel in Leipzig.

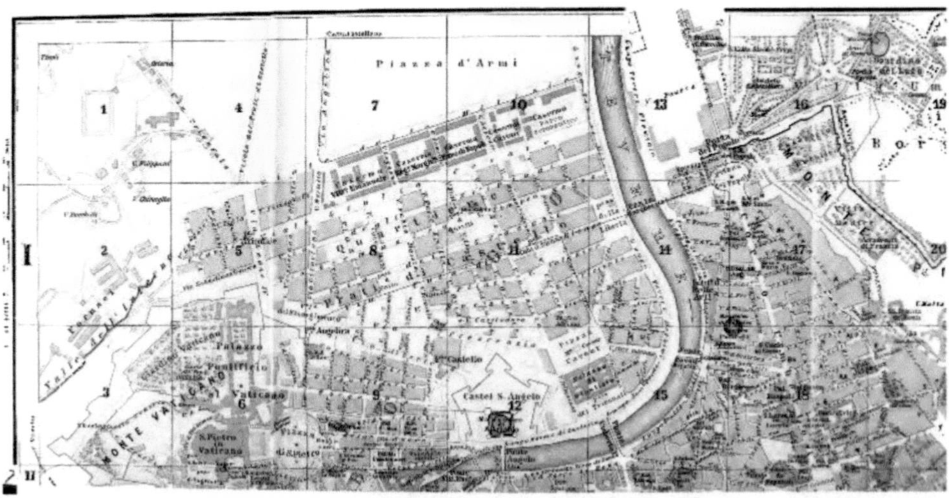
Piazza d'Armi
Palazzo
Pontificio
MONTE VATICANO
S. Pietro in Vaticano
Castel S. Angelo
Piazza di S. Pietro

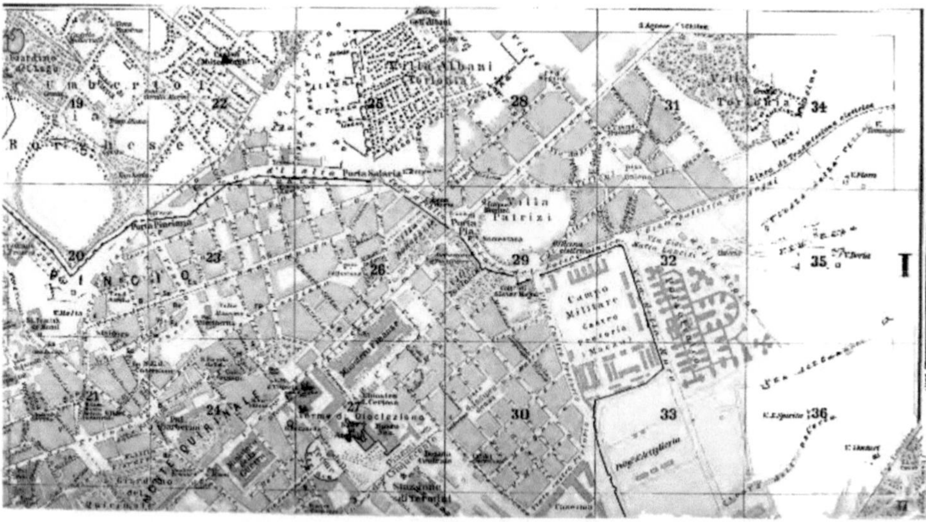
Villa Albani
Torlonia
Villa Patrizi
Porta Salaria
Porta Pinciana
Porta Pia
Villa Torlonia
Campo Militare
Castro Pretorio
Terme di Diocleziano
Monte Quirinale
Stazione di Termini
Poligono d'Artiglieria
19
20
21
22
23
24
25
26
27
28
29
30
31
32
33
34
35
36
I

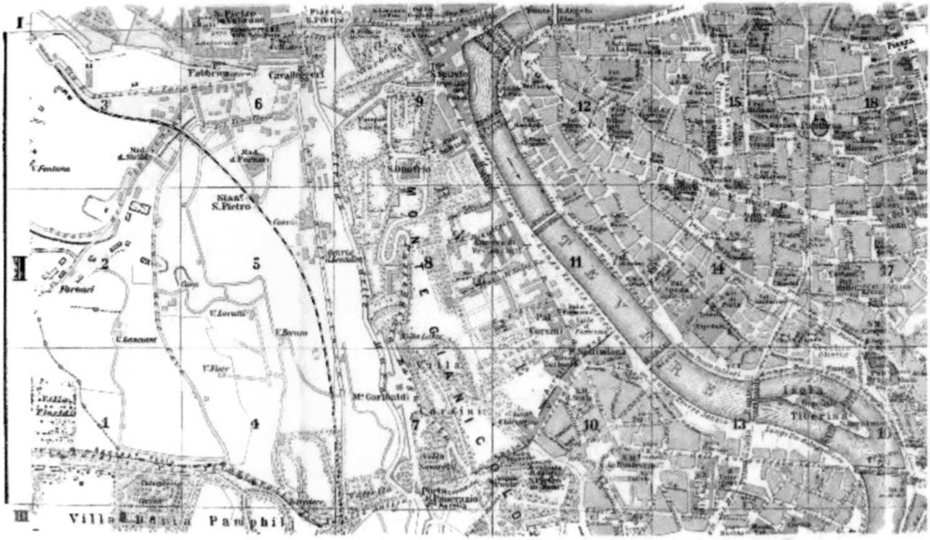
I
III
Fabbrica
Cavalleggeri
Staz.ne S. Pietro
S. Onofrio
Villa Corsini
Mt Garibaldi
Pal. Corsini
Isola Tiberina
Villa Doria Pamphili
1
2
3
4
5
6
7
8
9
10
11
12
13
14
15
16
17
18

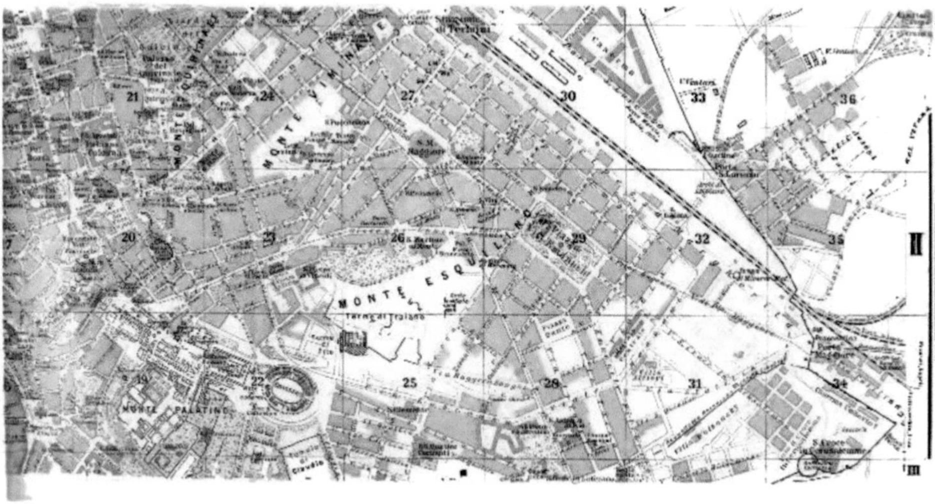
I
II
III
21
24
27
30
33
36
20
23
26
29
32
35
22
25
28
31
34
MONTE PALATINO

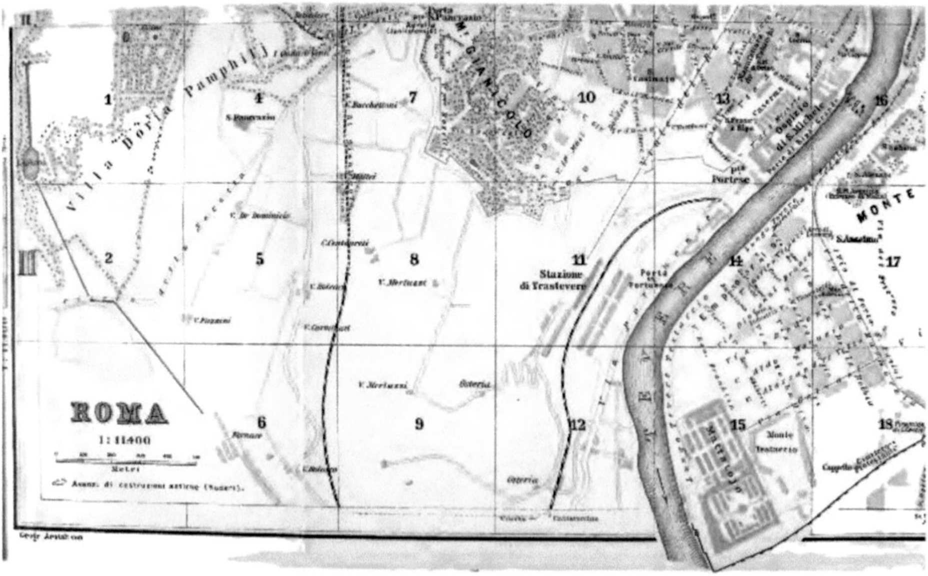

Villa Doria Pamphilj
S. Pancrazio
M. GIANICOLO
Porta S. Pancrazio
Stazione di Trastevere
Porta Portuensis
Pta Portese
Ospizio di S. Michele
MONTE
S. Anselmo
Mattatojo
Monte Testaccio
ROMA
1:11400
Metri

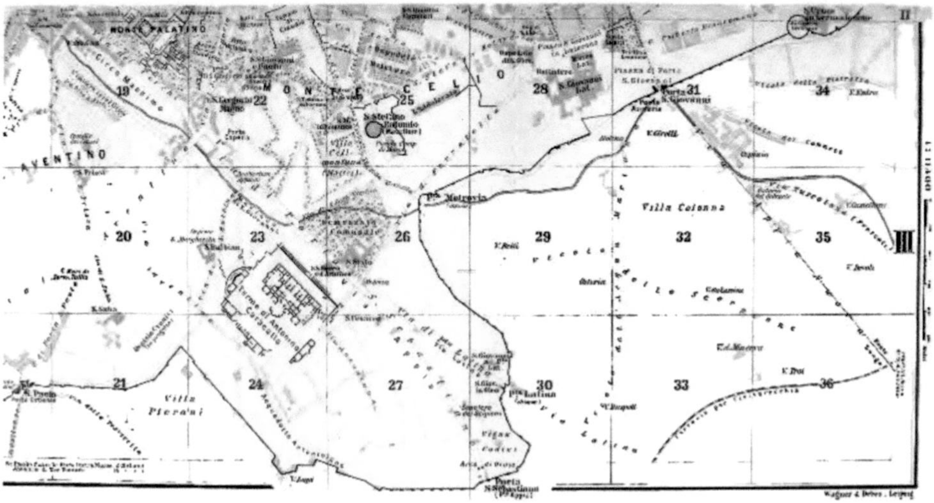
MONTE PALATINO
AVENTINO
MONTE CELIO
Villa Colonna
Villa Pieroni
Terme di Antonino Caracalla
Vigna Codini
Porta S. Sebastiano
Porta S. Giovanni
S. Stefano Rotondo
Pta Latina
Pta Metronia
S. Giovanni Lat.
19
20
21
22
23
24
25
26
27
28
29
30
31
32
33
34
35
36
II
III
Wagner & Debes, Leipzig

Angelo
Lungo Tevere Castello
TEVERE
Ponte
Lungo Tevere Tor di Nona
S. Salvatore in Lauro
S. Celso
Pal. Cicciaporci
Pal. S. Simone
Gabrielli
Banco d. S. Spirito
Giuliano
12
pzza dell' Orologio
Filippini
Pal. d. Governo Vecchio
Pal. Sforza-Cesarini
Tribunali
Chiesa Nuova
S. Tommaso
pzza della Chiesa Nuova
Pal. Ricci-Parracciani
S. Lucia
Pal. Sora
SS. ... e Paolo
S. Filippo
S. Giov. in Ainο
Coll° Ghislieri
S. Spirito
S. M. di Monser.
S. Eligio
S. Caterina
S. Tommaso di Canterbury
S. Brigida
S. Caterina d. Ruota
S. Girolamo
Pal. Falconieri
Pal. Farnese
11
S. M. della Morte
Lungo Tevere dei Tebaldi
Lungo Tevere Farnesina
Villa Farnesina
Pal. Corsini
Museo Torlonia
Porta Settimiana
S. Dorotea
Ponte
1:830

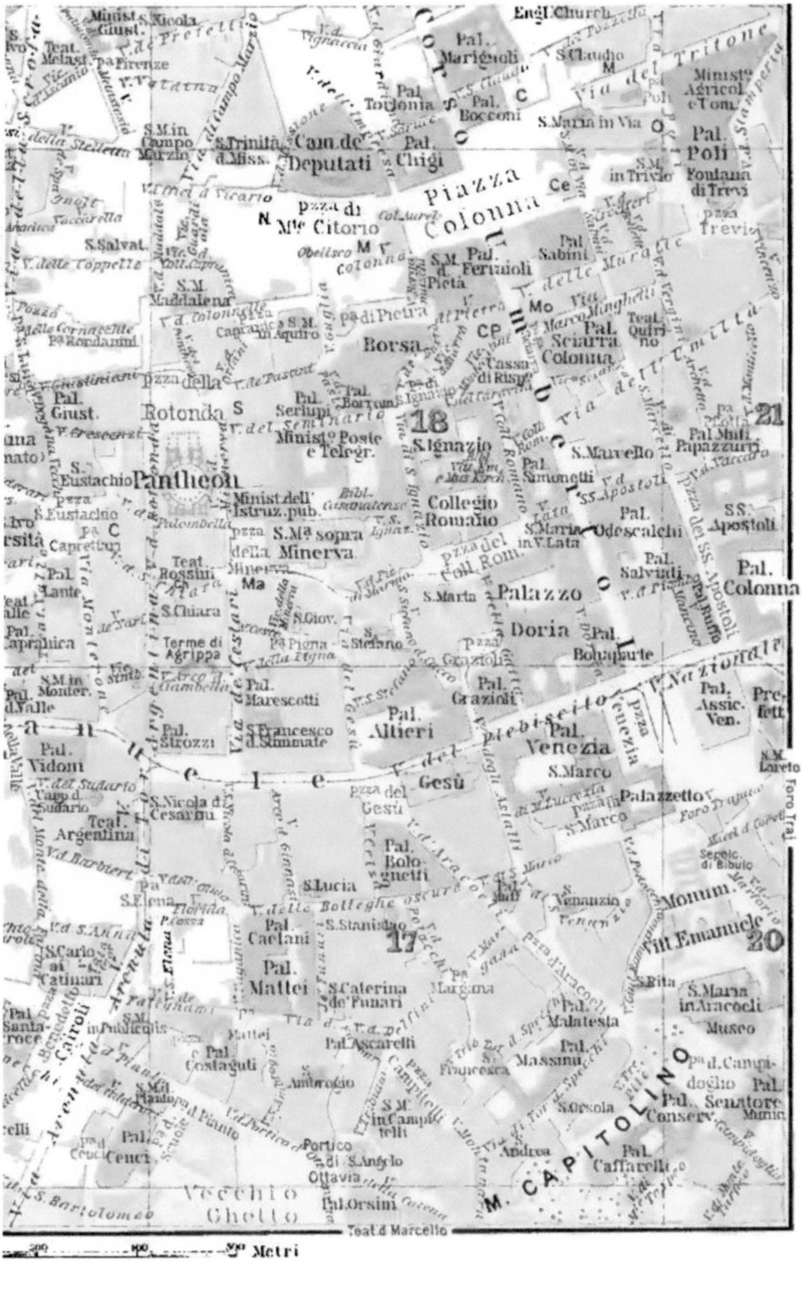
Engl. Church
Pal. Marignoli
S. Claudio
Via del Tritone
Minist° Agricol. e Com.
Pal. Torlonia
Pal. Bocconi
S. Maria in Via
Pal. Poli
Fontana di Trevi
S. Trinità d. Miss.
Cam. de' Deputati
Pal. Chigi
S. M. in Trivio
Piazza Colonna
P.zza di M.te Citorio
Obelisco
S. Salvat.
S. M. Maddalena
Pal. Ferrajoli
Pal. Sabini
Borsa
Pal. Sciarra Colonna
Teat. Quirino
Pal. Giust.
Rotonda
Pal. Serlupi
Minist° Poste e Telegr.
S. Ignazio
S. Marcello
Pal. Muti Papazzurri
S. Eustachio
Pantheon
Minist. dell' Istruz. pub.
Collegio Romano
S. M.ª sopra Minerva
Pal. Odescalchi
SS. Apostoli
Pal. Salviati
Pal. Colonna
Teat. Rossini
S. Chiara
Palazzo Doria
Pal. Lante
Terme di Agrippa
Pal. Bonaparte
Pal. Grazioli
Pal. Marescotti
Pal. Altieri
Pal. Venezia
Pal. Strozzi
S. Francesco d. Stimmate
V. Nazionale
Pal. Assic. Ven.
Pal. Vidoni
S. Marco
Gesù
S. Nicola d. Cesarini
Palazzetto
Teat. Argentina
Pal. Bolognetti
S. Lucia
Monum. Vitt. Emanuele
Pal. Caetani
S. Stanislao
17
18
20
21
Pal. Mattei
S. Caterina de' Funari
S. Carlo ai Catinari
S. Rita
S. Maria in Aracoeli
Museo
Pal. Malatesta
Pal. Costaguti
Pal. Ascarelli
Pal. Massimi
Pal. Senatore
Pal. Conserv.
Pal. Cenci
Portico di Ottavia
S. Angelo
Pal. Orsini
Pal. Caffarelli
M. CAPITOLINO
Vecchio Ghetto
Teat. d. Marcello
Metri

Leipzig: Karl Bædeker

1908